주요저서 [출간예정도서포함]

- 회계사 · 세무사 회계학 : 강경석 - 회경사
- 회계사 · 세무사 세법개론 : 강경석 - 회경사
- SAMIL 전산회계1급 : 강경석·김혜숙 - 삼일회계법인/삼일인포마인
- SAMIL 전산세무2급 : 강경석·김혜숙 - 삼일회계법인/삼일인포마인
- THE BEST 세무관리3급 : 강경석·김혜숙 - 경영과회계
- POINT 전산세무1급 : 강경석·김윤주 - 경영과회계
- POINT 전산세무2급 : 강경석·김윤주 - 경영과회계
- FINAL 기업회계2 · 3급 - 단기합격특강 : 강경석 - 경영과회계
- FINAL 세무회계2 · 3급 - 단기합격특강 : 강경석 - 경영과회계
- FINAL 전산세무1 · 2급 - 백점이론특강 : 강경석 - 세무라이선스
- FINAL 회계관리1급 - 백점이론특강 : 강경석 - 세무라이선스
- FINAL IFRS관리사 이론과기출 - 한권으로끝장 : 강경석 - 세무라이선스
- FINAL 회계관리1급 한권으로끝장 - 기출문제특강 : 강경석 - 세무라이선스
- FINAL 재경관리사 한권으로끝장 : 강경석 - 세무라이선스
- FINAL 재경관리사 기출문제특강 : 강경석 - 세무라이선스
- FINAL 기업회계1급 · 2급 · 3급 이론과기출 - 한권으로끝장 : 강경석 - 세무라이선스
- FINAL 7 · 9급공무원 회계학 - 한권으로끝장 : 강경석 - 세무라이선스
- FINAL 관세사 · 감정평가사 회계학 - 한권으로끝장 : 강경석 - 세무라이선스
- FINAL 회계사·세무사 재무회계 - 기출적중특강 : 강경석 - 세무라이선스
- FINAL 세무사 회계학 - 한권으로끝장 : 강경석 - 세무라이선스
- 그 외 다수

SEMOOLICENCE

도서출판 세무라이선스는
고객의 needs를 현실적 수준을 넘어 미래의 도전과제로 삼는
최고의 교육이념과 서비스로 고객 여러분을 위한 평생교육시대를 열어가겠습니다.
더불어, 시간적으로 경제적으로 고민하고 노력하는 전국의 모든 수험생들에게
자격증 취득의 단순한 지름길이 아닌 가장 효율적인 가치의 제공을 위해
최선을 다하고 있습니다.

3P
3P FINAL
3P

우리가 꿈꿀 수 있는 가장 먼 세상으로 나아가자!
그 출발점을 세무라이선스 파이널로 시작하자. 반드시 이룰 것이다.
지름길을 찾지 말자!
간절함과 열정으로 최선을 다해 묵묵히 달려가자.
그 종착점엔 지금의 내가 아닌 또 다른 내가 기다리고 있을 것이다.

▶ *POTENTIALITY*
▶ *PASSION*
▶ **PROFESSION**

3P는 여러분의 무한한 잠재적 능력과 반드시
성취하겠다는 열정을 토대로 전문가의 길로 나아가는
세무라이선스 파이널 시리즈의 학습 정신입니다.
세무라이선스는 여러분의 무한한 잠재력과 열정을 믿습니다.
수험생 여러분의 합격을 응원합니다.

Online-Lecture **Edu-Partner**

수강신청방법

- 세무라이선스 홈페이지 접속 ▶ 하단 협력사 사이트 취사선택 ▶ 회원가입후 저자직강 동영상강의 신청
- 제휴협력사는 세무라이선스 홈페이지에서 확인 및 링크하실 수 있습니다.
- 협력사별 동영상강의 서비스는 협력사의 서비스 환경에 따라 다소 차이가 있을수 있습니다.

동영상강의 소개

[IFRS관리사 한권으로끝장-이론과기출]

종강시 이어지는 기립박수의 이유를 확인하라~!!

강의특징

▶ 빠짐없는 내용과 해설로 IFRS관리사 시험의 방대한 내용을 수험용으로 단권화한 교재 저자의 직강

▶ 개념부터 실전능력까지 단 한 강좌로 끝내는 단기합격의 최적강의

▶ IFRS관리사 시험의 이론적 내용을 한 페이지에 한 논제로 진행하는 혁신적인 수업방식

▶ 강사의 수업중 이루어지는 완벽한 판서정리가 수업중 100%서브노트화가 되어지는 강의

▶ 시험에 빈출되는 이론과 반드시 알아야할 핵심이론을 "MVP"로 짚어주어 학습의 중심이론이 흔들리지 안토록 이끌어 주는 강의

▶ IFRS관리사 시험에서 시간이 당락을 좌우하는 만큼 "고속철풀이법"을 통해 계산형문제를 빨리 풀 수 있는 방법을 제시한 강의

▶ IFRS관리사 강의 표준을 제시

3P

3P

3P

3P

FINAL

POTENTIALITY
PASSION
PROFESSION

3P는 여러분의 무한한 잠재적 능력과
반드시 성취하겠다는 열정을 토대로 전
문가의 길로 나아가는 세무라이선스 파
이널시리즈의 학습 정신입니다.

수험생 여러분의 합격을 응원합니다.

FINAL

FINAL' IFRS관리사 한권으로끝장은 국내최초 이론과 기출의 단권화를 통하여 초단기 합격비법을 제시하였으며, 일타 강사 강경석 세무사의 저자직강 동영상강의 서비스로 학습효과의 극대화를 꾀한 필수 기본서이자 합격 필독서이다.

한국CFO협회주관 IFRS관리사 자격시험

IFRS관리사·한권으로끝장

고득점 단기합격 기본서 [이론과기출]

- ■ Mainplot [주요논제]
- ■ Subplot [특수논제]
- ■ 객관식뽀개기 [이론적용연습 & 기출유형별필수문제]
- □ 실전적중모의고사

SEMOOLICENCE

3P

3P

FINAL

POTENTIALITY
PASSION
PROFESSION

3P는 여러분의 무한한 잠재적 능력과
반드시 성취하겠다는 열정을 토대로 전
문가의 길로 나아가는 세무라이선스 파
이널시리즈의 학습 정신입니다.

수험생 여러분의 합격을 응원합니다.

>>> 머리말

> 본서는 다음의 개정 K-IFRS 내용을 완벽 반영하고 있습니다.

> ❏ K-IFRS 제1115호 고객과의 계약에서 생기는 수익
> ❏ K-IFRS 제1109호 금융상품 : 금융자산/금융부채/파생상품
> ❏ K-IFRS 제1040호 투자부동산
> ❏ K-IFRS 제1116호 리스
> ❏ K-IFRS 재무보고를 위한 개념체계

✎ 본서의 특징 「1% 지존은 아니어도 100% 합격을 만드는 교재」

1. 국내최초 이론/기출의 단권화를 통한 '한권으로 합격하기' 초단기 비법을 제시하였다.

본서는 'FINAL' 시리즈로 집필된 교재로, 방대한 내용을 단권화하여 100% 단기합격이 가능하도록 집필한 국내최초 이론/기출 단권화 수험서로, 일체의 관련서적의 탐독으로 인한 시간낭비 전혀 없이 한권으로 100% 합격이 가능하도록 집필된 IFRS관리사 자격시험 고득점 단기합격 스피드패스 최적서 이다.

2. 중급회계 기본서 전혀 없이도 100% 합격이 가능하도록 기본서 이상의 완벽이론을 담아냈다.

항상 현장과 동영상강의를 통해 많은 수험생을 접하면서 느끼는 점은 학습해야 될 분량이 방대하다 보니 이를 수험용으로 100% 합격 가능하도록 정리를 못해 허둥대는 수험생이 대부분이라는 점이었 다. 따라서, 수험과 무관한 내용을 배제시키고 오로지 100% 합격을 위해 필요한 내용을 담은 이론을 장황하지 않으면서 깔끔하게, 콤팩트하면서 빠짐없게 심혈을 기울여 집필하였다. 즉, 기존 서적들이 단순히 K-IFRS의 규정내용을 그대로 교재에 옮겨 놓음으로써 수험생 입장에서 도무지 정리할 수 없 었던 문제점을 말끔히 해결하였다. 한편, 이론 파트에 시험중요도 별 1개(★☆☆)로 표시된 부분은 시험난이도가 높은 경우에 출제될 수 있는 지엽적인 내용이므로 시간이 촉박하거나 합격만을 목적 으로 하는 수험생의 경우는 과감히 SKIP하기를 권한다.

3. 국내최초 모든 이론 논제를 한 페이지에 담기도록 집필하여 수험서의 혁명을 이루었다.

한 논제에 대하여 여러 페이지에 걸쳐 이어지다보면 공부하는 순간에는 별 문제가 없으나 뒤돌아서 면 도통 정리가 되지 않는 문제점을 해결코자 모든 논제는 한 페이지에 도표형식으로 담아냈으며 내 용 자체가 하나의 사진처럼 영상이 되어 정리될 수 있도록 하였다. 이러한 편집체계는 저자의 모든 책에 일관되게 적용되고 있으며, 국내에서 출간되고 있는 책 중에 유일한 독특하고, 창의적인 편집 체계로서 이러한 방법은 기존 책들의 서술형 내용처리 체계와는 다른 파워풀한 시험 적용력을 가져 오는 것을 계속 경험하고 있다.

4. 모든 기출유형을 편제하여 별도 기출문제집이 필요 없도록 이론/기출 합본형식으로 집필하였다.

현재 출제되고 있는 실제 기출문제를 철저히 분석하여 모든 IFRS관리사 기출유형을 본문 '세부고찰'을 통해 퍼펙트하게 완벽히 모두 제시하였다. 이를 통해 시중에서 별도의 객관식교재나 기출문제집을 구입할 필요가 전혀없이 본서 한권으로 100% 커버가 되도록 하였다.

5. 이론학습 후 그 적용모습을 즉시 확인할 수 있도록 '이론적용연습'을 제시하였다.

IFRS관리사 시험의 경우 회계사·세무사·관세사·감정평가사 시험 기출문제의 상당부분을 참고하여 출제하고 있는 바, IFRS관리사 기출문제에 이들 기출문제를 추가하여 난이도를 다소 높여 구성하였다.

6. 서술형 문제에 대한 기출문제오답노트를 '서술형Correction연습'을 통해 제시하였다.

서술형 기출문제에서 답으로 등장하였거나 출제가 예상되는 오답 문구를 빠짐없이 정리하여 제시함으로써 수험생들의 오답노트 작성의 수고로움을 덜도록 하였다.

7. 실전에서 계산형 문제를 빨리풀 수 있는 비법인 일명 '고속철풀이법'을 제시하였다.

기본이론 접근시 체화된 강학상의 회계처리 방식에 의할 경우 한정된 시간 내에 효율적으로 계산형 문제를 풀기란 불가능하므로 저자의 노하우로 개발한 빨리풀 수 있는 방법을 '고속철'로 표기하여 모두 제시하였다. 실전에서 놀라운 효과를 발휘되는 방법이므로 반드시 숙지하기 바란다.

8. IFRS관리사 시험의 모든 기출유형을 총정리하여 '기출유형별 필수문제'로 제시하였다.

본문 이론적용연습과 별도로 다양한 문제를 접할 수 있는 기회를 갖음으로써 IFRS관리사 시험에서 어떠한 문제가 출제되어도 100% 해결 가능하도록 하였다.

9. 실전과 동일한 구성과 난이도의 빈출유형문제로 구성된 '실전적중모의고사'를 제시하였다.

현행 IFRS관리사 기출유형임과 동시에 IFRS관리사 시험에 빈출되고 있는 유형의 문제로 구성된 적중률 높은 모의고사로서, 실제 시험을 치르는 기분으로 제한시간(100분)을 철저히 엄수, 체크하여 먼저 풀어본 후 해설을 참조하여 숙지하기 바라며, 시험 막판 자신의 현재 위치를 자가 테스트 및 점검하고 합격여부를 가늠해 보는 데에도 활용하기 바란다.

체계적으로 집필된 본서를 찬찬히 학습하다보면 어느 순간 자신도 모르게 자격증 취득에 한걸음 다가섰음을 느낄 수 있을 것으로 확신하며, 바라건데 본 교재가 최고의 IFRS전문가로 성장하는데 밑거름이 되고 수험생의 합격을 이끄는 반려자가 되길 기원한다. 또한 최선은 다했으나 혹시 미처 파악하지 못한 오류는 없는지에 대한 두려움과 아쉬움이 남는 것이 사실이나, 독자제위의 질책과 서평을 겸허히 수용하여 부족한 부분은 계속해서 보완해 나갈 것을 약속한다.

세무사 강경석 씀

>>> 차례

CHAPTER

02

Subplot (특수논제)

CIM

Certified IFRS Manager

FINAL

고득점
단기합격
기본서

IFRS관리사 한권으로끝장
[이론과 기출]

제1편	Mainplot [주요논제]
제2편	Subplot [특수논제]
합본부록 1	기출유형별필수문제
합본부록 2	실전적중모의고사

SEMOOLICENCE

3P
FINAL
POTENTIALITY
PASSION
PROFESSION

Mainplot[주요논제]

Mainplot은 자산.부채.자본 계정과목을
다룬 일반회계 내용를 담고 있습니다.

[한권으로끝장]

FINAL

Certified IFRS Manager

제1편

Mainplot[주요논제]

SEMOOLICENCE

이론과기출 제1강 — 재무보고 개념체계 개념체계 목적과 위상

개요	의의	•재무보고를 위한 개념체계는 일반목적재무보고의 목적과 개념을 서술함.
	개념체계 주요내용	•일반목적재무보고의 목적, 유용한 재무정보의 질적특성, 재무제표와 보고기업, 재무제표의 요소, 인식과 제거, 측정, 표시와 공시, 자본및자본유지
개념체계 목적	회계기준위원회	•한국회계기준위원회(=회계기준위원회)가 일관된 개념에 기반하여 한국채택국제회계기준(=회계기준)을 제·개정하는 데 도움을 줌.
	재무제표작성자	•특정 거래나 다른 사건에 적용할 회계기준이 없거나 회계기준에서 회계정책을 선택하는 것을 허용하는 경우에 재무제표 작성자가 일관된 회계정책을 개발하는 데 도움을 줌.
	모든 이해관계자	•모든 이해관계자가 회계기준을 이해하고 해석하는 데 도움을 줌.
개념체계 위상	회계기준과의 관련성	•개념체계는 회계기준이 아님. ►주의 따라서, 개념체계의 어떠한 내용도 회계기준이나 그 요구사항에 우선치 않음. 말장난 경우에 따라서는 개념체계의 내용이 회계기준에 우선할 수도 있다(X)
	개념체계에서의 일탈	•일반목적재무보고의 목적을 달성하기 위해 회계기준위원회는 개념체계의 관점에서 벗어난 요구사항을 기준서에 정하는 경우가 있을 수 있음. ➡만약, 회계기준위원회가 그러한 사항을 정한다면, 해당 기준서의 결론도출근거에 그러한 일탈에 대해 설명할 것임.
	개념체계의 개정	•개념체계는 회계기준위원회가 관련 업무를 통해 축적한 경험을 토대로 수시로 개정될 수 있음. •개념체계가 개정되었다고 자동으로 회계기준이 개정되는 것은 아님. ➡회계기준을 개정하기로 결정한 경우 회계기준위원회는 정규절차에 따라 의제에 프로젝트를 추가하고 해당 회계기준에 대한 개정안을 개발할 것임. 말장난 개념체계가 개정되면 자동으로 회계기준이 개정된다(X)
개념체계와 회계기준위원회	회계기준위원회 공식임무	•전 세계 금융시장에 투명성, 책임성, 효율성을 제공하는 회계기준을 개발하는 것임.➡개념체계는 회계기준위원회의 공식 임무에 기여함. 말장난 투명성, 책임성, 신뢰성을 제공하는 회계기준을 개발하는 것이다(X)
	회계기준위원회 업무	•회계기준위원회의 업무는 세계 경제에서의 신뢰, 성장, 장기적 금융안정을 조성함으로써 공공이익에 기여하는 것임. 말장난 보고기업의 이익에 기여하는 것이다(X)

보론 개념체계는 다음과 같은 회계기준을 위한 기반을 제공함.(개념체계가 제공하는 기반)

	투명성에 기여	•투자자와 그 밖의 시장참여자가 정보에 입각한 경제적 의사결정을 내릴 수 있도록 재무정보의 국제적 비교가능성과 정보의 질을 향상시킴으로써 투명성에 기여함.
	책임성을 강화	•자본제공자·자본수탁자 간의 정보격차를 줄임으로써 책임성을 강화함. →개념체계에 기반한 회계기준은 경영진의 책임을 묻기 위해 필요한 정보를 제공함. →국제적으로 비교가능한 정보의 원천으로서 이 회계기준은 전 세계 규제기관에게도 매우 중요함.
	경제적 효율성에 기여	•투자자에게 전 세계의 기회와 위험을 파악하도록 도움을 주어 자본 배분을 향상시킴으로써 경제적 효율성에 기여함. →기업이 개념체계에 기반한 신뢰성 있는 단일의 회계 언어를 사용하는 것은 자본비용을 감소시키고 국제보고 비용을 절감시킴.

객관식 확인학습

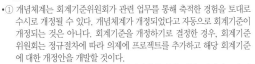 **이론적용연습**

1. 재무보고를 위한 개념체계에 관한 설명으로 옳은 것은 어느 것인가?

① 개념체계는 재무제표의 작성과 표시에 있어 기초가 되는 개념이므로, 개념체계와 특정 K-IFRS가 상충하는 경우 개념체계에 따라 처리하여야 한다.

② 개념체계는 한국회계기준위원회가 일관된 개념에 기반하여 한국채택국제회계기준을 제·개정하는데 도움을 준다.

③ 예측가치와 확인가치가 모두 있는 재무정보만 의사결정에 차이가 나도록 할 수 있다.

④ 개념체계에 의하면 재무정보의 유용성은 비교가능하고 검증가능하며, 적시성이 있고 충실하게 표현될 때 보강된다.

⑤ 개념체계는 재무회계의 기본이론을 정리한 것이므로 환경이나 정책의 변화에 따라 변화될 수 없다.

내비게이션

• ① 개념체계는 회계기준이 아니다. 따라서 개념체계의 어떠한 내용도 회계기준이나 그 요구사항에 우선하지 아니한다.
③ 재무정보에 예측가치, 확인가치 또는 이 둘 모두가 있다면 그 재무정보는 의사결정에 차이가 나도록 할 수 있다.(후술함!)
④ 재무정보가 비교가능하고, 검증가능하며, 적시성 있고, 이해가능한 경우 그 재무정보의 유용성은 보강된다.(후술함!)
⑤ 개념체계는 회계기준위원회가 관련 업무를 통해 축적한 경험을 토대로 수시로 개정될 수 있다.

2. 재무보고를 위한 개념체계의 목적과 위상에 대한 설명이다. 가장 옳은 것은?

① 개념체계는 회계기준위원회가 관련 업무를 통해 축적한 경험을 토대로 수시로 개정될 수 있다. 개념체계가 개정되면 자동으로 회계기준이 개정된다.

② 회계기준위원회의 업무는 세계 경제에서의 신뢰, 성장, 장기적 금융안정을 조성함으로써 보고기업의 이익에 기여하는 것이다.

③ 일반목적 재무보고의 목적을 달성하기 위해 회계기준위원회는 개념체계의 관점에서 벗어난 요구사항을 정하는 경우가 있을 수 있으며, 만약, 회계기준위원회가 그러한 사항을 정한다면, 해당 기준서의 결론도출근거에 그러한 일탈에 대해 설명할 것이다.

④ 개념체계는 회계기준이 아니다. 그러나 경우에 따라서는 개념체계의 내용이 회계기준이나 회계기준의 요구사항에 우선할 수도 있다.

⑤ 개념체계는 회계기준위원회의 공식 임무에 기여한다. 이 임무는 전 세계 금융시장에 투명성, 책임성, 신뢰성을 제공하는 회계기준을 개발하는 것이

내비게이션

• ① 개념체계는 회계기준위원회가 관련 업무를 통해 축적한 경험을 토대로 수시로 개정될 수 있다. 개념체계가 개정되었다고 자동으로 회계기준이 개정되는 것은 아니다. 회계기준을 개정하기로 결정한 경우, 회계기준위원회는 정규절차에 따라 의제에 프로젝트를 추가하고 해당 회계기준에 대한 개정안을 개발할 것이다.

② 회계기준위원회의 업무는 세계 경제에서의 신뢰, 성장, 장기적 금융안정을 조성함으로써 공공이익에 기여하는 것이다.

④ 개념체계는 회계기준이 아니다. 따라서 개념체계의 어떠한 내용도 회계기준이나 그 요구사항에 우선하지 아니한다.

⑤ 개념체계는 회계기준위원회의 공식 임무에 기여한다. 이 임무는 전 세계 금융시장에 투명성, 책임성, 효율성을 제공하는 회계기준을 개발하는 것이다.

3. 재무보고를 위한 개념체계에 관한 설명으로 옳지 않은 것은?

① 중요성은 개별 기업 재무보고서 관점에서 해당 정보와 관련된 항목의 성격이나 규모 또는 이 둘 모두에 근거하여 해당 기업에 특유한 측면의 목적적합성을 의미한다.

② 재무보고를 위한 개념체계는 외부 이용자를 위한 재무보고의 기초가 되는 개념이므로 한국채택국제회계기준이다.

③ 일반목적재무보고서는 보고기업의 가치를 보여주기 위해 고안된 것이 아니다. 그러나 일반목적재무보고서는 현재 및 잠재적 투자자, 대여자와 그 밖의 채권자가 보고기업의 가치를 추정하는데 도움이 되는 정보를 제공한다.

④ 목적적합한 재무정보는 이용자들의 의사결정에 차이가 나도록 할 수 있다.

⑤ 표현충실성은 모든 면에서 정확한 것을 의미하지는 않는다.

내비게이션

• 개념체계는 회계기준이 아니므로 개념체계의 어떠한 내용도 회계기준이나 그 요구사항에 우선하지 아니한다.
• ①,③,④,⑤에 대하여는 후술함!

서술형Correction연습

☐ 개념체계는 회계기준이 아니므로 개념체계의 어떠한 내용도 회계기준이나 그 요구사항에 우선하지 아니하지만 개념체계가 개정되면 자동으로 회계기준이 개정된다.

➡ (X) : 개념체계가 개정되었다고 자동으로 회계기준이 개정되는 것은 아니다.

이론과기출 제2강 ━ 일반목적재무보고

의의	**주요이용자**	• 일반목적재무보고서가 대상으로 하는 주요이용자는 다음과 같다. 　**현재 및 잠재적 투자자, 대여자와 그 밖의 채권자** ➡ 일반목적재무보고서는 기타집단(감독당국, 일반대중)을 주요대상으로 하지 않음. ➡ 경영진은 그들이 필요로 하는 재무정보를 내부에서 구할 수 있기 때문에 일반목적재무보고서에 의존할 필요가 없음. 　**·주의** ∴규정상 경영진, 감독당국, 일반대중은 주요이용자가 아님!
	목적	• 일반목적재무보고의 목적은 현재 및 잠재적 투자자, 대여자와 그 밖의 채권자가 기업에 자원을 제공하는 것과 관련한 의사결정을 할 때 유용한 보고기업 재무정보를 제공하는 것임. ➡ 그러나, 일반목적재무보고서는 현재 및 잠재적 투자자, 대여자와 그 밖의 채권자가 필요로 하는 모든 정보를 제공하지는 않으며 제공할 수도 없음. ➡ 일반목적재무보고서는 보고기업의 가치를 보여주기 위해 고안된 것이 아님. 　그러나, 현재 및 잠재적 투자자, 대여자와 그 밖의 채권자가 보고기업의 가치를 추정하는데 도움이 되는 정보를 제공함. 　**말장난** 일반목적재무보고서는 보고기업의 가치를 보여주기 위해 고안된 것이다(X)
	한계	• 재무보고서는 정확한 서술보다는 상당 부분 추정, 판단, 모형에 근거함. ➡ ∴개념체계는 그 추정, 판단, 모형의 기초가 되는 개념을 정함.

참고 개념체계의 재무보고서·재무보고는 각각 일반목적재무보고서·일반목적재무보고를 말함.

제공정보	**경제적 자원과 청구권**	• 보고기업의 경제적 자원과 청구권의 성격·금액에 대한 정보는 이용자들이 보고기업의 재무적 강점과 약점을 식별하는 데 도움을 줄 수 있음. ➡ 그 정보는 이용자들이 보고기업의 유동성과 지급능력, 추가적인 자금 조달의 필요성 및 그 자금 조달이 얼마나 성공적일지를 평가하는 데 도움을 줄 수 있음. ➡ 현재 청구권의 우선순위와 지급 요구사항에 대한 정보는 이용자들이 기업에 청구권이 있는 자들에게 미래 현금흐름이 어떻게 분배될 것인지를 예측하는 데 도움이 됨.
	경제적 자원 및 청구권의 변동	• 보고기업의 경제적 자원과 청구권의 변동은 그 기업의 재무성과(영업활동), 채무상품·지분상품의 발행(자본조달과정)과 같은 그밖의 사건·거래에서 발생함.
	발생기준 회계가 반영된 재무성과	• 발생기준 회계가 중요한 이유는 보고기업의 경제적 자원과 청구권 그리고 기간 중 그 변동에 관한 정보는 그 기간 동안의 현금수취와 지급만의 정보보다 기업의 과거 및 미래 성과를 평가하는 데 더 나은 근거를 제공하기 때문임.
	과거 현금흐름이 반영된 재무성과	• 기업의 미래 순현금유입 창출능력을 평가하는데 도움이 됨. ➡ 현금흐름에 대한 정보는 보고기업의 영업을 이해하고, 재무활동과 투자활동을 평가하며, 유동성이나 지급능력을 평가하고, 재무성과에 대한 그 밖의 정보를 해석하는데 도움이 됨.
	재무성과에 기인하지 않은 경제적 자원 및 청구권의 변동	• 보고기업의 경제적 자원과 청구권은 소유지분(지분상품) 발행과 같이 재무성과 외의 사유로도 변동될 수 있음.

참고 일반목적재무보고서는 경제적자원 사용에 관한 정보도 제공하며, 이는 기업의 경제적 자원에 대한 경영자의 수탁책임을 평가(해당 자원에 대한 경영자의 관리를 평가)할 수 있도록 도움을 줌.

객관식 확인학습 ── 이론적용연습

1. 일반목적재무보고에 관한 설명으로 옳지 않은 것은?

① 현재 및 잠재적 투자자, 대여자와 그 밖의 채권자에 해당하지 않는 기타 당사자들(예를 들어, 감독당국)이 일반목적재무보고서가 유용하다고 여긴다면 이들도 일반목적재무보고의 주요 대상에 포함한다.

② 일반목적재무보고서는 현재 및 잠재적 투자자, 대여자와 그 밖의 채권자가 필요로 하는 모든 정보를 제공하지는 않으며 제공할 수도 없다. 그 이용자들은, 예를 들어, 일반 경제적 상황 및 기대, 정치적 사건과 정치 풍토, 산업 및 기업 전망과 같은 다른 원천에서 입수한 관련 정보를 고려할 필요가 있다.

③ 재무보고서는 정확한 서술보다는 상당 부분 추정, 판단 및 모형에 근거한다.

④ 일반목적재무보고서는 보고기업의 가치를 보여주기 위해 고안된 것이 아니다. 그러나 그것은 현재 및 잠재적 투자자, 대여자와 그 밖의 채권자가 보고기업의 가치를 추정하는 데 도움이 되는 정보를 제공한다.

⑤ 일반목적재무보고의 목적은 현재 및 잠재적 투자자, 대여자와 그 밖의 채권자가 기업에 자원을 제공하는 것에 대한 의사결정을 할 때 유용한 보고기업 재무정보를 제공하는 것이다. 그 의사결정은 지분상품 및 채무상품의 매수, 매도 또는 보유, 대여 및 기타 형태의 신용 제공 또는 결제, 기업의 경제적자원 사용에 영향을 미치는 경영진의 행위에 대한 의결권 또는 영향을 미치는 권리를 행사하는 것을 포함한다.

📺 **내비게이션**

• 감독당국, 일반대중 등도 일반목적재무보고서가 유용하다고 여길 수 있다. 그렇더라도 일반목적재무보고서는 이러한 기타 집단을 주요 대상으로 한 것이 아니다. 즉, 현재 및 잠재적 투자자, 대여자와 그 밖의 채권자만 일반목적재무보고의 주요대상에 포함한다.

2. 다음은 재무보고를 위한 개념체계 중 일반목적재무보고의 목적에 관한 설명이다. 이 중 옳지 않은 것은?

① 현재 및 잠재적 투자자, 대여자와 그 밖의 채권자는 일반목적재무보고서가 대상으로 하는 주요 이용자이다.

② 일반목적재무보고서는 현재 및 잠재적 투자자, 대여자와 그 밖의 채권자가 필요로 하는 모든 정보를 제공하지는 않으며 제공할 수도 없다.

③ 일반목적재무보고서는 현재 및 잠재적 투자자, 대여자와 그 밖의 채권자가 보고기업의 가치를 추정하는 데 도움이 되는 정보를 제공한다.

④ 회계기준위원회는 회계기준을 제정할 때 주요 이용자 최대 다수의 수요를 충족하는 정보를 제공하기 위해 노력할 것이다.

⑤ 보고기업의 경영진도 해당 기업에 대한 재무정보에 관심이 있기 때문에 일반목적재무보고서에 의존할 필요가 있다.

📺 **내비게이션**

• 경영진은 필요로 하는 재무정보를 내부에서 구할 수 있기 때문에 일반목적재무보고서에 의존할 필요가 없다.

3. 재무보고를 위한 개념체계에서 규정하는 일반목적재무보고와 관련하여 가장 타당하지 않은 것은?

① 재무보고서는 정확한 서술보다는 상당 부분 추정, 판단 및 모형에 근거하며, 개념체계는 그 추정, 판단 및 모형의 기초가 되는 개념을 정한다.

② 일반목적재무보고서는 보고기업의 가치를 보여주기 위해 고안된 것이므로 현재 및 잠재적 투자자, 대여자와 그 밖의 채권자가 보고기업의 가치를 추정하는 데 필수적인 정보를 제공한다.

③ 감독당국 그리고 일반대중도 일반목적재무보고서가 유용하다고 여길 수 있으나 일반목적재무보고서는 이러한 기타 집단을 주요 대상으로 한 것이 아니다.

④ 보고기업의 경영진도 해당 기업에 대한 재무정보에 관심이 있으나 경영진은 그들이 필요로 하는 재무정보를 내부에서 구할 수 있기 때문에 일반목적재무보고서에 의존할 필요가 없다.

⑤ 일반목적재무보고서는 현재 및 잠재적 투자자, 대여자와 그 밖의 채권자가 필요로 하는 모든 정보를 제공하지는 않으며 제공할 수도 없다.

📺 **내비게이션**

• 일반목적재무보고서는 보고기업의 가치를 보여주기 위해 고안된 것이 아니다. 그러나 그것은 현재 및 잠재적 투자자, 대여자와 그 밖의 채권자가 보고기업의 가치를 추정하는 데 도움이 되는 정보를 제공한다.

서술형 Correction 연습

☐ 일반목적재무보고서가 대상으로 하는 주요이용자에는 현재 투자자는 포함하나 잠재적 투자자는 포함하지 않는다.

➡ (X) : 현재의 투자자, 대여자와 그 밖의 채권자 뿐만 아니라 잠재적 투자자, 대여자와 그 밖의 채권자도 포함한다.

☐ 보고기업의 경제적 자원 및 청구권의 변동은 그 기업의 재무성과에서만 발생한다.

➡ (X) : 재무성과뿐만 아니라 채무상품·지분상품의 발행과 같은 그 밖의 사건이나 거래에서 발생한다.

Answer　1. ①　2. ⑤　3. ②

이론과기출 제3강 ⬤ 재무정보의 질적특성 : 근본적 질적특성

개요	❖재무정보가 유용하기 위해서는 목적적합해야 하고 나타내고자 하는 바를 충실하게 표현해야 함. ❖재무정보가 비교가능하고, 검증가능하며, 적시성 있고, 이해가능시는 그 재무정보의 유용성은 보강됨.		

재무정보의 질적특성	구성요소	포괄적 제약요인
근본적 질적특성	목적적합성 / 표현충실성	원가
보강적 질적특성	비교가능성 / 검증가능성 / 적시성 / 이해가능성	

보론 유용한 재무정보의 질적특성(근본적 질적특성과 보강적 질적특성)은 재무제표에서 제공되는 재무정보뿐만 아니라 그 밖의 방법으로 제공되는 재무정보에도 적용됨.

목적적합성	❖목적적합한 재무정보는 이용자들의 의사결정에 차이가 나도록 할 수 있음. ❖정보는 일부 이용자들이 이를 이용하지 않기로 선택하거나 다른 원천을 통하여 이미 이를 알고 있다고 할 지라도 의사결정에 차이가 나도록 할 수 있음.	
	예측가치와 확인가치	① 재무정보에 예측가치, 확인가치 또는 이 둘 모두가 있다면 그 재무정보는 의사결정에 차이가 나도록 할 수 있음. ➡이용자들이 미래 결과를 예측하기 위해 사용하는 절차의 투입요소로 재무정보가 사용될 수 있다면, 그 재무정보는 예측가치를 갖음. ➡재무정보가 과거 평가에 대해 피드백을 제공한다면(과거 평가를 확인하거나 변경시킨다면) 확인가치를 갖음. ② 재무정보가 예측가치를 갖기 위해서 그 자체가 예측치 또는 예상치일 필요는 없음. **말장난** 예측가치를 갖기 위해서 그 자체가 예측치이어야 한다(X) ③ 재무정보의 예측가치와 확인가치는 상호 연관되어 있음. ➡예측가치를 갖는 정보는 확인가치도 갖는 경우가 많음.
	중요성	① 정보가 누락되거나 잘못 기재된 경우 일반목적재무보고서에 근거하여 이루어지는 주요 이용자들의 의사결정에 영향을 줄 수 있다면 그 정보는 중요한 것임 ② 중요성은 개별기업 재무보고서 관점에서 해당 정보와 관련된 항목의 성격이나 규모 또는 이 둘 모두에 근거하여 해당 기업에 특유한 측면의 목적적합성을 의미함. **+주의** 따라서, 회계기준위원회는 중요성에 대한 획일적인 계량 임계치를 정하거나 특정한 상황에서 무엇이 중요한 것인지를 미리 결정할 수 없음.(즉, 중요성은 기업마다 다르므로 회계기준위원회가 사전에 규정할 수 없음.)

표현충실성	❖목적적합한 현상을 표현하는 것뿐만 아니라 나타내고자 하는 현상의 실질을 충실하게 표현해야 함. ❖완벽한 표현충실성을 위해서는 서술은 완전하고, 중립적이며, 오류가 없어야 할 것임.	
	완전한 서술	•완전한 서술은 필요한 기술과 설명을 포함하여 이용자가 서술되는 현상을 이해하는 데 필요한 모든 정보를 포함하는 것임.
	중립적 서술	•중립적 서술은 재무정보의 선택이나 표시에 편의가 없는 것임. •중립적 정보는 목적이 없거나 행동에 대한 영향력이 없는 정보를 의미하지 않음. •중립성은 신중을 기함으로써 뒷받침됨. **+주의** 신중을 기하는 것이 비대칭의 필요성(예 자산이나 수익을 인식하기 위해서는 부채나 비용을 인식할 때보다 더욱 설득력 있는 증거가 뒷받침되어야 한다는 구조적인 필요성)을 내포하는 것은 아님.
	오류없는 서술	•표현충실성은 모든 면에서 정확한 것을 의미하지는 않음. •오류가 없다는 것은 현상의 기술에 오류나 누락이 없고, 보고 정보를 생산하는 데 사용되는 절차의 선택과 적용시 절차상 오류가 없음을 의미함 ➡즉, 오류가 없다는 것은 모든 면에서 완벽, 정확하다는 것을 의미하지는 않음. •합리적 추정치의 사용은 재무정보 작성에 필수적인 부분이며, 측정불확실성이 높은 수준이더라도 그러한 추정이 무조건 유용한 재무정보를 제공치 못하는 것은 아님.

객관식 확인학습 ⊃ **이론적용연습**

1. 재무보고를 위한 개념체계 내용 중 재무정보의 질적 특성에 관한 설명으로 옳은 것은?

① 개념체계는 유용한 정보가 되기 위한 근본적 질적 특성을 적용하는데 있어서 가장 효율적이고 효과적인 일반적 절차를 제시하고 있지는 않다.

② 일관성은 비교가능성과 관련은 되어 있지만 동일하지는 않다. 즉, 일관성은 목표이고, 비교가능성은 그 목표를 달성하는 데 도움을 준다고 할 수 있다.

③ 오류가 없다는 것은 현상의 기술에 오류나 누락이 없고, 보고 정보를 생산하는 데 사용되는 절차의 선택과 적용시 절차상 오류가 없음을 의미하는 것이므로 표현충실성은 모든 측면에서 정확함을 의미한다.

④ 중요성은 개별 기업 재무보고서 관점에서 해당 정보와 관련된 항목의 성격이나 규모 또는 이 둘 모두에 근거하여 해당 기업에 특유한 측면의 목적적합성을 의미한다.

⑤ 재무보고서는 사업활동과 경제활동에 대해 합리적인 지식이 있고, 부지런히 정보를 검토하고 분석하는 이용자들 보다는 모든 수준의 이용자들이 자력으로 이해할 수 있도록 작성되어야 한다.

냅바레이션

• ① 근본적 질적 특성을 적용하기 위한 가장 효율적이고 효과적인 일반적인 절차를 제시하고 있다.(보론 '근본적 질적특성의 적용' 참조!)
② 비교가능성은 목표이고 일관성은 그 목표를 달성하는 데 도움을 준다.(후술하는 '보강적 질적특성' 참조!)
③ 표현충실성은 모든 면에서 정확한 것을 의미하지는 않는다.
⑤ 재무보고서는 사업활동과 경제활동에 대해 합리적인 지식이 있고, 부지런히 정보를 검토하고 분석하는 이용자들을 위해 작성된다. 때로는 박식하고 부지런한 이용자들도 복잡한 경제적 현상에 대한 정보를 이해하기 위해 자문가의 도움을 받는 것이 필요할 수 있다.(후술하는 '보강적 질적특성' 참조!)

2. 재무보고를 위한 개념체계 중 '유용한 재무정보의 질적 특성'에 관한 다음 설명 중 옳지 않은 것은?

① 유용한 재무정보의 질적 특성은 재무보고서에 포함된 정보(재무 정보)에 근거하여 보고기업에 대한 의사결정을 할 때 현재 및 잠재적 투자자, 대여자와 그 밖의 채권자에게 가장 유용할 정보의 유형을 식별하는 것이다.

② 유용한 재무정보의 질적 특성은 재무제표에서 제공되는 재무정보에 적용되며, 그 밖의 방법으로 제공되는 재무정보에는 적용 되지 않는다.

③ 목적적합한 재무정보는 정보이용자의 의사결정에 차이가 나도록 할 수 있다. 정보는 일부 정보이용자가 이를 이용하지 않기로 선택하거나 다른 원천을 통하여 이미 이를 알고 있다고 할지라도 의사결정에 차이가 나도록 할 수 있다.

④ 재무정보의 예측가치와 확인가치는 상호 연관되어 있으며, 예측 가치를 갖는 정보는 확인가치도 갖는 경우가 많다.

⑤ 중립성은 신중을 기함으로써 뒷받침되지만, 신중을 기하는 것이 비대칭의 필요성을 내포하는 것은 아니다.

냅바레이션

• 유용한 재무정보의 질적 특성은 재무제표에서 제공되는 재무정보뿐만 아니라 그 밖의 방법으로 제공되는 재무정보에도 적용된다.

보론	**근본적 질적특성의 적용**

1 적용절차

근본적 질적 특성을 적용하기 위한 가장 효율적이고 효과적인 절차는 일반적으로 다음과 같음.

첫째	•이용자들에게 유용할 수 있는 정보의 대상이 되는 경제적 현상을 식별
둘째	•그 현상에 대한 가장 목적적합한 정보의 유형을 식별
셋째	•그 정보가 이용가능한지, 그리고 경제적 현상을 충실하게 표현할 수 있는지 결정

2 절차의 적용

정보가 근본적 질적특성을 충족O	•근본적 질적 특성의 충족 절차는 그 시점에 끝남.
정보가 근본적 질적특성을 충족X	•차선의 목적적합한 유형의 정보에 대해 절차를 반복함.

3 절충(trade-off)

경우에 따라 경제적 현상에 대한 유용한 정보를 제공한다는 재무보고의 목적을 달성하기 위해 근본적 질적 특성 간 절충이 필요할 수도 있음.

서술형Correction연습

☐ 재무정보가 유용하기 위해서는 목적적합성과 신뢰성이라는 두 가지 근본적 질적특성을 갖추어야 한다.

➡ (X) : 근본적 질적특성은 목적적합성과 표현충실성이다.

☐ 재무정보가 예측가치를 가지기 위해서는 그 자체가 예측치 또는 예상치이어야 한다.

➡ (X) : 그 자체가 예측치 또는 예상치일 필요는 없다.

☐ 회계기준위원회는 중요성에 대한 획일적인 계량 임계치를 정하거나 특정한 상황에서 무엇이 중요한 것인지를 미리 결정하여야 한다.

➡ (X) : 미리 결정할 수 없음.

시험중요도 ★★★

이론과기출 제4강 ⟩ 재무정보의 질적특성 : 보강적 질적특성

비교가능성	의의	• 비교가능성은 이용자들이 항목간의 유사점과 차이점을 식별하고 이해할 수 있게 하는 질적 특성임. ➡ 단 하나의 항목에 관련된 것이 아니므로, 비교하려면 최소한 두 항목이 필요함. ➡ 하나의 경제적 현상은 여러 가지 방법으로 충실하게 표현될 수 있으나, 동일한 경제적 현상에 대해 대체적인 회계처리방법을 허용하면 비교가능성이 감소함. ➡ 근본적 질적특성을 충족하면 어느 정도의 비교가능성은 달성될 수 있을 것임.
	일관성	• 일관성은 한 보고기업내에서 기간간 또는 같은기간 동안에 기업간, 동일한 항목에 대해 동일한 방법을 적용하는 것을 말함. ➡ 일관성은 비교가능성과 관련은 되어 있지만 동일하지는 않음. ➡ 비교가능성은 목표이고 일관성은 그 목표를 달성하는 데 도움을 줌.
	참고	비교가능성은 통일성이 아니며, 정보가 비교가능하기 위해서는 비슷한 것은 비슷하게 보여야 하고 다른 것은 다르게 보여야함.
검증가능성	의의	• 검증가능성은 정보가 나타내고자 하는 경제적 현상을 충실히 표현하는지를 이용자들이 확인하는데 도움을 줌. ➡ 검증가능성은 합리적인 판단력이 있고 독립적인 서로 다른 관찰자가 어떤 서술이 표현충실성이라는데, 비록 반드시 완전히 일치하지는 않더라도, 합의에 이를 수 있다는 것을 의미함. 주의 계량화된 정보가 검증가능하기 위해서 단일 점 추정치이어야 할 필요는 없음. 가능한 금액의 범위 및 관련된 확률도 검증될 수 있음.
	검증방법	직접검증 • 현금을 세는 것과 같이 직접적인 관찰을 통하여 금액·표현을 검증하는 것
		간접검증 • 모형, 공식, 그 밖의 기법에의 투입요소를 확인하고 같은 방법을 사용하여 그 결과를 재계산하는 것
적시성	의의	• 적시성은 의사결정에 영향을 미칠 수 있도록 의사결정자가 정보를 제때에 이용가능하게 하는 것을 의미함.
	유용성 감소	• 일반적으로 정보는 오래될수록 유용성이 낮아짐. ➡ 그러나 일부 정보는 보고기간말 후에도 오랫동안 적시성이 있을 수 있음.(∵일부 정보이용자는 보고기간말 후에도 추세를 식별하고 평가할 필요가 있을 수 있기 때문임.) 말장난 보고기간말 후에는 적시성이 사라진다.(X)
이해가능성	의의	• 정보를 명확하고 간결하게 분류하고, 특징지으며, 표시하는 것은 정보를 이해가능하게 함. ➡ 일부 현상은 본질적으로 복잡하여 이해하기 쉽지 않음. 그 현상에 대한 정보를 재무보고서에서 제외하면 그 재무보고서의 정보를 더 이해하기 쉽게 할 수 있음. 그러나 그 보고서는 불완전하여 잠재적으로 오도할 수 있음.
	대상	• 재무보고서는 사업활동과 경제활동에 대해 합리적인 지식이 있고, 부지런히 정보를 검토하고 분석하는 이용자들을 위해 작성됨.
적용		• 보강적 질적특성은 가능한 한 극대화되어야 함. ➡ 그러나 보강적 질적특성은 정보가 목적적합하지 않거나 나타내고자 하는 바를 충실하게 표현하지 않으면, 개별적으로든 집단적으로든 그 정보를 유용하게 할 수 없음. • 보강적 질적특성을 적용하는 것은 어떤 규정된 순서를 따르지 않는 반복적인 과정이며, 때로는 하나의 보강적 질적특성이 다른 질적 특성의 극대화를 위해 감소되어야 할 수도 있음.
원가제약		• 원가는 재무보고로 제공될 수 있는 정보에 대한 포괄적 제약요인임. ➡ 재무정보의 보고에는 원가가 소요되고, 정보 보고의 효익이 그 원가를 정당화한다는 것이 중요함. ➡ 모든 이용자가 목적적합하다고 보는 모든 정보를 일반목적재무보고서에서 제공은 가능치 않음.

객관식 확인학습 · 이론적용연습

1. 재무보고를 위한 개념체계에 관한 설명으로 옳지 않은 것은?

① 목적적합하고 충실하게 표현된 정보의 유용성을 보강시키는 질적 특성으로는 비교가능성, 검증가능성, 중립성 및 이해가능성이 있다.

② 새로운 회계기준의 전진 적용으로 인한 비교가능성의 일시적 감소는 장기적으로 목적적합성이나 표현충실성을 향상시키기 위해 감수할 수도 있다.

③ 재무정보가 유용하기 위해서는 목적적합해야 하고 나타내고자 하는 바를 충실하게 표현해야 한다. 따라서 목적적합성과 표현충실성은 근본적 질적 특성이다.

④ 검증가능성은 합리적인 판단력이 있고 독립적인 서로 다른 관찰자가 어떤 서술이 표현충실성에 있어, 비록 반드시 완전히 일치하지는 않더라도, 합의에 이를 수 있다는 것을 의미한다.

⑤ 표현충실성은 모든 면에서 정확한 것을 의미하지는 않는다. 오류가 없다는 것은 현상의 기술에 오류나 누락이 없고, 보고 정보를 생산하는 데 사용되는 절차의 선택과 적용시 절차상 오류가 없음을 의미한다.

 내비게이션
• 중립성(X) → 적시성(O)

2. 재무정보의 질적 특성에 관한 설명으로 옳지 않은 것은?

① 유용한 재무정보의 근본적 질적 특성은 목적적합성과 표현충실성이다. 유용한 재무정보의 질적 특성은 재무제표에서 제공되는 재무정보에도 적용되며, 그 밖의 방법으로 제공되는 재무정보에도 적용된다.

② 비교가능성, 검증가능성, 적시성 및 이해가능성은 목적적합하고 충실하게 표현된 정보의 유용성을 보강시키는 질적 특성이다. 보강적 질적 특성을 적용하는 것은 어떤 규정된 순서를 따르지 않는 반복적인 과정이다. 때로는 하나의 보강적 질적 특성이 다른 질적 특성의 극대화를 위해 감소되어야 할 수도 있다.

③ 검증가능성은 합리적인 판단력이 있고 독립적인 서로 다른 관찰자가 어떤 서술이 표현충실성이라는 데, 비록 반드시 완전히 일치하지는 않더라도, 합의에 이를 수 있다는 것을 의미한다. 계량화된 정보가 검증가능하기 위해서 단일 점 추정치이어야 한다.

④ 표현충실성은 모든 면에서 정확한 것을 의미하지는 않는다. 오류가 없다는 것은 현상의 기술에 오류나 누락이 없고, 보고 정보를 생산하는 데 사용되는 절차의 선택과 적용시 절차상 오류가 없음을 의미한다. 이 맥락에서 오류가 없다는 것은 모든 면에서 완벽하게 정확하다는 것을 의미하지는 않는다.

⑤ 목적적합한 재무정보는 이용자들의 의사결정에 차이가 나도록 할 수 있다. 재무정보에 예측가치, 확인가치 또는 이 둘 모두가 있다면 그 재무정보는 의사결정에 차이가 나도록 할 수 있다.

 내비게이션
• 단일 점 추정치이어야 할 필요는 없다.

3. 재무정보의 질적 특성에 관한 설명으로 옳지 않은 것은?

① 중요성은 개별 기업 재무보고서 관점에서 해당 정보와 관련된 항목의 성격이나 규모 또는 이 둘 모두에 근거하여 해당 기업에 특유한 측면의 목적적합성을 의미한다.

② 완벽한 표현충실성을 위해서는 서술은 완전하고, 중립적이며, 오류가 없어야 한다.

③ 보강적 질적 특성은 만일 어떤 두 가지 방법이 모두 현상에 대하여 동일하게 목적적합한 정보이고 동일하게 충실한 표현을 제공하는 것이라면 이 두 가지 방법 가운데 어느 방법을 그 현상의 서술에 사용해야 할지를 결정하는 데에도 도움을 줄 수 있다.

④ 하나의 경제적 현상은 여러 가지 방법으로 충실하게 표현될 수 있으나, 동일한 경제적 현상에 대해 대체적인 회계처리방법을 허용하면 비교가능성이 감소한다.

⑤ 일관성은 한 보고기업 내에서 기간 간 또는 같은 기간 동안에 기업 간, 동일한 항목에 대해 동일한 방법을 적용하는 것을 의미하므로 비교가능성과 동일한 의미로 사용된다.

 내비게이션
• 일관성은 비교가능성과 관련은 되어 있지만 동일하지는 않다. 비교가능성은 목표이고 일관성은 그 목표를 달성하는 데 도움을 준다.

서술형Correction연습

☐ 일반적으로 정보는 오래될수록 유용성이 낮아지며 보고기간말 후에는 적시성이 사라진다.

➡ (X) : 보고기간말 후에도 오랫동안 적시성이 있을 수 있다.

☐ 하나의 보강적 질적특성이 다른 질적특성의 극대화를 위해 감소되는 경우는 바람직하지 않으며 그러한 정보는 유용한 정보라 할 수 없다.

➡ (X) : 때로는 하나의 보강적 질적 특성이 다른 질적 특성의 극대화를 위해 감소되어야 할 수도 있다.

시험중요도 ★☆☆

| 이론과기출 제5강 | 재무제표와 보고기업 |

	재무제표 목적	•재무제표의 목적은 보고기업에 유입될 미래순현금흐름에 대한 전망과 보고기업의 경제적 자원에 대한 경영진의 수탁책임을 평가하는데 유용한 재무정보(=보고기업의 자산, 부채, 자본, 수익 및 비용에 대한 정보)를 이용자들에게 제공하는 것임
재무제표	**재무제표 범위**	•재무정보는 다음을 통해 제공됨. ❏ 자산, 부채 및 자본이 인식된 재무상태표 ❏ 수익과 비용이 인식된 재무성과표 ➡️예) 포괄손익계산서 ❏ 다음에 관한 정보가 표시되고 공시된 다른 재무제표와 주석 　① 인식된 또는 인식되지 않은 자산, 부채, 자본, 수익 및 비용(그 각각의 성격과 자산 및 부채에서 발생하는 위험에 대한 정보를 포함함) 　② 현금흐름 　③ 자본청구권 보유자의 출자와 그에 대한 분배, 표시되거나 공시된 금액을 추정 하는데 사용된 방법·가정·판단 및 변경
	재무제표에 채택된 관점	•재무제표는 현재 및 잠재적 투자자, 대여자와 그 밖의 채권자 중 특정집단의 관점이 아닌 보고기업 전체의 관점에서 거래 및 그 밖의 사건에 대한 정보를 제공함.
	계속기업가정	❏ 개념체계상 재무제표는 '계속기업'을 가정하여 작성 ➡️재무제표는 일반적으로 보고기업이 계속기업이며 예측가능한 미래에 영업을 계속할 것이라 는 가정하에 작성됨. 따라서, 기업이 청산을 하거나 거래를 중단하려는 의도가 없으며 그럴 필요도 없다고 가정함. ➡️만약, 그러한 의도나 필요가 있다면 재무제표는 계속기업과는 다른 기준에 따라 작성되어야 하며, 그러한 경우라면 사용된 기준을 재무제표에 기술함. **참고** 계속기업관련 파생개념 : 기간개념, 유동성배열, 감가상각, 역사적원가주의

보론 재무제표범위 관련 기타사항

보고기간	•재무제표는 특정기간(보고기간)에 대해 작성됨.
비교정보	•재무제표이용자들이 변화와 추세를 식별하고 평가하는 것을 돕기 위해 재무제표는 최 소한 직전연도에 대한 비교정보를 제공함.
미래정보	•그 정보가 자산·부채·자본·수익·비용과 관련되고 재무제표이용자들에게 유용한 경우 에는, 미래에 발생할 수 있는 거래·사건에 대한 정보(미래전망정보)를 재무제표에 포 함함. →그러나, F/S는 경영진의 기대와 같은 미래전망정보는 제공치 않음.
보고기간후 정보	•재무제표의 목적을 달성하기 위해 보고기간후 발생한 거래 및 그 밖의 사건에 대한 정보를 제공할 필요가 있다면 재무제표에 그러한 정보를 포함함.

	정의	•보고기업은 재무제표를 작성해야 하거나 작성하기로 선택한 기업을 말함 ➡️보고기업은 단일의 실체이거나 어떤 실체의 일부일 수 있으며, 둘 이상의 실체로 구성될 수 도 있음. 또한 보고기업이 반드시 법적 실체일 필요는 없음.
보고기업	**보고기업별 재무제표**	**연결재무제표** | •한기업(지배기업)이 다른기업(종속기업)을 지배하는 경우 지배기업과 종속기업으로 구성되는 그 보고기업의 재무제표
		비연결재무제표 | •보고기업이 지배기업 단독인 경우 그 보고기업의 재무제표 ➡️K-IFRS 기준서에서는 '별도재무제표'라고 불리움.
		결합재무제표 | •보고기업이 지배—종속관계로 모두 연결되어 있지는 않은 둘 이상 실체들로 구성되는 그 보고기업의 재무제표

참고 ① 연결재무제표가 요구되는 경우에는 비연결재무제표가 연결재무제표를 대신할 수 없음.
　　② 지배기업은 연결재무제표에 추가하여 비연결재무제표를 작성하기로 선택할 수 있음.

객관식 확인학습 ─ 이론적용연습

1. 재무보고를 위한 개념체계에서 기술하고 있는 재무제표와 보고기업에 대한 설명이다. 옳지 않은 것은?

① 재무제표는 일반적으로 보고기업이 계속기업이며 예측가능한 미래에 영업을 계속할 것이라는 가정 하에 작성된다. 따라서 기업이 청산을 하거나 거래를 중단하려는 의도가 없으며, 그럴 필요도 없다고 가정한다. 만약 그러한 의도나 필요가 있다면, 재무제표는 계속기업과는 다른 기준에 따라 작성되어야 한다. 그러한 경우라면, 사용된 기준을 재무제표에 기술한다.

② 한 기업(지배기업)이 다른 기업(종속기업)을 지배하는 경우가 있다. 보고기업이 지배기업과 종속기업으로 구성된다면 그 보고기업의 재무제표를 '연결재무제표' 라고 부르며, 보고기업이 지배-종속관계로 모두 연결되어 있지는 않은 둘 이상 실체로 구성된다면 그 보고기업의 재무제표를 '비연결재무제표' 라고 부른다.

③ 재무제표는 기업의 현재 및 잠재적 투자자, 대여자와 그 밖의 채권자 중 특정 집단의 관점이 아닌 보고기업 전체의 관점에서 거래 및 그 밖의 사건에 대한 정보를 제공한다.

④ 재무제표이용자들이 변화와 추세를 식별하고 평가하는 것을 돕기 위해, 재무제표는 최소한 직전 연도에 대한 비교정보를 제공한다.

⑤ 보고기업은 재무제표를 작성해야 하거나 작성하기로 선택한 기업이다. 보고기업은 단일의 실체이거나 어떤 실체의 일부일 수 있으며, 둘 이상의 실체로 구성될 수도 있다. 보고기업이 반드시 법적 실체일 필요는 없다.

 낸비게이션

• 보고기업이 지배-종속관계로 모두 연결되어 있지는 않은 둘 이상 실체들로 구성된다면 그 보고기업의 재무제표를 '결합재무제표'라고 부른다.
• 보고기업이 지배기업 단독인 경우 그 보고기업의 재무제표를 '비연결재무제표'라고 부른다.

2. 재무보고를 위한 개념체계 중 재무제표와 보고기업에 대한 설명으로 가장 틀린 것은?

① 재무제표의 목적은 보고기업에 유입될 미래순현금흐름에 대한 전망과 보고기업의 경제적 자원에 대한 경영진의 수탁책임을 평가하는 데 유용한 보고기업의 자산, 부채, 자본, 수익 및 비용에 대한 재무정보를 재무제표이용자들에게 제공하는 것이다.

② 만약 기업이 청산을 하거나 거래를 중단하려는 의도나 필요가 있다면, 재무제표는 계속기업과는 다른 기준에 따라 작성되어야 한다. 그러한 경우라면, 사용된 기준을 재무제표에 기술한다.

③ 재무제표의 목적을 달성하기 위해 보고기간 후 발생한 거래 및 그 밖의 사건에 대한 정보를 제공할 필요가 있다면 재무제표에 그러한 정보를 포함한다.

④ 비연결재무제표에 제공되는 정보는 일반적으로 지배기업의 현재 및 잠재적 투자자, 대여자 와 그 밖의 채권자의 정보 수요를 충족하기에 충분하지 않다. 따라서 연결재무제표가 요구되는 경우에는 비연결재무제표가 연결재무제표를 대신할 수 없다.

⑤ 재무제표는 기업의 현재 및 잠재적 투자자, 대여자와 그 밖의 채권자 중 특정 집단의 관점에서 거래 및 그 밖의 사건에 대한 정보를 제공한다.

낸비게이션

• 재무제표는 기업의 현재 및 잠재적 투자자, 대여자와 그 밖의 채권자 중 특정 집단의 관점이 아닌 보고기업 전체의 관점에서 거래 및 그 밖의 사건에 대한 정보를 제공한다.

서술형Correction연습

☐ 기업이 청산을 하거나 거래를 중단하려는 필요가 있더라도 계속기업을 가정하여 재무제표를 작성한다.

➡ (X) : 기업이 청산을 하거나 거래를 중단하려는 의도나 필요가 있다면 재무제표는 계속기업과는 다른 기준에 따라 작성되어야 하며, 그러한 경우라면 사용된 기준을 재무제표에 기술함.

☐ 계속기업의 가정은 국제회계기준에서 강조되고 있는 현행원가 측정에 대한 정당성을 제공한다.

➡ (X) : 계속기업의 가정은 역사적원가주의 대해 근거·정당성을 제공한다.

이론과기출 제6강 ▶ **재무제표요소 : 자산(1)**

재무제표 관련요소 개괄	재무상태 요소		경제적자원	☐ 자산
			청구권	☐ 부채, 자본
	재무성과요소		재무성과를 반영하는 경제적자원·청구권의 변동	☐ 수익, 비용
	요소별 정의	자산	•과거사건의 결과로 기업이 통제하는 현재의 경제적자원 ➡경제적자원 : 경제적효익을 창출할 잠재력을 지닌 권리	
		부채	•과거사건의 결과로 기업이 경제적자원을 이전해야 하는 현재의무	
		자본	•기업의 자산에서 모든 부채를 차감한 후의 잔여지분 ➡개념체계의 자본의 정의는 모든 보고기업에 적용됨. ➡자본은 개별적으로 측정되는 것이 아님.(자산·부채의 측정에 따라 결정됨) ➡자본=순자산=소유주청구권=잔여지분=자기자본≠주식의 시가총액	
		수익	•자본증가를 가져오는 자산증가나 부채감소(자본청구권보유자 출자 제외)	
		비용	•자본감소를 가져오는 자산감소나 부채증가(자본청구권보유자 분배 제외)	

자산	권리	형태	•경제적효익을 창출할 잠재력을 지닌 권리는 다음을 포함하여 다양한 형태를 갖음.	
			다른 당사자의 의무에 해당하는 권리	① 현금을 수취할 권리 ② 재화나 용역을 제공받을 권리 ③ 유리한 조건으로 경제적자원을 교환할 권리 ④ 불확실한 특정 미래사건이 발생하면 다른 당사자가 경제적효익을 이전키로 한 의무로 인해 효익을 얻을 권리
			다른 당사자의 의무에 해당하지 않는 권리	⑤ 유형자산 또는 재고자산과 같은 물리적 대상에 대한 권리(물리적 대상 사용권) ⑥ 지적재산 사용권
		성립	•많은 권리들은 계약, 법률 또는 이와 유사한 수단에 의해 성립됨. ➡그러나, 그 밖의 방법으로도 권리를 획득할 수 있음.	
		일시존재	•일부 재화·용역(예 종업원이 제공한 용역)은 제공받는 즉시 소비됨. ➡이 경우 권리는 일시적으로 존재함.	
		자산여부	•기업의 모든 권리가 그 기업의 자산이 되는 것은 아님. ➡권리가 기업의 자산이 되기 위해서는 해당 권리가 그 기업을 위해서 다른 모든 당사자들이 이용가능한 경제적효익을 초과하는 경제적효익을 창출할 잠재력이 있고 그 기업에 의해 통제되어야함. 예를 들어, 유의적인 원가를 들이지 않고 모든 당사자들이 이용가능한 권리를 보유하더라도 일반적으로 그것은 기업의 자산이 아님.(예 토지 위의 도로에 대한 공공권리나 공공재에 접근할 수 있는 권리) •기업은 스스로부터 경제적효익을 획득하는 권리를 가질 수는 없음. ➡따라서, 자기주식은 기업의 경제적자원이 아님.	
		단일자산 회계처리	•원칙적으로 기업의 권리 각각은 별도의 자산이나, 회계목적상 관련되어 있는 여러 권리(예 물리적 대상에 대한 사용권, 판매권, 담보권)가 단일자산인 단일회계단위(예 물리적 대상에 대한 법적소유권)로 취급되는 경우가 많음. ➡즉, 법적소유권에서 발생하는 권리집합은 단일자산으로 회계처리함.	
		불확실성	•경우에 따라 권리의 존재 여부가 불확실할 수 있음. ➡예를들어, 다른 당사자와 분쟁이 있는 경우 존재불확실성이 해결(법원의 판결)될 때까지는 권리(자산)가 존재하는지 불확실함.	

객관식 확인학습 — 이론적용연습

1. 다음은 재무제표와 관련된 요소에 관한 설명이다. 재무보고를 위한 개념체계상 가장 타당하지 않은 것은?

① 기업의 자산에서 모든 부채를 차감한 후의 잔여지분인 자본은 그 기업이 발행한 주식의 시가총액과 일치한다.
② 비용은 자산의 감소 또는 부채의 증가로서 자본의 감소를 가져오며, 자본청구권 보유자에 대한 분배와 관련된 것을 제외한다.
③ 부채는 과거사건의 결과로 기업이 경제적자원을 이전해야 하는 현재의무이다.
④ 많은 경우에 물리적 대상에 대한 법적소유권에서 발생하는 권리의 집합은 단일자산으로 회계처리한다.
⑤ 기업의 모든 권리가 그 기업의 자산이 되는 것은 아니다.

• 자본총액은 주식의 시가총액과 일치하지 않는 것이 일반적이다.

2. 재무보고를 위한 개념체계상 다른 당사자의 의무에 해당하는 권리의 예로 올바르지 않은 것은?

① 재화나 용역을 제공받을 권리
② 유형자산 또는 재고자산과 같은 물리적 대상에 대한 권리
③ 불확실한 특정 미래사건이 발생하면 다른 당사자가 경제적효익을 이전하기로 한 의무로 인해 효익을 얻을 권리
④ 현금을 수취할 권리
⑤ 유리한 조건으로 다른 당사자와 경제적자원을 교환할 권리

• 유형자산 또는 재고자산과 같은 물리적 대상에 대한 권리와 지적재산 사용권은 다른 당사자의 의무에 해당하지 않는 권리의 예에 해당한다.

3. 재무보고를 위한 개념체계의 재무제표 요소와 관련하여 자산에 대한 설명이다. 옳지 않은 것은?

① 자산은 과거사건의 결과로 기업이 통제하는 현재의 경제적자원이다.
② 지적재산 사용권은 다른 당사자의 의무에 해당하지 않는 권리이다.
③ 일부 재화나 용역(예: 종업원이 제공한 용역)은 제공받는 즉시 소비된다. 이러한 재화나 용역으로 창출된 경제적효익을 얻을 권리는 기업이 재화나 용역을 소비하기 전까지 일시적으로 존재한다.
④ 많은 권리들은 계약, 법률 또는 이와 유사한 수단에 의해 성립된다.
⑤ 권리가 기업의 자산이 되기 위해서는 해당 권리가 그 기업을 위해서 다른 모든 당사자들이 이용가능한 경제적효익과 동일한 경제적효익을 창출할 잠재력이 있고 그 기업에 의해 통제되어야 한다.

• 경제적효익과 동일한(X) → 경제적효익을 초과하는(O)

4. 재무보고를 위한 개념체계의 재무제표 요소와 관련하여 가장 타당하지 않은 것은?

① 자본은 기업의 자산에서 모든 부채를 차감한 후의 잔여지분으로 정의되며, 자본의 정의는 모든 보고기업에 적용된다.
② 경우에 따라 권리의 존재 여부가 불확실할 수도 있다.
③ 재무보고를 위한 개념체계에서는 자산의 정의와 관련하여 권리, 경제적효익을 창출할 잠재력, 통제의 세 가지 측면을 설명한다.
④ 기업은 기업 스스로부터 경제적효익을 획득하는 권리를 가질 수도 있다.
⑤ 경제적자원은 경제적효익을 창출할 잠재력을 지닌 권리이다.

• 기업은 기업 스스로부터 경제적효익을 획득하는 권리를 가질 수는 없다. 따라서, 기업이 발행한 후 재매입하여 보유하고 있는 채무상품이나 지분상품(예: 자기주식)은 기업의 경제적자원이 아니다.

서술형Correction연습

□ 수익은 자산의 증가 또는 부채의 감소로서 자본의 증가를 가져오며, 자본청구권 보유자의 출자와 관련된 것을 포함한다.

▶ (X) : 포함한다. (X) → 제외한다. (O)

□ 많은 권리들은 계약, 법률 또는 이와 유사한 수단에 의해 성립되며, 기업은 그 밖의 방법으로는 권리를 획득할 수 없다.

▶ (X) : 예를 들면, 공공의 영역(public domain)에 속하지 않는 노하우의 획득 등과 같이 그 밖의 방법으로도 권리를 획득할 수 있다.

이론과기출 제7강 ◯ 재무제표요소 : 자산(2)

자산	경제적효익을 창출할 잠재력	확신여부	•잠재력이 있기 위해 권리가 경제적효익을 창출할 것이라고 확신할 필요는 없음.
		가능성여부	•경제적효익을 창출할 가능성이 낮더라도 권리가 경제적자원의 정의를 충족할 수 있고, 따라서 자산이 될 수 있음.
		경제적자원	•경제적자원의 가치가 미래경제적효익을 창출할 현재의 잠재력에서 도출되지만, 경제적자원은 그 잠재력을 포함한 현재의 권리이며, 그 권리가 창출할 수 있는 미래경제적효익이 아님. ➡예 매입한 옵션(=콜옵션)은 미래의 어떤 시점에 옵션을 행사하여 경제적효익을 창출할 잠재력에서 그 가치가 도출됨. 그러나 경제적자원은 현재의 권리이며, 그 권리는 미래의 어떤 시점에 옵션을 행사할 수 있다는 것임. 경제적자원은 옵션 행사시 보유자가 받게 될 미래경제적효익이 아님.
		지출여부	•지출의 발생과 자산의 취득은 밀접하게 관련되어 있으나 양자가 반드시 일치하는 것은 아님.(자산취득의 확정적 증거가 될수 없음) ➡관련된 지출이 없더라도 특정 항목이 자산의 정의를 충족하는 것을 배제하지는 않음.(예 증여받은 권리)
	통제	통제여부	•경제적자원의 사용을 지시하고 그로부터 유입될 수 있는 경제적효익을 얻을 수 있는 현재의 능력이 있다면, 그 경제적자원을 통제함. ➡따라서, 일방의 당사자가 경제적자원을 통제하면 다른 당사자는 그 자원을 통제하지 못함.
		지시능력	•경제적자원을 자신의 활동에 투입할 수 있는 권리가 있거나, 다른 당사자가 경제적자원을 그들의 활동에 투입하도록 허용할 권리가 있다면, 그 경제적자원의 사용을 지시할 수 있는 현재의 능력이 있음.
		법적권리	•경제적자원의 통제는 일반적으로 법적 권리를 행사할 수 있는 능력에서 비롯됨. •그러나, 통제는 경제적자원의 사용을 지시하고 이로부터 유입될 수 있는 효익을 얻을 수 있는 현재의 능력이 기업에게만 있도록 할 수 있는 경우에도 발생할 수 있음. ➡노하우(예 코카콜라 원액 제조기술)를 지킬 수 있는 현재능력이 있다면 그 노하우가, 등록된 특허에 의해 보호받지 못하더라도 노하우를 사용할 권리를 통제할 수 있음.
		효익유입	•경제적자원을 통제하기 위해서는 해당 자원의 미래경제적효익이 다른 당사자가 아닌 그 기업에게 직접 또는 간접으로 유입되어야 함. ➡통제의 이러한 측면은 모든 상황에서 해당 자원이 경제적효익을 창출할 것이라고 보장할 수 있음을 의미하지는 않음. 그 대신, 자원이 경제적효익을 창출한다면 기업은 직접 또는 간접으로 그 경제적효익을 얻을 수 있음을 의미함.
		유의적변동	•기업이 경제적자원에 의해 창출되는 경제적효익의 유의적인 변동에 노출된다는 것은 해당 자원을 통제한다는 것을 나타낼 수도 있음.
		대리인	•본인이 통제하는 경제적자원을 대리인이 관리하고 있는 경우, 그 경제적자원은 대리인의 자산이 아님. ➡또한, 본인이 통제하는 경제적자원을 제3자에게 이전할 의무가 대리인에게 있는 경우 이전될 경제적자원은 대리인의 것이 아니라 본인의 경제적자원이기 때문에 그 의무는 대리인의 부채가 아님.

객관식 확인학습 ◯ 이론적용연습

1. 재무보고를 위한 개념체계에 관한 내용으로 옳지 않은 것은?

① 개념체계는 회계기준이 아니므로 개념체계의 어떠한 내용도 회계기준이나 회계기준의 요구사항에 우선하지 아니한다.

② 재무제표를 통해 제공되는 정보가 이용자에게 유용하기 위해 갖추어야 할 속성을 질적 특성이라 하는데, 개념체계에서 제시하는 근본적 질적 특성은 목적적합성과 표현충실성이다.

③ 수익은 자산의 증가 또는 부채의 감소로서 자본의 증가를 가져오며, 자본청구권 보유자의 출자와 관련된 것은 제외한다.

④ 지출의 발생과 자산의 취득은 밀접하게 관련되어 있으므로 정부가 기업에게 무상으로 부여한 권리 또는 기업이 다른 당사자로부터 증여받은 권리는 지출이 없으므로 자산에 포함되지 않는다.

⑤ 재무제표에 인식된 요소들은 화폐단위로 수량화되어 있으므로 측정기준을 선택해야 한다. 측정기준은 측정 대상 항목에 대해 식별된 속성이다.

 낵비게이션

• 지출의 발생과 자산의 취득은 밀접하게 관련되어 있으나 양자가 반드시 일치하는 것은 아니다. 관련된 지출이 없더라도 특정 항목이 자산의 정의를 충족하는 것을 배제하지는 않는다. 예를 들어, 자산은 정부가 기업에게 무상으로 부여한 권리 또는 기업이 다른 당사자로부터 증여받은 권리를 포함할 수 있다.

2. 재무보고를 위한 개념체계의 재무제표 요소와 관련하여 자산에 대한 설명이다. 옳지 않은 것은?

① 잠재력이 있기 위해 권리가 경제적효익을 창출할 것이라고 확신할 필요가 있다.

② 경제적효익을 창출할 가능성이 낮더라도 권리가 경제적자원의 정의를 충족할 수 있고, 따라서 자산이 될 수 있다.

③ 경제적자원은 그 잠재력을 포함한 현재의 권리이며, 그 권리가 창출할 수 있는 미래경제적효익이 아니다.

④ 본인이 통제하는 경제적자원을 대리인이 관리하고 있는 경우, 그 경제적자원은 대리인의 자산이 아니다.

⑤ 경제적자원의 통제는 일반적으로 법적 권리를 행사할 수 있는 능력에서 비롯된다.

 낵비게이션

• 잠재력이 있기 위해 권리가 경제적효익을 창출할 것이라고 확신할 필요는 없다.

3. 재무보고를 위한 개념체계의 재무제표 요소와 관련하여 가장 타당하지 않은 것은?

① 기업은 경제적자원의 사용을 지시하고 그로부터 유입될 수 있는 경제적효익을 얻을 수 있는 현재의 능력이 있다면, 그 경제적자원을 통제한다.

② 경제적자원에 의해 창출되는 경제적효익의 유의적인 변동에 노출된다는 것은 기업이 해당 자원을 통제한다는 것을 나타낼 수도 있다.

③ 지출의 발생과 자산의 취득은 밀접하게 관련되어 있으므로 지출이 없다면 특정 항목은 자산의 정의를 충족할 수 없다.

④ 잠재력이 있기 위해 권리가 경제적효익을 창출할 것이라고 확신할 필요는 없다. 권리가 이미 존재하고, 적어도 하나의 상황에서 그 기업을 위해 다른 모든 당사자들에게 이용가능한 경제적효익을 초과하는 경제적효익을 창출할 수 있으면 된다.

⑤ 기업은 경제적자원을 자신의 활동에 투입할 수 있는 권리가 있거나, 다른 당사자가 경제적자원을 그들의 활동에 투입하도록 허용할 권리가 있다면, 그 경제적자원의 사용을 지시할 수 있는 현재의 능력이 있다.

 낵비게이션

• 지출이 없더라도 특정 항목이 자산의 정의를 충족하는 것을 배제하지는 않는다.

서술형 Correction 연습

☐ 기업이 경제적자원을 통제하기 위해서는 해당 자원의 미래경제적효익이 다른 당사자가 아닌 그 기업에게 직접 유입되어야 한다.

➡ (X) : 직접(X) → 직접 또는 간접으로(O)

☐ 본인이 통제하는 경제적자원을 제3자에게 이전할 의무가 대리인에게 있는 경우 그 의무는 대리인의 부채이다.

➡ (X) : 이전될 경제적자원은 대리인의 것이 아니라 본인의 경제적자원이기 때문에 그 의무는 대리인의 부채가 아니다.

Answer　1. ④　2. ①　3. ③

이론과기출 제8강 ▷ **재무제표요소 : 부채**

부채	충족조건		•부채가 존재하기 위해서는 다음의 세 가지 조건을 모두 충족하여야 함. ① 기업에게 의무가 있다. ② 의무는 경제적자원을 이전하는 것이다. ③ 의무는 과거사건의 결과로 존재하는 현재의무이다.
	의무	정의	•의무란 기업이 회피할 수 있는 실제 능력이 없는 책무·책임을 말함.
		이행대상	•의무는 항상 다른 당사자(예 사람, 다른 기업 등)에게 이행해야 함. •주의 이행대상인 당사자의 신원을 알 필요는 없음.(예 충당부채)
		당사자 회계처리	•한 당사자가 경제적자원을 이전해야 하는 의무가 있는 경우 다른 당사자 는 그 경제적자원을 수취할 권리가 있음. ➡그러나, 한 당사자가 부채를 인식하고 이를 특정 금액으로 측정해야 한다 는 요구사항이 다른 당사자가 자산을 인식하거나 동일한 금액으로 측정해 야 한다는 것을 의미하지는 않음.
		성립	•많은 의무가 계약, 법률 또는 이와 유사한 수단에 의해 성립됨. ➡그러나, 실무관행, 공개한 경영방침, 성명(서)에서 의무가 발생할 수도 있 으며, 그러한 상황에서 발생하는 의무는 '의제의무'라고 불림.
		회피능력	•재무제표가 계속기업기준으로 작성되는 것이 적절하다는 결론은 이전을 회피할 수 있는 실제 능력이 없다는 결론도 내포하고 있음. ➡경제적자원의 이전을 회피할 수 있는 실제 능력이 있는지를 평가시 사용 되는 요소는 책무·책임의 성격에 따라 달라질 수 있음.
		불확실성	•의무가 존재하는지 불확실한 경우가 있음. ➡예를 들어, 법원의 판결로 그 존재의 불확실성이 해소될 때까지는 보상을 요구하는 당사자에게 의무가 있는지 여부가 불확실함.
	경제적자원 이전	확실여부	•의무에는 경제적자원을 다른 당사자에게 이전하도록 요구받게 될 잠재력 이 있어야 하며, 경제적자원의 이전을 요구받을 것이 확실하거나 그 가능 성이 높아야 하는 것은 아님.
		가능성여부	•경제적자원의 이전가능성이 낮더라도 의무가 부채의 정의를 충족할 수 있음.
	과거사건으로 생긴 현재의무	존재조건	•현재의무는 다음 모두에 해당시에만 과거사건의 결과로 존재함. ① 기업이 이미 경제적효익을 얻었거나 조치를 취했을 경우 ② 기업어 이전하지 않아도 되었을 경제적자원을 결과적으로 이전해야 하 거나 이전하게 될 수 있는 경우 ➡기업이 얻은 경제적효익에는 재화나 용역이 포함될 수 있음. ➡기업이 취한 조치에는 특정사업을 운영하거나 특정시장에서 영업하는 것 이 포함될 수 있음. ➡기업이 이전하지 않아도 되었을 경제적자원을 이전하도록 요구받거나 요 구받을 수 있게 하는 경제적 효익의 수취나 조치가 아직 없는 경우, 기업은 경제적자원을 이전해야 하는 현재의무가 없음.
		법률제정	•새로운 법률이 제정되는 경우에는 법률제정 그 자체만으로는 기업에 현재 의무를 부여하기에 충분하지 않음.
		의제의무	•실무관행, 공개된 경영방침, 성명(서)은, 그에 따라 경제적효익을 얻거나 조 치를 위한 결과로, 이전하지 않아도 되었을 경제적자원을 이전해야 하거나 이전하게 될 수도 있는 경우에만 현재의무를 발생시킴.
		미집행의무	•미래의 특정 시점까지 경제적자원의 이전이 집행될 수 없더라도 현재의무 는 존재할 수 있음.

객관식 확인학습 ⟶ 이론적용연습

1. 재무보고를 위한 개념체계상 부채에 관한 설명으로 옳지 않은 것은?

① 의무에는 기업이 경제적자원을 다른 당사자(또는 당사자들)에게 이전하도록 요구받게 될 잠재력이 있어야 하며, 그러한 잠재력이 존재하기 위해서는, 기업이 경제적자원의 이전을 요구받을 것이 확실하거나 그 가능성이 높아야 하는 것은 아니다.

② 미래의 특정 시점까지 경제적자원의 이전이 집행될 수 없더라도 현재의무는 존재할 수 있다.

③ 많은 의무가 계약, 법률 또는 이와 유사한 수단에 의해 성립되며, 당사자(또는 당사자들)가 채무자에게 법적으로 집행할 수 있도록 한다. 그러나 기업이 실무 관행, 공개한 경영방침, 특정 성명(서)과 상충되는 방식으로 행동할 실제 능력이 없는 경우, 기업의 그러한 실무 관행, 경영방침이나 성명(서)에서 의무가 발생할 수도 있다.

④ 의무란 기업이 회피할 수 있는 실제 능력이 없는 책무나 책임을 말하며, 의무는 항상 다른 당사자(또는 당사자들)에게 이행해야 하므로 의무를 이행할 대상인 당사자(또는 당사자들)의 신원을 알아야만 한다.

⑤ 현재의무는 기업이 이미 경제적효익을 얻었거나 조치를 취했고, 그 결과로 기업이 이전하지 않아도 되었을 경제적자원을 이전해야 하거나 이전하게 될 수 있는 경우만 과거사건의 결과로 존재한다.

📻 **내비게이션**

• 의무란 기업이 회피할 수 있는 실제 능력이 없는 책무나 책임을 말한다. 의무는 항상 다른 당사자(또는 당사자들)에게 이행해야 한다. 다른 당사자(또는 당사자들)는 사람이나 또 다른 기업, 사람들 또는 기업들의 집단, 사회 전반이 될 수 있다. 의무를 이행할 대상인 당사자(또는 당사자들)의 신원을 알 필요는 없다.

2. 재무보고를 위한 개념체계상 부채는 과거사건의 결과로 기업이 경제적자원을 이전해야 하는 현재의무로 정의된다. 부채와 관련하여 다음 중 가장 타당하지 않은 것은?

① 한 당사자가 경제적자원을 이전해야 하는 의무가 있는 경우, 다른 당사자(또는 당사자들)는 그 경제적자원을 수취할 권리가 있다. 그러나 한 당사자가 부채를 인식하고 이를 특정 금액으로 측정해야 한다는 요구사항이 다른 당사자(또는 당사자들)가 자산을 인식하거나 동일한 금액으로 측정해야 한다는 것을 의미하지는 않는다.

② 기업이 이전하지 않아도 되었을 경제적자원을 이전하도록 요구받거나 요구받을 수 있게 하는 경제적 효익의 수취나 조치가 아직 없는 경우, 기업은 경제적자원을 이전해야 하는 현재의무가 없다.

③ 미래의 특정 시점까지 경제적자원의 이전이 집행될 수 없다면 현재의무는 존재하지 않는다.

④ 기업이 그 기업을 청산하거나 거래를 중단하는 것으로만 이전을 회피할 수 있고 그 외는 이전을 회피할 수 없다면, 기업의 재무제표가 계속기업 기준으로 작성되는 것이 적절하다는 결론은 그러한 이전을 회피할 수 있는 실제 능력이 없다는 결론도 내포하고 있다.

⑤ 새로운 법률이 제정되는 경우에는, 그 법률의 적용으로 경제적효익을 얻게 되거나 조치를 취한 결과로, 기업이 이전하지 않아도 되었을 경제적자원을 이전해야 하거나 이전하게 될 수도 있는 경우에만 현재의무가 발생한다. 법률제정 그 자체만으로는 기업에 현재의무를 부여하기에 충분하지 않다.

📻 **내비게이션**

• 미래의 특정 시점까지 경제적자원의 이전이 집행될 수 없더라도 현재의무는 존재할 수 있다.

이론과기출 제9강 ▸ 재무제표요소의 회계단위 등

회계단위	회계단위	•회계단위는 인식기준과 측정개념이 적용되는 권리나 권리의 집합, 의무나 의무의 집합 또는 권리와 의무의 집합임. **참고** 일반적으로 인식은 계정과목결정(분개), 측정은 화폐금액결정을 의미함.
	회계단위선택	•어떤 경우에는 인식을 위한 회계단위와 측정을 위한 회계단위를 서로 다르게 선택하는 것이 적절할 수 있음.
	별도회계단위	•자산의 일부 또는 부채의 일부를 이전하는 경우, 그 때 회계단위가 변경되어 이전된 구성 요소와 잔여 구성요소가 별도의 회계단위가 될 수도 있음.
	원가제약	•원가가 다른 재무보고 결정을 제약하는 것처럼, 회계단위 선택도 제약함. ➡따라서, 회계단위를 선택할 때에는 그 회계단위의 선택으로 인해 재무제표이용자들에게 제공되는 정보의 효익이 그 정보를 제공하고 사용하는데 발생한 원가를 정당화할 수 있는지를 고려하는 것이 중요함. •일반적으로 자산, 부채, 수익과 비용의 인식 및 측정에 관련된 원가는 회계단위의 크기가 작아짐에 따라 증가함. **말장난** 회계단위의 크기가 작아짐에 따라 감소한다(X) ➡따라서, 일반적으로 동일한 원천에서 발생하는 권리 또는 의무는 정보가 더 유용하고 그 효익이 원가보다 중요한 경우에만 분리함.
	단일회계단위	•권리와 의무 모두 동일한 원천에서 발생하는 경우가 있음. 그러한 권리와 의무가 상호의존적이고 분리될 수 없다면, 이는 단일하고 불가분의 자산이나 부채를 구성하며, 단일의 회계단위를 형성함. •단일회계단위로 권리와 의무의 집합을 처리하는 것은 자산과 부채를 상계하는 것과 다름. **말장난** 자산과 부채를 상계하는 것과 동일하다(X)
미이행계약	미이행계약	•미이행계약은 계약당사자 모두가 자신의 의무를 전혀 수행하지 않았거나 계약당사자 모두가 동일한 정도로 자신의 의무를 부분적으로 수행한 계약이나 그 계약의 일부를 말함.
	성격	•미이행계약은 경제적자원을 교환할 권리와 의무가 결합되어 성립됨. ➡그러한 권리와 의무는 상호의존적이어서 분리될 수 없음. •따라서 결합된 권리와 의무는 단일자산 또는 단일부채를 구성함. ➡교환조건이 현재 유리할 경우 기업은 자산을 보유하며, 교환조건이 현재 불리한 경우에는 부채를 보유함.
	계약의무이행	•당사자 일방이 계약상 의무를 이행하면 그 계약은 더 이상 미이행계약이 아님. <table><tr><td>보고기업이 계약에 따라 먼저 수행한 경우</td><td>☐ 그렇게 수행하는 것은 보고기업의 경제적자원을 교환할 권리와 의무를 경제적자원을 수취할 권리로 변경하는 사건이 됨. ➲ 그 권리는 자산임.</td></tr><tr><td>다른 당사자가 먼저 수행한 경우</td><td>☐ 그렇게 수행하는 것은 보고기업의 경제적자원을 교환할 권리와 의무를 경제적자원을 이전할 의무로 변경하는 사건이 됨. ➲ 그 의무는 부채임.</td></tr></table>
계약상 권리·의무의 실질	실질보고	•계약조건은 계약당사자인 기업의 권리와 의무를 창출하며, 그러한 권리와 의무를 충실하게 표현하기 위해서는 재무제표에 그 실질을 보고함.
	조건의 고려	•계약의 모든 조건(명시적 또는 암묵적)은 실질이 없지 않은 한 고려되어야 하며, 실질이 없는 조건은 무시됨. ➡조건이 계약의 경제적 측면에서 구별될 수 있는 영향을 미치지 않는다면, 그 조건은 실질이 없음. **말장난** 계약의 모든 조건(명시적 또는 암묵적)은 고려되어야 한다(X)

객관식 확인학습 ○── 이론적용연습

1. 재무보고를 위한 개념체계상 자산과 부채에 관한 설명으로 옳지 않은 것은?

① 미이행계약은 경제적자원을 교환할 권리와 의무가 결합되어 성립된다. 그러한 권리와 의무는 상호의존적이어서 분리될 수 없다. 따라서 결합된 권리와 의무는 단일 자산 또는 단일 부채를 구성한다. 교환조건이 현재 유리할 경우, 기업은 자산을 보유한다. 교환 조건이 현재 불리한 경우에는 부채를 보유한다.

② 계약의 모든 조건(명시적 또는 암묵적)은 고려되어야 한다.

③ 인식기준과 측정개념이 자산이나 부채 그리고 관련 수익과 비용에 어떻게 적용될 것인지를 고려하여, 그 자산이나 부채에 대해 회계단위를 선택한다.

④ 회계단위는 인식기준과 측정개념이 적용되는 권리나 권리의 집합, 의무나 의무의 집합 또는 권리와 의무의 집합이다.

⑤ 당사 일방이 계약상 의무를 이행하면 그 계약은 더 이상 미이행계약이 아니다. 보고기업이 계약에 따라 먼저 수행한다면, 그렇게 수행하는 것은 보고기업의 경제적자원을 교환할 권리와 의무를 경제적자원을 수취할 권리로 변경하는 사건이 된다. 그 권리는 자산이다.

 내비게이션

• 계약의 모든 조건(명시적 또는 암묵적)은 실질이 없지 않은 한 고려되어야 한다. 실질이 없는 조건은 무시된다.

2. 다음은 재무보고를 위한 개념체계 자산과 부채에 대한 내용이다. 가장 타당하지 않은 것은?

① 기업이 자산의 일부 또는 부채의 일부를 이전하는 경우, 그 때 회계단위가 변경되어 이전된 구성요소와 잔여 구성요소가 별도의 회계단위가 될 수도 있다.

② 계약 조건은 계약당사자인 기업의 권리와 의무를 창출한다.

③ 일반적으로 자산, 부채, 수익과 비용의 인식 및 측정에 관련된 원가는 회계단위의 크기가 작아짐에 따라 감소한다.

④ 계약의 암묵적 조건의 예에는 법령에 의해 부과된 의무가 포함될 수 있다.

⑤ 계약조건이 계약의 경제적 측면에서 구별될 수 있는 영향을 미치지 않는다면, 그 조건은 실질이 없다.

 내비게이션

• 감소(X) → 증가(O)

3. 재무보고를 위한 개념체계 자산과 부채에 대한 설명이다. 틀린 것은?

① 권리와 의무 모두 동일한 원천에서 발생하는 경우가 있다. 예를 들어, 일부 계약은 각 당사자의 권리와 의무 모두를 성립시킨다. 그러한 권리와 의무가 상호의존적이고 분리될 수 없다면, 이는 단일하고 불가분의 자산이나 부채를 구성하며, 단일의 회계단위를 형성한다.

② 계약 조건은 계약당사자인 기업의 권리와 의무를 창출한다. 그러한 권리와 의무를 충실하게 표현하기 위해서는 재무제표에 그 실질을 보고한다.

③ 미이행계약은 계약당사자 모두가 자신의 의무를 전혀 수행하지 않았거나 계약당사자 모두가 동일한 정도로 자신의 의무를 부분적으로 수행한 계약이나 그 계약의 일부를 말한다.

④ 단일 회계단위로 권리와 의무의 집합을 처리하는 것은 자산과 부채를 상계하는 것과 동일하다.

⑤ 원가가 다른 재무보고 결정을 제약하는 것처럼, 회계단위 선택도 제약한다. 따라서 회계단위를 선택할 때에는, 그 회계단위의 선택으로 인해 재무제표이용자들에게 제공되는 정보의 효익이 그 정보를 제공하고 사용하는데 발생한 원가를 정당화할 수 있는지를 고려하는 것이 중요하다.

 내비게이션

• 단일 회계단위로 권리와 의무의 집합을 처리하는 것은 자산과 부채를 상계하는 것과 다르다.

서술형Correction연습

▢ 인식을 위한 회계단위와 측정을 위한 회계단위는 서로 동일하게 선택하여야 한다.

➡ (X) : 어떤 경우에는 인식을 위한 회계단위와 측정을 위한 회계단위를 서로 다르게 선택하는 것이 적절할 수 있다.

Answer   1. ② 2. ③ 3. ④

이론과기출 제10강 ─ 재무제표요소의 인식과 제거

인식	인식절차	인식	•인식은 자산·부채·자본·수익·비용과 같은 요소 중 하나의 정의를 충족하는 항목을 재무상태표나 재무성과표에 포함하기 위하여 포착하는 과정을 말함 ➡인식은 재무제표 중 하나에 어떤 항목을 명칭과 화폐금액으로 나타내고, 그 항목을 해당 재무제표의 하나 이상의 합계에 포함시키는 것과 관련됨.
		장부금액	•장부금액은 자산, 부채, 자본이 재무상태표에 인식되는 금액을 말함.
		대응인식	•자산이나 부채의 최초인식에 따라 수익과 관련비용을 동시에 인식할수 있음. ➡예 현금(최초인식) xxx/매출(수익) xxx & 매출원가(비용) xxx/상품 xxx •그러나, 원가와 수익의 대응은 개념체계의 목적이 아님. ➡개념체계는 자산·부채·자본의 정의 불충족 항목의 인식을 허용치 않음. [즉, 수익이 인식되지 않았음을 이유로, 비용(예 광고선전비)으로 인식해야할 금액을 자산(정의를 충족하지 않는 자산)으로 인식해서는 안됨을 의미]
	인식기준	인식요건	•다음 모두를 충족할 때 인식함. ① 재무제표 요소의 정의를 충족할 것 ② 목적적합하고 표현충실성 정보를 제공할 것(근본적 질적특성을 충족) •주의 ∴정의를 충족하는 항목이라고 할지라도 항상 인식하는 것은 아님.
		원가제약	•원가는 다른 재무보고 결정을 제약하는 것처럼, 인식에 대한 결정도 제약함.
제거	의의		•제거는 재무상태표에서 인식된 자산이나 부채의 전부 또는 일부를 삭제하는 것임 ➡제거는 일반적으로 더 이상 자산 또는 부채의 정의를 충족하지 못할 때 발생함.
	제거요건	자산	•일반적으로 통제를 상실하였을 때 제거함.
		부채	•일반적으로 현재의무를 더 이상 부담하지 않을 때 제거함.

보론 **재무제표요소의 표시와 공시**

제거	자산·부채의 분류	•자산 또는 부채에 대해 선택된 회계단위별로 적용하여 분류함. →그러나, 자산이나 부채 중 특성이 다른 구성요소를 구분하여 별도로 분류하는 것이 적절할 수도 있음.
	상계	•자산과 부채를 별도의 회계단위로 인식하고 측정하지만 재무상태표에서 단일의 순액으로 합산하는 경우에 발생함. →상계는 서로 다른 항목을 함께 분류하는 것이므로 일반적으로는 적절하지 않음.
	자본의 분류	•유용한 정보를 제공하기 위해 자본청구권이 다른 특성을 가지고 있는 경우에는 그 자본청구권을 별도로 분류해야 할 수도 있음. →예 보통주, 우선주
	당기손익과 기타포괄손익	•손익계산서는 해당 기간의 재무성과에 관한 정보의 주요 원천이기 때문에 모든 수익과 비용은 원칙적으로 이 재무제표(손익계산서)에 포함됨. →그러나, 회계기준위원회는 자산이나 부채의 현행가치의 변동으로 인한 수익과 비용을 기타포괄손익에 포함하는 것이 그 기간의 기업 재무성과에 대한 보다 목적적합한 정보를 제공하거나 보다 충실한 표현을 제공하는 예외적인 상황에서는 그러한 수익이나 비용을 기타포괄손익에 포함하도록 결정할 수도 있음. •원칙적으로 기타포괄손익에 포함된 수익과 비용은 미래 기간에 기타포괄손익에서 당기손익으로 재분류함. →그러나, 명확한 근거가 없다면 회계기준위원회는 후속적으로 재분류되지 않도록 결정할 수도 있음.

객관식 확인학습 ⬦ 이론적용연습

1. 다음은 재무보고를 위한 개념체계 재무제표 요소의 인식과 제거에 관한 설명이다. 가장 타당하지 않은 것은?

① 자산, 부채 또는 자본의 정의를 충족하는 항목만이 재무상태표에 인식된다. 마찬가지로 수익이나 비용의 정의를 충족하는 항목만이 재무성과표에 인식된다. 그러나 그러한 요소 중 하나의 정의를 충족하는 항목이라고 할지라도 항상 인식되는 것은 아니다.

② 제거는 기업의 재무상태표에서 인식된 자산이나 부채의 전부 또는 일부를 삭제하는 것이다. 제거는 일반적으로 해당 항목이 더 이상 자산 또는 부채의 정의를 충족하지 못할 때 발생한다.

③ 거래나 그 밖의 사건에서 발생된 자산이나 부채의 최초 인식에 따라 수익과 관련 비용을 동시에 인식할 수 있다. 수익과 관련 비용의 동시 인식은 때때로 수익과 관련 원가의 대응을 나타낸다. '재무보고를 위한 개념체계'의 개념을 적용하면 자산과 부채의 변동을 인식할 때, 이러한 대응이 나타난다. 이러한 원가와 수익의 대응은 개념체계의 목적이다.

④ 인식은 자산, 부채, 자본, 수익 또는 비용과 같은 재무제표 요소 중 하나의 정의를 충족하는 항목을 재무상태표나 재무성과표에 포함하기 위하여 포착하는 과정이다. 인식은 그러한 재무제표 중 하나에 어떤 항목(단독으로 또는 다른 항목과 통합하여)을 명칭과 화폐금액으로 나타내고, 그 항목을 해당 재무제표의 하나 이상의 합계에 포함시키는 것과 관련된다.

⑤ 원가는 다른 재무보고 결정을 제약하는 것처럼, 인식에 대한 결정도 제약한다. 재무제표이용자들에게 제공되는 정보의 효익이 그 정보를 제공하고 사용하는 원가를 정당화할 수 있을 경우에 자산이나 부채를 인식한다. 어떤 경우에는 인식하기 위한 원가가 인식으로 인한 효익보다 클 수 있다.

 낸비게이션

• 원가와 수익의 대응은 개념체계의 목적이 아니다. 개념체계는 재무상태표에서 자산, 부채, 자본의 정의를 충족하지 않는 항목의 인식을 허용하지 않는다.

2. 재무보고를 위한 개념체계 재무제표 요소의 인식 및 제거에 대한 설명이다. 옳지 않은 것은?

① 어떤 경우에는 기업이 자산이나 부채를 이전하는 것처럼 보일 수 있지만, 그럼에도 불구하고 그 자산이나 부채가 기업의 자산이나 부채로 남아있을 수 있다.

② 자산과 부채의 정의를 충족하는 항목은 재무제표에 항상 인식한다.

③ 자산, 부채 또는 자본이 재무상태표에 인식되는 금액을 장부금액이라고 한다.

④ 자산은 일반적으로 기업이 인식한 자산의 전부나 일부에 대한 통제를 상실하였을 때 제거한다.

⑤ 자산이나 부채의 정의를 충족하는 항목이 인식되지 않더라도, 기업은 해당 항목에 대한 정보를 주석에 제공해야 할 수도 있다.

낸비게이션

• ① 위탁판매가 대표적인 사례에 해당한다.

② 정의를 충족하는 항목이라고 할지라도 항상 인식되는 것은 아니다. 재무제표이용자들에게 다음과 같이 유용한 정보를 모두 제공하는 경우에만 자산이나 부채를 인식한다.

> ㉠ 자산이나 부채에 대한 그리고 이에 따른 결과로 발생하는 수익, 비용 또는 자본변동에 대한 목적적합한 정보
> ㉡ 자산이나 부채 그리고 이에 따른 결과로 발생하는 수익, 비용 또는 자본변동의 충실한 표현

서술형Correction연습

☐ 원칙적으로 한 기간에 기타포괄손익에 포함된 수익과 비용은 미래 기간에 기타포괄손익에서 당기손익으로 재분류하지 아니한다.

➡ (X) : 원칙적으로, 한 기간에 기타포괄손익에 포함된 수익과 비용은 미래 기간에 기타포괄손익에서 당기손익으로 재분류한다. 이런 경우는 그러한 재분류가 보다 목적적합한 정보를 제공하는 손익계산서가 되거나 미래 기간의 기업 재무성과를 보다 충실하게 표현하는 결과를 가져오는 경우이다. 그러나 예를 들어, 재분류되어야 할 기간이나 금액을 식별할 명확한 근거가 없다면, 회계기준위원회는 개별 기준서를 개발할 때, 기타포괄손익에 포함된 수익과 비용이 후속적으로 재분류되지 않도록 결정할 수도 있다.

이론과기출 제11강 ⟶ 재무제표요소의 측정

측정기준	역사적원가 [최초인식시 측정치]	•현행가치와 달리 역사적원가는, 자산의 손상이나 손실부담에 따른 부채와 관련되는 경우를 제외하고는 가치의 변동을 반영하지 않음.

	자산의 역사적원가	•지급한대가 + 거래원가(예) 건물취득시 취득세)
	부채의 역사적원가	•수취한대가 − 거래원가(예) 사채발행시 사채발행비)

측정기준	역사적원가 [최초인식시 측정치]	•원가를 식별할 수 없거나 그 원가가 목적적합한 정보를 제공하지 못하는 경우에는 현행가치가 최초 인식시점의 간주원가로 사용됨. ➡그 간주원가는 역사적원가로 후속측정할 때의 시작점으로 사용됨. •역사적원가는 필요하다면 시간의 경과에 따라 갱신되어야 함. ➡예) 감가상각, 손상, 이자발생(상각액) 등 •역사적원가 측정기준을 금융자산과 금융부채에 적용하는 한 가지 방법은 상각후원가(유효이자율법을 적용하는 것을 말함)로 측정하는 것임.
	현행가치 [측정일 조건반영 측정치]	•역사적원가와는 달리 자산이나 부채의 현행가치는, 자산이나 부채를 발생시킨 거래나 그 밖의 사건의 가격으로부터 부분적으로라도 도출되지 않음. ➡즉, 현행가치는 역사적원가와 무관하며 영향도 받지 않음을 의미함. ▪주의 ∴당초 자산취득과 부채인수시 발생한 거래원가를 포함하지 않음.

현행가치 종류	공정가치	① 자산 : 측정일에 시장참여자 사이의 정상거래에서 자산매도시 받게 될 가격 ② 부채 : 측정일에 시장참여자 사이의 정상거래에서 부채이전시 지급하게 될 가격 ▪주의 공정가치는 자산처분이나 부채이전에서 발생할 거래원가를 반영치 않음. ▪비교 순공정가치는 거래원가를 반영한 금액임.
	사용가치 (자산)	•자산사용과 처분으로 기대하는 현금흐름 또는 그 밖의 경제적효익의 현재가치 ▪주의 사용가치에는 자산처분시 기대되는 거래원가의 현재가치가 포함됨.
	이행가치 (부채)	•부채이행시 이전해야 하는 현금이나 그 밖의 경제적자원의 현재가치 ▪주의 이행가치에는 부채이행시 기대되는 거래원가의 현재가치가 포함됨.
	현행원가	① 자산 : 측정일에 동등한 자산의 원가로서 측정일에 지급할 대가(자산구입시 지급대가) ② 부채 : 측정일에 동등한 부채에 대해 수취할 수 있는 대가(부채발생시 수취대가) ▪주의 현행원가는 측정일에 발생할 거래원가를 반영함.

보론 ① 사용가치와 이행가치는 시장참여자의 가정보다는 기업 특유의 가정을 반영함.
　　→공정가치는 기업이 접근할 수 있는 시장의 참여자 관점을 반영함.
　　② 사용가치와 이행가치는 직접 관측될 수 없으며 현금흐름기준 측정기법으로 결정됨.
　　③ 역사적원가, 현행원가 : 유입가치(자산구입/부채인수)
　　　공정가치, 사용가치와 이행가치 : 유출가치(자산처분/부채이행)

자본의 측정	개요	•자본의 총장부금액(총자본)은 직접 측정하지 않음 ➡모든 자산의 장부금액에서 모든 부채의 장부금액을 차감한 금액과 동일함. •총자본은 직접 측정하지 않지만 자본의 일부 종류(구성요소)에 대한 장부금액은 직접 측정하는 것이 적절할 수 있음. ➡그럼에도 불구하고, 총자본은 잔여지분으로 측정되기 때문에 적어도 자본의 한 종류(구성요소)는 직접 측정할 수 없음.
	속성	•일반목적재무제표는 기업의 가치를 보여주도록 설계되지 않기 때문에 자본의 총장부금액은 일반적으로 다음과 동일하지 않을 것임. ① 기업의 자본청구권에 대한 시가총액 ② 계속기업을 전제로 하여 기업 전체를 매각하여 조달할 수 있는 금액 ③ 기업의 모든 자산을 매각하고 모든 부채를 상환하여 조달할 수 있는 금액
	장부금액	•자본의 개별항목(구성요소)의 장부금액은 일부 상황에서는 음(−)의 값을 가질 수 있음.

객관식 확인학습 / 이론적용연습

1. 재무제표 요소의 측정과 자본유지의 개념에 대한 다음의 설명 중 옳지 않은 것은?

① 부채의 현행원가는 측정일에 동등한 부채에 대해 수취할 수 있는 대가이며, 그 날에 발생할 거래원가는 반영하지 않는다.

② 부채의 이행가치는 기업이 부채를 이행할 때 이전해야 하는 현금이나 그 밖의 경제적자원의 현재가치이다.

③ 실물자본유지개념을 사용하기 위해서는 자산과 부채를 현행원가기준에 따라 측정해야 한다.

④ 재무자본유지개념과 실물자본유지개념의 주된 차이는 기업의 자산과 부채에 대한 가격변동 영향의 처리방법에 있다.

⑤ 재무자본유지개념이 불변구매력단위로 정의된다면 일반물가수준에 따른 가격상승을 초과하는 자산가격의 증가 부분만이 이익으로 간주되며, 그 이외의 가격증가 부분은 자본의 일부인 자본유지조정으로 처리된다.

 내비게이션

• 부채의 현행원가는 측정일에 동등한 부채에 대해 수취할 수 있는 대가에서 그 날에 발생할 거래원가를 반영한다.(즉, 차감한다)
• ③,④,⑤에 대하여는 후술함!

2. 다음은 재무보고를 위한 개념체계 재무제표 요소의 측정에 관한 설명이다. 가장 타당하지 않은 것은?

① 자산의 현행원가는 측정일에 동등한 자산의 원가로서 측정일에 지급할 대가와 그 날에 발생할 거래원가를 포함한다.

② 사용가치는 기업이 자산의 사용과 궁극적인 처분으로 얻을 것으로 기대하는 현금흐름 또는 그 밖의 경제적효익의 현재가치로, 자산을 취득할 때 발생하는 거래원가를 포함한다.

③ 자산의 역사적 원가는 자산의 취득 또는 창출에 발생한 원가의 가치로서, 자산의 취득 또는 창출을 위하여 지급한 대가와 거래원가를 포함한다.

④ 부채의 이행가치는 기업이 부채를 이행할 때 이전해야 하는 현금이나 그 밖의 경제적자원의 현재가치이다.

⑤ 부채의 현행원가는 측정일에 동등한 부채에 대해 수취할 수 있는 대가에서 그 날에 발생할 거래원가를 차감한다.

 내비게이션

• 자산을 취득할 때 발생하는 거래원가는 포함하지 않는다. 그러나 자산을 궁극적으로 처분할 때 발생할 것으로 기대되는 거래원가의 현재가치가 포함된다.

3. 재무보고를 위한 개념체계에 대한 설명이다. 재무제표 요소의 측정에 대해 틀린 것은?

① 공정가치는 기업이 접근할 수 있는 시장의 참여자 관점을 반영한다.

② 사용가치와 이행가치는 직접 관측될 수 있으나 직접 관측될 수 없는 경우에는 현금흐름기준 측정기법으로 결정된다.

③ 현행가치 측정치는 측정일의 조건을 반영하기 위해 갱신된 정보를 사용하여 자산, 부채 및 관련 수익과 비용의 화폐적 정보를 제공한다.

④ 현행가치와 달리 역사적 원가는 자산의 손상이나 손실부담에 따른 부채와 관련되는 경우를 제외하고는 가치의 변동을 반영하지 않는다.

⑤ 공정가치는 자산이나 부채를 발생시킨 거래나 그 밖의 사건의 가격으로부터 부분적이라도 도출되지 않기 때문에, 공정가치는 자산을 취득할 때 발생한 거래원가로 인해 증가하지 않으며 부채를 발생시키거나 인수할 때 발생한 거래원가로 인해 감소하지 않는다.

 내비게이션

• 사용가치와 이행가치는 직접 관측될 수 없으며 현금흐름기준 측정기법으로 결정된다.

4. 재무보고를 위한 개념체계의 측정기준과 관련하여 현행가치에 해당되지 않는 것은 어느 것인가?

① 역사적원가   ② 현행원가   ③ 사용가치
④ 공정가치   ⑤ 이행가치

 내비게이션

• 현행가치 종류 : 공정가치, 사용가치, 이행가치, 현행원가

서술형Correction연습

☐ 자산이나 부채의 현행가치는 자산이나 부채를 발생시킨 거래나 그 밖의 사건의 가격으로부터 부분적으로 도출되지 않는다.

➡ (X) : 부분적으로(X) → 부분적으로라도(O)

☐ 자본의 총장부금액은 일반적으로 계속기업을 전제로 하여 기업 전체를 매각하여 조달할 수 있는 금액과 동일하다.

➡ (X) : 일반목적재무제표는 기업의 가치를 보여주도록 설계되지 않았기 때문에 일반적으로 동일하지 않을 것이다.

시험중요도 ★☆☆

이론과기출 제12강 ◯ 자본과 자본유지개념 개괄

자본의 개념	재무적개념의 자본	•자본을 투자된 화폐액 또는 투자된 구매력으로 봄. ➡자본은 기업의 순자산이나 지분과 동의어로 사용됨 •재무제표의 이용자가 주로 명목상의 투하자본이나 투하자본의 구매력 유지에 관심이 있을 때 채택해야함.
	실물적개념의 자본	•자본을 조업능력으로 보며 1일 생산수량과 같은 기업의 생산능력으로 간주함. •이용자의 주된 관심이 기업의 조업능력 유지에 있을 때 채택해야함.

보론 대부분의 기업은 자본의 재무적 개념에 기초하여 재무제표를 작성함.

자본유지개념	의의	•기초자본(=유지해야할 자본)을 초과한 금액을 이익으로 봄. •자본유지개념은 기업이 유지하려고 하는 자본을 어떻게 정의하는지와 관련됨. •자본유지개념은 이익이 측정되는 준거기준을 제공함으로써 자본개념과 이익개념 사이의 연결고리를 제공함
	이익결정	이익 | ☐ 기말자본−(기초자본+증자−감자+기타포괄손익증가−배당) 주의 주식배당·무상증자·이익준비금적립 등은 자본변동이 없으므로 고려치 않음.

📎 사례   자본유지개념에 의한 이익계산 ◀

기초자산	₩3,200,000	기말자산	₩4,000,000	기초부채	₩2,200,000	기말부채	₩1,800,000
유상증자	₩1,400,000	현금배당	₩600,000	주식배당	₩300,000	무상증자	₩500,000

📝 풀이
•이익 : (4,000,000−1,800,0000)−[(3,200,000−2,200,000)+1,400,000−600,000]=400,000

자본유지개념 종류	재무자본유지	•이익은 해당기간 동안 소유주에게 배분·소유주가 출연한 부분을 제외하고 기말순자산의 재무적 측정금액(화폐금액)이 기초순자산의 재무적 측정금액(화폐금액)을 초과하는 경우에만 발생함. 명목화폐단위나 불변구매력단위를 이용하여 측정할수 있음. 참고 기초재고자산 5,000, 물가상승률(인플레이션률) 10% ➡ 기말명목화폐액=5,000 / 기말불변화폐액=5,000x1.1=5,500 주의 역사적원가나 현행원가등 특정 측정기준의 적용을 요구하지 않음.
	실물자본유지	•이익은 해당기간 동안 소유주에게 배분·소유주가 출연한 부분을 제외하고 기말 실물생산능력이나 조업능력이 기초 실물생산능력을 초과하는 경우에만 발생함. 주의 현행원가에 의한 측정기준의 적용을 요구하고 있음.

재무자본유지 실물자본유지 차이점	재무자본유지	명목화폐단위	•이익은 해당 기간 중 명목화폐자본의 증가액이므로 해당 기간 중 보유한 자산가격의 증가 부분 즉, 보유이익도 개념적으로 이익에 포함됨. 그러나 보유이익은 미실현이익에 해당되며 당해 자산이 교환거래에 따라 처분되기 전에는 이익으로 인식되지 않음.
		불변구매력단위	•이익은 해당 기간 중 투자된 구매력의 증가를 의미하므로 일반물가수준에 따른 가격상승을 초과하는 자산가격의 증가 부분만 이익으로 간주되고, 그 이외의 가격증가 부분은 자본의 일부인 자본유지조정으로 처리
	실물자본유지		•이익은 해당 기간 중 실물생산능력의 증가를 의미하므로 자산·부채에 영향을 미치는 모든 가격변동은 해당 기업의 실물생산능력에 대한 측정치의 변동으로 간주되어 이익이 아니라 자본의 일부인 자본유지조정으로 처리

➡측정기준과 자본유지개념의 선택에 따라 재무제표의 작성에 있어 사용되는 회계모형이 결정됨.

객관식 확인학습 ── 이론적용연습

1. 다음은 ㈜한국의 기초 및 기말 재무제표 자료 중 일부이다.

	기초	기말
자산총계	₩11,000,000	₩15,000,000
부채총계	₩5,000,000	₩6,000,000

당기 중 무상증자 ₩1,000,000이 있었으며, 현금배당 ₩500,000 및 주식배당 ₩300,000이 결의 및 지급되고 토지재평가이익 ₩100,000이 있었다면, 당기순이익은? (단, 토지재평가는 당기에 처음으로 실시하였다.)

① ₩2,400,000 ② ₩2,800,000 ③ ₩3,000,000
④ ₩3,400,000 ⑤ ₩3,600,000

 내비게이션

• 기초자본 : 11,000,000−5,000,000=6,000,000
• 기말자본 : 15,000,000−6,000,000=9,000,000
• 당기순이익 : 9,000,000−(6,000,000+0−0+100,000−500,000)=3,400,000
• **참고** 총포괄이익 : 3,400,000(순이익)+100,000(기타포괄손익)=3,500,000

2. 재무제표 요소의 측정과 자본유지의 개념에 대한 다음의 설명 중 옳지 않은 것은?

① 부채의 현행원가는 현재시점에서 그 의무를 이행하는 데 필요한 현금이나 현금성자산의 할인한 금액으로 평가한다.
② 부채의 이행가치는 기업이 부채를 이행할 때 이전해야 하는 현금이나 그 밖의 경제적자원의 현재가치이다.
③ 실물자본유지개념을 사용하기 위해서는 자산과 부채를 현행원가기준에 따라 측정해야 한다.
④ 재무자본유지개념과 실물자본유지개념의 주된 차이는 기업의 자산과 부채에 대한 가격변동 영향의 처리방법에 있다.
⑤ 재무자본유지개념이 불변구매력단위로 정의된다면 일반물가수준에 따른 가격상승을 초과하는 자산가격의 증가 부분만이 이익으로 간주되며, 그 이외의 가격증가 부분은 자본의 일부인 자본유지조정으로 처리된다.

내비게이션

• 부채의 현행원가는 측정일에 동등한 부채에 대해 수취할 수 있는 대가이다.

3. 다음 중 재무제표의 작성과 표시를 위한 개념체계에서의 자본과 자본유지개념에 대한 설명으로 옳지 않은 것은 어느 것인가?

① 기업은 재무제표이용자의 정보요구에 기초하여 적절한 자본개념을 선택하여야 하는데, 만약 재무제표의 이용자가 주로 투하자본의 구매력 유지에 관심이 있다면 재무적 개념의 자본을 채택하여야 한다.
② 실물자본유지개념을 사용하기 위해서는 현행원가기준에 따라 측정해야 하는 반면 재무자본유지개념을 사용하기 위해서는 역사적 원가기준에 따라 측정해야 한다.
③ 실물자본유지개념하에서 기업의 자산과 부채에 영향을 미치는 모든 가격변동은 자본의 일부인 자본유지조정으로 처리된다.
④ 자본유지개념은 이익이 측정되는 준거기준을 제공함으로써 자본개념과 이익개념사이의 연결고리를 제공한다. 자본유지개념은 기업의 자본에 대한 투자수익과 투자회수를 구분하기 위한 필수요건이다.
⑤ 재무자본유지개념이 명목화폐단위로 정의된다면 기간 중 자산가격의 증가된 부분은 이익에 속한다.

내비게이션

• 재무자본유지개념은 특정한 측정기준의 적용을 요구하지 아니한다.

4. 다음 중 개념체계에서의 자본과 자본유지개념에 대한 설명으로 가장 옳은 것은?

① 대부분의 기업은 자본의 실물적 개념에 기초하여 재무제표를 작성한다.
② 실물자본유지개념 하에서 이익은 소유주에게 배분하거나 소유주가 출연한 부분을 포함하여 기말 실물생산능력이나 조업능력이 기초 실물생산능력을 초과하는 경우에만 발생한다.
③ 재무자본유지는 명목화폐단위를 이용하여 측정한다.
④ 재무자본유지개념이 불변구매력단위로 정의된다면 일반물가수준에 따른 가격상승을 초과하는 자산가격의 증가부분 뿐만 아니라 그 이외의 가격증가 부분도 이익으로 간주된다.
⑤ 측정기준과 자본유지개념의 선택에 따라 재무제표의 작성에 있어 사용되는 회계모형이 결정된다.

내비게이션

• ① 실물적 개념(X) → 재무적 개념(O)
② 포함(X) → 제외(O)
③ 명목화폐단위(X) → 명목화폐단위 또는 불변구매력단위(O)
④ 그 이외의 가격증가 부분은 자본유지조정으로 처리된다.

이론과기출 제13강 ◯ 자본과 자본유지개념 사례

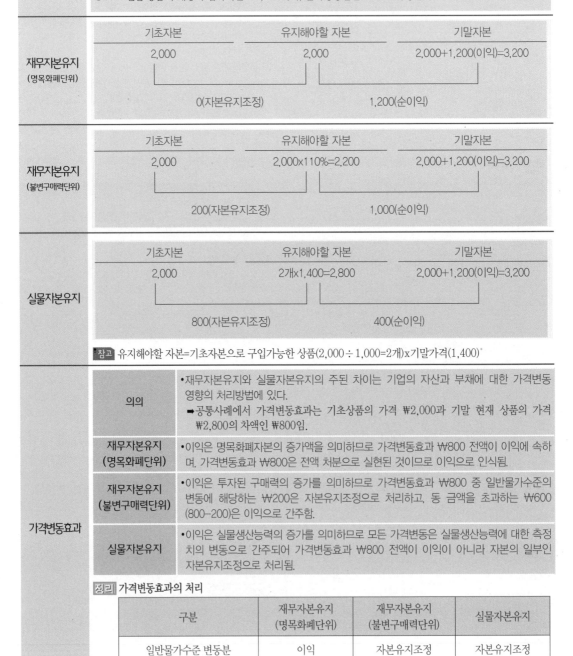

공통사례	✪ (주)A는 20x1년초 ₩2,000을 투자하여 상품매매업을 개시하였으며, 동시에 상품 2개를 개당 ₩1,000에 구입하였다. ✪ (주)A는 20x1년 중에 위 구입한 상품 모두를 개당 ₩1,600에 판매하였다. ✪ 20x1년말 상품의 개당 구입가격은 ₩1,400이며, 물가상승률은 10%로 가정한다.

재무자본유지 (명목화폐단위)

기초자본	유지해야할 자본	기말자본
2,000	2,000	2,000+1,200(이익)=3,200
	0(자본유지조정)	1,200(순이익)

재무자본유지 (불변구매력단위)

기초자본	유지해야할 자본	기말자본
2,000	2,000x110%=2,200	2,000+1,200(이익)=3,200
	200(자본유지조정)	1,000(순이익)

실물자본유지

기초자본	유지해야할 자본	기말자본
2,000	2개x1,400=2,800	2,000+1,200(이익)=3,200
	800(자본유지조정)	400(순이익)

참고 유지해야할 자본=기초자본으로 구입가능한 상품(2,000÷1,000=2개)x기말가격(1,400)

가격변동효과

의의	• 재무자본유지와 실물자본유지의 주된 차이는 기업의 자산과 부채에 대한 가격변동 영향의 처리방법에 있다. ➡ 공통사례에서 가격변동효과는 기초상품의 가격 ₩2,000과 기말 현재 상품의 가격 ₩2,800의 차액인 ₩800임.
재무자본유지 (명목화폐단위)	• 이익은 명목화폐자본의 증가액을 의미하므로 가격변동효과 ₩800 전액이 이익에 속하며, 가격변동효과 ₩800은 전액 처분으로 실현된 것이므로 이익으로 인식됨.
재무자본유지 (불변구매력단위)	• 이익은 투자된 구매력의 증가를 의미하므로 가격변동효과 ₩800 중 일반물가수준의 변동에 해당하는 ₩200은 자본유지조정으로 처리하고, 동 금액을 초과하는 ₩600 (800-200)은 이익으로 간주함.
실물자본유지	• 이익은 실물생산능력의 증가를 의미하므로 모든 가격변동은 실물생산능력에 대한 측정치의 변동으로 간주되어 가격변동효과 ₩800 전액이 이익이 아니라 자본의 일부인 자본유지조정으로 처리됨.

정리 가격변동효과의 처리

구분	재무자본유지 (명목화폐단위)	재무자본유지 (불변구매력단위)	실물자본유지
일반물가수준 변동분	이익	자본유지조정	자본유지조정
일반물가수준 변동 초과분	이익	이익	자본유지조정

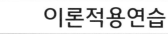

객관식 확인학습 — 이론적용연습

1. ㈜한국은 20×1년초 보통주 1,000주(주당 액면금액 ₩1,000)를 주당 ₩1,500에 발행하고 전액 현금으로 납입받아 설립되었다. 설립과 동시에 영업을 개시한 ㈜한국은 20×1년초 상품 400개를 개당 ₩3,000에 현금으로 구입하고, 당기에 개당 ₩4,500에 모두 현금으로 판매하여, 20×1년말 ㈜한국의 자산총계는 현금 ₩2,100,000이다. 20×1년말 동 상품은 개당 ₩4,000에 구입할 수 있다. 실물자본유지개념하에서 ㈜한국의 20×1년도 당기순이익은?

① ₩100,000 　　② ₩250,000 　　③ ₩350,000
④ ₩450,000 　　⑤ ₩600,000

낵비게이션
- 기초자본 : 1,000주×1,500=1,500,000
- 유지해야할 자본 : ㉠×㉡=2,000,000
  ㉠ 기초자본으로 구입가능한 상품 : 1,500,000÷3,000=500개
  ㉡ 기말가격 : 4,000
- 기말자본 : 2,100,000(기말자산) →1,500,000+400개×1,500
- 순이익 : 2,100,000-2,000,000=100,000

2. 다음 중 개념체계에서의 자본과 자본유지개념에 대한 설명으로 가장 옳지 않은 것은?

① 재무제표의 이용자가 주로 명목상의 투하자본이나 투하자본의 구매력 유지에 관심이 있다면 재무적 개념의 자본을 채택하여야 한다.
② 자본유지개념은 기업의 자본에 대한 투자수익과 투자회수를 구분하기 위한 필수요건이다.
③ 재무자본유지개념은 특정 측정기준의 적용을 요구하지 아니한다.
④ 자본을 명목화폐단위로 정의한 재무자본유지개념 하에서 이익은 해당 기간 중 명목화폐자본의 증가액을 의미한다. 따라서 기간 중 보유한 자산가격의 증가 부분, 즉 보유이익은 개념적으로 이익에 속한다. 그러나 보유이익은 자산이 교환거래에 따라 처분되기 전에는 이익으로 인식되지 않을 것이다.
⑤ 실물자본유지개념 하에서 이익은 해당 기간 동안 소유주에게 배분하거나 소유주가 출연한 부분을 포함하여 기업의 기말 실물생산능력이나 조업능력(또는 그러한 생산능력을 갖추기 위해 필요한 자원이나 기금)이 기초 실물생산능력을 초과하는 경우에만 발생한다.

낵비게이션
- 포함(X) → 제외(O)

3. 자본 및 자본유지개념에 관한 설명으로 옳지 않은 것은?

① 자본유지개념은 이익이 측정되는 준거기준을 제공하며, 기업의 자본에 대한 투자수익과 투자회수를 구분하기 위한 필수요건이다.
② 자본을 투자된 화폐액 또는 투자된 구매력으로 보는 재무적 개념 하에서 자본은 기업의 순자산이나 지분과 동의어로 사용된다.
③ 자본을 불변구매력 단위로 정의한 재무자본유지개념 하에서는 일반물가수준에 따른 가격상승을 초과하는 자산가격의 증가 부분만이 이익으로 간주된다.
④ 재무자본유지개념을 사용하기 위해서는 현행원가기준에 따라 측정해야 하며, 실물자본유지개념은 특정 측정기준의 적용을 요구하지 아니한다.
⑤ 자본을 실물생산능력으로 정의한 실물자본유지개념 하에서 기업의 자산과 부채에 영향을 미치는 모든 가격변동은 해당 기업의 실물생산능력에 대한 측정치의 변동으로 간주되어 이익이 아니라 자본의 일부로 처리된다.

낵비게이션
- 반대의 설명이다.

이론과기출 제14강 ⟩ 재무제표 표시 **재무제표 표시 일반사항**

전체 재무제표		• 기말 재무상태표, 기간 포괄손익계산서, 기간 자본변동표, 기간 현금흐름표, 주석 • 회계정책(재무제표항목)을 소급하여 적용(재작성)시 가장 이른 비교기간의(전기의) 기초재무상태표 ➡ 각각 재무제표는 동등한 비중으로 표시하며, '재무제표 표시'에서 사용하는 재무제표의 명칭이 아닌 다른 명칭을 사용할 수 있고, 각종 보고서는 K-IFRS의 적용범위에 해당하지 않음. ◦주의◦ 이익잉여금처분계산서(결손금처리계산서)는 재무제표에 포함되지 않음.(단, 상법 요구시 주석공시)
K-IFRS 준수	준수	• K-IFRS에 따라 작성된 재무제표는 공정하게 표시된 재무제표로 봄. • K-IFRS를 준수하여 작성하는 기업은 그 준수사실을 주석에 명시적이고 제한없이 기재함. • K-IFRS의 요구사항을 모두 충족한 경우가 아니라면 준수작성되었다고 기재해서는 안됨. • K-IFRS를 준수작성된 F/S는 국제회계기준을 준수하여 작성된 F/S임을 주석공시 가능함. • 부적절한 회계정책은 공시·주석·보충자료를 통해 설명하더라도 정당화될수 없음. ➡ 극히 드문 상황으로서 K-IFRS 요구사항 준수가 재무제표의 목적과 상충되어 오해를 유발가능하다고 경영진이 결론을 내리는 경우에는 감독체계가 일탈을 의무화거나 금지하지 않는다면 소정 항목을 공시하고 K-IFRS의 요구사항을 달리 적용함. (금지하는 경우는 소정항목을 공시하여 오해유발가능성을 최대한 줄여야함.)
계속기업	평가	• 경영진은 재무제표작성시 계속기업으로서의 존속가능성을 평가해야함. ➡ 적어도 보고기간말로부터 향후 12개월 기간에 대해 이용가능 모든 정보를 고려함.
	작성	• 경영진이 청산·경영활동중단의도를 가지고 있지 않거나, 청산·경영활동중단외에 다른 현실적 대안이 없는 경우가 아니면 계속기업을 전제로 재무제표를 작성함.
	공시	• 계속기업으로서의 존속능력에 유의적의문이 제기될수있는 사건·상황과 관련된 중요한 불확실성을 알게된 경우, 경영진은 그러한 불확실성을 공시해야함. • 재무제표가 계속기업의 기준하에 작성되지 않는 경우에는 그 사실과 함께 작성된 기준 및 그 기업을 계속기업으로 보지 않는 이유를 공시해야함.
발생기준		• 기업은 현금흐름정보를 제외하고는 발생기준 회계를 사용하여 재무제표를 작성함.
중요성과 통합표시	적용	• 유사한 항목은 중요성 분류에 따라 F/S에 구분표시하며, 상이한 성격·기능을 가진 항목은 구분표시함. ➡ 다만, 중요치 않은 항목은 성격·기능이 유사한 항목과 통합표시 가능함. ◦주의◦ F/S에는 중요치 않아 구분표시하지 않은 항목이라도 주석에서는 구분표시해야 할 만큼 충분히 중요할 수 있음. & 공시정보가 중요치 않다면 공시를 제공할 필요는 없음.
상계	원칙	• K-IFRS에서 요구하거나 허용하지 않는 한 자산·부채, 수익·비용은 상계하지 아니함. ➡ 단, 재고자산평가충당금과 대손충당금(손실충당금)과 같은 평가충당금을 차감하여 관련자산을 순액으로 측정하는 것은 상계표시에 해당하지 아니함.
	예외	• 상계가 거래의 실질을 반영한다면 상계하여 표시함. ➡예 ① 비유동자산처분손익(처분비용차감액), 충당부채관련 지출을 제3자 보전액과 상계 ② 외환손익, 단기매매금융상품차익·차손을 순액으로 표시(단, 중요시는 구분표시)
보고빈도		• 전체 재무제표(비교정보를 포함)는 적어도 1년마다 작성함. ➡ 1년을 초과·미달시는 주석공시함.
비교정보 (서술정보포함)		• 비교정보 공시기업은 최소한 두개의 재무상태표와 두개씩의 그외 재무제표·관련주석을 표시해야함. • 회계정책(F/S항목)을 소급하여 적용(재작성)하는 경우에는 최소한 세개의 재무상태표와, 두 개씩의 그 외 F/S·관련주석을 표시해야함. ➡ ① 전기초 F/P(주석표시불요) ② 전기말 F/P ③ 당기말 F/P
표시의 계속성		❖ 표시·분류는 다음 경우를 제외하고는 매기 동일해야함. ① 사업내용의 유의적 변화나 F/S를 검토한 결과 다른 표시나 분류방법이 더 적절한 것이 명백 ② 한국채택국제회계기준에서 표시방법의 변경을 요구

객관식 확인학습 ◯ 이론적용연습

1. 재무제표 표시에 대한 K-IFRS 제1001호의 내용이다. 다음의 설명 중 가장 타당하지 않은 것은?

① 경영진이 기업을 청산하거나 경영활동을 중단할 의도를 가지고 있지 않거나, 청산 또는 경영활동의 중단 외에 다른 현실적 대안이 없는 경우가 아니면 계속기업을 전제로 재무제표를 작성한다.
② 계속기업으로서의 존속능력에 유의적인 의문이 제기될 수 있는 사건이나 상황과 관련된 중요한 불확실성을 알게 된 경우, 경영진은 그러한 불확실성을 공시하여야 한다.
③ 기준서에서 사용하는 재무제표의 명칭이 아닌 다른 명칭은 사용할 수 없으며, 각각의 재무제표는 전체 재무제표에서 동등한 비중으로 표시한다.
④ 당기손익과 기타포괄손익은 단일의 포괄손익계산서에 두 부분으로 나누어 표시할 수 있다.
⑤ 한국채택국제회계기준을 준수하여 재무제표를 작성하는 기업은 그러한 준수 사실을 주석에 명시적이고 제한없이 기재한다.

 낵비게이션
· 기준서에서 사용하는 재무제표의 명칭이 아닌 다른 명칭을 사용할 수 있다.

2. 다음은 재무제표 표시에 대한 설명이다. 가장 옳지 않은 설명은?

① 기업은 현금흐름 정보를 제외하고는 발생기준 회계를 사용하여 재무제표를 작성한다.
② 당기손익과 기타포괄손익은 단일의 포괄손익계산서에 두 부분으로 나누어 표시할 수 있으며, 이 두 부분은 기타포괄손익 부분을 먼저 표시하고 바로 이어서 당기손익 부분을 표시함으로써 함께 표시한다.
③ 상이한 성격이나 기능을 가진 항목은 구분하여 표시한다. 다만 중요하지 않은 항목은 성격이나 기능이 유사한 항목과 통합하여 표시할 수 있다.
④ 재고자산에 대한 재고자산평가충당금과 매출채권에 대한 대손충당금과 같은 평가충당금을 차감하여 관련 자산을 순액으로 측정하는 것은 상계표시에 해당하지 아니한다.
⑤ 계속기업의 가정이 적절한지의 여부를 평가할 때 경영진은 적어도 보고기간말로부터 향후 12개월 기간에 대하여 이용 가능한 모든 정보를 고려한다.

 낵비게이션
· 당기손익 부분을 먼저 표시하고 바로 이어서 기타포괄손익 부분을 표시함으로써 함께 표시한다.('후술')

3. 재무제표 표시에 대한 내용이다. 가장 타당하지 않은 설명은?

① 한국채택국제회계기준이 달리 허용하거나 요구하는 경우를 제외하고는 당기 재무제표에 보고되는 모든 금액에 대해 전기 비교정보를 표시하며, 당기 재무제표를 이해하는 데 목적적합하다면 서술형 정보의 경우에도 비교정보를 포함한다.
② 기업이 재무제표 이외에 경영진의 재무검토보고서, 환경보고서, 부가가치보고서와 같은 보고서를 제공하는데 이러한 보고서도 한국채택국제회계기준의 적용범위에 해당한다.
③ 재무제표가 한국채택국제회계기준의 요구사항을 모두 충족한 경우가 아니라면 한국채택국제회계기준을 준수하여 작성되었다고 기재하여서는 아니된다.
④ 부적절한 회계정책은 이에 대하여 공시나 주석 또는 보충 자료를 통해 설명하더라도 정당화될 수 없다.
⑤ 유사한 항목은 중요성 분류에 따라 재무제표에 구분하여 표시한다.

 낵비게이션
· 재무제표 이외의 보고서는 한국채택국제회계기준의 적용범위에 해당하지 않는다.

4. 재무제표 표시에 관한 설명으로 옳지 않은 것은?

① 재고자산에 대한 재고자산평가충당금과 매출채권에 대한 손실충당금(대손충당금)과 같은 평가충당금을 차감하여 관련 자산을 순액으로 측정하는 것은 상계표시에 해당한다.
② 중요하지 않은 정보일 경우 한국채택국제회계기준에서 요구하는 특정 공시를 제공할 필요는 없다.
③ 상이한 성격이나 기능을 가진 항목을 구분하여 표시하되, 중요하지 않은 항목은 성격이나 기능이 유사한 항목과 통합하여 표시할 수 있다.
④ 투자자산 및 영업용자산을 포함한 비유동자산의 처분손익은 처분대금에서 그 자산의 장부금액과 관련처분비용을 차감하여 표시한다.
⑤ 외환손익 또는 단기매매금융상품에서 발생하는 손익과 같이 유사한 거래의 집합에서 발생하는 차익과 차손은 순액으로 표시하되, 그러한 차익과 차손이 중요한 경우에는 구분하여 표시한다.

 낵비게이션
· 상계표시에 해당한다(X) → 상계표시에 해당하지 아니한다(O)

이론과기출 제15강 ◯ 재무상태표 표시 : 표시정보와 표시방법

❖재무상태표에는 적어도 다음에 해당하는 금액을 나타내는 항목을 표시해야 하나, 표시되어야할 항목의 순서나 형식을 규정하고 있지 않음.
➡∴기업마다 재무상태표의 양식 및 재무상태표에 포함할 항목을 재량적으로 결정가능

자산	부채·자본
① 현금 및 현금성자산, 매출채권과 기타채권 ② 재고자산, 유형자산, 무형자산, 기타금융자산 ③ 투자부동산, 지분법투자자산, 생물자산 ④ 당기법인세 관련 자산(예 선급법인세등) ⑤ 이연법인세자산 ⑥ 매각예정 비유동자산 ⑦ 매각예정처분자산집단에 포함된 자산총계	① 매입채무와 기타채무 ② 충당부채, 기타금융부채 ③ 당기법인세 관련 부채(예 미지급법인세등) ④ 이연법인세부채 ⑤ 매각예정처분자산집단에 포함된 부채 ⑥ 자본에 표시된 비지배지분 ⑦ 지배기업 소유주귀속 납입자본과 적립금

표시정보

추가표시	•재무상태를 이해하는데 목적적합한 경우 항목, 제목 및 중간합계를 추가하여 표시함.
구분표시	•구분표시가 필요한 경우 그러한 항목을 추가로 재무상태표에 포함함.
기타사항	•기업과 거래의 성격에 따라 사용된 용어, 항목순서, 유사항목의 통합방법을 변경 가능함. •상이하게 분류된 자산에 대해 상이한 측정기준을 사용하는 것은 그 자산의 성격이나 기능이 상이하여 별도항목으로 구분하여 표시해야 함을 의미함. ➡예 상이하게 분류된 유형자산에 대해 원가 또는 재평가금액을 장부금액으로 가능함.

표시방법

개요	•유동성 순서에 따른 표시방법(=‘유동성배열법’)이 신뢰성 있고 더욱 목적적합한 정보를 제공하는 경우를 제외하고는 유동자산과 비유동자산, 유동부채와 비유동부채로 재무상태표에 구분하여 표시(=‘유동성·비유동성 구분법’)함. 주의 이연법인세자산(부채)은 비유동자산(부채)으로만 분류함.	
표시방법	**유동성·비유동성 구분법**	•기업이 명확히 식별가능한 영업주기내에서 재화·용역을 제공하는 경우, 재무상태표에 유동자산과 비유동자산 및 유동부채와 비유동부채를 구분하여 표시
	유동성배열법	•모든 자산과 부채를 유동성순서로 표시 말장난 유동자산·유동부채만 유동성의 순서에 따라 표시한다(X)
	혼합법	•양 방법을 혼용표시

선택

보론 금융회사와 같은 일부 기업의 경우에는 오름차순이나 내림차순의 유동성 순서에 따른 표시방법으로 자산과 부채를 표시하는 것이 유동/비유동 구분법보다 신뢰성 있고 더욱 목적적합한 정보를 제공함.

기타사항	•어느 표시방법을 채택하더라도 자산과 부채의 각 개별항목이 보고기간후 12개월 이내와 보고기간후 12개월 후에 회수되거나 결제될 것으로 기대되는 금액이 합산하여 표시되는 경우, 12개월후에 회수되거나 결제될 것으로 기대되는 금액을 공시함. •자산과 부채가 유동 또는 비유동으로 구분되는지의 여부와 관계없이, 재고자산과 같은 비화폐성자산의 회수예정일과 충당부채와 같은 부채의 결제예정일에 대한 정보도 역시 유용함. ➡예 기업은 보고기간 후 12개월 후에 회수될 것으로 기대되는 재고자산 금액을 공시함.

객관식 확인학습 — 이론적용연습

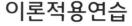

1. 재무제표 표시에 관한 설명으로 옳지 않은 것은?

① 비용을 기능별로 분류하는 기업은 감가상각비, 기타 상각비와 종업원급여비용을 포함하여 비용의 성격에 대한 추가 정보를 공시한다.

② 부적절한 회계정책은 이에 대하여 공시나 주석 또는 보충자료를 통해 설명하더라도 정당화될 수 없다.

③ 계속기업의 가정이 적절한지의 여부를 평가할 때 경영진은 적어도 보고기간말로부터 향후 12개월 기간에 대하여 이용가능한 모든 정보를 고려한다.

④ 보고기간 종료일을 변경하여 재무제표의 보고기간이 1년을 초과하거나 미달하는 경우에는 재무제표 해당 기간뿐만 아니라 보고기간이 1년을 초과하거나 미달하게 된 이유와 재무제표에 표시된 금액이 완전하게 비교가능하지 않다는 사실을 추가로 공시한다.

⑤ 기업이 재무상태표에 유동자산과 비유동자산, 그리고 유동부채와 비유동부채로 구분하여 표시하는 경우, 이연법인세자산(부채)은 유동자산(부채)으로 분류한다.

📻 낙바레의션

•이연법인세자산(부채)은 유동자산(부채)으로 분류하지 아니한다.(비유동자산으로 분류함.)

•기준서 제1001호 재무제표 표시(보고빈도)

보론	문단 36~37
	❑ 전체 재무제표(비교정보를 포함)는 적어도 1년마다 작성한다. 보고기간종료일을 변경하여 재무제표의 보고기간이 1년을 초과하거나 미달하는 경우 재무제표 해당 기간뿐만 아니라 다음 사항을 추가로 공시한다. (1) 보고기간이 1년을 초과하거나 미달하게 된 이유 (2) 재무제표에 표시된 금액이 완전하게 비교가능하지는 않다는 사실 ❑ 일반적으로 재무제표는 일관성 있게 1년 단위로 작성한다. 그러나 실무적인 이유로 어떤 기업은 예를 들어 52주의 보고기간을 선호한다. 이 기준서는 이러한 보고관행을 금지하지 않는다.

서술형Correction연습

❑ 재무제표에 표시되는 자산과 부채는 반드시 유동자산과 비유동자산, 유동부채와 비유동부채로 구분하여 표시해야 한다.

➡ (X) : 유동성 순서에 따라 표시해도 된다.

❑ 유동성 순서에 따른 표시방법을 적용할 경우 유동자산과 유동부채만 유동성의 순서에 따라 표시한다.

➡ (X) : 모든 자산과 부채를 유동성 순서로 표시한다.

❑ 재무상태표는 유동성·비유동성 구분법이나 유동성 순서에 따른 표시방법 중 한 가지 방법을 사용하여 표시한다.

➡ (X) : 두 가지 방법을 혼합한 표시방법도 허용한다.

❑ 회계정책을 소급하여 적용하거나 재무제표의 항목을 소급하여 재작성 또는 재분류하는 경우에는 적어도 세 개의 재무제표 및 관련 주석을 표시해야 한다.

➡ (X) : 재무상태표만 세 개가 필요하다.

❑ 한국채택국제회계기준이 달리 허용하거나 요구하는 경우를 제외하고는 당기 재무제표에 보고되는 모든 금액에 대해 전기 비교정보를 공시하되, 서술형 정보의 경우에는 비교정보를 생략할 수 있다.

➡ (X) : 당기 재무제표를 이해하는 데 목적적합하다면 서술형 정보의 경우에도 비교정보를 포함한다.

제1편 Mainplot [주요논제]

제2편 Subplot [특수논제]

합본부록1 기출유형별 필수문제

합본부록2 실전적중모의고사

이론과기출 제16강 ◯ **재무상태표 표시 : 분류기준**

유동자산	분류기준	① 기업의 정상영업주기내에 실현될 것으로 예상하거나, 정상영업주기내에 판매하거나 소비할 의도가 있음. ② 주로 단기매매 목적으로 보유. ③ 보고기간후 12개월이내에 실현될 것으로 예상. ④ 현금·현금성자산으로서, 교환이나 부채상환 목적으로의 사용제한기간이 보고기간후 12개월 이상이 아님.
	영업주기	•영업활동을 위한 자산의 취득시점부터 그 자산이 현금이나 현금성자산으로 실현되는 시점 까지 소요되는 기간 ➡ 정상영업주기를 명확히 식별할 수 없는 경우에는 그 기간이 12개월인 것으로 가정함.
	기타사항	•유동자산은 단기매매목적 보유자산과 비유동금융자산의 유동성대체 부분을 포함함.
	▪주의 재고자산·매출채권 등에 대하여는 1년을 초과하더라도 유동자산으로 분류함.	

유동부채	분류기준	① 정상영업주기내에 결제될 것으로 예상. ② 주로 단기매매 목적으로 보유. ③ 보고기간후 12개월 이내에 결제하기로 되어 있음. ④ 보고기간후 12개월 이상 부채결제를 연기할 수 있는 무조건의 권리를 가지고 있지 않음
	주석공시	•유동부채로 분류된 차입금의 경우 장기로 차환/장기차입약정 위반사항의 해소등의 사건이 보고기간말과 재무제표 발행승인일 사이에 발생하면 '보고기간후사건'에 따라 수정을 요하지 않는 사건으로 주석에 공시함.
	기타사항	•매입채무, 종업원 및 그 밖의 영업원가에 대한 미지급비용은 보고기간후 12개월후에 결제일 이 도래한다 하더라도 유동부채로 분류함. •정상영업주기이내에 결제되지는 않지만 보고기간후 12개월이내에 결제일이 도래하거나 주로 단기매매목적으로 보유시 유동부채로 분류함. ➡예 단기매매항목으로 분류된 금융부채, 당좌차월, 비유동금융부채의 유동성대체 부분, 미지 급배당금, 법인세 및 기타 지급채무 말장난 금융부채를 단기매매목적으로 보유하고 있어도 만기에 따라 유동·비유동으로 표시한다(X)

부채분류 세부고찰	유동부채	•다음 모두에 해당하는 경우라 하더라도 금융부채가 보고기간후 12개월 이내에 결제일이 도 래하면 이를 유동부채로 분류함. □ 원래의 결제기간이 12개월을 초과하는 경우 □ 보고기간후 재무제표 발행승인일전에 장기로 차환하는 약정 또는 지급기일을 장기로 재조정하는 약정이 체결된 경우 •보고기간말 이전에 장기차입약정을 위반했을 때 대여자가 즉시 상환을 요구할 수 있는 채무는 보고기간후 재무제표 발행승인일전에 채권자가 약정위반을 이유로 상환을 요구하지 않기로 합의하더라도 유동부채로 분류함.
	비유동부채	•기업이 기존의 대출계약조건에 따라 보고기간 후 적어도 12개월 이상 부채를 차환하거나 연 장할것으로 기대하고 있고, 그런 재량권이 있다면, 보고기간 후 12개월 이내에 만기가 도래한 다 하더라도 비유동부채로 분류함. ➡재량권이 없다면 차환가능성을 고려하지 않고 유동부채로 분류함. •보고기간말 이전에 장기차입약정을 위반했을 때 대여자가 즉시 상환을 요구할 수 있는 채무는 대여자가 보고기간말 이전에 보고기간 후 적어도 12개월 이상의 유예기간을 주는데 합의하여 그 유예기간내에 기업이 위반사항을 해소할 수 있고, 또 그 유예기간 동안에는 대여자가 즉시 상환을 요구할 수 없다면 그 부채는 비유동부채로 분류함.

제1편 Mainplot [주요논제]

객관식 확인학습 — 이론적용연습

1. 재무상태표 표시와 관련된 재무상태표 표시의 내용이다. 다음 중 가장 옳지 않은 것은?

① 자산과 부채에 대하여 유동성 순서에 따른 표시방법을 적용할 경우 모든 자산과 부채는 유동성의 순서에 따라 표시한다.

② 기업의 정상영업주기가 명확하게 식별되지 않는 경우 그 주기는 12개월을 초과하는 것으로 가정한다.

③ 기업의 재무상태를 이해하는 데 목적적합한 경우 재무상태표에 항목, 제목 및 중간합계를 추가하여 표시한다.

④ 기업이 재무상태표에 유동자산과 비유동자산, 그리고 유동부채와 비유동부채로 구분하여 표시하는 경우, 이연법인세자산(부채)은 유동자산(부채)으로 분류하지 아니한다.

⑤ 신뢰성 있고 더욱 목적적합한 정보를 제공한다면 자산과 부채의 일부는 유동/비유동 구분법으로, 나머지는 유동성 순서에 따른 표시방법으로 표시하는 것이 허용된다.

내비게이션
• 정상영업주기를 명확히 식별할 수 없는 경우에는 그 기간이 12개월인 것으로 가정한다.

2. 다음 중 재무제표 표시에 대한 설명으로 옳지 않은 것은?

① 기업이 재무상태표에 유동자산과 비유동자산, 유동부채와 비유동부채로 구분하여 표시하는 경우, 이연법인세자산(부채)은 유동자산(부채)으로 분류한다.

② 기타포괄손익은 재평가잉여금의 변동, 해외사업장의 재무제표 환산으로 인한 손익, 현금흐름위험회피의 위험회피수단의 평가손익 중 효과적인 부분 등을 포함한다.

③ 유동자산에는 보고기간 후 12개월 이내에 실현될 것으로 예상되지 않는 경우에도 재고자산 및 매출채권과 같이 정상영업주기의 일부로서 판매, 소비 또는 실현되는 자산이 포함된다.

④ 재무제표가 계속기업의 가정하에 작성되지 않는 경우에는 그 사실과 함께 재무제표가 작성된 기준 및 그 기업을 계속기업으로 보지 않는 이유를 공시하여야 한다.

⑤ 회계정책을 적용하는 과정에서 추정에 관련된 공시와는 별도로, 재무제표에 인식되는 금액에 유의적인 영향을 미친 경영진이 내린 판단은 유의적인 회계정책 또는 기타 주석사항으로 공시한다.

내비게이션
• 이연법인세자산(부채)은 유동자산(부채)으로 분류하지 아니한다.(비유동자산으로 분류함.)

3. 재무제표 표시와 관련된 다음의 설명 중 옳지 않은 것은?

① 기업이 재무상태표에 유동자산과 비유동자산, 그리고 유동부채와 비유동부채로 구분하여 표시하는 경우, 이연법인세자산(부채)은 유동자산(부채)으로 분류하지 아니한다.

② 보고기간말 이전에 장기차입약정을 위반했을 때 대여자가 즉시 상환을 요구할 수 있는 채무는 보고기간 후 재무제표 발행승인일 전에 채권자가 약정위반을 이유로 상환을 요구하지 않기로 합의한다면 비유동부채로 분류한다.

③ 기업은 변경된 표시방법이 재무제표이용자에게 신뢰성 있고 더욱 목적적합한 정보를 제공하며, 변경된 구조가 지속적으로 유지될 가능성이 높아 비교가능성을 저해하지 않을 것으로 판단할 때에만 재무제표의 표시방법을 변경한다.

④ 극히 드문 상황으로서 한국채택국제회계기준의 요구사항을 준수하는 것이 오히려 '개념체계'에서 정하고 있는 재무제표의 목적과 상충되어 재무제표이용자의 오해를 유발할 수 있다고 경영진이 결론을 내리는 경우에는 관련 감독체계가 이러한 요구사항으로부터의 일탈을 의무화하거나 금지하지 않는다면, 한국채택국제회계기준의 요구사항을 달리 적용한다.

⑤ 기업이 기존의 대출계약조건에 따라 보고기간 후 적어도 12개월 이상 부채를 차환하거나 연장할 것으로 기대하고 있고, 그런 재량권이 있다면, 보고기간 후 12개월 이내에 만기가 도래한다 하더라도 비유동부채로 분류한다.

내비게이션
• 합의하더라도 유동부채로 분류한다.
• ③ : K-IFRS 1001호 문단 46의 내용(표시의 계속성 관련)

서술형Correction연습

☐ 금융부채를 주로 단기매매목적으로 보유하고 있다 하더라도 그 만기에 따라 유동·비유동으로 표시해야 한다.

➡ (X) : 단기매매목적으로 보유하고 있다면 그 만기에 상관없이 유동으로 표시해야 한다.

☐ 원래의 결제기간이 12개월을 초과하고 보고기간 후 재무제표 발행승인일 전에 장기로 차환하는 약정 또는 지급기일을 장기로 재조정하는 약정이 체결된 경우에는 보고기간 후 12개월 이내에 결제일이 도래하더라도 비유동부채로 분류한다.

➡ (X) : 보고기간 후 12개월 이내에 결제일이 도래하면 유동부채로 분류한다.

시험중요도 ★★★

이론과기출 제17강 ━ 포괄손익계산서 표시

표시정보

❖포괄손익계산서에는 당해기간의 다음 금액을 표시하는 항목을 포함함.

① 수익(유효이자율법 이자수익은 별도 표시), 금융원가
② 지분법 적용대상인 관계기업과 공동기업의 당기순손익에 대한 지분, 법인세비용
③ 중단영업의 합계를 표시하는 단일금액

주의 ① 영업손익(매출액−매출원가−판관비)은 반드시 포괄손익계산서에 구분하여 표시해야함.
② 특별손익은 포괄손익계산서, 별개의 손익계산서 또는 주석에 특별손익 항목으로 표시불가
③ 재무성과를 이해하는데 목적적합한 경우에는 항목, 제목, 중간합계를 추가 표시함.

표시방법

❖다음 중 한가지 방법으로 표시함. **➡주의** 총포괄손익에는 소유주와의 거래로 인한 자본변동은 제외함.

단일포괄손익계산서

단일포괄손익계산서	
매출액	xxx
당기순손익 구성요소	xxx
당기순손익	xxx
기타포괄손익 구성요소	xxx
총포괄손익	xxx

두 개의 보고서

별개의 손익계산서		포괄손익계산서	
매출액	xxx	당기순손익	xxx
당기순손익 구성요소	xxx	기타포괄손익 구성요소	xxx
당기순손익	xxx	총포괄손익	xxx

보론 별개의 손익계산서는 포괄손익계산서 바로 앞에 표시함.

비용 분류방법

❖기업은 비용의 성격별 또는 기능별 분류방법 중에서 신뢰성 있고 더욱 목적적합한 정보를 제공할 수 있는 방법을 적용하여 당기손익으로 인식한 비용의 분석내용을 표시함.(선택)

성격별 분류법	• 비용은 그 성격별로 통합함.(즉, 각 항목의 유형별로 구분표시) ➡예 감가상각비, 원재료구입, 운송비, 종업원급여, 광고비등 • 매출원가를 다른 비용과 분리하여 공시하지 않음. • 기능별로 재배분하지 않으므로 적용이 간단함.(미래현금흐름 예측에는 유용함)
기능별 분류법 (=매출원가법)	• 비용은 그 기능별로 분류함. ➡예 매출원가, 물류원가, 관리활동원가등 • 적어도 매출원가를 다른 비용과 분리하여 공시함. • 목적적합하나, 자의적인 기능별 배분과 판단이 개입될수 있음. • 기능별로 분류시에는 성격별 분류에 따른 추가공시가 필요함.

기타 포괄손익

의의	• 기타포괄손익(재분류조정 포함)은 손익거래 결과임에도 당기손익에 포함되지 않는 항목임. ➡기타포괄손익과 관련된 법인세비용은 포괄손익계산서나 주석에 공시함.
표시	• 기타포괄손익 구성요소는 다음 중 한 가지 방법으로 표시할수 있음. ① 관련 법인세효과를 차감한 순액으로 표시 ② 법인세효과 반영전 금액으로 표시하고, 법인세효과는 단일금액으로 합산표시
재분류조정	• 기타포괄손익으로 인식되었으나 당기손익으로 재분류된 금액을 말함. <table><tr><td>재분류조정이 발생하는 기타포괄손익</td><td>재분류조정이 발생하지 않는 기타포괄손익</td></tr><tr><td>❑ FVOCI금융자산평가손익(채무상품) ❑ 해외사업장외화환산차이 ❑ 현금흐름위험회피평가손익(효과적부분)</td><td>❑ 재평가잉여금의 변동 ❑ 보험수리적손익(확정급여제도 재측정요소) ❑ FVOCI금융자산평가손익(지분상품)</td></tr></table>

객관식 확인학습

이론적용연습

1. 재무제표 표시와 관련하여 영업이익 공시에 대한 설명이다. 옳지 않은 것은?

① 비용을 기능별로 분류하는 기업은 수익에서 매출원가 및 판매비와 관리비(물류원가 등을 포함)를 차감한 영업이익을 포괄손익계산서에 구분하여 표시한다.

② 비용을 기능별로 분류하지 않고 성격별로 분류하는 경우에는 영업이익을 포괄손익계산서에 구분하여 표시할 수 없다.

③ 영업의 특수성으로 인해 매출원가를 구분하기 어려운 경우에는 영업수익에서 영업비용을 차감하는 방식으로 영업이익을 측정할 수 있다.

④ 영업이익에 포함되지 않았지만 기업의 영업성과를 반영하는 그 밖의 수익 또는 비용 항목이 있다면 이러한 항목을 추가하여 조정영업이익(또는 조정영업손실) 등의 명칭으로 포괄손익계산서 주석으로 공시할 수 있다.

⑤ 영업이익 산출에 포함된 주요항목과 그 금액을 포괄손익계산서 본문에 표시하거나 주석으로 공시한다.

내비게이션

•영업손익은 반드시 포괄손익계산서에 구분하여 표시하여야 한다.

2. 재무제표 표시에 대한 내용이다. 가장 타당하지 않은 설명은?

① 기타포괄손익의 항목은 관련 법인세비용을 차감한 순액으로 표시하거나, 법인세비용차감전 금액으로 표시할 수 있다.

② 당기손익과 기타포괄손익은 두 부분으로 나누어 별도의 표로 표시할 수 없으며 반드시 단일의 포괄손익계산서로 표시해야 한다.

③ 유동성 순서에 따른 표시방법이 신뢰성 있고 더욱 목적적합한 정보를 제공하는 경우를 제외하고는 유동자산과 비유동자산, 유동부채와 비유동부채로 재무상태표에 구분하여 표시한다.

④ 한국채택국제회계기준이 달리 허용하거나 요구하는 경우를 제외하고는 당기 재무제표에 보고되는 모든 금액에 대해 전기 비교정보를 공시한다.

⑤ 한국채택국제회계기준을 준수하여 작성된 재무제표는 국제회계기준을 준수하여 작성된 재무제표임을 주석으로 공시할 수 있다.

내비게이션

•당기손익 부분을 표시하는 별개의 손익계산서와 포괄손익을 표시하는 보고서로 각각 별도의 두 개의 보고서로 표시할 수 있다.

3. 다음은 재무제표 표시에 대한 설명이다. 가장 옳지 않은 설명은?

① 비용을 기능별로 분류하는 기업은 감가상각비, 기타 상각비와 종업원급여비용을 포함하여 비용의 성격에 대한 추가 정보를 공시한다.

② 비용의 기능별 정보가 미래현금흐름을 예측하는 데 유용하기 때문에, 비용을 성격별로 분류하는 경우에는 기능별 분류에 대한 추가 공시가 필요하다.

③ 기타포괄손익의 항목(재분류조정 포함)과 관련한 법인세비용 금액은 포괄손익계산서나 주석에 공시한다.

④ 수익과 비용의 어느 항목도 당기손익과 기타포괄손익을 표시하는 보고서 또는 주석에 특별손익 항목으로 표시할 수 없다.

⑤ 비용을 기능별로 분류하는 경우 성격별 분류보다 더욱 목적적합한 정보를 제공할 수 있지만 비용을 기능별로 배분하는 데 자의적인 배분과 상당한 정도의 판단이 개입될 수 있다.

내비게이션

•비용의 성격에 대한 정보가 미래현금흐름을 예측하는 데 유용하기 때문에, 비용을 기능별로 분류하는 경우에는 추가 공시가 필요하다.

4. 재무제표 표시에서 포괄손익계산서 당기손익 부분에 반드시 포함하도록 규정하고 있는 항목이 아닌 것은 어느 것인가?

① 수익과 영업이익

② 지분법 적용대상인 관계기업과 공동기업의 당기순손익에 대한 지분

③ 성격별로 분류한 기타포괄손익의 금액

④ 금융원가와 법인세비용

⑤ 중단영업의 합계를 표시하는 단일 금액

5. 기업은 비용을 분류하는 방식에 따라 성격별 포괄손익계산서와 기능별 포괄손익계산서를 선택할 수 있다. 다음 항목 중 성격별 포괄손익계산서와 기능별 포괄손익계산서에 공통으로 나타나지 않는 것은?

① 매출원가 　　　　　② 수익

③ 금융원가 　　　　　④ 법인세비용

⑤ 지분법 적용 관계기업의 당기순손익에 대한 지분

내비게이션

•기능별 분류에서만 매출원가가 표시된다.

이론과기출 제18강 ─ 자본변동표·현금흐름표 표시

자본변동표	개요	•자본의 크기와 그 변동(기초, 변동사항, 기말)에 관한 정보를 제공하는 재무재표 ➡소유주에 대한 배분으로 인식된 배당금액과 주당배당금을 표시함.
	표시정보	❑ 지배기업의 소유주와 비지배지분에게 각각 귀속되는 금액으로 구분하여 표시한 해당기간의 총포괄손익 ❑ 자본의 각 구성요소별로, 인식된 소급적용이나 소급재작성의 영향 ❑ 자본의 각 구성요소별로 다음의 각 항목에 따른 변동액을 구분 표시한, 기초시점, 기말시점의 장부금액 조정내역 ⅰ) 당기순손익 ⅱ) 기타포괄손익의 각 항목 ⅲ) 소유주로서의 자격을 행사하는 소유주와의 거래(소유주에 의한 출자와 소유주에 대한 배분, 그리고 지배력을 상실하지 않는 종속기업에 대한 소유지분의 변동을 구분하여 표시)
	기타사항	•자본 구성요소는 각 분류별 납입자본·기타포괄손익 및 이익잉여금 누계액등을 포함함. •자본변동표나 주석에 소유주배분으로 인식된 배당금액과 주당배당금을 표시함. •회계정책변경의 자본항목수정사항총액과 오류수정사항총액을 각각 구분하여 공시함.

❖영업활동, 투자활동, 재무활동현금흐름으로 나누어 다음과 구분하며, 영업활동현금흐름은 직접법과 간접법에 의해 분석함. ➡ 주의 한국채택국제회계기준은 이 중 직접법을 권장함.

구분	영업활동	투자활동	재무활동	참고사항
◉매출채권·선수금,매입채무·선급금	○	–	–	
◉선급비용,미지급비용,선수수익	○	–	–	
◉미수수익(이자수익의 경우), 배당수입	○	○	–	•선택가능
◉미지급비용(이자비용의 경우), 배당지급	○	–	○	•선택가능
◉재고자산	○	–	–	
◉단기매매금융자산	○	–	–	•단기매매목적
◉대여금,미수금,비유동자산	–	○	–	
◉장기차입금·금융부채	–	–	○	–
◉확정급여채무	○	–	–	
◉유상증자등 자본거래(배당지급제외)	–	–	○	–
◉법인세지급	○(원칙)	○	○	
◉당좌차월			○	•즉시상환해야 하는 경우는 현금구성요소

보론 재무제표의 상호관계

❑ 다음과 같이 F/S는 상호 연계적 관계에 있으므로 의사결정시 상호 보완적으로 검토해야함.

① F/P상 기타포괄손익 잔액에 대한 변동 내역은 CIS의 포괄손익금액을 통해 알수 있다.
② F/P와 현금흐름표는 '현금'이라는 연결고리가 있다.
③ CIS와 현금흐름표는 '당기순이익'이라는 연결고리가 있다.
④ CIS와 F/P는 '총포괄이익'이라는 연결고리가 있다.

객관식 확인학습

이론적용연습

1. 다음 중 재무제표의 표시와 작성에 대한 설명으로 옳은 것은?

① 재무상태표에 표시되는 자산과 부채는 반드시 유동자산과 비유동자산, 유동부채와 비유동부채로 구분하여 표시해야 한다.

② 자본의 구성요소인 기타포괄손익과 자본잉여금은 포괄손익계산서와 재무상태표를 연결시키는 역할을 한다.

③ 손익계산서는 당기손익을 구성하는 요소와 기타포괄손익을 구성하는 요소로 구분 표시하여 반드시 하나의 보고서로 작성해야 한다.

④ 기타포괄손익은 관련 자산과 부채의 미실현평가손익을 당기손익에 반영하지 않고 자본에 별도의 항목으로 잠정적으로 분류했다가 나중에 전부 이익잉여금에 직접 반영될 예정인 항목이다.

⑤ 재분류조정은 당기나 과거 기간에 인식한 기타포괄손익을 당기의 손익으로 재분류하는 회계처리이다.

내비게이션

• ① 자산과 부채를 유동성·비유동성으로 구분하여 표시할 수도 있으며 구분하지 않고 유동성의 순서에 따라 나열할 수도 있다.

② CIS와 F/P는 '총포괄손익(당기순손익/기타포괄손익)'이라는 연결고리가 있다. 즉, CIS와 F/P를 연결시키는 역할을 하는 것은 총포괄손익이다.

③ 두 개의 보고서(별개손익계산서와 포괄손익계산서)도 가능하다.

④ 기타포괄손익은 항목에 따라 당기손익으로 재분류되기도 하고 이익잉여금으로 직접 대체되기도 한다.

서술형Correction연습

❏ 영업활동 현금흐름은 직접법과 간접법을 선택적으로 적용할 수 있으나, 한국채택국제회계기준에서는 간접법을 사용할 것을 권장하고 있다.

➡ (X) : 직접법을 사용할 것을 권장하고 있다.

❏ 배당금의 지급은 재무활동의 결과이므로 재무활동으로 분류한다.

➡ (X) : 영업활동으로 분류될 수도 있다.

❏ 단기매매목적으로 보유하는 유가증권의 취득과 판매에 따른 현금흐름은 투자활동으로 분류한다.

➡ (X) : 투자활동(X) → 영업활동(O)

❏ 장기대여금의 대여 및 회수는 재무활동 현금흐름이다.

➡ (X) : 대여금의 대여 및 회수는 투자활동 현금흐름이다.

❏ 당좌차월은 차입금에 해당하므로 언제나 현금유입과 현금유출을 재무활동으로 분류한다.

➡ (X) : 은행 차입은 일반적으로 재무활동으로 간주된다. 그러나 일부 국가의 경우 금융회사의 요구에 따라 즉시 상환하여야 하는 당좌차월은 기업의 현금관리의 일부를 구성한다. 이때 당좌차월은 재무활동으로 분류하는 것이 아니라 현금및현금성자산의 구성요소에 포함된다.

시험중요도 ★☆☆

이론과기출 제19강 ⊃ **주석 표시**

❖주석은 적용가능한 체계적인 방법으로 재무제표항목과 상호연결시켜 표시함.

구조	제공정보	• 재무제표 작성근거와 구체적인 회계정책에 대한 정보 • K-IFRS에서의 요구정보이지만 재무제표 어느 곳에도 표시되지 않는 정보 • 어느 곳에도 표시되지 않지만 재무제표를 이해하는 데 목적적합한 정보
	표시순서	① K-IFRS를 준수하였다는 사실 ② 적용한 유의적인 회계정책 ③ 재무제표에 표시된 항목에 대한 보충정보 ➡ 재무제표의 배열 및 각 재무제표에 표시된 개별항목의 순서에 따라 표시함. ④ 다음을 포함한 기타 공시 　❏ 우발부채와 재무제표에서 인식하지 아니한 계약상 약정사항 　❏ 비재무적 공시항목(예 기업의 재무위험관리목적과 정책)
회계정책공시	유의적 회계정책	• 유의적인 회계정책의 요약으로 다음 항목을 공시함. 　❏ 재무제표를 작성하는데 사용한 측정기준 　❏ 재무제표를 이해하는데 목적적합한 기타의 회계정책
	기타사항	• K-IFRS에서는 구체적으로 요구하지 않더라도 제1008호('회계정책·회계추정변경 및 오류')에 따라 선택하여 적용하는 유의적인 회계정책은 공시하는 것이 적절함. • 회계정책을 적용하는 과정에서 경영진이 내린 판단으로 재무제표에 인식되는 금액에 유의적인 영향을 미친 사항은 별도로 유의적인 회계정책 또는 기타 주석사항으로 공시함.
추정불확실성 원천	원천공시	• 미래에 대한 가정과 보고기간말의 추정불확실성에 대한 기타 주요 원천에 대한 정보를 공시함. 　➡ 회계정책을 적용하는 과정에서 경영진이 내린 특정 판단에 대한 공시는 추정불확실성의 원천에 대한 공시와는 관련이 없음. • 이러한 가정과 보고기간말의 추정불확실성에 대한 기타 주요 원천은 다음 회계연도 자산·부채의 장부금액에 대한 중요한 조정을 유발할 수 있는 유의적인 위험을 내포하고 있으므로 이로부터 영향을 받을 자산·부채에 대해 다음사항을 주석기재함. 　❏ 자산과 부채의 성격 　❏ 보고기간말의 장부금액 • 어떠한 경우라도 가정에 의해 영향을 받는 개별 자산·부채의 성격과 장부금액을 공시해야함.
	공시제외	① 다음 회계연도에 장부금액이 중요하게 변동될 수 있는 유의적인 위험이 있는 자산과 부채라 할지라도 동일한 자산이나 부채에 대한 활성시장의 공시가격에 기초하여 보고기간말의 공정가치를 측정한 경우에는 미래에 대한 가정과 보고기간말의 추정 불확실성에 대한 기타 주요원천에 대한 정보는 공시하지 아니함. 　**말장난** 다음 회계연도에 장부금액이 중요하게 변동될 수 있는 유의적인 위험이 있는 자산과 부채의 경우 활성시장의 공시가격에 기초하여 보고기간말의 공정가치가 측정되었다면 미래에 대한 가정과 보고기간말의 추정 불확실성에 대한 기타 주요원천에 대한 정보를 공시한다(X) ② 미래에 대한 가정과 보고기간말의 추정불확실성에 대한 기타 주요 원천에 대한 공시사항으로 예산정보 또는 미래예측을 공시하도록 요구하지 않음.

객관식 확인학습 — 이론적용연습

1. 다음은 재무제표 표시에 대한 설명이다. 가장 옳지 않은 설명은?

① 재무제표는 기업의 재무상태, 재무성과 및 현금흐름을 공정하게 표시해야 하며, 한국채택국제회계기준에 따라 작성된 재무제표는 공정하게 표시된 재무제표로 본다.

② 기업은 비용의 성격별 또는 기능별 분류방법 중에서 신뢰성 있고 더욱 목적적합한 정보를 제공할 수 있는 방법을 적용하여 당기손익으로 인식한 비용의 분석내용을 표시한다.

③ 당기손익 부분을 별개의 손익계산서에 표시할 수 있으며 그러한 경우, 별개의 손익계산서는 포괄손익을 표시하는 보고서 바로 앞에 위치한다.

④ 주석은 재무상태표, 포괄손익계산서, 자본변동표 및 현금흐름표에 표시하는 정보에 추가하여 제공된 정보이며, 주석은 상기 재무제표에 표시된 항목들에 대해서만 구체적으로 설명하는 정보를 제공한다.

⑤ 극히 드문 상황으로서 한국채택국제회계기준의 요구사항을 준수하는 것이 오히려 개념체계에서 정하고 있는 재무제표의 목적과 상충되어 재무제표이용자의 오해를 유발할 수 있다고 경영진이 결론을 내리는 경우에는 관련 감독체계가 이러한 요구사항으로부터의 일탈을 의무화하거나 금지하지 않는다면 소정의 방법으로 요구사항을 달리 적용한다.

 낵비게이션

• 주석의 정의
재무상태표, 포괄손익계산서, 자본변동표 및 현금흐름표에 표시하는 정보에 추가하여 제공된 정보로서 주석은 상기 재무제표에 표시된 항목을 구체적으로 설명하거나 세분화하고, 상기 재무제표 인식요건을 충족하지 못하는 항목에 대한 정보를 제공한다.

• 주석은 다음의 정보를 제공한다.
 - 재무제표 작성 근거와 구체적인 회계정책에 대한 정보
 - 한국채택국제회계기준에서 요구하는 정보이지만 재무제표 어느 곳에도 표시되지 않는 정보
 - 재무제표 어느 곳에도 표시되지 않지만 재무제표를 이해하는 데 목적적합한 정보

2. 재무제표 표시에 대한 다음의 설명 중 옳지 않은 것은?

① 한국채택국제회계기준에서 요구하거나 허용하지 않는 경우 자산과 부채 그리고 수익과 비용은 상계하지 않는다. 따라서 재고자산평가충당금을 차감하여 재고자산을 순액으로 표시할 수 없다.

② 기타포괄손익의 항목은 이와 관련된 법인세효과 반영 전 금액으로 표시하고 각 항목들에 관련된 법인세효과는 단일금액으로 합산하여 표시할 수 있다.

③ 회계정책을 적용하는 과정에서 추정에 관련된 공시와는 별도로, 재무제표에 인식되는 금액에 유의적인 영향을 미친 경영진이 내린 판단을 유의적인 회계정책 또는 기타 주석사항으로 공시한다.

④ 영업손익을 포괄손익계산서 본문에 구분하여 표시하여야 한다. 이 경우 영업손익은 영업의 특수성을 고려할 필요가 있는 경우나 비용을 성격별로 분류하는 경우를 제외하고는 수익에서 매출원가 및 판매비와관리비를 차감하여 산출한다.

⑤ 수익과 비용의 어떠한 항목도 포괄손익계산서, 별개의 손익계산서(표시하는 경우) 또는 주석에 특별손익 항목으로 표시할 수 없다.

 낵비게이션

• 상계표시에 해당하지 아니한다. 즉, 순액으로 표시할 수 있다.

이론과기출 제20강 ⟩ Cashflow와 현재가치평가

◻ 현금흐름유형 : 이자 ➡ 이자 ➡ 이자＋원금

사례 일반사채현금흐름 회계처리 ◀

❖ 20x1.1.1 장부가 ₩500,000인 토지를 ₩900,000에 처분, 3년후 수령키로 하고 매년말 6% 이자수수키로 함. 유효이자율은 9%로 가정함.

• 현가＝900,000×(9%, 3기간현가)＋54,000×(9%, 3기간연금현가)＝831,670

일반사채 현금흐름

일자	유효이자(9%)	액면이자(6%)	상각액	장부금액
20x1년초	–	–	–	831,670
20x1년말	74,850	54,000	20,850	852,520
20x2년말	76,727	54,000	22,727	875,247
20x3년말	78,753	54,000	24,753	900,000

20x1년초	(차)	장기미수금	900,000	(대)	토지	500,000
					현재가치할인차금	68,330
					처분이익	331,670
20x1년말	(차)	현금	54,000	(대)	이자수익	74,850
		현재가치할인차금	20,850			
20x2년말	(차)	현금	54,000	(대)	이자수익	78,753
		현재가치할인차금	22,727			
20x3년말	(차)	현금	54,000	(대)	이자수익	78,753
		현재가치할인차금	24,753			
	(차)	현금	900,000	(대)	장기미수금	900,000

◻ 현금흐름유형 : 계약금 ➡ 중도금 ➡ 잔금

사례 부동산거래현금흐름 회계처리 ◀

❖ 20x1년초 장부가 ₩250,000 토지매각하고 계약금 20x1년초 ₩100,000, 중도금 20x1년말 ₩100,000, 잔금 20x2년말 ₩100,000, 유효이자율은 10%로 가정함.

• 현가＝100,000＋100,000(10%,1기간현가)＋100,000×(10%, 2기간현가)＝273,554

부동산거래 현금흐름

일자	회수액	유효이자(10%)	순채권회수액	장부금액
20x1년초	100,000	–	100,000	173,554
20x1년말	100,000	17,355	82,645	90,909
20x2년말	100,000	9,091	90,909	0

20x1년초	(차)	장기미수금	300,000	(대)	토지	250,000
					현재가치할인차금	26,446
					처분이익	23,554
	(차)	현금	100,000	(대)	장기미수금	100,000
20x1년말	(차)	현재가치할인차금	17,355	(대)	이자수익	17,355
	(차)	현금	100,000	(대)	장기미수금	100,000
20x2년말	(차)	현재가치할인차금	9,091	(대)	이자수익	9,091
	(차)	현금	100,000	(대)	장기미수금	100,000

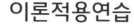

객관식 확인학습 — 이론적용연습

1. 12월말 결산법인인 ㈜합격은 20x1년 1월 1일 보유중인 토지를 다음과 같이 매각하였다. ㈜합격이 동 거래로 인식할 유형자산처분이익과 총이자수익은 각각 얼마인가?

> (1) 장부금액과 매각금액 자료
>   – 매각시점의 토지 장부금액 : ₩175,000
>   – 토지의 매각금액 : ₩250,000
> (2) 대금수령 조건관련 자료
>   – 매각금액 ₩250,000은 3년후에 수령하기로 함.
>   – 매년말 6%의 표시이자를 수령하기로 함.
> (3) 내재이자율 자료
>   – 동 토지 매매거래의 내재이자율은 10%임.
> (4) 현가계수 자료
>   – 10%, 3기간 현재가치계수 : 0.7513
>   – 10%, 3기간 연금현재가치계수 : 2.4868

	유형자산처분이익	총이자수익
①	₩75,000	₩24,873
②	₩75,000	₩69,873
③	₩50,127	₩24,873
④	₩50,127	₩69,873
⑤	₩50,127	₩22,513

 낸비게이션

- 현가 : 250,000x0.7513+250,000x6%x2.4868=225,127
- 현할차 : 250,000-225,127=24,873
- 매년 표시이자 : 250,000x6%=15,000
- 유형자산처분이익 : 250,000-175,000-24,873=50,127
- 총이자수익 : 15,000x3+24,873(현할차)=69,873
- 현할차상각표

일자	유효이자(10%)	표시이자(6%)	상각액	장부금액
20x1년초				225,127
20x1년말	22,513	15,000	7,513	232,640
20x2년말	23,264	15,000	8,264	240,904
20x3년말	24,090	15,000	9,096	250,000

- 20x1년 회계처리

(차) 장기미수금 250,000 (대) 토지 175,000
                              현할차 24,873
                              처분이익 50,127
(차) 현금 15,000 (대) 이자수익 22,513
    현할차 7,513

2. ㈜합격은 장부금액이 ₩1,000,000인 토지를 20x1년 1월초에 처분하였는데, 처분대가로 만기가 2년인 무이자부 약속어음 ₩1,500,000을 수령하였다. 이에 대하여 ㈜합격은 20x1년초에 ₩500,000의 유형자산처분이익을 인식하였다. 유효이자율은 연 10%이고, 이에 대한 2년간의 현가계수는 0.82645이다. 이와 관련하여 20x1년 ㈜합격의 손익에 미치는 영향으로 올바른 것은?

① ₩14,547 과대계상
② ₩128,954 과대계상
③ ₩136,357 과대계상
④ ₩149,357 과대계상
⑤ ₩500,000 과대계상

 낸비게이션

- 회사의 회계처리

(차) 장기미수금 1,500,000 (대) 토지 1,000,000
                                 처분이익 500,000

- 올바른 회계처리

(차) 장기미수금 1,500,000 (대) 토지 1,000,000
                                 현할차 260,325[1]
                                 처분이익 239,675
(차) 현할차 123,968[2] (대) 이자수익 123,968

[1] 1,500,000-1,500,000x0.82645=260,325
[2] (1,500,000x0.82645)x10%=123,968
- 회사의 이익 500,000, 올바른 이익 363,643
- →∴136,357 과대계상

이론과기출 제21강 · 수익 【1단계】 계약의 식별(1)

의의	고객의 정의	• 기업의 통상적인 활동의 산출물인 재화나 용역을 대가와 교환하여 획득하기로 그 기업과 계약한 당사자를 말함.
	기준서 적용범위	• 계약 상대방이 고객인 경우에만 그 계약에 적용함. ➡ [예] 계약상대방이 통상적 활동 산출물을 취득키 위해서가 아니라 어떤 활동·과정(ex. 협업 약정에 따른 자산 개발)에 참여키 위해 계약하였고, 당사자들이 그 활동·과정에서 생기는 위험·효익을 공유한다면, 그 계약 상대방은 고객이 아님. <table><tr><td>적용제외</td><td>① 리스계약, 보험계약, 금융상품 ② 고객이나 잠재적 고객에게 판매를 쉽게 하기 위해 행하는 같은 사업 영역에 있는 기업 사이의 비화폐성 교환(예 두 정유사가 서로 다른 특정지역에 있는 고객의 수요를 적시에 충족하기 위해, 두 정유사끼리 유류를 교환하기로 합의한 계약에는 적용하지 않음.)</td></tr></table>
	5단계 수익인식모형	❖ 모든 유형의 계약에 적용되는 수익인식의 단계는 다음과 같음. <table><tr><td>【1단계】 계약의 식별</td><td>• 고객과의 계약인지 여부를 확인하는 단계</td></tr><tr><td>【2단계】 수행의무 식별</td><td>• 고객에게 수행할 의무가 무엇인지를 확인하는 단계</td></tr><tr><td>【3단계】 거래가격 산정</td><td>• 고객에게 받을 대가를 측정하는 단계</td></tr><tr><td>【4단계】 거래가격 배분</td><td>• 거래가격을 수행의무별로 배분하는 단계</td></tr><tr><td>【5단계】 수익인식</td><td>• 수행의무의 이행시 수익을 인식하는 단계</td></tr></table>
	계약요건 [계약여부] [판단기준]	❖ 다음 기준을 모두 충족하는 때에만 고객과의 계약으로 회계처리함. <table><tr><td>승인과 확약</td><td>• 당사자들이 계약을(서면, 구두, 그 밖의 사업관행에 따라) 승인하고 의무를 수행하기로 확약함. 주의 ∴계약은 반드시 서면으로 할 필요는 없음.</td></tr><tr><td>권리 식별가능</td><td>• 이전할 재화·용역과 관련된 당사자의 권리를 식별할 수 있음.</td></tr><tr><td>지급조건 식별가능</td><td>• 이전할 재화·용역의 지급조건을 식별할 수 있음.</td></tr><tr><td>상업적실질 존재</td><td>• 계약에 상업적 실질이 있음 ➡ 계약의 결과로 기업의 미래현금흐름의 위험, 시기, 금액이 변동될 것으로 예상되는 경우를 말함.</td></tr><tr><td>높은 회수가능성</td><td>• 받을 권리를 갖게 될 대가의 회수가능성이 높음. ➡ 회수가능성이 높은지를 평가할 때에는 지급기일에 고객이 대가를 지급할 수 있는 능력과 지급할 의도만을 고려함.</td></tr></table>
계약여부 판단	계약의 정의	• 둘 이상의 당사자 사이에 집행가능한 권리와 의무가 생기게 하는 합의 ➡ 계약은 서면으로, 구두로, 기업의 사업 관행에 따라 암묵적으로 체결할 수 있음. ➡ 이 기준서는 집행 가능한 권리와 의무가 있는 계약의 존속기간(계약기간)에 적용함.
	계약의 존재	• 각 당사자가 전혀 수행되지 않은 계약에 대해 상대방(들)에게 보상하지 않고 종료할 수 있는 일방적이고 집행가능한 권리를 갖는다면, 그 계약은 존재하지 않는다고 봄.
	계약의 판단	① 계약개시시점에 계약여부 판단기준을 충족하는 경우 ➡ 사실과 상황에 유의적인 변동 징후가 없는 한 이러한 기준들을 재검토하지 않음. ② 계약개시시점에 계약여부 판단기준을 충족하지 못하는 경우 ➡ 기준이 나중에 충족되는지를 판단하기 위해 그 계약을 지속적으로 검토함. ③ 계약여부 판단기준은 충족하지 못하지만 고객에게서 대가를 받은 경우 ➡ 다음 사건 중 어느 하나가 일어난 경우에만 수익으로 인식함. 　㉠ 이전의무가 남아있지 않고, 대가를 모두(대부분) 받았으며 환불되지 않음. 　㉡ 계약이 종료되었고 대가는 환불되지 않음. 주의 ㉠,㉡이 일어나거나, 기준이 나중에 충족될 때까지 대가는 부채로 인식함.

객관식 확인학습

이론적용연습

1. 한국채택국제회계기준 기준서 제1115호 '고객과의 계약에서 생기는 수익'은 미국회계기준과 일치하는 기준으로, 모든 유형의 거래에 적용되는 수익인식기준이다. '고객과의 계약에서 생기는 수익'에서는 모든 유형의 거래계약에 적용할 수 있도록 계약분석부터 수익의 회계처리까지의 5단계 수익인식모형을 제시하고 있다. 5단계를 순서대로 가장 올바르게 나열한 것은?

> ㉠ 수행의무의 식별   ㉡ 계약의 식별
> ㉢ 거래가격의 산정   ㉣ 수익의 인식
> ㉤ 거래가격의 배분

① ㉡ → ㉢ → ㉠ → ㉤ → ㉣
② ㉠ → ㉡ → ㉤ → ㉢ → ㉣
③ ㉡ → ㉠ → ㉢ → ㉤ → ㉣
④ ㉠ → ㉢ → ㉡ → ㉤ → ㉣
⑤ ㉡ → ㉠ → ㉣ → ㉢ → ㉤

2. 다음은 한국채택국제회계기준 '고객과의 계약에서 생기는 수익'의 내용 중 고객과의 계약으로 회계처리하는 계약요건(계약여부 판단기준)에 대한 설명이다. 가장 옳지 않은 것은 어느 것인가?

① 고객에게 이전할 재화나 용역에 대하여 받을 권리를 갖게 될 대가의 회수 가능성이 높다. 대가의 회수 가능성이 높은지를 평가할 때에는 지급기일에 고객이 대가(금액)를 지급할 수 있는 능력과 지급할 의도만을 고려한다.
② 계약에 상업적 실질이 있다(계약의 결과로 기업의 미래 현금흐름의 위험, 시기, 금액이 변동될 것으로 예상된다).
③ 이전할 재화나 용역의 지급조건을 식별할 수 있다.
④ 이전할 재화나 용역과 관련된 각 당사자의 권리를 식별할 수 있다.
⑤ 계약 당사자들이 계약을 서면으로 승인하고 각자의 의무를 수행하기로 확약한다.

🔊 **낸비게이션**
• 계약은 둘 이상의 당사자 사이에 집행 가능한 권리와 의무가 생기게 하는 합의이다. 계약상 권리와 의무의 집행 가능성은 법률적인 문제이다. 계약은 서면으로, 구두로, 기업의 사업 관행에 따라 암묵적으로 체결할 수 있다. 즉, 계약은 반드시 서면으로 할 필요는 없다.

3. 고객과의 계약에서 생기는 수익과 관련하여 용어의 정의에 대한 설명이다. 옳지 않은 것은?

① 개별판매가격은 기업이 약속한 재화나 용역을 고객에게 별도로 판매할 경우의 가격을 말한다.
② 계약자산이란 기업이 고객에게 이전한 재화나 용역에 대하여 그 대가를 받을 기업의 권리로, 그 권리에 시간의 경과 외의 조건이 있는 자산을 말한다.
③ 고객이란 기업의 통상적인 활동의 산출물인 재화나 용역을 대가와 교환하여 획득하기로 기업과 계약한 당사자를 말한다.
④ 계약이란 둘 이상의 당사자들 사이에 집행가능한 권리와 의무가 생기게 하는 합의를 말한다.
⑤ 광의의 수익이란 자산의 유입 또는 가치 증가나 부채의 감소 형태로 자본의 증가를 가져오는 특정 회계기간에 생긴 경제적 효익의 증가로서, 자본청구권보유자의 출자와 관련된 것을 포함한다.

🔊 **낸비게이션**
• 자본청구권보유자의 출자와 관련된 것은 제외한다.

제1편 Mainplot [주요논제]

제2편 Subplot [특수논제]

합본부록1 기출유형별 필수문제

합본부록2 실전적중모의고사

시험중요도 ★★☆

이론과기출 제22강 ○ 계약의 식별(2)

계약변경	별도계약O	❖다음 조건 모두 충족시에 계약변경은 기존계약과 관계없이 별도 계약으로 회계처리함.	
		① 계약범위확장	•구별되는 약속한 재화·용역이 추가되어 계약의 범위가 확장됨. ➡추가로 약속한 재화·용역이 계약변경 시점에 그 재화·용역의 개별판매가격을 반영하여 가격이 책정되어 원래의 재화·용역과 구분됨으로써 기존계약의 회계처리에 영향을 미치지 않는 경우임.
		② 계약가격상승	•계약가격이 추가로 약속한 재화·용역의 개별판매가격에 특정 계약상황을 반영하여 적절히 조정한 대가(금액)만큼 상승함.
	별도계약X	❖계약변경이 별도계약이 아니라면, 계약변경일에 아직 이전되지 않은 약속한 재화·용역(나머지 약속한 재화·용역)을 다음 중 해당하는 방법으로 회계처리함.	
		① 나머지 재화·용역이 이전한 재화·용역과 구별되는 경우	•계약변경은 기존계약을 종료하고 새로운 계약을 체결한 것처럼 회계처리함.(기존계약과 별도의 수익인식기준 적용)
		② 나머지 재화·용역이 이전한 재화·용역과 구별되지 않는 경우	•계약변경은 기존계약의 일부인 것처럼 회계처리함.(기존계약과 동일한 수익인식기준 적용)

◢사례 계약변경과 수익인식 ◀

❂ ㈜대한이 20x1년 1월 1일 ㈜민국과 체결한 청소용역 계약의 내용이다. 다음 설명 중 옳은 것은?

(1) ㈜대한은 20x1년 1월 1일부터 20x2년 12월 31일까지 2년간 ㈜민국의 본사 건물을 일주일 단위로 청소하고, ㈜민국은 ㈜대한에게 연간 ₩600,000을 매연도말에 지급한다.

(2) 계약 개시시점에 그 용역의 개별 판매가격은 연간 ₩600,000이다. ㈜대한은 용역을 제공한 첫 연도인 20x1년에 ₩600,000을 수령하고 이를 수익으로 인식하였다.

(3) 20x1년 12월 31일에 ㈜대한과 ㈜민국은 계약을 변경하여 2차 연도의 용역대금을 ₩600,000에서 ₩540,000으로 감액하고 2년을 더 추가하여 계약을 연장하기로 합의하였다.

(4) 연장기간에 대한 총 대가 ₩1,020,000은 20x3년말과 20x4년말에 각각 ₩510,000씩 지급하기로 하였다.

(5) 2차 연도 개시일에 용역의 개별 판매가격은 연간 ₩540,000이며, 20x2년부터 20x4년까지 3년간 계약의 개별 판매가격의 적절한 추정치는 ₩1,620,000(연간 ₩540,000×3년)이다.

세부고찰

① 매주의 청소용역이 구별되므로, ㈜대한은 청소용역을 복수의 수행의무로 회계처리할 수 있다.
② 계약변경일에 ㈜대한이 제공할 나머지 용역은 구별되지 않는다.
③ 계약변경일에 ㈜대한이 나머지 대가로 지급받을 금액은 제공 할 용역의 개별 판매가격을 반영하고 있다.
④ ㈜대한은 동 계약변경을 기존 계약의 일부인 것처럼 회계처리 하여야 한다.
❺ ㈜대한이 20x2년에 인식해야 할 수익은 ₩520,000이다.

풀이

• ① 매주의 청소용역이 실질적으로 서로 같고 고객에게 이전하는 방식도 같은 일련의 구별되는 용역이므로 청소용역을 단일 수행의무로 회계처리한다.〈'후술'〉
② 계약변경일에, ㈜대한이 제공할 나머지 용역은 구별된다.
③ 나머지 대가로 지급받을 금액(₩1,560,000)은 제공할 용역의 개별 판매가격(₩1,620,000)을 반영하고 있지 않다.
④ 기존계약을 종료하고 새로운 계약을 체결한 것처럼 회계처리한다. 따라서 ㈜대한은 계약의 변경을 원래 계약이 종료되고 3년의 청소용역 대가가 ₩1,560,000인 새로운 계약이 체결된 것처럼 회계처리한다.
⑤ ㈜대한은 나머지 3년 동안 용역을 제공하는 대로 매년 ₩520,000(₩1,560,000÷3년)을 수익으로 인식한다.

객관식 확인학습 ─ **이론적용연습**

1. 20x1년 1월 1일 ㈜세무는 제품 200개를 고객에게 1년에 걸쳐 개당 ₩1,000에 판매하기로 약속하였다. 각 제품에 대한 통제는 한 시점에 이전된다. ㈜세무는 20x1년 4월 1일 동일한 제품 100개를 개당 ₩800에 고객에게 추가 납품하기로 계약을 변경하였으며, 동 시점까지 기존 계약 수량 200개 가운데 30개에 대한 통제를 고객에게 이전하였다. 추가된 제품은 구별되는 재화에 해당하며, 추가 제품의 계약금액은 개별 판매가격을 반영하지 않는다. 20x1년 4월 1일부터 6월 30일까지 기존 계약 수량 중 58개와 추가 계약 수량 중 50개의 통제를 고객에게 이전하였다. 동 거래와 관련하여 ㈜세무가 20x1년 1월 1일부터 6월 30일 사이에 인식할 총수익은?

① ₩100,000   ② ₩100,800   ③ ₩118,000
④ ₩128,000   ⑤ ₩130,000

냄비계의샘

• 추가 제품의 계약금액은 개별판매가격을 반영하지 않으므로 별도계약에 해당하지 않으며, 추가된 제품은 구별되는 재화에 해당하므로 기존계약을 종료하고 새로운 계약을 체결한 것처럼 회계처리한다.

• 기존공급분 수익 : 30 × @1,000=30,000

• 추가공급분 수익 : $(58+50) \times @ \dfrac{170 \times 1,000 + 100 \times 800}{170 + 100}$ =100,000

→ ∴20x1.1.1~6.30 사이의 총수익 : 30,000+100,000=130,000

2. ㈜휘트니스의 헬스시설 이용비용은 월 ₩100,000이며, 수영시설 이용비용은 월 ₩150,000이다. ㈜휘트니스는 1월부터 수험생활을 시작하는 학생들을 위해 2개월을 등록하면 ₩180,000에 등록할 수 있는 할인혜택을 제공하고 있다. 20x1년 1월 1일 학생 A가 헬스시설 2개월 이용권을 ₩180,000에 구매하였다. 따라서, 이 경우 1월의 헬스시설 사용에 대한 수익인식액은 ₩90,000(=₩180,000x1월/2월)이다. 학생 A는 등록 후 한달 간 헬스시설을 이용한 결과 시설 만족도가 높아 수영시설도 이용하기로 결정하였다. 따라서 학생 A는 20x1년 2월 1일 수영시설 1개월 이용권을 ₩150,000에 추가 구매하였다고 할 경우, 학생 A와 관련하여 ㈜휘트니스가 20x1년 2월에 수익으로 인식할 금액을 계산하면 얼마인가? 단, 수영시설에 대한 계약은 별도 계약으로 판단한다.

① ₩90,000   ② ₩150,000   ③ ₩165,000
④ ₩240,000   ⑤ ₩330,000

냄비계의샘

• 계약변경은 기존계약과 관계없이 별도 계약으로 회계처리한다.

ㄱ 헬스시설 사용에 대한 2월분 수익인식액 : 180,000x1월/2월=90,000
ㄴ 수영장 시설 사용에 대한 2월분 수익인식액 : 150,000
→ ∴2월분 수익인식액 : 90,000+150,000=240,000

| 보론 | 문제2번 관련 〈추가사례1〉 |

□ 학생 A는 등록 후 한달 간 헬스시설을 이용한 결과 시설 만족도가 높아 PT도 추가적으로 받기로 하였다. 따라서 학생 A는 20x1년 3월달까지 연장등록하고 PT서비스를 이용하는 대가로 ₩100,000을 지불하였다고 할 경우, 학생 A와 관련하여 ㈜휘트니스가 20x1년 2월에 수익으로 인식할 금액을 계산하면 얼마인가? 단, PT서비스에 대한 계약은 별도 계약은 아니나 기존의 용역과 구별된다고 판단한다.

[해설]

• 계약변경은 기존계약을 종료하고 새로운 계약을 체결한 것처럼 회계처리한다.
→ ∴2월분 수익인식액 : (90,000+100,000)x1월/2월=95,000

| 보론 | 문제2번 관련 〈추가사례2〉 |

□ 학생 A는 등록 후 한달 간 헬스시설을 이용한 결과 시설 만족도가 높아 3월 말까지 한달간 연장등록하기로 하였다. 따라서 학생 A는 할인된 가격인 ₩60,000에 20x1년 3월 한달간 추가등록하였다고 할 경우, 학생 A와 관련하여 ㈜휘트니스가 20x1년 2월에 수익으로 인식할 금액을 계산하면 얼마인가? 단, 20x1년 3월 헬스장 이용서비스에 대한 계약은 별도 계약은 아니며, 기존의 용역과 구별되지 않는다고 판단한다.

[해설]

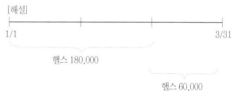

• 계약변경은 기존계약의 일부인 것처럼 회계처리하며 수익을 누적효과 일괄조정기준으로 조정한다.
ㄱ 계약에 대한 총 수익금액 : 180,000+60,000=240,000
ㄴ 2월분 누적 수익인식액 : 240,000x2월/3월=160,000
→ ∴2월분 수익인식액 : 160,000-90,000=70,000

이론과기출 제23강 ◯ 【2단계】 수행의무 식별

수행의무	수행의무 정의	•고객과의 계약에서 다음의 어느 하나를 고객에게 이전하기로 한 각 약속 ① 구별되는 재화나 용역 (또는 재화나 용역의 묶음) ② 실질적으로 서로 같고 이전하는 방식도 같은 일련의 구별되는 재화나 용역
	식별시점	•계약개시시점에 위 약속을 하나의 수행의무로 식별함.
	수행의무 포함여부	•식별되는 수행의무는 계약에 분명히 기재한 재화·용역에만 한정되지 않을 수 있음. ➡∵약속도 고객과의 계약에 포함될 수 있기 때문임. •계약을 이행하기 위해 해야 하지만 고객에게 재화나 용역을 이전하는 활동이 아니라면 그 활동은 수행의무에 포함되지 않음. ➡예 계약 준비활동과 관리업무
	구별기준	•다음 기준을 모두 충족한다면 고객에게 약속한 재화나 용역은 구별되는 것임. ① 고객이 재화나 용역 그 자체에서 효익을 얻거나 고객이 쉽게 구할 수 있는 다른 자원과 함께하여 그 재화나 용역에서 효익을 얻을 수 있다. ② 고객에게 재화나 용역을 이전하기로 하는 약속을 계약 내의 다른 약속과 별도로 식별해 낼 수 있다.
	구별 불가의 경우	•약속한 재화나 용역이 구별되지 않는다면, 구별되는 재화나 용역의 묶음을 식별할 수 있을 때까지 그 재화나 용역을 약속한 다른 재화나 용역과 결합함. ➡경우에 따라서는 그렇게 함으로써 기업이 계약에서 약속한 재화나 용역 모두를 단일 수행의무로 회계처리하는 결과를 가져올 것임.
보증의무	보증의 유형	**확신유형의 보증** (수행의무X→∵부수용역) ┃ •합의 규격에 부합하므로 의도대로 작동할 것이라는 확신제공 ➡예 이전될 때 이미 존재했던 결함에서 고객을 보호 **용역유형의 보증** (수행의무O→∵별도용역) ┃ •합의 규격에 부합한다는 확신에 더하여 추가용역을 제공 ➡예 이전된 다음에 사용시 생기는 고장에서 고객을 보호 참고 확신유형의 보증에 더하여 용역유형의 보증을 제공하는지 여부 평가시 고려요소 ① 법률에서 보증을 요구하는지 여부 : 법률에 따라 보증을 제공해야 한다면 그 법률의 존재는 약속한 보증이 수행의무가 아님을 나타냄. 그러한 규정은 보통 결함있는 제품을 구매할 위험에서 고객을 보호하기 위해 존재하기 때문임. ② 보증기간 : 보증기간이 길수록, 약속한 보증이 수행의무일 가능성이 높음. 합의된 규격에 부합한다는 확신에 더하여 용역제공할 가능성이 더 높기 때문임. ③ 기업이 수행하기로 약속한 업무의 특성 : 제품이 합의된 규격에 부합한다는 확신을 주기 위해 정해진 업무를 수행할 필요가 있다면(예 결함이 있는 제품의 반품 운송용역), 그 업무는 수행의무를 생기게 할 것 같지는 않음.
	처리방법	**고객이 보증을 별도로 구매할 수 있는 선택권이 있는 경우** ┃ •수행의무로 회계처리 ➡수행의무에 거래가격을 배분함. **고객이 보증을 별도로 구매할 수 있는 선택권이 없는 경우*)** ┃ 확신유형 ┃ •예상원가를 충당부채로 인식함. 용역유형 ┃ •수행의무로 회계처리 ➡수행의무에 거래가격을 배분함. *)기업이 확신유형의 보증과 용역유형의 보증을 모두 약속했으나 이를 합리적으로 구별하여 회계처리할 수 없다면, 두 가지 보증을 함께 단일 수행의무로 회계처리함.

보론 수행의무 발생여부
① 제품이 손해나 피해를 끼치는 경우에 기업이 보상하도록 요구하는 법률 때문에 수행의무가 생기지는 않음. ➡이런 의무는 충당부채로 처리함.
② 제품이 특허권 등의 권리를 침해한 데 따른 청구로 생기는 책임과 피해에 대해 고객에게 배상하기로 한 기업의 약속 때문에 수행의무가 생기지는 않음. ➡이런 의무는 충당부채로 처리함.

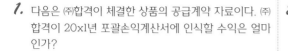 **객관식 확인학습** 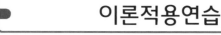 **이론적용연습**

1. 다음은 ㈜합격이 체결한 상품의 공급계약 자료이다. ㈜ 합격이 20x1년 포괄손익계산서에 인식할 수익은 얼마인가?

(1) ㈜합격은 20x1년 5월 1일에 ㈜적중에 상품 100개를 인도하는 계약을 체결하고 ₩1,470,000을 수령하였다.(상품의 인도는 20x1년 6월 1일에 계약상품 100개를 고객에게 인도하였다)

(2) 상품에 대한 통상적인 무상 제품보증은 없지만 고객과의 계약에 따라 2년간 장기제품보증을 제공하도록 되어 있다.

(3) 개별판매가격은 다음과 같다.

구분	개별판매가격
계약상품	개당 ₩14,400
장기제품보증	개당 ₩600

(4) 계약에 따르면 ㈜합격이 ㈜적중에 상품을 인도하면 소유권이 이전되며, 장기제품보증은 20x1년 6월 1일부터 유효하다.

① ₩0   ② ₩1,411,200   ③ ₩1,428,350
④ ₩1,430,800   ⑤ ₩1,500,000

내비게이션

• 거래가격 배분

  ㉠ 계약상품 : $1,470,000 \times \dfrac{14,400 \times 100개}{14,400 \times 100개 + 600 \times 100개} = 1,411,200$

  ㉡ 보증용역 : $1,470,000 - 1,411,200 = 58,800$

∴ 수익 : $1,411,200 + 58,800 \times \dfrac{7}{24} = 1,428,350$

2. ㈜합격은 노트북을 판매하는 영업을 영위하며, 고객이 노트북 구매시 1년간 A/S용역을 제공한다. 노트북 및 A/S용역에 대한 총 판매가격은 ₩1,200이며, 노트북과 A/S용역의 원가는 각각 ₩400, ₩300이다. ㈜합격은 20x1년 10월 1일 고객 1명에게 노트북과 1년의 A/S용역을 ₩1,200에 판매하였다. 노트북은 판매시점에 고객에게 인도되었으며, 1년 A/S용역은 1년에 걸쳐 균등하게 제공된다. 고객이 A/S용역을 ₩500에 별도로 구매할 수 있는 선택권이 존재한다고 할 경우, ㈜합격이 20x1년에 인식할 매출액은 얼마인가?

① ₩300   ② ₩500   ③ ₩700
④ ₩1,200   ⑤ ₩1,700

 내비게이션

• 거래가격(1,200)을 A/S용역(500)과 노트북(나머지 700)에 배분한다.

• 매출액(노트북) : $700 \times 100\% = 700$

  → 매출원가 : 400

• 보증용역수익(A/S용역) : $500 \times \dfrac{3개\ 월}{12개\ 월} = 125$

  → 보증용역원가 : $300 \times \dfrac{3개\ 월}{12개\ 월} = 75$

• 20x1년 회계처리

(차) 현금	1,200	(대) 매출	700
		계약부채(이연수익)	500
매출원가	400	상품	400
(차) 계약부채	125	(대) 보증용역수익	125
(차) 보증용역원가	75	(대) 현금	75

보론	선택권이 없는 경우 회계처리

▫ 고객이 A/S용역을 별도로 구매할 수 있는 선택권이 존재하지 않으며, A/S용역은 확신유형의 보증이라고 할 경우, ㈜합격의 20x1년도 회계처리?

• 20x1년 회계처리

(차) 현금	1,200	(대) 매출	1,200
매출원가	400	상품	400
보증비	300	충당부채	300
(차) 충당부채	75	(대) 현금	75

서술형Correction연습

▫ 일반적으로 고객과의 계약에는 기업이 고객에게 이전하기로 약속하는 재화나 용역을 분명히 기재한다. 따라서 고객과의 계약에서 식별되는 수행의무는 계약에 분명히 기재한 재화나 용역에만 한정된다.

➡ (X) : 고객과의 계약에서 식별되는 수행의무는 계약에 분명히 기재한 재화나 용역에만 한정되지 않을 수 있다. 이는 계약 체결일에 기업의 사업 관행, 공개한 경영방침, 특정 성명(서)에서 암시되는 약속이 기업이 재화나 용역을 고객에게 이전할 것이라는 정당한 기대를 하도록 한다면, 이러한 약속도 고객과의 계약에 포함될 수 있기 때문이다.

이론과기출 제24강 【3단계】 거래가격 산정(1)

의의	거래가격 정의	•고객에게 약속한 재화나 용역을 이전하고 그 대가로 기업이 받을 권리를 갖게 될 것으로 예상하는 금액 ➡제3자를 대신하여 회수한 금액(예 일부 판매세)은 제외함. ➡약속한 대가는 고정금액, 변동금액 또는 둘 다를 포함할 수 있음.
	고려사항	❖고객이 약속한 대가의 특성, 시기, 금액은 거래가격의 추정치에 영향을 미침. 거래가격을 산정할 때에는 다음 사항이 미치는 영향을 모두 고려함. •변동대가(변동대가 추정치의 제약) •비현금대가 •계약에 있는 유의적인 금융요소 •고객에게 지급할 대가
	산정시 가정	•거래가격을 산정하기 위하여 기업은 재화나 용역을 현행 계약에 따라 약속대로 고객에게 이전할 것이고 이 계약은 취소·갱신·변경되지 않을 것이라고 가정함.
변동대가	금액의 추정	•계약에서 약속한 대가에 변동금액이 포함된 경우에 고객에게 약속한 재화나 용역을 이전하고 그 대가로 받을 권리를 갖게 될 금액을 추정함.
	대가의 변동요인	① 할인, 리베이트, 환불, 공제, 가격할인, 장려금, 성과보너스, 위약금 등의 항목 ② 기업이 대가를 받을 권리가 미래 사건의 발생 여부에 달려있는 경우
	대가의 추정방법	❖다음 중에서 기업이 받을 권리를 갖게 될 대가(금액)를 더 잘 예측할 것으로 예상하는 방법을 사용하여 추정함. {| 기댓값	•가능 대가의 범위에 있는 모든 금액에 각 확률을 곱한 금액의 합 ➡기업에 특성이 비슷한 계약이 많은 경우에 변동대가(금액)의 적절한 추정치일 수 있음. |} {| 가능성이 가장 높은 금액	•가능 대가의 범위에서 가능성이 가장 높은 단일금액 ➡계약에서 가능한 결과치가 두 가지뿐일 경우에 변동대가의 적절한 추정치가 될 수 있음. |}
	추정치의 제약	① 변동대가 추정치 중 제약받는 금액은 거래가격에서 제외 ② 변동대가와 관련된 불확실성이 나중에 해소될 때, 이미 인식한 누적 수익금액 중 유의적인 부분을 되돌리지(환원하지) 않을 가능성이 매우 높은 정도까지만 추정된 변동대가(금액)의 일부나 전부를 거래가격에 포함. 보론 수익 환원 가능성을 높이거나 그 크기를 크게 할 수 있는 요인의 예시 ❒ 대가가 기업의 영향력이 미치지 못하는 요인(예 시장의 변동성, 제3자의 판단이나 행동, 날씨 상황, 높은 진부화 위험)에 매우 민감함. ❒ 대가에 대한 불확실성이 장기간 해소되지 않을 것으로 예상됨. ❒ 비슷한 유형의 계약에 대한 기업의 경험이 제한적임. ❒ 폭넓게 가격할인을 제공하거나, 지급조건을 변경하는 관행이 있음. ❒ 계약에서 생길 수 있는 대가가 다수이고 그 범위도 넓음.
	변동대가 재검토	•각 보고기간 말의 상황과 보고기간의 상황 변동을 충실하게 표현하기 위하여 보고기간말마다 추정 거래가격을 새로 수정함.(변동대가 추정치가 제약되는지를 다시 평가하는 것을 포함).
환불부채	의의	•고객에게서 받은 대가의 일부나 전부를 고객에게 환불할 것으로 예상하는 경우에는 환불부채를 인식함. ➡예 반품권이 있는 판매
	측정	•환불부채는 기업이 받았거나 받을 대가 중에서 권리를 갖게 될 것으로 예상하지 않는 금액(거래가격에 포함되지 않는 금액)으로 측정함.
	재검토	•환불부채(상응하는 거래가격 변동)는 보고기간 말마다 변동을 반영하여 새로 수정함.

객관식 확인학습

이론적용연습

1. ㈜합격의 다음 자료에 의할 때 기댓값 방법을 사용하는 경우 20x1년에 수익으로 인식할 금액은 얼마인가?

> (1) ㈜합격은 20x1년초 ㈜적중을 위하여 제품 보관창고를 2개월 내에 완공하는 공사계약을 ₩5,000,000에 체결하였다.
> (2) 공사기간의 단축과 관련한 제반 자료는 다음과 같다.

구분	공사기간 1주 단축	공사기간 2주 단축
	단축확률 : 30%	단축확률 : 20%
보너스 수령액	공사계약금의 10%	공사계약금의 30%

① ₩0　　　　② ₩5,000,000　　　③ ₩5,450,000
④ ₩5,550,000　　⑤ ₩7,000,000

• 보너스 기댓값 : (5,000,000x10%)x30%+(5,000,000x30%)x20%=450,000
• 수익인식액 : 5,000,000+450,000=5,450,000

2. '고객과의 계약에서 생기는 수익'에 대한 다음 설명 중 옳지 않은 것은?

① 계약이란 둘 이상의 당사자 사이에 집행 가능한 권리와 의무가 생기게 하는 합의이다.
② 하나의 계약은 고객에게 재화나 용역을 이전하는 여러 약속을 포함하며, 그 재화나 용역들이 구별된다면 약속은 수행의무이고 별도로 회계처리한다.
③ 거래가격은 고객이 지급하는 고정된 금액을 의미하며, 변동대가는 포함하지 않는다.
④ 거래가격은 일반적으로 계약에서 약속한 각 구별되는 재화나 용역의 상대적 개별 판매가격을 기준으로 배분한다.
⑤ 기업이 약속한 재화나 용역을 고객에게 이전하여 수행의무를 이행할 때(또는 기간에 걸쳐 이행하는 대로) 수익을 인식한다.

• 고정금액, 변동금액 또는 둘 다를 포함할 수 있다.

3. 다음 자료에 의해 20x1년 3월 31일로 종료되는 1분기와 20x1년 6월 30일로 종료되는 2분기에 ㈜합격이 수익으로 인식할 거래가격은 각각 얼마이겠는가?

> (1) ㈜합격은 제품 A를 개당 ₩100에 판매하기로 20x1년 1월 1일에 고객과 계약을 체결하였다. 고객이 제품 A를 1년 동안 1,000개 넘게 구매하면 개당 가격을 ₩90으로 소급하여 낮추기로 계약에서 정하였다. 따라서 계약상 대가는 변동될 수 있다.
> (2) 20x1년 3월 31일로 종료되는 1분기에 ㈜합격은 고객에게 제품 A 75개를 판매하였다. ㈜합격은 고객이 20x1년에 대량 할인을 받을 수 있는 1,000개의 임계치를 초과하여 구매하지는 않을 것이라고 추정하였다.
> (3) 20x1년 6월 30일로 종료되는 2분기에 ㈜합격은 추가로 제품 A 500개를 고객에게 판매하였다. 새로운 사실에 기초하여 ㈜합격은 고객이 20x1년에 1,000개의 임계치를 초과하여 구매할 것이라고 추정하였다.

	1분기 거래가격	2분기 거래가격
①	₩7,500	₩50,000
②	₩7,500	₩45,000
③	₩7,500	₩44,250
④	₩6,750	₩45,000
⑤	₩6,750	₩44,250

• 1분기
20x1년에 1,000개를 초과하여 구매하지는 않을 것으로 예상되므로 불확실성이 해소될 때(총 구매량이 알려질 때), 이미 인식한 누적 수익금액(개당 100원) 중 유의적인 부분을 되돌리지 않을 가능성이 매우 높다.
→∴1분기 거래가격 : 75개x100=7,500
• 2분기
20x1년에 1,000개를 초과하여 구매할 것으로 예상되므로 불확실성이 해소될 때(총 구매량이 알려질 때), 이미 인식한 누적 수익금액(개당 100원) 중 유의적인 부분을 되돌릴 가능성이 매우 높다.
→∴2분기 거래가격

2분기 판매분	:	500개x90=45,000
1분기 판매분 중 소급분	:	75개x(100-90)=(750)
		44,250

서술형Correction연습

> ☐ 계약에서 가능한 결과치가 두 가지뿐일 경우에는 기댓값은 변동대가의 적절한 추정치이다.

➡ (X) : 가능성이 가장 높은 금액이 적절한 추정치가 될 수 있다.

이론과기출 제25강 ◯ **거래가격 산정(2)**

비현금대가 (교환거래)	일반적인 경우	• 비현금대가를 공정가치로 측정함.
	공정가치 추정불가시	• 약속한 재화나 용역의 개별 판매가격을 참조하여 간접적으로 측정함.

유의적인 금융요소	금융요소의 조정	• 거래가격을 산정시, 합의한 지급시기때문에 유의적 금융효익이 제공되는 경우에는 화폐의 시간가치가 미치는 영향을 반영하여 약속된 대가를 조정함.
	조정목적	• 약속한 재화나 용역을 고객에게 이전할 때 그 고객이 그 재화나 용역대금을 현금으로 결제했다면 지급하였을 가격을 반영하는 금액(=현금판매가격)으로 수익을 인식하기 위해서임.
	유의적인 금융요소 포함여부의 판단	• 금융요소가 계약에 유의적인지를 평가할 때에는 다음 두 가지를 포함한 모든 관련 사실과 상황을 고려함. ① 약속한 대가와 현금판매가격에 차이가 있다면, 그 차이 ② 다음 두 가지의 결합 효과 　㉠ 기업이 재화·용역을 이전하는 시점과 고객이 재화·용역에 대한 대가를 지급하는 시점 사이의 예상 기간 　㉡ 관련 시장에서의 일반적인 이자율 **참고** 유의적인 금융요소가 없는 경우의 예시 　❑ 대가를 선급하였고 이전시점은 고객의 재량에 따른다. 　❑ 대가 중 상당한 금액이 변동될 수 있으며 그 대가의 금액과 시기는 고객이나 기업이 실질적으로 통제할 수 없는 미래 사건의 발생 여부에 따라 달라진다.(예 대가가 판매기준 로열티인 경우) 　❑ 약속한 대가와 현금판매가격 간의 차이가 고객이나 기업에 대한 금융제공 외의 이유로 생기며, 그 금액 차이는 그 차이가 나는 이유에 따라 달라진다.
	조정제외가능	• 이전하는 시점과 대가를 지급하는 시점 간의 기간이 1년 이내일 것이라고 예상한다면 대가를 조정하지 않는 실무적 간편법을 쓸 수 있음.
	사용할 할인율	**원칙 (시장이자율)** • 계약 개시시점에 기업과 고객이 별도 금융거래를 한다면 반영하게 될 할인율을 사용함. **예외 (내재이자율)** • 현금으로 결제한다면 지급할 가격으로 대가의 명목금액을 할인하는 이자율을 식별하여 그 할인율을 산정할 수 있음. **·주의** 계약 개시 후에는 이자율이나 상황이 달라져도 할인율을 수정치 않음.
	포괄손익계산서 표시	• 금융효과(이자수익·이자비용)를 계약에서 생기는 수익과 구분하여 표시함.

고객에게 지급할대가	고객이 기업에 이전하는 구별되는 재화·용역의 대가가 아닌 경우	• 거래가격(수익)에서 차감함. ➡예 유통거래처에 ₩5,000의 제품을 판매하고 ₩1,000을 납품후 유통거래처에 지급하기로 한 경우 ₩4,000을 수익으로 인식함.
	고객이 기업에 이전하는 구별되는 재화·용역의 대가인 경우	① 원칙 · 다른 공급자에게서 구매한 경우와 같은 방법으로 처리함. ② 재화·용역 공정가치를 초과시 · 초과액을 거래가격에서 차감함. ③ 재화·용역 공정가치를 추정불가시 · 대가 전액을 거래가격에서 차감함.

참고 고객에게 지급할 대가를 거래가격에서 차감하여 회계처리하는 경우(위 ②와 ③)에는 다음 중 나중의 사건이 일어날 때 수익의 차감을 인식함.
　㉠ 기업이 고객에게 관련 재화나 용역을 이전하여 그 수익을 인식한다.
　㉡ 기업이 대가를 지급하거나 지급하기로 약속한다.

객관식 확인학습 ─ 이론적용연습

1. 다음은 한국채택국제회계기준 '고객과의 계약에서 생기는 수익'에 대한 설명이다. 가장 옳지 않은 것은 어느 것인가?

① 유의적인 금융요소를 반영하여 약속한 대가(금액)를 조정할 때에는 계약 개시시점에 기업과 고객이 별도 금융거래를 한다면 반영하게 될 할인율을 사용한다. 계약 개시 후에는 고객의 신용위험 평가의 변동으로 인하여 이자율이나 그 밖의 상황이 달라지는 경우에는 그 할인율을 새로 수정하여 거래가격을 재측정해야 한다.

② 고객에게 지급할 대가는 고객이 기업에 이전하는 구별되는 재화나 용역의 대가로 지급하는 것이 아니라면, 그 대가는 거래가격, 즉 수익에서 차감하여 회계처리한다.

③ 계약을 개시할 때 기업이 고객에게 약속한 재화나 용역을 이전하는 시점과 고객이 그에 대한 대가를 지급하는 시점 간의 기간이 1년 이내일 것이라고 예상한다면 유의적인 금융요소의 영향을 반영하여 약속한 대가(금액)를 조정하지 않는 실무적 간편법을 쓸 수 있다.

④ 거래가격을 산정할 때, 계약 당사자들 간에(명시적으로나 암묵적으로) 합의한 지급시기 때문에 고객에게 재화나 용역을 이전하면서 유의적인 금융 효익이 고객이나 기업에 제공되는 경우에는 화폐의 시간가치가 미치는 영향을 반영하여 약속된 대가(금액)를 조정한다.

⑤ 고객이 현금 외의 형태로 대가를 약속한 계약의 경우에 거래가격을 산정하기 위하여 비현금 대가(또는 비현금 대가의 약속)를 공정가치로 측정한다. 비현금 대가의 공정가치를 합리적으로 추정할 수 없는 경우에는, 그 대가와 교환하여 고객(또는 고객층)에게 약속한 재화나 용역의 개별 판매가격을 참조하여 간접적으로 그 대가를 측정한다.

📻 **내비게이션**

• 계약 개시 후에는 이자율이나 그 밖의 상황이 달라져도(예 고객의 신용위험 평가의 변동) 그 할인율을 새로 수정하지 않는다.

2. ㈜만점주유소는 ㈜백점고속버스에 경유를 공급하는 계약을 체결하고 있다. 20x1년 초에 ㈜만점주유소는 ㈜백점고속버스에 경유를 ₩100,000에 판매하였다. 다음의 각 상황별로 ㈜만점주유소가 각각의 거래와 관련하여 20x1년에 수익으로 인식할 금액을 계산하면 얼마인가?

〈상황1〉 20x1년초 ㈜만점주유소는 ㈜백점고속버스가 급유시설을 새로 설치하는 것에 대한 대가로 ₩10,000을 제공하였다. 이는 고객에게서 받은 구별되는 재화나 용역에 대한 지급이 아니다.

〈상황2〉 20x1년초 ㈜만점주유소는 직원들의 야유회를 목적으로 ㈜백점고속버스로부터 버스를 ₩10,000에 대절하였다. 이는 고객에게서 받은 구별되는 재화나 용역에 대한 지급이며, 버스대절 서비스의 공정가치는 ₩8,000이다.

〈상황3〉 20x1년초 ㈜만점주유소는 직원들의 야유회를 목적으로 ㈜백점고속버스로부터 버스를 ₩10,000에 대절하였다. 이는 고객에게서 받은 구별되는 재화나 용역에 대한 지급이며, 버스대절 서비스의 공정가치는 합리적으로 측정할 수 없다.

	〈상황1〉	〈상황2〉	〈상황3〉
①	₩100,000	₩98,000	₩100,000
②	₩100,000	₩92,000	₩90,000
③	₩100,000	₩98,000	₩90,000
④	₩90,000	₩98,000	₩90,000
⑤	₩90,000	₩92,000	₩100,000

📻 **내비게이션**

• 〈상황1〉
  수익인식액 : 100,000-10,000=90,000
• 〈상황2〉
  수익인식액 : 100,000-(10,000-8,000)=98,000
• 〈상황3〉
  수익인식액 : 100,000-10,000=90,000

시험중요도 ★★★

이론과기출 제26강 【4단계】 거래가격 배분

배분방법	배분목적	•약속한 재화·용역을 이전하고 그 대가로 받을 권리를 갖게 될 금액을 나타내는 금액으로 각 수행의무(또는 구별되는 재화나 용역)에 거래가격을 배분하는 것임.
	비례배분	•계약 개시시점에 개별판매가격을 산정하고 이에 비례하여 거래가격을 배분함.
	개별판매가격 정의	•기업이 약속한 재화나 용역을 고객에게 별도로 판매할 경우의 가격 ➡개별 판매가격의 최선의 증거는 비슷한 상황에서 비슷한 고객에게 별도로 판매할 때 그 재화나 용역의 관측 가능한 가격임. •주의 재화나 용역의 계약상 표시가격이나 정가는 개별판매가격일 수 있지만, 개별판매가격으로 간주되어서는 안됨.
	개별판매가격 관측불가시	•개별 판매가격을 직접 관측할 수 없다면 개별판매가격을 추정함. ➡모든 정보(시장조건 등)를 고려하며 관측 가능한 투입변수들을 최대한 사용하고 비슷한 상황에서는 추정방법을 일관되게 적용함.
	개별판매가격 추정방법 예시	① 시장평가 조정 접근법 ➡ 시장에서 고객이 지급하려는 가격을 추정 ② 예상원가 이윤 가산 접근법 ➡ 예상원가를 예측하고 여기에 적절한 이윤을 더하여 추정 ③ 잔여접근법 ➡ 총거래가격에서 그 밖의 개별판매가격의 합계를 차감하여 추정
할인액 배분	의의	•계약에서 약속한 재화·용역의 개별판매가격 합계가 계약에서 약속한 대가를 초과하면, 고객은 재화나 용역의 묶음을 구매하면서 할인을 받은 것임.
	배분기준	할인액이 일부 수행의무에만 관련된다는 관측가능한 증거가 없는 경우 / •할인액을 모든 수행의무에 비례하여 배분
		할인액이 일부 수행의무에만 관련된다는 관측가능한 증거가 있는 경우 / •할인액을 일부 수행의무에만 배분

보론 다음 모두 충족시 일부 수행의무에만 관련된다는 관측가능한 증거가 있는 경우임.(='증거요건')
① 계약상 각각 구별되는 재화·용역을 보통 따로 판매함.
② '①'의 재화·용역 중 일부를 묶고 그 묶음 내의 재화·용역의 개별 판매가격보다 할인하여 그 묶음을 보통 따로 판매함.
③ '②'에서 기술한 재화·용역의 각 묶음의 할인액이 계약의 할인액과 실질적으로 같음.

변동대가 배분	의의	•약속한 변동대가는 계약 전체에 기인할 수 있고 계약의 특정 부분에 기인할 수도 있음.
	배분기준	•다음 기준을 모두 충족하면, 변동금액(또는 후속 변동액)을 전부 하나의 수행의무에 배분하거나 단일 수행의무의 일부를 구성하는 구별되는 재화나 용역에 배분함. 충족요건 ① 수행의무를 이행하거나 구별되는 재화·용역을 이전하는 기업의 노력(또는 그에 따른 특정 성과)과 변동 지급조건이 명백하게 관련되어 있다. ② 계약상 모든 수행의무와 지급조건을 고려할 때, 변동대가(금액)를 전부 그 수행의무나 구별되는 재화·용역에 배분하는 것이 배분목적에 맞다. ➡요건을 충족하지 않는 거래가격의 나머지는 위 '배분방법', '할인액 배분'을 적용하여 배분
거래가격 후속변동	배분기준	일반적인 경우 / •계약 개시시점과 같은 기준으로 계약상 수행의무에 배분함. •주의 ∴개별판매가격 변동을 반영하기 위해 거래가격을 다시 배분하지는 않음.
		위 충족요건을 충족시 / •일부 수행의무에 배분
	처리방법	•배분되는 금액은 거래가격이 변동되는 기간에 수익으로 인식하거나 수익에서 차감함.

객관식 확인학습 ｜ 이론적용연습

1. ㈜합격이 체결한 판매계약과 관련한 자료는 다음과 같다. ㈜합격이 20x1년 포괄손익계산서에 수익으로 인식할 금액은 얼마인가?

> (1) 20x1년초 상품 P와 Q를 패키지로 구성하여 고객과 판매계약을 체결하였다.
> (2) 상품 P는 20x1년 7월 1일에 인도하였고 상품 Q는 20x2년 3월 1일에 인도하였다.
> (3) 상품 P와 Q의 독립적인 판매가격은 각각 ₩800과 ₩2000이다.
> (4) ㈜합격은 패키지로 판매되었으므로 ₩100의 할인금을 지급하였다.

① ₩0 ② ₩180 ③ ₩700
④ ₩720 ⑤ ₩800

📺 낵비게의션
• 할인액 배분후 상품별 수익 및 귀속연도
ㄱ 상품P : $800 - 100 \times \dfrac{800}{800+200} = 720 \rightarrow$ 20x1년 수익
ㄴ 상품Q : $200 - 100 \times \dfrac{200}{800+200} = 180 \rightarrow$ 20x2년 수익

2. 12월말 결산법인인 ㈜합격은 ₩100과 교환하여 제품 A, B, C를 판매하기로 하였다. ㈜합격은 서로 다른 시점에 각 제품에 대한 수행의무를 이행한다. 각 제품의 개별판매가격은 다음과 같으며, 제품 B와 제품 C를 함께 ₩60에 판매한다고 할 경우 할인액의 배분 후 제품 B의 거래가격은 얼마인가?

제품 A	제품 B	제품 C	합계
₩40	₩55	₩45	₩140

① ₩55 ② ₩40 ③ ₩39
④ ₩33 ⑤ ₩27

📺 낵비게의션
• 전체 할인액 : 140-100=40
→개별판매가격 합계액(140)이 약속한 대가(100)를 초과함.
• '증거요건'에 해당
→B와 C를 이전하는 약속에 전체 할인액을 배분하여야 한다는 증거가 있음.
• 배분후 제품 A의 거래가격 : 40
• 배분후 제품 B의 거래가격 : 55-40x55/100=33
• 배분후 제품 C의 거래가격 : 45-40x45/100=27

3. 다음은 한국채택국제회계기준 '고객과의 계약에서 생기는 수익'에 대한 설명이다. 가장 옳은 것은?

① 거래가격은 고객에게 약속한 재화나 용역을 이전하고 그 대가로 기업이 받을 권리를 갖게 될 것으로 예상하는 금액이며, 제3자를 대신해서 회수한 금액을 포함한다.
② 고객에게 지급할 대가는 수익에서 차감하여 회계처리한다.
③ 거래가격은 각 수행의무에 개별 판매가격에 비례하여 배분하며, 계약을 개시한 후의 개별 판매가격 변동이 있는 경우에는 이를 반영하기 위하여 다시 배분한다.
④ 거래가격을 상대적 개별 판매가격에 기초하여 각 수행의무에 배분하기 위하여 계약 개시시점에 계약상 각 수행의무의 대상인 구별되는 재화나 용역의 개별 판매가격을 산정하고 이 개별 판매가격에 비례하여 거래가격을 배분한다. 재화나 용역의 계약상 표시가격이나 정가는 그 재화나 용역의 개별 판매가격으로 간주한다.
⑤ 개별 판매가격을 적절하게 추정하는 방법에는 시장평가 조정 접근법, 예상원가 이윤 가산 접근법, 잔여접근법이 있으며, 이에 한정되지는 않는다.

📺 낵비게의션
• ① 제3자를 대신해서 회수한 금액(예: 일부 판매세)은 제외한다.
② 고객이 기업에 이전하는 구별되는 재화나 용역의 대가로 지급하는 것이 아니라면, 수익(거래가격)에서 차감하여 회계처리한다.
③ 거래가격은 계약을 개시한 후의 개별 판매가격 변동이 있는 경우에도 다시 배분하지는 않는다.
④ 계약상 표시가격이나 정가는 그 재화나 용역의 개별 판매가격일 수 있지만, 개별 판매가격으로 간주되어서는 안 된다.

서술형Correction연습

> ☐ 거래가격의 후속 변동은 계약 변동시점을 기준으로 계약상 수행의무에 배분한다. 따라서 계약을 개시한 후의 개별 판매가격 변동을 반영하여 거래가격을 다시 배분해야 한다.

➡ (X) : 거래가격의 후속 변동은 계약 개시시점과 같은 기준으로 계약상 수행의무에 배분한다. 따라서 계약을 개시한 후의 개별 판매가격 변동을 반영하기 위해 거래가격을 다시 배분하지는 않는다. 이행된 수행의무에 배분되는 금액은 거래가격이 변동되는 기간에 수익으로 인식하거나 수익에서 차감한다.

시험중요도 ★★★

이론과기출 제27강   【5단계】 수익인식

수행의무 이행	수익인식시점	•고객에게 약속한 재화나 용역, 즉 자산을 이전하여 수행의무를 이행할 때(또는 기간에 걸쳐 이행하는 대로) 수익을 인식함.
	자산이전시점	•자산은 고객이 그 자산을 통제할 때(또는 기간에 걸쳐 통제하게 되는 대로) 이전됨. ➡재화와 용역은 받아서 사용할 때 비록 일시적일지라도 자산임.
	자산통제	•자산에 대한 통제란 자산을 사용하도록 지시하고 자산의 나머지 효익의 대부분을 획득할 수 있는 능력을 말함.
	자산의 효익	•자산의 효익은 다음과 같은 다양한 방법으로 직접적으로나 간접적으로 획득할 수 있는 잠재적인 현금흐름(유입이 있거나 유출이 감소)임. ① 자산의 사용(재화를 생산하거나 용역을 제공하기 위한, 다른 자산의 가치를 높이기 위한, 부채를 결제하거나 비용을 줄이기 위한 자산의 사용) ② 자산의 매각·교환, 차입금을 보증하기 위한 자산의 담보 제공, 자산의 보유

❖[기간에 걸쳐 이행하는 수행의무]

수행의무 이행형태	수익인식		•다음 어느 하나를 충족하면, 재화·용역에 대한 통제를 기간에 걸쳐 이전하므로, 진행률을 합리적으로 측정할 수 있는 경우 기간에 걸쳐 수익을 인식함.(예 건설계약) ① 고객은 기업이 수행하는 대로 효익을 동시에 얻고 소비(예 청소용역) ② 기업이 만들거나 가치가 높아지는 대로 고객이 통제(예 고객의 소유지에서 제작하는 자산) ③ 기업이 수행하여 만든 자산이 기업 자체에는 대체 용도가 없고, 지금까지 수행을 완료한 부분에 대해서는 집행 가능한 지급청구권이 있음.(예 주문제작자산)
	진행률	측정목적	•통제를 이전하는 과정에서 기업의 수행 정도를 나타내기 위함.
		적용	•각 수행의무에는 하나의 진행률 측정방법을 적용함. •비슷한 상황에서의 비슷한 수행의무에는 그 방법을 일관되게 적용함.
		재측정	•진행률은 보고기간 말마다 다시 측정함.
		측정방법 산출법	•약속한 재화등의 나머지 부분의 가치와 비교하여 지금까지 이전한 재화등이 고객에 주는 가치의 직접 측정에 기초함.
		투입법	•수행의무의 이행에 예상되는 총 투입물 대비 수행의무를 이행하기 위한 기업의 노력이나 투입물에 기초함. ➡수행정도를 나타내지 못하는 투입물의 영향은 제외함. ➡노력·투입물을 균등소비한다면, 정액법이 적절할 수 있음.
		측정범위	•고객에게 통제를 이전하지 않은 재화·용역은 진행률 측정에서 제외함. ➡반대로, 통제를 이전하는 재화·용역은 모두 진행률 측정에 포함함.
		진행률수정	•시간이 흐르면서 상황이 바뀜에 따라 수행의무의 산출물 변동을 반영하기 위해 진행률을 새로 수정함. ➡이러한 진행률의 변동은 회계추정의 변경으로 회계처리함.
		측정불가시	•수행의무의 산출물을 합리적으로 측정할 수 있을 때까지 발생원가의 범위에서만 수익을 인식함.

❖[한 시점에 이행하는 수행의무]

	수익인식	•수행의무가 기간에 걸쳐 이행되지 않는다면, 한 시점에 이행되는 것이며, 고객이 약속된 자산을 통제하고 기업이 수행의무를 이행하는 시점에 수익을 인식함.
	통제이전지표	•통제하여 이행하는 시점을 판단하기 위해 다음의 지표를 참고함. ① 기업이 자산에 대해 지급청구권이 있다.　② 고객에게 법적 소유권이 있다. ③ 기업이 물리적 점유를 이전하였다.　④ 고객이 자산을 인수하였다. ⑤ 소유에 따른 유의적인 위험과 보상이 고객에게 있다.

객관식 확인학습　이론적용연습

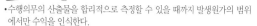

1. 한국채택국제회계기준 '고객과의 계약에서 생기는 수익'에서 진행률의 산정과 관련한 내용으로 틀린 설명은 어느 것인가?

① 투입법은 해당 수행의무의 이행에 예상되는 총 투입물 대비 수행의무를 이행하기 위한 기업의 노력이나 투입물(예 : 소비한 자원, 사용한 노동시간, 발생원가, 경과한 시간, 사용한 기계시간)에 기초하여 진행률을 측정하는 방법이다.

② 원가기준 투입법을 사용하는 경우 발생원가가 기업이 수행의무를 이행할 때 그 진척도에 이바지하지 않는 경우 (예 : 낭비된 재료원가, 노무원가, 그 밖의 자원의 원가)는 진행률 측정시 반영하지 않는다.

③ 기업이 지금까지 수행을 완료한 정도가 고객에게 주는 가치에 직접 상응하는 금액을 고객에게서 받을 권리가 있다면 (예 : 기업이 제공한 용역 시간당 고정금액을 청구할 수 있는 용역계약), 기업은 실제 회수한 금액을 기준으로 수익을 인식하는 실무적 간편법을 쓸 수 있다.

④ 산출법에 의한 진행률은 계약에서 약속한 재화나 용역의 나머지 부분의 가치와 비교하여 지금까지 이전한 재화나 용역이 고객에 주는 가치의 직접 측정에 기초하여 진행률을 측정하는 방법이다.

⑤ 기업의 노력이나 투입물을 수행기간에 걸쳐 균등하게 소비한다면, 정액법으로 수익을 인식하는 것이 적절할 수 있다.

내비게이션

• 실제 회수한 금액을 기준으로(X) → 청구권이 있는 금액으로(O)
• 기준서 제1115호

보론	문단 B16
□ 기업이 지금까지 수행을 완료한 정도가 고객에게 주는 가치에 직접 상응하는 금액을 고객에게서 받을 권리가 있다면(예 : 기업이 제공한 용역 시간당 고정금액을 청구할 수 있는 용역계약), 기업은 청구권이 있는 금액으로 수익을 인식하는 실무적 간편법을 쓸 수 있다.	

2. 다음은 한국채택국제회계기준 '고객과의 계약에서 생기는 수익'에 대한 설명이다. 가장 옳지 않은 것은?

① 거래가격의 후속 변동은 계약 개시시점과 같은 기준으로 계약상 수행의무에 배분한다.

② 계약변경 후에 생기는 거래가격 변동은 계약변경을 별도 계약으로 회계처리하지 않는 다른 모든 경우에 거래가격 변동액은 변경된 계약상 수행의무에 배분한다.

③ 기간에 걸쳐 이행하는 수행의무는 수행의무 각각에 대하여 진행률을 측정하여 기간에 걸쳐 수익을 인식하며, 진행률은 보고기간 말마다 다시 측정한다.

④ 수행의무의 진행률을 합리적으로 측정할 수 없는 경우에는 수행의무의 산출물을 합리적으로 측정할 수 있을 때까지 수익을 인식하지 아니한다.

⑤ 거래가격의 후속 변동이 이행된 수행의무에 배분되는 금액은 거래가격이 변동되는 기간에 수익으로 인식하거나 수익에서 차감한다.

내비게이션

• 수행의무의 산출물을 합리적으로 측정할 수 있을 때까지 발생원가의 범위에서만 수익을 인식한다.

3. 다음의 거래에 대한 수익인식과 관련하여 옳은 설명은?

> (1) ㈜합격은 20x1년 1월 1일 기계장치와 향후 24개월 동안의 유지보수서비스를 함께 제공하기로 고객과 계약하고 총 ₩5,000,000을 수취하였다.
>
> (2) 기계장치는 판매 즉시 고객에게 인도하였다.
>
> (3) 기계장치와 유지보수서비스의 개별판매가격은 각각 ₩2,500,000과 ₩3,750,0000이다.

① 20x1년 1월 1일에 ₩2,000,000의 수익을 인식한다.

② ₩3,750,000의 수익을 이연하여 20x1년 1월 1일부터 향후 24개월의 기간에 걸쳐 수익으로 인식한다.

③ 이 계약에는 1개의 수행의무가 있다.

④ 이 계약의 거래가격은 ₩6,250,0000이다.

⑤ 기계장치에 ₩2,500,000의 이연수익을 배분한다.

내비게이션

• 거래가격은 5,000,000이고, 기계장치 제공(한 시점에 이행하는 수행의무)과 유지보수서비스(기간에 걸쳐 이행하는 수행의무)의 2개의 수행의무가 있다.

• 거래가격 배분
　㉠ 기계장치 : 5,000,000×2,500,000/6,250,000=2,000,000
　㉡ 유지보수서비스 : 5,000,000×3,750,000/6,250,000=3,000,000

• 기계장치에 배분된 2,000,000을 20x1년 1월 1일에 수익으로 인식하며, 유지보수서비스에 배분된 3,000,000은 수익을 이연하여 24개월의 기간에 걸쳐 수익으로 인식한다.

서술형Correction연습

> □ 수행의무의 진행률을 합리적으로 측정할 수 없는 경우에는 진행률을 합리적으로 측정할 수 있을 때까지 거래가격 중 회수가능한 금액 전부를 수익으로 인식한다.

▶ (X) : 적절한 진행률 측정방법을 적용하는 데 필요한 신뢰할 수 있는 정보가 부족하다면 수행의무의 진행률을 합리적으로 측정할 수 없을 것이다. 어떤 상황(예 : 계약 초기 단계)에서는 수행의무의 산출물을 합리적으로 측정할 수 없으나, 수행의무를 이행할 때 드는 원가는 회수될 것으로 예상한다. 그 상황에서는 수행의무의 산출물을 합리적으로 측정할 수 있을 때까지 발생원가의 범위에서만 수익을 인식한다.

이론과기출 제28강 ○ 계약원가

계약체결 증분원가	성격	•계약체결증분원가는 고객과 계약을 체결하기 위해 들인 원가로서, 계약을 체결하지 않았다면 들지 않았을 원가임.
	자산인식	•계약체결증분원가가 회수될 것으로 예상된다면 이를 자산으로 인식함. ➡계약체결증분원가를 자산으로 인식하더라도 상각기간이 1년 이하라면 발생시점에 비용으로 인식하는 실무적 간편법을 쓸 수 있음.

보론 계약체결 여부와 무관하게 드는(계약체결이 되지 않은 경우도 발생) 계약체결원가

고객에게 그 원가를 명백히 청구할 수 있는 경우	•자산으로 인식
그 외의 경우	•발생시점에 비용으로 인식

계약이행 원가	성격	•고객과의 계약을 이행할 때 드는 원가임.
	자산인식	•다른 기업회계기준서의 적용범위(예 재고자산, 유형자산, 무형자산)에 포함되지 않는다면, 그 원 가는 다음 기준을 모두 충족해야만 자산으로 인식함. **직접관련** •원가가 계약이나 구체적으로 식별할 수 있는 예상 계약에 직접 관련됨. **직접관련원가에 포함되는 사항** ① 직접노무원가(예 종업원의 급여와 임금) ② 직접재료원가(예 저장품) ③ 직접 관련되는 원가 배분액(예 계약의 관리·감독원가, 보험료, 계약의 이행에 사용된 기기·장비의 감가상각비) ④ 계약에 따라 고객에게 명백히 청구할 수 있는 원가 ⑤ 계약을 체결하였기 때문에 드는 원가(예 하도급자에게 지급하는 금액) **자원창출** •원가가 미래 수행의무 이행시 사용할 기업 자원을 창출하거나 가치를 높임. **회수예상** •원가는 회수될 것으로 예상됨.
	비용인식	•다음 원가는 발생시점에 비용으로 인식함. **비용으로 인식하는 사항** ① 일반관리원가 ② 계약 이행과정에서 낭비된 재료·노무원가 등으로서 계약가격에 반영되지 않은 원가 ③ 이미 이행한 계약상 수행의무와 관련된 원가(과거의 수행 정도와 관련된 원가) ④ 이행하지 않은 수행의무와 관련된 원가인지 이미 이행한 수행의무와 관련된 원가인지 구별할 수 없는 원가

자산인식액 후속측정	상각	•계약체결증분원가와 계약이행원가 중 자산으로 인식한 부분은 그 자산과 관련된 재화나 용역을 고객에게 이전하는 방식과 일치하는 체계적 기준으로 상각함. ·주의 고객에게 이전할 것으로 예상하는 시기에 유의적 변동이 있는 경우에는 이를 반영하여 상각 방식을 수정하며, 회계추정의 변경으로 회계처리함.
	손상차손	•장부금액이 ①에서 ②를 뺀 금액을 초과하는 정도까지는 손상차손(당기손익)을 인식함. ➡손상차손을 인식하기 전에 다른 기준서(예 재고자산, 유형자산, 무형자산)에 따라 계약과 관련 하여 인식한 자산의 모든 손상차손을 먼저 인식함. ① 그 자산과 관련된 재화나 용역의 대가로 기업이 받을 것으로 예상하는 나머지 금액 ② 그 재화나 용역의 제공에 직접 관련되는 원가로서 아직 비용으로 인식하지 않은 원가
	손상차손 환입	**환입사유** •손상상황이 사라졌거나 개선된 경우에는 과거에 인식한 손상차손의 일부나 전부를 환입하여 당기손익으로 인식함. **환입한도** •증액된 자산의 장부금액은 과거에 손상차손을 인식하지 않았다면 산정되었을 금액 (상각후 순액)을 초과해서는 안됨.

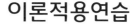

객관식 확인학습 — 이론적용연습

1. 다음은 한국채택국제회계기준 '고객과의 계약에서 생기는 수익'의 규정 중 계약원가에 대한 설명이다. 가장 옳지 않은 것은?

① 계약체결 증분원가를 자산으로 인식하더라도 상각기간이 1년 이하라면 그 계약체결 증분원가는 발생시점에 비용으로 인식하는 실무적 간편법을 쓸 수 있다.

② 계약체결 증분원가와 계약이행원가 중 자산으로 인식한 경우에는 그 자산과 관련된 재화나 용역을 고객에게 이전하는 방식과 일치하는 체계적 기준으로 상각하며, 그 자산과 관련된 재화나 용역을 고객에게 이전할 것으로 예상하는 시기에 유의적 변동이 있는 경우에도 상각 방식을 수정하지 아니한다.

③ 계약 체결 여부와 무관하게 드는 계약체결원가는 계약 체결 여부와 관계없이 고객에게 그 원가를 명백히 청구할 수 있는 경우가 아니라면 발생시점에 비용으로 인식한다.

④ 고객과의 계약체결 증분원가가 회수될 것으로 예상된다면 이를 자산으로 인식한다.

⑤ 고객과의 계약을 이행할 때 드는 원가가 다른 기업회계기준서의 적용범위에 포함되지 않는다면, 그 원가는 원가가 계약이나 구체적으로 식별할 수 있는 예상 계약에 직접 관련되고, 미래의 수행의무를 이행할 때 사용할 기업의 자원을 창출하거나 가치를 높이며, 회수될 것으로 예상되는 경우에만 자산으로 인식한다.

내비게이션

• 그 자산과 관련된 재화나 용역을 고객에게 이전할 것으로 예상하는 시기에 유의적 변동이 있는 경우에 이를 반영하여 상각 방식을 수정한다. 이러한 변경은 회계추정의 변경으로 회계처리한다.

2. ㈜합격(컨설팅 용역 제공자)은 새로운 고객에게 컨설팅 용역을 제공하는 경쟁입찰에서 이겼다. 다음 자료에 의할 때 ㈜합격이 자산과 비용으로 인식할 금액은 각각 얼마이겠는가?

(1) 계약을 체결하기 위하여 다음과 같은 원가가 들었다.

실사를 위한 외부 법률 수수료	₩15,000
제안서 제출을 위한 교통비	₩25,000
영업사원 수수료	₩10,000
총 발생원가	₩50,000

(2) 실사를 위한 외부 법률 수수료와 교통비는 계약체결 여부와 관계없이 발생하는 지출로서 고객에게 그 원가를 명백히 청구할 수 없으며, 영업사원 수수료는 컨설팅 용역에 대한 미래 수수료로 그 원가를 회수할 것으로 예상된다.

(3) ㈜합격은 재량에 따라 연간 매출 목표, 기업 전체의 수익성, 개인별 성과평가에 기초하여 영업책임자에게 연간 상여를 지급하는 정책을 채택하고 있으며 영업책임자에게 ₩8,000의 금액을 지급할 것으로 추정된다.

	자산	비용
①	₩0	₩58,000
②	₩0	₩58,000
③	₩0	₩50,000
④	₩10,000	₩48,000
⑤	₩10,000	₩40,000

내비게이션

• 외부법률수수료와 교통비 : 비용
• 영업사원 수수료 : 자산으로 인식하는 계약체결증분원가
• 영업책임자 상여 : 재량적이고 기업의 수익성과 개인별 성과를 포함한 다른 요소에 기초하는 등 식별 가능한 계약이 그 상여의 직접 원인이 되지 않으므로 그 상여는 계약 체결에 따른 증분액이 아니기 때문에 자산으로 인식하지 않으며, 비용(급여)으로 인식한다.

저자주 문제에서 요구하는 비용은 당기, 차기를 불문하고 비용총액을 묻고 있다고 보면 되겠습니다.

Answer 1. ② 2. ④

시험중요도 ★★☆

이론과기출 제29강 ◗ **계약의 재무제표 표시**

표시의 개요	구분표시	•계약 당사자 중 어느 한 편이 계약을 수행했을 때, 기업의 수행정도와 고객의 지급과의 관계에 따라 그 계약을 다음과 같이 재무상태표에 표시함. □ 계약자산 ➡'기업의 수행정도〉고객의 지급' □ 계약부채 ➡'기업의 수행정도〈고객의 지급' •대가를 받을 무조건적인 권리는 수취채권으로 구분하여 표시함.

▶저자주◀ 계약자산, 계약부채 외에 다른 계정과목(예 : 계약부채=선수금)을 사용해도 무방합니다!

정의와 인식	계약자산	정의	•기업이 고객에게 이전한 재화·용역에 대하여 그 대가를 받을 기업의 권리
		인식시점	•고객이 대가를 지급하기 전에 재화·용역을 이전하는 경우 **예시** 대가를 받을 무조건적 권리 없음 & 재화·용역을 이전함 →(차) 계약자산 xxx (대) 수 익 xxx
	수취채권	정의	•기업이 대가를 받을 무조건적인 권리 ➡시간만 지나면 대가를 지급받기로 한 때가 되는 경우에 그 대가를 받을 권리는 무조건적임. 예를 들면 기업에 현재 지급청구권이 있다면 그 금액이 미래에 환불될 수 있더라도 수취채권을 인식함.
		인식시점	•대가를 받을 무조건적인 권리를 갖는 경우 **예시** 대가를 받을 무조건적 권리 있음 & 재화·용역을 이전함 →(차) 수취채권 xxx (대) 수 익 xxx
	계약부채	정의	•기업이 고객에게서 이미 받은 대가(또는 지급기일이 된 대가)에 상응하여 고객에게 재화·용역을 이전하여야 하는 기업의 의무
		인식시점	•재화·용역을 이전 전에 대가를 받거나 받을 무조건적인 권리를 갖는 경우 **예시** 대가를 수취함 & 재화·용역을 이전하지 않음 →(차) 현 금 xxx (대) 계약부채 xxx **예시** 대가를 받을 무조건적 권리 있음 & 재화·용역을 이전하지 않음 →(차) 수취채권 xxx (대) 계약부채 xxx

▶주의◀ ∴대가를 받을 무조건적 권리가 있으면 수취채권, 재화·용역을 이전하기 전에는 계약부채 인식

✔사례 계약부채와 수취채권

✿(주)합격은 20x1년 3월 31일에 고객에게 제품을 이전하는 계약을 20x1년 1월 1일에 체결하였다. 계약상 고객은 20x1년 1월 31일에 대가 ₩1,000을 미리 지급하여야 하나, 실제로 고객은 20x1년 3월 1일에 대가를 지급하였다. (주)합격은 20x1년 3월 31일에 제품을 이전하는 수행의무를 이행하였다. 체결한 계약이 취소가능계약인 경우와 취소불능계약인 경우의 각각에 대한 일자별 회계처리는?

풀이

•취소가능시 : 취소가능하므로 1월 31일에 대가를 받을 무조건적 권리를 갖지 못함.(분개없음)

20x1년 1월 31일	분개없음				
20x1년 3월 1일	(차) 현 금	1,000	(대) 계약부채	1,000
20x1년 3월 31일	(차) 계약부채	1,000	(대) 수 익	1,000

•취소불능시 : 취소불능이므로 1월 31일에 대가를 받을 무조건적 권리를 갖음.(수취채권 인식함)

20x1년 1월 31일	(차) 수취채권	1,000	(대) 계약부채	1,000
20x1년 3월 1일	(차) 현 금	1,000	(대) 수취채권	1,000
20x1년 3월 31일	(차) 계약부채	1,000	(대) 수 익	1,000

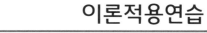

객관식 확인학습 — 이론적용연습

1. 다음은 한국채택국제회계기준 '고객과의 계약에서 생기는 수익'의 표시에 대한 설명이다. 가장 옳지 않은 것은?

① 계약 당사자 중 어느 한 편이 계약을 수행했을 때, 기업의 수행 정도와 고객의 지급과의 관계에 따라 그 계약을 계약자산이나 계약부채로 재무상태표에 표시한다. 대가를 받을 무조건적인 권리는 수취채권으로 구분하여 표시한다.

② 수취채권은 기업이 고객에게 이전한 재화나 용역에 대하여 그 대가를 받을 기업의 권리에 해당하는 자산을 말한다.

③ 기업이 고객에게 재화나 용역을 이전하기 전에 고객이 대가를 지급하거나 기업이 대가(금액)를 받을 무조건적인 권리(수취채권)를 갖고 있는 경우에 기업은 지급받은 때나 지급받기로 한 때에(둘 중 이른 시기에) 그 계약을 계약부채로 표시한다.

④ 기업에 현재 지급청구권이 있다면 그 금액이 미래에 환불될 수 있더라도 수취채권을 인식한다.

⑤ '계약자산'과 '계약부채'라는 용어를 사용하지만 재무상태표에서 그 항목에 대해 다른 표현을 사용하는 것을 금지하지는 않는다. 계약자산에 대해 다른 표현을 사용할 경우에 수취채권과 계약자산을 구별할 수 있도록 재무제표이용자에게 충분한 정보를 제공한다.

내비게이션

• ②는 계약자산에 대한 설명이다. 수취채권은 기업이 고객에게 받을 무조건적 권리를 갖는 경우를 말한다.

2. ㈜합격의 다음 자료에 의할 때 가장 옳은 것은?

(1) ㈜합격은 고객에게 제품 A와 B를 이전하고 그 대가로 ₩1,000을 받기로 20x1년 1월 1일에 계약을 체결하였다.
(2) 계약에서는 제품 A를 먼저 인도하도록 요구하고, 제품 A의 인도 대가는 제품 B의 인도를 조건으로 한다고 기재되어 있다. 다시 말하면, 대가 ₩1,000은 ㈜합격이 고객에게 제품 A와 B 모두를 이전한 다음에만 받을 권리가 생긴다.
(3) ㈜합격은 제품 A와 B를 이전하기로 한 약속을 수행의무로 식별하고, 제품의 상대적 개별 판매가격에 기초하여 제품 A에 대한 수행의무에 ₩400, 제품 B에 대한 수행의무에 ₩600을 배분하였다.

① 제품 A를 이전시 계약자산 ₩1,000을 인식한다.
② 제품 A를 이전시 수취채권 ₩400을 인식한다.
③ 제품 A를 이전시 수취채권 ₩1,000을 인식한다.
④ 제품 B를 이전시 수취채권 ₩400을 인식한다.
⑤ 제품 B를 이전시 수취채권 ₩1,000을 인식한다.

내비게이션

• B를 이전하는 경우에만 대가를 받을 무조건적 권리를 갖게 되므로 A를 이전하는 경우에는 수취채권을 인식할 수 없다.

• 20x1년 회계처리
〈제품 A의 이전시〉
(차) 계약자산 400 (대) 수익 400
〈제품 B의 이전시〉
(차) 수취채권 1,000 (대) 계약자산 400
                          수익 600

이론과기출 제30강 ○ 할부판매의 수익인식

의의	거래형태	•재화를 고객에게 이전하고 거래가격은 미래의 일정기간에 걸쳐 회수하는 판매	
	수익인식시점	•장·단기 불문하고 재화를 고객에게 판매한 시점에 인식함.	
	거래가격 측정	단기할부	•거래가격 : 명목금액 ➡ ∴유의적인 금융요소가 포함되어 있지 않음.
		장기할부	•거래가격 : 수취할 금액을 내재이자율로 할인한 현재가치 ➡장기할부판매만 현재가치로 평가한 금액을 수익으로 인식함.
	유의적 금융요소	•유의적인 금융요소는 이자수익으로 구분하여 인식함.	
	현재가치할인차금	•명목금액과 현재가치의 차액은 현재가치할인차금의 과목으로 하여 장기매출채권의 차감계정으로 표시함. ➡현재가치할인차금은 유효이자율법을 사용하여 이자수익으로 인식됨.	

 사례 ─ 장기할부판매 회계처리

❖다음은 ㈜합격이 체결한 할부판매와 관련한 자료이다. 20x1년도 이익에 미치는 영향은 얼마인가?

(1) 20x1년 1월 1일 고객에게 상품을 ₩750,000에 판매하는 계약을 체결하였다.
(2) 동 거래의 상품 원가는 ₩500,000이다.
(3) 판매대금은 3년간 매년 말에 ₩250,000씩 회수하기로 약정하였다.
(4) ㈜합격은 할부매출채권의 잔액에 대하여 매년 말 8%의 표시이자를 수령하기로 하였다.
(5) 동 거래의 내재이자율은 10%이며, 현재가치계수는 다음과 같다.

기간	10% 현재가치계수	10% 연금현재가치계수
1년	0.9091	0.9091
2년	0.8264	1.7355
3년	0.7513	2.4868

장기할부

풀이

•현가 : 250,000x2.4868+(750,000x8%)x0.9091+(500,000x8%)x0.8264+(250,000x8%)x0.7513=724,328

일자	유효이자(10%)	표시이자(8%)	상각액	장부금액
20x1.01.01	–	–	–	724,328
20x1.12.31	72,433	60,000	12,433	724,328−250,000+12,433=486,761
20x2.12.31	48,676	40,000	8,676	486,761−250,000+8,676=245,437
20x3.12.31	24,563[*]	20,000	4,563	245,437−250,000+4,563=0

[*]단수차이조정

•회계처리

20x1년 01월 01일	(차) 매출채권	750,000	(대) 매출	724,328
			현재가치할인차금	25,672
	(차) 매출원가	500,000	(대) 상품	500,000
20x1년 12월 31일	(차) 현금	250,000	(대) 매출채권	250,000
	(차) 현금	60,000	(대) 이자수익	72,433
	현재가치할인차금	12,433		
20x2년 12월 31일	(차) 현금	250,000	(대) 매출채권	250,000
	(차) 현금	40,000	(대) 이자수익	48,676
	현재가치할인차금	8,676		

∴20x1년도 이익에 미치는 영향 : 매출총이익(724,328−500,000)+이자수익(72,433)=296,761

객관식 확인학습 — 이론적용연습

1. ㈜대한은 20x1년 1월 1일에 원가가 ₩4,500,000인 상품을 판매하면서 그 대금은 매년 말 ₩2,000,000씩 3회에 걸쳐 현금을 수취하기로 하였다. 동 거래로 20x1년과 20x2년의 포괄손익계산서상 당기순이익은 각각 얼마나 증가되는가? 단, 유효이자율은 10%이며, 현가계수는 아래 표를 이용한다. 계산금액은 소수점 첫째자리에서 반올림하며, 이 경우 단수차이로 인해 약간의 오차가 있으면 가장 근사치를 선택한다.

할인율 기간	기간 말 단일금액 ₩1의 현재가치 10%	정상연금 ₩1의 현재가치 10%
1년	0.90909	0.90909
2년	0.82645	1.73554
3년	0.75131	2.48685

	20x1년	20x2년
①	₩497,370	₩347,107
②	₩497,370	₩500,000
③	₩971,070	₩347,107
④	₩971,070	₩500,000
⑤	₩1,500,000	₩0

내비게이션

- 현가(매출액) : 2,000,000x2.48685=4,973,700

	회수액	유효이자(10%)	순채권회수액	장부금액
20x1년초	–	–	–	4,973,700
20x1년말	2,000,000	497,370	1,502,630	3,471,070
20x2년말	2,000,000	347,107	1,652,893	1,818,177

- 20x1년 이익 : 4,973,700(매출액)−4,500,000(매출원가)+497,370(이자수익)=971,070
- 20x2년 이익 : 347,107(이자수익)

- 〈20x1년초 회계처리〉
  (차) 매출채권 6,000,000 (대) 매출 4,973,700
  　　　　　　　　　　　　　(대) 현할차 1,026,300
  (차) 매출원가 4,500,000 (대) 상품 4,500,000
  〈20x1년말 회계처리〉
  (차) 현금 2,000,000 (대) 매출채권 2,000,000
  (차) 현할차 497,370 (대) 이자수익 497,370
  〈20x2년말 회계처리〉
  (차) 현금 2,000,000 (대) 매출채권 2,000,000
  (차) 현할차 347,107 (대) 이자수익 347,107

2. ㈜합격은 기계장치를 판매하고 있으며, 20x1년 1월 1일 거래처에 판매하면서 매년말 ₩1,500,000씩 4년간 회수하는 장기할부판매를 하였다. 관련 자료가 다음과 같을 때, 20x1년 12월 31일 매출채권의 장부금액은 얼마인가?

(1) 매출채권에 대한 유효이자율은 연 10%이다.
(2) 유효이자율 10%에 대한 4년 현가계수는 0.680이고 연금현가계수는 3.170이다.

① ₩2,728,300　② ₩3,311,700　③ ₩3,730,500
④ ₩4,100,800　⑤ ₩4,414,000

내비게이션

- 현가(매출액) : 1,500,000x3.17=4,755,000

- 〈20x1년초 회계처리〉
  (차) 매출채권 6,000,000 (대) 매출 4,755,000
  　　　　　　　　　　　　　(대) 현할차 1,245,000
  (차) 매출원가 ? (대) 상품 ?
- 〈20x1년말 회계처리〉
  (차) 현금 1,500,000 (대) 매출채권 1,500,000
  (차) 현할차 475,500 (대) 이자수익 475,500[*)]

*)4,755,000x10%=475,500
∴ 장부금액=(6,000,000−1,500,000)−(1,245,000−475,500)=3,730,500

이론과기출 제31강 ◯ 장기할부판매

사례 계약금(인도금)이 지급되는 경우

❖20x1년초 원가 ₩192,146의 상품을 인도금으로 ₩100,000을 받고, 20x1년말부터 ₩100,000씩 2회 회수하는 할부판매를 함. 유효이자율은 연 12%로 가정함. 20x1년 이익에 미치는 영향은?

• 현가 : 100,000 × (12%, 2기간연금현가)=169,005

일자	회수액	유효이자(12%)	순채권회수액	장부금액
20x1년초	–	–	–	169,005
20x1년말	100,000	20,281	79,719	89,286
20x2년말	100,000	10,714	89,286	0

→ (169,005-79,719)

20x1년초	(차) 현금	100,000	(대) 매출	100,000
	(차) 매출채권	200,000	(대) 매출	169,005
			현재가치할인차금	30,995
	(차) 매출원가	192,146	(대) 상품	192,146
20x1년말	(차) 현금	100,000	(대) 매출채권	100,000
	(차) 현재가치할인차금	20,281	(대) 이자수익	20,281

• 20x1년 이익에 미치는 영향 : 매출총이익(269,005 - 192,146) + 이자수익(20,281) = 97,140

⋅주의 20x1년말 대손추산액이 ₩10,000일 때, 매출채권 장부금액? 100,000-10,714-10,000=79,286

사례 연 2회 판매대금이 수취되는 경우

❖다음은 20x1년초 (주)차도남의 장기할부판매와 관련된 자료이다. 20x1년의 매출총이익은 얼마인가?

(1) 총판매대금 : ₩2,550,000(원가 ₩1,500,000), 20x1년 1월 1일 인도금 수령액 : ₩750,000
(2) 잔금수령 방법 : 매 6월 30일과 12월 31일에 ₩300,000씩 6회에 걸쳐 수령하기로 약정하였다.
(3) 유효이자율은 연 10%이며 관련 연금현가계수 자료는 다음과 같다.

이자율	3기간	6기간
5%	2.7232	5.0757
10%	2.4868	4.3553

• 현가 : 300,000 × (5%, 6기간연금현가)=1,522,710

일자	회수액	유효이자(5%)	순채권회수액	장부금액
20x1.01.01	–	–	–	1,522,710
20x1.06.30	300,000	76,136	223,864	1,298,846
20x1.12.31	300,000	64,942	235,058	1,063,788

20x1.01.01	(차) 현금	750,000	(대) 매출	750,000
	(차) 매출채권	1,800,000	(대) 매출	1,522,710
			현재가치할인차금	277,290
	(차) 매출원가	1,500,000	(대) 상품	1,500,000
20x1.06.30	(차) 현금	300,000	(대) 매출채권	300,000
	(차) 현재가치할인차금	76,136	(대) 이자수익	76,136

• 매출총이익 : 매출(750,000+1,522,710) - 매출원가(1,500,000)=772,710

객관식 확인학습 ── 이론적용연습

1. 주권상장법인인 ㈜개벽은 20x1년 1월 1일 대금회수가 확실한 ₩3,500,000의 할부매출을 하면서 인도금으로 ₩500,000을 수령하고, 잔금 ₩3,000,000은 매년 말에 ₩1,000,000씩 3년에 걸쳐 받기로 하였다. 상기 매출거래와 관련하여 유효이자율은 10%이다. 당해 매출거래가 20x1년도 매출액과 20x2년도 이익에 미치는 영향은 얼마인가? 단, 모든 계산금액은 소수점 첫째 자리에서 반올림하며 이 경우 약간의 반올림 오차가 나타날 수 있다.

(이자율 10%기준)	1년	2년	3년
단일금액 ₩1의 현가계수	0.9091	0.8264	0.7513
정상연금 ₩1의 현가계수	0.9091	1.7355	2.4868

	20x1년도 매출액	20x2년도 이익 영향
①	₩1,500,000	₩1,000,000 증가
②	₩1,500,000	₩1,171,067 증가
③	₩2,486,800	₩1,173,548 증가
④	₩2,986,800	₩248,680 증가
⑤	₩2,986,800	₩173,548 증가

나비게이션

• 현가 : 1,000,000×2.4868=2,486,800

	회수액	유효이자(10%)	순채권회수액	장부금액
20x1년초	–	–	–	2,486,800
20x1년말	1,000,000	248,680	751,320	1,735,480
20x2년말	1,000,000	173,548	826,452	909,028

• 20x1년 매출액 : 500,000+2,486,800=2,986,800
• 20x2년 당기순이익에 미치는 영향 : 173,548(이자수익)

• 〈20x1년초 회계처리〉
(차) 현금	500,000	(대) 매출	500,000
(차) 매출채권	3,000,000	(대) 매출	2,486,800
		현할차	513,200
(차) 매출원가	?	(대) 상품	?

〈20x1년말 회계처리〉
(차) 현금	1,000,000	(대) 매출채권	1,000,000
(차) 현할차	248,680	(대) 이자수익	248,680

〈20x2년말 회계처리〉
(차) 현금	1,000,000	(대) 매출채권	1,000,000
(차) 현할차	173,548	(대) 이자수익	173,548

2. ㈜합격은 20x1년초 당사에서 생산하는 제품을 다음과 같이 판매하였다. 동 거래의 매출총이익률을 계산하면 얼마인가?

(1) 총매출대금 : ₩80,000
(2) 할부판매 제품의 원가 : ₩58,604
(3) 대금수령 : 매 분기마다 ₩10,000씩 향후 2년에 걸쳐 수령
(4) 동 거래에 적용되는 연간 유효이자율 : 8%
(4) 연금현가계수 자료

기간	정상연금 ₩1의 현재가치	
	8%	2%
2	1.7833	1.9416
8	5.7466	7.3255

① 15% ② 17% ③ 18.5%
④ 20% ⑤ 22.5%

나비게이션

• 매출액 : 10,000×7.3255(2%, 8기간 연금현가)=73,255
• 매출총이익률 : (73,255-58,604)÷73,255=20%

3. ㈜합격은 20x1년초 다음과 같이 상품을 할부판매를 하였다. ㈜합격이 20x1년에 인식할 매출총이익을 구하면 얼마인가? 단, 계약시점에 ㈜합격과 고객이 별도거래를 한다면 반영하게 될 이자율은 연 10%이며, 장기할부판매대금의 명목금액과 현재가치의 차이는 유의적이다.

(1) 총할부매출대금 : ₩200,000,000
(2) 할부판매 상품의 원가 : ₩110,000,000
(3) 대금수령 : 20x1년초 인도금으로 ₩80,000,000 수령, 매년 6월 30일과 12월 31일에 ₩20,000,000씩 6회에 걸쳐 수령
(4) 연금현가계수 자료

기간	정상연금 ₩1의 현재가치	
	5%	10%
3	2.7232	2.4868
6	5.0756	4.3552

① ₩57,104,000 ② ₩71,512,000 ③ ₩87,104,000
④ ₩90,000,000 ⑤ ₩101,512,000

나비게이션

• 매출액 : 80,000,000+20,000,000×5.0756(5%,6기간연금현가)=181,512,000
• 매출총이익 : 181,512,000-110,000,000=71,512,000

시험중요도 ★★★

이론과기출 제32강 ── 선수금에 포함된 유의적인 금융요소

의의	거래형태	•할부판매와 달리 대가를 먼저 수취하고 재화를 나중에 이전하는 경우임.
	금융요소 포함여부	•위의 경우에도 대가의 수취시점과 재화의 이전시점 사이의 기간이 1년 이상인 장기라면 선수금(계약부채)에 유의적인 금융요소가 포함된 것임. ➡ 유의적인 금융요소는 거래가격에서 조정함.
	금융요소 처리방법	•계약부채에 유의적인 금융요소가 포함되어 있다면 재화나 용역을 이전하는 시점까지 유효이자율법을 적용하여 이자비용을 인식함.

공통사례 20x1년초 현금 ₩4,000 수령, 2년후 제품 이전, 내재이자율은 10%로 가정함.

수취시점(20x1년초)	•대가 수취시점에 계약부채로 인식함.			
	(차) 현금	4,000	(대) 계약부채	4,000

이자비용(20x1년말)	•유효이자율법으로 이자비용을 인식하고 계약부채 장부금액에 가산함.			
	(차) 이자비용	4,000x10%=400	(대) 계약부채	400

이전시점(20x2년말)	•계약부채는 이전시점에 수익으로 인식함.			
	(차) 이자비용	4,400x10%=440	(대) 계약부채	440
	(차) 계약부채	4,840	(대) 수익(매출)	4,840

➡ ∴수익=수취금액+총이자비용

▼사례 선수금이 포함된 할부판매

✿(주)합격은 20x1년 1월 1일 원가 ₩1,000,000의 상품을 ₩1,500,000에 판매하기로 고객과 계약하였다. 관련 자료가 다음과 같을 때 동 거래의 회계처리는?

(1) 계약체결일인 20x1년 1월 1일 ₩500,000을 현금으로 수령하였다.
(2) 잔금은 20x2년 1월 1일과 20x3년 1월 1일에 각각 ₩500,000씩 수령하기로 하였다.
(3) 상품은 20x2년 1월 1일에 고객에게 인도되었다.
(4) 거래의 유효이자율은 10%이며, 현재가치계수는 다음과 같다.

기간	10% 현재가치계수	10% 정상연금의 현재가치계수
1년	0.90909	0.90909
2년	0.82645	1.73554

회계처리

풀이

20x1년 01월 01일	(차) 현금	500,000	(대) 계약부채	500,000
20x1년 12월 31일	(차) 이자비용	50,000[1]	(대) 계약부채	50,000
20x2년 01월 01일	(차) 계약부채	550,000	(대) 매출	1,050,000
	현금	500,000		
	(차) 매출채권	500,000	(대) 매출	454,545[2]
			현재가치할인차금	45,455
	(차) 매출원가	1,000,000	(대) 상품	1,000,000
20x2년 12월 31일	(차) 현재가치할인차금	45,455[3]	(대) 이자수익	45,455
20x3년 01월 01일	(차) 현금	500,000	(대) 매출채권	500,000

[1]500,000x10%=50,000 [2]500,000x0.90909=454,545 [3]454,545x10%=45,455

객관식 확인학습　　**이론적용연습**

1. ㈜합격은 20x1년 1월 1일 상품 1개를 판매하는 계약을 체결하였다. 관련된 다음의 자료에 의할 때 동 거래가 ㈜합격의 20x2년도 당기순이익에 미친 영향은 얼마인가?

> (1) 계약체결 시점에 현금 ₩250,000을 수령하였다.
> (2) 상품은 2년 후인 20x2년 말에 이전하기로 하였다.
> (3) 동 거래의 내재이자율은 10%이다.

① ₩222,500　　② ₩225,000　　③ ₩250,000
④ ₩275,000　　⑤ ₩302,500

 내비게이션

• 20x1년 1월 1일 회계처리
　(차) 현금　　　　250,000　　(대) 계약부채　　250,000
• 20x1년 12월 31일 회계처리
　(차) 이자비용　　25,000[1)]　　(대) 계약부채　　25,000
• 20x2년 12월 31일 회계처리
　(차) 이자비용　　27,500[2)]　　(대) 계약부채　　27,500
　(차) 계약부채　　302,500　　(대) 매출　　　　302,500

[1)] 250,000×10%=25,000
[2)] (250,000+25,000)×10%=27,500
∴302,500(매출)−27,500(이자비용)=275,000

이론과기출 제33강 ▷ 위탁판매·상품권·시용판매

위탁판매

수익인식시점	•수탁자가 제3자에게 판매한 시점에 수익인식함. ➡ 주의 적송시점이 아님.
적송운임(발송운임)	•적송품 원가로 처리함.
수탁수수료(지급수수료) 판매운임(매출운임)	•매출에 대응하는 비용처리함. ➡ 수탁자의 수익인식액 : 수탁수수료(판매수수료)만을 수익인식함.
위탁매매이익 계산	☐ 위탁매매이익=매출액-매출원가-지급수수료-매출운임

보론 본인과 대리인

본인	•재화등이 이전되기 전에 기업이 재화등을 통제한다면 이 기업은 본인임. ➡ 재고위험을 부담하며, 가격결정 재량을 갖음	•대가의 총액을 수익으로 인식
대리인	•다른 당사자(본인)가 재화등을 제공하도록 주선하는 기업은 대리인임.	•예상보수나 수수료를 수익으로 인식

▶ 사례 위탁판매 회계처리

❖ 상품 10개(원가 @100,000)를 적송했으며 발송운임은 ₩30,000이었다. 판매액 ₩780,000(6개×@130,000) 중 판매수수료 ₩30,000과 판매운송비 ₩5,000을 공제한 ₩745,000을 송금해옴.

풀이

적송시	(차) 적송품	1,030,000	(대) 재고자산	1,000,000
			현금	30,000
판매시	(차) 현금	745,000	(대) 매출	780,000
	지급수수료	30,000		
	매출운임	5,000		
	(차) 매출원가	618,000	(대) 적송품	618,000

[위탁매매이익] = 매출(780,000) − 매출원가(618,000) − 지급수수료(30,000) − 매출운임(5,000) = 127,000

상품권

수익인식시점	•상품권을 회수하는때(상품권과 교환하여 상품인도시) 수익인식함. 주의 상품권 판매시가 아님.

▶ 사례 상품권 회계처리

❖ 100원권 상품권 20매를 ₩90에 발행. 유효기간은 6개월. 유효기간내 사용된 상품권은 18매이며 환불한 현금은 ₩40. 나머지 2매는 유효기간 경과(60% 환급 약정)

상품권 발행시	•액면전액을 선수금(=계약부채)으로 계상 주의 액면에서 할인액차감액이 선수금이 아님. •할인액은 '상품권할인액'으로 하여 선수금에서 차감기재	(차) 현금 1,800 (대) 선수금 2,000 할인액 200
상품권 회수시	•선수금을 매출 및 환불금액과 상계 •상품권할인액은 매출수익 인식시 매출에누리로 대체	(차) 선수금 1,800 (대) 매출 1,760 현금 40 (차) 에누리 180 (대) 할인액 180
미회수 상품권	•유효기간경과 : 명시된 비율에 따라 영업외수익 인식 주의 매출로 인식하는게 아님.	(차) 선수금 200x40%=80 (대) 할인액 20 잡이익 60 [회수시 추가분개] (차) 선수금120 (대) 현금120
	•소멸시효완성 : 잔액 전부를 영업외수익 인식	(차) 선수금 200x60%=120 (대) 잡이익 120

시용판매

수익인식시점	•고객이 매입의사를 표시한 시점에 수익 인식함.

객관식 확인학습 / 이론적용연습

1. 다음은 기계장치를 위탁판매를 하고 있는 ㈜합격의 자료이다. ㈜합격이 20x1년 인식할 매출액을 구하면 얼마인가?

(1) ㈜합격은 20x1년초 기계장치 10개(개당 판매가격 ₩10,000,000, 개당 원가 ₩8,000,000)를 ㈜적중에 발송하였다.
(2) ㈜합격은 발송시 기계장치 운송비 ₩1,000,000을 지출하였다.
(3) ㈜적중은 20x1년초 ㈜합격으로부터 위탁받은 기계장치 10개 중 8개를 20x1년에 판매하였다.

① ₩64,000,000 ② ₩72,000,000 ③ ₩80,000,000
④ ₩81,000,000 ⑤ ₩100,000,000

• 8개x10,000,000=80,000,000

2. ㈜세종은 20x3년 2월 1일 액면금액 ₩50,000인 상품권 2,000매를 1매당 ₩48,000에 최초로 발행하였다. 고객은 상품권 액면금액의 60% 이상을 사용하면 잔액을 현금으로 돌려받을 수 있으며, 상품권의 만기는 발행일로부터 3년이다. ㈜세종은 20x3년 12월 31일까지 회수된 상품권 400매에 대해 상품인도와 더불어 잔액 ₩1,200,000을 현금으로 지급하였다. ㈜세종이 상품권 발행에 의한 판매와 관련하여 20x3년도 포괄손익계산서에 인식하게 될 수익은 얼마인가?

① ₩9,600,000 ② ₩10,800,000 ③ ₩18,000,000
④ ₩18,800,000 ⑤ ₩19,200,000

• 상품권할인액 : 2,000매x(50,000-48,000)=4,000,000
• 포괄손익계산서에 인식하게 될 수익
매출액 : (400매x50,000)-1,200,000 = 18,800,000
매출에누리 : 4,000,000x400매/2,000매 = (800,000)
　　　　　　　　　　　　　　　　　　　 18,000,000

• 회계처리
(차) 현금 96,000,000 (대) 선수금 100,000,000
상품권할인액 4,000,000
(차) 선수금 20,000,000 (대) 매출 18,800,000
　　　　　　　　　　　　 현금 1,200,000
(차) 매출에누리 800,000 (대) 상품권할인액 800,000

3. 12월 결산법인인 ㈜국세는 20x1년 12월초에 단위당 원가 ₩1,000인 상품 400개를 ㈜세무에 위탁판매를 위해 적송하고 적송운임 ₩20,000은 현금으로 지급하였다. 수탁자인 ㈜세무는 12월 중 위탁상품 200개의 매출을 완료하고, 20x1년 12월 28일에 다음과 같은 매출계산서와 함께 현금 ₩244,000을 ㈜국세에 보내왔다. ㈜국세가 매출수익으로 인식할 금액과 20x1년말에 보고할 적송품계정의 잔액은 얼마인가?

수탁품 매출계산서		
매출액	200개X@1,400	₩280,000
판매수수료		(21,000)
운임 및 보관료		(15,000)
송금액		₩244,000

	매출수익	적송품잔액
①	₩280,000	₩200,000
②	₩244,000	₩210,000
③	₩259,000	₩200,000
④	₩70,000	₩210,000
⑤	₩280,000	₩210,000

• 매출수익 : 280,000(매출계산서상의 매출액)
• 적송품잔액 : (400개x1,000+20,000)x$\frac{200개}{400개}$=210,000

서술형Correction연습

□ 위탁판매에서 위탁자는 수탁자로부터 해당재화에 대한 판매대금을 수령한 시점에 수익을 인식한다.

➡ (X) : 수탁자가 제3자에게 판매한 시점에 수익을 인식한다.

□ 위탁판매에서 수탁자는 수탁상품의 매출액을 수탁자 자신의 매출액으로 계상할수 있다.

➡ (X) : 위탁자의 수익이며, 수탁자는 판매수수료만을 수익으로 인식한다.

시험중요도 ★★★

| 이론과기출 제34강 | 반품권이 있는 판매 |

의의	거래형태	•일부 계약에서는 고객에게 통제를 이전하고, 다양한 이유(예 제품 불만족)로 제품을 반품할 권리와 함께 다음 사항을 조합하여 받을 권리를 고객에게 부여함.

금액환불	•지급된 대가의 전부나 일부 환불
채무공제	•기업에 갚아야 할 의무가 있거나 의무가 있게 될 금액에 대한 공제
제품교환	•다른 제품으로 교환

보론 고객이 한 제품을 유형·품질·조건·가격이 같은 다른 제품과 교환하는 경우에는 적용목적상 반품으로 보지 않음.

무제한 반품권
•반품기간에 언제라도 반품을 받기로 하는 기업의 약속은 환불할 의무에 더하여 수행의무로 회계처리하지 않음.(수익인식하지 않음) ➡이하 '반품가능성 예측불가' 참조

반품가능성 예측가능

공통사례 20x1년 반품가능판매액 ₩8,000(원가율 70%), 예상반품률 10%, 20x2년 실제반품 10%

수익인식 (20x1년)

(차) 현금	8,000	(대) 매출(판매예상분)	7,200
		환불부채(반품예상분)	800

➡매출(수익인식액) : 총매출액x(1-반품예상률)

보론 보고기간 말마다 환불부채의 측정치를 새로 수정함.(조정액은 수익에 가감함.)

원가인식 (20x1년)

(차) 매출원가(판매예상분)	5,040	(대) 재고자산	5,600
반품제품회수권(반품예상분)	560		

➡반품제품회수권 : 제품을 회수할 기업의 권리에 대해 인식하는 자산으로, 환불부채와는 구분하여 표시함.

보론 보고기간 말마다 반품제품회수권(자산)의 측정치를 새로 수정함.

추가사례	반품비용이 있는 경우(반품비용이 ₩50 예상되는 경우)

□ 반품비용 : 반품회수 예상원가+반품제품 가치의 잠재적 감소(손상차손)
□ 반품제품회수권 : 반품비용이 예상되는 경우 반품비용을 차감한 금액임.

(차) 매출원가	5,040	(대) 재고자산	5,600
반품제품회수권	510		
반품비용(or 매출원가)	50		

실제반품시 (20x2년)

(차) 환불부채(반품예상분)	800	(대) 현금	800
(차) 재고자산	560	(대) 반품제품회수권(반품예상분)	560

반품가능성 예측불가

공통사례 20x1년 반품가능판매액 ₩8,000(원가율 70%), 반품률 추정불가, 20x2년 실제반품 10%

수익인식 원가인식 (20x1년)

•수익(원가) 인식없이 다음과 같이 처리함.
➡수익(원가)은 반품권이 소멸되는 시점(=실제반품시)에 인식함.

(차) 현금	8,000	(대) 환불부채(총매가)	8,000
(차) 반품제품회수권(총원가)	5,600	(대) 재고자산	5,600

실제반품시 (20x2년)

(차) 환불부채(총매가)	8,000	(대) 매출	7,200
		현금(실제반품분)	800

(차) 매출원가	5,040	(대) 반품제품회수권(총원가)	5,600
재고자산(실제반품분)	560		

객관식 확인학습 / 이론적용연습

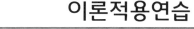

1. 다음은 한국채택국제회계기준 '고객과의 계약에서 생기는 수익'에 대한 설명이다. 가장 옳지 않은 것은?

① 반품기간에 언제라도 반품을 받기로 하는 기업의 약속은 환불할 의무에 더하여 수행의무로 회계처리하지 않는다.

② 법률에 따라 기업이 보증을 제공하여야 한다면 그 법률의 존재는 약속한 보증이 수행의무가 아님을 나타낸다. 그러한 규정은 보통 결함이 있는 제품을 구매할 위험에서 고객을 보호하기 위해 존재하기 때문이다.

③ 환불부채는 반품이 예상되는 제품에 대한 환불금액과 고객에게서 제품을 회수할 기업의 권리에 해당하는 금액의 차이금액으로 인식한다.

④ 고객이 한 제품을 유형·품질·조건·가격이 같은 다른 제품(예 : 색상이나 크기가 같은 다른 제품)과 교환하는 경우에는 적용 목적상 반품으로 보지 않는다.

⑤ 기업이 확신 유형의 보증과 용역 유형의 보증을 모두 약속하였으나 이를 합리적으로 구별하여 회계처리할 수 없다면, 두 가지 보증을 함께 단일 수행의무로 회계처리한다.

냅비게이션

• 반품제품회수권(=제품을 회수할 기업의 권리에 해당하는 금액)은 환불부채와 구분하여 표시한다.

2. 다음은 ㈜합격의 반품권이 있는 판매와 관련한 자료이다. 동 거래로 ㈜합격의 20x1년 보고기간말의 재무상태표에 인식할 반품관련부채의 금액과 당기손익에 미친 영향을 구하면 각각 얼마인가?

(1) 20x1년말 1개월 내에 반품을 허용하는 조건으로 제품 100개(개당 원가 ₩50,000)를 개당 ₩75,000에 판매하였다.
(2) 제품 중 20%가 반품될 것으로 예상된다.
(3) 반품이 되는 경우 개당 ₩2,500의 비용이 발생할 것으로 예상된다.

	반품관련부채	당기손익에의 영향
①	₩1,500,000	₩950,000
②	₩1,500,000	₩1,950,000
③	₩1,500,000	₩2,000,000
④	₩1,450,000	₩2,500,000
⑤	₩1,450,000	₩2,850,000

냅비게이션

• 환불부채 : 20개×75,000=1,500,000
• 매출(80개×75,000)−매출원가(80개×50,000)−반품비용(20개×2,500)
=1,950,000
• 20x1년 회계처리

(차) 현금	7,500,000[1]	(대) 매출	6,000,000[2]
		환불부채	1,500,000[3]
(차) 매출원가	4,000,000[4]	(대) 재고자산	5,000,000[7]
반품제품회수권	950,000[5]		
반품비용	50,000[6]		

[1] 100개×75,000=7,500,000 [2] 80개×75,000=6,000,000
[3] 20개×75,000=1,500,000 [4] 80개×50,000=4,000,000
[5] 20개×50,000−20개×2,500=950,000 [6] 20개×2,500=50,000
[7] 100개×50,000=5,000,000

3. ㈜대한은 20x1년 말 고객이 구매 후 30일 내에 반품할 수 있는 조건으로 원가 ₩1,050,000의 정수기를 ₩1,500,000에 현금판매 하였다. ㈜대한은 20x1년 말 과거 경험과 정수기 소매업계 상황에 기초하여 판매한 상품의 5%가 반품될 것으로 추정하였다. 또한 반품과 관련된 직접비용으로 반환금액의 3%가 발생한다. 이러한 반품조건의 판매가 ㈜대한의 20x1년도 당기순이익에 미치는 영향은?

① ₩415,250 증가 ② ₩417,500 증가
③ ₩425,250 증가 ④ ₩427,500 증가
⑤ ₩450,000 증가

냅비게이션

• 매출(1,500,000×95%)−매출원가(1,050,000×95%)−반품비용(75,000×3%)
=425,250
• 20x1년 회계처리

(차) 현금	1,500,000	(대) 매출	1,425,000[1]
		환불부채	75,000[2]
(차) 매출원가	997,500[3]	(대) 재고자산	1,050,000
반품제품회수권	50,250[4]		
반품비용(매출원가)	2,250[5]		

[1] 1,500,000×95%=1,425,000 [2] 1,500,000×5%=75,000
[3] 1,050,000×95%=997,500 [4] 1,050,000×5%−75,000×3%=50,250
[5] 75,000×3%=2,250

참고 20x2년 중 예상대로 반품이 된 경우

(차) 환불부채	75,000	(대) 현금	75,000
(차) 재고자산	52,500	(대) 반품제품회수권	50,250
		현금	2,250

참고 20x2년 중 반품이 되지 않은 경우(반품비용 발생X)

(차) 환불부채	75,000	(대) 매출	75,000
(차) 매출원가	50,250	(대) 반품제품회수권	50,250

이론과기출 제35강 ◯ 재매입약정

재매입약정	정의	•자산을 판매하고 다시 사기로 약속 또는 다시 살 수 있는 선택권을 갖는 계약		
	형태	선도	•다시 사야 하는 기업의 의무	기업이 보유시	고객은 자산을 통제하지 못함.
		콜옵션	•다시 살 수 있는 기업의 권리		
		풋옵션	•고객이 요청하면 다시 사야하는 기업의 의무 ➡팔 수 있는 고객의 권리	고객이 보유시	고객이 옵션을 행사할 경제적 유인이 유의적인지 계약개시시점에 판단해야함.

<u>참고</u> 재매입가격을 판매가격과 비교할 때는 화폐의 시간가치를 고려함.

처리방법

❖[판매가격>재매입가격]

구분	처리방법	
선도·콜옵션		리스계약
풋옵션	고객이 옵션을 행사할 경제적 유인이 유의적O	리스계약
	고객이 옵션을 행사할 경제적 유인이 유의적X	반품권이 있는 판매

<u>참고</u> 재매입가격이 자산의 예상시장가치보다 유의적으로 높을 것으로 예상된다면 이는 고객이 풋옵션을 행사할 경제적 유인이 유의적임을 나타냄.

❖[판매가격≦재매입가격]

구분	처리방법	
선도·콜옵션		금융약정
풋옵션	재매입가격>예상시장가치	금융약정
	재매입가격≦예상시장가치 & 고객이 옵션을 행사할 경제적 유인이 유의적X	반품권이 있는 판매

<u>말장난</u> 선도나 콜옵션이 부여된 재매입약정은 판매가격이 재매입가격 이하인 경우 리스계약으로 회계처리한다(X)

금융약정 회계처리

<u>공통사례</u> [CASE 1] 20x1년 11월 1일 제품을 ₩75,000에 현금인도(원가 ₩50,000), 기업은 20x2년 2월 28일 ₩85,000에 재매입할 수 있는 콜옵션 보유, 2월 28일 콜옵션을 행사않함.
[CASE 2] 20x1년 11월 1일 제품을 ₩75,000에 현금인도(원가 ₩50,000), 고객은 20x2년 2월 28일 ₩85,000에 재판매할 수 있는 풋옵션 보유, 예상시장가치는 ₩80,000, 2월 28일 풋옵션을 행사함.

판매시점 (20x1.11.1)
•[CASE 1,2 공통] 기업은 자산을 계속 인식하고, 받은 대가는 금융부채로 인식

(차) 현금	75,000	(대) 차입금(금융부채)	75,000

기말시점 (20x1.12.31)
•[CASE 1,2 공통] 받은 대가와 지급해야 하는 대가의 차이를 이자(이자비용)로 인식

(차) 이자비용	10,000x2/4=5,000	(대) 미지급이자	5,000

옵션 약정행사일 (20x2.2.28)
•[CASE 1] 옵션미행사(소멸) : 부채를 제거하고 수익을 인식(미지급이자도 수익처리)

(차) 이자비용	10,000x2/4=5,000	(대) 미지급이자	5,000
(차) 차입금	75,000	(대) 매출	85,000
미지급이자	10,000		
(차) 매출원가	50,000	(대) 재고자산	50,000

•[CASE 2] 옵션행사(재매입) : 부채를 상환

(차) 이자비용	10,000x2/4=5,000	(대) 미지급이자	5,000
(차) 차입금	75,000	(대) 현금	85,000
미지급이자	10,000		

객관식 확인학습 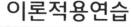 이론적용연습

1. 한국채택국제회계기준 '고객과의 계약에서 생기는 수익'의 재매입약정과 관련하여 가장 옳지 않은 것은?

① 재매입약정이 금융약정이라면, 기업은 자산을 계속 인식하고 고객에게서 받은 대가는 금융부채로 인식한다.

② 옵션이 행사되지 않은 채 소멸된다면 부채를 제거하고 수익을 인식한다.

③ 재매입 가격이 자산의 시장가치보다 유의적으로 높을 것으로 예상된다면, 이는 고객이 풋옵션을 행사할 경제적 유인이 유의적임을 나타낸다.

④ 기업이 자산을 다시 사야 하는 의무나 다시 살 수 있는 권리(선도나 콜옵션)가 있다면 고객이 자산을 통제하는 것이다.

⑤ 재매입 가격을 판매가격과 비교할 때 화폐의 시간가치를 고려한다.

낸비게이션

• 기업이 자산을 다시 사야 하는 의무나 다시 살 수 있는 권리(선도나 콜옵션)가 있다면, 고객은 자산을 통제하지 못한다. 고객이 자산을 물리적으로 점유할 수 있더라도, 자산의 사용을 지시하고 자산의 나머지 효익의 대부분을 획득할 수 있는 고객의 능력이 제한되기 때문이다.

2. ㈜합격은 고객과의 제품판매 계약과 관련하여 재매입약정을 포함하고 있다. 다음 자료에 의할 때 재매입약정이 고객이 보유한 풋옵션인 경우 ㈜합격의 20x1년 당기손익에 미치는 영향을 계산하면?

(1) 20x1년 12월 1일 제품을 ₩250,000(원가 ₩150,000)에 현금판매하였다.
(2) 재매입약정은 20x2년 3월 31일에 행사할 수 있으며 재매입금액은 ₩270,000이다.
(3) 판매일에 추정한 재매입일의 제품 예상시장가치는 ₩260,000이다.

① ₩5,000   ② ₩8,000   ③ ₩15,000
④ ₩20,000   ⑤ ₩100,000

낸비게이션

• 판매가격(250,000)≤재매입가격(270,000)이고, 재매입가격(270,000)>예상시장가치(260,000) 이므로 금융약정으로 회계처리한다.

• 20x1년 당기손익에 미치는 영향은 이자비용이다.

• 20x1년 회계처리

(차) 현금   250,000   (대) 차입금   250,000
(차) 이자비용   5,000[*]   (대) 미지급이자   5,000

[*](270,000-250,000)x1/4=5,000

3. ㈜적중은 20x1년 11월 1일 제품을 ₩500,000(원가 ₩300,000)에 현금판매하였다. 관련된 다음 자료에 의할 때 ㈜적중의 20x1년 당기손익에 미치는 영향을 구하면 얼마인가? 단, 반품권이 있는 판매에 해당하는 경우 반품가능성이 없다고 가정한다.

(1) ㈜적중은 제품을 판매하는 고객과의 계약에서 재매입약정을 포함하였으며, 재매입약정은 고객이 보유한 풋옵션이다.
(2) 판매일에 추정한 재매입일의 제품 예상시장가치는 ₩550,000이며, 고객이 권리를 행사할 유인이 유의적이지 않다.
(3) 재매입약정은 20x2년 2월 28일에 행사할 수 있으며 재매입금액은 ₩540,000이다.

① ₩5,000   ② ₩200,000   ③ ₩15,000
④ ₩20,000   ⑤ ₩100,000

낸비게이션

• 판매가격(500,000)≤재매입가격(540,000)이고, 재매입가격(540,000)≤예상시장가치(550,000) 이므로 반품권이 있는 판매로 회계처리한다.

• '반품가능성이 없다'는 것은 반품가능성을 예측가능한 경우로서 반품률 0%를 의미하므로 반품예상분에 대해 계상하는 환불부채와 반품제품회수권이 계상되지 않는다. 따라서, 20x1년 당기손익에 미치는 영향은 매출총이익(500,000-300,000=200,000)이다.

• 20x1년 회계처리

(차) 현금   500,000   (대) 매출   500,000
(차) 매출원가   300,000   (대) 재고자산   300,000

제1편 Mainplot [주요논제]

제2편 Subplot [특수논제]

합본부록1 기출유형별 필수문제

합본부록2 실전적중모의고사

이론과기출 제36강 ⊃ 고객충성제도 : 기업이 직접 보상제공

<table>
<tr><td rowspan="2">의의</td><td>거래형태</td><td>•고객이 구매시 보상점수를 부여하며, 고객은 보상점수를 사용하여 무상·할인구매하는 방법으로 보상을 받게 됨. ➡️ 예 마일리지, 적립포인트, 구매할인</td></tr>
<tr><td>보상점수 배분</td><td>•보상점수를 제공하는 약속은 별개의 수행의무에 해당하며, 받은 대가(거래가격) 중 일부를 개별판매가격에 기초하여 배분함.

보상점수에 배분될 대가 □ 거래가격x 보상점수의 개별판매가격 / 재화등의 개별판매가격 + 보상점수의 개별판매가격</td></tr>
</table>

실무사례 인터넷서점에서 도서구입시 적립포인트로 당해 인터넷서점의 서적을 구입하는 경우

<table>
<tr><td>매출시</td><td>•보상점수에 배분된 거래가격은 계약부채(선수금)의 과목으로 하여 부채로 인식

(차) 현금   xxx   (대) 매출(수익)   xxx
                                           계약부채(선수금)   xxx</td></tr>
<tr><td>수익인식</td><td>•보상점수가 회수되고 보상을 제공할 의무를 이행한 때 수익인식함.
➡️수익인식액 : 계약부채x실제회수보상점수/회수예상보상점수

(차) 계약부채   xxx   (대) 포인트매출   xxx</td></tr>
</table>

▶사례 ◢ 기업이 직접 보상을 제공하는 경우

❂(주)합격은 구매 ₩10당 고객충성포인트 1점을 고객에게 보상하는 고객충성제도를 운영하고 있다. 각 포인트는 기업의 제품을 미래에 구매할 때 ₩1의 할인과 교환할 수 있다. 다음 자료에 의할 때 20x2년 인식할 포인트 관련 수익을 계산하면 얼마인가?

(1) 20x1년 중 고객은 제품을 ₩100,000에 구매하고 미래 구매에 교환할 수 있는 10,000포인트를 얻었다.
(2) 대가는 고정금액이고 구매한 제품의 개별 판매가격은 ₩100,000이다.
(3) ㈜합격은 9,500포인트가 교환될 것으로 예상하며, 교환될 가능성에 기초하여 포인트당 개별 판매가격을 ₩0.95(합계 ₩9,500)으로 추정하였다.
(4) 연도별 교환 및 교환예상(새로 수정한 추정치 포함) 포인트 관련 자료는 다음과 같다.

구분	20x1년	20x2년	20x3년
교환된 누적포인트	4,750포인트	7,760포인트	9,800포인트
교환예상 총포인트	9,500포인트	9,700포인트	9,800포인트

기업이 보상제공시

풀이

•20x1년 거래가격의 배분
 ① 제품에 배분될 대가(매출) : 100,000x100,000/(100,000+9,500)=91,324
 ② 보상점수에 배분될 대가(계약부채) : 100,000x9,500/(100,000+9,500)=8,676
•20x1년 인식할 포인트매출 : 8,676x4,750포인트/9,500포인트=4,338
∴20x2년 인식할 포인트매출(포인트 관련 수익) : 8,676x7,760포인트/9,700포인트−4,338=2,603

<table>
<tr><td rowspan="2">20x1년 매출시</td><td>(차) 현금</td><td>100,000</td><td>(대) 매출</td><td>91,324</td></tr>
<tr><td></td><td></td><td>계약부채</td><td>8,676</td></tr>
<tr><td>20x1년 사용시</td><td>(차) 계약부채</td><td>4,338</td><td>(대) 포인트매출</td><td>4,338</td></tr>
<tr><td>20x2년 사용시</td><td>(차) 계약부채</td><td>2,603</td><td>(대) 포인트매출</td><td>2,603</td></tr>
<tr><td>20x3년 사용시</td><td>(차) 계약부채</td><td>1,735</td><td>(대) 포인트매출</td><td>1,735[*]</td></tr>
</table>

[*]8,676x9,800포인트/9,800포인트−4,338−2,603=1,735

객관식 확인학습 ⊂ 이론적용연습

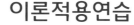

1. ㈜대한오토는 20x1년에 자동차 정비부문과 휘발유 판매부문의 사업을 시작하였다. ㈜대한오토의 휘발유 판매부문은 휘발유 판매금액 ₩1,000당 10포인트를 부여하는 고객충성제도를 운영한다. 고객은 부여받은 포인트를 ㈜대한오토의 정비부문에서만 사용할 수 있으며, 포인트의 유효기간은 2년이다. 20x1년 중 ㈜대한오토는 휘발유 ₩10,000,000을 판매하고 100,000포인트를 부여하였다. ㈜대한오토는 휘발유의 판매금액을 휘발유와 포인트의 개별판매가격 비율로 배분한 결과 10포인트당 ₩100을 배분하였으며, 고객들은 이 중 40,000포인트를 20x1년 중에 정비부문에서 사용하였다. 기말시점에서 60,000포인트는 20x2년에 전부 사용될 것으로 예상되며, 포인트의 공정가치도 변하지 않을 것으로 추정된다. 이러한 고객충성제도의 회계처리로 옳지 않은 것은?

① 20x1년 휘발유 매출액 ₩10,000,000을 매출시점에서는 휘발유에 대한 매출액과 포인트 매출액으로 분리하고 포인트 매출액에 대해서는 선수금으로 처리한다.

② 20x1년 중 고객이 사용한 40,000포인트에 상당하는 금액을 당기수익으로 인식한다.

③ 20x2년에 사용할 것으로 예상되는 60,000포인트에 대한 매출원가 상당액을 충당부채로 계상한다.

④ 20x1년 중 포인트 사용분이 포함되지 않은 정비부문의 매출액이 ₩8,000,000일 경우 ㈜대한오토의 20x1년 포괄손익계산서상 수익은 ₩17,400,000이다.

⑤ 항공사가 직접 제공하는 상용고객우대제도에 따른 마일리지에 대한 회계처리도 역시 고객충성제도의 회계처리를 적용한다.

📻 내비게이션

• 포인트당 배분액 : 100 ÷ 10포인트 = @10
• 매출시 계약부채(선수금) : 100,000포인트 x @10 = 1,000,000
• 20x1년 포인트매출 : $1,000,000 \times \dfrac{40,000}{100,000} = 400,000$
• 20x1년 회계처리
(차) 현금	10,000,000	(대) 매출	9,000,000
		계약부채(선수금)	1,000,000
(차) 계약부채	400,000	(대) 포인트매출	400,000

→ 20x2년에 사용할 것으로 예상되는 60,000포인트에 대한 매출원가 상당액 해당연도에 매출원가로 계상한다. 즉, 고객충성제도는 충당부채를 인식하지 않는다.
→ 정비부문의 매출액이 8,000,000일 경우 수익 :
9,000,000+400,000+8,000,000=17,400,000

2. 연필만을 전문적으로 판매하는 ㈜대한은 홍보목적으로 고객충성제도를 운영하고 있다. 20x1년도에 포인트제도에 가입한 회원은 연필구입금액 ₩10,000당 유효기간이 4년인 1포인트를 부여받아 포인트로 연필과 무료로 교환할 수 있다. 20x1년도 중 포인트제도에 가입한 회원들은 ₩300,000,000의 연필을 구입하여 포인트를 부여받았다. ㈜대한은 연필의 판매금액을 연필과 포인트의 개별판매가격 비율로 배분한 결과 포인트당 ₩140을 배분하였으며, 실제로 20x1년도 말에 8,400포인트가 회수되어 연필과 교환되었다. 20x2년도에 ㈜대한은 20x1년도에 부여한 포인트 가운데 80%가 회수될 것으로 추정을 변경하였으며, 20x2년도 중 실제로 6,000포인트가 회수되어 연필과 교환되었다. 20x3년도에는 20x1년도에 부여한 포인트 가운데 90%가 회수될 것으로 추정을 다시 변경하였으며, 이를 근거로 ㈜대한은 포인트 회수를 통한 연필의 교환과 관련하여 20x3년도 포괄손익계산서에 ₩1,050,000의 수익을 인식하였다. 20x1년도에 부여한 포인트 가운데 20x3년도 중에 실제로 회수된 포인트는? 단, 20x2년도와 20x3년도에 포인트와의 교환 이외에 연필의 추가판매는 없으며, 회수율 추정의 변경에 따른 1포인트 공정가치의 변동은 없는 것으로 가정한다.

① 6,750포인트   ② 7,500포인트   ③ 8,550포인트
④ 9,100포인트   ⑤ 12,600포인트

📻 내비게이션

• 부여한 포인트 : 300,000,000 ÷ 10,000 = 30,000포인트
• 매출시 계약부채 : 30,000포인트x@140=4,200,000
• 20x1년 포인트매출 : $4,200,000 \times \dfrac{8,400}{30,000} = 1,176,000$
• 20x2년 포인트매출 : $4,200,000 \times \dfrac{8,400+6,000}{30,000 \times 80\%} - 1,176,000 = 1,344,000$
• 20x3년 포인트매출 :
$4,200,000 \times \dfrac{8,400+6,000+X}{30,000 \times 90\%} - (1,176,000+1,344,000) = 1,050,000$
∴ X(20x3년도 중에 실제로 회수된 포인트)=8,550포인트

📋 서술형Correction연습

☐ 기업이 직접 보상을 제공하는 고객충성제도에서 보상점수에 배분된 대가는 총보상점수 대비 회수된 보상점수에 근거하여 수익을 인식한다.

➡ (X) : 총보상점수(X) → 회수예상보상점수(O)

Answer   1. ③   2. ③

이론과기출 제37강 ◖ **고객충성제도 : 제3자가 보상제공**

자기계산 대가회수

실무사례 당사 제품 구입시 다른 항공사의 마일리지(포인트)를 제공하는 경우
→ 자기계산으로 대가회수 : 마일리지를 항공사로부터 구매하여 고객에게 판매(보상제공)

매출시	•보상점수에 배분된 거래가격은 계약부채(선수금)의 과목으로 하여 부채로 인식
	(차) 현금 xxx (대) 매출(수익) xxx
	계약부채(선수금) xxx

수익인식	•보상과 관련하여 의무를 이행한 때 수익인식함. ➡수익인식액 : 보상점수에 배분되는 총대가(즉, 전액 포인트매출로 인식)
	(차) 계약부채 xxx (대) 포인트매출 xxx
	포인트매출원가 xxx 현금 xxx

실무사례 당사 제품 구입시 다른 항공사의 마일리지(포인트)를 제공하는 경우
→ 제3자를 대신하여 대가회수 : 마일리지를 항공사로부터 위탁받아 고객에게 위탁판매

매출시	•보상점수에 배분된 거래가격은 계약부채(선수금)의 과목으로 하여 부채로 인식
	(차) 현금 xxx (대) 매출(수익) xxx
	계약부채(선수금) xxx

제3자 대신 대가회수

수익인식	•제3자가 보상을 제공할 의무를 지고 그것에 대한 대가를 받을 권리를 가지게 될 때 수익인식함. ➡수익인식액 : 보상점수에 배분되는 대가와 제3자가 제공한 보상에 대해 기업이 지급할 금액간의 차액(즉, 대행 수수료수익만 인식)
	(차) 계약부채 xxx (대) 수수료수익 xxx
	현금 xxx

▶ **사례**   **제3자가 보상을 제공하는 경우** ◀

✿(주)합격은 전기제품 판매회사로 항공사가 운영하는 고객충성제도에 참여함. 전기제품 구입 ₩1에 0.1항공여행포인트를 부여함. 20x1년 중 전기제품을 ₩100,000에 판매하고 10,000포인트를 부여함. ㈜합격은 전기제품 판매금액을 전기제품과 포인트의 개별판매가격 비율로 배분한 결과 포인트당 ₩1을 배분하였다. ㈜합격은 전기제품 판매 즉시 항공사에게 각 포인트마다 ₩0.9을 지급함. ㈜합격은 항공권판매와 관련하여 추가적인 의무는 부담하지 않음. 회계처리는?

풀이

•자기계산으로 대가를 회수하는 경우

20x1년 매출시	(차) 현금	100,000	(대) 매출	90,000
			계약부채	10,000
	(차) 계약부채	10,000	(대) 포인트매출	10,000
	포인트매출원가	9,000	현금	9,000

•항공사를 대신하여 대가를 회수하는 경우

20x1년 매출시	(차) 현금	100,000	(대) 매출	90,000
			계약부채	10,000
	(차) 계약부채	10,000	(대) 수수료수익	1,000
			현금	9,000

객관식 확인학습 — 이론적용연습

1. ㈜국세는 Wings Air에서 운영하는 고객충성제도에 참여하고 있다. ㈜국세는 자사제품을 구매하는 회원에게 판매가격 ₩1당 1마일리지를 제공한다. 고객충성제도회원은 마일리지를 사용하여 항공권을 구입할 수 있다. ㈜국세는 Wings Air에 1마일리지당 ₩0.012을 지급한다. 20x1년 ㈜국세는 원가가 ₩800,000인 제품을 ₩1,200,000에 판매하고, 마일리지를 부여하였다. ㈜국세는 제품의 판매금액을 제품과 포인트의 개별판매가격 비율로 배분한 결과 1마일리지당 ₩0.02을 배분하였다. ㈜국세가 마일리지에 배분될 대가를 자기의 계산으로 회수하는 경우, 20x1년 제품 판매와 관련하여 인식할 마일리지와 관련된 수익(고객충성제도수익)과 비용(고객충성제도비용)은 각각 얼마인가?

	고객충성제도수익	고객충성제도비용
①	₩7,200	₩12,000
②	₩14,400	₩24,000
③	₩24,000	₩12,000
④	₩24,000	₩14,400
⑤	₩28,000	₩48,000

낵비게이션
- 부여한 마일리지 : 1,200,000x1=1,200,000마일리지
- 고객충성제도수익(포인트매출) : 1,200,000마일리지x0.02=24,000
- 고객충성제도비용(포인트매출원가) : 1,200,000마일리지x0.012=14,400
- 20x1년 회계처리

(차) 현금 1,200,000 (대) 매출 1,176,000
　　　　　　　　　　　　　　계약부채 24,000
(차) 계약부채 24,000 (대) 포인트매출 24,000
　　포인트매출원가 14,400 　　현금 14,400

2. 20x1년 1월 1일에 설립된 ㈜한국은 3개월 무이자 할부판매와 현금판매를 하고 있다. 현금으로 상품을 구입한 고객에게는 ₩100당 1포인트를 제공하기로 하였는데, 고객은 이 포인트를 이용하여 지정 항공사로부터 무료항공권을 구매할 수 있는 혜택을 갖는다. ㈜한국은 상품의 판매금액을 상품과 포인트의 개별판매가격 비율로 배분한 결과 포인트당 ₩1을 배분하였으며, ㈜한국은 포인트 제공시점에 지정 항공사에게 포인트 단위당 ₩0.9을 즉시 지급한다. ㈜한국의 20x1년도 할부매출액은 ₩30,000,000이고, 현금매출액은 ₩10,000,000이며, 20x1년말 매출채권잔액은 ₩2,000,000이다. ㈜한국은 항공사를 대신하여 대리인으로서 대가를 회수하며, 모든 매출채권잔액은 회수가 확실하다고 가정할 때, ㈜한국이 20x1년도 수익으로 인식할 금액은 얼마인가?

① ₩37,910,000　② ₩38,000,000　③ ₩39,900,000
④ ₩39,910,000　⑤ ₩40,000,000

낵비게이션
- 부여한 포인트 : 10,000,000 ÷ 100=100,000포인트
- 계약부채 : 100,000포인트x@1=100,000
- 수수료수익 : 100,000-100,000포인트x@0.9=10,000
- ∴30,000,000+(10,000,000-100,000)+10,000=39,910,000
- 20x1년 회계처리(매출원가 생략)

(차) 매출채권 30,000,000 (대) 매출 30,000,000
(차) 현금 10,000,000) (대) 매출 9,900,000
　　　　　　　　　　　　　계약부채 100,000
(차) 계약부채 100,000 (대) 수수료수익 10,000
　　　　　　　　　　　　　현금 90,000

3. ㈜합격전자는 ㈜대한항공이 운영하는 포인트제도에 참여하고 있으며, 관련 자료는 다음과 같다. 포인트에 배분될 대가를 자기의 계산으로 회수하는 경우와 항공사를 대신하여 회수하는 경우, 20x1년도 포인트와 관련된 수익차이는 얼마이겠는가?

(1) 제품 구입 ₩1,000당 10포인트를 부여하며, 포인트로 ㈜대한항공의 항공권을 받을수 있다.
(2) ㈜합격전자는 포인트 제공시점에 ㈜대한항공에게 포인트 당 ₩0.5을 즉시 지급한다.
(3) 20x1년 제품을 ₩30,000,000 판매하였으며, 제품의 판매금액을 제품과 포인트의 개별판매가격 비율로 배분한 결과 포인트 당 ₩2를 배분하였다.

① ₩0　② ₩100,000　③ ₩150,000
④ ₩450,000　⑤ ₩600,000

낵비게이션
- 부여한 포인트 : (30,000,000 ÷ 1,000)x10포인트=300,000포인트
- 자기의 계산으로 대가를 회수하는 경우 포인트와 관련된 수익
　→포인트매출 : 300,000포인트x@2=600,000
- 항공사를 대신하여 대가를 회수하는 경우 포인트와 관련된 수익
　→수수료수익 : 300,000포인트x@2-300,000포인트x@0.5=450,000
- ∴600,000-450,000=150,000

시험중요도 ★★★

이론과기출 제38강 라이선싱

의의	라이선스	•라이선스는 기업의 지적재산에 대한 고객의 권리를 정함.
	지적재산	•소프트웨어, 기술, 영화·음악·미디어·오락물, 프랜차이즈, 특허권, 상표권, 저작권

수행의무 식별

라이선스를 부여하는 약속이 그 밖에 약속한 재화나 용역과 계약에서 구별되지 않는 경우

•라이선스를 부여하는 약속과 그 밖에 약속한 재화나 용역을 함께 단일 수행의무로 회계처리함.

[예시] ① 유형 재화의 구성요소이면서 그 재화의 기능성에 반드시 필요한 라이선스
  →[예] 자동차 중앙처리장치에 포함되어 있는 소프트웨어
② 관련 용역과 결합되는 경우에만 고객이 효익을 얻을 수 있는 라이선스
  →[예] 라이선스를 부여하여 고객이 콘텐츠에 접근할 수 있도록 제공하는 온라인 서비스

라이선스를 부여하는 약속이 그 밖에 약속한 재화나 용역과 계약에서 구별되는 경우

•라이선스를 부여하는 약속이 별도의 수행의무라면 라이선스에 대한 수익인식을 별도로 수행하며, 인식시기 결정을 위해 약속의 성격이 고객에게 접근권을 제공하는지 사용권을 제공하는지를 고려함.

접근권	정 의	☐ 라이선스 기간 전체에 걸쳐 존재하는, 기업의 지적재산에 접근할 권리
	수익인식	☐ 기간에 걸쳐 이행하는 수행의무로 회계처리(진행률에 따라 수익인식)
사용권	정 의	☐ 라이선스를 부여하는 시점에 존재하는, 기업의 지적재산을 사용할 권리
	수익인식	☐ 한 시점에 이행하는 수행의무로 회계처리(사용권 이전시점에 수익인식)

접근권 적용요건

적용요건	•다음 기준을 모두 충족한다면 기업의 지적재산에 접근권을 제공하는 것임.

① 고객이 권리를 갖는 지적재산에 유의적으로 영향을 미치는 활동을 기업이 할 것을 계약에서 요구하거나 고객이 합리적으로 예상함.
  →[예] 상표에서 생기는 효익은 흔히 지적재산의 가치를 뒷받침하거나 유지하는 기업의 계속적인 활동에서 생기거나 그 활동에 따라 달라짐.
② 라이선스로 부여한 권리 때문에 고객은 위 ①에서 식별되는 기업 활동의 긍정적 또는 부정적 영향에 직접 노출됨.
③ 그 활동이 행해짐에 따라 재화나 용역을 고객에게 이전하는 결과를 가져오지 않음.

사용권 적용요건

적용요건	•위 접근권의 적용요건을 충족하지 못하는 경우

[보론] **판매기준로열티와 사용기준로열티**(라이선싱 수익인식방식의 예외)

수익인식	•지적재산의 라이선스를 제공하는 대가로 약속된 판매기준로열티나 사용기준로열티의 수익은 다음 중 나중의 사건이 일어날 때 인식함.
	① 후속 판매나 사용 ② 판매기준·사용기준로열티의 일부·전부가 배분된 수행의무를 이행함.
적용요건 (참고)	•위 요구사항은 그 로열티가 다음 중 어느 하나에 해당하는 경우에 적용함.
	① 지적재산의 라이선스에만 관련됨. ② 지적재산의 라이선스는 로열티가 관련되는 지배적인 항목임. →[예] 로열티가 관련되는 다른 재화나 용역보다 그 라이선스에 고객이 더 유의적인 가치를 부여할 것이라고 기업이 합리적으로 예상할 때, 지적재산의 라이선스는 로열티가 관련되는 지배적인 항목일 수 있음.
사례	•영화배급사(기업)가 영화를 영화관(고객)에 라이선스하고 영화관의 관람권 판매액 중 일부를 판매기준로열티로 받는 경우 →약속성격이 접근권·사용권인지 불문하고 관람권이 판매되는 대로 수익을 인식

제1편 Mainplot [주요논제]

객관식 확인학습 ◀━ **이론적용연습**

1. 다음은 한국채택국제회계기준 '고객과의 계약에서 생기는 수익'에서 규정하고 있는 라이선싱에 대한 설명이다. 가장 옳지 않은 것은?

① 지적재산의 라이선스를 제공하는 대가로 약속된 판매기준 로열티나 사용기준 로열티에 대한 수익은 후속 판매나 사용 시점과 판매기준 또는 사용기준 로열티의 일부나 전부가 배분된 수행의무를 이행한 시점 중 빠른 날에 인식한다.

② 라이선스 기간 전체에 걸쳐 존재하는 기업의 지적재산에 접근할 권리는 기업의 수행의무가 라이선스 기간 동안 이행되므로 해당 시점에 수익을 인식한다.

③ 라이선스 사용권의 경우 라이선스를 부여하는 약속을 한 시점에 이행하는 수행의무로 회계처리한다.

④ 라이선스 접근권은 라이선스 기간 전체에 걸쳐 존재하는 기업의 지적재산에 접근할 권리를 말하며, 라이선스 사용권은 라이선스를 부여하는 시점에 존재하는 기업의 지적재산을 사용할 권리를 말한다.

⑤ 라이선스를 부여하는 약속이 그 밖에 약속한 재화나 용역과 계약에서 구별되지 않는다면, 라이선스를 부여하는 약속과 그 밖에 약속한 재화나 용역을 함께 단일 수행의무로 회계처리한다.

 내비게이션

• 빠른 날에(X) → 나중의 사건이 일어날 때(O)

2. ㈜대한은 게임기 제조기업이며 ㈜민국은 게임기 판매전문회사이다. 20x1년 1월 1일 ㈜대한은 ㈜민국과 다음과 같이 새 게임기의 판매계약을 맺었다.

> (1) ㈜대한은 20x1년 1월 1일부터 ㈜민국에게 ㈜대한이 생산한 게임기를 독점적으로 판매할 수 있는 권리를 3년동안 부여하며 이에 대한 대가로 ₩120,000을 받는다.
>
> (2) ㈜대한은 게임기 1대당 판매가격을 ₩110으로 결정하며, ㈜민국은 게임기 1대당 ₩110의 판매가격에서 ₩10의 판매수수료를 차감한 후 ₩100을 ㈜대한에게 지급한다.
>
> (3) ㈜민국은 ㈜대한에게 매년 최소 5,000대의 게임기 판매를 보장한다. 다만, ㈜민국이 게임기 5,000대를 초과하여 판매한 경우에는 판매되지 않은 게임기를 ㈜대한에게 반납할 수 있다.

㈜대한은 20x1년 1월 2일 1대당 원가 ₩80의 게임기 7,000대를 ㈜민국에게 인도하였다. ㈜민국은 20x1년에 동 게임기 4,500대를 판매하였다. ㈜대한이 위 거래로 20x1년도에 인식해야 할 순이익은?

① ₩90,000   ② ₩100,000   ③ ₩130,000
④ ₩140,000   ⑤ ₩220,000

 내비게이션

• 판매독점권(라이선싱 접근권)은 3년간 보장되어 있으므로 기간에 걸쳐 수행하는 의무에 해당하므로 3년에 걸쳐 수익으로 인식한다.
→이익 : 120,000÷3년=40,000

• ㈜대한은 재고위험을 부담하며(∵반품권이 있으므로), 가격결정 재량이 있으므로 본인에 해당하며 ㈜민국은 대리인에 해당한다. 그러나 ㈜민국은 5,000대의 판매를 보장하였으므로 5,000대는 반품이 불가능하다. 따라서 5,000대는 통제가 이전된 것이므로 수익을 인식해야 한다.(㉠ 5,000대 : 반품가능성 0%→전액매출인식O ㉡ 5,000대초과분 : 반품가능성예측불가→매출인식X)
→이익 : 5,000개x110-5,000대x80-5,000대x10=100,000
∴ 40,000+100,000=140,000

시험중요도 ★★☆

이론과기출 제39강 ◯ 수수료 형태별 수익인식

광고수수료

광고매체수수료	•광고·상업방송이 대중에게 전달될때 수익을 인식
광고제작수수료	•광고 제작의 진행률에 따라 수익을 인식

▼ 사례 　광고수수료 수익계산 ◀

✪다음에 따라 (주)SBS와 (주)제일기획이 20x2년 회계연도에 인식할 수익을 각각 구하면 얼마인가?

(1) (주)SBS는 20x2년에 10부작 미니시리즈 '백마탄환자'에 삽입될 광고물 계약을 다음과 같이 체결하였다.
 – 광고수수료 ₩5,000,000(미니시리즈 종료시점에 받기로함)
 – 광고물은 20x2년 6월에 4회, 7월에 6회 방송됨, 회계연도는 20x1.7.1~20x2.6.30
(2) (주)제일기획은 20x2년에 TV광고물 제작계약을 다음과 같이 체결하였다.
 – 제작대가 ₩200,000,000(20x3년 제작완료시 수령)
 – 총예상제작원가 ₩140,000,000, 당기발생제작원가 ₩70,000,000, 회계연도는 20x2.1.1~12.31

 풀이

•(주)SBS 　 : 5,000,000x4회/10회=2,000,000
•(주)제일기획 : 200,000,000x70,000,000/140,000,000=100,000,000

보험대리 수수료

추가적인 관리용역제공X	•보험개시일에 모든 대가를 수익으로 인식	
추가적인 관리용역제공O	계약체결용역	•보험개시일에 수익으로 인식
	관리용역	•제공하는 기간에 걸쳐 수익으로 인식

▼ 사례 　보험대리수수료 수익계산 ◀

✪보험계약을 체결하는 경우 보험료총액의 2%를 보험대리용역수수료로 수령하나, 관리용역을 제공하는 경우에는 5%를 수령한다. 20x1년에 체결한 보험계약이 다음과 같을 때 20x1년 인식할 수익은?

(1) A보험 : 보험료총액 ₩100,000(보험개시일 10.1, 보험기간 1년), 추가용역제공 없음.
(2) B보험 : 보험료총액 ₩400,000(보험개시일 7.1, 보험기간 2년), 보험기간동안 관리용역제공

풀이

•A보험 : 100,000x2%=2,000 / B보험 : 400,000x2%+400,000x3%x6/24=11,000 →∴13,000

설치수수료

설치용역이 재화와 구별O	•별도수행의무로 보아 개별판매가격비율로 배분하여 각각 수익인식 ➡ 설치용역은 기간에 걸쳐 수행되는 수행의무이므로 진행기준 적용함.
설치용역이 재화와 구별X	•단일수행의무로 보아 재화의 통제가 이전되는 시점에 수익인식

▼ 사례 　설치수수료 수익계산 ◀

✪(주)합격은 20x1년에 기계장치를 (주)적중에 ₩1,000,000에 판매하고 사용가능하도록 기계장치를 설치해주기로 하였다. 이러한 설치용역은 기계장치 판매에 부수적으로 제공되지 않으며, 판매금액 중에 개별판매가격비율로 배분한 설치용역수수료는 ₩100,0000이다. 설치용역의 20x1년말 진행률은 20%이다.

 풀이

•20x1년 수익인식액 : (1,000,000-100,000)+100,000x20%=920,000

환불불가 선수수수료

거래형태	•어떤 계약에서는 환불되지 않는 선수수수료를 계약 개시시점 등에 고객에게 부과함. ➡예) 연회비, 헬스클럽 회원가입수수료, 통신계약의 가입수수료, 용역계약 준비수수료 등
수익인식	•수행의무 식별위해 수수료가 약속한 재화·용역 이전에 관련되는지 판단하여 수익인식

객관식 확인학습　이론적용연습

1. ㈜대한방송은 20x1년도에 ㈜갑과 광고제작(계약금액 ₩6,000) 및 이에 대한 광고방송(계약금액 ₩1,000) 계약을 체결하였다. 이와 관련된 자료는 다음과 같다.

〈광고제작〉

구분	20x1년	20x2년	20x3년	계
해당연도에 발생한 관련원가	₩500	₩1,500	₩1,500	₩3,500
추가발생이 예상되는 원가	₩2,500	₩1,000	−	

〈광고방송〉

구분	20x1년	20x2년	20x3년	계
해당연도에 발생한 관련원가	₩200	₩200	₩400	₩800
추가발생이 예상되는 원가	₩600	₩400	−	

㈜대한방송은 ㈜갑이 의뢰한 광고제작을 20x3년에 완성하여 20x3년 말에 광고방송을 실행하였다. ㈜대한방송이 각 연도에 인식할 수익은 얼마인가? 단, 수익을 진행기준에 따라 인식하는 경우, 진행률은 추정 총소요원가 대비 발생한 누적원가의 비율로 측정하며, 광고방송 계약은 1회 단발성 광고방송 계약으로 가정한다.

	20x1년	20x2년	20x3년
①	₩1,000	₩3,000	₩3,000
②	₩250	₩250	₩6,500
③	₩0	₩0	₩7,000
④	₩1,250	₩3,250	₩2,500
⑤	₩1,000	₩2,000	₩4,000

낵비계의섣
- 광고제작수수료는 진행기준으로 수익을 인식한다. 광고매체수수료는 대중에게 전달되는 시점(=광고방송 실행시점)인 20x3년에 전액(₩1,000) 인식한다.
- 광고제작수수료의 연도별 수익인식액
  - 20x1년 : $6,000 \times \frac{500}{3,000} = 1,000$
  - 20x2년 : $6,000 \times \frac{2,000}{3,000} - 1,000 = 3,000$
  - 20x3년 : $6,000 \times \frac{3,500}{3,500} - (1,000+3,000) = 2,000$
∴20x1년 1,000, 20x2년 3,000, 20x3년 1,000+2,000=3,000

2. 20x1년도 수익인식과 관련한 다음의 사례 중 옳지 않은 것은?

① 보험대리업을 영위하고 있는 ㈜우리는 20x1년 10월 1일 ㈜나라보험의 보험상품 중 하나에 대하여 ㈜평창과 계약을 체결하였다. 보험기간은 20x1년 10월 1일부터 1년이며, ㈜우리가 보험계약기간에 추가로 용역을 제공하여야 한다. ㈜우리는 20x1년 12월 1일 ㈜나라보험으로부터 동 보험계약대리수수료 ₩1,000,000를 수령하고 전액 20x1년도 수익으로 인식하였다.

② ㈜한국은 20x1년 12월 1일에 설치에 대한 용역이 재화의 판매에 부수되지 않는 섬유기계장치를 판매하고, 별도의 설치수수료 ₩500,000을 수령하였다. ㈜한국은 일정상 20x1년말까지 동 기계장치에 대한 설치를 시작하지 못하여, 수령한 설치수수료를 20x1년도 수익으로 인식하지 않았다.

③ 20x1년 11월 1일 ㈜대한휘트니스에 연회원으로 50명이 가입하였다. 연회원가입비(환급되지 않음)는 1인당 ₩45,000이며, 연회원은 가입후 1년 동안만 휘트니스 이용료를 할인받을 수 있다.. ㈜대한휘트니스는 20x1년 11월 1일에 가입한 회원으로부터 수령한 연회원가입비 중 ₩375,000(=50명×₩45,000×2/12)을 20x1년도 수익으로 인식하였다.

④ 광고제작사인 ㈜소백기획은 20x1년 9월 1일에 ㈜섬진으로부터 총금액 ₩6,000,000의 광고제작을 의뢰받고, 이를 6개월 안에 완성하기로 하였다. 20x1년말 현재 광고제작이 50% 완성되어 ㈜소백기획은 ₩3,000,000을 20x1년도 수익으로 인식하였다.

⑤ ㈜팔공은 20x1년 12월 1일에 ₩5,000,000의 상품을 판매하였다. 판매계약에 명시된 이유를 들어 구매자는 구매취소를 할 수 있다. 20x1년말 현재 반품가능성을 예측하기 힘들어 ㈜팔공은 20x1년도에 수익을 인식하지 않았다.

낵비계의섣
- 추가적인 관리용역을 제공하는 경우이므로 관리용역 수수료는 보험계약기간에 걸쳐 수익으로 인식한다.

서술형Correction연습

☐ 재화의 판매에 부수되는 설치수수료는 설치의 진행률에 따라 수익으로 인식한다.

➡ (X) : 단일수행의무로 보아 재화의 통제가 이전되는 시점에 인식

Answer　1. ①　2. ①

시험중요도 ★★☆

이론과기출 제40강 ⊂ 거래유형별 수익인식(1)

미인도청구 약정	거래형태	•미래 한 시점에 고객에게 이전할 때까지 기업이 제품을 물리적으로 점유하는 계약 ➡[예] 고객이 제품보관 공간이 부족하여 기업에 이러한 계약체결을 요청할 수 있음. •이러한 계약에서는 기업이 물리적으로 점유하고 있더라도 고객이 제품을 통제할 수 있음.
	통제요건	•고객이 제품을 통제하기 위해서는 다음 기준을 모두 충족해야 함. ① 미인도청구약정의 이유가 실질적이어야 함.([예] 고객이 그 약정을 요구하였다). ② 제품은 고객의 소유물로 구분하여 식별되어야 함. ③ 고객에게 제품을 물리적으로 이전할 준비가 현재 되어 있어야 함. ④ 기업이 제품 사용능력을 가질 수 없거나 다른 고객에게 넘길 능력을 가질 수 없음.
	수익인식	•고객이 제품을 통제하는 경우 수행의무를 이행한 것이므로 기업은 수익을 인식함. •주의 보관용역 수행의무로 거래가격의 일부를 배분해야 하는지를 고려해야 함.
주문개발 소프트웨어	거래형태	•주문개발하는 소프트웨어의 대가로 수취하는 수수료
	수익인식	•진행기준에 따라 수익을 인식
	보론 판매가(거래가격)에 인도후 지원용역이 포함된 경우 □ 별도로 식별되는 수행의무이므로 거래가격을 개발용역과 지원용역의 개별판매가격 비율로 배분하여 각각 별도로 수익을 인식함.	

구매선택권	거래형태	•무료나 할인된 가격으로 추가 재화나 용역을 취득할 수 있는 선택권을 고객에게 부여
	수익인식	•계약에서 추가 재화나 용역을 취득할 수 있는 선택권을 고객에게 부여하고 그 선택권이 그 계약을 체결하지 않으면 받을 수 없는 중요한 권리를 고객에게 제공하는 경우에만 그 선택권은 계약에서 수행의무가 생기게 함. •선택권이 고객에게 중요한 권리를 제공한다면, 고객은 사실상 미래 재화나 용역의 대가를 기업에 미리 지급한 것이므로 기업은 그 미래 재화나 용역이 이전되거나 선택권이 만료될 때 수익을 인식함. ➡판매시 제품과 할인권의 개별판매가격을 추정하여 거래가격을 배분함.

판매시	(차) 현금	1,000	(대) 수익(매출)	900
			계약부채(할인권)	100
할인권 사용시	(차) 계약부채(할인권)	100	(대) 수익(매출)	700
	현금	600		

보론 별도 독립적으로 수익을 인식하는 경우
□ 재화·용역의 개별판매가격을 반영하는 가격으로 추가 취득할 수 있는 선택권이 있다면, 그 선택권은 고객에게 중요한 권리를 제공하지 않음. 이 경우는 고객이 추가 재화·용역을 매입하는 선택권을 행사하는 경우에만 수익을 인식함.

교환거래	공통사례 상품A(원가 ₩2,500, 공정가치 ₩3,750)를 상품B(공정가치 ₩3,000)와 교환. 현금 ₩500 수령	
	성격·가치가 유사한 경우	•수익인식 불가 ➡∵상업적실질이 없어 고객과의 계약이 아님.

(차) 재고자산(상품B)	2,500	(대) 재고자산(상품A)	2,500

성격·가치가 상이한 경우	•수익은 받은 재화·용역의 공정가치로 측정하되 현금수수를 반영함.

(차) 재고자산(상품B)	3,000	(대) 매출	3,500
현금	500		
(차) 매출원가	2,500	(대) 재고자산(상품A)	2,500

•참고 위 공정가치 측정불가시는 이전한 재화·용역의 공정가치로 측정함.

객관식 확인학습　　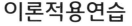　**이론적용연습**

1. 20x1년 1월 1일에 ㈜대한은 특수프린터와 예비부품을 제작하여 판매하기로 ㈜민국과 다음과 같이 계약을 체결하였다.

> □ 특수프린터와 예비부품의 제작 소요기간은 2년이며, 특수프린터와 예비부품을 이전하는 약속은 서로 구별된다. 제작기간 중 제작을 완료한 부분에 대해 집행가능한 지급청구권이 ㈜대한에는 없다.
> □ 20x2년 12월 31일에 ㈜민국은 계약조건에 따라 특수프린터와 예비 부품을 검사한 후, 특수프린터는 ㈜민국의 사업장으로 인수하고 예비부품은 ㈜대한의 창고에 보관하도록 요청하였다.
> □ ㈜민국은 예비부품에 대한 법적 권리가 있고 그 부품은 ㈜민국의 소유물로 식별될 수 있다.
> □ ㈜대한은 자기 창고의 별도 구역에 예비부품을 보관하고 그 부품은 ㈜민국의 요청에 따라 즉시 운송할 준비가 되어 있다.
> □ ㈜대한은 예비부품을 2년에서 4년까지 보유할 것으로 예상하고 있으며, ㈜대한은 예비부품을 직접 사용하거나 다른 고객에게 넘길 능력은 없다.
> □ ㈜민국은 특수프린터를 인수한 20x2년 12월 31일에 계약상 대금을 전부 지급하였다.

상기 미인도청구약정에 관한 다음 설명 중 옳지 않은 것은?

① ㈜대한이 계약상 식별해야 하는 수행의무는 두 가지이다.
② 특수프린터에 대한 통제는 ㈜민국이 물리적으로 점유하는 때인 20x2년 12월 31일에 ㈜민국에게 이전된다.
③ ㈜대한은 예비부품에 대한 통제를 ㈜민국에게 이전한 20x2년 12월 31일에 예비부품 판매수익을 인식한다.
④ ㈜대한이 예비부품을 물리적으로 점유하고 있더라도 ㈜민국은 예비부품을 통제할 수 있다.
⑤ ㈜대한은 계약상 지급조건에 유의적인 금융요소가 포함되어 있는지를 고려해야 한다.

내비게이션

• 특수프린터와 예비부품을 이전하는 약속이 서로 구별되고 그 결과로 한 시점에 이행될 수행의무는 두 가지임. 또한 보관용역이 고객에게 제공되는 용역이고 특수프린터 및 예비부품과 구별되기 때문에 보관용역을 제공하는 약속을 하나의 수행의무로 식별함. 즉, 계약상 세 가지 수행의무(특수프린터, 예비부품, 보관용역을 제공하는 약속)를 회계처리함.

2. ㈜합격은 ㈜적중과 성격과 가치가 상이하고 공정가치를 신뢰성있게 측정할 수 있는 재고자산을 교환하였다. 다음 자료에 의해 ㈜합격이 교환시 인식할 매출액을 구하면 얼마인가?

> (1) ㈜합격의 교환시 재고자산 자료
> 　- 장부금액 : ₩10,000
> 　- 공정가치 : ₩13,000
> (2) ㈜적중의 교환시 재고자산 자료
> 　- 장부금액 : ₩9,000
> 　- 공정가치 : ₩12,000
> (3) 교환과정에서 ㈜합격은 ㈜적중으로부터 현금 ₩1,000을 수령하였다.

① 없음　　　② ₩10,000　　　③ ₩11,000
④ ₩13,000　　　⑤ ₩14,000

 내비게이션

• 12,000+1,000=13,000

• 회계처리
(차) 재고자산(신)	12,000	(대) 매출	13,000
현금	1,000		
(차) 매출원가	10,000	(대) 재고자산(구)	10,000

3. ㈜합격은 보유중인 재고자산을 ㈜적중이 보유중인 재고자산과 교환하였다. 동 교환거래는 성격과 가치가 상이한 재화의 교환거래이며, 관련 정보가 다음과 같을 때 ㈜합격이 동 거래에서 인식할 매출총이익을 계산하면 얼마인가?

구분	원가	공정가치
㈜합격이 보유중인 재고자산	₩5,400,000	₩6,000,000
㈜적중이 보유중인 재고자산	₩4,500,000	₩7,200,000

① ₩900,000　　② ₩1,200,000　　③ ₩1,800,000
④ ₩2,400,000　　⑤ ₩0

내비게이션

• 7,200,000-5,400,000=1,800,000

이론과기출 제41강 ━ 거래유형별 수익인식(2)

중간상판매	거래형태	•유통업자, 판매자, 또는 재판매를 목적으로 하는 기타상인등과 같은 중간상에 대한 판매
	수익인식	① 중간상이 고객인 경우 : 재화에 대한 통제가 구매자(=중간상)에게 이전되는 시점에 인식 ② 중간상이 대리인인 경우 : 구매자(=중간상)가 대리인 역할만을 한다면 위탁판매로 처리

정기간행물 구독료	품목가액이 매기 비슷한 경우	•발송기간에 걸쳐 정액기준(정액법)으로 수익을 인식 예시 당기 5.1에 1년분 정기구독료 ₩12,000 수령시 당기수익? →당기수익 : 12,000x8/12
	품목가액이 기간별로 다른 경우	•발송된 품목의 판매가액이 구독신청을 받은 모든 품목의 추정총판매가액(=할인전 판매가)에서 차지하는 비율에 따라 수익을 인식 예시 권당 판매가 ₩10,000의 1개월 구독료는 ₩10,000, 2개월구독료는 ₩19,000, 3개월 구독료는 ₩27,000이며, 당기 12월에 기간별로 각각 1명씩 구독신청을 받아 ₩56,000을 수령 →당기수익 : 56,000x$\frac{10,000\times3권}{10,000\times6권}$=28,000

검사조건부 판매 (고객의인수)	합의한 규격에 따른 것인지를 객관적으로 판단할 수 있는 경우	•인수수락여부에 관계없이 인수 전이라도 이전시점에 수익 인식함.
	합의한 규격에 따른 것인지를 객관적으로 판단할 수 없는 경우	•인수시점에 수익인식 ➡예 시험·평가 목적으로 인도하고 시험기간이 경과할 때까지 어떤 대가도 지급치 않기로 확약시, 인수하는 때나 시험기간이 경과할 때까지는 통제는 고객에게 이전되지 않은 것임.

인도결제 판매	거래형태	•cash on delivery sales
	수익인식	•인도가 완료되고 판매자나 판매자의 대리인이 현금을 수취할 때 수익을 인식

완납인도 예약판매	거래형태	•구매자가 최종 할부금을 지급한 경우에만 재화가 인도되는 판매
	수익인식	•재화를 인도하는 시점에만 수익을 인식

입장료	일반적인 경우	•예술공연 등 행사가 개최되는 시점에 수익을 인식
	하나의 입장권으로 여러행사에 참여가능한 경우	•입장료수익은 각각의 행사를 위한 용역의 수행된 정도가 반영된 기준에 따라 각 행사에 배분하여 인식

수강료	수익인식	•강의기간에 걸쳐 수익으로 인식

재고없는 재화주문	거래형태	•현재 재고가 없는 재화를 인도하기 전에 미리 판매대금의 전부·일부를 수취하는 주문 ➡예 생산중인 재화나 제3자가 고객에게 직접 인도하는 재화의 경우
	수익인식	•고객에게 재화를 인도한 시점에 수익을 인식

고객미행사 권리	거래형태	•고객으로부터 받은 환불불가 선급금을 기업이 선수금(계약부채) 계상시 고객이 행사하지 않는 권리가 발생할 수 있음. ➡'미행사부분(breakage)'이라 부름.
	수익인식	① 기업이 계약부채 중 미행사 금액을 받을 권리를 갖게 될 것으로 예상된다면, 그 예상되는 미행사 금액을 수익인식함. ➡(차) 선수금 xxx (대) 수익 xxx ② 기업이 미행사 금액을 받을 권리를 갖게 될 것으로 예상되지 않는다면, 고객이 그 남은 권리를 행사할 가능성이 희박해질 때 예상되는 미행사 금액을 수익인식함.
	부채인식	•미행사부분 대가를 다른 당사자(예 정부기관)에게 납부하도록 요구받는 경우에는 받은 대가를 수익이 아닌 부채로 인식함. ➡(차) 선수금 xxx (대) 미지급금 xxx

판매가포함 용역대가	거래형태	•제품판매가격에 판매후 제공할 용역에 대한 식별가능한 금액이 포함되어 있는 경우
	수익인식	•거래가격을 개별판매가격 비율로 배분하여 각각 별도로 수익인식함.

객관식 확인학습 — 이론적용연습

1. 다음은 한국채택국제회계기준 제1115호 '고객과의 계약에서 생기는 수익'에서 규정하고 있는 내용이다. 설명 및 적용에 있어 가장 올바르지 않은 것은?

① 고객이 자산을 인수하는 것을 조건부로 하는 거래에서는 항상 고객의 인수를 확인 받은 후에 수익을 인식한다. 왜냐하면 고객의 인수 조항에서는 재화나 용역이 합의한 규격에 부합하지 않는 경우에 고객의 계약 취소를 허용하거나 기업의 개선 조치(remedial action)를 요구할 수 있기 때문이다.

② ㈜합격은 월간지를 제작 판매하는 기업으로 20x1년 10월 1일 고객 1명이 월간지를 1년간 정기구독하고 ₩125,000을 계좌 이체하였다. 월간지의 판매금액은 ₩12,500이므로 ㈜합격은 20x1년도에 ₩31,250을 수익으로 인식하여야 한다.

③ ㈜적중은 20x1년 12월 15일 중간상인 ㈜만점에 상품을 판매하고 ₩75,000을 현금으로 수취하였다. ㈜만점은 ㈜적중의 대리인이 아니며, 상품에 대한 통제는 상품의 인도와 동시에 ㈜만점에 이전되었다. ㈜적중은 20x1년도에 ₩75,000을 수익으로 인식하여야 한다.

④ 시험·평가 목적으로 제품을 고객에게 인도하고 고객이 시험기간이 경과할 때까지 어떠한 대가도 지급하지 않기로 확약한 경우에 고객이 제품을 인수하는 때나 시험기간이 경과할 때까지 제품에 대한 통제는 고객에게 이전되지 않은 것이다.

⑤ 제품의 미인도청구 판매를 수익으로 인식하는 경우에 보관용역이 별도의 수행의무로 식별되는 경우에는 거래가격의 일부를 배분하여 별도로 수익을 인식해야 한다.

냅빠게의셥
- ① 계약에서 합의한 규격에 따라 재화나 용역에 대한 통제가 고객에게 이전되었음을 객관적으로 판단할 수 있다면, 고객의 인수는 고객이 재화나 용역을 언제 통제하게 되는지 판단하는 데에 영향을 미치지 않는 형식적인 것이다. 이 경우에는 고객이 인수하기 전에 수익을 인식할 수 있다. 따라서, 항상 고객의 인수를 확인 받은 후에 수익을 인식한다는 문구는 틀린 설명이다.
  ② 125,000×3/12=31,250

2. ㈜합격은 20x1년 9월에 월간지 '회계와 사람들'의 창간호를 발간하였다. 매월호의 판매가격은 ₩12,000이며 연간 구독료는 ₩120,000이다. 관련 자료가 다음과 같을 때 ㈜합격이 20x1년 인식할 수익금액을 계산하면 얼마인가?

> (1) 20x1년 9월에 300명으로부터 연간 구독료 ₩36,000,000 (=₩120,000×300명)을 수령하였다.
> (2) 20x1년 11월에 450명으로부터 연간 구독료 ₩54,000,000 (=₩120,000×450명)을 수령하였다.
> (3) 12월과 7월에는 특대호가 출간되므로 매월호의 판매가격이 ₩12,000이 아닌 ₩15,000에 판매한다.

① ₩9,720,000　　② ₩21,000,000　　③ ₩21,060,000
④ ₩21,960,000　　⑤ ₩90,000,000

냅빠게의셥
- 9월분 매출액

$$36,000,000 \times \frac{300명 \times (12,000 \times 3 + 15,000 \times 1)}{300명 \times (12,000 \times 10 + 15,000 \times 2)} = 12,240,000$$

- 11월분 매출액

$$54,000,000 \times \frac{450명 \times (12,000 \times 1 + 15,000 \times 1)}{450명 \times (12,000 \times 10 + 15,000 \times 2)} = 9,720,000$$

∴ 12,240,000+9,720,000=21,960,000

서술형Correction연습

□ 인도결제판매의 경우 인도시점에 대금 결제여부에 관계없이 수익을 인식한다.

➡ (X) : 인도완료되고 판매자나 판매자의 대리인이 현금을 수취할 때 수익을 인식한다.

□ 완납인도 예약판매(Lay away sales)는 수취하는 할부금에 따라 수익을 인식한다.

➡ (X) : 재화를 인도하는 시점에만 수익을 인식한다.

□ 유통업자, 판매자, 또는 재판매를 목적으로 하는 기타상인 등과 같은 중간상에 대한 판매에 따른 수익은 인도시점에 수익을 인식한다.

➡ (X) : 통제가 이전되는 시점에 인식한다.

□ 출판물 및 이와 유사한 품목의 구독은 해당 품목의 가액이 매기 비슷한 경우에는 발송된 품목의 판매가액이 구독신청을 받은 모든 품목의 추정 총판매가액에서 차지하는 비율에 따라 수익을 인식한다.

➡ (X) : 발송기간에 걸쳐 정액기준(정액법)으로 수익을 인식한다.

시험중요도 ★☆☆

이론과기출 제42강 ▶ 건설계약 건설계약 일반사항

건설계약	의의	•건설계약은 단일자산이나 복수자산 건설을 위해 구체적으로 협의된 계약을 의미함. ➡공사관리의 설계용역계약과 같이 자산건설에 직접 관련 용역제공계약을 포함함.
	분류	•정액건설계약과 원가보상계약(원가의 일정비율로 보상)으로 분류됨.

계약수익	측정	•건설업자가 발주자로부터 지급받을 건설계약금액에 근거하여 계상하며, 수령하였거나 수령 할 대가의 공정가치로 측정함. ➡계약수익은 미래 불확실성에 따라 증감 가능함. 주의 계약수익과 계약원가에 대한 추정치의 변경은 회계추정의 변경으로 처리함.
	구성항목	① 최초에 합의한 계약금액 ② 공사변경, 보상금 및 장려금에 따라 추가되는 금액 보론 □ 공사변경 : 수익의 측정가능성은 물론 발주자의 승인가능성이 높아야함. 　　　□ 보상금 : 수익의 측정가능성은 물론 발주자의 수락가능성이 높아야함.

계약원가	구성항목	계약직접원가	① 현장감독포함 현장인력 노무원가, 건설에 사용된 재료원가 ② 계약에 사용된 생산설비·건설장비의 감가상각비 ③ 생산설비·건설장비·재료를 현장으로 운반 또는 현장에서 운반하는 　데 소요되는 원가, 생산설비·건설장비의 임차원가 ④ 계약과 직접관련 설계·기술지원원가, 제3자의 보상금 청구 ⑤ 예상하자보수원가를 포함한 복구 및 보증공사의 추정원가 주의 계약직접원가는 잉여자재판매등 부수이익만큼 차감함.
		계약공통원가	① 보험료, 특정계약에 직접 관련되지 않은 설계·기술지원원가 ② 건설간접원가(사무처리원가 포함), 차입원가 주의 계약공통원가의 원가배분은 건설의 정상조업도에 기초함. 　　　→실제조업도에 기초하는 것이 아님.
	제외항목		① 계약에 보상이 명시되어 있지 않은 일반관리원가와 연구개발원가 ② 판매원가, 특정계약에 사용하지 않는 유휴 생산설비·건설장비의 감가상각비
	특수한 계약원가		① 다음의 원가는 진행률 산정을 위한 누적발생계약원가에서 제외함. ・사용을 위해 준비된 재료의 원가와 같은 계약상 미래 활동과 관련된 계약원가 ・하도급자에게 선급한 금액 ② 계약체결전 발생원가는 다음 요건 충족시 계약원가에 포함함.(단, 진행률에는 제외) ・계약에 직접관련되며, 개별적으로 식별이 가능하다. ・금액을 신뢰성 있게 측정할 수 있고, 계약의 체결가능성이 높다. 주의 계약체결 과정에서 발생원가를 발생기간의 비용으로 인식한 경우에는 공사계약이 후 속기간에 체결되더라도 계약원가에 포함하지 않음.

수익인식	수익인식방법	•장·단기 모두 진행기준에 의함.(∵기간에 걸쳐 이행하는 수행의무) 보론 이론적 근거 : 수익·비용대응의 원칙(즉, 계약원가 발생에 계약수익을 대응)
	진행률측정	•원가비율, 측량비율, 물리적 완성비율등 다양한 방법으로 측정함. 주의 오직 원가비율(누적계약원가 ÷ 추정총계약원가)만 적용되는 것이 아님. 보론 발주자에게서 수령한 기성금과 선수금은 진행률로 사용할 수 없음.

분할·병합	분할	•단일건설계약이 복수자산을 포함하는 경우 소정 요건충족시 각 자산의 건설을 별개의 건설 계약으로 봄.
	병합	•소정요건을 충족시 복수건설계약은 단일 건설계약으로 봄.

객관식 확인학습 ⎯ 이론적용연습

1. 건설계약과 관련한 다음의 설명 중 가장 옳은 것은?

① 건설계약에는 공사관리와 설계용역의 계약과 같이 자산의 건설에 직접 관련된 용역제공 계약과 자산의 철거나 원상회복, 그리고 자산의 철거에 따르는 환경 복구에 관한 계약은 포함하지 않는다.

② 잉여자재를 판매하거나 계약종료시점에 생산설비와 건설장비를 처분하여 발생하는 이익은 특정계약에 직접 관련된 원가에서 차감하지 아니한다.

③ 배분할 수 있는 공통원가의 원가배분은 건설활동의 실제조업도 수준에 기초한다.

④ 생산설비, 건설장비 및 재료를 현장으로 운반하거나 현장에서 운반하는 데 소요되는 원가는 계약원가에 포함된다.

⑤ 발주자에게서 수령한 기성금과 선수금은 흔히 수행한 공사의 정도를 반영할수 있다.

📻 내비게이션

• ① 포함하지 않는다(X) → 포함한다(O)

보론	건설계약의 유형
	❒ 공사관리와 설계용역의 계약과 같이 자산의 건설에 직접 관련된 용역제공 계약
	❒ 자산의 철거나 원상회복, 그리고 자산의 철거에 따르는 환경 복구에 관한 계약

• ② 차감하지 않는다(X) → 차감한다(O)
• ③ 실제조업도(X) → 정상조업도(O)
• ⑤ 수행한 공사의 정도를 반영하지 못하므로 진행률로 사용할 수 없다.

2. ㈜합격은 20x1년 3월 1일 서울시로부터 시청 건물 공사(건설기간 2년)를 수주하였다. 관련 자료가 다음과 같을 때 20x2년에 ㈜합격이 인식할 계약이익을 계산하면 얼마인가?

(1) 총건설계약금액 : ₩25,000
(2) 연도별 원가자료

	20x1년	20x2년	20x3년
당기발생계약원가	₩5,500	₩8,750	₩9,250
추정총계약원가	₩22,500	₩23,750	₩23,500

(3) 20x1년도 당기발생계약원가에는 구입은 하였으나 공사에 아직 투입되지 않은 건설현장 보관 원자재 ₩1,000이 포함되어 있으며(20x2년의 당기발생계약원가에는 포함되어 있지 않음), 이는 20x2년에 전액 공사에 투입되어 사용되었다.

① ₩100　　② ₩150　　③ ₩250
④ ₩500　　⑤ ₩650

📻 내비게이션

• 계약이익 계산

	20x1년	20x2년
당기발생원가	5,500-1,000=4,500	8,750+1,000=9,750
누적발생원가	4,500	4,500+9,750=14,250
추정총계약원가	22,500	23,750
진행률	4,500÷22,500=20%	60%
계약수익	25,000x20%=5,000	25,000x60%-5,000=10,000
계약원가	5,500-1,000=4,500	9,750
계약이익	500	250

서술형Correction연습

❒ 건설계약은 기간에 걸쳐 이행하는 수행의무이므로 항상 진행률에 따라 수익을 인식하여야 한다.

➡ (X) : 진행률을 합리적으로 측정할 수 없는 경우에는 발생원가의 범위에서만 수익을 인식한다.(후술함!)

❒ 건설계약의 진행률은 수행한 공사에 대하여 발생한 누적발생계약원가를 추정총계약원가로 나눈 비율인 원가기준으로만 산정한다.

➡ (X) : 원가, 수행한 공사의 측량, 계약 공사의 물리적 완성비율과 같이 계약의 성격에 따라 다양한 방식으로 결정될수 있다.

❒ 현장에 인도되었거나 계약상 사용을 위해 준비되었지만 아직 계약공사를 위해 설치, 사용 또는 적용이 되지 않은 재료의 원가와 같은 계약상 미래 활동과 관련된 계약원가는 진행률 산정을 위한 누적발생원가에 포함한다.

➡ (X) : 누적발생원가에서 제외되는 원가의 예이다.

❒ 하도급계약에 따라 수행될 공사에 대해 하도급자에게 선급한 금액은 진행률 산정시 누적발생원가에 포함한다.

➡ (X) : 제외한다.

❒ 특정 계약에 사용하지 않는 유휴 생산설비나 건설장비의 감가상각비도 특정계약에 직접 관련된 원가에 해당한다.

➡ (X) : 건설계약의 원가에서 제외한다.

시험중요도 ★★★

이론과기출 제43강 ─ 건설계약 기본회계처리

계약원가발생	처리방법	•계약직접원가와 배분된 계약공통원가를 미성공사로 인식			
	회계처리	• (차) 미성공사	xxx	(대) 현금 등	xxx

계약대금청구	처리방법	•공사미수금 : 자산처리 •진행청구액 : 임시계정으로 부채처리			
	회계처리	• (차) 공사미수금	xxx	(대) 진행청구액	xxx
	비교 일반기업회계기준 ❏ 계약대금청구에 대한 회계처리 없음.				

계약대금수령	처리방법	•수령액을 공사미수금과 상계			
	회계처리	• (차) 현금	xxx	(대) 공사미수금 공사선수금	xxx xxx

계약수익인식 · 계약원가인식	처리방법	•당기계약수익금액 ❏ 건설계약금액 × 진행률 − 전기누적계약수익 •당기계약원가금액 ❏ 추정총계약원가 × 진행률 − 전기누적계약원가 •당기 계약이익을 미성공사로 추가 계상 •기말 미성공사잔액 : 누적계약수익과 동일 •당기계약이익금액 ❏ 당기총계약이익 × 당기진행률 − 전기총계약이익 × 전기진행률			
	회계처리	• (차) 계약원가 미성공사	xxx	(대) 계약수익	xxx
	비교 일반기업회계기준 ❏ K-IFRS는 계약원가도 진행률을 기준으로 인식하도록 하고 있으나, 일반기업회계기준에서는 당기공 사원가(계약원가)는 진행률이 아니라 당기 실제발생한 공사원가로 함.				

공시방법	•미성공사금액 〉 진행청구액 : 차액을 '미청구공사' 과목으로 자산 처리 •미성공사금액 〈 진행청구액 : 차액을 '초과청구공사' 과목으로 부채 처리		
	〈유동자산〉 　**미청구공사** 　　미성공사　　xxx 　　진행청구액　xxx　　xxx	〈유동부채〉 　**초과청구공사** 　　진행청구액　xxx 　　미성공사　　xxx　　xxx	
	비교 일반기업회계기준 ❏ 미청구공사, 초과청구공사에 대한 규정 없음.		

공사완성	처리방법	•완성시 미성공사·진행청구액금액 : 건설계약금액과 동일 •미성공사와 진행청구액을 상계하여 재무상태표에서 제거			
	회계처리	• (차) 진행청구액	xxx	(대) 미성공사	xxx

객관식 확인학습 — 이론적용연습

1. ㈜한국건설은 20x1년초에 ㈜대한과 교량건설을 위한 건설계약을 발주금액 ₩10,000,000에 체결하였다. 총 공사기간은 계약일로부터 3년인데, 20x2년도에 공사내용의 일부 변경에 따른 계약원가 추가 발생으로 건설계약금액을 ₩2,000,000 증가시키는 것으로 합의하였다. 동 건설계약과 관련된 연도별 자료는 다음과 같다. ㈜한국건설이 진행률을 누적발생계약원가에 기초하여 계산한다고 할 때, 동 건설계약과 관련하여 ㈜한국건설이 20x2년말 재무상태표상 인식할 미청구공사(초과청구공사)금액은 얼마인가?

구분	20x1년	20x2년	20x3년
실제계약원가 발생액	₩2,400,000	₩4,950,000	₩3,150,000
예상 추가계약원가	₩5,600,000	₩3,150,000	–
계약대금청구액	₩2,500,000	₩5,500,000	₩4,000,000
계약대금회수액	₩2,500,000	₩5,500,000	₩4,000,000

① 미청구공사 ₩100,000
② 미청구공사 ₩400,000
③ 미청구공사 ₩500,000
④ 초과청구공사 ₩100,000
⑤ 초과청구공사 ₩400,000

📻 내비게이션

• 미성공사(=누적계약수익) :

$$12,000,000 \times \frac{2,400,000 + 4,950,000}{2,400,000 + 4,950,000 + 3,150,000} = 8,400,000$$

• 진행청구액 : 2,500,000+5,500,000=8,000,000

∴8,400,000(미성공사)−8,000,000(진행청구액)=400,000(미청구공사)

2. ㈜하늘은 20x1년 1월 1일 도청과 댐을 건설하는 도급계약(총도급금액 ₩10,000,000, 추정 계약원가 ₩9,000,000, 건설소요기간 3년)을 체결하였다. 동 도급계약상 도청은 건설시작 이전에 주요 설계구조를 지정할 수 있으며, 건설진행 중에도 주요 구조변경을 지정할 수 있는 등 건설계약의 정의를 충족한다. 동 도급계약과 관련하여 20x1년 말에 ㈜하늘이 추정한 계약원가는 ₩9,200,000으로 증가하였으며, 20x2년 말에 계약원가를 검토한 결과 추가로 ₩300,000만큼 증가할 것으로 추정되었다. ㈜하늘은 동 도급계약의 결과를 신뢰성 있게 추정할 수 있으므로 진행기준으로 수익을 인식하고 있으며, 진행률은 누적계약발생원가를 추정총계약원가로 나눈 비율로 적용하고 있다. 동 도급계약만 존재한다고 가정할 경우 ㈜하늘의 20x2년 말 현재 재무상태표에 표시되는 미청구공사 또는 초과청구공사의 잔액은 얼마인가?

구분	20x1년	20x2년
당기원가발생액	₩2,760,000	₩5,030,000[*]
당기대금청구액	₩2,800,000	₩5,300,000
당기대금회수액	₩2,400,000	₩4,800,000

[*] 20x2년 말에 발생한 원가에는 계약상 20x3년도 공사에 사용하기 위해 준비되었지만 아직 사용되지 않은 ₩380,000만큼의 방열자재가 포함되어 있다.(단, 방열자재는 동 계약을 위해 별도로 제작된 것은 아니다.)

① 미청구공사 ₩100,000
② 초과청구공사 ₩100,000
③ 미청구공사 ₩300,000
④ 초과청구공사 ₩300,000
⑤ 미청구공사 ₩500,000

📻 내비게이션

• 미성공사(=누적계약수익) :

$$10,000,000 \times \frac{2,760,000 + (5,030,000 - 380,000)}{9,200,000 + 300,000} = 7,800,000$$

• 진행청구액 : 2,800,000+5,300,000=8,100,000

∴8,100,000(진행청구액)−7,800,000(미성공사)=300,000(초과청구공사)

3. ㈜갑은 장기건설계약에 대하여 진행기준을 적용하고 있다. 20x1년도에 계약금액 ₩20,000의 사무실용 빌딩건설계약을 하였다. 20x1년말 현재 공사진행률은 20%, 인식한 이익의 누계액은 ₩1,000이고, 추정총계약원가는 ₩15,000이다. 또한, 20x2년말 현재 공사진행률은 60%, 인식한 이익의 누계액은 ₩2,400이고, 추정총계약원가는 ₩16,000이다. 20x2년도에 발생한 계약원가는 얼마인가?

① ₩6,400
② ₩6,600
③ ₩7,000
④ ₩9,600
⑤ ₩14,800

📻 내비게이션

• 계약원가 추정

	20x1년	20x2년
계약수익	20,000×20%=4,000	20,000×60%−4,000=8,000
계약원가	(?) 3,000	(?) 6,600
계약이익	1,000	2,400−1,000=1,400

고속철 계약원가 빨리 구하기
16,000×60%−15,000×20%=6,600

제1편 Mainplot [주요논제]
제2편 Subplot [특수논제]
합본부록1 기출유형별 필수문제
합본부록2 실전적중모의고사

시험중요도 ★★★

이론과기출 제44강 건설계약의 적용

▼사례 건설계약 기본회계처리

❖ 건설계약금액은 ₩1,000,0000이고, 관련자료는 다음과 같다. 20x2년 자재가격상승으로 건설계약금액을 ₩1,100,000으로 조정하였다.

공통사례

	20x1년	20x2년	20x3년
누적발생계약원가	₩320,000	₩510,000	₩900,000
완성시까지 추가계약원가	₩480,000	₩340,000	–
추정총계약원가	₩800,000	₩850,000	₩900,000
계약대금청구액	₩250,000	₩400,000	₩450,000
계약대금수령액	₩200,000	₩350,000	₩550,000

계약이익계산

	20x1년	20x2년	20x3년
진 행 률	320,000÷800,000=40%	510,000÷850,000=60%	900,000÷900,000=100%
계약수익	1,000,000x40%=400,000	1,100,000x60%-400,000=260,000	1,100,000-660,000=440,000
계약원가	320,000	190,000	390,000
계약이익	80,000	70,000	50,000

회계처리

20x1년	• (차) 미성공사	320,000	(대) 현금	320,000
	• (차) 공사미수금	250,000	(대) 진행청구액	250,000
	• (차) 현금	200,000	(대) 공사미수금	200,000
	• (차) 계약원가	320,000	(대) 계약수익	400,000
	미성공사	80,000		
20x2년	• (차) 미성공사	190,000	(대) 현금	190,000
	• (차) 공사미수금	400,000	(대) 진행청구액	400,000
	• (차) 현금	350,000	(대) 공사미수금	350,000
	• (차) 계약원가	190,000	(대) 계약수익	260,000
	미성공사	70,000		
20x3년	• (차) 미성공사	390,000	(대) 현금	390,000
	• (차) 공사미수금	450,000	(대) 진행청구액	450,000
	• (차) 현금	550,000	(대) 공사미수금	550,000
	• (차) 계약원가	390,000	(대) 계약수익	440,000
	미성공사	50,000		
	• (차) 진행청구액	1,100,000	(대) 미성공사	1,100,000

공시방법

부분재무상태표(20x1년)

〈유동자산〉

공사미수금		50,000
미청구공사		
미성공사	400,000	
진행청구액	(250,000)	150,000

부분재무상태표(20x2년)

〈유동자산〉

공사미수금		100,000
미청구공사		
미성공사	660,000	
진행청구액	(650,000)	10,000

객관식 확인학습 / 이론적용연습

1. ㈜대한은 20x1년 1월 1일에 댐건설을 위하여 정부와 건설계약(공사기간 3년, 도급금액 ₩12,000,000)을 체결하고, 계약금 ₩600,000을 수취하였다. ㈜대한은 동 건설계약의 수익을 진행기준으로 인식하며, 발생한 누적계약원가를 기준으로 진행률을 계산한다. 동 건설계약과 관련된 연도별 자료가 다음과 같을 때 옳지 않은 것은?

구분	20x1년	20x2년	20x3년
당기실제발생 계약원가	₩4,000,000	₩2,600,000	₩4,400,000
예상 추가계약원가	₩6,000,000	₩4,400,000	–
공사대금청구액 (계약금포함)	₩2,800,000	₩3,200,000	₩6,000,000
공사대금회수액 (계약금포함)	₩2,600,000	₩3,000,000	₩6,400,000

① 20x2년도 공사손실은 ₩200,0000이다.
② 20x3년도 계약수익은 ₩4,800,0000이다.
③ 20x1년 말 미청구공사 금액은 ₩2,000,0000이다.
④ 20x2년 말 미성공사 금액은 ₩7,200,0000이다.
⑤ 20x1년 말 공사미수금 금액은 ₩800,0000이다.

냅비개의션

• 연도별 계약손익

	20x1년	20x2년	20x3년
진행률	4,000÷10,000=40%	6,600÷11,000=60%	100%
계약수익	4,800,000	2,400,000	4,800,000
계약원가	4,000,000	2,600,000	4,400,000
계약손익	800,000	(200,000)	400,000

• 20x1년말 미청구공사
4,800,000(미성공사=누적계약수익)-2,800,000(진행청구액)=2,000,000
• 20x2년말 미성공사(=누적계약수익) : 4,800,000+2,400,000=7,200,000
• 20x1년말 공사미수금 : 2,800,000(청구액)-2,600,000(회수액)=200,000

2. ㈜대한은 20x1년 1월 1일 ₩20,000,000에 댐을 건설하는 정액계약을 정부와 체결하였으며, 20x1년 1월 1일 시점에 추정한 계약원가는 ₩17,000,000이었다. 그러나 20x1년 말에 공사구간에서 예상치 못한 암반이 발견됨에 따라 계약원가가 20x1년 1월 1일 대비 ₩1,000,000이 증가할 것으로 추정되었다. 다음 자료를 이용하여 ㈜대한이 20x2년도 포괄손익계산서에 계상할 계약손익과 20x2년 말 재무상태표에 계상할 미청구공사(또는 초과청구공사)금액을 계산하면 각각 얼마인가? 단, 동 공사는 20x3년 12월 31일에 완공되었다. 또한 ㈜대한은 동 건설계약과 관련하여 진행기준으로 수익과 비용을 인식하며, 진행률은 발생한 누적계약원가를 추정총계약원가로 나눈 비율로 계산한다.

구분	20x1년	20x2년
누적발생계약원가	₩5,400,000	₩15,300,000
당기대금청구액	₩5,000,000	₩12,800,000
당기대금회수액	₩4,000,000	₩10,000,000

① 계약이익 ₩1,100,000, 미청구공사 ₩800,000
② 계약이익 ₩1,100,000, 초과청구공사 ₩800,000
③ 계약이익 ₩1,700,000, 미청구공사 ₩800,000
④ 계약이익 ₩1,700,000, 초과청구공사 ₩800,000
⑤ 계약이익 ₩2,000,000, 미청구공사 ₩1,000,000

냅비개의션

• 20x1년
계약수익 : $20,000,000 \times \dfrac{5,400,000}{17,000,000+1,000,000} = 6,000,000$

• 20x2년
계약수익 : $20,000,000 \times \dfrac{15,300,000}{18,000,000} - 6,000,000 = 11,000,000$
계약이익 : 11,000,000-(15,300,000-5,400,000)=1,100,000

• 20x2년 초과청구공사
진행청구액(17,800,000)-미성공사(=누적계약수익 : 17,000,000)=800,000

3. ㈜합격건설은 전기인 20x1년에 건설계약을 수주하여 공사를 진행중에 있다. 건설계약금액은 ₩30,000,000이며, 추정총계약원가는 ₩20,000,000으로 전기부터 변함이 없다. 다음 자료에 의해 20x2년의 계약원가를 구하면? 단, 원가기준 진행률을 적용한다.

(1) 전기 계약수익 : ₩9,000,000
(2) 당기말 현재 누적 공사진행률 : 50%

① ₩1,000,000 ② ₩1,500,000 ③ ₩3,500,000
④ ₩4,000,000 ⑤ ₩5,000,000

냅비개의션

• 전기진행률 : 30,000,000×전기진행률=9,000,000 ∴30%
• 전기발생계약원가 : $\dfrac{전기발생계약원가}{20,000,000}=30\%$ ∴6,000,000
• 계약원가 : $\dfrac{6,000,000+당기발생계약원가}{20,000,000}=50\%$ ∴4,000,000

제1편 Mainplot [주요논제]   제2편 Subplot [특수논제]   합본부록1 기출유형별 필수문제   합본부록2 실전적중모의고사

이론과기출 제45강 ○ 특수계약원가의 처리

수주비 [계약체결 증분원가]	개요	거래형태	•건설계약 전의 지출(예 견적서·입찰서류작성비용)로 계약체결증분원가임.				
		자산처리	•회수될 것으로 예상된다면 자산(선급계약원가) 처리함.				
		계약원가	•선급계약원가를 진행률에 따라 미성공사로 대체하고 계약원가 처리함.				
		진행률산정	•진행률 산정에는 불포함. ➡∵건설계약 진행정도와는 관계가 없음.				
	회계처리	수주비발생	(차) 선급계약원가	100	(대) 현금	100	
		계약원가발생	(차) 미성공사	320	(대) 현금	320	
		결산시	(차) 미성공사	40[*]	(대) 선급계약원가	40	
			[*]100x진행률(40%가정)				
			(차) 계약원가	360	(대) 계약수익	400	
			미성공사	40			

건설장비 감가상각비	개요	거래형태	•건설계약 전에 취득하여 유형자산 처리한 건설장비(예 불도저, 포크레인)				
		계약원가	•당기 감가상각비를 미성공사로 인식하고 계약원가 처리함.				
		상각기간	① 특정공사목적 : Min[경제적내용연수, 공사기간] ➡Dep : 계약직접원가 ② 여러공사목적 : 경제적내용연수 ➡Dep : 계약공통원가(배분필요)				
		진행률산정	•진행률 산정에 포함. ➡감가상각비 추가계상예정액은 추가소요원가에 포함				
	회계처리	계약원가발생	(차) 미성공사	320	(대) 현금	320	
		결산시	(차) 미성공사	40[*]	(대) 감가상각누계액	40	
			[*]감가상각비				
			(차) 계약원가	360	(대) 계약수익	400	
			미성공사	40			

차입원가	개요	거래형태	•건설계약 관련 차입금에 대한 공사기간 중의 이자발생액				
		계약원가	•발생연도분 이자를 미성공사로 대체하고 계약원가 처리함.				
		진행률산정	•진행률 산정에는 불포함. ➡∵건설계약 진행정도와는 관계가 없음.				
	회계처리	계약원가발생	(차) 미성공사	320	(대) 현금	320	
		차입원가발생	(차) 이자비용	40	(대) 현금	40	
		결산시	(차) 미성공사	40[*]	(대) 이자비용	40	
			[*]당기발생분 이자				
			(차) 계약원가	360	(대) 계약수익	400	
			미성공사	40			

하자보수 예상원가	개요	거래형태	•공사종료 후 하자보수 의무가 있는 경우 추정된 하자보수비 예상액				
		계약원가	•예상액을 진행률에 따라 하자보수충당부채를 계상하고 계약원가 처리함.				
		진행률산정	•진행률 산정에는 불포함. ➡∵건설계약 진행정도와는 관계가 없음.				
	회계처리	계약원가발생	(차) 미성공사	320	(대) 현금	320	
		결산시	(차) 미성공사	40[*]	(대) 하자보수충당부채	40	
			[*]하자보수비 →100(하자보수예상가정액)x진행률(40%가정)				
			(차) 계약원가	360	(대) 계약수익	400	
			미성공사	40			

보론 공사종료 후 실제 하자보수비 발생액이 80인 경우
① (차) 하자보수충당부채 80 (대) 현금 80 ② (차) 하자보수충당부채 20 (대) 환입 20

객관식 확인학습 — 이론적용연습

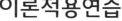

1. 20x1년에 설립한 ㈜세무는 ㈜한국과 건설기간 3년, 계약금액 ₩1,000,000인 건설계약을 체결하고 준공시점인 20x3년까지는 동 공사만 진행하였다. ㈜세무는 진행기준으로 수익을 인식하며, 진행률은 발생한 누적계약원가를 추정총계약원가로 나눈 비율로 측정한다. 건설계약과 관련된 자료가 다음과 같을 때, ㈜세무가 20x2년과 20x3년에 인식할 당기 공사이익은 각각 얼마인가?(단, 취득한 건설자재는 동 건설계약을 위해 별도로 제작된 경우에 해당하지 않는다.)

구분	20x1년	20x2년	20x3년
당기건설자재취득원가	₩90,000	₩100,000	₩50,000
기말미사용건설자재	₩10,000	₩40,000	₩40,000
당기건설노무원가	₩120,000	₩140,000	₩250,000
당기건설장비 감가상각비	₩10,000	₩12,000	₩18,000
추정총계약원가	₩700,000	₩720,000	—

	20x2년	20x3년
①	₩74,111	₩69,222
②	₩74,111	₩85,889
③	₩78,000	₩82,000
④	₩78,000	₩84,000
⑤	₩78,000	₩85,889

냅비계의션

• 연도별 건설자재원가 계산
 - 20x1년 : 기초(0)+취득(90,000)-기말(10,000)=80,000
 - 20x2년 : 기초(10,000)+취득(100,000)-기말(40,000)=70,000
 - 20x3년 : 기초(40,000)+취득(50,000)-기말(40,000)=50,000
• 연도별 당기발생계약원가 계산
 - 20x1년 : 80,000+120,000+10,000=210,000
 - 20x2년 : 70,000+140,000+12,000=222,000
 - 20x3년 : 50,000+250,000+18,000=318,000
• 연도별 계약손익

	20x1년	20x2년	20x3년
진행률	210,000÷700,000=30%	432,000÷720,000=60%	100%
계약수익	300,000	300,000	400,000
계약원가	210,000	222,000	318,000
계약손익	90,000	78,000	82,000

2. ㈜합격건설은 20x1년 중 계약금액 ₩250,000인 건설계약을 수주하였으며 수주관련 견적서 및 입찰서류 작성비용으로 ₩10,000을 지출하였다. 다음 자료에 의해 ㈜합격건설의 20x1년과 20x2년 계약손익을 계산하면 얼마인가?

(1) 공사는 20x3년말에 완성되었으며, 원가자료는 다음과 같다.

구분	20x1년	20x2년
누적발생원가	₩60,000	₩202,500
추정총계약원가	₩200,000	₩225,000

(2) 위 원가자료에는 하자보수원가와 견적서 및 입찰서류 작성비용은 포함되어 있지 않다.
(3) 하자보수원가는 각 회계연도에 인식할 계약수익의 5%를 설정하기로 하였다.

	20x2년	20x3년
①	계약이익 ₩8,250	계약손실 ₩6,000
②	계약이익 ₩8,250	계약손실 ₩7,375
③	계약이익 ₩8,250	계약이익 ₩2,250
④	계약이익 ₩9,625	계약손실 ₩6,000
⑤	계약이익 ₩9,625	계약손실 ₩7,375

냅비계의션

• 연도별 계약손익

	20x1년	20x2년
진행률	60,000÷200,000=30%	202,500÷225,000=90%
계약수익	250,000x30%=75,000	250,000x90%-75,000=150,000
계약원가	60,000	202,500-60,000=142,500
	10,000x30%=3,000	10,000x90%-3,000=6,000
	75,000x5%=3,750	150,000x5%=7,500
계약손익	8,250	(6,000)

• 20x1년 회계처리

(차) 선급계약원가	10,000	(대) 현금	10,000
(차) 미성공사	60,000	(대) 현금	60,000
(차) 미성공사	6,750	(대) 선급계약원가	3,000
		하자보수충당부채	3,750
(차) 계약원가	66,750	(대) 계약수익	75,000
미성공사	8,250		

• 20x2년 회계처리

(차) 미성공사	142,500	(대) 현금	142,500
(차) 미성공사	13,500	(대) 선급계약원가	6,000
		하자보수충당부채	7,500
(차) 계약원가	156,000	(대) 계약수익	150,000
		미성공사	6,000

이론과기출 제46강 ⊂ 원가기준 이외의 진행률

개요	진행률 결정	•진행률은 다음과 같이 원가기준 이외의 다양한 방식으로 결정될수 있음. ① 수행한 공사의 측량(예) 노동시간·투입시간비율법) ② 계약 공사의 물리적 완성비율(예) 완성단위비율법)
	원가기준과 차이점	당기계약원가 •당기계약원가가 당기발생계약원가와 일치하지 않음. 미성공사잔액 •미성공사잔액이 누적계약수익과 일치하지 않음.
	•주의 전체기간 손익효과는 동일하며 인식할 손익의 기간별 금액만 차이가 발생함.	

 사례 투입시간비율법

✿ ㈜합격은 20x1년초에 ㈜적중과 교량공사 건설계약을 체결하였다. 다음 자료에 의해 20x1년과 20x2년의 계약손익을 구하면 얼마인가?

(1) 공사기간 : 20x1.1.1~20x3.6.30
(2) 건설계약금액 : ₩250,000
(3) 발생한 계약원가와 추정총계약원가 자료는 다음과 같다.

구분	20x1년	20x2년
당기발생계약원가	₩72,500	₩65,000
추정총계약원가	₩225,000	₩230,000
계약대금청구액	₩75,000	₩87,500

(4) ㈜합격은 투입시간비율법에 의한 진행률을 사용하기로 하였으며 20x1년과 20x2년 투입시간과 관련된 자료는 다음과 같다.

구분	20x1년	20x2년
누적투입노동시간	75시간	165시간
추정총투입노동시간	250시간	275시간

풀이

세부고찰

•연도별 계약손익 계산

	20x1년	20x2년
진행률	75시간÷250시간=30%	165시간÷275시간=60%
계약수익	250,000x30%=75,000	250,000x60%-75,000=75,000
계약원가	225,000x30%=67,500	230,000x60%-67,500=70,500
계약이익	7,500	4,500

20x1년	(차) 미성공사	72,500	(대) 현금	72,500
	(차) 공사미수금	75,000	(대) 진행청구액	75,000
	(차) 계약원가	67,500	(대) 계약수익	75,000
	미성공사	7,500		
20x2년	(차) 미성공사	65,000	(대) 현금	65,000
	(차) 공사미수금	87,500	(대) 진행청구액	87,500
	(차) 계약원가	70,500	(대) 계약수익	75,000
	미성공사	4,500		

•연도별 미청구공사(초과청구공사)

① 20x1년 미청구공사 : 80,000(미성공사)-75,000(진행청구액)=5,000
② 20x2년 초과청구공사 : 162,500(진행청구액)-149,500(미성공사)=13,000

객관식 확인학습 ─ **이론적용연습**

1. ㈜희망건설은 20x1년초에 ㈜미래도로공사와 도로건설을 위한 계약을 체결하였다. 총계약금액은 ₩10,000,000이며 건설기간은 3년(총계약 도로 길이 : 1,000km)이다. ㈜희망건설은 동 계약의 결과를 신뢰성 있게 추정할 수 있으므로 진행기준에 따라 수익과 비용을 인식하며, 진행률은 계약 공사의 물리적 완성비율(완성된 도로 길이/총계약 도로 길이)로 측정한다. 동 계약과 관련된 연도별 자료는 다음과 같다.

구분	20x1년도	20x2년도	20x3년도
실제계약원가 발생액	₩2,550,000	₩3,750,000	₩3,200,000
추정총계약원가	₩8,500,000	₩9,000,000	₩9,500,000
당기완성 도로길이	400km	500km	100km
총계약도로길이	1,000km	1,000km	1,000km
계약대금청구액	₩3,000,000	₩4,000,000	₩3,000,000
계약대금회수액	₩3,000,000	₩4,000,000	₩3,000,000

상기 계약과 관련하여 ㈜희망건설의 20x2년말 현재 재무상태표에 표시되는 미청구공사(초과청구공사)의 잔액은 얼마인가?

① ₩200,000　　② ₩(200,000)　　③ ₩2,000,000
④ ₩(2,000,000)　　⑤ ₩0

내비게이션

•계약이익 계산

	20x1년	20x2년
진행률	400÷1,000=40%	900÷1,000=90%
계약수익	10,000,000×40% =4,000,000	10,000,000×90%-4,000,000 =5,000,000
계약원가	8,500,000×40% =3,400,000	9,000,000×90%-3,400,000 =4,700,000
계약이익	600,000	300,000

•20x2년말 미성공사잔액
　(2,550,000+600,000)+(3,750,000+300,000)=7,200,000
•20x2년말 진행청구액잔액
　3,000,000+4,000,000=7,000,000
∴20x2년말 미청구공사 : 7,200,000-7,000,000=200,000

2. ㈜합격은 20x1년초에 국토해양부로부터 공사기간 3년의 건설계약을 ₩2,500,000에 수주하였다. ㈜합격은 진행기준을 적용하되 원가비율법에 의한 진행률 보다 투입시간비율법에 의한 진행률이 수행할 공사에 더욱 신뢰성있는 정보를 제공한다고 판단하고 있다. 관련된 자료가 다음과 같을 때 20x2년말 초과청구공사의 잔액을 계산하면?

구분	20x1년도	20x2년도	20x3년도
당기발생원가	₩600,000	₩887,500	₩662,500
추가예정원가	₩1,400,000	₩637,500	−
공사대금청구액	₩700,000	₩1,125,000	₩675,000
공사대금회수액	₩625,000	₩875,000	₩1,000,000
당기투입 노동시간	20,000시간	40,000시간	40,000시간
추가예정 노동시간	80,000시간	40,000시간	−

① ₩89,200　　② ₩105,500　　③ ₩112,500
④ ₩125,000　　⑤ ₩136,200

내비게이션

•계약이익 계산

	20x1년	20x2년
진행률	20,000÷100,000=20%	60,000÷100,000=60%
계약수익	2,500,000×20% =500,000	2,500,000×60%-500,000 =1,000,000
계약원가	2,000,000×20% =400,000	2,125,000×60%-400,000 =875,000
계약이익	100,000	125,000

•20x2년말 진행청구액잔액
　700,000+1,125,000=1,825,000
•20x2년말 미성공사잔액
　(600,000+100,000)+(887,500+125,000)=1,712,500
∴20x2년말 초과청구공사 : 1,825,000-1,712,500=112,500

서술형Correction연습

☐ 수행한 공사를 측량하는 방식으로 계약의 진행률을 측정해서는 안된다.

➡ (X) : 진행률은 원가, 수행한 공사의 측량, 계약 공사의 물리적 완성비율과 같이 계약의 성격에 따라 다양한 방식으로 결정될수 있다.

이론과기출 제47강 ◯ 건설계약 총예상손실

예상손실 인식	의의	• 총계약원가가 총계약수익을 초과할 가능성이 높은 경우 예상손실을 즉시 비용인식함.
	당기계약손실	□ 총계약손실예상액+전기이전까지 누적계약이익
	예상손실	□ 추가소요원가 – 건설계약금액 x (1 – 현재진행률)
	손실예상시 미성공사금액	□ 일반적인 경우 : 미성공사금액=누적계약수익 □ 손실예상시 : 미성공사금액=누적계약수익 – 예상손실

보론 예상손실은 공사가 시작되었는지의 여부, 계약활동의 진행정도와 관계없이 결정됨.

사례 전체손실예상시 회계처리

❂ 총건설계약금액은 ₩2,000,000이다.

구분	20x1년	20x2년	20x3년
당기발생계약원가	600,000	1,080,000	470,000
완성시까지 추가소요원가	1,000,000	420,000	–
추정총계약원가	1,600,000	2,100,000	2,150,000
계약대금청구액	700,000	1,100,000	200,000
계약대금수령액	600,000	900,000	500,000

풀이

구분	20x1년	20x2년	20x3년
진행률	37.5%	80%	100%
계약수익	750,000	850,000	400,000
계약원가	600,000	1,100,000[1]	450,000[2]
계약손익	150,000	(250,000)	(50,000)

• 20x2년 전체손실예상액 : 100,000
• 20x2년 계약손실 : 100,000+150,000=250,000
• 예상손실 : 420,000–2,000,000x(1–80%)=20,000
[1] 1,080,000+20,000=1,100,000
[2] 470,000–20,000=450,000

세부고찰

• 20x1년 이익 150,000, 20x2년 손실 230,000(850,000–1,080,000) 합치면 손실 80,000
  → ∴손실 20,000 더 인식하여 전체손실예상액 100,000이 되게 하기위해 계약원가에 20,000 가산함.
• 20x3년 손실 70,000(400,000–470,000) 중 손실 20,000은 이미 전기에 인식했으므로 당기에는 손실
  50,000이 되도록 20,000을 계약원가에서 차감함.

20x1년	계약원가발생시	(차) 미성공사	600,000	(대) 현금		600,000
	계약대금청구시	(차) 공사미수금	700,000	(대) 진행청구액		700,000
	계약대금수령시	(차) 현금	600,000	(대) 공사미수금		600,000
	결산시	(차) 계약원가 미성공사	600,000 150,000	(대) 계약수익		750,000
20x2년	계약원가발생시	(차) 미성공사	1,080,000	(대) 현금		1,080,000
	계약대금청구시	(차) 공사미수금	1,100,000	(대) 진행청구액		1,100,000
	계약대금수령시	(차) 현금	900,000	(대) 공사미수금		900,000
	결산시	(차) 계약원가	1,100,000	(대) 계약수익 미성공사		850,000 250,000
20x3년	계약원가발생시	(차) 미성공사	470,000	(대) 현금		470,000
	계약대금청구시	(차) 공사미수금	200,000	(대) 진행청구액		200,000
	계약대금수령시	(차) 현금	500,000	(대) 공사미수금		500,000
	결산시	(차) 계약원가	450,000	(대) 계약수익 미성공사		400,000 50,000
		(차) 진행청구액	2,000,000	(대) 미성공사		2,000,000

객관식 확인학습　〉　이론적용연습

1. ㈜국세는 20x1년 1월 1일에 서울시로부터 계약금액 ₩7,000,000인 축구경기장 건설계약을 수주하였다. 동 공사는 20x3년 말에 완공되었으며, 동 건설계약과 관련된 자료는 다음과 같다.

구분	20x1년	20x2년	20x3년
추정총계약원가	₩6,000,000	₩7,500,000	₩7,500,000
당기발생 계약원가	₩1,500,000	₩4,500,000	₩1,500,000
계약대금청구	₩2,000,000	₩2,500,000	₩2,500,000
계약대금회수	₩1,800,000	₩2,500,000	₩2,700,000

동 건설계약과 관련하여 진행기준(원가기준)으로 수익을 인식하는 ㈜국세가 20x2년도 포괄손익계산서에 인식할 손실은 얼마인가?

① ₩100,000　　② ₩250,000　　③ ₩500,000
④ ₩650,000　　⑤ ₩750,000

낸비게이션

• 20x1년 진행률=1,500,000÷6,000,000=25%

	20x2년
진행률	6,000,000÷7,500,000=80%
계약수익	7,000,000x80%−7,000,000x25%=3,850,000
계약원가	4,500,000+예상손실[1,500,000−7,000,000x(1−80%)]=4,600,000
계약손익	(750,000)

2. (주)합격건설은 20x1년 1월 공사기간 3년 예정인 교량 건설공사를 총도급금액 ₩5,000에 수주하였다. 계약당시 추정총계약원가는 ₩4,000으로 추정되었으며, 실제 계약원가는 20x1년과 20x2년에 각각 ₩1,500씩 발생하였다. 그러나 20x3년말에 회사는 예상치 못한 공법상의 문제가 있음을 발견하였다. 그 결과 공사는 20x4년에 가서야 완성되고, 20x4년 계약원가는 ₩1,300이 발생할 것으로 추정되었다. 20x3년 중 실제계약원가는 ₩2,200이 발생하였다. 원가기준 진행률 적용시 (주)합격건설이 20x3년말에 계약원가로 보고하게 될 금액은 얼마인가?

① ₩1,300　　② ₩2,500　　③ ₩3,000
④ ₩3,120　　⑤ ₩3,500

낸비게이션

	20x1년	20x2년	20x3년
계약원가(누적)	1,500	3,000	5,200
추가소요원가	2,500	1,000	1,300

∴2,200+[1,300−5,000x(1−80%)]=2,500

3. (주)한국은 20x1년 3월 1일에 서울시로부터 계약금액 ₩5,000,000인 축구경기장공사를 수주하였다. 20x3년 3월 1일에 완공되었으며 공사와 관련된 정보는 아래와 같다.

구분	20x1년	20x2년	20x3년
총추정계약원가	₩4,500,000	₩5,100,000	₩4,800,000
당기발생 계약원가	₩900,000	₩3,180,000	₩720,000
계약대금청구액	₩900,000	₩3,000,000	₩1,100,000
계약대금회수액	₩800,000	₩2,900,000	₩1,300,000

원가기준 진행률로 수익을 인식할 때 20x2년도와 20x3년도의 계약손익은 각각 얼마인가?

	20x2년	20x3년
①	₩180,000 계약손실	₩280,000 계약이익
②	₩180,000 계약손실	₩380,000 계약이익
③	₩200,000 계약손실	₩200,000 계약이익
④	₩200,000 계약손실	₩300,000 계약이익
⑤	₩200,000 계약손실	₩480,000 계약이익

낸비게이션

• 20x2년 예상손실 : $1,020,000 - 5,000,000 \times (1 - \frac{4,080,000}{5,100,000}) = 20,000$

	20x2년
계약수익	5,000,000x80%−5,000,000x20%=3,000,000
계약원가	3,180,000+예상손실(20,000)=3,200,000
계약손익	(200,000)

	20x3년
계약수익	5,000,000−1,000,000−3,000,000=1,000,000
계약원가	720,000−20,000=700,000
계약손익	300,000

서술형Correction연습

□ 건설계약 회계처리시 미성공사 장부금액은 항상 누적계약수익금액과 같다.

➡ (X) : 총손실예상시에는 누적계약수익에서 예상손실을 차감한 금액이 된다.

□ 건설계약의 계약손실 예상시 예상손실은 계약손실충당부채로 인식하고, 동 전입액은 계약원가에 가산하여 보고한다.

➡ (X) : 별도의 충당부채는 인식하지 않는다.

이론과기출 제48강 ○ 추정불가 건설계약

수익인식

❖[건설계약의 결과를 신뢰성있게 추정할수 없는 경우(=진행률 추정불가)]

계약수익	•Min[① 누적계약원가 ② 회수 및 회수가능액] – 전기까지 누적계약수익
계약원가	•당기발생계약원가

사례 결과 추정불가시 회계처리 ◀

❀ 건설계약금액은 ₩2,000,000(공사기간 : 20x1년 ~ 20x3년), 20x2년 중 공사결과를 신뢰성있게 추정불가

	20x1년	20x2년
누적발생계약원가	300,000	800,000
계약수익인식액	400,000	?
추정회수가능금액	–	600,000

풀이

	계약수익	•Min[①800,000 ②600,000] – 400,000 = 200,000			
20x2년	계약원가	•800,000 – 300,000 = 500,000			
	회계처리	(차) 계약원가	500,000	(대) 계약수익	200,000
				미성공사	300,000

❖[계약수익으로 이미 인식한 금액의 회수가능성에 불확실성이 발생한 경우]

계약수익	•인식하지 않음 ➡즉, 계약수익을 조정하지 않고 당기 대손상각비로 인식
계약원가	•당기발생계약원가

사례 회수불확실성시 회계처리 ◀

❀ 건설계약금액은 ₩1,600,000(공사기간 : 20x1년 ~ 20x3년), 20x2년 중 공사결과를 신뢰성있게 추정불가

	20x1년	20x2년
누적발생계약원가	210,000	930,000
추가소요원가	1,190,000	570,000

풀이

[CASE 1] 회수가능액이 ₩440,000인 경우

	계약수익	•Min[①930,000 ②440,000]–1,600,000x15%=200,000			
20x2년	계약원가	•930,000–210,000=720,000			
	회계처리	(차) 계약원가	720,000	(대) 계약수익	200,000
				미성공사	520,000

[CASE 2] 회수가능액이 ₩200,000인 경우

	계약수익	•Min[①930,000 ②200,000]–1,600,000x15%=△40,000 ∴0			
20x2년	계약원가	•930,000–210,000=720,000			
	회계처리	(차) 대손상각비(손상차손)	40,000	(대) 대손충당금(손실충당금)	40,000
		계약원가	720,000	미성공사	720,000
		➡대손충당금은 미성공사계정에서 차감하는 방식으로 표시함.			

불확실성 해소

•계약의 결과를 신뢰성있게 추정할수 없게 한 불확실성이 해소되는 경우, 당해 건설계약과 관련된 수익과 비용은 보고기간말 현재 진행률을 기준으로 각각 수익과 비용으로 인식한다.

객관식 확인학습 ─ 이론적용연습

1. ㈜세무는 20x1년초 ㈜한국과 건설계약(공사기간 4년, 계약금액 ₩2,000,000)을 체결하였으며, 관련 자료는 다음과 같다.

구분	20x1년	20x2년	20x3년	20x4년
누적발생 계약원가	₩280,000	₩960,000	₩1,280,000	₩1,600,000
추정 총계약원가	₩1,400,000	₩1,600,000	₩1,600,000	₩1,600,000

㈜세무는 20x1년에 건설계약의 결과를 신뢰성 있게 추정하였으나, 20x2년 초부터 시작된 ㈜한국의 재무상태 악화로 20x2년에 건설계약의 결과를 신뢰성 있게 추정할 수 없게 되었고 계약금액 중 보험에 가입된 ₩800,000만 회수할 수 있다고 판단하였다. 하지만 20x3년 초 ㈜한국의 재무상태가 다시 정상화됨에 따라 계약금액 전액을 회수할 수 있다면, ㈜세무가 20x1년, 20x2년 및 20x3년에 인식할 공사손익은?(단, ㈜세무는 진행기준으로 수익을 인식하고 진행률은 누적발생계약원가를 추정총계약원가로 나누는 비율로 측정한다.)

	20x1년	20x2년	20x3년
①	₩120,000이익	₩280,000손실	₩480,000이익
②	₩120,000이익	₩120,000손실	₩320,000이익
③	₩120,000이익	₩0	₩200,000이익
④	₩120,000이익	₩120,000이익	₩80,000이익
⑤	₩0	₩0	₩320,000이익

•20x1년 계약손익
계약수익 :   2,000,000x(280,000÷1,400,000)=400,000
계약원가 :   =(280,000)
                                       120,000

•20x2년 계약손익
계약수익 :   Min[①960,000 ②800,000]−400,000=400,000
계약원가 :   960,000−280,000=(680,000)
                                    (280,000)

•20x3년 계약손익
계약수익 : 2,000,000x(1,280,000÷1,600,000)−800,000=800,000

계약원가 :   1,280,000−960,000=(320,000)
                                      480,000

2. 20x1년 6월중 ㈜합격건설은 ㈜적중으로부터 공장건설을 수주받아 계약을 체결하였다. 공사수주시 공장건설의 계약대금은 ₩50,000,000이며 추정총계약원가는 ₩40,000,000이었다. 20x1년 중 발생한 계약원가는 ₩10,000,000이었다. 20x1년에 ㈜합격건설은 ₩12,500,000의 진행청구액을 청구하였으나 수령하지 못하였다. 20x2년 10월중에 ㈜적중의 자금사정이 극도로 악화되어 ㈜합격건설의 건설계약대금의 회수가능성이 아주 불확실하게 되었다. 20x2년 중 발생한 계약원가는 ₩20,000,000이었다. 20x2년 ㈜합격건설의 포괄손익에 미치는 영향은 얼마인가? 단, 원가기준 진행률을 적용한다.

① 손실 ₩12,500,000   ② 손실 ₩20,000,000
③ 손실 ₩25,000,000   ④ 손실 ₩32,500,000
⑤ 손실 ₩40,000,000

•20x1년
계약수익 : $50,000,000 \times \dfrac{10,000,000}{40,000,000} = 12,500,000$

•20x2년
계약수익 : Min[① 30,000,000 ②0]−12,500,000=△12,500,000 (∴0)
계약원가 : 20,000,000
계약손실 : 0−20,000,000=△20,000,000

(차) 대손상각비   12,500,000   (대) 대손충당금   12,500,000
      (손상차손)   (손실충당금)
(차) 계약원가   20,000,000   (대) 계약수익   0
                                 미성공사   20,000,000

→∴계약손실(20,000,000)+대손상각비(12,500,000)=△32,500,000

서술형Correction연습

☐ 이미 계약수익으로 인식된 금액의 회수가능성이 불확실한 경우, 회수가 불가능한 금액이나 더 이상 회수가능성이 높다고 볼 수 없는 금액은 계약수익을 수정한다.

➡ (X) : 당기비용(대손상각비=손상차손)으로 인식한다.

이론과기출 제49강 ◯ 건설계약의 병합

개요	의의	•복수계약을 하나의 단일계약으로 보아 전체에 대해 진행기준을 적용하는 경우임.
	병합요건	•발주자수에 관계없이 다음 조건을 모두 충족하는 복수의 계약은 단일계약으로 봄.

① 복수의 계약이 일괄적으로 협상된다.
② 복수의 계약이 상호 밀접하게 연관되어 사실상 전체로서의 목표이윤을 추구하는 단일 프로젝트의 일부이다.
③ 복수의 계약이 동시에 진행되거나 계속하여 순차적으로 수행된다.

> 말장난 복수계약을 단일계약으로 보기 위해서는 발주자가 동일해야 한다(X)

사례 건설계약의 병합 회계처리

세부고찰

❂ (주)깎뚜기건설은 공장과 빌딩을 건설하기로 ㈜똘마니와 계약을 체결함. (주)깎뚜기건설은 노동시간을 기초로 공사진행률을 산정하며, 관련 자료는 다음과 같다.

	공장	빌딩	총금액
건설계약금액	₩5,000,000	₩2,000,000	₩7,000,000
실제발생원가			
1차년도	2,600,000	1,260,000	3,860,000
2차년도	1,400,000	540,000	1,940,000
	4,000,000	1,800,000	5,800,000
총계약이익	₩1,000,000	₩200,000	₩1,200,000

	공장	빌딩	총계
추정총노동시간	80,000시간	20,000시간	100,000시간
실제발생노동시간			
1차년도	45,000시간	15,000시간	60,000시간
진행률	56.25%	75%	60%
2차년도	35,000시간	5,000시간	40,000시간
진행률	100%	100%	100%

계약병합에 의하지 않을 경우

	1차년도	2차년도	총 계
계약수익	₩4,312,500[1]	₩2,687,500	₩7,000,000
계약원가	3,860,000	1,940,000	5,800,000
계약이익	₩452,500	₩747,500	₩1,200,000

계약병합에 의할 경우

	1차년도	2차년도	총 계
계약수익	₩4,200,000[2]	₩2,800,000	₩7,000,000
계약원가	3,860,000	1,940,000	5,800,000
계약이익	₩340,000	₩860,000	₩1,200,000

[1] $5,000,000 \times 56.25\% + 2,000,000 \times 75\% = 4,312,500$
[2] $7,000,000 \times 60\% = 4,200,000$

객관식 확인학습 — **이론적용연습**

1. ㈜한국건설은 20x1년 1월 1일 ㈜대한그룹의 전자관과 기계관 건설을 위하여 각 건물당 도급금액 ₩1,000,000 씩의 건설계약을 체결하였다. 총 공사기간은 계약일로부터 2년이며, 동 건설계약과 관련된 연도별 자료는 다음과 같다. 동 복수계약의 실질이 단일계약이라고 가정할 때, 동 계약과 관련하여 ㈜한국건설이 20x1년말 재무상태표상 인식할 미청구공사(초과청구공사)금액과 20x1년도 포괄손익계산서의 당기순이익에 미치는 영향은 얼마인가? ㈜한국건설은 진행률을 원가에 기초하여 계산한다.

구분	전자관		기계관	
	20x1년	20x2년	20x1년	20x2년
실제 계약원가 발생액	₩300,000	₩600,000	₩330,000	₩870,000
예상추가 계약원가	₩600,000	–	₩870,000	–
계약대금 청구액	₩500,000	₩500,000	₩500,000	₩500,000
계약대금 회수액	₩500,000	₩500,000	₩500,000	₩500,000

	미청구공사(초과청구공사)	순이익에 영향
①	미청구공사 ₩207,667	₩21,667 증가
②	미청구공사 ₩391,667	₩166,667 감소
③	초과청구공사 ₩391,667	₩166,667 감소
④	미청구공사 ₩470,000	₩100,000 감소
⑤	초과청구공사 ₩470,000	₩100,000 감소

낵빅계약섭

• 건설계약 병합 & 건설계약 총예상손실의 경우이다.
  → 건설계약금액(2,000,000) 〈 20x1년 추정총계약원가(2,100,000)
• 계약손익 계산 : 당기순이익 100,000 감소

	20x1년
진행률	630,000÷2,100,000=30%
계약수익	2,000,000x30%=600,000
계약원가	630,000+예상손실[1,470,000−2,000,000x(1−30%)]=700,000
계약손익	(100,000)

• 20x1년 회계처리

(차) 미성공사	630,000	(대) 현금	630,000
(차) 공사미수금	1,000,000	(대) 진행청구액	1,000,000
(차) 현금	1,000,000	(대) 공사미수금	1,000,000
(차) 계약원가	700,000	(대) 계약수익	600,000
		미성공사	100,000

∴ 1,000,000(진행청구액)−530,000(미성공사)=470,000(초과청구공사)

＊고속철 미성공사 빨리구하기
총예상손실시 미성공사=누적계약수익(600,000)−예상손실(70,000)

시험중요도 ★☆☆

이론과기출 제50강 ○ 건설계약의 분할

개요		
의의		•단일계약을 개별적으로 식별가능 구성단위별로 구분하여 진행기준을 적용하는 경우임.

개요

분할요건

•단일계약이 복수자산의 건설을 포함하는 경우 다음 조건을 모두 충족할 때에는 각 자산의 건설을 별개의 건설계약으로 봄.

> ① 각 자산에 대하여 별개의 공사제안서가 제출된다.
> ② 각 자산에 대해 개별적 협상이 이루어졌으며, 건설사업자와 발주자는 각 자산별로 각 자산과 관련되는 계약조건을 수락하거나 거부할 수 있다.
> ③ 각 자산별로 원가와 수익의 식별이 가능하다.

보론 추가되는 계약이 설계·기술·기능에 있어 원래계약과 유의적인 차이가 있거나, 추가되는 계약금액이 원래 계약금액에 관계없이 협상되는 경우는 별개 건설계약으로 봄.

사례 ■ 건설계약의 분할 회계처리

❂ 건설회사인 ㈜떡대는 공장과 빌딩을 건설하기로 하고 ㈜꼬봉과 총건설계약금액 ₩10,000,000에 계약을 체결함. 공장과 빌딩의 계약이익률은 각각 10%, 30%로 예상함. 관련 자료는 다음과 같다.

	공장	빌딩	총계
추정총계약원가	₩7,200,000	₩1,400,000	₩8,600,000
실제발생원가			
1차년도	5,040,000	560,000	5,600,000
진행률	70%	40%	65.11%
2차년도	2,160,000	840,000	3,000,000
진행률	100%	100%	100%

풀이

세부고찰

•총건설계약금액 ₩10,000,000을 공장과 빌딩으로 각각 구분하여 계산하면 다음과 같다.

공장 : 추정총계약원가 ÷ (1 − 계약이익률) = 7,200,000 ÷ (1−10%) = 8,000,000
빌딩 : 추정총계약원가 ÷ (1 − 계약이익률) = 1,400,000 ÷ (1−30%) = 2,000,000

참고 계약이익률(공장) $= \dfrac{\text{계약금액(공장)} - \text{추정총계약원가(공장)}}{\text{계약금액(공장)}}$ 에서,

→ 계약금액(공장) $= \dfrac{\text{추정총계약원가(공장)}}{1 - \text{계약이익률(공장)}}$

단일계약에 의할 경우

	1차년도	2차년도	총계
계약수익	₩6,511,000[1]	₩3,489,500	₩10,000,000
계약원가	5,600,000	3,000,000	8,600,000
계약이익	₩911,000	₩489,000	₩1,400,000

계약분할에 의할 경우

	1차년도	2차년도	총계
계약수익	₩6,400,000[2]	₩3,600,000[3]	₩10,000,000
계약원가	5,600,000	3,000,000	8,600,000
계약이익	₩800,000	₩600,000	₩1,400,000

[1] 10,000,000 × 65.11% = 6,511,000   [2] 8,000,000 × 70% + 2,000,000 × 40% = 6,400,000
[3] 8,000,000 × 30% + 2,000,000 × 60% = 3,600,000

객관식 확인학습 ○─ 이론적용연습

1. 건설회사인 ㈜보람은 20x1년 주상복합건물의 건설계약을 체결하였다. 동 건설공사는 아파트 건설공사와 상가 건설공사로 구분되며, 계약수익의 인식은 진행기준을 사용한다. 공사진행율은 누적계약원가기준으로 한다. 20x2년도말 추정총계약원가 및 공사진행률 등의 자료는 다음과 같다.

구분	아파트	상가	합계
총건설계약금액	₩5,800,000	₩3,200,000	₩9,000,000
20x1년도 계약이익인식액	₩200,000	₩150,000	₩350,000
추정총계약원가	₩6,000,000	₩2,000,000	₩8,000,000
20x2년말까지 누적공사진행률	50%	90%	60%

계약손익의 계산은 아파트 공사와 상가 공사를 분할하거나 또는 병합하는 방식으로 구해질 수 있다. 각각의 경우 20x2년 계약손익은 얼마인가?

	건설계약분할	건설계약병합
①	계약이익 ₩400,000	계약이익 ₩530,000
②	계약이익 ₩530,000	계약이익 ₩250,000
③	계약이익 ₩730,000	계약이익 ₩250,000
④	계약이익 ₩630,000	계약이익 ₩250,000
⑤	계약손실 ₩1,080,000	계약이익 ₩530,000

낸비계의션
•건설계약분할
① 아파트 : 총예상손실 200,000이 예상되므로,
  계약손실=200,000(총예상손실)+200,000(전기계약이익)=400,000
② 상가 : (3,200,000-2,000,000)x90%-150,000=930,000
∴930,000-400,000=530,000(계약이익)
•건설계약병합
(9,000,000-8,000,000)x60%-350,000=250,000(계약이익)

2. ㈜판교건설은 아파트와 상가를 건설하기로 ㈜경기와 총계약금액 ₩1,125,000에 계약을 체결하였다. ㈜판교건설은 아파트와 상가의 진행률에 따라 계약수익을 인식하기로 하였고, 아파트의 계약이익률은 30%, 상가의 계약이익률은 20%로 예상하였다. ㈜판교건설은 계약원가를 기초로 진행률을 산정하며, 아파트와 상가의 계약원가 자료 및 진행률은 다음과 같다. 계약분할로 진행률을 적용하면 2차년도 계약이익은 얼마인가?

구분	아파트	상가	총계
추정총계약원가	₩700,000	₩100,000	₩800,000
1차년도 실제발생계약원가	₩420,000	₩40,000	₩460,000
1차년도진행률	60%	40%	57.50%
2차년도 실제발생계약원가	₩280,000	₩60,000	₩340,000
2차년도 진행률(누적)	100%	100%	100%

① ₩135,000   ② ₩186,875   ③ ₩190,000
④ ₩306,875   ⑤ ₩646,875

낸비계의션
•총계약금액 구분
① 아파트 : 700,000÷(1-30%)=1,000,000
② 상가 : 100,000÷(1-20%)=125,000
•2차년도 계약수익
1,000,000x40%+125,000x60%=475,000
•2차년도 계약원가
280,000+60,000=340,000
∴2차년도 계약이익 : 475,000-340,000=135,000

이론과기출 제51강 ○ 현금과 매출채권 현금예금의 공시

현금 및 현금성자산	현금	통화	•지폐, 주화(외국통화 포함)
		통화대용증권	•타인발행 당좌수표, 가계수표, 자기앞수표, 송금수표, 여행자수표, 우편환, 송금환, 만기도래공사채이자지급표, 대체저금지급증서, 지점전도금, 배당금지급통지표, 일람출급어음, 국세환급통지서
		요구불예금	•당좌예금, 보통예금
	현금성자산	•유동성이 매우 높은 단기투자자산으로서 확정된 금액의 현금으로 전환이 용이하고 가치변동의 위험이 경미한 자산을 말함. •투자자산은 취득당시((객)결산일로부터(x))만기(상환일)가 3개월 이내인 경우에만 현금성자산으로 분류되며, 지분상품은 원칙적으로 현금성자산에서 제외함. 사례 다음은 현금성자산으로 분류함. ① 취득당시 만기가 3개월 이내인 금융기관이 취급하는 단기금융상품 ② 취득당시 만기가 3개월 이내에 도래하는 채무증권 ③ 취득당시 상환일까지의 기간이 3개월 이내인 상환우선주 ④ 3개월 이내의 환매조건인 환매채 ⑤ 투자신탁의 계약기간이 3개월 이하인 초단기수익증권	

단기 금융상품	❖단기적 자금운용 목적이거나 보고기간말로부터 1년 이내에 도래하는 현금성자산이 아닌 다음의 것 ① 정기예금, 정기적금, 사용이 제한된 예금 (예) 양건예금) ② 기타 정형화된 상품 (예) 양도성예금증서(CD)등의 금융상품)

장기 금융상품	① 금융기관의 상품으로서 보고기간말로부터 1년 이후에 만기가 도래하는 금융상품 ② 당좌개설보증금

가불금등	가불금, 차용증서	•보고기간말로부터 회수시점까지 1년을 기준으로 단기(장기)대여금으로 분류. •주의 종업원 선급급여는 선급비용이 아니라 단기대여금 처리함.
	수입인지, 우표	•다음중 어느 하나로 회계처리함. ① 소모품(자산) 처리후 사용분을 소모품비(비용)로 처리 ② 소모품비(비용) 처리후 미사용분을 소모품(자산)으로 처리 ③ 미래용역을 제공받기 위한 경우는 선지급한 선급비용 처리
	선일자수표	•약속어음이나 선일자수표 모두 어음상의 매출채권(또는 미수금)으로 처리함.
	당좌차월	•당좌예금잔액이 (−)인 경우임(은행측에서는 당좌대월). → 단기차입금 처리함. •주의 총액주의의 예외로서 당좌예금과 상계하여 보고하는 것이 아님. (예) 당좌예금 500, 당좌차월 −200일때 →현금및현금성자산 300(X)/현금및현금성자산 500, 단기차입금 200(O)

소액현금 (전도금)	❖당좌예금을 인출하여 소액경비 지급후, 지출에 대한 부족분을 정액 또는 부정액으로 보충하는 제도

사례 **소액현금 회계처리**

❂당좌예금인출하여 지점송금 ₩1,000	(차) 소액현금	1,000	(대) 당좌예금	1,000		
❂지출증빙보고 ₩900 & 현금잔액 ₩60	(차) 여비교통비	900	(대) 소액현금	940		
	현금과부족	40				
❂소액현금보충 ₩940(정액자금전도제)	(차) 소액현금	940	(대) 당좌예금	940		
❂결산시까지 원인불명액 ₩40	(차) 잡손실	40	(대) 현금과부족	40		

객관식 확인학습

이론적용연습

1. 다음 ㈜합격의 자료를 이용하여 20x1년도 현금 및 현금성자산으로 보고해야 할 금액을 계산하면 얼마인가?

지폐와 동전	₩30,000
당좌차월	₩50,000
수입인지	₩10,000
자기앞수표	₩100,000
단기대여금	₩40,000
우편환증서	₩15,000
타인발행수표	₩30,000
당좌개설보증금	₩80,000
배당금지급통지표	₩20,000
만기가 2개월이내인 채권	₩150,000
(20x1.12.1 취득)	
양도성 예금증서(120일 만기)	₩500,000
기일이 도래한 공채이자표	₩10,000
일반적 상거래상의 선일자수표	₩200,000
환매체(20x1.11.1 취득한 90일환매조건)	₩300,000
정기적금(2년후 만기도래)	₩400,000
정기적금(1년이내 만기도래)	₩300,000

① ₩655,000　② ₩750,000　③ ₩840,000
④ ₩950,000　⑤ ₩1,240,000

내비게이션

• 현금및현금성자산 집계

지폐와 동전	30,000
자기앞수표	100,000
우편환증서	15,000
타인발행수표	30,000
배당금지급통지표	20,000
만기가 2개월이내인 채권	150,000
(20x1.12.1 취득)	
기일이 도래한 공채이자표	10,000
환매체(20x1.11.1 취득한 90일환매조건)	300,000
계	655,000

2. 20x1년 말 ㈜세무와 관련된 자료는 다음과 같다. 20x1년 말 ㈜세무의 재무상태표에 표시해야 하는 현금및현금성자산은?(단, 사용이 제한된 것은 없다.)

(1) ㈜세무의 실사 및 조회자료
　○ 소액현금 : ₩100,000
　○ 지급기일이 도래한 공채이자표 : ₩200,000
　○ 수입인지 : ₩100,000
　○ 양도성예금증서(만기 20x2년 5월 31일) : ₩200,000
　○ 타인발행당좌수표 : ₩100,000
　○ 우표 : ₩100,000
　○ 차용증서 : ₩300,000
　○ 은행이 발급한 당좌예금잔액증명서 금액 : ₩700,000
(2) ㈜세무와 은행 간 당좌예금잔액 차이 원인
　○ 은행이 ㈜세무에 통보하지 않은 매출채권 추심액 : ₩50,000
　○ 은행이 ㈜세무에 통보하지 않은 은행수수료 : ₩100,000
　○ ㈜세무가 당해연도 발행했지만 은행에서 미인출된 수표 : ₩200,000
　○ 마감시간 후 입금으로 인한 은행미기입예금 : ₩300,000

① ₩1,050,000　② ₩1,200,000　③ ₩1,300,000
④ ₩1,350,000　⑤ ₩1,400,000

내비게이션

• 현금
소액현금(100,000)+공채이자표(200,000)+타인발행당좌수표(100,000)
=400,000
• 올바른 당좌예금
조정전 은행측 잔액(700,000)−기발행미인출수표(200,000)+은행미기입예금(300,000)=800,000
∴400,000+800,000=1,200,000

저자주 후술하는 은행계정조정표를 학습후 접근하기 바랍니다.

시험중요도 ★★☆

이론과기출 제52강 ○━━ 은행계정조정표

개요	은행계정조정표	•회사측 당좌예금잔액과 은행측 잔액이 일치하지 않는 경우 그 불일치원인을 파악하여 조정하는 서식을 말함.

조정방법	양방조정법	은행계정조정표				
		조정전회사측잔액 (당좌예금출납장)	×××	≠	조정전은행측잔액 (당좌거래원장)	×××
		받을어음추심	가산		은행미기입예금	가산
		입금액 중 부도수표	차감		기발행미인출수표	차감
		은행수수료	차감		은행측 기장오류	(±)
		회사미통지예금	가산			
		기발행미인도수표	가산			
		회사측 기장오류	(±)			
		조정후회사측잔액	×××	=	조정후은행측잔액	×××

	일방조정법	•한쪽에서 다른 한쪽으로의 조정 　➡ 은행차감항목은 회사(+)로, 은행가산항목은 회사(−)로 반대처리 　　조정전회사잔액(+) or (−) = 조정전은행잔액(+) or (−) 　　　　　　　수정사항　　　　　　　　　　　수정사항 　　　　　　　　　　　　이항시 부호반대!

▸주의 회사측 조정사항에 대해서만 기말수정분개함.
　📄 회사미통지예금(매출채권이 입금되었으나 회사는 아직 이를 통보받지 못함)
　→〈수정분개〉(차) 당좌예금　　×××　　(대) 매출채권　　×××

▸사례 은행계정조정

❂ (주)피부암통키의 기말 회사당좌예금은 ₩54,600, 은행잔액은 ₩86,000, 불일치원인은 다음과 같다.

(1) 부도수표	판매대금회수하여 입금한 당좌수표 ₩7,200의 부도사실을 회사는 모르고 있음.
(2) 기발행미인출수표	거래처에 발행한 수표 ₩26,000이 기말현재 은행에 지급제시되지 않음
(3) 회사측 기장오류	당좌예금에서 차감한 지급어음 ₩12,200을 회사가 ₩21,200으로 차감함
(4) 은행측 기장오류	타회사예입액 ₩3,600을 은행이 (주)피부암통키의 계좌에 입금기록함

세부고찰

•양방조정

	회사측	은행측
조정전 금액	54,600	86,000
(1) 부도수표	(7,200)	−
(2) 기발행미인출수표	−	(26,000)
(3) 회사측 기장오류	9,000	−
(4) 은행측 기장오류	−	(3,600)
조정후 금액	56,400	56,400

객관식 확인학습 **이론적용연습**

1. ㈜국세는 20x1년 12월 31일 자금담당직원이 회사자금을 횡령하고 잠적한 사건이 발생하였다. 12월 31일 현재 회사 장부상 당좌예금계정 잔액을 검토한 결과 ₩106,000 이었으며, 은행측 당좌예금계정 잔액을 조회한 결과 ₩70,000으로 확인되었다. 회사측 잔액과 은행측 잔액이 차이가 나는 이유는 다음과 같다고 할 경우 자금담당직원이 회사에서 횡령한 것으로 추정할 수 있는 금액은 얼마인가?

• 은행미기입예금	₩60,000
• 은행수수료	₩10,000
• 기발행미인출수표	₩50,000
• 미통지입금	₩46,000
• 타사발행수표를 ㈜국세의 당좌예금계좌에서 차감한 금액	₩22,000

① ₩22,000 ② ₩26,000 ③ ₩32,000
④ ₩36,000 ⑤ ₩40,000

내비게이션

	회사측		은행측
조정전 금액	106,000	조정전 금액	70,000
은행수수료	(10,000)	은행미기입예금	60,000
미통지입금	46,000	기발행미인출수표	(50,000)
횡령액	(X)	기장오류	22,000
조정후 금액	102,000	조정후 금액	102,000

∴ X(횡령액)=40,000

2. 다음은 은행계정조정표를 작성하는 데 필요한 자료이다. 은행측의 조정전 예금잔액은 얼마인가?

• 회사측 장부의 예금잔액	₩12,500
• 기발행 미인출수표	₩3,000
• 어음추심을 위한 수수료 미기입(회사)	₩700
• 당좌차월이자 미기입(회사)	₩500

① ₩15,300 ② ₩14,300 ③ ₩10,700
④ ₩12,500 ⑤ ₩13,500

내비게이션
• 회사 조정전잔액 (+) or (−) = 은행 조정전잔액 (+) or (−)
　　'회사수정사항'　　　　　　　'은행수정사항'
→ 12,500+3,000−700−500=14,300

3. 11월말 현재 당좌예금장부상 잔액은 ₩2,732,000이고 은행의 당좌원장상 잔액은 ₩3,128,000이었다. 11월말 정확한 당좌예금 잔액을 구하면?

• 11월말 현재 기발행미결제수표는 ₩484,000이다.
• 부도수표 ₩216,000을 회사가 모르고 있다.
• 어음추심 ₩254,000을 회사장부에 계상치 않았다.
• 은행측 미기입예금은 ₩138,000이다.
• 은행지급수수료 ₩6,000을 회사장부에 계상치 않았다.
• 회사가 ₩68,000의 수표를 발행하면서 당좌예금장부에는 ₩86,000으로 기장처리했다.

① ₩2,776,000 ② ₩2,566,000 ③ ₩2,746,000
④ ₩2,782,000 ⑤ ₩2,820,000

내비게이션

	회사측		은행측
조정전 금액	2,732,000	조정전 금액	3,128,000
부도수표	(216,000)	기발행미인출수표	(484,000)
어음추심	254,000	은행미기입예금	138,000
은행수수료	(6,000)		
기장오류	18,000		
조정후 금액	2,782,000	조정후 금액	2,782,000

4. ㈜합격의 다음 20x1년 12월 31일 은행계정조정표에서 기발행미인출수표 금액은 얼마인가?

(1) 은행예금잔액증명서상의 잔액 : ₩28,500 　　회사의 장부상 잔액 : ₩32,000
(2) 은행의 예금잔액증명서에는 반영되어 있으나 회사의 장부에 반영되지 않은 금액 　- 예금이자 : ₩2,000 　- 부도수표 : ₩14,000
(3) 회사에 통보되지 않은 매출채권 추심액 : ₩7,500
(4) 20x1년 12월 31일 입금했으나, 은행에서는 20x2년 1월 2일 입금처리된 금액 : ₩15,000
(5) 나머지 잔액차이는 모두 기발행미인출수표에 의한 것으로 확인됨.

① ₩16,000 ② ₩23,500 ③ ₩14,000
④ ₩18,000 ⑤ ₩31,000

내비게이션
• 32,000+2,000−14,000+7,500=28,500+15,000−x
∴ x=16,000

시험중요도 ★★★

이론과기출 제53강 ◖ **매출채권의 평가(손상)**

개요	의의	• 채권(매출채권, 미수금등)은 회수불능위험(대손가능성)이 존재함. • 따라서, 회수불가능한 금융자산은 대손예상액을 추산하여 당기비용과 채권의 평가계정인 대손 충당금을 설정해야함. 참고 대손상각비=(금융자산)손상차손, 대손충당금=(금융자산)손실충당금		
	장·단점	장점	• 수익·비용대응원칙에 부합하며, 매출채권을 순실현가치로 계상	
		단점	• 대손비용을 추정치에 근거하여 계상	

회계처리	최초설정 기말	• 대손추산액을 대손상각비를 계상하고 대손충당금을 설정 (차) 대손상각비 　　xxx 　(대) 대손충당금 　　xxx 재무상태표 매출채권 　　xxx 대손충당금 　　(xxx)
	기중대손시	• 대손충당금과 상계후 부족시 대손상각비를 인식 (차) 대손충당금 　　xxx 　(대) 매출채권 　　xxx 　　대손상각비 　　xxx
	대손처리한 채권을 회수시	• (차) 현금 　　xxx 　(대) 대손충당금 　　xxx
	기말대손추정액 (기대신용손실)	• 연령분석법(충당금설정률표 방법)등으로 추산
	기말대손충당금설정액	• 설정액 = 기말대손추정액 − 기설정대손충당금잔액 (차) 대손상각비 　　xxx 　(대) 대손충당금 　　xxx
	기말대손충당금환입액	• 환입액 = 기설정대손충당금잔액 − 기말대손추정액 (차) 대손충당금 　　xxx 　(대) 대손충당금환입 　　xxx
	특징	• 기말대손충당금이 먼저 결정되고 대손상각비는 사후결정됨.
	분석Trick	**대손충당금** 대손발생(대손확정)[1] 　　xxx 　／ 기초대손충당금 　　xxx 대손충당금환입 　　xxx 　／ 대손채권회수 　　xxx 기말대손충당금 　　xxx 　／ 대손상각비[2] 　　xxx [1] 기중발생한 대손총액 [2] 기중발생대손 중 대손상각비처리액과 기말설정 대손상각비의 합계

예시 20x1 기초대손충당금 1,000, 기말 매출채권 20,000(추정대손율 2%) 〈즉, 대손추정액=400〉

2/1	대손발생 400	(차) 대손충당금	400	(대) 매출채권	400
8/1	대손발생 1,100	(차) 대손충당금 　　대손상각비	600 500	(대) 매출채권	1,100
9/1	대손처리채권 중 회수 300	(차) 현금	300	(대) 대손충당금	300
12/31	기말 설정분개	(차) 대손상각비	100	(대) 대손충당금	100

→if, 기말대손추정액이 100인 경우: 　(차) 대손충당금 　200 　(대) 대손충당금환입 　200

•주의 대손충당금환입,퇴지급여충당부채환입,판매보증충당부채환입 : 판관비의 부(−)로 표시함.

객관식 확인학습 — **이론적용연습**

1. 다음은 ㈜국세의 20x1년도 회계자료 중 일부이다. ㈜국세의 20x1년 말 재무상태표에 표시될 매출채권은 얼마인가?(단, 대손상각은 고려하지 않는다.)

당기현금매출액	50,000	매출총이익	90,000
기초매출채권	80,000	매출채권회수액	260,000
기초상품재고	120,000	당기상품매입액	200,000
기말상품재고	110,000		

① ₩60,000   ② ₩70,000   ③ ₩80,000
④ ₩90,000   ⑤ ₩100,000

내비게이션
- 매출원가 : 120,000(기초)+200,000(당기매입)−110,000(기말)=210,000
- 매출액−210,000(매출원가)=90,000(매출총이익)에서, 매출액=300,000
- 300,000(매출액)=50,000(현금매출)+외상매출 에서, 외상매출=250,000

매출채권			
기초	80,000	회수	260,000
		대손	0
외상매출	250,000	기말(?)	70,000

2. ㈜대경은 20x1년 1월 1일에 상품을 ₩4,000,000에 판매하고 대금은 20x1년부터 매년 12월 31일에 ₩1,000,000씩 4회에 분할수령하기로 하였다. 장기할부판매대금의 명목가액과 현재가치의 차이는 중요하고 유효이자율은 연 10%이다. 할부판매로 인하여 발생한 장기매출채권에 대하여 20x1년말 현재 기대신용손실로 추정한 금액은 ₩0이며, 20x2년말 현재 기대신용손실로 추정한 금액은 ₩300,000이다. 장기매출채권의 20x2년말 현재 장부금액(순액)은 얼마인가? 계산과정에서 소수점 이하는 첫째자리에서 반올림한다. 그러나 계산방식에 따라 단수차이로 인해 오차가 있는 경우, 가장 근사치를 선택한다. 또한 유동성대체는 하지 않는다.

	단일금액 ₩1의 현재가치			정상연금 ₩1의 현재가치		
	2년	3년	4년	2년	3년	4년
10%	0.8265	0.7513	0.6830	1.7355	2.4869	3.1699

① ₩1,435,579   ② ₩1,735,580   ③ ₩2,086,857
④ ₩2,869,900   ⑤ ₩3,535,579

내비게이션
- 1,000,000×1.7355−300,000=1,435,500

- [20x1년 1월 1일 회계처리]
  (차) 장기매출채권 4,000,000 (대) 매출 3,169,900
  　　　　　　　　　　　　　　　현재가치할인차금 830,100
  (차) 매출원가 xxx (대) 상품 xxx

- [20x1년 12월 31일 회계처리]
  (차) 현금 1,000,000 (대) 장기매출채권 20,000
  (차) 현재가치할인차금 316,990 (대) 이자수익 316,990

- [20x2년 12월 31일 회계처리]
  (차) 현금 1,000,000 (대) 장기매출채권 1,000,000
  (차) 현재가치할인차금 248,689 (대) 이자수익 248,689
  (차) 대손상각비 300,000 (대) 대손충당금 300,000
  　　(손상차손)　　　　　　　　　(손실충당금)

3. 다음은 ㈜합격의 매출채권과 관련된 자료이다. 20x2년도 포괄손익계산서에 표시할 매출채권 손상차손(대손상각비)을 구하면 얼마인가?

(1) 20x1년말 재무상태표상 매출채권 총장부금액은 ₩1,000,000이고, 손실충당금(대손충당금)은 ₩50,000이다.
(2) 20x2년 4월에 전기의 매출채권 중 ₩62,500의 대손을 확정하였다.
(3) 20x2년 7월에 전기에 회수불능으로 판명되어 제각했던 매출채권 중 ₩25,000이 현금으로 회수되었다.
(4) 20x2년말 기대신용손실을 결정하기 위해 다음과 같은 충당금설정률표를 작성하였다.

구분	매출채권 총장부금액	채무불이행률
미연체	₩500,000	0.1%
1 ～ 60일 연체	₩375,000	2%
61 ～ 180일 연체	₩250,000	5%
181일 초과 연체	₩125,000	10%

① ₩12,500   ② ₩15,750   ③ ₩18,000
④ ₩20,500   ⑤ ₩21,200

내비게이션

대손충당금			
대손발생	62,500	기초대손충당금	50,000
		대손채권회수	25,000
기말대손충당금	33,000[1]	대손상각비	X

[1]500,000×0.1%+375,000×2%+250,000×5%+125,000×10%
=33,000
→X(대손상각비)=20,500

이론과기출 제54강 ◯ 매출채권의 양도

| 거래형태 | •신용상의 채권인 외상매출금을 금융회사(팩토링회사)에 양도하고 자금을 조달 |

사례 매출채권 팩토링 회계처리

❂ 20x1년 7월1일 20x1년말이 회수예정일인 매출채권(외상매출금) ₩100,000을 금융기관에 양도하였다. 매출할인·환입·에누리에 충당하기 위해 매출채권의 5%를 유보시켰으며 할인료로 연 20%를 제외한 금액을 수령하였다. 20x1년말 매입처는 유보금액 중 매출할인 ₩1,000, 환입 ₩2,000, 에누리 ₩1,000을 차감한 잔액을 금융기관에 결제하였다.

팩토링

•제거조건을 충족시키는 경우

20x1년 07월 01일	(차) 현금	85,000	(대) 매출채권	100,000
	미수금	5,000		
	매출채권처분손실	10,000[1]		
20x1년 12월 31일	(차) 매출할인등	4,000	(대) 미수금	5,000
	현금	1,000		

[1] 100,000×20%×6/12=10,000

•제거조건을 충족시키지 못하는 경우
  ① 20x1년 07월 01일 : 매출채권은 단기차입금, 매출채권처분손실은 이자비용으로 처리
  ② 20x1년 12월 31일 : '(차) 단기차입금 100,000 (대) 매출채권 100,000' 추가

> 저자주 제거조건이 무엇인지에 대한 구체적 내용은 후술하는 '금융자산'을 참조바랍니다!

거래형태	•증권상의 채권인 받을어음을 금융회사(은행)에 배서양도하고 자금을 조달		
계산절차	기발생이자수익	•액면×액면이자율×보유기간÷365	
	현금수령액	•만기가치(액면+총액면이자)−할인료(만기가치×할인율×할인기간÷365)	
	처분손실	•(액면금액+기발생이자수익)−현금수령액	

사례 받을어음 할인 회계처리

❂액면금액 ₩100,000, 액면이자율 10%, 만기 6개월짜리 어음을 2개월 보유후 12%로 할인받았다.

어음할인

•기발생이자수익 : 100,000×10%×2÷12=1,666
 현금수령액 : (100,000+100,000×10%×6÷12=105,000)−(105,000×12%×4÷12=4,200)=100,800
 매출채권처분손실 : (100,000+1,666)−100,800=866
•제거조건을 충족시키는 경우

할인시	(차) 현금	100,800	(대) 매출채권	100,000
	매출채권처분손실	866	이자수익	1,666

→if, 무이자부어음인 경우
  (차) 현금 100,000−100,000×12%×4÷12=96,000 (대) 매출채권 100,000
    매출채권처분손실   4,000
•제거조건을 충족시키지 못하는 경우
  ① 할인시 : 매출채권은 단기차입금, 매출채권처분손실은 이자비용으로 처리
  ② 만기시 회계처리 : (차) 단기차입금 100,000 (대) 매출채권 100,000

객관식 확인학습  이론적용연습

1. ㈜진성은 20x1년 12월 5일에 ㈜대한팩토링에 액면 ₩3,500,000의 매출채권을 다음과 같은 조건으로 양도하였다.

> • ㈜대한팩토링은 매출채권 액면가의 3%를 금융비용으로 부과하고, 5%를 매출할인 및 매출환입 목적으로 유보한 후 나머지 잔액을 ㈜진성에 지급하였다. 매출할인 및 매출환입에 대한 유보액은 이후 실제발생액에 따라 양자 간에 정산하기로 하였다.
> • ㈜진성은 양도한 매출채권에 대하여 대손처리를 한 적이 없으며, 이후 대손발생에 대한 위험은 ㈜대한팩토링이 전액 부담한다. ㈜대한팩토링은 12월 말에 동해 매출채권에 대하여 1%의 대손충당금을 설정하였다.
> • 20x2년 1월과 2월 중 동해 매출채권과 관련하여 매출환입 ₩70,000과 매출할인 ₩15,000이 발생하였으며, ₩30,000은 회수가 불가능한 것으로 판명되었고, 나머지는 현금으로 회수되었다.

위의 거래가 금융자산의 제거조건을 충족한다고 가정한다면, 상기 매출채권의 양도시 ㈜진성이 인식할 매출채권처분손실과 거래정산시 ㈜진성이 ㈜대한팩토링으로부터 수취할 현금은 얼마인가?

	매출채권처분손실	수취할 현금
①	₩105,000	₩55,000
②	₩105,000	₩90,000
③	₩105,000	₩160,000
④	₩175,000	₩55,000
⑤	₩175,000	₩90,000

 내비게이션

• [양도시 회계처리]

(차) 현금	3,220,000	(대) 매출채권	3,500,000
미수금	175,000		
매출채권처분손실	105,000		

[정산시 회계처리]

(차) 매출할인등	85,000	(대) 미수금	175,000
현금	90,000		

2. 20x1년 6월 1일 ㈜대한은 판매대금으로 만기가 20x1년 9월 30일인 액면가액 ₩1,200,000의 어음을 거래처로부터 수취하였다. ㈜대한은 20x1년 9월 1일 동 어음을 은행에서 할인하였으며, 은행의 할인율은 연12%였다. 동 어음이 무이자부어음인 경우와 연10% 이자부어음인 경우로 구분하여 어음할인시 ㈜대한이 인식할 매출채권처분손실을 계산하면 각각 얼마인가? (단, 어음할인은 금융자산의 제거조건을 충족한다고 가정하며, 이자는 월할계산한다.)

	무이자부어음	연10% 이자부어음
①	처분손실 ₩24,000	처분손실 ₩12,400
②	처분손실 ₩24,000	처분손실 ₩2,400
③	처분손실 ₩12,000	처분손실 ₩27,600
④	처분손실 ₩12,000	처분손실 ₩2,400
⑤	처분손실 ₩10,000	처분손실 ₩12,400

 내비게이션

• 무이자부어음인 경우
  - 기발생이자수익 : 0
  - 만기가치 : 1,200,000
  - 할인료 : 1,200,000x12%x1/12=12,000
  - 현금수령액 : 1,200,000-12,000=1,188,000

(차) 현금	1,188,000	(대) 매출채권	1,200,000
매출채권처분손실	12,000		

• 10%이자부어음인 경우
  - 기발생이자수익 : 1,200,000x10%x3/12=30,000
  - 만기가치 : 1,200,000+1,200,000x10%x4/12=1,240,000
  - 할인료 : 1,240,000x12%x1/12=12,400
  - 현금수령액 : 1,240,000-12,400=1,227,600

(차) 현금	1,227,600	(대) 매출채권	1,200,000
매출채권처분손실	2,400	이자수익	30,000

제1편 Mainplot [주요논제]

제2편 Subplot [특수논제]

함보부록1 기출유형별 필수문제

함보부록2 실전적중모의고사

시험중요도 ★★☆

이론과기출 제55강 ◯ 재고자산 재고자산 기본사항

재고자산 정의	판매목적자산	❖재고자산은 판매를 위해 보유하는 다음의 자산을 말함. ① 정상영업과정에서 판매를 위해 보유중인 자산(또는 판매위해 생산중인 자산) ② 생산이나 용역제공에 사용될 원재료나 소모품 ➡∴증권회사보유 유가증권과 부동산매매업자의 토지등도 재고자산에 해당함.
	기타자산	❖다음에 해당하는 것도 재고자산에 포함함. ① 외부로부터 매입하여 재판매를 위해 보유하는 상품, 토지 및 기타 자산 ② 완제품, 생산중인 재공품과, 생산에 투입될 원재료와 소모품 ③ 용역제공기업의 관련된 수익이 아직 인식되지 않은 용역원가('수익' 참조!)
용어정의	순실현가능가치	•정상적인 영업과정의 예상 판매가격에서 예상되는 추가 완성원가와 판매비용을 차감한 금액 ➡즉, 정상적인 영업과정에서 재고자산의 판매를 통해 실현할 것으로 기대하는 순매각금액을 말함.
	공정가치	•측정일에 시장참여자 사이의 정상거래에서 자산을 매도하면서 수취하거나 부채를 이전하면서 지급하게 될 가격 ➡공정가치는 측정일에 재고자산의 주된 시장에서 시장참여자 사이에 일어날 수 있는 그 재고자산을 판매하는 정상거래의 가격을 반영함.
	참고	① 순실현가능가치는 기업특유가치이지만, 공정가치는 기업특유가치가 아님. ② 재고자산의 순실현가능가치는 순공정가치와 일치하지 않을 수도 있음.
기준서 적용범위	적용제외	❖다음은 재고자산기준서의 적용범위에서 제외함. ① 건설계약 및 건설공사와 직접관련된 용역제공계약에서 발생하는 미성공사 ② 금융상품 ③ 농림어업활동과 관련된 생물자산과 수확시점의 농림어업 수확물 •주의 수확시점의 농림어업 수확물은 재고자산기준서 적용범위에서 제외하나('농림어업기준서 적용'), 수확시점후의 농림어업 제품은 재고자산기준서를 적용함. 말장난 수확시점후의 농림어업 제품은 K-IFRS 1002의 적용범위에서 제외된다(X) 보론 농림어업기준서 : 수확시점까지 순공정가치로 측정 재고자산기준서 : 수확시점이후 저가법으로 측정
	측정제외	❖다음에 해당하는 경우에는 측정부분(저가법)만 재고자산기준서의 적용을 제외함. ① 생산자가 해당 산업의 합리적인 관행에 따라 순실현가능가치로 측정하는 농림어업과 삼림 제품, 수확한 농림어업제품 및 광물자원과 광업제품 ➡이 경우 순실현가능가치의 변동분은 변동이 발생한 기간의 손익으로 인식함. ② 순공정가치(공정가치-매각부대원가)로 측정한 일반상품 중개기업의 재고자산 ➡이 경우 순공정가치의 변동분은 변동이 발생한 기간의 손익으로 인식한다. 말장난 커피원두 중개기업이 커피원두를 순공정가치로 측정할 때 순공정가치가 하락한 경우 저가법을 적용한다(X) →∴측정부분은 적용제외되므로 저가법이 적용되지 않음
매출원가 산정	매출원가	•기초재고 + 순매입액 - 기말재고
	CIS 매입액	•총매입 - 매입할인·에누리·환출 ➡즉, 포괄손익계산서 매입액은 순매입액을 의미함.
	CIS 매출액	•총매출 - 매출할인·에누리·환입 ➡즉, 포괄손익계산서 매출액은 순매출액을 의미함.

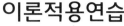

객관식 확인학습 / 이론적용연습

1. 다음 자료에 의해 포괄손익계산서에 보고될 매출액을 구하면 얼마인가?

기초상품재고액	₩240,000
당기상품매입액	₩400,000
기말상품재고액	₩220,000
당기현금매출액	₩100,000
매출총이익	₩180,000
기초매출채권	₩160,000
매출채권회수액	₩520,000
기말매출채권	₩140,000

① ₩250,000   ② ₩350,000   ③ ₩450,000
④ ₩550,000   ⑤ ₩600,000

 내비게이션

• 매출원가 : (240,000+400,000)−220,000=420,000
• 매출액−420,000(매출원가)=180,000(매출총이익)
∴매출액=600,000

2. 다음은 재고자산의 적용범위에 대한 설명이다. 옳지 않은 것은?

① 건설계약 및 건설공사와 직접적으로 관련된 용역제공 계약에서 발생하는 미성공사는 재고자산의 적용범위에서 제외하며, '건설계약'의 적용범위에 해당한다.
② 금융상품은 재고자산의 적용범위에서 제외한다.
③ 농림어업활동과 관련된 생물자산과 수확시점의 농림어업 수확물은 재고자산의 적용범위에서 제외한다.
④ 생산자가 해당 산업의 합리적인 관행에 따라 순실현가능가치로 측정하는 농림어업과 삼림 제품. 수확한 농림어업 제품 및 광물자원과 광업 제품은 재고자산의 적용범위에서 제외한다.
⑤ 순공정가치(공정가치에서 매각부대원가을 차감한 금액)로 측정한 일반상품 중개기업의 재고자산은 재고자산의 측정에 대해 적용이 제외된다.

 내비게이션

• 측정부분(저가법)만 재고자산기준서의 적용을 제외한다.

3. 매입에누리를 영업외수익으로 회계처리한 경우 나타나는 현상으로 틀린것은?

① 매출총이익이 과소계상된다.
② 영업이익이 과소계상된다.
③ 법인세차감전이익이 과소계상된다.
④ 매출원가가 과대계상된다.
⑤ 당기매입액이 과대계상된다.

내비게이션

• 매입에누리를 영업외수익 처리시
당기매입과대 → 매출원가과대 → 매출총이익과소 → 영업이익과소 → 법인세차감전이익에 미치는 영향은 없다.

4. 재고자산과 관련한 설명이다. 틀린 설명은 어느 것인가?

① 완제품이나 생산 중인 재공품은 재고자산에 포함하나 생산에 투입될 원재료나 소모품은 포함하지 않는다.
② 재료원가. 노무원가 및 기타 제조원가 중 비정상적으로 낭비된 부분은 재고자산의 취득원가에 포함될 수 없다.
③ 재고자산은 외부에서 매입하여 재판매하기 위해 보유하는 상품. 토지와 그 밖의 자산을 포함한다.
④ 순실현가능가치는 통상적인 영업과정에서 재고자산의 판매를 통해 실현할 것으로 기대하는 순매각금액을 말한다.
⑤ 재고자산은 취득원가와 순실현가능가치 중 낮은 금액으로 측정한다.

내비게이션

• 생산에 투입될 원재료나 소모품도 재고자산에 포함된다.

이론과기출 제56강 ⊂ **재고자산 포함항목 결정**

| 매입운임 | 선적지인도기준 | •매입자부담 | ☐ 매입자의 재고자산 취득원가에 가산 |
| | 도착지인도기준 | •판매자부담 | ☐ 판매자의 판매비(매출운임)로 계상 |

미착상품	선적지인도기준	매입자	☐ 당기매입 O, 기말재고 O
		판매자	☐ 당기매출 O, 기말재고 X
	도착지인도기준	매입자	☐ 당기매입 X, 기말재고 X
		판매자	☐ 당기매출 X, 기말재고 O

| 위탁품 (적송품) | 수익인식 | •수탁자가 위탁품을 판매한 날 수익인식 |
| | 포함여부 | •수탁자가 판매하기 전까지는 창고에 없어도 위탁자의 기말재고에 포함. |

| 시송품 | 수익인식 | •매입자가 매입의사표시를 한 날 수익인식 |
| | 포함여부 | •매입의사표시 없는 시송품은 창고에 없을지라도 기말재고에 포함. |

| 저당상품 | 거래형태 | •금융기관으로부터 자금을 차입하고 그 담보로 제공된 저당상품을 말함. |
| | 포함여부 | •저당권이 실현되어 소유권이전되기 전까지는 담보제공자의 재고자산에 포함. |

| 반품권있는 판매 | 반품가능성 예측가능 | •기말재고에 포함되지 않음. |

| (차) 매출원가(판매예상분) | xxx | (대) 재고자산 | xxx |
| 반품제품회수권(반품예상분) | xxx | | |

| | 반품가능성 예측불가 | •기말재고에 포함되지 않음. |

| (차) 반품제품회수권(총원가) | xxx | (대) 재고자산 | xxx |

▸주의 ∴반품가능성 예측가능 여부에 관계없이 재고자산에 포함할 금액은 없음.

| 할부판매 상품 | 수익인식 | •장·단기 불문하고 판매시점(인도시점)에서 수익인식 |
| | 포함여부 | •대금회수여부에 관계없이 판매시 재고자산에서 제외 |

| 재매입약정 | 반품권있는 판매로 분류되는 경우 | •기말재고에 포함되지 않음. |
| | 금융약정 등으로 분류되는 경우 | •기말재고에 포함 |

보론 **단가결정방법과 수량결정방법**

단가결정방법 (원가흐름가정)	•K-IFRS는 개별법, 가중평균법, 선입선출법(FIFO)만을 규정함.
	▸주의 후입선출법은 인정되지 않음.
	•표준원가법이나 소매재고법 등의 원가측정방법은 그러한 방법으로 평가한 결과가 실제 원가와 유사한 경우에 편의상 사용할 수 있음.
	•소매재고법은 이익률이 유사하고 품종변화가 심한 다품종 상품을 취급하는 유통업에서 실무적으로 다른 원가측정법을 사용할 수 없는 경우에 흔히 사용함. 재고자산원가는 판매가격을 적절한 총이익률을 반영하여 환원하는 방법으로 결정함. 이때 적용 이익률은 최초판매가격 이하로 가격이 인하된 재고자산을 고려하여 계산하는데, 일반적으로 판매부문별 평균이익률을 사용함.

수량결정방법	계속기록법	• 기초＋당기－판매＝기말수량	∴감모손실만큼 기말수량과대
	실지재고법	• 기초＋당기－기말(실사)＝판매수량	∴감모손실만큼 판매수량과대
	혼 합 법	• 기초＋당기＝판매＋기말(실사)＋감모수량	－

객관식 확인학습 ─ 이론적용연습

1. 재고자산을 실사한 결과, ㈜한국은 20x1년 12월 31일 현재 원가 ₩600,000의 상품을 창고에 보관하고 있다. 다음의 추가 자료를 반영한 후 ㈜한국의 20x1년 올바른 기말상품재고액은 얼마인가? 단, 재고자산감모손실 및 평가손실은 없다고 가정한다.

(1) ㈜한국은 판매자로부터 원가 ₩10,000의 상품을 매입한 후 대금을 완불하였으나 보관창고가 부족하여 20x1년 12월 31일 현재 동 상품을 판매자가 보관하고 있다. ㈜한국은 동 제품을 통제하고 있다.

(2) ㈜한국은 위탁판매거래를 위해 20x1년 11월 중 수탁자에게 원가 ₩20,000의 상품을 적송했는데 20x1년 12월 31일 현재까지 상품이 판매되지 않았다. 적송 시 운임은 발생하지 않았다.

(3) ㈜한국은 20x1년 12월 25일 판매자로부터 선적지인도조건(F.O.B. shipping point)으로 원가 ₩80,000의 상품을 매입하여 20x1년 12월 31일 현재 운송 중에 있으며, 도착예정일은 20x2년 1월 9일이다. 매입 시 운임은 발생하지 않았다.

(4) ㈜한국은 거래처에 원가 ₩40,000의 상품을 ₩48,000에 처분하고 매출로 인식하였다. ㈜한국은 거래처로부터 3개월 후 ₩60,000에 재구매할 수 있는 콜옵션을 보유하고 있다.

(5) ㈜한국은 20x1년 12월 28일 중개업자를 통해 인도결제판매조건으로 원가 ₩30,000의 상품을 판매하여 인도가 완료되었다. 중개업자는 판매대금을 회수하고 대행수수료 ₩5,000을 차감한 후 ㈜한국에 지급한다. ㈜한국 및 중개업자는 20x1년 12월 31일 현재 판매대금 전액을 현금으로 수취하지 못하고 있다.

① ₩700,000 ② ₩740,000 ③ ₩750,000
④ ₩770,000 ⑤ ₩780,000

내비게이션
• (1) 미인도청구판매로서 ㈜한국이 통제하고 있으므로 기말재고에 포함해야 함 & 창고에 없음 →∴가산 10,000
 (2) 미판매분은 포함해야 함 & 창고에 없음 →∴가산 20,000
 (3) 포함해야 함 & 창고에 없음 →∴가산 80,000
 (4) 금융약정으로 분류되므로 포함해야 함 & 창고에 없음→∴가산 40,000
 (5) 인도결제판매로서 인도가 완료되고 현금수취시점이 수익인식시점이므로 포함해야 함 & 창고에 없음 →∴가산 30,000
• 올바른 기말재고
 600,000+10,000+20,000+80,000+40,000+30,000 =780,000

2. ㈜계림은 회계감사를 받기 전, 20x1년 말 현재 재무상태표에 재고자산 ₩5,000,000을 보고하였다. ㈜계림은 실지재고조사법을 사용하여 기말에 창고에 있는 모든 상품만을 기말재고로 보고하였다. 회계감사 도중 공인회계사는 다음 사항을 알게 되었다. 아래 내용을 반영하여 재무상태표에 재고자산을 보고하면 얼마인가?

(1) ㈜계림은 20x1년 10월 8일에 새로 개발된 단위당 원가 ₩100,000의 신상품을 기존의 고객 10명에게 각각 전달하고, 사용해본 후 6개월 안에 ₩150,000에 구입여부를 통보해 줄 것을 요청하였다. 20x1년 12월 31일 현재 4곳으로부터 구입하겠다는 의사를 전달받았고, 나머지 6곳으로부터는 아무런 연락을 받지 못하였다.

(2) ㈜계림은 20x1년 12월 2일 미국의 A사와 프랑스의 B사에 각각 ₩500,000, ₩400,000의 상품을 주문하였다. 동년 12월 30일에 양사로부터 주문한 상품이 선적되었음을 통보받았고, A사에 주문한 상품은 20x2년 1월 2일에, B사에 주문한 상품은 20x2년 1월 27일에, 각각 도착하여 ㈜계림에 인도되었다. A사 상품에 대한 주문조건은 도착지인도조건이고 B사 상품에 대한 주문조건은 선적지인도조건이다.

(3) ㈜계림은 20x1년 12월 15일에 원가 ₩250,000의 상품을 ㈜통성에게 ₩300,000에 판매하였다. 그 대금으로 판매 당일 ₩50,000을 수령하였으며, 나머지는 향후 5개월간 매월 15일에 ₩50,000씩 받기로 하고 상품을 인도하였다.

(4) ㈜계림은 20x1년 12월 20일에 자금이 부족하여 잘 알고 지내는 고객에게 원가 ₩100,000의 상품을 ₩150,000에 판매하여 인도하고, 1개월 후 ₩160,000에 재구매하기로 선도약정을 체결하였다.

(5) ㈜계림은 20x1년 12월 27일에 원가 ₩150,000의 상품을 ㈜한랑에게 ₩200,000에 판매하고 판매대금을 수수하였다. 하지만, ㈜한랑은 20x2년 2월 8일에 동 상품을 인도받기를 위해서 ㈜계림의 창고 한쪽에 따로 보관하고 있다. ㈜한랑은 동 제품을 통제하고 있다.

① ₩5,450,000 ② ₩5,750,000 ③ ₩5,950,000
④ ₩6,850,000 ⑤ ₩7,100,000

내비게이션
• 5,000,000+100,000×6곳(시용판매재고)+400,000(선적지인도조건재고)+100,000(금융약정)−150,000(미인도청구판매재고)=5,950,000

이론과기출 제57강 ▶ 재고자산 취득원가

원칙		❖재고자산의 취득원가는 매입원가, 전환원가(=DL+VOH+FOH) 및 재고자산을 현재의 장소에 현재의 상태로 이르게 하는데 발생한 기타원가 모두를 포함함.
매입원가	항목구성	•매입가격에 수입관세와 제세금(과세당국으로부터 추후 환급받을수 있는 금액은 제외), 매입운임, 하역료, 완제품·원재료·용역의 취득과정에 직접관련 기타원가를 가산한 금액
	차감항목	•매입할인·에누리·환출, 리베이트항목은 매입원가를 결정할때 차감함. 예시 외상매출 ₩1,000(2/10, n/30), 할인기간내 지급(수령)함.

매출자				
(차) 매출채권	1,000	(대) 매출	1,000	
(차) 현금	980	(대) 매출채권	1,000	
매출할인	20			

매입자				
(차) 상품	1,000	(대) 매입채무	1,000	
(차) 매입채무	1,000	(대) 현금	980	
		매입할인	20	

참고 리베이트는 대금자체를 감액하는 매입할인등과 달리 대금지급후 별도로 지급받는 금액을 말하며, 수익으로 인식하지 않고 매입원가에서 차감함.

전환원가 (제조기업)	항목구성	직접노무원가(DL)	•생산량과 직접 관련된 원가
		변동제조간접원가(VOH)	•원재료를 완제품으로 전환하는데 발생하는 고정 및 변동제조간접원가의 체계적인 배부액
		고정제조간접원가(FOH)	
	OH배부	변동제조간접원가(VOH)	•생산설비의 실제사용에 기초하여 각 생산단위에 배부함.
		고정제조간접원가(FOH)	•생산설비의 정상조업도에 기초하여 배부하는데, 실제조업도가 정상조업도와 유사한 경우에는 실제조업도를 사용할 수 있음. 말장난 고정제조간접원가는 실제조업도에 기초하여 배부한다(X)

보론 생산단위당 고정제조간접원가 배부액은 낮은 조업도나 유휴설비로 인해 증가되지 않으며, 배부되지 않은 고정제조간접원가는 발생한 기간의 비용으로 인식함. 그러나 비정상적으로 많은 생산이 이루어진 기간에는, 재고자산이 원가 이상으로 측정되지 않도록 생산단위당 고정제조간접원가 배부액을 감소시켜야함.

기타원가	포함항목	•기타원가는 현재장소에 현재상태로 이르게 하는데 발생한 범위내에서만 원가에 포함됨. ➡예) 특정고객을 위한 비제조간접원가나 제품디자인원가
	비용처리	❖발생기간 비용으로 인식해야 하는 원가의 예는 다음과 같음. ① 재료원가, 노무원가, 기타 제조원가 중 비정상적으로 낭비된 부분 ② 후속 생산단계에 투입하기 전에 보관이 필요한 경우 이외의 보관원가 ③ 재고자산을 현재장소에 현재상태로 이르게 하는데 기여하지않은 관리간접원가 ④ 판매원가 말장난 후속 생산단계에 투입하기 전에 보관이 필요한 경우 보관원가는 비용으로 처리한다(X)
	후불조건	•재고자산을 후불조건으로 취득한 경우, 계약이 실질적으로 금융요소를 포함하고 있다면, 해당 금융요소(예) 정상신용조건의 매입가격과 실제 지급액 간의 차이)는 금융이 이루어 지는 기간 동안 이자비용으로 인식함.

보론 용역제공기업

□용역제공기업이 재고자산을 가지고 있다면, 이를 제조원가로 측정함. 이러한 원가는 주로 감독자를 포함한 용역제공에 직접 관여된 노무원가 및 기타원가와 관련된 간접원가로 구성됨.

객관식 확인학습 ⟩ 이론적용연습

1. 다음은 ㈜서울의 20x1년 단일상품거래와 관련한 자료이다. ㈜서울의 20x1년에 취득한 재고자산의 원가는 얼마인가?

• 기초재고	₩120,000	• 당기매입	₩500,000
• 매입운임	₩15,000	• 취득관련 보험료	₩2,000
• 하역료	₩3,000	• 매입할인	₩2,000
• 재고자산평가손실	₩1,000	• 매입에누리	₩13,000
• 관세납부금	₩7,000	• 관세환급금	₩5,000

① ₩492,000   ② ₩500,000   ③ ₩505,000
④ ₩507,000   ⑤ ₩512,000

📺 낵비게이션
• 500,000(당기매입)+15,000(매입운임)+2,000(취득관련 보험료)+3,000(하역료)-2,000(매입할인)-13,000(매입에누리)+7,000(관세납부금)-5,000(관세환급금)=507,000

2. 재고자산 회계처리에 관한 설명으로 옳지 않은 것은?

① 완성될 제품이 원가 이상으로 판매될 것으로 예상되더라도 생산에 투입하기 위해 보유한 원재료 가격이 현행대체원가보다 하락한다면 평가손실을 인식한다.
② 후속 생산단계에 투입하기 전에 보관이 필요한 경우 이외의 보관원가는 재고자산의 취득원가에 포함할 수 없으며 발생기간의 비용으로 인식한다.
③ 재고자산을 후불조건으로 취득하는 경우 계약이 실질적으로 금융요소를 포함하고 있다면, 해당 금융요소는 금융이 이루어지는 기간 동안 이자비용으로 인식한다.
④ 재고자산을 순실현가능가치로 감액한 평가손실과 모든 감모손실은 감액이나 감모가 발생한 기간에 비용으로 인식한다.
⑤ 당기에 비용으로 인식하는 재고자산 금액은 일반적으로 매출원가로 불리우며, 판매된 재고자산의 원가와 배분되지 않은 제조간접가 및 제조원가 중 비정상적인 부분의 금액으로 구성된다.

📺 낵비게이션
• 완성될 제품이 원가 이상으로 판매될 것으로 예상하는 경우에는 그 생산에 투입하기 위해 보유하는 원재료는 감액하지 아니한다.(후술하는 재고자산평가 참조!)
• K-IFRS 제1002호 재고자산

보론	문단 38
	❑ 당기에 비용으로 인식하는 재고자산 금액은 일반적으로 매출원가로 불리우며, 판매된 재고자산의 원가와 배분되지 않은 제조간접가 및 제조원가 중 비정상적인 부분의 금액으로 구성된다. 또한 기업의 특수한 상황에 따라 물류원가와 같은 다른 금액들도 포함될 수 있다.

3. ㈜국세의 20x1년 기초재고자산은 ₩2,000,000이며, 당기매입액은 ₩12,000,000이다. ㈜국세는 20x1년도 결산을 하는 과정에서 재고자산 실사를 한 결과 ₩1,000,000인 것으로 파악되었다. 20x1년 중에 발생한 아래와 같은 사항을 고려하여 20x1년도 매출원가를 계산하면 얼마인가?(단, 당기 매입에 대한 회계처리는 적절하게 이루어졌으며, 재고자산감모손실과 재고자산평가손실은 없다고 가정한다.)

(1) 20x1년 12월 25일에 ㈜대한으로부터 FOB 선적지인도조건으로 매입한 상품(송장가격: ₩1,500,000)이 20x1년 12월 31일 현재 선박으로 운송 중에 있다. 이 상품은 20x2년 1월 9일에 도착할 예정이다.
(2) 20x1년 12월 30일에 ㈜민국으로부터 FOB 도착지인도조건으로 매입한 상품(송장가격: ₩2,100,000)이 20x1년 12월 31일 현재 항공편으로 운송 중에 있다. 이 상품은 20x2년 1월 2일에 도착할 예정이다.
(3) ㈜국세가 판매를 목적으로 고객에게 발송한 상품(원가: ₩1,500,000) 중 20x1년 12월 31일 현재 원가 ₩1,000,000에 해당하는 상품에 대해서만 고객이 매입의사를 표시하였다.
(4) ㈜국세가 은행에서 자금을 차입하면서 담보로 제공한 재고자산(₩700,000)이 창고에 보관중인데, 재고자산 실사시 이를 포함하였다.

① ₩9,300,000   ② ₩10,300,000   ③ ₩11,000,000
④ ₩11,500,000   ⑤ ₩11,700,000

📺 낵비게이션
• 기말재고 : 1,000,000+1,500,000+(1,500,000-1,000,000)=3,000,000
• 매출원가 : 2,000,000+12,000,000-3,000,000=11,000,000

서술형Correction연습

❑ 고정제조간접원가는 생산설비의 정상조업도에 기초하여 전환원가에 배부하는데 실제조업도에 기초한 배부방법은 사용할 수 없다.

➡ (X) : 실제조업도가 정상조업도와 유사한 경우는 사용할 수 있다.

❑ 재고자산을 후불조건으로 취득하여 실질적으로 금융요소를 포함하고 있다면 해당 금융요소는 재고자산의 취득원가에 포함한다.

➡ (X) : 이자비용으로 인식한다.

시험중요도 ★★★

이론과기출 제58강 ○── 재고자산 원가흐름가정(단위원가결정방법)

적용개요	성격·용도가 유사	•동일한 단위원가 결정방법을 적용하여야 함.
	성격·용도가 상이	•서로 다른 단위원가 결정방법을 적용할 수 있음.

▪주의 그러나, 재고자산의 지역별 위치나 과세방식이 다르다는 이유만으로 동일한 재고자산에 다른 단위원가 결정방법을 적용하는 것이 정당화될 수는 없음.

개별법	적용사례	❖통상적으로 다음의 경우는 개별법을 사용함. ① 상호 교환될 수 없는 재고자산항목의 원가 ② 특정 프로젝트별로 생산되고 분리되는 재화 또는 용역의 원가
	기타사항	•통상적으로 상호교환 가능한 대량의 재고자산항목은 개별법 적용이 적절하지 아니함. ➡∵기말재고로 남아있는 항목을 선택하는 방식을 이용하여 손익을 자의적으로 조정할 수도 있기 때문 •개별법으로 결정할 수 없는 원가는 선입선출법이나 가중평균법을 사용하여 결정함.

선입선출법 (FIFO)

공통사례	매입수량	매출수량	단가	매입액
기초재고(1/1)	200개		@5	₩1,000
매 입(3/4)	300개		@6	₩1,800
매 출(4/5)		300개	@?	
매 입(7/7)	500개		@8	₩4,000
매 출(9/8)		400개	@?	
기말재고(12/31)	300개			합계 : ₩6,800

개요	•먼저 매입된 재고자산이 먼저 판매된다고 가정하는 방법
장점	•물량흐름과 일치하며, 재고자산을 현행원가의 근사치로 평가가능
단점	•수익·비용대응이 부적절하며, 물가상승시 이익이 크게 표시됨.

❖공통사례에의 적용(실사법=계속기록법)

실사법	• 매출원가 : 200개x@5+300개x@6+200개x@8=4,400
	• 기말재고 : 6,800-4,400=2,400
계속기록법	• 매출원가 : 200개x@5+100개x@6+200개x@6+200개x@8=4,400
	• 기말재고 : 6,800-4,400=2,400

가중평균법 (WAM)

개요	•기초재고와 당기중 매입재고자산의 원가를 가중평균하여 단위원가를 결정

❖공통사례에의 적용(실사법≠계속기록법)

실사법 (총평균법)	• 매출원가 : 700개x@6.8[1]=4,760	[1]6,800÷1,000개=@6.8
	• 기말재고 : 6,800-4,760=2,040	
계속기록법 (이동평균법)	• 매출원가 : 300개x@5.6[2]+400개x@7.3[3]=4,600	[2]2,800÷500개=@5.6 [3](200개x@5.6+500개x@8)÷700개 =@7.3
	• 기말재고 : 6,800-4,600=2,200	

상대적크기

기말재고·당기순이익	•선입선출법 〉이동평균법 ≧ 총평균법
매출원가	•선입선출법 〈 이동평균법 ≦ 총평균법
현금흐름(보유현금)	법인세가 없을때	•각방법 동일 ➡∵세금유출이 모두 없음.
	법인세가 있을때	•선입선출법 〈 가중평균법 ➡∵FIFO의 세금유출이 큼.

▪주의 재고자산의 매입단가의 변동이 없다면, 원가흐름에 대한 가정이 매출원가와 기말재고원가 모두에 영향을 미치지 아니함.

객관식 확인학습 — 이론적용연습

1. 재고자산의 회계처리에 관한 설명으로 옳지 않은 것은?

① 재고자산의 단위원가 결정방법으로 후입선출법은 허용되지 않는다.

② 재고자산에 대한 단위원가 결정방법의 적용은 동일한 용도나 성격을 지닌 재고자산에 대해서는 동일하게 적용해야 하나, 지역별로 분포된 사업장이나 과세방식이 다른 사업장간에는 동일한 재고자산이라도 원칙적으로 다른 방법을 적용한다.

③ 재고자산은 서로 유사하거나 관련 있는 항목들을 통합하여 적용하는 것이 적절하지 않는 한 항목별로 순실현가능가치로 감액하는 저가법을 적용한다.

④ 완성될 제품이 원가이상으로 판매될 것으로 예상하는 경우에는 그 제품의 생산에 투입하기 위해 보유하는 원재료는 감액하지 아니한다.

⑤ 재고자산의 감액을 초래했던 상황이 해소되거나 경제상황의 변동으로 순실현가능가치가 상승한 명백한 증거가 있는 경우에는 최초의 장부금액을 초과하지 않는 범위내에서 평가손실을 환입한다.

📻 **내비게이션**
• 지역별 위치나 과세방식이 다르다는 이유만으로 동일한 재고자산에 다른 단위원가 결정방법을 적용하는 것이 정당화될 수는 없다.

2. 다음은 ㈜합격의 20x1년도 매입과 매출에 관한 자료이다. 재고자산의 평가방법으로 가중평균법을 적용하고 있다. 실지재고조사법 또는 계속기록법을 적용한다고 가정할 경우 20x1년의 매출원가는 각각 얼마인가? 단, 장부상 재고와 실지재고는 일치한다.

일자	적요	수량	단가	금액
1/1	기초재고	100개	₩50	₩5,000
3/1	매입	200개	₩65	₩13,000
5/1	매출	(200개)		
7/1	매입	200개	₩75	₩15,000
9/1	매출	(100개)		
10/1	매입	50개	₩77	₩3,850

	실지재고조사법	계속기록법
①	₩16,750	₩17,850
②	₩16,750	₩19,000
③	₩19,000	₩20,100
④	₩20,100	₩17,850
⑤	₩20,100	₩19,000

📻 **내비게이션**
• 실지재고조사법(총평균법)
  ① 평균단가 : (5,000+13,000+15,000+3,850) ÷ (100개+200개+200개+50개)=@67
  ② 매출원가 : (200개+100개)x@67=20,100
• 계속기록법(이동평균법)
  ① 평균단가
    5월 1일 현재 : (5,000+13,000) ÷ (100개+200개)=@60
    9월 1일 현재 : (100개×@60+15,000) ÷ (100개+200개)=@70
  ② 매출원가 : 200개x@60+100개x@70=19,000

3. ㈜합격의 20x1년 상품의 매입과 매출에 관한 자료가 다음과 같을 때, 선입선출법, 총평균법에 의한 매출원가는 각각 얼마인가?

일자	수량	단가	금액
기초재고(1/1)	100개	₩50	₩5,000
매입(3/1)	200개	₩65	₩13,000
매출(5/1)	(250개)	?	
매입(7/1)	200개	₩75	₩15,000
매출(9/1)	(100개)	?	

	선입선출법	총평균법
①	₩21,750	₩21,750
②	₩21,750	₩23,100
③	₩23,100	₩21,750
④	₩23,100	₩23,100
⑤	₩23,100	₩20,100

📻 **내비게이션**
• 선입선출법
  – 매출원가 : (100x50+150x65)+(50x65+50x75)=21,750
• 총평균법(실사법)
  – 총평균단가 : (5,000+13,000+15,000) ÷ (100개+200개+200개)=@66
  – 매출원가 : (250개+100개)x@66=23,100

서술형Correction연습

❏ 통상적으로 상호 교환될 수 없는 재고자산항목의 원가와 특정 프로젝트별로 생산되고 분리되는 재화 또는 용역의 원가는 선입선출법을 사용하여 결정한다.

➡ (X) : 선입선출법(X) → 개별법(O)

제1편 Mainplot [주요논제]
제2편 Subplot [특수논제]
함정부록1 기출유형별 필수문제
함정부록2 실전적중모의고사

시험중요도 ★★☆

이론과기출 제59강 ○ 재고자산평가

저가법	저가법의 의의	• 자산의 장부금액은 판매나 사용으로부터 실현될 것으로 기대되는 금액을 초과하여서는 않됨. 따라서, 재고자산의 순실현가능가치가 취득원가 이하로 하락하여 재고자산의 원가를 회수하기 어려운 경우(후술 '적용사유')에는 순실현가능가치로 감액함.
	적용단위	• 저가법은 항목별로 적용함. ➡ 그러나 경우에 따라서는 서로 유사하거나 관련있는 항목들을 통합하여 적용하는 것이 적절할 수 있음. ▪주의 완제품 또는 특정 영업부문에 속하는 모든 재고자산과 같은 분류에 기초하여 저가법을 적용하는 것은 적절하지 아니함. 말장난 재고자산의 감액은 일반적으로 완제품 또는 특정 영업부문이 속하는 모든 재고자산과 같이 재고자산 전체분류에 대하여 이루어진다(X)
	재평가(환입)	• 재고자산의 감액을 초래했던 상황이 해소되거나 경제상황의 변동으로 순실현가능가치가 상승한 명백한 증거가 있는 경우에는 최초의 장부금액을 초과하지 않는 범위 내에서 평가손실을 환입함. ➡ 새로운 장부금액은 취득원가와 수정된 순실현가능가치 중 작은 금액이 됨.
순실현 가능가치	비교사항	순실현가능가치 · 예상판매가 − (예상추가완성원가 + 예상판매비용)
		현행대체원가 · 현재시점에서 구입하는데 소요되는 금액
		공정가치 · 측정일에 시장참여자 사이의 정상거래에서 자산을 매도하면서 수취하거나 부채를 이전하면서 지급하게 될 가격
		순공정가치 · 공정가치 − 매각부대원가
	추정방법	• 순실현가능가치를 추정할 때에는 재고자산으로부터 실현가능한 금액에 대하여 추정일 현재 사용가능한 가장 신뢰성 있는 증거에 기초하여야함. ➡ 보고기간후 사건이 보고기간말 존재하는 상황에 대하여 확인하여주는 경우에는 그 사건과 직접 관련된 가격이나 원가의 변동을 고려하여 추정하여야함.
	원재료·소모품	순실현가능가치 · 원재료의 순실현가능가치 = 현행대체원가
		저가법적용배제 · 완성될 제품이 원가이상으로 판매될 것으로 예상하는 경우에는 그 생산에 투입하기 위해 보유하는 원재료 등을 감액치 않음.
확정판매계약	계약수량	• 순실현가능가치는 계약가격(판매비용차감액)에 기초함. 말장난 순실현가능가치는 일반판매가격에 기초한다(X)
	계약초과수량	• 순실현가능가치는 일반판매가격(판매비용차감액)에 기초함.

▶ 사례 **확정판매계약의 저가법 적용**

❂ 기말제품의 수량은 1,400개, 총평균법을 적용한 제품의 단위당원가는 @300
❂ 제품 1,000개는 단위당 @250에 판매하기로 계약이 확정되어 있음.
❂ 제품의 기말현재 일반판매가격은 @350이다.

구분	수량	단위당원가	순실현가능가치	평가손실
계약수량	1,000개	@300	@250(계약가격)	50,000
계약초과수량	400개	@300	@350(일반판매가격)	–
계				50,000

객관식 확인학습 · 이론적용연습

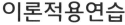

1. ㈜한국은 하나의 원재료를 가공하여 제품을 생산하고 있다. ㈜한국은 재고자산에 대하여 실지재고조사법과 가중평균법을 적용하고 있다. 다만, ㈜한국은 감모손실을 파악하기 위하여 입·출고수량을 별도로 확인하고 있다. ㈜한국의 원재료와 제품재고 등에 대한 정보는 다음과 같다. 동 재고자산과 관련하여 ㈜한국의 20x1년도 재고자산평가손실과 재고자산감모손실 합계액은 얼마인가?

(1) 원재료
 • 20x1년초 장부금액은 ₩25,000(수량 500단위, 단가 ₩50)이며, 20x1년도 매입액은 ₩27,000(수량 500단위, 단가 ₩54)이다.
 • 입·출고기록에 의한 20x1년말 원재료 재고수량은 500단위이나 재고조사 결과 460단위가 있는 것으로 확인되었다.
 • 20x1년말 원재료 단위당 현행대체원가는 ₩500이다.
(2) 제품
 • 20x1년초 장부금액은 ₩100,000(수량 500단위, 단가 ₩200)이며, 20x1년도 당기제품제조원가는 ₩200,000(수량 500단위, 단가 ₩400)이다.
 • 입·출고기록에 의한 20x1년말 제품 재고수량은 200단위이나 재고조사 결과 150단위가 있는 것으로 확인되었다.
 • 20x1년말 제품의 단위당 판매가격은 ₩350이며, 단위당 판매비용은 ₩300이다.
(3) 기타
 • 20x0년말까지 재고자산평가손실은 발생하지 않았다.

① ₩15,600   ② ₩16,000   ③ ₩16,420
④ ₩17,080   ⑤ ₩18,000

• 단위당 원가
 ㉠ 원재료 : (25,000+27,000) ÷ 1,000단위=52
 ㉡ 제 품 : (100,000+200,000) ÷ 1,000단위=300
• 제품이 원가 이상으로 판매될 것이 예상되는 경우에는 그 생산에 투입하기 위해 보유하는 원재료에 대해서는 평가손실을 인식하지 않는다. 즉, 제품의 순실현가치(320)가 원가(300)보다 크므로 평가손실로 인식할 금액은 원재료, 제품 모두 없다.
∴ 감모손실 : (500-460)×52+(200-150)×300=17,080

2. 상품매매업을 하는 ㈜한국은 확정판매계약(최소불능계약)에 따른 판매와 시장을 통한 판매를 동시에 실시하고 있다. 다음은 ㈜한국의 20x1년 말 보유 중인 재고내역이다.

종목	실사수량	단위당 취득원가	단위당 정상판매가격
상품A	100개	₩150	₩160
상품B	200개	₩200	₩230
상품C	300개	₩250	₩260

㈜한국의 경우 확정판매계약에 따른 판매의 경우에는 판매비용이 발생하지 않으나, 시장을 통해 판매하는 경우에는 상품의 종목과 관계없이 단위당 ₩20의 판매비용이 발생한다. 재고자산 중 상품B의 50%와 상품C의 50%는 확정판매계약을 이행하기 위하여 보유하고 있는 재고자산이다. 상품B의 단위당 확정판매계약가격은 ₩190이며, 상품C의 단위당 확정판매계약가격은 ₩230이다. 재고자산평가와 관련한 20x1년도 당기손익은? (단, 재고자산의 감모는 발생하지 않았다.)

① ₩5,000 손실   ② ₩5,500 이익   ③ ₩6,500 손실
④ ₩7,500 이익   ⑤ ₩8,000 손실

• 평가손실 계산

구분		수량	단위당원가	NRV	평가손실
A	확정	–			
	기타	100개	150	160-20=140	100개×10=1,000
B	확정	200×50%=100개	200	190	100개×10=1,000
	기타	200×50%=100개	200	230-20=210	–
C	확정	300×50%=150개	250	230	150개×20=3,000
	기타	300×50%=150개	250	260-20=240	150개×10=1,500
계					6,500

서술형Correction연습

☐ 재고자산의 감액을 초래했던 상황이 해소되거나 경제상황의 변동으로 순실현가능가치가 상승한 명백한 증거가 있는 경우에는 순실현가능가치가 상승한 금액만큼 재고자산의 장부금액을 증가시킨다.

▶ (X) : 최초의 장부금액을 초과하지 않는 범위 내에서 평가손실을 환입한다.

이론과기출 제60강 ◯ 재고자산감모손실·평가손실

개요	기말재고장부원가 (장부수량×단위당원가)	기말재고실제원가 (실제수량×단위당원가)	기말재고시가 (실제수량×단위당시가)
	'감모손실'	'평가손실'	

감모손실	감모손실	•장부상수량에 대한 취득원가 – 실제수량에 대한 취득원가	
	회계처리	•재고자산감모손실의 과목으로하여 당기비용으로 처리하거나 매출원가로 처리	

(차) 재고자산감모손실(매출원가)	×××	(대) 재고자산	×××

▶저자주 문제에서 '원가성이 있다(정상감모)'는 단서가 주어지면 매출원가로 처리합니다!

평가손실	저가법	•시가하락시 평가손실은 인식하나, 평가이익은 인식치 않는 방법('보수주의') •항목별 또는 유사항목을 통합(조별)하여 저가법 적용함. ➡ 주의 총액기준은 적용불가!
	저가법 적용사유	❖다음의 경우 순실현가능가치로 감액하는 저가법을 적용함. ① 물리적으로 손상된 경우 ② 완전히 또는 부분적으로 진부화 된 경우 ③ 판매가격이 하락한 경우 ④ 완성하거나 판매하는데 필요한 원가가 상승한 경우

		일반적인 경우	순실현가능가치	•판매로 실현을 기대하는 순매각금액 ➡ 즉, '예상판매금액−추가예상원가와 판매비용'
적용시가		원재료	현행대체원가	•현재 매입하거나 재생산하는데 소요되는 금액
		확정판매계약	① 계약분 : 계약금액 ② 계약초과분 : 일반판매가격	

▶주의 완성될 제품이 원가이상으로 판매예상하는 경우에는 그 생산에 투입하기 위해 보유하는
원재료를 감액하지 않음.(즉, 평가손실을 인식하지 않음.) 그러나 원재료 가격이 하락하여
('하락하고'를 잘못 번역함) 제품의 원가가 순실현가능가치를 초과할 것으로 예상된다면
해당 원재료를 순실현가능가치로 감액함.

회계처리	•재고자산평가손실의 과목으로하여 당기비용으로 처리하거나 매출원가로 처리

(차) 재고자산평가손실(매출원가) ×××	(대) 재고자산평가충당금(재고자산차감) ×××

기초재고+당기매입=매출원가(구)+평가손실+정상감모손실+비정상감모손실+기말재고[*]

'매출원가(신)'

➡ [*]기말재고 : 감모/평가손/조정액 반영후 금액

▶ 사례 감모손실과 평가손실 회계처리

◐ 기초상품은 ₩600,000, 당기매입은 ₩2,800,000, 장부상 기말상품은 2,000개(단가 @400), 실제 기말상품
1,800개(단가 순실현가능가치 @360)이다.(감모손실, 평가손실은 매출원가처리함)

매출원가 산정분개	(차) 매출원가	600,000	(대) 상품(기초)	600,000
	매출원가	2,800,000	매입	2,800,000
	상품(기말)	800,000[1]	매출원가	800,000
감모손실	(차) 재고자산감모손실(매출원가)	80,000[2]	(대) 상품	80,000
평가손실	(차) 재고자산평가손실(매출원가)	72,000[3]	(대) 재고자산평가충당금	72,000

[1]2,000개×@400=800,000 [2](2,000개−1,800개)×@400=80,000 [3]1,800개×(@400−@360)=72,000

객관식 확인학습

이론적용연습

1. ㈜국세는 상품재고자산의 단위원가 결정방법으로 매입시마다 평균을 계산하는 가중평균법을 채택하고 있다. ㈜국세의 20x1년 상품재고자산과 관련된 자료는 다음과 같다.

구분	수량	단위당원가
기초재고(1월 1일)	200개	₩100
매입(2월 10일)	200개	₩200
매출(5월 1일)	300개	
매입(12월 1일)	100개	₩300
장부상 기말재고	200개	
실사결과 기말재고	150개	

20x1년 말 현재 상품재고자산의 단위당 순실현가능가치가 ₩200이라면 ㈜국세가 20x1년에 인식하여야 할 재고자산감모손실과 재고자산평가손실은 각각 얼마인가? (단, 20x1년 기초재고의 단위당 원가와 순실현가능가치는 동일하였다고 가정한다.)

	재고자산감모손실	재고자산평가손실
①	₩9,000	₩3,750
②	₩9,000	₩6,000
③	₩10,000	₩5,000
④	₩11,250	₩3,750
⑤	₩11,250	₩5,000

📺 내비게이션

• 장부상 기말재고 단가계산

– 2/10 이동평균 : $\dfrac{200 \times 100 + 200 \times 200}{200 + 200} = 150$

– 12/1 이동평균 : $\dfrac{100 \times 150 + 100 \times 300}{100 + 100} = 225$

장부	실제	시가
200개x225	150개x225	150개x200

감모손실 11,250　　평가손실 3,750

2. (주)합격의 재고자산과 관련된 자료는 다음과 같으며, 원재료 X는 제품 P에 투입되고 원재료 Y는 제품 Q에 투입된다고 할때 (주)합격이 계상할 재고자산평가손실은 얼마인가?

재고자산	원가	현행대체원가	순실현가능가치
원재료X	₩36,000	₩30,000	?
원재료Y	₩52,000	₩50,000	?
제 품P	₩259,000	₩252,000	₩247,000
제 품Q	₩128,000	₩129,000	₩131,000

① ₩9,000　　② ₩12,000　　③ ₩15,000
④ ₩18,000　　⑤ ₩20,000

📺 내비게이션

• 원재료X는 현행대체원가로 저가법을 적용하며, 원재료Y를 투입하여 완성할 제품Q의 시가가 원가보다 큰 경우에는 원재료Y에 대하여는 저가법으로 감액하지 않는다.
• 재고자산평가손실

원재료X : 36,000-30,000=　　6,000
제품P　: 259,000-247,000= 12,000
　　　　　　　　　　　　　　　18,000

3. ㈜합격이 보유한 기말 재고자산과 관련된 다음의 자료에 의해 항목별기준과 조별기준에 의한 재고자산평가손실을 각각 구하면 얼마인가?

종류	원가	현행대체원가	순실현가능가치
원재료	₩150,000	₩120,000	₩130,000
재공품	₩30,000	₩10,000	₩40,000
제품	₩220,000	₩160,000	₩190,000
상품	₩130,000	₩100,000	₩110,000

	항목별기준	조별기준
①	₩70,000	₩50,000
②	₩70,000	₩60,000
③	₩70,000	₩70,000
④	₩80,000	₩50,000
⑤	₩80,000	₩70,000

📺 내비게이션

• 항목별기준 : 80,000
원재료(150,000-120,000)+제품(220,000-190,000)+상품(130,000-110,000)=80,000
• 조별기준 : ㉠+㉡=70,000
㉠ 원재료·재공품·제품 : (150,000+30,000+220,000)-(120,000+40,000+190,000)=50,000
㉡ 상품 : 130,000-110,000=20,000

서술형Correction연습

□ 재고자산의 순실현가능가치가 취득원가보다 하락한 경우에 적용하는 저가법은 항목별, 조별 및 총계기준 중 선택하여 적용할 수 있다.

↩ (X) : 총계기준은 적용할 수 없다.

이론과기출 제61강 ○─ 재고자산 비용의 구성

분석방법	

보론 포괄손익계산서상 매출원가 표시 : '매출원가(신)' ⇒Ⓐ에서 Ⓑ를 차감하여 표시함.

사례 재고자산평가시 총비용 계산①

❖기초상품재고액 ₩1,240,000, 당기순매입액은 ₩24,380,0000이다. 당기비용으로 보고할 금액은?

상품	장부상재고	실제재고	단위당원가	판매단가	단위당추정판매비
A	1,000단위	900단위	₩900	₩950	₩100
B	800단위	750단위	₩700	₩800	₩50

세부고찰 I

풀이

• 매출원가(구) : 1,240,000+24,380,000−(1,000단위x@900+800단위x@700)=24,160,000
• 재고자산감모손실 : [1,000단위x@900−900단위x@900]+[800단위x@700−750단위x@700]=125,000
• 재고자산평가손실 : 900단위x@900−900단위x(@950−@100)=45,000 ∴합계=24,330,000

사례 재고자산평가시 총비용 계산②

❖ 다음 재고자산과 관련된 자료에 의해 20x1년 포괄손익계산서에 인식할 비용총액을 구하면? 단, 기초재고는 ₩210,000, 당기매입액은 ₩1,740,0000이다.

(1) 10월에 20x2년 ₩60,000에 재매입하기로 약정(콜옵션보유)하고 원가 ₩45,000(판매가 ₩50,000)의 상품을 인도하였다.
(2) 11월에 위탁판매를 위해 원가 ₩300,000의 상품을 발송하였으며 수탁자는 당기말까지 이 중 75%를 판매하였다.
(3) 20x1년말 정상감모손실(매출원가)은 ₩15,000, 비정상감모손실은 ₩24,0000이다.
(4) 기말재고 창고 실사금액은 ₩450,0000이며, 20x1년말 재고자산평가손실은 ₩105,0000이다.

세부고찰 II

풀이

• 기말재고(감모/평가손/조정액 반영후) : (450,000−105,000)+45,000+300,000x25%=465,000
∴총비용 : (210,000+1,740,000)−465,000=1,485,000

사례 기말재고와 매출원가 추정

❖다음 자료에 의한 기말재고와 매출원가는? 단, 정상감모와 평가손실은 매출원가로 처리한다.

(1) 기초재고 ₩78,000   (2) 당기매입액 ₩150,000
(3) 취득원가로 파악한 기말재고액 ₩43,500   (4) 수량감소를 조정한 후 순실현가능가치 ₩39,000
(5) 정상감모손실 ₩2,000, 비정상감모손실 ₩1,000, 재고자산평가손실 ₩1,500

세부고찰 III

풀이

• '취득원가로 파악한 기말재고=정상감모손실+비정상감모손실+평가손실+기말재고'에서,
• 기말재고 : 43,500−2,000−1,000−1,500=39,000, 매출원가 : (78,000+150,000)−(1,000+39,000)=188,000

 객관식 확인학습

 이론적용연습

1. ㈜세무의 20x1년도 및 20x2년도 상품 관련 자료는 다음과 같다.

> (1) 20x1년도 기말재고자산 : ₩4,000,000(단위당 원가 ₩1,000)
> (2) 20x2년도 매입액 : ₩11,500,000(단위당 원가 ₩1,250)
> (3) 20x2년도 매출액 : ₩15,000,000

20x2년 말 장부상 상품수량은 4,000개였으나, 실지재고조사 결과 기말수량은 3,500개로 확인되었다. 20x2년 말 현재 보유하고 있는 상품의 예상 판매가격은 단위당 ₩1,500이며, 단위당 ₩300의 판매비용이 예상된다. ㈜세무가 선입선출법을 적용할 때, 20x2년도에 인식할 당기손익은?

① ₩3,000,000 이익   ② ₩3,700,000 이익
③ ₩3,875,000 이익   ④ ₩4,300,000 이익
⑤ ₩4,500,000 이익

냅빅게의셉
• 기초재고[4,000,000]+당기매입[11,500,000]=총비용[매출원가(구)+평가손실+정상감모+비정상감모]+기말재고[감모/평가손/조정액 반영후금액]
• 기말재고[감모/평가손/조정액 반영후금액]
  3,500개x(1,500-300)=4,200,000
• 4,000,000+11,500,000=총비용+4,200,000 →총비용=11,300,000
∴15,000,000-11,300,000=3,700,000

2. ㈜대한의 20x1년도 재고자산(상품A)과 관련된 자료가 다음과 같을 때, 20x1년도에 매출원가, 감모손실, 평가손실로 인식할 비용의 합계액은?

> (1) 기초재고 ₩700,000(재고자산평가충당금 ₩0)
> (2) 매입액 ₩6,000,000, 매출액 ₩8,000,000
> (3) 기말재고 :
>   – 장부수량 3,000개, 개당 취득원가 ₩200
>   – 실사수량 2,500개, 개당 순실현가능가치 ₩240
> *재고자산 감모 분 중 50%는 정상적인 것으로 판단되었다.

① ₩6,000,000   ② ₩6,050,000   ③ ₩6,100,000
④ ₩6,150,000   ⑤ ₩6,200,000

냅빅게의셉
• 기초재고[700,000]+당기매입[6,000,000]=총비용[매출원가(구)+평가손실+정상감모+비정상감모]+기말재고[감모/평가손/조정액 반영후금액]
• 기말재고[감모/평가손/조정액 반영후금액]
  2,500개x200=500,000
∴700,000+6,000,000=총비용+500,000 →총비용=6,200,000

3. ㈜대한은 재고자산과 관련하여 실지재고조사법을 사용하고 있으며 이와는 별도로 입·출고 수량에 대한 기록을 병행하고 있다. ㈜대한의 20x1년도 재고자산과 관련된 자료는 다음과 같다.

> (1) ㈜대한의 20x1년 초 재무상태표상 상품재고액은 ₩70,000이며, 당기 순매입액은 ₩580,0000이다.
> (2) ㈜대한은 20x1년 10월 초에 ㈜소한에게 원가 ₩100,000의 상품을 발송하였으며, 발송운임은 발생하지 않았다. ㈜소한은 20x1년 12월 중순에 수탁받은 상품의 75%를 판매하였다고 ㈜대한에 통보하였다. ㈜대한은 이에 대한 회계처리를 적절히 수행하였다. ㈜소한은 기말 현재 수탁상품 중 미판매분을 보유하고 있다.
> (3) ㈜대한이 20x1년 12월 말에 장부상 기말재고 수량과 실사 재고수량을 비교한 결과, 정상적인 감모손실(매출원가에 가산)은 ₩5,0000이며 비정상적인 감모손실(별도 비용으로 계상)은 ₩8,0000이다.
> (4) ㈜대한이 20x1년 12월 말 창고에 있는 기말재고를 실사한 금액은 ₩150,0000이며, 이 금액은 재고자산에 대한 기말 평가를 하기 전의 금액이다. 기초 재고자산평가충당금이 없으며, 기말에 계산된 재고자산평가손실은 ₩35,000이다.

위 거래와 관련하여 ㈜대한의 20x1년도 포괄손익계산서에 인식할 비용총액은 얼마인가?

① ₩456,000   ② ₩465,000   ③ ₩478,000
④ ₩480,000   ⑤ ₩510,000

냅빅게의셉
• 기초재고[70,000]+당기매입[580,000]=총비용[매출원가(구)+평가손실+정상감모+비정상감모]+기말재고[감모/평가손/조정액 반영후금액]
• 기말재고[감모/평가손/조정액 반영후금액]
  150,000-35,000+100,000x25%=140,000
∴70,000+580,000=총비용+140,000 →총비용=510,000

서술형Correction연습

☐ 원재료 가격이 하락하여 제품의 원가가 순실현가능가치를 초과할 것으로 예상되더라도 해당 원재료를 순실현가능가치로 감액하지 않는다.

➡ (X) : 순실현가능가치로 감액한다.

이론과기출 제62강 ─ 재고자산의 후속평가

재고자산 평가충당금 전입·환입	전입	•기말 평가손실을 별도계산하여 기초·기말평가충당금의 차액을 보충법으로 추가설정함. **예시** 기초평가충당금 10, 기말시점에 계산한 평가충당금이 30인 경우 →(차) 재고자산평가손실(매출원가) 20 (대) 재고자산평가충당금 20
	환입	•기말 평가손실을 별도계산하여 기초·기말평가충당금의 차액을 보충법으로 환입함. •재고자산평가충당금환입액은 환입이 발생한 기간의 비용으로 인식된 재고자산 금액의 차감액 으로 인식함. ➡즉, 일반적으로 매출원가에서 차감함. **예시** 기초평가충당금 50, 기말시점에 계산한 평가충당금이 30인 경우 →(차) 재고자산평가충당금 20 (대) 재고자산평가충당금환입(매출원가) 20

▼사례 재고자산평가충당금의 후속 회계처리 ◀

❂ 20x1년 : 기초상품은 ₩600,000, 당기매입은 ₩2,800,000, 장부상 기말상품은 2,000개(단가 @400), 실제 기말상품 1,800개(단가 순실현가능가치 @360)이다.(감모손실, 평가손실은 매출원가처리함)
❂ 20x2년 : 당기매입은 ₩3,800,000, 장부상 기말상품은 1,200개(단가 @400), 실제 기말상품 1,100개(단가 순실현가능가치 @360)이다.(감모·평가손실·환입은 매출원가처리)

세부고찰

•20x1년 회계처리

장부	실제	시가
2,000개x400=800,000	1,800개x400=720,000	1,800개x360=648,000

감모손실 80,000   평가손실 72,000

매출원가 산정분개	(차) 매출원가	600,000	(대) 상품(기초)	600,000
	매출원가	2,800,000	매입	2,800,000
	상품(기말)	800,000	매출원가	800,000
감모손실	(차) 매출원가(감모손실)	80,000	(대) 상품	80,000
평가손실	(차) 매출원가(평가손실)	72,000	(대) 재고자산평가충당금	72,000

•20x2년 회계처리

장부	실제	시가
1,200개x400=480,000	1,100개x400=440,000	1,100개x360=396,000

감모손실 40,000   평가손실 44,000

매출원가 산정분개	(차) 매출원가	720,000	(대) 상품(기초)	720,000
	매출원가	3,800,000	매입	3,800,000
	상품(기말)	480,000	매출원가	480,000
감모손실	(차) 매출원가(감모손실)	40,000	(대) 상품	40,000
평가손실	(차) 재고자산평가충당금	28,000	(대) 매출원가(환입)	28,000[*)]

[*)]72,000(기초평가충당금)−44,000(기말평가충당금)=28,000

참고 재고자산 비용의 구성

☐후속평가에 대하여는 전술한 '재고자산 비용의 구성'에서의 표에 의해 총비용과 기말재고를 계산해서
는 안되며, 위의 회계처리를 통해 직접 계산해야함.

㉠ 20x2년 총비용 : (720,000+3,800,000−480,000)+40,000−28,000=4,052,000
㉡ 20x2년 기말재고 : 480,000−40,000−(72,000−28,000)=396,000

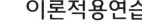

객관식 확인학습 ─ **이론적용연습**

1. ㈜한국의 20x1년 말 재고자산의 취득원가는 ₩200,000, 순실현가능가치는 ₩160,000이다. 20x2년 중 재고자산을 ₩1,600,000에 매입하였다. 20x2년 말 장부상 재고자산수량은 200단위지만 재고실사 결과 재고자산수량은 190단위(단위당 취득원가 ₩2,200, 단위당 순실현가능가치 ₩1,900)였다. 회사는 재고자산으로 인한 당기비용 중 재고자산감모손실을 제외한 금액을 매출원가로 인식할 때, 20x2년 매출원가는? (단, 20x1년 말 재고자산은 20x2년에 모두 판매되었다.)

① ₩1,377,000　　② ₩1,394,000　　③ ₩1,399,000
④ ₩1,417,000　　⑤ ₩1,421,000

 내비게이션

• 20x1년말 평가충당금 : 200,000-160,000=40,000
• 20x2년 회계처리

장부	실제	시가
200단위x2,200 =440,000	190단위x2,200 =418,000	190단위x1,900 =361,000

감모손실 22,000　　평가손실 57,000

매출원가 산정분개	(차) 매출원가　　200,000 　　　매출원가　1,600,000 　　　상품(기말)　440,000	(대) 상품(기초)　　200,000 　　　매입　　　1,600,000 　　　매출원가　　440,000
감모손실	(차) 감모손실　　22,000 　　　(영업외비용)	(대) 상품　　　　22,000
평가손실	(차) 매출원가　　17,000	(대) 평가충당금　17,000*)

*)추가설정 : 57,000(기말평가충당금)-40,000(기초평가충당금)=17,000
→매출원가 : 200,000+1,600,000-440,000+17,000=1,377,000

2. ㈜한국이 보유하고 있는 재고자산의 품목(A)와 품목(B)는 서로 다른종목이며, 재고자산을 저가법으로 평가할 때 종목기준을 적용하고 있다. 20x1년의 기초재고자산은 ₩200,000이며 20x1년 중에 매입한 재고자산의 품목(A)와 품목(B)의 합계는 총 ₩6,000,000이다. 단, 기초의 재고자산평가충당금은 없다. 아래에서는 ㈜한국이 20x1년 12월 31일 현재 실지재고조사를 통해 보유중인 재고자산의 수량 및 단위당 가치에 대한 현황을 나타내고 있다.

항목	장부수량	실제수량	단위당 취득원가	단위당 순실현가치
품목(A)	500개	400개	₩400	₩450
품목(B)	500개	450개	₩100	₩80

㈜한국이 재고자산과 관련하여 20x1년도에 당기비용으로 인식할 금액은 얼마인가? 만약 20x2년 12월 31일 현재 재고자산 품목(B)의 단위당 순실현가능가치가 ₩120으로 회복될 경우, 재고자산평가손실환입액으로 인식할 금액은 얼마인가? 단, ㈜한국은 판매가격의 하락으로 인해 감액된 재고자산 품목(B)의 수량을 20x2년 12월 31일까지 계속 보유하고 있으며, 20x2년도 중 품목(B)의 추가취득은 없다고 가정한다.

	20x1년도 당기비용	20x2년도 품목(B)의 재고자산평가손실환입액
①	₩5,900,000	₩18,000
②	₩5,950,000	₩18,000
③	₩5,959,000	₩9,000
④	₩5,995,000	₩9,000
⑤	₩6,004,000	₩9,000

 내비게이션

• 기초재고[200,000]+당기매입[6,000,000]=총비용[매출원가(구)+평가손실+정상감모+비정상감모]+기말재고[감모/평가손/조정액 반영후금액]
　－ 기말재고[감모/평가손/조정액 반영후금액] : ㉠+㉡=196,000
　　　㉠ 품목(A) : 400개x400=160,000
　　　㉡ 품목(B) : 450개x80=36,000
　→∴200,000+6,000,000=총비용+196,000 →총비용=6,004,000
• 환입액 : 기초충당금(450개x20)-기말충당금(0)=9,000

이론과기출 제63강 ○ 재고자산원가의 추정 : 매출총이익률법

매출총이익률법	개요	• 회계기준상으로 인정된 방법은 아니지만, 실무적으로 매출총이익률을 사용하여 재고자산금액을 추정하는 방법으로 천재, 지변, 도난, 화재등으로 인한 재고손실액을 계산하기 위해 주로 사용됨.	
	산식적용	매출총이익률이 주어질때	• 매출총이익률 $= \dfrac{\text{매출총이익}}{\text{매출액}}$ $= \dfrac{\text{매출액} - \text{매출원가}}{\text{매출액}}$ $= 1 - \dfrac{\text{매출원가}}{\text{매출액}}$ ➡ ∴매출원가 = 매출액 × (1 − 매출총이익률)
		원가가산이익률(=원가대비매출총이익률)이 주어질때	• 매출원가 + 매출원가 × 원가가산이익률 = 매출액 ➡ 원가가산이익률 $= \dfrac{\text{매출총이익}}{\text{매출원가}}$ ➡ ∴매출원가 $= \dfrac{\text{매출액}}{1 + \text{원가가산이익률}}$
	계산절차	매출원가계산	• 매출원가 = 매출액 × (1 − 매출총이익률) • 매출원가 $= \dfrac{\text{매출액}}{1 + \text{원가가산이익률}}$ ➡ ∴기말재고 = (기초 + 당기매입) − 매출원가
		화재손실액계산	• 화재손실액 = 기말재고 − 화재후 파손품평가액

사례 천재·지변 재고자산손실액 계산

❖ (주)피박은 전자제품유통을 주업으로 하고 있는 회사로 20x1년 9월 22일 태풍으로 인하여 상품을 보관중인 창고가 피해를 입게 되었다. 재해로 인하여 보유중인 모든 전자제품이 피해를 입었으며, 동 전자제품을 모두 처분하는 경우 처분가치는 ₩220,0000이다.
피해일 현재, 일본으로부터 목적지(도착지)인도조건으로 매입 중인 운송상품 ₩270,0000이 있다.
(주)피박의 재고자산과 관련된 자료들은 다음과 같으며, 회사의 매출총이익률이 35%라고 할 경우 (주) 피박이 태풍으로 인하여 피해를 입은 금액을 추정하면 얼마인지 계산하시오.

세부고찰

(1) 계정과목 잔액

	20x1년 1월 1일	20x1년 9월 22일
상품	₩150,000	₩?

(2) 20x1년 1월 1일부터 20x1년 9월 22일까지 발생한 거래
매출액 : ₩8,630,000
매입액 : ₩6,980,000

풀이

• 매출원가 : 8,630,000 × (1 − 35%) = 5,609,500
• 기말재고 : 150,000 + 6,980,000 − 5,609,500 = 1,520,500
• 태풍피해금액(재고자산손실액) : 1,520,500 − 220,000 = 1,300,500

객관식 확인학습 — 이론적용연습

1. ㈜일용은 20x1년 6월말 재고자산을 보관중인 창고에 화재가 발생해 모든 재고자산과 재고자산에 관한 장부를 소실하였다. 회사는 실지재고조사법을 사용하고 있다. 화재 이후 20x1년 12월말까지 회사는 정상적인 영업활동을 수행하였다. 다음은 재고자산과 관련한 자료이다. ㈜일용의 20x1년 6월의 재고자산화재손실 금액과 20x1년말 기말재고자산 금액은 각각 얼마인가? 단, 20x1년 6월말까지의 매출원가는 20x0년도의 매출총이익률을 사용하여 추정한 금액을 활용한다.

(1) 20x0년말 재무상태표에 따르면 재고자산은 ₩450,000이며, 매출채권은 ₩200,000, 매입채무는 ₩150,000이다.
(2) 20x0년도 포괄손익계산서의 매출액 및 매출원가는 각각 ₩8,000,000과 ₩6,400,000이다.
(3) 20x1년 6월말 현재 매출채권보조원장 차변 합계액은 ₩3,000,000이고, 매입채무보조원장 대변 합계액은 ₩2,300,000이다. 회사는 모두 신용거래만을 하고 있다.
(4) 20x1년 7월부터 12월까지의 매입액과 매출액은 각각 ₩2,400,000, ₩3,100,000이다.
(5) 20x1년말 ㈜일용의 창고에 보관중인 재고자산은 ₩200,000이다.
(6) 20x1년 12월 ₩80,000을 차입하기 위해 재고자산 ₩100,000이 담보로 제공되었으며, 20x1년말 현재 금융기관이 보관하고 있다.
(7) 20x1년 9월에 할부조건으로 판매된 재고자산은 모두 ₩200,000이며, 20x1년말 현재 할부금의 50%는 아직 회수되지 않았다. 미회수중인 할부금의 회수불확실성은 높지 않다.
(8) 20x1년 10월부터 재고자산의 일부에 대해서는 위탁판매의 형태로 매출하고 있으며, 20x1년말 수탁자가 판매하지 못하고 보관중인 ㈜일용의 재고자산은 ₩300,000이다.

	재고자산화재손실	기말재고자산
①	₩200,000	₩580,000
②	₩200,000	₩600,000
③	₩350,000	₩600,000
④	₩360,000	₩600,000
⑤	₩360,000	₩700,000

 낵비게이션

• 20x0년도의 매출총이익률 : $\dfrac{8,000,000-6,400,000}{8,000,000}=20\%$
→ 200,000(전기이월매출채권)+매출액=3,000,000 에서, 20x1년 6월말까지 매출액=2,800,000
→ 20x1년 6월말까지 매출원가 : 2,800,000×(1-20%)=2,240,000
→ 150,000(전기이월매입채무)+매입액=2,300,000 에서, 20x1년 6월말까지 매입액=2,150,000
→ 20x1년 6월말 기말재고(화재손실액) : 450,000+2,150,000-2,240,000=360,000
• 20x1년 기말재고
200,000(창고)+100,000(저당상품)+300,000(미판매위탁상품)=600,000

2. ㈜한국은 상품의 매입원가에 20%를 가산하여 판매하고 있으며 실지재고조사법으로 재고자산을 회계처리하고 있다. 20x3년도 상품매매와 관련된 자료는 다음과 같다.

일자	적요	수량(단위)	단가
1월 1일	기초재고	1,000	₩200
2월 5일	매입	1,000	₩200
6월 10일	매입	1,000	₩300
9월 15일	매출	2,500	–
11월 20일	매입	1,000	₩400

㈜한국이 재고자산의 원가흐름가정으로 가중평균법을 적용하고 있다면 20x3년도 포괄손익계산서에 인식할 매출액은 얼마인가?

① ₩687,500 ② ₩825,000 ③ ₩870,000
④ ₩900,000 ⑤ ₩920,000

 낵비게이션

• 평균단가 : (1,000×200+1,000×200+1,000×300+1,000×400)÷4,000=275
• 매출원가(매출분 매입원가) : 2,500개×275=687,500
• 매출액 : 687,500+687,500×20%=825,000

시험중요도 ★★★

이론과기출 제64강 ─ 재고자산원가의 추정 : 소매재고법

개요	의의	•판매가격기준으로 평가한 기말재고금액에 구입원가, 판매가격 및 판매가격변동액에 근거하여 산정한 원가율을 적용하여 기말재고자산의 원가를 결정하는 방법(= '매출가격환원법')	
	기본절차	【1단계】 기말매가계산	•기초매가＋당기매입매가－매출액 ▪주의 이하 어떤 원가흐름을 가정하더라도 동일함.
		【2단계】 원가율계산	•이하 참조!
		【3단계】 기말원가계산	•기말원가＝기말매가×원가율
		【4단계】 매출원가계산	•매출원가＝기초원가＋당기매입원가－기말원가

원가율	구분	원가율	비고
	평균원가소매재고법	원가 : 기초＋당기매입 ───────────────── 매가 : 기초＋당기매입＋순인상－순인하	•당기매입과 기초 모두 기말재고를 구성한다고 봄.
	선입선출소매재고법	원가 : 당기매입 ───────────── 매가 : 당기매입＋순인상－순인하	•기말재고는 당기매입분부터 남는다고 가정
	저가주의소매재고법 (=전통적소매재고법)	원가율산정시 순인하액을 제외시켜 계산	•저가주의선입선출소매재고법에서는 기초와 순인하액을 제외함.

특수항목 적용	항목정의	항목①	•매가 : 기초＋총매입－매입환출－비정상파손＋순인상－순인하
		항목②	•매가 : 총매출－(매출환입·에누리·할인－종업원할인)＋정상파손
		항목③	•원가 : 기초＋총매입－매입환출·에누리·할인－비정상파손＋매입운임
		항목④	•기말원가 : 기말매가×원가율

	계산절차	【1단계】 기말매가계산	☐ 항목①－항목②
		【2단계】 원가율계산	☐ 항목③÷항목①
		【3단계】 기말원가계산	☐ 항목④
		【4단계】 매출원가계산	☐ 항목③－항목④

▪주의 ① 평균원가소매재고법 : 위 그대로 적용
② 선입선출소매재고법 : 기초는 기말매가계산시 그대로, 원가율계산시는 제외
③ 저가기준소매재고법 : 순인하는 기말매가계산시 그대로, 원가율계산시는 제외

 사례 원가율계산

❂ 다음자료를 바탕으로 소매재고법하의 원가율을 계산하시오.

구분	원가	판매가		구분	원가	판매가
기초재고	₩211,200	₩300,000		순인하액	–	₩6,200
총매입액	₩1,500,000	₩2,000,000		총매출액	–	₩1,600,000
매입환출	₩20,000	₩30,000		매출환입	–	₩100,000
매입할인	₩30,000	–		종업원할인	–	₩80,000
매입운임	₩60,000	–		정상적파손	₩20,000	₩30,000
순인상액	–	₩56,200		비정상적파손	₩10,000	₩20,000

풀이

•선입선출소매재고법 : $\dfrac{1,500,000-20,000-30,000-10,000+60,000=1,500,000}{2,000,000-30,000-20,000+56,200-6,200=2,000,000}=75\%$

•저가기준소매재고법 : $\dfrac{211,200+1,500,000-20,000-30,000-10,000+60,000=1,711,200}{300,000+2,000,000-30,000-20,000+56,200=2,306,200}=74.2\%$

객관식 확인학습 · 이론적용연습

1. ㈜한국백화점은 선입선출법에 의한 저가기준 소매재고법을 이용하여 재고자산을 평가하고 있으며, 재고자산 관련자료는 다음과 같다. ㈜한국백화점이 20x1년도 포괄손익계산서에 인식할 매출원가는 얼마인가?

구분	원가	소매가
기초재고액	₩2,000,000	₩3,000,000
당기매입액	₩6,000,000	₩9,600,000
매입운반비	₩100,000	
매입할인	₩318,000	
당기매출액		₩10,000,000
종업원할인		₩500,000
순인상액		₩200,000
순인하액		₩300,000

① ₩6,502,000 ② ₩6,562,000 ③ ₩6,582,000
④ ₩6,602,000 ⑤ ₩6,642,000

- [1단계] 기말매가계산
$(3,000,000+9,600,000+200,000-300,000)-(10,000,000+500,000)$
$=2,000,000$
- [2단계] 원가율계산
$\frac{6,000,000-318,000+100,000}{9,600,000+200,000}=59\%$
- [3단계] 기말원가계산
$2,000,000\times59\%=1,180,000$
- [4단계] 매출원가계산
$(2,000,000+6,000,000-318,000+100,000)-1,180,000=6,602,000$

2. 재고자산과 관련된 다음의 설명 중 옳지 않은 것은?

① 회사가 실지재고조사법만을 사용하더라도 재고자산평가손실을 파악할 수 있다.
② 물가가 지속적으로 상승하는 경우 선입선출법 하의 기말재고자산금액은 평균법 하의 기말재고자산금액보다 작지 않다.
③ 선입선출 소매재고법을 사용할 경우 매출원가는 판매가능재고자산의 원가와 판매가를 이용하여 산출한 원가율을 매출액에 곱하여 결정한다.
④ 보유하고 있는 재고자산의 순실현가능가치 총합계액이 취득원가 총합계액을 초과하더라도 재고자산평가손실은 계상될 수 있다.
⑤ 보유하고 있는 재고자산이 확정판매계약의 이행을 위한 것이라면 동 재고자산의 순실현가능가치는 그 계약가격을 기초로 한다.

- ① 감모손실을 파악할 수 없으나 평가손실은 파악할 수 있다.
③ 평균원가소매재고법에 대한 설명이다.
④ 저가법은 종목별로 적용하므로 총계기준으로는 평가손실이 발생되지 않는 경우에도 종목별로 평가시는 평가손실이 계상될 수 있다.

3. ㈜대한은 소매재고법으로 재고자산을 평가하고 있으며, 원가흐름에 대한 가정으로 가중평균(평균원가)법을 사용하여 원가율을 산정한다. 20x1년에 ㈜대한의 재고자산 관련 자료는 다음과 같다.

구분	원가	소매가
기초재고액	?	₩120,000
당기매입액	₩650,000	₩800,000
당기매출액		₩700,000
순인상액		₩80,000

당기 중 매입할인 ₩20,000과 종업원할인 ₩50,000이 있으며, 이 외에 ㈜대한의 매입 및 매출에 영향을 주는 항목은 없다. 20x1년 ㈜대한의 포괄손익계산서상 매출원가가 ₩525,000일 때 기초재고액은 얼마인가?

① ₩70,000 ② ₩80,000 ③ ₩85,000
④ ₩90,000 ⑤ ₩105,000

- [1단계] 기말매가계산
$(120,000+800,000+80,000)-(700,000+50,000)=250,000$
- [2단계] 원가율계산
$\frac{X+650,000-20,000}{120,000+800,000+80,000}$
- [3단계] 기말원가계산
$250,000\times\frac{X+650,000-20,000}{120,000+800,000+80,000}$
- [4단계] 매출원가계산
$(X+650,000-20,000)-250,000\times\frac{X+650,000-20,000}{120,000+800,000+80,000}$
$=525,000$
$\therefore X(\text{기초재고})=70,000$

이론과기출 제65강 ◯ 유형자산 **유형자산의 인식**

의의	유형자산 정의	• 재화·용역의 생산이나 제공, 타인에 대한 임대 또는 관리활동에 사용할 목적으로 보유하는 물리적 형태가 있는 자산으로서 한 회계기간을 초과하여 사용할 것이 예상되는 자산

의의

유형자산 정의

• 재화·용역의 생산이나 제공, 타인에 대한 임대 또는 관리활동에 사용할 목적으로 보유하는 물리적 형태가 있는 자산으로서 한 회계기간을 초과하여 사용할 것이 예상되는 자산

말장난 타인에 대한 임대를 위해 보유하고 있는 자산은 유형자산으로 분류될수 없다(X)
→ ∵부동산임대를 영업목적으로 하는 회사가 보유하는 임대용부동산은 정상영업활동에 사용되는 것이므로 유형자산으로 분류되어야함.

비교 ① 임대수익·시세차익목적으로 보유하는 부동산 : 별도로 투자부동산으로 분류함.
② 부동산매매회사가 보유하는 부동산 : 판매목적이므로 재고자산으로 분류함.

적용제외

❖다음의 경우에는 유형자산기준서를 적용하지 아니함.

① '매각예정비유동자산과 중단영업'에 따라 매각예정으로 분류되는 유형자산
② 농림어업활동과 관련되는 생물자산
③ 탐사평가자산의 인식과 측정
④ 석유, 천연가스, 이와 유사한 비재생 자원과 같은 매장광물과 광업권

주의 단, ②~④의 자산을 개발하거나 유지하기 위하여 사용하는 유형자산에는 적용함.
➡예 농림어업활동과 관련되는 생물자산을 개발하기 위하여 사용하는 유형자산

인식기준

인식요건

① 효익유입가능성조건 : 자산에서 발생하는 미래경제적효익이 유입될 가능성이 높다.
② 측정신뢰성조건   : 자산의 원가를 신뢰성 있게 측정할 수 있다.

➡금형·공구·틀등과 같이 개별적으로 경미한 항목은 통합하여 그 전체가치에 대해 인식기준을 적용하는 것이 적절함.

인식관련 특수사례

예비부품 대기성장비 수선용구	유형자산 정의 충족시	❏ 유형자산으로 인식
	유형자산 정의 불충족시	❏ 재고자산으로 인식

규제취득	• 안전·환경상의 이유로 취득하는 유형자산은 효익은 없으나 다른 자산에서 효익을 얻기 위해 필요하므로 자산으로 인식가능함. ➡예 화학제품 제조업체가 위험한 화학물질의 생산과 저장에 관한 환경규제 요건을 충족하기 위하여 새로운 화학처리공정설비를 설치하는 경우, 이러한 설비 없이는 화학제품을 제조 및 판매할 수 없기 때문에 관련증설원가를 자산으로 인식함.

원가범위

원칙 • 유형자산과 관련된 모든 원가는 그 발생시점에 인식원칙을 적용하여 평가함.

기타 • 원가에는 유형자산을 매입·건설할 때 최초로 발생하는 원가뿐만 아니라 후속적으로 증설, 부품대체, 수선·유지와 관련하여 발생하는 원가를 포함함.

후속원가

수선유지 • 일상적인 수선·유지원가(예 노무비, 소모품비, 사소한 부품원가)는 당기손익으로 인식함.

정기교체

예시 용광로의 내화벽돌 교체, 항공기의 좌석등 내부설비 교체
• 인식기준을 충족하는 경우에는 해당 유형자산의 장부금액에 포함하여 인식하고, 대체되는 부분의 장부금액은 제거함.

신부품대체	(차) 유형자산	xxx	(대) 현금	xxx
구부품제거	(차) 감가상각누계액	xxx	(대) 유형자산	xxx
	처분손실(폐기손실)	xxx		

종합검사

예시 항공기의 결함에 대한 정기적인 종합검사
• 인식기준을 충족하는 경우에는 해당 유형자산의 장부금액에 포함하여 인식하고, 직전 종합검사에서의 원가와 관련되어 남아 있는 장부금액을 제거함.

주의 해당 유형자산을 매입·건설할 때 종합검사와 관련된 원가를 분리하여 인식하였는지 여부와 관계없이 위와 같이 회계처리함.(즉, 분리치 않았더라도 제거함)

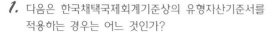

객관식 확인학습 — **이론적용연습**

1. 다음은 한국채택국제회계기준상의 유형자산기준서를 적용하는 경우는 어느 것인가?

① '매각예정비유동자산과 중단영업' 기준서에 따라 매각예정으로 분류되는 유형자산
② 농림어업활동과 관련되는 생물자산
③ 석유, 천연가스, 이와 유사한 비재생 자원과 같은 매장광물과 광업권
④ 탐사평가자산의 인식과 측정
⑤ 농림어업활동과 관련되는 생물자산을 개발하기 위하여 사용하는 유형자산

내비게이션
• ②, ③, ④의 자산을 개발하거나 유지하기 위하여 사용하는 유형자산에는 유형자산기준서를 적용한다.

2. 유형자산의 원가와 관련된 회계처리 중 옳은 것은?

① 안전 또는 환경상의 이유로 취득하는 유형자산은 당해 유형자산을 취득하지 않았을 경우보다 관련 자산으로부터 미래경제적효익을 더 많이 얻을 수 있게 해주기 때문에 자산으로 인식할 수 있다.
② 특정기간 동안 재고자산을 생산하기 위해 유형자산을 사용한 결과로 동 기간에 발생한 그 유형자산을 해체, 제거하거나 부지를 복구할 의무의 원가는 유형자산의 원가에 포함한다.
③ 유형자산을 사용하거나 이전하는 과정에서 발생하는 원가는 당해 유형자산의 장부금액에 포함하여 인식한다.
④ 자가건설에 따른 내부이익과 자가건설 과정에서 원재료, 인력 및 기타 자원의 낭비로 인한 비정상적인 원가는 자산의 원가에 포함한다.
⑤ 대금지급이 일반적인 신용기간을 초과하여 이연되는 경우, 현금가격상당액과 실제 총지급액과의 차액은 자본화하지 않아도 유형자산의 원가에 포함한다.

내비게이션
• ② 재고자산기준서를 적용한다. 즉, 재고자산기준서를 적용한다는 것은 복구원가를 제조원가 등으로 처리함을 의미한다.
③ 유형자산을 사용하거나 이전하는 과정에서 발생하는 원가는 당해 유형자산의 장부금액에 포함하여 인식하지 아니한다. 즉, 경영진이 의도하는 방식으로 가동될 수 있는 장소와 상태에 이른 후에는 원가를 더 이상 인식하지 않는다.
④ 자산의 원가에 포함하지 않는다.
⑤ 자본화하지 않는 한 신용기간에 걸쳐 이자로 인식한다.

3. 한국채택국제회계기준 '유형자산'에 대한 다음 설명 중 가장 옳은 것은?

① 유형자산의 일부를 대체할 때 발생하는 원가가 인식기준을 충족하는 경우에는 이를 해당 유형자산의 장부금액에 포함하여 인식하며, 대체되는 부분에 해당하는 원가를 분리하여 인식한 경우에 해당 부분의 장부금액을 제거한다.
② 예비부품, 대기성장비 및 수선용구와 같은 항목은 유형자산의 정의를 충족하면 유형자산 기준서에 따라 인식하며, 그렇지 않다면 그러한 항목은 재고자산으로 분류한다.
③ 일상적인 수선·유지과정에서 발생하는 원가는 해당 유형자산의 장부금액에 포함하여 인식한다.
④ 유형자산으로 인식되기 위해서는 자산으로부터 발생하는 미래경제적효익이 기업에 유입될 가능성이 매우 높고, 자산의 원가를 신뢰성 있게 측정할 수 있어야 한다.
⑤ 정기적인 종합검사과정에서 발생하는 원가가 인식기준을 충족하는 경우에는 유형자산의 일부가 대체되는 것으로 보아 해당 유형자산의 장부금액에 포함하여 인식하며, 종합검사와 관련된 원가를 분리하여 인식한 경우 직전에 이루어진 종합검사에서의 원가와 관련되어 남아있는 장부금액을 제거한다.

내비게이션
• ① 분리하여 인식하였는지 여부에 관계없이 제거한다.
③ 당기손익(비용)으로 인식한다.
④ 매우 높고(X) → 높고(O)
⑤ 종합검사와 관련된 원가를 분리하여 인식하였는지 여부와 관계가 없이 직전에 이루어진 종합검사에서의 원가와 관련되어 남아 있는 장부금액(물리적 부분의 장부금액과는 구별됨)을 제거한다.

서술형Correction연습

☐ 타인에 대한 임대를 위해 보유하고 있는 자산은 유형자산으로 분류될 수 없다.
➡ (X) : 부동산임대를 영업목적으로 하는 회사가 보유하는 임대용부동산은 유형자산으로 분류되어야 한다.

☐ 탐사평가자산을 개발하는데 사용하는 유형자산은 유형자산기준서를 적용하지 않는다.
➡ (X) : 탐사평가자산의 인식과 측정에는 유형자산기준서를 적용하지 아니하나, 그 자산을 개발하거나 유지하기 위하여 사용하는 유형자산에는 적용한다.

시험중요도 ★★☆

이론과기출 제66강 ○ 유형자산의 원가구성

원가의 측정	일반적인 경우	• 인식하는 유형자산은 원가(=현금가격상당액)로 측정함.
	할부구입의 경우	• 대금지급이 일반적인 신용기간을 초과하여 이연되는 경우 ○ 현금가격상당액과 실제총지급액과의 차액은 신용기간에 걸쳐 이자로 인식함.

원가포함요소	구입가격	• 관세 및 환급불가능한 취득 관련 세금을 가산하고 매입할인과 리베이트 등을 차감
	직접관련원가	❖경영진이 의도하는 방식으로 자산을 가동하는데 필요한 장소·상태에 이르게 하는데 직접 관련되는 다음과 같은 원가 ① 매입·건설과 직접적으로 관련되어 발생한 종업원급여, 전문가 지급수수료 ② 설치장소 준비원가, 최초의 운송 및 취급관련 원가, 설치원가 및 조립원가 ③ 정상 작동되는지 여부를 시험하는 과정에서 발생하는 원가(예 시운전비) ▪주의 단, 시험과정에서 생산된 재화(예 장비의 시험과정에서 생산된 시제품)의 순매 각금액은 잡이익 처리하지 않고, 당해원가에서 차감함.
	복구원가 【후술】	• 자산을 해체·제거, 부지를 복구하는데 소요될 것으로 최초에 추정되는 원가 ▪주의 특정기간 동안 재고자산을 생산하기 위해 유형자산을 사용한 결과로 동 기간에 발생한 그 유형자산을 해체·제거, 부지를 복구할 의무의 원가에 대해서는 재고자산을 적용함.

▼ 사례   복구원가 회계처리

❂ 20x1년초 5년 사용후 해체하여 원상복구를 해야 할 의무가 있는 구조물을 ₩7,500,000(정액법, 5년) 취득함. 5년후 복구비용은 ₩750,000, 복구비용의 현재가치 계산에 적용할 할인율은 10%, 이자율 10%, 기간 5년의 현가계수는 0.6209임. 20x1년 복구충당부채와 관련하여 인식해야 할 이자비용은?

풀이

20x1년초	(차) 구조물	7,965,675	(대) 현금	7,500,000
			복구충당부채 750,000x0.6209=465,675
20x1년말	(차) Dep	7965,675÷5년=1,593,135	(대) Dep누계액	1,593,135
	전입액(비용)	465,675x10%=46,568	복구충당부채	46,568

참고 5년후 복구비용 발생시 : (차) 복구충당부채 750,000 (대) 현금 750,000

원가제외요소	대표사례	❖다음은 유형자산의 원가나 장부금액에 포함하지 않음. ① 새로운 시설 개설원가, 새로운 상품을 소개하는 원가(예 광고·판촉활동원가) ② 새로운 지역에서 또는 새로운 고객층을 대상으로 영업하는데 소요되는 원가 ③ 관리 및 기타 일반간접원가, 재배치·재편성하는 과정에서 발생하는 원가 ④ 경영진 의도방식으로 가동될 수 있으나 아직 실제로 사용되지는 않고 있는 경우 또는 가동수준이 완전조업도 수준에 미치지 못하는 경우 발생하는 원가 ⑤ 수요가 형성되는 과정에서 발생하는 가동손실과 같은 초기 가동손실 ⑥ 부수 영업활동 손익 ▪주의 예를들어, 건설이 시작되기 전에 건설용지를 주차장 용도로 사용함에 따라 수익이 획득될수 있으며, 관련 수익과 비용은 당기손익으로 인식함.

보론 자가건설원가 중 비정상원가
　❑ 자가건설에 따른 내부이익과 자가건설 과정에서 원재료, 인력, 기타 자원의 낭비로 인한 비정상적인 원가는 자산의 원가에 포함하지 않음.

보론 신건물 신축목적으로 기존건물이 있는 토지를 구입한 경우
　❑ 건물철거비용은 토지원가에 가산, 철거시 폐자재처분수입은 토지원가에서 차감함.

객관식 확인학습　이론적용연습

1. 20x3년 초 환경관련법이 개정되어 현재 사용 중인 구축물에 대해서 사용 완료시(3년 후) 복구비용으로 ₩90,000이 소요될 것으로 예상된다. 이 복구비용의 지출은 거의 확실하며 추정금액도 합리적인 것으로 판단된다. 위 구축물은 20x1년 초 취득하였으며, 취득원가는 ₩100,000이고, 추정내용연수는 5년이며 잔존가치는 없다. 이 자산의 평가에 적용할 유효이자율(현재가치할인율)은 10%라고 가정한다. 20x3년 초에 필요한 회계처리는?

① (차변) 복구비용 90,000 (대변) 복구충당부채　　90,000
② (차변) 구축물 67,618 (대변) 복구충당부채　　67,618
③ (차변) 복구비용 67,618 (대변) 복구충당부채　　67,618
④ (차변) 복구비용 30,000 (대변) 감가상각누계액　　30,000
⑤ 현 시점에서 회계처리하지 않고 실제 복구비용이 발생하는 시점에서 다음과 같이 회계처리한다.
　　(실제 ₩90,000이 발생한 것으로 가정)
　　(차변) 복구비용 90,000 (대변) 현금　　　90,000

내비게이션
• 자산을 해체, 제거하거나 부지를 복구하는 데 소요될 것으로 최초에 추정되는 원가는 유형자산의 원가로 처리한다.
• 구축물의 원가로 처리되는 금액은 복구비용의 현재가치로 계산하며 이를 복구충당부채로 계상한다.
→복구비용의 현재가치 : $\dfrac{90,000}{1.1^3}$=67,618

2. 다음은 한국채택국제회계기준상의 유형자산의 원가에 대한 설명이다. 가장 타당하지 않은 것은?

① 건설이 시작되기 전에 건설용지를 주차장 용도로 사용함에 따라 수익이 획득될 수 있다. 그러한 수익과 관련 비용은 당기손익으로 인식하고 건설중인자산의 원가로부터 차감한다.
② 유형자산이 경영진이 의도하는 방식으로 가동될수 있는 장소와 상태에 이른 후에는 원가를 더 이상 인식하지 않는다. 따라서 유형자산을 사용하거나 이전하는 과정에서 발생하는 원가는 유형자산의 장부금액에 포함하여 인식하지 아니한다.
③ 유형자산이 경영진이 의도하는 방식으로 가동될 수 있으나 아직 실제로 사용되지는 않고 있는 경우 또는 가동수준이 완전조업도 수준에 미치지 못하는 경우에 발생하는 원가는 유형자산의 장부금액에 포함하지 아니한다.
④ 유형자산과 관련된 산출물에 대한 수요가 형성되는 과정에서 발생하는 가동손실과 같은 초기 가동손실은 유형자산의 장부금액에 포함하지 아니한다.
⑤ 자가건설에 따른 내부이익과 자가건설 과정에서 원재료, 인력 및 기타 자원의 낭비로 인한 비정상적인 원가는 자산의 원가에 포함하지 않는다.

내비게이션
• 건설중인자산의 원가로부터 차감한다.(X)
→각각 수익과 비용항목으로 구분하여 표시한다.(O)

3. 한국채택국제회계기준 '유형자산'에 대한 다음 설명 중 가장 옳은 것은?

① 유형자산은 원가모형이나 재평가모형 중 하나를 회계정책으로 선택하여 모든 유형자산에 동일하게 적용한다.
② 상업적실질이 있는 교환거래로 취득한 유형자산의 원가는 제공자산의 공정가치를 신뢰성있게 측정할 수 없는 경우 제공자산의 장부금액으로 측정한다.
③ 비화폐성자산과 교환하여 취득한 유형자산의 원가는 교환거래에 상업적실질이 결여된 경우 제공한 자산의 공정가치로 한다.
④ 유형자산의 원가는 인식시점의 현금가격상당액으로 대금지급이 일반적인 신용기간을 초과하여 이연되는 경우, 현금가격상당액과 실제 총지급액과의 차액은 자본화하지 않는 한 신용기간에 걸쳐 이자로 인식한다.
⑤ 재평가모형을 적용하는 경우 재평가는 매 보고기간 말에 실시하고 공정가치와 장부금액의 차액은 기타포괄이익이나 당기손익으로 인식한다.

내비게이션
• ① 모든 유형자산에 동일하게 적용한다.(X)
　→유형자산 분류별로 동일하게 적용하여야 한다.(O)
② 제공자산의 장부금액으로 측정한다.(X)
　→취득자산의 공정가치로 측정한다.(O)
③ 제공한 자산의 공정가치로 한다.(X)
　→제공한 자산의 장부금액으로 한다.(O)
⑤ 재평가는 매 보고기간 말에 실시하고(X)
　→보고기간말에 자산의 장부금액이 공정가치와 중요하게 차이가 나지 않도록 주기적으로 수행하고(O)

서술형Correction연습

☐ 새로운 시설을 개발하는데 소요되는 원가도 유형자산의 원가를 구성한다.

➡ (X) : 새로운 시설을 개발하는데 소요되는 원가는 K-IFRS에서 원가가 아닌 예로 규정하고 있다.

시험중요도 ★★★

이론과기출 제67강 ⊃ 토지·건물의 취득원가 결정

토지	원가구성	•구입가격+취득세+중개수수료+법률비용+구획정리비용+하수종말처리장분담금+개발부담금		
		주의 보유세인 재산세는 당기비용 처리하나, 재산세가 체납된 토지를 구입하면서 대납한 체납재산세는 토지의 원가에 포함함.		
		주의 건물 신축을 위한 토지측량비·토지굴착비용은 건물의 취득원가임.		
	기타사항	배수공사비용 조경공사비용	내용연수가 영구적	•토지원가에 포함.
			내용연수가 비영구적	•구축물등으로 인식하고 감가상각
		진입도로공사비	국가등이 유지관리(영구사용가능)	•토지원가에 포함.
		상하수도공사비	회사가 유지관리	•구축물등으로 인식하고 감가상각

건물	외부위탁 원가구성	•건설계약금액, 취득세, 건축허가비, 설계비용, 감리비용 •건설기간중 발생한 건물 신축관련 직원급여·보험료·차입원가 •조기준공에 따라 지급하는 장려금 주의 지연준공에 따라 수령하는 지체상금은 건물원가에서 제외함.
	자가건설 원가구성	•재료원가, 노무원가, 제조간접원가(고정제조간접원가 포함) •건물신축을 위한 토지굴착비용 주의 전술한 바와 같이 자가건설에 따른 내부이익과 자원낭비로 인한 비정상원가는 제외
	보론 사용중인 건물 철거	▫ 건물을 사용하고 감가상각도 하던 중 사용중인 건물을 철거하고 신건물을 신축하는 경우 →기존 건물의 장부금액과 철거비용(관련수입 차감)은 당기비용처리

(차)	처분손실		xxx	(대) 건물(장부금액)	xxx
(차)	철거비용		xxx	(대) 현금	xxx

토지·건물 일괄구입	모두 사용목적 (일괄구입O)	•개별자산의 공정가치비율로 안분하여 원가를 산정함. ➡공통부대원가가 아닌 취·등록세와 같은 개별비용은 각각 개별적으로 배분함. 예시 토지(공정가치 400)와 건물(공정가치 100)을 일괄하여 200에 구입함. →토지 : 200x400/500=160, 건물 : 200x100/500=40
	토지만 사용목적 (일괄구입X)	•신건물 신축목적으로 구건물이 있는 토지를 구입하여 구건물을 철거하고 신건물 신축시 ◉ 건물철거비용(폐자재처분수입은 차감, 폐자재처리비용은 가산)은 토지원가로 처리 주의 '기존건물 취득원가=0'이며, 토지취득원가=총일괄구입가+건물철거비용등

기타거래	강제매입 국공채	•토지등기 등을 위해 지방정부로부터 국공채를 불가피하게 공정가치 이상으로 취득하는 경우 취득금액과 공정가치(현재가치)와의 차액을 토지의 취득원가에 가산함.

(차)	토지(구입가)	500	(대) 현금	500
(차)	유가증권(공정가치)	90	(대) 현금(취득금액)	100
	토지(차액)	10		

➡∴토지원가=510

	할부구입	•현금가격상당액(=현재가치)을 원가로 하며, 현재가치할인차금은 유효이자율법으로 상각 예시 20x1년초 건물구입. 3년간 매년말 ₩300,000씩 지급. 내재이자율 12% →취득원가 : 300,000x(12%, 3년연금현가)=720,540

20x1년초	(차) 건물	720,540	(대) 장기미지급금	900,000
	현재가치할인차금	179,460		
20x1년말	(차) 장기미지급금	300,000	(대) 현금	300,000
	(차) 이자비용	86,465[*]	(대) 현재가치할인차금	86,465

[*]720,540x12%=86,465

	무상취득	•공정가치를 원가로 하며 자산수증이익(당기손익)을 인식함.

객관식 확인학습 — 이론적용연습

1. ㈜대한은 철강제조공장을 신축하기 위하여 토지를 취득하였는데 이 토지에는 철거예정인 창고가 있었다. 다음 자료를 고려하여 토지의 취득원가를 계산하면 얼마인가?

- 토지 취득가격 : ₩700,000
- 토지 취득세 및 등기비용 : ₩50,000
- 토지 중개수수료 : ₩10,000
- 공장신축전 토지를 임시주차장으로 운영함에 따른 수입 : ₩40,000
- 창고 철거비용 : ₩30,000
- 창고 철거 시 발생한 폐자재 처분 수입 : ₩20,000
- 영구적으로 사용가능한 하수도 공사비 : ₩15,000
- 토지의 구획정리비용 : ₩10,000

① ₩775,000   ② ₩780,000   ③ ₩795,000
④ ₩815,000   ⑤ ₩835,000

 낸비게이션
- 토지 취득가격+토지 취득세 및 등기비용+토지 중개수수료+(창고 철거비용-창고 철거시 발생한 폐자재 처분 수입)+영구적으로 사용가능한 하수도 공사비+토지의 구획정리비용=795,000

2. 20x1년 초에 새로 설립된 A사는 토지, 건물 등의 유형자산과 관련하여 20x1년 중 다음과 같은 지출과 수입을 보고하였다. 20x1년 말 A사의 토지 취득원가는 얼마인가? 단, 토지는 신건물의 건축을 위하여 구입하였다.

- 신건물에 대한 건축사 설계비 : ₩300,000
- 구건물이 있는 토지의 구입대금 : ₩9,500,000
- 구건물 철거원가 : ₩1,500,000
- 구건물 철거 부수입 : ₩430,000
- 신건물에 대한 건설용 측량비 : ₩30,000
- 신건물 신축비(토지의 구입일로부터 6개월 후 완공됨) : ₩50,000,000
- 하수도공사비 부담금(사후 유지관리는 지방자치단체에 있음) : ₩160,000
- 신건물 완성 후의 조경 및 정지원가(영구적인 내용연수를 갖게 됨) : ₩630,000

① ₩10,570,000   ② ₩10,730,000   ③ ₩11,000,000
④ ₩11,360,000   ⑤ ₩11,500,000

 낸비게이션
- 9,500,000+(1,500,000-430,000)+160,000+630,000=11,360,000

3. 12월말 결산법인인 ㈜국세는 20x1년 초에 만기 2년의 무이자부 어음(액면금액 ₩2,000,000)을 발행하여 지방자치단체가 소유하고 있는 부지 상의 건물을 취득하였다. 동 어음은 20x1년 말부터 매년 말 ₩1,000,000씩 2회에 걸쳐 상환하는 조건으로 발행되었다. 또한 ㈜국세는 동 건물의 등록을 위해 5년 후 상환조건인 현재가치 ₩80,000의 무이자부 공채를 액면금액 ₩100,000에 현금 취득하였는데, ㈜국세의 어음 발행 시 적용되는 시장이자율은 연 10%이고, 단일금액 ₩1의 현가계수(기간 1년, 연 이자율 10%)는 0.909이며, 단일금액 ₩1의 현가계수(기간 2년, 연 이자율 10%)는 0.8264이다. ㈜국세가 20x1년 초에 구입한 건물의 취득원가는 얼마인가? (단, 차입원가 자본화는 무시)

① ₩1,255,500   ② ₩1,735,500   ③ ₩1,755,500
④ ₩2,020,000   ⑤ ₩2,040,000

 낸비게이션
- (1,000,000x0.9091+1,000,000x0.8264)+(100,000-80,000)=1,755,500

4. ㈜합격은 20x1년초 차량을 구입하면서 상각후원가측정금융자산으로 분류되는 국공채를 강제구입하였다. 다음의 관련 자료에 의할 때 20x1년도 ㈜합격의 순이익에 미치는 영향은 얼마인가?

(1) 차량(내용연수 5년, 잔존가치 ₩30,000, 정액법 적용)의 취득원가는 ₩1,750,0000다.
(2) 국공채(만기 3년, 표시이자율 연 3%, 시장이자율 6%)를 액면금액인 ₩175,0000에 구입하였다.
(3) 6% 3기간 현가계수와 연금현가계수는 각각 0.8396과 2.67300이다.

① ₩255,333   ② ₩337,149   ③ ₩346,807
④ ₩356,465   ⑤ ₩432,236

 낸비게이션
- 국공채 현재가치 : 175,000x3%x2.6730+175,000x0.8396=160,963
- 차량 취득원가 : 1,750,000+(175,000-160,963)=1,764,037

- 20x1년도 순이익에 미치는 영향
  감가상각비 : (1,764,037-30,000)÷5년= 346,807
  이자수익 : 160,963x6%= (9,658)
                    337,149

제1편 Mainplot [주요논제]
제2편 Subplot [특수논제]
합본부록1 기출유형별 필수문제
합본부록2 실전적중모의고사

이론과기출 제68강 ⊂ 유형자산 교환취득

취득원가	상업적 실질	존재	❖ 원칙 • 취득원가＝제공자산공정가치±현금수수액
			❖ 취득자산 공정가치가 더 명백한 경우 • 취득원가＝취득자산공정가치
			❖ 취득자산과 제공자산의 공정가치를 신뢰성있게 측정할수 없는 경우 • 취득원가＝제공자산장부금액±현금수수액
		결여	• 취득원가＝제공자산장부금액±현금수수액

보론 취득한 자산과 관련된 현금흐름의 구성이 제공한 자산과 관련된 현금흐름의 구성과 다른 경우 상업적 실질이 존재하는 것으로 봄.

사례 ▸ 유형자산 교환시 취득원가 계산

❂ A사(자산X)는 B사(자산Y)와 자산을 교환하였다. A사는 추가로 현금 ₩100을 지급하였다.
 – 자산 X : 취득원가 ₩800, 감가상각누계액 ₩400, 공정가치 ₩300
 – 자산 Y : 취득원가 ₩1,000, 감가상각누계액 ₩800, 공정가치는 ₩400

회계처리

1. A사의 회계처리

구분	A사						
상업적실질O	(차) 자산(Y)	300	(대) 자산(X)	800		∴취득원가
	Dep누계액(X)	400				‖
	처분손실	100				
	(차) 자산(Y)	100	(대) 현금	100		400
상업적실질X	(차) 자산(Y)	400	(대) 자산(X)	800		∴취득원가
	Dep누계액(X)	400				‖
	(차) 자산(Y)	100	(대) 현금	100		500

2. B사의 회계처리

구분	B사					
상업적실질O	(차) 자산(X)	400	(대) 자산(Y)	1,000	∴취득원가
	Dep누계액(Y)	800	처분이익	200	‖
	(차) 현금	100	(대) 자산(X)	100	300
상업적실질X	(차) 자산(X)	200	(대) 자산(Y)	1,000	∴취득원가
	Dep누계액(Y)	800			‖
	(차) 현금	100	(대) 자산(X)	100	100

3. 상업적실질이 있으며 취득한 자산의 공정가치가 더 명백한 경우 A사의 회계처리
 – 취득한 자산의 공정가치를 취득원가로 하며, 자산의 본질상 취득한 자산의 공정가치를 그대로 취득원가로 계상한다. 따라서, 현금수수액은 취득원가에 가감치 않는다.

구분	A사					
특수사례	(차) 자산(Y)	400	(대) 자산(X)	800	∴취득원가
	Dep누계액(X)	400	현금	100	‖
	처분손실	100			400

객관식 확인학습

 이론적용연습

1. ㈜인상은 20x1년에 사용하고 있던 지게차를 새로운 모델의 지게차로 교환하였다. 구지게차의 취득원가는 ₩40,000,000, 감가상각누계액은 ₩25,000,000이고, 감정평가사가 평가한 공정가치는 ₩17,000,000이다. 지게차 판매회사는 구지게차의 가치를 ₩20,000,000으로 인정하고 추가적으로 현금 ₩30,000,000을 지급받는 조건으로 ㈜인상의 구지게차를 신지게차로 교환하였다. 다음 중 이 교환거래를 인식하는 방법으로 맞는 것은 어느 것인가? 단, ㈜인상이 보유하고 있던 구지게차의 공정가치 평가는 감정평가사의 평가가 더 명백하다.

① 이 교환거래에 상업적 실질이 있다고 판단되는 경우, ㈜인상의 장부상에 신지게차의 취득원가는 ₩50,000,000으로 인식된다.

② 이 교환거래에 상업적 실질이 있다고 판단되는 경우, ㈜인상은 ₩3,000,000의 유형자산처분이익을 계상한다.

③ 이 교환거래에 상업적 실질이 없다고 판단되는 경우, ㈜인상은 ₩2,000,000의 유형자산처분이익을 계상한다.

④ 이 교환거래에 상업적 실질이 없다고 판단되는 경우, ㈜인상의 장부상에 신지게차의 취득원가는 ₩45,000,000으로 인식된다.

⑤ 이 교환거래에 상업적 실질이 있다고 판단되는 경우, ㈜인상이 인식할 유형자산처분이익(손실)은 없다.

때비게이션

• 상업적실질이 있는 경우

(차) 유형자산(신)	17,000,000	(대) 유형자산(구)	40,000,000
감가상각계액	25,000,000	처분이익	2,000,000
(차) 유형자산(신)	30,000,000	(대) 현금	30,000,000

→∴취득원가 : 17,000,000+30,000,000=47,000,000

• 상업적실질이 없는 경우

(차) 유형자산(신)	15,000,000	(대) 유형자산(구)	40,000,000
감가상각계액	25,000,000		
(차) 유형자산(신)	30,000,000	(대) 현금	30,000,000

→∴취득원가 : 15,000,000+30,000,000=45,000,000

2. ㈜대전은 사용 중인 기계장치A(장부금액 ₩600,000, 공정가치 ₩300,000)를 ㈜세종의 기계장치B(장부금액 ₩700,000, 공정가치 ₩500,000)와 교환하면서, 공정가치 차액에 대하여 현금 ₩200,000을 지급하였다. 해당 교환거래에 대한 설명으로 옳지 않은 것은?

① 상업적 실질이 존재하는 경우, ㈜대전이 인식할 기계장치B의 취득원가는 ₩500,000이다.

② 상업적 실질이 결여된 경우, ㈜대전이 인식할 기계장치B의 취득원가는 ₩800,000이다.

③ 상업적 실질이 존재하는 경우, ㈜세종이 인식할 기계장치A의 취득원가는 ₩300,000이다.

④ 상업적 실질이 결여된 경우, ㈜세종이 인식할 기계장치A의 취득원가는 ₩700,000이다.

⑤ 상업적 실질이 결여된 경우, ㈜대전과 ㈜세종은 모두 교환과 관련된 손익을 인식하지 않는다.

때비게이션

1. ㈜대전의 회계처리
• 상업적실질이 존재

(차) 기계장치(B)	300,000	(대) 기계장치(A)	600,000
처분손실	300,000		
(차) 기계장치(B)	200,000	(대) 현금	200,000

→∴취득원가 : 300,000+200,000=500,000

• 상업적실질이 결여

| (차) 기계장치(B) | 600,000 | (대) 기계장치(A) | 600,000 |
| (차) 기계장치(B) | 200,000 | (대) 현금 | 200,000 |

→∴취득원가 : 600,000+200,000=800,000

2. ㈜세종의 회계처리
• 상업적실질이 존재

(차) 기계장치(A)	500,000	(대) 기계장치(B)	700,000
처분손실	200,000		
(차) 현금	200,000	(대) 기계장치(A)	200,000

→∴취득원가 : 500,000-200,000=300,000

• 상업적실질이 결여

| (차) 기계장치(A) | 700,000 | (대) 기계장치(B) | 700,000 |
| (차) 현금 | 200,000 | (대) 기계장치(A) | 200,000 |

→∴취득원가 : 700,000-200,000=500,000

이론과기출 제69강 ○── 교환취득시 취득원가 계산등

사례   교환취득시 취득원가 계산

❖ ㈜만리장성은 사용하던 유형자산을 ㈜자금성의 유형자산과 교환하였다. 양사가 보유하던 유형자산의 장부
금액과 공정가치는 다음과 같다.

구분	㈜만리장성 유형자산	㈜자금성 유형자산
장부금액	₩54,000	₩42,000
공정가치	₩60,000	₩50,000

㈜만리장성은 유형자산을 교환하면서 제공한 자산과 수취한 자산 간의 공정가치 차액에 대하여는 현금
₩10,000을 수령하였다. 위 교환거래가 한국채택국제회계기준상 상업적 실질이 존재한다고 가정할 때 ㈜
만리장성이 수취한 유형자산의 취득원가는 얼마인가?

세부고찰 I

풀이

• 상업적 실질이 존재하므로 제공한 자산의 공정가치를 취득원가로 하며, 현금수령을 반영하여 취득원가를
조정한다.

(차) 자산(신)	60,000	(대) 자산(구)	54,000
Dep누계액		처분이익	6,000
(차) 현금	10,000	(대) 자산(신)	10,000

∴취득원가 : 60,000-10,000=50,000

사례   교환취득시 교환손익과 감가상각비 계산

❖ ㈜오빠달려는 20x1년 9월 1일에 가동중인 기계장치를 ㈜언니나빠의 기계장치와 교환하였다. 관련 자료
가 다음과 같을 때, 당해 교환거래와 관련하여 인식할 교환손익과 새로 취득한 기계장치에 대한 20x1년의
감가상각비를 계산하면 얼마인가?

구분	㈜오빠달려 기계장치	㈜언니나빠 기계장치
취득원가	₩13,500,000	?
감가상각누계액	₩3,000,000	?
공정가치	?	₩7,200,000

(1) ㈜오빠달려는 ㈜언니나빠에게 현금 ₩2,400,000을 지급하였다.
(2) 새로 취득한 기계장치의 감가상각 관련 자료는 다음과 같다.

내용연수	잔존가치	감가상각방법
5년	₩600,000	정액법

(3) 당해 교환거래는 한국채택국제회계기준상 상업적 실질이 존재한다고 가정한다.

세부고찰 II

풀이

• 상업적실질이 있으며 취득한 자산의 공정가치가 더 명백한 경우이므로, 취득한 자산의 공정가치를 취득원가
로 하며, 자산의 본질상 취득한 자산의 공정가치를 그대로 취득원가로 계상한다. 따라서, 현금수수액은 취득
원가에 가감하지 않는다.

(차) 기계장치(신)	7,200,000	(대) 기계장치(구)	13,500,000
Dep누계액	3,000,000	현금	2,400,000
처분손실	5,700,000		
(차) Dep	(7,200,000-600,000)÷5년x4/12=440,000	(대) Dep누계액	440,000

객관식 확인학습   **이론적용연습**

1. 유형자산의 회계처리와 관련된 다음의 설명 중 옳은 것은?

① 자산에 내재된 미래경제적효익의 예상되는 소비형태에 유의적인 변동이 있어 감가상각방법을 변경할 경우, 그 변경효과를 소급적용하여 비교표시되는 재무제표를 재작성한다.

② 회사가 자산을 해체, 제거하거나 부지를 복구할 의무는 해당 의무의 발생시점에 비용으로 인식한다.

③ 비화폐성자산간의 교환거래가 상업적실질을 결여하지 않은 경우라 하더라도 제공한 자산과 취득한 자산 모두의 공정가치를 신뢰성 있게 측정할 수 없는 경우에는 취득하는 유형자산의 취득원가는 그 교환으로 제공한 자산의 장부금액으로 측정한다.

④ 재평가모형을 선택한 유형자산에 대해서는 자산손상에 대한 회계처리를 적용하지 않는다.

⑤ 유형자산의 보유기간 중 잔존가치의 추정치가 변경되어 해당 자산의 장부금액보다 큰 금액으로 추정되는 경우 그 차이에 해당하는 금액을 감가상각누계액에서 환입하여 당기이익에 반영한다.

🔊 낵비게이션

• ① 회계추정의 변경(전전적용)으로 회계처리한다. 따라서, 소급수정하지 않으므로 비교표시되는 전기 재무제표를 재작성하지 않는다.

② 자산을 해체, 제거하거나 부지를 복구하는 데 소요될 것으로 최초에 추정되는 원가는 자산의 원가에 포함된다.

④ 최초 인식 후에 공정가치를 신뢰성 있게 측정할 수 있는 유형자산은 재평가일의 공정가치에서 이후의 감가상각누계액과 손상차손누계액을 차감한 재평가금액을 장부금액으로 한다.

⑤ 유형자산의 보유기간 중 잔존가치의 추정치가 변경되어 해당 자산의 장부금액보다 큰 금액으로 추정되는 경우 감가상각을 중단한다.

2. ㈜합격은 취득원가 ₩1,000,000, 감가상각누계액 ₩600,000인 기계장치를 보유하고 있다. ㈜합격은 해당 기계장치를 제공함과 동시에 현금 ₩100,000을 수취하고 새로운 기계장치와 교환하였다. ㈜합격이 보유하고 있던 기계장치의 공정가치가 ₩600,000으로 추정될 때, 교환에 의한 회계처리로 옳지 않은 것은 무엇인가?

① 상업적 실질이 있는 경우 새로운 기계장치의 취득원가는 ₩500,000으로 인식한다.

② 상업적 실질이 있는 경우 제공한 기계장치의 처분이익은 ₩100,000으로 인식한다.

③ 상업적 실질이 결여된 경우 새로운 기계장치의 취득원가는 ₩300,000으로 인식한다.

④ 상업적 실질이 결여된 경우 제공한 기계장치의 처분손익은 인식하지 않는다.

⑤ 상업적 실질이 있는 경우 제공한 기계장치의 처분손익을 인식한다.

🔊 낵비게이션

• 상업적실질이 있는 경우

(차) 기계장치(신)	600,000	(대) 기계장치(구)	1,000,000
감가상각누계액	600,000	처분이익	200,000
(차) 현금	100,000	(대) 기계장치(신)	100,000

→ ∴ 취득원가 : 600,000-100,000=500,000

• 상업적실질이 없는 경우

(차) 기계장치(신)	400,000	(대) 기계장치(구)	1,000,000
감가상각누계액	600,000		
(차) 현금	100,000	(대) 기계장치(신)	100,000

→ ∴ 취득원가 : 400,000-100,000=300,000

서술형Correction연습

☐ 상업적 실질이 있는 교환거래를 통하여 취득한 유형자산의 원가는 제공한 자산의 공정가치로 하되, 제공한 자산의 공정가치가 불확실한 경우에는 제공한 자산의 장부금액으로 한다.

➡ (X) : 제공한 자산의 장부금액(X) → 취득한 자산의 공정가치(O)

이론과기출 제70강 ⊂ 감가상각 일반사항

의의	본질		•자산의 감가상각대상금액을 그 자산의 내용연수 동안 체계적으로 배분하는 것 •주의 감가상각은 자산의 평가과정(=가치감소분을 비용인식)이 아니라, 자산 사용으로 창출된 수익에 비용을 대응시키는 원가의 배분과정임.

의의

본질
- 자산의 감가상각대상금액을 그 자산의 내용연수 동안 체계적으로 배분하는 것
- ▪주의 감가상각은 자산의 평가과정(=가치감소분을 비용인식)이 아니라, 자산 사용으로 창출된 수익에 비용을 대응시키는 원가의 배분과정임.

구분상각
- ❖일부원가가 전체원가에 비교하여 유의적인지에 따라 다음과 같이 처리함.

유의적인 경우	☐ 그 부분은 별도로 구분하여 감가상각함.
유의적이지 않은 경우	☐ 그 부분을 별도로 구분하여 감가상각할수 있음.

- ➡예 항공기를 소유하고 있는지 금융리스하고 있는지에 관계없이, 항공기 동체와 엔진을 별도로 구분하여 감가상각하는 것이 적절할 수 있음.
- 유형자산의 일부를 별도로 구분하여 감가상각하는 경우에는 동일한 유형자산을 구성하고 있는 나머지 부분도 별도로 구분하여 감가상각함.

통합
- 유형자산을 구성하고 있는 유의적인 부분에 해당 유형자산의 다른 유의적인 부분과 동일한 내용연수 및 감가상각방법을 적용하는 수가 있으며, 이 경우에는 감가상각액을 결정할 때 하나의 집단으로 통합할 수 있음.

토지
- 원칙 •채석장·매립지등을 제외하고는 내용연수가 무한하므로 감가상각하지 않음.
- 예외 •토지의 원가에 해체, 제거 및 복구원가가 포함된 경우에는 그러한 원가를 관련 경제적 효익이 유입되는 기간에 감가상각함.
  - 예시 토지 총원가 ₩1,000(복구원가 ₩50포함)인 경우 ₩50을 감가상각함.

동시취득
- 토지·건물을 동시취득시에도 분리가능한 자산이므로 별개의 자산으로 회계처리함.
- ▪주의 건물이 위치한 토지의 가치가 증가하더라도 건물의 감가상각대상금액에는 영향을 미치지 않음.

감가상각 개시시점
- 자산이 사용가능한 때부터 시작함.
- ➡즉, 경영진이 의도하는 방식으로 자산을 가동하는 데 필요한 장소와 상태에 이른 때
- 말장난 취득이 완료되었다면 설치되기 전이라도 감가상각을 수행한다(X)

감가상각비

원칙
- 다른 자산의 장부금액에 포함되는 경우가 아니라면 당기손익으로 인식함.

예외
- 내재된 미래경제적효익이 다른자산 생산에 사용되는 경우, 해당자산 원가의 일부가 됨.
- ➡예 제조설비의 감가상각액은 재고자산의 제조원가를 구성하고, 개발활동에 사용되는 유형자산의 감가상각액은 해당 무형자산의 원가에 포함될수 있음.

감가상각 대상금액

의의

감가상각대상금액	☐ 유형자산의 원가 − 잔존가치

잔존가치
- 정의 •자산이 이미 오래되어 내용연수 종료시점에 도달하였다는 가정하에 자산의 처분으로부터 현재 획득할 금액에서 추정 처분부대원가를 차감한 금액의 추정치
- 증감
  - 잔존가치는 장부금액과 같거나 큰 금액으로 증가할 수도 있음. 이 경우에는 잔존가치가 장부금액보다 작은 금액으로 감소될 때까지는 감가상각액은 영(0)이 됨.
  - 보론 유형자산의 공정가치가 장부금액을 초과하더라도 잔존가치가 장부금액을 초과하지 않는 한 감가상각액을 계속 인식하며, 유형자산을 수선하고 유지하는 활동을 하더라도 감가상각의 필요성이 부인되는 것은 아님.

잔존가치 재검토
- 잔존가치와 내용연수는 적어도 매 회계연도말에 재검토함.
- ▪주의 재검토결과 추정치가 종전 추정치와 다르다면 회계추정의 변경으로 회계처리함.

감가상각 중지

중지시점
- 자산이 매각예정자산으로 분류되는 날과 자산이 제거되는 날 중 이른 날에 중지함.
- ➡∴유형자산이 운휴 중이거나 적극적인 사용상태가 아니어도, 감가상각이 완전히 이루어지기 전까지는 감가상각을 중단하지 않음.

예외
- 유형자산의 사용정도에 따라 감가상각을 하는 경우에는 생산활동이 이루어지지 않을 때 감가상각액을 인식하지 않을 수 있음.

객관식 확인학습 ── **이론적용연습**

1. 유형자산의 감가상각에 관한 설명으로 옳지 않은 것은?

① 유형자산의 감가상각방법은 자산의 미래경제적효익이 소비되는 형태를 반영한다.

② 유형자산의 감가상각은 자산이 사용가능한 때부터 시작한다.

③ 유형자산에 내재된 미래경제적효익이 다른 자산을 생산하는 데 사용되는 경우 유형자산의 감가상각액은 해당자산 원가의 일부가 된다.

④ 정액법으로 감가상각하는 경우, 감가상각이 완전히 이루어지기 전이라도 유형자산이 가동되지 않거나 유휴상태가 되면 감가상각을 중단해야 한다.

⑤ 매 회계연도말 재검토 결과 자산에 내재된 미래경제적효익의 예상되는 소비형태에 유의적인 변동이 있다면, 변동된 소비형태를 반영하기 위하여 감가상각방법을 변경한다.

 낸비게이션

• 감가상각은 자산이 매각예정자산으로 분류되는 날과 자산이 제거되는 날 중 이른 날에 중지한다. 따라서 유형자산이 운휴 중이거나 적극적인 사용상태가 아니어도, 감가상각이 완전히 이루어지기 전까지는 감가상각을 중단하지 않는다.

2. 한국채택국제회계기준에 의한 감가상각에 대한 설명이다. 가장 옳지 않은 것은?

① 감가상각은 유형자산의 가치감소액을 평가하는 과정을 말한다.

② 유형자산을 구성하는 일부의 원가가 당해 유형자산의 전체원가에 비교하여 유의적이라면, 해당 유형자산을 감가상각할 때 그 부분은 별도로 구분하여 감가상각한다.

③ 항공기를 소유하고 있는지 금융리스하고 있는지에 관계없이, 항공기 동체와 엔진을 별도로 구분하여 감가상각하는 것이 적절할수 있다.

④ 유형자산을 구성하고 있는 유의적인 부분에 해당 유형자산의 다른 유의적인 부분과 동일한 내용연수 및 감가상각방법을 적용하는 수가 있다. 이러한 경우에는 감가상각액을 결정시 하나의 집단으로 통합할수 있다.

⑤ 유형자산의 감가상각은 자산을 취득한 때 부터가 아니라 자산이 사용가능한 때부터 시작한다.

 낸비게이션

• 감가상각은 원가배분과정이다.

3. 한국채택국제회계기준에 의한 감가상각에 대한 설명이다. 가장 틀린 설명은?

① 유형자산의 전체원가에 비교하여 해당 원가가 유의적이지 않은 부분도 별도로 분리하여 감가상각할 수 있다.

② 각 기간의 감가상각액은 다른 자산의 장부금액에 포함되는 경우가 아니라면 당기손익으로 인식한다.

③ 유형자산에 내재된 미래경제적효익이 다른 자산을 생산하는 데 사용되는 경우도 있다. 이 경우 유형자산의 감가상각액은 해당 자산의 원가의 일부가 된다.

④ 유형자산이 가동되지 않거나 유휴상태가 되더라도, 감가상각이 완전히 이루어지기 전까지는 감가상각을 중단하지 않는다. 그러나 유형자산의 사용정도에 따라 감가상각을 하는 경우에는 생산활동이 이루어지지 않을 때 감가상각액을 인식하지 않을 수 있다.

⑤ 유형자산의 공정가치가 장부금액을 초과한다면 잔존가치가 장부금액을 초과하지 않아도 감가상각액은 영(0)이 된다.

 낸비게이션

• 공정가치가 장부금액을 초과하더라도 잔존가치가 장부금액을 초과하지 않는 한 감가상각액을 계속 인식한다.

서술형Correction연습

☐ 유형자산을 구성하는 일부의 원가가 당해 유형자산의 전체원가에 비교하여 유의적이라면 해당 유형자산을 감가상각할 때 그 부분은 별도로 구분하여 감가상각하며, 유의적이지 않은 경우에는 분리하여 감가상각할 수 없다.

➡ (X) : 유형자산의 전체원가에 비교하여 해당 원가가 유의적이지 않은 부분도 별도로 분리하여 감가상각할 수 있다.

☐ 토지는 대부분의 경우 내용연수가 무한한 유형자산이므로 감가상각하지 않는다.

➡ (X) : 채석장이나 매립지 등을 제외하고는 토지는 내용연수가 무한하므로 감가상각하지 아니한다. 즉, 채석장이나 매립지와 같이 내용 연수가 한정되는 경우는 감가상각한다.

☐ 유형자산을 취득시에 취득원가로 기록하고 시간이 경과함에 따라서 상각한후, 상각후원가를 재무제표에 표시하는 이유는 자산을 현행원가에 근접하게 평가하기 위해서이다.

➡ (X) : 상각후원가(감가상각)는 비용(원가)의 배분을 위한 것이다.

이론과기출 제71강 ━ 내용연수와 감가상각방법

내용연수	정의	•자산이 사용가능할 것으로 기대되는 기간(또는 얻을 것으로 기대되는 생산량 등)
	고려요소	❖자산의 내용연수를 결정할 때에는 다음의 요소를 모두 고려함. ① 자산의 예상사용수준　　　② 자산의 예상 물리적 마모·손상 ③ 기술적·상업적 진부화　　　④ 자산사용에 대한 법적제한
	기타사항	•내용연수는 경제적내용연수보다 짧을수 있음. ➡∵내용연수는 자산으로부터 기대되는 효용에 따라 결정되며, 자산관리정책에 따라 특정기간이 경과되거나 내재하는 미래경제적효익의 특정부분이 소비되면 처분할수 있음. 말장난 내용연수는 경제적내용연수와 일치한다(X)

감가상각방법	적용	•내재되어 있는 미래경제적효익의 예상소비형태를 가장 잘 반영하는 방법에 따라 선택함. ➡예상 소비형태가 변하지 않는 한 매 회계기간에 일관성있게 적용함.
	재검토	•감가상각방법은 적어도 매 회계연도말에 재검토함. 주의 재검토결과 자산에 내재된 미래경제적효익의 예상되는 소비형태에 유의적인 변동이 있다면 변동된 소비형태를 반영하기 위하여 감가상각방법을 변경하며, 변경은 회계추정의 변경으로 회계처리한다. 말장난 감가상각방법 변경은 회계정책의 변경으로 회계처리한다(X)

정액법	•감가상각대상액 $\times \dfrac{1}{\text{내용연수}}$	정률법	•기초장부금액 × 상각률
이중체감법	•기초장부금액 $\times \dfrac{2}{\text{내용연수}}$	연수합계법	•감가상각대상액 $\times \dfrac{\text{연수의 역순}}{\text{내용연수의 합계}}$

보론 생산량(작업시간)비례법 : 감가상각대상액을 총예정생산량 대비 당기생산량에 비례하여 상각

 사례 **감가상각방법별 감가상각비 계산**

❂ (주)마약팔이소녀는 20x1년 1월 1일에 내용연수 5년, 잔존가치 ₩100,000의 기계장치를 ₩1,000,000에 취득하였다. 20x1년과 20x2년의 감가상각비를 계산하라. 단, 정률법 상각률은 0.369이다.

풀이

감가상각비 계산	정액법	•20x1년 : (차) 감가상각비　180,000[1)]　(대) 감가상각누계액　180,000 •20x2년 : (차) 감가상각비　180,000[1)]　(대) 감가상각누계액　180,000 [1)] $(1,000,000-100,000)\times1/5=180,000$
	정률법	•20x1년 : (차) 감가상각비　369,000[1)]　(대) 감가상각누계액　369,000 •20x2년 : (차) 감가상각비　232,839[2)]　(대) 감가상각누계액　232,839 [1)] $1,000,000\times0.369=369,000$ [2)] $(1,000,000-369,000)\times0.369=232,839$
	연수합계법	•20x1년 : (차) 감가상각비　300,000[1)]　(대) 감가상각누계액　300,000 •20x2년 : (차) 감가상각비　240,000[2)]　(대) 감가상각누계액　240,000 [1)] $(1,000,000-100,000)\times5/(1+2+3+4+5)=300,000$ [2)] $(1,000,000-100,000)\times4/(1+2+3+4+5)=240,000$
	이중체감법	•20x1년 : (차) 감가상각비　400,000[1)]　(대) 감가상각누계액　400,000 •20x2년 : (차) 감가상각비　240,000[2)]　(대) 감가상각누계액　240,000 [1)] $1,000,000\times2/5=400,000$ [2)] $(1,000,000-400,000)\times2/5=240,000$

객관식 확인학습 ▷◁ 이론적용연습

1. (주)대구는 20x1년 1월 1일 사채를 발행하고 사채발행가액에서 사채발행비 ₩25,248을 제외한 나머지 금액으로 건물을 구입하였다. 사채의 액면금액은 ₩1,000,000, 표시이자율은 연 4%, 이자지급일은 매년 12월 31일이고 만기는 20x3년 12월 31일이다. 발행일의 시장이자율은 6%이었다. 사채의 현재가치 계산에 필요한 현가표는 다음과 같다.

구분	정상연금 ₩1의 현가		
	1년	2년	3년
6.0%	0.9434	1.8334	2.6730
6.5%	0.9389	1.8206	2.6484
7.0%	0.9346	1.8080	2.6243

구분	단일금액 ₩1의 현가		
	1년	2년	3년
6.0%	0.9434	0.8900	0.8396
6.5%	0.9389	0.8817	0.8278
7.0%	0.9346	0.8734	0.8163

(주)대구는 취득한 건물을 정률법에 따라 감가상각하기로 하였으며 이 때 적용되는 상각률은 54%이다. (주)대구는 취득 당시 동 건물의 내용연수는 3년, 잔존가치는 취득원가의 10%로 추정하였다. 20x2년에 (주)대구가 계상해야 하는 감가상각비는 얼마인가? 단, 계산금액은 소수점 첫째 자리에서 반올림하며 이 경우 약간의 반올림 오차가 나타날 수 있다.

① ₩210,028   ② ₩216,300   ③ ₩222,572
④ ₩228,844   ⑤ ₩235,116

📻 낸비게의셥
- 건물 구입가격 : (40,000x2.6730+1,000,000x0.8396)-25,248=921,272
- 20x1년 감가상각비 : 921,272x54%=497,487
- 20x2년 감가상각비 : (921,272-497,487)x54%=228,844

2. (주)합격과 (주)적중은 추정내용연수가 5년인 동종의 유형자산을 구입하였다. (잔존가치는 없다고 한다.) 감가상각방법으로 (주)합격은 정액법, (주)적중은 연수합계법을 사용하였다. 다른 조건이 동일하다고 가정할 때 알맞은 설명은?

① 1차년도의 (주)합격의 감가상각비가 (주)적중보다 크다.
② 3차년도의 (주)합격의 순이익은 (주)적중보다 적다.
③ 4차년도의 (주)합격의 순이익은 (주)적중보다 적다.
④ 3년 후 자산을 매각할 경우, (주)합격은 (주)적중보다 높은 이익을 보고할 가능성이 크다.
⑤ 두 회사 자산을 5년간 사용한다면, (주)적중의 5년간 총감가상각액은 (주)합격보다 크다.

📻 낸비게의셥
- 기간별 감가상각비율

구 분	1차년도	2차년도	3차년도	4차년도	5차년도
정액법	$\frac{1}{5}$	$\frac{1}{5}$	$\frac{1}{5}$	$\frac{1}{5}$	$\frac{1}{5}$
연수합계법	$\frac{5}{15}$	$\frac{4}{15}$	$\frac{3}{15}$	$\frac{2}{15}$	$\frac{1}{15}$
크기비교	정액법 < 연수합계법		동일	정액법 > 연수합계법	

→∴4차년도 감가상각비가 더 많은 (주)합격의 순이익이 (주)적중보다 적다.

서술형Correction연습

☐ 유형자산의 사용을 포함하는 활동에서 창출되는 수익에 기초한 감가상각방법은 미래 경제적 효익의 예상 소비형태를 잘 반영하는 방법이므로 적절한 방법이다.

➡ (X) : 【심화학습 : 기준서 제1016호 문단 62A 】
자산의 사용을 포함하는 활동에서 창출되는 수익에 기초한 감가상각방법은 적절하지 않다. 그러한 활동으로 창출되는 수익은 일반적으로 자산의 경제적효익의 소비 외의 요소를 반영한다. 예를 들어, 수익은 그 밖의 투입요소와 과정, 판매활동과 판매 수량 및 가격 변동에 영향을 받는다. 수익의 가격 요소는 자산이 소비되는 방식과관계가 없는 인플레이션에 영향을 받을 수 있다.

☐ 유형자산의 잔존가치와 내용연수는 적어도 매 회계연도말에 재검토하며, 재검토결과 추정치가 종전 추정치와 다르다면 그 차이는 회계정책의 변경으로 회계처리한다.

➡ (X) : 회계정책의 변경(X) → 회계추정의 변경(O)

시험중요도 ★★★

이론과기출 제72강 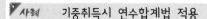 기중취득시 연수합계법 적용등

세부고찰 I

사례 기중취득시 연수합계법 적용

❂ (주)칼있으마는 20x1년 4월 1일 기계장치를 취득하였는데 취득원가는 ₩6,000,000이다. 기계의 내용연수는 8년, 잔존가치는 ₩400,000, 연수합계법으로 상각한다. 20x2년도의 감가상각비로 인식할 금액은 얼마인가?(단, (주)칼있으마의 결산일은 12월 31일이다.)

풀이

• 20x1년 감가상각비

$$(6,000,000 - 400,000) \times \frac{8}{1+\cdots\cdots+8} \times \frac{9}{12} = 933,333$$

• 20x2년 감가상각비

$$(6,000,000 - 400,000) \times \frac{8}{1+\cdots\cdots+8} \times \frac{3}{12} + (6,000,000 - 400,000) \times \frac{7}{1+\cdots\cdots+8} \times \frac{9}{12} = 1,127,778$$

보론 기중취득시 안분계산여부
① 정액법/연수합계법 : 모든연도에 안분계산함
② 정률법/이중체감법 : 취득연도만 안분계산함.

세부고찰 II

사례 연수합계법에서 정액법으로 회계변경

❂ 12월말 결산법인인 ㈜거성은 20x1년 1월 1일에 기계장치를 ₩200,000,000에 취득하였다. 취득 당시에 기계의 설치 및 시운전에 ₩7,000,000이 지출되었다. 이 기계에 대해 ㈜거성은 내용연수 10년, 잔존가치 ₩20,000,000으로 추정하여 연수합계법을 적용하여 감가상각을 해왔다. 그런데 20x4년초에 감가상각방법을 정액법으로 변경하였고, 잔존내용연수는 5년, 잔존가치는 없는 것으로 새롭게 추정하였다. 이와 같은 감가상각방법, 내용연수 그리고 잔존가치의 변경은 한국채택국제회계기준에 따를때 인정된다. 이 경우에 20x4년도의 기계장치에 대한 감가상각비와 20x4년말의 감가상각누계액은 얼마인가?

풀이

• 20x1년 ~ 20x3년 감가상각비

$$(207,000,000 - 20,000,000) \times \frac{10+9+8}{1+\cdots\cdots+10} = 91,800,000$$

• 20x4년 감가상각비

$$(207,000,000 - 91,800,000 - 0) \times \frac{1}{5} = 23,040,000$$

• 20x4년말 감가상각누계액
91,800,000 + 23,040,000 = 114,840,000

세부고찰 III

사례 잔존가치와 감가상각비 계상여부 결정

❂ ㈜국세는 20x2년 1월 1일 기계장치를 ₩4,500,000에 구입하였으며, 설치 및 시험가동 등으로 ₩500,000을 지출하였다. 이로 인해 기계장치는 20x2년 4월 1일부터 사용 가능하게 되었다. 동 기계장치의 내용연수는 5년, 잔존가치는 ₩500,000으로 추정되며, 이중체감법(상각률은 정액법의 2배)으로 감가상각을 한다. ㈜국세는 매년 말 잔존가치를 재검토하고 있는데, 20x4년 말 현재 동 기계장치를 거래하는 시장이 활성화됨으로써 잔존가치가 ₩2,500,000으로 증가할 것으로 추정하였다. ㈜국세가 20x4년도에 인식하여야 할 감가상각비는 얼마인가? (단, ㈜국세는 동 기계장치에 대하여 원가모형을 적용하고, 감가상각은 월할계산하며, 손상차손 및 손상차손환입은 고려하지 않는다.)

풀이

• 20x2년말 장부금액 : 5,000,000 - 5,000,000x2/5x9/12 = 3,500,000
• 20x3년말 장부금액 : 3,500,000 - 3,500,000x2/5 = 2,100,000
• 잔존가치가 장부금액보다 작은 금액으로 감소될 때까지는 유형자산의 감가상각액은 영(0)이 됨.

객관식 확인학습 ● 이론적용연습

1. ㈜용암은 20x1년 10월 1일에 기계장치를 현금으로 구입하여 즉시 제품생산에 투입하였다. 취득시점에서 이 기계장치의 내용연수는 3년, 잔존가치는 ₩12,000으로 추정하였다. ㈜용암은 이 기계장치에 대해 원가모형을 적용하여 연수합계법으로 감가상각을 하고 있는데, 20x1년 말에 인식한 감가상각비는 ₩60,000이었다. 20x2년 12월 31일 기계장치의 장부금액은 얼마인가? (단, 감가상각비는 월할 계산하며, 이 기계장치에 대한 취득시점 이후 자산손상은 없었다.)

① ₩160,000　　② ₩200,000　　③ ₩212,000
④ ₩260,000　　⑤ ₩272,000

 내비게이션

• 취득원가를 A 라하면, $(A-12,000) \times \dfrac{3}{1+2+3} \times \dfrac{3}{12}=60,000$에서,
  $A=492,000$
• 20x2년 감가상각비 :
  $(492,000-12,000) \times \dfrac{3}{1+2+3} \times \dfrac{9}{12} +(492,000-12,000) \times \dfrac{2}{1+2+3} \times \dfrac{3}{12}$
  $=220,000$
• 20x2년말 장부금액 : $492,000-60,000-220,000=212,000$

2. ㈜대한은 20x1년 9월 1일 내용연수 5년의 기계장치를 취득하였다. 이 기계장치는 정률법을 사용하여 감가상각하며, 감가상각률은 36%이다. 20x2년도에 인식한 감가상각비는 ₩253,440이다. 20x3년도에 인식할 기계장치의 감가상각비는 얼마인가? 단, 계산 방식에 따라 단수차이로 인해 오차가 있는 경우, 가장 근사치를 선택한다.

① ₩85,899　　② ₩91,238　　③ ₩102,005
④ ₩103,809　　⑤ ₩162,202

내비게이션

• 취득원가를 x 라하면,
  – 20x1년 감가상각비 : $x \times 36\% \times 4/12=0.12x$
  – 20x2년 감가상각비 : $(x-0.12x) \times 36\%=253,440 \rightarrow x=800,000$
• 20x3년 감가상각비
  $(800,000-0.12 \times 800,000-253,440) \times 36\%=162,202$

3. ㈜합격은 20x1년초 ₩1,500,000을 지급하고 기계장치을 구입하였다. 내용연수는 5년이고 잔존가치는 ₩150,000으로 추정하였다. 2년간 정액법으로 상각해오다가 20x3년초에 감가상각방법을 연수합계법으로 바꾸면서 잔존내용연수를 2년, 잔존가치를 ₩75,000으로 변경하였다. 20x3년도의 기계장치에 대한 감가상각비는 얼마인가? 단, 내용연수와 잔존가치의 변경은 한국채택국제회계기준에 따를 때 인정된다.

① ₩450,000　　② ₩590,000　　③ ₩630,000
④ ₩802,000　　⑤ ₩1,180,000

내비게이션

• 20x1년~20x2년 감가상각비 : $(1,500,000-150,000) \times \dfrac{1}{5} \times 2년=540,000$
• 20x3년초 장부금액 : $1,500,000-540,000=960,000$
• 20x3년도 감가상각비 : $(960,000-75,000) \times \dfrac{2}{1+2}=590,000$

4. ㈜합격(회계기간 : 10월1일 ~ 9월 30일)은 20x1년 7월 1일에 비품(내용연수 4년, 잔존가치는 취득원가의 10%)을 취득하여 사용하기 시작하였다. 연수합계법을 적용하여 감가상각하며, 20x2년 9월 30일로 종료하는 회계연도의 동 비품에 대한 감가상각비가 ₩756,000이라고 할때, 동 비품의 취득원가를 추정하면 얼마이겠는가?

① ₩2,240,000　　② ₩2,280,000　　③ ₩2,400,000
④ ₩2,500,000　　⑤ ₩2,260,000

내비게이션

• 취득원가를 A 라고 가정
• 20x1년 감가상각비(20x1.7.1~9.30) : $0.9A \times \dfrac{4}{10} \times \dfrac{3}{12}$
• 20x2년 감가상각비(20x1.10.1~20x2.9.30) :
  $0.9A \times \dfrac{4}{10} \times \dfrac{9}{12} +0.9A \times \dfrac{3}{10} \times \dfrac{3}{12}=756,000$
  $\therefore A=2,240,000$

이론과기출 제73강 ◯ 유형자산의 손상

| 회수가능액 | 손상 | •회수가능액을 추정하여 회수가능액이 장부금액에 미달하는 경우 손상차손을 당기손익으로 인식함. |
| | 회수가능액 | •Max[순공정가치, 사용가치] ➡ 순공정가치 : 매각금액－처분부대원가
사용가치 　: 기대미래현금흐름 현재가치 |

⟶ •주의 금융원가, 법인세비용, 이미 부채로 인식분은 처분부대원가에 포함치 않음.

손상차손 · 환입	손상차손	•손상차손액＝장부금액－회수가능액
	손상차손환입	•환입액＝Min[손상되지 않았을 경우의 장부금액, 회수가능액]－손상후 장부금액
	회계처리	손상차손	(차) 유형자산손상차손　×××　(대) 손상차손누계액　　××× ➡ 손상차손누계액은 유형자산에 차감형식으로 표시함.
		손상차손환입	(차) 손상차손누계액　×××　(대) 유형자산손상차손환입 ×××

참고 재평가모형의 경우 ('후술')

| 손상차손 | •계상되어있는 재평가잉여금을 감소시키고 그 차액을 손상차손으로 인식함.
　→ (차) 재평가잉여금　　　　xxx　(대) 손상차손누계액　　　　　　xxx
　　　　　손상차손　　　　　　xxx |
| 손상차손
환입 | •손상차손인식액을 한도로 환입을 계상하고 나머지는 재평가잉여금을 증가시킴.
　→ (차) 손상차손누계액(회수가능액－장부금액)　xxx　(대) 손상차손환입　xxx
　　　　　　　　　　　　　　　　　　　　　　　　　　　재평가잉여금　xxx |

✎ 사례 　유형자산손상 회계처리 ◀

❂ 20x1년초 내용연수10년, 잔존가치없는 기계장치를 ₩10,000,000에 구입하였으며, 원가모형을 적용하여 정액법으로 상각하였다. 회수가능액에 대한 자료는 다음과 같다.
－ 20x2년말 순공정가치는 ₩2,000,000, 사용가치는 ₩1,600,000
－ 20x4년말 순공정가치는 ₩7,000,000, 사용가치는 ₩8,000,000

풀이

20x1년초	(차) 기계장치	10,000,000	(대) 현금	10,000,000
20x1년말	(차) 감가상각비	1,000,000[1]	(대) 감가상각누계액	1,000,000
20x2년말	(차) 감가상각비	1,000,000	(대) 감가상각누계액	1,000,000
	(차) 유형자산손상차손	6,000,000[2]	(대) 손상차손누계액	6,000,000
20x3년말	(차) 감가상각비	250,000[3]	(대) 감가상각누계액	250,000
20x4년말	(차) 감가상각비	250,000	(대) 감가상각누계액	250,000
	(차) 손상차손누계액	4,500,000	(대) 유형자산손상차손환입	4,500,000[4]

[1] 10,000,000÷10년=1,000,000

[2] (10,000,000－1,000,000x2)－Max[2,000,000, 1,600,000]=6,000,000

[3] 2,000,000÷8년=250,000

[4] Min[①10,000,000－1,000,000x4 ②Max(7,000,000, 8,000,000)]－(2,000,000－250,000x2)=4,500,000

참고 20x4년말의 부분재무상태표는 다음과 같다.

기계장치	10,000,000
감가상각누계액	(2,500,000)
손상차손누계액	(1,500,000)
	6,000,000

객관식 확인학습

이론적용연습

1. 회사는 20x1년 초에 취득원가 ₩1,000,000의 유형자산을 구입하여 원가모형을 적용하다가 20x2년 말에 손상차손을 인식하였다. 20x2년 말 현재 당해 자산에 대한 회수가능액은 ₩640,000이었다. 20x4년 말에 당해 자산의 회수가능액이 ₩700,000으로 회복된 경우 회사가 인식하여야 할 손상차손환입액은 얼마인가? 단, 회사는 이 유형자산에 대하여 내용연수 10년, 잔존가치 ₩0으로 하여 정액법으로 감가상각하고 있다.

① ₩220,000 ② ₩180,000 ③ ₩120,000
④ ₩80,000 ⑤ ₩0

 낵벼게의선

• 손상되지 않았을 경우 장부금액 : 1,000,000-1,000,000÷10년x4=600,000
• 회수가능액 : 700,000
• 손상후 장부금액 : 640,000-640,000÷8년x2=480,000
∴손상차손환입액 : Min[600,000, 700,000]-480,000=120,000

2. ㈜합격은 취득원가가 ₩8,000,000인 토지에 대하여 전기 말에 손상차손을 인식하였다. 해당 토지의 전기 말 공정가치는 ₩6,000,000이며 처분부대원가는 ₩500,000이고 사용가치는 ₩6,000,000이었다. 당기 말 해당 토지의 회수가능액은 ₩8,500,000으로 회복되어 손상차손환입을 인식한다. 전기 말 토지의 회수가능액과 당기 말 손상차손환입액은 얼마인가?

	회수가능액	손상차손환입액
①	₩5,500,000	₩1,000,000
②	₩5,500,000	₩1,500,000
③	₩5,500,000	₩2,000,000
④	₩6,000,000	₩2,000,000
⑤	₩6,000,000	₩2,500,000

 낵벼게의선

• 회수가능액 : Max[①6,000,000-500,000=5,500,000 ②6,000,000]=6,000,000
• 손상차손 : 8,000,000-6,000,000=2,000,000
• 손상차손환입액 : Min[①8,000,000 ②8,500,000]-6,000,000=2,000,000

3. ㈜세무는 20x1년 1월 1일 기계장치를 ₩1,000,000(내용연수 5년, 잔존가치 ₩0, 정액법 감가상각, 원가모형 적용)에 취득하여 제품생산에 사용하였다. 매 회계연도 말 기계장치에 대한 회수가능액은 다음과 같으며, 회수가능액 변동은 기계장치의 손상 또는 그 회복에 따른 것이다. 동 거래가 20x3년도 ㈜세무의 당기순이익에 미치는 영향은?

구분	20x1년말	20x2년말	20x3년말
회수가능액	₩700,000	₩420,000	₩580,000

① ₩120,000 감소 ② ₩20,000 감소
③ ₩20,000 증가 ④ ₩120,000 증가
⑤ ₩160,000 증가

낵벼게의선

• 20x1년초

| (차) 기계장치 | 1,000,000 | (대) 현금 | 1,000,000 |

• 20x1년말

| (차) 감가상각비 | 200,000 | (대) 감가상각누계액 | 200,000 |
| (차) 손상차손 | 100,000[1] | (대) 손상차손누계액 | 100,000 |

• 20x2년말

| (차) 감가상각비 | 175,000[2] | (대) 감가상각누계액 | 175,000 |
| (차) 손상차손 | 105,000[3] | (대) 손상차손누계액 | 105,000 |

• 20x3년말

| (차) 감가상각비 | 140,000[4] | (대) 감가상각누계액 | 140,000 |
| (차) 손상차손누계액 | 120,000 | (대) 손상차손환입 | 120,000[5] |

[1] 800,000-700,000=100,000 [2] 700,000÷4년=175,000
[3] 525,000-420,000=105,000 [4] 420,000÷3년=140,000
[5] Min[① 1,000,000-1,000,000x$\frac{3}{5}$=400,000 ②580,000]-280,000=120,000

→∴20x3년도 당기손익 영향 : 140,000(Dep)-120,000(환입)=20,000 (감소)

시험중요도 ★★★

이론과기출 제74강 ◯ **손상차손과 환입액 계산등**

세부고찰 I

사례 기중취득시 감가상각비와 손상차손 계산

❂ ㈜오바마는 20x1.7.1에 건물을 ₩25,000,000에 취득하였다(내용연수 10년, 잔존가치 ₩0, 정액법). 20x3년말 시장가치는 ₩9,000,000으로 현저히 하락하였다. 건물의 사용으로 기대되는 미래현금흐름의 합계액은 ₩20,000,000이고, 이 미래현금흐름의 현재가치는 ₩16,000,000이다. 20x3년도 당기순이익에 미치는 영향은 얼마인가?

풀이

• 20x3년말 장부금액 : 25,000,000−(25,000,000x1/10x2.5년)=18,750,000
• 회수가능액 : Max[9,000,000, 16,000,000]=16,000,000
• 감가상각비(25,000,000x1/10=2,500,000)+손상차손(18,750,000−16,000,000=2,750,000)=5,250,000(감소)

세부고찰 II

사례 손상후 감가상각비와 손상차손환입액 계산

❂ 20x1년초 기계장치를 취득하였다(내용연수 10년, 잔존가치 ₩0, 정액법상각). 이와 관련된 자료가 다음과 같을 때 20x4년 당기순이익에 미치는 영향은?

(1) 20x3년초 장부금액 : ₩15,000,000(감가상각누계액 ₩4,000,000, 손상차손누계액 ₩1,000,000)
(2) 손상은 20x2년말에 처음으로 발생한 것이다.
(3) 기계장치의 20x3년말과 20x4년말의 회수가능액 관련자료는 다음과 같다.

연도	순공정가치	사용가치
20x3년말	₩13,720,000	₩13,600,000
20x4년말	₩12,600,000	₩12,800,000

풀이

• 취득원가 : 15,000,000+4,000,000+1,000,000=20,000,000
• 20x3년말 장부금액 : 15,000,000−(15,000,000÷8년)=13,125,000
• 20x3년말 환입액 : Min[①20,000,000−6,000,000=14,000,000 ②13,720,000]−13,125,000=595,000
• 20x4년 감가상각비 : 13,720,000÷7년=1,960,000
• 20x4년말 장부금액 : 13,720,000−1,960,000=11,760,000
• 20x4년말 환입액 : Min[①20,000,000−8,000,000=12,000,000 ②12,800,000]−11,760,000=240,000
  ∴당기순이익에 미치는 영향 : 240,000(환입액)−1,960,000(감가상각비)=△1,720,000

세부고찰 III

사례 손상차손환입액 추정

❂ 20x1년초 기계장치를 ₩1,100,000에 취득하였다(내용연수 10년, 잔존가치 ₩100,000, 정액법상각). 20x3년말 회수가능액이 ₩590,000으로 하락하여 손상을 인식하였다. 이후 20x6년말 회수가능액이 상승하여 손상차손환입이 발생하였다. 20x7년 감가상각비와 20x3년의 감가상각비가 동일하다면 20x6년말 손상차손환입액은 얼마이겠는가?

풀이

• 20x1년/20x2년/20x3년 감가상각비
  (1,100,000−100,000)÷10년=100,000
• 20x3년말 손상차손
  (1,100,000−300,000)−590,000=210,000
• 20x4년/20x5년/20x6년 감가상각비
  (590,000−100,000)÷7년=70,000
• 손상차손환입액을 x 라 하면, (380,000+x−100,000)÷4년=100,000 → ∴x=120,000

객관식 확인학습 ── 이론적용연습

1. ㈜국세는 20x1년 1월 1일 기계장치를 ₩2,000,000에 취득(내용연수 5년, 잔존가치는 ₩0)하였다. 동 기계장치는 원가모형을 적용하며 정액법으로 감가상각한다. 매 회계연도 말 기계장치에 대한 회수가능액은 다음과 같으며 회수가능액 변동은 기계장치의 손상 또는 그 회복에 따른 것이다.

구분	20x1년말	20x2년말	20x3년말	20x4년말
회수가능액	₩1,600,000	₩900,000	₩600,000	₩1,000,000

20x4년도 말 재무상태표에 인식될 기계장치의 손상차손누계액은 얼마인가?

① ₩0 ② ₩100,000 ③ ₩200,000
④ ₩300,000 ⑤ ₩400,000

📻 **낸비게이션**

• 20x1년초

(차) 기계장치	2,000,000	(대) 현금	2,000,000

• 20x1년말

(차) 감가상각비	400,000	(대) 감가상각누계액	400,000

• 20x2년말

(차) 감가상각비	400,000	(대) 감가상각누계액	400,000
(차) 손상차손	300,000[1]	(대) 손상차손누계액	300,000

• 20x3년말

(차) 감가상각비	300,000[2]	(대) 감가상각누계액	300,000

• 20x4년말

(차) 감가상각비	300,000	(대) 감가상각누계액	300,000
(차) 손상차손누계액	100,000	(대) 손상차손환입	100,000[3]

[1] 1,200,000-900,000=300,000 [2] 900,000÷3년=300,000

[3] Min[① 2,000,000-2,000,000×$\frac{4}{5}$=400,000 ② 1,000,000]-300,000=100,000

→ ∴ 20x4년말 손상차손누계액 : 300,000-100,000=200,000

보론 **자산손상의 징후**

☐ 자산손상을 시사하는 징후가 있는지를 검토할 때는 최소한 다음을 고려한다.

외부정보원천

1 회계기간 중에 자산의 시장가치가 시간의 경과나 정상적인 사용에 따라 하락할 것으로 예상되는 수준보다 유의적으로 더 하락하였다는 관측가능한 징후가 있다.

2 기업이 영업하는 기술·시장·경제·법률 환경이나 해당 자산을 사용하여 재화나 용역을 공급하는 시장에서 기업에 불리한 영향을 미치는 유의적 변화가 회계기간 중에 일어났거나 가까운 미래에 일어날 것으로 예상된다.

3 시장이자율이 회계기간 중에 상승하여 자산의 사용가치를 계산할 때 사용하는 할인율에 영향을 미쳐 자산의 회수가능액이 중요하게 감소할 가능성이 높다.

4 기업의 순자산 장부금액이 기업의 시가총액보다 많다.

내부정보원천

1 자산이 진부화하거나 물리적으로 손상된 증거를 얻을 수 있다.

2 자산의 사용 범위나 사용 방법에서 기업에 불리한 영향을 미치는 유의적 변화가 회계기간 중에 일어났거나 가까운 미래에 일어날 것으로 예상된다. 이 변화에는 자산의 유휴화, 자산을 사용하는 영업부문을 중단하거나 구조 조정할 계획, 예상 시점보다 앞서 자산을 처분할 계획, 비한정 내용연수를 유한 내용연수로 재평가하기 등을 포함한다.

3 자산의 경제적 성과가 예상수준에 미치지 못하거나 못할 것으로 예상되는 증거를 내부보고에서 얻을 수 있다.

이론과기출 제75강 ⊂ 유형자산의 제거

<table>
<tr>
<td rowspan="8">자발적
처분</td>
<td>처분손익
(제거손익)</td>
<td>제거손익</td>
<td colspan="2">□ 순매각금액−(취득원가−Dep누계액−손상차손누계액−정부보조금^{*)})</td>
</tr>
<tr>
<td></td>
<td colspan="3">^{*)}정부보조금을 자산의 차감계정으로 처리한 경우임.</td>
</tr>
<tr>
<td>기중처분</td>
<td colspan="3">•기초부터 처분일까지의 감가상각비를 우선 계상후, 처분손익을 계산함.</td>
</tr>
</table>

		자산차감법의 경우				
회계처리	〈1순위〉 감가상각비인식	(차) 감가상각비	xxx	(대) 감가상각누계액	xxx	
		보조금	xxx	감가상각비	xxx	
	〈2순위〉 처분손익인식	(차) 현금	xxx	(대) 자산	xxx	
		감가상각누계액	xxx	처분이익	xxx	
		손상차손누계액	xxx			
		보조금	xxx			

 사례 유형자산처분손익

✿20x1년 1월 1일 건물을 ₩1,000,000에 취득하였다. 동 건물의 내용연수는 5년, 잔존가치는 ₩100,000 이다. 동 건물의 감가상각방법은 정액법을 적용한다. 회사는 동 건물이 사용목적에 맞지 않아 20x2년 6월 30일에 ₩500,000에 처분하였다.

풀이

20x1.12.31	(차) 감가상각비	180,000¹⁾	(대) 감가상각누계액	180,000
20x2.06.30	(차) 감가상각비	90,000²⁾	(대) 감가상각누계액	90,000
	(차) 현금	500,000	(대) 건물	1,000,000
	감가상각누계액	270,000		
	유형자산처분손실	230,000		

¹⁾$(1,000,000-100,000) \times \frac{1}{5} = 180,000$

²⁾$(1,000,000-100,000) \times \frac{1}{5} \times \frac{6}{12} = 90,000$

<table>
<tr>
<td rowspan="8">비자발적
처분</td>
<td>손상에 대한 보상</td>
<td colspan="4">•손상, 소실 또는 포기된 유형자산에 대해 제3자로부터 받는 보상금은 수취할 권리가 발생하는 시점에 당기손익으로 인식함.
➡ 즉, 재해손실(손상차손)과 보험금수익을 상계하여 순액인 보험차익으로 표시하는 것이 아니라, 재해손실(손상차손)과 보험금수익을 각각 총액으로 표시함.</td>
</tr>
</table>

		화재발생시	• (차) 감가상각비	1,000	(대) 감가상각누계액	1,000
	회계처리		➡ 화재발생시까지의 감가상각비를 먼저 계상			
			• (차) 감가상각누계액	2,000	(대) 건물	5,000
			재해손실(손상차손)	3,000		
			➡ 소실자산 장부금액을 재해손실(손상차손)로 인식함.			
		보험금확정시	• (차) 미수금	4,000	(대) 보험금수익	4,000
			➡ 수취권리발생시점에 보험금수익을 인식함.			
		보험금수령시	• (차) 현금	4,000	(대) 미수금	4,000

객관식 확인학습

이론적용연습

1. 보유중인 기계장치(산업용 프레스)를 당해기간 중에 매각하고 대금 ₩3,000,000을 현금으로 수취하였다. 기계장치의 매각으로 인한 유형자산처분손익은? 단, 회사는 유형자산을 원가모형으로 회계처리하고 있다.

- 취득원가 : ₩6,500,000
- 잔존가치 : ₩200,000
- 감가상각방법 : 정액법
- 내용연수 : 5년
- 전기말상각누계액 : ₩3,450,000
- 매각일자 : 20x1년 3월 31일

① 유형자산처분이익   ₩150,000
② 유형자산처분이익   ₩265,000
③ 유형자산처분이익   ₩465,000
④ 유형자산처분손실   ₩50,000
⑤ 유형자산처분손실   ₩75,000

📻 내비게이션
- 20x1년 감가상각비 : (6,500,000−200,000)÷5년×3/12=315,000
- 처분일 현재 장부금액 : 6,500,000−3,450,000−315,000=2,735,000
- 처분손익 : 3,000,000−2,735,000=265,000(이익)

2. ㈜합격은 영업활동에 사용하던 건물(부속토지 포함)을 20x4년 12월 31일에 매각처분하였다. 동 건물과 관련한 사항은 다음과 같다.

ㄱ. 건물의 취득원가	₩2,000,000
취득일	20x1년 1월 1일
내용연수	10년
잔존가치	없음
감가상각방법	정액법
ㄴ. 부속토지(취득원가)	₩2,000,000
ㄷ. 처분금액(건물 및 부속토지)	₩3,100,000

상기 토지·건물과 관련하여 20x4년도에 ㈜합격이 인식할 유형자산처분손실은 얼마인가? 단, ㈜합격은 최초 인식시점 이후 유형자산을 원가모형으로 회계처리하고 있다.

① ₩100,000   ② ₩300,000   ③ ₩350,000
④ ₩900,000   ⑤ ₩950,000

📻 내비게이션
- 처분가(3,100,000)−장부가(4,000,000−2,000,000x4/10)=△100,000

서술형Correction연습

☐ 유형자산 항목의 일부에 대한 대체원가를 자산의 장부금액으로 인식하는 경우, 대체되는 부분이 별도로 분리되어 상각된 경우에만 대체된 부분의 장부금액은 제거한다.

➡ (X) : 【심화학습 : 기준서 제1016호 문단 70】
인식원칙(효익유입가능성조건/측정신뢰성조건)에 따라 유형자산 항목의 일부에 대한 대체원가를 자산의 장부금액으로 인식하는 경우, 대체되는 부분이 별도로 분리되어 상각되었는지 여부와 관계없이 대체된 부분의 장부금액은 제거한다. 대체된 부분의 장부금액을 결정하는 것이 실무적으로 불가능한 경우에는, 대체된 부분을 취득하거나 건설한 시점의 원가를 추정하기 위한 지표로 그 대체원가를 사용할 수도 있다.

제1편 Mainplot [주요논제]
제2편 Subplot [특수논제]
합본부록1 기출유형별 필수문제
합본부록2 실전적중모의고사

이론과기출 제76강 ○ 유형자산 재평가모형 : 재평가손익

적용	선택적용	•원가모형 · 재평가모형 중 선택하여, 유형자산 유형별(분류별)로 동일하게 적용함.
		주의 유형자산전체에 동일하게 적용하는것이 아니며, 자산별로 적용하는 것도 아님.
	유형별(분류별) 재평가	•특정유형자산을 재평가할때, 해당자산이 포함되는 유형자산 유형(분류) 전체를 재평가함.
		주의 유형자산별로 선택적 재평가를 하는 것이 아님.
	재평가빈도	•장부금액이 공정가치와 중요하게 차이가 나지 않도록 주기적으로 수행

재평가손익	최초재평가	재평가증가액	•'장부금액 < 공정가치' ○ 재평가잉여금(기타포괄손익) 처리
		재평가감소액	•'장부금액 > 공정가치' ○ 재평가손실(당기손익) 처리
	회계처리 (선택)	감가상각누계액 제거방법	•총장부금액에서 기존의 감가상각누계액을 제거하여 자산의 순장부금액이 재평가금액이 되도록 수정하는 방법
		비례적수정방법	•재평가후 자산의 장부금액이 재평가금액과 일치하도록 감가상각누계액과 총장부금액을 비례적으로 수정하는 방법
		주의 감가상각비와 재평가잉여금은 양자 모두 동일한 금액이 계상됨.	
	재평가이후 재평가	재평가잉여금인식후 재평가손실이 발생	●전기재평가잉여금 •재평가잉여금과 상계 ●나머지 금액 •재평가손실(당기손익)
		재평가손실인식후 재평가잉여금이 발생	●전기재평가손실 •재평가이익(당기손익) 처리 ●나머지 금액 •재평가잉여금

사례 재평가모형 회계처리

❂ 20x1년초에 건물을 ₩4,000,000에 취득함.(내용연수 5년, 잔존가치 ₩0, 정액법), 재평가모형을 적용함.
20x1년말과 20x2년말 공정가치가 각각 ₩4,800,000, ₩1,800,000임.

1. 감가상각누계액제거방법

x1말	(차) Dep	800,000	(대) Dep누계액	800,000	1)4,800,000-(4,000,000-800,000)
	(차) Dep누계액	800,000	(대) 재평가잉여금	1,600,000[1]	=1,600,000
	건물	800,000			
x2말	(차) Dep	1,200,000[2]	(대) Dep누계액	1,200,000	2)4,800,000÷4년=1,200,000
	(차) Dep누계액	1,200,000	(대) 건물	3,000,000	
	재평가잉여금	1,600,000			
	재평가손실	200,000			

2. 비례적수정방법

x1말	(차) Dep	800,000	(대) Dep누계액	800,000	–
	(차) 건물	2,000,000	(대) Dep누계액	400,000	1)
			재평가잉여금	1,600,000	
x2말	(차) Dep	1,200,000	(대) Dep누계액	1,200,000	–
	(차) Dep누계액	1,200,000	(대) 건물	3,000,000	2)
	재평가잉여금	1,600,000			
	재평가손실	200,000			

1)장부금액($\frac{4,800,000}{3,200,000}$=150%)이 50%증가했으므로 원가(4,000,000)와 감가상각누계액(800,000)을 50%증가시킴

2)장부금액($\frac{1,800,000}{3,600,000}$=50%)이 50%감소했으므로 원가(6,000,000)와 감가상각누계액(2,400,000)을 50%감소시킴

객관식 확인학습 — 이론적용연습

1. ㈜브룩은 20x1년 1월 1일 기계장치를 ₩1,000,000에 취득하고 재평가모형을 적용하기로 하였다. 동 기계장치의 내용연수는 5년, 잔존가치는 ₩0이며 정액법으로 감가상각한다. 기계장치의 20x1년말 공정가치는 ₩780,000이며, 20x2년말 공정가치는 ₩650,000이다. 동 기계장치와 관련하여 20x2년도 포괄손익계산서상 당기순이익과 기타포괄이익에 미치는 영향은 각각 얼마인가? 단, 재평가잉여금은 이익잉여금으로 대체하지 않으며, 감가상각비 중 자본화한 금액은 없다.

	당기순이익	기타포괄이익
①	₩195,000 감소	₩65,000 증가
②	₩180,000 감소	₩50,000 증가
③	₩175,000 감소	₩45,000 증가
④	₩20,000 증가	₩65,000 감소
⑤	영향없음	₩65,000 증가

• 20x1년말
 – 재평가 : 780,000–(1,000,000–1,000,000÷5년)=△20,000(손실)
• 20x2년말
 – 감가상각비 : 780,000÷4년=195,000
 – 재평가 : 650,000–(780,000–195,000)=65,000(이익)
   →재평가이익 20,000, 재평가잉여금 45,000
∴당기순이익(감가상각비+재평가이익) 175,000 감소
 기타포괄이익(재평가잉여금) 45,000 증가

2. ㈜대한은 20x1년 1월 1일 ㈜민국으로부터 토지와 건물을 ₩2,400에 일괄 취득하였다. 구입 당시 토지의 공정가치는 ₩1,500이며 건물의 공정가치는 ₩1,000이다. ㈜대한은 매년말 토지를 재평가하여 측정하며 토지의 공정가치 변동에 대한 정보는 다음과 같다.

구분	토지의 공정가치
20x1.01.01	₩1,500
20x1.12.31	₩1,400
20x2.12.31	₩1,500
20x3.12.31	₩400

토지의 재평가와 관련하여 ㈜대한이 수행해야 하는 회계처리 결과로 옳은 설명은?

① 20x1년 12월 31일 당기순이익 ₩100 감소
② 20x2년 12월 31일 당기순이익 ₩60 증가
③ 20x2년 12월 31일 재평가잉여금 ₩60 증가
④ 20x3년 12월 31일 재평가잉여금 ₩1,040 감소
⑤ 20x3년 12월 31일 당기순이익 ₩60 감소

• 회계처리

20x1년초	(차) 토지	1,440[1]	(대) 현금		1,440
20x1년말	(차) 재평가손실	40	(대) 토지		40[2]
20x2년말	(차) 토지	100[3]	(대) 재평가이익		40
			재평가잉여금		60
20x3년말	(차) 재평가잉여금	60	(대) 토지		1,100[4]
	재평가손실	1,040			

[1] $2,400 \times \dfrac{1,500}{1,500+1,000}=1,440$ [2] $1,440-1,400=40$
[3] $1,500-1,400=100$ [4] $1,500-400=1,100$
• ① 40(재평가손실) 감소 ② 40(재평가이익) 증가
 ④ 60(재평가잉여금) 감소 ⑤ 1,040(재평가손실) 감소

3. ㈜한국은 20x1년 초 사용 중인 기계장치(장부금액 ₩4,000,000, 공정가치 ₩3,000,000)를 제공하고 영업용 차량운반구(장부금액 ₩4,500,000)를 취득하였다. ㈜한국은 동 자산의 내용연수와 잔존가치를 각각 4년과 ₩500,000으로 추정하고, 정액법으로 감가상각하며 재평가모형을 적용한다. 동 자산의 교환은 상업적 실질이 있다. 동 자산의 20x1년 말과 20x2년 말의 공정가치는 모두 ₩3,800,000으로 동일하였다. 동 자산과 관련한 20×2년도 자본의 증감액은? (단, ㈜한국은 동 자산의 사용기간 중에 재평가잉여금을 이익잉여금으로 대체하지 않는다.)

① ₩0   ② ₩875,000 감소
③ ₩625,000 감소   ④ ₩1,100,000 증가
⑤ ₩1,425,000 증가

• 감가상각누계액제거법과 비례적수정법에서 감가상각비와 재평가잉여금은 양자 모두 동일함.
• 20x2년도 자본의 증감액: ㉠+㉡=0
 ㉠ 감가상각비 : (3,800,000–500,000)÷3년=1,100,000(감소)
 ㉡ 재평가잉여금 : 3,800,000–(3,800,000–1,100,000)=1,100,000(증가)
★고속철 자본증감액 빨리구하기
 '20x2년 자본증감액=20x2년 공정가치–20x1년 공정가치'
 →3,800,000–3,800,000=0

서술형Correction연습

□ 특정 유형자산을 재평가할 때에는 유형자산의 분류 내에서 공정가치와 장부금액이 중요하게 차이나는 항목만 공정가치로 재측정하고 중요하게 차이나지 않는 항목은 장부금액으로 측정한다.

➡ (X) : 해당자산이 포함되는 유형자산 분류 전체를 재평가한다.

시험중요도 ★★☆

이론과기출 제77강 유형자산 재평가모형 : 재평가잉여금 이익잉여금대체

개요	이익잉여금 대체	• 당해 자산을 사용함에 따라 일부금액을 이익잉여금으로 직접 대체가능함.('임의규정') ➡️ 이익잉여금으로 대체하는 경우 그 금액은 당기손익으로 인식하지 않음. •주의 임의규정이므로 반드시 대체할 필요는 없음.

대체할금액

대체할금액	❏ 재평가후 금액근거 감가상각액 − 재평가전 최초원가근거 감가상각액

예시 20x1년말 원가모형 장부금액 4,000, 20x1년말 재평가금액 6,400, 잔존내용연수 4년, 잔존가치 ₩0, 정액법상각, 20x2년도 회계처리?

(차) 감가상각비	1,600	(대) 감가상각누계액	1,600
(차) 재평가잉여금	600*⁾	(대) 이익잉여금	600

*⁾ 재평가후 금액근거 감가상각액 : 6,400 ÷ 4년 = 1,600
재평가전 최초원가근거 감가상각액 : 4,000 ÷ 4년 = (1,000)
이익이여금으로 대체할 금액 　　　　　　　 600

 사례 이익잉여금 대체액 계산

❖ 다음은 ㈜똥꾸빵꾸의 20x1년초에 취득한 기계장치에 관한 자료이다. 20x4년에 이익잉여금으로 대체되는 재평가잉여금을 계산하면?

(1) 취득원가 : ₩2,400,000(내용연수 6년, 잔존가치 ₩0, 정액법으로 감가상각)
(2) 20x4년초에 처음으로 ₩2,100,000으로 재평가되었다.
(3) 회사는 재평가시 감가상각누계액 제거방법과 재평가잉여금을 이익잉여금으로 대체하는 회계처리를 선택했다고 가정한다.

풀이

• 재평가후 금액근거 감가상각액 : 2,100,000 ÷ 3년 = 700,000
• 재평가전 최초원가근거 감가상각액 : [2,400,000 − (2,400,000 ÷ 6년) × 3] ÷ 3년 = 400,000
∴ 이익잉여금으로 대체할 금액 : 700,000 − 400,000 = 300,000

사례 이익잉여금 대체 회계처리

❖ 20x1년초에 건물을 ₩4,000,000에 취득함.(내용연수 5년, 잔존가치 ₩0, 정액법), 재평가모형을 적용함.
감가상각누계액제거방법과 재평가잉여금을 이익잉여금으로 대체하는 회계처리를 선택했다고 가정함.
20x1년말과 20x2년말 공정가치는 각각 ₩4,800,000, ₩1,800,000임.

풀이

x1초	(차) 건물	4,000,000	(대) 현금	4,000,000		-	
x1말	(차) Dep	800,000	(대) Dep누계액	800,000			
	(차) Dep누계액	800,000	(대) 재평가잉여금	1,600,000¹⁾	1)4,800,000−(4,000,000−800,000) =1,600,000		
	건물	800,000					
x2말	(차) Dep	1,200,000²⁾	(대) Dep누계액	1,200,000	2)4,800,000 ÷ 4년=1,200,000		
	(차) 재평가잉여금	400,000	(대) 이익잉여금	400,000³⁾	3)(4,800,000 ÷ 4)−(3,200,000 ÷ 4) =400,000		
	(차) Dep누계액	1,200,000	(대) 건물	3,000,000			
	재평가잉여금	1,200,000					
	재평가손실	600,000					

세부고찰

객관식 확인학습 · 이론적용연습

1. ㈜대전은 20x1년 1월 1일 건물을 ₩210,000에 취득하였으며, 감가상각방법은 정액법(내용연수 7년, 잔존가치 ₩0)을 사용한다. ㈜대전은 20x4년 1월 1일부터 보유하고 있는 건물에 대해 재평가모형을 적용하는 것으로 회계정책을 변경하였고, 20x4년 초 공정가치 ₩180,000으로 재평가하였다. ㈜대전이 재평가자산의 사용에 따라 재평가잉여금의 일부를 이익잉여금으로 대체한다면, 20x4년 말 이익잉여금으로 대체되는 재평가잉여금은?

① ₩7,500 ② ₩15,000 ③ ₩45,000
④ ₩75,000 ⑤ ₩135,000

대비게의섭

• 재평가후 금액근거 감가상각액   : 180,000 ÷ 4 = 45,000
  재평가전 최초원가근거 감가상각액 : (210,000−90,000) ÷ 4 = (30,000)
  ── 15,000

2. ㈜국세는 20x1년 1월 1일에 영업용 차량운반구(내용연수 5년, 잔존가치 ₩0, 정액법 상각)를 ₩200,000에 취득하여 사용하고 있으며, 재평가모형을 적용하고 있다. ㈜국세는 재평가모형 적용 시 기존의 감가상각누계액을 전부 제거하는 방법을 사용하며, 차량운반구를 사용함에 따라 재평가잉여금의 일부를 이익잉여금으로 대체하는 회계처리방법을 채택하고 있다. 20x1년 말과 20x2년 말 차량운반구의 공정가치는 각각 ₩180,000과 ₩60,000이었다. ㈜국세가 20x2년도 포괄손익계산서에 비용으로 인식할 금액은 얼마인가?

① ₩55,000 ② ₩60,000 ③ ₩75,000
④ ₩105,000 ⑤ ₩120,000

대비게의섭

•20x1년말

(차) 감가상각비	40,000	(대) 감가상각누계액	40,000
(차) 감가상각누계액	40,000	(대) 재평가잉여금	20,000[1]
		차량운반구	20,000

•20x2년말

(차) 감가상각비	45,000[2]	(대) 감가상각누계액	45,000
(차) 재평가잉여금	5,000	(대) 이익잉여금	5,000[3]
(차) 감가상각누계액	45,000	(대) 차량운반구	120,000
재평가잉여금	15,000[4]		
재평가손실	60,000[4]		

[1] 180,000−160,000=20,000 [2] 180,000 ÷ 4년=45,000
[3] (180,000 ÷ 4년)−(160,000 ÷ 4년)=5,000 [4] 135,000−60,000=75,000
→∴20x2년 비용인식액 : 45,000(Dep)+60,000(재평가손실)=105,000

3. ㈜세무는 20x1년 1월 1일에 기계장치를 ₩100,000(내용연수 5년, 잔존가치 ₩0, 정액법 감가상각)에 취득하고 재평가모형(매년 말 재평가)을 적용하기로 하였다. 재평가잉여금은 자산을 사용함에 따라 이익잉여금으로 대체한다. 공정가치가 다음과 같을 때 관련 설명으로 옳지 않은 것은? (단, 공정가치의 하락은 자산손상과 무관하다.)

연도	20x1년말	20x2년말	20x3년말
공정가치	₩100,000	₩63,000	₩39,000

① 20x2년도 감가상각비는 ₩25,000이다.
② 동 거래로 인한 20x2년도 이익잉여금의 당기 변동분은 ₩(−)20,000이다.
③ 20x2년 말 당기손익으로 인식할 재평가손실은 ₩0이다.
④ 20x3년 말 당기손익으로 인식할 재평가손실은 ₩3,000이다.
⑤ 동 거래로 인한 20x3년도 이익잉여금의 당기 변동분은 ₩(−)21,000이다.

대비게의섭

•20x1년말

| (차) 감가상각비 | 20,000 | (대) 감가상각누계액 | 20,000 |
| (차) 감가상각누계액 | 20,000 | (대) 재평가잉여금 | 20,000[1] |

•20x2년말

(차) 감가상각비	25,000[2]	(대) 감가상각누계액	25,000
(차) 재평가잉여금	5,000	(대) 이익잉여금	5,000[3]
(차) 감가상각누계액	25,000	(대) 기계장치	37,000
재평가잉여금	12,000[4]		

•20x3년말

(차) 감가상각비	21,000[5]	(대) 감가상각누계액	21,000
(차) 재평가잉여금	1,000[6]	(대) 이익잉여금	1,000
(차) 감가상각누계액	21,000	(대) 기계장치	24,000
재평가잉여금	2,000[7]		
재평가손실	1,000[7]		

[1] 100,000−80,000=20,000 [2] 100,000 ÷ 4년=25,000
[3] (100,000 ÷ 4년)−(80,000 ÷ 4년)=5,000 [4] 75,000−63,000=12,000
[5] 63,000 ÷ 3년=21,000 [6] (63,000 ÷ 3년)−(60,000 ÷ 3년)=1,000
[7] 42,000−39,000=3,000
→이익잉여금의 당기변동분은 감가상각비, 이익잉여금, 재평가손실 계정으로 계산하며, 20x3년말 재평가손실은 3,000이 아니라 1,000이다.

Answer   1. ② 2. ④ 3. ④

제1편 Mainplot [주요논제]   제2편 Subplot [특수논제]   합본부록1 기출유형별 필수문제   합본부록2 실전적중모의고사

이론과기출 제78강 ◯ 유형자산 재평가모형 : 손상과 제거

<table>
<tr><td rowspan="6">손상</td><td rowspan="2">손상차손</td><td colspan="2">❖[1순위] 재평가 (by 공정가치)
공정가치에 의해 재평가모형을 먼저 적용함.(감가상각누계액 제거방법 적용가정)</td></tr>
<tr><td colspan="2">

(차) 감가상각누계액	xxx	(대) 기계장치	xxx
		재평가잉여금	xxx

❖[2순위] 손상차손인식 (by 회수가능액)
회수가능액에 의해 손상여부를 검토하여 계상되어있는 재평가잉여금을 감소시키고 그 차액을 손상차손으로 인식함.

(차) 재평가잉여금	xxx	(대) 손상차손누계액	xxx
손상차손	xxx		

</td></tr>
</table>

	손상차손 환입	❖손상차손인식액을 한도로 손상차손환입을 계상하고 나머지는 재평가잉여금을 증가시킴. ◆저자주◀ 구체적 회계처리는 규정미비로 생략하나 다음의 내용 정도만 참고하기 바랍니다. 　(1순위) 손상차손환입인식(by 회수가능액) 　(2순위) 재평가(by 공정가치) →회복액이 손상차손인식액을 초과시에만 수행함.

 사례 　재평가모형 손상 회계처리

❖결산일이 12월 31일인 (주)한판붙자세상아는 20x1년 1월 1일에 기계장치를 ₩40,000,000에 취득하여 사용하였다. 동 기계장치의 내용연수는 5년이며, 잔존가치는 없고, 정액법으로 감가상각한다. (주)한판붙자세상아는 동 기계장치에 대하여 회계연도말에 공정가치모형을 적용하여 재평가하는 회계처리를 적용하며, 재평가잉여금의 이익이여금 대체는 생략한다고 가정한다. 또한 총장부금액에서 기존의 감가상각누계액을 제거하여 자산의 순장부금액이 재평가금액이 되도록 수정하는 방법을 적용한다. 20x1년말의 공정가치는 ₩35,200,0000이고, 20x2년말 동 기계장치는 손상징후를 보였으며 공정가치는 ₩23,760,000, 회수가능액은 ₩19,200,000이다. 20x2년말의 손상차손금액은 얼마이겠는가?

풀이

20x1년초	(차) 기계장치	40,000,000	(대) 현금	40,000,000
20x1년말	(차) Dep	8,000,000	(대) Dep누계액	8,000,000
	(차) Dep누계액	8,000,000	(대) 기계장치	4,800,000
			재평가잉여금	3,200,000
20x2년말	(차) Dep	8,800,000[1]	(대) Dep누계액	8,800,000
	(차) Dep누계액	8,800,000	(대) 기계장치	11,440,000
	재평가잉여금	2,640,000		
	(차) 재평가잉여금	560,000	(대) 손상차손누계액	4,560,000[2]
	손상차손	4,000,000		

[1] 35,200,000 ÷ 4년=8,800,000
[2] 23,760,000−19,200,000=4,560,000

	【1순위】	❖감가상각비를 먼저 인식하며, 재평가잉여금은 이익잉여금으로 대체가능함.('임의규정') | (차) 감가상각비	xxx	(대) 감가상각누계액	xxx
(차) 재평가잉여금	xxx	(대) 이익잉여금	xxx	
---	---	---
제거	【2순위】	❖원가모형과 동일하게 처분손익을 인식함. | (차) 현금	xxx	(대) 유형자산	xxx
감가상각누계액	xxx	유형자산처분이익	xxx	

NAL 객관식뽀개기 이론적용연습

1. ㈜한국은 설비자산을 20x1년 초에 ₩400,000에 취득하여, 매년 말 재평가 모형을 적용한다. 이 설비자산의 잔존가치는 ₩0, 내용연수는 8년이며, 정액법으로 감가상각한다. 20x2년 초 설비자산의 잔존내용연수를 4년으로 변경하였다. 20x2년 말 설비자산에 대해서 손상을 인식하기로 하였다. 다음은 설비자산의 공정가치와 회수가능액에 대한 자료이다. 20x2년에 당기손익으로 인식할 손상차손은?(단, 설비자산을 사용하는 기간 동안에 재평가잉여금을 이익잉여금으로 대체하지 않는다.)

구분	공정가치	회수가능액
20x1년말	₩380,000	₩385,000
20x2년말	₩270,000	₩242,000

① ₩11,000 ② ₩13,000 ③ ₩15,000
④ ₩19,000 ⑤ ₩28,000

낵빅게이션

•20x1년초

(차) 설비자산 400,000 (대) 현금 400,000

•20x1년말(이하 감가상각누계액제거법을 가정함)

(차) 감가상각비 50,000 (대) 감가상각누계액 50,000
(차) 감가상각누계액 50,000 (대) 재평가잉여금 30,000[1]
　　　　　　　　　　　　　　　설비자산 20,000

•20x2년말(내용연수 4년으로 변경됨)

(차) 감가상각비 95,000[2] (대) 감가상각누계액 95,000
(차) 감가상각누계액 95,000 (대) 설비자산 110,000
　　재평가잉여금 15,000[3]
(차) 재평가잉여금 15,000 (대) 손상차손누계액 28,000[4]
　　손상차손 13,000

[1] 380,000-350,000=30,000 　　[2] 380,000÷4년=95,000
[3] 285,000-270,000=15,000 　　[4] 270,000-242,000=28,000
→∴20x2년 손상차손 : 13,000

2. ㈜합격의 다음 자료에 근거하여 손상차손인식에 대한 설명 중 옳지 않은 것은?

구분	토지	건물
취득원가	₩2,800,000	₩1,400,000
계상된 재평가잉여금	₩900,000	없음
장부금액	₩3,700,000	₩1,400,000
당기 손상차손	₩600,000	₩400,000

① 토지는 손상차손 ₩600,000을 재평가잉여금에 반영한다.
② 토지의 손상차손 반영후 장부금액은 ₩3,100,0000이다.
③ 토지의 손상차손 반영후 재평가잉여금은 ₩900,0000이다.
④ 건물에 대한 손상차손 ₩400,000은 당기손익에 반영한다.
⑤ 건물의 손상차손 반영후 장부금액은 ₩1,000,0000이다.

낵빅게이션

•토지의 손상차손 반영후 재평가잉여금 : 900,000-600,000=300,000

서술형Correction연습

☐ 재평가모형을 적용하는 경우 최초 인식 후에 공정가치를 신뢰성있게 측정할 수 있는 유형자산은 취득원가에서 감가상각누계액과 손상차손누계액을 차감한 금액을 장부금액으로 한다.

➡ (X) : 재평가모형을 적용하는 유형자산은 재평가일의 공정가치에서 이후의 감가상각누계액과 손상차손누계액을 차감한 재평가금액을 장부금액으로 한다.

☐ 유형자산 항목과 관련하여 자본에 계상된 재평가잉여금은 그 자산이 제거될 때 이익잉여금으로 대체할 수 있으며 대체되는 금액은 당기손익으로 인식한다.

➡ (X) : 이익잉여금으로 대체되는 재평가잉여금은 당기손익으로 인식하지 않는다.

☐ 유형자산의 재평가모형에서 발생한 재평가손익은 포괄손익계산서에 기타포괄손익으로 보고한다.

➡ (X) : 재평가손실은 당기손익이다.

시험중요도 ★★☆

이론과기출 제79강 ◯ **유형자산 재평가모형의 종합적용**

사례 비례적수정법하의 이익잉여금 대체액 계산

✪ (주)불만제로는 20x1년초에 기계장치를 ₩2,000,000에 취득하였다(내용연수 10년, 잔존가치 ₩0, 정액법 상각). (주)불만제로는 재평가모형을 적용하며, 장부금액이 재평가금액과 일치하도록 감가상각누계액과 총장 부금액을 비례적으로 수정하는 방법을 적용한다. 20x1년말 공정가치가 ₩2,160,0000라고 할때, 20x2년 도에 이익잉여금에 미치는 영향은? 단, 재평가잉여금을 이익잉여금으로 대체함.

풀이

세부고찰 I

20x1년말[*]	(차) 감가상각비	200,000	(대) 감가상각누계액	200,000
	(차) 기계장치	400,000	(대) 감가상각누계액	40,000
			재평가잉여금	360,000
20x2년말	(차) 감가상각비	240,000[1]	(대) 감가상각누계액	240,000
	(차) 재평가잉여금	40,000	(대) 이익잉여금	40,000[2]

[*] 장부금액($\frac{2,160,000}{1,800,000}$=120%)이 20% 증가했으므로, 원가와 Dep누계액을 20% 증가시킴.

[1] 2,160,000÷9년=240,000   [2] (2,160,000÷9년) − (2,000,000−200,000)÷9년=40,000

∴감소 240,000(Dep) / 증가 40,000(이익잉여금) → 이익잉여금 200,000 감소

사례 재평가모형의 순효과 계산

✪ (주)전원합격은 20x1년초에 기계장치를 ₩4,000,000에 취득하였다(내용연수 10년, 잔존가치 ₩0, 정액법 상각). (주)전원합격은 재평가모형을 적용하며, 재평가잉여금의 이익잉여금 대체는 생략한다. 또한 장부금액 이 재평가금액과 일치하도록 감가상각누계액과 총장부금액을 비례적으로 수정하는 방법을 적용한다. 20x1 년말, 20x2년말, 20x3년말의 공정가치는 각각 ₩4,320,000,₩2,880,000, ₩2,772,0000라고 할때 20x3 년말 포괄손익계산서에 미치는 순효과(감가상각비 포함)는 얼마인가?

풀이

세부고찰 II

20x1년말[1]	(차) 감가상각비	400,000	(대) 감가상각누계액	400,000
	(차) 기계장치	800,000	(대) 감가상각누계액	80,000
			재평가잉여금	720,000
20x2년말[2]	(차) 감가상각비	480,000[4]	(대) 감가상각누계액	240,000
	(차) 감가상각누계액	240,000		
	재평가잉여금	720,000		
	재평가손실	240,000		
20x3년말[3]	(차) 감가상각비	360,000[5]	(대) 감가상각누계액	360,000
	(차) 기계장치	360,000	(대) 감가상각누계액	108,000
			재평가이익	240,000
			재평가잉여금	12,000

[1] 장부금액($\frac{4,320,000}{3,600,000}$=120%)이 20% 증가했으므로, 원가(4,000,000)와 Dep누계액(400,000)을 20% 증가시킴.

[2] 장부금액($\frac{2,880,000}{3,840,000}$=75%)이 25% 감소했으므로, 원가(4,800,000)와 Dep누계액(960,000)을 25% 감소시킴.

[3] 장부금액($\frac{2,772,000}{2,520,000}$=110%)이 10% 증가했으므로, 원가(3,600,000)와 Dep누계액(1,080,000)을 10% 증가시킴.

[4] 4,320,000÷9년=480,000   [5] 2,880,000÷8년=360,000

∴순효과(손실) : 360,000(Dep)−240,000(재평가이익)=120,000

객관식 확인학습 — 이론적용연습

1. ㈜대한은 20x1년 초 기계장치(내용연수 5년, 잔존가치 ₩0, 정액법 상각)를 ₩100,000에 취득하여 사용하고 있으며, 재평가모형을 적용하고 있다. ㈜대한은 재평가모형 적용 시 재평가 후 기계장치의 장부금액이 재평가금액과 일치하도록 감가상각누계액과 총장부금액을 비례적으로 수정하는 방법을 사용하며, 기계장치를 사용함에 따라 재평가잉여금의 일부를 이익잉여금으로 대체하는 회계처리방법을 채택하고 있다. 동 기계장치의 20x1년 말 공정가치는 ₩88,000이며, 20x2년 말 공정가치는 ₩69,300이었다. ㈜대한이 20x2년 말 재무상태표에 인식할 재평가잉여금은 얼마인가?

① ₩3,300 ② ₩5,500 ③ ₩8,000
④ ₩9,300 ⑤ ₩11,500

낵비궤의션

• 20x1년초

(차) 기계장치　100,000　(대) 현금　100,000

• 20x1년말

(차) 감가상각비　20,000　(대) 감가상각누계액　20,000
(차) 기계장치　10,000　(대) 감가상각누계액　2,000
　　　　　　　　　　　　재평가잉여금　8,000

→장부금액($\frac{88,000}{80,000}$=110%)이 10%증가했으므로 원가(100,000)와 감가상각누계액(20,000)을 10%증가시킴

• 20x2년말

(차) 감가상각비　22,000[1]　(대) 감가상각누계액　22,000
(차) 재평가잉여금　2,000　(대) 이익잉여금　2,000[2]
(차) 기계장치　5,500　(대) 감가상각누계액　2,200
　　　　　　　　　　　　재평가잉여금　3,300

→장부금액($\frac{69,300}{66,000}$=105%)이 5%증가했으므로 원가(110,000)와 감가상각누계액(44,000)을 5%증가시킴

[1] 88,000÷4년=22,000　[2] (88,000÷4년)-(80,000÷4년)=2,000
∴20x2년말 재평가잉여금 : 8,000-2,000+3,300=9,300

2. ㈜서락은 20x1년 1월 1일에 기계장치 1대(내용연수 10년, 잔존가치 ₩0, 정액법으로 감가상각)를 ₩40,000,000에 구입하였다. 동 기계장치를 이용하여 생산하는 제품에 대한 수요가 급증한 반면, 동일한 기계장치에 대한 공급이 제한되어 있어서 동 기계장치의 가치가 증가하였다. 20x3년 12월 31일 동 기계장치는 ₩35,000,000으로 재평가 되었고, 20x6년 1월 1일에 ㈜서락은 공정개선으로 인하여 더 이상 필요 없게 된 동 기계장치를 ₩28,000,000에 처분하였다.
다음 중 동 기계장치 처분 시점에서의 기록과 관련한 사항으로 맞지 않은 것은 어느 것인가? (단, 동 기계장치와 관련하여 위의 자산재평가 이외에는 다른 자산재평가 또는 자산손상이 없다.)

① 기계장치처분에 따른 유형자산처분이익 ₩3,000,000이 당기손익에 반영된다.
② ₩7,000,000의 자산재평가이익이 이익잉여금으로 대체되어 반영될 수 있다.
③ ₩5,000,000의 자산재평가이익이 이익잉여금으로 대체되어 반영될 수 있다.
④ ₩7,000,000의 자산재평가이익이 당기손익으로 대체되어 반영될 수 있다.
⑤ 처분된 기계장치와 관련한 감가상각누계액 ₩25,000,000이 제거되어 차변에 나타날 수 있다.

낵비궤의션

• 20x3년말 재평가잉여금(자산재평가이익)
　→35,000,000-(40,000,000-40,000,000×3/10)=7,000,000
• 재평가잉여금의 이익잉여금 대체가능액 : ㉠+㉡=2,000,000
　㉠ 20x4년말 : (35,000,000÷7년)-(28,000,000÷7년)=1,000,000
　㉡ 20x5년말 : (35,000,000÷7년)-(28,000,000÷7년)=1,000,000
• 제거시점(처분시점)에 이익잉여금 대체가능한 재평가잉여금 잔액
　㉠ 재평가잉여금을 이익잉여금으로 대체하지 않은 경우 : 7,000,000
　㉡ 재평가잉여금을 이익잉여금으로 대체한 경우 : 5,000,000

• 처분시점 회계처리
〈감가상각누계액제거법을 적용한 경우〉
(차) 현금　28,000,000　(대) 기계장치　35,000,000
　　감가상각누계액　10,000,000　　처분이익　3,000,000
〈비례적수정법을 적용한 경우〉
(차) 현금　28,000,000　(대) 기계장치　50,000,000
　　감가상각누계액　25,000,000　　처분이익　3,000,000

*재평가잉여금은 당기손익으로 대체하지 않는다.
참고 비례적수정법 적용시 20x3년말 재평가 회계처리

(차) 기계장치　10,000,000　(대) 감가상각누계액　3,000,000
　　　　　　　　　　　　재평가잉여금　7,000,000

→장부금액($\frac{35,000,000}{28,000,000}$=125%)이 25%증가했으므로 원가(40,000,000)와 감가상각누계액(12,000,000)을 25%증가시킴

시험중요도 ★☆☆

이론과기출 제80강 ◯ 정부보조금 일반사항

용어정의	정부지원	•일정기준을 충족하는 기업에게 경제적효익을 제공하기 위한 정부의 행위를 말함. ▪**참고** 개발지역에 기반시설을 제공하거나 경쟁자에게 거래상 제약을 부과하는등 일반적인 거래 조건에 영향을 주는 행위를 통해 간접적으로만 제공하는 효익은 정부지원이 아님.
	정부보조금	•기업의 영업활동과 관련하여 과거나 미래에 일정한 조건을 충족하였거나 충족할 경우 지원을 이전하는 형식의 정부지원을 말함. •다음의 경우는 정부보조금에서 제외함. 　① 합리적으로 가치를 산정할수 없는 일정한 형식의 정부지원 　　➡**예** 기술이나 마케팅에 관한 무료 자문과 보증제공 　② 기업의 정상적인 거래와 구분할수 없는 정부와의 거래 　　➡**예** 기업 매출의 일정 부분을 책임지는 정부구매정책 　③ 사회기반시설을 제공하는 것 　　➡**예** 대중교통·통신망의 개선, 관개수로·수도관등 개선된 시설의 공급
	자산관련 보조금	•정부지원 요건충족 기업이 장기성자산을 매입·건설하거나 다른 방법으로 취득하여야 하는 일차적 조건이 있는 정부보조금을 말함. ➡부수조건으로 해당자산의 유형·위치 또는 취득기간·보유기간을 제한할수 있음.
	수익관련 보조금	•자산관련보조금 이외의 정부보조금을 말함. ➡**예** 비용을 지출하고 이 중 일부에 대해 보조금 수령
	상환면제 가능대출	•대여자가 규정된 일정한 조건에 따라 상환받는 것을 포기하는 경우의 대출을 말함. ➡시장이자율보다 낮은 이자율의 정부대여금의 효익은 정부보조금으로 처리함.
인식	인식요건	❖정부보조금(공정가치로 측정되는 비화폐성보조금 포함)은 다음 모두에 대한 합리적인 확신이 있을 때까지 인식하지 아니함. 　　　① 정부보조금에 부수되는 조건의 준수　② 보조금의 수취 ▪**말장난** 미래경제적효익의 유입가능성이 높고 원가를 신뢰성있게 측정가능시 인식한다(X) ▪**주의** 보조금의 수취 자체가 보조금에 부수되는 조건이 이행되었거나 이행될 것이라는 결정적인 증거를 제공하지는 않음.
	수취방법 영향	•보조금을 수취하는 방법은 보조금에 적용되는 회계처리방법에 영향을 미치지 않음. ➡∴보조금을 현금으로 수취하는지 또는 정부에 대한 부채를 감소시키는지에 관계없이 동일한 방법으로 회계처리함.
처리방법	자산관련 보조금	손익인식	•정부보조금으로 보전하려 하는 관련원가를 비용으로 인식하는 기간에 걸쳐 체계적인 기준에 따라 당기손익으로 인식함. ➡**예** 감가상각자산과 관련된 정부보조금은 자산의 감가상각비가 인식되는 비율에 따라 인식기간에 걸쳐 당기손익으로 인식함.
		기타사항	•비상각자산과 관련된 정부보조금이 일정한 의무의 이행도 요구한다면 그 의무를 충족시키기 위한 원가를 부담하는 기간에 당기손익으로 인식함. ➡**예** 건물을 건설하는 조건으로 토지를 보조금으로 받은 경우 건물의 내용연수동안 보조금을 당기손익으로 인식하는 것이 적절할수 있음.
	수익관련 보조금	손익인식	•이미 발생한 비용·손실에 대한 보전 또는 향후의 관련원가없이 즉각적인 금융지원으로 수취하는 정부보조금은 정부보조금을 수취할 권리가 발생하는 기간에 당기손익으로 인식함.

▪**보론** 토지나 그 밖의 자원과 같은 비화폐성자산을 이전시는 비화폐성자산의 공정가치를 평가하여 보조금과 자산 모두를 그 공정가치로 회계처리함.

객관식 확인학습 ◉ 이론적용연습

1. 정부보조금의 회계처리에 관한 설명으로 옳지 않은 것은?

① 정부보조금에 부수되는 조건의 준수와 보조금 수취에 대한 합리적인 확신이 있을 경우에만 정부보조금을 인식한다.

② 자산의 취득과 이와 관련된 보조금의 수취는 재무상태표에 보조금이 관련 자산에서 차감하여 표시되는지와 관계없이 현금흐름표에 별도 항목으로 표시한다.

③ 정부보조금을 인식하는 경우, 비상각자산과 관련된 정부보조금이 일정한 의무의 이행도 요구한다면 그 의무를 충족시키기 위한 원가를 부담하는 기간에 그 정부보조금을 당기손익으로 인식한다.

④ 정부보조금을 인식하는 경우, 수익관련보조금은 당기손익의 일부로 별도의 계정이나 기타수익과 같은 일반계정으로 표시한다. 대체적인 방법으로 관련비용에서 보조금을 차감할 수도 있다.

⑤ 정부보조금을 인식한 후에 상환의무가 발생하면 회계정책의 변경으로 회계처리한다.

 백바게익선

• 회계정책의 변경은 재고자산 원가흐름의 가정 변경이나 측정기준 변경 등에 한정되며, 그 외의 회계변경은 모두 회계추정의 변경에 해당한다.

서술형Correction연습

☐ 정부보조금은 자산으로부터 발생하는 미래경제적 효익이 기업에 유입될 가능성이 높고 자산의 원가를 신뢰성있게 측정할수 있어야 인식한다.

➡ (X) : 정부보조금에 부수되는 조건의 준수와 보조금 수취에 대한 합리적인 확신이 있을 경우에만 정부보조금을 인식한다.

☐ 유형자산의 취득과 관련된 정부보조금은 당해 자산에서 차감하는 형식으로 재무상태표에 표시하고 당해 자산의 감가상각비를 감소시키는 방법으로만 수익을 인식한다.

➡ (X) : 자산차감법과 이연수익법 중 선택하여 적용한다. ('후술' 함!)

Answer 1. ⑤

시험중요도 ★★★

이론과기출 제81강 ─ 자산관련 정부보조금 회계처리

회계처리

자산차감법(원가차감법)				이연수익법			
자산취득시				**자산취득시**			
(차) 자산	xxx	(대) 현금	xxx	(차) 자산	xxx	(대) 현금	xxx
현금	xxx	보조금(자산차감)	xxx	현금	xxx	이연수익(부채)	xxx
감가상각시				**감가상각시**			
(차) Dep	xxx	(대) Dep누계	xxx	(차) Dep	xxx	(대) Dep누계	xxx
보조금	xxx	Dep*	xxx	이연수익	xxx	보조금수익*	xxx
제거하는 경우				**제거하는 경우**			
(차) 현금	xxx	(대) 자산	xxx	(차) 현금	xxx	(대) 자산	xxx
Dep누계	xxx	처분이익	xxx	Dep누계	xxx	처분이익	xxx
보조금	xxx			(차) 이연수익	xxx	(대) 보조금수익	xxx

$$*\text{상계할 Dep(보조금수익)}=\text{정부보조금총액}\times\frac{\text{감가상각비}}{\text{취득가}-\text{잔존가}}$$

─고속철─ **자산차감법 문제풀이시 이용(정액법,연수합계법의 경우)**

☐ 새로운취득원가= '취득원가-정부보조금', 이 금액을 기준으로 감가상각한다고 생각할 것!
☐ 장부금액=새로운취득원가-새로운취득원가기준 Dep누계
☐ 처분손익=현금수취액-새로운취득원가기준 장부금액
☐ 당기감가상각비=새로운취득원가기준 감가상각비
• ─주의─ 처분연도손익에의 영향 → Dep와 처분손익 둘 다 고려할 것!

상환시

회계처리	• 상환금액만큼 자산의 장부금액을 증가시키거나 이연수익에서 차감하여 기록함.
손익인식	• 보조금이 없었더라면 현재까지 당기손익으로 인식했어야 하는 추가 감가상각누계액은 즉시 당기손익으로 인식함.

 사례 자산관련 정부보조금 회계처리

❂ 20x1년초 ₩100,000의 정부보조금을 수령하여 기계장치를 ₩150,000에 취득함(내용연수 5년,잔존가치 ₩0, 정액법). 20x2년초 정부요구기준 불충족으로 정부보조금 ₩100,000을 상환함.

풀이

• 20x1년말 회계처리

자산차감법(원가차감법)				이연수익법			
(차) Dep	30,000	(대) Dep누계	30,000	(차) Dep	30,000	(대) Dep누계	30,000
보조금	20,000	Dep	20,000	이연수익	20,000	보조금수익	20,000

• 20x2년초 회계처리

자산차감법(원가차감법)				이연수익법			
(차) 보조금	80,000	(대) 현금	100,000	(차) 이연수익	80,000	(대) 현금	100,000
Dep	20,000			상환손실	20,000		

*보조금이 없었더라면 비용은 30,000이나, 보조금으로 인해 비용이 10,000이므로 상환시 추가로 20,000을 비용으로 인식!

표시

❖ 보조금이 자산에서 차감하여 표시되는지와 관계없이 변동을 현금흐름표에 별도항목으로 표시함.

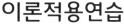

객관식 확인학습 ─── 이론적용연습

1. ㈜성서전자는 정부의 전략산업육성지침에 따라 기계장치 구입자금의 일부를 정부로부터 보조받았다. ㈜성서전자는 정부보조금 ₩20,000,000을 이용하여 20x1년 1월 1일에 취득원가 ₩100,000,000의 기계장치를 구입하였다. 정부보조금에 부수되는 조건은 이미 충족되었고 상환의무가 없으며 정부보조금은 기계장치 구입 당일에 수취하였다. 동 기계장치의 잔존가치는 없으며, 내용연수는 10년, 감가상각방법은 정액법으로 결정되었다. ㈜성서전자는 동 기계장치를 20x5년 12월 31일에 ₩35,000,000에 처분하였다. 다음 중 동 기계장치와 관련된 기록을 설명한 것으로 맞는 것은 어느 것인가?

① 자산관련정부보조금은 재무상태표에 이연수익으로 표시(이연수익법)하거나 자산의 장부금액을 결정할 때 차감하여 표시(원가차감법)하는 방법이 있는데 한국채택국제회계기준에서는 이연수익법을 허용하지 않고 있다.

② 이연수익법을 적용하면 20x1년 12월 31일 현재 재무상태표에 보고되는 유형자산의 순장부금액이 ₩90,000,000으로 원가차감법을 적용했을 때의 ₩72,000,000보다 크다.

③ 이연수익법과 원가차감법 모두 20x1년도 포괄손익계산서상 정부보조금수익은 ₩2,000,000이다.

④ 이연수익법을 적용하면 20x5년도 포괄손익계산서상 유형자산처분이익 ₩5,000,000이 당기손익에 반영되지만 원가차감법을 적용하면 유형자산처분손실 ₩5,000,000이 당기손익에 반영된다.

⑤ 이연수익법과 원가차감법 모두 20x1년 12월 31일 현재 재무상태표에 동 거래와 관련하여 부채가 보고되지 않는다.

 낵비계의션

•20x1년말
① 원가차감법 →CIS : 감가상각비 8,000,000

재무상태표	
자산	100,000,000
감가상각누계액	(10,000,000)
정부보조금	(18,000,000)
순장부금액	72,000,000

② 이연수익법 →CIS : 감가상각비 10,000,000, 보조금수익 2,000,000

재무상태표			
자산	100,000,000	부채(이연수익)	18,000,000
감가상각누계액	(10,000,000)		
순장부금액	90,000,000		

•20x5년말
① 원가차감법

(차) 현금	35,000,000	(대) 기계장치	100,000,000
감가상각누계액	50,000,000		
정부보조금	10,000,000		
처분손실	5,000,000		

② 이연수익법

(차) 현금	35,000,000	(대) 기계장치	100,000,000
감가상각누계액	50,000,000		
처분손실	15,000,000		
(차) 이연수익	10,000,000	(대) 보조금수익	10,000,000

• ① K-IFRS는 원가차감법과 이연수익법을 모두 인정하고 있다.
③ 원가차감법은 보조금수익 계정이 발생하지 않는다.
④ 이연수익법에서는 유형자산처분손실 15,000,000이 계상된다.
⑤ 이연수익법에서는 부채(이연수익)가 보고된다.

2. ㈜한국은 20x1년 1월 1일 기계장치를 ₩50,000,000에 취득(내용연수 5년, 잔존가치 ₩5,000,000)하고 연수합계법으로 감가상각한다. ㈜한국은 동 기계장치를 취득하면서 정부로부터 ₩9,000,000을 보조받아 기계장치 취득에 전액 사용하였으며, 이에 대한 상환의무는 없다. ㈜한국이 20x3년 12월 31일 동 기계장치를 ₩10,000,000에 처분하였다면, 유형자산처분손익은 얼마인가?(단, 원가모형을 적용하며, 기계장치의 장부금액을 결정할 때 취득원가에서 정부보조금을 차감하는 원가차감법을 사용한다.)

① ₩3,200,000 이익　　② ₩2,000,000 이익
③ ₩0　　④ ₩2,000,000 손실
⑤ ₩2,200,000 손실

 낵비계의션

•20x1년말 Dep : 45,000,000x5/15=15,000,000
→보조금상계액 : 9,000,000x15,000,000/45,000,000=3,000,000
20x2년말 Dep : 45,000,000x4/15=12,000,000
→보조금상계액 : 9,000,000x12,000,000/45,000,000=2,400,000
20x3년말 Dep : 45,000,000x3/15=9,000,000
→보조금상계액 : 9,000,000x9,000,000/45,000,000=1,800,000
•20x3년말 처분시 회계처리

(차) 현금	10,000,000	(대) 기계장치	50,000,000
감가상각누계액	36,000,000		
정부보조금	1,800,000		
처분손실	2,200,000		

***고속철** 처분손익 빨리구하기
•새로운 취득원가 : 50,000,000-9,000,000=41,000,000
•장부금액 : 41,000,000-(41,000,000-5,000,000)x12/15=12,200,000
•처분손익 : 10,000,000-12,200,000=△2,200,000(손실)

이론과기출 제82강 ○ 자산관련 정부보조금 감가상각비 계산등

세부고찰 I

 사례 감가상각비 계산

❂12월말 결산법인인 ㈜백마탄환자는 20x1년초에 반도체검사장비를 ₩100,000,000(공정가치)에 취득하였다. 반도체검사장비 구입자금 가운데 ₩60,000,000은 정부보조금으로 충당하였다. 이 기계는 내용연수 5년, 잔존가치 ₩10,000,000이며 연수합계법에 의해 상각한다. ㈜백마탄환자가 20x2년도 포괄손익계산서에 계상할 감가상각비는 얼마인가? 단, 위의 정부보조금은 상환의무가 없는 것이며, 회사는 정부보조금을 자산의 차감계정으로 처리한다.

풀이

• $(100,000,000 - 60,000,000 - 10,000,000) \times \dfrac{4}{15} = 8,000,000$

세부고찰 II

 사례 장부금액 계산

❂ ㈜곤드레산업은 20x1.10.1에 기계설비(취득원가 ₩7,000,000, 내용연수 5년, 잔존가치 ₩1,000,000)를 구입하면서 상환의무가 없는 정부보조금 ₩2,400,000을 보조받았다. 20x3년말 현재 당해 기계설비의 장부금액은 얼마인가? 단, 정액법을 사용하며 정부보조금을 자산의 차감계정으로 처리한다.

풀이

• 새로운취득원가
7,000,000-2,400,000=4,600,000
• 장부금액
4,600,000-(4,600,000-1,000,000)x27/60=2,980,000

세부고찰 III

사례 처분손익 계산

❂ ㈜또라이몽은 20x1.10.1에 설비자금의 일부를 국고에서 지원받았다. 설비의 취득원가는 ₩300,000이고 정부보조금은 ₩100,000으로 설비취득일에 전액 수령하였다. 이 설비의 내용연수는 5년, 잔존가치는 ₩20,000으로 정액법으로 감가상각한다. 20x4.10.1에 ₩120,000에 처분하였을때 유형자산처분이익은 얼마인가? 단, 위의 정부보조금은 상환의무가 없으며, 정부보조금을 자산의 차감계정으로 처리한다.

풀이

• 새로운취득원가
300,000-100,000=200,000
• 처분이익
120,000-[200,000-(200,000-20,000)x3/5]=28,000

세부고찰 IV

 사례 취득원가 추정

❂ ㈜짱구는목말러는 20x1.1.1에 기계를 구입하면서 구입가격의 60%를 정부보조금으로 지급하였다. 이 정부보조금은 상환의무가 없는 것이다. 취득한 기계의 내용연수 및 잔존가치는 각각 4년과 ₩0이며, 감가상각 및 관련 정부보조금의 상각은 연수합계법에 따른다. 20x2.7.1에 ㈜짱구는목말러는 해당 기계를 ₩380,000에 매각하면서 ₩290,000의 처분이익을 인식하였다면, 이 기계의 취득원가는 얼마인가? 단, 회사는 정부보조금을 자산의 차감계정으로 처리한다.

풀이

• 취득원가를 A라 하면,
→새로운 취득원가는 0.4A
• $290,000 = 380,000 - (0.4A - 0.4A \times \dfrac{4}{10} - 0.4A \times \dfrac{3}{10} \times \dfrac{6}{12})$
∴A=500,000

객관식 확인학습

이론적용연습

---

1. ㈜대한은 친환경회사로서 20x1년 1월 1일 기계설비를 취득하면서 최소 2년간 생산에 사용하는 조건으로 설비자금의 일부를 정부로부터 보조받았다. 해당 유형자산 취득 및 보조금의 정보는 다음과 같다.

취득원가	₩2,000
정부보조금	₩500
추정내용연수	5년
추정잔존가치	₩0
감가상각방법	정액법(월할상각)

20x3년 1월 1일 ㈜대한은 해당 기계설비를 현금 ₩400과 함께 제공하는 조건으로 ㈜민국의 토지와 교환하였다. ㈜대한은 수익성 악화로 교환을 결정했으며, 토지는 새로운 사업의 공장 부지로 사용될 예정이다. 교환시점에 해당 토지의 공정가치는 ₩1,400이다. 위 거래로 ㈜대한이 20x3년도 포괄손익계산서에 인식할 당기손익은?

① ₩0
② ₩100 이익
③ ₩100 손실
④ ₩200 이익
⑤ ₩200 손실

내비게이션

• 상업적실질이 존재하고 취득자산의 공정가치가 더 명확하므로 취득한 자산의 원가는 토지의 공정가치로 계상한다.

▶**저자주** 취득한 자산(토지)과 관련된 현금흐름의 구성이 제공한 자산(기계설비)과 관련된 현금흐름의 구성과 다르므로 상업적실질이 있는 경우로 봅니다!

• 회계처리
〈20x1년초〉

(차) 기계장치	2,000	(대) 현금	2,000
현금	500	정부보조금	500

〈20x1년말〉

(차) 감가상각비	400[1]	(대) 감가상각누계액	400
정부보조금	100	감가상각비	100[2]

〈20x2년말〉

(차) 감가상각비	400	(대) 감가상각누계액	400
정부보조금	100	감가상각비	100

〈20x3년초〉

(차) 토지	1,400	(대) 기계장치	2,000
감가상각누계액	800	현금	400
정부보조금	300	처분이익	100

[1] 2,000 ÷ 5년=400
[2] 500x400/2,000=100
→∴20x2년도 당기손익 : 처분이익 100

---

2. ㈜세무는 20x1년 초 친환경 영업용 차량(내용연수 5년, 잔존가치 ₩0)을 공정가치 ₩10,000,000에 취득하면서, 자산취득에 따른 정부보조금으로 ₩5,000,000을 수취하였다. 동 차량을 중도처분할 경우 내용연수 미사용 기간에 비례하여 정부보조금 잔액을 즉시 상환한다. 감가상각방법은 정액법(월할상각)을 적용하였으며, 20x3년도 7월 1일에 동 자산을 ₩4,000,000에 처분하였다. 자산관련 정부보조금의 표시방법으로 장부금액에서 차감 표시하는 방법을 사용할 때, 동 차량의 회계처리에 관한 설명으로 옳지 않은 것은?

① 20x1년 말 차량의 장부금액은 ₩4,000,0000이다.
② 20x2년 말 정부보조금 잔액은 ₩3,000,0000이다.
③ 20x2년도 동 차량과 관련하여 인식할 당기손익은 (−)₩2,000,0000이다.
④ 20x3년 처분에 따른 유형자산처분손실은 ₩1,000,0000이다.
⑤ 20x3년 정부보조금 상환금액은 ₩2,500,0000이다.

내비게이션

• ① 10,000,000−2,000,000(Dep누계액)−4,000,000(보조금잔액)=4,000,000
② 10,000,000−4,000,000(Dep누계액)−3,000,000(보조금잔액)=3,000,000
③ 2,000,000(Dep)−1,000,000(Dep상계액)=1,000,000(손실)

• 20x3년 7월 1일 회계처리(④,⑤ 관련)
㉠ 감가상각

(차) 감가상각비	1,000,000	(대) 감가상각누계액	1,000,000
정부보조금	500,000	감가상각비	500,000

㉡ 정부보조금 상환

(차) 정부보조금	2,500,000	(대) 현금	2,500,000

→정부보조금 장부금액이 상환금액과 일치하므로 추가로 비용을 인식하지 않는다.

㉢ 유형자산 처분

(차) 현금	4,000,000	(대) 차량운반구	10,000,000
감가상각누계액	5,000,000		
처분손실	1,000,000		

시험중요도 ★☆☆

이론과기출 제83강 ◯ 수익관련 정부보조금 회계처리

회계처리

비용차감법				수익인식법			
보조금수령시				**보조금수령시**			
(차) 현금	xxx	(대) 이연수익(부채)	xxx	(차) 현금	xxx	(대) 이연수익(부채)	xxx
비용지출시				**비용지출시**			
(차) 비용	xxx	(대) 현금	xxx	(차) 비용	xxx	(대) 현금	xxx
이연수익	xxx	비용	xxx	이연수익	xxx	보조금수익	xxx

▶사례 수익관련 정부보조금의 손익에의 영향 ◀

❀ (주)브이라인은 20x1년 중에 고용지원센터로부터 급여의 일부를 보조받는 조건으로 청년실업자를 고용하였다. 이에 대한 보조금으로 ₩1,000,000을 보조 받았으며, 급여 지급액이 ₩2,000,000이라고 할때 (주)브이라인의 20x1년 포괄손익계산서에 미치는 영향은 얼마인가?

 풀이

• 비용차감법이든 수익인식법이든 모두 △1,000,000이다.

비용차감법	(차) 급여	2,000,000	(대) 현금	2,000,000
	이연수익	1,000,000	급여	1,000,000
수익인식법	(차) 급여	2,000,000	(대) 현금	2,000,000
	이연수익	1,000,000	보조금수익	1,000,000

상환시

회계처리	• 보조금과 관련하여 인식된 미상각 이연계정에 먼저 적용함.
손익인식	• 이연계정을 초과하거나 이연계정이 없는 경우에는 초과금액 또는 상환금액을 즉시 당기손익으로 인식함.

▶사례 수익관련 정부보조금 회계처리 ◀

❀ 20x1년 12월 1일 실업상태의 종업원을 고용하였고 급여는 매달말 ₩60,000이다. 12월 15일 고용노동부로부터 ₩24,000의 정부보조금을 수령하였다. 20x2년초 정부요구기준 불충족으로 정부보조금 ₩10,000을 상환함.

풀이

• 보조금수령시(20x1.12.5) 회계처리

비용차감법				수익인식법			
(차) 현금	24,000	(대) 이연수익	24,000	(차) 현금	24,000	(대) 이연수익	24,000

• 급여지급시(20x1년말) 회계처리

비용차감법				수익인식법			
(차) 급여	60,000	(대) 현금	60,000	(차) 급여	60,000	(대) 현금	60,000
이연수익	24,000	급여	24,000	이연수익	24,000	보조금수익	24,000

• 상환시(20x2년초) 회계처리

비용차감법				수익인식법			
(차) 상환손실	10,000	(대) 현금	10,000	(차) 상환손실	10,000	(대) 현금	10,000

*이연계정(이연수익) 잔액이 없으므로 상환금액 전액을 비용처리한다.

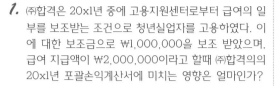

객관식 확인학습 | 이론적용연습

1. ㈜합격은 20x1년 중에 고용지원센터로부터 급여의 일부를 보조받는 조건으로 청년실업자를 고용하였다. 이에 대한 보조금으로 ₩1,000,000을 보조 받았으며, 급여 지급액이 ₩2,000,000이라고 할때 ㈜합격의의 20x1년 포괄손익계산서에 미치는 영향은 얼마인가?

① −₩1,000,000 ② −₩2,000,000 ③ −₩2,500,000
④ +₩1,000,000 ⑤ +₩2,000,000

댄비게의셥

• 비용차감법

(차) 현금	1,000,000	(대) 이연수익(부채)	1,000,000
(차) 급여	2,000,000	(대) 현금	2,000,000
이연수익	1,000,000	급여	1,000,000

• 수익인식법

(차) 현금	1,000,000	(대) 이연수익(부채)	1,000,000
(차) 급여	2,000,000	(대) 현금	2,000,000
이연수익	1,000,000	보조금수익	1,000,000

∴1,000,000(급여감소 또는 보조금수익)−2,000,000(급여)=△1,000,000

서술형Correction연습

☐ 정부보조금 중 자산관련보조금은 이연수익으로 표시하는 방법과 관련자산에서 차감하는 방법 중 한 가지 방법을 선택할 수 있으나, 수익관련보조금은 관련비용에서 차감하는 방법만 적용하여야 한다.

➡ (X) : 비용차감법과 수익인식법 중 선택하여 적용한다.

☐ 자산의 취득과 이와 관련된 보조금의 수취는 기업의 현금흐름에 중요한 변동을 일으킨다. 따라서 재무상태표에 보조금이 관련 자산에서 차감하여 표시되는 경우에만 자산의 총투자를 보여주기 위해 이러한 변동을 현금흐름표에 별도 항목으로 표시한다.

➡ (X) : 차감하여 표시되는 경우에만(X)
→ 차감하여 표시되는지와 관계없이(O)

시험중요도 ★☆☆

이론과기출 제84강 ⊃ **저리(低利)의 정부보조금**

개요	의의	•시장이자율보다 낮은 이자율로 정부로부터 자금을 차입하는 경우 정부대여금 효익은 정부보조금으로 처리함.
	정부보조금인식액 (정부대여금 효익)	•정부보조금인식액 = 수취대가 − 최초장부금액(현재가치) ➡이자절감액의 현재가치와 동일함. 예시 20x1년초 정부로부터 ₩100,000 차입(3년 만기, 매년말 2%이자조건)하여 기계 취득. 시장이자율 8%, 3년 8% 연금현가계수 2.5771, 현가계수 0.7938 □ 정부보조금인식액 [방법①] →100,000−(2,000×2.5771+100,000×0.7938)=15,466 □ 정부보조금인식액 [방법②] →(100,000×8%−100,000×2%)×2.5771=15,463(약간의 단수차이 있음)

회계처리	정부보조시점	(차) 현금(수취대가) xxx (대) 장기차입금 xxx 현재가치할인차금 xxx 정부보조금 xxx (차) 기계장치 xxx (대) 현금 xxx
	기말시점	(차) 감가상각비 xxx (대) 감가상각누계액 xxx 정부보조금 xxx 감가상각비(상계액) xxx (차) 이자비용 xxx (대) 현금 xxx 현재가치할인차금 xxx

 사례 시장이자율보다 낮은 이자율의 정부대여금 회계처리

❂ (주)합격은 20x1년 1월 1일 정부로부터 ₩250,000을 차입하여 즉시 기계장치를 취득하였다. 관련 자료가 다음과 같을 때 20x1년말 감가상각비와 이자비용은 각각 얼마인가? 단, 정부보조금은 자산차감법(원가차 감법)으로 회계처리하며, 10% 5년 연금현가계수와 현가계수는 각각 3.7902, 0.6209이다.

(1) 차입금은 만기 5년, 표시이자율 1%, 매년말 이자지급, 20x1년초 시장이자율은 10%
(2) 취득한 기계장치는 취득가 ₩250,000, 내용연수 5년, 잔존가치 ₩0, 정액법 상각

풀이

•정부대여금 공정가치(=최초장부금액=현재가치)
→2,500×3.7902+250,000×0.6209=164,700
•정부보조금인식액
→250,000(수취대가)−164,700(=최초장부금액=현재가치)=85,300

	(차) 현금	250,000	(대) 장기차입금	250,000
20x1년 01월 01일	현재가치할인차금	85,300	정부보조금	85,300
	(차) 기계장치	250,000	(대) 현금	250,000
	(차) 감가상각비	50,000[1]	(대) Dep누계액	50,000
20x1년 12월 31일	정부보조금	17,060	감가상각비	17,060[2]
	(차) 이자비용	16,470[3]	(대) 현금	2,500
			현재가치할인차금	13,970

[1] 250,000÷5년=50,000
[2] 85,300×50,000/250,000=17,060
[3] 164,700×10%=16,470
∴감가상각비 : 50,000−17,060=32,940, 이자비용 : 16,470

객관식 확인학습

이론적용연습

1. ㈜코리아는 20x1년 1월 1일 지방자치단체로부터 자금을 전액 차입하여 기계장치를 ₩200,000에 구입하였다. 지방자치단체로부터 수령한 차입금은 20x5년 12월 31일에 상환해야 하며, 매년말에 액면이자율 연 2%를 지급하는 조건이다. ㈜코리아가 구입한 기계장치의 추정내용연수는 5년이고, 잔존가치는 ₩0이며 정액법으로 감가상각한다. 20x1년 1월 1일 구입당시의 시장이자율은 연 10%이며, 10%의 현가계수는 아래의 표와 같다.

기간	단일금액 ₩1의 현가	정상연금 ₩1의 현가
4	0.6830	3.1699
5	0.6209	3.7908

20x1년 1월 1일에 ㈜코리아가 지방자치단체로부터 수령한 차입금 중 정부보조금으로 인식할 금액과 20x1년 12월 31일 현재 기계장치의 장부금액은 각각 얼마인가? 정부보조금은 전액 기계장치 구입에만 사용하여야 하며, 자산의 취득원가에서 차감하는 원가(자산)차감법을 사용하여 표시한다. 단, 계산결과 단수차이로 인한 약간의 오차가 있으면 가장 근사치를 선택한다.

	정부보조금	기계장치의 장부금액
①	₩50,720	₩99,343
②	₩50,720	₩123,605
③	₩60,657	₩134,474
④	₩60,657	₩124,474
⑤	₩60,657	₩111,474

내비게이션

• 현재가치 : 4,000x3.7908+200,000x0.6209=139,343
  → 정부보조금(현재가치할인차금) : 200,000-139,343=60,657
• 20x1년말 기계장치 장부금액 계산

20x1년초 장부금액 :		= 200,000
20x1년초 정부보조금 :		= (60,657)
20x1년말 감가상각누계액 :	200,000÷5=	(40,000)
20x1년말 정부보조금 상계액:	60,657x(40,000÷200,000)=	12,131
20x1년말 기계장치 장부금액		111,474

• 20x1년 회계처리

(차) 현금	200,000	(대) 장기차입금	200,000
현재가치할인차금	60,657	정부보조금	60,657
(차) 기계장치	200,000	(대) 현금	200,000
(차) 감가상각비	40,000	(대) 감가상각누계액	40,000
정부보조금	12,131	감가상각비	12,131
(차) 이자비용	13,934	(대) 현금	4,000
		현재가치할인차금	9,934

이론과기출 제85강 ▸ 복구비용 회계처리

인식방법	개요	•유형자산(예) 원자력발전소, 쓰레기매립장)을 해체·제거하고 복구할 의무를 부담하는 경우 미래 복구 비용의 현재가치를 충당부채로 인식하여 유형자산의 원가로 처리함.	
	인식	유형자산 취득의 결과	•유형자산 원가
		재고자산을 생산하기 위해 유형자산을 사용한 결과	•재고자산 원가(제조원가)
		재고자산 생산 이외의 목적으로 유형자산을 사용한 결과	•유형자산 원가

복구비용 현재가치	복구시점 5년후 가정	•유형자산취득시점 노무원가·간접원가배분액등 복구예상원가	₩500,000
		•복구공사의 외부위탁시 정상이윤율	20%
		•연평균 인플레이션율	6%
		•인건비 등 변동에 따른 시장위험프리미엄(인플레이션 CF 포함)	5년간 총 12%
		•무위험이자율에 신용위험을 고려한 할인율	8%

☐ 취득시점의 복구예상비용 = 500,000×(1+20%) ➡ 'A'

☐ 복구시점의 복구비용 실제발생예상액 = A×(1+6%)^5×(1+12%) ➡ 'B'

☐ 복구비용현재가치(복구충당부채) = B÷1.08^5 ⇒ $\dfrac{500,000×1.2×1.06^5×1.12}{1.08^5}$

•주의 정상이윤은 자체 복구공사시는 반영하지 않음.

사례 ◢ 복구비용 회계처리

❂ ㈜합격은 20x1. 1. 1 특별기계(내용연수 10년, 잔존가치 없음, 정액법)를 현금 ₩10,000,000을 들여 구입 하였다. 3년 후에는 해체하여 제품생산라인을 원상태로 복구시킬 계획이다. 복구와 관련하여 ㈜합격은 다음과 같이 예상하고 있다. 회계처리를 하시오.

(1) 복구관련노무비추정액은 ₩500,000, 복구관련간접비추정액은 노무비의 80%
(2) 3년간 물가상승률은 연 3%, 복구에 따른 도급공사시 용역회사 정상이윤은 원가의 20%
(3) 시장위험프리미엄은 3년간 인플레이션을 포함한 현금흐름의 총 4%, 무위험이자율은 연 8%
(4) 실제 복구비용 발생액은 ₩1,500,000

세부고찰

풀이

•취득시점의 복구예상비용 : (500,000x1.8)x(1+20%)=1,080,000

•복구시점 복구비용 발생예상 : 1,080,000x(1+3%)^{3}x(1+4%)=1,227,351

•복구비용현재가치(복구충당부채) : 1,227,351÷1.08^3=974,310

20x1년 01월 01일	(차) 기계장치	10,974,310	(대) 현금	10,000,000
			복구충당부채	974,310
20x1년 12월 31일	(차) Dep	3,658,103[1]	(대) Dep누계액	3,658,103
	이자비용(전입액)	77,945[2]	복구충당부채	77,945
20x2년 12월 31일	(차) Dep	3,658,103	(대) Dep누계액	3,658,103
	이자비용(전입액)	84,180[3]	복구충당부채	84,180
20x3년 12월 31일	(차) Dep	3,658,104	(대) Dep누계액	3,658,104
	이자비용(전입액)	90,916[4]	복구충당부채	90,916
	(차) 복구충당부채	1,227,351	(대) 현금	1,500,000
	복구공사손실	272,649		

[1]10,974,310÷3년 [2]974,310x8% [3](974,310+77,945)x8% [4]1,227,351-(974,310+77,945+84,180)

객관식 확인학습 — **이론적용연습**

1. ㈜국세는 20x2년 1월 1일 소유하고 있는 임야에 내용연수 종료 후 원상복구의무가 있는 구축물을 설치하는데 ₩1,000,000을 지출하였다. 동 구축물의 내용연수는 5년, 잔존가치는 ₩10,000이고 정액법으로 상각하며 원가모형을 적용한다. 원상복구와 관련하여 예상되는 지출액은 ₩400,000이며, 이는 인플레이션과 시장위험프리미엄 등을 고려한 금액이다. ㈜국세의 신용위험 등을 고려한 할인율은 연 10%이며, 기간 말 단일금액의 현가계수(10%, 5기간)는 0.62092이다. ㈜국세가 동 구축물과 관련하여 20x2년도 포괄손익계산서에 인식할 비용은 얼마인가?

① ₩24,837 ② ₩247,674 ③ ₩248,368
④ ₩272,511 ⑤ ₩273,205

내비게이션

· 구축물 취득가 : 1,000,000+248,368(=400,000x0.62092)=1,248,368

감가상각비 : (1,248,368-10,000)÷5년= 247,674
이자비용 : 248,368x10%= 24,837
　　　　　　　　　　　　　　　　　 272,511

2. ㈜한국은 20x1년 1월 1일에 저유설비를 신축하기 위하여 기존건물이 있는 토지를 ₩10,000,000에 취득하였다. 기존건물을 철거하는데 ₩500,000이 발생하였으며, 20x1년 4월 1일 저유설비를 신축완료하고 공사대금으로 ₩2,400,000을 지급하였다. 이 저유설비의 내용연수는 5년, 잔존가치는 ₩100,000이며, 원가모형을 적용하여 정액법으로 감가상각한다. 이 저유설비의 경우 내용연수 종료시에 원상복구의무가 있으며, 저유설비 신축완료시점에서 예상되는 원상복구비용의 현재가치는 ₩200,000이다. ㈜한국은 저유설비와 관련된 비용을 자본화하지 않는다고 할 때, 동 저유설비와 관련하여 20x1년도 포괄손익계산서에 인식할 비용은 얼마인가? (단, 무위험이자율에 ㈜한국의 신용위험을 고려하여 산출된 할인율은 연 9%이며, 감가상각은 월할계산한다.)

① ₩361,500 ② ₩375,000 ③ ₩388,500
④ ₩513,500 ⑤ ₩518,000

내비게이션

· 저유설비 취득가 : 2,400,000+200,000=2,600,000

감가상각비 : (2,600,000-100,000)÷5년x9/12=375,000
이자비용 : 200,000x9%x9/12= 13,500
　　　　　　　　　　　　　　　　　 388,500

3. 20x1년 1월 1일 ㈜대한은 ㈜민주로부터 축사를 구입하면서 5년 동안 매년말 ₩100,000씩 지급하기로 했다. ㈜대한의 내재이자율 및 복구충당부채의 할인율은 연 10%이다. 축사의 내용연수는 5년이고 잔존가치는 없으며 정액법으로 감가상각한다. 축사는 내용연수 종료 후 주변 환경을 원상회복하는 조건으로 허가받아 취득한 것이며, 내용연수 종료시점의 원상회복비용은 ₩20,000으로 추정된다. ㈜대한은 축사의 내용연수 종료와 동시에 원상회복을 위한 복구공사를 하였으며, 복구비용으로 ₩17,000을 지출하였다.

기간	단일금액 ₩1의 현가 10%	정상연금 ₩1의 현가 10%
5	0.6209	3.7908

위의 거래에 대하여 옳지 않은 설명은? 필요시 소수점 첫째자리에서 반올림하고, 단수 차이로 오차가 있는 경우 ₩10 이내의 차이는 무시한다.

① 축사의 취득원가는 ₩391,498이다.
② 축사의 20x1년 감가상각비는 ₩78,300이다.
③ 축사의 20x2년 복구충당부채 증가액은 ₩1,366이다.
④ 축사의 20x3년말 복구충당부채 장부금액은 ₩16,529이다.
⑤ 축사의 20x5년 복구공사손실은 ₩3,000이다.

내비게이션

· 복구시점 복구비용 발생예상액 : 20,000
· 구축물(축사) 취득가

복구비용현가(복구충당부채) : 20,000x0.6209= 12,418
장기미지급금 현가 : 100,000x3.7908= 379,080
구축물(축사) 취득가 　　　　　　　　　 391,498

· 매년 감가상각비 : 391,498÷5년=78,300
· 복구충당부채 증가액
 - 20x1년말 : 12,418x10%=1,242 →복구충당부채 장부금액=13,660
 - 20x2년말 : 13,660x10%=1,366 →복구충당부채 장부금액=15,026
 - 20x3년말 : 15,026x10%=1,503 →복구충당부채 장부금액=16,529
· 20x5년 실제복구시점 회계처리(장기미지급금 처리는 생략)

(차) 복구충당부채 20,000 (대) 현금 17,000
　　　　　　　　　　　　　　 복구공사이익 3,000

▶참고 20x1년 회계처리

⟨20x1년초⟩
(차) 구축물 391,498 (대) 장기미지급금 500,000
　　현재가치할인차금 120,920 　　복구충당부채 12,418
⟨20x1년말⟩
(차) 감가상각비 78,300 (대) 감가상각누계액 78,300
　　이자비용 1,242 　　복구충당부채 1,242
(차) 장기미지급금 100,000 (대) 현금 100,000
(차) 이자비용 37,908 (대) 현재가치할인차금 37,908

시험중요도 ★☆☆

이론과기출 제86강 ⊃ 복구비용의 변동

	개요	•복구예상액의 변동으로 인한 복구충당부채의 변경액은 유형자산의 원가에 가감함.				
	회계처리	복구충당부채 증가시	(차) 구축물	xxx	(대) 복구충당부채	xxx
		복구충당부채 감소시	(차) 복구충당부채	xxx	(대) 구축물	xxx

원가모형

 사례   원가모형하 복구충당부채 변동 회계처리 ◀

❏ 20x1년 1월 1일 내용연수 종료시점에 복구의무가 있는 저유설비(내용연수 4년, 잔존가치 없음, 정액법)를 ₩1,250,000에 취득하고 복구충당부채(할인율 10%)로 ₩100,000을 계상하였으나 20x1년말 복구충당부채를 ₩185,000으로 재추정(할인율 12%)함. 20x1년말, 20x2년말의 원가모형에 의한 회계처리?

 풀이

20x1년 12월 31일	(차) Dep	337,500[1]	(대) Dep누계액	337,500
	이자비용	10,000[2]	복구충당부채	10,000
	(차) 구축물	75,000	(대) 복구충당부채	75,000[3]
20x2년 12월 31일	(차) Dep	362,500[4]	(대) Dep누계액	362,500
	이자비용	22,200[5]	복구충당부채	22,200

[1] $1,350,000 \div 4$ [2] $100,000 \times 10\%$ [3] $185,000 - 110,000$ [4] $(1,350,000 - 337,500 + 75,000) \div 3$ [5] $185,000 \times 12\%$

	개요	•복구예상액의 변동으로 인한 복구충당부채의 변경액은 재평가손익으로 처리함. ➡ ∵공정가치로 측정하므로 장부금액을 변동시킬수 없음.				
	회계처리	복구충당부채 증가시	•재평가잉여금과 우선 상계후 재평가손실(당기손익) 처리			
			(차) 재평가잉여금	xxx	(대) 복구충당부채	xxx
			재평가손실	xxx		
		복구충당부채 감소시	•전기 재평가손실을 재평가이익으로 인식후 재평가잉여금 처리			
			(차) 복구충당부채	xxx	(대) 재평가이익	xxx
					재평가잉여금	xxx

재평가모형

▼ 사례   재평가모형하 복구충당부채 변동 회계처리 ◀

❏ 재평가모형(감가상각누계액제거방법) 적용함. 재평가잉여금의 이익잉여금대체는 무시함. 20x1년말 공정가치는 ₩1,125,000이며, 20x2년말 공정가치는 장부금액과 동일함. 그 외는 위와 동일함.

풀이

20x1년 12월 31일	(차) Dep	337,500	(대) Dep누계액	337,500
	이자비용	10,000	복구충당부채	10,000
	(차) Dep누계액	337,500	(대) 재평가잉여금	112,500[1]
			구축물	225,000
	(차) 재평가잉여금	75,000	(대) 복구충당부채	75,000[2]
20x2년 12월 31일	(차) Dep	375,000[3]	(대) Dep누계액	375,000
	이자비용	22,200[4]	복구충당부채	22,200

[1] $1,125,000 - (1,350,000 - 337,500)$ [2] $185,000 - 110,000$ [3] $1,125,000 \div 3$ [4] $185,000 \times 12\%$

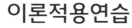

객관식 확인학습　이론적용연습

1. (주)합격은 새로운 천연자원 매장지를 발견하고, 20x1년 1월 1일 천연자원 개발에 필요한 구축물에 ₩200,000을 지출하였다. 회사는 동 구축물의 내용연수 종료시점에 원상복구할 의무가 있다. ㈜합격은 동 구축물에 대하여 재평가모형을 적용하며 회계처리는 감가상각누계액을 우선 제거하는 방법을 사용하고 사용 중 재평가잉여금을 이익잉여금으로 대체하지 않는다. 관련된 다음 자료에 의할 때 ㈜합격의 20x2년도 당기손익에 미친 영향을 계산하면 얼마이겠는가?

> (1) 구축물의 내용연수는 4년, 잔존가치는 없으며 감가상각방법은 정액법을 적용한다.
> (2) 취득시점에 복구충당부채로 인식한 금액은 ₩50,000이며, 이는 할인율 10%를 적용한 것으로 할인율의 변동은 없다.
> (3) 20x1년말 복구충당부채는 ₩75,000으로 추정을 변경하였다.
> (4) 연도말 공정가치 자료는 다음과 같다.

20x1년말 공정가치	20x2년말 공정가치
₩247,500	₩100,000

① ₩107,500　② ₩113,000　③ ₩115,000
④ ₩135,000　⑤ ₩145,500

냅빙게이션

• 20x1년초

(차) 구축물　250,000　(대) 현금　200,000
　　　　　　　　　　　　복구충당부채　50,000

• 20x1년말

(차) 감가상각비　62,500[1]　(대) 감가상각누계액　62,500
　　이자비용　5,000[2]　　복구충당부채　5,000
(차) 감가상각누계액　62,500　(대) 재평가잉여금　60,000[3]
　　　　　　　　　　　　　구축물　2,500
(차) 재평가잉여금　20,000　(대) 복구충당부채　20,000[4]

• 20x2년말

(차) 감가상각비　82,500[5]　(대) 감가상각누계액　82,500
　　이자비용　7,500[6]　　복구충당부채　7,500
(차) 감가상각누계액　82,500　(대) 구축물　147,500
　　재평가잉여금　40,000[7]
　　재평가손실　25,000[7]

[1] 250,000÷4년=62,500　[2] 50,000×10%=5,000
[3] 247,500−(250,000−62,500)=60,000　[4] 75,000−55,000=20,000
[5] 247,500÷3년=82,500　[6] 75,000×10%=7,500
[7] (247,500−82,500)−−100,000=65,000
→∴20x2년도 당기손익 영향 : 82,500+7,500+25,000=115,000

시험중요도 ★★☆

이론과기출 제87강 ◯ 차입원가 **차입원가의 개요**

개요	자본화강제	• 적격자산의 취득·건설·제조와 직접관련된 차입원가는 자산원가 일부로 자본화해야함. ➡ (차) 건설중인자산 xxx (대) 이자비용 xxx **말장난** 적격자산의 취득, 건설 또는 생산과 직접 관련된 차입원가는 당해 자산 원가의 일부로 자본화하거나 당기비용으로 처리한다(X) • 기타 차입원가는 발생기간에 비용으로 인식해야함.
	자본화요건	• 차입원가는 미래경제적효익의 발생가능성이 높고 신뢰성있게 측정가능할 경우에 자산원가의 일부로 자본화함.
	참고 자본화의 이론적근거 : 수익·비용대응의 원칙 →∵취득후 수익발생시에 비용을 대응시킴.	

적용범위	원가관련	• 다음은 적용범위에 해당되지 아니함. ➡ 자본(부채로 분류되지 않는 우선주자본금 포함)의 실제원가나 내재원가
	자산관련	• 다음 자산의 취득등과 직접관련되는 차입원가에는 반드시 적용해야 하는 것은 아님. ➡ 공정가치로 측정되는 적격자산 ➡ 예 생물자산 **예시** 생물자산 취득금액이 150(순공정가치 동일)이고, 차입원가가 50인 경우 → 차입원가를 자본화하여 취득금액을 200으로 한다고 해도 생물자산은 최초인식시점의 순공정가치로 인식하므로 순공정가치와의 차액 50은 다시 비용처리될 것이므로 K-IFRS에서는 굳이 자본화를 요구하지 않음. • 다음 자산의 취득등과 직접관련되는 차입원가에는 적용범위에서 제외함. ➡ 반복대량으로 제조·생산되는 재고자산

적격자산	정의	• 의도된 용도로 사용 또는 판매가능상태에 이르게 하는데 상당기간을 필요로 하는 자산
	포함대상	• 다음 자산은 경우에 따라 적격자산이 될수 있음. ① 재고자산 　② 제조설비자산 　③ 전력생산설비 ④ 무형자산 　⑤ 투자부동산 　⑥ 생산용 식물
	제외대상	• 다음의 경우는 적격자산에 해당하지 아니함. ① 금융자산 ② 단기간내에 제조·생산되는 재고자산 ③ 취득시점에 의도된 용도로 사용할수 있거나 판매가능한 상태에 있는 자산 **주의** ∴재고자산은 장기재고자산이 적격자산에 해당함.
	보론 차입원가를 자본화한 결과 적격자산의 장부금액이나 예상최종원가가 회수가능액이나 순실현가능가치를 초과한 경우에는 자산이 손상된 것이므로 손상차손을 인식함.	

차입원가	정의	• 차입원가란 자금의 차입과 관련하여 발생하는 이자 및 기타원가를 말함. ➡ 예 차입금이자, 사채이자, 당좌차월이자등
	포함대상	• 차입원가는 다음과 같은 항목을 포함할 수 있음. ① 유효이자율법을 사용하여 계산된 이자비용 ➡ 예 사발차상각액, 현할차상각액 ② 리스부채 관련 이자 **주의** 복구충당부채에서 인식한 이자비용 등은 자본화대상 차입원가에 해당되지 않음. ③ 외화차입금과 관련되는 외환차이 중 이자원가의 조정으로 볼 수 있는 부분 **말장난** 차입원가에는 외화차입금과 관련되는 외환차이가 포함된다(X) →∵외환차이 중 이자원가의 조정으로 볼 수 있는 부분만 포함함.

객관식 확인학습

이론적용연습

1. 다음은 한국채택국제회계기준의 차입원가에 대한 설명이다. 가장 타당하지 않은 것은?

① 적격자산의 취득, 건설 또는 생산과 직접 관련된 차입원가는 당해 자산 원가의 일부로 자본화하거나 당기비용으로 처리한다.

② 차입원가는 미래경제적효익의 발생가능성이 높고 신뢰성 있게 측정가능할 경우에 자산 원가의 일부로 자본화한다.

③ 기업회계기준서 제1029호 '초인플레이션 경제에서의 재무보고'를 적용하는 경우 해당 기간의 인플레이션을 보상하기 위한 차입원가 부분은 자산원가를 구성하는 것이 아니라 발생한 기간에 비용으로 인식한다.

④ 적격자산의 취득, 건설 또는 생산과 직접 관련된 차입원가는 당해 적격자산과 관련된 지출이 발생하지 아니하였다면 부담하지 않을 차입원가이다.

⑤ 적격자산은 의도된 용도로 사용하거나 판매가능한 상태에 이르게 하는 데 상당한 기간을 필요로 하는 자산을 말하며 취득시점에 의도된 용도로 사용할 수 있거나 판매가능한 상태에 있는 자산인 경우에도 적격자산에 해당하지 아니한다.

내비게이션

• K-IFRS는 차입원가의 자본화를 강제한다.
• 기준서 제1023호

| 보론 | 문단 9 |

□ 적격자산의 취득, 건설 또는 생산과 직접 관련된 차입원가는 당해 자산 원가를 구성한다. 이러한 차입원가는 미래경제적효익의 발생가능성이 높고 신뢰성 있게 측정가능할 경우에 자산 원가의 일부로 자본화한다. 기업회계기준서 제1029호 '초인플레이션 경제에서의 재무보고'를 적용하는 경우 해당 기간의 인플레이션을 보상하기 위한 차입원가 부분은 발생한 기간에 비용으로 인식한다.

2. 한국채택국제회계기준의 차입원가에 대한 설명 중 옳지 않은 것은?

① 차입원가는 자금의 차입과 관련하여 발생하는 이자 및 기타 원가로 유효이자율법을 사용하여 계산된 이자비용과 리스부채 관련 이자를 포함한다.

② 차입원가에는 외화차입금과 관련되는 외환차이가 포함된다.

③ 자본(부채로 분류되지 않는 우선주자본금 포함)의 실제원가 또는 내재원가는 차입원가기준서의 적용범위에 해당되지 아니한다.

④ 복구충당부채는 적격자산의 취득을 위한 차입금이 아니므로 그 이자비용은 자본화대상 차입원가에 포함되지 않는다.

⑤ 적격자산의 취득, 건설 또는 생산과 직접 관련된 차입원가는 당해 자산 원가의 일부로 자본화하여야 하며, 기타 차입원가는 발생기간에 비용으로 인식하여야 한다.

내비게이션

• 외화차입금과 관련되는 외환차이 중 이자원가의 조정으로 볼 수 있는 부분만 포함한다.

3. 차입원가의 자본화에 대한 설명이다. 가장 올바른 것은 어느 것인가?

① 적격자산에 대한 지출액은 현금의 지급, 다른 자산의 제공 또는 이자부 부채의 발생 등에 따른 지출액을 의미하며, 적격자산과 관련하여 수취하는 정부보조금과 건설 등의 진행에 따라 수취하는 금액은 적격자산에 대한 지출액에 가산한다.

② 적격자산의 장부금액 또는 예상최종원가가 회수가능액 또는 순실현가능가치를 초과하는 경우에는 자산손상을 기록한다.

③ 적격자산은 의도된 용도로 사용하거나 판매가능한 상태에 이르게 하는 데 상당한 기간을 필요로 하는 자산이므로 생물자산이나 금융자산도 취득완료시점까지 상당한 기간이 소요된다면 적격자산에 해당한다.

④ 단기간내에 제조되거나 다른 방법으로 생산되는 재고자산은 적격자산에 해당한다.

⑤ 적격자산의 취득, 건설 또는 생산과 직접 관련된 차입원가는 당해 자산 원가의 일부로 자본화할 수 있다.

내비게이션

• ① 지출액에 가산한다.(X) → 지출액에서 차감한다.(O)
  ③ 생물자산은 자본화가 요구되지 않으며, 금융자산은 적격자산에 해당하지 않는다.
  ④ 적격자산에 해당하지 않는다.
  ⑤ 자본화할 수 있다.(X) → 자본화하여야 한다.(O)

서술형 Correction연습

□ 차입원가를 자본화하는 이론적 근거는 미래의 가능한 경제적효익이라는 자산의 정의에 충실한 자산평가를 위한 것이다.

➡ (X) : 자본화하는 이론적 근거는 수익·비용대응의 원칙이다.

---

 nswer   1. ①   2. ②   3. ②

제1편 Mainplot [주요논제]   제2편 Subplot [특수논제]   합본부록1 기출유형별 필수문제   합본부록2 실전적중모의고사

이론과기출 제88강 ⊃ 차입원가 자본화의 개시·중단·종료

자본화개시	의의	•자본화기간동안 발생금액을 자본화하며, 자본화중단기간이 있는 경우 해당 차입원가는 당기비용 처리함.
	자본화개시일	❖자본화개시일은 최초로 다음 조건을 모두 충족시키는 날임. <table><tr><td>지출발생</td><td>•적격자산에 대하여 지출하고 있다.</td></tr><tr><td>차입원가발생</td><td>•차입원가를 발생시키고 있다.</td></tr><tr><td>활동수행</td><td>•적격자산을 의도된 용도로 사용하거나 판매가능한 상태에 이르게 하는 데 필요한 활동을 수행하고 있다.</td></tr></table> [예시] 2/1에 ₩1,000 차입(10%), 지출은 4/1부터 발생한 경우 →자본화개시시점 : 4/1, 특정차입금 차입원가 : 1,000x10%x9/12
	활동수행여부	•적격자산을 의도된 용도로 사용하거나 판매가능한 상태에 이르게 하는데 필요한 활동은 당해 자산의 물리적인 제작뿐만 아니라 그 이전단계에서 이루어진 기술 및 관리상의 활동도 포함함. ➡예 물리적인 제작 전에 각종 인허가를 얻기 위한 활동 등 •자산의 상태에 변화를 가져오는 생산 또는 개발이 이루어지지 아니하는 상황에서 단지 당해 자산의 보유는 필요한 활동으로 보지 아니함. ➡예 토지가 개발되고 있는 경우 개발과 관련된 활동이 진행되고 있는 기간 동안 발생한 차입 원가는 자본화 대상에 해당함. 　그러나, 건설목적으로 취득한 토지를 별다른 개발활동 없이 보유하는 동안 발생한 차입 원가는 자본화조건을 충족하지 못함.
자본화중단	중단시점	•적격자산에 대한 적극적 개발활동을 중단한 기간에는 차입원가의 자본화를 중단함.
	중단배제	❖다음의 경우에는 차입원가의 자본화를 중단하지 아니함. ① 상당한 기술 및 관리활동을 진행하고 있는 기간 ② 일시적인 지연이 필수적인 경우 ➡예 건설기간동안 해당 지역의 하천수위가 높아지는 현상이 일반적이어서 교량건 설이 지연되는 경우에는 차입원가 자본화를 중단하지 아니함.
자본화종료	종료시점	•적격자산을 의도된 용도로 사용하거나 판매가능한 상태에 이르게 하는데 필요한 거의 모든 활동이 완료된 시점에 차입원가 자본화를 종료함.
	종료간주	<table><tr><td>물리적 완성</td><td>•적격자산이 물리적으로 완성된 경우라면 일상적인 건설관련 후속 관리 업무등이 진행되고 있더라도 당해 자산을 의도된 용도로 사용할수 있 거나 판매가능한 상태에 있는 것으로 봄.</td></tr><tr><td>경미작업만 존재</td><td>•구입자의 요청에 따른 내장공사와 같은 중요하지 않은 작업만이 남아 있는 경우라면 대부분의 건설활동이 종료된 것으로 봄.</td></tr></table>
	순차완성자산	❖여러부분으로 나누어 순차적으로 완성되는 경우에는 다음과 같이 처리함. <table><tr><td>자산이 여러 부분으로 나누어 완성되는 경우</td><td>•이미 완성된 부분이 사용가능하다면, 당해 부분을 의도된 용도로 사용하거나 판매가능한 상태에 이르게 하는데 필요한 대부분의 활동을 완료한 시점에 자본화를 종료함. ➡예 각각의 건물별로 사용가능한 여러 동의 건물로 구성된 복합업무시설</td></tr><tr><td>자산전체가 완성되어야만 사용이 가능한 경우</td><td>•자산전체가 사용가능한 상태에 이를때까지 자본화함. ➡예 제철소와 같이 동일한 장소에서 여러 생산부문별 공정이 순차적으로 이루어지는 여러 생산공정을 갖춘 산업설비</td></tr></table>

객관식 확인학습 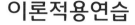 **이론적용연습**

1. 다음은 차입원가의 자본화에 대한 설명이다. 가장 옳은 것은 어느 것인가?

① 구입자 또는 사용자의 요청에 따른 내장공사와 같은 중요하지 않은 작업만이 남아 있는 경우에도 건설활동은 종료되지 않은 것으로 본다.

② 적격자산을 의도된 용도로 사용하거나 판매가능한 상태에 이르게 하는 데 필요한 대부분의 활동이 완료된 시점에 차입원가의 자본화를 종료한다.

③ 적격자산을 의도된 용도로 사용하거나 판매가능한 상태에 이르게 하는 데 필요한 활동은 당해 자산의 물리적인 제작을 포함하지만 그 이전단계에서 이루어진 기술 및 관리상의 활동은 제외한다.

④ 자본화할 차입원가는 일반차입금에 대한 차입원가를 먼저 자본화한 후에 특정차입금에 대한 차입원가를 자본화한다.

⑤ 자산을 의도된 용도로 사용하거나 판매가능한 상태에 이르기 위한 과정에 있어 일시적인 지연이 필수적인 경우에도 차입원가의 자본화를 중단한다.

 내비게이션

• ① 건설활동이 종료된 것으로 본다.
• ③ 적격자산을 의도된 용도로 사용하거나 판매가능한 상태에 이르게 하는 데 필요한 활동은 당해 자산의 물리적인 제작뿐만 아니라 그 이전단계에서 이루어진 기술 및 관리상의 활동도 포함한다.
• ④ 특정차입금에 대한 차입원가를 먼저 자본화한 후에 일반차입금에 대한 차입원가를 자본화한다.
• ⑤ 자본화를 중단하지 아니한다.(O)

2. 다음은 한국채택국제회계기준의 차입원가에 대한 설명이다. 가장 타당하지 않은 것은?

① 자본화 개시일은 적격자산에 대하여 지출이 있고, 차입원가가 발생되고 있으며, 적격자산을 의도된 용도로 사용하거나 판매가능한 상태에 이르게 하는 데 필요한 활동이 수행 중인 날이다.

② 적격자산을 의도된 용도로 사용하거나 판매가능한 상태에 이르게 하는 데 필요한 활동은 당해 자산의 물리적인 제작뿐만 아니라 그 이전단계에서 이루어진 기술 및 관리상의 활동도 포함한다.

③ 토지가 개발되고 있는 경우 개발과 관련된 활동이 진행되고 있는 기간 동안 발생한 차입원가는 자본화 대상에 해당한다.

④ 건설목적으로 취득한 토지를 별다른 개발활동 없이 보유하는 동안 발생한 차입원가도 자본화조건을 충족한다.

⑤ 건설기간동안 해당 지역의 하천수위가 높아지는 현상이 일반적이어서 교량건설이 지연되는 경우에는 차입원가의 자본화를 중단하지 아니한다.

 내비게이션

• 건설목적으로 취득한 토지를 별다른 개발활동 없이 보유하는 동안 발생한 차입원가는 자본화조건을 충족하지 못한다.

서술형Correction연습

□ 상당한 기술 및 관리활동의 진행기간과 일시적인 지연이 필수적인 경우에도 자본화는 중단한다.

➡ (X) : 중단하지 아니한다.

□ 적격자산이 여러 부분으로 나누어 순차적으로 완성되는 경우에는 자산전체가 완성될 때까지 차입원가를 자본화한다.

➡ (X) : 이미 완성된 부분이 사용가능하다면, 당해 부분을 의도된 용도로 사용하거나 판매가능한 상태에 이르게 하는데 필요한 대부분의 활동을 완료한 시점에 자본화를 종료한다.

Answer 1. ② 2. ④

이론과기출 제89강 ○ 차입원가 자본화액 산정

차입금구분	특정차입금	•적격자산을 취득할 목적으로 직접 차입한 자금
	일반차입금	•일반목적으로 차입한 자금 중 적격자산의 취득에 소요되었다고 볼수 있는 자금

특정차입금 자본화금액

특정차입금 차입원가 − 일시투자수익

'자본화기간동안'

일반차입금 자본화금액

$$\underbrace{(\text{연평균지출액}^{1)} - \text{연평균특정차입금}^{2)})}_{\text{'자본화기간동안'}} \times \underbrace{\text{자본화이자율}}_{\text{'회계기간동안'}}(= \frac{\text{일반차입금차입원가}}{\text{연평균일반차입금}})$$

[1] 정부보조금(건설계약대금) 연평균액 차감액

[2] 일시예치금 차감액

예시 2.1에 1,000차입, 지출은 4.1부터 발생 →∴자본화개시시점 : 4. 1

① 연평균지출액 : 지출액x$\frac{9}{12}$ →즉, $\frac{\text{개시시점후지출일} \sim \text{말일(자본화종료시점)}}{12}$

② 연평균일반차입금 : 1,000x$\frac{11}{12}$ →즉, $\frac{\text{회계기간중차입일} \sim \text{말일(상환일)}}{12}$

•**주의** [일반차입금 자본화액 한도] 자본화이자율 분자금액(일반차입금 차입원가)

자본화금액

보론 자본화이자율 산정시 지배·종속기업의 모든 차입금을 포함하는 것이 적절할 수도 있고, 개별종속기업의 차입금에 적용되는 차입원가의 가중평균을 사용하는 것이 적절할 수도 있음.

보론 자본화기간 종료후에도 남아있는 특정차입금은 일반으로 보아 자본화이자율 계산에 포함함.

▶ **사례** 자본화금액 계산 ◀

❂ 공장건물증설관련 20x2년 중 지출금액과 차입금현황은 다음과 같다. 기말 현재 미완성이다. A는 특정차입금이며, 이 중 ₩1,500,000을 20x2.4.1〜9.30까지 연10% 이자율로 정기예금에 예치시켰다. B, C는 일반차입금에 해당한다.

지출금액		차입금현황					
		차입금	차입일	차입금액	상환일	연이자율	이자지급조건
20x2. 4. 1	₩3,000,000	A	20x2.4.1	₩2,000,000	20x5.3.31	단리 12%	매년 3월말
20x2. 9. 1	4,000,000	B	20x2.3.1	4,000,000	20x5.2.28	단리 10%	매년 2월말
계	₩7,000,000	C	20x1.7.1	3,000,000	20x5.6.30	단리 15%	매년 6월말

1. 연평균지출액 : $3,000,000 \times 9/12 + 4,000,000 \times 4/12 = 3,583,333$

2. 자본화이자율 : $\frac{4,000,000 \times 10\% \times 10/12 + 3,000,000 \times 15\% \times 12/12 = 783,333}{4,000,000 \times 10/12 + 3,000,000 \times 12/12 = 6,333,333} = 12.37\%$

3. 자본화차입원가 : ① + ② = 455,483

① 특정 : $2,000,000 \times 12\% \times 9/12 - 1,500,000 \times 10\% \times 6/12 = 105,000$

② 일반 : $[3,583,333 - (2,000,000 \times 9/12 - 1,500,000 \times 6/12)] \times 12.37\% = 350,483$ [한도] 783,333(='2'의분자)

객관식 확인학습 ── 이론적용연습

1. 차입원가 회계처리에 관한 설명으로 옳지 않은 것은?

① 일반적인 목적으로 차입한 자금을 적격자산 취득에 사용하였다면 관련 차입원가를 자본화하되, 동 차입금과 관련하여 자본화기간 내에 발생한 일시적 투자수익을 자본화가능차입원가에서 차감한다.

② 일반적인 목적으로 차입한 자금의 자본화가능차입원가를 결정할 때, 적용되는 자본화이자율은 회계기간동안 차입한 자금으로부터 발생된 차입원가를 가중평균하여 산정한다.

③ 적격자산과 관련하여 수취하는 정부보조금과 건설 등의 진행에 따라 수취하는 금액은 적격자산에 대한 지출액에서 차감한다.

④ 적격자산에 대한 적극적인 개발활동을 중단한 기간에는 차입원가의 자본화를 중단한다.

⑤ 적격자산을 의도된 용도로 사용하거나 판매가능한 상태에 이르게 하는 데 필요한 대부분의 활동이 완료된 시점에 차입원가의 자본화를 종료한다.

냅빠게의섭
• 일반차입금 : 일시투자수익 차감 없음 & 한도있음

2. ㈜국세는 20x1년 1월 1일에 건물을 신축하기 시작하였으며, 동 건물은 차입원가 자본화의 적격자산에 해당된다. 총 건설비는 ₩200,000이며, 20x1년 1월 1일에 ₩100,000, 10월 1일에 ₩50,000, 그리고 20x2년 7월 1일에 ₩50,000을 각각 지출하였다. 동 건물은 20x2년 9월 30일에 완공될 예정이며, ㈜국세의 차입금 내역은 다음과 같다.

차입금	A	B	C
	₩30,000	₩50,000	₩100,000
차입일	20x1.1.1	20x0.1.1	20x1.7.1
상환일	20x2.9.30	20x2.12.31	20x3.6.30
이자율	연 8%	연 10%	연 6%

차입금 중 A는 동 건물의 취득을 위한 목적으로 특정하여 차입한 자금(특정차입금)이며, 나머지는 일반목적으로 차입하여 건물의 취득을 위하여 사용하는 자금(일반차입금)이다. 이자율은 모두 단리이며, 이자는 매년 말에 지급한다. 20x1년도에 자본화할 차입원가는 얼마인가? (단, 평균지출액과 이자는 월할계산한다.)

① ₩2,400 ② ₩6,800 ③ ₩9,000
④ ₩11,400 ⑤ ₩15,600

냅빠게의섭
• 연평균지출액 : 100,000×12/12+50,000×3/12=112,500
• 자본화이자율 :
$$\frac{50,000 \times 10\% \times 12/12 + 100,000 \times 6\% \times 6/12 = 8,000}{50,000 \times 12/12 + 100,000 \times 6/12 = 100,000} = 8\%$$
• 자본화차입원가 : ①+②=9,000
  ① 특정 : 30,000×8%×12/12=2,400
  ② 일반 : (112,500−30,000×12/12)×8%=6,600 [한도] 8,000

3. ㈜합격은 20x2년 3월 1일에 사옥건설을 시작하였으며, 20x2년 11월 30일에 준공하였다. 공사대금은 4월 1일, 8월 1일 및 11월 30일에 각각 ₩45,000, ₩30,000, ₩40,000을 지출하였다. 차입금 관련 자료가 다음과 같을 때 ㈜합격이 20x2년도에 자본화할 차입원가는 얼마인가?

(1) 특정차입금 : 20x1년 4월 1일 ₩30,000(연이자율 8%)을 3년 만기로 차입하여 계약금을 지출하였다.
(2) 일반차입금

차입금	차입일	상환일	차입액	연이자율
A	20x1.4.1	20x2.7.31	₩12,000	4%
B	20x2.7.1	미상환	₩15,000	10%

① ₩2,120 ② ₩2,830 ③ ₩2,940
④ ₩3,020 ⑤ ₩3,260

냅빠게의섭
• 자본화기간 종료후에도 남아있는 특정차입금은 일반차입금으로 보아 자본화이자율 계산에 포함한다.
• 연평균지출액 : 45,000×8/12+30,000×4/12+40,000×0/12=40,000
• 자본화이자율 :
$$\frac{12,000 \times 4\% \times 7/12 + 15,000 \times 10\% \times 6/12 + 30,000 \times 8\% \times 1/12 = 1,230}{12,000 \times 7/12 + 15,000 \times 6/12 + 30,000 \times 1/12 = 17,000}$$
≒7.24%
• 자본화차입원가 : ㉠+㉡=2,830
  ㉠ 특정 : 30,000×8%×8/12=1,600
  ㉡ 일반 : (40,000−30,000×8/12)×7.24%=1,448 [한도] 1,230

서술형Correction연습

□ 차입원가의 가중평균을 산정함에 있어 지배기업과 종속기업의 모든 차입금을 포함하여야 한다.

➡ (X) : 포함하는 것이 적절할 수도 있고, 개별 종속기업의 차입금에 적용되는 차입원가의 가중평균을 사용하는 것이 적절할 수도 있다.

이론과기출 제90강 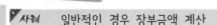 **차입원가 자본화액계산 종합적용**

세부고찰 Ⅰ	

사례 일반적인 경우 장부금액 계산

✪ 본사건물 공사(20x1.4.1착공/20x1.12.31완공)에 대한 자료이다. 동 본사건물의 20x1년말 장부금액은?

(1) 20x1년 지출관련 자료 : 4월 1일 ₩5,000,000, 20x1년 11월 1일 ₩2,000,000
(2) 차입내역 : 특정차입금은 없으며 다음과 같은 일반차입금만 있다.
　－ 당좌차월 : ₩6,000,000, 연 이자율 12%(차입기간은 20x1.1.1~20x2.6.30)
　－ 기　　타 : ₩7,000,000, 연 이자율 10%(차입기간은 20x1.10.1~20x2.9.30)

풀이

- 연평균지출액 : $5,000,000 \times 9/12 + 2,000,000 \times 2/12 = 4,083,333$
- 자본화이자율 : $\dfrac{6,000,000 \times 12\% \times 12/12 + 7,000,000 \times 10\% \times 3/12 = 895,000}{6,000,000 \times 12/12 + 7,000,000 \times 3/12 = 7,775,000} = 11.5\%$
- 자본화차입원가 : $4,083,000 \times 11.5\% = 469,583$ [한도] 895,000
- 장부금액 : $5,000,000 + 2,000,000 + 469,583 = 7,469,583$

사례 정부보조금이 있는 경우 감가상각비 계산

✪ (주)유치원일진은 20x2년 중에 건물(내용연수 10년, 잔존가치 ₩0, 정액법 상각, 20x2.10.31에 완공됨)을 건설하기로 계약하였으며, 국토해양부로부터 소요자금의 일부를 지원받기로 하였다. 20x2년말 동 건물과 관련하여 계상될 감가상각비를 계산하면 얼마인가? 단, 회사는 원가모형을 적용한다.

(1) 지출관련 자료

2월 1일	계약금	₩8,000,000
5월 1일	중도금	₩8,000,000
10월 31일	잔 금	₩4,000,000

(2) 정부보조금 관련 자료
　－ 2월 1일 ₩4,000,000 수령, 5월 1일 ₩4,000,000 수령
(3) 차입내역

구분	차입일	차입액	연이자율	상환일
특정차입금	20x2년 5월 1일	₩4,000,000	단리 12%	20x2년 10월 31일
일반차입금	20x1년 5월 1일	₩2,400,000	단리 11%	20x2년 4월 30일
일반차입금	20x1년 1월 1일	₩4,000,000	단리 8%	미상환

세부고찰 Ⅱ	

풀이

- 연평균지출액 : ① - ② = 5,000,000
  ① 당기지출분 : $8,000,000 \times 9/12 + 8,000,000 \times 6/12 + 4,000,000 \times 0/12 = 10,000,000$
  ② 정부보조금 : $4,000,000 \times 9/12 + 4,000,000 \times 6/12 = 5,000,000$
- 자본화이자율 : $\dfrac{2,400,000 \times 11\% \times 4/12 + 4,000,000 \times 8\% \times 12/12 = 408,000}{2,400,000 \times 4/12 + 4,000,000 \times 12/12 = 4,800,000} = 8.5\%$
- 자본화차입원가 : ① + ② = 495,000
  ① 특정 : $4,000,000 \times 12\% \times 6/12 = 240,000$
  ② 일반 : $(5,000,000 - 4,000,000 \times 6/12) \times 8.5\% = 255,000$　[한도] 408,000
- 취득원가 : $(8,000,000 + 8,000,000 + 4,000,000) + 495,000 = 20,495,000$
- 감가상각비 : $(20,495,000 \div 10년) \times 2/12 = 341,583$

객관식 확인학습 ── 이론적용연습

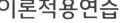

1. ㈜한국은 20x1년 4월 1일부터 공장건물 신축공사를 시작하여 20x2년 중에 준공할 예정이다. 동 공장건물은 차입원가를 자본화하는 적격자산이며, 관련 자료는 다음과 같다.

지출일	20x1.4.1	20x1.10.1
공사대금지출액	₩400,000	₩1,000,000

차입금	차입일	차입금액	상환일	연이자율
특정차입금	20x1.4.1	₩500,000	20x2.12.31	6%
일반차입금	20x1.1.1	₩2,000,000	20x2.12.31	10%

20x1년 10월 1일의 지출액에는 공장건물 건설과 관련하여 동 일자에 수령한 정부보조금 ₩200,000이 포함되어 있다. 모든 차입금은 매년 말 이자지급조건이다. 특정차입금 중 ₩100,000은 20x1년 4월 1일부터 9월 30일까지 연 이자율 4%의 정기예금에 예치하였다. 20x1년도에 자본화할 차입원가는? 단, 연평균지출액과 이자비용은 월할로 계산한다.

① ₩37,475　　② ₩38,000　　③ ₩55,500
④ ₩59,300　　⑤ ₩60,500

냅비게의션
- 연평균지출액 : ①-②=500,000
  ① 당기지출분 : 400,000x9/12+1,000,000x3/12=550,000
  ② 정부보조금 : 200,000x3/12=50,000
- 자본화이자율 : $\dfrac{2,000,000 \times 10\% \times 12/12 = 200,000}{2,000,000 \times 12/12 = 2,000,000}$ =10%
- 자본화차입원가 : ①+②=38,000
  ① 특정 : (500,000x6%x9/12)-(100,000x4%x6/12)=20,500
  ② 일반 : [500,000-(500,000x9/12-100,000x6/12)]x10%=17,500 [한도] 200,000

2. ㈜갑은 20x1년초에 기계장치 제작을 개시하였으며, 동 기계장치는 차입원가를 자본화하는 적격자산이다. 기계장치는 20x2년말에 완성될 예정이다. ㈜갑은 기계장치 제작을 위해 20x1년초에 ₩60,000과 20x1년 7월 1일에 ₩40,000을 각각 지출하였다. ㈜갑의 차입금 내역은 다음과 같다.(이자지급조건 : 단리/매년말지급)

차입금	차입일	차입금액	상환일	이자율
A	20x1.1.1	₩40,000	20x1.12.31	8%
B	20x1.1.1	₩10,000	20x1.12.31	12%
C	20x1.7.1	₩30,000	20x2.6.30	10%

이들 차입금 중에서 차입금 A는 기계장치 제작을 위한 특정차입금이다. 차입금 B와 C는 일반목적 차입금이다. 한편 ㈜갑은 20x1년 1월 1일에 ₩10,000의 정부보조금을 수령하여 이를 기계장치 제작에 사용하였다. 제작중인 동 기계장치에 대하여 20x1년에 자본화할 차입원가는 얼마인가? 단, 정부보조금은 원가차감법으로 회계처리한다.

① ₩5,600　　② ₩5,700　　③ ₩5,900
④ ₩6,440　　⑤ ₩7,400

냅비게의션
- 연평균지출액 : ①-②=70,000
  ① 당기지출분 : 60,000x12/12+40,000x6/12=80,000
  ② 정부보조금 : 10,000x12/12=10,000
- 자본화이자율 :
  $\dfrac{10,000 \times 12\% \times 12/12 + 30,000 \times 10\% \times 6/12 = 2,700}{10,000 \times 12/12 + 30,000 \times 6/12 = 25,000}$
  =10.8%
- 자본화차입원가 : ①+②=5,900
  ① 특정 : 40,000x8%x12/12=3,200
  ② 일반 : (70,000-40,000x12/12)x10.8%=3,240 [한도] 2,700

3. ㈜합격은 20x2년 3월 1일부터 공장건물 신축공사를 시작하여 20x2년 11월 30일에 준공하였다. 동 공장건물은 차입원가를 자본화하는 적격자산이며, 관련 자료가 다음과 같을 때 20x2년도 포괄손익계산서에 보고할 이자비용은 얼마인가?

구분	20x2.4.1	20x2.8.1	20x2.11.30
공사대금지출액	₩45,000	₩30,000	₩40,000

차입금	차입일	차입금액	상환일	연이자율
특정차입금	20x2.4.1	₩30,000	20x2.11.30	8%
일반차입금	20x1.4.1	₩12,000	20x2.7.31	4%
일반차입금	20x2.7.1	₩15,000	미상환	9.8%

① ₩200　　② ₩1,015　　③ ₩1,600
④ ₩2,615　　⑤ 없음

냅비게의션
- 자본화개시일 : 20x2.4.1
- 연평균지출액 : 45,000x8/12+30,000x4/12+40,000x0/12=40,000
- 자본화이자율 :
  $\dfrac{12,000 \times 4\% \times 7/12 + 15,000 \times 9.8\% \times 6/12 = 1,015}{12,000 \times 7/12 + 15,000 \times 6/12 = 14,500}$ =7%
- 자본화차입원가 : ①+②=2,615
  ① 특정 : 30,000x8%x8/12=1,600
  ② 일반 : (40,000-30,000x8/12)x7%=1,400 [한도] 1,015
- 총이자비용 : 30,000×8%×8/12+1,015=2,615
  ∴2,615(총이자비용)-2,615(자본화액)=0

Answer　1. ②　2. ③　3. ⑤

시험중요도 ★☆☆

이론과기출 제91강 ○ 복수회계기간의 차입원가 자본화

개요	전기이전 지출액	• 자본화기간이 2회계기간에 걸쳐 있는 경우 전기이전에 지출한 금액은 당기초에 지출된 것으로 가정하여 연평균지출액을 산정함. ➡️∵전기이전 지출액에 대하여도 지출시점에 관계없이 당기에는 1월 1일부터 차입원가가 발생하기 때문임.
	전기이전 자본화 차입원가	• 전기이전에 자본화한 차입원가도 당기초에 지출된 것으로 가정하여 연평균지출액을 산정함. ➡️∵이미 자본화한 차입원가도 복리개념에 의할 때 이자를 발생시키기 때문임. 예시 20x1년초 착공, 20x2년말 완공. 지출은 20x1년초 ₩1,000, 20x1.9.1 ₩600, 20x2.4.1 ₩1,200. 20x1년의 자본화 차입원가는 ₩120인 경우 →20x1년 연평균지출액 : 1,000x12/12+600x4/12=1,200 →20x2년 연평균지출액 : (1,000+600+120)x12/12+1,200x9/12=2,620

> 보론 건물을 건설할 목적으로 취득한 토지의 차입원가
> ① 토지의 자본화기간에 해당하는 토지의 차입원가 : 토지의 원가로 자본화
> ② 건물의 자본화기간에 해당하는 토지의 차입원가 : 건물의 원가로 자본화

📕 사례 전기와 당기 자본화액 계산

◈ 공장건물 증설관련 지출금액과 차입금현황은 다음과 같으며, 공사기간은 20x1.7.1~20x2.10.31까지임.

(1) 지출관련 자료

20x1년 07월 01일	₩5,000,000	20x2년 02월 28일	₩4,000,000
20x1년 09월 30일	₩4,000,000	20x2년 06월 01일	₩2,000,000
20x1년 11월 01일	₩3,000,000	20x2년 10월 31일	₩2,000,000

(2) 차입내역

차입금	차입일	차입금액	상환일	연이자율	이자지급조건
A	20x1년 04월 01일	₩5,000,000	20x2년 10월 31일	12%	매년 3월말
B	20x1년 01월 01일	₩10,000,000	20x4년 12월 31일	8%	매년 12월말
C	20x1년 01월 01일	₩9,000,000	20x4년 12월 31일	10%	매년 12월말

*A는 특정차입금이고, B,C는 일반차입금에 해당한다.

세부고찰

[20x1년 자본화할 차입원가]

• 연평균지출액 : 5,000,000×6/12+4,000,000×3/12+3,000,000×2/12=4,000,000

• 자본화이자율 : $\dfrac{10,000,000×8%×12/12+9,000,000×10%×12/12=1,700,000}{10,000,000×12/12+9,000,000×12/12=19,000,000}$=8.95%

• 자본화차입원가 : ①+②=434,250
  ① 특정 : 5,000,000×12%×6/12=300,000
  ② 일반 : (4,000,000−5,000,000×6/12)×8.95%=134,250 [한도] 1,700,000

[20x2년 자본화할 차입원가]

• 연평균지출액 : 13,861,875
  – 전기분 : (5,000,000+4,000,000+3,000,000+434,250)×10/12=10,361,875
  – 당기분 : 4,000,000×8/12+2,000,000×5/12+2,000,000×0/12=3,500,000

• 자본화이자율 : 上同=8.95%

• 자본화차입원가 : ①+②=1,367,721
  ① 특정 : 5,000,000×12%×10/12=500,000
  ② 일반 : (13,861,875−5,000,000×10/12)×8.95%=867,721 [한도] 1,700,000

객관식 확인학습 ⊂── **이론적용연습**

1. ㈜한국은 20x1년초에 공장건물 신축을 시작하여 20x2년 7월 1일에 공사를 완료하였다. 동 공장건물은 차입원가를 자본화하는 적격자산이며, 신축 관련 공사비 지출액의 내역은 다음과 같다.

구분	20x1.3.1	20x1.9.1	20x2.4.1
공사대금지출액	₩3,000,000	₩6,000,000	₩7,000,000

공장건물 신축을 목적으로 직접 차입한 자금은 없으며, 20x1년도와 20x2년도의 회계기간동안 일반목적차입금 이자비용과 일반목적차입금 가중평균 관련 자료는 다음과 같다.

구분	20x1년	20x2년
이자비용	₩480,000	₩700,000
연평균차입금	₩6,000,000	₩7,000,000

㈜한국은 신축관련 공사비 지출액을 건설중인자산으로 인식한다. 적격자산 평균지출액은 회계기간동안 건설중인자산의 매월말 장부금액 가중평균으로 계산한다고 할 때, 20x2년 ㈜한국이 인식해야 할 자본화차입원가는 얼마인가?

① ₩360,000 ② ₩450,000 ③ ₩625,000
④ ₩643,000 ⑤ ₩700,000

 내비게이션

[20x1년 자본화할 차입원가]
•연평균지출액 : 3,000,000x10/12+6,000,000x4/12=4,500,000
•자본화이자율 : 480,000 ÷ 6,000,000=8%
•자본화차입원가 : ①+②=360,000
  ① 특정 : 0
  ② 일반 : 4,500,000x8%=360,000 [한도] 480,000
[20x2년 자본화할 차입원가]
•연평균지출액 : 6,430,000
  － 전기분 : (3,000,000+6,000,000+360,000)x6/12=4,680,000
  － 당기분 : 7,000,000x3/12=1,750,000
•자본화이자율 : 700,000 ÷ 7,000,000=10%
•자본화차입원가 : ①+②=643,000
  ① 특정 : 0
  ② 일반 : 6,430,000x10%=643,000 [한도] 700,000
▶**저자주** 문제에서 '적격자산 평균지출액은 회계기간동안 건설중인자산의 매월말 장부금액 가중평균으로 계산한다' 는 것은 연평균지출액 계산시 전기 이전에 자본화한 차입원가를 포함한다는 의미로서 K-IFRS 규정에 의한 일반적 상황을 제시하고 있는 것입니다.

2. ㈜한국은 20x1년 5월 1일부터 공장건물 신축공사를 시작하여 20x2년 9월 30일에 완공하였다. 관련 자료는 다음과 같다.

구분	20x1.5.1	20x1.11.1	20x2.1.1	20x2.7.1
공사대금 지출액	₩800,000	₩400,000	₩500,000	₩400,000

차입금종류	차입금액	차입기간	연이자율
특정차입금A	₩700,000	20x1.5.1~20x2.9.30	6%
일반차입금B	₩300,000	20x1.5.1~20x2.8.31	9%
일반차입금C	₩400,000	20x1.10.1~20x2.3.31	12%

특정차입금A ₩700,000 중 ₩100,000을 20x1년에 5개월 간 연3% 투자수익률로 일시투자하였다. 20x1년도와 20x2년도의 일반차입금 자본화이자율은 연10%로 동일하다. 20x1년도에 자본화할 차입원가와 20x2년도에 자본화할 차입원가는 각각 얼마인가? 단, 전기 이전에 자본화한 차입원가는 연평균지출액 계산시 포함하지 아니한다. 또한 연평균지출액과 이자비용 등은 월할계산하며, 단수차이로 인해 오차가 있는 경우 가장 근사치를 선택한다.

	20x1년	20x2년
①	₩44,250	₩61,500
②	₩44,250	₩116,500
③	₩45,500	₩126,500
④	₩56,750	₩61,500
⑤	₩56,750	₩116,500

 내비게이션

[20x1년 자본화할 차입원가]
•연평균지출액 : 800,000x8/12+400,000x2/12=600,000
•자본화이자율 : 10%(문제에 제시됨)
•자본화차입원가 : ①+②=44,250
  ① 특정 : 700,000x6%x8/12-100,000x3%x5/12=26,750
  ② 일반 : [600,000-(700,000x8/12-100,000x5/12)]x10%=17,500
      [한도] 300,000x9%x8/12+400,000x12%x3/12=30,000
[20x2년 자본화할 차입원가]
•연평균지출액 : 1,375,000
  － 전기분 : (800,000+400,000)x9/12=900,000
  － 당기분 : 500,000x9/12+400,000x3/12=475,000
•자본화이자율 : 10%(문제에 제시됨)
•자본화차입원가 : ①+②=61,500
  ① 특정 : 700,000x6%x9/12=31,500
  ② 일반 : (1,375,000-700,000x9/12)x10%=85,000
      [한도] 300,000x9%x8/12+400,000x12%x3/12=30,000
▶**저자주** 전기 이전에 자본화한 차입원가는 당기초에 지출된 것으로 가정하여 연평균지출액을 계산하여야 하나, 문제에 포함하지 말라는 단서가 주어져 있으므로 연평균지출액 계산시 포함하지 않습니다.

제1편 Mainplot [주요논제]

제2편 Subplot [특수논제]

합본부록1 기출유형별 필수문제

합본부록2 실전적중모의고사

이론과기출 제92강 ⊃ 투자부동산 투자부동산의 개요

의의	정의	•투자부동산이란 임대수익이나 시세차익 또는 둘 다를 얻기 위하여 소유자가 보유하거나 리스이용자가 사용권자산으로 보유하고 있는 부동산을 말함. ➡부동산은 토지나 건물 또는 둘 다를 의미함. 참고 리스기준서에서는 투자부동산의 정의(임대수익·시세차익목적 보유)를 충족하는 사용권 자산은 재무상태표에 투자부동산으로 표시하도록 규정하고 있음.			
	부동산 일반적 분류	임대수익·시세차익목적 보유		❏ 투자부동산		
		재화생산·용역제공·관리목적 보유		❏ 유형자산(자가사용부동산)		
		통상적 영업과정에서 판매목적 보유		❏ 재고자산		
	평가모형분류	유형자산 (선택)	원가모형	•감가상각 O	–
			재평가모형	•감가상각 O	•재평가잉여금(기타포괄손익) •재평가손실(당기손익)
		투자부동산 (선택)	원가모형	•감가상각 O	•공정가치는 주석공시
			공정가치모형	•감가상각 X	•평가손익(당기손익)
	평가모형 고려사항	원가모형 적용시	•원가모형에서 투자부동산이 매각예정으로 분류하는 조건을 충족하는 경우에는 '매각예정비유동자산과 중단영업'에 따라 측정함.		
		공정가치모형 적용시	•공정가치모형에서 리스이용자가 사용권자산으로 보유하는 투자부동산은 기초자산이 아닌 사용권자산을 공정가치로 측정함.		

참고 투자부동산과 자가사용부동산의 현금흐름

투자부동산	자가사용부동산
❏ 기업이 보유하고 있는 다른 자산과 거의 독립적으로 현금흐름을 창출함.	❏ 창출된 현금흐름은 당해 부동산에만 귀속되는 것이 아니라 생산·공급과정에서 사용된 다른 자산에도 귀속됨.

보론 손상에 대한 보상

손상, 멸실, 포기로 제3자에게서 받는 보상은 받을 수 있게 되는 시점에 당기손익으로 인식함.

투자부동산 해당여부	투자부동산 O [예시]	① 장기시세차익을 얻기 위하여 보유하고 있는 토지 ➡통상영업과정에서 단기간에 판매하기 위하여 보유하는 토지는 제외함. ② 장래 용도(사용목적)를 결정하지 못한 채로 보유하고 있는 토지 ➡자가사용, 판매여부를 결정치 못한 경우는 시세차익목적 보유로 간주함. ③ 직접 소유하고 운용리스로 제공하는 건물(또는 보유하는 건물에 관련되고 운용리스로 제공하는 사용권자산) ④ 운용리스로 제공하기 위하여 보유하는 미사용 건물 ⑤ 미래에 투자부동산으로 사용하기 위하여 건설·개발중인 부동산
	투자부동산 X [예시]	① 통상영업과정에서 판매 또는 이를 위하여 건설·개발 중인 부동산 ➡'재고자산' 참조! ② 자가사용부동산으로 다음을 포함. •미래에 자가사용(개발후 자가사용)하기 위한 부동산 •종업원이 사용하고 있는 부동산 (임차료를 시장요율로 지급하고 있는지는 관계없음) •처분예정인 자가사용부동산 ③ 금융리스로 제공한 부동산

객관식 확인학습

이론적용연습

1. 다음 중 투자부동산으로 분류되지 않는 것은 어느 것인가?

① 금융리스로 제공한 부동산
② 장래 용도(사용목적)를 결정하지 못한 채로 보유하고 있는 토지
③ 직접 소유하고 운용리스로 제공하는 건물
④ 운용리스로 제공하기 위하여 보유하는 미사용 건물
⑤ 미래에 투자부동산으로 사용하기 위하여 건설 또는 개발중인 부동산

내비게이션
• 금융리스로 제공한 부동산은 리스이용자에게 판매되어 장부에서 제거되므로 투자부동산으로 분류할 수 있는 자산 자체가 존재하지 않는다.

2. 투자부동산의 회계처리에 대하여 옳지 않은 설명은?

① 사용권자산을 운용리스로 제공하고 있다면 해당 건물은 투자부동산으로 분류한다.
② 공정가치로 평가하게 될 자가건설 투자부동산의 건설이나 개발이 완료되면 해당일의 공정가치와 기존 장부금액의 차액은 당기손익으로 인식한다.
③ 운용리스로 제공하기 위하여 보유하는 미사용 건물은 투자부동산에 해당된다.
④ 지배기업이 보유하고 있는 건물을 종속기업에게 리스하여 종속기업의 본사 건물로 사용하는 경우 그 건물은 지배기업의 연결재무제표에서 투자부동산으로 분류할 수 없다.
⑤ 투자부동산의 손상, 멸실 또는 포기로 제3자에게서 받는 보상은 보상금을 수취한 시점에서 당기손익으로 인식한다.

내비게이션
• 수취한 시점(X) → 받을 수 있게 되는 시점(O)
*②와 ④의 내용은 후술함!

3. 투자부동산의 분류에 관한 설명으로 옳지 않은 것은?

① 통상적인 영업과정에서 단기간에 판매하기 위하여 보유하지 않고 장기 시세차익을 얻기 위하여 보유하고 있는 토지는 투자부동산으로 분류한다.
② 종업원으로부터 시장요율에 해당하는 임차료를 받고 있는 경우에도 종업원이 사용하는 부동산은 자가사용부동산이며 투자부동산으로 분류하지 않는다.
③ 장래 자가사용할지 또는 통상적인 영업과정에서 단기간에 판매할지를 결정하지 못한 토지는 자가사용부동산이며 투자부동산으로 분류하지 않는다.
④ 건물의 소유자가 그 건물 전체를 사용하는 리스이용자에게 보안과 관리용역을 제공하는 경우에는 당해 건물을 투자부동산으로 분류한다.
⑤ 투자부동산을 개발하지 않고 처분하기로 결정하는 경우에는 그 부동산이 제거될 때까지 투자부동산으로 계속 분류한다.

내비게이션
• 토지를 자가사용할지, 통상적인 영업과정에서 단기간에 판매할지를 결정하지 못한 경우에 해당 토지는 시세차익을 얻기 위하여 보유한다고 본다.

4. 다음은 ㈜합격이 보유하고 있는 장기시세차익용 건물과 관련된 자료이다. 동 건물의 취득당시 내용연수는 10년, 잔존가치 없이 정액법으로 상각된다. 투자부동산에 대하여 원가모형을 적용하여 회계처리하였다면 공정가치모형을 적용하여 평가할 경우보다 20x2년 당기순이익에 미치는 영향으로 옳은 것은?

취득일	취득원가	20x1년말 공정가치	20x2년말 공정가치
20x1년초	₩1,000,000	₩1,100,000	₩900,000

① 당기순이익이 ₩100,000 더 많다.
② 당기순이익이 ₩100,000 더 적다.
③ 당기순이익이 ₩200,000 더 많다.
④ 당기순이익이 ₩200,000 더 적다.
⑤ 당기순이익이 ₩300,000 더 많다.

내비게이션
• 원가모형 감가상각비 : 1,000,000÷10년=100,000
• 공정가치모형 평가손익 : 900,000-1,100,000=△200,000(손실)
∴원가모형 적용시 비용감소(이익증가) 100,000

서술형Correction연습

☐ 투자부동산은 원가모형과 재평가모형 중 선택하여 적용한다.

➡ (X) : 재평가모형(X) → 공정가치모형(O)

☐ 종업원이 시장요율로 임차료를 지급하고 있고, 종업원이 사용하고 있는 부동산은 투자부동산에 해당한다.

➡ (X) : 임차료를 시장요율로 지급하고 있는지와 무관하게 종업원이 사용하고 있는 부동산은 투자부동산이 아니다.

시험중요도 ★★☆

이론과기출 제93강 ◯ 투자부동산의 인식과 측정

투자부동산 식별	이중목적 보유자산	❖부동산 중 일부분은 임대수익이나 시세차익을 얻기 위하여 보유하고, 일부분은 재화의 생산이나 용역의 제공 또는 관리목적에 사용하기 위하여 보유하는 경우에는 다음과 같이 처리함.	
		부분별로 분리하여 매각가능한 경우	•각 부분을 분리하여 회계처리
		부분별로 분리하여 매각불가능한 경우	•재화나 용역의 생산이나 제공 또는 관리목적에 사용하기 위하여 보유하는 부분이 경미한 경우에만 당해 부동산을 투자부동산으로 분류
	부동산사용자에게 부수용역제공의 경우	❖부동산 소유자가 부동산 사용자에게 부수적인 용역을 제공하는 경우에는 다음과 같이 처리함.	
		부수용역이 경미한 경우	•투자부동산으로 분류 ➡예 사무실 건물의 소유자가 그 건물을 사용하는 리스이용자에게 보안과 관리용역을 제공하는 경우
		부수용역이 유의적인 경우	•자가사용부동산으로 분류 ➡예 호텔을 소유하고 직접 경영하는 경우에 투숙객에게 제공하는 용역

보론 지배기업 또는 다른 종속기업에게 부동산을 리스하는 경우

연결F/S	• 연결F/S에 투자부동산으로 분류불가. ➡∵경제적실체 관점에서 당해부동산은 자가사용부동산이기 때문
개별F/S	• 부동산을 소유하고 있는 개별기업 관점에서는 그 부동산이 투자부동산의 정의를 충족한다면 투자부동산임. ➡이 경우 리스제공자의 개별F/S에 당해자산을 투자부동산으로 분류하여 처리함.

인식	원가	•투자부동산의 원가에는 취득하기 위하여 최초로 발생한 원가와 후속적으로 발생한 추가원가, 대체원가 또는 유지원가를 포함함. ➡수선유지가 목적인 일상적으로 발생하는 유지원가는 발생시 당기손익으로 인식함.	
	대체취득	•대체취득시(예 원래 벽을 인테리어 벽으로 바꾸는 경우)는 다음과 같이 처리함.	
		대체하는데 소요되는 원가	•인식기준을 충족한다면 원가발생 시점에 투자부동산의 장부금액에 인식함.
		대체되는 부분의 장부금액	•제거 규정에 따라 제거함.

측정	최초측정	•최초인식시점에 원가로 측정하며, 거래원가는 최초측정에 포함함.	
	구입원가	•구입금액과 구입에 직접 관련이 있는 지출(예 전문가수수료, 구입관련세금)로 구성됨.	
	원가 불포함항목	취득무관 초기원가	•필요한 상태에 이르게 하는데 직접 관련이 없는 초기원가
		운영손실	•계획된 사용수준에 도달 전에 발생하는 부동산의 운영손실
		낭비금액	•건설·개발 과정에서 발생한 비정상인 원재료등 낭비금액
	후불조건	•후불조건으로 취득하는 경우의 원가는 취득시점의 현금가격상당액으로 함. ➡현금가격상당액과 실제총지급액의 차액은 신용기간 동안의 이자비용으로 인식함.	
	사용권자산	•리스이용자가 사용권자산으로 보유하는 투자부동산은 '리스'에 따라 인식하고 측정함.	

객관식 확인학습 — 이론적용연습

1. 다음은 20x1년말 ㈜합격이 보유하고 있는 토지 및 건물의 가액과 그 보유목적 등에 대한 자료이다. 자료에서 재무상태표에 투자부동산으로 인식할 금액을 집계하면 얼마이겠는가?

> (1) 토지
> - 토지A : ₩350,000,000(취득시 그 용도를 정하지 아니하였다.)
>
> (2) 건물
> - 건물B : ₩95,000,000(현재 사용하지 않고 있으며 운용리스로 제공할 목적이다.)
> - 건물C : ₩68,000,000(금융리스로 제공한 건물로서 소유권이전 약정이 없다.)
> - 건물D : ₩224,000,000(투자부동산으로 사용하기 위하여 건설중이다.)
> - 건물E : ₩48,000,000(종업원에게 임대중인 사택인 아파트로 임대료는 받고 있지 않다.)
> - 건물F : ₩66,000,000(임대 및 자가사용 목적이며 분리매각이 불가능하고 자가사용부분이 경미하지는 않다.
> - 건물G : ₩105,000,000(직접 경영하고 있는 호텔이다.)

① ₩445,000,000 ② ₩669,000,000 ③ ₩737,000,000
④ ₩869,000,000 ⑤ ₩851,000,000

내비게이션

- 토지A : 장래 용도(사용목적)를 결정하지 못한 채로 보유하고 있는 토지는 투자부동산으로 분류
- 건물B : 운용리스로 제공하기 위하여 보유하는 미사용건물은 투자부동산으로 분류
- 건물C : 금융리스로 제공한 부동산은 투자부동산으로 분류하지 않으며 '리스'를 적용
- 건물D : 미래에 투자부동산으로 사용하기 위하여 건설중인 부동산은 투자부동산으로 분류
- 건물E : 종업원이 사용하고 있는 부동산은 임차료를 지급하고 있는지 여부와 무관하게 유형자산을 적용
- 건물F : 일부분은 임대수익(시세차익)을 얻기 위하여 보유하고 일부분은 자가사용목적으로 보유하는 경우로서, 부분별로 분리하여 매각이 불가능한 경우, 자가사용부분이 경미한 경우에만 투자부동산으로 분류하므로 자가사용부분이 경미하지 않으면 유형자산으로 분류
- 건물G : 부수용역(투숙객에게 제공하는 용역)이 유의적이므로 자가사용부동산으로 분류

∴350,000,000+95,000,000+224,000,000=669,000,000

2. 투자부동산의 회계처리에 관한 설명으로 옳지 않은 것은?

① 부동산 중 일부는 시세차익을 얻기 위하여 보유하고, 일부분은 재화의 생산에 사용하기 위하여 보유하고 있으나, 이를 부분별로 나누어 매각할 수 없다면, 재화의 생산에 사용하기 위하여 보유하는 부분이 중요하다고 하더라도 전체 부동산을 투자부동산으로 분류한다.

② 운용리스로 제공하는 사용권자산은 투자부동산으로 분류한다.

③ 사무실 건물의 소유자가 그 건물을 사용하는 리스이용자에게 경미한 보안과 관리용역을 제공하는 경우 당해 부동산은 투자부동산으로 분류한다.

④ 운용리스로 제공하기 위하여 직접 소유하고 있는 미사용 건물은 투자부동산에 해당된다.

⑤ 지배기업이 보유하고 있는 건물을 종속기업에게 리스하여 종속기업의 본사 건물로 사용하는 경우 그 건물은 지배기업의 연결재무제표상에서 투자부동산으로 분류할 수 없다.

내비게이션

- 부분별로 분리하여 매각할 수 없다면 재화의 생산에 사용하기 위하여 보유하는 부분이 경미한 경우에만 당해 부동산을 투자부동산으로 분류한다.

서술형Correction연습

☐ 부동산 소유자가 부동산 사용자에게 부수적인 용역을 제공하는 경우에도 투자부동산으로 분류한다.

➡ (X) : 부수용역이 유의적인 경우에는 자가사용부동산으로 분류한다.

☐ 투자부동산은 최초 인식시점에 원가로 측정하며 거래원가는 최초 측정에 포함하지 아니한다.

➡ (X) : 거래원가는 최초 측정에 포함한다.

☐ 계획된 사용수준에 도달하기 전에 발생하는 부동산의 운영손실은 투자부동산의 원가에 포함한다.

➡ (X) : 포함한다.(X) → 포함하지 않는다.(O)

이론과기출 제94강 ◯ 투자부동산 공정가치모형의 적용

세부고찰 I

사례 원가모형과 공정가치모형 처분손익 비교

❂ 다음은 ㈜열공모드진입의 투자부동산과 관련된 자료이다. 동 투자부동산에 대하여 원가모형을 적용할 경우와 공정가치모형을 적용할 경우 20x4년 포괄손익계산서의 당기순손익에 미치는 영향은 각각 얼마인가?

(1) 투자부동산 취득일 : 20x1년 1월 1일
(2) 투자부동산의 취득원가 : ₩570,000
(3) 투자부동산의 잔존가치는 없으며, 내용연수는 50년이고, 정액법으로 상각한다.
(4) 20x3년 12월 31일의 투자부동산의 공정가치 : ₩690,000
(5) ㈜열공모드진입은 20x4년초에 동 투자부동산을 ₩675,000에 처분하였다.

 풀이

• 원가모형

– 감가상각누계액 : $570,000 \times \frac{3}{50} = 34,200$

– 처분시 장부금액 : 570,000−34,200=535,800

– 처분이익 : 675,000−535,800=139,200

• 공정가치모형

– 처분시 장부금액 : 20x3년 12월 31일의 공정가치인 690,000과 일치함.

– 처분손실 : 675,000−690,000=△15,000

사례 공정가치를 신뢰성있게 측정하기 어려운 경우

❂ (주)병나발은 20x1년 1월 1일 임대수익 목적으로 다음의 건물을 취득하여 투자부동산으로 분류하였다. (주)병나발은 동 투자부동산에 대하여 공정가치모형으로 평가하고, 유형자산에 대하여는 정액법으로 감가상각한다.

	취득원가	잔존가치	내용연수
건물 A	₩400,000	₩40,000	20년
건물 B	₩500,000	₩50,000	20년

건물 A의 20x1년말 공정가치는 ₩410,0000이며, 건물 B는 공정가치를 신뢰성있게 결정하기 어려운 상황이다. 건물 A, 건물 B에 대한 20x1년말의 회계처리가 포괄손익계산서에 미치는 순효과는 얼마인가?

세부고찰 II

 풀이

보론 원가모형 강제

❏ 취득한 투자부동산의 공정가치를 계속하여 신뢰성있게 결정하기가 어려울 것이라는 명백한 증거가 있는 경우에는 원가모형을 적용하고, 투자부동산의 잔존가치는 영(0)으로 하며, 당해 투자부동산은 처분할때까지 유형자산기준서를 적용하여 감가상각함.

• 건물A

(차) 투자부동산   10,000   (대) 투자부동산평가이익   10,000[1]

• 건물B

(차) 감가상각비   25,000[2]   (대) 감가상각누계액   25,000

[1] 410,000−400,000=10,000

[2] $(500,000-0) \times \frac{1}{20} = 25,000$

→ ∴순효과= △15,000

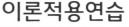

객관식 확인학습 ◁ ▷ **이론적용연습**

1. ㈜국세는 20x2년 1월 1일에 임대수익을 얻을 목적으로 건물A를 ₩150,000,000에 취득하였다. 건물A의 내용연수는 10년이고, 잔존가치는 없는 것으로 추정하였다. 20x2년 12월 31일 건물A의 공정가치는 ₩140,000,000이다. ㈜국세가 건물A에 대해 공정가치모형을 적용하는 경우 20x2년도에 평가손익으로 인식할 금액은 얼마인가? (단, ㈜국세는 통상적으로 건물을 정액법으로 감가상각한다.)

① ₩0
② ₩5,000,000 평가이익
③ ₩5,000,000 평가손실
④ ₩10,000,000 평가이익
⑤ ₩10,000,000 평가손실

내비게이션
• 공정가치모형은 감가상각비를 인식하지 않으므로 감가상각후 장부금액과 공정가치의 차액으로 계산해서는 안된다.
• 평가손익 : 140,000,000-150,000,000=△10,000,000(평가손실)

2. 투자부동산에 관한 설명으로 옳은 것은?

① 리스이용자가 사용권자산으로 보유하는 투자부동산의 최초원가는 리스총투자의 현재가치로 인식한다.
② 투자부동산을 공정가치로 측정해 온 경우라면 비교할만한 시장의 거래가 줄어들거나 시장가격 정보를 쉽게 얻을 수 없게 된다면, 원가모형을 적용하여 측정한다.
③ 투자부동산을 재개발하여 미래에도 투자부동산으로 사용하고자 하는 경우에도 재개발기간 동안 자가사용부동산으로 대체한다.
④ 건설중인 투자부동산의 공정가치가 신뢰성 있게 측정될 수 있다는 가정은 오직 최초 인식시점 이후에만 반박될 수 있다.
⑤ 취득한 투자부동산의 공정가치를 계속하여 신뢰성있게 결정하기가 어려울 것이라는 명백한 증거가 있는 경우에는 원가모형을 적용하고, 투자부동산의 잔존가치는 영(0)으로 한다.

내비게이션
• ① 리스총투자(X) → 리스료(O)
② 계속하여 공정가치로 측정한다.
③ 재개발기간 동안에도 투자부동산으로 계속 분류한다.(후술함!)
④ K-IFRS 제1040호 투자부동산('보론'참조)

3. 다음은 ㈜합격이 운용리스로 제공할 목적으로 취득한 투자부동산(건물)과 관련된 자료이다. 원가모형을 적용할 경우와 공정가치모형을 적용할 경우 20x1년도 포괄손익계산서에 미치는 순효과는 각각 얼마인가?

(1) 취득일 : 20x1년 1월 1일
(2) 취득원가 : ₩15,000,000
(3) 내용연수는 10년, 잔존가치는 ₩1,500,000, 감가상각방법은 정액법을 적용한다.
(4) 20x1년 12월 31일 현재 동 건물의 공정가치는 ₩16,500,000이다.

	원가모형	공정가치모형
①	₩1,350,000	₩1,500,000
②	₩1,350,000	₩1,650,000
③	₩1,350,000	₩1,000,000
④	₩1,500,000	₩1,500,000
⑤	₩1,500,000	₩1,650,000

내비게이션
• 원가모형(감가상각비) : (15,000,000-1,500,000) ÷ 10년=1,350,000
• 공정가치모형(평가이익) : 16,500,000-15,000,000=1,500,000

보론 | 건설중인 투자부동산

1 공정가치 측정의 가정
건설중인 투자부동산은 건설이 완료되면 공정가치는 신뢰성있게 측정할 수 있다고 가정한다. 건설중인 투자부동산의 공정가치가 신뢰성 있게 측정될 수 있다는 가정은 오직 최초 인식시점에만 반박될 수 있다. 건설중인 투자부동산을 공정가치로 측정한 기업은 완성된 투자부동산의 공정가치가 신뢰성 있게 측정될 수 없다고 결론지을 수 없다.

2 공정가치 측정의 적용
만일 기업이 건설중인 투자부동산의 공정가치를 신뢰성 있게 측정할 수 없지만, 건설이 완료된 시점에는 공정가치를 신뢰성 있게 측정할 수 있다고 예상하는 경우에는, 공정가치를 신뢰성 있게 측정할 수 있는 시점과 건설이 완료되는 시점 중 이른 시점까지는 건설중인 투자부동산을 원가로 측정한다. 공정가치로 평가하게 될 자가건설 투자부동산의 건설이나 개발이 완료되면 해당일의 공정가치와 기존 장부금액의 차액은 당기손익으로 인식한다.

이론과기출 제95강 ○ 투자부동산 계정대체

의의	계정대체	•부동산의 용도가 변경되는 경우에만 계정대체함.
	용도변경	•부동산이 투자부동산의 정의를 충족하게 되거나 충족하지 못하게 되고, 용도변경의 증거가 있는 경우를 말함. ➡️ 주의 경영진의 의도 변경만으로는 용도변경의 증거가 되지 않음.

대체사유 {용도변경 증거의 예}	자가사용의 개시 자가사용을 목적으로 개발시작	□ 투자부동산 ○ 자가사용부동산(유형자산)으로 대체[1]
	통상영업과정에서 판매할 목적으로 개발시작	□ 투자부동산 ○ 재고자산으로 대체[2]
	자가사용의 종료	□ 자가사용부동산 ○ 투자부동산으로 대체
	제3자에 대한 운용리스 제공의 약정	□ 재고자산 ○ 투자부동산으로 대체

[1] 재개발하여 미래에도 계속 투자부동산으로 사용하는 경우에는 계속 투자부동산으로 분류함.
[2] 개발하지 않고 처분하려는 경우에는 제거될 때까지 계속 투자부동산으로 분류함.

계정대체 회계처리	투자부동산에 원가모형 적용시	•대체전 자산의 장부금액으로 대체함.	
	투자부동산에 공정가치모형 적용시	투자부동산 ○ 자가사용부동산	•변경시점에 투자부동산 평가손익 인식후 공정가치로 대체
		투자부동산 ○ 재고자산	(차) 투자부동산 2 (대) 평가이익 2 (차) 건물 12 (대) 투자부동산 12
		자가사용부동산 ○ 투자부동산	•변경시점의 장부금액과 공정가치의 차액은 유형자산 재평가모형과 동일한 방법으로 회계처리함.(후술!)
		재고자산 ○ 투자부동산	•재고자산 장부금액과 대체시점의 공정가치의 차액은 당기손익으로 인식함. (차) 재고자산 2 (대) 처분이익 2 (차) 투자부동산 12 (대) 재고자산 12

보론 공정가치로 평가하게될 자가건설 투자부동산
□ 건설·개발이 완료되면 공정가치와 차액은 당기손익으로 인식함.

참고 자가사용부동산을 공정가치평가 투자부동산으로 대체시점까지 감가상각하고, 손상차손을 인식함.

▶ 사례 투자부동산(공정가치모형) → 자가사용부동산으로 대체

❂ 20x2년초에 투자부동산(공정가치모형)인 건물(잔존내용연수 4년, 잔존가치 ₩0, 정액법상각)을 자가사용부동산으로 변경함.(감가상각누계액제거법 적용)

20x1년말 장부금액	20x2년초 공정가치	20x2년말 공정가치
₩10,000	₩12,000	₩14,000

풀이

20x2년초	(차) 투자부동산 2,000 (대) 투자부동산평가이익 2,000	
	(차) 건물 12,000 (대) 투자부동산 12,000	
20x2년말	(차) 감가상각비 3,000[*] (대) 감가상각누계액 3,000	[*] (12,000−0)÷4년=3,000

•if, 자가사용부동산에 재평가모형을 적용하는 경우는 20x2년말 다음을 추가함.
(차) 감가상각누계액 3,000 (대) 재평가잉여금 5,000
　　건물 2,000

객관식 확인학습 **이론적용연습**

1. ㈜한국은 20x1년말에 취득한 건물(취득원가 ₩1,000,000, 내용연수 12년, 잔존가치 ₩0)을 투자부동산으로 분류하고 공정가치모형을 적용하기로 하였다. 그러나 20x2년 7월 1일에 ㈜한국은 동 건물을 유형자산으로 계정대체하고 즉시 사용하였다. 20x2년 7월 1일 현재 동 건물의 잔존내용연수는 10년이고, 잔존가치는 ₩0이며, 정액법(월할상각)으로 감가상각한다. 각 일자별 건물의 공정가치는 다음과 같다.

20x1.12.31	20x2년 7.1	20x2.12.31
₩1,000,000	₩1,100,000	₩1,200,000

㈜한국이 유형자산으로 계정대체된 건물에 대하여 원가모형을 적용한다고 할 때, 동 건물과 관련한 회계처리가 20x2년도 ㈜한국의 당기순이익에 미치는 영향은 얼마인가?

① ₩100,000 감소 ② ₩55,000 감소
③ ₩10,000 감소 ④ ₩45,000 증가
⑤ ₩200,000 증가

대비게이션

•20x2년 7월 1일

| (차) 투자부동산 | 100,000 | (대) 평가이익 | 100,000 |
| (차) 건물 | 1,100,000 | (대) 투자부동산 | 1,100,000 |

•20x2년 12월 31일

| (차) 감가상각비 | 55,000*) | (대) 감가상각누계액 | |

*)1,100,000x6/120=55,000
→∴100,000(평가이익)-55,000(감가상각비)=45,000

2. ㈜세무는 20x1년 1월 1일에 투자목적으로 건물(취득원가 ₩2,000,000, 잔존가치 ₩0, 내용연수 4년, 공정가치모형 적용)을 구입하였다. 20x2년 7월 1일부터 ㈜세무는 동 건물을 업무용으로 전환하여 사용하고 있다. ㈜세무는 동 건물을 잔여내용연수 동안 정액법으로 감가상각(잔존가치 ₩0)하며, 재평가모형을 적용한다. 공정가치의 변동내역이 다음과 같을 때, 동 거래가 20x2년도 ㈜세무의 당기순이익에 미치는 영향은? (단, 감가상각은 월할상각한다.)

구분	20x1년말	20x2년 7월 1일	20x2년말
공정가치	₩2,200,000	₩2,400,000	₩2,500,000

① ₩480,000 감소 ② ₩280,000 감소
③ ₩200,000 증가 ④ ₩300,000 증가
⑤ ₩580,000 증가

대비게이션

•20x1년 12월 31일

| (차) 투자부동산 | 200,000 | (대) 평가이익 | 200,000 |

•20x2년 7월 1일

| (차) 투자부동산 | 200,000 | (대) 평가이익 | 200,000 |
| (차) 건물 | 2,400,000 | (대) 투자부동산 | 2,400,000 |

•20x2년 12월 31일

(차) 감가상각비	480,000[1]	(대) 감가상각누계액	480,000
(차) 감가상각누계액	480,000	(대) 재평가잉여금	580,000[2]
건물	100,000		

[1]2,400,000x6/30=480,000
[2]2,500,000-(2,400,000-480,000)=580,000
→∴200,000(평가이익)-480,000(감가상각비)=△280,000

3. ㈜합격은 20x1년 1월 1일 현재 원가모형을 적용하는 취득금액 ₩20,000(감가상각누계액 ₩10,000, 잔존내용연수 4년, 잔존가치 ₩0, 감가상각방법은 정액법)의 건물을 보유하고 있다. 관련된 다음의 자료에 의할 때 ㈜합격이 20x1년도에 인식할 감가상각비는 얼마인가?

(1) ㈜합격은 20x1년 7월 1일 위 자가사용하던 건물을 투자부동산으로 사용목적을 변경하기로 하였으며, 투자부동산은 원가모형을 적용한다.
(2) 20x1년 7월 1일과 20x1년 12월 31일 건물의 공정가치는 각각 ₩14,000과 ₩16,000이다.

① ₩0 ② ₩1,250 ③ ₩2,500
④ ₩10,000 ⑤ ₩11,250

대비게이션

•20x1년 7월 1일

(차) 감가상각비	1,250[1]	(대) 감가상각누계액	1,250
(차) 감가상각누계액	11,250	(대) 건물	20,000
투자부동산	8,750		

•20x1년 12월 31일

| (차) 감가상각비 | 1,250[2] | (대) 감가상각누계액 | 1,250 |

[1]10,000÷4년x6/12=1,250
[2]8,750x6/42=1,250
→∴감가상각비 : 1,250,+1,250=2,500

이론과기출 제96강 ○ 자가사용부동산의 투자부동산(공정가치모형)대체

회계처리	선평가 후대체	재평가잉여금인식후 '장부금액 > 공정가치'	◉전기재평가잉여금	•재평가잉여금과 상계
			◉나머지 금액	•재평가손실(당기손익)
		재평가손실인식후 '장부금액 < 공정가치'	◉전기재평가손실(손상차손)	•재평가이익(당기손익)
			◉나머지 금액	•재평가잉여금

보론 자가사용부동산이 원가모형인 경우
① '장부금액 > 공정가치' : 재평가손실(당기손익)
② '장부금액 < 공정가치' : 재평가잉여금 ➡ 단, 이전 손상차손은 당기손익

	이익잉여금대체	•투자부동산 처분시에 재평가잉여금은 이익잉여금으로 대체될 수 있음. ➡재평가잉여금은 당기손익 인식과정을 거치지 않고 직접 이익잉여금으로 대체함.

사례 자가사용부동산이 원가모형인 경우

❖ 다음은 ㈜합격자명단의내이름의 취득자산 관련 자료이다. 20x2년도 당기손익에 미치는 영향을 계산하면 얼마인가?

(1) 20x1년초에 자가사용목적의 건물(내용연수 10년, 잔존가치 ₩0, 정액법상각, 원가모형 적용)을 ₩15,000,000에 취득하였다.
(2) 20x1년말 임대목적으로 사용목적을 변경하여 투자부동산(공정가치모형)으로 분류하였다.
(3) 20x1년말과 20x2년말의 공정가치는 각각 ₩14,400,000, ₩15,300,0000이다.

세부고찰 I

x1말	(차) Dep	1,500,000[1]	(대) Dep누계액	1,500,000	[1]15,000,000÷10년=1,500,000
	(차) 건물	900,000	(대) 재평가잉여금	900,000[2]	[2]14,400,000-13,500,000=900,000
	(차) Dep누계액	1,500,000	(대) 건물	15,900,000	
	투자부동산	14,400,000			
x2말	(차) 투자부동산	900,000	(대) 평가이익	900,000[3]	[3]15,300,000-14,400,000=900,000

→ ∴20x2년도 당기손익에 미치는 영향 : 900,000

사례 자가사용부동산이 재평가모형인 경우

❖ 20x3년초 투자부동산(공정가치 ₩18,750,000)으로 대체시 재평가잉여금에 미치는 영향은?

(1) 20x1년초에 자가사용목적의 건물(내용연수 5년, 잔존가치 ₩0, 정액법상각, 재평가모형 적용, 감가상각누계액제거법 사용)을 ₩30,000,000에 취득하였다.
(2) 20x1년말에는 재평가가 없었으며, 20x2년말에 손상차손 ₩2,250,000을 인식하였다.

세부고찰 II

x1말	(차) Dep	6,000,000[1]	(대) Dep누계액	6,000,000	[1]30,000,000÷5년=6,000,000
x2말	(차) Dep	6,000,000	(대) Dep누계액	6,000,000	—
	(차) 손상차손	2,250,000	(대) 손상차손누계액	2,250,000	
x3초	(차) Dep누계액	12,000,000	(대) 재평가이익	2,250,000[2]	[2]
	손상차손누계액	2,250,000	재평가잉여금	750,000[2]	18,750,000-15,750,000
			건물	11,250,000	=3,000,000
	(차) 투자부동산	18,750,000	(대) 건물	18,750,000	

→ ∴20x3년도 대체시 재평가잉여금에 미치는 영향 : 750,000 증가

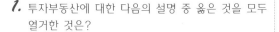

객관식 확인학습 ─ 이론적용연습

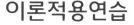

1. 투자부동산에 대한 다음의 설명 중 옳은 것을 모두 열거한 것은?

> (가) 소유 투자부동산은 최초 인식시점에 원가로 측정한다. 거래원가는 최초 측정치에 포함한다.
> (나) 공정가치모형을 적용하는 경우, 투자부동산의 공정가치 변동으로 발생하는 손익은 발생한 기간의 당기손익에 반영한다.
> (다) 재고자산을 공정가치로 평가하는 투자부동산으로 대체하는 경우, 재고자산의 장부금액과 대체시점의 공정가치의 차액은 당기손익으로 인식한다.
> (라) 투자부동산의 손상, 멸실 또는 포기로 제3자에게서 받는 보상은 받을 수 있게 되는 시점에 당기손익으로 인식한다.

① (가), (나)　　　　② (나), (다)　　　　③ (가), (다), (라)
④ (나), (다), (라)　　⑤ (가), (나), (다), (라)

• 모두 옳은 설명이다.

2. 다음 자료에 의한 자산을 공정가치모형으로 평가되는 투자부동산으로 대체시 법인세비용차감전순이익의 증가액은 얼마인가?

대체전	대체전 장부금액	대체시점 공정가치
자가사용부동산(A)	₩90,000	₩100,000
자가사용부동산(B)	₩60,000	₩40,000
재고자산	₩40,000	₩50,000
건설중인자산	₩30,000	₩60,000

① ₩20,000　　　② ₩30,000　　　③ ₩40,000
④ ₩50,000　　　⑤ ₩60,000

• 자가사용부동산(A)의 공정가치상승분은 재평가잉여금이다.
• 순이익 증가액

자가사용부동산(B)	:	40,000−60,000=	(20,000)
재고자산		50,000−40,000=	10,000
건설중인자산	:	60,000−30,000=	30,000
			20,000

3. ㈜합격은 20x1년 1월 1일 현재 원가모형을 적용하는 취득금액 ₩20,000(감가상각누계액 ₩10,000, 잔존내용연수 4년, 잔존가치 ₩0, 감가상각방법은 정액법)의 건물을 보유하고 있다. 관련된 다음의 자료에 의할 때 20x1년도 손익에 미치는 영향은 얼마인가?

> (1) ㈜합격은 20x1년 7월 1일 위 자가사용하던 건물을 투자부동산으로 사용목적을 변경하기로 하였으며, 투자부동산은 공정가치모형을 적용한다.
> (2) 20x1년 7월 1일과 20x1년 12월 31일 건물의 공정가치는 각각 ₩14,000과 ₩16,000이다.

① ₩0　　　　② ₩750　　　　③ ₩1,250
④ ₩2,500　　⑤ ₩11,250

• 20x1년 7월 1일

(차) 감가상각비	1,250[1)]	(대) 감가상각누계액	1,250
(차) 건물	5,250	(대) 재평가잉여금	5,250[2)]
(차) 감가상각누계액	11,250	(대) 건물	25,250
투자부동산	14,000		

• 20x1년 12월 31일

(차) 투자부동산	2,000	(대) 평가이익	2,000[3)]

[1)]10,000÷4년x6/12=1,250
[2)]14,000−(10,000−1,250)=5,250
[3)]16,000−14,000=2,000
→∴2,000(평가이익)−1,250(감가상각비)=750

이론과기출 제97강 ○─ 무형자산 무형자산의 적용범위

적용범위	유형·무형 혼합시	❖일부 무형자산은 컴팩트디스크등과 같은 물리적 형체에 담겨 있을수 있으며, 유형·무형자산 중 어떤 요소가 더 유의적인지를 판단하여 다음처럼 처리함. ① 컴퓨터로 제어되는 기계장치가 특정 컴퓨터소프트웨어가 없으면 가동이 불가능한 경우에는 그 소프트웨어를 관련된 하드웨어의 일부로 보아 유형자산으로 회계처리함. 말장난 그 소프트웨어를 별도로 무형자산으로 회계처리한다(x) ② 컴퓨터의 운영시스템에도 동일하게 적용하며, 관련된 하드웨어의 일부가 아닌 소프트웨어는 무형자산으로 회계처리함.
	연구개발비	•연구와 개발활동의 목적은 지식의 개발에 있으므로 이러한 활동으로 인하여 물리적 형체(예 시제품)가 있는 자산이 만들어지더라도 그 자산의 물리적 요소는 무형자산 요소가 갖는 지식에 부수적인 것으로 봄.
	금융리스	•기초자산이 무형자산인 금융리스의 경우 최초 인식후에 리스이용자는 금융리스에 의하여 보유하는 무형자산을 무형자산기준서에 따라 회계처리함.
	라이선스	•영화필름, 비디오녹화물, 희곡, 원고, 특허권, 저작권과 같은 항목에 대한 라이선스 계약에 에 따라 리스이용자가 보유하는 권리는 '리스'의 적용범위에서 제외되며 무형자산기준서의 적용범위에 해당함. 말장난 리스의 적용범위에 해당한다(x)
	추출산업과 보험계약	•추출산업의 원유, 천연가스·광물자원의 탐사, 개발·추출로 발생하는 지출에 대한 회계처리와 보험계약의 경우에는 무형자산기준서 적용범위에서 제외함. ➡∵활동이나 거래가 특수하기 때문에 다르게 회계처리할 필요가 있음. •추출산업·보험자가 사용하는 기타 무형자산(예 컴퓨터소프트웨어)과 발생한 기타 지출(예 사업개시원가)에는 무형자산기준서를 적용함.
적용제외	제외대상	❖무형자산기준서는 다음 사항을 제외한 무형자산의 회계처리에 적용함. ① 다른 한국채택국제회계기준서의 적용범위에 포함되는 무형자산 ② '금융상품 : 표시'에서 정의된 금융자산 ③ 탐사평가자산의 인식과 측정('광물자원의 탐사와 평가' 적용) ④ 광물, 원유, 천연가스, 이와 유사한 비재생자원의 개발·추출에 대한 지출
	다른 규정 적용대상	❖다른 한국채택국제회계기준서에서 규정하고 있는 경우는 해당 한국채택국제회계기준서를 적용하며, 무형자산기준서를 적용치 않는 예는 다음과 같음. ① 통상적인 영업과정에서 판매를 위하여 보유하고 있는 무형자산 ② 이연법인세자산 ③ '리스'에 따라 회계처리하는 무형자산 리스 ④ 종업원급여와 관련하여 발생하는 자산 ⑤ 금융자산 ⑥ 사업결합으로 취득하는 영업권 ⑦ '보험계약'의 적용범위에 해당하는 보험계약에서 보험자의 계약상 권리에서 발생하는 이연신계약비와 무형자산 ⑧ '매각예정비유동자산과 중단영업'에 따라 매각예정으로 분류되는 비유동 무형자산

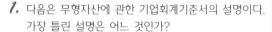

객관식 확인학습 / **이론적용연습**

1. 다음은 무형자산에 관한 기업회계기준서의 설명이다. 가장 틀린 설명은 어느 것인가?

① 자산에서 발생하는 미래 경제적 효익이 기업에 유입될 가능성이 높고, 자산의 원가를 신뢰성 있게 측정할 수 있는 경우에만 무형자산을 인식하며, 미래 경제적 효익의 유입가능성은 개별 취득하는 무형자산과 사업결합으로 취득하는 무형자산에 대하여 항상 충족되는 것으로 본다.

② 연구와 개발활동으로 인하여 물리적 형체가 있는 자산이 만들어지는 경우 당해 자산의 물리적 요소는 자산인식요건을 충족하는 경우 유형자산으로 인식한다.

③ 내부적으로 창출한 영업권은 자산으로 인식하지 아니한다.

④ 무형자산의 회계정책으로 재평가모형을 적용하는 경우에는 재평가 목적상 공정가치는 활성시장을 기초로 하여 결정하며, 재평가는 재무상태표일에 자산의 장부금액이 공정가치와 중요하게 차이가 나지 않도록 주기적으로 수행한다.

⑤ 관련된 모든 요소의 분석에 근거하여 그 자산이 순현금유입을 창출할 것으로 기대되는 기간에 대하여 예측가능한 제한이 없을 경우 무형자산의 내용연수가 비한정인 것으로 보며, 내용연수가 비한정인 무형자산은 상각하지 아니한다.

내비게이션

•연구와 개발활동의 목적은 지식의 개발에 있다. 따라서 이러한 활동으로 인하여 물리적 형체(예 시제품)가 있는 자산이 만들어지더라도 그 자산의 물리적 요소는 무형자산 요소 즉, 그 자산이 갖는 지식에 부수적인 것으로 본다.
*①,③,④,⑤의 내용은 후술함!

2. 다음 중 무형자산에 대한 한국채택국제회계기준의 내용과 일치하지 않는 것은?

① 영화필름, 비디오 녹화물, 희곡, 원고, 특허권과 저작권과 같은 항목에 대한 라이선스 계약에 의한 권리는 한국채택국제회계기준 '리스'의 적용범위에 해당한다.

② 무형자산기준서는 추출산업이나 보험자가 사용하는 기타 무형자산과 발생한 기타 지출에는 적용한다.

③ 컴퓨터로 제어되는 기계장치가 특정 컴퓨터소프트웨어가 없으면 가동이 불가능한 경우에는 그 소프트웨어를 관련된 하드웨어의 일부로 보아 회계처리한다.

④ 컴퓨터운영시스템에도 관련된 하드웨어의 일부가 아닌 소프트웨어는 무형자산으로 회계처리한다.

⑤ 연구와 개발활동으로 인하여 물리적 형체가 있는 자산이 만들어지더라도, 그 자산의 물리적 요소는 무형자산 요소 즉, 내재된 지식에 부수적인 것으로 본다.

내비게이션

•영화필름, 비디오 녹화물, 희곡, 원고, 특허권과 저작권과 같은 항목에 대한 라이선스 계약에 의한 권리는 무형자산기준서의 적용범위에 해당한다.

서술형Correction연습

❑ 컴퓨터로 제어되는 기계장치가 특정 컴퓨터소프트웨어가 없으면 가동이 불가능한 경우에는 그 소프트웨어를 별도로 무형자산으로 회계처리한다.

➡ (X) : 그 소프트웨어를 관련된 하드웨어의 일부로 보아 유형자산으로 회계처리한다.

❑ 사업결합으로 취득하는 연구·개발 프로젝트는 '무형자산'의 적용범위에 해당하지 않는다.

➡ (X) : 사업결합으로 취득하는 영업권에 대해서 '무형자산'의 적용범위에 해당하지 않으므로 그 외 사업결합으로 취득하는 연구·개발프로젝트는 '무형자산'의 적용범위에 해당한다.

Answer 1. ② 2. ①

제1편 Mainplot [주요논제]
제2편 Subplot [특수논제]
합본부록1 기출유형별 필수문제
합본부록2 실전적중모의고사

이론과기출 제98강 ○ 무형자산의 정의

의의	무형자산 정의	•물리적 실체는 없지만 식별가능하고, 통제하고 있으며 미래경제적효익이 있는 비화폐성 자산을 말함.
	정의불충족시	•무형자산기준서의 적용범위에 해당하는 항목이 정의를 충족하지 않는다면 발생한 지출은 발생시점에 비용으로 인식함. •주의 그러나 이러한 항목을 사업결합으로 취득하는 경우에는 취득일에 인식하는 영업권의 일부를 구성함. •말장난 사업결합으로 취득하는 경우에도 발생시점에 비용으로 인식한다(X)
식별가능성	의미	•영업권과 구별하기 위하여 무형자산이 식별가능할 것을 요구함.
	식별가능조건	•자산은 다음 중 하나에 해당하는 경우에 식별가능함. ① 자산이 분리가능하다. ➡ 즉, 기업의 의도와는 무관하게 기업에서 분리하거나 분할할 수 있고, 개별적으로 매각, 이전, 라이선스, 임대, 교환할수 있음. •말장난 분리가능한 모든 무형자산은 식별가능하다(O) ② 자산이 계약상 권리 또는 기타 법적권리로부터 발생한다. ➡ 이 경우 그러한 권리가 이전가능한지 여부 또는 기업이나 기타 권리와 의무에서 분리가능한지 여부는 고려하지 아니함.

보론 영업권(=이전대가-피취득자의 순자산공정가치)
① 사업결합시 영업권은 개별적으로 식별하여 별도로 인식하는 것이 불가한 자산임.(후술!)
➡ ∴무형자산기준서상의 무형자산의 범위에서 제외함.
② 내용연수가 비한정이므로 상각대상자산이 아니며, 손상평가대상임.
③ 내부적으로 창출한 영업권은 자산으로 인식하지 않음.(∵원가측정불가, 식별불가능)

통제	의미	•미래경제적효익을 확보할수 있고 그 효익에 대한 제3자의 접근을 제한할수 있다면 기업이 자산을 통제하고 있는 것임. •통제능력은 일반적으로 법원에서 강제할수 있는 법적 권리에서 나오며, 법적권리가 없는 경우에는 통제를 제시하기 어려움. •주의 그러나 다른 방법으로도 미래경제적효익을 통제할수 있기 때문에 권리의 법적 집행가능성이 통제의 필요조건은 아님.
	시장에 대한 지식·기술적 지식	•미래경제적효익이 발생가능하며, 법적권리에 의해 보호된다면 미래경제적효익을 통제하고 있는 것임.
	숙련된 종업원·종업원의 기술	•미래경제적효익이 발생가능하나, 일반적으로 무형자산의 정의를 충족하기에는 충분한 통제를 가지고 있지 않음.
	특정의 경영능력·기술적재능	•미래경제적효익을 확보하는 것이 법적권리에 의하여 보호되지 않거나 무형자산 정의의 기타요건을 충족하지 않는다면 일반적으로 무형자산의 정의를 충족할 수 없음.
	고객과의 관계·고객의 충성도	•고객관계나 고객충성도를 지속할수있는 법적권리나 그것을 통제할 기타 방법이 없다면 일반적으로 고객관계나 고객충성도에서 창출될 미래경제적효익에 대해서는 충분한 통제를 가지고 있지 않음. •주의 그러나 고객관계를 보호할 법적권리가 없는 경우에도, 동일하거나 유사한, 비계약적 고객관계를 교환하는 거래는 효익을 통제할수 있다는 증거를 제공하므로 무형자산정의를 충족함.
미래 경제적효익		•제품의 매출, 용역수익, 원가절감, 자산의 사용에 따른 기타효익의 형태로 발생할 수 있음. ➡ 예 제조과정에 지적재산사용시 미래수익 증가보다는 미래제조원가를 감소시킬수 있음.

객관식 확인학습 — 이론적용연습

1. 다음은 한국채택국제회계기준의 무형자산에 대한 설명이다. 가장 타당하지 않은 설명은 어느 것인가?

① 무형자산은 물리적 실체는 없지만 식별가능한 비화폐성자산을 말한다.

② 컴퓨터소프트웨어, 특허권, 저작권, 영화필름, 고객목록, 모기지관리용역권, 어업권, 수입할당량, 프랜차이즈, 고객이나 공급자와의 관계, 고객충성도, 시장점유율과 판매권등은 무형자산기준서의 적용범위에 해당한다.

③ 무형자산기준서의 적용범위에 해당하는 항목이 무형자산의 정의를 충족하지 않는다면 그것을 취득하거나 내부적으로 창출하기 위하여 발생한 지출은 발생시점에 비용으로 인식한다. 그러나 사업결합으로 취득하는 경우에는 영업권의 일부를 구성한다.

④ 자산이 분리가능하거나 자산이 계약상 권리 또는 기타 법적 권리로부터 발생하면 식별가능성을 충족한다.

⑤ 무형자산의 미래경제적효익에 대한 통제능력은 일반적으로 법원에서 강제할 수 있는 법적 권리에서 나오며, 법적 권리가 없는 경우에는 통제를 제시하기 어렵다. 따라서 권리의 법적 집행가능성은 통제의 필요조건이다.

 내비게이션
• 권리의 법적 집행가능성이 통제의 필요조건은 아니다.

2. 다음 중 무형자산에 대한 한국채택국제회계기준의 내용과 일치하지 않는 것은?

① 시장에 대한 지식과 기술적 지식에서도 미래경제적효익이 발생할 수 있다. 이러한 지식이 저작권, 계약상의 제약이나 법에 의한 종업원의 기밀유지의무 등과 같은 법적 권리에 의하여 보호된다면, 미래경제적효익을 통제하고 있는 것이다.

② 특정 경영능력이나 기술적 재능도 미래경제적효익을 확보하는 것이 법적 권리에 의하여 보호되지 않는다면 일반적으로 무형자산의 정의를 충족할 수 없다.

③ 무형자산의 미래경제적효익은 제품의 매출, 용역수익, 원가절감 또는 자산의 사용에 따른 기타 효익의 형태로 발생할 수 있다.

④ 고객관계를 보호할 법적 권리가 없는 경우에는, 동일하거나 유사한, 비계약적 고객관계를 교환하는 거래는 고객관계로부터 기대되는 미래경제적효익을 통제할 수 있다는 증거를 제공하지 못한다.

⑤ 일반적으로 고객관계나 고객충성도에서 창출될 미래경제적효익에 대해서는 무형자산의 정의를 충족하기에 기업이 충분한 통제를 가지고 있지 않다.

 내비게이션
• 미래경제적효익을 통제할 수 있다는 증거를 제공한다.

3. 무형자산의 정의 및 인식기준에 관한 설명으로 옳지 않은 것은?

① 무형자산을 최초로 인식할 때에는 원가로 측정한다.

② 무형자산의 미래 경제적 효익에 대한 통제능력은 일반적으로 법원에서 강제할 수 있는 법적 권리에서 나오나, 권리의 법적 집행가능성이 통제의 필요조건은 아니다.

③ 계약상 권리 또는 기타 법적 권리는 그러한 권리가 이전 가능하거나 또는 기업에서 분리가능한 경우 무형자산 정의의 식별가능성 조건을 충족한 것으로 본다.

④ 미래경제적 효익이 기업에 유입될 가능성은 무형자산의 내용연수 동안의 경제적 상황에 대한 경영자의 최선의 추정치를 반영하는 합리적이고 객관적인 가정에 근거하여 평가하여야 한다.

⑤ 무형자산으로부터의 미래경제적 효익은 제품의 매출, 용역수익, 원가절감 또는 자산의 사용에 따른 기타 효익의 형태로 발생할 수 있다.

 내비게이션
• 자산이 계약상 권리 또는 기타 법적 권리로부터 발생하는 경우에 식별가능성을 충족한다. 이 경우 그러한 권리가 이전 가능한지 여부 또는 기업이나 기타 권리와 의무에서 분리 가능한지 여부는 고려하지 아니한다.
* ④는 후술함!('무형자산 인식과 개별취득' 참조)

4. ㈜합격은 ㈜적중을 합병하였으며 합병시점의 ㈜적중의 재무상태표상 자산과 부채 자료는 다음과 같다. 동 합병과 관련하여 ㈜합격이 지급한 이전대가가 ₩2,500,000일 경우 ㈜합격이 인식할 영업권은 얼마인가?

㈜적중 합병시점 현재					
	장부금액	공정가치		장부금액	공정가치
재고자산	250,000	375,000	매입채무	375,000	375,000
건물	1,250,000	2,375,000	차입금	1,000,000	1,000,000
기계장치	625,000	750,000			
합계	2,125,000				1,375,000

① ₩250,000　　② ₩375,000　　③ ₩750,000
④ ₩1,000,000　　⑤ ₩1,750,000

 내비게이션
• 자산공정가치 : 375,000+2,375,000+750,000=3,500,000
  부채공정가치 : 375,000+1,000,000=1,375,000
  →순자산공정가치 : 3,500,000−1,375,000=2,125,000
• 영업권 : 2,500,000(이전대가)−2,125,000(순자산공정가치)=375,000

Answer　　1. ⑤　2. ④　3. ③　4. ②

이론과기출 제99강 ◯ 무형자산 인식과 개별취득

인식요건	의의	•무형자산으로 인식하기 위해서는 다음을 모두 충족함을 기업이 제시해야함. □ 무형자산의 정의 □ 무형자산의 인식조건
	인식조건	•다음의 조건을 모두 충족하는 경우에만 무형자산을 인식함. ① 효익유입가능성조건 : 자산에서 발생하는 미래경제적효익이 유입될 가능성이 높다. ② 측정신뢰성조건 : 자산의 원가를 신뢰성 있게 측정할 수 있다. •주의 개별취득 무형자산과 사업결합취득 무형자산은 미래경제적효익의 유입가능성 조건을 항상 충족하는 것으로 봄.
인식내용	후속지출 (취득후지출)	•후속지출은 다음과 같은 이유로 장부금액으로 인식되는 경우는 매우 드뭄. ① 무형자산은 특성상 자산이 증가하지 않거나 부분 대체가 이루어지지 않는 경우가 많으므로 취득후의 지출은 무형자산 정의와 인식기준을 충족하기 보다는 기존 무형자산이 갖는 기대 미래경제적효익을 유지하는 것이 대부분임. ② 사업전체가 아닌 특정무형자산에 직접 귀속시키기 어려운 경우가 많음.
	브랜드 등	•브랜드, 제호, 출판표제, 고객목록등에 대한 취득이나 완성 후의 지출은 발생시점에 항상 당기손익으로 인식함. •주의 외부에서서 취득하였는지, 내부적으로 창출하였는지에 관계없이 당기손익임. 말장난 무형자산의 장부금액에 포함한다(X)
	미래경제적효익	•미래경제적효익의 유입가능성은 내용연수 동안의 경제적 상황에 대한 경영자의 최선의 추정치를 반영하는 합리적·객관적 가정에 근거하여 평가해야함. •미래경제적효익의 유입에 대한 확실성 정도에 대한 평가는 무형자산을 최초로 인식하는 시점에서 이용가능한 증거에 근거하며, 외부 증거에 비중을 더 크게 둠.
	최초측정	•무형자산을 최초로 인식할 때에는 원가로 측정함.
		•주의 최초에 비용으로 인식한 무형항목에 대한 지출은 그 이후에 무형자산의 원가로 인식할 수 없음.
개별취득	의의	•지급가격은 미래경제적효익이 유입될 확률에 대한 기대를 반영할 것임. ➡ ∴기업은 유입 시기·금액이 불확실하더라도 효익의 유입이 있을 것으로 기대하므로 개별취득 무형자산은 효익유입가능성조건을 항상 충족하는 것으로 봄. •개별취득하는 무형자산의 원가는 일반적으로 신뢰성 있게 측정할수 있음.
	인식중지	•원가의 인식은 경영자가 의도하는 방식으로 운용될수있는 상태에 이르면 중지함.
	부수영업활동	•무형자산 개발관련한 영업활동 중에는 해당자산을 경영자가 의도하는 방식으로 운영될 수 있는 상태에 이르도록 하는데 반드시 필요하지는 않은 활동도 있음. ➲ 이러한 부수적 영업활동관련 수익·비용은 즉시 당기손익으로 인식함.
	원가에 포함 O	① 구입가격(매입할인·리베이트를 차감하고, 수입관세·환급불가제세금을 포함함) ② 종업원급여, 전문가수수료, 기능발휘검사원가
	원가에 포함 X	① 새로운 제품·용역의 홍보원가 ➡광고·판매촉진활동원가를 포함함. ② 새로운 지역, 새로운 계층의 고객을 대상으로 사업수행시 발생하는 원가 ➡교육훈련비를 포함함. ③ 관리원가와 기타 일반경비원가, 사업개시원가(설립비,개업비,신규영업준비비) ④ 무형자산을 사용하거나 재배치하는데 발생하는 원가, 이전 또는 조직개편비 ⑤ 경영자의도방식으로 운용될수 있으나 아직 미사용기간에 발생한 원가 ⑥ 자산산출물에 대한 수요확립전까지 발생하는 손실과 같은 초기영업손실

객관식 확인학습 ⊃ 이론적용연습

1. 무형자산의 인식 및 측정에 관한 설명으로 옳은 것은?

① 개별 취득하는 무형자산은 자산에서 발생하는 미래 경제적 효익이 기업에 유입될 가능성이 높다는 발생가능성 인식기준을 항상 충족하는 것으로 본다.

② 새로운 지역에서 또는 새로운 계층의 고객을 대상으로 사업을 수행하는 데서 발생하는 원가는 무형자산 원가에 포함한다.

③ 내부적으로 창출한 브랜드, 제호, 출판표제, 고객 목록은 개발하는 데 발생한 원가를 전체 사업과 구별할 수 없더라도 무형자산으로 인식한다.

④ 무형자산에 대한 대금지급기간이 일반적인 신용기간보다 긴 경우 무형자산의 원가는 실제 총지급액이 된다.

⑤ 새롭거나 개선된 재료, 장치, 제품, 공정, 시스템이나 용역에 대한 여러 가지 대체안을 최종 선택하는 활동은 개발활동의 예로서 해당 지출은 무형자산으로 인식한다.

📺 낵비게이션

• ② 무형자산 취득원가에 포함하지 않는다. 즉, 사업과 구분하기 어려우 므로 무형자산 원가에 포함하지 않고 비용으로 처리한다.

③ 무형자산으로 인식하지 아니한다. 즉, 사업을 전체적으로 개발하는데 발생한 원가와 구별할 수 없으므로 무형자산으로 인식하지 아니한다.

④ 무형자산에 대한 대금지급기간이 일반적인 신용기간보다 긴 경우무형자산의 취득원가는 현금가격상당액이 된다. 현금가격상당액과 실제 총지급액과의 차액은 신용기간에 걸쳐 이자로 인식한다.('유형 자산'과 동일함.)

⑤ 연구활동의 예이다. 즉, 해당 지출은 비용으로 인식한다.('후술'함)

2. 무형자산과 관련된 다음의 설명 중 옳지 않은 것은?

① 무형자산을 최초로 인식할 때에는 원가로 측정한다.

② 최초의 비용으로 인식한 무형자산에 대한 지출은 그 이후에 무형자산의 인식요건을 만족하게 된 경우에 한하여 무형자산의 원가로 다시 인식할 수 있다.

③ 무형자산을 창출하기 위한 내부 프로젝트를 연구단계와 개발단계로 구분할 수 없는 경우에는 그 프로젝트에서 발생한 지출은 모두 연구단계에서 발생한 것으로 본다.

④ 내부적으로 창출한 브랜드, 제호, 출판표제, 고객 목록과 이와 실질이 유사한 항목은 무형자산으로 인식하지 않는다.

⑤ 계약상 권리 또는 기타 법적 권리로부터 발생하는 무형자산의 내용연수는 그러한 계약상 권리 또는 기타 법적 권리의 기간을 초과할 수는 없지만, 자산의 예상사용기간에 따라 더 짧을 수는 있다.

📺 낵비게이션

• 최초의 비용으로 인식한 무형자산에 대한 지출은 그 이후에 무형자산의 인식요건을 만족하게 된 경우에도 무형자산으로 다시 인식할 수 없다.

*③,④,⑤의 내용은 후술함!

3. 다음 중 무형자산에 대한 한국채택국제회계기준의 내용과 일치하는 것은?

① 경영자가 의도하는 방식으로 운용될 수 있으나 아직 사용하지 않고 있는 기간에 발생한 원가도 무형자산의 취득원가에 포함된다.

② 자산의 사용에서 발생하는 미래경제적효익의 유입에 대한 확실성 정도에 대한 평가는 무형자산을 최초로 인식하는 시점에서 이용 가능한 증거에 근거하며, 내부증거에 비중을 더 크게 둔다.

③ 외부에서 취득한 브랜드, 제호, 출판표제, 고객목록, 그리고 이와 실질이 유사한 항목에 대한 취득이나 완성후의 지출은 발생시점에 무형자산 인식기준에 따라 회계처리한다.

④ 사업결합으로 취득하는 무형자산은 미래경제적효익이 기업에 유입될 가능성이 높아야 한다는 조건이 항상 충족되는 것은 아니다.

⑤ 무형자산의 개발과 관련한 영업활동 중에는 해당 자산을 경영자가 의도하는 방식으로 운영될 수 있는 상태에 이르도록 하는 데 반드시 필요하지는 않은 활동도 있으며, 이러한 부수적인 영업활동과 관련된 수익과 비용은 즉시 당기손익으로 인식한다.

📺 낵비게이션

• ① 포함하지 아니한다.

② 내부증거(X) → 외부증거(O)

③ 외부에서 취득하였는지 또는 내부적으로 창출하였는지에 관계없이 발생시점에 항상 당기손익으로 인식한다.

④ 항상 충족하는 것으로 본다.

서술형Correction연습

❑ 무형자산을 사용하거나 재배치하는데 발생하는 원가는 개별취득하는 무형자산의 취득원가를 구성한다.

➡ (X) : 무형자산 원가의 인식은 그 자산을 경영자가 의도하는 방식으로 운용될 수 있는 상태에 이르면 중지한다. 따라서 무형자산을 사용하거나 재배치하는 데 발생하는 원가는 자산의 장부금액에 포함하지 않는다.

이론과기출 제100강 ⊃ 무형자산의 취득형태

사업결합취득	취득원가	•사업결합으로 취득하는 무형자산 취득원가는 '사업결합'에 따라 취득일의 공정가치로 함.
	인식조건	•공정가치는 미래경제적효익이 유입될 확률에 대한 시장참여자의 기대를 반영할 것임. ➡∴기업은 유입 시기·금액이 불확실하더라도 효익의 유입이 있을 것으로 기대하므로 사업결합 취득 무형자산은 효익유입가능성조건을 항상 충족하는 것으로 봄. •사업결합취득 자산이 분리가능하거나 계약상 또는 기타 법적 권리에서 발생한다면, 공정가치를 신뢰성있게 측정하기에 충분한 정보가 존재하므로 사업결합취득 무형자산은 측정신뢰성조건을 항상 충족하는 것으로 봄.
	분리인식	•공정가치를 신뢰성있게 측정할수 있다면 사업결합 전에 피취득자가 재무제표에 인식하였는지 여부에 관계없이 취득자는 피취득자의 무형자산을 영업권과 분리하여 인식함. ➡이는 피취득자가 진행하고 있는 연구·개발 프로젝트가 무형자산의 정의를 충족한다면 취득자 가 영업권과 분리하여 별도의 자산으로 인식하는 것을 의미함. 말장난 피취득자가 재무제표에 인식한 경우에만 무형자산을 영업권과 분리하여 인식한다(X) 예시 자산(무형자산포함)의 공정가치 ₩100, 부채 공정가치 ₩80, 결합대가 ₩40인 경우 (차) 자산(무형자산포함)　　100　　(대) 부채　　　　　　　80 (차) 영업권(대차차액)　　　20　　(대) 현금　　　　　　　40 →영업권은 상각대상이 아니며 식별가능 무형자산을 영업권에 포함시키지 않아야 상각이 가능해지므로 무형자산을 영업권과 분리하여 인식하는 것임.
	연관항목 결합인식	•사업결합취득 무형자산이 관련계약이나 식별가능한 자산·부채와 결합되어서만 분리가능한 경우는 영업권과는 분리하지만 연관된 항목과는 함께 인식함.
	불확실성	•공정가치를 측정하는데 사용하는 추정치에 대하여 각각 다른 확률을 가진 가능한 결과의 범위 가 있는 경우에, 그러한 불확실성은 공정가치 측정에 반영됨.

보론 진행 중인 연구·개발 프로젝트의 취득후 지출

☐ 다음을 충족하는 연구·개발지출은 후술하는 '내부창출무형자산'에 따라 회계처리함.

- 개별·사업결합 취득하고 무형자산으로 인식한 진행중인 연구·개발프로젝트와 관련있다.
- 그 프로젝트의 취득후에 발생한다.

☐ '내부창출무형자산'의 요구사항을 적용하는 경우 개별취득하거나 사업결합으로 취득하고 무형자산
인식한 진행중인 연구·개발 프로젝트에 대한 후속지출을 다음과 같이 회계처리함.

- 연구관련 지출인 경우에는 발생시점에 비용으로 인식
말장난 연구 관련 지출인 경우에는 프로젝트의 장부금액에 가산한다(X)
- '내부창출무형자산'에서 제시된 자산인식요건 불충족하는 개발관련 지출인 경우에는 발생시점
에 비용으로 인식
- '내부창출무형자산'에서 제시된 자산인식요건을 충족하는 개발관련 지출인 경우에는 취득한 진
행 중인 연구·개발 프로젝트의 장부금액에 가산

정부보조취득	의의	•정부보조로 무형자산을 무상이나 낮은 대가로 취득할수 있음. ➡예 정부가 공항 착륙권, 라디오나 텔레비전 방송국 운영권, 수입면허·수입할당이나 기타 제한 된 자원을 이용할수 있는 권리를 기업에게 이전·할당하는 경우
	최초인식	•'정부보조금'에 따라 무형자산과 정부보조금 모두를 최초에 공정가치로 인식할수 있음. •최초에 자산을 공정가치로 인식하지 않기로 선택하는 경우에는, 자산을 명목금액과 의도한 용도로 사용할수 있도록 준비하는데 직접 관련되는 지출을 합한 금액으로 인식함.
교환취득		저자주 기본적으로 유형자산 교환취득과 동일합니다!

객관식 확인학습 ▶ 이론적용연습

1. ㈜한국은 스마트폰을 제조·판매하는 중견벤처회사이다. ㈜한국은 현재 스마트폰 생산에 이용된 첨단기술을 활용하여 차세대 첨단로봇을 개발하는 연구를 진행하고 있다. ㈜한국은 로봇의 연구개발에 필요한 기계장치를 취득할 때 정부의 정책적 목적에 따라 구입자금의 일부를 보조받았다. ㈜한국은 정부보조금을 자산의 취득원가에서 차감하는 원가차감법을 사용한다. 아래의 자료를 기초로 하여 20x1년 12월 31일 현재 ㈜한국의 재무상태표에 보고되는 기계장치의 장부금액 및 20x4년도에 취득한 특허권의 취득원가를 구하면 각각 얼마인가? 단, 동 기계장치는 연구개발활동이 종료된 이후에도 계속 사용된다고 가정한다.

(1) 기계장치의 취득원가는 ₩500,0000이다(취득일 : 20x1년 1월 1일).

(2) 정부보조금은 ₩100,0000이다(20x1년 1월 1일에 상환의무가 없는 보조금 전액 수령).

(3) ㈜한국은 기계장치를 취득하면서 관련법규에 따라 정부가 발행하는 현재가치 ₩40,000인 공채를 액면금액 ₩60,000에 의무적으로 매입하여 상각후원가측정금융자산으로 분류하였다.

(4) ㈜한국은 20x1년 12월 31일 차세대 첨단로봇의 연구활동이 종료되어 20x2년 1월 1일부터 개발단계가 시작되었다. 개발단계에서 지출된 금액 ₩50,000은 자산의 인식요건을 충족하여 이를 개발비로 계상하고 있다.

(5) ㈜한국은 20x2년 12월 31일 개발활동을 종료하였고 20x4년 4월말에 동 첨단로봇의 제조기술 및 판매에 대해 개발활동의 산출물에서 특허권을 취득하였으며, 특허권 취득과 직접 관련하여 ₩20,000을 지출하였다.

(6) ㈜한국은 유형자산 및 무형자산의 상각방법으로 정액법을 사용하며, 추정내용연수는 5년, 추정잔존가치는 ₩00이다.

	기계장치의 장부금액	특허권의 취득원가
①	₩436,000	₩20,000
②	₩416,000	₩20,000
③	₩346,000	₩70,000
④	₩336,000	₩20,000
⑤	₩316,000	₩20,000

• 20x1년말 기계장치 장부금액
500,000+(60,000-40,000)-(520,000÷5)-(100,000-100,000x104,000/520,000)
=336,000
• 특허권 취득원가 : 20,000(개발비는 특허권으로 대체치 않음-'후술')

2. ㈜합격은 20x1년 1월 1일에 다음과 같은 특허권을 취득하였다.

(1) 취득가액 : ₩10,000,000	(2) 내용연수 : 5년
(3) 잔존가치 : ₩0	(4) 상각방법 : 정액법

㈜합격은 20x3년 1월 1일 동 특허권을 ㈜적중의 상표권(장부금액 : ₩5,500,000)과 교환하면서 현금 ₩1,000,000을 추가로 지급하였다. 교환당시 특허권의 공정가치는 ₩7,500,000이다. 상표권의 취득원가와 무형자산처분이익은 각각 얼마인가? 단, 상업적 실질이 존재한다.

① ₩7,500,000과 ₩500,000
② ₩7,500,000과 ₩1,500,000
③ ₩8,500,000과 ₩500,000
④ ₩8,500,000과 ₩1,500,000
⑤ ₩7,000,000과 ₩0

• 회계처리

(차) 상표권	7,500,000	(대) 특허권	6,000,000
		처분이익	1,500,000
(차) 상표권	1,000,000	(대) 현금	1,000,000

서술형Correction연습

☐ 사업결합으로 취득하는 무형자산은 신뢰성 있는 측정 기준을 항상 충족하지는 아니한다.

➡ (X) : 신뢰성 있는 측정 기준을 항상 충족한다.

☐ 자산의 공정가치를 신뢰성있게 측정할수 있다면, 사업결합 전에 그 자산을 피취득자가 재무제표에 인식한 경우에만 취득자는 취득일에 피취득자의 무형자산을 영업권과 분리하여 인식한다.

➡ (X) : 재무제표에 인식하였는지 여부에 관계없이, 취득자는 피취득자의 무형자산을 영업권과 분리하여 인식한다.

☐ 개별 취득하거나 사업결합으로 취득하고 무형자산으로 인식한 진행 중인 연구·개발 프로젝트에 대한 후속지출은 연구 관련 지출인 경우에는 프로젝트의 장부금액에 가산한다.

➡ (X) : 연구 관련 지출인 경우에는 발생시점에 비용으로 인식한다.

☐ 정부보조로 무형자산을 무상이나 낮은 대가로 취득하는 경우 무형자산과 정부보조금 모두를 최초에 공정가치로 인식하여야 한다.

➡ (X) : 인식하여야 한다.(X) → 인식할 수 있다.(O)

시험중요도 ★★☆

이론과기출 제101강 ─ 무형자산 내용연수

상각여부	내용연수가 유한	•내용연수가 유한한 무형자산은 내용연수에 걸쳐 상각함.
	내용연수가 비한정	•내용연수가 비한정인 무형자산은 상각하지않고 손상검사를 수행함.

비한정	용어상 의미	•'비한정'이라는 용어는 '무한'을 의미하지 않음.
	비한정 간주	•관련된 모든 요소의 분석에 근거하여 그 자산이 순현금유입을 창출할 것으로 기대되는 기간에 대하여 예측가능한 제한이 없을 경우, 내용연수가 비한정인 것으로 봄.
	추정시 주의점	•내용연수 추정시점에 평가된 표준적 성능수준을 유지하기 위해 필요한 지출을 초과하는 계획된 미래지출에 근거하여 내용연수가 비한정이라는 결론을 내려서는 안됨. 말장난 내용연수가 비한정이라는 결론을 내릴수 있다(X)

내용연수 결정	결정요인	•내용연수를 결정하기 위해서 다음과 같은 요인을 포함하여 종합적으로 고려함. ① 예상하는 사용방식과 다른 경영진에 의하여 효율적으로 관리될수 있는지 여부 ② 일반적인 제품수명주기와 유사한 방식으로 사용되는 유사한 자산들의 내용연수 추정치에 관한 공개된 정보 ③ 기술적, 공학적, 상업적 또는 기타 유형의 진부화 ④ 자산이 운용되는 산업의 안정성과 자산으로부터 산출되는 제품이나 용역의 시장수요 변화 ⑤ 기존 또는 잠재적인 경쟁자의 예상 전략 ⑥ 예상되는 미래경제적효익의 획득에 필요한 자산 유지비용의 수준과 그 수준의 비용을 부담할수 있는 능력과 의도 ⑦ 자산의 통제가능 기간과 자산사용에 대한 법적 또는 이와 유사한 제한 ➡예 관련된 리스의 만기일 ⑧ 자산의 내용연수가 다른 자산의 내용연수에 의해 결정되는지의 여부
	진부화 반영	•컴퓨터소프트웨어와 기타 많은 무형자산은 기술상 빠른 변화가 있기 때문에 기술적 진부화의 영향을 받기 쉬우므로 그러한 무형자산의 내용연수는 일반적으로 짧을 가능성이 높음.
	정당성 여부	•무형자산의 내용연수는 매우 길수도 있고 경우에 따라서는 비한정일 수도 있음. •내용연수의 불확실성으로 인하여 무형자산의 내용연수를 신중하게 추정하는 것은 정당하지만, 비현실적으로 짧은 내용연수를 선택하는 것은 정당화되지 않음.
	갱신기간 포함여부	•계약상·법적권리로부터 발생하는 무형자산의 내용연수는 계약상·법적권리의 기간을 초과할수는 없지만 자산의 예상사용기간에 따라 더 짧을수는 있음. •계약상·법적권리가 갱신가능한 한정된 기간동안 부여된다면 유의적인 원가없이 기업에 의해 갱신될 것이 명백한 경우에만 그 갱신기간을 내용연수에 포함함. ➡만약 갱신원가가 갱신으로 인하여 유입될 것으로 기대되는 미래경제적효익과 비교하여 중요하다면, 그 갱신원가는 실질적으로 갱신일에 새로운 무형자산을 취득하기 위하여 발생한 원가를 나타냄.
	경제적·법적 요인의 영향	•무형자산의 내용연수는 경제적 요인과 법적 요인의 영향을 받음. •이 경우 내용연수는 다음의 기간으로 함. Min { 경제적내용연수 : 미래경제적효익이 획득되는 기간 법적인내용연수 : 그 효익에 대한 접근을 통제할 수 있는 기간 말장난 무형자산의 내용연수는 경제적 요인과 법적 요인에 의해 결정된 기간 중 긴 기간으로 한다(X)

객관식 확인학습 〉 **이론적용연습**

1. 무형자산에 대한 설명으로 가장 타당하지 않은 것은?

① 영업권을 제외한 모든 무형자산은 보유기간 동안 상각하여 비용 또는 기타자산의 원가로 인식한다.

② 내부적으로 창출한 영업권은 무형자산으로 인식하지 않는다.

③ 무형자산을 상각하는 경우 상각방법은 자산의 미래경제적 효익이 소비되는 형태를 반영하여 정액법, 체감잔액법, 생산량비례법 중 선택하여 적용할 수 있다.

④ 개발단계에서 발생한 지출은 무형자산의 인식 요건을 모두 충족하면 개발비라는 과목으로 무형자산으로 인식하고, 그 외의 경우에는 경상개발비의 과목으로 발생한 기간의 비용으로 인식한다.

⑤ 숙련된 종업원은 미래경제적 효익에 대한 충분한 통제능력을 갖고 있지 않으므로 무형자산의 정의를 충족시키지 못하여 재무상태표에 표시하지 않는다.

 냅비게이션
• 내용연수가 비한정인 무형자산은 상각하지 않는다.

2. 다음 중 무형자산에 대한 한국채택국제회계기준의 내용과 일치하지 않는 것은?

① 무형자산의 내용연수가 유한한지, 비한정인지를 평가하고, 내용연수가 유한하다면 자산의 내용연수 기간이나 내용연수를 구성하는 생산량이나 이와 유사한 단위를 평가한다.

② 내용연수가 유한한 무형자산은 상각하고, 내용연수가 비한정인 무형자산은 상각하지 아니한다

③ 관련된 모든 요소의 분석에 근거하여, 그 자산이 순현금유입을 창출할 것으로 기대되는 기간에 대하여 예측가능한 제한이 없을 경우, 내용연수가 비한정인 것으로 본다.

④ 내용연수가 '비한정'이라는 용어는 '무한'을 의미하지 않는다.

⑤ 자산의 내용연수를 추정하는 시점에 평가된 표준적인 성능수준을 유지하기 위하여 필요한 지출을 초과하는 계획된 미래지출에 근거하여 무형자산의 내용연수가 비한정이라는 결론을 내릴수 있다.

냅비게이션
• 자산의 내용연수를 추정하는 시점에 평가된 표준적인 성능수준을 유지하기 위하여 필요한 지출을 초과하는 계획된 미래지출에 근거하여 무형자산의 내용연수가 비한정이라는 결론을 내려서는 안 된다.

3. ㈜합격은 20x1년초에 특허권을 ₩16,000,000에 구입하였다. 다음 자료에 의할 때 20x1년 동 특허권과 관련한 비용 인식액은 얼마인가?

(1) 특허권과 관련하여 배타적인 권리를 행사할수 있는 기간은 10년이며, 미래경제적효익이 획득되는 기간은 5년이다
(2) 특허권으로부터 기대되는 미래경제적효익이 소비되는 형태를 신뢰성있게 결정할수 없다.
(3) 잔존가치는 없는 것으로 추정된다.

① ₩1,600,000 ② ₩3,200,000 ③ ₩4,800,000
④ ₩5,000,000 ⑤ ₩0

냅비게이션
• 내용연수 : Min[10년, 5년]=5년
• 상각방법 : 미래경제적효익이 소비되는 형태를 신뢰성있게 결정할 수 없으므로 정액법 적용('후술'함)
• 무형자산상각비 : (16,000,000−0) ÷ 5년=3,200,000

서술형Correction연습

☐ 내용연수가 비한정인 무형자산은 내용연수를 합리적인 방법으로 추정하여 상각한다.

➡ (X) : 내용연수가 비한정인 무형자산은 상각하지않고 손상검사를 수행한다.

☐ 무형자산은 당해 자산이 사용가능한 때부터 상각하며, 상각기간은 20년을 초과할 수 없다.

➡ (X) : 내용연수에 대한 제한은 없다.

☐ 무형자산의 내용연수는 경제적 요인과 법적 요인에 의해 결정된 기간 중 긴 기간으로 한다.

➡ (X) : 긴 기간(X) → 짧은 기간(O)

이론과기출 제102강 ○ 무형자산 상각

개시와 중지	상각개시	• 상각대상금액은 내용연수동안 체계적인 방법으로 배분해야 하며 상각은 자산이 사용가능한 때부터 시작함. ➡️ 즉, 의도하는 방식으로 운영할수 있는 위치·상태에 이르렀을 때부터 시작함. **주의** 법률적 취득시점이나 무형자산을 계상한 시점이 아님.
	상각중지	• 매각예정으로 분류되는 날과 재무상태표에서 제거되는 날 중 이른 날에 중지함. ➡️ 즉, 더 이상 사용하지 않을 때도 상각을 중지하지 아니함. 다만, 완전히 상각하거나 매각예정으로 분류되는 경우에는 상각을 중지함. **말장난** 상각은 자산이 재무상태표에서 제거되는 날에만 중지한다(X) **말장난** 내용연수가 유한한 무형자산은 그 자산을 더 이상 사용하지 않을때 상각을 중지한다(X)
상각방법	적용 원칙	• 정액법, 체감잔액법, 생산량비례법 중 자산이 갖는 기대 미래경제적효익의 예상되는 소비형태를 반영하여 선택함. ➡️ 예상되는 소비형태가 변동하지 않는다면 매 회계기간에 일관성있게 적용함.
	적용 예외	• 소비되는 형태를 신뢰성있게 결정할 수 없는 경우에는 정액법을 사용함. **말장난** 소비되는 형태를 신뢰성있게 결정할수 없는 경우에는 정률법을 사용한다(X)
	상각액 원칙	• 무형자산의 상각액은 당기손익으로 인식함.
	상각액 예외	• 자산이 갖는 미래경제적효익이 다른 자산의 생산에 소모되는 경우 그 자산의 상각액은 다른 자산의 원가를 구성하여 장부금액에 포함함. ➡️ 예 제조과정에서 사용된 무형자산의 상각액은 재고자산의 장부금액에 포함함.
	검토사항	• 내용연수(상각기간)와 상각방법은 적어도 매 회계연도말에 검토함. • 내용연수(상각기간)와 상각방법의 변경은 회계추정의 변경으로 회계처리함. **말장난** 상각방법의 변경은 회계정책의 변경으로 회계처리한다(X)
잔존가치	적용	• 다음 중 하나에 해당하는 경우를 제외하고는 영(0)으로 봄. ① 내용연수 종료시점에 제3자가 자산을 구입하기로 한 약정이 있다. ② 무형자산의 활성시장이 있고 다음을 모두 충족한다. – 잔존가치를 그 활성시장에 기초하여 결정할 수 있다. – 그러한 활성시장이 내용연수 종료시점에 존재할 가능성이 높다. ➡️ 영(0)이 아닌 잔존가치는 경제적내용연수 종료시점 이전에 그 자산을 처분할 것이라는 기대를 나타냄.
	추정	• 잔존가치는 처분으로 회수가능한 금액을 근거로 하여 추정하는데 그 자산이 사용될 조건과 유사한 조건에서 운용되었고 내용연수가 종료된 유사한 자산에 대해 추정일 현재 일반적으로 형성된 매각가격을 사용함.
	증감	• 잔존가치는 해당자산의 장부금액과 같거나 큰 금액으로 증가할수도 있으며, 잔존가치가 이후에 장부금액보다 작은 금액으로 감소될 때까지는 상각액은 영(0)이 됨.
	검토사항	• 잔존가치는 적어도 매 회계기간 말에는 검토함. • 잔존가치의 변동은 회계추정의 변경으로 처리함.
비한정 무형자산	상각	• 상각하지 않으며, 매년 또는 손상징후가 있을때 손상검사를 수행함.
	검토사항	• 사건과 상황이 내용연수가 비한정이라는 평가를 계속하여 정당화하는지를 매 회계기간에 검토함. • 사건과 상황이 그러한 평가를 정당화하지 않는 경우에 비한정내용연수를 유한내용연수로 변경하는 것은 회계추정의 변경으로 회계처리함. • 비한정내용연수를 유한내용연수로 재평가하는 것은 손상을 시사하는 하나의 징후가 됨. ➡️ ∴회수가능액과 장부금액을 비교하여 손상검사를 하고 손상차손을 인식함.

객관식 확인학습　　　**이론적용연습**

1. 다음 중 무형자산의 회계처리에 대한 설명으로 타당하지 않은 것은?

① 최초에 비용으로 인식한 무형항목에 대한 지출은 그 이후에 무형자산의 원가로 인식할 수 없다.
② 내용연수가 유한한 무형자산의 잔존가치는 해당 자산의 장부금액과 같을 수는 있으나, 장부금액보다 더 클 수는 없다.
③ 내부적으로 창출한 영업권은 무형자산으로 인식하지 않는다.
④ 내용연수가 비한정인 무형자산은 상각하지 아니하지만, 내용연수가 유한한 무형자산은 상각하고 상각기간과 상각방법은 적어도 매 보고기간 말에 검토한다.
⑤ 무형자산의 회계정책으로 원가모형이나 재평가모형을 선택할 수 있다.

🔊 **냅비게의션**
• 잔존가치는 해당자산의 장부금액과 같거나 큰 금액으로 증가할 수도 있으며, 잔존가치가 이후에 장부금액보다 작은 금액으로 감소될 때까지는 상각액은 영(0)이 된다.

2. 내용연수가 유한한 무형자산과 유형자산의 감가상각에 대한 설명으로 옳지 않은 것은?

① 내용연수가 유한한 무형자산과 유형자산의 잔존가치는 해당자산의 장부금액보다 큰 금액으로 증가할 수 없다.
② 내용연수가 유한한 무형자산과 유형자산의 감가상각방법은 변경될 수 있으며, 이러한 변경은 회계추정의 변경으로 회계처리한다.
③ 내용연수가 유한한 무형자산과 유형자산의 감가상각방법에는 정액법, 체감잔액법 및 생산량비례법이 있다.
④ 내용연수가 유한한 무형자산과 유형자산의 감가상각방법은 자산의 미래경제적효익이 소비되는 형태를 반영한다.
⑤ 내용연수가 유한한 무형자산과 유형자산의 감가상각방법은 적어도 매 회계연도 말에 재검토한다.

🔊 **냅비게의션**
• 유형자산의 잔존가치는 해당 자산의 장부금액과 같거나 큰 금액으로 증가할 수도 있다.
• 내용연수가 유한한 무형자산의 잔존가치는 해당 자산의 장부금액과 같거나 큰 금액으로 증가할 수도 있다.

서술형Correction연습

▢ 무형자산 상각은 자산을 취득한 때 또는 무형자산을 계상한 때부터 시작한다.

➡ (X) : 상각은 자산이 사용가능한 때부터 시작한다.

▢ 무형자산 상각은 자산이 재무상태표에서 제거되는 날에만 중지한다.

➡ (X) : 상각은 자산이 매각예정으로 분류되는(또는 매각예정으로 분류되는 처분자산집단에 포함되) 날과 자산이 재무상태표에서 제거되는 날 중 이른 날에 중지한다.

▢ 내용연수가 유한한 무형자산은 그 자산을 더 이상사용하지 않을 때 상각을 중지한다.

➡ (X) : 내용연수가 유한한 무형자산은 그 자산을 더 이상 사용하지 않을 때도 상각을 중지하지 아니한다.

▢ 무형자산은 정액법 또는 생산량비례법 중 자산이 갖는 기대 미래경제적효익의 예상되는 소비형태를 반영하여 선택한다.

➡ (X) : 정액법 또는 생산량비례법(X)
　　→ 정액법, 체감잔액법 또는 생산량비례법(O)

▢ 무형자산의 상각방법은 소비되는 형태를 신뢰성있게 결정할 수 없는 경우에는 정률법을 사용한다.

➡ (X) : 정률법(X) → 정액법(O)

▢ 무형자산 상각방법의 변경은 회계정책의 변경으로 회계처리한다.

➡ (X) : 회계정책의 변경(X) → 회계추정의 변경(O)

이론과기출 제103강 ━ 내부창출무형자산

의의	구분적용	•인식기준 충족여부평가를 위해 무형자산의 창출과정을 연구단계와 개발단계로 구분함.
	구분불가시	•무형자산을 창출하기 위한 내부프로젝트를 연구단계와 개발단계로 구분할수 없는 경우 ➡ 발생한 지출은 모두 연구단계에서 발생한 것으로 봄. 말장난 모두 개발단계에서 발생한 것으로 본다(X)
	주의 내부적으로 창출한 브랜드, 제호, 출판표제, 고객목록등은 무형자산으로 인식하지 않음.	

연구단계 · 개발단계	회계처리	연구활동지출	•발생시점에 연구비 과목으로 비용처리함.
		개발활동지출	•자산인식요건을 충족O : 개발비의 과목으로 무형자산처리 •자산인식요건을 충족X : 발생시점에 경상개발비 과목으로 비용처리
	연구활동	•새로운 지식을 얻고자 하는 활동 •연구결과나 기타 지식을 탐색, 평가, 최종 선택, 응용하는 활동 •재료, 장치, 제품, 공정, 시스템이나 용역에 대한 여러 가지 대체안을 탐색하는 활동 •새롭거나 개선된 재료, 장치, 제품, 공정, 시스템이나 용역에 대한 여러 가지 대체안을 제안, 설계, 평가, 최종 선택하는 활동	
	개발활동	•생산이나 사용 전의 시제품과 모형을 설계, 제작, 시험 •새로운 기술과 관련된 공구, 지그, 주형, 금형 등을 설계 •상업적 생산목적으로 실현가능한 경제적 규모가 아닌 시험공장을 설계, 건설, 가동 •신규 또는 개선된 재료, 장치등에 대하여 최종적으로 선정된 안을 설계, 제작, 시험	
	자산인식 요건	❖다음을 모두 제시할수 있는 경우에만 개발활동에서 발생한 무형자산을 인식함.	
		기술적 실현가능성	•사용·판매하기 위해 그 자산을 완성할 수 있는 기술적 실현가능성
		기업의 의도	•무형자산을 완성하여 사용하거나 판매하려는 기업의 의도
		기업의 능력	•무형자산을 사용하거나 판매할 수 있는 기업의 능력
		미래경제적효익	•무형자산이 미래경제적효익을 창출하는 방법 ➡그 중에서도 특히 무형자산의 산출물이나 무형자산 자체를 거래하는 시장이 존재함을 제시할수 있거나 또는 무형자산을 내부적으로 사용 할 것이라면 그 유용성을 제시할수 있음.
		자원의 입수가능성	•무형자산의 개발을 완료하고 판매·사용하는데 필요한 기술적, 재정 적 자원등의 입수가능성
		신뢰성있는 측정	•개발과정에서 발생한 무형자산 관련지출을 신뢰성있게 측정할 수 있 는 기업의 능력
	주의 개발비를 상각하던 중 특허권 취득시 : 미상각개발비를 특허권으로 대체치 아니함.(각각 상각)	

취득원가	취득원가	•인식기준을 최초로 충족시킨 이후에 발생한 지출액의 합으로 함. 예시 총지출액은 ₩150, 이중 인식기준충족시점(20x1.12.1) 이후 발생액이 ₩15인 경우 →무형자산=₩15, 비용=₩135(150-15) •이미 비용으로 인식한 지출은 원가로 인식할수 없음.
	포함 O	① 무형자산 창출에 사용된 재료·용역원가, 종업원급여, 특허권·라이선스의 상각비 ② 법적권리 등록수수료, 차입원가
	포함 X	① 판매비, 관리비 및 기타 일반경비지출 ② 계획된 성과를 달성하기 전에 발생한 명백한 비효율로 인한 손실과 초기영업손실 ③ 자산을 운용하는 직원의 교육훈련과 관련된 지출

객관식 확인학습   **이론적용연습**

1. 내부적으로 창출된 무형자산의 취득원가에 포함되지 않는 것은?

① 법적권리를 등록하기 위한 수수료
② 무형자산의 창출에 사용된 특허권상각비
③ 무형자산의 창출을 위하여 발생한 종업원 급여
④ 연구결과를 최종선택, 응용하는 활동과 관련된 지출
⑤ 무형자산의 창출에 사용되었거나 소비된 재료원가, 용역원가

🔊 **냅비게의션**
•연구결과나 기타 지식을 탐색, 평가, 최종 선택, 응용하는 활동은 연구활동의 예이다. 즉, 해당 지출은 비용으로 인식한다.

2. 무형자산에 관한 설명으로 옳지 않은 것은?

① 사업결합으로 취득한 연구·개발프로젝트의 경우 사업결합 전에 그 자산을 피취득자가 인식하였는지 여부에 관계없이 취득일에 무형자산의 정의를 충족한다면 취득자는 영업권과 분리하여 별도의 무형자산으로 인식한다.
② 내부적으로 창출한 브랜드, 제호, 출판표제, 고객 목록은 무형자산으로 인식하지 않는다.
③ 자산을 운용하는 직원의 교육훈련과 관련된 지출은 내부적으로 창출한 무형자산의 원가에 포함한다.
④ 무형자산을 창출하기 위한 내부프로젝트를 연구단계와 개발단계로 구분할 수 없는 경우에는 그 프로젝트에서 발생한 지출은 모두 연구단계에서 발생한 것으로 본다.
⑤ 교환거래(사업결합과정에서 발생한 것이 아닌)로 취득한 동일하거나 유사한, 비계약적 고객관계는 고객관계를 보호할 법적 권리가 없는 경우에도 무형자산의 정의를 충족한다.

🔊 **냅비게의션**
•자산을 운용하는 직원의 교육훈련과 관련된 지출은 내부적으로 창출한 무형자산의 원가에 포함하지 않는다.

3. ㈜합격은 모두 개발단계에 해당하는 프로젝트 A와 B에 지출이 발생하였다. 프로젝트 A에 대해서는 당기 20x1년 3월에 ₩1,600,000, 20x1년 10월에 ₩1,200,000을 지출하였고, 프로젝트 B에 대해서는 당기 20x1년 4월에 ₩1,200,000, 20x1년 11월에 ₩800,000을 지출하였다. 기타 관련자료가 다음과 같을 때 개발비, 산업재산권(특허권), 당기비용으로 처리될 금액은 각각 얼마인가?

(1) 프로젝트 A와 프로젝트 B 중에서 프로젝트 A에 관련된 지출이 20x1년 8월 1일에 자산인식요건을 충족하였다.
(2) 프로젝트 A와 관련하여 20x1년말에 특허권을 취득하였으며, 변리사 비용 ₩600,000을 지출하였다.

	개발비	산업재산권	당기비용
①	₩0	₩1,800,000	₩1,600,000
②	₩0	₩1,800,000	₩2,000,000
③	₩1,200,000	₩1,800,000	₩2,000,000
④	₩1,2000,000	₩600,000	₩2,000,000
⑤	₩1,200,000	₩600,000	₩3,600,000

🔊 **냅비게의션**
•개발비 : 1,200,000(프로젝트 A관련 자산인식요건충족 후 지출분)
•산업재산권 : 600,000(특허권 취득 관련 변리사 비용)
•당기비용 : 1,600,000(프로젝트 A관련 자산인식요건충족 전 지출분)+2,000,000(프로젝트 B관련 자산인식요건충족 전 지출분)=3,600,000
*내부창출한 무형자산 원가는 인식기준을 최초로 충족시킨 이후에 발생한 지출액으로 한다.

서술형Correction연습

☐내부적으로 창출한 브랜드, 제호, 출판표제, 고객 목록과 이와 실질이 유사한 항목은 개발단계에서 발생한 지출이므로 자산인식요건을 충족시키는 경우 무형자산으로 인식한다.

➡ (X) : 내부적으로 창출한 브랜드, 제호, 출판표제, 고객 목록과 이와 실질이 유사한 항목은 사업을 전체적으로 개발하는 데 발생한 원가 와 구별할 수 없으므로 무형자산으로 인식하지 아니한다.

☐내부적으로 창출된 무형자산이라고 하여 외부 취득한 무형자산에 대한 인식기준 외에 추가적인 인식기준이 충족되어야 하는 것은 아니다.

➡ (X) : 기술적 실현가능성등 추가적인 자산인식요건이 있다.

☐무형자산이 계획된 성과를 달성하기 전에 발생한 초기 영업손실은 내부적으로 창출한 무형자산의 원가에 포함한다.

➡ (X) : 포함하지 않는다.

Answer   1. ④   2. ③   3. ⑤

시험중요도 ★★☆

이론과기출 제104강 ○ 연구단계와 개발단계 구분등

사례   연구단계와 개발단계 구분

❖ 다음은 제약회사인 ㈜뽀대작살의 20x1년도 독감 치료용 신약을 위한 연구, 개발 및 생산과 관련된 자료이다. ㈜뽀대작살이 20x1년에 당기손익으로 인식할 연구비와 자산으로 인식할 개발비는 각각 얼마인가? 단, 개발비로 분류되는 지출의 경우는 모두 개발비 자산인식요건을 충족한다고 가정한다.

세부고찰 I

(1) 독감의 원인이 되는 새로운 바이러스를 찾기 위한 지출	₩300,000
(2) 바이러스 규명에 필요한 동물실험을 위한 지출	₩10,000
(3) 상업용 신약 생산에 필요한 설비 취득을 위한 지출	₩400,000
(4) 신약을 개발하는 시험공장 건설을 위한 지출 (상업적 생산목적으로 실현가능한 경제적 규모가 아님)	₩500,000
(5) 신약의 상업화전 최종 임상실험을 위한 지출	₩60,000
(6) 신약 생산전 시제품을 시험하기 위한 지출	₩20,000
(7) 바이러스 동물실험결과의 평가를 위한 지출	₩30,000

풀이

• 연구비 : (1)+(2)+(7)=340,000
• 개발비 : (4)+(5)+(6)=580,000
*(3)의 상업용 신약 생산에 필요한 설비 취득을 위한 지출은 유형자산의 취득원가로 인식한다.

사례   개발비와 연구비 계산

❖ 다음은 ㈜무쏘의뿔처럼혼자서가라의 신차 연구·개발 관련 자료이다. 20x3년도 개발비, 산업재산권, 연구비를 계산하면 얼마인가?

(1) 20x1년말 신차 연구활동이 종료되었고, 20x2년초부터 개발단계에 돌입하였다.
(2) 20x2년말 개발활동이 종료되었으며, 20x3년 4월초부터 신차 생산·판매가 개시되었다.
(3) 20x3년 7월초 신차 기술의 특허권을 취득하였으며, 취득을 위한 지출액은 ₩18,000이다.
(4) 정액법으로 5년간 상각하며, 잔존가치는 없는 것으로 간주한다.
(5) 연구·개발 관련 지출액 자료는 다음과 같다.

세부고찰 II

구분	20x1년	20x2년
연구·개발관련 직접 지출 재료비	₩120,000	₩172,500
연구·개발관련 직접 지출 인건비	₩135,000	₩142,500
연구·개발관련 사용된 기계의 감가상각비	₩150,000	₩150,000

풀이

• 인식기준충족시점(연구활동이 종료되었고 개발단계에 돌입한 시점)
   →20x2년초
• 사용가능시점(상각개시시점)
   →20x3년 4월초
• ① 개발비 : (172,500+142,500+150,000)−(465,000÷5년)x9/12=395,250
   ② 산업재산권(특허권) : 18,000−(18,000÷5년)x6/12=16,200
   ③ 연구비 : 없음.

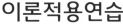

객관식 확인학습 이론적용연습

1. ㈜세무는 신제품 개발활동으로 연구개발비가 다음과 같이 발생하였다. 차입원가는 연구개발활동과 관련된 특정차입금에서 발생한 이자비용이다. 20x1년은 연구단계이고, 20x2년은 개발단계(무형자산의 인식요건을 충족함)에 속하는데, 20x2년 7월 1일에 프로젝트가 완료되어 제품생산에 사용되었다. 무형자산(개발비)은 내용연수 5년, 잔존가치 ₩0, 정액법 상각(월할상각)하며, 원가모형을 적용한다. 20x2년 12월 31일 무형자산(개발비)의 장부금액은?

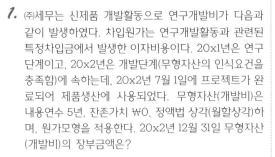

내역	20x1.1.1~20x1.12.31	20x2.1.1~20x2.6.30
연구원 급여	₩40,000	₩30,000
시험용 원재료 사용액	₩25,000	₩20,000
시험용 기계장치 감가상각비	₩10,000	₩5,000
차입원가	₩5,000	₩5,000

① ₩49,500 ② ₩50,000 ③ ₩54,000
④ ₩55,000 ⑤ ₩60,000

• 취득원가 : 30,000+20,000+5,000+5,000=60,000
• 상각누계액 : (60,000÷5년)x6/12=6,000
• 장부금액 : 60,000-6,000=54,000

2. 무형자산의 회계처리에 대한 옳은 설명은?

① 무형자산을 최초로 인식할 때에는 공정가치로 측정한다.
② 내부적으로 창출한 브랜드, 제호, 출판표제, 고객 목록과 이와 실질이 유사한 항목은 무형자산으로 인식한다.
③ 연구결과를 최종선택, 응용하는 활동과 관련된 지출은 내부적으로 창출된 무형자산의 취득원가에 포함한다.
④ 무형자산을 창출하기 위한 내부 프로젝트를 연구단계와 개발단계로 구분할 수 없는 경우에는 그 프로젝트에서 발생한 지출은 모두 개발단계에서 발생한 것으로 본다.
⑤ 내용연수가 유한한 무형자산의 상각방법은 자산의 경제적 효익이 소비될 것으로 예상되는 형태를 반영한 방법이어야 한다. 다만, 그 형태를 신뢰성 있게 결정할 수 없는 경우에는 정액법을 사용한다.

• ① 공정가치로 측정한다.(X) → 원가로 측정한다.(O)
② 무형자산으로 인식하지 않는다.
③ 연구활동 관련 지출로서, 전액 당기비용 처리한다.
④ 개발단계(X) → 연구단계(O)

3. 다음은 ㈜국세의 20x1년도 연구 및 개발활동 지출 내역이다. ㈜국세가 20x1년도 연구활동으로 분류해야 하는 금액은 얼마인가?

(1) 새로운 지식을 얻고자 하는 활동 : ₩100,000
(2) 생산이나 사용 전의 시제품과 모형을 제작하는 활동 : ₩150,000
(3) 상업적 생산 목적으로 실현가능한 경제적 규모가 아닌 시험공장을 건설하는 활동 : ₩200,000
(4) 연구결과나 기타 지식을 응용하는 활동 : ₩300,000

① ₩100,000 ② ₩250,000 ③ ₩400,000
④ ₩450,000 ⑤ ₩750,000

• (1)+(4)=400,000

서술형Correction연습

□무형자산을 창출하기 위한 내부 프로젝트를 연구단계와 개발단계로 구분할 수 없는 경우에는 그 프로젝트에서 발생한 지출은 모두 개발단계에서 발생한 것으로 본다.

➡ (X) : 개발단계(X) → 연구단계(O)

□새롭거나 개선된 재료, 장치, 제품, 공정, 시스템이나 용역에 대한 여러 가지 대체안을 제안, 설계, 평가,최종 선택하는 활동은 개발활동의 예로서 해당 지출은 무형자산으로 인식한다.

➡ (X) : 연구활동의 예로서 해당 지출은 비용으로 인식한다.

이론과기출 제105강 ◯ **무형자산 재평가모형**

> 저자주 무형자산 재평가모형의 회계처리는 기본적으로 유형자산 재평가모형과 동일합니다!

적용	선택적용	•무형자산의 회계정책으로 원가모형이나 재평가모형을 선택할수 있음.
	유형별(분류별) 재평가	•재평가모형을 적용하는 경우에는 같은 유형(분류)의 기타 모든 자산도 그에 대한 활성시장이 없는 경우를 제외하고는 동일한 방법을 적용하여 회계처리함. ➡선택적 재평가 방지위해 같은 유형(분류)내의 무형자산 항목들은 동시에 재평가함.
	재평가빈도	•장부금액이 공정가치와 중요하게 차이가 나지 않도록 주기적으로 재평가를 실시함. ➡즉, 재평가빈도는 공정가치의 변동성에 따라 달라지며, 중요하게 차이가 나는 경우에는 추가적인 재평가가 필요함. •주의 주기적으로 재평가함으로 족하며, 매 회계연도마다 재평가를 요구하지는 않음.
	재평가모형 불허사항	•재평가모형을 적용하는 경우에 다음 사항을 허용하지 않음. ① 이전에 자산으로 인식하지 않은 무형자산의 재평가 ② 원가가 아닌 금액으로 무형자산을 최초로 인식 말장난 재평가모형을 적용시 취득원가가 아닌 공정가치로 무형자산을 최초로 인식한다(X)
	공정가치	•재평가 목적상 공정가치는 활성시장을 기초로 하여 측정함.

> 보론 적용 특수사례
>
> ☐ 재평가모형은 자산을 원가로 최초에 인식한 후에 적용하나, 다음의 특수사례가 있음.
>
> | 일부인식시 | •일부 과정이 종료될 때까지 인식기준을 충족하지 않아서 원가의 일부만 자산 인식시는 그 자산 전체에 대하여 재평가모형을 적용할수 있음.
말장난 그 자산 전체에 대하여 재평가모형을 적용할수 없다(X) |
> |---|---|
> | 정부보조 취득시 | •명목상 금액으로 인식한 무형자산에도 재평가모형을 적용할수 있음. |

재평가손익	회계처리	상각누계액제거방법	•자산의 총장부금액에서 상각누계액을 제거함.
		비례적수정방법	•자산 장부금액의 재평가와 일치하는 방식으로 자산의 총장부금액을 조정함.

	재평가이후 재평가	재평가잉여금인식후 재평가손실이 발생	◉전기재평가잉여금	•재평가잉여금과 상계
			◉나머지 금액	•재평가손실(당기손익)
		재평가손실인식후 재평가잉여금이 발생	◉전기재평가손실	•재평가이익(당기손익) 처리
			◉나머지 금액	•재평가잉여금

재평가잉여금	이익잉여금 대체	•재평가잉여금이 실현되는 시점(폐기·처분·사용)에 이익잉여금으로 대체가능함. ➡이익잉여금으로 대체하는 경우 그 금액은 당기손익으로 인식하지 않음.
	대체할금액	•대체할 금액(=실현된 재평가잉여금)은 재평가된 장부금액을 기초로 한 상각액과 자산의 역사적 원가를 기초로 하여 인식하였을 상각액의 차이가 됨.

활성시장 특수사례	동일분류내 재평가불가시	•재평가 무형자산과 같은 유형(분류)내의 무형자산을 활성시장이 없어서 재평가할수 없는 경우에는 원가에서 상각누계액과 손상차손누계액을 차감한 금액으로 표시함.
	공정가치 결정불가시	•재평가한 무형자산의 공정가치를 더 이상 활성시장을 기초로 하여 측정할 수 없는 경우에는 자산의 장부금액은 활성시장을 기초로 한 최종 재평가일의 재평가금액에서 이후의 상각누계액과 손상차손누계액을 차감한 금액으로 함.
	추후공정가치 결정가능시	•자산의 공정가치를 이후의 측정일에 활성시장을 기초로 하여 결정할수 있는 경우에는 그 날부터 재평가모형을 적용함.

> 보론 재평가한 무형자산에 대하여 더 이상 활성시장이 존재하지 않는다는 것은 자산이 손상되어 '자산손상'에 따라 손상검사를 할 필요가 있다는 것을 나타내는 것일 수 있음.

객관식 확인학습 — 이론적용연습

1. ㈜합격은 20x1년 초에 특허권을 ₩10,000,000에 취득하였다. 이 특허권은 10년간 사용할 수 있고 잔존가치는 ₩0이다. 정액법에 따라 특허권을 상각하고, 취득 후에는 재평가모형을 채택하고 있다. 20x2년 말 특허권을 처음 재평가 한 결과 공정가치가 ₩15,000,000인 것으로 나타났다. 내용연수는 변하지 않고, 20x2년 말 현재 잔존내용연수가 8년이 남아 있다. 20x2년 말에 특허권재평가이익으로 인식할 금액과 특허권재평가이익의 포괄손익계산서 표시 항목으로 바르게 연결된 것은?

	특허권재평가이익	포괄손익계산서 표시항목
①	₩5,000,000	당기손익
②	₩5,000,000	기타포괄손익
③	₩7,000,000	당기손익
④	₩7,000,000	기타포괄손익
⑤	₩8,000,000	기타포괄손익

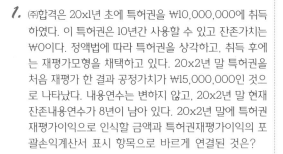

내비게이션
• 20x2년말 장부금액 : 10,000,000-10,000,000÷10년x2=8,000,000
• 20x2년말 재평가잉여금(기타포괄손익) : 15,000,000-8,000,000=7,000,000

2. ㈜한국은 20x1년 1월 1일 활성시장에서 특허권을 ₩6,000,000에 취득하고, 매년 말 재평가모형을 적용한다. 동 특허권은 향후 10년간 사용할 수 있고 잔존가치는 없으며 정액법으로 상각한다. 20x1년, 20x2년, 20x3년 각 연도 말 동 특허권의 공정가치는 각각 ₩5,400,000, ₩5,182,000, ₩4,150,000이다. 20x3년 말 동 특허권과 관련하여 인식할 당기손익은? (단, 특허권을 사용하는 기간 동안에 재평가잉여금을 이익잉여금으로 대체하지 않는다.)

① ₩647,750 손실   ② ₩650,000 손실
③ ₩847,750 손실   ④ ₩1,032,000 손실
⑤ ₩1,200,000 손실

내비게이션
• 20x1년말
 – 장부금액 : 6,000,000-6,000,000x1/10=5,400,000
 – 재평가손익 : 5,400,000-5,400,000=0
• 20x2년말
 – 장부금액 : 6,000,000-6,000,000x2/10=4,800,000
 – 재평가잉여금 : 5,182,000-4,800,000=382,000
• 20x3년말
 – 장부금액 : 5,182,000-5,182,000÷8년=4,534,250
 – 재평가손익 : 4,150,000-4,534,250=△384,250
 – 재평가잉여금 상계후 재평가손실 : 384,250-382,000=2,250
∴20x3년말 당기손실 : (5,182,000÷8년)+2,250=650,000

서술형Correction연습

☐ 재평가 목적상 공정가치는 활성시장을 기초로 하여 결정하며, 보고기간말에 자산의 장부금액이 공정가치와 중요하게 차이가 나지 않도록 매 회계연도마다 재평가를 실시한다.

➡ (X) : 주기적으로 재평가함으로 족하며, 매 회계연도마다 재평가를 실시할 것을 요구하지는 않는다.

☐ 재평가모형을 적용하는 경우에 취득원가가 아닌 공정가치로 무형자산을 최초로 인식한다.

➡ (X) : 취득원가가 아닌 금액으로 무형자산을 최초로 인식하는 것은 허용하지 아니한다.

☐ 일부 과정이 종료될 때까지 인식기준을 충족하지 않아서 무형자산의 원가의 일부만 자산으로 인식한 경우에는 그 자산 전체에 대하여 재평가모형을 적용할 수 없다.

➡ (X) : 적용할 수 없다.(X) → 적용할 수 있다.(O)

☐ 재평가한 무형자산의 공정가치를 더 이상 활성시장을 기초로 하여 측정할 수 없는 경우에는 재평가모형에서 원가모형으로 변경하는 것이 허용된다.

➡ (X) : 재평가한 무형자산의 공정가치를 더 이상 활성시장을 기초로 하여 측정할 수 없는 경우에는 자산의 장부금액은 활성시장을 기초로 한 최종 재평가일의 재평가금액에서 이후의 상각누계액과 손상차손누계액을 차감한 금액으로 한다.(즉, 재평가모형에서 원가모형으로 변경하는 것을 의미하는 것이 아님.)
재평가한 무형자산에 대하여 더 이상 활성시장이 존재하지 않는다는 것은 자산이 손상되어 기준서 '자산손상'에 따라 손상검사를 할 필요가 있다는 것을 나타내는 것일 수 있다. 자산의 공정가치를 이 후의 측정일에 활성시장을 기초로 하여 측정할 수 있는 경우에는그 날부터 재평가모형을 적용한다.

이론과기출 제106강 ◯─ 무형자산 손상과 폐기·처분

▸저자주◂ 무형자산 손상 회계처리는 기본적으로 유형자산 손상과 동일합니다!

원가 모형	손상차손	•장부가와 회수가능액의 차액을 손상차손으로 인식함
	환입	•환입액=Min[손상되지 않았을 경우의 장부금액, 회수가능액]-손상후 장부금액
재평가 모형	손상차손	•계상되어있는 재평가잉여금을 감소시키고 그 차액을 손상차손으로 인식함.
	환입	•손상차손인식액을 한도로 환입을 계상하고 나머지는 재평가잉여금을 증가시킴.

사례 ◀ 무형자산손상 회계처리(원가모형)

손상

❖ 생산설비관련 개발단계에서 다음 지출 발생, 자산인식요건 충족, 상용화시기는 20x3년초, 내용연수 10년, 정액법, 원가모형 적용.

20x1년	20x2년
₩1,360,000	₩1,600,000

구분	20x3년말	20x4년말
회수가능액	₩1,440,000	₩2,000,000

 풀이

20x1년	(차) 개발비	1,360,000	(대) 현금	1,360,000
20x2년	(차) 개발비	1,600,000	(대) 현금	1,600,000
20x3년말	(차) 무형자산상각비	296,000[1]	(대) 상각누계액	296,000
	개발비손상차손	1,224,000[2]	손상차손누계액	1,224,000
20x4년말	(차) 무형자산상각비	160,000[3]	(대) 상각누계액	160,000
	손상차손누계액	720,000	개발비손상차손환입	720,000[4]

[1] $2,960,000 \div 10년 = 296,000$

[2] $(2,960,000-296,000)-1,440,000=1,224,000$

[3] $1,4440,000 \div 9년 = 160,000$

[4] $Min[①\ 2,960,000-2,960,000 \times \frac{2}{10}=2,368,000\ ②\ 2,000,000]-(1,440,000-160,000)=720,000$

폐기·처분

제거시점	•무형자산은 다음의 각 경우에 재무상태표에서 제거함. ① 처분하는 때 ② 사용이나 처분으로부터 미래경제적효익이 기대되지 않을 때
제거손익	•제거손익=순매각액-장부금액 ➡당기손익으로 인식하며, 수익으로 분류하지 아니함.
처분	처분형태 •매각, 금융리스의 체결 또는 기부
	처분시점 •일반적인 경우 '수익'의 재화의 판매에 관한 수익인식기준을 적용함 ➡판매후리스에 의한 처분에 대해서는 '리스' 적용함.
일부대체	•일부에 대한 대체원가를 자산의 장부금액으로 인식시, 대체된 부분의 장부금액은 제거함. ➡대체된 부분의 장부금액을 실무적으로 결정할수 없는 경우에는 대체된 부분을 취득하거나 내부적으로 창출한 시점에 대체된 부분의 원가가 얼마였는지 나타내주는 자료로 대체원가를 사용할수도 있음.
처분대가	•무형자산의 처분대가는 최초에는 공정가치로 인식함. ➡지급이 지연되면, 받은 대가는 최초에는 현금가격상당액으로 인식하며, 받은 대가의 명목금액과 현금가격상당액의 차이는 처분으로 인하여 받을 금액에 유효이자율을 반영하여 이자수익으로 인식함.

객관식 확인학습

이론적용연습

1. ㈜대한은 20x1년부터 연구·개발하기 시작한 신기술이 20x2년 7월 1일에 완료되어 즉시 동 신기술을 사용하기 시작하였다. 동 신기술 연구·개발과 관련하여 20x1년 연구단계에서 지출한 금액은 ₩25,000이고 개발단계에서 지출한 금액은 ₩10,000이며, 20x2년 1월 1일부터 6월 30일까지의 개발단계에서 지출한 금액은 ₩30,000이다. 개발단계의 지출은 모두 무형자산의 인식요건을 충족한다. ㈜대한은 개발된 무형자산의 내용연수를 8년으로 추정하였으며, 정액법(잔존가치 ₩0)으로 상각한다. ㈜대한은 특허권 획득과 직접 관련하여 ₩1,000을 지출하고, 20x2년 10월 1일에 동 신기술에 대해 특허권을 획득하였다. 특허권의 내용연수는 5년으로 추정하였으며, 정액법(잔존가치 ₩0)으로 상각한다. 무형자산으로 인식한 개발비는 20x3년 말에 손상사유가 발생하여 회수가능금액 ₩25,000으로 평가되었고, 내용연수는 3년이 축소된 것으로 평가되었다. ㈜대한이 위 무형자산과 관련한 비용을 자본화하지 않는다고 할 때, 20x3년도 포괄손익계산서에 인식할 비용총액은 얼마인가?(단, 원가모형을 적용하며, 무형자산 상각은 월할상각 한다.)

① ₩5,000　　② ₩5,200　　③ ₩7,500
④ ₩12,500　　⑤ ₩12,700

내비게이션

- 20x3년 개발비상각비 : (10,000+30,000)÷8년=5,000
- 20x3년 산업재산권(특허권)상각비 : 1,000÷5년=200
- 20x3년 개발비 장부금액 : 40,000−40,000×18/96=32,500
- 20x3년 개발비손상차손 : 32,500−25,000=7,500
∴비용총액 : 5,000+200+7,500=12,700

2. ㈜한국은 제품 공정A를 연구개발하고 있으며 20x1년 동안에 공정A 연구개발을 위해 지출한 금액은 ₩100,000이었다. 이 금액 중 ₩70,000은 20x1년 10월 1일 이전에 지출되었고, ₩30,000은 20x1년 10월 1일부터 12월 31일까지 지출되었다. 공정A는 20x1년 10월 1일에 무형자산 인식기준을 충족하게 되었다. 또한 ㈜한국은 20x2년 중 공정A를 위해 추가로 ₩30,000을 지출하였다. 공정A가 갖는 노하우의 회수가능액(그 공정이 사용가능하기 전에 해당 공정을 완료하기 위한 미래 현금유출액 포함)은 다음과 같다.

구분	20x1년말	20x2년말
회수가능액	₩20,000	₩70,000

㈜한국의 20x1년도와 20x2년도의 순이익에 미치는 영향은 각각 얼마인가? 단, 무형자산에 대해 상각하지 않으며, 원가모형을 적용한다. 또한, 20x1년도는 손상 조건을 충족하고, 20x2년도는 손상회복 조건을 충족한다.

	20x1년도	20x2년도
①	₩80,000 감소	₩20,000 감소
②	₩80,000 감소	₩10,000 증가
③	₩70,000 감소	₩20,000 감소
④	₩70,000 감소	₩10,000 감소
⑤	₩70,000 감소	₩10,000 증가

내비게이션

- 20x1년 회계처리

(차) 개발비	30,000	(대) 현금	100,000
경상개발비	70,000		
(차) 손상차손	10,000[1]	(대) 손상차손누계액	10,000

- 20x2년 회계처리

(차) 개발비	30,000	(대) 현금	30,000
(차) 개발비	10,000	(대) 손상차손환입	10,000[2]

[1]30,000−20,000=10,000
[2]Min[① 60,000 ② 70,000]−50,000=10,000

이론과기출 제107강 ◯ 무형자산 손상과 평가모형

사례 무형자산 손상(원가모형)

❖ 다음은 원가모형을 채택하고 있는 ㈜오르막길내리막길의 무형자산과 관련된 자료이다. 20x2년에 인식할 무형자산상각비, 손상차손, 손상차손환입액을 계산하면 얼마인가?

(1) 20x1년초 사업결합으로 특허권(공정가치 ₩4,500,000)과 상표권(공정가치 ₩11,250,000)을 무형자산으로 인식하였으며, 잔존가치는 없다고 가정한다.

(2) 연도별 회수가능액(공정가치)과 상각자료는 다음과 같다.

	20x1년말 회수가능액	20x2년말 회수가능액	내용연수	상각방법
특허권	₩3,240,000	₩4,050,000	5년	정액법
상표권	₩11,250,000	₩9,000,000	비한정	–

세부고찰 I

• 사업결합취득시 취득원가는 공정가치이며, 비한정인 무형자산은 상각하지 않으나 손상을 인식함.

20x1년초	(차) 특허권	4,500,000	(대) 현금	15,750,000
	상표권	11,250,000		
20x1년말	(차) 특허권상각비	900,000[1]	(대) 상각누계액	900,000
	(차) 특허권손상차손	360,000[2]	(대) 손상차손누계액	360,000
20x2년말	(차) 특허권상각비	810,000[3]	(대) 상각누계액	810,000
	손상차손누계액	270,000	손상차손환입	270,000[4]
	(차) 상표권손상차손	2,250,000[5]	(대) 손상차손누계액	2,250,000

[1] 4,500,000÷5년=900,000　[2] (4,500,000−900,000)−3,240,000=360,000　[3] 3,240,000÷4년=810,000

[4] Min[① 4,500,000−4,500,000x2/5=2,700,000　② 4,050,000]−(3,240,000−810,000)=270,000

[5] 11.250.000−9.000.000=2.250.000

사례 무형자산 손상(재평가모형)

❖ 다음은 재평가모형을 채택하고 있는 ㈜아메리카노조아의 무형자산과 관련된 자료이다. 20x2년에 표시할 특허권 관련 재평가잉여금, 상표권의 손상차손을 계산하면 얼마인가? 단, 재평가잉여금의 이익잉여금 대체는 없다고 가정한다.

(1) 20x1년초 특허권(취득원가 ₩2,400,000)과 상표권(취득원가 ₩600,000)을 취득하고 무형자산으로 인식하였으며, 잔존가치는 없다고 가정하며, 20x2년말에 손상징후가 발생하였다.

(2) 연도별 회수가능액(공정가치)과 상각자료는 다음과 같다.

	20x1년말 회수가능액	20x2년말 회수가능액	내용연수	상각방법
특허권	₩2,340,000	₩1,350,000	4년	정액법
상표권	₩630,000	₩540,000	비한정	–

세부고찰 II

• 20x1년말 특허권의 재평가잉여금 　: 2,340,000−(2,400,000−2,400,000÷4년) = 540,000

　20x2년말 재평가잉여금 감소액(손상액) : (2,340,000−2,340,000÷3년)−1,350,000 = (210,000)

　　　　　　　　　　　　　　　　　　　　　　　　　　　　　　　　　　　　330,000

• 20x2년말 상표권의 손상차손 : 600,000−540,000=60,000

객관식 확인학습 — 이론적용연습

1. ㈜갑이 20x1년초에 취득한 무형자산과 관련된 자료는 다음과 같다.

구분	취득원가	내용연수	20x1년말 회수가능액	20x2년말 회수가능액
상표권	₩20,000	비한정적	₩21,000	₩18,000
특허권	₩80,000	4년	₩78,000	₩45,000

특허권은 정액법으로 상각하며, 잔존가치는 ₩0이다. 20x2년말에는 상기 무형자산에 대해 손상징후가 발생하였다. ㈜갑은 무형자산에 대하여 재평가모형을 적용하며, 무형자산을 사용하면서 관련 재평가잉여금을 이익잉여금으로 대체하는 방법은 선택하지 않고 있다. ㈜갑이 20x2년도에 인식할 상표권 관련 손상차손과 20x2년말 재무상태표에 표시할 특허권 관련 재평가잉여금은 각각 얼마인가? 단, 회수가능액은 공정가치와 동일하다고 가정한다.

	손상차손	재평가잉여금
①	₩1,000	₩7,000
②	₩3,000	₩11,000
③	₩2,000	₩7,000
④	₩3,000	₩7,000
⑤	₩2,000	₩11,000

 낱비게이션

•20x2년도 상표권 손상차손 계산
비한정 무형자산은 상각하지 않으나 손상을 인식한다.

20x1년말	(차) 상표권	1,000	(대) 재평가잉여금	1,000
20x2년말	(차) 재평가잉여금	1,000	(대) 손상차손누계	3,000
	손상차손	2,000		

•20x2년말 특허권의 재평가잉여금 계산
㉠ 20x1년말 특허권의 재평가잉여금
78,000−(80,000−80,000÷4년)=18,000
㉡ 20x2년말 재평가잉여금 감소액
(78,000−78,000÷3년)−45,000=7,000
→∴18,000−7,000=11,000

20x1년말	(차) 특허권상각비	20,000	(대) 상각누계액	20,000
	(차) 상각누계액	20,000	(대) 재평가잉여금	18,000
			특허권	2,000
20x2년말	(차) 특허권상각비	26,000	(대) 상각누계액	26,000
	(차) 상각누계액	26,000	(대) 특허권	33,000
	재평가잉여금	7,000		

2. ㈜강내는 신제품에 대한 새로운 생산공정을 개발하고 있는데, 동 생산공정 개발은 20x1년 10월 1일부터 무형자산의 인식기준을 충족한다. 이와 관련하여 20x1년 동안 발생한 지출은 ₩100,000이었고, 그 중 ₩60,000은 20x1년 10월 1일 전에 발생하였으며, ₩40,000은 20x1년 10월 1일과 20x1년 12월 31일 사이에 발생했다. 20x1년 말 동 생산공정 개발비의 공정가치는 ₩45,000이며, 손상은 없었다. 20x2년 말 동 생산공정 개발비의 공정가치는 20x1년 말 대비 변동이 없었으나, 동 무형자산이 속해 있는 사업부의 손상으로 배부받은 ₩9,000을 손상차손으로 인식했다. 취득시점 이후에 동 무형자산을 재평가모형으로 평가할 때 20x2년도에 인식할 당기손실은 얼마인가?(단, 동 무형자산은 상각하지 않으며, 법인세효과는 고려하지 않는다.)

① ₩9,000 ② ₩6,000 ③ ₩5,000
④ ₩4,000 ⑤ ₩0

 낱비게이션

•20x1년말 재평가잉여금 : 45,000−40,000=5,000
•20x2년말 손상차손 : 9,000−5,000(재평가잉여금)=4,000

저자주 현금창출단위 손상차손 배부는 사업결합(영업권의 후속측정)을 참조바랍니다!

시험중요도 ★☆☆

이론과기출 제108강 ─ 금융부채 금융부채 범위

금융상품	정의	• 거래 당사자 어느 한쪽에게는 금융자산이 생기게 하고 동시에 거래상대방에게 금융부채나 지분상품(자본)이 생기게 하는 모든 계약을 말함. 참고 금융상품을 수취, 인도, 교환하는 계약상 권리·의무는 그 자체로 금융상품임.
	분류	• 금융상품은 다시 금융자산, 금융부채, 지분상품(=자산에서 모든 부채를 차감한 후의 잔여지분을 나타내는 모든 계약)으로 분류함.

❶ 거래상대방에게 현금 등 금융자산을 인도하기로 한 계약상 의무

금융부채 범위	금융부채 사례	• 매입채무, 지급어음, 차입금, 사채, 미지급금, 미지급비용, 금융리스부채 ➡ 조건부 계약상 의무(예 금융보증)와 보유자에게 상환청구권 있는 상환우선주는 금융부채이며, 운용리스는 수수료(사용대가)로서 금융상품에 해당하지 않음. ➡ 발행자가 보유한 영구적 채무상품(확정이자를 영구 지급)은 금융부채에 해당함.
	선수금·선수수익 품질보증의무	• 선수금·선수수익, 품질보증의무는 금융부채가 아님. ➡ 현금 등 금융자산이 아닌 재화나 용역을 제공해야 하기 때문
	법인세관련부채 충당부채	• 당기법인세부채, 이연법인세부채, 충당부채, 의제의무는 금융부채가 아님. ➡ 거래상대방과의 계약이 아닌 법령규정에 따라 발생한 부채이기 때문

❷ 잠재적으로 불리한 조건으로 거래상대방과 금융자산이나 금융부채를 교환하기로 한 계약상 의무

	금융부채 사례	• 파생상품인 콜옵션이나 풋옵션 ➡ 발행자에게 잠재적 손실의무나 권리포기를 부담하게 하기 때문('파생상품' 참조)

❸ 과거 대가수취하고 그 대가로 인도할 자기지분상품(=주식)의 수량이 변동가능한 비파생상품

	금융부채 사례	• 상품을 ₩25,000에 구입하고 3개월 후 ₩25,000에 상당하는 회사주식을 발행하는 계약(주당 액면금액은 ₩500이며, 발행일에 ₩25,000에 상당하는 회사주식은 30주임) ➡ 과거 수취대가 확정 & 수량미확정

구입일	(차) 상품	25,000	(대) 매입채무(부채)	25,000
발행일	(차) 매입채무	25,000	(대) 자본금	15,000
			주식발행초과금	10,000

보론 if, 3개월 후 20주의 회사주식을 발행하는 경우는 지분상품(자본)으로 분류함.

구입일	(차) 상품	25,000	(대) 미교부주식(자본)	25,000
발행일	(차) 미교부주식	25,000	(대) 자본금	10,000
			주식발행초과금	15,000

세부분류 (비파생상품인 경우)		수량확정	수량미확정
	과거 수취대가 확정	지분상품	금융부채
	과거 수취대가 미확정	지분상품	금융부채

❹ 확정수량의 자기지분상품을 미래 확정금액의 현금 등 금융자산과 교환하여 결제하는 방법 외의 방법으로 결제하거나 결제할 수 있는 파생상품

	금융부채 사례	• 3개월 후에 금 50온스를 수령하고, 이에 대한 대가로 금 50온스에 상당하는 회사주식을 발행하기로 한 계약 ➡ 미래 수취대가 미확정 & 수량미확정 참고 비파생 자기지분상품을 보유하고 있는 기존 소유주 모두에게 주식인수권 등을 지분비율에 비례하여 부여하는 경우, 어떤 통화로든 확정금액으로 확정수량의 자기지분상품을 취득하는 주식인수권, 옵션, 주식매입권은 지분상품임.

세부분류 (파생상품인 경우)		수량확정	수량미확정
	미래 수취대가 확정	지분상품	금융부채
	미래 수취대가 미확정	금융부채	금융부채

객관식 확인학습 — 이론적용연습

1. 다음 중 금융부채에 해당하지 않는 것은 어느 것인가?

① 액면 100억의 사채에 대해 상환 대신 1만주의 주식으로 교환할 계약
② 100억원의 가치에 해당하는 지분상품을 인도할 계약
③ 100킬로그램의 금의 가치에 해당하는 현금을 대가로 지분상품을 인도할 계약
④ 100킬로그램의 금의 가치에 해당하는 현금을 대가로 주식 1만주를 인도할 계약
⑤ 자기지분상품 100주를 공정가치의 80%로 주기로 한 계약

 낵비게이션

• ① 과거 수취대가 확정 & 수량확정 → 지분상품
② 과거 수취대가 확정 & 수량미확정 → 금융부채
③ 미래 수취대가 미확정 & 수량미확정 → 금융부채
④ 미래 수취대가 미확정 & 수량확정 → 금융부채
⑤ 미래 수취대가 미확정 & 수량확정 → 금융부채

2. 금융상품의 발행자가 금융상품을 금융부채(financial liability)와 지분상품(equity instrument)으로 분류할 때, 다음의 설명 중 타당하지 않은 것은?

① 잠재적으로 불리한 조건으로 거래상대방과 금융자산이나 금융부채를 교환하기로 한 계약상 의무는 금융부채로 분류한다.
② 향후 금 100온스의 가치에 해당하는 확정되지 않은 금액의 현금을 대가로 자기지분상품 100주를 인도하는 계약은 지분상품으로 분류하지 않는다.
③ 발행자가 보유자에게 미래의 시점에 확정된 금액을 의무적으로 상환해야 하는 의무가 있는 우선주는 금융부채로 분류한다.
④ 100원과 동일한 공정가치에 해당하는 자기지분상품을 인도할 계약은 인도할 자기지분상품의 수량이 확정되지 않았으므로 금융부채로 분류한다.
⑤ 자기지분상품을 현금 등 금융자산으로 매입할 의무가 포함된 계약의 경우 그 의무가 상대방의 권리행사 여부에 따라 결정되는 경우에는 지분상품으로 분류한다.

 낵비게이션

• K-IFRS 제1032호 금융상품 표시

보론	문단 23
☐자기지분상품을 매입해야 하는 의무가 상대방의 권리행사에 따라 결정되는 경우에도 상환금액의 현재가치에 해당하는 금융부채가 생긴다. (예 상대방이 기업의 자기지분상품을 확정금액으로 기업에게 매도할 권리가 부여된 풋옵션을 발행한 경우)	

3. 금융부채와 지분상품의 분류에 대한 설명으로 옳지 않은 것은?

① 상대방에게 확정된 가격으로 확정된 수량의 주식을 매입할 수 있는 권리를 부여한 주식옵션의 발행자는 이를 지분상품으로 분류한다.
② 액면금액에 대하여 매년 확정이자를 영구적으로 지급하는 금융상품의 발행자는 이를 금융부채로 분류한다.
③ 금융상품의 발행자와 보유자 모두가 통제할 수 없는 불확실한 상황의 결과에 따라 현금 등 금융자산을 인도하여 결제되는 금융상품의 발행자는 이를 지분상품으로 분류한다.
④ 금융상품의 보유자가 환매를 요구할 수 있는 권리를 가진 풋가능 금융상품이 금융상품 발행자에게 항상 금융부채로 분류되는 것은 아니다.
⑤ 지분상품은 자산에서 부채를 차감한 후의 잔여지분을 나타내는 계약으로 지분상품의 발행자는 공정가치 평가를 하지 아니한다.

 낵비게이션

• ③ K-IFRS 제1032호 금융상품 표시

보론	문단 25
☐주가지수, 소비자물가지수, 이자율의 변동, 과세규정의 변경이 나 발행자의 미래 수익, 순이익, 부채비율과 같이 금융상품의발행자와 보유자 모두가 통제할 수 없는 불확실한 미래 사건 의 발생 여부나 불확실한 상황의 결과에 따라 현금 등 금융자 산을 인도하여 결제하거나 금융부채로 분류될 그 밖의 방법으 로 결제하는 금융상품이 있다. 이 경우에 발행자는 현금 등 금 융자산의 인도를 회피할 수 있거나 아니면 금융부채로 분류될 그 밖의 결제방법을 회피할 수 있는 무조건적인 권리를 가지 고 있지 않다. 따라서 이러한 금융상품은 특정한 경우를 제외 하고는 발행자의 금융부채이다.	

• ④ K-IFRS 제1032호 금융상품 표시

보론	문단 11, 문단 16A
☐풋가능 금융상품은 금융상품 보유자가 현금 등 금융자산을 수취하 기 위해 발행자에게 해당 금융상품의 환매를 요구할 권리가 부여 된 금융상품으로 정의되며, 풋가능 금융상품은 풋이 행사되면 발행 자가 현금 등 금융자산으로 그 금융상품을 재매입 하거나 상환해 야 하는 계약상 의무를 포함한다. 금융부채 정의 의 예외로서, 그 러한 의무를 포함하는 금융상품이 특정 조건을 모두 갖추고 있다 면 지분상품으로 분류된다.	

서술형Correction연습

☐법인세와 관련된 부채나 의제의무와 같이 계약에 의하지 않은 부채도 금융부채에 해당한다.

➡ (X) : 계약에 의하지 않은 부채는 금융부채가 아니다.

시험중요도 ★☆☆

이론과기출 제109강 ◯━ **금융부채 분류·인식·제거**

금융부채 분류	상각후원가측정 금융부채【AC금융부채】	•FVPL금융부채와 기타금융부채를 제외한 모든 금융부채 ➡️ 예 매입채무, 미지급금, 차입금, 사채 등 ·주의 금융부채는 재분류하지 아니함.

	당기손익-공정가치측정 금융부채【FVPL금융부채】	•공정가치 변동을 당기손익으로 후속측정하는 금융부채로서 다음 중 하나의 조건을 충족하는 금융부채를 말함.
		① 단기매매금융부채 : 단기매매항목의 정의를 충족함.
		  - 주로 단기간에 재매입할 목적으로 부담한다.
		  - 최초 인식시점에 공동으로 관리하는 특정 금융상품 포트폴리오의 일부로 운용형태가 단기적 이익획득 목적이라는 증거가 있다.
		  - 파생상품이다.(즉, 가치변동이 있다.)
		   ➡️단, 금융보증계약인 파생상품이나 위험회피수단으로 지정되고 위험회피에 효과적인 파생상품은 제외함.
		② 당기손익인식지정금융부채 : 최초 인식시점에 당기손익-공정가치 측정 항목으로 지정함.
		·주의 부채를 단기매매활동의 자금조달에 사용한다는 사실만으로는 해당부채를 단기매매금융부채로 분류할 수는 없음.

	기타금융부채	① 금융자산 양도관련 부채 : 양도가 제거조건을 충족하지 못하거나 지속적관여접근법이 적용되는 경우에 생기는 금융부채 ② 금융보증계약에 따른 금융부채 ③ 시장이자율보다 낮은 이자율로 대출하기로 한 대출약정 ④ 사업결합에서 취득자가 인식하는 조건부대가

보론 당기손익-공정가치측정 항목으로 지정하면 서로 다른 기준에 따라 자산·부채를 측정하거나 그에 따른 손익을 인식하여 생길수 있는 인식·측정의 불일치(회계불일치)를 제거하거나 유의적으로 줄이는 경우 당기손익-공정가치측정 항목으로 지정할 수 있음.

·주의 위 '보론'의 경우 한번 지정하면 이를 취소할 수 없으며, 지정은 회계정책의 선택과 비슷하지만 비슷한 모든 거래에 같은 회계처리를 반드시 적용해야 하는 것은 아니라는 점에서 다름.

금융부채 인식	최초인식	•금융부채는 금융상품의 계약당사자가 되는 때에만 재무상태표에 인식함. •최초 인식시점에는 공정가치로 측정함. ·주의 공정가치와 거래가격이 다른 경우에도 거래가격이 아닌 공정가치로 측정하며, 공정가치가 거래가격과 다르다고 결정한다면 그 차이는 당기손익으로 인식함.
	거래원가	•발생즉시 당기비용으로 인식

FVPL금융부채

(차) 현금	100	(대) 금융부채	100
수수료비용	10	현금	10

•공정가치에서 차감

그 외 금융부채

(차) 현금	100	(대) 금융부채	100
할인차금	10	현금	10

금융부채 제거	제거사유	•계약상 의무가 이행·취소·만료된 경우에만 재무상태표에서 제거함.
	제거손익	•금융부채 장부금액과 지급한 대가의 차액은 당기손익(상환손익)으로 인식함.
	재매입	•일부를 재매입시 종전 장부금액은 계속 인식하는 부분과 제거하는 부분에 대해 재매입일 현재 각 부분의 상대적 공정가치를 기준으로 배분하여 제거부분에 대해서만 손익을 인식 ➡️당기손익=제거부분에 배분된 금융부채 장부금액 – 제거하는 부분에 대해 지급한 대가

객관식 확인학습

이론적용연습

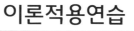

1. 금융자산과 금융부채에 관한 설명으로 옳지 않은 것은?

① 금융부채는 계약의무가 소멸한 경우에만 제거한다.
② 기업 자신의 지분상품(자기지분상품)으로 결제하거나 결제할 수 있는 계약 중 수취할 자기지분상품의 수량이 변동가능한 비파생상품은 금융자산이다.
③ 기존 차입자와 대여자가 실질적으로 다른 조건으로 채무상품을 교환하거나 기존 금융부채의 조건이 실질적으로 변경된 경우에는 최초의 금융부채를 제거하고 새로운 금융부채를 인식한다.
④ 금융자산의 최초인식시 거래가격과 공정가치가 다를 경우 거래가격으로 측정한다.
⑤ 잠재적으로 불리한 조건으로 거래상대방과 금융자산이나 금융부채를 교환하기로 한 계약상 의무는 금융부채이다.

• 거래가격과 다른 경우에도 공정가치로 측정한다.

2. 한국채택국제회계기준상 단기매매목적의 금융부채가 될 수 없는 것은?

① 위험회피수단으로 회계처리하지 아니하는 파생상품부채
② 공매자(차입한 금융자산을 매도하고 아직 보유하고 있지 아니한 자)가 차입한 금융자산을 인도할 의무
③ 단기간 내에 재매입할 의도로 발행하는 금융부채
④ 단기매매활동의 자금조달에 사용하는 금융부채
⑤ 최근의 실제 운용형태가 단기적 이익획득 목적이라는 증거가 있으며, 그리고 공동으로 관리하는 특정 금융상품 포트폴리오의 일부인 금융부채

내비게이션

• 부채를 단기매매활동의 자금조달에 사용한다는 사실만으로는 해당부채를 단기매매금융부채로 분류할 수는 없다.
• K-IFRS 제1039호 금융상품 인식과 측정

보론	문단 AG15
□ 단기매매금융부채의 예는 다음과 같다.	
(1) 위험회피수단으로 회계처리하지 아니하는 파생상품부채	
(2) 공매자(차입한 금융자산을 매도하고 아직 보유하고 있지 아니한 자)가 차입한 금융자산을 인도할 의무	
(3) 단기간 내에 재매입할 의도로 발행하는 금융부채(예: 공정가 치 변동에 따라 발행자가 단기간 내에 재매입할 수 있으며 공시가격이 있는 채무상품)	
(4) 최근의 실제 운용형태가 단기적 이익획득 목적이라는 증거가있으며, 그리고 공동으로 관리되는 특정 금융상품 포트폴리오의 일부인 금융부채	

3. 다음은 한국채택국제회계기준상 금융부채에 대한 설명이다. 가장 타당한 것은?

① 단기매매항목의 정의를 충족하는 금융부채는 당기손익–공정가치측정 금융부채로 분류하며, 단기매매활동의 자금조달에 사용한다면 해당 부채는 단기매매금융부채로 분류할 수 있다.
② 금융부채를 당기손익–공정가치측정 항목으로 지정하는 것이 인식이나 측정의 불일치를 제거하거나 유의적으로 줄이는 경우에는 금융부채를 최초 인식시점에 당기손익–공정가치측정 항목으로 지정할 수 있으며, 추후 지정을 취소할 수 있다.
③ 금융보증계약의 발행자는 충당부채의 인식기준을 충족시키는 경우를 제외하고는 부채로 인식하지 아니한다.
④ 금융부채는 금융상품의 계약당사자가 되는 때에만 재무상태표에 인식하며, 계약상 의무가 이행, 취소, 또는 만료된 경우에만 재무상태표에서 제거한다.
⑤ 금융부채는 최초 인식시점에 공정가치로 측정하며 금융부채의 발행과 직접 관련되는 거래원가는 공정가치에서 차감한다.

내비게이션

• ① 부채를 단기매매활동의 자금조달에 사용한다는 사실만으로는 해당 부채를 단기매매금융부채로 분류할 수는 없다.
② 한번 지정하면 이를 취소할 수 없다.
③ 금융보증계약은 금융부채에 해당한다.
⑤ 당기손익–공정가치측정 금융부채의 발행과 직접 관련되는 거래원가는 당기비용으로 인식한다.

서술형Correction연습

□ 금융부채는 일정 요건을 충족하는 경우 재분류할 수 있다.

➡ (X) : 금융부채는 재분류하지 아니한다.

이론과기출 제110강 ○ 금융부채 후속측정

AC 금융부채	후속측정	•유효이자율법을 사용하여 상각후원가로 후속측정함. ➡FVPL금융부채와 기타금융부채는 상각후원가로 후속측정을 수행하지 않음. →예 조건부대가는 FVPL금융부채로 후속측정함.('사업결합' 참조)	
	관련손익	•유효이자율법을 적용한 이자비용 인식	
	시장이자율	결정	•기준금리(시장위험)와 가산금리(신용위험)의 합계로 결정 ➡신용위험은 기업마다 다르므로 시장이자율은 기업에 따라 다르게 결정됨.
		기준금리	•한국은행이 결정하는 금리로서 시장위험을 반영하는 정책금리 ➡예 LIBOR금리 등
		가산금리	•기업의 신용위험을 반영하는 개별금리 ➡신용평가기관이 결정하는 신용등급에 따라 달라짐. ➡자기신용손실이 발생하는 경우 신용위험(자기신용위험)은 상승하게 됨.

FVPL 금융부채	후속측정	•공정가치로 후속측정함. ➡주의 할인차금 등의 상각이 없음.(표시이자만을 이자비용으로 인식)	
	관련손익	시장위험변동에 따른 공정가치변동	•당기손익으로 표시
		신용위험변동에 따른 공정가치변동	•기타포괄손익으로 표시 주의 후속적으로 당기손익으로 재분류치 않음. ➡단, 기타포괄손익에 표시하는 것이 당기손익의 회계불일치를 일으키거나 확대하는 경우에는 당기손익으로 표시함.

참고 신용위험변동에 따른 공정가치변동을 기타포괄손익으로 표시하는 이유

☐ 신용등급하락(신용위험증가)시 시장이자율이 증가하므로 공정가치가 하락하여 이익(줄돈이 감소)을 인식한다면 신용도가 악화되었음에도 불구하고 이익이 인식되는 모순이 발생하기 때문

사례 공정가치 변동손익의 구분

✿ (주)합격은 20x1년초 액면금액 ₩100,000(액면이자율 4%, 만기 3년)의 회사채를 ₩89,688(현재가치)에 발행하고 당기손익-공정가치측정 금융부채로 지정하였다. 관련 자료가 다음과 같을 때 20x1년도 당기손익과 기타포괄손익에 미친 영향은? 단, 회사채가 회계불일치를 일으키거나 확대하지는 않는다.

(1) 회사채 발행시 중개수수료로 거래원가 ₩3,000을 지출하였다.
(2) 발행시점의 시장이자율은 8%(기준금리 5%+가산금리 3%)이다.
(3) 회사채 발행시점의 신용위험이 동일하게 유지되는 경우 20x1년말의 시장이자율은 9%이며, 20x1년 말 9%로 할인한 회사채의 현재가치는 ₩91,206이다.
(4) 20x1년말 시장이자율은 10%이며, 20x1년말 10%로 할인한 회사채의 현재가치는 ₩89,582이다.

풀이

•총평가손익 : 89,688-89,582=106(이익)
•시장위험만 반영한 평가손익 : 89,688-91,206=△1,518(손실)
•'시장위험만 반영한 평가손익(△1,518)+신용위험만 반영한 평가손익(X)=106'에서 X=1,624(이익)

20x1년 01월 01일	(차) 현금	89,688	(대) FVPL금융부채	89,688
	(차) 수수료비용	3,000	(대) 현금	3,000
20x1년 12월 31일	(차) 이자비용	4,000	(대) 현금	4,000
	(차) FVPL금융부채	106	(대) 평가이익(기타포괄손익)	1,624
	평가손실(당기손익)	1,518		

∴당기손익 : 수수료비용+이자비용+평가손실=8,518(손실), 기타포괄손익 : 1,624(기타포괄손익 증가)

객관식 확인학습　이론적용연습

1. (주)합격은 20x1년초 액면금액 ₩150,000(액면이자율 8%, 만기 10년, 매년말 이자지급)의 회사채를 발행하고 당기손익-공정가치측정 금융부채로 지정하였다. 관련 자료가 다음과 같을 때 20x1년도 당기손익과 기타포괄손익에 미친 영향은 각각 얼마인가? 단, 회사채의 공정가치 변동에 대해 기타포괄손익으로 표시하는 것이 회계불일치를 일으키거나 확대하지는 않는다.

(1) 시장이자율 관련 자료
　－20x1년초 사채에 적용되는 시장이자율 : 8% (LIBOR금리 5%+신용가산금리 3%)
　－20x1년말 사채에 적용되는 LIBOR금리는 4.75%로 변동하였다.
(2) 기타자료
　－회사채의 발행시 거래원가로 ₩2,000을 지출하였다.
　－20x1년말 회사채의 시장가격(공정가치)은 ₩153,811이다.
　－20x1년말 7.75%로 할인한 회사채의 현재가치는 ₩152,367 이다.

	당기손익	기타포괄손익
①	손실 ₩14,367	감소 ₩2,367
②	손실 ₩14,367	감소 ₩1,444
③	손실 ₩16,367	증가 ₩1,444
④	손실 ₩16,367	감소 ₩2,367
⑤	손실 ₩16,367	감소 ₩1,444

 내비게이션

•20x1년초 공정가치 : 150,000(액면발행)
•20x1년말 공정가치 : 153,811
•20x1년말 시장위험만 반영한 공정가치(r=7.75%) : 152,367
•총평가손익 : 150,000-153,811=△3,811(손실)
•시장위험만 반영한 평가손익 : 150,000-152,367=△2,367(손실)
•△2,367+신용위험만 반영한 평가손익(x)=△3,811에서,
　x=△1,444(손실)
∴당기손익 : 수수료비용(2,000)+이자비용(12,000)+평가손실(2,367)=16,367
　기타포괄손익 : △1,444(기타포괄손익 감소)

2. (주)적중은 20x1년초 액면금액 ₩1,000,000(액면이자율 10%, 만기 3년, 매년말 이자지급)의 회사채를 발행하고 당기손익-공정가치측정 금융부채로 지정하였다. 관련 자료가 다음과 같을 때 20x1년말 인식할 기타포괄손익은 얼마인가? 단, 회사채가 회계불일치를 일으키거나 확대하지는 않는다.

(1) 시장이자율 관련 자료
　－20x1년초 사채에 적용되는 시장이자율 : 10%(기준금리 6%+신용가산금리 4%)
　－20x1년말 사채에 적용되는 시장이자율 : 12%(기준금리 7%+신용가산금리 5%)
(2) 현재가치계수 관련자료

구분	1기간	2기간	3기간
10%	0.90909	0.82645	0.75131
11%	0.90090	0.81162	0.73119
12%	0.89286	0.79719	0.71178

① 기타포괄이익 ₩17,128　② 기타포괄손실 ₩17,128
③ 기타포괄이익 ₩16,667　④ 기타포괄손실 ₩16,667
⑤ 기타포괄이익 ₩33,805

 내비게이션

•20x1년초 공정가치(r=10%) : 1,000,000(액면발행)
•20x1년말 공정가치(r=12%) : 100,000x0.89286+1,100,000x0.79719=966,195
•20x1년말 시장위험만 반영한 공정가치(r=11%) :
　100,000x0.90090+1,100,000x0.81162=982,872
•총평가손익 : 1,000,000-966,195=33,805(이익)
•시장위험만 반영한 평가손익 : 1,000,000-982,872=17,128(이익)
•17,128+신용위험만 반영한 평가손익(x)=33,805에서,
　x=16,677(이익)

서술형Correction연습

☐ 당기손익-공정가치측정 금융부채는 후속적으로 공정가치로 측정하며 공정가치의 변동은 당기손익으로 표시한다.

(X) : 신용위험변동에 따른 부분은 회계불일치를 일으키거나 확대하는 경우가 아닌 경우 기타포괄손익으로 표시한다.

이론과기출 제111강 ○── 사채발행의 기본회계처리

액면발행
- '사채액면이자율 = 시장이자율(유효이자율)'인 경우에는 액면발행됨.
- 이자지급일에 액면이자만 이자비용처리하면 됨.

할인발행
- '사채액면이자율 〈 시장이자율(유효이자율)'인 경우에는 할인발행됨.
- 사채할인발행차금(=액면금액－발행금액)은 사채액면금액에 차감형식으로 기재하고, 상각액은 사채이자에 가산 ➡ 상각액=이자비용(유효이자)－액면이자

▌**사례** 할인발행 회계처리 ◀

❂ 20x1년 1월 1일 사채발행. 액면 ₩1,000,000, 액면이자율 10%, 유효이자율 12%, 만기는 3년, 이자는 매년말 지급. 발행금액(=현재가치)은 ₩951,963이다.

일자	유효이자(12%)	액면이자(10%)	상각액	장부금액
20x1년초	－	－	－	951,963
20x1년말	951,963x12%=114,236	100,000	114,236－100,000=14,236	951,963+14,236=966,199
20x2년말	115,944	100,000	15,944	982,143
20x3년말	117,857	100,000	17,857	1,000,000

20x1년초	(차)	현금	951,963	(대)	사채	1,000,000
		사채할인발행차금	48,037			
20x1년말	(차)	이자비용	114,236	(대)	현금	100,000
					사채할인발행차금	14,236
상환시	(차)	이자비용	117,857	(대)	현금	100,000
					사채할인발행차금	17,857
	(차)	사채	1,000,000	(대)	현금	1,000,000

•주의 사채할인발행차금은 마치 선급이자의 성격으로 볼수 있음.

할증발행
- '사채액면이자율 〉 시장이자율(유효이자율)'인 경우에는 할증발행됨.
- 사채할증발행차금(=발행금액－액면금액)은 사채액면금액에 가산형식으로 기재하고, 상각액은 사채이자에서 차감. ➡상각액=액면이자－이자비용(유효이자)

▌**사례** 할증발행 회계처리 ◀

❂20x1년 1월 1일 사채발행. 액면 ₩1,000,000, 액면이자율 12%, 유효이자율 10%, 만기는 3년, 이자는 매년말 지급, 발행금액(=현재가치)은 ₩1,049,737이다.

일자	액면이자(12%)	유효이자(10%)	상각액	장부금액
20x1년초	－	－	－	1,049,737
20x1년말	120,000	1,049,737x10%=104,974	120,000－104,974=15,026	1,049,737－15,026=1,034,711
20x2년말	120,000	103,471	16,529	918,182
20x3년말	120,000	101,818	18,182	1,000,000

20x1년초	(차)	현금	1,049,737	(대)	사채	1,000,000
					사채할증발행차금	49,737
20x1년말	(차)	이자비용	104,974	(대)	현금	120,000
		사채할증발행차금	15,026			
상환시	(차)	이자비용	101,818	(대)	현금	120,000
		사채할증발행차금	18,182			
	(차)	사채	1,000,000	(대)	현금	1,000,000

•주의 ① 유효이자 : 할인발행시는 매년증가, 할증발행시는 매년감소 ② 상각액 : 모두 매년증가

상각방법
- 사채발행차금 상각방법으로 유효이자율법만 인정함. ➡ ·비교 정액법 : 매기 동일액을 상각하는 방법

사채발행비
- 사채발행비는 사채발행금액에서 차감함.
- 액면·할인발행시는 사채할인발행차금을 증액, 할증발행시는 사채할증발행차금을 감액함.

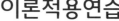

객관식 확인학습 — **이론적용연습**

1. 상각후원가측정 금융부채로 분류되는 사채에 대한 다음 설명 중 옳은 설명은?

① 유효이자율법으로 상각하는 경우, 할인발행되면 이자비용은 매년 감소하고, 할증발행되면 매년 증가한다.
② 정액법으로 상각하는 경우, 장부가액에 대한 이자비용의 비율은 매년 동일하다.
③ 유효이자율법으로 상각하는 경우, 할인발행 또는 할증발행에 따른 사채발행차금의 상각액은 매년 증가한다.
④ 한국채택국제회계기준에서는 사채발행차금을 사채기간에 걸쳐 정액법으로 상각한다.
⑤ 한국채택국제회계기준에서는 사채발행비를 사채기간에 걸쳐 정액법으로 상각한다.

 내비게이션
• ① 할인발행시는 증가, 할증발행시는 감소
② 유효이자율법의 설명이다.
④ 유효이자율법으로 상각한다.
⑤ 사채발행비는 발행가액에서 차감하므로 사채할인발행차금의 일부로 처리된다. 따라서, 유효이자율법으로 상각한다.

2. 사채가 할인발행되고 유효이자율법이 적용되는 경우 다음의 설명 중 옳지 않은 것은? 단, 사채는 상각후원가측정 금융부채로 분류된다.

① 사채발행시점에 발생한 사채발행비는 비용으로 처리하지 않고, 사채의 만기 동안의 기간에 걸쳐 상각하여 비용화한다.
② 사채의 장부금액은 초기에는 적고 기간이 지날수록 금액이 커진다.
③ 매기간 계상되는 총사채이자비용은 초기에는 적고 기간이 지날수록 금액이 커진다.
④ 사채할인발행차금은 선급이자의 성격으로 볼 수 있다.
⑤ 사채할인발행차금은 사채의 발행금액에서 차감하는 형식으로 표시한다.

 내비게이션
• 발행금액(X) → 액면금액(O)

3. 상각후원가측정 금융부채로 분류되는 사채에 대한 사채할인발행차금의 상각이 당기순이익과 사채의 장부금액에 미치는 영향으로 올바른 것은?

	당기순이익	사채의 장부금액
①	증가시킨다	증가시킨다
②	증가시킨다	감소시킨다
③	감소시킨다	감소시킨다
④	감소시킨다	증가시킨다
⑤	영향없다	증가시킨다

 내비게이션
• 이자비용 증가 → 당기순이익 감소
• 할인발행차금 감소 → 사채장부금액 증가

서술형Correction연습

☐ 사채를 유효이자율법으로 상각하는 경우, 할인발행 또는 할증발행에 따른 사채발행차금의 상각액은 매년 감소한다.

➡ (X) : 매년 감소한다.(X) → 매년 증가한다.(O)

이론과기출 제112강 ○─ 사채할인발행차금 상각등

세부고찰 I

 사례 사채할인발행차금상각 기본회계처리

❖ 다음 자료에 의하여 사채의 20x1년도말 회계처리는?

(1) 사채발행일	20x1년 1월 1일	(2) 사채발행시 액면금액	₩11,500,000
(3) 기초장부금액(현재가치)	₩10,300,000	(4) 유효이자율	6%
(5) 액면이자율	5%	(6) 이자비용은 기말 현재 미지급	

풀이

•(차) 이자비용 10,300,000x6%=618,000　(대) 미지급이자　11,500,000x5%=575,000
　　　　　　　　　　　　　　　　　　　사발차상각액　618,000-575,000=43,000

세부고찰 II

 사례 총이자비용 계산

❖ 다음은 ㈜앗싸합격의 20x1년초 사채발행 관련 자료이다. 만기까지 인식할 총이자비용은 얼마인가?

(1) 액면금액 ₩2,000,000, 만기 3년, 액면이자율 연 8%, 유효이자율 연 10%
(2) 사채발행으로 조달된 현금은 ₩1,900,5040이다.

풀이

•총액면이자(2,000,000x8%x3년)+총사발차(2,000,000-1,900,504)=579,496

세부고찰 III

 사례 액면이자율 추정

❖ (주)질러는 20x1년 1월 1일 시장이자율이 연 9%, 액면금액이 ₩10,000이고, 만기가 3년인 회사채를 ₩9,241에 할인발행하였다. 이 회사채는 매년말 이자를 지급한다. 이 회사채의 20x2년 1월 1일 장부금액이 ₩9,473이라면, 이 회사채의 액면이자율은 얼마인가? (문제풀이과정에서 계산되는 모든 화폐금액은 소수점 이하에서 반올림하시오)

풀이

•사발차상각액 : 9,473-9,241=232
•이자비용(9,241x9%)=액면이자(10,000x액면이자율)+사발차상각액(232)
　→∴액면이자율=6%

세부고찰 IV

 사례 2차연도 이후 사채할인발행차금상각액 계산

❖다음 자료에 의해 20x2년 12월 31일 이자지급일의 이자비용은 얼마인가?

(1) 20x1년 1월 1일 액면 ₩10,000,000인 사채를 발행(만기 5년, 매년말 이자지급)
(2) 표시이자율은 10%, 유효이자율 12%, 발행시 현재가치는 ₩9,279,100

 풀이

•20x1년 12월 31일 사발차상각액 : (9,279,100×12%)-(10,000,000×10%)=113,492
　20x2년 12월 31일 사발차상각액 : [(9,279,100+113,492)×12%]-(10,000,000×10%)=127,111
　→∴이자비용 : 1,000,000+127,111=1,127,111

고속철	☐ 다음연도 상각액=당기상각액x(1+유효이자율)
	→∴20x2년 12월 31일 사채할인발행차금상각액 : 113,492x1.12=127,111

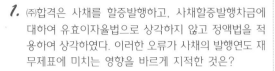 

1. ㈜합격은 사채를 할증발행하고, 사채할증발행차금에 대하여 유효이자율법으로 상각하지 않고 정액법을 적용하여 상각하였다. 이러한 오류가 사채의 발행연도 재무제표에 미치는 영향을 바르게 지적한 것은?

	사채의 장부금액	당기순이익
①	과대계상	과대계상
②	과대계상	과소계상
③	과소계상	과대계상
④	과소계상	과소계상
⑤	과소계상	영향없음

낼비게의션

• 사채발행연도(1차연도)의 상각액의 크기는 할인·할증발행 불문하고 유효이자율법하의 상각액보다 정액법하의 상각액이 더 크다. 따라서, 사채할증발행차금을 유효이자율법이 아닌 정액법으로 상각한 경우 상각액이 과대계상되어 사채의 장부금액을 과소계상하게 되며 이자비용을 과소계상함에 따라 당기순이익을 과대계상하게 된다. 즉, 양 방법하에서의 이자비용은 다음과 같이 계산된다.
  - 유효이자율법하의 이자비용=장부금액×유효이자율
  - 정액법하의 이자비용=액면이자－상각액(정액)

2. 사채의 발행시 발행가와 액면가의 차이인 사채할인발행차금에대한 설명으로 옳은 것은?

① 사채할인발행차금은 사채의 액면이자율이 시장이자율보다 낮을때 발생하는 것으로 선급이자 성격이다.

② 사채할인발행차금상각액은 사채의 차감으로 기록해야 한다.

③ 사채할인발행차금은 이자율과 관련없는 것으로 자금시장의 불완전성 때문에 발생한다.

④ 사채할인발행차금은 정액법으로 상각하는 것이 이론상 우수하다.

⑤ 사채할인발행차금을 유효이자율법으로 상각할 경우 사채할인발행차금을 초기에 과다하게 상각하는 문제가 있다.

낼비게의션

• ② 사채이자에 가산된다.
③ 시장이자율과 액면이자율의 차이로 발생한다.
④ 유효이자율법이 더 우수함. 정액법을 적용할 경우 기간별 사채의 실질이자부담률이 상이하게 나타나는 문제점이 있다. 따라서 정액법은 기본적으로 현재가치평가의 논리에 어긋나는 방법이다. 유효이자율법은 매기간의 이자비용을 사채장부가액 대비 동일한 비율이 되도록 인식한다(즉, 부채장부가와 이자비용이 비례) 이 비율은 사채발행시점에서 발행자가 부담하는 유효이자율이기 때문에 유효이자율법은 수익·비용대응의 관점에서 정액법보다 우월하다. 따라서 유효이자율법이 부채의 경제적 실질을 더 잘 반영한다.
⑤ 초기에 과소 상각된다.

이론과기출 제113강 ○─ 사채발행의 특수회계처리

🎯 사례 이자지급일과 결산일이 다른 경우 회계처리

❂ 20x1. 4.1에 액면 ₩100,000, 액면이자율 8%, 만기 20x3. 3.31, 이자는 20x2. 3.31과 20x3. 3.31에 지급하는 사채발행. 유효이자율 10%, 회계기간은 1.1 ~ 12.31

이자지급과 결산불일치

• 발행금액＝100,000 × (2년, 10% 현가) + 100,000 × 8% × (2년, 10% 연금현가)＝96,529

일자	유효이자(10%)	액면이자(8%)	상각액	장부금액
20x1.4.1	–	–	–	96,529
20x2.3.31	9,653	8,000	1,653	98,182
20x3.3.31	9,818	8,000	1,818	100,000

20x1.4.1	(차) 현금 사발차	96,529 3,471	(대) 사채	100,000	
20x1.12.31	(차) 이자비용	7,240	(대) 미지급이자 사발차	6,000[1)] 1,240[2)]	[1)]8,000x9/12 [2)]1,653x9/12
20x2.3.31	(차) 이자비용 미지급이자	2,413 6,000	(대) 현금 사발차	8,000 413[3)]	[3)]1,653–1,240
20x2.12.31	(차) 이자비용	7,364	(대) 미지급이자 사발차	6,000 1,364[4)]	[4)]1,818x9/12
20x3.3.31	(차) 이자비용 미지급이자 (차) 사채	2,454 6,000 100,000	(대) 현금 사발차 (대) 현금	8,000 454[5)] 100,000	[5)]3,471–1,240–413–1,364

• 3개월, 6개월마다 지급된다면 1년을 기준으로 하지 않고 3개월 또는 6개월을 기준으로 발행가액과 상각표를 작성하여 회계처리함.

Point 액면이자율, 유효이자율, 할인기간이 모두 조정됨

🎯 사례 연2회 이자지급하는 경우 회계처리

❂ 20x1년 1월 1일에 액면금액 ₩100,000의 사채를 발행함. 액면이자율은 연 10%, 만기는 5년, 유효이자율은 연 12%, 사채이자는 연2회(6월 30일과 12월 31일)지급함.

연2회이상 이자지급

• 발행금액＝100,000 × (10년, 6% 현가) + 100,000 × 5% × (10년, 6% 연금현가)＝92,639

일자	유효이자(6%)	액면이자(5%)	상각액	장부금액
20x1.1.1	–	–	–	92,639
20x1.6.30	5,558	5,000	558	93,197
20x1.12.31	5,592	5,000	592	93,789

20x1.4.1	(차) 현금 사발차	92,639 7,361	(대) 사채	100,000
20x1.12.31	(차) 이자비용	5,558	(대) 미지급이자 사발차	5,000 558
20x2.3.31	(차) 이자비용	5,592	(대) 현금 사발차	5,000 592

객관식 확인학습 이론적용연습

1. ㈜합격은 20x1년 1월 1일에 5년 만기 사채를 발행하였다. 관련된 다음의 자료에 의해 발행금액을 계산하면 얼마인가? 단, 현가계수는 제시된 표를 이용하며, 계산금액은 소수점 첫째자리에서 반올림한다.

> (1) 액면금액 : ₩5,000,000
> (2) 표시이자율 : 연 10%(6.30, 12.31, 연 2회 이자지급)
> (3) 유효이자율 : 연 12%

	단일금액 ₩1의 현재가치			정상연금 ₩1의 현재가치		
	4년	5년	10년	4년	5년	10년
6%	0.7921	0.7473	0.5584	3.4651	4.2124	7.3601
12%	0.6335	0.5674	0.3220	3.0373	3.6048	5.6502

① ₩4,639,540 ② ₩4,632,025 ③ ₩4,889,223
④ ₩5,000,000 ⑤ ₩5,235,666

 내비게이션

•5,000,000x5%x7.3601+5,000,000x0.5584=4,632,025

2. ㈜적중은 20x1년 1월 1일 자금조달을 위하여 액면금액 ₩2,500,000의 사채를 발행하였으며 관련 자료가 다음과 같을 때 ㈜적중이 20x1년도에 인식할 이자비용은 얼마인가? 단, 사채발행과 관련한 거래비용은 없으며, 현가계수는 제시된 표를 이용한다. 또한 계산금액은 소수점 첫째자리에서 반올림하며, 이 경우 단수차이로 인해 약간의 오차가 있으면 가장 근사치를 선택한다.

> (1) 만기는 5년이며, 사채의 표시이자율은 10%이다.
> (2) 표시이자는 매년 6월 30일과 12월 31에 2회에 걸쳐 분할 지급되는 조건이다.
> (3) 발행일인 20x1년 1월 1일의 시장이자율은 12%이다.

기간	기간 말 ₩1의 현재가치(단일금액)		정상연금 ₩1의 현재가치	
	6%	12%	6%	12%
5	0.74726	0.56743	4.21236	3.60478
10	0.55839	0.32197	7.36009	5.65022

① ₩225,336 ② ₩278,756 ③ ₩290,793
④ ₩295,835 ⑤ ₩300,000

 내비게이션

•발행금액
  2,500,000x5%x7.36009+2,500,000x0.55839=2,315,986
•20x1년 6월 30일 유효이자(이자비용)
  2,315,986x6%=138,959
  →장부금액 : 2,315,986+(138,959−2,500,000x5%)=2,329,945
•20x1년 12월 31일 유효이자(이자비용)
  2,329,945x6%=139,797
∴138,959+139,797=278,756

이론과기출 제114강 ➤ 이자지급·결산불일치시 사채이자비용등

세부고찰 I

사례 이자지급과 결산불일치시 사채이자비용

❂ (주)꿀어는 20x1년 4월1일 액면금액 ₩1,000,000의 사채를 발행하였는데, 관련자료는 다음과 같다. 이 때 (주)꿀어가 20x2년 포괄손익계산서에 인식할 이자비용은 얼마인가?

(1) 만기 : 20x4년 3월 31일	(2) 발행금액 : ₩951,963
(3) 액면이자율 : 연 10%	(4) 유효이자율 : 연 12%
(5) 이자지급일 : 매년 3월 31일	

풀이

• 20x2.1.1~20x2.3.31까지 이자비용 : $951,963 \times 12\% \times 3/12 = 28,559$
• 20x2.3.31 장부금액 : $951,963 + (951,963 \times 12\% - 1,000,000 \times 10\%) = 966,199$
• 20x2.4.1~20x2.12.31까지 이자비용 : $966,199 \times 12\% \times 9/12 = 86,958$
  →∴20x2년 포괄손익계산서상 이자비용 : $28,559 + 86,958 = 115,517$

세부고찰 II

사례 2회이상 이자지급시 이자비용 계산

❂ (주)개미퍼거는 20x1년 1월 1일에 5년 만기 사채를 발행하였다. 20x4년의 사채이자는?

(1) 액면금액 ₩1,000,000
(2) 표시이자율 : 연 10%(6월 30일, 12월 31일, 연 2회 이자지급)
(3) 시장이자율 : 연 12%
(4) 현가계수자료는 다음과 같다.

	₩1의 현가			₩1의 연금현가		
	4년	5년	10년	4년	5년	10년
6%	0.7921	0.74726	0.55839	3.4651	4.21236	7.36009
12%	0.6335	0.56743	0.32197	3.0373	3.60478	5.65022

풀이

고속철 장부금액=미래현금흐름의 현재가치
• 20x4초 장부금액 : $1,000,000 \times$ 현가계수(4년, 6%) $+ 50,000 \times$ 연금현가계수(4년, 6%)
    $= 1,000,000 \times 0.7921 + 50,000 \times 3.4651 = 965,355$
• 20x4년 상반기 사채이자 : $965,355 \times 6\% = 57,921$
• 20x4년 하반기 사채이자 : $[965,355 + (57,921 - 50,000)] \times 6\% = 58,397$
  →∴$57,921 + 58,397 = 116,318$

세부고찰 III

사례 유효이자율 추정

❂ (주)달근은 20x1년 4월 1일(3년 만기, 이자율 10%, 이자지급일 3월 31일) 사채를 발행하였다. 20x2년 이자지급후 장부금액은 ₩179,840, 회계처리는 다음과 같다. 유효이자율은?

(차) 이자비용	43,168	(대) 사채할인발행차금	7,168
		현금	36,000

풀이

• $(179,840 - 7,168) \times x = 43,168$
  →∴$x = 25\%$

객관식 확인학습 ┤ **이론적용연습**

1. ㈜합격은 20x1년 1월 1일 다음과 같은 사채를 ₩700,000 에 발행하였다.

> (1) 액면금액 : ₩500,000
> (2) 만기 : 5년(만기일은 20x5년 12월 31일임)
> (3) 표시이자율 : 20%
> (4) 이자지급일: 매년 6월 30일과 12월 31일

위의 사채취득시 유효이자율은 연 10%였다. ㈜합격 은 사채발행차금의 상각에 유효이자율법을 사용한다. 이 사채의 발행으로 인하여 앞으로 5년간의 포괄손익 계산서에 기록하게 되는 이자비용의 합계액은 총 얼마인가?

① ₩300,000   ② ₩350,000   ③ ₩375,000
④ ₩380,000   ⑤ ₩410,000

냅빠제의섭
• 사채할증발행차금 : 발행금액(700,000)-액면금액(500,000)=200,000
＊고속철 총이자비용 계산(할증발행)
사채만기까지의 이자비용=액면이자합계-총사채할증발행차금
→(500,000x20%x5년)-200,000=300,000

이론과기출 제115강 ○─ 이자지급일사이의 사채발행

개요	상각표작성	•직전이자지급일에 취득한 것으로 가정하여 상각표 작성후 이를 기준으로 상각
	사채구입가격	•사채구입가격(현금수령액) = 직전이자지급일현가 + 유효이자발생액
	순수사채가격	•순수사채가격(발행금액) = 사채구입가격 – 액면이자발생액

➡할증발행시도 동일적용할 것!

 사례 이자지급일 사이의 사채발행시 회계처리

◐사채권면의 발행일이 20x1.1.1인 사채를 20x1.4.1에 발행함. 액면금액 ₩100,000, 만기 2년

풀이

【CASE 1】 액면발행(액면이자율10%=실제발행일의 유효이자율10%)인 경우

현금수령액	•100,000×(2년,10%현가) + 100,000x10%×(2년,10%연금현가) + 100,000×10%×3/12 = 102,500			
20x1.4.1	(차) 현금	102,500	(대) 사채	100,000
			미지급이자	2,500
20x1년말	(차) 미지급이자	2,500	(대) 현금	10,000
	이자비용	7,500		

【CASE 2】 할인발행(액면이자율10%〈실제발행일의 유효이자율12%)인 경우

현금수령액	•100,000×(2년,12%현가) + 100,000x10%×(2년,12%연금현가) + 96,619×12%×3/12 = 99,518 96,619				
상각표		유효이자(12%)	액면이자(10%)	상각액	장부금액
	20x1년초	–	–	–	96,619
	20x1년말	11,595	10,000	1,595	98,214
	20x2년말	11,786	10,000	1,786	100,000
20x1.4.1	(차) 현금		99,518	(대) 사채	100,000
	사채할인발행차금		2,982	미지급이자	2,500
20x1년말	(차) 미지급이자		2,500	(대) 현금	10,000
	이자비용	11,595x9/12=8,696		사채할인발행차금	1,595x9/12=1,196

【CASE 3】 할증발행(액면이자율10%〉실제발행일의 유효이자율8%)인 경우

현금수령액	•100,000×(2년, 8%현가) + 100,000x10%×(2년, 8%연금현가) + 103,567×8%×3/12 = 105,638 103,567				
상각표		액면이자(10%)	유효이자(8%)	상각액	장부금액
	20x1년초	–	–	–	103,567
	20x1년말	10,000	8,285	1,715	101,852
	20x2년말	10,000	8,148	1,852	100,000
20x1.4.1	(차) 현금		105,638	(대) 사채	100,000
				미지급이자	2,500
				사채할증발행차금	3,138
20x1년말	(차) 미지급이자		2,500	(대) 현금	10,000
	사채할증발행차금	1,715x9/12=1,286			
	이자비용	8,285x9/12=6,214			

회계처리

객관식 확인학습  이론적용연습

1. ㈜국세는 아래와 같은 조건으로 사채를 발행하였다.

> (1) 사채권면에 표시된 발행일은 20x1년 1월 1일이며, 실제발행일은 20x1년 8월 1일이다.
> (2) 사채의 액면금액은 ₩3,000,000이며, 이자지급일은 매년 12월 31일이고 만기는 4년이다.
> (3) 사채의 액면이자율은 연 6%이며, 동 사채에 적용되는 유효이자율은 연 12%이다.
> (4) 사채권면에 표시된 발행일과 실제발행일 사이의 발생이자는 실제발행일의 사채 발행금액에 포함되어 있다.

위 사채의 회계처리에 관한 다음 설명 중 옳지 않은 것은? 단, 현가계수는 아래의 표를 이용한다.

기간	기간말 단일금액 ₩1의 현재가치		정상연금 ₩1의 현재가치	
	6%	12%	6%	12%
1	0.94340	0.89286	0.94340	0.89286
2	0.89000	0.79719	1.83340	1.69005
3	0.83962	0.71178	2.67302	2.40183
4	0.79209	0.63552	3.46511	3.03735

① 실제발행일의 순수 사채발행금액은 ₩2,520,013이다.
② 20x1년도에 상각되는 사채할인발행차금은 ₩122,664이다.
③ 20x1년 12월 31일 현재 사채할인발행차금 잔액은 ₩432,323이다.
④ 사채권면상 발행일과 실제발행일 사이의 액면발생이자는 ₩105,000이다.
⑤ 사채권면상 발행일과 실제발행일 사이의 사채가치의 증가분(경과이자 포함)은 ₩171,730이다.

 내비게이션

• 20x1년초 현재가치 : 180,000x3.03735+3,000,000x0.63552=2,453,283
• 사채권면의 발행일과 실제 발행일 사이의 유효이자 발생액(경과이자 포함)
사채가치의 증가분) : 2,453,283x12%x7/12=171,730
→액면이자 발생액 : 3,000,000x6%x7/12=105,000
• 사채구입가격(현금수령액) : 2,453,283+171,730=2,625,013
• 순수 사채발행금액 : 2,625,013-105,000=2,520,013

• 20x1년 회계처리

(차) 현금	2,625,013	(대) 사채	3,000,000
사채할인발행차금	479,987	미지급이자	105,000
(차) 미지급이자	105,000	(대) 현금	180,000
이자비용	122,664[1]	사채할인발행차금	47,664[2]

[1] 2,453,283x12%x5/12=122,664
[2] (2,453,283x12%-180,000)x5/12=47,664
• 20x1년에 상각되는 사채할인발행차금 : 47,664
• 20x1년말 현재 사채할인발행차금 잔액 : 479,987-47,664=432,323

2. ㈜한국은 자금조달을 위하여 액면금액 ₩20,000(액면이자율 연 8%, 사채권면상 발행일 20x1년 1월 1일, 만기 3년, 매년말 이자지급)인 사채를 20x1년 4월 1일에 발행했다. 권면상 발행일인 20x1년 1월 1일의 시장이자율은 연 10%, 실제발행일의 시장이자율이 연 12%라고 할 때 ㈜한국의 20x1년 말 재무상태표에 표시될 사채의 장부금액은 얼마인가?(단, 사채발행과 관련한 거래비용은 없으며, 현가계수는 아래 표를 이용한다. 또한 계산금액은 소수점 첫째자리에서 반올림하며, 이 경우 단수차이로 인해 약간의 오차가 있으면 가장 근사치를 선택한다.)

기간	기간 말 ₩1의 현재가치(단일금액)			정상연금 ₩1의 현재가치		
	8%	10%	12%	8%	10%	12%
1	0.9259	0.9091	0.8929	0.9259	0.9091	0.8929
2	0.8573	0.8264	0.7972	1.7833	1.7355	1.6901
3	0.7938	0.7513	0.7118	2.5771	2.4868	2.4018

① ₩18,221   ② ₩18,648   ③ ₩19,080
④ ₩19,305   ⑤ ₩20,000

내비게이션

• 20x1년초 현재가치 : 20,000x8%x2.4018+20,000x0.7118=18,079
• 20x1년말 장부금액 : 18,079+(18,079x12%-20,000x8%)=18,648
*[별해] 20x1년말 장부금액
20,000x8%x1.6901+20,000x0.7972=18,648

• 20x1년 회계처리

(차) 현금	18,621	(대) 사채	20,000
사채할인발행차금	1,779	미지급이자	400
(차) 미지급이자	400	(대) 현금	1,600
이자비용	1,627	사채할인발행차금	427

서술형Correction연습

> ☐ 이자지급일 사이에 사채를 발행하는 경우 사채발행일의 현금유입액은 명목상 발행일의 시장가격에 명목상 발행일부터 사채발행일까지의 경과이자를 가산 한 금액이다.

➡ (X) : 경과이자(X) → 실질이자(유효이자)(O)

 nswer   1. ②   2. ②

이론과기출 제116강 ○ 이자지급일사이의 사채발행시 이자비용등

사례 이자지급일 사이의 사채발행시 이자비용 ◀

❖ (주)갓뎀건설은 사채권면의 발행일이 20x1년 1월 1일인 보통사채를 20x1년 3월 1일자로 발행하였다. 발행일의 유효이자율은 7%이며 사채발행비용을 포함한 유효이자율은 8%이다. 이 사채는 액면이자율 6%, 액면금액 ₩100,000, 매년말 이자 지급, 만기 2년의 조건으로 발행되었다. 20x1년과 20x2년의 이자비용을 각각 구하면 얼마인가?(현가계수는 주어진 자료를 반드시 사용하고, 금액계산에서 단수차이가 발생가능하다.)

현가계수표

기간 \ 할인율	단일금액(기말 지급)		연금(매기말 지급)	
	7%	8%	7%	8%
1	0.9346	0.9259	0.9346	0.9259
2	0.8734	0.8573	1.8080	1.7833

세부고찰 I

• 20x1년초 현재가치 : $100,000 \times 6\% \times 1.7833 + 100,000 \times 0.8573 = 96,430$
• 사채권면의 발행일과 실제 발행일 사이의 유효이자 발생액 : $96,430 \times 8\% \times 2/12 = 1,286$
  →사채권면의 발행일과 실제 발행일 사이의 액면이자 발생액 : $100,000 \times 6\% \times 2/12 = 1,000$
• 사채구입가격(현금수령액) : $96,430 + 1,286 = 97,716$
• 순수 사채발행금액 : $97,716 - 1,000 = 96,716$
• 20x1년 회계처리

(차) 현금	97,716	(대) 사채	100,000
사발차(차액)	3,284	미지급이자	1,000
(차) 미지급이자	1,000	(대) 현금	6,000
이자비용 $96,430 \times 8\% \times 10/12 = 6,429$		사발차 $(96,430 \times 8\% - 6,000) \times 10/12 = 1,429$	

• 20x2년 이자비용 : $[96,430 + (96,430 \times 8\% - 6,000)] \times 8\% = 7,852$

사례 이자지급일 사이의 사채발행과 연2회 이자지급 ◀

❖ (주)매몰찬은 액면 ₩1,000,000의 사채를 20x1년 4월 1일에 발행하였으며, 발행당시의 유효이자율은 12%이다. 동 사채권면에 표시된 발행일은 20x1년 1월 1일이며, 표시이자율은 10%, 이자지급일은 6월 30일, 12월 31일이며, 만기일은 20x3년 12월 31일이다. 20x1년 4월 1일 사채의 발행으로 (주)매몰찬이 수취할 금액은 얼마인가?

현가계수표

기간 \ 할인율	₩1의 현재가치		정상연금 ₩1의 현재가치	
	6%	12%	6%	12%
3	0.83962	0.71178	2.67300	2.40183
6	0.70496	0.50663	4.91730	4.11140

세부고찰 II

• 20x1년초 현재가치 : $1,000,000 \times 0.70496 + 1,000,000 \times 5\% \times 4.9173 = 950,825$
• 사채권면의 발행일과 실제 발행일 사이의 유효이자 발생액 : $950,825 \times 6\% \times 3/6 = 28,525$
• 사채구입가격(현금수령액) : $950,825 + 28,525 = 979,350$

객관식 확인학습 / 이론적용연습

1. ㈜한국은 권면상 발행일이 20x1년 1월 1일이며 만기는 20x3년 12월 31일, 액면금액 ₩1,000,000, 표시이자율 연6%(매년말 지급)인 사채를 20x1년 4월 1일에 발행하고, 사채발행비용 ₩10,000을 지출하였다. 20x1년 1월 1일 사채에 적용되는 시장이자율은 연8%이지만, 실제 발행일 20x1년 4월 1일의 시장이자율은 연10%이다. 20x1년 4월 1일에 동 사채를 당기손익-공정가치측정 금융부채로 분류했을 때의 장부금액(A)과 상각후원가측정 금융부채로 분류했을 때의 장부금액(B)을 구하면 각각 얼마인가? 단, 현가계수는 아래의 현가계수표를 이용하며, 단수차이로 인해 오차가 있는 경우 가장 근사치를 선택한다.

	단일금액 ₩1의 현재가치			정상연금 ₩1의 현재가치		
	1년	2년	3년	1년	2년	3년
8%	0.9259	0.8573	0.7938	0.9259	1.7832	2.5770
10%	0.9091	0.8264	0.7513	0.9091	1.7355	2.4868

	당기손익-공정가치측정 금융부채로 분류했을때 장부금액(A)	상각후원가측정 금융부채로 분류했을때 장부금액(B)
①	₩898,021	₩898,021
②	₩898,021	₩908,021
③	₩908,021	₩898,021
④	₩942,388	₩942,388
⑤	₩952,388	₩942,388

 내비게이션

- 20x1년초 현재가치
  1,000,000x6%x2.4868+1,000,000x0.7513=900,508
- 사채권면의 발행일과 실제발행일 사이의 유효이자 발생액
  900,508x10%x3/12=22,513
- 사채권면의 발행일과 실제발행일 사이의 액면이자 발생액
  1,000,000x6%x3/12=15,000
- FVPL금융부채로 분류했을때 회계처리
  (차) 현금　　　　　923,021 　(대) FVPL금융부채　908,021
  　　　　　　　　　　　　　　　　미지급이자　　　15,000
  (차) 수수료비용　　　10,000 　(대) 현금　　　　　10,000

  →사채구입가격(현금수령액) : 900,508+22,513=923,021
  →장부금액 : 923,021-15,000=908,021

- AC금융부채로 분류했을때 회계처리
  (차) 현금　　　　　913,021 　(대) AC금융부채(사채) 1,000,000
  　　사채할인발행차금 101,979 　　미지급이자　　　15,000

  →사채구입가격(현금수령액) : (900,508+22,513)-10,000=913,021
  →장부금액 : 1,000,000-101,979=898,021

2. ㈜합격은 자금조달을 위하여 사채를 발행하였으며 관련 자료가 다음과 같을 때 ㈜합격이 사채의 만기까지 인식할 총이자비용을 계산하면 얼마인가? 단, 사채발행과 관련한 거래비용은 없으며, 현가계수는 제시된 표를 이용한다. 또한 계산금액은 소수점 첫째자리에서 반올림하며, 이 경우 단수차이로 인해 약간의 오차가 있으면 가장 근사치를 선택한다.

(1) 사채의 액면금액은 ₩25,000(3년 만기)이다.
(2) 사채의 표시이자율은 6%이며, 이자는 매년말 지급조건이다.
(3) 사채의 권면상 발행일은 20x1년 1월 1일이며, 20x1년 1월 1일의 시장이자율은 10%이다.
(4) 사채의 실제 발행일은 20x1년 3월 1일이며, 20x1년 3월 1일의 시장이자율은 8%이다.

기간	기간 말 ₩1의 현재가치(단일금액)		정상연금 ₩1의 현재가치	
	8%	10%	8%	10%
1	0.9259	0.9091	0.9259	0.9091
2	0.8573	0.8264	1.7833	1.7355
3	0.7938	0.7513	2.5771	2.4868

① ₩5,112　　② ₩5,473　　③ ₩6,675
④ ₩6,738　　⑤ ₩6,925

 내비게이션

- 20x1년초 현재가치
  25,000x6%x2.2.5771+25,000x0.7938=23,711
- 사채권면의 발행일과 실제발행일 사이의 유효이자 발생액
  23,711x8%x2/12=316
- 사채권면의 발행일과 실제발행일 사이의 액면이자 발생액
  25,000x6%x2/12=250
- 사채구입가격(현금수령액) : 23,711+316=24,027
- 총액면이자 인식액 : (25,000x6%x3년)-250=4,250
- 20x1년 3월 1일 회계처리
  (차) 현금　　　　24,027 　(대) 사채　　　　　25,000
  　　사채할인발행차금　1,223 　　미지급이자　　　250

＊고속철 총이자비용 계산(할인발행)
총이자비용=총액면이자+총사채할인발행차금
→4,250+1,223=5,473

이론과기출 제117강 ○ 사채발행비와 사채상환

사채발행비	회계처리	• 발행자의 경우 사채발행가액에서 차감함. • 액면·할인발행시는 사채할인발행차금을 증액, 할증발행시는 사채할증발행차금을 감액
	유효이자율	• 발행가액이 변하므로 유효이자율을 재계산함. →항상 '유효이자율 〉 시장이자율'가 됨. ➡ $(\text{발행가}-\text{사채발행비}) = \dfrac{\text{이자}}{(1+r)} + \cdots\cdots + \dfrac{\text{이자}+\text{원금}}{(1+r)^n}$

┌Point┐ 이자비용을 먼저 계상한 후 조정된 장부가와 상환가의 차액을 사채상환손익으로 인식함.

◀고속철▶	(차) 사채(장부가)	xxx	(대) 현금(미지급이자제외)	xxx
	사채상환손실	xxx		

▶사례 ■ 사채상환 회계처리

❖ 20x1.1.1 3년 만기, 액면이자율 10%, 액면가 ₩10,000인 사채를 ₩9,520에 발행함. 사채발행비로 ₩228 지출. 시장이자율 12%. 20x21.7.1에 ₩5,121(발생이자 포함)에 액면 ₩5,000(50%) 상환함.

풀이

사채상환

• 유효이자율재계산 : $(9,520-228) = \dfrac{1,000}{(1+r)} + \dfrac{1,000}{(1+r)^2} + \dfrac{11,000}{(1+r)^3}$ ∴r=13%

일자	유효이자(13%)	액면이자(10%)	상각액	장부금액
20x1년초	–	–	–	9,292
20x1년말	1,208	1,000	208	9,500
20x2년말	1,235	1,000	235	9,735
20x3년말	1,265	1,000	265	10,000

20x1년초	(차) 현금 9,292 (대) 사채 10,000 사발차 708	–
20x1년말	(차) 이자비용 1,208 (대) 사발차 208 현금 1,000	–
20x2.7.1	(차) 이자비용 309 (대) 미지급이자 250[1)] 사발차 59[2)]	1) $10,000 \times 10\% \times 6/12 \times 50\% = 250$ 2) $235 \times 6/12 \times 50\% = 59$
	(차) 사채 5,000 (대) 현금 5,121 미지급이자 250 사발차 191[3)] 사채상환손실 62	3) $(708-208-235 \times 6/12) \times 50\% = 191$ ⇓ $(708-208) \times 50\% - 59 = 191$

┌보론┐ 사채상환손익이 발생하는 이유

사채상환시점의 시장이자율이 변동되어 현재가치(사채의 실질가치)가 변동되기 때문임.
→즉, 시장이자율이 상승시 현재가치하락으로 싼가격에 상환하므로 상환이익이 발생함.

자기사채	취득시	• 사채상환과 동일 : 소각목적이든, 재발행목적이든 액면가·사발차를 직접차감함. **┌주의┐** 사채의 차감계정으로 처리하는 것이 아님.
	취득후	① 소 각 시 : 회계처리없음 ② 재발행시 : 사채발행 회계처리 그대로 행함.

┌보론┐ 사채의 차환

□ 신사채를 발행하여 그 자금으로 구사채를 매입상환하는 것을 말함.

객관식 확인학습 — **이론적용연습**

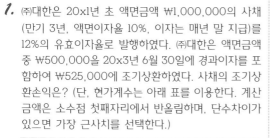

1. ㈜대한은 20x1년 초 액면금액 ₩1,000,000의 사채(만기 3년, 액면이자율 10%, 이자는 매년 말 지급)를 12%의 유효이자율로 발행하였다. ㈜대한은 액면금액 중 ₩500,000을 20x3년 6월 30일에 경과이자를 포함하여 ₩525,000에 조기상환하였다. 사채의 조기상환손익은? (단, 현가계수는 아래 표를 이용한다. 계산금액은 소수점 첫째자리에서 반올림하며, 단수차이가 있으면 가장 근사치를 선택한다.)

기간	기간말 단일금액 ₩1의 현재가치		정상연금 ₩1의 현재가치	
	10%	12%	10%	12%
1	0.9091	0.8929	0.9091	0.8929
2	0.8264	0.7972	1.7355	1.6901
3	0.7513	0.7118	2.4868	2.4018

① ₩8,918 손실 ② ₩4,459 손실 ③ ₩0
④ ₩4,459 이익 ⑤ ₩8,918 이익

냅바게의션
• 20x1년초 현재가치 : 100,000x2.4018+1,000,000x0.7118=951,980
• 20x1년말 장부금액 : 951,980+(951,980x12%-100,000)=966,218
• 20x2년말 장부금액 : 966,218+(966,218x12%-100,000)=982,164
• 상환손익 계산 : 이하 '고속철' 풀이법 참조!

★**고속철** 사채상환손익 빨리구하기
 사채상환손익=사채(장부가)-현금(미지급이자제외)
 1. 사채(장부가) : [982,164+(982,164x12%-100,000)x6/12]x50%=495,547
 2. 현금(미지급이자제외) : 525,000-100,000x6/12x50%=500,000
 3. 사채상환손익 : 495,547-500,000=△4,453(손실)
  →근사치는 4,459(손실)

2. ㈜한국은 20x1년 1월 1일 액면금액 ₩1,000,000, 액면이자율 연 8%(매년 말 이자지급), 만기 3년인 회사채를 ₩950,244에 발행하였다. 발행당시 유효이자율은 연 10%이었으며, 사채할인발행차금에 대하여 유효이자율법으로 상각하고 있다. 한편, ㈜한국은 자산매각을 통해 발생한 자금으로 20x1년 7월 1일에 동 사채 액면금액의 50%를 ₩500,000(경과이자 포함)에 조기상환하였다. 동 사채와 관련하여 20x1년도에 발생한 거래가 ㈜한국의 20x1년도 포괄손익계산서상 당기순이익에 미치는 영향은 얼마인가? (단, 법인세 효과는 고려하지 않으며, 이자는 월할계산한다. 또한 계산금액은 소수점 첫째자리에서 반올림하며, 단수차이로 인해 약간의 오차가 있으면 가장 근사치를 선택한다.)

① ₩47,512 감소 ② ₩48,634 감소
③ ₩58,638 감소 ④ ₩71,268 감소
⑤ ₩72,390 감소

냅바게의션
• 이자비용(20x1년 7월 1일 상환분)
 950,244x10%x6/12x50%=23,756
• 이자비용(20x1년 12월 31일 미상환분)
 950,244x10%x50%=47,512
• 상환손익 : 1,122(손실)〈이하 '고속철' 풀이법 참조!〉
 ∴23,756+47,512+1,122=72,390(감소)

★**고속철** 사채상환손익 빨리구하기
 사채상환손익=사채(장부가)-현금(미지급이자제외)
 1. 사채(장부가) : [950,244+(950,244x10%-80,000)x6/12]x50%=478,878
 2. 현금(미지급이자제외) : 500,000-80,000x6/12x50%=480,000
 3. 사채상환손익 : 478,878-480,000=△1,122(손실)

•[20x1년 1월 1일 회계처리]
 (차) 현금   950,244 (대) 사채   1,000,000
   사채할인발행차금   49,756
[20x1년 7월 1일 회계처리]
 (차) 이자비용   23,756 (대) 미지급이자   20,000
                    사채할인발행차금   3,756
 (차) 사채   500,000 (대) 현금   500,000
   미지급이자   20,000   사채할인발행차금   21,122
   사채상환손실   1,122
[20x1년 12월 31일 회계처리]
 (차) 이자비용   47,512 (대) 현금   40,000
                    사채할인발행차금   7,512

3. 20x1년초에 ㈜합격은 액면 ₩1,000,000, 표시이자율 10%, 매년 말 후급, 3년 만기의 회사채를 ₩951,963에 발행하였다. 발행당시의 시장이자율은 12%이었다. 20x2년초에 시장이자율이 급락하였으며 회사는 액면이자의 부담을 덜기 위하여 20x2년초에 회사채를 전액 매입상환하였다. 매입상환 당시의 시장이자율은 8%이었다. 사채상환손익은 얼마인가?

	8%	10%	12%
₩1의 현가(1년)	0.92593	0.90909	0.89286
₩1의 현가(2년)	0.85734	0.82645	0.79719
₩1의 현가(3년)	0.79383	0.75131	0.71178

① ₩0 ② ₩69,468 이익 ③ ₩69,468 손실
④ ₩33,801 이익 ⑤ ₩33,801 손실

냅바게의션
• 현금상환금액(=8%의 미래현금흐름 현가)
 100,000x0.92593+1,100,000x0.85734=1,035,667
• 20x2년초 장부금액
 951,963+(951,963x12%-100,000)=966,199
 ∴966,199-1,035,667=△69,468(상환손실)

제1편 Mainplot [주요논제]
제2편 Subplot [특수논제]
합본부록1 기출유형별 필수문제
합본부록2 실전적중모의고사

시험중요도 ★★☆

이론과기출 제118강 ◯ 사채발행비가 있는 경우 유효이자율 추정등

사례 사채발행비가 있는 경우 유효이자율 추정 ◀

❖ 다음은 ㈜나만합격이 20x1년초 발행한 사채와 관련된 자료이다. 20x2년도 이자비용은 얼마이겠는가?

(1) 액면금액 ₩2,000,000, 만기 3년, 액면이자율 연 5%(매년 말 이자지급), 시장이자율 연 8%
(2) 동 사채를 발행하는 과정에서 사채발행비 ₩94,030이 발생하였다.
(3) 20x1년도 동 사채와 관련하여 포괄손익계산서상 이자비용으로 ₩175,128을 인식하였다.
(4) 8%, 3기간 단일금액 ₩1의 현가계수는 0.7938이며, 정상연금 ₩1의 현가계수는 2.5771이다.

세부고찰 I

• 발행금액 : 100,000x2.5771+2,000,000x0.7938=1,845,310

(차) 현금	1,845,310-94,030=1,751,280	(대) 사채	2,000,000
사발차	248,720		
(차) 이자비용	175,128	(대) 현금	100,000
		사발차	75,128

→'1,751,280x재계산된 유효이자율=175,128'에서 재계산된 유효이자율=10%
• 20x2년 이자비용 : (1,751,280+75,128)x10%=182,640

사례 이자지급일 사이에 사채발행시 상환손익 계산 ◀

❖ ㈜쐬주가땡긴다는 액면금액 ₩300,000인 사채(표시이자율 : 10%, 이자지급일 : 매년말, 만기 : 3년, 사채권면의 발행일 : 20x1년 1월 1일, 유효이자율 : 12%)를 20x1년 5월 1일에 발행하였다. 20x2년 6월 30일 현금 ₩155,000을 지급하고 사채액면 ₩150,000을 매입상환하였다. 사채상환손익은 얼마인가?

구분	10%	12%
단일현금 ₩1의 현재가치계수(기간 3)	0.7513	0.7118
연금 ₩1의 현재가치계수(기간 3)	2.4869	2.4018

세부고찰 II

• '사채상환손익＝장부가－미지급이자제외한 지급액'을 머리에 숙지 후 계산기로 직접 구함.
• 장부가
① 20x1. 1. 1의 현재가치 : 30,000×2.4018+300,000×0.7118=285,594
② 20x1년말 장부가 : 285,594+(285,594×12%-30,000)=289,865
③ 20x2.6.30의 장부가 : 289,865+(289,865×12%×6/12-30,000×6/12)=292,257
∴상환분의 장부가=292,257×50%=146,129
• 미지급이자 제외한 지급액 : 155,000-150,000×10%×6/12=147,500
• 상환손익 : 146,129-147,500=△1,371(손실)

사례 연2회 이자지급시 상환손익 계산 ◀

❖ ㈜동방불패는 20x1년 1월 1일 연이자율 10%, 3년만기, 액면금액 ₩100,000, 유효이자율은 12%, 이자지급일은 7월 1일과 1월 1일의 사채를 발행하였다. 발행금액은 ₩95,083이었다. 20x1년 12월 31일에 액면금액 ₩20,000에 해당하는 사채를 미지급사채이자 포함하여 ₩19,800에 상환하였다. 상환손익은?

세부고찰 III

• 사채(장부가)	: (95,083+704+747)×20%=	19,307
현금(미지급이자제외)	: 19,800-20,000×5% =	(18,800)
상환이익		507

객관식 확인학습 / 이론적용연습

1. ㈜대경은 20x1년 1월 1일 액면금액 ₩1,000,000, 액면이자율 연 7%(매년말 이자지급), 3년 만기인 회사채를 발행하고 상각후원가측정금융부채로 분류하였다. 사채발행 당시 시장이자율은 연 9%이었으며, 사채할인발행차금에 대하여 유효이자율법으로 상각한다. 한편, ㈜대경이 동 사채를 발행하는 과정에서 직접적인 사채발행비 ₩24,011이 발생하였다. ㈜대경은 동 사채와 관련하여 20x1년도 포괄손익계산서상 이자비용으로 ₩92,538을 인식하였다. ㈜대경이 20x2년 5월 31일에 상기 사채를 ₩1,050,000(미지급이자 포함)에 매입하였다면, 사채상환손실은 얼마인가? 계산과정에서 소수점 이하는 첫째자리에서 반올림한다. 그러나 계산방식에 따라 단수차이로 인해 오차가 있는 경우, 가장 근사치를 선택한다. 또한 법인세 효과는 고려하지 않는다.

	단일금액 ₩1의 현재가치			정상연금 ₩1의 현재가치		
	1년	2년	3년	1년	2년	3년
7%	0.9346	0.8734	0.8163	0.9346	1.8080	2.6243
9%	0.9174	0.8417	0.7722	0.9174	1.7591	2.5313

① ₩12,045 ② ₩39,254 ③ ₩50,000
④ ₩62,585 ⑤ ₩76,136

대비계산
- 20x1년초 현재가치 : 70,000x2.5313+1,000,000x0.7722=949,391
  → 사채발행비를 반영한 사채발행금액 : 949,391-24,011=925,380
  → 재계산된 유효이자율 : 925,380xx=92,538 에서, x=10%
- 20x1년말 사채장부가 : 925,380+(925,380x10%-70,000)=947,918
- 상환손익 계산 : 이하 '고속철' 풀이법 참조!

*고속철 사채상환손익 빨리구하기
사채상환손익=사채(장부가)-현금(미지급이자제외)
1. 사채(장부가) : 947,918+(947,918x10%-70,000)x5/12=958,248
2. 현금(미지급이자제외) : 1,050,000-70,000x5/12=1,020,833
3. 사채상환손익 : 958,248-1,020,833=△62,585(손실)

- [20x1년 회계처리]
(차)현금 925,380 (대)사채 1,000,000
사채할인발행차금 74,620
(차)이자비용 92,538[1] (대)현금 70,000
사채할인발행차금 22,538
[20x2년 5월 31일 회계처리]
(차)이자비용 39,497[2] (대)미지급이자 29,167[3]
사채할인발행차금 10,330
(차)사채 1,000,000 (대)현금 1,050,000
미지급이자 29,167 사채할인발행차금 41,752[4]
사채상환손실 62,585

[1]925,380x10%=92,538 [2](925,380+22,538)x10%x5/12=39,497
[3]1,000,000x7%x5/12=29,167 [4]74,620-22,538-10,330=41,752

2. ㈜민국은 20x1년 1월 1일 액면금액 ₩1,000,000, 액면이자율 연 5%(매년 말 이자지급), 3년 만기인 회사채를 발행하고 상각후원가측정금융부채로 분류하였다. 사채발행당시 시장이자율은 연 8%이었으며, 사채할인발행차금에 대하여 유효이자율법으로 상각한다. 한편, ㈜민국이 동 사채를 발행하는 과정에서 직접적인 사채발행비 ₩47,015이 발생하였으며, ㈜민국은 동 사채와 관련하여 20x1년도 포괄손익계산서상 이자비용으로 ₩87,564를 인식하였다. 동 사채와 관련하여 ㈜민국이 20x2년도 포괄손익계산서상 이자비용으로 인식할 금액은 얼마인가? (단, 8%, 3기간 기간 말 단일금액 ₩1의 현가계수는 0.7938이며, 8%, 3기간 정상연금 ₩1의 현가계수는 2.5771이다. 계산금액은 소수점 첫째자리에서 반올림하며, 단수차이로 인해 약간의 오차가 있으면 가장 근사치를 선택한다. 또한 법인세 효과는 고려하지 않는다.)

① ₩91,320 ② ₩92,076 ③ ₩93,560
④ ₩94,070 ⑤ ₩95,783

풀이
- 발행금액 : 50,000x2.5771+1,000,000x0.7938=922,655
  (차)현금 875,640[1] (대)사채 1,000,000
  사채할인발행차금 124,360
  (차)이자비용 87,564 (대)현금 50,000
  사채할인발행차금 37,564
  [1]922,655-47,015=875,640
- 875,640x재계산된 유효이자율=87,564'에서 재계산된 유효이자율=10%
- 20x2년 이자비용 : (875,640+37,564)x10%=91,320

서술형Correction연습
- 사채발행비가 발생하는 경우 사채의 시장이자율은 사채의 유효이자율과 다른 이자율이 되 며, 이 경우 시장이자율은 유효이자율보다 크다.
➡ (X) : 사채발행비가 발생하는 경우에는 '유효이자율>시장이자율'

- 사채의 중도상환시 상환일의 시장이자율이 발행일의 시장이자율보다 상승하게 되면 사채상환으로 인하여 손실이 발생한다.
➡ (X) : 시장이자율이 상승하면 현재가치의 하락으로 싼가격에 상환하므로 상환이익이 발생한다.

이론과기출 제119강 ○ 사채할증발행시 상환손익계산등

세부고찰 I

사례   사채할증발행시 상환손익 계산

❂ ㈜거침없이하이킥은 20x1년 1월 1일 액면금액 ₩50,000(만기 3년, 표시이자율 연 10%, 매년 말 이자지급)인 사채를 발행하였다. 20x1년 1월 1일의 시장이자율은 연 8%이다. 20x3년 4월 1일에 동 사채의 50%(발생한 액면이자 포함)를 ₩25,000에 조기상환할 경우, 조기상환이익은 얼마인가?

구분	8%	10%
단일현금 ₩1의 현재가치계수(기간 3)	0.7938	0.7513
연금 ₩1의 현재가치계수(기간 3)	2.5771	2.4868

• 발행금액 : 5,000x2.5771+50,000x0.7938=52,576

• 상환시점 장부금액   : (52,576−794−857−925x3/12)x50%=　25,347
　현금(미지급이자제외) : 25,000−5,000×50%x3/12　　　= (24,375)
　상환이익　　　　　　　　　　　　　　　　　　　　　　　　　972

세부고찰 II

사례   자기사채의 상환손익 계산

❂ ㈜초록불고기는 20x1년 4월 1일에 자기사채를 취득하였다. 자기사채의 취득가액은 ₩97,000이고 동 금액은 발생이자액을 제외한 금액이었다. 이자지급일은 매년 12월 31일로 연 이자율은 8%, 유효이자율은 10%이며, 사채의 액면금액은 ₩100,000이다. 20x1년 1월 1일 사채의 장부금액은 ₩95,000이었다. 동 사채와 관련하여 20x1년말 당기순이익은 얼마나 감소되었는가?

• 이자비용 : 95,000×10%×3/12=2,375
• 상환시 장부금액 : 95,000+(2,375−100,000×8%×3/12)=95,375
• 상환손익 : 97,000−95,375−97,000=△1,625(손실)
• 당기순이익 감소 : 2,375+1,625=4,000

세부고찰 III

사례   사채의 차환시 상환손익 계산

❂ 20x1년 1월 1일에 사채를 ₩9,279,000으로 발행하였는데, 이 발행금액은 투자자에게 매년 12%의 수익률을 보장하는 조건으로 결정된 것이다.

> (1) 사채기한 : 5년, 액면금액 : ₩10,000,000, 액면이자율 : 연 10%
> (2) 이자지급일 : 매년 12월 31일(현금지급)

20x2년초에 시장이자율이 연 14%로 상승하였는데, 이 시점에서 동일한 조건(5년만기)의 사채를 재발행하여 조달된 자금으로 기존의 사채를 전부 상환하였다. 이 때 재발행 된 사채의 발행금액은 변경된 시장이자율을 반영한 이론적인 가액으로 결정되었다. 사채의 차환에 따른 손익은 얼마로 인식되는가?
(단, n=5, i=14%에 의한 ₩1의 현재가치계수는 0.519, 정상연금 ₩1의 현재가치계수는 3.433이다.)

• 20x2년초 구사채장부금액
 − 9,279,000+(9,279,000×12%−10,000,000×10%)=9,392,480
• 20x2년초 신사채발행금액
 − 10,000,000×0.519+1,000,000×3.433=8,623,000
• 사채상환이익
 − 9,392,480−8,623,000=769,480

객관식 확인학습 — 이론적용연습

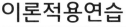

1. ㈜갑은 20x1년 1월 1일 액면금액 ₩100,000(만기 3년, 표시이자율 연 10%, 매년말 이자지급)인 사채를 발행하였다. 20x1년 1월 1일의 시장이자율은 연 8%이다. ㈜갑이 20x3년 4월 1일에 동 사채의 40%(발생한 액면이자 포함)를 ₩40,000에 조기상환할 경우, 조기상환이익은 얼마인가? 단, 사채발행과 관련된 거래비용은 없다. 계산결과 단수차이로 인해 답안과 오차가 있는 경우 근사치를 선택한다.

기간	기간말 단일금액 ₩1의 현재가치		정상연금 ₩1의 현재가치	
	8%	10%	8%	10%
1	0.9259	0.9091	0.9259	0.9091
2	0.8573	0.8264	1.7833	1.7355
3	0.7938	0.7513	2.5771	2.4868

① ₩159   ② ₩346   ③ ₩784
④ ₩1,554   ⑤ ₩1,596

내비게이션

- 20x1년초 현재가치 : 10,000x2.5771+100,000x0.7938=105,151
- 20x1년말 장부금액 : 105,151−(10,000−105,151x8%)=103,563
- 20x2년말 장부금액 : 103,563+(10,000−103,563x8%)=101,848
- 상환손익 계산 : 이하 '고속철' 풀이법 참조!

고속철 **사채상환손익 빨리구하기**
사채상환손익=사채(장부가)−현금(미지급이자제외)
1. 사채(장부가) : [101,848−(10,000−101,848x8%)x3/12]x40%=40,554
2. 현금(미지급이자제외) : 40,000−10,000x3/12x40%=39,000
3. 사채상환손익 : 40,554−39,000=1,554(이익)

- [20x1년 회계처리]
(차) 현금 105,151 (대) 사채 100,000
　　　　　　　　　　　　사채할증발행차금 5,151
(차) 이자비용 8,412[1] (대) 현금 10,000
　　사채할증발행차금 1,588
[20x2년 회계처리]
(차) 이자비용 8,285[2] (대) 현금 10,000
　　사채할증발행차금 1,715
[20x3년 4월 1일 회계처리]
(차) 이자비용 815[3] (대) 미지급이자 1,000[4]
　　사채할증발행차금 185
(차) 사채 40,000 (대) 현금 40,000
　　미지급이자 1,000 　　사채상환이익 1,554
　　사채할증발행차금 554[5]

[1] 105,151x8%=8,412
[2] (105,151−1,588)x8%=8,285
[3] (105,151−1,588−1,715)x8%x3/12x40%=815
[4] 10,000x3/12x40%=1,000
[5] (5,151−1,588−1,715)x40%−185=554

2. ㈜한국은 20x1년 1월 1일 액면금액 ₩1,000,000, 액면이자율 연 8%(매년말 이자지급), 3년 만기인 회사채를 발행하고 상각후원가측정금융부채로 분류하였다. 사채발행 당시 시장이자율은 연 10%이었으며, 사채발행차금에 대하여 유효이자율법으로 상각한다. ㈜한국은 20x2년 7월 1일에 동 사채를 모두 ₩1,000,000(경과이자포함)에 매입하였으며, 이 중 액면금액 ₩400,000은 매입 즉시 소각하고, 나머지 액면금액 ₩600,000은 20x2년 12월 31일에 재발행하였다. 20x2년 7월 1일의 시장이자율은 연 8%이고, 20x2년 12월 31일의 시장이자율은 연 10%이다. 동 사채와 관련된 회계처리가 ㈜한국의 20x2년 당기순이익에 미치는 영향은 얼마인가?

	단일금액 ₩1의 현가			정상연금 ₩1의 현가		
	1년	2년	3년	1년	2년	3년
8%	0.9259	0.8573	0.7938	0.9259	1.7832	2.5770
10%	0.9091	0.8264	0.7513	0.9091	1.7355	2.4868

① ₩95,024 감소   ② ₩76,988 감소
③ ₩34,732 감소   ④ ₩1,680 증가
⑤ ₩18,206 증가

내비게이션

- 20x2년 12월 31일 재발행분에 대하여는 20x2년 당기순이익에 미치는 영향이 없으므로, 전액 상환시의 손익만을 고려하면 된다.
- 20x1년초 현재가치 : 80,000x2.4868+1,000,000x0.7513=950,244
- 20x1년말 장부금액 : 950,244+(950,244x10%−80,000)=965,268
- 이자비용(20x2년 7월 1일 전액상환)
　965,268x10%x6/12=48,263
- 상환손익 : 13,531(이익)〈이하 '고속철' 풀이법 참조!〉
∴48,263−13,531=34,732(감소)

고속철 **사채상환손익 빨리구하기**
사채상환손익=사채(장부가)−현금(미지급이자제외)
1. 사채(장부가) : [965,268+(965,268x10%−80,000)x6/12]=973,531
2. 현금(미지급이자제외) : 1,000,000−80,000x6/12=960,000
3. 사채상환손익 : 973,531−960,000=△13,531(이익)

- [20x2년 7월 1일 회계처리]
(차) 이자비용 48,263 (대) 미지급이자 40,000
　　　　　　　　　　　　사채할인발행차금 8,263
(차) 사채 1,000,000 (대) 현금 1,000,000
　　미지급이자 40,000 　　사채할인발행차금 26,469
　　　　　　　　　　　　사채상환이익 13,531
[20x2년 12월 31일 회계처리]
(차) 현금 589,097[1] (대) 사채 600,000
　　사차할인발행차금 10,903

[1] (600,000x8%+600,000)x0.9091=589,097

시험중요도 ★★★

이론과기출 제120강 ○ 연속상환사채

개요	의의	•연속상환사채는 사채의 액면금액을 만기에 일시에 상환하지 않고 사채의 액면금액을 분할하여 상환하는 사채를 말함.
	현금흐름	
	발행가액	•일반사채와 동일하게 위 미래현금흐름의 현재가치가 발행금액임.
	상각	•일반사채와 동일하게 상각함. ■비교 단, 장부금액의 변동이 상각뿐만 아니라 액면금액의 상환으로도 이루어짐.

☞사례 연속상환사채 회계처리

❂ 20x1년 1월 1일 다음과 같은 연속상환사채를 발행하였다.

액면금액은 : ₩200,000		기간	현가계수	연금현가계수
액면이자율 : 연 8%		1	0.9091	0.9091
만기 : 20x3년 12월 31일		2	0.8264	1.7355
이자지급일 : 매년 말		3	0.7513	2.4868
유효이자율 : 연 10%				

위 연속상환사채는 20x1년말 ₩50,000, 20x2년말 ₩50,000, 20x3년말 ₩100,000씩 분할상환된다.

☞풀이

회계처리

1. 현금흐름과 발행금액

	20x1년초	20x1년말	20x2년말	20x3년말
이자 :		200,000x8%=16,000	150,000x8%=12,000	100,000x8%=8,000
액면 :		50,000	50,000	100,000
		66,000	62,000	108,000

→발행금액 : 66,000x0.9091+62,000x0.8264+108,000x0.7513=192,377

유효이자율법에 의한 상각표

일자	유효이자(10%)	액면이자(8%)	상각액	장부금액
20x1년초				192,377
20x1년말	192,377x10%=19,238	16,000	19,238-16,000=3,238	145,615[1]
20x2년말	145,615x10%=14,562	12,000	14,562-12,000=2,562	98,177[2]
20x3년말	98,177x10%=9,823[4]	8,000	9,823-8,000=1,823	0[3]

[1] 192,377+3,238-50,000=145,615 [2] 145,615+2,562-50,000=98,177
[3] 98,177+1,823-100,000=0 [4] 단수조정

2. 회계처리

20x1년초	(차) 현금	192,377	(대) 사채	200,000
	사채할인발행차금	7,623		
20x1년말	(차) 이자비용	19,238	(대) 현금	16,000
			사채할인발행차금	3,238
	(차) 사채	50,000	(대) 현금	50,000

객관식 확인학습 **이론적용연습**

1. ㈜합격은 20x1년 1월 1일에 액면금액 ₩3,000,000, 표시이자율 6%, 3년에 걸쳐 매년 말 이자지급과 원금 ₩1,000,000씩을 상환하는 연속상환사채를 발행하였다. 사채의 발행금액은 얼마인가? 단, 사채발행시의 유효이자율은 8%이고 사채발행비는 없다. 또한 모든 계산금액은 소수점 첫째 자리에서 반올림하며, 이 경우 약간의 오차가 나타날 수 있다.

	단일금액 ₩1의 현재가치			정상연금 ₩1의 현재가치		
	1년	2년	3년	1년	2년	3년
6%	0.9434	0.8900	0.8396	0.9434	1.8334	2.6730
8%	0.9259	0.8573	0.7938	0.9259	1.7833	2.5771

① ₩2,641,259 ② ₩2,703,342 ③ ₩2,765,391
④ ₩2,823,256 ⑤ ₩2,894,166

내비게이션
• 현금흐름
 − 20x1년말 : (3,000,000x6%)+1,000,000=1,180,000
 − 20x2년말 : (2,000,000x6%)+1,000,000=1,120,000
 − 20x3년말 : (1,000,000x6%)+1,000,000=1,060,000
• 발행금액
 1,180,000x0.9259+1,120,000x0.8573+1,060,000x0.7938=2,894,166

2. ㈜세무는 20x1년 1월 1일에 액면금액 ₩1,200,000, 표시이자율 연 5%, 매년 말 이자를 지급하는 조건의 사채(매년 말에 액면금액 ₩400,000씩을 상환하는 연속상환사채)를 발행하였다. 20x1년 12월 31일 사채의 장부금액은? (단, 사채발행 당시의 유효이자율은 연 6%, 계산금액은 소수점 첫째자리에서 반올림, 단수차이로 인한 오차는 가장 근사치를 선택한다.)

기간	단일금액 ₩1의 현재가치		정상연금 ₩1의 현재가치	
	5%	6%	5%	6%
1	0.9524	0.9434	0.9524	0.9434
2	0.9070	0.8900	1.8594	1.8334
3	0.8638	0.8396	2.7232	2.6730

① ₩678,196 ② ₩778,196 ③ ₩788,888
④ ₩795,888 ⑤ ₩800,000

내비게이션
• 발행금액
 (1,200,000x5%+400,000)x0.9434+(800,000x5%+400,000)x0.8900
 +(400,000x5%+400,000)x0.8396=1,178,196
• 20x1년 12월 31일 장부금액
 1,178,196+(1,178,196x6%−1,200,000x5%)−400,000=788,888

3. ㈜합격은 20x1년 1월 1일에 매년 말 원금 ₩1,000,000씩 상환하는 다음과 같은 연속상환사채를 발행하였다. 유효이자율법에 의해 사채할인(할증)발행차금을 상각(환입)하는 경우 20x2년의 이자비용은 얼마인가?

(1) 액면금액	: ₩3,000,000
(2) 표시이자율	: 연 10%
(3) 만기	: 20x3년 12월 31일
(4) 이자지급일	: 매년 말
(5) 유효이자율	: 연 12%

〈현가표〉

기간	10%	12%
1년	0.90909	0.89286
2년	0.82645	0.79719
3년	0.75131	0.71178
합계	2.48685	2.40183

① ₩200,000 ② ₩217,859 ③ ₩233,801
④ ₩248,036 ⑤ ₩294,166

내비게이션
• 발행금액
 (3,000,000x10%+1,000,000)x0.89286+(2,000,000x10%+1,000,000)
 x0.79719+(1,000,000x10%+1,000,000)x0.71178=2,900,304
• 20x1년 12월 31일 장부금액
 2,900,304+(2,900,304x12%−300,000)−1,000,000=1,948,340
• 20x2년 이자비용
 1,948,340x12%=233,801

이론과기출 제121강 ○ 금융부채 조건변경

실질적 조건변경인 경우	판단기준	• 계약조건이 실질적으로 변경된 경우란 새로운 조건에 따른 현금흐름의 현재가치와 최초금융부채의 나머지 현금흐름의 현재가치의 차이가 10%이상인 경우를 말함. •주의 새로운 조건에 따른 현금흐름에는 지급한 수수료에서 수취한 수수료를 차감한 수수료 순액이 포함되며 현금흐름 할인은 최초의 유효이자율을 사용함.
	회계처리	• 기존금융부채를 제거하고, 새로운 금융부채를 인식함. ➡ ∴제거손익(변경손익) 인식함. •주의 채무자의 재무적 어려움으로 인한 경우와 그렇지 않은 경우를 모두 포함함. •주의 새로운 금융부채는 최초인식이므로 조건변경시점의 유효이자율로 측정함.

(차) 금융부채(구)	xxx	(대) 금융부채(신)	xxx
		조건변경이익	xxx

	거래원가	• 발생한 원가나 수수료는 금융부채의 소멸에 따른 손익의 일부로 인식함.

(차) 조건변경이익	xxx	(대) 현금(거래원가)	xxx

사례 ▸ 금융부채 실질적 조건변경

❖ (주)합격은 20x1년초 만기 3년의 사채(액면 ₩100,000, 유효이자율 9%, 표시이자율 8%, 매년말 이자지급)를 ₩97,470에 발행하였으며 사채발행비 ₩2,446을 지출하였다. 조건변경손익을 구하면?

> (1) ㈜합격이 20x1년말 인식한 이자비용은 ₩9,502이다.
> (2) 20x2년 1월 1일 사채의 투자자와 조건변경에 합의하여 표시이자율을 8%에서 2%로 변경하였다.
> (3) 조건변경일의 시장이자율은 12%이며, 조건변경시 ₩500의 거래원가(수수료)가 발생하였다.
> (4) 10%, 2기간 현가계수와 연금현가계수는 각각 0.8264, 1.73550이다.
> (5) 12%, 2기간 현가계수와 연금현가계수는 각각 0.7972, 1.69010이다.

풀이

• (97,470−2,446)x유효이자율=9,502 에서, 유효이자율=10%
• ① 새로운 현금흐름의 현가 : 500+100,000x2%x1.7355+100,000x0.8264=86,611
  ② 최초금융부채의 현금흐름의 현가(=20x1년말 장부금액) : 95,024+(95,024x10%−8,000)=96,526

  →변동비율($\frac{96,526−86,611}{96,526}$=10.27%)이 10%이상이므로 실질적 조건변경에 해당함.

• 금융부채(신) : 100,000x2%x1.6901+100,000x0.7972=83,100 →사발차 : 100,000−83,100=16,900

변경일 회계처리 (20x2년 1월 1일)	(차) 사채(구)	100,000	(대) 사채할인발행차금(구)	3,474
	사채할인발행차금(신)	16,900	사채(신)	100,000
			조건변경이익	13,426
	(차) 조건변경이익	500	(대) 현금	500

∴조건변경이익 : 13,426−500=12,926

	판단기준	• 새로운 조건에 따른 현금흐름의 현재가치와 최초금융부채의 나머지 현금흐름의 현재가치의 차이가 10%미만인 경우를 말함.
실질적 조건변경이 아닌 경우 ▸참고사항	회계처리	• 기존금융부채를 제거치 않으며, 새로운 현금흐름을 최초의 유효이자율로 재측정하여 조정액을 당기손익 인식함.

(차) 금융부채(구) or 사발차	xxx	(대) 조건변경이익	xxx

	거래원가	• 발생한 원가나 수수료는 부채의 장부금액에서 조정하며 변경된 부채의 남은 기간에 걸쳐 상각함.

(차) 금융부채(구) or 사발차	xxx	(대) 현금(거래원가)	xxx

객관식 확인학습 ─ 이론적용연습

1. ㈜대한은 20x1년 1월 1일 다음과 같은 사채를 발행하고 상각후 원가로 측정하는 금융부채로 분류하였다.

> (1) 발행일 : 20x1년 1월 1일
> (2) 액면금액 : ₩1,000,000
> (3) 이자지급 : 연 8%를 매년 12월 31일에 지급
> (4) 만기일 : 20x3년 12월 31일(일시상환)
> (5) 사채발행 시점의 유효이자율 : 연 10%

㈜대한은 20x2년초 사채의 만기일을 20x4년 12월 31일로 연장하고 표시이자율을 연 3%로 조건을 변경하였다. 20x2년초 현재 유효 이자율은 연 12%이다. 사채의 조건변경으로 인해 ㈜대한이 20x2년도에 인식할 조건변경이익(A)과 조건변경 후 20x2년도에 인식할 이자비용(B)은 각각 얼마인가? 단, 단수차이로 인해 오차가 있다면 가장 근사치를 선택한다.

기간	단일금액 ₩1의 현재가치		정상연금 ₩1의 현재가치	
	10%	12%	10%	12%
1년	0.9091	0.8928	0.9091	0.8928
2년	0.8264	0.7972	1.7355	1.6900
3년	0.7513	0.7118	2.4868	2.4018

	20x2년도 조건변경이익(A)	20x2년도 이자비용(B)
①	₩139,364	₩94,062
②	₩139,364	₩82,590
③	₩139,364	₩78,385
④	₩181,414	₩82,590
⑤	₩181,414	₩94,062

내비게이션

• ㉠ 새로운 현금흐름의 현가
  – 1,000,000x3%x2.4868+1,000,000x0.7513=825,904
  ㉡ 최초금융부채의 현금흐름의 현가(=20x1년말/20x2년초 장부금액)
  – 20x1년초 현가 : 80,000x2.4868+1,000,000x0.7513=950,244
  – 20x1년말 장부금액 : 950,244+(950,244x10%-80,000)=965,268
  →변동비율($\frac{965,268-825,904}{965,268}$=14.4%)이 10%이상이므로 실질적 조건변경에 해당함.
• 금융부채(신) : 1,000,000x3%x2.4018+1,000,000x0.7118=783,854
  →사채할인발행차금 : 1,000,000-783,854=216,146

• [20x1년 1월 1일 회계처리]
  (차) 사채(구) 1,000,000 (대) 사발차(구) 34,732
      사발차(신) 216,146   사채(신) 1,000,000
                              조건변경이익 181,414
  [20x1년 12월 31일 회계처리]
  (차) 이자비용 94,062[1] (대) 현금 30,000
                              사발차 64,062

  [1]783,854x12%=94,062

2. ㈜적중은 20x1년초 장부금액 ₩250,000, 액면금액 ₩250,000인 차입금(상환일 : 20x2년말)을 보유하고 있다. 동 차입금에 대한 조건변경 관련 자료가 다음과 같을 때 동 차입금이 ㈜적중의 20x1년도 당기손익에 미치는 영향을 계산하면 얼마인가?

> (1) 20x1년초 ㈜적중은 채권자와 차입금의 표시이자율을 8%에서 1%로 낮추는 조건변경에 합의하였으며, 이는 실질적 조건변경에 해당한다고 가정한다.
> (2) 조건변경시점의 시장이자율은 6%이며, 조건변경시점에 거래원가 ₩4,200을 지출하였다.
> (3) 6%, 2기간 현가계수와 연금현가계수는 각각 0.8900, 1.83340이다.
> (4) 8%, 2기간 현가계수와 연금현가계수는 각각 0.8573, 1.78330이다.

① ₩5,091 ② ₩6,235 ③ ₩7,315
④ ₩18,718 ⑤ ₩22,918

내비게이션

• 금융부채(신) : 250,000x1%x1.8334+250,000x0.8900=227,084

• [20x1년 1월 1일 회계처리]
  (차) 차입금(구) 250,000 (대) 차입금(신) 227,084
                              조건변경이익 22,916
  (차) 조건변경이익 4,200 (대) 현금 4,200
  [20x1년 12월 31일 회계처리]
  (차) 이자비용 13,625[1] (대) 현금 2,500
                              차입금(신) 11,125

  [1]227,084x6%=13,625
  ∴(22,916-4,200)-13,625=5,091

서술형Correction연습

□ 기존 금융부채의 조건이 실질적으로 변경된 경우 채무자의 재무적 어려움으로 인한 경우에만 최초의 금융부채를 제거하고 새로운 금융부채를 인식한다.

➡ (X) : 채무자의 재무적 어려움으로 인한 경우와 그렇지 않은 경우를 모두 포함하여 최초의 금융부채를 제거하고 새로운 금융부채를 인식한다.

□ 계약조건의 변경이 실질적 조건변경에 해당하면 기존 금융부채는 제거하여야 하며 이 과정에서 발생한 원가나 수수료는 새롭게 인식하는 금융부채의 발행 금액에서 차감한다.

➡ (X) : 금융부채의 소멸에 따른 손익의 일부로 인식함.

이론과기출 제122강 ⊂ 충당부채·우발부채 **충당부채 인식(1)**

의의	적용범위	•다음의 경우는 충당부채, 우발부채 및 우발자산의 회계처리를 적용하지 않음.

<table>
<tr><td rowspan="7">의의</td><td rowspan="3">적용범위</td><td>•다음의 경우는 충당부채, 우발부채 및 우발자산의 회계처리를 적용하지 않음.</td></tr>
<tr><td>① 미이행계약으로부터 발생하는 경우. → 다만, 손실부담계약은 제외
➡미이행계약 : 의무를 전혀 이행하지 아니하였거나 부분적으로 이행한 계약
➡손실부담계약 : 의무이행에서 발생하는 '회피불가능원가〉기대경제적효익'인 계약</td></tr>
<tr><td>② 다른 K-IFRS에서 다루어지고 있는 경우</td></tr>
<tr><td>정의</td><td>•충당부채는 지출의 시기 또는 금액이 불확실한 부채를 말함.</td></tr>
<tr><td colspan="2">보론 충당부채등 인식개괄</td></tr>
</table>

	충당부채	우발부채	우발자산
조건	유출가능성이 높다 and 추정가능	유출가능성이 높지않다.(어느정도있다.) or 유출가능성이 높더라도 추정불가능	유입가능성이 높다.
인식	충당부채인식(F/S인식)	우발부채 주석공시(F/S인식불가)	주석공시(F/S인식불가)
	그 외의 사항은 아예 공시하지 않음.		

❖충당부채는 다음의 요건을 모두 충족하는 경우에 인식함.

<table>
<tr><td rowspan="5">충당부채
인식요건</td><td rowspan="2">현재의무존재요건</td><td>•과거사건의 결과로 현재의무(법적의무 또는 의제의무)가 존재함.
➡의제의무란 약속등으로 책임부담을 상대방에게 표명함으로써 상대방이 그 이행기
대를 가지게되는것(예 환불정책)</td></tr>
<tr><td>말장난 법적의무만 존재해야 한다(X)</td></tr>
<tr><td>효익유출가능성요건</td><td>•해당 의무를 이행키 위해 경제적효익이 있는 자원을 유출할 가능성이 높음.</td></tr>
<tr><td>추정신뢰성요건</td><td>•해당 의무를 이행하기 위해 필요한 금액을 신뢰성있게 추정할수 있음.</td></tr>
<tr><td colspan="2">보론 미래예상영업손실과 발생될 수선원가는 충당부채를 인정하지 않음.(∵현재의무 없음)</td></tr>
</table>

<table>
<tr><td rowspan="3">현재의무</td><td>존재여부결정</td><td>•현재의무존재여부 불분명시(예 소송이 진행중인 경우)는 이용가능한 모든 증거를 고려하
여 보고기간말에 현재의무 존재가능성이 존재치 아니할 가능성보다 높은(=50%초과) 경우
에 과거사건이 현재의무를 발생시킨 것으로 간주함.</td></tr>
<tr><td rowspan="2">추가적증거</td><td>•고려할 증거에는 보고기간후사건이 제공하는 추가적증거도 포함되며, 이를 바탕으로 다음
처럼 처리함.</td></tr>
<tr><td>① 보고기간말에 현재의무 존재가능성이 존재치 아니할 가능성보다 높고, 인식기준을
  충족하는 경우에는 충당부채를 인식함.
② 보고기간말에 현재의무가 존재치 아니할 가능성이 높더라도, 경제적효익을 갖는 자
  원의 유출가능성이 아주 낮지(희박하지) 않는한 우발부채로 공시함.</td></tr>
</table>

<table>
<tr><td rowspan="2">유출가능성</td><td>인식여부판단</td><td>•특정사건이 발생할 가능성이 발생하지 아니할 가능성보다 높은 경우(즉, 발생확률 50%
초과)에 자원의 유출 또는 기타사건의 가능성이 높다고 봄.
말장난 발생확률 50%이상(X)
말장난 특정 사건이 발생할 가능성이 발생하지 아니할 가능성보다 매우 높은 경우에 자원의 유출
  또는 기타 사건의 가능성이 높다고 본다(X) →'매우 높은'이 아니라 '높은'</td></tr>
<tr><td>다수의무</td><td>•제품보증 또는 이와 유사한 계약등 다수의 유사한 의무가 있는 경우 의무이행에 필요한 자
원의 유출가능성은 당해 유사한 의무 전체를 고려하여 결정함.
➡비록 개별항목의 의무이행에 필요한 자원의 유출가능성이 높지 않더라도 전체적인 의무
이행을 위하여 필요한 자원의 유출가능성이 높을 경우에는(기타 인식기준이 충족된다면)
충당부채를 인식함.</td></tr>
</table>

객관식 확인학습 — 이론적용연습

1. 다음은 각 기업의 사례이다. 이 중 20x1년 말 재무제표에 충당부채를 인식해야 하는 사례는 무엇인가?(단, 모든 사례에 대하여, 예상되는 유출금액은 중요하며, 그 금액을 신뢰성 있게 추정할 수 있다고 가정한다.)

① ㈜항공은 고객충성제도를 운영하고 있다. 이 제도의 회원이 당 회사의 여객기를 이용하면 ㈜항공은 마일리지를 부여한다. 회원은 마일리지를 이용하여 무료로 항공기에 탑승할 수 있다. 20x1년 중 회원들은 1억 마일을 적립하였다. 이 마일리지의 유효기간은 없으며 이 중 80%가 사용될 것으로 예상한다.

② ㈜세계는 법률이 요구하는 경우에만 오염된 토지를 정화하는 정책을 가지고 있다. 이제까지는 오염된 토지를 정화해야 한다는 법규가 없었고, 따라서 ㈜세계는 지난 몇 년에 걸쳐 토지를 오염시켜 왔다. 그런데 이미 오염된 토지를 정화하는 것을 의무화하는 관계 법률이 연말 후에 곧 제정될 것이 20x1년 12월 31일 현재 거의 확실하다. 제정될 법률에 따라 오염된 토지를 정화하기 위한 추가 금액이 필요할 것으로 예상한다.

③ 20x1년 12월 28일 ㈜부산은 한 사업부를 폐쇄하기로 결정하였고 이를 고객과 폐쇄되는 사업부의 종업원들에게 공표하였다. 그러나 20x1년 12월 31일까지 이 사업부의 폐쇄와 관련한 지출이나 폐쇄결정의 구체적인 이행시기에 대해서는 계획을 확정하지 못하였다.

④ ㈜서울은 외부용역에 의존하여 20x1년까지 한국채택국제회계기준을 적용해왔다. 그러나 20x2년부터 회사 자체적으로 한국채택국제회계기준을 적용하기 위하여, 회계 관련 분야의 기존 종업원들을 교육훈련하고 기존의 회계처리시스템을 수정·보완할 계획이며, 이를 위하여 외부용역비보다 더 큰 지출이 필요함을 알고 있다. ㈜서울은 20x1년 말까지 회사 내부의 회계시스템의 개선을 위하여 어떠한 비용도 지출하지 않았다.

⑤ ㈜클린은 기존의 법규에 따라 적정한 폐수처리시설을 운용하고 있다. 그런데 기존의 법규상 기준치보다 더 강화된 새로운 폐수처리에 대한 법규가 연말 이후에 곧 제정될 것이 20x1년 12월 31일 현재 거의 확실하다. 개정될 법규에 따라 추가 시설투자가 필요할 것으로 예상한다.

내비게이션
- ① 고객충성제도는 부여한 마일리지의 공정가치를 계약부채(이연수익)로 인식하므로 충당부채와 무관하다.(전술한 '수익' 참조)
- ② 토지를 오염시킨 과거사건은 발생하였으며, 토지정화를 요구하는 법률제정이 거의 확실하므로 충당부채를 인식한다.
- ③ 폐쇄결정의 구체적인 이행시기에 대한 계획을 확정하지 아니하였으므로 충당부채(구조조정충당부채)를 인식하지 아니한다.(후술함)
- ④ 의무발생사건(교육훈련하고 회계처리시스템을 수정·보완)이 발생하지 않았으므로 법적 또는 의제의무는 없다. 따라서, 충당부채를 인식하지 않는다.
- ⑤ 법규에 따른 폐수처리시설 설치원가나 벌금에 대한 의무발생사건이 없으므로 의무는 존재하지 않는다. 따라서, 충당부채를 인식하지 않는다. 만약 법규가 제정되고 정해진 날짜까지 폐수처리시설을 설치하지 않아 법규에 따른 벌과금을 지급해야하는 의무가 있다면 충당부채를 인식한다.

저자주 후술하는 '충당부채기준서 실무지침사례'와 함께 접근하기 바랍니다!

2. 다음 중 충당부채, 우발부채 및 우발자산에 대한 설명으로 옳은 것은 어느 것인가?

① 드물지만 진행 중인 소송과 같이 어떤 사건이 실제로 일어났는지 또는 해당 사건으로 현재의무가 생겼는지 분명하지 않은 경우에는 사용할 수 있는 증거(예: 전문가의 의견)를 모두 고려하여 보고기간 말에 현재의무가 존재하는지를 판단하여야 하며, 이때 고려해야 할 증거에는 보고기간후사건이 제공하는 추가적인 증거는 제외한다.

② 보고기간 말에 현재의무가 존재할 가능성이 존재하지 않을 가능성보다 유의적으로 높고 인식기준을 충족하는 경우에는 충당부채를 인식한다.

③ 제품보증이나 이와 비슷한 계약 등 비슷한 의무가 다수 있는 경우에 개별 항목에서 의무 이행에 필요한 자원의 유출 가능성이 높지 않더라도 전체적인 의무 이행에 필요한 자원의 유출 가능성이 높을 경우에는 그 밖의 인식기준이 충족된다면 충당부채를 인식한다.

④ 의제의무는 과거의 실무관행, 발표된 경영방침, 구체적이고 유효한 약속 등으로 기업이 특정 책임을 부담할 것이라고 상대방에게 표명하는 것만으로도 발생한다.

⑤ 충당부채를 재무제표상 부채로 인식하기 위해서는 과거사건의 결과로 현재 법적의무만 존재해야 한다.

내비게이션
- ① 보고기간후사건이 제공하는 추가 증거도 고려한다.
- ② 유의적으로(매우) 높고(X) → 높고(O)
- ④ 표명하는 것만으로는 의제의무가 발생하지 않으며, 기업이 해당 책임을 이행할 것이라는 정당한 기대를 상대방이 갖도록 하여야 의제 의무가 발생한다.
- ⑤ 법적의무 또는 의제의무가 존재해야 한다.

서술형Correction연습

☐ 충당부채는 경제적효익이 내재된 자원이 유출될 능성이 매우 높아야 인식될 수 있다

➡ (X) : 매우 높아야(X) → 높아야(O)

이론과기출 제123강 ➤ 충당부채 인식(2)

과거사건	의무발생사건	• 현재의무를 발생시키는 과거사건을 의무발생사건이라하며, 의무발생사건은 의무를 이행하는것 외에는 현실적인 대안이 없어야 함. ➡이러한 경우는 법적의무와 의제의무에만 해당함.
	미래영업 발생원가	• 미래영업을 위하여 발생하게 될 원가에 대하여는 충당부채를 인식하지 않음. ➡∵재무제표는 미래시점의 예상 재무상태가 아니라 보고기간말의 재무상태를 표시하는 것이며, F/P에 인식되는 부채는 보고기간말 존재하는 부채에 국한함.
	미래행위와의 독립성	• 충당부채로 인식되기 위해서는 과거사건으로 인한 의무가 기업의 미래행위(즉, 미래 사업행위)와 독립적이어야 함. 예시1 불법적인 환경오염으로 인한 범칙금이나 환경정화비용의 경우 ➡ 충당부채를 인식함. (∵미래행위에 관계없이 이행에 경제적효익을 갖는 유출이 수반됨.) 예시2 유류설비·원자력발전소에 의하여 이미 발생한 피해에 대하여 복구의무가 있는 범위 내에서 유류설비·원자력발전소의 사후처리원가 ➡ 예시1과 마찬가지로 충당부채를 인식함. 예시3 법에서 정하는 환경기준충족을 위해 또는 상업적압력 때문에 특정 정화장치 설치비용지출을 계획하고 있거나 지출이 필요한 경우 ➡ 충당부채를 인식치 않음. (∵공장운영방식을 바꾸는등의 미래행위를 통하여 미래의 지출을 회피할 수 있으므로 당해 지출은 현재의무가 아님.)
	의무의 상대방	• 의무는 반드시 상대방에 대한 확약을 수반하게 되므로 경영진·이사회의 결정으로 기업이 자신의 책임을 이행할 것이라는 정당한 기대를 상대방이 가질수 있을 정도로 충분히 구체적인 방법으로 보고기간말 이전에 상대방에게 의사전달되어야만 당해 결정은 의제의무를 발생시키는 것으로 봄. ➡의무는 언제나 당해 의무의 이행대상이 되는 상대방이 존재하게 되나, 의무의 상대방이 누구인지 반드시 알아야 하는 것은 아니며 경우에 따라서는 일반대중도 상대방이 될수 있음.
	법규의 제·개정	• 발생한 환경오염에 대하여 지금 당장 정화할 의무가 없는 경우에도 추후, 새로운 법규가 그러한 환경오염을 정화하도록 강제하거나 기업이 그러한 정화의무를 의제의무로서 공개적으로 수용한다면, 당해 법규의 제·개정시점 또는 기업의 공개적인 수용시점에 그 환경오염은 의무발생사건이 됨.
	입법예고된 법규	• 입법예고된 법규의 세부사항이 아직 확정되지 않은 경우에는 당해 법규안대로 제정될 것이 거의 확실한 때에만 의무가 발생한 것으로 봄. ➡그러한 의무는 법적의무로 간주함. 말장난 그러한 의무는 의제의무로 간주한다(X) • 법규제정을 둘러싼 수많은 서로 다른 상황으로 인하여 법규제정을 거의 확실하게 예측할수 있는 특정사건을 지정하는 것은 불가능하므로, 일반적으로 특정법규가 제정되기 전까지는 당해 법규제정에 대해 거의 확실하게 확신을 갖기 어려움.
신뢰성있는 추정	추정치의 신뢰여부	• 추정치를 사용하는 것은 재무제표 작성의 필수적인 과정이며 재무제표의 신뢰성을 손상시키지 아니함 ➡극히 드문 경우를 제외하고는 가능한 결과의 범위를 결정할수 있으므로 충당부채를 인식할때 충분히 신뢰성있는 금액을 추정할수 있음.
	우발부채 공시	• 극히 드문 경우로 신뢰성있는 금액의 추정이 불가능한 경우 ➡ 부채로 인식하지 아니하고 우발부채로서 공시함.

객관식 확인학습 ◯  이론적용연습

1. 다음 중 충당부채, 우발부채 및 우발자산에 대한 설명으로 옳지 않은 것은 어느 것인가?

① 충당부채로 인식되기 위해서는 과거사건으로 인한 의무가 기업의 미래행위와 독립적이어야 한다. 따라서 불법적인 환경오염으로 인한 범칙금이나 환경정화비용의 경우에는 충당부채로 인식한다.

② 충당부채는 부채로 인식하는 반면, 우발부채와 우발자산은 부채와 자산으로 인식하지 않는다.

③ 당초에 다른 목적으로 인식된 충당부채를 그 목적이 아닌 지출에 사용하면 서로 다른 두 사건의 영향이 적절하게 표시되지 않으므로 본래의 충당부채와 관련된 지출에만 그 충당부채를 사용한다.

④ 의무발생사건이 되려면 해당 사건으로 생긴 의무의 이행 외에는 현실적인 대안이 없어야 한다. 이러한 경우는 의무의 이행을 법적으로 강제할 수 있거나 기업이 해당 의무를 이행할 것이라는 정당한 기대를 상대방이 갖도록 하는 경우에만 해당한다.

⑤ 재무제표는 재무제표이용자들의 현재 및 미래 의사결정에 유용한 정보를 제공하는 데 그 목적이 있다. 따라서 미래 영업에서 생길 원가도 충당부채로 인식한다.

 내비게이션
• 재무제표는 미래 시점의 예상 재무상태가 아니라 보고기간 말의 재무상태를 표시하는 것이므로, 미래 영업에서 생길 원가는 충당부채로 인식하지 아니한다. 보고기간 말에 존재하는 부채만을 재무상태에 인식한다.
→③에 대하여는 후술함.

2. 다음은 한국채택국제회계기준 '충당부채, 우발부채 및 우발자산'에 대한 설명이다. 가장 옳지 않은 설명은 어느 것인가?

① 입법 예고된 법률의 세부 사항이 아직 확정되지 않은 경우에는 해당 법안대로 제정될 것이 거의 확실한(virtually certain) 때에만 의무가 생긴 것으로 본다.

② 결과와 재무적 영향의 추정은 비슷한 거래에 대한 과거의 경험이나 경우에 따라 독립적인 전문가의 보고서를 고려하여 경영자의 판단으로 결정한다. 이 때 보고기간후사건에서 제공되는 추가 증거를 고려한다.

③ 충당부채로 인식하여야 하는 금액과 관련된 불확실성은 상황에 따라 판단하며, 다수의 항목과 관련되는 충당부채를 측정하는 경우에 해당 의무는 가능한 모든 결과에 관련된 확률을 가중평균하여 추정한다.

④ 화폐의 시간가치 때문에, 보고기간 후에 즉시 지급하는 충당부채의 부담은 같은 금액을 더 늦게 지급하는 충당부채보다 더 크다. 따라서 그 영향이 중요한 경우에는 충당부채를 현재가치로 평가한다.

⑤ 상업적 압력이나 법률 규정 때문에 공장에 특정 정화장치를 설치하는 지출을 계획하고 있거나 그런 지출이 필요한 경우에는 충당부채를 인식한다.

 내비게이션
• 공장 운영방식을 바꾸는 등의 미래 행위로 미래의 지출을 회피할 수 있으므로 미래에 지출을 해야 할 현재의무는 없으며 충당부채도 인식하지 아니한다.
→②,③,④에 대하여는 후술함.

서술형Correction연습

☐ 기업의 미래 행위(미래 사업행위)와 관계가 있는 과거사건에서 생긴 의무만을 충당부채로 인식한다.

➡ (X) : 기업의 미래 행위(미래 사업행위)와 관계없이 존재하는 과거사건에서 생긴 의무만을 충당부채로 인식한다. 즉, 미래행위와 독립적이어야 한다.

☐ 입법 예고된 법규의 세부사항이 아직 확정되지 않은 경우에는 당해 법규안대로 제정될 것이 거의 확실한 때에만 의무가 발생한 것으로 보며, 그러한 의무는 의제의무로 간주한다.

➡ (X) : 의제의무(X) → 법적의무(O)

Answer   1. ⑤   2. ⑤

제1편 Mainplot [주요논제] / 제2편 Subplot [특수논제] / 합본부록1 기출유형별 필수문제 / 합본부록2 실전적중모의고사

이론과기출 제124강 ○ 우발부채·우발자산 인식

우발부채	정의	❖우발부채는 다음 중 어느 하나에 해당하는 의무를 말함.
		① 과거사건에 의하여 발생하였으나, 기업이 전적으로 통제할수는 없는 하나 이상의 불확실한 미래사건의 발생 여부에 의하여서만 그 존재가 확인되는 잠재적 의무 ② 과거사건에 의하여 발생하였으나, 의무이행에 경제적효익을 갖는 자원이 유출될 가능성이 높지 아니하거나, 당해 금액을 신뢰성있게 측정할수 없는 현재의무
		주의 충당부채는 현재의무이나 우발부채는 잠재적의무임.

<table>
<tr><td rowspan="4">인식</td><td colspan="1">자원유출가능성 ╲ 금액추정가능성</td><td>신뢰성있게 추정가능</td><td>추정불가능</td></tr>
<tr><td>가능성이 높음(확률 50%초과)</td><td>충당부채로 인식</td><td rowspan="2">우발부채로 주석공시</td></tr>
<tr><td>가능성이 높지 않음(어느정도 있음)</td><td>우발부채로 주석공시</td></tr>
<tr><td>가능성이 희박(아주 낮음)</td><td>공시하지 않음</td><td>공시하지 않음</td></tr>
</table>

	회계처리	부채여부	•우발부채는 부채로 인식하지 아니함.
		연대보증	**제3자가 이행할 것으로 예상되는 부분**: •우발부채로 공시 ➡제3자가 불이행시는 회사가 책임짐. **회사가 이행할 것으로 예상되는 부분**: •충당부채를 인식 ➡유출가능성이 높은 부분에 한함.
		유출가능성 검토	•우발부채는 당초에 예상하지 못한 상황에 따라 변화할수 있으므로, 경제적효익을 갖는 자원의 유출가능성이 높아졌는지 여부를 결정하기 위하여 지속적으로 검토(평가)함.
		부채인식	•과거에 우발부채로 처리하였더라도 미래경제적효익의 유출가능성이 높아진 경우에는 그러한 가능성의 변화가 발생한 기간의 재무제표에 충당부채로 인식함.(신뢰성있게 추정할수 없는 극히 드문 경우는 제외)

우발자산	정의	❖우발자산이란 다음에 해당하는 경우를 말함.
		•과거사건에 의하여 발생하였으나 기업이 전적으로 통제할수는 없는 하나 이상의 불확실한 미래사건의 발생여부에 의하여서만 그 존재가 확인되는 잠재적 자산을 말함. ➡일반적으로 우발자산은 효익의 유입가능성을 발생시키는, 사전에 계획되지 아니하였거나 기타 예상하지 못한 사건으로부터 발생함. → 예 제기했으나 결과가 불확실한 소송

<table>
<tr><td rowspan="3">인식</td><td colspan="1">자원유입가능성 ╲ 금액추정가능성</td><td>신뢰성있게 추정가능</td><td>추정불가능</td></tr>
<tr><td>가능성이 높음(확률 50%초과)</td><td>우발자산으로 주석공시</td><td>우발자산으로 주석공시</td></tr>
<tr><td>가능성이 높지 않음(어느정도 있음)</td><td>공시하지 않음</td><td>공시하지 않음</td></tr>
</table>

	회계처리	자산여부	•우발자산은 자산으로 인식하지 아니함. ➡∵미래에 미실현될 수도 있는 수익을 인식하는 결과를 초래가능 ➡그러나, 수익의 실현이 거의 확실하게 된다면 관련자산은 더 이상 우발자산이 아니며, 당해 자산을 인식하는 것이 타당함.
		유입가능성 검토	•우발자산은 관련 상황변화가 적절히 재무제표에 반영되도록 지속적으로 검토(평가)함.
		자산인식	•상황변화로 인하여 경제적효익이 유입될 것이 거의 확실하게 되는 경우에는 상황변화 발생기간의 F/S에 그 자산과 관련이익을 인식함.

주의 우발자산 공시시에는 그로부터 수익이 발생할 가능성이 있다는 오해를 주지 않도록 주의함.

객관식 확인학습 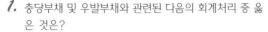 **이론적용연습**

1. 충당부채 및 우발부채와 관련된 다음의 회계처리 중 옳은 것은?

① ㈜민국은 ㈜나라와 공동으로 사용하는 토지의 환경정화에 대하여 연대하여 의무를 부담한다. 이에 ㈜민국은 ㈜나라가 이행할 것으로 기대되는 ₩1,000,000을 우발부채로 처리하였다.

② ㈜한국은 토지의 환경정화와 관련하여 3년후 지급하게 될 미래현금흐름을 ₩1,000,000으로 추정하고, 동 미래현금흐름 추정시 고려한 위험을 반영한 할인율을 적용하여 계산한 현재가치를 충당부채로 인식하였다.

③ ㈜대한은 토지의 환경정화 원가를 ₩2,000,000으로 추정하고, 법인세율 20%를 고려한 ₩1,600,000을 충당부채로 인식하였다.

④ ㈜충청은 예상되는 토지의 환경정화원가 ₩2,000,000을 위하여 ㈜경상보험에 보험을 가입하였다. 동 보험약정에 의해 ㈜경상보험은 ㈜충청이 환경정화를 실시하면 ₩1,000,000을 보전해 주기로 하여 ㈜충청은 토지의 환경정화와 관련된 충당부채로 ₩1,000,000을 인식하였다.

⑤ ㈜전라는 토지환경정화와 유전복구를 위해 각각 충당부채를 인식하였으나 토지환경정화에 대한 지출은 ₩500,000이 과소 발생하였고, 유전복구에 대한 지출은 ₩500,000이 과다 발생하였다. 이에 ㈜전라는 토지환경정화와 관련된 충당부채를 유전복구지출에 사용하였다.

내비게이션

• ① 제3자와 연대하여 의무를 지는 경우에는 이행할 전체의무 중 제3자 이행할 것으로 기대되는 부분을 우발부채로 처리한다.

② 할인율은 부채의 특유위험과 화폐의 시간가치에 대한 현행 시장의 평가를 반영한 세전 이율이다. 이 할인율에 반영되는 위험에는 미래 현금흐름을 추정할 때 고려된 위험은 반영하지 아니한다.(후술)

③ 충당부채의 법인세효과와 그 변동은 기업회계기준서 '법인세'에 따라 회계처리하므로 충당부채는 세전 금액으로 측정한다.(후술)

④ 기업이 의무를 이행하기 위하여 지급한 금액을 보험약정이나 보증 계약 등에 따라 제3자가 보전하거나, 기업이 지급할 금액을 제3자가 직접 지급하는 경우가 있다. 대부분의 경우에 기업은 전체 의무 금액에 대하여 책임이 있으므로 제3자가 변제할 수 없게 되면 전체의무금액을 이행해야 할 책임을 진다. 이 경우에 전체 의무금액을 충당부채로 인식하고 기업이 의무를 이행한다면 변제를 받을 것이 거의 확실하게 되는 때에만 그 예상변제금액을 별도의 자산으로 인식한다.(후술)

⑤ 충당부채는 최초 인식과 관련있는 지출에만 사용한다. 본래의 충당부채에 관련된 지출에 대해서만 그 충당부채를 사용한다. 당초에 다른 목적으로 인식된 충당부채를 그 목적이 아닌 지출에 사용하면 서로 다른 두 사건의 영향이 적절하게 표시되지 않는다.(후술)

2. 다음 중 우발부채 및 우발자산에 대한 설명으로 옳지 않은 것은?

① 우발부채는 처음에 예상하지 못한 상황에 따라 변할 수 있으므로, 경제적 효익이 있는 자원의 유출 가능성이 높아졌는지를 판단하기 위하여 우발부채를 지속적으로 평가한다.

② 우발부채는 재무제표에 인식하지 아니하며, 의무를 이행하기 위하여 경제적 효익이 있는 자원을 유출할 가능성이 희박하지 않다면 우발부채를 공시한다.

③ 과거에 우발부채로 처리한 경우에는 미래 경제적 효익의 유출 가능성이 높아진 경우에도 충당부채로 인식하지 아니한다.

④ 제3자와 연대하여 의무를 지는 경우에는 이행할 전체 의무 중 제3자가 이행할 것으로 예상되는 부분을 우발부채로 처리하며, 신뢰성 있게 추정할 수 없는 극히 드문 경우를 제외하고는 해당 의무 중에서 경제적 효익이 있는 자원의 유출 가능성이 높은 부분에 대하여 충당부채를 인식한다.

⑤ 미래에 전혀 실현되지 않을 수도 있는 수익을 인식하는 결과를 가져올 수 있기 때문에 우발자산은 재무제표에 인식하지 아니하나, 수익의 실현이 거의 확실하다면 관련 자산은 우발자산이 아니므로 해당 자산을 재무제표에 인식하는 것이 타당하다.

내비게이션

• 과거에 우발부채로 처리하였더라도 미래 경제적 효익의 유출 가능성이 높아진 경우에는 그러한 가능성의 변화가 생긴 기간의 재무제표에 충당부채로 인식한다(신뢰성 있게 추정할 수 없는 극히 드문 경우는 제외).

서술형Correction연습

☐ 제3자와 연대하여 의무를 지는 경우에는 이행할 전체의무중 제3자가 이행할 것으로 기대되는 부분을 충당부채로 처리한다.

➡ (X) : 충당부채(X) → 우발부채(O)

☐ 경제적효익의 유입 가능성이 높은 우발자산에 대해서는 보고기간 말에 우발자산의 특성에 대해 간결하게 설명을 공시하고 실무적으로 적용할 수 있는 경우에는 재무적 영향의 추정 금액을 공시하며, 우발자산을 공시할 때에는 우발자산에서 수익이 생길 가능성이 있음을 공시하여야 한다.

➡ (X) : 수익이 생길 가능성이 있다는 오해를 주지 않도록 주의한다.

이론과기출 제125강 ○ 충당부채 측정 : 최선의 추정치

개요	의의	인식금액	•충당부채로 인식하는 금액은 현재의무를 보고기간말에 이행하기 위하여 소요되는 지출에 대한 최선의 추정치이어야 함. ➡최선의 추정치는 보고기간말에 의무를 이행하거나 제3자에게 이전시키는 경우에 합리적으로 지급하여야 하는 금액임. ➡보고기간말에 의무를 이행하거나 제3자에게 이전하는 것이 불가능하거나 과다한 비용이 소요되는 경우에도, 합리적으로 지급하여야 할 금액의 추정 액은 현재의 의무를 보고기간말에 이행하는데 소요될 지출에 대한 최선의 추정치가 됨.
		효과추정	•결과 및 재무적영향의 추정은 유사한 거래에 대한 과거의 경험, 독립적인 전문가의 보고서 및 보고기간후사건에 의해 확인할수 있는 추가적 증거 등을 종합적으로 고려하여 경영자가 판단함.
		세전금액 측정	•충당부채의 법인세효과 및 변동은 '법인세'에 따라 회계처리하므로 충당 부채는 세전금액으로 측정함.
	금액의 불확실성	기대값 (기대가치)	•측정하고자하는 충당부채가 다수의 항목과 관련되는 경우 ➡당해의무는 모든 가능결과와 그와 관련된 확률을 가중평균하여 추정함. ➡∴특정금액의 손실이 발생할 확률에 따라 인식금액은 다르게 됨.
		중간값	•가능한 결과가 연속적인 범위내에 분포하고 각각의 발생확률이 동일할 경우 ➡당해 범위의 중간값을 사용함.
	최빈치로 측정		•하나의 의무를 측정하는 경우에는 가장 가능성이 높은 단일의 결과가 당해 부채에 대한 최선의 추정치가 될 수 있으나, 그러한 경우에도 기타 가능한 결과들도 고려함. •만약 기타 가능한 결과들이 가장 가능성이 높은 결과보다 대부분 높거나 낮다면 최선의 추정치도 높거나 낮은 금액일 것임. ➡예 고객을 위해 건설한 주요설비의 중대결함을 해결하여야 하는 경우에, 가장 가능성이 높은 결과는 한 차례의 시도로 ₩1,000의 원가를 들여 수선하는 것임. 그러나 추가 수선이 필요 할 가능성이 유의적이라면 보다 많은 금액을 충당부채로 인식하여야함.

✔ 사례 기대값(기대가치)

❂ 구입후 첫 6개월이내에 제조상 결함으로 인하여 발생하는 수선비용을 보장하는 보증서와 함께 재화를 판 매하는 기업이 있다. 수선비용 발생가능성은 다음과 같다.

적용사례

구분	수선비용	발생확률
전혀 결함이 발생하지 않는 경우	₩0	75%
중요하지 않은(사소한) 결함이 발생할 경우	₩1,000,000	20%
치명적인(중요한) 결함이 발생할 경우	₩4,000,000	5%

풀이

•수선비용의 기댓값(기대가치) : 0x75%+1,000,000x20%+4,000,000x5%=400,000

참고 보증의무와 관련된 자원의 유출가능성을 판단할때 당해 의무 전체에 대하여 판단함.
　　→ '충당부채 인식(1)' 참조!

객관식 확인학습　　**이론적용연습**

1. 다음은 20x1년말(결산일) 현재 (주)합격의 재무상황과 관련이 있는 항목들이다. 이를 근거로 (주)합격의 20x1년말 재무상태표에 부채로 보고될 금액은 얼마이겠는가?

> (1) 20x1년 2월 1일 (주)합격은 소송에 계류되어 20x1년 11월 15일에 지방법원으로부터 ₩6,000,000의 패소판결을 받았다. (주)합격은 이를 고등법원에 항소하였는데, (주)합격의 고문변호사 강경석씨가 항소심에서 이 금액을 반으로 낮출수 있는 확률이 50%이다. (주)합격은 이에 대한 회계처리를 하지 않았다.
> (2) 20x1년 6월 30일 (주)합격은 주원료 공급업체인 (주)적중으로부터 계약위반으로 소송을 제기당했다. (주)합격의 고문변호사 강경석씨는 (주)합격이 승소할 가능성이 매우 희박하며, 그 금액은 ₩2,000,000에서 ₩3,000,000 범위로 예상되고 그 범위내에서 비례적으로 증가하는 분포를 이루고 각각의 발생확률이 동일하다고 본다. (주)합격은 이에 대한 회계처리를 하지 않았다.

① ₩6,500,000　　② ₩7,000,000　　③ ₩7,500,000
④ ₩8,000,000　　⑤ ₩8,500,000

 내비게이션

• (1) 당해 의무는 모든 가능한 결과와 그와 관련된 확률을 가중평균(기대값)하여 추정한다.
　→따라서, 6,000,000x50%+3,000,000x50%=4,500,000
• (2) 가능한 결과가 연속적인 범위내에 분포하고 각각의 발생확률이 동일할 경우에는 당해 범위의 중간값을 사용한다.
　→따라서, 2,500,000을 인식한다.
∴4,500,000+2,500,000=7,000,000

2. 다음 중 한국채택국제회계기준상 충당부채의 측정에 대한 설명으로 옳지 않은 것은 어느 것인가?

① 충당부채로 인식하는 금액은 현재의무를 보고기간 말에 이행하기 위하여 필요한 지출에 대한 최선의 추정치이어야 한다.
② 결과와 재무적 영향의 추정은 비슷한 거래에 대한 과거의 경험이나 경우에 따라 독립적인 전문가의 보고서를 고려하여 경영자의 판단으로 결정한다. 이 때 보고기간후사건에서 제공되는 추가 증거를 고려한다.
③ 불확실성을 이유로 충당부채를 과도하게 인식하거나 부채를 의도적으로 과대 표시하는 것은 정당화될 수 없으며, 특별히 부정적인 결과에 대해 예상원가를 신중하게 추정하였다고 해서 의도적으로 해당 결과의 발생 가능성이 실제보다 더 높은 것처럼 취급하여서는 안 된다.
④ 충당부채는 세후 금액으로 측정한다.
⑤ 현재의무를 이행하기 위하여 필요한 지출에 대한 최선의 추정치는 보고기간 말에 의무를 이행하거나 제삼자에게 이전하는 경우에 합리적으로 지급하여야 하는 금액이다.

 내비게이션

• 충당부채의 법인세효과와 그 변동은 기업회계기준서 제1012호 '법인세'에 따라 회계처리하므로 충당부채는 세전 금액으로 측정한다.
　→③에 대하여는 후술함.

서술형Correction연습

□ 토지의 환경정화 원가가 ₩2,000,000으로 추정되는 경우, 법인세율 20%를 고려한 ₩1,600,000을 충당부채로 인식한다.

➡ (X) : 충당부채의 법인세효과 및 변동은 기준서 제1012호 '법인세'에 따라 회계처리하므로 충당부채는 세전 금액으로 측정한다.

□ 측정하고자 하는 충당부채가 다수의 항목과 관련되는 경우에 당해 의무는 모든 가능한 결과와 그와 관련된 확률을 가중평균하여 추정한다. 가능한 결과가 연속적인 범위 내에 분포하고 각각의 발생확률이 동일할 경우에는 당해 범위의 최빈치를 사용한다.

➡ (X) : 최빈치를 사용한다.(X) → 중간값을 사용한다.(O)

시험중요도 ★★☆

이론과기출 제126강 ◯ 충당부채 측정 : 위험과 불확실성등

위험과 불확실성	의의	•최선의 추정치를 구할때는 관련된 사건·상황에 대한 불가피한 위험과 불확실성을 고려함.
	위험	•위험은 결과의 변동성을 의미하며 위험조정으로 인해 부채금액은 증가할수 있음.
	불확실성	•불확실한 상황에서는 수익·자산을 과대계상하거나 비용·부채를 과소계상하지 않도록 주의하며, 불확실성을 이유로 과도한 충당부채를 계상하거나 부채를 고의적으로 과대표시하는 것은 정당화되지 아니함. ➡️예 특정한 부정적 결과에 대해 예상원가를 신중하게 추정하였다면 고의적으로 당해 결과의 발생가능성이 실제보다 더 높은 것처럼 회계처리해서는 아니됨. •위험·불확실성의 이중조정으로 충당부채가 과대계상되지 아니하도록 주의하여야 함.
	공시	•지출액과 관련된 불확실성은 그 정도를 공시함.
현재가치	의의	•화폐의 시간가치 영향이 중요한 경우 충당부채는 의무를 이행하기 위하여 예상되는 지출액의 현재가치로 평가함.(예 복구충당부채) ➡️화폐의 시간가치로 인하여 동일한 금액이라도 보고기간 후에 즉시 지급하는 충당부채의 부담이 더 늦게 지급하는 충당부채에 비하여 더 크므로 그 차이가 중요한 경우에는 현재가치로 평가한 금액으로 충당부채를 인식함.
	표시	•명목금액에서 현재가치할인차금을 직접 차감한 순액으로 표시함.
	할인율	•부채의 특유위험과 화폐의 시간가치에 대한 현행시장의 평가를 반영한 세전이율임. •주의 현가측정시의 당초할인율이 아니라 현가측정시점의 할인율이며, 세후이율이 아님. ➡️할인율에 반영되는 위험에는 위험이 이중으로 계상되는 것을 방지하기 위해 미래 현금흐름을 추정할때 고려된 위험은 반영하지 않음.
	공시	•현가로 평가한 충당부채의 기간경과에 따른 당기 증가금액 및 할인율 변동에 따른 효과
미래사건	의의	•현재의무이행 소요지출금액에 영향을 미치는 미래사건이 발생할 것이라는 충분하고 객관적인 증거가 있는 경우에는 그러한 미래사건을 감안하여 충당부채 금액을 추정함. ➡️예 내용연수 종료후에 부담해야 하는 오염지역의 정화에 필요한 원가는 미래의 기술변화에 따라 감소할수 있음. 이 경우 부채 인식금액은 정화시점에 이용할수 있는 기술에 대한 모든 이용가능한 증거를 기초로 하여 자격을 갖춘 독립적인 전문가의 합리적인 예측을 반영함. 예를 들어, 현재 기술의 적용시 축적된 경험과 관련된 예상되는 원가감소나 과거에 수행된 것보다 광범위하고 복잡한 오염정화작업에 현재의 기술 적용시 예상되는 원가를 반영하는 것이 적절함. 그러나 충분하고 객관적인 증거가 있지 아니하는 한 정화관련 전혀 새로운 기술개발을 예상하여서는 아니됨.
	새로운 법규	•충분하고 객관적인 증거로 볼때 새로운 법규가 제정될 것이 거의 확실하다면 당해 법규의 영향을 고려하여 충당부채를 측정함. ➡️실무에서 일어나는 수많은 상황들로 인하여 충분하고 객관적인 증거를 제공하는 단일 사건을 개별 상황마다 일일이 지정하는 것은 불가능하므로 새로운 법규가 요구하게 될 사항과 당해 법규가 적당한 시기내에 제정되어 시행될 것이 거의 확실한지 여부에 대한 증거가 있어야 함. 일반적으로 새로운 법규가 제정되기 전까지는 충분하고 객관적인 증거가 존재하지 아니함.
예상자산처분	의의	•예상되는 자산처분이 충당부채를 발생시킨 사건과 밀접하게 관련되었더라도 당해 자산의 예상처분이익은 충당부채를 측정하는데 고려하지 아니함. 말장난 예상처분이익은 충당부채를 측정하는데 고려한다(x)
	총액계상	•충당부채금액 산정시 예상처분이익을 차감하는 것이 아니라 총액으로 계상함. 예시 구조조정비용 ₩100,000, 구조조정에 보유중인 토지매각이익 ₩5,000이 예상됨. →(차) 비용 100,000 (대) 충당부채 100,000

객관식 확인학습 이론적용연습

1. 다음 중 충당부채, 우발부채 및 우발자산에 대한 설명으로 가장 옳은 것은 어느 것인가?

① 충당부채를 현재가치로 평가하는 경우 할인율에는 미래현금흐름을 추정할 때 고려한 위험을 반영한다.

② 제삼자와 연대하여 의무를 지는 경우에는 이행할 전체 의무 중 제삼자가 이행할 것으로 예상되는 부분도 충당부채로 인식한다.

③ 예상되는 자산 처분이 충당부채를 생기게 한 사건과 밀접하게 관련된 경우 예상되는 자산 처분이익은 충당부채를 측정하는 데 고려한다.

④ 현재의무를 이행하기 위하여 필요한 지출 금액에 영향을 미치는 미래 사건이 일어날 것이라는 충분하고 객관적인 증거가 있는 경우에는 그 미래 사건을 고려하여 충당부채 금액을 추정한다.

⑤ 할인율은 부채의 특유한 위험과 화폐의 시간가치에 대한 현행 시장의 평가를 반영한 세후 이율이다.

📻 **내비게이션**

• ① 할인율에 반영되는 위험에는 위험이 이중으로 계상되는 것을 방지하기 위해 미래 현금흐름을 추정할때 고려된 위험은 반영하지 않는다.

② 제삼자와 연대하여 의무를 지는 경우에는 이행할 전체 의무 중 제 삼자가 이행할 것으로 예상되는 부분을 우발부채로 처리한다.

③ 예상되는 자산 처분이 충당부채를 생기게 한 사건과 밀접하게 관련 되었더라도 예상되는 자산 처분이익은 충당부채를 측정하는 데 고려하지 아니한다.

⑤ 할인율은 부채의 특유한 위험과 화폐의 시간가치에 대한 현행 시장의 평가를 반영한 세전 이율이다.

2. ㈜합격은 당기 중에 취득한 설비자산에 대하여 반환소송에 계류되었으며, 관련 자료가 다음과 같을 때, 당기말 충당부채로 계상할 금액은 얼마이겠는가?

> (1) 설비자산의 취득원가는 ₩15,000,0000이며, 당기말 현재 감가상각누계액은 ₩4,500,0000이다.
> (2) ㈜합격이 동 설비자산을 매각한다면 ₩13,500,000을 받을 수 있다.
> (3) 소송에 패소하여 설비자산의 취득원가에 해당하는 금액을 반환할 가능성이 높다.

① ₩4,500,000   ② ₩10,500,000   ③ ₩12,000,000
④ ₩13,500,000   ⑤ ₩15,000,000

📻 **내비게이션**

• 기존 설비자산은 그대로 감가상각이나 처분회계처리를 수행하며, 새로 구입하여 반환할 설비자산의 취득원가 15,000,000을 충당부채로 인식한다. →예상처분이익 3,000,000은 고려하지 않음.

• [당기말 회계처리]
(차) 비용   15,000,000   (대) 충당부채   15,000,000
[구입하여 반환시 회계처리] – 구입가 ₩16,000,000으로 가정
(차) 충당부채   15,000,000   (대) 현금   16,000,000
     비용   1,000,000

서술형Correction연습

☐ 화폐의 시간가치 효과가 중요한 경우라 하더라도 충당부채는 의무를 이행하기 위하여 예상되는 지출액의 현재가치로 평가하지 아니한다.

➡ (X) : 중요한 경우 현재가치로 평가한다.

☐ 토지의 환경정화와 관련하여 3년후 지급하게 될 미래 현금흐름이 ₩1,000,000으로 추정되는 경우, 동 미래 현금흐름 추정시 고려한 위험을 반영한 할인율을 적용하여 계산한 현재가치를 충당부채로 인식한다.

➡ (X) : 할인율은 부채의 특유위험과 화폐의 시간가치에 대한 현행 시 장의 평가를 반영한 세전 이율이다. 이 할인율에 반영되는 위험에는 위험이 이중계상되는 것을 방지하기 위해 미래 현금흐름을 추정할 때 고려된 위험은 반영하지 아니한다.

 nswer   1. ④   2. ⑤

이론과기출 제127강 ○── 충당부채 변제·변동·사용

충당부채변제	개요	• 충당부채를 결제하기 위하여 필요한 지출액의 일부·전부를 제3자가 변제할 것이 예상되는 경우 기업이 의무를 이행한다면 변제를 받을 것이 거의 확실하게 되는 때에 한하여 변제금액을 인식하고 별도의 자산으로 회계처리함. 다만, 자산으로 인식하는 금액은 관련 충당부채 금액을 초과할수 없음. 　말장난 전체의무금액에서 변제금액을 제외한 순액을 충당부채로 계상한다(X) • 충당부채와 관련하여 포괄손익계산서에 인식된 비용은 제3자의 변제와 관련하여 인식한 금액과 상계하여 표시할수 있음. 　➡ 제3자가 지급하지 아니하더라도 기업이 당해 금액을 지급할 의무가 없는 경우에는 충당부채에 포함하지 아니함. 　➡ 제3자와 연대하여 의무를 지는 경우에 전체의무 중에서 제3자가 이행할 것으로 기대되는 부분에 한하여 우발부채로 처리함.(전술한 '우발부채' 참조)
	재무상태표 (총액인식)	• 의무금액 총액을 충당부채로 인식 • 제3자가 변제할 것이 확실한 금액만 자산으로 인식 　➡ 단, 자산인식금액은 충당부채금액 초과불가함. 　·주의 ∴충당부채와 제3자 변제관련자산을 상계치 않음.
	포괄손익계산서 (순액인식가능)	• 수익은 충당부채의 인식과 관련된 비용과 상계가능함.

> **사례** 　충당부채의 변제 회계처리

❖ 당사가 인식할 충당부채는 ₩100원이며, 이중 ₩40원은 보험회사에서의 변제가 확실하다.

> 풀이

• 다음의 둘 중 선택하여 회계처리함.

	방법①				방법②		
(차) 비용	100	(대) 충당부채	100	(차) 비용	60	(대) 충당부채	100
자산(미수금)	40	수익	40	자산(미수금)	40		

충당부채변동	잔액검토	• 매 보고기간말마다 충당부채의 잔액을 검토하고, 보고기간말 현재 최선의 추정치를 반영하여 조정함. 　예시 20x2년 복구충당부채 장부금액 잔액은 ₩82,645(최초 할인율은 10%), 2년후 복구원가가 ₩120,000으로 변경되었고 할인율도 12%로 변경됨. 　→새로운 최선의 추정치 : 120,000x(2년, 12% 현가계수)=95,664 　→(차) 전입액(or 유형자산) 13,019 (대) 복구충당부채 13,019
	차입원가인식	• 충당부채를 현재가치로 평가하여 표시하는 경우에는 장부금액을 기간 경과에 따라 증가시키고 해당 증가금액은 차입원가로 인식함. 　·저자주 이때의 차입원가는 현재가치할인차금상각액과 성격이 동일합니다! 　예시 복구충당부채의 당기 증가분(유효이자)이 ₩11,480인 경우 　→(차) 이자비용(차입원가) 11,480 (대) 복구충당부채 11,480
	충당부채환입	• 의무이행을 위하여 경제적효익을 갖는 자원이 유출될 가능성이 더 이상 높지 아니한 경우에는 관련 충당부채를 환입함. 　예시 복구의무가 소멸한 경우 　→(차) 복구충당부채 107,144 (대) 복구충당부채환입 107,144

| 충당부채사용 | • 충당부채는 최초인식과 관련있는(=당초 충당부채에 관련된) 지출에 대해서만 사용함.
　➡ ∴충당부채를 다른 지출에 대하여 사용하게 되면 다른 두 사건의 영향이 적절하게 표시되지 않음. |

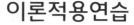

객관식 확인학습   이론적용연습

1. 다음 중 충당부채, 우발부채 및 우발자산에 대한 설명으로 옳은 것은 어느 것인가?

① 충당부채와 관련하여 포괄손익계산서에 인식한 비용은 제삼자의 변제와 관련하여 인식한 금액과 상계하여 표시한다.

② 충당부채를 현재가치로 평가하여 표시하는 경우에는 장부금액을 기간 경과에 따라 증액하고 해당 증가 금액은 차입원가로 인식한다.

③ 보고기간 말마다 충당부채의 잔액을 검토하고 보고기간 말 현재 최선의 추정치를 반영하여 조정하나, 의무를 이행하기 위하여 경제적 효익이 있는 자원을 유출할 가능성이 높지 않게 된 경우에는 과거에 인식한 충당부채는 환입하지 않는다.

④ 충당부채는 최초 인식과 관련있는 지출에만 사용되지 않을 수 있다.

⑤ 충당부채를 결제하기 위하여 필요한 지출액의 일부나 전부를 제삼자가 변제할 것으로 예상되는 경우에는 기업이 의무를 이행한다면 변제를 받을 것이 거의 확실하게 되는 때에만 변제금액을 인식하고 관련 충당부채에서 차감하여 표시한다.

내비게이션

• ① 표시한다.(X) → 표시할 수 있다(O)
  즉, 강제규정이 아니라 임의규정이다.
③ 의무를 이행하기 위하여 경제적 효익이 있는 자원을 유출할 가능성이 높지 않게 된 경우에는 관련 충당부채를 환입한다.
④ 충당부채는 최초 인식과 관련 있는 지출에만 사용한다. 본래의 충당부채와 관련된 지출에만 그 충당부채를 사용한다. 당초에 다른 목적으로 인식된 충당부채를 그 목적이 아닌 지출에 사용하면 서로 다른 두 사건의 영향이 적절하게 표시되지 않는다.
⑤ 충당부채를 결제하기 위하여 필요한 지출액의 일부나 전부를 제삼자가 변제할 것으로 예상되는 경우에는 기업이 의무를 이행한다면 변제를 받을 것이 거의 확실하게 되는 때에만 변제금액을 별도의 자산으로 인식하고 회계처리한다.

2. 충당부채, 우발부채 및 우발자산에 관한 설명으로 옳은 것은?

① 우발자산은 경제적효익의 유입가능성이 높아지더라도 공시하지 않는다.

② 손실부담계약을 체결하고 있는 경우에는 관련된 현재의무를 충당부채로 인식하지 않는다.

③ 충당부채를 현재가치로 평가하는 경우 적용될 할인율은 부채의 특유위험과 화폐의 시간가치에 대한 현행 시장의 평가를 반영한 세후 이율이다.

④ 충당부채와 관련하여 포괄손익계산서에 인식된 비용은 제3자의 변제와 관련하여 인식한 금액과 상계하여 표시할 수 있다.

⑤ 화폐의 시간가치 영향이 중요한 경우에도 충당부채는 현재가치로 평가하지 않는다.

내비게이션

• ① 우발자산은 경제적 효익의 유입 가능성이 높은 경우 주석공시한다.
② 손실부담계약을 체결하고 있는 경우에는 관련된 현재의무를 충당부채로 인식하고 측정한다.
③ 세후 이율(X) → 세전 이율(O)
⑤ 화폐의 시간가치 영향이 중요한 경우에 충당부채는 의무를 이행하기 위하여 예상되는 지출액의 현재가치로 평가한다.

서술형Correction연습

☐ 사전보험약정에 의해 보험회사가 대신하여 지급하는 부분이 있는 경우 동 금액을 기업의 전체 의무금액에서 제외한 순액을 충당부채로 계상한다.

➡ (X) : 충당부채는 상계한 순액이 아니라 총액으로 계상한다.

☐ 충당부채의 제3자에 의한 변제가 거의 확실한 경우에는 예상변제금액을 관련 충당부채에서 차감하는 형식으로 표시하며 관련 충당부채의 금액을 초과하는 경우에는 동 초과액을 자산으로 인식한다.

➡ (X) : 예상변제금액은 자산으로 인식하며 관련 충당부채 금액을 초과할 수 없다.

☐ 토지환경정화와 유전복구를 위해 각각 충당부채를 인식하였으나 토지환경정화에 대한 지출은 ₩500,000이 과소 발생하였고, 유전복구에 대한 지출은 ₩500,000이 과다 발생한 경우 토지환경정화와 관련된 충당부채를 유전복구지출에 사용할 수 있다.

➡ (X) : 본래의 충당부채와 관련된 지출에만 그 충당부채를 사용한다. 당초에 다른 목적으로 인식된 충당부채를 그 목적이 아닌 지출에 사용하면 서로 다른 두 사건의 영향이 적절하게 표시되지 않는다.

이론과기출 제128강 ○─ 충당부채 인식·측정기준의 적용

미래예상 영업손실	인식여부	•미래의 예상 영업손실은 충당부채로 인식하지 아니함. ➡∴부채의 정의에 부합치 않으며, 충당부채의 인식기준도 충족시키지 못함. 말장난 미래의 예상 영업손실은 충당부채로 인식한다(X)
	손상검사	•미래에 영업손실이 예상되는 경우에는 영업과 관련된 자산에 손상이 발생하였을 가능성이 있으므로 '자산손상'에 따라 손상검사를 수행함.

손실부담계약	의의	정의	•계약상의 의무이행에서 발생하는 회피불가능한 원가가 그 계약에 의하여 받을 것으로 기대되는 경제적효익을 초과하는 당해계약을 말함.
		회피불가능원가	•계약해지를 위한 최소순원가로서 다음 금액을 말함. $Min \begin{cases} 계약이행에 소요되는 원가 \\ 계약미이행시 지급할 위약금(보상금) \end{cases}$ 말장난 회피 불가능한 원가는 위 둘 중 큰 금액을 말한다(X)
	회계처리		•손실부담계약을 체결하고 있는 경우, 관련된 현재의무를 충당부채로 인식하고 측정함. ➡통상적인 구매주문과 같이 상대방에게 보상없이 해약할수 있는 계약은 아무런 의무가 발생 하지 않음. 반면 당사자 간에 권리와 의무를 발생시키는 계약도 있으며 그런 계약이 특정 사건으로 인하여 손실부담계약이 될 경우 충당부채기준서의 적용대상이 되므로 충당부채 를 인식함. ➡손실부담계약에 대한 충당부채를 인식하기 전에 당해 손실부담계약을 이행하기 위하여 사용 하는 자산에서 발생한 손상차손을 먼저 인식함.
	미이행계약	정의	•계약당사자 모두가 계약상의 의무를 전혀 이행하지 아니하였거나 동일한 정도로 의무를 부분적으로 이행한 계약을 말함.
		기준서적용여부	•손실을 부담하지 아니하는 미이행계약은 충당부채기준서의 적용대상이 아님. ➡∴미이행계약이 손실부담계약인 경우에는 적용함.

▶사례 손실부담계약

❂20x1년 1월 1일 기계장치를 계약해지금지의 운용리스조건으로 임차하여 사용하다가 20x3년 1월 1일에 매출부진으로 앞으로 임차한 운용리스자산을 더 이상 사용하지 못할 것으로 예상하였다. 만일 운용리스계약을 해지하면 잔여리스료의 현재가치의 60%를 위약금으로 리스제공자에게 지급하여야 한다. 동 리스는 매년말 ₩100,000씩 지급되며 리스기간은 20x5년 12월 31일에 종료된다. 리스에 적용될 내재이자율은 10%이며, 10% 3년 단일현가계수는 0.75130이고, 10% 3년 연금현가계수는 2.48680이다. 또한 임차한 리스자산은 다른 회사에 재리스할수 있는데 이 경우 재리스를 하면 3년간 매년말에 리스료로 ₩30,000을 받을수 있다. 20x3년 1월 1일에 손실부담계약과 관련하여 인식하여야할 충당부채금액을 계산하면 얼마이겠는가?

•회피불가능원가 : Min[①, ②]=149,028
① 계약 이행에 소요되는 원가   : (100,000-30,000)x2.4868=174,076
② 계약 미이행시 지급할 위약금 : 100,000x2.4868x60%=149,208
•충당부채금액
149,028(회피불가능원가)-0(계약으로 기대되는 경제적효익)=149,028

객관식 확인학습 ⊃ 이론적용연습

1. 미래의 예상 영업손실과 손실부담계약에 대한 설명으로 옳지 않은 것은?

① 미래의 예상 영업손실은 충당부채로 인식하지 아니한다.
② 손실부담계약은 계약상 의무의 이행에 필요한 회피 불가능원가가 그 계약에서 받을 것으로 예상되는 경제적효익을 초과하는 계약이다.
③ 손실부담계약을 체결하고 있는 경우에는 관련된 현재의무를 충당부채로 인식하고 측정한다.
④ 손실부담계약에 대한 충당부채를 인식하기 전에 해당 손실부담계약을 이행하기 위하여 사용하는 자산에서 생긴 손상차손을 먼저 인식한다.
⑤ 손실부담계약의 경우 계약상 의무이행에 필요한 회피 불가능한 원가는 계약을 해지하기 위한 최소순원가로서 계약을 이행하기 위하여 필요한 원가와 계약을 이행하지 못하였을 때 지급하여야 할 보상금(또는 위약금) 중에서 큰 금액을 말한다.

 내비게이션
• 큰 금액(X) → 작은 금액(O)

2. ㈜합격은 20x1년 1월 1일에 토지에 대해 취소 불가능한 리스계약을 체결하였다. 리스기간은 10년이며, 연간 리스료는 ₩1,200,000으로 매년 말 후불조건이다. 20x4년 12월 31일, ㈜합격은 더 넓은 부지로 이동하기 위해 리스한 기존 토지에서 이사하였다. ㈜합격은 리스한 토지를 타 사업자에게 연간 ₩420,000의 후불 리스료로 잔존리스기간 6년간 재리스할 수도 있고, 토지 소유자에게 ₩6,300,000의 보상금을 즉각 배상할 수도 있다. 한편, 리스부채에 대한 특정위험과 화폐의 시간가치를 고려한 회사의 세전 할인율은 5%이며, 5%, 6년의 연금현가계수는 5.076이다. ㈜합격의 20x4년 12월 31일 재무상태표에 인식하여야 할 충당부채는 얼마인가?

① ₩420,000 ② ₩1,200,000 ③ ₩2,639,520
④ ₩3,959,280 ⑤ ₩6,300,000

 내비게이션
• 회피불가능원가 : Min[①, ②]=3,959,280
 ① 계약이행에 소요되는 원가 : (1,200,000-420,000)x5.076=3,959,280
 ② 계약 미이행시 지급할 위약금 : 6,300,000
• 충당부채금액 : 3,959,280(회피불가능원가)-0*)(계약으로 기대되는 경제적 효익)=3,959,280
 *)리스이용자 입장에서는 효익 없음.(리스제공자에게 효익발생)

서술형Correction연습
▫ 미래의 예상 영업손실은 충당부채로 인식하며, 미래에 영업손실이 예상되는 경우에는 영업과 관련된 자산이 손상되었을 가능성이 있으므로 '자산손상'에 따라 손상검사를 수행한다.

➡ (X) : 미래의 예상 영업손실은 부채의 정의에 부합하지 않을 뿐만 아니라 충당부채의 인식기준도 충족하지 못하므로 충당부채로 인식하지 아니한다.

이론과기출 제129강 ⊂ 구조조정충당부채

개요	구조조정 정의	•구조조정은 경영진의 계획과 통제에 따라 사업의 범위 또는 사업수행방식을 중요하게 변화시키는 일련의 절차를 말함.
	구조조정 사건	❖구조조정의 정의에 해당할 수 있는 사건의 예는 다음과 같음. ① 일부사업의 매각·폐쇄 ② 특정국가(특정지역) 소재 사업체를 폐쇄하거나 다른나라(다른지역)로 이전 ③ 특정 경영진 계층을 조직에서 없애는 등과 같은 경영(조직)의 변경 ④ 영업의 성격·목적에 중대한 변화를 초래하는 근본적인 사업구조조정
	의제의무 발생요건	❖구조조정에 대한 의제의무는 다음 요건을 모두 충족하는 경우에만 발생됨. ① 구조조정에 대한 공식적·구체적인 계획에 의하여 적어도 아래에 열거하는 내용을 모두 확인할 수 있어야 함. – 구조조정대상 사업, 구조조정 영향을 받는 주사업장소재지 – 해고에 따른 보상을 받게 될 것으로 예상되는 종업원의 근무지, 역할, 인원 – 구조조정에 소요되는 지출, 구조조정계획의 이행시기 ② 구조조정계획의 이행에 착수하였거나 주요내용을 공표함으로써 영향을 받을 당사자가 기업이 구조조정을 이행할 것이라는 정당한 기대를 가져야함. ➡∴보고기간말 전에 경영진 또는 이사회가 구조조정계획을 수립하였더라도 보고기간말 전에 일정사건(위 '②')이 발생하지 아니하였다면 보고기간말에 의제의무가 발생하지 아니한 것으로 봄. 보론 구조조정계획의 이행에 착수한 증거로 볼수 있는 사례 ☐ 공장 철거, 자산매각, 구조조정계획에 관한 주요내용의 공표등
	사업매각 구조조정	•기업이 매각의 이행을 확약하기 전까지, 즉 구속력 있는 매각약정을 체결하기 전에는 사업매각과 관련된 의무가 발생하지 아니함.
	보고기간후사건 공시	•보고기간말후에 구조조정계획의 이행을 시작하거나 그러한 구조조정으로 영향을 받는 당사자에게 구조조정의 주요내용을 공표한 경우에는, 당해 구조조정이 중요하며 공시하지 않을 경우 재무제표에 기초하여 이루어지는 이용자의 경제적 의사결정에 영향을 미칠 수 있다면 '보고기간후사건'에 따라 공시함.
충당부채 포함여부	포함가능 지출	❖구조조정충당부채로 인식할수 있는 지출은 구조조정과 관련하여 직접 발생하여야 하고 (즉, 직접비용만 포함해야 함) 다음의 요건을 모두 충족하여야 함. ① 구조조정과 관련하여 필수적으로 발생하는 지출 ② 기업의 계속적인 활동과 관련 없는 지출
	포함불가 지출	❖다음과 관련하여 발생하는 지출은 구조조정충당부채에 포함하지 아니함. ① 계속 근무하는 종업원에 대한 교육 훈련과 재배치 ② 마케팅 ③ 새로운 제도와 물류체제의 구축에 대한 투자

주의 ① 구조조정을 완료하는 날까지 발생 예상되는 영업손실은 충당부채로 인식하지 아니함.
→단, 손실부담계약과 관련된 예상영업손실은 충당부채로 인식함.
말장난 구조조정을 완료하는 날까지 발생할 것으로 예상되는 영업손실은 충당부채로 인식하지 아니하며, 손실부담계약과 관련된 예상영업손실도 충당부채로 인식하지 아니한다(X)
② 구조조정의 일환으로 자산의 매각을 계획하는 경우라도 구조조정과 관련된 자산의 예상처분이익은 구조조정충당부채를 측정하는데 반영하지 아니함.

객관식 확인학습 — 이론적용연습

1. ㈜태평은 20×1년말 현재 다음과 같은 사항에 대한 회계처리를 고심하고 있다.

> (가) 20x1년 12월 15일에 이사회에서 회사의 조직구조 개편을 포함한 구조조정계획이 수립되었으며, 이를 수행하는데 ₩250,000의 비용이 발생할 것으로 추정하였다. 그러나 20x1년말까지 회사는 동 구조조정계획에 착수하지 않았다.
> (나) 회사는 경쟁업체가 제기한 특허권 무단 사용에 대한 소송에 제소되어 있다. 만약 동 소송에서 패소한다면 ㈜태평이 배상하여야 하는 손해배상금액은 ₩100,000으로 추정된다. ㈜태평의 자문 법무법인에 따르면 이러한 손해배상이 발생할 가능성은 높지 않다고 한다.
> (다) 회사가 사용중인 공장 구축물의 내용연수가 종료되면 이를 철거하고 구축물이 정착되어 있던 토지를 원상으로 회복하여야 한다. 복구비용은 ₩200,000으로 추정되며 그 현재가치 금액은 ₩140,0000이다.
> (라) 회사가 판매한 제품에 제조상 결함이 발견되어 이에 대한 보증 비용이 ₩200,000으로 예상되고, 그 지출 가능성이 높다. 한편, 회사는 동 예상비용을 보험사에 청구하였으며 50%만큼 변제받기로 하였다.

㈜태평이 20x1년말 재무상태표에 계상하여야 할 충당부채의 금액은 얼마인가? 단, 위에서 제시된 금액은 모두 신뢰성 있게 측정되었다.

① ₩240,000　② ₩340,000　③ ₩440,000
④ ₩590,000　⑤ ₩690,000

내비게이션

- (가) 구조조정계획의 실행에 착수하였거나 구조조정의 주요내용을 공표함으로써 구조조정의 영향을 받을 당사자가 기업이 구조조정을 실행할 것이라는 정당한 기대를 갖게한다는 의제의무발생요건을 충족하지 않는다.
- (나) 해당 의무를 이행하기 위하여 경제적효익이 있는 자원을 유출할 가능성이 높아야 한다는 충당부채의 인식요건을 충족하지 않는다.
- (다) 현재가치 ₩140,000을 복구충당부채로 인식한다.
- (라) 총액 ₩200,000을 제품보증충당부채로 인식하며, 제3자 변제액은 별도의 자산으로 회계처리하고 충당부채에서 차감하지 않는다.
- ∴140,000+200,000=340,000

2. 결산일이 12월 31일인 ㈜합격은 비누제품 사업부를 폐쇄하기로 결정하고 20x1년 12월 20일 이사회에서 구조조정계획을 승인한 후 주요 내용을 구체적으로 공표하였다. 구조조정과 관련하여 예상되는 지출이나 손실은 다음과 같다. ㈜합격이 20x1년 구조조정충당부채로 인식할 금액은 얼마인가?

> (1) 해고직원들의 퇴직금 : ₩3,000,000
> (2) 구조조정 완료시까지 예상되는 영업손실(손실부담계약과 관련되지 아니함) : ₩2,000,000
> (3) 구조조정 관련 자산 예상처분이익 : ₩700,000

① ₩700,000　② ₩2,000,000　③ ₩3,000,000
④ ₩3,700,000　⑤ ₩5,700,000

내비게이션

- 구조조정을 완료하는 날까지 발생 예상되는 영업손실은 충당부채로 인식하지 아니한다.
- 구조조정의 일환으로 자산의 매각을 계획하는 경우라도 구조조정과 관련된 자산의 예상처분이익은 구조조정충당부채를 측정하는데 반영하지 아니한다.
- ∴해고직원들의 퇴직금만이 충당부채이다.

3. 다음 중 충당부채와 관련하여 구조조정에 대한 설명이다. 가장 타당한 것은?

- ① 20x1년 12월 31일 한 사업부를 폐쇄하기로 결정 및 공표하였으나 12월 31일까지 폐쇄와 관련된 지출이나 구체적인 실행시기에 대해서는 계획을 확정하지 못한 경우에도 20x1년말 재무제표에 관련 충당부채를 인식한다.
- ② 계속 근무하는 종업원에 대한 교육 훈련과 재배치 원가도 구조조정충당부채로 인식한다.
- ③ 구조조정을 완료하는 날까지 생길 것으로 예상되는 영업손실은 충당부채로 인식하지 아니하며, 손실부담계약과 관련된 예상 영업손실도 충당부채로 인식하지 아니한다.
- ④ 기업이 매각의 이행을 확약할 때까지, 즉 구속력 있는 매각약정을 체결할 때까지는 사업매각과 관련된 의무가 생기지 않는다.
- ⑤ 구조조정에 대한 의제의무는 구조조정에 대한 구체적인 공식 계획을 가지고 있는 경우에 생긴다.

내비게이션

- ① 의무발생사건이 없으므로 현재의무가 없다. 따라서, 충당부채는 인식하지 않는다.
- ② 구조조정충당부채에 포함하지 아니한다.
- ③ 손실부담계약과 관련된 예상영업손실은 충당부채로 인식한다.
- ⑤ 추가적으로 착수·공표로 정당한기대의 발생 요건이 필요하다.

이론과기출 제130강 ⊂ 제품보증충당부채(보증구매선택권없는 확신유형)

개요	당기매출분 보증비 발생시	(차) 제품보증비	100	(대) 현금	100
	결산시 (추정보증비 ₩300)	(차) 제품보증비	200	(대) 제품보증충당부채	200
		➡이미 인식분 100을 차감하여 제품보증충당부채 계상			
	차기 보증비 ₩500 발생시	(차) 제품보증충당부채 제품보증비	200 300	(대) 현금	500
		➡if, 실제보증비 없이 유효기간경과시는 제품보증충당부채잔액을 환입			

 사례 제품보증충당부채 잔액 계산

세부고찰 I

❂ 다음은 20x1년 영업을 개시하고, 판매한 제품에 대해 3년간 품질보증정책을 채택하고 있는 ㈜역전의명수의 제품보증 관련 자료이다. 20x3년말 제품보증충당부채 잔액은 얼마인가?

> (1) 제품보증비는 판매후 1차년도에는 매출액의 2%, 판매후 2차년도에는 매출액의 3%, 판매후 3차년도에는 매출액의 4%가 발생할 것으로 예상한다.
> (2) 20x1년, 20x2년, 20x3년 매출액은 각각 ₩1,350,000, ₩1,950,000, ₩2,250,000이며,
> 20x1년, 20x2년, 20x3년 보증비지출액은 각각 ₩97,500, ₩150,000, ₩187,500이다.

풀이

• $(1,350,000+1,950,000+2,250,000) \times 9\% - (97,500+150,000+187,500) = 64,500$

 사례 제품보증충당부채 회계처리

❂(주)아침마담은 판매일로부터 1년간 제품보증정책을 사용하고 있다. 보증비는 매출액의 3%로 예측함.
각 회계연도의 매출액과 실제제품보증비용발생액이 다음과 같을때, 회계처리를 하라.

		20x1년	20x2년
매출액		₩1,000,000	₩1,500,000
제품보증비발생액	20x1년도분	₩15,000	₩12,000
	20x2년도분	−	₩22,000

풀이

20x1년	매출시	(차) 현금	1,000,000	(대) 매출	1,000,000
	보증시	(차) 제품보증비	15,000	(대) 현금	15,000
	결산시	(차) 제품보증비	15,000	(대) 제품보증충당부채	15,000[1]
20x2년	매출시	(차) 현금	1,500,000	(대) 매출	1,500,000
	보증시	(차) 제품보증충당부채 제품보증비	12,000 22,000	(대) 현금	34,000
	결산시	(차) 제품보증충당부채	3,000	(대) 제품보증충당부채환입	3,000[2]
		(차) 제품보증비	23,000	(대) 제품보증충당부채	23,000[3]

세부고찰 II

[1] $1,000,000 \times 3\% - 15,000 = 15,000$
[2] $15,000 - 12,000 = 3,000$(보증종료)
[3] $1,500,000 \times 3\% - 22,000 = 23,000$

저자주 환입 3,000을 인식하지 않는 회계처리를 하는 경우 보증시에 충당부채를 15,000감소시키고, 제품보증비로 19,000을 계상해도 무방합니다!

객관식 확인학습 ◖─ 이론적용연습

1. ㈜갑은 20x1년초에 한정 생산판매한 제품에 대하여 3년 동안 품질을 보증하기로 하였다. 20x1년 중 실제 발생한 품질보증비는 ₩210이다. ㈜갑은 기대값을 계산하는 방식으로 최선의 추정치 개념을 사용하여 충당부채를 인식한다. ㈜갑은 이 제품의 품질보증과 관련하여 20x1년말에 20x2년 및 20x3년에 발생할 것으로 예상되는 품질보증비 및 예상 확률을 다음과 같이 추정하였다.

20x2년		20x3년	
품질보증비	예상확률	품질보증비	예상확률
₩144	10%	₩220	40%
₩296	60%	₩300	50%
₩640	30%	₩500	10%

㈜갑은 20x2년 및 20x3년에 발생할 것으로 예상되는 품질보증비에 대해 설정하는 충당부채를 20%의 할인율을 적용하여 현재가치로 측정한다. ㈜갑의 20x1년말 재무상태표에 보고될 제품보증충당부채는 얼마인가? 단, 20x2년과 20x3년에 발생할 것으로 예상되는 품질보증비는 각 회계연도말에 발생한다고 가정한다.

① ₩310   ② ₩320   ③ ₩520
④ ₩560   ⑤ ₩730

 낵비게이션

• (144x10%+296x60%+640x30%) ÷ 1.2+(220x40%+300x50%+500x10%) ÷ 1.2²=520
→본 문제에서는 충당부채로 추정하는 금액이 보고기간말 이후의 미래 현금흐름 예상치이므로(즉, 20x2년, 20x3년의 기대예상비용으로 충당부채계상액을 산정) 당기에 실제 발생한 ₩210은 차감하지 않는다.
▶저자주 '일반적인 제품보증'은 법적의무가 있으므로(법률에서 보증을 요구)전술한 수익기준서에 따라 보증구매선택권이 없는 확신유형으로 간주하면 되며, '무상수리제공 형태의 제품보증'도 보증구매선택권이 없는 확신유형으로 간주하여 문제를 풀면 됩니다.

2. ㈜세무는 20x1년부터 판매한 제품의 결함에 대해 1년간 무상보증을 해주고 있으며, 판매한 제품 중 5%의 보증요청이 있을 것으로 예상한다. 개당 보증비용은 20x1년 말과 20x2년 말에 각각 ₩1,200과 ₩1,500으로 추정되었다. 판매량과 보증비용 지출액에 관한 자료가 다음과 같을 때, 20x2년 말 재무상태표에 표시할 제품보증충당부채는? (단, 모든 보증활동은 현금지출로 이루어진다.)

연도	판매량	보증비용 지출액
20x1년	600개	₩15,000
20x2년	800개	₩17,000(전기 판매분) ₩30,000(당기 판매분)

① ₩26,000   ② ₩30,000   ③ ₩34,000
④ ₩37,500   ⑤ ₩40,500

낵비게이션

• 20x1년말 제품보증충당부채 : (600개x@1,200)x5%-15,000=21,000

• 20x2년 회계처리
 (차) 제품보증충당부채 17,000   (대) 현금   47,000
     제품보증비   30,000
 (차) 제품보증충당부채 4,000 (대) 제품보증충당부채환입 4,000
 (차) 제품보증비 30,000 (대)제품보증충당부채 30,000[1]

[1] (800개x@1,500)x5%-30,000=30,000

보론	제품보증과 거래가격 배분

1 보증의무의 처리

구매선택권이 있는 경우[*]	거래가격을 배분	
구매선택권이 없는 경우	확신유형	제품보증충당부채 인식
	용역유형	거래가격을 배분

[*]회사는 고객에게 보증을 대가를 받고 판매한 것이므로 수행의무는 제품인도와 보증용역제공으로 구분되며 거래가격을 개별 거래가격을 기초로 배분하여 각각의 수행의무를 이행할 때 수익을 인식한다.

2 거래가격을 배분한 경우 회계처리

보증용역에 배분된 대가는 수행의무가 이행될 때까지 계약부채로 인식하며, 보증용역에 대한 수행의무가 이행될 때 보증용역수익을 인식함.(이 경우 발생한 원가는 보증용역수익에 대응되는 비용으로 인식함)

제품판매	(차) 현금	xxx	(대) 제품매출	xxx
			계약부채	xxx
용역제공	(차) 계약부채	xxx	(대) 용역수익	xxx
	(차) 용역원가	xxx	(대) 현금	xxx

이론과기출 제131강 ○── 경품충당부채

개요	거래형태	•재화판매시 고객에게 경품권(쿠폰)을 제공하고 경품권을 제시(회수)하는 경우 경품과 교환하여 주는 구매인센티브 및 판매촉진 형태				
	회계처리	**경품구입시**	(차) 경품	500	(대) 현금	500
		➡경품은 유동자산(소모품) 처리함.				
		당기 경품권 회수시	(차) 경품비	100	(대) 경품	100
		보고기간말	(차) 경품비	200	(대) 경품충당부채	200
		➡추정경품비가 300인 경우로 이미 인식분 100을 차감하여 계상함.				
		차기 경품권 회수시	(차) 경품충당부채	100	(대) 경품	100
		➡경품제공의무가 종료된 경우는 경품충당부채잔액을 환입함.				

 사례 ─ 현금회수가 없는 경우

❂(주)합격은 화장품 1단위 판매시마다 경품권(쿠폰)을 1장씩 지급한다. 20x1년 총판매수량은 70,000개이며, 경품권회수율은 60%로 예상하고 있다. 경품권 5장에 대해 원가 @100인 경품을 지급한다. 당해 보고기간말까지 회수된 경품권이 20,000장일때 보고기간말 계상할 경품충당부채는?

풀이

•[(70,000장x60%)÷5x@100]−[(20,000장÷5)x@100]=440,000

 사례 ─ 현금회수가 있는 경우

❂(주)합격은 20x1년 경품권의 무상제공을 시작하였다. 관련자료가 다음과 같을 때 20x1년말 인식해야 할 경품충당부채를 구하면 얼마인가?

(1) ㈜합격은 무상제공한 경품권을 제시하는 고객에게 회사의 상품을 판매가보다 저렴한 가격에 판매하는 행사를 하고 있다.
(2) ㈜합격은 20x1년 총 1,000장의 경품권을 고객에게 제공하였으며, ㈜합격은 경품권의 회수율을 80%로 예상하고 있다.
(3) ㈜합격은 고객이 제시하는 경품권 10장에 대하여 원가 ₩4,000(판매가 ₩6,000)인 ㈜합격의 상품을 ₩3,000에 판매한다.
(4) 20x1년 제공된 경품권은 20x1년에 500장, 20x2년에 200장이 회수되었다.
(5) 20x1년에 제공한 경품권 행사는 20x2년에 종료되었으며, 20x2년에 제공한 경품권은 없다.

풀이

•경품충당부채 총예상액 : 1,000장x80%÷10x(@4,000−@3,000)=80,000
•20x1년말 경품충당부채 : 80,000−[500장÷10x(@4,000−@3,000)]=30,000

20x1년	(차) 현금	150,000[1]	(대) 상품	200,000[2]
경품회수시	경품비	50,000[3]		
20x1년말	(차) 경품비	30,000	(대) 경품충당부채	30,000
20x2년	(차) 현금	60,000[4]	(대) 상품	80,000[5]
경품회수시	경품충당부채	20,000[6]		
20x2년말	(차) 경품충당부채	10,000	(대) 경품충당부채환입	10,000

[1]500장÷10x@3,000=150,000   [2]500장÷10x@4,000=200,000
[3]500장÷10x(@4,000−@3,000)=50,000   [4]200장÷10x@3,000=60,000
[5]200장÷10x@4,000=80,000   [6]200장÷10x(@4,000−@3,000)=20,000

세부고찰

객관식 확인학습 / 이론적용연습

1. 합격백화점은 20x1년도 6월1일부터 9월30일까지의 기간 중에 판매된 제품에 대해서는 매출액 ₩10,000 당 경품권 1매씩을 제공하고, 20x1년 10월 1일부터 6개월 동안 이 경품권 20매를 제시하는 고객에게 식기 1세트를 교환해 주고 있다. 합격백화점은 경품에 해당하는 식기를 10,000세트 구입해 놓고 있으며, 1세트당 구입원가는 ₩3,000이다. 합격백화점은 경품비용에 대한 회계처리를 충당부채를 사용하는 발생주의에 의하여 행하고 있다. 경품제공과 관련된 자료가 다음과 같은 경우 20x1년도의 포괄손익계산서에 인식할 경품비용과 재무상태표에 보고할 경품충당부채의 금액은 각각 얼마이겠는가?

> (1) 제공 경품권의 총수량(20x1.6.1.~9.30) : 400,000매
> (2) 경품권의 예상회수비율 : 60%
> (3) 경품권의 실제회수량(20x1.10.1~12.31) : 160,000매
> (4) 합격백화점의 결산일 : 12월 31일

	경품비용	경품충당부채
①	₩36,000,000	₩21,600,000
②	₩36,000,000	₩12,000,000
③	₩8,600,000	₩36,000,000
④	₩8,600,000	₩12,000,000
⑤	₩5,600,000	₩12,000,000

내비게이션

• 총 회수예상 경품권 : 400,000매x60%=240,000매
• 20x1년말 미회수된 경품권 : 240,000매-160,000매=80,000매
• [20x1년 실제 회수시 회계처리]
 (차) 경품비   24,000,000[1] (대) 경품   24,000,000
 [20x1년 보고기간말 회계처리]
 (차) 경품비   12,000,000 (대) 경품충당부채 12,000,000[2]

[1](160,000매÷20매)x@3,000=24,000,000
[2](80,000매÷20매)x@3,000=12,000,000
∴경품비용 : 24,000,000+12,000,000=36,000,000
 경품충당부채 : 12,000,000

2. ㈜적중은 20x1년에 출시된 신제품의 판매를 촉진하기 위하여 제품 상자 당 1장의 쿠폰을 인쇄하여 판매하고 있다. 고객은 쿠폰 10장과 원가 ₩25,000인 운동기구를 교환할 수 있으며, ㈜적중은 쿠폰의 회수율이 40%일 것으로 추정하고 있다. 20x1년 동안 ㈜적중이 판매한 신제품은 총 4,200상자이고, 교환이 청구된 쿠폰 수는 1,080장이다. ㈜적중이 20x1년 말 재무상태표에 표시하여야 할 경품충당부채는 얼마인가?

① ₩0   ② ₩1,000,000   ③ ₩1,300,000
④ ₩1,500,000   ⑤ ₩1,600,000

내비게이션

• 총 회수예상 쿠폰 : 4,200장x40%=1,680장
• 20x1년말 미회수된 쿠폰 : 1,680장-1,080장=600장

• [20x1년 실제 회수시 회계처리]
 (차) 경품비   2,700,000[1] (대) 경품   2,700,000
 [20x1년 보고기간말 회계처리]
 (차) 경품비   1,500,000 (대) 경품충당부채 1,500,000[2]

[1](1,080장÷10장)x@25,000=2,700,000
[2](600장÷10장)x@25,000=1,500,000

3. ㈜만점은 20x1년 1월 1일 판매 촉진을 위하여 상품 1상자마다 경품교환에 사용할 수 있는 쿠폰 2개씩을 동봉하였다. 경품의 매입원가는 ₩1,500이며, 경품청구를 위해서는 4개의 쿠폰과 ₩1,000의 현금을 제시하여야 한다. 20x1년 동안에 상품 10,000상자를 상자당 ₩2,000에 판매하였다. 회사의 과거 경험에 근거할 때 발행된 쿠폰의 40%가 회수될 것으로 추정되었으며, 이에 상당하는 양의 경품이 구매되었다. 20x1년 기간 중 총 500개의 경품이 쿠폰과 교환되었다. ㈜만점의 결산일이 12월 31일이라고 할 때 20x1년말 현재 보고할 경품충당부채는 얼마인가?

① ₩3,000,000   ② ₩2,250,000   ③ ₩937,500
④ ₩750,000   ⑤ ₩500,000

내비게이션

• 총 동봉한 쿠폰 : 10,000상자x2개=20,000개
• 총 회수예상 쿠폰 : 20,000개x40%=8,000개
• 20x1년 회수된 쿠폰 : 경품 500개x4=2,000개
• 20x1년말 미회수된 쿠폰 : 8,000개-2,000개=6,000개
∴(6,000개÷4)x(@1,500-@1,000)=750,000

시험중요도 ★★☆

이론과기출 제132강 ◯━ 충당부채기준서 실무지침사례 : 제품보증등

사례 I

 사례　제품보증

❂ 제조자는 제품 판매시점에 제품보증을 약속한다. 판매후 3년안에 제조상 결함이 명백한 경우 제조자는 판매 계약조건에 따라서 수선해주거나 대체해 준다. 과거 경험에 비추어 보면 제품보증에 따라 일부 청구가 있을 가능성이 높다. 즉, 청구될 가능성이 청구되지 않을 가능성보다 높다.

풀이

현재의무	•의무발생사건은 제품의 보증판매이며, 이는 법적의무를 발생시킨다.
유출가능성	•제품보증을 전체적으로 볼 때 가능성이 높다
결론	•보고기간말전 판매제품 보증이행원가에 대한 최선의 추정치로 충당부채를 인식한다.

사례 II

사례　법률제정이 거의 확실한 경우

❂ 기업은 석유사업을 영위하는 중이며 오염을 유발하고 있지만 사업이 운영되고 있는 특정 국가의 법률이 요구하는 경우에만 오염된 토지를 정화한다. 이러한 사업이 운영되고 있는 한 국가에서 오염된 토지를 정화하여야 한다는 법규가 제정되지 않았고, 기업은 몇 년에 걸쳐 그 국가의 토지를 오염시켜 왔다. 이미 오염된 토지를 정화하는 것을 의무화하는 법률 초안이 연말 후에 곧 제정될 것이 20x1년 12월 31일 현재 거의 확실하다.

풀이

현재의무	•토지 정화를 요구하는 법률 제정이 거의 확실하므로 의무발생사건은 토지의 오염이다.
유출가능성	•가능성이 높다.
결론	•토지정화 원가에 대한 최선의 추정치로 충당부채를 인식한다.

 사례　오염된 토지와 의제의무

❂ 환경관련 법규가 없는 국가에서 오염을 유발하는 석유사업을 운영하고 있다. 그러나 기업은 사업을 운영하면서 오염시킨 토지를 정화할 의무를 부담한다는 환경정책을 대외적으로 표방하고 있다. 당해 기업은 대외에 표방한 그 정책을 준수한 사실이 있다.

풀이

현재의무	•기업이 준수한 행위가 오염에 의해 영향을 받은 상대방에게 오염된 토지를 기업이 정화할 것이라는 정당한 기대를 가지도록 하기 때문에 토지오염은 의제의무를 발생시키며, 이는 의무발생사건이 된다.
유출가능성	•가능성이 높다.
결론	•토지정화 원가에 대한 최선의 추정치로 충당부채를 인식한다.

객관식 확인학습 — 이론적용연습

1. 다음 중 충당부채에 대한 설명으로 가장 타당하지 않은 것은?

① 충당부채를 발생시킨 사건과 밀접하게 관련된 자산의 처분차익이 예상되는 경우에 당해 처분차익은 충당부채금액을 측정하는데 고려하지 아니한다.

② 미래의 예상 영업손실은 충당부채로 인식하지 않는다.

③ 충당부채의 명목금액과 현재가치의 차이가 중요한 경우에는 예상되는 지출액을 현재가치로 평가한다.

④ 기술적인 이유로 5년마다 대체할 내벽을 갖고 있는 용광로의 경우와 같이 보유중인 자산이 수년에 한 번씩 대수선 및 주요 부품의 교체를 요하여 상당한 금액의 지출을 필요로 하는 경우, 수선관련 지출을 충당부채로 인식하지 않는다.

⑤ 제품에 대해 만족하지 못하는 고객에게 환불해 주는 정책을 펴고 있으며, 고객에게 이 사실이 널리 알려져 있는 경우 환불에 대한 법적 의무가 없다면 경제적 효익을 갖는 자원의 유출가능성이 높다하더라도 환불비용은 충당부채로 계상하지 아니한다.

📻 낵비게이션

• 법적 의무가 없더라도 의제의무가 발생하며 경제적 효익을 갖는 자원의 유출가능성이 높다면 환불비용은 충당부채로 계상한다.

보론 실무지침사례 : 해저유전

❏ 기업은 해저유전을 운영한다. 그 라이선싱 약정에 따르면 석유 생산 종료시점에는 유정 굴착장치를 제거하고 해저를 원상 복구하여야 한다. 최종 원상 복구원가의 90%는 유정 굴착장치 제거와 그 장치의 건설로 말미암은 해저 손상의 원상 복구와 관련이 있다. 나머지 10%의 원상 복구원가는 석유의 채굴로 생긴다. 보고기간 말에 굴착장치는 건설되었으나 석유는 채굴되지 않은 상태이다.

현재의무	• 유정굴착장치의 건설은 굴착장치 제거와 해저 원상 복구를 해야하는 라이선스 조건에 따라 법적의무를 생기게 하므로 의무발생사건이다. 그러나 보고기간말에는 석유의 채굴로 생길 손상을 바로잡을 의무는 없다.
유출가능성	• 가능성이 높다.
결론	• 유정굴착장치 제거와 그 장치의 건설로 말미암은 손상의 원상복구에 관련된 원가(최종원가의 90%)의 최선의 추정치로 충당부채를 인식한다. 이 원가는 유정굴착장치의 원가의 일부가 된다. → 석유 채굴로 생기는 나머지 10%의 원가는 석유를 채굴할 때 부채로 인식한다.

보론 실무지침사례 : 종업원교육

❏ 정부는 법인세 제도를 많이 변경하였다. 이 변경으로 금융서비스 기업은 금융서비스 규정의 계속 준수를 확실히 하기 위해 다수의 관리직원과 판매직원을 재교육할 필요가 있을 것이다. 보고기간 말 현재 종업원에 대해 어떠한 재교육도 하지 않았다.

현재의무	• 의무발생사건(재교육)이 일어나지 않았으므로 의무는 없다.
결론	• 충당부채를 인식하지 아니한다.

보론 실무지침사례 : 환불방침

❏ 한 소매상은 고객이 상품에 만족하지 못한 경우에는 법적 의무가 없더라도 환불해주는 방침을 갖고 있다. 이 환불방침은 널리 알려져 있다.

현재의무	• 이러한 소매상의 행위로 소매상이 판매한 상품을 환불해 줄 것이라는 정당한 기대를 고객이 갖게 되기 때문에 상품판매는 의제의무를 생기게 하는 의무발생사건이다.
유출가능성	• 가능성이 높다. 일정비율의 상품이 환불을 통해 반품된다.
결론	• 환불원가의 최선의 추정치로 충당부채를 인식한다.

제1편 Mainplot [주요논제] 제2편 Subplot [특수논제] 합본부록1 기출유형별 필수문제 합본부록2 실전적중모의고사

시험중요도 ★★☆

이론과기출 제133강 ◯ 충당부채기준서 실무지침사례 : 소송사건등

 사례   소송사건

❂20x1년에 피로연 후에 10명이 사망하였는데, 기업이 판매한 제품에서 식중독이 일어났을 가능성이 있다. 기업에게 손해배상을 청구하는 법적절차가 시작되었으나, 기업은 그러한 책임에 대해 이의를 제기하였다. 법률전문가는 20x1년 12월 31일로 종료하는 연차재무제표의 발행승인일까지는 기업의 책임이 밝혀지지 않을 가능성이 높다고 조언하였다. 그러나 20x2년 12월 31일로 종료하는 연차재무제표를 작성할 때에는 법률전문가는 상황의 진전에 따라 기업이 책임지게 될 가능성이 높다고 조언하였다.

풀이

사례Ⅲ

1. 20x1년 12월 31일

현재의무	•F/S승인시점에 이용가능한 증거에 근거하여 볼때 과거사건에 따른 의무는 없다.
결론	•충당부채를 인식하지 아니한다. →유출될 가능성이 희박하지 않다면 그러한 사항을 우발부채로 공시한다.

2. 20x2년 12월 31일

현재의무	•이용가능한 증거에 근거하여 볼 때 현재의무가 존재한다.
유출가능성	•가능성이 높다.
결론	•의무를 이행하기 위한 금액에 대한 최선의 추정치로 충당부채를 인식한다.

 사례   수선원가 - 법률적인 요구사항이 아닌 경우

❂ 기술적인 이유로 5년마다 대체할 필요가 있는 내벽을 갖고 있는 용광로가 있다. 보고기간말에 이 내벽은 3년 동안 사용되었다.

풀이

현재의무	•현재의무는 없다. →지출여부는 용광로를 그대로 계속 운영할 것인지 아니면 내벽을 교체할 것인지에 대한 기업의 의사결정에 달려 있으므로 현재의무가 없다.
결론	•충당부채를 인식하지 아니한다. →충당부채 대신에 5년에 걸쳐 감가상각을 하는 것이 내벽의 사용을 반영해준다.

사례Ⅳ

 사례   수선원가 - 법률적인 요구가 있는 경우

❂항공사는 법률에 따라 항공기를 3년에 한 번씩 분해수리 하여야 한다.

풀이

현재의무	•현재의무는 없다. →기업이 미래에 항공기를 매각하는 등의 미래행위로써 미래지출을 회피할 수 있으므로 기업의 미래행위에 대해 독립적인 의무는 존재하지 않기 때문에 법률적 요구사항인 분해수리원가에 대해 부채를 발생시키지 않는다.
결론	•충당부채를 인식하지 아니한다. →충당부채 대신에 유지원가의 미래발생을 반영한다. 즉, 예상되는 유지원가에 상당하는 금액을 3년에 걸쳐 감가상각한다.

객관식 확인학습

이론적용연습

1. 다음은 충당부채에 대한 설명이다. 가장 타당하지 않은 설명은?

① 충당부채로 인식되기 위해서는 과거사건으로 인한 의무가 기업의 미래 행위와 독립적이어야 한다.

② 보유중인 자산이 수년에 한 번씩 대대적인 수리를 요하여 큰 금액의 지출을 필요로 하는 경우, 이는 충당부채의 인식 요건을 충족한다.

③ 충당부채를 발생시킨 사건과 밀접하게 관련된 자산의 처분차익이 예상되는 경우에 당해 처분차익은 충당부채금액을 측정하는데 고려하지 아니한다.

④ 제품보증비는 금액, 시기 및 대상고객 등이 확정되지 않은 비용이지만 부채가 발생할 가능성이 높기 때문에 금액을 추정할 수 있다면 충당부채로 인식한다.

⑤ 제품에 대해 만족하지 못하는 고객에게 법적 의무가 없음에도 불구하고 환불해 주는 정책을 펴고 있으며, 고객에게 이 사실이 널리 알려져 있는 경우 환불비용을 충당부채로 계상한다.

📻 내비게이션

• 현행 K-IFRS에서는 수선충당부채를 인정하지 않는다.

보론 | **실무지침사례 : 사업부폐쇄**

❑ 20x1년 12월 12일에 이사회에서는 특정한 제품을 생산하는 하나의 사업부를 폐쇄하기로 결정하였다. 20x1년 12월 20일에 사업부를 폐쇄하기 위한 구체적인 계획에 대하여 이사회의 동의를 받았고, 고객들에게 다른 제품 공급처를 찾아야 한다고 알리는 서한을 보냈으며, 사업부의 종업원들에게는 감원을 통보하였다.

현재의무	•의무발생사건은 결정을 고객과 종업원에게 알리는 것이며, 그날부터 의제의무가 생긴다. 사업부가 폐쇄될 것이라는 정당한 기대를 갖도록 하기 때문이다.
유출가능성	•가능성이 높다.
결론	•20x1년 12월 31일에 사업부 폐쇄원가의 최선의 추정치로 충당부채를 인식한다.

*보고기간 말(20x1년말) 전에 의사결정의 영향을 받는 당사자들에게 그 결정을 알리지 않았고 결정실행을 위한 어떠한 절차도 착수하지 않았다면, 의무발생사건이 일어나지 않았고 따라서 의무도 없으므로 충당부채를 인식하지 아니한다.

보론 | **실무지침사례 : 매연여과장치 설치**

❑ 새로운 법률에 따라 기업은 20x2년 6월까지 매연 여과장치를 공장에 설치하여야 한다. 기업은 지금까지 매연여과장치를 설치하지 않았다.

1. 보고기간말인 20x1년 12월 31일 현재

현재의무	•의무는 존재하지 않는다. 그 법률에 따른 매연 여과장치의 설치원가나 벌금에 대한 의무발생사건이 없기 때문이다.
결론	•매연여과장치의 설치원가로 충당부채를 인식하지 아니한다.

2. 보고기간말인 20x2년 12월 31일 현재

현재의무	•매연여과장치 설치원가에 대한 의무는 여전히 없다. 의무발생사건(매연여과장치 설치)이 일어나지 않았기 때문이다. 그러나 공장에서 법률을 위반하는 의무발생사건이 일어났기 때문에 법률에 따른 벌과금을 내야 하는 의무가 생길 수 있다.
유출가능성	•법률 위반으로 벌과금이 생길 가능성에 대한 평가는 법률의 구체적인 내용과 법률 집행의 엄격성에 따라 다르다.
결론	•매연여과장치 설치원가로 충당부채를 인식하지 아니한다. 그러나 벌과금이 부과될 가능성이 그렇지 않을 가능성보다 높은 경우에는 벌과금의 최선의 추정치로 충당부채를 인식한다

시험중요도 ★★☆

이론과기출 제134강 ⊃ | 자본 | 자본과 주식

자본의 의의	등식	• 자산총액−부채총액=자본(소유주지분, 주주지분, 자기자본, 순자산, 잔여지분)	
	특성	• 자산·부채의 평가결과에 따라 종속적으로 산출되는 잔여지분임.(별도로 측정불가) • 자본은 평가의 대상이 아님. ➡ ∴자본총액≠주식의 시가총액, 자기주식 시가평가배제	

자본의 분류	납입자본	자본금[*]	• 보통주자본금, 우선주자본금	불입자본 (자본거래)
		자본잉여금	• 주식발행초과금, 감자차익, 자기주식처분이익	
		자본조정	• 주식할인발행차금, 감자차손, 자기주식처분손실, 자기주식	
	이익잉여금		• 이익 중 자본조정과 상계되거나 배당금 및 일반적립금으로 처분되지 않고 남 아있는 이익	유보이익 (손익거래)
	기타	일반적립금 (기타이익잉여금)	• 법정적립금(이익준비금등), 임의적립금	
		기타포괄손익	• FVOCI금융자산평가손익, 해외사업환산손익 • 현금흐름위험회피파생상품평가손익, 재평가잉여금	

[*]자본금=발행주식수×주당액면금액➡단, 무액면주식은 발행금액의 50% 이상을 자본금으로 함.

주식의 종류	보통주	• 주식을 발행할 때 기준이 되는 주식을 말함. ➡〈특징〉 의결권 / 배당청구권 / 신주인수권 / 미확정적 지위
	우선주	• 특정 사항에 관해서 보통주에 비하여 우선적인 권리가 부여된 주식을 말함. ➡〈특징〉 이익배당이나 잔여재산분배등에 우선권 / 무의결권
	이익배당 우선주	누적적우선주	• 미배당금액을 누적하여 지급
		비누적적우선주	• 누적되지 않는 우선주
		참가적우선주	• 동일 배당률로 지급후 잔여분은 재지급(완전참가/부분참가)
		비참가적우선주	• 위 잔여분에 참가불가 즉, 잔여분은 전부 보통주에 귀속

▶ 사례 ◀ 보통주와 우선주 배당액 계산

❀당기 20x2년 현재 자본금 : 보통주(액면 5,000, 1200주 총 6,000,000), 우선주(6%)(액면5,000, 600주 총 3,000,000), 이월이익잉여금 3,000,000, 1,500,000 배당지급결의. 20x1년 설립된후 배당된 것은 없음.

구 분	우선주배당액	보통주배당액
비누적적, 비참가적	3,000,000×6%=180,000	1,500,000−180,000=1,320,000
비누적적, 완전참가적	3,000,000×6%=180,000〈당기분〉 960,000×3/9=320,000 〈잔여분〉	6,000,000×6%=360,000 960,000×6/9=640,000
누적적, 비참가적	3,000,000×6%=180,000〈1년누적〉 3,000,000×6%=180,000〈당기분〉	− 1,500,000−360,000=1,140,000
누적적, 완전참가적	3,000,000×6%=180,000〈1년누적〉 3,000,000×6%=180,000〈당기분〉 780,000×3/9=260,000 〈잔여분〉	− 6,000,000×6%=360,000 780,000×6/9=520,000
비누적적, 10%부분참가적	3,000,000×6%=180,000〈당기분〉 3,000,000×4%=120,000〈잔여분〉[*]	6,000,000×6%=360,000 1,500,000−660,000=840,000
누적적,10%부분참가적	3,000,000×6%=180,000〈1년누적〉 3,000,000×6%=180,000〈당기분〉 3,000,000×4%=120,000〈잔여분〉[*]	− 6,000,000×6%=360,000 1,500,000−840,000=660,000

[*]한도 : 완전참가 가정시 배당금

참고 배당관련 일반적인 지표

□ 배당률 : 주당배당금÷주당액면금액
□ 배당수익률 : 주당배당금÷주가
□ 배당성향 : 주당배당금÷주당순이익

객관식 확인학습 ── 이론적용연습

1. 다음 [사례 A]~[사례 E] 내용을 20x1년 ㈜한국의 자본변동표에 표시하는 방법으로 옳지 않은 것은? 단, ㈜한국이 발행한 주식의 단위당 액면금액은 ₩500으로 일정하다.

- 사례 A : 20x1년 2월초에 자기주식 10주를 주당 ₩800에 취득하였다.
- 사례 B : 20x1년 3월말에 토지를 취득하고 이에 대한 대가로 주식 100주를 발행, 교부하였다. 토지의 공정가치는 알 수 없으나, 주식 교부일 현재 주식의 단위당 공정가치는 ₩700이다. 신주발행비용 ₩1,000은 현금으로 지급하였다.
- 사례 C : 20x1년 7월초에 ₩100,000에 취득한 상품의 20x1년 말 순실현가능가치는 ₩120,000이다. 단, 동 상품은 기말 현재 보유하고 있다.
- 사례 D : 20x1년 8월초에 중간배당으로 ₩50,000을 지급하였으며, 20x1년도 결산배당으로 ₩200,000(현금배당 ₩100,000, 주식배당 ₩100,000)을 20x2년 3월 3일 주주총회에서 의결하였다.
- 사례 E : 20x1년말에 기타포괄손익-공정가치측정금융자산으로 분류한 지분상품에 대하여 평가이익 ₩20,000을 인식하였다.

자본변동표(관련 내역만 표시됨)

	사례	납입자본	이익잉여금	기타자본요소	총계
①	A	–		(8,000)	(8,000)
②	B	69,000	–	–	69,000
③	C	–		–	–
④	D	–	(250,000)	100,000	(150,000)
⑤	E	–		20,000	20,000

㈜한국 20x1. 1. 1 ~ 20x1. 12. 31 (단위: ₩)

내비게이션
- 사례A : 기타자본요소 8,000 감소
- 사례B : 납입자본 69,000 증가

(차) 토지	69,000	(대) 자본금	50,000
		주식발행초과금	19,000

- 사례C : 평가손실 없음 →자본변동표에 표시사항 없음.
- 사례D : 이익잉여금 50,000 감소
- 사례E : 기타자본요소(기타포괄손익) 20,000 증가

2. 다음은 ㈜코리아의 20x1년 기초 및 기말 재무상태표에서 추출한 자산과 부채의 자료이다.

구분	20x1년 기초	20x1년 기말
자산총계	₩6,000,000	₩20,000,000
부채총계	₩2,800,000	₩10,000,000

㈜코리아는 20x1년 중에 유상증자로 ₩1,000,000의 자금을 조달하였고 ₩200,000의 무상증자를 실시하였다. 이익처분으로 현금배당 ₩600,000과 주식배당 ₩800,000을 지급하였고 법정적립금으로 ₩100,000의 이익준비금을 적립하였다. 20x1년도 당기에 재평가잉여금은 ₩500,000만큼 증가했고, 기타포괄손익-공정가치측정금융자산 평가이익은 ₩800,000이 증가하였다. ㈜코리아의 20x1년 포괄손익계산서에 표시될 총포괄이익은 얼마인가? 단, ㈜코리아의 자본은 납입자본과 이익잉여금 및 기타자본요소로 구성되어 있다.

① ₩4,200,000 ② ₩5,000,000 ③ ₩4,300,000
④ ₩5,100,000 ⑤ ₩6,400,000

내비게이션
- 기초자본 : 6,000,000-2,800,000=3,200,000
- 기말자본 : 20,000,000-10,000,000=10,000,000
- 기타포괄손익증가 : 500,000+800,000=1,300,000
- 순이익=기말자본-[기초자본+증자-감자+기타포괄손익증가-배당]
  →주식배당, 무상증자, 이익준비금 적립은 자본변동이 없으므로 고려하지 않는다.
  →순이익 : 10,000,000-[3,200,000+1,000,000-0+1,300,000-600,000]
   =5,100,000
- 총포괄이익=순이익+기타포괄손익증가
  →∴총포괄이익 : 5,100,000+1,300,000=6,400,000

제1편 Mainplot [주요논제] / 제2편 Subplot [특수논제] / 함부록1 기출유형별 필수문제 / 함부록2 실전적중모의고사

이론과기출 제135강 ○─ 이익배당우선주

사례 상황별 우선주배당액 계산

❂20x3년 12월 31일 현재 A사, B사, C사의 자본금과 관련된 내용은 다음과 같다. 주주총회에서 A사, B사, C사는 각각 ₩1,350,000씩의 배당금 지급을 결의하였다. 우선주에 대한 배당금을 지급할 경우 그 금액이 큰 회사부터 작은 회사의 순서로 나열하라.

	A사	B사	C사
보통주 (발행주식수) (액면금액)	₩10,000,000 (2,000주) (₩5,000)	₩10,000,000 (2,000주) (₩5,000)	₩10,000,000 (2,000주) (₩5,000)
우선주 (발행주식수) (액면금액)	₩5,000,000 (1,000주) (₩5,000)	₩5,000,000 (1,000주) (₩5,000)	₩5,000,000 (1,000주) (₩5,000)
우선주 배당률	5%	5%	5%
우선주의 종류	– 완전참가적	– 누적적 (20x1년도 분과 20x2년도 분의 배당금 연체) – 비참가적	– 누적적 (20x2년도 분의 배당금 연체) – 7% 부분참가적

세부고찰 I

• A사 우선주배당금
  – $5,000,000 \times 5\% + (1,350,000 - 750,000) \times 1/3 = 450,000$
• B사 우선주배당금
  – $5,000,000 \times 5\% \times 2년 + 5,000,000 \times 5\% = 750,000$
• C사 우선주배당금
  – $5,000,000 \times 5\% + 5,000,000 \times 5\% + 5,000,000 \times 2\% = 600,000$
  → ∴우선주배당금 크기 : B사 〉 C사 〉 A사

사례 부분참가적 우선주의 배당한도

❂20x1년 1월 1일에 주식을 발행하고 영업을 개시한 ㈜만만치않아의 20x3년 12월 31일 현재 재무상태표상 보통주자본금과 우선주자본금은 각각 ₩5,000,000과 ₩3,000,000이고, 그 동안 자본금의 변동은 없었다. 보통주 및 우선주의 주당 액면금액은 ₩5,000으로 동일하며, 우선주는 배당률 3%의 누적적·부분참가적 (6%까지) 주식이다. 영업을 개시한 이래 한 번도 배당을 실시하지 않은 ㈜만만치않아가 20x4년 1월에 총 ₩600,000의 현금배당을 선언하였다. 보통주와 우선주에 배분될 배당금은 각각 얼마인가?

세부고찰 II

구분	우선주배당액	보통주배당액
누적적, 6%부분참가적	$3,000,000 \times 3\% \times 2 = 180,000$〈2년누적〉 $3,000,000 \times 3\% = 90,000$〈당기분〉 $3,000,000 \times 3\% = 90,000$〈잔여분〉 →[한도] $180,000 \times 3/8 = 67,500$ ∴합계 : 337,500	– $5,000,000 \times 3\% = 150,000$ $600,000 - 487,500 = 112,500$ ∴합계 : 262,500

객관식 확인학습 이론적용연습

1. ㈜합격은 20x1년 1월 1일 다음과 같은 주식을 발행하여 설립되었다.

> (1) 보통주(@₩5,000, 10,000주) ₩50,000,000
> (2) 우선주(@₩8,000, 5,000주) ₩40,000,000

상기 우선주는 누적적이며, 완전 참가적 우선주이다. 또한 보통주에 대한 액면배당률은 연 9%이며, 우선주에 대한 액면배당률은 연 10%이다. 이 때 20x1년 ㈜합격의 당기순이익 ₩30,000,000 중 ₩15,000,000을 현금배당으로 지급하기로 하였을 경우, 보통주와 우선주에 대한 배당금은 각각 얼마인가? 단, 이익준비금의 설정은 무시한다.

	보통주배당금	우선주배당금
①	₩7,555,556	₩7,444,444
②	₩8,000,000	₩7,000,000
③	₩8,111,111	₩6,888,889
④	₩8,555,556	₩6,444,444
⑤	₩9,000,000	₩6,000,000

 냅비게이션
• 배당률에 따른 1차배당
  ㉠ 보통주배당금 : 50,000,000x9%=4,500,000
  ㉡ 우선주배당금 : 40,000,000x10%=4,000,000
   →잔여배당가능금액 : 15,000,000-(4,500,000+4,000,000)=6,500,000
• 잔여배당가능금액 배당
  ㉠ 보통주배당금 : 6,500,000x5/9=3,611,111
  ㉡ 우선주배당금 : 6,500,000x×4/9=2,888,889
• 배당금 총액
  ㉠ 보통주 : 4,500,000+3,611,111=8,111,111
  ㉡ 우선주 : 4,000,000+2,888,889=6,888,889

2. 20x1년 1월 1일에 주식을 발행하고 영업을 개시한 ㈜국세의 20x3년 12월 31일 현재 재무상태표상 보통주자본금과 우선주자본금은 각각 ₩10,000,000과 ₩6,000,000이고, 그 동안 자본금의 변동은 없었다. 보통주 및 우선주의 주당 액면금액은 ₩5,000으로 동일하며, 우선주는 배당률 3%의 누적적·부분참가적(8%까지) 주식이다. 영업을 개시한 이래 한 번도 배당을 실시하지 않은 ㈜국세가 20x4년 1월에 총 ₩1,200,000의 현금배당을 선언하였다. 보통주와 우선주에 배분될 배당금은 각각 얼마인가?

	보통주	우선주
①	₩480,000	₩720,000
②	₩525,000	₩675,000
③	₩568,600	₩631,400
④	₩612,800	₩587,200
⑤	₩840,000	₩360,000

 냅비게이션
• 배당률에 따른 우선주 과년도 누적배당
  ㉠ 보통배당금 : 0
  ㉡ 우선주배당금 : 6,000,000x3%x2년=360,000
• 배당률에 따른 당기배당
  ㉠ 보통주배당금 : 10,000,000x3%=300,000
  ㉡ 우선주배당금 : 6,000,000x3%=180,000
   →잔여배당가능금액 : 1,200,000-(360,000+300,000+180,000)=360,000
• 잔여배당가능금액 배당
  ㉠ 우선주배당금 : 6,000,000x(8%-3%)=300,000
   →[한도] 360,000x6/16=135,000
  ㉡ 보통주배당금 : 360,000-135,000=225,000
∴ 배당금 총액
  ㉠ 보통주 : 0+300,000+225,000=525,000
  ㉡ 우선주 : 360,000+180,000+135,000=675,000

제1편 Mainplot [주요논제]

제2편 Subplot [특수논제]

합본부록1 기출유형별 필수문제

합본부록2 실전적중모의고사

이론과기출 제136강 ⊂ 증자·감자와 자기주식(자본거래)

유상증자

❖주식발행

할증발행	(차)현금　　xxx　(대)자본금(액면)　xxx 　　　　　　　　　주발초　　　　　　xxx	•주식발행초과금은 자본항목으로 표시하며, 주식할인 발행차금은 부(−)의 자본항목으로 표시한후 이익잉 여금으로 상각함.(3년이내 매기균등액)
할인발행	(차)현금　　xxx　(대)자본금(액면)　xxx 　　주할차 xxx	•주식할인발행차금과 주식발행초과금은 발생순서에 관계없이 우선 서로 상계함.
신주발행비	•주식발행금액에서 차감	•액면·할인발행시 : 주식할인발행차금 증액 •할증발행시 : 주식발행초과금 감액

`참고` 발행시 거래원가 중 해당거래가 없었다면 회피할 수 있고, 직접관련된 증분원가는 자본에서 차감함.

❖현물출자

(차)자산(공정가치)　　　　　　　　　　　　　xxx	(대) 자본금(액면)　　　　　　　xxx
	주식발행초과금　　　　　xxx

무상증자

회사	•(차) 주식발행초과금(이익준비금)　xxx　(대) 자본금　　　　　　　　　xxx
주주	•회계처리 없음. ➡주식수만 증가하여 보유주식의 평균단가만 하락

유상감자 (실질적감자)

'감자대가>액면'인 경우	(차) 자본금(액면)　　　　xxx　(대) 현금　　　　　　　xxx 　　감자차손　　　　　　xxx	
'감자대가<액면'인 경우	(차) 자본금(액면)　　　　xxx　(대) 현금　　　　　　　xxx 　　　　　　　　　　　　　　　감자차익　　　　　xxx	

➡감자차손은 부(−)의 자본항목으로 표시한후 이익잉여금으로 상각하며, 감자차익은 자본에 가산하여 표시함.
　감자차손과 감자차익은 발생순서에 관계없이 서로 상계함.

무상감자 (형식적감자)

(차) 자본금(액면)　　　　　　　　　　　　xxx	(대) 이월결손금　　　　　　　xxx
	감자차익　　　　　　　xxx

`주의` 무상감자시에는 감자차손은 발생할수 없음.(∵자본금 이상으로 결손금보전은 불가)

자기주식

취득시	(차) 자기주식(취득원가)　　xxx　(대) 현　　금　　　　xxx	
재발행시	**재발행가 > 취득원가** (차)현금　　xxx　(대)자기주식　　xxx 　　　　　　　　　자기주식처분이익 xxx	**재발행가 < 취득원가** (차)현금　　xxx　(대)자기주식　　xxx 　　자기주식처분손실 xxx
소각시	**액면금액 > 취득원가** (차)자본금(액면) xxx　(대)자기주식　xxx 　　　　　　　　　감자차익　　xxx	**액면금액 < 취득원가** (차)자본금(액면) xxx　(대)자기주식　xxx 　　감자차손　xxx
수증시	**취득시** – 회계처리 없음 –	**처분시** (차)현금　　xxx　(대)자기주식처분이익 xxx

➡취득시 자기주식은 취득원가로 기록하며, 자기주식은 부(−)의 자본항목으로 표시함.
➡자기주식처분손실은 부(−)의 자본항목으로 표시한후 이익잉여금으로 상각하며, 자기주식처분이익은 자본에
　가산하여 표시함. 자기주식처분손실과 자기주식처분이익은 발생순서에 관계없이 서로 상계함.

`고속철`	자기주식거래로인한 자본총계를 물으면? □ 자기주식거래에 의한 자본총계증감액=자기주식거래에 의한 현금유출입액

객관식 확인학습　이론적용연습

1. ㈜백두의 20x2년 1월 1일의 자산과 부채의 총계는 각각 ₩3,500,000과 ₩1,300,000이었으며, ㈜백두의 20x2년 중 발생한 모든 자본거래는 다음과 같다.

> • 3월 8일 : 20x1년도 정기주주총회(2월 28일 개최)에서 결의한 배당을 지급하였다. 구체적으로 현금배당으로 ₩130,000을 지급하였으며, 주식배당으로 보통주 100주(주당 액면금액 ₩500, 주당 공정가치 ₩550)를 발행하였다. ㈜백두는 현금배당액의 10%를 상법상의 이익준비금으로 적립하였다.
> • 5월 8일 : 보통주 200주(주당 액면금액 ₩500)를 주당 ₩600에 발행하였으며, 이와 관련하여 직접적인 주식발행비용 ₩30,000이 발생하였다.
> • 10월 9일 : 20x1년에 취득한 자기주식(취득원가 ₩70,000)을 ₩80,000에 재발행하였다.

㈜백두가 20x2년도 포괄손익계산서상 당기순이익과 총포괄이익으로 ₩130,000과 ₩40,000을 보고하였다면, ㈜백두가 20x2년 말 현재 재무상태표상 자본의 총계로 보고할 금액은 얼마인가?

① ₩2,280,000　② ₩2,283,000　③ ₩2,293,000
④ ₩2,390,000　⑤ ₩2,410,000

 내비게이션
• 주식배당과 이익준비금적립은 자본총계에 영향을 주지 않는다.
• 20x2년말 자본총계 계산

기초자본총계	3,500,000-1,300,000=2,200,000
현금배당	(-) 130,000
유상증자	(+) 200주x@600-30,000=90,000
자기주식처분	(+) 80,000
당기순이익	(+) 130,000
기타포괄손익 감소	(-) 130,000-40,000=90,000
기말자본총계	**2,280,000**

2. 다음 자료에 의해 20x2년말 자본금을 제외하고 자본에 가산하거나 부(-)의 자본항목으로 표시될 금액을 구하면 얼마인가? 단, 이익잉여금 상각은 없다고 가정한다.

> (1) 회사 설립일인 20x1년초에 보통주 1,000주(액면 @200)를 액면발행하였다.
> (2) 그 후 유상증자(보통주) 내역은 다음과 같다.
> - 20x1.10.1 : 1,000주, 발행가 @220, 신주발행비 ₩10,000
> - 20x2.5.10 : 1,000주, 발행가 @200, 신주발행비 ₩20,000
> - 20x2.7.20 : 1,000주, 발행가 ₩240, 신주발행비 ₩20,000

① (+)₩10,000　② (-)₩10,000　③ (+)₩20,000
④ (-)₩20,000　⑤ ₩0

내비게이션
• 회계처리

20x1.10.1	(차) 현금	210,000	(대) 자본금		200,000
			주발초		10,000
20x2.5.10	(차) 현금	180,000	(대) 자본금		200,000
	주발초	10,000			
	주할차	10,000			
20x2.7.20	(차) 현금	220,000	(대) 자본금		200,000
			주할차		10,000
			주발초		10,000

→ ∴주식발행초과금 10,000

3. 20x2년 1월 1일의 ㈜합격의 재무상태표 및 추가자료는 다음과 같다.

유동자산	30,000,000	부채	20,000,000
유형자산	30,000,000	자본금	10,000,000
		자본잉여금	20,000,000
		이익잉여금	10,000,000

(1) 20x1년 1월 1일에 액면가 ₩5,000인 보통주 2,000주를 주당 ₩15,000에 발행하여 설립하였다.
(2) 20x2년 4월 1일에 총발행주식의 50%에 달하는 보통주 1,000주를 주당 ₩10,000에 취득하였다. 이에 따라 부채비율은 50%에서 67%로 증가하였다.

위 자기주식의 매각(주당 처분가 ₩15,000)과 소각의 경우 ㈜합격의 부채비율은 약 얼마인가? 단, 상기 거래 이외에는 추가적인 거래가 없다.

	매각후 부채비율	소각후 부채비율
①	67%	44%
②	67%	52%
③	44%	62%
④	44%	67%
⑤	52%	72%

내비게이션
• 자기주식 취득후 자본 : (10,000,000+20,000,000+10,000,000)-1,000주 x@10,000=30,000,000 → 부채비율 : 20,000,000÷30,000,000=약67%
• 매각후 부채비율 :

$$\frac{20,000,000(불변)}{30,000,000 + 자기주식처분가(1,000주 \times @15,000)}=약44\%$$

• 소각후 부채비율 : 약 67%(불변)

이론과기출 제137강 ○─ 자기주식거래

사례 자기주식거래 기본회계처리

❀(주)뽕의 20x1년 1월 1일 현재의 재무상태표에는 보통주 자본금(액면 ₩5,000) ₩50,000,000, 주식발행초과금 ₩20,000,000, 감자차익 ₩1,000,000, 자기주식처분이익 ₩200,000, 이익잉여금 ₩10,000,000이 각각 기록되어 있다. 자기주식거래는 다음과 같다. 20x1년말 계상되어 있는 자기주식은 얼마인가?

> (1) 20x1년 1월 1,000주를 주당₩6,000에 현금으로 취득
> (2) 20x1년 2월 300주를 소각
> (3) 20x1년 4월 400주를 주당 ₩5,400에 처분
> (4) 20x1년 7월 100주를 주당 ₩7,000에 처분
> (5) 20x1년 9월 대주주로부터 공정가치 ₩8,000인 자기주식 50주를 증여받음

세부고찰 I

1월	(차) 자기주식	6,000,000[1]	(대) 현금	6,000,000	[1] 1,000주x@6,000
2월	(차) 자본금 감자차익	1,500,000[3] 300,000	(대) 자기주식	1,800,000[2]	[2] 300주x@6,000 [3] 300주x@5,000
4월	(차) 현금 자기주식처분이익 자기주식처분손실	2,160,000[5] 200,000 40,000	(대) 자기주식	2,400,000[4]	[4] 400주x@6,000 [5] 400주x@5,400
7월	(차) 현금	700,000[7]	(대) 자기주식 자기주식처분손실 자기주식처분이익	600,000[6] 40,000 60,000	[6] 100주x@6,000 [7] 100주x@7,000
9월			– 회계처리 없음 –		–

→∴자기주식 잔액 : 6,000,000-1,800,000-2,400,000-600,000=1,200,000

사례 자기주식거래의 자본증감액 계산

❀ 다음은 20x1년의 (주)굳럭의 자본거래내역이다. 당기말 자본총액에 미치는 영향은?

> (1) 1. 25 : 자기주식 100주(액면₩100)를 주당 ₩200에 취득
> (2) 2. 20 : 자기주식 50주를 주당 ₩250에 매각
> (3) 3. 31 : 자본잉여금을 재원으로 200주를 무상증자
> (4) 5. 25 : 위의 자기주식 중 나머지를 전액 소각
> (5) 7. 1 : 우선주 100주(액면₩100)를 주당₩150에 발행
> (6) 12.31 : 당기순이익으로 ₩100,000을 보고

세부고찰 II

╺고속철╸ '자기주식거래에 의한 자본총계증감액=자기주식거래에 의한 현금유출입액'
• 자기주식거래로 인한 자본변동
  – 자기주식취득 : 감소 100주×200=(20,000)
  – 자기주식매각 : 증가 50주×250=12,500
• 기타자본변동
  – 우선주발행 : 증가 100주×150=15,000
  – 순이익보고 : 증가 100,000=100,000
  ∴-20,000+12,500+15,000+100,000=107,500(증가)

객관식 확인학습 ⊂⊃ 이론적용연습

1. ㈜대한은 20x1년 1월 1일에 주당 액면금액 ₩5,000인 보통주 1,000주를 주당 ₩15,000에 발행하여 설립되었다. 20x2년 중 다음과 같은 자기주식 거래가 발생하였다.

3월 1일	100주의 보통주를 주당 ₩14,000에 재취득
6월 1일	60주의 자기주식을 주당 ₩18,000에 재발행
9월1일	40주의 보통주를 주당 ₩16,000에 재취득
12월 1일	60주의 자기주식을 주당 ₩10,000에 재발행
12월 31일	20주의 자기주식을 소각

20x1년 중 자기주식 거래는 없었으며, ㈜대한은 자기주식의 회계처리에 선입선출법에 따른 원가법을 적용하고 있다. 20x2년도 위 거래의 회계처리 결과로 옳은 설명은?

① 자본 총계 ₩360,0000이 감소한다.
② 포괄손익계산서에 자기주식처분손실 ₩40,000을 보고한다.
③ 포괄손익계산서에 자기주식처분이익 ₩240,000과 자기주식처분손실 ₩280,000을 각각 보고한다.
④ 20x2년말 자본금 ₩5,000,000을 보고한다.
⑤ 감자차손 ₩320,000을 보고한다.

📻 낵빅게의셛
• 자기주식거래 회계처리

3월 1일	(차) 자기주식	1,400,000[1]	(대) 현금	1,400,000
6월 1일	(차) 현금	1,080,000[2]	(대) 자기주식	840,000[3]
			처분이익	240,000
9월 1일	(차) 자기주식	640,000[4]	(대) 현금	640,000
12월 1일	(차) 현금	600,000[5]	(대) 자기주식	880,000[6]
	처분이익	240,000		
	처분손실	40,000		
12월 31일	(대) 자본금	100,000[7]	(대) 자기주식	320,000
	감자차손	220,000		

[1]100주x14,000=1,400,000 [2]60주x18,000=1,080,000
[3]60주x14,000=840,000 [4]40주x16,000=640,000
[5]60주x10,000=600,000 [6]40주x14,000+20주x16,000=880,000
[7]20주x5,000=100,000
• ① 이하 '고속철' 참조!
② 자기주식처분손실은 재무상태표 자본항목으로 표시한다.
③ 자기주식처분손익은 재무상태표 자본항목으로 표시한다.
④ 1,000주x5,000-100,000=4,900,000
⑤ 220,000을 보고한다.

★고속철 자기주식거래 자본총계증감액 빨리구하기
자기주식거래에 의한 현금유출입액과 동일함.
-1,400,000+1,080,000-640,000+600,000=-360,000(감소)

2. 보통주(주당 액면금액 ₩1,000)만을 발행하고 있는 ㈜국세의 20x1년도 회계기간 중 자본과 관련된 거래내역은 다음과 같다.

일자	거래내역
20x1년 3월 3일	자기주식 취득(100주, @₩1,300)
20x1년 8월 7일	자기주식 재발행(60주, @₩1,500) 자기주식 소각(40주)
20x1년 8월 9일	A기타포괄손익-공정가치측정금융자산 취득(150주, @₩1,000)
20x1년 12월 31일	A기타포괄손익-공정가치측정금융자산 공정가치(150주, @₩1,300)

20x1년도 당기순이익이 ₩1,500,000이라면 ㈜국세의 20x1년 회계기간의 자본증가액은 얼마인가? (단, 위 자료 이외의 자본과 관련된 일체의 거래는 없었다. 또한 직전연도까지 자기주식 및 기타포괄손익-공정가치측정금융자산의 취득은 없었으며, 자기주식 취득은 정당한 것으로 가정한다.)

① ₩1,000,000 ② ₩1,057,000 ③ ₩1,415,000
④ ₩1,505,000 ⑤ ₩1,557,000

📻 낵빅게의셛
• 일자별 회계처리

3월 3일	(차) 자기주식	130,000[1]	(대) 현금	130,000
8월 7일	(차) 현금	90,000[2]	(대) 자기주식	78,000[3]
			처분이익	12,000
	(차) 자본금	40,000[4]	(대) 자기주식	52,000[5]
	감자차손	12,000		
8월 9일	(차) FVOCI	150,000[6]	(대) 현금	150,000
12월 31일	(차) FVOCI	45,000	(대) 평가이익	45,000[7]

[1]100주x1,300=130,000 [2]60주x1,500=90,000
[3]60주x1,300=78,000 [4]40주x1,000=40,000
[5]40주x1,300=52,000 [6]150주x1,000=150,000
[7]150주x(1,300-1,000)=45,000
∴1,500,000(순이익)+45,000(평가이익)-40,000(이하 '고속철')
=1,505,000

★고속철 자기주식거래 자본총계증감액 빨리구하기
자기주식거래에 의한 현금유출입액과 동일함.
-130,000+90,000=-40,000(감소)

서술형Correction연습

□ 자기지분상품을 매입 또는 매도하거나 발행 또는 소각하는 경우의 손익은 당기손익으로 인식한다.

➡ (X) : 당기손익으로 인식하지 아니한다.

이론과기출 제138강 ○ 이익잉여금과 배당(손익거래)

일반적립금	법정적립금 (=이익준비금)	•이익배당액(금전배당과 현물배당)의 10%이상을 자본금 50%에 달할때까지 적립 ➡자본전입이나 결손보존이외의 목적에는 사용불가
		(차) 이익잉여금 xxx (대) 이익준비금 xxx
	임의적립금	•배당평균적립금, 시설확장적립금, 감채적립금, 결손보전적립금등 ➡임의적립금은 다시 이입되어 배당의 재원으로 사용가능함.
		(차) 이익잉여금 xxx (대) 임의적립금 xxx

•주의 이익잉여금처분은 보고기간 이후에 발생한 사건으로 주주총회일에 회계처리하므로, 보고기간말의 재무상태표상에 최종 계상되는 이익잉여금은 처분전이익잉여금임.

보론 이익준비금 최소적립액과 최대현금배당액 계산

이익준비금 최소적립액	•Min[① 현금배당x10% ② 자본금x50%-기적립액]
최대현금배당액[*]	•이월된이익잉여금+당기순이익=현금배당+현금배당×10%

[*]중간배당이 있는 경우
→이월된이익잉여금-중간배당+당기순이익=현금배당+(현금배당+중간배당)×10%

배당	현금배당	배당기준일 (보고기간말)	– 회계처리 없음 –		
		배당선언일 (주총결의일)	(차) 이월이익잉여금 xxx	(대) 미지급배당금(유동부채)	xxx
		배당지급일	(차) 미지급배당금 xxx	(대) 현금	xxx
	주식배당	•배당가능한 이익잉여금을 자본전입하여 주식을 교부하는 것을 말함.			
		배당기준일 (보고기간말)	– 회계처리 없음 –		
		배당선언일 (주총결의일)	(차) 이월이익잉여금 xxx	(대) 미교부주식배당금(자본)	xxx
		배당지급일	(차) 미교부주식배당금 xxx	(대) 자본금	xxx
	중간배당	•현금배당(현물배당)만 가능하며, 이사회결의로 배당함. → •주의 주식배당은 불가! ➡중간배당도 이익준비금을 적립해야함.			
		중간배당일	(차) 중간배당액 xxx	(대) 현금	xxx
		보고기간말	(차) 이월이익잉여금 xxx	(대) 중간배당액	xxx

보론 주식분할·주식병합 : 자본금/이익잉여금/총자본에 영향없음.

이익잉여금 처분	미처분이익잉여금 (보고기간말)	•전기이월분+재평가잉여금대체액+순이익-중간배당
	처분가능이익잉여금 (주주총회일)	•보고기간말의 미처분이익잉여금+임의적립금이입액
	처분순서	[1순위] 이익준비금등 법정적립금 적립액 [2순위] 주식할인발행차금, 자기주식처분손실, 감자차손 [3순위] 현금배당, 주식배당 [4순위] 임의적립금 적립액
	미처리결손금 처리순서	[1순위] 임의적립금 [2순위] 법정적립금(이익준비금) [3순위] 자본잉여금

객관식 확인학습 ⟩ 이론적용연습

1. 20x2년 2월 개최된 주주총회 결의일 직후 작성된 ㈜대경의 20x1년말 재무상태표상 자본은 다음과 같다.

•보통주 자본금	₩30,000,000
•이익준비금	₩1,000,000
•사업확장적립금	₩500,000
•감채기금적립금	₩600,000
•미처분이익잉여금	₩800,000

㈜대경의 20x2년도 당기순이익은 ₩1,200,000이고, 당기 이익잉여금 처분 예정은 다음과 같다.

•감채기금적립금 이입	₩300,000
•현금배당	₩400,000
•주식배당	₩100,000
•사업확장적립금 적립	₩250,000
•이익준비금 적립	법정최소금액 적립

위 사항들이 20x3년 2월 개최된 주주총회에서 원안대로 승인되었다. 한국채택국제회계기준에 따라 20x2년도 이익잉여금처분계산서를 작성할 때 차기이월미처분이익잉여금은 얼마인가?

① ₩1,510,000 ② ₩1,550,000 ③ ₩1,610,000
④ ₩1,650,000 ⑤ ₩1,800,000

 낸비게이션
• 800,00(전기이월)+1,200,000(당기순이익)+300,000(이입)−400,000(현금배당)−100,000(주식배당)−250,000(사업확장적립금적립)−400,000×10%(이익준비금적립)=1,510,000

2. ㈜합격은 20x1년 초에 보통주 10,000주와 우선주 3,000주를 발행하여 설립되었다. 회사가 보고한 3년간의 연도별 당기순손익은 다음과 같다.

20x1년	20x2년	20x3년
당기순손실	당기순손실	당기순이익
₩290,000	₩220,000	₩840,000

보통주와 우선주의 주당 액면금액은 각각 ₩100이다. 우선주는 누적적·비참가적이고 약정배당률은 10%이다. ㈜합격의 자본금은 설립일 이후 변동이 없었다. 20x3년 12월 31일 보통주주에게 배당가능한 이익은 얼마인가? 단, 모든 배당은 현금배당이다. 이익준비금은 법정 최소한을 적립하고, 20x3년에 이익준비금을 적립하더라도 자본금의 1/2에 미달한다.

① ₩207,000 ② ₩240,000 ③ ₩230,000
④ ₩270,000 ⑤ ₩210,000

 낸비게이션
• 배당가능총액(누적이익)=840,000−290,000−220,000=330,000
• 현금배당+현금배당x10%=330,000에서 현금배당=300,000
• 보통주배당가능액=300,000−3,000주x100x10%x3년=210,000

3. 다음은 자본에 관한 설명이다. 가장 타당한 설명은 어느 것인가?

① 미상계된 주식할인발행차금은 자본항목으로 계상하고 향후 발생하는 주식발행초과금과 상계하여 처리하며 이익잉여금으로 상계할 수 없다.
② 이익잉여금 중의 일부를 배당평균적립금으로 처분하면 이익잉여금 총액에는 영향을 주지 아니한다.
③ 중간배당은 회계연도 중에 이사회의 결의로 배당하는 것으로 금전배당만 가능하다.
④ 미교부주식배당금은 주식배당을 받는 주주들에게 주식을 교부해야 하는 것이므로 부채로 계상한다.
⑤ 감자는 사업규모를 줄이거나 결손을 보전하기 위하여 자본금을 감소시키는 것으로 실질적 감자와 형식적 감자에서 감자차익과 감자차손이 모두 발생할 수 있다.

낸비게이션
• ① 이익잉여금의 처분으로 한다.
③ 현물배당도 가능하다.
④ 자본항목으로 계상한다.
⑤ 형식적감자의 경우에는 감자차손이 발생할 수 없다.

서술형Correction연습

☐ 주식할인발행차금은 주식발행연도 또는 증자연도부터 3년이내의 기간에 정액법으로 이익잉여금의 처분으로 상각한다.

➡ (X) : 정액법상각이 아니라 매기 균등액을 상각한다.

☐ 이익준비금은 금전배당의 10% 이상을 자본금의 50%에 달할 때까지 적립하여야 한다.

➡ (X) : 금전배당의 10% 이상(X) → 이익배당액의 10% 이상(O)

☐ 차기 정기주주총회에서의 배당선언액은 보고기간말 현재 지급할 의무가 있으므로 보고기간말에 회계처리한다.

➡ (X) : 보고기간말이 아니라 정기주주총회일에 회계처리한다.

시험중요도 ★★☆

이론과기출 제139강 ○ 상환우선주

| 의의 | ❖미리 약정한 가격으로 상환할수 있는 선택권을 갖고 있는 우선주를 말함.
➡상환의무나 보유자가 상환청구권있으면 금융부채로, 그 외는 자본(지분상품)으로 분류 | | | | |

지분상품 **회계처리**	발행시	(차) 현금	xxx	(대) 자본금	xxx
	배당시	(차) 이익잉여금	xxx	(대) 현금	xxx
	상환주식 취득시	(차) 자기주식	xxx	(대) 현금	xxx
	상환절차 완료시	(차) 이익잉여금	xxx	(대) 자기주식	xxx

❖누적적 우선주(의무배당) ⇒'전부 부채'

발행시	(차) 현금(상환액과 배당현가) 현재가치할인차금	xxx xxx	(대) 상환우선주(상환액)	xxx
결산시	(차) 이자비용	xxx	(대) 현금(배당금) 현재가치할인차금	xxx xxx

❖비누적적 우선주(재량배당) ⇒'복합금융상품(자본+부채)'

발행시	(차) 현금(상환액현가) 현재가치할인차금	xxx xxx	(대) 상환우선주(상환액)	xxx
결산시	(차) 이자비용	xxx	(대) 현재가치할인차금	xxx
배당시	(차) 이익잉여금	xxx	(대) 현금(배당금)	xxx

금융부채
회계처리

 사례 ■ 상환우선주 회계처리

❖20x1년초 액면금액 주당 ₩500인 상환우선주 100주(연배당률은 액면금액의 5%, 매년말 지급, 3년후 상환)를 발행함. 상환시 주당 ₩600의 조건으로 상환해야함. 유효이자율은 10%. 10%, 3기간, 현가계수 : 0.751, 10%, 3기간, 연금현가계수 : 2.487

풀이

• 원금현가 : 100주x@600x0.751=45,060, 배당현가 : 100주x@500x5%x2.487=6,218 →합계=51,278

의무배당인 경우(누적적 우선주)				
(차) 현금 현재가치할인차금 (차) 이자비용	51,278 8,722 5,128[1]	(대) 상환우선주 (대) 현금 현재가치할인차금	60,000 2,500 2,628	[1]51,278x10%=5,128

재량배당인 경우(비누적적 우선주)				
(차) 현금 현재가치할인차금 (차) 이자비용 (차) 이익잉여금	45,060 14,940 4,506[2] 2,500	(대) 상환우선주 (대) 현재가치할인차금 (대) 현금	60,000 4,506 2,500	[2]45,060x10%=4,506

객관식 확인학습 ─ 이론적용연습

1. ㈜한국은 20x1년초 주당 액면금액이 ₩500인 우선주 1,000주를 발행하였고, 20x2년말 주당 ₩700에 상환하여야 한다. 동 우선주는 약정배당률이 액면금액의 5%인 비누적적 우선주이다. 우선주 발행시 유효이자율은 연 8%일 때, 동 우선주와 관련된 20x1년도 당기비용은?(단, ㈜한국은 20x1년말에 배당금을 지급하였으며, 연 8%, 2년 단일금액 ₩1의 현재가치는 0.8573이고, 2년 정상연금 ₩1의 현재가치는 1.7833이다.)

① ₩25,000　　② ₩41,575　　③ ₩48,009
④ ₩51,575　　⑤ ₩73,009

 내비게이션
• 상환우선주의 분류

보유자에게 상환청구권이 있는 경우(발행자에게 상환의무 있음)
❖ 금융부채로 분류 ㉠ 의무배당(누적적우선주) : 전부 부채 　→이자비용 인식 ㉡ 재량배당(비누적적우선주) : 복합금융상품(자본+부채) 　→이자비용과 배당(이익잉여금처분) 인식
그 외의 경우
❖ 자본(지분상품)으로 분류 　→배당금(이익잉여금처분) 인식

• 원금(금융부채)의 현가 : 1,000주x700x0.8573=600,110
• 20x1년 당기비용(이자비용) : 600,110x8%=48,009

(차) 현금	600,100	(대) 상환우선주	700,000
현재가치할인차금	99,890		
(차) 이자비용	48,009	(대) 현재가치할인차금	48,009
(차) 이익잉여금	25,000[1)]	(대) 현금	25,000

[1)]1,000주x500x5%=25,000

2. ㈜합격은 20x1년초에 20x4년초 주당 @5,200에 의무적으로 상환하여야하는 상환우선주 100주(액면금액 @5,000, 연 배당률 5%)를 발행하였으며, 20x1년말에 배당금을 지급하였다. 상환우선주의 유효이자율은 10%, 10% 3기간 현가계수는 0.7513, 연금현가계수는 2.4868이다. 동 상환우선주가 누적적우선주라고 할때 동 상환우선주와 관련하여 20x1년 당기손익에의 영향으로 옳은 것은?

① 손실 ₩39,067　　② 손실 ₩40,875　　③ 손실 ₩45,285
④ 손실 ₩50,784　　⑤ 손실 ₩62,364

 내비게이션
• 발행금액 : 100주x@5,200x0.7513+100주x@5,000x5%x2.4868=452,846
• 이자비용 : 452,846x10%=45,285

3. ㈜리비는 20x1년 1월 1일 다음과 같이 두 종류의 비참가적 우선주를 발행하였으며, 이 시점의 적절한 할인율은 연 5%이다.

> (1) A우선주 : 주당 액면금액은 ₩5,000이고 연 배당률이 3%인 누적적 우선주 100주 발행. ㈜리비는 동 우선주를 상환할 수 있는 권리를 가짐.
> (2) B우선주 : 주당 액면금액은 ₩5,000이고 연 배당률이 4%인 비누적적 우선주 100주 발행. ㈜리비는 20x5년 1월 1일 주당 ₩5,000에 동 우선주를 의무적으로 상환해야 함.

기간	5% 기간말 단일금액 ₩1의 현재가치	5% 정상연금 ₩1의 현재가치
4	0.8227	3.5460

20x1년도에는 배당가능이익이 부족하여 우선주에 대해 배당을 하지 못했으나, 20x2년도에는 배당을 현금으로 전액 지급하였다. 단, 해당연도 배당금은 매 연도말에 지급된다고 가정한다. 위의 두 종류 우선주와 관련하여 20x1년도와 20x2년도의 당기순이익에 미치는 영향의 합계액은 얼마인가? 단, 차입원가는 모두 당기비용으로 인식하며, 법인세효과는 고려하지 않는다. 또한 계산결과 단수차이로 인해 답안과 오차가 있는 경우 근사치를 선택한다.

① ₩72,164 감소　　② ₩62,164 감소　　③ ₩57,164 감소
④ ₩42,164 감소　　⑤ 영향없음

 내비게이션
• 지분상품과 금융부채의 구분
　㉠ A우선주 : 상환의무가 없으므로(발행자가 상환권리 보유) 지분상품
　　→∴당기순이익에 미치는 영향은 없음.
　㉡ B우선주 : 발행자가 상환의무가 있으므로 금융부채
　　→비누적적이므로 복합금융상품(자본+부채)
• B우선주 상환액현가 : 100주x@5,000x0.8227=411,350

• [B우선주 20x1년초 회계처리]

| (차) 현금 | 411,350 | (대) 상환우선주 | 500,000 |
| 현재가치할인차금 | 88,650 | | |

[B우선주 20x1년말 회계처리]

| (차) 이자비용 | 20,568[1)] | (대) 현재가치할인차금 | 20,568 |

[B우선주 20x2년말 회계처리]

| (차) 이자비용 | 21,596[2)] | (대) 현재가치할인차금 | 21,596 |
| (차) 이익잉여금 | 20,000[3)] | (대) 현금 | 20,000 |

[1)]411,350x5%=20,568
[2)](411,350+20,568)x5%=21,596
[3)]100주x@5,000x4%=20,000
∴20,568+21,596=42,164(감소)

제1편 Mainplot [주요논제]
제2편 Subplot [특수논제]
합본부록1 기출유형별 필수문제
합본부록2 실전적중모의고사

이론과기출 제140강 ○ **금융자산** 금융자산 범위·분류·인식

금융자산 범위	범위	① 현금과 다른 기업의 지분상품 ② 거래상대방에게서 현금 등 금융자산을 수취하기로 한 계약상 권리 ③ 잠재적으로 유리한 조건으로 금융자산이나 금융부채를 교환하기로 한 계약상 권리 ④ 과거 대가지급하고 그 대가로 수취할 자기지분상품(=주식)의 수량이 변동가능한 비파생상품 ⑤ 확정수량의 자기지분상품을 미래 확정금액의 현금 등 금융자산과 교환하여 결제하는 방법 외의 　방법으로 결제하거나 결제할 수 있는 파생상품 →저자주 위 ②~⑤는 거래상대방에게 금융부채를 발생시키므로 전술한 '금융부채'를 참조바랍니다.
	제외	•실물자산(재고자산, 유형자산)과 무형자산 •선급비용, 선급금, 계약에 의하지 않은 자산, 법인세관련 자산(이연법인세자산)

금융자산 분류시 고려사항	사업모형	의의	•사업모형은 현금흐름을 창출하기 위해 금융자산을 관리하는 방식을 의미함.	
		구분	① 현금흐름수취목적	주의 만기까지 보유할 필요는 없음.
			② 현금흐름수취와 금융자산매도목적	주의 금융자산의 매도가 필수적임.
	현금흐름특성	•금융자산을 분류하기 위해서는 원리금지급만으로 구성되어 있는지를 판단해야함. ➡계약상 현금흐름이 원리금지급만으로 구성되는지는 금융자산의 표시통화로 평가함.		

참고 성격상 지분상품·파생상품은 사업모형이 없음 →∴금융자산 재분류가 불가능함.('후술')

❖[원칙] 사업모형과 현금흐름특성에 근거하여 다음과 같이 분류·측정함.

분류·측정	충족조건	해당증권
AC금융자산 (상각후원가측정)	① 현금흐름수취목적 사업모형일 것 ② 원리금지급만으로 구성된 현금흐름일 것	채무상품
FVOCI금융자산 (기타포괄손익-공정가치측정)	① 현금흐름수취와 금융자산매도목적 사업모형일 것 ② 원리금지급만으로 구성된 현금흐름일 것	채무상품
FVPL금융자산 (당기손익-공정가치측정)	그 외 모든 금융자산 ➡예 단기매매항목	지분상품, 채무상품

❖[선택] 최초인식시점에 다음과 같이 측정하기로 선택할수 있음. ➡주의 선택시 이후에 취소불가함.

분류·측정	충족조건	해당증권
FVOCI금융자산	① 단기매매항목이 아닐 것 ② 사업결합에서 취득자가 인식하는 조건부대가가 아닐 것	지분상품
FVPL금융자산	회계불일치를 제거하거나 유의적으로 줄이기 위한 경우일 것	지분상품, 채무상품

금융자산 인식	최초인식	일반매입	•금융자산은 금융상품의 계약당사자가 되는 때에만 F/P에 인식함.
		정형화된 매입*)	•매매일(=매입약정일) 또는 결제일(=자산인수일) 중 선택하여 인식 ➡결제일 회계처리방법의 경우 매매일과 결제일 사이의 공정가치 변동을 　금융자산 분류에 따라 당기손익(기타포괄손익)으로 인식함. 　(단, AC금융자산은 공정가치 변동분에 대한 인식이 없음.) 참고 정형화된 매도 역시 매매일이나 결제일에 제거함.
		*)한국거래소의 유가증권시장이나 코스닥시장에서는 매매계약 체결후 2거래일후에 결제가 이루어지며 정형화된 결제시스템에 의해 계약이행이 실질적으로 보장되므로 정형화된 매매거래에 해당함.	
	최초측정	•금융자산은 최초인식시점에 공정가치로 측정함. 주의 '공정가치 ≠ 거래가격'이면 공정가치로 계상하고 차액은 당기손익처리	
	거래원가	FVPL금융자산	•발생즉시 당기비용으로 인식
		그 외 금융자산	•공정가치에 가산

보론 금융자산 제거(구체적내용은 후술함)

제거사유	•현금흐름에 대한 계약상 권리가 소멸 또는 양도가 제거의 조건을 충족
제각	•회수 예상불가시 총장부금액을 직접 줄임. ➡제각은 금융자산 제거 사건으로 봄.

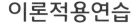

객관식 확인학습 / **이론적용연습**

1. 다음은 한국채택국제회계기준 금융자산과 관련된 설명이다. 가장 타당하지 않은 것은 어느 것인가?

① 서로 다른 기준에 따라 자산이나 부채를 측정하거나 그에 따른 손익을 인식하는 경우에 측정이나 인식의 불일치('회계불일치'라 말하기도 한다)가 발생하는 경우 금융자산을 당기손익-공정가치측정 항목으로 지정한다면 이와 같은 불일치를 제거하거나 유의적으로 줄이는 경우에는 최초 인식시점에 해당 금융자산을 당기손익-공정가치측정 항목으로 지정할 수 있다. 다만 한번 지정하면 이를 취소할 수 없다

② 정형화된 매매에서 결제일 회계처리방법을 적용하여 금융자산을 인식하는 경우 매매일과 결제일 사이의 기간 중의 공정가치 변동은 공정가치로 측정하는 자산의 해당 공정가치 변동은 적절하게 당기손익이나 기타포괄손익으로 인식한다.

③ 계약상 현금흐름을 수취하기 위해 보유하는 것이 목적인 사업모형 하에서 금융자산을 보유하고 금융자산의 계약조건에 따라 특정일에 원리금 지급만으로 구성되어 있는 현금흐름이 발생하면 금융자산을 상각후원가로 측정한다.

④ 금융자산은 공정가치로 측정하며 해당 금융자산의 취득과 직접 관련되는 거래원가는 공정가치에 가산한다.

⑤ 당기손익-공정가치로 측정되는 '지분상품에 대한 특정 투자'에 대하여는 후속적인 공정가치 변동을 기타포괄손익으로 표시하도록 최초 인식시점에 선택할 수도 있다. 다만 한번 선택하면 이를 취소할 수 없다.

낵비개의션
• FVPL금융자산(당기손익-공정가치측정 금융자산)의 거래원가는 당기비용으로 처리한다.

2. 기업회계기준서 제1109호 '금융상품'에 관한 다음 설명 중 옳은 것은?

① 회계불일치 상황이 아닌 경우의 금융자산은 금융자산의 관리를 위한 사업모형과 금융자산의 계약상 현금흐름 특성 모두에 근거하여 상각후원가, 기타포괄손익-공정가치, 당기손익-공정 가치로 측정되도록 분류한다.

② 당기손익-공정가치로 측정되는 지분상품에 대한 특정 투자의 후속적인 공정가치 변동은 최초 인식시점이라도 기타포괄손익으로 표시하는 것을 선택할 수 없다.

③ 금융자산의 전체나 일부의 회수를 합리적으로 예상할 수 없는 경우에도 해당 금융자산의 총장부금액을 직접 줄일 수는 없다.

④ 기타포괄손익-공정가치 측정 금융자산의 손상차손은 당기손실로 인식하고, 손상차손환입은 기타포괄손익으로 인식한다.

⑤ 회계불일치를 제거하거나 유의적으로 줄이는 경우에는 최초 인식 시점에 해당 금융자산을 기타포괄손익-공정가치 측정 항목으로 지정할 수 있으며, 지정 후 이를 취소할 수 있다.

 낵비개의션
• ② 선택할 수 있다.
③ 직접 줄인다.(=제각)
④ 손상차손환입도 당기손익이다.
⑤ 당기손익-공정가치 측정 항목으로 지정할 수 있으며, 지정 후 이를 취소할 수 없다.

3. 다음의 금융자산과 관련하여 옳지 않은 것은 어느 것인가?

① 당기손익-공정가치로 측정되는 채무상품에 대한 특정 투자에 대하여는 후속적인 공정가치 변동을 기타포괄손익으로 표시하도록 최초 인식시점에 선택할 수 없다.

② 금융자산 전체나 일부의 회수를 합리적으로 예상할 수 없는 경우에는 해당 금융자산의 총장부금액을 직접 줄인다.

③ 금융자산은 상각후원가로 측정하거나 기타포괄손익-공정가치로 측정하는 경우가 아니라면 당기손익-공정가치로 측정한다.

④ 금융자산의 현금흐름에 대한 계약상 권리가 소멸한 경우에는 금융자산을 재무상태표에서 제거한다.

⑤ 계약상 현금흐름의 수취와 금융자산의 매도 둘 다를 통해 목적을 이루는 사업모형 하에서 금융자산을 보유하고 금융자산의 계약조건에 따라 특정일에 원리금 지급만으로 구성되어 있는 현금흐름이 발생하면 금융자산을 당기손익-공정가치로 측정한다.

낵비개의션
• 기타포괄손익-공정가치로 측정한다.
• ①의 경우는 지분상품만 선택할 수 있으므로 맞는 설명이다.

서술형Correction연습
☐ 사업모형의 목적이 계약상 현금흐름을 수취하기 위해 금융자산을 보유하는 것인 경우 모든 금융상품을 만기까지 보유하여야 한다.
➡ (X) : 모든 금융상품을 만기까지 보유할 필요는 없다.

 **nswer** 1. ④ 2. ① 3. ⑤

시험중요도 ★★☆

이론과기출 제141강 ○ 금융자산 손상

손상인식		
	손상대상	① AC금융자산(채무상품) ② FVOCI금융자산(채무상품)
	기대손실모형	•신용이 손상되지 않은 경우에도 기대신용손실을 추정하여 인식함.
	회계처리	•(차) 금융자산손상차손 xxx (대) 손실충당금(or 기타포괄손익) xxx

> **보론** 신용이 손상된 경우(손상발생의 객관적 증거가 있는 경우)
> ▯ 재무적 어려움, 채무불이행, 연체와 같은 계약위반, 차입조건의 불가피한 완화, 파산가능성
> ▯ 재무구조조정가능성, 활성시장의 소멸, 크게 할인가격으로 매입하거나 창출
>
> **참고** 발생손실모형 : 신용이 손상된 경우에만 손상을 인식

기대손실모형

신용손실

> ▯ [계약상현금흐름 – 수취예상현금흐름]의 현재가치(by최초유효이자율 [*])
> ↓
> '모든 현금부족액'
> [*]취득시 신용이 손상되어 있는 금융자산은 신용조정유효이자율로 할인함.

기대신용손실
•개별 채무불이행 발생위험으로 가중평균한 신용손실을 말함.
➡ 즉, 기대존속기간 동안 발생할 것으로 예상하는 신용손실의 확률가중추정치로서, 신용손실을 확률로 가중평균한 금액이 기대신용손실임.
주의 기대신용손실을 측정할 때 가능한 시나리오를 모두 고려할 필요는 없음.
주의 기대신용손실을 측정할 때 고려하는 가장 긴 기간은 신용위험에 노출되는 최장 계약기간(연장옵션 포함)이며 이 보다 더 긴 기간이 사업관행과 일관된다고 하더라도 최장 계약기간을 넘어설 수 없음.

유효이자율
•추정미래현금흐름의 현가를 금융자산 총장부금액(=손실충당금 조정전 상각후원가)과 정확히 일치시키는 이자율
주의 모든 계약조건만 고려하여 기대CF를 추정하며, 기대신용손실은 고려치 않음.

신용조정 유효이자율
•취득시 신용이 손상되어 있는 금융자산의 추정미래현금흐름의 현가를 해당 금융자산의 상각후원가(=손실충당금 조정후 상각후원가)와 정확히 일치시키는 이자율
주의 모든 계약조건과 기대신용손실을 고려하여 기대CF를 추정함.

기대신용손실 계산방법 [일반적접근법]

전체기간 기대신용손실
•기대존속기간에 발생할 수 있는 모든 채무불이행 사건에 따른 기대신용손실
> ▯ 채무불이행시 노출금액×채무불이행시 손실률×전체기간 채무불이행 발생확률
> '신용손실추정액'

12개월 기대신용손실
•보고기간말후 12개월 내에 발생가능한 채무불이행 사건에 따른 기대신용손실
> ▯ 채무불이행시 노출금액×채무불이행시 손실률×12개월 채무불이행 발생확률

참고 기준서에서는 위 손실률을 총장부금액 대비 현재가치비율로 간주함.(즉, 화폐시간가치 고려됨)

신용위험과 연체정보

신용위험
•의무를 이행하지 않아 상대방에게 재무손실을 입힐 위험(신용손상의 사전징후)

재검토
•신용위험이 유의적으로 증가하였는지는 매 보고기간말에 평가함.

연체정보와 신용위험증감
❖연체정보를 사용하여 다음과 같이 판단할 수 있음. ➡ 단, 반증가능한 간주규정임.

연체일수 30일 이내	•신용위험이 유의적으로 증가하지 않음.(낮음)
연체일수 30일 초과 90일 이내	•신용위험이 유의적으로 증가함.
연체일수 90일 초과	•신용이 손상됨.(채무불이행)

기대신용손실 인식방법

구분		기대신용손실(손실충당금) 인식
신용손상 O		•전체기간 기대신용손실을 손실충당금으로 인식
신용손상 X	신용위험 유의적 증가 O	•전체기간 기대신용손실을 손실충당금으로 인식
	신용위험 유의적 증가 X	•12개월 기대신용손실을 손실충당금으로 인식

참고 취득시 신용이 손상되어 있는 금융자산은 전체기간 기대신용손실의 누적변동분만을 인식함.

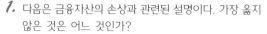

객관식 확인학습

이론적용연습

1. 다음은 금융자산의 손상과 관련된 설명이다. 가장 옳지 않은 것은 어느 것인가?

① 최초 인식 후에 금융상품의 신용위험이 유의적으로 증가한 경우에는 매 보고기간 말에 전체기간 기대신용손실에 해당하는 금액으로 손실충당금을 측정한다.

② 계약상 지급의 연체일수가 30일을 초과하는 경우에는 최초 인식 후에 금융상품의 신용위험이 유의적으로 증가했다는 반증 가능한 간주규정을 적용할 수 있다.

③ 전체기간 기대신용손실은 금융상품의 기대존속기간에 발생할 수 있는 모든 채무불이행 사건에 따른 기대신용손실을 말한다.

④ 신용손실은 계약에 따라 지급받기로 한 모든 계약상 현금흐름과 수취할 것으로 예상하는 모든 계약상 현금흐름의 차이를 보고기간말의 시장이자율로 할인한 금액을 말한다.

⑤ 금융자산, 손상 요구사항을 적용하는 리스채권, 계약자산, 대출약정, 금융보증계약의 기대신용손실을 손실충당금으로 인식한다.

• 보고기간말 시장이자율로 할인(X) → 최초의 유효이자율로 할인(O)

2. 다음은 한국채택국제회계기준의 금융자산의 손상에 대한 내용이다. 틀린 것은?

① 취득시 신용이 손상되어 있는 금융자산은 보고기간말에 최초 인식 이후 전체기간 기대신용손실의 누적변동분만을 손실충당금으로 인식한다.

② 최초 인식 후에 금융상품의 신용위험이 증가한 경우에는 매 보고기간 말에 전체기간 기대신용손실에 해당하는 금액으로 손실충당금을 측정한다.

③ 기대신용손실은 개별 채무불이행 발생 위험으로 가중평균한 신용손실을 말한다.

④ 12개월 기대신용손실은 보고기간말 후 12개월 내에 발생가능한 금융상품의 채무불이행 사건으로 인한 기대신용손실을 나타내는 전체기간 기대신용손실의 일부를 말한다.

⑤ 상각후원가로 측정하는 금융자산과 기타포괄손익-공정가치로 측정하는 채무상품은 손상 요구사항을 적용한다.

• 증가한 경우(X) → 유의적으로 증가한 경우(O)
• 증가한 경우의 의미는 결국 '유의적으로 증가하지 않은 경우'에 해당하므로 12개월 기대신용손실에 해당하는 금액으로 손실충당금을 측정한다.

서술형Correction연습

□ 기대신용손실을 측정할 때에는 가능한 시나리오를 모두 고려하여야 한다.

➡ (X) : 가능한 시나리오를 모두 고려할 필요는 없다. 단, 신용손실의 발생가능성이 매우 낮더라도 신용손실이 발생할 가능성과 발생하지 아니할 가능성을 반영하여 신용손실이 발생할 위험이나 확률을 고려한다.

□ 유효이자율을 계산할 때 해당 금융상품의 모든 계약조건(예 : 중도상환옵션, 연장옵션, 콜옵션)과 기대신용손실을 고려하여 기대현금흐름을 추정한다.

➡ (X) : 기대신용손실은 고려하지 않는다.

□ 보고기간말에 신용이 손상된 금융자산의 기대신용손실은 해당 자산의 총장부금액과 추정미래현금흐름을 손상시점의 현행시장이자율로 할인한 현재가치의 차이로 측정한다. 조정금액은 손상차손으로 당기손익에 인식한다.

➡ (X) : 손상시점의 현행시장이자율(X) → 최초 유효이자율(O)

□ 취득시 신용이 손상되어 있는 금융자산은 보고기간 말에 최초 인식 이후 전체기간 기대신용손실의 누적액을 손실충당금으로 인식한다.

➡ (X) : 누적액(X) → 누적변동분(O)

시험중요도 ★★★

이론과기출 제142강 ⊂ FVPL금융자산(지분상품/채무상품)

<table>
<tr>
<td rowspan="7">취득</td>
<td>최초측정</td>
<td colspan="2">•공정가치로 측정함. ➡'공정가치 ≠ 거래가격'이면 공정가치로 계상하고 차액은 손익처리

예시 취득가격 1,200
　　　공정가치 1,000　　(차) FVPL금융자산　　1,000 (대) 현금　　　　　1,200
　　　　　　　　　　　　　　　금융자산취득손실　200</td>
</tr>
<tr>
<td>거래원가</td>
<td colspan="2">•취득과 직접 관련된 거래원가는 발생즉시 당기비용으로 처리함.
　주의 AC금융자산과 FVOCI금융자산의 거래원가는 취득원가에 가산함.</td>
</tr>
<tr>
<td>단가산정</td>
<td colspan="2">•원가흐름가정(개별법, 가중평균법, 선입선출법)을 사용하여 종목별로 산정함.</td>
</tr>
<tr>
<td rowspan="2">지분상품</td>
<td>종목구분</td>
<td>•보통주와 우선주는 별개종목으로 보고 회계처리함
•유상신주는 신·구주가 구분되어 거래되는 기간동안은 별개종목으로 분류함.
　➡단, 회계연도종료로 신·구주 구분이 없어지면 동일 종목으로 취급</td>
</tr>
<tr>
<td>주식배당</td>
<td>•무상증자·주식배당의 경우는 신·구주 종류에 불구하고 주식수 비례에 따라 구주의
　장부금액을 안분하여 산정 ➡∴주식수증가, 평균단가만 하락</td>
</tr>
<tr>
<td rowspan="2">채무상품</td>
<td colspan="2">•이자지급일사이에 취득한 경우에는 경과이자는 취득원가에서 제외하여 미수이자로 계상하며,
　보유기간 해당분만 이자수익으로 인식함. ➡∴취득원가=구입가−경과이자</td>
</tr>
<tr>
<td colspan="2">
취득시점 (차) FVPL금융자산　100,000 (대) 현금　　　　106,000
　　　　　　미수이자　　　　6,000
이자수령 (차) 현금　　　　　12,000 (대) 미수이자　　　6,000
　　　　　　　　　　　　　　　　　　이자수익　　　6,000</td>
</tr>
<tr>
<td rowspan="3">평가</td>
<td>평가손익</td>
<td colspan="2">•공정가치와 장부금액의 차액을 당기손익 처리함.</td>
</tr>
<tr>
<td rowspan="2">회계처리</td>
<td colspan="2">•평가손익을 FVPL금융자산에서 직접 가감함.</td>
</tr>
<tr>
<td colspan="2">평가이익 (차) FVPL금융자산　　　　xxx (대) FVPL금융자산평가이익　xxx

　주의 ∴'장부금액=전기말공정가치'가 되며, 채무상품은 할인·할증상각이 없음.</td>
</tr>
<tr>
<td rowspan="8">처분</td>
<td>처분손익</td>
<td colspan="2">•처분금액(매각대금−거래원가) − 장부금액</td>
</tr>
<tr>
<td>이자수익</td>
<td colspan="2">•채무상품을 이자지급일 사이에 처분시 경과이자분은 처분손익에 포함치 않음.
　➡즉, 경과이자는 이자수익으로 우선 인식함.</td>
</tr>
<tr>
<td colspan="3">◤사례 FVPL금융자산 회계처리</td>
</tr>
<tr>
<td colspan="3">❂ 5/1 FVPL금융자산인 액면 ₩100,000(12%) 사채를 공정가치에 경과이자 포함하여 ₩110,000에 취득.
　　수수료로 ₩1,000 별도 지출함. 이자는 6/30과 12/31 지급. 6/30에 반년치 이자를 현금으로 수령. 11/1
　　사채 50%를 경과이자 포함하여 ₩50,000에 처분. 12/31 보유분 공정가치는 ₩52,000이다.</td>
</tr>
<tr>
<td colspan="3">풀이</td>
</tr>
<tr>
<td colspan="3">

5/1	(차) FVPL금융자산 106,000 (대) 현금 110,000 　　　미수이자　　　　4,000[1)] (차) 지급수수료　　　1,000 (대) 현금 1,000	[1)] 100,000×12%×4/12=4,000
6/30	(차) 현금　6,000[2)] (대) 미수이자　4,000 　　　　　　　　　　　　이자수익　2,000	[2)] 100,000×12%×6/12=6,000
11/1	(차) 현금　2,000[3)] (대) 이자수익　2,000 (차) 현금　48,000 (대) FVPL금융자산 53,000[4)] 　　　처분손실 5,000	[3)] 100,000×12%×4/12×50%=2,000 [4)] 106,000×50%=53,000
12/31	(차) 현금　3,000[5)] (대) 이자수익　3,000 (차) 평가손실 1,000 (대) FVPL금융자산 1,000[6)]	[5)] 100,000×12%×6/12×50%=3,000 [6)] 53,000−52,000=1,000

</td>
</tr>
</table>

객관식 확인학습 **이론적용연습**

1. ㈜국세는 20x1년 7월 1일에 동 일자로 발행된 ㈜대한의 사채(액면금액 ₩200,000, 3년 만기, 이자는 매년 6월 말과 12월 말에 지급)를 단기매매차익을 얻기 위하여 공정가치인 ₩190,173에 취득하였다. 동 사채의 액면이자율은 연 10%, 시장이자율은 연 12%이다. 동 사채의 20x1년 말 이자지급 후 공정가치는 ₩195,000이다. ㈜국세가 동 사채 취득 및 보유로 인해 20x1년도에 인식할 당기이익은 얼마인가? (단, 사채취득과 관련한 거래비용은 없으며, 사채이자는 월수를 기준으로 계산한다. 또한 계산금액은 소수점 첫째자리에서 반올림하며, 이 경우 단수차이로 인해 약간의 오차가 있으면 가장 근사치를 선택한다.)

① ₩12,827   ② ₩14,827   ③ ₩16,827
④ ₩24,827   ⑤ ₩28,827

내비게이션

• 단기매매항목인 경우는 지분상품·채무상품 모두 FVPL금융자산으로 분류한다. 한편, 지분상품은 조건(㉠ 단기매매항목이 아닐 것 ㉡ 조건부대가가 아닐 것)을 충족하여 FVOCI금융자산으로 선택하지 않는 한 모두 FVPL금융자산으로 분류한다.

• 이익 : 이자수익(200,000x10%x6/12)+평가이익(195,000-190,173)=14,827

• [20x1년 7월 1일 회계처리]
  (차) FVPL금융자산   190,173   (대) 현금   190,173
  [20x1년 12월 31일 회계처리]
  (차) 현금   10,000   (대) 이자수익   10,000
  (차) FVPL금융자산   4,827   (대) 금융자산평가이익   4,827

2. 다음은 ㈜합격의 당기손익-공정가치측정 금융자산으로 분류된 주식에 대한 20x1년의 자료이다. 동 거래가 20x1년 손익에 미친 영향은?

(1) 10월 30일 공정가치가 ₩7,000인 ㈜적중의 주식을 ₩7,500에 취득하였으며, 취득과 관련하여 거래수수료 ₩250을 지출하였다.
(2) 11월 15일 ㈜합격은 ㈜적중의 주식 중 40%를 ₩4,000에 처분하였다.
(3) 20x1년 12월 31일 ㈜적중 주식의 공정가치는 ₩4,500이다.

① ₩750   ② ₩1,000   ③ ₩1,200
④ ₩1,250   ⑤ ₩1,500

내비게이션

• 취득손실(7,000-7,500=△500)+지급수수료(△250)+처분이익(4,000-7,000x40%=1,200)+평가이익(4,500,-7,000x60%=300)=750

3. 다음의 당기손익-공정가치측정 금융자산 거래가 모두 동일한 회계기간 중에 발생한 것이라면, 이로 인하여 포괄손익계산서에 미치는 영향은 얼마인가?

(1) 보유중인 장부금액 ₩6,600,000의 A주식(1,000주, @₩5,000)에 대하여 10%의 배당을 현금으로 수령하였다.
(2) 상기의 A주식에 대하여 주식배당을 수취하였다. 수취한 주식수는 보유중인 A주식의 10%이며, 동 주식에 부여되는 모든 권리는 기존주식에 대한 것과 같다. 또한 주식배당 수취일의 A주식 시장가치는 주당 ₩6,800이다.
(3) A주식의 1/2을 주당 ₩7,000에 현금처분하였다.(단가산정은 이동평균법 적용)

① ₩1,030,000   ② ₩1,050,000   ③ ₩1,190,000
④ ₩1,201,000   ⑤ ₩1,210,000

내비게이션

• (1) 배당금수익 : (1,000주x@5,000)x10%=500,000
• (2) 주식배당 100주에 대하여는 회계처리가 없으며 단가만 변동한다.
  → 단가: $\frac{6,600,000}{1,000주+100주}$ =@6,000
• (3) 처분이익 : (550주x@7,000)-(550주x@6,000)=550,000
∴500,000(배당금수익)+550,000(처분이익)=1,050,000

4. ㈜합격은 20x1년 4월초에 액면 ₩1,000,000, 표시이자율 12%(연도말후급) 만기는 20x3년말인 사채를 단기매매차익을 얻기 위하여 공정가치에 발생이자를 포함하여 ₩980,000에 취득하였다. 20x1년 9월말 그 중 50%를 발생이자를 포함하여₩540,000에 처분한 경우 기중에 계상할 처분이익과 이자수익의 합계금액은?

① ₩20,000   ② ₩50,000   ③ ₩65,000
④ ₩75,000   ⑤ ₩95,000

내비게이션

• (차) FVPL금융자산   950,000   (대) 현금   980,000
      미수이자   30,000
• (차) 현금   45,000   (대) 미수이자   15,000
                 이자수익   30,000
  (차) 현금   495,000   (대) FVPL금융자산   475,000
                       처분이익   20,000
• (차) 현금   60,000   (대) 미수이자   15,000
                 이자수익   45,000
∴30,000(이자수익)+20,000(처분이익)+45,000(이자수익)=95,000

제1편 Mainplot [주요논제]

제2편 Subplot [특수논제]

합본부록1 기출유형별 필수문제

합본부록2 실전적중모의고사

이론과기출 제143강 ○─ FVOCI금융자산(지분상품)

평가·처분	평가손익	자본처리	•공정가치와 장부금액의 차액 : 기타포괄손익(자본)으로 처리함. ·주의 평가이익과 평가손실은 발생시 상계하여 표시함.

평가손익	재분류 불가	•평가손익은 후속적으로 당기손익으로 재분류하지 않음.(재순환 불가) ➡ 즉, 다른 자본계정(이익잉여금)으로 대체는 가능함. ·비교 FVOCI금융자산(채무상품)의 평가손익은 제거시 당기손익으로 재분류함.

처분손익	선평가	•처분시 공정가치(=순처분금액)로 먼저 평가하여 평가손익을 인식함.

처분손익	처분손익 인식불가	•처분손익을 인식하지 않음. ·예시 장부금액 ₩90, 처분금액(=공정가치) ₩100인 경우

선평가	(차) FVOCI금융자산	10	(대) 평가이익	10
처 분	(차) 현금	100	(대) FVOCI금융자산	100

·보론 ① 재무상태표상 FVOCI금융자산평가손익 : 당 회계기간까지의 누적액을 의미함.
　　　② 포괄손익계산서상 FVOCI금융자산평가손익 : 당 회계기간분만을 의미함.
·주의 FVOCI금융자산(지분상품) : 손상차손을 인식하는 대상자산이 아님.

▶사례 FVOCI금융자산(지분상품) 회계처리

❖ ㈜합격은 20x1년 1월 1일 단기매매 이외의 목적으로 ㈜적중의 주식을 ₩237,500에 취득하고 이를 기타
포괄손익-공정가치측정금융자산으로 분류하였다. 관련 자료가 다음과 같을 때 회계처리는?

(1) ㈜합격은 20x1년 1월 1일 ㈜적중의 주식을 취득시에 거래원가로 ₩12,500을 지출하였다.
(2) 각 보고기간말의 공정가치는 다음과 같다.

구분	20x1년 12월 31일	20x2년 12월 31일
공정가치	₩175,000	₩275,000

(3) 20x3년 8월 12일 ㈜합격은 보유중인 ㈜적중의 주식 전부를 ₩375,000에 처분하였으며 처분과
관련하여 부대비용 ₩5,000을 지급하였고, 동 주식과 관련된 평가손익을 이익잉여금으로 대체하였다.

세부고찰

•일자별 회계처리

20x1년 01월 01일	(차) FVOCI금융자산	250,000	(대) 현금	237,500
			현금	12,500
20x1년 12월 31일	(차) 평가손실	75,000	(대) FVOCI금융자산	75,000[1]
20x2년 12월 31일	(차) FVOCI금융자산	100,000[2]	(대) 평가손실	75,000
			평가이익	25,000
20x3년 08월 12일	(차) FVOCI금융자산	95,000[3]	(대) 평가이익	95,000
	(차) 현금	370,000	(대) FVOCI금융자산	370,000
	(차) 평가이익	120,000	(대) 미처분이익잉여금	120,000

[1]175,000−250,000=△75,000(평가손실)
[2]275,000−175,000=100,000(평가이익)
[3](375,000−5,000)−275,000=95,000(평가이익)

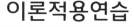

객관식 확인학습　　이론적용연습

1. 다음은 ㈜대한의 금융자산과 관련된 자료이다. 이와 관련하여 ㈜대한이 20x2년에 인식할 손상차손과 20x4년에 인식할 처분손익은 각각 얼마인가?

(1) ㈜대한은 20x1년 6월 30일 상장법인 ㈜민국의 보통주 200주를 1주당 ₩6,000에 취득하여 공정가치로 평가하고 그 평가손익을 기타포괄손익으로 인식하기로 결정하였다.
(2) 20x1년말 ㈜민국 보통주의 주당 공정가치는 ₩7,000이었다.
(3) ㈜민국은 20x2년 12월 중 주거래은행으로부터 당좌거래 정지처분을 받았으며, 20x2년말 현재 ㈜민국의 보통주 공정가치는 주당 ₩4,000이었다. 이는 손상차손 인식사유에 해당한다.
(4) ㈜민국은 20x3년에 구조조정으로 유동성 문제를 해결하였으며, ㈜민국 보통주의 주당 공정가치는 20x3년말 현재 ₩8,000으로 회복되었다.
(5) 20x4년에 ㈜대한은 보유중인 ㈜민국의 보통주 100주를 주당 ₩6,000에 처분하였다.

	20x2년 손상차손	20x4년 처분손익
①	₩400,000	₩400,000 손실
②	₩400,000	₩200,000 손실
③	₩600,000	₩400,000 이익
④	₩600,000	₩200,000 이익
⑤	₩0	₩0

낵비게이션

• FVOCI금융자산(지분상품)은 손상차손과 처분손익을 인식하지 않는다.

• [20x1년 6월 30일 회계처리]
(차) FVOCI금융자산　1,200,000　(대) 현금　　　　　1,200,000
[20x1년 12월 31일 회계처리]
(차) FVOCI금융자산　200,000　(대) 평가이익　　　　200,000
[20x2년 12월 31일 회계처리]
(차) 평가이익　　　　200,000　(대) FVOCI금융자산　600,000
　　평가손실　　　　400,000
[20x3년 12월 31일 회계처리]
(차) FVOCI금융자산　800,000　(대) 평가손실　　　　400,000
　　　　　　　　　　　　　　　　　평가이익　　　　400,000

[20x4년 처분시 회계처리]
(차) 평가이익　　　　200,000　(대) FVOCI금융자산　200,000
(차) 현금　　　　　　600,000　(대) FVOCI금융자산　600,000

2. ㈜한국은 20x3년 10월 7일 상장회사인 ㈜대한의 보통주식을 ₩3,000,000에 취득하고, 취득에 따른 거래비용 ₩30,000을 지급하였다. 20x3년 말 ㈜대한의 보통주식 공정가치는 ₩3,500,000이었다. ㈜한국은 20x4년 1월 20일 ㈜대한의 보통주식을 ₩3,400,000에 매도하였으며, 매도와 관련하여 부대비용 ₩50,000을 지급하였다. ㈜대한의 보통주식을 당기손익-공정가치측정금융자산 혹은 기타포괄손익-공정가치측정금융자산으로 분류한 경우, ㈜한국의 회계처리에 관한 설명으로 옳은 것은?

① 당기손익-공정가치측정금융자산으로 분류시와 기타포괄손익-공정가치측정금융자산으로 분류시 취득원가는 동일하다.
② 기타포괄손익-공정가치측정금융자산으로 분류한 경우나 당기손익-공정가치측정금융자산으로 분류한 경우 20x3년 말 공정가치 변화가 당기손익에 미치는 영향은 동일하다.
③ 당기손익-공정가치측정금융자산으로 분류한 경우 20x4년 처분손실은 ₩200,000이다.
④ 당기손익-공정가치측정금융자산으로 분류한 경우나 기타포괄손익-공정가치측정금융자산으로 분류한 경우 20x3년 총포괄이익은 동일하다.
⑤ 기타포괄손익-공정가치측정금융자산으로 분류한 경우 20x4년 처분이익은 ₩320,000이다.

낵비게이션

• FVPL금융자산으로 분류한 경우

20x3.10.7	(차) FVPL	3,000,000	(대) 현금	3,000,000
	(차) 지급수수료	30,000	(대) 현금	30,000
20x3.12.31	(차) FVPL	500,000	(대) 평가이익(당)	500,000
20x4.1.20	(차) 현금	3,350,000	(대) FVPL	3,500,000
	처분손실	150,000		

• FVOCI금융자산으로 분류한 경우

20x3.10.7	(차) FVOCI	3,030,000	(대) 현금	3,000,000
			현금	30,000
20x3.12.31	(차) FVOCI	470,000	(대) 평가이익(기)	470,000
20x4.1.20	(차) 평가이익	150,000	(대) FVOCI	150,000
	(차) 현금	3,350,000	(대) FVOCI	3,350,000

*20x3년 총포괄이익에 미치는 효과는 양자 모두 동일하다.
– FVPL금융자산 : 500,000(평가이익)–30,000(지급수수료)=470,000
– FVOCI금융자산 : 470,000(평가이익)

시험중요도 ★★★

이론과기출 제144강 ○ AC금융자산(채무상품) : 신용위험

❖ 유효이자율법을 적용하여 상각후원가로 측정(평가손익을 인식하지 않음.)

보론 총장부금액 : 손실충당금 등을 조정(차감)하기 전 원래의 상각후원가

<table>
<tr><td rowspan="10">평가·처분</td><td rowspan="2">이자수익</td><td>산식</td><td colspan="2">□ 이자수익=총장부금액(손상전 상각후원가)x최초유효이자율</td></tr>
<tr><td colspan="3">➡손실충당금 인식후에도 신용이 손상되기 전까지는 총장부금액에 유효이자율을 적용함.</td></tr>
<tr><td rowspan="4">기대
신용손실
[손실충당금]</td><td colspan="3">•신용이 손상되지 않은 경우에도 손상차손(당기손익)과 손실충당금(자산차감)을 인식함.</td></tr>
<tr><td colspan="3">•전기 손실충당금이 있는 경우 당기말 손실충당금과의 차액을 손상차손(환입)으로 인식함.</td></tr>
<tr><td rowspan="2">신용손상X</td><td>신용위험 유의적증가O</td><td>•전체기간 기대신용손실을 손실충당금으로 인식</td></tr>
<tr><td>신용위험 유의적증가X</td><td>•12개월 기대신용손실을 손실충당금으로 인식</td></tr>
<tr><td rowspan="4">처분손익</td><td colspan="3">•처분금액과 순장부금액(=총장부금액－손실충당금)의 차액을 처분손익으로 인식함.</td></tr>
<tr><td colspan="3">➡단, 처분일까지 미수이자는 이자수익으로 우선 인식함.</td></tr>
<tr><td colspan="3">(차) 현금(미수이자제외)　　　　xxx　　　(대) AC금융자산　　　　xxx</td></tr>
<tr><td colspan="3">　　손실충당금　　　　　　　　xxx　　　　　처분이익　　　　　　xxx</td></tr>
</table>

 사례 AC금융자산 신용위험의 회계처리

❂ 20x1년초 액면 ₩1,000,000, 3년 만기 사채를 ₩951,963에 취득하고 상각후원가측정금융자산으로 분류함. 취득시 유효이자율은 12%, 표시이자율 10%(연말후급)로 표시이자는 매년말 정상수령함. 20x1년말 사채의 신용위험은 유의적으로 증가하지 않았다고 판단하였으며 12개월 기대신용손실을 ₩7,175로 추정하였고, 20x2년말 사채의 신용위험은 유의적으로 증가하였다고 판단하였으며 전체기간 기대신용손실을 ₩18,750으로 추정하였다.

풀이

세부고찰

• **[물음1]** 매년말 회계처리?

<table>
<tr><td rowspan="2">20x1년 12월 31일</td><td colspan="2">(차) 현금</td><td>100,000</td><td>(대) 이자수익</td><td>114,236[1]</td></tr>
<tr><td colspan="2">　　AC금융자산</td><td>14,236</td><td></td><td></td></tr>
<tr><td></td><td colspan="2">(차) 손상차손</td><td>7,175</td><td>(대) 손실충당금</td><td>7,175</td></tr>
<tr><td rowspan="2">20x2년 12월 31일</td><td colspan="2">(차) 현금</td><td>100,000</td><td>(대) 이자수익</td><td>115,944</td></tr>
<tr><td colspan="2">　　AC금융자산</td><td>15,944</td><td></td><td></td></tr>
<tr><td></td><td colspan="2">(차) 손상차손</td><td>11,575</td><td>(대) 손실충당금</td><td>11,575[2]</td></tr>
<tr><td rowspan="4">20x3년 12월 31일</td><td colspan="2">(차) 현금</td><td>100,000</td><td>(대) 이자수익</td><td>117,857</td></tr>
<tr><td colspan="2">　　AC금융자산</td><td>17,857</td><td></td><td></td></tr>
<tr><td colspan="2">(차) 현금</td><td>1,000,000</td><td>(대) AC금융자산</td><td>1,000,000</td></tr>
<tr><td colspan="2">(차) 손실충당금</td><td>18,750</td><td>(대) 손상차손환입</td><td>18,750</td></tr>
</table>

[1] 951,963x12%=114,236 [2] 18,750(당기)－7,175(전기)=11,575

• **[물음2]** 20x3년말 표시이자 ₩30,000 미회수시 회계처리?

<table>
<tr><td rowspan="5">20x3년 12월 31일</td><td colspan="2">(차) 현금</td><td>70,000</td><td>(대) 이자수익</td><td>117,857</td></tr>
<tr><td colspan="2">　　AC금융자산</td><td>17,857</td><td></td><td></td></tr>
<tr><td colspan="2">　　손실충당금</td><td>18,750</td><td></td><td></td></tr>
<tr><td colspan="2">　　손상차손</td><td>11,250</td><td></td><td></td></tr>
<tr><td colspan="2">(차) 현금</td><td>1,000,000</td><td>(대) AC금융자산</td><td>1,000,000</td></tr>
</table>

• **[물음3]** 20x3년초 ₩990,000에 처분시 회계처리?

<table>
<tr><td rowspan="2">20x3년 01월 01일</td><td colspan="2">(차) 현금</td><td>990,000</td><td>(대) AC금융자산</td><td>982,143</td></tr>
<tr><td colspan="2">　　손실충당금</td><td>18,750</td><td>　　처분이익</td><td>26,607</td></tr>
</table>

객관식 확인학습 ⊂ 이론적용연습

1. ㈜세무는 ㈜한국이 발행한 다음의 사채를 상각후원가
측정금융자산으로 분류하였고 20x1년 10월 1일에 취득
하였다.

> (1) 액면금액 : ₩1,000,000, 발행일 : 20x1.7.1
> (2) 표시이자율 : 연 8%, 만기일 : 20x4.6.30
> (3) 발행일 유효이자율 : 연 10%
> (4) 이자지급일 : 매년 6월 30일

사채의 취득금액에는 경과이자가 포함되어 있으며, 사
채 취득시점의 유효이자율은 연 8%이다. 20x1년말 사
채의 신용위험은 유의적으로 증가하지 않았다고 판단
하였으며 12개월 기대신용손실을 ₩50,000으로 추정
하였다. 동 거래와 관련하여 ㈜세무가 20x1년에 인식
할 이자수익 금액과 20x1년말 인식할 금융자산 장부금
액의 합계액은?(단, 이자는 월할계산한다.)

① ₩970,000 　② ₩990,000 　③ ₩1,010,000
④ ₩1,020,000 　⑤ ₩1,040,000

내비게이션

• 20x1.7.1 현재가치 : 1,000,000
→'표시이자율=실제발행일(취득일)유효이자율'이므로 액면발행
• [20x1년 10월 1일 회계처리]
(차) AC금융자산 1,000,000 (대) 현금 1,020,000
　　 미수이자 20,000
[20x1년 12월 31일 회계처리]
(차) 미수이자 20,000 (대) 이자수익 20,000
(차) 손상차손 50,000 (대) 손실충당금 50,000
∴이자수익(20,000)+장부금액(1,000,000-50,000)=970,000

2. ㈜합격은 20x1년초에 액면 ₩1,000,000, 3년 만기
사채를 공정가치인 ₩951,963에 취득하고 상각후원가
측정금융자산으로 분류하였다. 관련 자료가 다음과 같
을 때 동 사채의 거래가 20x2년도 당기손익에 미친 영
향을 구하면 얼마인가?

> (1) 동 사채의 취득당시 사채에 적용된 유효이자율은 12%이
> 며, 표시이자율 10%로 매년말 후급조건이다.
> (2) 20x1년말에 표시이자 ₩100,000은 정상적으로 수령하였
> 다. 하지만 신용위험이 발생하였으며 해당 위험이 유의적으
> 로 증가하지는 않았다. 기대신용손실을 추정한 결과 12
> 개월 기대신용손실은 ₩7,175이며 전체기간 기대신용손실
> 은 ₩9,566이다.
> (3) 20x2년말에 표시이자 ₩100,000은 정상적으로 수령하였
> 다. 하지만 신용위험이 유의적으로 증가하였다. 기대신용손
> 실을 추정한 결과 전체기간 기대신용손실은 ₩2,679이다.

① ₩111,448 　② ₩113,265 　③ ₩115,944
④ ₩119,255 　⑤ ₩120,440

내비게이션

• 20x1년 상각액 : 951,963x12%-100,000=14,236
• 20x2년 이자수익 : (951,963+14,236)x12%=115,944
• 20x2년 손상차손환입 : 7,175-2,679=4,496
∴이자수익(115,944)+손상차손환입(4,496)=120,440

3. ㈜합격은 20x1년초에 액면 ₩500,000(발행일 :
20x1년초)인 다음의 사채를 공정가치인 ₩475,990에
취득하고 상각후원가측정금융자산으로 분류하였다.

> (1) 표시이자율 : 연 10%, 매년말 이자지급
> (2) 발행일 유효이자율 : 연 12%, 만기일 : 20x3.12.31

20x1년말 신용위험은 유의적으로 증가하지 않았으며 12
개월 기대신용손실을 ₩3,000으로 추정하였고, 20x2년
말 신용위험이 유의적으로 증가하였고 전체기간 기대신
용손실을 ₩5,000으로 추정하였다. 한편, 20x3년 7월 1일
동 사채를 ₩500,000(경과이자포함)에 매각하였다.
20x3년 당기순이익에 미친 영향은 얼마인가?

① ₩13,918 　② ₩15,547 　③ ₩29,465
④ ₩45,012 　⑤ ₩50,012

내비게이션

• [20x1년 1월 1일 회계처리]
(차) AC금융자산 475,990 (대) 현금 475,990
[20x1년 12월 31일 회계처리]
(차) 현금 50,000 (대) 이자수익 57,119[1]
　　 AC금융자산 7,119
(차) 손상차손 3,000 (대) 손실충당금 3,000
[20x2년 12월 31일 회계처리]
(차) 현금 50,000 (대) 이자수익 57,973[2]
　　 AC금융자산 7,973
(차) 손상차손 2,000 (대) 손실충당금 2,000[3]
[20x3년 7월 1일 회계처리]
(차) 미수이자 25,000 (대) 이자수익 29,465[4]
　　 AC금융자산 4,465
(차) 현금 500,000 (대) AC금융자산 495,547
　　 손실충당금 5,000 　　 미수이자 25,000
　　 처분손실 15,547

[1]475,990x12%=57,119
[2](475,990+7,119)x12%=57,973
[3]5,000-3,000(전기잔액)=2,000
[4](475,990+7,119+7,973)x12%x6/12=29,465
∴이자수익(29,465)-처분손실(15,547)=13,918

이론과기출 제145강 ◯ AC금융자산(채무상품) : 신용손상

회계처리	이자수익	산식	□ 손상이전 이자수익 = 총장부금액×최초유효이자율
			□ 손상이후 이자수익 = 전기회수가능액×최초유효이자율
	신용손상 [손실충당금]	산식	□ 기대신용손실 = 총장부금액 − 회수가능액
		➡회수가능액 : 추정미래현금흐름을 최초유효이자율로 할인한 현재가치
		예시 기설정 신용위험 손실충당금 ₩100, 신용손상 기대신용손실 계산액 ₩1,000 →회계처리 : (차) 손상차손(당기손익) 900 (대) 손실충당금 1,000−100=900
	변동·환입	•신용손상후 기대신용손실이 변동한 경우에는 동 변동액을 손상차손(환입)으로 인식함.

사례 ⬩ AC금융자산 신용손상의 회계처리 ◀

❖ 20x1년초 액면 ₩100,000, 4년 만기 사채를 ₩87,318에 취득하고 상각후원가측정금융자산으로 분류함. 취득시 유효이자율은 10%, 표시이자율 6%(연말후급). 20x1년말에 수령할 표시이자 ₩6,000은 전액 수령함. 20x1년말 사채의 신용위험은 유의적으로 증가하지 않아 12개월 기대신용손실을 ₩1,000으로 추정함. 20x2년말 신용손상이 발생하였으며 20x2년말 수령할 표시이자 ₩6,000은 전액 수령함. 20x3년 중 신용손상이 회복되었으며 20x3년말 수령 예측한 표시이자 ₩3,000은 전액 수령함.
  − 10%, 1기간 현가계수와 연금현가계수는 각각 0.9091, 0.9091
  − 10%, 2기간 현가계수와 연금현가계수는 각각 0.8264, 1.7355

| | 20x2년말 추정현금흐름 | | | 20x3년말 추정현금흐름 |
	20x3년말	20x4년말		20x4년말
액면금액	–	₩60,000	액면금액	₩80,000
표시이자	₩3,000	₩3,000	표시이자	₩4,000

•[물음1] 20x1년말 회계처리?

20x1년 12월 31일	(차) 현금	6,000	(대) 이자수익	8,732[1]
	AC금융자산	2,732		
	(차) 손상차손	1,000	(대) 손실충당금	1,000

[1] 87,318×10%=8,732

•[물음2] 20x2년말 회계처리?
  − 총장부금액 : 87,318+2,732+3,005=93,055, 회수가능액 : 60,000×0.8264+3,000×1.7355=54,791
  − 기대신용손실 : 93,055−54,791=38,264, 손실충당금계상액 : 38,264−1,000=37,264

20x2년 12월 31일	(차) 현금	6,000	(대) 이자수익	9,005[2]
	AC금융자산	3,005		
	(차) 손상차손	37,264	(대) 손실충당금	37,264

[2] (87,318+2,732)×10%=9,005

•[물음3] 20x3년말 회계처리?
  − 총장부금액 : 87,318+2,732+3,005+2,479=95,534, 회수가능액 : 80,000×0.9091+4,000×0.9091=76,364
  − 기대신용손실 : 95,534−76,364=19,170, 환입액 : 38,264−19,170=19,094

20x3년 12월 31일	(차) 현금	3,000	(대) 이자수익	5,479[3]
	AC금융자산	2,479		
	(차) 손실충당금	19,094	(대) 손상차손환입	19,094

[3] 54,791(전기회수가능액)×10%=5,479

세부고찰

객관식 확인학습 　　이론적용연습

1. ㈜합격은 20x1년초 ㈜적중이 발행한 다음의 사채를 공정가치인 ₩90,394에 취득하고 상각후원가측정금융자산으로 분류하였다.

> (1) 액면금액 : ₩100,000, 발행일 : 20x1.1.1
> (2) 표시이자율 : 연 8%, 만기일 : 20x3.12.31
> (3) 이자지급일 : 매년 말 후급
> (4) ㈜합격은 사채의 취득과 관련하여 거래원가 ₩4,630을 지출하였으며 이를 고려한 유효이자율은 10%이다.

20x1년말 사채의 신용위험은 유의적으로 증가하지 않은 것으로 판단하였으며 12개월 기대신용손실은 ₩3,000, 전체기간 기대신용손실은 ₩4,000으로 추정하였다. 20x2년말 표시이자는 정상적으로 회수하였으나 20x2년말 신용이 손상되어 20x3년말 이자회수는 불가능하고 20x3년말 액면금액만 회수할 것으로 추정하였다. 20x2년말 현재 시장이자율이 12%일 때 ㈜합격의 20x2년도 당기순이익에 미치는 영향은 얼마인가?

① ₩1,653　　② ₩4,269　　③ ₩5,384
④ ₩7,269　　⑤ ₩9,653

냅비게이션

• [20x1년 1월 1일 회계처리]
(차) AC금융자산 95,024 (대) 사채 95,024
[20x1년 12월 31일 회계처리]
(차) 현금 8,000 (대) 이자수익 9,502[1]
　　AC금융자산 1,502
(차) 손상차손 3,000 (대) 손실충당금 3,000
[20x2년 12월 31일 회계처리]
(차) 현금 8,000 (대) 이자수익 9,653[2]
　　AC금융자산 1,653
(차) 손상차손 4,269 (대) 손실충당금 4,269[3]

[1] 95,024x10%=9,502
[2] (95,024+1,502)x10%=9,653
[3] 총장부금액 : 95,024+1,502+1,653=98,178,
추정CF현가 : 100,000/1.1=90,909
기대신용손실 : 98,178-90,909=7,269
손실충당금계상액 : 7,269-3,000=4,269
∴이자수익(9,653)-손상차손(4,269)=5,384

2. ㈜대한은 ㈜민국이 다음과 같이 발행한 사채를 20x1년 1월 1일에 취득하고 상각후원가로 측정하는 금융자산으로 분류하였다.

> (1) 발행일 : 20x1년 1월 1일
> (2) 액면금액 : ₩1,000,000
> (3) 이자지급 : 연 8%를 매년 12월 31일에 지급
> (4) 만기일 : 20x3년 12월 31일(일시상환)
> (5) 사채발행 시점의 유효이자율 : 연 10%

20x1년말 위 금융자산의 이자는 정상적으로 수취하였으나, ㈜민국의 신용이 손상되어 ㈜대한은 향후 이자는 수령하지 못하며 만기일에 액면금액만 수취할 것으로 추정하였다. 20x1년도 ㈜대한이 동 금융자산의 손상차손으로 인식할 금액(A)과 손상차손 인식 후 20x2년도에 이자수익으로 인식할 금액(B)은 각각 얼마인가? 단, 20x1년말 현재 시장이자율은 연 12%이며, 단수차이로 인해 오차가 있다면 가장 근사치를 선택한다.

기간	단일금액 ₩1의 현재가치		정상연금 ₩1의 현재가치	
	10%	12%	10%	12%
1년	0.9091	0.8928	0.9091	0.8928
2년	0.8264	0.7972	1.7355	1.6900
3년	0.7513	0.7118	2.4868	2.4018

	20x1년도 손상차손(A)	20x2년도 이자수익(B)
①	₩168,068	₩82,640
②	₩168,068	₩95,664
③	₩138,868	₩82,640
④	₩138,868	₩95,664
⑤	₩138,868	₩115,832

냅비게이션

• 20x1년초 현가 : 1,000,000x8%x2.4868+1,000,000x0.7513=950,244
• 20x1년말 총장부금액 : 950,244+(950,244x10%-80,000)=965,268
• 20x1년말 회수가능액 : 1,000,000x0.8264=826,400
• 20x1년말 손상차손 : 965,268-826,400=138,868
• 20x1년말 이자수익 : 826,400x10%=82,640

서술형Correction연습

☐ 금융자산은 최초인식시에 공정가치로 측정하며, 취득과 직접 관련하여 발생하는 거래원가는 최초인식하는 공정가치에 가산한다.

➡ (X) : FVPL금융자산의 거래원가는 당기비용 처리한다.

이론과기출 제146강 ○ FVOCI금융자산(채무상품) : 신용위험

평가·처분	이자수익	산식	❏ 이자수익=총장부금액(손상및평가전 상각후원가)x최초유효이자율
		➡신용이 손상되기 전까지는 총장부금액에 유효이자율을 적용함.	

	평가손익	산식	❏ 최초평가시 평가손익=당기공정가치-총장부금액
			❏ 최초평가후 평가손익=당기공정가치-(전기공정가치+상각액)

•평가손익(발생시 상계)은 기타포괄손익 처리하며, 자산 제거시 당기손익으로 재분류함.
> **비교** FVOCI금융자산(지분상품)의 평가손익은 당기손익으로 재분류하지 않음.

기대 신용손실 [평가손익]	•신용이 손상되지 않은 경우에도 손상차손(당기손익)과 평가손익(기타포괄손익)을 인식함. **비교** AC금융자산 : 손상차손(당기손익)과 손실충당금(자산차감)을 인식함. •전기말 기대신용손실과의 차액을 손상차손(환입)으로 인식함.

❖처분은 평가손익의 당기손익(처분손익) 재분류를 제외하고 AC금융자산과 동일함.

처분손익	•처분시 공정가치(=순처분금액)로 먼저 선평가하여 평가손익(기타포괄손익)을 인식함.

선평가	(차) FVOCI금융자산	xxx	(대) 평가이익(기타포괄손익)	xxx
처분	(차) 현금	xxx	(대) FVOCI금융자산	xxx
재분류	(차) 평가이익(기타포괄손익누계)	xxx	(대) 처분이익	xxx

✍사례 FVOCI금융자산(채무상품) 회계처리

❂ 20x1년초 액면 ₩100,000, 4년 만기 사채를 ₩87,318에 취득하고 기타포괄손익-공정가치측정금융자산으로 분류함. 취득시 유효이자율은 10%, 표시이자율 6%(연말후급). 20x1년말 표시이자는 전액수령함. 20x1년말 사채의 신용위험은 유의적으로 증가하지 않았고 12개월 기대신용손실을 ₩300으로 추정하였으며 공정가치는 ₩94,000임. 20x2년말 표시이자는 전액수령함. 20x2년말 사채의 신용위험은 유의적으로 증가하였고 전체기간 기대신용손실을 ₩1,000으로 추정하였으며 공정가치는 ₩86,000임. 20x3년말 표시이자 전액수령후 사채 전부를 ₩98,000에 처분함. 매년도말 회계처리?

✍풀이

세부고찰

•매년말 회계처리

20x1년 12월 31일	(차) 현금 　　FVOCI금융자산	6,000 2,732	(대) 이자수익	8,732[1]	
	(차) FVOCI금융자산	3,950	(대) 평가이익	3,950[2]	
	(차) 손상차손	300	(대) 평가이익	300	
20x2년 12월 31일	(차) 현금 　　FVOCI금융자산	6,000 3,005	(대) 이자수익	9,005[3]	
	(차) 평가이익 　　평가손실	4,250[4] 6,755[4]	(대) FVOCI금융자산	11,005	
	(차) 손상차손	700	(대) 평가손실	700	
20x3년 12월 31일	(차) 현금 　　FVOCI금융자산	6,000 3,306	(대) 이자수익	9,306[5]	
	(차) FVOCI금융자산	8,694	(대) 평가손실 　　평가이익	6,055[6] 2,639[6]	
	(차) 현금	98,000	(대) FVOCI금융자산	98,000	
	(차) 평가이익	2,639	(대) 처분이익	2,639	

[1] 87,318x10%=8,732　　[2] 94,000-(87,318+2,732)=3,950　　[3] (87,318+2,732)x10%=9,005

[4] 86,000-(94,000+3,005)=△11,005　　[5] (87,318+2,732+3,005)x10%=9,306

[6] 98,000-(86,000+3,306)=8,694

객관식 확인학습  이론적용연습

1. ㈜민진은 20x1년 7월 1일에 ㈜필승이 발행한 액면금액이 ₩1,000,000이고, 표시이자율이 연 8%(매년 6월 30일에 지급)인 사채를 ₩940,000에 취득하였다. 그러나 활성시장의 공시가격에 의해 입증된 동 채권 취득일의 공정가치는 ₩950,000이다. 20x1년 7월 1일의 유효이자율은 연 10%이다. 20x1년 12월 31일 동 채권의 공정가치는 ₩930,000(기간 경과이자 불포함)이며, 20x1년 12월 31일 사채의 신용위험은 유의적으로 증가하지 않았고 12개월 기대신용손실을 ₩3,000으로 추정하였다. ㈜민진은 20x2년 4월 1일에 ₩980,000(기간 경과이자 포함)을 받고 동 채권을 모두 처분하였다. ㈜민진이 동 채권을 기타포괄손익-공정가치측정 금융자산으로 분류한 경우, 해당 채권과 관련하여 ㈜민진의 20x2년도 포괄손익계산서상 당기순이익과 기타포괄이익에 미치는 영향은 각각 얼마인가?

	당기순이익	기타포괄이익
①	₩41,250 감소	영향없음
②	₩17,500 감소	₩27,500 증가
③	₩17,500 감소	₩17,000 증가
④	₩14,500 감소	₩24,500 증가
⑤	₩14,500 감소	₩17,000 증가

📻 내비게이션

• [20x1년 7월 1일 회계처리]

(차) FVOCI	950,000	(대) 현금	940,000
		금융자산취득이익	10,000

[20x1년 12월 31일 회계처리]

(차) 미수이자	40,000[2]	(대) 이자수익	47,500[1]
FVOCI	7,500		
(차) 평가손실	27,500[3]	(대) FVOCI	27,500
(차) 손상차손	3,000	(대) 평가손실	3,000

[20x2년 4월 1일 회계처리]

(차) 미수이자	20,000[5]	(대) 이자수익	23,750[4]
FVOCI	3,750		
(차) 평가손실	13,750[6]	(대) FVOCI	13,750
(차) 현금	980,000	(대) 미수이자	60,000
		FVOCI	920,000
(차) 처분손실	38,250	(대) 평가손실	38,250

[1] 950,000×10%×6/12=47,500
[2] 1,000,000×8%×6/12=40,000
[3] 930,000-(950,000+7,500)=△27,500
[4] 950,000×10%×3/12=23,750
[5] 1,000,000×8%×3/12=20,000
[6] (980,000-60,000)-(930,000+3,750)=△13,750
∴ ⊙ 당기순이익 : 23,750(이자수익)-38,250(처분손실)=△14,500
 ⓛ 기타포괄이익 : 38,250-13,750=24,500(평가손실 감소)
  →24,500 기타포괄이익 증가

2. ㈜세무는 20x1년 1월 1일에 ㈜한국이 발행한 채권을 ₩927,910에 취득하였다. 동 채권의 액면금액은 ₩1,000,000, 표시이자율은 연 10%(매년 말 지급)이며, 취득 당시 유효이자율은 연 12%이었다. 20x1년 말 동 채권의 이자수취 후 공정가치는 ₩990,000이며, ㈜세무는 20x2년 3월 31일에 발생이자를 포함하여 ₩1,020,000에 동 채권을 처분하였다. ㈜세무의 동 채권과 관련된 회계처리에 관한 설명으로 옳지 않은 것은? (단, 채권 취득과 직접 관련된 거래원가는 없으며, 20x1년말 현재 기대신용손실은 ₩0이다.)

① 당기손익-공정가치측정금융자산으로 분류한 경우나 기타포괄손익-공정가치측정금융자산으로 분류한 경우, 20x1년말 재무상태표상에 표시되는 금융자산은 ₩990,000으로 동일하다.

② 당기손익-공정가치측정금융자산으로 분류한 경우, 20x1년 당기순이익은 ₩162,090 증가한다.

③ 당기손익-공정가치측정금융자산으로 분류한 경우나 기타포괄손익-공정가치측정금융자산으로 분류한 경우, 20x1년 총포괄손익금액에 미치는 영향은 동일하다.

④ 당기손익-공정가치측정금융자산으로 분류한 경우, 20x2년 당기순이익은 ₩30,000 증가한다.

⑤ 기타포괄손익-공정가치측정금융자산으로 분류한 경우, 20x2년 당기순이익은 ₩75,741 증가한다.

📻 내비게이션

• FVPL금융자산
 - 20x1년 : 이자수익 100,000, 평가이익(당기손익) 62,090
 - 20x2년 : 이자수익 25,000, 처분이익 5,000
• FVOCI금융자산

20x1.1.1	(차) FVOCI	927,910	(대) 현금	927,910
20x1.12.31	(차) 현금	100,000	(대) 이자수익	111,349
	FVOCI	11,349		
	(차) FVOCI	50,741	(대) 평가이익	50,741
20x2.3.31	(차) 미수이자	25,000	(대) 이자수익	28,178
	FVOCI	3,178		
	(차) FVOCI	1,822	(대) 평가이익	1,822
	(차) 현금	1,020,000	(대) 미수이자	25,000
			FVOCI	995,000
	(차) 평가이익	52,563	(대) 처분이익	52,563

*20x1년 총포괄이익에 미치는 효과는 양자 모두 동일하다.
 - FVPL금융자산 : 100,000(이자수익)+62,090(당기손익)=162,090
 - FVOCI금융자산 : 111,349(이자수익)+50,741(기타포괄이익)=162,090
*FVOCI금융자산의 20x2년 당기순이익 : 28,178+52,563=80,741 증가

이론과기출 제147강 ◯ FVOCI금융자산(채무상품) : 신용손상

회계처리	이자수익	산식	☐ 손상이전 이자수익 = 총장부금액x최초유효이자율
			☐ 손상이후 이자수익 = 전기회수가능액x최초유효이자율
	평가손익	산식	☐ 최초평가시 평가손익 = 당기공정가치 − 총장부금액
			☐ 최초평가후 평가손익 = 당기공정가치 − (전기공정가치+상각액)
		•평가손익(발생시 상계)은 기타포괄손익 처리하며, 자산 제거시 당기손익으로 재분류함.
	신용손상 [평가손익]	산식	☐ 기대신용손실 = 총장부금액 − 회수가능액
		➡회수가능액 : 추정미래현금흐름을 최초유효이자율로 할인한 현재가치
	변동·환입	•신용손상후 기대신용손실이 변동한 경우에는 동 변동액을 손상차손(환입)으로 인식함.

사례 ◁ FVOCI금융자산 신용손상의 회계처리

❖ 20x1년초 액면 ₩100,000, 4년 만기 사채를 ₩87,318에 취득하고 기타포괄손익-공정가치측정금융자산으로 분류함. 취득시 유효이자율은 10%, 표시이자율 6%(연말후급). 20x1년말 이자는 정상수령함.
20x2년말 수령할 표시이자 ₩6,000과 20x3년말 수령 예측한 표시이자 ₩3,000은 전액 수령함.
　– 20x1년말 : 신용위험은 유의적 증가 않음.(12개월 기대신용손실 ₩1,000). 공정가치는 ₩94,000임.
　– 20x2년말 : 신용손상이 발생하였으며 공정가치는 ₩50,000임.
　– 20x3년말 : 신용손상이 회복되었으며 공정가치는 ₩75,000임.

	20x2년말 추정현금흐름			20x3년말 추정현금흐름		기간	10% 현가계수	
	20x3년말	20x4년말		20x4년말			현가	연금현가
액면금액	–	₩60,000	액면금액	₩80,000		1	0.9091	0.9091
표시이자	₩3,000	₩3,000	표시이자	₩4,000		2	0.8264	1.7355

풀이

세부고찰

•20x2년말 회수가능액 : 60,000x0.8264+3,000x1.7355=54,791
　20x3년말 회수가능액 : 80,000x0.9091+4,000x0.9091=76,364

20x1년 12월 31일	(차) 현금 　　FVOCI금융자산	6,000 2,732	(대) 이자수익	8,732[1]
	(차) FVOCI금융자산	3,950	(대) 평가이익	3,950[2]
	(차) 손상차손	1,000	(대) 평가이익	1,000
20x2년 12월 31일	(차) 현금 　　FVOCI금융자산	6,000 3,005	(대) 이자수익	9,005[3]
	(차) 평가이익 　　평가손실	4,950[4] 42,055[4]	(대) FVOCI금융자산	47,005
	(차) 손상차손	37,264[5]	(대) 평가손실	37,264
20x3년 12월 31일	(차) 현금 　　FVOCI금융자산	3,000 2,479	(대) 이자수익	5,479[6]
	(차) FVOCI금융자산	22,521	(대) 평가손실 　　평가이익	4,791[7] 17,730[7]
	(차) 평가이익 　　평가손실	17,730 1,364	(대) 손상차손환입	19,094[8]

[1]87,318x10%=8,732　[2]94,000−(87,318+2,732)=3,950　[3](87,318+2,732)x10%=9,005
[4]50,000−(94,000+3,005)=△47,005　[5]기대신용손실 : 93,055−54,791=38,264 →38,264−1,000=37,264
[6]54,791(전기회수가능액)x10%=5,479　[7]75,000−(50,000+2,479)=22,521
[8]기대신용손실 : 95,534−76,364=19,170 →38,264−19,170=19,094

객관식 확인학습  **이론적용연습**

1. ㈜합격은 20x1년초 ㈜적중이 3년 만기로 발행한 액면금액 ₩1,000,000의 사채를 ₩951,963에 취득하고 기타포괄손익-공정가치측정금융자산으로 분류하였다. 취득당시 금융자산에 적용된 유효이자율은 12%이며 표시이자율은 10%고 매년말 후급조건이다. 관련된 다음 자료에 의해 동 거래로 인해 ㈜합격의 20x2년도 당기손익에 미친 영향을 계산하면 얼마인가?

> (1) 20x1년말에 이자는 정상적으로 수령하였으나 20x1년말에 ㈜적중에 신용손상이 발생하였으며 기대미래현금흐름은 20x2년말과 20x3년말에 각각 표시이자 ₩50,000과 만기원금상환액 ₩500,000으로 추정되었다. 한편, 동 시점에 금융자산의 공정가치는 ₩460,0000이다.
> (2) 20x2년말의 이자는 20x1년말에 예측되었던 금액 ₩50,000이 그대로 회수되었다. ㈜적중의 신용손상이 일부 회복되어 기대현금흐름은 20x3년말에 표시이자 ₩80,000과 만기원금상환액 ₩800,000으로 추정되었다. 한편, 동 시점에 금융자산의 공정가치는 ₩790,0000이다.

기간	단일금액 ₩1의 현재가치	정상연금 ₩1의 현재가치
	12%	12%
1	0.89286	0.89286
2	0.79719	1.69005
3	0.71178	2.40183

① 이익 ₩57,972   ② 이익 ₩246,428
③ 이익 ₩294,647   ④ 이익 ₩352,619
⑤ 손실 ₩130,482

 낵비게이션

- 20x1년말 회수가능액 : 500,000x0.79719+50,000x1.69005=483,098
  20x2년말 회수가능액 : 800,000x0.89286+80,000x0.89286=785,717

20x1년초	(차)FVOCI	951,963	(차)현금	951,963
20x1년말	(차)현금 FVOCI (차)평가손실 (차)손상차손	100,000 14,236 506,199[2] 483,101	(대)이자수익 (대)FVOCI (대)평가손실	114,236[1] 506,199 483,101
20x2년말	(차)현금 FVOCI (차)FVOCI (차)평가손실	50,000 7,972 322,028 294,647	(대)이자수익 (대)평가손실 (대)손상환입	57,972[4] 322,028[5] 294,647[6]

[1] 951,963x12%=114,236
[2] 460,000-(951,963+14,236)=506,199
[3] 966,199-483,098=483,101
[4] 483,098x12%=57,972
[5] 790,000-(460,000+7,972)=322,028
[6] 기대신용손실 : 974,171-785,717=188,454 →483,101-188,454=294,647
∴이자수익(57,972)+손상환입(294,647)=352,619

2. ㈜합격의 자금팀장은 20x1년초에 회사의 자금여력이 충분하다고 판단하여 ㈜적중의 3년 만기 회사채(표시이자율 6%, 매년 말 이자지급, 유효이자율 8%, 액면금액 ₩100,000)를 ₩94,846에 취득하였다. 이에 대해 회계팀장은 해당 회사채를 ㉮ 당기손익-공정가치측정 금융자산, ㉯ 기타포괄손익-공정가치측정금융자산, ㉰ 상각후원가측정금융자산 중 어느 것으로 분류해야 할지에 대해 고민하고 있다. 자금팀장의 예측에 따르면 20x1년도말 이자율이 전반적으로 하락하여 ㈜적중의 사채 시장이자율이 6%로 낮아질 것으로 예상된다. 이 같은 예상정보에 근거하여 20x1년말 ㈜적중 회사채의 가격이 형성된다고 가정했을 때, 위 세 가지 분류에 따른 20x1년도 ㈜합격의 당기순이익과 포괄이익의 크기를 가장 적절하게 표시한 것은?

	당기순이익	포괄이익
①	㉮ 〉㉯ 〉㉰	㉮ 〉㉯ 〉㉰
②	㉮ 〉㉯ = ㉰	㉮ = ㉯ 〉㉰
③	㉯ = ㉰ 〉㉮	㉯ = ㉰ 〉㉮
④	㉯ 〉㉮ 〉㉰	㉯ 〉㉮ 〉㉰
⑤	㉰ 〉㉯ 〉㉮	㉰ 〉㉯ 〉㉮

 낵비게이션

- 20x1년말 공정가치 : $\frac{6,000}{1.06}+\frac{6,000}{1.06^2}+\frac{100,000}{1.06^2}=100,000$
  →'표시이자율(6%)=시장이자율(6%)'이므로 현가는 액면금액이다.
- FVPL금융자산(채무상품)
  ㉠ 당기순이익
  　이자수익(100,000x6%=6,000)+평가이익(100,000-94,846=5,154)=11,154
  ㉡ 포괄이익
  　당기순이익(11,154)
- FVOCI금융자산(채무상품)
  ㉠ 당기순이익
  　이자수익(94,846x8%=7,588) →상각액 : 7,588-100,000x6%=1,588
  ㉡ 포괄이익
  　당기순이익(7,588)+평가이익[100,000-(94,846+1,588)=3,566]=11,154
- AC금융자산(채무상품)
  ㉠ 당기순이익
  　이자수익(94,846x8%=7,588)
  ㉡ 포괄이익
  　당기순이익(7,588)

서술형Correction연습

☐ 기타포괄손익-공정가치측정금융자산의 해당 손실충당금은 금융자산의 장부금액을 줄인다.

➡ (X) : 기타포괄손익을 인식하므로 장부금액을 줄이지 아니한다.

 nswer   1. ④   2. ②

이론과기출 제148강 ○ FVPL금융자산에서 다른 범주로 재분류

재분류 총괄사항	재분류사유	•사업모형을 변경하는 경우에만 재분류함.
		주의 ∴채무상품만 재분류 가능 →사업모형이 없는 지분상품(파생상품)은 재분류 불가
	재분류일	•사업모형 변경 후 첫 번째 보고기간의 첫 번째날을 말함.
		➡[예] 특정 회계연도에 사업모형이 변경되면 다음 회계연도초에 재분류함.
		말장난 재분류일은 사업모형의 변경이 발생한 보고기간의 마지막날을 말한다(X)
	적용방법	•재분류는 재분류일부터 전진적으로 적용함.
		➡재분류 전에 인식한 손익(손상차손과 환입 포함)이나 이자는 다시 작성하지 않음.

FVPL ↻ AC	재분류금액	•재분류일의 공정가치가 새로운 총장부금액이 됨.
		➡재분류일 현재의 기대신용손실을 우선 인식함.(손상차손 xxx/손실충당금 xxx)
		➡재분류전 FVPL금융자산이 이미 공정가치로 평가되어 있으므로 재분류금액인 공정가치와 장부금액의 차이가 발생하지 않음.(즉, 재분류시 손익이 없음.)
	유효이자율	•재분류일의 현행 시장이자율을 적용(유효이자율 재산정 필요)
		➡'재분류일의 공정가치(새로운 총장부금액)=추정미래CF의 현가'가 되게 하는 이자율임.

 사례 FVPL금융자산에서 AC금융자산으로 재분류 ◀

✪ (주)합격은 20x1년초 액면 ₩1,000,000인 사채(만기 3년, 표시이자율은 매년말 후급 10%, 유효이자율 12%)를 ₩951,963에 취득하고 당기손익—공정가치측정금융자산으로 분류하였다. 20x1년말(=20x2년초)의 공정가치는 ₩982,872, 시장이자율은 11%이고 사업모형변경으로 다른 자산으로 재분류하기로 하였다. 20x2년말 공정가치는 ₩1,000,0000이다. 재분류시점(20x2년초) 이후 회계처리는?(기대신용손실은 무시함)

풀이

•FVPL금융자산을 AC금융자산으로 재분류한 경우

20x2년 01월 01일	(차) AC금융자산	982,872	(대) FVPL금융자산	982,872
20x2년 12월 31일	(차) 현금	100,000	(대) 이자수익	108,116[1]
	AC금융자산	8,116		

[1]982.872x11%=108.116

FVPL ↻ FVOCI	재분류금액	•재분류일의 공정가치가 새로운 총장부금액이 됨.
		➡재분류일 현재의 기대신용손실을 우선 인식함.(손상차손 xxx/평가이익 xxx)
		➡재분류전 FVPL금융자산이 이미 공정가치로 평가되어 있으므로 재분류금액인 공정가치와 장부금액의 차이가 발생하지 않음.(즉, 재분류시 손익이 없음.)
	유효이자율	•재분류일의 현행 시장이자율을 적용(유효이자율 재산정 필요)
		➡'재분류일의 공정가치(새로운 총장부금액)=추정미래CF의 현가'가 되게 하는 이자율임.

 사례 FVPL금융자산에서 FVOCI금융자산으로 재분류 ◀

✪ 자료는 위와 동일

풀이

•FVPL금융자산을 FVOCI금융자산으로 재분류한 경우

20x2년 01월 01일	(차) FVOCI금융자산	982,872	(대) FVPL금융자산	982,872
20x2년 12월 31일	(차) 현금	100,000	(대) 이자수익	108,116[1]
	FVOCI금융자산	8,116		
	(차) FVOCI금융자산	9,012	(대) 평가이익	9,012[2]

[1]982,872x11%=108,116 [2]1,000,000−(982,872+8,116)=9,012

객관식 확인학습 / 이론적용연습

1. 다음은 발행일이 20x1년초이며 ㈜합격이 동 일자에 취득하여 당기손익–공정가치측정금융자산으로 분류한 사채에 관한 자료이다.

액면금액 : ₩100,000	취 득 금 액 : ₩95,198
만　기 : 3년	표시이자율 : 연 10%
이자지급 : 매년말	유효이자율 : 연 12%

[공정가치 자료]

20x1년말(=20x2년초)	20x2년말(=20x3년초)
₩98,287	₩100,000

20x1년 중 사업모형이 변경되어 상각후원가측정금융자산으로 재분류하기로 하였을 경우 20x1년과 20x2년의 당기순이익에 미친 영향은 얼마인가? 단, 20x1년말(=20x2년초)의 시장이자율은 11%이며 기대신용손실은 없다.

	20x1년	20x2년
①	₩10,000	₩10,000
②	₩10,000	₩10,472
③	₩13,089	₩10,812
④	₩13,089	₩11,424
⑤	₩3,089	₩11,794

 내비게이션
• 20x1년 : 이자수익(100,000x10%)+평가이익(98,287-95,198)=13,089
• 20x2년 : 이자수익(98,287x11%)=10,812

2. 한국채택국제회계기준상 금융자산은 관리하는 사업모형을 변경하는 경우에만 영향받는 모든 금융자산을 재분류하도록 하고 있다. 다음 중 금융자산의 재분류와 관련하여 가장 옳지 않은 것은?

① 금융자산의 재분류는 사업모형을 변경하는 경우에만 가능하므로 현금흐름이 원금과 이자만으로 구성되어 있지 않은 지분상품이나 파생상품은 사업모형을 선택할 수 없으므로 재분류가 불가능하다.

② 금융자산을 기타포괄손익–공정가치측정금융자산 범주에서 상각후원가측정금융자산의 범주로 재분류하는 경우에 재분류일의 공정가치로 측정한다. 그러나 재분류 전에 인식한 기타포괄손익누계액은 자본에서 제거하고 재분류일의 금융자산의 공정가치에서 조정한다.

③ 재분류일은 금융자산의 재분류를 초래하는 사업모형의 변경이 발생한 보고기간의 마지막날을 말한다.

④ 금융자산을 당기손익–공정가치측정금융자산 범주에서 상각후원가측정금융자산 범주로 재분류하는 경우에 재분류일의 공정가치가 새로운 총장부금액이 된다.

⑤ 금융자산을 상각후원가측정금융자산 범주에서 당기손익–공정가치측정금융자산 범주로 재분류하는 경우에 재분류일의 공정가치로 측정한다. 금융자산의 재분류 전 상각후원가와 공정가치의 차이에 따른 손익은 당기손익으로 인식한다.

 내비게이션
• 재분류일은 금융자산의 재분류를 초래하는 사업모형의 변경 후 첫 번째 보고기간의 첫 번째날을 말한다.
*②와 ⑤는 후술함!

3. ㈜합격은 20x1년초 ㈜적중이 동 일자에 발행한 액면금액 ₩300,000, 표시이자율 연 8%(매년말 후급 조건), 취득시 유효이자율 연 10%, 3년 만기의 사채를 ₩285,073에 취득하고 당기손익–공정가치측정금융자산으로 분류하였다. ㈜합격은 20x1년 중 사업모형이 변경되어 동 사채를 기타포괄손익–공정가치측정금융자산으로 재분류하기로 하였다. 한편, 20x1년말(20x2년초) 사채의 공정가치는 ₩294,728이며 20x2년말(20x3년초) 사채의 공정가치는 ₩298,000이다. 동 사채로 인해 ㈜합격의 20x2년 기타포괄손익에 미치는 영향은 얼마인가? 단, 20x1년말(=20x2년초)의 동 사채에 대한 적절한 시장이자율은 9%이며 20x2년말 현재 기대신용손실은 ₩3,000이다.

① 이익 ₩30,272　② 이익 ₩24,272　③ 이익 ₩3,746
④ 손실 ₩2,254　⑤ 이익 ₩746

 내비게이션
• 회계처리

20x1년초	(차) FVPL	285,073	(대) 현금	285,073
20x1년말	(차) 현금	24,000	(대) 이자수익	24,000[1]
	(차) FVPL	9,655	(대) 평가이익	9,655[2]
20x2년초	(차) FVOCI	294,728	(대) FVPL	294,728
20x2년말	(차) 현금	24,000	(대) 이자수익	26,526[3]
	FVOCI	2,526		
	(차) FVOCI	746	(대) 평가이익	746[4]
	(차) 손상차손	3,000	(대) 평가이익	3,000

[1]300,000x8%=24,000 [2]294,728-285,073=9,655
[3]294,728x9%=26,526 [4]298,000-(294,728+2,526)=746
∴746+3,000=3,746(포괄이익)

이론과기출 제149강 ⊂ AC금융자산에서 다른 범주로 재분류

재분류금액	•재분류일의 공정가치로 측정함.
재분류손익	•공정가치와 재분류전 장부금액(=총장부금액−손실충당금)의 차액은 당기손익 처리

사례 ▸ AC금융자산에서 FVPL금융자산으로 재분류

❂ (주)합격은 20x1년초 액면 ₩100,000인 사채(만기 4년, 표시이자율은 매년말 후급 6%, 유효이자율 10%)를 ₩87,318에 취득하고 상각후원가측정금융자산으로 분류함. 20x1년말 사채의 신용위험은 유의적으로 증가하지 않았고 12개월 기대신용손실을 ₩2,000으로 추정하였으며 공정가치는 ₩86,000임. 20x2년말 사채의 신용위험은 유의적으로 증가하지 않았고 12개월 기대신용손실을 ₩3,000으로 추정하였으며 공정가치는 ₩96,433(20x3년초에도 동일)임. 20x2년말 사업모형변경으로 다른 자산으로 재분류하기로 함. 20x3년말 사채의 신용위험은 유의적으로 증가하지 않았고 12개월 기대신용손실을 ₩2,500으로 추정하였으며 공정가치는 ₩98,000임. 회계처리?

AC ⇩ FVPL

 풀이

•AC금융자산을 FVPL금융자산으로 재분류한 경우

20x1년초	(차)	AC금융자산	87,318	(대)	현금	87,318
20x1년말	(차)	현금	6,000	(대)	이자수익	8,732
		AC금융자산	2,732			
	(차)	손상차손	2,000	(대)	손실충당금	2,000
20x2년말	(차)	현금	6,000	(대)	이자수익	9,005
		AC금융자산	3,005			
	(차)	손상차손	1,000	(대)	손실충당금	1,000
20x3년초	(차)	FVPL금융자산	96,433	(대)	AC금융자산	93,055
		손실충당금	3,000		재분류이익(손익)	6,378
20x3년말	(차)	현금	6,000	(대)	이자수익	6,000
	(차)	FVPL금융자산	1,567	(대)	평가이익(손익)	1,567[1]

[1] 98,000−96,433=1,567

재분류금액	•재분류일의 공정가치로 측정함.
재분류손익	•공정가치와 재분류전 장부금액(=총장부금액−손실충당금)의 차이는 기타포괄손익 처리
재분류이후 이자수익	•재분류전 총장부금액과 유효이자율을 그대로 적용함.(처음부터 FVOCI인 것처럼 처리) ➡재분류전 유효이자율과 기대신용손실 측정치는 변경하지 않고 그대로 사용함.

사례 ▸ AC금융자산에서 FVOCI금융자산으로 재분류

❂ 자료는 위와 동일

AC ⇩ FVOCI

 풀이

•AC금융자산을 FVOCI금융자산으로 재분류한 경우

20x1년초~20x2년말			– 위와 동일 –			
20x3년초	(차)	FVOCI금융자산	96,433	(대)	AC금융자산	93,055
		손실충당금	3,000		평가이익(자본)	6,378
20x3년말	(차)	현금	6,000	(대)	이자수익	9,306[1]
		FVOCI금융자산	3,306			
	(차)	평가이익	1,739[2]	(대)	FVOCI금융자산	1,739
	(차)	평가이익	500	(대)	손상차손환입	500[3]

[1] (87,318+2,732+3,005)×10%=9,306 [2] 98,000−(96,433+3,306)=△1,739 [3] 2,500−3,000=△500

객관식 확인학습

이론적용연습

1. ㈜합격은 20x1년초 ㈜적중이 동 일자에 발행한 액면금액 ₩100,000, 표시이자율 연 8%(매년말 후급 조건), 취득시 유효이자율 연 10%, 3년 만기의 사채를 ₩95,024에 취득하고 상각후원가측정금융자산으로 분류하였다. ㈜합격은 20x1년 중 사업모형이 변경되어 동 사채를 당기손익-공정가치측정금융자산으로 재분류하기로 하였다. 한편, 20x1년말(20x2년초) 사채의 공정가치는 ₩98,243이며 20x2년말(20x3년초) 사채의 공정가치는 ₩97,000이다. 동 사채로 인해 20x2년의 당기순이익에 미친 영향은 얼마인가? 단, 20x1년말과 20x2년말의 기대신용손실은 각각 ₩2,000과 ₩3,000이다.

① ₩6,757　　　② ₩8,757　　　③ ₩9,824
④ ₩10,474　　　⑤ ₩11,717

• 회계처리

20x1년초	(차) AC	95,024	(대) 현금	95,024
20x1년말	(차) 현금 　　AC	8,000 1,502	(대) 이자수익	9,502[1]
	(차) 손상차손	2,000	(대) 손실충당금	2,000
20x2년초	(차) FVPL 　손실충당금	98,243 2,000	(대) AC (대) 재분류이익[2]	96,526 3,717
20x2년말	(차) 현금	8,000	(대) 이자수익	8,000
	(차) 평가손실	1,243[3]	(대) FVPL	1,243

[1] 95,024x10%=9,502
[2] 당기손익　[3] 97,000-98,243=△1,243
∴3,717(재분류이익)+8,000(이자수익)-1,243(평가손실)=10,474

2. 다음은 발행일이 20x1년초이며 ㈜합격이 동 일자에 취득하여 상각후원가측정금융자산으로 분류한 사채에 관한 자료이다.

액면금액 : ₩1,000,000	취득금액 : ₩951,963
만　　기 : 3년	표시이자율 : 연 10%
이자지급 : 매년말	유효이자율 : 연 12%

[기대신용손실 자료]
20x1년말	20x2년말
₩20,000	₩30,000

20x1년 중 사업모형이 변경되어 기타포괄손익-공정가치측정금융자산으로 재분류하기로 하였으며 20x1년말(20x2년초)의 사채의 공정가치는 ₩1,017,591일 때, 20x1년과 20x2년의 당기순이익에 미친 영향은 얼마인가?

	20x1년	20x2년
①	₩94,236	₩85,944
②	₩94,236	₩105,944
③	₩94,236	₩115,944
④	₩114,236	₩177,336
⑤	₩114,236	₩187,336

• 20x1년
－ 이자수익 : 951,963x12%=114,236
－ 손상차손(기대신용손실) : 20,000
∴114,236-20,000=94,236
• 20x2년
－ 이자수익 : (951,963+14,236)x12%=115,944
－ 손상차손(기대신용손실 변동분) : 30,000-20,000=10,000
∴115,0944-10,000=105,944
• 회계처리

20x1년초	(차) AC	951,963	(대) 현금	951,963
20x1년말	(차) 현금 　　AC	100,000 14,236	(대) 이자수익	114,236[1]
	(차) 손상차손	20,000	(대) 손실충당금	20,000
20x2년초	(차) FVOCI 　손실충당금	1,017,591 20,000	(대) AC (대) 재분류이익[2]	966,199 71,392
20x2년말	(차) 현금 　　FVOCI	100,000 15,944	(대) 이자수익	115,944[3]
	(차) FVOCI	?	(대) 평가이익	?
	(차) 손상차손	10,000	(대) 평가이익	10,000[4]

[1] 951,963x12%=114,236
[2] 기타포괄손익
[3] (951,963+14,236)x12%=115,944
[4] 30,000-20,000=10,000

이론과기출 제150강 ➡ FVOCI금융자산에서 다른 범주로 재분류

재분류금액	•재분류일의 공정가치로 측정함. ➡이미 공정가치로 평가되어 있으므로 공정가치와 장부금액의 차이가 발생치 않음.
재분류조정	•재분류전 FVOCI금융자산의 기타포괄손익은 당기손익으로 재분류함.

사례 FVOCI금융자산에서 FVPL금융자산으로 재분류

❋ 전술한 'AC금융자산에서 다른 범주로 재분류'와 동일. 단, 당초 FVOCI금융자산으로 분류함.

•FVOCI금융자산을 FVPL금융자산으로 재분류한 경우

FVOCI ↕ FVPL

20x1년초	(차) FVOCI금융자산	87,318	(대) 현금	87,318
20x1년말	(차) 현금 　　FVOCI금융자산	6,000 2,732	(대) 이자수익	8,732
	(차) 평가손실	4,050	(대) FVOCI금융자산	4,050
	(차) 손상차손	2,000	(대) 평가손실	2,000
20x2년말	(차) 현금 　　FVOCI금융자산	6,000 3,005	(대) 이자수익	9,005
	(차) FVOCI금융자산	7,428	(대) 평가손실 　　평가이익	2,050 5,378
	(차) 손상차손	1,000	(대) 평가이익	1,000
20x3년초	(차) FVPL금융자산 (차) 평가이익	96,433 6,378	(대) FVOCI금융자산 (대) 재분류이익(손익)	96,433 6,378
20x3년말	(차) 현금 (차) FVPL금융자산	6,000 1,567	(대) 이자수익 (대) 평가이익(손익)	6,000 1,567[1]

[1]98,000-96,433=1,567

재분류금액	•재분류일의 공정가치로 측정함. ➡이미 공정가치로 평가되어 있으므로 공정가치와 장부금액의 차이가 발생치 않음.
공정가치조정	•재분류전 FVOCI금융자산의 기타포괄손익은 금융자산 공정가치에서 조정함. ➡이 경우 재분류일부터 총장부금액에 대한 조정으로 손실충당금을 계상함.
재분류이후 이자수익	•재분류전 총장부금액과 유효이자율을 그대로 적용함.(처음부터 AC인 것처럼 처리) ➡재분류전 유효이자율과 기대신용손실 측정치는 변경하지 않고 그대로 사용함.

사례 FVOCI금융자산에서 AC금융자산으로 재분류

❋ 자료는 위와 동일

FVOCI ↕ AC

•FVOCI금융자산을 AC금융자산으로 재분류한 경우

20x1년초~20x2년말			- 위와 동일 -		
20x3년초	(차) AC금융자산 (차) 평가이익	96,433 6,378	(대) FVOCI금융자산 (대) 손실충당금 　　AC금융자산	96,433 3,000 3,378
20x3년말	(차) 현금 　　AC금융자산	6,000 3,306	(대) 이자수익	9,306[1]
	(차) 손실충당금	500	(대) 손상차손환입	500[2]

[1](87,318+2,732+3,005)x10%=9,306　[2]2,500-3,000=△500

객관식 확인학습

이론적용연습

1. ㈜합격은 20x1년초 ㈜적중이 동 일자에 발행한 액면금액 ₩1,000,000, 표시이자율 연 8%(매년말 후급 조건), 취득시 유효이자율 연 10%, 3년 만기의 사채를 ₩950,244에 취득하고 기타포괄손익-공정가치측정금융자산으로 분류하였다. ㈜합격은 20x1년 중 사업모형이 변경되어 동 사채를 당기손익-공정가치측정금융자산으로 재분류하기로 하였다. 한편, 20x1년말(20x2년초) 사채의 공정가치는 ₩982,428이며 20x2년말(20x3년초) 사채의 공정가치는 ₩975,000이다. 동 사채로 인해 20x2년의 당기순이익에 미친 영향은 얼마인가? 단, 20x1년말과 20x2년말의 기대신용손실은 각각 ₩2,000과 ₩3,000이다.

① ₩72,572　　② ₩91,732　　③ ₩99,160
④ ₩106,588　　⑤ ₩109,975

📻 낵비게이션
- 재분류조정이익 : ㉠+㉡=19,160
  ㉠ 20x1년말 평가이익 : 982,428-(950,244+15,024)=17,160
  ㉡ 20x1년말 기대신용손실(평가이익) : 2,000
- 이자수익(표시이자) : 1,000,000x8%=80,000
- 평가손실(당기손익) : 975,000-982,428=△7,428
∴19,160+80,000-7,428=91,732

2. 금융자산의 재분류시 회계처리에 관한 설명으로 옳지 않은 것은?

① 상각후원가측정금융자산을 당기손익-공정가치측정금융자산으로 재분류할 경우 재분류일의 공정가치로 측정하고, 재분류 전 상각후원가와 공정가치의 차이를 당기손익으로 인식한다.
② 상각후원가측정금융자산을 기타포괄손익-공정가치측정금융자산으로 재분류할 경우 재분류일의 공정가치로 측정하고, 재분류 전 상각후원가와 공정가치의 차이를 기타포괄손익으로 인식하며, 재분류에 따라 유효이자율과 기대신용손실 측정치는 조정하지 않는다.
③ 기타포괄손익-공정가치측정금융자산을 당기손익-공정가치측정금융자산으로 재분류할 경우 계속 공정가치로 측정하고, 재분류 전에 인식한 기타포괄손익누계액은 재분류일에 이익잉여금으로 대체한다.
④ 기타포괄손익-공정가치측정금융자산을 상각후원가측정금융자산으로 재분류할 경우 재분류일의 공정가치로 측정하고, 재분류 전에 인식한 기타포괄손익누계액은 자본에서 제거하고 재분류일의 금융자산의 공정가치에서 조정하며, 재분류에 따라 유효이자율과 기대신용손실 측정치는 조정하지 않는다.
⑤ 당기손익-공정가치측정금융자산을 기타포괄손익-공정가치측정금융자산으로 재분류할 경우 계속 공정가치로 측정하고, 재분류일의 공정가치에 기초하여 유효이자율을 다시 계산한다.

📻 낵비게이션
- 이익잉여금으로 대체한다.(X) → 당기손익으로 재분류한다.(O)

3. 다음은 발행일이 20x1년초이며 ㈜합격이 동 일자에 취득하여 기타포괄손익-공정가치측정금융자산으로 분류한 사채에 관한 자료이다.

액면금액 : ₩100,000	취 득 금 액 : ₩90,053
만　　기 : 3년	표시이자율 : 연 6%
이자지급 : 매년말	유효이자율 : 연 10%

[공정가치 자료]

20x1년말(=20x2년초)	20x2년말(=20x3년초)
₩94,723	₩96,000

[기대신용손실 자료]

20x1년말	20x2년말
₩3,000	₩2,000

20x1년 중 사업모형이 변경되어 상각후원가측정금융자산으로 재분류하기로 하였을 경우 20x2년의 당기순이익에 미친 영향은 얼마인가?

① ₩7,306　　② ₩9,306　　③ ₩10,306
④ ₩11,971　　⑤ ₩14,971

📻 낵비게이션
- 회계처리

20x1년초	(차) FVOCI	90,053	(대) 현금	90,053
20x1년말	(차) 현금 　　FVOCI	6,000 3,005	(대) 이자수익	9,005[1]
	(차) FVOCI	1,665	(대) 평가이익	1,665
	(차) 손상차손	3,000	(대) 평가이익	3,000
20x2년초	(차) AC (차) 평가이익	94,723 4,665	(대) FVOCI (대) 손실충당금 　　AC	94,723 3,000 1,665
20x2년말	(차) 현금 　　AC	6,000 3,306	(대) 이자수익	9,306[3]
	(차) 손실충당금	1,000	(대) 손상차손환입	1,000[4]

[1] 90,053x10%=9,005　[2] 94,723-(90,053+3,005)=1,665
[3] (90,053+3,005)x10%=9,306　[4] 2,000-3,000=△1,000
∴9,306+1,000=10,306

이론과기출 제151강 ○── 계약상 현금흐름의 변경

개요	**거래형태**		•금융자산의 계약상 현금흐름이 재협상되거나 변경되었으나 그 금융자산이 제거되지 아니하는 경우임.
	처리방법		•총장부금액을 재계산하고 변경손익을 당기손익으로 인식함.
		변경후총장부금액	•재협상되거나 변경된 계약상 현금흐름을 해당 금융자산의 최초유효이자율로 할인한 현재가치로 재계산함.
		변경손익	•변경손익 = 변경후총장부금액 − 변경전총장부금액 (차) AC금융자산　　　　xxx　　(대) 변경이익　　　　xxx
		거래원가	•변경으로 발생한 원가나 수수료는 변경된 금융자산의 장부금액에 반영하여 해당 금융자산의 남은 존속기간에 상각함. (차) AC금융자산　　　　xxx　　(대) 현금　　　　xxx
	변경후 이자수익		•변경후총장부금액에 최초유효이자율을 적용하여 인식함.(거래원가가 없는 경우)

◆ **사례** ■ 계약상 현금흐름의 변경 회계처리[기준서]

❂ ㈜합격은 발행일이 20x1년초인 다음의 사채를 동 일자에 취득하고 상각후원가측정금융자산으로 분류하였다. 차입자는 액면금액으로 중도상환할 수 있는 권리를 갖고 있으며 중도상환위약금은 없다.

(1) 액면금액은 ₩1,250이며 매년말 4.7%의 확정이자 ₩59이 지급된다.
(2) 취득금액은 ₩1,000이며 만기는 5년이고 취득시 유효이자율은 10%이다.

20x3년초 ㈜합격은 현금흐름에 대한 추정을 변경하여 20x3년말에 액면금액의 50%가 중도상환되고, 나머지 50%는 20x5년말에 상환될 것으로 예상하였으며, 20x4년말부터 지급될 표시이자는 ₩30이다.
10% 현가계수는 1기간 0.9091, 2기간 0.8264, 3기간 0.7513 일 때 회계처리?

풀이

•현금흐름

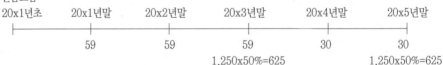

20x1년초	20x1년말	20x2년말	20x3년말	20x4년말	20x5년말
	59	59	59	30	30
			1,250x50%=625		1,250x50%=625

•회계처리

회계처리

20x3년초	(차)	AC금융자산	53	(대)	변경이익	53[1]
20x3년말	(차)	현금	59	(대)	이자수익	114[2]
		AC금융자산	55			
	(차)	현금	625	(대)	AC금융자산	625
20x4년말	(차)	현금	30	(대)	이자수익	57[3]
		AC금융자산	27			
20x5년말	(차)	현금	30	(대)	이자수익	59[4]
		AC금융자산	29			
	(차)	현금	625	(대)	AC금융자산	625

[1]변경전총장부금액 : 1,000+(1,000x10%−59)+(1,041x10%−59)=1,086
　변경후총장부금액 : (59+625)x0.9091+30x0.8264+(30+625)x0.7513=1,139
　→∴변경손익 : 1,139−1,086=53(변경이익)
[2]1,139x10%=114　[3](1,139+55−625)x10%=57　[4](1,139+55−625+27)x10%=59(단수조정)

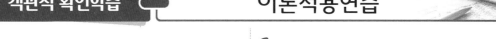

객관식 확인학습　　**이론적용연습**

1. 다음은 한국채택국제회계기준상 금융자산과 관련된 설명이다. 가장 타당한 설명은 어느 것인가?

① 금융자산은 금융상품을 인수하는 시점에 재무상태표에 인식한다.

② 지분상품에 대한 투자로서 단기매매항목이 아니고 사업결합에서 취득자가 인식하는 조건부대가가 아닌 지분상품에 대한 투자의 후속적인 공정가치 변동을 기타포괄손익으로 표시할 수 있도록 선택할 수 있으며, 해당 선택은 추후에 취소할 수 있다.

③ 금융자산 전체나 일부의 회수를 합리적으로 예상할 수 없는 경우에는 해당 금융자산의 총장부금액을 직접 줄인다. 그러나 이러한 제각은 금융자산을 제거하는 사건으로 보지는 않는다.

④ 금융자산의 계약상 현금흐름이 재협상되거나 변경되었으나 그 금융자산이 제거되지 아니하는 경우에는 해당 금융자산의 총장부금액을 재계산하고 변경손익을 당기손익으로 인식하며, 해당 금융자산의 총장부금액은 재협상되거나 변경된 계약상 현금흐름을 해당 금융자산의 최초 유효이자율로 할인한 현재가치로 재계산한다.

⑤ 계약상 현금흐름의 변경과 관련하여 발생한 원가나 수수료는 변경시점에 당기손익으로 인식한다.

내비게이션

• ① 금융자산이나 금융부채는 금융상품의 계약당사자가 되는 때에만 재무상태표에 인식한다.
② 선택시 이후에 취소할 수 없다.
③ 제각은 금융자산을 제거하는 사건으로 본다.
⑤ 계약상 현금흐름의 변경과 관련하여 발생한 원가나 수수료는 변경된 금융자산의 장부금액에 반영하여 해당 금융자산의 남은 존속기간에 상각한다.

2. ㈜합격은 20x1년초 ㈜적중이 동 일자에 발행한 다음의 사채를 공정가치에 취득하고 상각후원가측정금융자산으로 분류하였다.

액 면 금 액 : ₩500,000	취 득 금 액 : ₩475,990
만　　기 : 3년	표시이자율 : 연 10%
이 자 지 급 : 매년말	유효이자율 : 연 12%

기간	단일금액 ₩1의 현재가치		정상연금 ₩1의 현재가치	
	10%	12%	10%	12%
1	0.9091	0.8929	0.9091	0.8929
2	0.8264	0.7972	1.7355	1.6901
3	0.7513	0.7118	2.4868	2.4018

20x1년말 표시이자는 정상적으로 수취하였으나 사채에 관한 계약상 현금흐름을 ㈜적중과 재협상하여 표시이자를 20x2년말부터 연 5%씩만 수령하기로 합의하였다. 이러한 계약상 현금흐름의 변경은 금융자산의 제거조건을 충족하지 못한다. 한편, 재협상과정에서 거래원가 ₩10,000이 발생하였다. 20x1년말 현재 사채의 시장이자율은 10%라고 할 경우, 동 사채가 ㈜합격의 20x1년도 당기순이익에 미친 영향을 계산하면 얼마이겠는가? 단, 기대신용손실은 없다고 가정한다.

① ₩13,863 증가　② ₩14,863 증가　③ ₩57,119 증가
④ ₩89,375 증가　⑤ ₩99,375 증가

내비게이션

• 회계처리

20x1년초	(차) AC금융자산	475,990	(대) 현금	475,990
20x1년말	(차) 현금	50,000[2)]	(대) 이자수익	57,119[1)]
	AC금융자산	7,119		
	(차) 변경손실	42,256[3)]	(대) AC금융자산	42,256
	(차) AC금융자산	10,000	(대) 현금	10,000

[1)] 475,990x12%=57,119
[2)] 500,000x10%=50,000
[3)] 변경전총장부금액 : 475,990+7,119=483,109
변경후총장부금액 : 500,000x0.7972+500,000x5%x1.6901=440,853
→변경손익 : 440,853-483,109=△42,256(변경손실)
∴57,119(이자수익)-42,256(변경손실)=14,863(이익)

시험중요도 ★★★

⊂ **금융자산의 제거**

❖제거는 금융자산을 재무상태표에서 삭제하는 것으로 다음 중 하나에 해당하는 경우에 제거함.

제거조건	권리소멸	•금융자산의 현금흐름에 대한 계약상 권리가 소멸한 경우
	현금흐름 양도	① 금융자산의 현금흐름을 수취할 계약상 권리를 양도한 경우 ➡본 조건을 만족시는 위험과 보상의 이전여부를 추가로 고려함. ② 금융자산의 현금흐름을 수취할 계약상 권리를 보유하고 있으나, 당해 현금흐름을 하나 이상의 최종수취인(거래상대방)에게 지급할 계약상 의무를 부담하는 경우

❖금융자산을 양도한 경우 양도자는 위험과 보상의 보유정도를 평가하여 다음과 같이 처리함.

위험과 보상		회계처리	
이전 O		•금융자산을 제거	발생권리와 의무를 자산과 부채로 인식
보유 O		•금융자산을 계속인식	*)
이전 X 보유 X	금융자산을 통제 X	•금융자산을 제거	발생권리와 의무를 자산과 부채로 인식
	금융자산을 통제 O	•지속적관여정도까지 금융자산을 계속인식	–

*) ① 수취대가는 금융부채로 인식하며, 후속기간에 양도자산에서 발생하는 모든 수익과 금융부채에서 발생하는 모든 비용을 인식함.
② 양도자산과 관련부채는 상계하지 않음. 마찬가지로 양도자산·관련부채에서 발생하는 어떤 수익·비용도 상계하지 않음.

참고 **이전과 통제**

❑ 양도자가 소유에 따른 위험과 보상의 대부분을 이전하는 경우의 예는 다음과 같음.

> •금융자산을 아무런 조건 없이 매도한 경우
> •양도자가 매도한 금융자산을 재매입시점의 공정가치로 재매입할 수 있는 권리를 보유하고 있는 경우
> •양도자가 매도한 금융자산에 대한 콜옵션을 보유하고 있거나 양수자가 당해 금융자산에 대한 풋옵션을 보유하고 있지만, 당해 콜옵션이나 풋옵션이 깊은 외가격 상태이기 때문에 만기 이전에 당해 옵션이 내가격 상태가 될 가능성이 매우 낮은 경우

❑ 양수자가 자산을 제3자에게 매도할수 있는 실질적 능력을 가지고 있으면 양도자는 양도자산에 대한 통제를 상실한 것임.

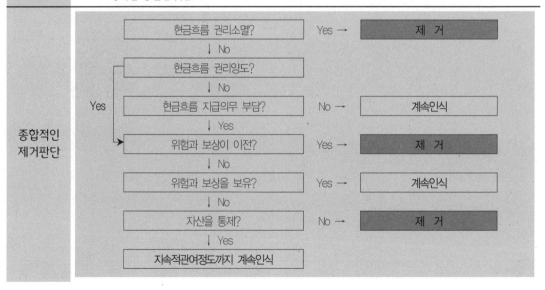

종합적인 제거판단

객관식 확인학습

이론적용연습

1. 금융자산의 제거에 대한 다객관식 확인학습음 설명 중 옳지 않은 것은?

① 금융자산의 정형화된 매도시 당해 금융자산을 매매일 또는 결제일에 제거한다.

② 금융자산의 현금흐름에 대한 계약상 권리가 소멸한 경우에는 당해 금융자산을 제거한다.

③ 금융자산의 현금흐름에 대한 계약상 권리를 양도하고 위험과 보상의 대부분을 이전하면 당해 금융자산을 제거한다.

④ 금융자산의 현금흐름에 대한 계약상 권리를 양도하고, 위험과 보상의 대부분을 보유하지도 않고 이전하지도 않으면서 당해 금융자산을 통제하고 있지 않다면 당해 금융자산을 제거한다.

⑤ 금융자산의 현금흐름에 대한 계약상 권리는 양도하였지만 양도자가 매도 후에 미리 정한 가격으로 당해 금융자산을 재매입하기로 한 경우에는 당해 금융자산을 제거한다.

 내비게이션

• ① 정화화된 매입의 인식과 마찬가지로 정형화된 매도의 경우도 매매일 또는 결제일에 제거한다.(전술한 '금융자산 범위·분류·인식' 참조!)

⑤ 양도자가 매도한 금융자산을 재매입시점의 '공정가치로 재매입'할 수 있는 권리를 보유하고 있는 경우에 위험과 보상의 대부분이 이전된 것으로 보아 금융자산을 제거하며, 단순한 재매입약정은 금융자산에 대한 권리를 양도하였다고 할 수 없으므로 금융자산을 계속 인식한다.

2. 다음 금융자산 제거의 회계처리에 대한 설명 중 옳지 않은 것은?

① 양도자가 금융자산의 소유에 따른 위험과 보상의 대부분을 이전하면, 당해 금융자산을 제거하고 양도함으로써 발생하거나 보유하게 된 권리와 의무를 각각 자산과 부채로 인식한다.

② 양도자가 금융자산의 소유에 따른 위험과 보상의 대부분을 보유하면, 당해 금융자산을 계속하여 인식한다.

③ 양도자가 금융자산의 소유에 따른 위험과 보상의 대부분을 소유하지도 아니하고 이전하지도 아니한 상태에서, 양도자가 금융자산을 통제하고 있다면 당해 금융자산을 제거하고 양도함으로써 발생하거나 보유하게 된 권리와 의무를 각각 자산과 부채로 인식한다.

④ 양도자가 양도자산을 통제하고 있는지 여부는 양수자가 그 자산을 매도할 수 있는 실질적인 능력을 가지고 있는지 여부에 따라 결정한다.

⑤ 금융자산 전체가 제거 조건을 충족하는 양도로 금융자산을 양도하고, 수수료를 대가로 해당 양도자산의 관리용역을 제공하기로 한다면, 관리용역제공계약과 관련하여 자산이나 부채를 인식한다.

 내비게이션

• 양도자가 금융자산의 소유에 따른 위험과 보상의 대부분을 소유하지도 아니하고 이전하지도 아니한 상태에서, 양도자가 금융자산을 통제하고 있다면 당해 금융자산에 대하여 지속적으로 관여하는 정도까지 당해 금융자산을 계속하여 인식한다.

3. 다음은 금융자산의 제거와 관련된 회계처리를 설명한 것이다. 옳지 않은 것은?

① 양도자가 금융자산의 소유에 따른 위험과 보상의 대부분을 보유하지도 않고 이전하지도 아니하였지만 양도자가 당해 금융자산을 통제하지 못할 경우에는 당해 금융자산을 제거하고 양도함으로써 발생하거나 보유하게 된 권리와 의무를 각각 자산과 부채로 인식한다.

② 금융자산은 실제로 현금이 회수되거나 손상되어 계약상의 권리가 소멸한 경우에는 금융상품을 직접 제거한다.

③ 제거조건을 만족하는 금융자산의 양도의 경우 당해 금융자산을 직접 제거하되, 양도로 인하여 새로 발생하거나 보유하게 된 권리와 의무를 각각 자산과 부채로 인식한다.

④ 양도자가 금융자산의 소유에 따른 위험과 보상의 대부분을 보유하지도 않고 이전하지도 아니하였으며 양도자가 통제하고 있는 부분의 경우 당해 금융자산에 대하여 지속적으로 관여하는 정도까지는 당해 금융자산을 계속하여 인식한다.

⑤ 양도자가 양도자산의 소유에 따른 위험과 보상의 대부분을 보유하고 있기 때문에 양도자산이 제거되지 않는다면 그 양도자산 전체를 계속하여 인식하며 수취한 대가를 금융부채로 인식한다. 이 경우 양도자는 후속기간에 양도자산에서 발생하는 수익과 금융부채에서 발생하는 비용은 부담하지 않는다.

 내비게이션

• 양도자가 양도자산의 소유에 따른 위험과 보상의 대부분을 보유하고 있기 때문에 양도자산이 제거되지 않는다면, 그 양도자산 전체를 계속하여 인식하며 수취한 대가를 금융부채로 인식한다. 또한, 양도자는 후속기간에 양도자산에서 발생하는 모든 수익과 금융부채에서 발생하는 모든 비용을 인식한다.

제1편 Mainplot [주요논제]

제2편 Subplot [특수논제]

함보부록1 기출유형별 필수문제

함보부록2 실전적중모의고사

3P

3P

3D

3P

FINAL

POTENTIALITY
PASSION
PROFESSION

3P는 여러분의 무한한 잠재적 능력과
반드시 성취하겠다는 열정을 토대로 전
문가의 길로 나아가는 세무라이선스 파
이널시리즈의 학습 정신입니다.

수험생 여러분의 합격을 응원합니다.

[한권으로끝장]

FINAL

Certified IFRS Manager

제2편

Subplot[특수논제]

시험중요도 ★★★

이론과기출 제153강 ○ 보고기간후사건 **보고기간후사건과 F/S수정**

	보고기간후 사건	•보고기간말과 재무제표 발행승인일 사이에 발생한 유리하거나 불리한 사건 말장난 보고기간말과 재무제표 공시일 사이에 발생한 유리하거나 불리한 사건(X)		
	유형	① 수정을 요하는 사건 : 보고기간말 존재상황에 대해 증거를 제공하는 사건 ② 수정을 요하지않는 사건 : 보고기간후에 발생한 상황을 나타내는 사건		
의의	재무제표 발행승인일	F/S 발행후 주주에게 승인을 받기 위해 제출하는 경우 (=이사회가 F/S를 검토후 발행승인한 경우)	•F/S를 발행한날(=이사회가 발행승인한날) •주의 주주가 재무제표를 승인한날이 아님.
		경영진이 별도 감독이사회의 승인을 얻기위해 F/S를 발행하는 경우	•경영진이 감독이사회에 제출키 위해 승인한날

▶ 사례 **재무제표의 발행승인일**

❋ 20x1년 12월 31일로 종료되는 회계연도의 재무제표와 관련된 일련의 사건들이다.

20x2년 02월 28일	•경영진이 20x1년도 재무제표 초안을 완성
20x2년 03월 18일	•이사회는 동 재무제표를 검토하고 발행하도록 승인
20x2년 03월 19일	•기업의 이익과 선별된 다른 재무정보를 발표
20x2년 04월 01일	•주주와 그 밖의 이용자가 재무제표를 이용할수 있게 됨
20x2년 05월 15일	•정기주주총회에서 해당 재무제표를 승인
20x2년 05월 17일	•재무제표를 감독기관에 제출

풀이

•재무제표 발행승인일 : 20x2년 3월 18일(이사회가 발행을 승인한 날)

❖재무제표에 이미 인식한 금액은 수정하고, 인식하지 아니한 항목은 새로 인식함.

	소송사건 확정	•보고기간말 존재 현재의무가 보고기간후 소송사건 확정에 의해 확인되는 경우
수정필요 사건	손상발생과 수정	•보고기간말에 이미 자산손상이 발생되었음을 나타내는 정보를 보고기간후에 입수하는 경우나 이미 손상차손을 인식한 자산에 대하여 손상차손금액의 수정이 필요한 정보를 보고기간후에 입수하는 경우 ➡예 • 보고기간후 매출처파산은 보고기간말의 매출채권에 손실(고객의 신용이 손상)이 발생하였음을 확인하는 추가적인 정보임. • 보고기간후의 재고자산 판매는 보고기간말의 순실현가능가치에 대한 증거를 제공할수 있음.
	자산대가등 결정	•보고기간말 이전에 구입한 자산의 취득원가나 매각한 자산의 대가를 보고기간후에 결정하는 경우
	종업원지급액 확정	•보고기간말 이전사건의 결과로서 보고기간말에 종업원에게 지급해야할 법적의무나 의제의무가 있는 이익분배·상여금지급액을 보고기간후에 확정하는 경우
	부정·오류발견	•재무제표가 부정확하다는 것을 보여주는 부정이나 오류를 발견한 경우

❖재무제표에 인식된 금액을 수정하지 않음.

	대표사례	•보고기간말과 재무제표 발행승인일 사이의 투자자산의 공정가치 하락
수정불요 사건	이유	•공정가치의 하락은 일반적으로 보고기간말의 상황과 관련된 것이 아니라 보고기간후에 발생한 상황이 반영된 것이므로 그 투자자산에 대해서 재무제표에 인식된 금액을 수정하지 아니함.

객관식 확인학습 ⬤━ **이론적용연습**

1. 다음 중 보고기간말에 존재하였던 상황에 대해 증거를 제공하는 사건 즉, 수정을 요하는 보고기간후사건이 아닌 것은 어느 것인가?

① 보고기간말에 이미 자산손상이 발생되었음을 나타내는 정보를 보고기간 후에 입수하는 경우나 이미 손상차손을 인식한 자산에 대하여 손상차손금액의 수정이 필요한 정보를 보고기간 후에 입수하는 경우

② 보고기간말 이전에 구입한 자산의 취득원가나 매각한 자산의 대가를 보고기간 후에 결정하는 경우

③ 보고기간말과 재무제표 발행승인일 사이에 투자자산의 공정가치 하락한 경우

④ 보고기간말 이전 사건의 결과로서 보고기간말에 종업원에게 지급하여야 할 법적 의무나 의제의무가 있는 이익분배나 상여금지급 금액을 보고기간 후에 확정하는 경우

⑤ 보고기간말에 존재하였던 현재의무가 보고기간 후에 소송사건의 확정에 의해 확인되는 경우

• 공정가치의 하락은 일반적으로 보고기간말의 상황과 관련된 것이 아니라 보고기간 후에 발생한 상황이 반영된 것이다. 따라서 그 투자자산에 대해서 재무제표에 인식된 금액을 수정하지 아니한다.

2. 다음은 보고기간후사건에 대한 회계처리의 예이다. 올바르지 않은 것은(단, 보고기간말은 20x1.12.31, 이사회가 재무제표를 발행 승인한 날은 20x2.3.10이라고 가정한다)?

① 20x1년 12월 31일 공정가치로 평가한 당기손익인식금융자산의 시장가치가 20x2년 1월 20일 급격히 하락하여 추가적인 평가손실을 20x1년 재무제표에 인식하였다.

② 20x2년 2월 10일에 순실현가능가치 미만의 가격으로 재고자산을 판매하여 이미 인식한 20x1년 말 현재의 순실현가능가치 금액을 수정하였다.

③ 20x1년 5월부터 진행중이던 소송의 결과가 20x2년 1월에 확정되어 이미 인식한 손실금액과의 차이를 20x1년 재무제표에 추가로 인식하였다.

④ 20x1년 12월 2일에 취득한 기계장치의 취득원가가 20x2년 1월 10일 확정되어 이미 인식한 20x1년 말 현재의 해당 기계장치의 금액을 수정하였다.

⑤ 20x2년 2월 중에 재무제표가 부정확하다는 것을 보여주는 부정이나 오류를 발견하였다.

• 투자자산의 공정가치 하락은 수정을 요하지 않는 사건이다.

3. 다음은 보고기간후사건에 대한 설명이다. 가장 타당한 설명은 어느 것인가?

① 보고기간후 사건이란 보고기간말과 재무제표 작성일 사이에 발생한 유리하거나 불리한 사건을 말한다.

② 보고기간후 사건이란 보고기간말과 재무제표 발행승인일 사이에 발생한 유리하거나 불리한 사건으로 반드시 당기 재무제표에 반영하여야 한다.

③ 보고기간후의 재고자산 판매로 보고기간말의 순실현가능가치 변동에 대한 증거를 제공할 수 있는 경우라 하더라도 이는 보고기간후 발생한 상황의 반영이므로 해당 재고자산에 대해 재무제표에 인식된 금액을 수정하지 아니한다.

④ 보고기간후사건은 이익이나 선별된 재무정보를 공표한 후에 발생하였더라도, 재무제표 발행승인일까지 발생한 모든 사건을 포함한다.

⑤ 보고기간말 현재 존재하는 공정가치 측정 금융자산이 보고기간후에 피투자회사의 재무상태 악화로 공정가치가 현저히 하락한 경우는 수정을 요하는 보고기간후 사건이다.

• ① 재무제표 작성일(X) → 재무제표 발행승인일(O)
② 보고기간후 사건 중 보고기간말에 존재하였던 상황에 대해 증거를 제공하는 사건만 당해연도 재무제표를 수정한다.
③ 수정을 요하는 경우이다.
⑤ 투자자산의 공정가치 하락은 수정을 요하지 않는 사건이다.

서술형Correction연습

▢ 보고기간후사건이란 보고기간말과 재무제표 발행승인일 사이에 발생한 유리한 사건만을 말한다.

➡ (X) : 유리하거나 불리한 사건을 말한다.

▢ 보고기간후 사건이란 보고기간말과 재무제표 공시일 사이에 발생한 유리하거나 불리한 사건을 말한다.

➡ (X) : 재무제표 공시일(X) → 재무제표 발행승인일(O)

▢ 재무제표를 발행한 이후에 주주에게 승인을 받기 위하여 제출하는 경우 재무제표 발행승인일은 주주가 재무제표를 승인한 날이다.

➡ (X) : 주주가 재무제표를 승인한 날(X) → 재무제표를 발행한 날(O)

제1편 Mainplot [주요논제]

제2편 Subplot [특수논제]

합본부록1 기출유형별 필수문제

합본부록2 실전적중모의고사

시험중요도 ★★☆

이론과기출 제154강 ◯ 보고기간후사건과 배당금등

배당금

❖보고기간후에 지분상품 보유자에 대해 배당을 선언한 경우, 그 배당금을 보고기간말의 부채(미지급배당금)로 인식하지 아니함.
➡ ∵보고기간 후부터 재무제표 발행승인일전 사이에 배당을 선언한 경우, 보고기간말에 어떠한 의무도 존재하지 않으므로 보고기간말에 부채로 인식하지 아니함. 그러한 배당금은 기업회계기준서 제1001호 '재무제표 표시'에 따라 공시함.

구분	종전 GAAP	현행 K-IFRS
보고기간말	(차) 이익잉여금 xxx (대) 미지급배당금 xxx	– 회계처리 없음 –
지급일	(차) 미지급배당금 xxx (대) 현금 xxx	(차) 이익잉여금 xxx (대) 현금 xxx

•주의 따라서, 보고기간말 재무상태표 이익잉여금은 이익잉여금금처분전의 재무상태를 표시함.

계속기업

재무제표작성
•경영진이 보고기간 후에 청산·경영활동중단의도를 가지고 있거나, 청산·경영활동중단 외에 다른 대안이 없다고 판단시는 계속기업기준에따라 F/S를 작성해서는 안됨.
➡ 보고기간 후에 영업성과와 재무상태가 악화된다는 사실은 계속기업가정이 여전히 적절한지를 고려할 필요가 있다는 것을 나타낼 수 있음.
➡ 만약 계속기업의 가정이 더 이상 적절하지 않다면 그 효과가 광범위하게 미치므로, 단순히 원래의 회계처리방법 내에서 이미 인식한 금액을 조정하는 정도가 아니라 회계처리방법을 근본적으로 변경해야 함.

공시
•재무제표가 계속기업의 기준하에 작성되지 않은 경우
•계속기업으로서의 존속능력에 대해 유의적인 의문이 제기될수 있는 사건이나 상황과 관련된 중요한 불확실성을 경영진이 알게 된 경우

공시

발행승인일
•재무제표의 발행승인일과 승인자를 공시함.
•재무제표 발행후에 소유주등이 재무제표를 수정할 권한이 있다면 그 사실을 공시함.

공시내용수정
•보고기간말에 존재하였던 상황에 대한 정보를 보고기간후에 추가로 입수한 경우에는 그 정보를 반영하여 공시내용을 수정함.
➡ 예 보고기간말에 존재하였던 우발부채에 관하여 보고기간 후에 새로운 증거를 입수한 경우에는 이를 반영하여 우발부채에 관한 공시 내용을 수정함.

수정불요사건 공시
•수정불요 보고기간후 사건으로 중요한 것은 그 범주별로 다음사항을 공시함.

- 사건의 성격과
- 사건의 재무적영향에 대한 추정치 또는 그러한 추정불가시 이에 대한 설명

•수정불요 보고기간후 사건으로서, 일반적으로 공시하게 되는 예는 다음과 같음.

① 보고기간후에 발생한 주요 사업결합 또는 주요 종속기업의 처분
② 영업중단 계획의 발표
③ 자산의 주요 구입, '매각예정비유동자산과 중단영업'에 따라 자산을 매각예정으로 분류, 자산의 기타 처분, 정부에 의한 주요 자산의 수용
④ 보고기간후에 발생한 화재로 인한 주요 생산설비의 파손
⑤ 주요한 구조조정계획의 공표나 이행착수
⑥ 보고기간후에 발생한 주요한 보통주 거래와 잠재적보통주 거래
⑦ 보고기간후에 발생한 자산 가격이나 환율의 비정상적 변동
말장난 정상적 변동(X)
⑧ 당기법인세 자산·부채 및 이연법인세자산·부채에 유의적인 영향을 미치는 세법이나 세율에 대한 보고기간후의 변경 또는 변경 예고
⑨ 유의적인 지급보증등에 의한 우발부채의 발생이나 유의적인 약정의 체결
⑩ 보고기간후에 발생한 사건에만 관련되어 제기된 주요한 소송의 개시

객관식 확인학습  이론적용연습

1. 다음 중 보고기간후사건에 관한 설명 중 가장 옳은 것은?

① 보고기간 후에 기업의 청산이 확정되었더라도 재무제표는 계속기업의 기준에 기초하여 작성하고 청산 관련 내용을 주석에 기재한다.
② 보고기간 후에 배당을 선언한 경우. 그 배당금을 보고기간말의 부채로 인식하지 않는다.
③ 보고기간말 이전에 계류중인 소송사건이 보고기간후에 확정되어 금액수정을 요하는 경우 재무제표의 수정이 불필요하다.
④ 보고기간후사건이란 보고기간말과 재무제표 발행승인일 사이에 발생한 유리한 사건만을 말한다.
⑤ 보고기간후에 발생한 주요 사업결합 또는 주요 종속기업의 처분은 수정을 요하는 보고기간후사건으로 공시한다.

 내비게이션
• ① 보고기간 후에 기업의 청산이 있는 경우 계속기업의 기준하에 재무제표를 작성해서는 안되며, 이 경우 이를 공시한다.
③ 재무제표를 수정할 필요가 있는 사건에 해당한다.
④ 유리하거나 불리한 사건을 말한다.
⑤ 수정을 요하지 않는 보고기간후 사건으로 공시한다.

2. 다음 중 수정을 요하지 않는 보고기간후사건으로서 일반적으로 공시대상에 해당하지 않는 것은?

① 유의적인 지급보증 등에 의한 우발부채의 발생이나 유의적인 약정의 체결
② 보고기간 후에 발생한 사건에만 관련되어 제기된 주요한 소송의 개시
③ 보고기 간 후에 발생한 화재로 인한 주요 생산 설비의 파손
④ 보고기간 후에 발생한 자산 가격이나 환율의 정상적 변동
⑤ 당기법인세 자산과 부채 및 이연법인세 자산과 부채에 유의적인 영향을 미치는 세법이나 세율에 대한 보고기간 후의 변경 또는 변경 예고

 내비게이션
• 정상적 변동(X) → 비정상적 변동(O)

3. 다음은 보고기간후사건에 대한 설명이다. 가장 옳지 않은 설명은 어느 것인가?

① 재무제표의 발행승인일과 승인자를 공시한다. 재무제표 발행 후에 기업의 소유주 등이 재무제표를 수정할 권한이 있다면 그 사실을 공시한다.
② 보고기간 후의 매출처 파산은 일반적으로 보고기간말의 매출채권에 손실이 발생하였음을 확인하는 추가적인 정보이므로 매출채권의 장부금액을 수정할 필요가 있다.
③ 보고기간 후에 영업성과와 재무상태가 악화된다는 사실은 계속기업가정이 여전히 적절한지를 고려할 필요가 있다는 것을 나타낼 수 있다. 만약 계속기업의 가정이 더 이상 적절하지 않다면 그 효과가 광범위하게 미치므로, 단순히 원래의 회계처리방법 내에서 이미 인식한 금액을 조정하는 정도가 아니라 회계처리방법을 근본적으로 변경해야 한다.
④ 보고기간말에 존재하였던 상황에 대한 정보를 보고기간 후에 추가로 입수한 경우에는 그 정보를 반영하여 공시 내용을 수정한다.
⑤ 보고기간후에 발생한 주요 사업결합 또는 주요 종속기업의 처분은 공시대상에 해당되지 않는다.

 내비게이션
• 수정을 요하지 않는 보고기간후 사건으로서, 일반적으로 공시하게 되는 예에 해당한다.

서술형Correction연습

☐ 보고기간후에 지분상품 보유자에 대해 배당을 선언한 경우 그 배당금을 보고기간말의 부채로 인식한다.

➡ (X) : 보고기간말의 부채로 인식하지 아니한다.

☐ 보고기간 후에 발생한 자산 가격이나 환율의 정상적 변동은 수정을 요하지 않는 보고기간후사건으로서 일반적으로 공시대상에 해당한다.

➡ (X) : 정상적 변동(X) → 비정상적 변동(O)

Answer   1. ②   2. ④   3. ⑤

시험중요도 ★★☆

이론과기출 제155강 ○ 복합금융상품 전환사채·신주인수권부사채 개요

전환사채 장점	투자자 입장	•주가가 상승할 경우 주식으로 전환하여 이득을 볼수 있음. •주가가 하락하더라도 사채로부터 확정이자를 받을 수 있음.	
	회사 입장	•전환사채가 전환되면 부채가 자본으로 대체되므로 재무구조 개선효과가 있음. •액면이자율을 낮추어 발행할수 있으므로 낮은 금융비용을 부담하게 됨. 참고 ∴표시이자율(액면이자율) 〈 보장수익률 〈 유효이자율	

		전환사채	신주인수권부사채
차이점		•전환권이 행사되면 자본금이 증가하고 부채(사채)가 소멸함. 주의 ∴전환전의 부채·자본 합계액은 전환후 부채·자본 합계액과 동일함.	•신주인수권이 행사되면 자본금은 증가하나 부채(사채)는 그대로 유지됨. 주의 ∴행사전의 부채·자본 합계액보다 행사후 부채·자본 합계액이 더 큼.
		•전환권이 행사되어도 자산에는 영향이 없음.	•신주인수권이 행사되면 현금납입이 있으므로 자산이 증가함.

전환사채 용어정의	상환할증금	•만기까지 전환되지 않은 경우 그 액면에 추가로 지급되는 금액 ➡상환할증금은 전환사채에 가산하는 형식으로 기재함.	
	현재가치	•원리금과 상환할증금을 전환권이 없는 일반사채 유효이자율로 할인한 금액 주의 상각표 작성시 전환권없는 일반사채 유효이자율 사용함.	
	전환권대가 (전환권가치)	•전환권대가 = 발행금액 – 현재가치 ➡전환권대가는 자본 가산항목임.	
	전환권조정	•전환권조정 = 전환권대가 + 상환할증금 ➡전환권조정은 전환사채에서 차감하는 형식으로 기재함. ➡유효이자율법으로 상각하여 이자비용으로 처리함. 주의 액면상환조건시는 '전환권조정=전환권대가'임.	

전환사채 회계처리 (액면발행시)	발행시	(차) 현금 xxx (차) 전환권조정 xxx	(대) 전환사채(액면=발행가) xxx (대) 전환권대가(발행가-현가) xxx 상환할증금 xxx
	이자지급	(차) 이자비용 xxx	(대) 현금(액면이자) xxx 전환권조정(상각액) xxx

	전환시	(차) 전환사채 xxx
		    상환할증금 xxx
		    전환권대가 xxx
			(대) 전환권조정(미상각액) xxx
			    자본금 xxx
			    주식발행초과금(대차차액) xxx

		참고 전환권대가(신주인수권대가)의 다른 자본(주발초) 대체는 임의조항임.(기업자율)	
	상환시	(차) 전환사채 xxx 상환할증금 xxx	(대) 현금 xxx

신주인수권부 사채	❖전환권대가는 신주인수권대가, 전환권조정은 신주인수권조정이라는 용어를 사용하며, 신주인수권이 행사되면 부채의 감소없이 현금납입액을 인식하고, 신주인수권이 행사되어도 계속 사채이므로 이자비용은 사채 전체분에 대하여 인식함. 그 외는 전환사채의 회계처리와 동일함.	

	행사시	(차) 현금 xxx
		    상환할증금 xxx
		    신주인수권대가 xxx
			(대) 신주인수권조정(미상각액) xxx
			    자본금 xxx
			    주식발행초과금(대차차액) xxx

객관식 확인학습 · 이론적용연습

1. 전환사채 회계처리에 관한 설명으로 옳지 않은 것은?

① 전환사채 발행자는 재무상태표에 부채요소와 자본요소를 분리하여 표시한다.

② 전환조건이 변경되면 발행자는 '변경된 조건에 따라 전환으로 보유자가 수취하게 되는 대가의 공정가치'와 '원래의 조건에 따라 전환으로 보유자가 수취하였을 대가의 공정가치'의 차이를 조건이 변경되는 시점에 당기손익으로 인식한다.

③ 전환사채를 취득하는 경우 만기 이전에 지분상품으로 전환하는 권리인 전환권 특성에 대해 대가를 지급하기 때문에 일반적으로 전환사채는 만기보유하는 금융상품이 아니다.

④ 복합금융상품의 발행과 관련된 거래원가는 배분된 발행금액에 비례하여 부채요소와 자본요소로 배분한다.

⑤ 전환권을 행사할 가능성이 변동하는 경우에는 전환상품의 부채요소와 자본요소의 분류를 수정한다.

내비게이션

• 전환권을 행사할 가능성이 변동하는 경우에도 전환상품의 부채요소와 자본요소의 분류를 수정하지 않는다. 예를 들면 전환으로 생기는 세금효과가 보유자마다 다를 수 있기 때문에 보유자는 예상대로 행동하지 않을 수 있다. 더욱이 전환 가능성은 때에 따라 달라진다. 발행자가 미래에 원리금을 지급할 계약상 의무는 전환, 금융상품 만기의 도래, 그 밖의 거래로 소멸되기 전까지는 미결제된 상태로 유지된다.[기준서1032호 문단30]
*②와 ④는 후술함!

2. 다음 중 전환사채와 관련한 설명으로 옳지 않은 것은?

① 전환사채와 관련한 이자비용은 동일한 조건의 일반사채에 대한 유효이자율을 적용하여 산정한다.

② 상환할증금 지급조건의 경우 보장수익률이 액면이자율보다 높다.

③ 전환사채의 발행가액에는 전환권대가가 포함되어 있다.

④ 전환권대가에 해당하는 부분을 자본으로 인식하지 않고 일반사채와 마찬가지로 전액 부채로 계상한다.

⑤ 최초 인식시점의 자본요소는 자본의 다른 항목으로 대체될 수 있지만 계속하여 자본으로 유지된다.

내비게이션

• 전환권대가는 자본의 가산항목임이다.

3. ㈜합격은 20x1년 1월 1일에 액면금액 ₩1,000,000, 액면이자율 8%, 만기 3년, 매년말 이자지급 조건으로 전환사채를 액면발행하였다. ㈜합격은 해당 전환사채의 전환권이 만기까지 행사되지 않을 경우, ₩66,216의 상환할증금을 지급함으로써 10%의 수익률을 보장한다. ㈜합격의 일반사채에 적용되는 시장이자율이 12%라고 할 경우, 발행일 현재 ㈜합격이 발행하는 전환사채의 전환권대가는 얼마인가? 단, 아래의 현가계수를 사용하고 소수점 첫째 자리에서 반올림한다.

(3기간 기준)	8%	10%	12%
단일금액 ₩1의 현가계수	0.7938	0.7513	0.7118
정상연금 ₩1의 현가계수	2.5771	2.4869	2.4018

① ₩0 ② ₩48,923 ③ ₩49,748
④ ₩95,231 ⑤ ₩96,056

내비게이션

• 현재가치 : 80,000x2.4018+(1,000,000+66,216)x0.7118=951,077
• 전환권대가 : 1,000,000(발행금액)−951,077(현재가치)=48,923

이론과기출 제156강 ◯ 전환사채 발행구조

전환권대가	액면금액	❖상환할증금을 포함한 미래현금흐름을 보장수익률로 할인한 현재가치 ➡∴보장수익률 : '액면금액=상환할증금포함 미래현금흐름의 현재가치'가 되게하는 할인율
		(−) ➡ **'사채발행차금'**
	발행금액	❖일반사채의 가치 + 전환권가치(전환권대가) ❖상환할증금을 포함한 미래현금흐름을 유효이자율로 할인한 현재가치 ➡∴유효이자율 : '발행금액=상환할증금포함 미래현금흐름의 현재가치'가 되게하는 할인율
		(−) ➡ **'전환권대가'**
	현재가치	❖상환할증금을 포함한 미래현금흐름을 전환권 없는 일반사채유효이자율로 할인한 금액 ➡상각표작성시 : 전환권없는 일반사채유효이자율을 사용함.

상환할증금		❖상환할증금 : 보장수익률과 액면이자율의 차이로 발생한 이자차액을 보장수익률로 계산한 미래가치 ➡즉, 보장수익률보다 적게 지급한 이자를 만기에 일시에 지급할 금액
	상환할증금계산	방법❶ • 현가계수가 주어지지 않은 경우 사용함. □ 액면금액 × (보장수익률 − 표시이자율) × (보장수익률, 연금미래가치)
		방법❷ • 현가계수가 주어지는 경우 사용함.(보장수익률의 정의를 이용하여 구함.) □ 액면금액 $= \dfrac{이자}{(1+보장수익률)} + \cdots + \dfrac{이자+원금+X}{(1+보장수익률)^n}$
		방법❸ • 상황할증률이 주어지는 경우 사용함. □ 액면금액 × 상환할증률
	상환할증률	□ 상환할증률 $= \dfrac{상환할증금}{액면금액}$

▶저자주 방법❶과 방법❷에 의할 때 약간의 단수차이가 발생할수 있습니다.

외부공시	전환권대가	• 전환권대가 = 발행금액 − 현재가치
	전환권조정	• 전환권조정 = 전환권대가 + 상환할증금
	액면상환조건	**액면상환조건**

		액면상환조건	
부채		전환사채	×××
		전환권조정	(×××)
		사채할인발행차금	(×××)
기타자본요소		전환권대가	×××

		할증상환조건	
부채		전환사채	×××
		전환권조정	(×××)
		사채할인발행차금	(×××)
		상환할증금	×××
기타자본요소		전환권대가	×××

(상환할증조건)

객관식 확인학습 ▷ 이론적용연습

1. ㈜ABC는 20x1년 1월 1일 액면금액이 ₩1,000,000이며, 상환기일이 20x3년 12월 31일, 만기 3년의 전환사채를 액면발행하였다. 동 사채의 액면이자율은 연 5%로 매년말 이자를 지급한다. 이 전환사채와 동일한 일반사채의 시장이자율은 연 12%이며 만기까지 전환되지 않은 전환사채에 대한 연 보장수익률은 액면금액의 10%이다. 20x1년 1월 1일 전환사채 발행시 계상되는 전환권대가는 얼마인가? 단, 계산과정에서 소수점 이하는 첫째자리에서 반올림한다. 그러나 계산방식에 따라 단수차이로 인해 오차가 있는 경우, 가장 근사치를 선택한다.

3년 기준	5%	10%	12%
단일금액 ₩1 현재가치	0.8638	0.7513	0.7118
정상연금 ₩1 현재가치	2.7232	2.4868	2.4018
정상연금 ₩1 미래가치	3.1525	3.3100	3.3744

① ₩50,307 ② ₩40,307 ③ ₩30,307
④ ₩90,397 ⑤ ₩170,397

📻 낸비게이션
- 상환할증금=1,000,000x(10%−5%)x(1.1²+1.1+1)=165,500
  또는 1,000,000x(10%−5%)x3.3100=165,500
- 현재가치 : 50,000x2.4018+1,165,500x0.7118=949,693
- ∴전환권대가 : 1,000,000−949,693=50,307

- [20x1년 1월 1일 회계처리]
(차) 현금	1,000,000	(대) 전환사채	1,000,000
(차) 전환권조정	215,807	(대) 전환권대가	50,307
		상환할증금	165,500

2. ㈜합격은 20x1년초 다음과 같이 전환사채를 발행하였다. 20x1년초 전환권대가로 ₩118,455을 계상하였다. 20x1년말 재무상태표에 표시되는 전환권조정 잔액은 얼마인가?

(1) 액면금액 : ₩1,000,000	(2) 표시이자율 : 6%
(3) 발행금액 : ₩1,000,000	(4) 보장수익률 : 10%
(5) 일반사채시장이자율 : 15%	
(6) 만기상환금액 : 액면의 113.24%	

① ₩140,995 ② ₩164,983 ③ ₩178,623
④ ₩187,512 ⑤ ₩198,483

📻 낸비게이션
- 1,000,000(액면금액)−현재가치=118,455(전환권대가)에서,
  →현재가치=881,545
- 전환권조정 : 118,455+1,000,000x13.24%=250,855
- 전환권조정상각액 : 881,545x15%−60,000=72,232
- 전환권조정잔액 : 250,855−72,232=178,623

3. ㈜국세는 20x1년 1월 1일에 다음과 같은 조건의 전환사채를 액면발행하였다.

> (1) 액면금액 : ₩1,000,000
> (2) 만기 : 20x5년 12월 31일
> (3) 이자 : 매년 12월 31일에 액면금액의 연 8%를 현금으로 지급
> (4) 전환조건 : 전환사채발행시점부터 1개월 경과 후 만기시점까지 전환청구 가능. 전환가격은 사채 액면금액 ₩5,000당 보통주(주당액면 ₩5,000) 1주로 전환가능
> (5) 전환사채를 중도에 전환하지 않고 만기까지 보유한 경우 사채 액면금액의 105%를 지급함.
> (6) 전환사채발행시점의 유효이자율은 연 10%임.

동 전환사채 발행 직전 ㈜국세의 자산총액은 ₩10,000,000, 부채총액은 ₩6,000,000이었다. 동 전환사채 발행 직후 ㈜국세의 부채비율(부채÷자본)은 얼마인가? 단, 현가계수는 아래의 표를 이용한다. 부채비율은 소수점 셋째자리에서 반올림하며, 단수차이로 인한 오차가 있으면 가장 근사치를 선택한다.

기간	기간말 단일금액 ₩1의 현재가치		정상연금 ₩1의 현재가치	
	8%	10%	8%	10%
1	0.92593	0.90909	0.92593	0.90909
2	0.85734	0.82645	1.78327	1.73554
3	0.79383	0.75131	2.57710	2.48685
4	0.73503	0.68302	3.31213	3.16987
5	0.68058	0.62092	3.99271	3.79079

① 1.22 ② 1.48 ③ 1.50
④ 1.64 ⑤ 1.72

📻 낸비게이션
- 발행직전 자본총액 : 10,000,000−6,000,000=4,000,000
- 현재가치 : 80,000x3.79079+1,050,000x0.62092=955,229
- 전환권대가 : 1,000,000−955,229=44,771
- 전환권조정 : 50,000+44,771=94,771
- 부채증가 : 955,229(현가=장부금액)
  →또는, 1,000,000−94,771+50,000=955,229
- 자본증가 : 44,771(전환권대가)
- 발행직후 부채비율 : $\frac{6,000,000+955,229}{4,000,000+44,771} ≒ 1.72$

참고 회계처리

20x1.1.1	(차) 현금	1,000,000	(대) 전환사채	1,000,000
	(차) 전환권조정	94,771	(대) 전환권대가	44,771
			상환할증금	50,000

Answer 1. ① 2. ③ 3. ⑤

이론과기출 제157강 ⊂ 전환사채 상환할증금 계산등

세부고찰 I

 사례   상환할증금 계산①

☺ (주)불닭은 만기 3년, 액면금액 ₩200,000의 전환사채를 20x1년초에 액면발행하였다. 동 전환사채의 표시이자율은 연 6%이며, 이자지급일은 매년 12월 31일이다. 동 전환사채는 20x2년 1월 1일부터 주식으로 전환이 가능하며 전환권을 행사하지 않는다면 만기에 일정금액의 상환할증금이 추가로 지급된다. 사채의 만기보장수익률이 연 10%일 경우, 상환기일에 액면금액의 몇%를 일시 상환해야 하는가?

풀이

• 상환할증금 계산
  – $200,000 \times (10\%-6\%) \times (1.1^2+1.1+1)=26,480$
  ∴ $(200,000+26,480)/200,000=113.24\%$

세부고찰 II

 사례   상환할증금 계산②

☺ (주)쌈닭은 20x1년 1월 1일에 ₩1,000,000의 3년 만기 전환사채를 액면발행하였다. 동 사채의 이자지급일은 매년말이며, 표시이자율은 10%, 보장수익률이 12%라 할 때 상환할증률은 얼마인가?

기간	12%	
	단일금액 ₩1의 현재가치계수	정상연금 ₩1의 현재가치계수
1	0.8929	0.8929
2	0.7972	1.6901
3	0.7118	2.4018

풀이

• $1,000,000=100,000 \times 0.8929+100,000 \times 0.7972+(100,000+1,000,000+X) \times 0.7118$에서,
  → X(상환할증금)=67,449

  ∴ 상환할증률 : $\dfrac{67,449}{1,000,000}=6.7449\%$

*[별해]$(12\%-10\%) \times (1.12^2+1.12+1)=6.7449\%$

세부고찰 III

사례   전환권대가와 전환권조정 계산

☺ (주)오바마는 20x1년 1월 1일에 다음과 같은 조건의 전환사채를 발행하였다. 전환사채 발행시 전환권대가와 전환권조정과목으로 인식될 금액을 각각 계산하면 얼마인가?

(1) 액면금액 ₩1,000,000, 표시이자율 4%
(2) 발행금액 ₩1,000,000, 매연도말 이자지급
(3) 일반사채시장이자율 10%
(4) 만기 20x3년 12월 31일, 만기보장수익률 8%

기간	단일금액 ₩1의 현재가치계수		정상연금 ₩1의 현재가치계수	
	8%	10%	8%	10%
n=3	0.7938	0.7513	2.5771	2.4868

풀이

• 상환할증금 : $1,000,000 \times (8\%-4\%) \times (1.08^2+1.08+1)=129,856$
• 현재가치 : $40,000 \times 2.4868+1,129,856 \times 0.7513=948,333$
• 전환권대가 : $1,000,000-948,333=51,667$
• 전환권조정 : $129,856+51,667=181,523$

객관식 확인학습 이론적용연습

1. 다음 중 전환사채에 대한 설명으로 가장 옳지 않은 것은?

① 전환사채는 일반사채와 전환권의 두 가지 요소로 구성되는 복합적 성격을 지닌 금융상품이다.
② 전환사채는 전환사채보유자의 요구에 따라 주식으로 전환할 수 있는 권리가 내재되어 있어 일반적으로 일반사채보다 표면금리가 낮게 책정되어 발행된다.
③ 상환할증금지급조건의 전환사채는 발행시점에 상환할증금을 인식한다.
④ 전환사채의 전환권이 행사되면 자산이 증가한다.
⑤ 금융상품의 구성요소를 분리하여 인식하는 최초인식시점에는 어떠한 손익도 발생하지 않는다.

 내비게이션
• 전환권이 행사되어도 자산에는 영향이 없다.

2. ㈜합격은 20x1년 1월 1일 액면금액 ₩1,000,000인 전환사채(표시이자율 6%, 이자지급일은 매년말, 만기3년)를 액면발행하였다. 동 전환사채의 만기보장수익률은 10%이고, 전환권이 없는 일반사채의 유효이자율은 13%인 경우에 사채상환할증금은 얼마인가?

① ₩109,421   ② ₩132,400   ③ ₩136,276
④ ₩145,640   ⑤ ₩153,992

 내비게이션
• $1,000,000 \times (10\%-6\%) \times (1.1^2+1.1+1)=132,400$

3. ㈜합격은 20x1년초에 3년 만기의 전환사채 ₩3,000,000을 액면발행하였다. 표시이자율은 4%이고, 이자는 매년말 지급된다. 이 전환사채의 보장수익률은 6%이며, 유효이자율은 8%이다. 전환사채 발행금액 ₩10,000당 액면 ₩5,000짜리 보통주 1주를 교부하며, 전환기간은 발행 후 6개월 경과일로부터 만기일 3개월 전까지이다. ㈜합격의 20x1년말 이자비용은 얼마인가? 단, 8%, 3기간 현재가치계수와 연금현재가치계수는 각각 0.79383, 2.5771이다.

① ₩170,543   ② ₩202,650   ③ ₩215,259
④ ₩227,390   ⑤ ₩235,981

 내비게이션
• 상환할증금 : $3,000,000 \times (6\%-4\%) \times (1.06^2+1.06+1)=191,016$
• 현재가치 : $120,000 \times 2.5771 + 3,191,016 \times 0.79383 = 2,842,376$
• 이자비용 : $2,842,376 \times 8\% = 227,390$

4. ㈜합격은 20x1년 1월 1일에 다음과 같은 조건의 전환사채를 액면발행하였다.

(1) 액면금액 : ₩1,000,000
(2) 만기 : 20x4년 12월 31일
(3) 이자 : 매년 12월 31일에 액면금액의 연 2%를 현금으로 지급
(4) 전환조건 : 전환사채발행시점부터 1개월 경과 후 만기시점까지 전환청구 가능.
(5) 전환사채 보유자가 전환권을 행사하지 않는다면 ㈜합격은 보유자에게 만기까지 연 6%의 수익률을 보장한다.
(6) 사채발행일에 전환권이 부여되지 않은 일반사채의 시장이자율은 연 8%이다.

전환사채의 상환기간 중 전환된 금액이 ₩600,000이라고 할 때 전환사채의 만기일에 액면이자를 제외하고 상환할 금액을 계산하면 얼마인가? 단, 계산과정에서 소수점 이하는 첫째자리에서 반올림하며, 단수차이로 인한 오차가 있으면 가장 근사치를 선택한다.

① ₩400,000   ② ₩469,994   ③ ₩704,991
④ ₩1,000,000   ⑤ ₩1,174,985

내비게이션
• 상환할증금=$1,000,000 \times (6\%-2\%) \times (1.06^3+1.06^2+1061+1)=174,985$
• 만기상환액 : 액면과 상환할증금의 미전환비율 해당액을 지급한다.
 → $1,000,000 \times 40\% + 174,985 \times 40\% = 469,994$

| (차) 전환사채 | 400,000 | (대) 현금 | 469,994 |
| 상환할증금 | 69,994 | | |

시험중요도 ★★★

이론과기출 제158강 ◯ 전환사채 액면발행

계산절차 상환할증금➡ 현재가치➡ 전환권대가➡ 전환권조정➡ 전환권조정상각표➡ 이자비용/전환/상환처리

▼**사례** **전환사채 액면발행(할증상환조건 : 액면의 116.87%) 회계처리**

✿20x1년초에 액면(₩1,000,000)발행, 표시이자율 6%, 전환가격은 액면 ₩400당 보통주 1주(액면 ₩100) 상환기일 20x3년말, 일반사채유효이자율 12%, 20x3년초 액면 ₩400,000의 전환청구를 받음.

풀이

1. 현재가치 : 60,000 × (3년, 12%연금현가) + 1,168,700 × (3년,12%현가) = 975,989
2. 전환권대가 : 1,000,000 − 975,989 = 24,011
3. 전환권조정 : 상환할증금(1,000,000×16.87%=168,700) + 전환권대가(24,011) = 192,711

전환권조정상각표				
일자	유효이자(12%)	액면이자(6%)	상각액	장부금액
20x1년초				975,989
20x1년말	117,119	60,000	57,119	1,033,108
20x2년말	123,973	60,000	63,973	1,097,081
20x3년말	131,619(단수조정)	60,000	71,619	1,168,700

회계처리

발행 [20x1년초]	(차) 현금 (차) 전환권조정	1,000,000 192,711	(대) 전환사채 (대) 전환권대가 상환할증금	1,000,000 24,011 168,700	–
이자 [20x1년말] [20x2년말]	(차) 이자비용 (차) 이자비용	117,119 123,973	(대) 현금 전환권조정 (대) 현금 전환권조정	60,000 57,119 60,000 63,973	–
전환 [20x3년초]	(차) 전환사채 상환할증금 전환권대가	400,000 67,480[2] 9,604[3]	(대) 전환권조정 자본금 주발초	28,648[1] 100,000[4] 348,436	[1]71,619×40% [2]168,700×40% [3]24,011×40% [4](400,000÷400)×100
상환 [20x3년말]	(차) 이자비용 (차) 전환사채 상환할증금	78,971[5] 600,000 101,220[8]	(대) 현금 전환권조정 (대) 현금	36,000[6] 42,971[7] 701,220	[5]131,619×60% [6]60,000×60% [7]71,619×60% [8]168,700×60%

▶**주의** ① 상환금액 / 상환시점 현금지급액을 물으면? 701,220 / 36,000(액면이자)+701,220=737,220
② 전환으로 인한 기타자본요소변동액을 물으면? 9,604 감소(전환권대가), 348,436 증가(주발초)

고속철

❑ 전환시 회계처리

(차) 전환사채(장부가) 1,097,081×40%=438,832 (대) 자본금 100,000
 전환권대가 24,011×40%=9,604 주발초 348,436

❑ 전환시 자본증가액 : 자본금(100,000)+주발초(348,436)−전환권대가(9,604)
❑ 상환금액 : 미전환분액면금액(600,000)+미전환분상환할증금(101,220)
❑ 액면발행의 경우 미전환시 총이자비용 : 총전환권조정+총액면이자
 ➡할인발행시는 총사발차를 가산, 할증발행시는 총사할증을 차감함.
❑ 기말 전환사채 장부금액 : 기말시점 이후 미래현금흐름의 현가

객관식 확인학습 ◯ **이론적용연습**

1. ㈜한국은 20x1년 1월 1일에 3년 만기의 전환사채 ₩1,000,000을 액면발행했다. 전환사채의 표시이자율은 연 10%이고, 이자는 매년 말에 지급한다. 전환사채는 20x1년 7월 1일부터 보통주로 전환이 가능하며, 사채액면 ₩10,000당 1주의 보통주(주당액면 ₩5,000)로 전환될 수 있다. 사채발행일에 전환권이 부여되지 않은 일반사채의 시장이자율은 연 15%이다. 20x2년 1월 1일에 전환사채의 70%가 전환되었다면 동 전환거래로 인하여 ㈜한국의 자본총액은 얼마나 증가하는가? 단, 사채발행과 관련한 거래비용은 없으며, 현가계수는 아래 표를 이용하라. 또한 계산금액은 소수점 첫째자리에서 반올림하며, 이 경우 단수차이로 인해 약간의 오차가 있으면 가장 근사치를 선택한다. 또한, 전환권대가는 전환시 주식발행초과금으로 대체한다.

기간	기간말 단일금액 ₩1의 현재가치			정상연금 ₩1의 현재가치		
	10%	12%	15%	10%	12%	15%
1	0.9091	0.8929	0.8696	0.9091	0.8929	0.8696
2	0.8264	0.7972	0.7561	1.7355	1.6901	1.6257
3	0.7513	0.7118	0.6575	2.4868	2.4018	2.2832

① ₩350,000 ② ₩527,671 ③ ₩643,085
④ ₩700,000 ⑤ ₩723,011

📢 내비게이션

• 현재가치 : 100,000x2.2832+1,000,000x0.6575=885,820
 →20x1년말 장부금액 : 885,820+(885,820x15%-100,000)=918,693
• 전환권대가(전환권조정) : 1,000,000-885,820=114,180

▶**고속철** 전환시 회계처리

20x2.1.1	(차) 전환사채	643,085[1]	(대) 자본금	350,000[3]
	전환권대가	79,926[2]	주발초	373,011

[1] 918,693x70%=643,085
[2] 114,180x70%=79,926
[3] 70주x5,000=350,000
∴자본총액 증가 : 350,000+373,011-79,926=643,085

▶**참고** 일자별 회계처리

20x1년초	(차) 현금	1,000,000	(대) 전환사채	1,000,000
	(차) 전환권조정	114,180	(대) 전환권대가	114,180
20x1년말	(차) 이자비용	132,873	(대) 현금	100,000
			전환권조정	32,873
20x2.1.1 (전환시)	(차) 전환사채	700,000	(대) 전환권조정	56,915
	전환권대가	79,926	자본금	350,000
			주발초	373,011

2. 다음은 ㈜조선의 복합금융상품과 관련된 자료이다.

(1) 액면금액 : ₩1,000,000
(2) 표시이자율 : 연 5%
(3) 이자지급일 : 매년 12월 31일
(4) 만기일 : 20x3년 12월 31일
(5) 일반사채 시장이자율 : 연 12%

r	단일금액 ₩1의 현재가치			정상연금 ₩1의 현재가치		
	1년	2년	3년	1년	2년	3년
5%	0.9524	0.9070	0.8638	0.9524	1.8594	2.7233
8%	0.9259	0.8573	0.7938	0.9259	1.7833	2.5771
12%	0.8929	0.7972	0.7118	0.8929	1.6901	2.4018

상기 복합금융상품은 상환할증금 미지급조건의 전환사채이며, ㈜조선은 20x1년 1월 1일 상기 전환사채를 액면발행하였다. 전환조건은 전환사채 액면 ₩10,000당 액면 ₩5,000의 보통주 1주를 교부하는 것이다. 20x2년 1월 1일 전환사채의 일부가 보통주로 전환되었으며, 나머지는 만기에 상환되었다. ㈜조선은 전환사채 발행시 인식한 자본요소(전환권대가) 중 전환된 부분은 주식발행초과금으로 대체하는 회계처리를 한다. 20x2년 1월 1일 전환사채의 전환으로 인한 ㈜조선의 주식발행초과금 증가액은 ₩329,896이다. 이 경우 전환된 전환사채의 비율은 얼마인가? 단, 단수차이로 인해 오차가 있는 경우 가장 근사치를 선택한다.

① 40% ② 45% ③ 50%
④ 55% ⑤ 60%

📢 내비게이션

• 현재가치 : 50,000x2.4018+1,000,000x0.7118=831,890
• 전환권대가(전환권조정) : 1,000,000-831,890=168,110
• 20x1년말 전환사채 장부금액
 − 831,890+(831,890x12%-50,000)=881,717
• 전환비율을 x %라고 하면,

(차) 전환사채(장부)	881,717xx%	(대) 자본금 (100xx%)x5,000[1]
전환권대가	168,110xx%	(대) 주발초 329,896

[1] $(\dfrac{1,000,000 \times x\%}{10,000})$x5,000
 →'1,049,827xx%=500,000xx%+329,896' 에서, x%=60%

*[별해] ① 20x2년 1월 1일 100% 전환가정시 주발초 계산
 (881,717+168,110)−(1,000,000÷10,000)x5,000=549,827
 ② 전환비율 : $\dfrac{329,896}{549,827}$=60%

이론과기출 제159강 ○ 전환사채 액면발행시 상환금액 계산등

세부고찰 I

사례 상환금액 계산

❂(주)먹튀는 액면 ₩1,000,000의 전환사채를 20x1년초에 액면발행하였다. 표시이자율은 연5%, 이자는 매년말에 지급되며 만기일은 20x3년말이다. 20x2년초부터 주식으로의 전환이 가능하며 전환사채의 전환권을 행사하지 않을 경우에는 만기에 상환할증금이 지급된다. 보장수익률은 10%, 시장이자율은 12%이다. 20x2년에 ₩600,000의 전환청구를 받아 전환이 이루어졌다. 만기에 지급하게 되는 상환금액은 얼마인가?

 풀이

• 상환금액=미전환분액면+미전환분상환할증금
• 상환할증금
  − 1,000,000×(10%−5%)×(1.1²+1.1+1)=165,500
• 상환금액
  − 1,000,000×40%+165,500×40%=466,200

세부고찰 II

사례 전환으로 인한 기타자본요소 변동액 계산

❂3년만기 전환사채 ₩1,000,000을 연초에 액면발행(액면상환조건)하였다. 표시이자율은 7%(이자는 매년말 지급), 유효이자율은 12%, 전환가격은 ₩20,000(즉, 사채액면 ₩20,000당 @₩5,000의 보통주 1주를 교부하는 조건)이다. 2차년도 초 액면 ₩500,000이 전환청구되었을 경우 기타자본요소의 변동액은 얼마인가? (3년 12% 현가 : 0.7118, 3년 12% 연금현가 : 2.4018)

 풀이

• 현재가치 : 70,000x2.4018+1,000,000x0.7118=879,926
  전환권대가 : 1,000,000−879,926=120,074
• 1차년도말 장부금액 : 879,926+(879,926x12%−70,000)=915,517
• 전환시 회계처리

| (차) 전환사채(장부가) | 915,517×50%=457,758 | (대) 자본금 | 25주×5,000=125,000 |
| 전환권대가 | 120,074×50%=60,037 | 주발초 | 392,795 |

∴392,795−60,037=332,758

세부고찰 III

사례 전환사채 장부금액 계산

❂(주)훌랄라산업은 20x1년초에 액면 ₩1,000,000, 상환기일 20x3년말, 표시이자율 연 8%의 전환사채를 액면발행하였다. 이 전환사채와 동일한 일반사채의 시장이자율은 연14%이다. 전환청구기간은 사채발행일 이후 1개월이 경과한 때부터 상환기일 1개월 전까지이며, 전환사채 발행금액 ₩10,000당 주식 1주(액면금액 ₩5,000)를 교부한다. 전환사채가 전환되지 아니하는 경우에는 만기일에 액면금액의 116.87%를 일시 상환한다. 이 전환사채의 20x2년말 현재 장부금액은 얼마인가?

기간	단일금액 ₩1의 현재가치계수		정상연금 ₩1의 현재가치계수	
	8%	14%	8%	14%
3	0.7938	0.6750	2.5771	2.3216

풀이

▸저자주 현재가치를 구하여 전환권조정상각표에 의한 20x2년말 장부금액을 계산하여도 되나, 다음과 같은 '고속철' 풀이법으로 접근하기 바랍니다!

▸고속철 장부금액=미래현금흐름의 현가

$$\therefore \frac{1,000,000×116.87\%+1,000,000×8\%}{1.14}=1,095,391$$

1. ㈜국세는 만기 3년, 액면금액이 ₩300,000인 전환사채를 20x1년 1월 1일에 액면발행하였다. 전환사채의 액면이자율은 연 8%, 유효이자율은 연 10%이고, 이자지급일은 매년 12월 31일이다. 동 전환사채는 20x2년 1월 1일부터 사채액면 ₩10,000당 보통주 1주(주당 액면금액 ₩5,000)로 전환이 가능하다. 20x3년 1월 1일 전환사채의 50%가 전환되었으며 나머지는 만기에 상환하였다. 동 전환사채의 회계처리에 대한 다음 설명 중 옳지 않은 것은? 단, 사채발행과 관련한 거래비용은 없으며, 현가계수는 아래 표를 이용한다. 또한 계산금액은 소수점 첫째자리에서 반올림하며, 이 경우 단수차이로 인해 약간의 오차가 있으면 가장 근사치를 선택한다.

기간	기간말 단일금액 ₩1의 현재가치		정상연금 ₩1의 현재가치	
	8%	10%	8%	10%
1	0.9259	0.9091	0.9259	0.9091
2	0.8573	0.8264	1.7833	1.7355
3	0.7938	0.7513	2.5771	2.4868

① 20x1년 1월 1일 전환사채와 관련하여 ㈜국세가 부채로 인식할 금액은 ₩285,073이다.
② ㈜국세가 전환사채와 관련하여 20x2년도에 인식할 이자비용은 ₩28,958이다.
③ 20x2년 12월 31일 ㈜국세의 재무상태표상 자본계정(전환권대가)은 ₩5,462이다.
④ 20x3년 1월 1일 전환사채의 전환으로 인해 ㈜국세의 자본 증가액은 ₩147,269이다.
⑤ ㈜국세가 전환사채와 관련하여 20x3년도에 인식할 이자비용은 ₩14,731이다.

낵비궤이션
• 현재가치 : 24,000x2.4868+300,000x0.7513=285,073
• 전환권대가(전환권조정) : 300,000-285,073=14,927
• 전환권조정상각표

일자	유효이자(10%)	액면이자(8%)	상각액	장부금액
20x1년초				285,073
20x1년말	28,507	24,000	4,507	289,580
20x2년말	28,958	24,000	4,958	294,538
20x3년말	29,462(단수조정)	24,000	5,462	300,000

• ① 20x1년초 부채 : 300,000(전환사채)-14,927(전환권조정)=285,073
② 20x2년도 이자비용 : 28,958(상각표)
③ 20x2년말 전환권대가 : 14,927(20x3년초 전환 전까지는 변동없음)
④ 20x3년초 전환시 회계처리는 다음과 같다.

(차) 전환사채	150,000	(대) 전환권조정	2,731[1]
전환권대가	7,464[2]	자본금	75,000[3]
		주발초	79,733

[1]5,462x50%=2,731 [2]14,927x50%=7,464 [3]15주x@5,000=75,000
→전환시 자본증가액 : 75,000+79,733-7,464=147,269
⑤ 20x3년도 이자비용 : 29,462(상각표)x50%=14,731

2. 다음은 ㈜한국의 전환사채와 관련된 자료이다.

(1) 20x1년 1월 1일 전환사채 ₩1,000,000(표시이자율 연 7%, 매년말 이자지급, 만기 3년)을 액면발행하였다. 전환사채 발행시점의 일반사채 시장이자율은 연 15%이다.
(2) 전환으로 발행되는 주식 1주(액면금액 ₩5,000)에 요구되는 사채액면금액은 ₩20,000으로 한다. 만기일까지 전환되지 않으면 만기에 액면금액의 116.87%를 지급하고 일시상환한다.
(3) 이자율이 연 15%일 때 3년 후 ₩1의 현재가치는 ₩0.6575이며, 3년간 정상연금 ₩1의 현재가치는 ₩2.28320이다.
(4) 20x2년 1월 1일 사채 액면금액 ₩500,000의 전환청구로 사채가 주식으로 전환되었다.

㈜한국의 전환사채에 대한 회계처리로 옳은 설명은? 단, 전환권대가는 전환시점에서 주식발행초과금으로 대체한다. 필요시 소수점 첫째자리에서 반올림하고, 단수 차이로 오차가 있는 경우 ₩10 이내의 차이는 무시한다.

① 전환사채 발행시점의 부채요소는 ₩759,544이다.
② 전환사채 발행시점의 자본요소는 ₩240,456이다.
③ 20x1년 포괄손익계산서에 계상되는 이자비용은 ₩139,237이다.
④ 전환권 행사로 자본총계는 ₩534,619 증가한다.
⑤ 전환권 행사로 주식발행초과금은 ₩498,740 증가한다.

낵비궤이션
• 현재가치 : 70,000x2.2832+1,168,700x0.6575=928,244
• 전환권대가 : 1,000,000-928,244=71,756
• 전환권조정 : 168,700+71,756=240,456
• ① 부채요소(전환사채 장부금액=현가)는 928,244
② 자본요소(전환권대가)는 71,756
③ 928,244x15%=139,237, 20x1년말 처리는 다음과 같다.

(차) 이자비용	139,237	(대) 현금	70,000
		전환권조정	69,237

④ 20x2년초 전환시 회계처리는 다음과 같다.

(차) 전환사채	500,000	(대) 전환권조정	85,610[1]
전환권대가	35,878[2]	자본금	125,000
		주발초	409,619

[1](240,456-69,237)x50%=85,610 [2]71,756x50%=35,878
→전환시 자본증가액 : 125,000+409,619-35,878=498,741
⑤ 409,619 증가한다.

이론과기출 제160강 ◯ 전환사채 할인발행

상각액	사발차(전환권조정) 상각액	□ 총상각액 × $\dfrac{\text{사발차}(or\,전환권조정)}{\text{사발차} + 전환권조정}$ ➡ **참고** 할증발행시는 $\dfrac{\text{사할증}(or\,전환권조정)}{\text{사할증} - 전환권조정}$

▼ **사례** ◆ 전환사채 할인발행(할증상환조건 : 액면의 110%) 회계처리 ◀

✿ 20x1년초 발행금액 ₩960,000(액면 ₩1,000,000), 표시이자율 4%, 만기는 20x3년말, 일반사채유효이자율 10%, 전환가격은 액면 ₩1,000당 보통주 1주(보통주 액면 ₩500), 20x3년초 액면 ₩600,000이 전환됨.

풀이

1. 현재가치 : 40,000 × (3년, 10%연금현가) + 1,100,000 × (3년,10%현가) = 925,902
2. 사채할인발행차금 : 1,000,000 − 960,000 = 40,000
3. 전환권대가 : 960,000 − 925,902 = 34,098, 전환권조정 : 1,000,000×10%+34,098=134,098

사발차(전환권조정)상각표

일자	유효이자(10%)	액면이자(4%)	총상각액	할인차금	전환권조정	장부금액
20x1년초						925,902
20x1년말	92,590	40,000	52,590	12,083[1]	40,507[2]	978,492
20x2년말	97,849	40,000	57,849	13,291	44,558	1,036,341
20x3년말	103,659(단수조정)	40,000	63,659	14,626	49,033	1,100,000

[1] 52,590 × [40,000 ÷ (40,000 + 134,098)] = 12,083
[2] 52,590 × [134,098 ÷ (40,000 + 134,098)] = 40,507

회계처리

발행 [20x1년초]	(차) 현금 　사발차 (차) 전환권조정	960,000 40,000 134,098	(대) 전환사채 (대) 전환권대가 　상환할증금	1,000,000 34,098 100,000	−
이자 [20x1년말] [20x2년말]	(차) 이자비용 (차) 이자비용	92,590 97,849	(대) 현금 　사발차 　전환권조정 (대) 현금 　사발차 　전환권조정	40,000 12,083 40,507 40,000 13,291 44,558	−
전환 [20x3년초]	(차) 전환사채 　상환할증금 　전환권대가	600,000 60,000[1] 20,459[2]	(대) 전환권조정 　사발차 　자본금 　주발초	29,420[3] 8,776[4] 300,000[5] 342,263	[1] 100,000×60% [2] 34,098×60% [3] 49,033×60% [4] 14,626×60% [5] (600,000÷1,000)×500
상환 [20x3년말]	(차) 이자비용 (차) 전환사채 　상환할증금	41,463[6] 400,000 40,000[10]	(대) 현금 　사발차 　전환권조정 (대) 현금	16,000[7] 5,850[8] 19,613[9] 440,000	[6] 103,659×40% [7] 40,000×40% [8] 14,626×40% [9] 49,033×40% [10] 100,000×40%

▶**고속철**

□ 전환시 회계처리

(차) 전환사채(장부가)　1,036,341×60%=624,805　(대) 자본금　　300,000
　　전환권대가　　　34,098×60%=20,458　　　　주발초　　342,263

객관식 확인학습 / 이론적용연습

1. ㈜예림은 20x1년 1월 1일 다음과 같은 조건의 전환사채를 ₩970,000에 발행하였다.

> (1) 액면금액 : ₩1,000,000
> (2) 표시이자율 : 연 5%
> (3) 전환사채 발행시점의 자본요소가 결합되지 않은 유사한 일반사채 시장이자율 : 연 10%
> (4) 이자지급일 : 매년 12월 31일
> (5) 만기상환일 : 20x4년 1월 1일
> (6) 원금상환방법 : 상환기일에 액면금액의 105.96%를 일시상환

기간	10% 기간말 단일금액 ₩1의 현재가치	10% 정상연금 ₩1의 현재가치
1	0.9091	0.9091
2	0.8265	1.7356
3	0.7513	2.4869

전환사채 중 액면금액 ₩700,000이 20x2년 1월 1일에 보통주식(주당 액면금액 ₩5,000)으로 전환되었으며, 전환가격은 ₩10,000이다. 전환권대가는 전환권이 행사되어 주식을 발행할 때 행사된 부분만큼 주식발행초과금으로 대체하며, 전환간주일은 기초시점으로 가정한다. 20x2년 12월 31일 전환사채와 전환권대가의 장부금액은 각각 얼마인가? 단, 계산결과 단수차이로 인해 답안과 오차가 있는 경우 근사치를 선택한다.

	전환사채	전환권대가
①	₩317,880	₩23,873
②	₩317,880	₩14,873
③	₩302,614	₩14,873
④	₩302,614	₩23,873
⑤	₩300,000	₩59,600

📻 **냅따게의셈**

- 현재가치 : 50,000x2.4869+1,059,600x0.7513=920,422
  전환권대가 : 970,000−920,422=49,578
- 20x2년말 전환사채 장부금액 계산
  - 20x1년초 장부금액 : 920,422
  - 20x1년말 총상각액 : 920,422x10%−50,000=42,042
  - 20x2년말 총상각액 : (920,422+42,042)x10%−50,000=46,246
  - 전환전 장부금액 : 920,422+42,042+46,246=1,008,710
  →∴1,008,710x30%(미전환비율)=302,613≒302,614
- 20x2년말 전환권대가 장부금액 계산
  - 49,578x30%(미전환비율)=14,873

2. ㈜합격은 20x1년 1월 1일 다음과 같은 상환할증금 지급조건의 전환사채를 ₩294,000에 할인발행하였다.

> (1) 액면금액 : ₩300,000
> (2) 표시이자율 : 연 4%
> (3) 전환사채 발행시점의 자본요소가 결합되지 않은 유사한 일반사채 시장이자율 : 연 10%
> (4) 이자지급일 : 매년 12월 31일
> (5) 만기상환 : 20x3년 1월 1일
> (6) 원금상환방법 : 상환기일에 액면금액의 110%를 일시상환
> (7) 10%, 3기간 현재가치계수와 연금현재가치계수는 각각 0.7513, 2.48680이다.

전환사채의 90%가 20x2년 1월 1일에 전환되었으며, 전환권대가는 전환권이 행사되어 주식을 발행할 때 행사된 부분만큼 주식발행초과금으로 대체한다. 20x2년 1월 1일 전환사채의 전환시 ㈜합격이 발행교부한 주식의 발행금액은 얼마인가? 단, 단수차이로 인해 약간의 오차가 있으면 가장 근사치를 선택한다.

① ₩264,192 ② ₩270,000 ③ ₩278,799
④ ₩294,000 ⑤ ₩300,000

📻 **냅따게의셈**

- 현재가치 : 12,000x2.4868+330,000x0.7513=277,770
  전환권대가 : 294,000−277,770=16,230
  사채할인발행차금 : 300,000−294,000=6,000
  전환권조정 : 30,000+16,230=46,230
- 20x1년말 전환사채 장부금액 계산
  − 277,770+(277,770x10%−12,000)=293,547

▶ **고속철** ◀ 전환시 회계처리

(차) 전환사채(장부가) 293,547x90%=264,192	(대) 자본금	?
전환권대가 16,230x90%=14,607	주발초	?

∴주식의 발행금액(자본금+주발초) : 264,192+14,607=278,799

▶ **참고** ◀ 일자별 회계처리

20x1년초	(차) 현금	294,000	(대) 전환사채	300,000
	사발차	6,000		
	(차) 전환권조정	46,230	(대) 전환권대가	16,230
			상환할증금	30,000
20x1년말	(차) 이자비용	27,777	(대) 현금	12,000
			사발차	1,812
			전환권조정	13,965
20x2.1.1 (전환시)	(차) 전환사채	270,000	(대) 전환권조정	29,039
	상환할증금	27,000	사발차	3,769
	전환권대가	14,607	자본금	?
			주발초	?

시험중요도 ★☆☆

이론과기출 제161강 ◯ **전환사채 거래원가와 조건변경**

개요	•사채권인쇄비등의 거래원가는 부채요소(사채)와 자본요소(전환권대가)에 비례배분함.	

거래원가 중 부채요소에 배분될 금액	☐ 거래원가 × $\dfrac{\text{현재가치}}{\text{발행금액}}$

➡배분된 거래원가만큼 사채를 감소(사발차계상)시키고 전환권대가를 감소시킴.

유효이자율 재계산
•거래원가를 부채요소에 배분하면 이자비용을 인식하기 위한 유효이자율이 달라지게됨.

⟨저자주⟩ 재계산된 유효이자율은 실제문제에서는 주어집니다!

발행일 회계처리

발행	(차) 현금	xxx	(대) 전환사채	xxx
	(차) 전환권조정	xxx	(대) 전환권대가	xxx
			상환할증금	xxx
거래원가 배분	(차) 사발차 전환권대가	xxx xxx	(대) 현금	xxx

거래원가

◀**사례** **전환사채 거래원가 회계처리**

❧20x1초에 액면(₩1,000,000)발행, 표시이자율 4%, 만기 3년, 상환할증금 ₩100,000, 발행일 현재 일반 사채유효이자율 10%, 발행시 거래원가가 ₩30,000 발생함.

•현재가치 : 40,000×(3년, 10%연금현가)+1,100,000×(3년,10%현가)=925,902
•전환권대가 : 1,000,000-925,902=74,098 / 전환권조정 : 100,000+74,098=174,098
•거래원가 중 부채요소에 배분될 금액 : 30,000×925,902/1,000,000=27,777

발행	(차) 현금	1,000,000	(대) 전환사채	1,000,000
	(차) 전환권조정	174,098	(대) 전환권대가	74,098
			상환할증금	100,000
거래원가 배분	(차) 사발차	27,777	(대) 현금	27,777
	(차) 전환권대가	2,223	(대) 현금	2,223

의의	•발행자는 전환사채의 조기전환을 유도하기 위하여 좀 더 유리한 전환비율을 제시하거나 특정시점 이전의 전환에 대해서는 추가적인 대가를 지급하는등의 방법으로 전환사채의 조건을 변경할수 있음.

조건변경손실 (조기전환유도손실)
•조건변경손실(당기손익) : ①-②
① 변경된 조건에서 보유자가 수취하게 될 대가의 공정가치
② 원래의 조건에서 전환으로 인하여 보유자가 수취하였을 대가의 공정가치

조건변경 (유도전환)

◀**사례** **전환사채 유도전환대가의 인식**

❧20x1년초 현재 발행된 전환사채(액면 ₩1,000,000)를 조기전환을 유도하기 위해 전환조건[액면 ₩1,000당 보통주 1주(보통주액면 ₩500)]을 변경하여 전환조건을 액면 ₩500당 보통주 1주(보통주액면 ₩500)로 하였다. 조건 변경일 현재 주당 공정가치는 ₩700이다.

• 조건변경후 발행될 주식수 :1,000,000÷500 = 2,000주
  조건변경전 발행될 주식수 :1,000,000÷1,000 = 1,000주
  추가 발행될 주식수   1,000주
• 조건변경손실 : 1,000주x@700=700,000

객관식 확인학습

이론적용연습

1. ㈜코리아는 20x1년 1월 1일 액면금액 ₩1,000,000의 전환사채를 ₩900,000에 발행하였다. 전환사채 발행과 관련된 중개수수료, 인쇄비 등 거래비용으로 ₩10,000을 지출하였다. 이자는 매년말 액면금액의 4%를 지급하며 만기는 5년이다. 전환사채는 20x1년 7월 1일부터 만기일까지 액면금액 ₩5,000당 액면금액 ₩1,000의 보통주 1주로 전환이 가능하다. 전환사채 발행당시 전환권이 없는 일반사채의 시장이자율은 연10%이며, 만기일까지 전환권을 행사하지 않을 경우에는 액면금액의 106%를 지급한다. 동 사채발행일에 ㈜코리아의 부채 및 자본이 증가한 금액은 각각 얼마인가? 단, 현가계수는 아래의 표를 이용하며 소수점 첫째자리에서 반올림한다. 계산결과 단수차이로 인한 약간의 오차가 있으면 가장 근사치를 선택한다.

이자율	기간	단일금액 ₩1의 현가	정상연금 ₩1의 현가
4%	5년	0.8219	4.4518
10%	5년	0.6209	3.7908

	부채증가액	자본증가액
①	₩800,788	₩89,212
②	₩809,786	₩90,214
③	₩809,786	₩88,518
④	₩809,786	₩89,505
⑤	₩836,226	₩89,505

내비게이션

- 현재가치 : 40,000×3.7908+1,060,000×0.6209=809,786
- 전환권대가 : 900,000-809,786=90,214
- 전환권조정 : 60,000+90,214=150,214
- 거래원가 중 부채요소에 배분될 금액 : 10,000×809,786/900,000=8,998
- 거래원가 중 자본요소에 배분될 금액 : 10,000-8,998=1,002

20x1.1.1	(차) 현금	900,000	(대) 전환사채	1,000,000
	사발차	100,000		
	(차) 전환권조정	150,214	(대) 전환권대가	90,214
			상환할증금	60,000
	(차) 사발차	8,998	(대) 현금	8,998
	(차) 전환권대가	1,002	(대) 현금	1,002

∴부채증가 : 1,000,000-100,000-150,214+60,000-8,998=800,788
　자본증가 : 90,214-1,002=89,212

2. 다음 중 전환사채와 관련한 설명으로 가장 옳은 것은?

① 전환권대가는 당해 전환사채의 발행금액에서 현재가치를 차감하여 계산한다. 이 경우 사채의 현재가치는 만기일까지 기대되는 미래 현금흐름(상환할증금이 있는 경우에는 이를 제외함)을 전환권이 없는 일반사채의 유효이자율로 할인한 금액이다.

② 전환사채가 전환되는 경우 주식의 발행금액은 전환사채 또는 발행주식의 시가로 하고 전환사채의 장부금액과의 차액은 전환손익(당기손익)으로 인식한다.

③ 전환사채의 발행시 발생하는 거래원가는 사채발행비에 해당하므로 전액을 부채요소에 배분한다.

④ 전환사채의 발행자가 전환사채의 조기전환을 유도하기 위하여 전환조건을 변경하는 경우 추가적으로 지급하게 될 대가의 공정가치는 자본조달거래에서 발생하는 지출이므로 자본항목으로 처리한다.

⑤ 최초의 전환권이 변동되지 않은 상태에서 조기상환이나 재매입으로 만기 전에 전환상품이 소멸되는 경우 부채요소에 관련된 손익은 당기손익으로 인식하며, 자본요소와 관련된 대가는 자본으로 인식한다.

내비게이션

- ① 상환할증금 제외(X) → 상환할증금 포함(O)
- ② 전환사채 장부금액을 자본으로 대체하므로 손익은 인식되지 않는다.
- ③ 부채요소(사채)와 자본요소(전환권대가)에 배분한다.
- ④ 당기손익으로 처리한다.
- ⑤ 후술함!

이론과기출 제162강 ○─ 전환사채 조기상환(재매입)

개요	거래원가	•발행시의 거래원가를 배분하는 방법과 동일함.
	재매입대가	•부채요소와 자본요소로 배분하여 사채상환손실/전환권재매입손실을 계상함.

배분방법	부채요소	•재매입대가 중 부채요소에 대한 재매입대가 　● 미래현금흐름을 전환권이 없는 채무상품에 적용되는 재매입일 현재의 시장이자율로 할인한 현재가치 (차) 전환사채　　　　　xxx　(대) 현금(부채요소재매입대가)　xxx (차) 사채상환손실　　　xxx　(대) 전환권조정　　　　　　　　xxx
	자본요소	•재매입대가 중 자본요소에 대한 대가 　● 재매입대가 중 부채요소에 대한 재매입대가를 제외한 금액 (차) 전환권대가　　　　xxx　(대) 현금(자본요소재매입대가)　xxx (차) 전환권재매입손실　xxx
	손익처리	□ 사채상환손익(부채요소) ● 당기손익　□ 전환권재매입손익(자본요소) ● 자본

▶사례　전환사채 조기상환 회계처리

❂20x1년초 ₩1,000,000에 액면발행, 표시이자율 6%, 만기는 20x3년말, 일반사채유효이자율은 12%, 전환가격은 액면 ₩1,000당 보통주 1주(보통주액면 ₩500), 20x2년초 액면 ₩500,000이 전환되었고 나머지를 ₩540,000에 재매입함. 전환권이 없는 채무상품에 적용되는 재매입일 현재의 시장이자율은 10%임.

재매입대가 배분

1. 현재가치 : 60,000×(3년, 12%연금현가)+1,000,000×(3년, 12%현가)=855,288
2. 전환권대가(전환권조정) : 1,000,000−855,288=144,712

일자	유효이자(12%)	액면이자(6%)	상각액	장부금액
20x1년초				855,288
20x1년말	102,635	60,000	42,635	897,922

발행 [20x1년초]	(차) 현금　　　　1,000,000　(대) 전환사채　　　1,000,000 (차) 전환권조정　　144,712　(대) 전환권대가　　　144,712	−
이자 [20x1년말]	(차) 이자비용　　102,635　(대) 현금　　　　　　60,000 　　　　　　　　　　　　　　전환권조정　　　42,635	−
전환 [20x2년초]	(차) 전환사채　　500,000　(대) 전환권조정　　51,039[2)] 　　전환권대가　72,356[1)]　　자본금　　　　250,000[3)] 　　　　　　　　　　　　　　주발초　　　　271,317	1) 144,712×50% 2) (144,712−42,635)×50% 3) 500주×@500
재매입 [20x2년초]	(차) 전환사채　　500,000　(대) 현금　　　　　465,265[4)] 　　상환손실　　16,303　　전환권조정　　51,038[5)] (차) 전환권대가　72,356　(대) 현금　　　　　74,735[6)] 　　재매입손실　　2,379	4) 500,000×(2년,10%현가) 　+30,000×(2년,10%연금현가) 5) 144,712−42,635−51,039 6) 540,000−465,265

▷고속철
□ 상환손익 : 전환사채장부금액−부채요소재매입대가
□ 재매입손익 : 전환권대가장부금액−자본요소재매입대가

객관식 확인학습 **이론적용연습**

1. ㈜국세는 20x1년 1월 1일 액면금액 ₩7,500,000인 액면상환조건의 전환사채를 액면발행하였다. 전환사채의 액면이자율은 8%(매년 말 이자지급), 사채발행일 현재 일반사채의 유효이자율은 10%이다. 전환사채의 상환기일은 20x3년 12월 31일이며, 전환청구기간은 20x1년 6월 1일부터 20x3년 11월 30일까지이다. 동 전환사채는 사채액면 ₩10,000당 1주의 보통주(주당액면 ₩5,000)로 전환이 가능하다. ㈜국세가 20x2년 1월 1일 동 전환사채 전부를 공정가치인 ₩7,400,000에 재매입하였다면, 동 전환사채의 재매입 거래가 20x2년도 ㈜국세의 포괄손익계산서상 당기순이익에 미치는 영향은 얼마인가? 단, 재매입일 현재 일반사채의 유효이자율은 9%이며, 현가계수는 아래 표를 이용한다. 계산금액은 소수점 첫째자리에서 반올림하며, 이 경우 단수차이로 인해 약간의 오차가 있으면 가장 근사치를 선택한다.

기간	기간말 단일금액 ₩1의 현재가치		정상연금 ₩1의 현재가치	
	9%	10%	9%	10%
1	0.91743	0.90909	0.91743	0.90909
2	0.84168	0.82645	1.75911	1.73554
3	0.77218	0.75131	2.53129	2.48685

① 감소 ₩96,503 ② 감소 ₩128,437
③ 감소 ₩160,373 ④ 증가 ₩31,935
⑤ 증가 ₩228,438

내비게이션
• 현재가치 : 600,000x2.48685＋7,500,000x0.75131＝7,126,935
• 전환권대가(전환권조정) : 7,500,000－7,126,935＝373,065
• 20x1년말 장부금액
 7,126,935+(7,126,935x10%-600,000)=7,239,629
• 재매입대가(부채요소)
 600,000x1.75911+7,500,000x0.84168=7,368,066
• **고속철** 상환손익=전환사채장부금액-부채요소재매입대가
 상환손익 : 7,239,629-7,368,066=△128,437(손실)
 ∴순이익 감소 128,437
• **참고** 일자별 회계처리

20x1년초	(차) 현금 7,500,000	(대) 전환사채 7,500,000
	(차) 전환권조정 373,065	(대) 전환권대가 373,065
20x1년말	(차) 이자비용 712,694	(대) 현금 600,000
		전환권조정 112,694
20x2.1.1	(차) 전환사채 7,500,000	(대) 현금 7,368,066
	상환손실 128,437	전환권조정 260,371
	(차) 전환권대가 373,065	(대) 현금 31,934
		재매입이익 341,131

2. ㈜합격은 액면금액 ₩1,000,000인 전환사채를 액면상환조건으로 액면발행하였으며, 20x1년초 현재 전환권대가는 ₩51,648이고, 전환사채 장부금액은 다음과 같다.

전환사채	₩1,000,000
전환권조정	(₩60,000)
전환사채 장부금액	₩940,000

동 전환사채와 관련된 자료가 다음과 같을 때 재매입과 관련하여 당기손익에 미치는 영향은?

(1) 전환사채의 표시이자율은 연 2%(이자는 매년말에 지급)이며, 상환일은 20x2년 12월 31일이다.
(2) 전환권은 전환사채의 만기일 전 6개월 까지만 행사할 수 있으며, 전환가격은 ₩2,5000이다.
(3) 20x1년 1월 1일 시장에서 전환사채 중 60%를 ₩600,000에 재매입하였다.
(4) 재매입일 현재 전환권이 없는 채무상품의 현행 시장이자율은 10%이다.
(5) 10%, 2기간 현재가치계수와 연금현재가치계수는 각각 0.8264, 1.73550이다.

① ₩25,334 증가 ② ₩37,334 증가 ③ ₩47,334 증가
④ ₩37,235 감소 ⑤ ₩41,334 감소

내비게이션
• 부채요소에 대한 재매입대가
 － (20,000x1.7355＋1,000,000x0.8264)x60%=516,666
• 당기손익에 미치는 영향
 － 940,000x60%-516,666=47,334(상환이익)

이론과기출 제163강 ○ 신주인수권부사채 발행구조

특징	이자인식	•계속 부채(사채)이므로 신주인수권 행사시에도 부채를 제거치 않음. ➡즉, 미상각사발차의 제거없이 사발차와 액면이자는 사채 전체분에 대해 계속 인식함.
	상환	•신주인수권미행사분은 할증상환하나, 신주인수권행사분은 액면상환함.
	현금유입	•신주인수권 권리행사시 현금유입이 발생함.

<table>
<tr><td rowspan="6">특징</td><td rowspan="5">행사시
발행금액</td><td colspan="2" align="center">현금납입액</td></tr>
<tr><td align="center">(+)</td><td>① 신주인수권대가×행사비율</td></tr>
<tr><td align="center">(+)</td><td>② 상환할증금×행사비율</td></tr>
<tr><td align="center">(−)</td><td>③ 상환할증금관련 미상각신주인수권조정*⁾×행사비율</td></tr>
<tr><td colspan="2" align="center">행사시 주식발행금액</td></tr>
<tr><td colspan="2">*⁾상환할증금관련 미상각신주인수권조정 □ 상환할증금−행사일 현재 상환할증금 현가
•주의 ∴액면상환조건인 경우에는 ②, ③은 나타나지 않음!</td></tr>
</table>

참고 신주인수권의 별도 거래여부에 따른 분리형과 비분리형 모두 발행자는 동일하게 회계처리함.

사례 신주인수권부사채(할증상환조건 : 액면의 109.74%) 회계처리

❖발행금액 ₩1,000,000(액면발행), 표시이자율 5%, 일반사채유효이자율 10%, 행사가액 : ₩10,000(주당액면 ₩5,000), 20x1년초 발행, 상환기일 20x3년말, 20x2년초 액면 ₩600,000 신주인수권행사

풀이

1. 현재가치 : $50,000 \times (3년, 10\%연금현가) + 1,097,400 \times (3년, 10\%, 현가) = 948,830$
2. 신주인수권대가 : $1,000,000 - 948,830 = 51,170$, 신주인수권조정 : $97,400 + 51,170 = 148,570$

일자	유효이자(10%)	액면이자(5%)	상각액	장부금액
20x1년초				948,830
20x1년말	94,883	50,000	44,883	993,713
행사후	993,713−58,440(상환할증금감소)+10,142(신주인수권조정감소)			945,415
20x2년말	94,542	50,000	44,542	989,957
20x3년말	99,003(단수조정)	50,000	49,003	1,038,960

회계처리						
발행 [x1년초]	(차) 현금 신주인수권조정	1,000,000 148,570	(대) 신주인수권부사채 (대) 신주인수권대가 상환할증금	1,000,000 51,170 97,400		−
이자 [x1년말]	(차) 이자비용	94,883	(대) 현금 신주인수권조정	50,000 44,883		−
행사 [x2년초]	(차) 현금 상환할증금 신주인수권대가	600,000 58,440²⁾ 30,702³⁾	(대) 신주인수권조정 자본금 주발초	10,142¹⁾ 300,000⁴⁾ 379,000		1⁾(97,400−97,400÷1.1²)×60% 2⁾97,400×60% 3⁾51,170×60% 4⁾60주×5,000
이자 [x2년말]	(차) 이자비용	94,542	(대) 현금 신주인수권조정	50,000 44,542		−
상환시 [x3년말]	(차) 이자비용	99,003	(대) 현금 신주인수권조정	50,000 49,003		5⁾600,000+400,000×109.74%
	(차) 신주인수권부사채 상환할증금	1,000,000 38,960	(대) 현금	1,038,960⁵⁾		

객관식 확인학습 — 이론적용연습

1. ㈜국세는 20x1년 1월 1일 액면금액이 ₩1,000,000인 비분리형 신주인수권 부사채(상환기일 20x5년 12월 31일, 5년 만기, 표시이자율 연 7%, 이자는 매년 말 후급조건)를 액면발행하였다. 이 신주인수권부사채와 동일한 조건의 일반사채의 유효이자율은 연 10%이며, 만기까지 신주인수권을 행사하지 않을 경우 액면금액의 110%를 보장한다. 신주인수권부사채의 발행시 동 사채의 장부금액은 얼마인가? 단, 현가계수는 아래 표를 이용한다.

기간	기간말 단일금액 ₩1의 현재가치		정상연금 ₩1의 현재가치	
	7%	10%	7%	10%
1	0.9346	0.9091	0.9346	0.9091
2	0.8734	0.8264	1.8080	1.7355
3	0.8163	0.7513	2.6243	2.4868
4	0.7629	0.6830	3.3872	3.1698
5	0.7130	0.6209	4.1002	3.7908

① ₩848,346 ② ₩886,256 ③ ₩948,346
④ ₩986,256 ⑤ ₩1,000,000

 내비게이션
- 발행시 장부금액=현재가치
- 현재가치 : 70,000x3.7908+1,100,000x0.6209=948,346

2. ㈜합격은 20x1년 1월 1일에 다음과 같은 비분리형 신주인수권부사채를 할인발행하였다. 20x1년말 신주인수권부사채의 장부금액은 얼마인가? 단, 단수차이로 인해 오차가 있는 경우 가장 근사치를 선택한다.

(1) 액면금액 : ₩200,000(액면상환조건)
(2) 표시이자율 : 연 4%(이자는 매년말 지급조건)
(3) 발행금액 : ₩182,000
(4) 만기일 : 20x3년 12월 31일
(5) 발행일의 일반사채 시장이자율 : 연 10%

기간	단일금액 ₩1의 현재가치		정상연금 ₩1의 현재가치	
	4%	10%	4%	10%
3	0.8890	0.7513	2.7751	2.4869

① ₩161,139 ② ₩170,155 ③ ₩172,172
④ ₩179,171 ⑤ ₩200,000

내비게이션
- 현재가치 : 8,000x2.4869+200,000x0.7513=170,155
- 20x1년말 상각액 : 170,155x10%-8,000=9,016
- ∴170,155+9,016=179,171

3. ㈜합격은 20x1년 1월 1일에 다음과 같은 비분리형 신주인수권부사채를 액면발행하였다.

(1) 액면금액 : ₩1,000,000
(2) 표시이자율 : 연 6%
(3) 이자지급일 : 매년 12월 31일
(4) 만기일 : 20x4년 12월 31일
(5) 발행일의 일반사채 시장이자율 : 연 10%
(6) 신주인수권의 행사가격은 ₩25,0000이며 행사비율은 100%로서 각 신주인수권은 액면금액이 ₩5,000인 보통주 1주를 매입할 수 있다.
(7) 상환할증금 : ₩90,169
(8) 발행일의 일반사채 시장이자율 10%를 적용할 경우 신주인수권부사채의 현재가치 : ₩934,779

기간	단일금액 ₩1의 현재가치		정상연금 ₩1의 현재가치	
	6%	10%	6%	10%
3	0.8396	0.7513	2.6730	2.4869

동 신주인수권부사채의 25%가 20x2년 1월 1일에 행사되었다면, 행사 직후 신주인수권조정의 장부금액은 얼마인가?

① ₩31,349 ② ₩116,306 ③ ₩121,912
④ ₩127,518 ⑤ ₩0

내비게이션
- 신주인수권대가 : 1,000,000-934,779=65,221
- 신주인수권조정 : 90,169+65,221=155,390
- 20x1년말 상각액 : 934,779x10%-60,000=33,478
- 행사시점 신주인수권조정 감소액 : (90,169-90,169÷1.1³)x25%=5,606
- ∴155,390-33,478-5,606=116,306

Answer 1. ③ 2. ④ 3. ②

이론과기출 제164강 ◯ 신주인수권부사채 상환금액 계산등

세부고찰 I

사례 상환금액 계산

❂㈜쌍칼은 20x1년초에 다음과 같은 조건의 신주인수권부사채를 액면발행하였다. 액면금액 중 75%의 신주인수권이 만기전에 행사되었다면 만기상환시 지급해야할 현금총액(이자지급액 제외)은 얼마인가?

(1) 액면금액 : ₩10,000,000
(2) 표시이자율 : 연 5%(매년 말 후급)
(3) 일반사채 시장수익률 : 연 10%
(4) 만기상환일 : 20x3년 12월 31일
(5) 상환할증금 : 신주인수권을 미행사시 상환일에 액면가액의 110%로 일시에 상환함

 풀이

고속철 상환금액 : 총액면금액+미행사분상환할증금
•10,000,000 + 1,000,000(총상환할증금) × 25% = 10,250,000

세부고찰 II

사례 총이자비용 계산

❂(주)날라리는 20x1년초에 5년 만기 신주인수권부사채를 액면발행하였다. (주)날라리가 5년동안에 인식해야할 총이자비용은 얼마인가? 단, 신주인수권이 행사되지 않은 것으로 가정한다.

(1) 액면금액 : 사채 100매 총 ₩1,000,000(신주인수권은 사채 1매당 신주인수권 1매 첨부)
(2) 표시이자율 : 연 10%(매년도 12월 31일에 지급)
(3) 신주매입가격 : 신주인수권 2매당 액면가 ₩5,000인 보통주 1주를 ₩10,000에 매입
(4) 상환할증금 : 신주인수권이 미행사시 지급하여야 할 상환할증금 총액은 ₩127,056
(5) 일반사채의 시장이자율 : 연 15%(5년간의 현가계수는 0.49718이고, 연금현가계수는 3.35216)

 풀이

고속철 액면발행의 경우 미행사시 총이자비용 : 총신주인수권조정+총액면이자
    (할인발행의 경우는 추가로 총사발차를 가산함)
•신주인수권대가 : 1,000,000−(100,000x3.35216+1,127,056x0.49718)=104,437
•총이자비용
 − 총신주인수권조정(127,056+104,437)+총액면이자(100,000x5년)=731,493

세부고찰 III

사례 상환할증금의 추정

❂(주)아숨차는 20x1년초에 만기 3년, 할증상환조건의 신주인수권부사채를 액면발행하였다. 만기전에 액면금액 중 60%의 신주인수권이 행사되었다면 만기상환시 지급할 현금총액(이자 제외)은 얼마인가?

(1) 액면금액 : ₩100,000
(2) 이자율 및 지급조건 : 표시이자율 연 5%, 매년말 지급
(3) 발행시 신주인수권조정 : ₩29,684
(4) 신주인수권부사채를 발행하는 시점에서 신주인수권이 부여되지 않은 유사한 일반사채의 시장이자율은 연 15%이다.
(5) 연 15% 3년간의 현가계수는 0.65750이고, 연금현가계수는 2.28320이다.

풀이

*상한할증금을 X라 하면,
•현재가치 : 5,000×2.2832+(100,000+X)×0.6575=77,166+0.6575X
•신주인수권대가 : 100,000−(77,166+0.6575X)=22,834−0.6575X
•신주인수권조정(29,684)=X+(22,834−0.6575X)에서,
  →X=20,000
∴상환금액 : 100,000+20,000×40%=108,000

객관식 확인학습 ◯━━ **이론적용연습**

1. ㈜코리아는 20x1년 1월 1일 신주인수권부사채를 ₩960,000에 발행하였는데, 이와 관련된 구체적인 내역은 다음과 같다.

> (1) 액면금액은 ₩1,000,000이며 만기는 3년이다.
> (2) 액면이자율은 연 5%이며 이자는 매년말에 후급된다.
> (3) 보장수익률은 연 8%이며 동 신주인수권부사채는 액면금액 ₩10,000당 보통주 1주(액면금액 ₩1,000)를 인수할 수 있다.
> (4) 발행당시 신주인수권이 없는 일반사채의 시장이자율은 연 10%이다.
> (5) 20x2년 1월 1일 신주인수권부사채의 50%(액면금액 기준)에 해당하는 신주인수권이 행사되었다.

㈜코리아가 20x3년 12월 31일 만기일에 액면이자를 포함하여 사채권자에게 지급해야 할 총금액은 얼마인가? 단, 만기 전에 상환된 신주인수권부사채는 없다.

① ₩1,018,696   ② ₩1,038,696   ③ ₩1,058,696
④ ₩1,078,696   ⑤ ₩1,098,696

 내비게이션
• 액면이자 : 1,000,000x5%=50,000
• 상환할증금 : 1,000,000x(8%−5%)x(1.08²+1.08+1)=97,392
• **고속철** 만기 총지급액 빨리구하기
 총지급액=상환금액(=총액면금액+미행사분상환할증금)+액면이자
 →(1,000,000+97,392x50%)+50,000=1,098,696

• [20x3년 12월 31일 회계처리]
  (차) 이자비용   xxx   (대) 현금   50,000
                               사채할인발행차금   xxx
                               신주인수권조정   xxx
  (차) 신주인수권부사채 1,000,000 (대) 현금   1,048,696
     상환할증금   48,696

2. ㈜합격은 20x1년초 액면금액 ₩100,000의 전환사채(신주인수권부사채)를 액면금액에 발행하였다. 권리를 행사하지 않는 경우 만기상환액은 액면금액의 130%를 지급하는데 사채기간 중 사채액면의 50%에 해당하는 금액에 대한 권리가 행사되었다. 동 사채가 전환사채일 경우 만기상환으로 인한 현금유출액과 신주인수권부사채일 경우의 만기상환으로 인한 현금유출액은 각각 얼마인가?

	전환사채	신주인수권부사채
①	₩65,000	₩115,000
②	₩50,000	₩115,000
③	₩65,000	₩65,000
④	₩115,000	₩115,000
⑤	₩65,000	₩100,000

 내비게이션
• 상환할증금 : 100,000x30%=30,000
• 상환금액
 ㉠ 전환사채일 경우 : 미전환분액면액+미전환분상환할증금
  →100,000x50%+30,000x50%=65,000
 ㉡ 신주인수권부사채일 경우 : 총액면금액+미행사분상환할증금
  →100,000+30,000x50%=115,000

3. ㈜합격은 20x1년 1월 1일에 다음과 같은 비분리형 신주인수권부사채를 할인발행하였다. ㈜합격이 상환기간 5년 동안 인식해야할 총이자비용을 계산하면 얼마인가? 단, 신주인수권은 행사되지 않았다고 가정하며, 단수차이로 인해 오차가 있는 경우 가장 근사치를 선택한다.

> (1) 액면금액은 ₩1,000,000이며 만기는 5년이다.
> (2) 액면이자율은 연 4%이며 이자는 매년말에 후급된다.
> (3) 발행금액은 ₩950,000이며 보장수익률은 연 8%로서 상환할증금은 ₩220,244이고 신주인수권대가는 발행일 현재 ₩50,000이다.

① ₩270,244   ② ₩320,244   ③ ₩370,244
④ ₩470,244   ⑤ ₩520,244

 내비게이션
• 사채할인발행차금 : 1,000,000(액면금액)−950,000(발행금액)=50,000
• 신주인수권조정 : 220,244+50,000=270,244
• **고속철** 미행사시 총이자비용 빨리구하기
 총이자비용=총신주인수권조정+총액면이자+총사채할인발행차금
 →270,244+40,000x5년+50,000=520,244

Answer 1. ⑤   2. ①   3. ⑤

이론과기출 제165강 ○─ 신주인수권부사채 자본요소 계산등

사례 신주인수권행사시 자본요소 계산

❂(주)필받어는 20x1년초에 만기 3년, 할증상환조건의 비분리형신주인수권부사채를 액면발행하였다.
20x3년초에 사채액면의 50%에 대해 신주인수권이 행사되었다면 자본금과 주식발행초과금 합계액은?

(1) 액면금액 : ₩10,000(표시이자율은 연 8%의 이자율을 적용하여 매년 12월 31일에 지급)
(2) 일반사채 시장수익률 : 연 15%(3년간의 현가계수는 0.6575이고, 연금현가계수는 2.2832)
(3) 신주인수권 행사가액 : ₩1,000(사채액면 ₩1,000당 보통주 1주를 인수할 수 있음)
(4) 신주인수권 행사시 발행주식의 액면금액 : ₩500
(5) 신주인수권이 행사되지 않은 경우 만기시점에 액면금액의 113.5%를 지급한다.

세부고찰 I

풀이

- 현재가치 : $800 \times 2.2832 + 11,350 \times 0.6575 = 9,289$
- 신주인수권대가 : $10,000 - 9,289 = 711$
- 신주인수권조정 : $1,350 + 711 = 2,061$

일자	유효이자(15%)	액면이자(8%)	상각액	장부금액
20x1년초				9,289
20x1년말	1,393	800	593	9,882
20x2년말	1,482	800	682	10,564

- 행사시 회계처리

(차) 현금	5,000	(대) 신주인수권조정	(1,350-1,350÷1.15)x50%=88
상환할증금	1,350x50%=675	자본금	5주x@500=2,500
신주인수권대가	711x50%=356	주발초	3,443

∴자본금과 주식발행초과금 합계액 : 2,500+3,443=5,943

사례 신주인수권 행사후 장부금액 계산

❂(주)미래를위해건배는 20x1년 1월 1일에 액면금액 ₩1,000,000, 액면이자율 6%, 만기 4년, 상환할증금
₩90,169, 매년말 이자지급조건으로 비분리형 신주인수권부사채를 액면발행하였다. 발행일의 시장이자
율은 10%로서 이를 적용할 경우, 발행일 현재 ㈜미래를위해건배가 발행한 신주인수권부사채의 현재가
치는 ₩934,779이다. 신주인수권의 행사가격은 ₩25,000이며 행사비율은 100%로서 각 신주인수권은
액면금액이 ₩5,000인 보통주 1주를 매입할 수 있다. 동 신주인수권부사채의 25%가 20x2년 1월 1일
에 행사되었다면, 행사 직후 신주인수권부사채의 장부금액은 얼마인가? 단, 아래의 현가계수를 사용하
고 소수점 첫째 자리에서 반올림하며 가장 근사치로 답하라.

세부고찰 II

(3년기준)	6%	10%
단일금액 ₩1의 현가계수	0.8396	0.7513
정상연금 ₩1의 현가계수	2.6730	2.4869

풀이

- 신주인수권대가 : 1,000,000-934,779=65,221
- 20x1년말 장부금액 : 934,779+(934,779x10%-60,000)=968,257
- 행사시점 상환할증금 감소액 : 90,169x25%=22,542
- 행사시점 신주인수권조정 감소액 : $(90,169-90,169÷1.1^3)x25\%=5,606$
- 행사후 장부금액 : 968,257-22,542+5,606=951,321

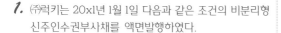

객관식 확인학습 ◯ **이론적용연습**

1. ㈜럭키는 20x1년 1월 1일 다음과 같은 조건의 비분리형 신주인수권부사채를 액면발행하였다.

> (1) 액면금액 : ₩1,000,000 (2) 표시이자율 : 연 4%
> (3) 이자지급일 : 매년말 (4) 행사가액 : ₩10,000
> (5) 만기상환일 : 20x4년 1월 1일
> (6) 발행주식의 주당 액면금액 : ₩5,000
> (7) 원금상환방법 : 상환기일에 액면금액의 109.74%를 일시상환
> (8) 신주인수권부사채 발행시점의 신주인수권이 부여되지 않은 유사한 일반사채 시장이자율 : 연 8%

동 사채 액면금액 중 ₩700,000의 신주인수권이 20x2년 1월 1일에 행사되었을 때, 증가되는 주식발행초과금은 얼마인가? 단, ㈜럭키는 신주인수권이 행사되는 시점에 신주인수권대가를 주식발행초과금으로 대체한다. 또한 계산결과 단수차이로 인해 답안과 오차가 있는 경우 근사치를 선택한다.

① ₩358,331 ② ₩368,060 ③ ₩376,555
④ ₩408,451 ⑤ ₩426,511

내비게이션
• 상환할증금 : 1,000,000x9.74%=97,400
• 현재가치 : 40,000x2.5771+1,097,400x0.7938=974,200
• 신주인수권대가 : 1,000,000−974,200=25,800
• [행사시 회계처리]

(차) 현금	700,000	(대) 신주인수권조정	9,727[1]
상환할증금	68,180[2]	자본금	350,000[3]
신주인수권대가	18,060[4]	주식발행초과금	426,513

[1] (97,400−97,400÷1.08²)x70%=9,727 [2] 97,400x70%=68,180
[3] 70주x@5,000=350,000 [4] 25,800x70%=18,060

2. 다음은 ㈜조선의 복합금융상품과 관련된 자료이다.

> (1) 액면금액 : ₩1,000,000
> (2) 표시이자율 : 연 5%
> (3) 이자지급일 : 매년 12월 31일
> (4) 만기일 : 20x3년 12월 31일
> (5) 일반사채 시장이자율 : 연 12%

r	단일금액 ₩1의 현재가치			정상연금 ₩1의 현재가치		
	1년	2년	3년	1년	2년	3년
5%	0.9524	0.9070	0.8638	0.9524	1.8594	2.7233
8%	0.9259	0.8573	0.7938	0.9259	1.7833	2.5771
12%	0.8929	0.7972	0.7118	0.8929	1.6901	2.4018

상기 복합금융상품은 비분리형 신주인수권부사채이다. ㈜조선은 상기 신주인수권부사채를 20x1년 1월

1일에 액면발행하였다. 20x2년 1월 1일부터 권리행사가 가능하며, 신주인수권부사채의 신주인수권을 행사하지 않을 경우에는 만기에 상환할증금이 지급된다. 보장수익률은 연 8%이며, 20x3년 1월 1일에 액면금액의 50%에 해당하는 신주인수권이 행사되었다. 행사가격은 ₩10,000이며, 신주인수권부사채 액면 ₩10,000당 액면 ₩5,000의 보통주 1주를 인수할 수 있다. 상기 신주인수권부사채와 관련하여 20x3년에 인식하는 이자비용은 얼마인가? 단, 단수차이로 인해 오차가 있는 경우 가장 근사치를 선택한다.

① ₩61,467 ② ₩86,549 ③ ₩117,692
④ ₩141,413 ⑤ ₩146,549

내비게이션
• 상환할증금 : 1,000,000x(8%−5%)x(1.08²+1.08+1)=97,392
• 현재가치 : 50,000x2.4018+1,097,392x0.7118=901,214
• 신주인수권대가 : 1,000,000−901,214=98,786
• 20x1년말 장부금액 : 901,214+(901,214x12%−50,000)=959,360
• 20x2년말 장부금액 : 959,360+(959,360x12%−50,000)=1,024,483
• 행사시점 상환할증금 감소액 : 97,392x50%=48,696
• 행사시점 신주인수권조정 감소액 : (97,392−97,392÷1.12)x50%=5,217
• 행사후 장부금액 : 1,024,483−48,696+5,217=981,004
∴20x3년 이자비용 : 981,004x12%=117,720 →근사치는 117,692

참고 일자별 회계처리

일자	유효이자(12%)	액면이자(5%)	상각액	장부금액
20x1년초				901,214
20x1년말	108,146	50,000	58,146	959,360
20x2년말	115,123	50,000	65,123	1,024,483
행사후	1,024,483−48,696+5,217			981,004
20x3년말	117,692조정)	50,000	67,692	1,048,696

[20x1년 1월 1일 회계처리]

(차) 현금	1,000,000	(대) 신주인수권부사채	1,000,000
(차) 신주인수권조정	196,178	(대) 신주인수권대가	98,786
		상환할증금	97,392

[20x1년 12월 31일 회계처리]

| (차) 이자비용 | 108,146 | (대) 현금 | 50,000 |
| | | 신주인수권조정 | 58,146 |

[20x2년 12월 31일 회계처리]

| (차) 이자비용 | 115,123 | (대) 현금 | 50,000 |
| | | 신주인수권조정 | 65,123 |

[20x3년 1월 1일 회계처리]

(차) 현금	500,000	(대) 신주인수권조정	5,217
상환할증금	48,696[1]	자본금	250,000
신주인수권대가	49,393[2]	주식발행초과금	342,872

[20x3년 12월 31일 회계처리]

(차) 이자비용	117,692	(대) 현금	50,000
		신주인수권조정	67,692
(차) 신주인수권부사채	1,000,000	(대) 현금	1,048,696
상환할증금	48,696		

[1] 97,392x50%=48,696 [2] 98,786x50%=49,393

제1편 Mainplot [주요논제]
제2편 Subplot [특수논제]
합본부록1 기출유형별 필수문제
합본부록2 실전적중모의고사

이론과기출 제166강 ○ 신주인수권부사채 액면상환조건과 발행

세부고찰 I

사례 액면상환조건인 경우 - 액면발행

❂ ㈜유단자는 20x1년초에 만기 3년, 액면이자율 5%(매년말 지급), 액면금액 ₩1,000,000의 신주인수권부사채를 액면발행하였다.(상환할증 조건이 없음) 행사조건은 사채 액면금액 ₩20,000당 보통주(주당 액면 ₩5,000) 1주를 인수(행사가격 ₩20,000)할 수 있다. 20x3년초 신주인수권의 60%가 행사되었을 때 자본증가액은? 단, 일반사채 시장수익률은 연 10%(3년 현가계수는 0.7513, 연금현가계수는 2.4868)

<속속철> 액면상환조건인 경우 행사시 회계처리에는 신주인수권조정과 상환할증금이 나타나지 않음
　　　→∴자본증가액 = 현금납입액
● 현재가치 : 50,000x2.4868＋1,000,000x0.7513＝875,640
● 신주인수권대가 : 1,000,000－875,640＝124,360
● 행사시 회계처리

(차) 현금	600,000	(대) 자본금	30주x@5,000=150,000
신주인수권대가	124,360x60%=74,616	주발초	524,616

∴(150,000+524,616)－74,616=600,000

사례 액면상환조건인 경우 - 할인발행

❂ 20x1년초 발행한 신주인수권부사채 자료는 다음과 같다. 20x2년초 액면 ₩500,000에 대하여 신주인수권이 행사되었을때 20x2년도 포괄손익계산서에 인식할 이자비용, 행사시 증가하는 주식발행초과금, 20x2년말 재무상태표에 인식할 신주인수권대가는 얼마인가?

(1) 액면금액 : ₩2,000,000(8% 매년말 지급), 발행금액 : ₩1,903,960, 원금상환 : 20x3말에 일시상환
(2) 행사금액 : 사채액면 ₩10,000당 주당 액면금액이 ₩5,000인 보통주 1주 인수 가능
(3) 기타사항 : 신주인수권부사채 발행시 동일조건을 가진 일반사채의 유효이자율은 연 12%이다.

(3년기준)	8%	10%	12%
단일금액 ₩1의 현가계수	0.7938	0.7513	0.7118
정상연금 ₩1의 현가계수	2.5771	2.4868	2.4018

세부고찰 II

<저자주> 계속 부채(사채)이므로 신주인수권 행사시에도 미상각사발차의 제거가 없습니다!
● 현재가치 : 160,000x2.4018＋2,000,000x0.7118＝1,807,888
● 발행시 신주인수권대가 : 1,903,960－1,807,888＝96,072

일자	유효이자(12%)	액면이자(8%)	상각액	장부금액
20x1년초	－	－	－	1,807,888
20x1년말	216,947	160,000	56,947	1,864,835
20x2년말	223,780	160,000	63,780	1,928,615

● 행사시 회계처리

(차) 현금	500,000	(대) 자본금	50주x@5,000=250,000
신주인수권대가	96,072x25%=24,018	주발초	274,018

● 20×2년말 신주인수권대가 : 96,072x75%=72,054
● 20×2년도 이자비용 : 223,780(상각표)

객관식 확인학습

이론적용연습

1. ㈜합격은 20x1년 1월 1일에 다음과 같은 조건의 비분리형 신주인수권부사채를 액면발행하였다.

> (1) 액면금액 : ₩3,000,000
> (2) 표시이자 : 연 4%(매년 12월 31일에 지급)
> (3) 일반사채 시장수익률 : 연 7%
> (4) 만기상환 : 20x3년 12월 31일에 일시상환하며 상환할증금은 지급하지 않는다.
> (5) 신주인수권 행사가액 : ₩6,000(사채액면 ₩6,000 당 보통주 1주를 인수할 수 있음)
> (6) 신주인수권 행사시 주식의 액면금액 : ₩5,000

20x1년 10월 1일에 신주인수권부사채 중 액면금액 ₩1,800,000에 해당하는 신주인수권이 행사되었다면, 그 결과 ㈜합격의 자본은 얼마나 증가하는가? 단, 7%, 3기간 현재가치계수와 연금현재가치계수는 각각 0.816, 2.624이다.

① ₩142,272 ② ₩442,272 ③ ₩584,544
④ ₩1,800,000 ⑤ ₩2,084,544

내비게이션
- 현재가치 : 120,000x2.624+3,000,000x0.816=2,762,880
- 신주인수권대가 : 3,000,000−2,762,880=237,120
- 신주인수권 행사시 회계처리

(차) 현금	1,800,000	(대) 자본금	1,500,000
신주인권대가	142,272	주식발행초과금	442,272

∴ 자본증가액 : (1,500,000+442,272)−142,272=1,800,000

고속철 액면상환시 자본증가액 빨리구하기
자본증가액=신주인수권 행사시 현금납입액(1,800,000)

2. ㈜청명은 20x1년 1월 1일 비분리형 신주인수권부사채를 ₩98,000에 발행하였다. 다음은 이 사채와 관련된 사항이다.

> (1) 사채의 액면금액은 ₩100,000이고 만기는 20x3년 12월 31일이다.
> (2) 액면금액에 대해 연 6%의 이자를 매 연도말 지급한다.
> (3) 신주인수권의 행사기간은 20x1년 2월 1일부터 20x3년 11월 30일까지이다.
> (4) 신주인수권 행사시 사채의 액면금액 ₩1,000당 주식 1주를 인수할 수 있으며, 행사금액은 주당 ₩8,000이다. 발행하는 주식의 주당 액면금액은 ₩5,000이다.
> (5) 신주인수권부사채의 발행시 동일조건을 가진 일반사채의 유효이자율은 연 10%이다.

3년 기준	6%	10%
단일금액 ₩1의 현재가치	0.8396	0.7513
정상연금 ₩1의 현재가치	2.6730	2.4869

위 신주인수권부사채의 액면금액 중 70%에 해당하는 신주인수권이 20x2년 1월 1일에 행사되었다. 신주인수권의 행사로 증가하는 주식발행초과금과 20x2년도 포괄손익계산서에 인식할 이자비용은 각각 얼마인가? 단, 신주인수권이 행사되는 시점에 신주인수권대가를 주식발행초과금으로 대체하며, 계산과정에서 소수점 이하는 첫째자리에서 반올림한다. 그러나, 계산방식에 따라 단수차로 인해 오차가 있는 경우, 가장 근사치를 선택한다.

	주식발행초과금	이자비용
①	₩210,000	₩2,792
②	₩215,564	₩2,792
③	₩212,385	₩8,511
④	₩216,964	₩9,005
⑤	₩215,564	₩9,306

내비게이션
- 액면상환조건이므로 행사시 회계처리에는 신주인수권조정과 상환할증금이 나타나지 않으며, 신주인수권부사채는 행사시에도 계속 부채(사채)이므로 행사시 미상각사발차의 제거가 없다.
- 현재가치 : 6,000x2.4869+100,000x0.7513=90,051
- 발행시 신주인수권대가(신주인수권조정) : 98,000−90,051=7,949

일자	유효이자(10%)	액면이자(6%)	총상각액	장부금액
20x1년초				90,051
20x1년말	9,005	6,000	3,005	93,056
20x2년말	9,306	6,000	3,306	96,362

- 행사시 회계처리

(차) 현금	70주x8,000=560,000	(대) 자본금 70주x5,000=350,000
신주인수권대가 7,949x70%=5,564		주발초 215,564

- 20x2년도 이자비용 : 9,306(상각표)
- [20x1년 1월 1일 회계처리]

(차) 현금	98,000	(대) 신주인수권부사채	100,000
사채할인발행차금	2,000		
(차) 신주인수권조정	7,949	(대) 신주인수권대가	7,949

[20x1년 12월 31일 회계처리]

(차) 이자비용	9,005	(대) 현금	6,00
		사채할인발행차금	604[1]
		신주인수권조정	2,401[2]

[20x2년 1월 1일 회계처리]

(차) 현금	560,000	(대) 자본금	350,000
신주인수권대가	5,564	주식발행초과금	215,564

[20x2년 12월 31일 회계처리]

(차) 이자비용	9,306	(대) 현금	6,000
		사채할인발행차금	665[3]
		신주인수권조정	2,641[4]

[1] $3,005 \times \dfrac{2,000}{2,000+7,949}=604$ [2] $3,005 \times \dfrac{7,949}{2,000+7,949}=2,401$

[3] $3,306 \times \dfrac{2,000}{2,000+7,949}=665$ [4] $3,306 \times \dfrac{7,949}{2,000+7,949}=2,641$

Answer 1. ④ 2. ⑤

이론과기출 제167강 ○ 종업원급여 | 종업원급여의 유형

개요	❖종업원에는 이사와 경영진도 포함되며, 종업원이나 그 피부양자, 수익자에게 제공한 급여를 포함함.		
	현직 종업원급여	1년이내 지급	단기종업원급여
		1년이후 지급	기타장기종업원급여
	퇴사이후 급여	일반적 해고/명예퇴직	해고급여
		자발적 퇴사	퇴직급여

단기종업원급여	정의	❖근무용역제공 연차보고기간 이후 12개월 이전에 전부 결제될 종업원급여로 해고급여를 제외하며 다음을 포함함. •임금, 사회보장분담금(예 국민연금회사부담분) •유급연차휴가와 유급병가 •이익분배금·상여금 •현직종업원을 위한 비화폐성급여(예 의료, 주택, 자동차, 무상 또는 일부 보조로 제공되는 재화나 용역)
	인식과 측정	**인식** •미지급과 초과지급에 대하여 미지급급여(부채)와 선급급여(자산)를 인식함. •자산의 원가에 포함하는 경우를 제외하고는 비용으로 인식함. **측정** •단기종업원급여채무는 할인하지 않은 금액으로 측정함.

퇴직급여	정의	❖퇴직 이후에 지급하는 종업원급여로, 단기종업원급여와 해고급여는 제외하며, 다음과 같은 급여를 포함함. •퇴직금(예 퇴직연금과 퇴직일시금 등) •퇴직후 생명보험이나 퇴직후 의료급여 등과 같은 그 밖의 퇴직급여

해고급여	정의	❖통상적인 퇴직시점 이전에 종업원을 해고하고자 하는 기업의 결정이나 해고의 대가로 기업이 제안하는 급여를 수락하는 종업원의 결정의 결과로서 종업원을 해고하는 대가로 제공되는 종업원급여를 말함. ➡ ∴기업의 제안이 아닌 종업원의 요청으로 인한 해고나 의무적인 퇴직규정으로 인하여 발생하는 종업원급여는 퇴직급여이기 때문에 해고급여에 포함하지 아니함.
	인식과 측정	**인식** •다음 중 이른 날에 해고급여에 대한 부채와 비용을 인식함. ① 기업이 해고급여의 제안을 더 이상 철회할 수 없을 때 ② 기업이 기준서 제1037호(충당부채등)의 적용범위에 포함되고 해고급여의 지급을 수반하는 구조조정에 대한 원가를 인식할 때 **측정** •퇴직급여를 증액시키는 것이라면, 퇴직급여에 대한 규정을 적용 •해고급여가 인식되는 연차보고기간말 이후 12개월 이전에 모두 결제될 것으로 예상되는 경우는 단기종업원급여, 예상되지 않는 경우는 기타장기종업원급여에 대한 규정을 적용

기타장기종업원급여	정의	❖단기종업원급여, 퇴직급여 및 해고급여를 제외한 종업원급여로, 다음과 같은 급여가 포함됨. •장기근속휴가나 안식년휴가와 같은 장기유급휴가, 그 밖의 장기근속급여 •장기장애급여, 이익분배금과 상여금, 이연된 보상

객관식 확인학습

 이론적용연습

1. 다음 중 종업원급여에 관한 설명으로 옳지 않은 것은?

① 해고급여는 종업원을 해고하는 대가로 제공되는 종업원급여를 말한다.

② 확정급여제도는 기업이 종업원 퇴직시 약정된 퇴직급여의 지급을 약속한 것으로 그 운영과 위험을 기업이 부담한다.

③ 확정기여제도는 기업이 별개의 기금에 일정금액을 납부하면 추가의무가 없다.

④ 단기종업원급여는 화폐성 급여만을 포함한다.

⑤ 단기종업원급여의 회계처리는 채무나 원가를 측정하는 데 보험수리적 가정이 필요하지 않아 보험수리적손익이 발생하지 않기 때문에 일반적으로 단순하며, 단기종업원급여채무는 할인하지 아니한 금액으로 측정한다.

📻 낵빅케의션

• 단기종업원급여는 현직종업원을 위한 비화폐성급여(예 의료, 주택, 자동차, 무상 또는 일부 보조로 제공되는 재화나 용역)를 포함한다.
* ②,③은 후술함.

2. 다음은 종업원급여에 대한 설명이다. 가장 타당한 것은 어느 것인가?

① 종업원에는 이사와 경영진도 포함되며, 종업원이나 그 피부양자, 수익자에게 제공한 급여를 제외한다.

② 단기종업원급여는 보험수리적방법으로 측정하지 않지만, 할인된 금액으로 측정한다.

③ 퇴직급여는 종업원의 퇴직 이후에 지급하는 종업원급여(해고급여 포함)를 의미한다.

④ 이익분배금 또는 상여금의 전부나 일부의 지급기일이 종업원의 근무용역이 제공된 회계기간의 말부터 12개월 이내에 도래하지 않는다면 해당 금액을 기타장기종업원급여로 분류한다.

⑤ 기업의 제안이 아닌 종업원의 요청으로 인한 해고나 의무적인 퇴직규정으로 인하여 발생하는 종업원급여는 해고급여에 포함된다.

📻 낵빅케의션

• ① 종업원이나 그 피부양자, 수익자에게 제공한 급여를 포함한다.
② 단기종업원급여는 보험수리적방법으로 측정하지 않기 때문에 보험수리적 방법으로 측정하는 확정급여형 퇴직급여제도의 측정방법 보다는 일반적으로 단순하며, 할인하지 않은 금액으로 측정한다.
③ 퇴직급여란 종업원의 퇴직 이후에 지급하는 종업원급여(해고급여 제외)를 의미한다.
⑤ 기업의 제안이 아닌 종업원의 요청으로 인하여 해고나 의무적인 퇴직규정으로 인하여 발생하는 종업원급여는 퇴직급여이기 때문에 해고급여에 포함하지 아니한다.

서술형Correction연습

🔲 단기종업원급여에는 의료나 주택등과 같은 비화폐성급여는 포함하지 않는다.

➡ (X) : 단기종업원급여에는 다음을 포함한다.
  – 임금, 사회보장분담금(국민연금)
  – 유급연차휴가·유급병가
  – 이익분배금·상여금(회계기간말부터 12개월 이내에 지급되는 것)
  – 현직종업원을 위한 비화폐성급여(의료, 주택, 자동차, 무상 또는 일부 보조로 제공되는 재화나 용역)

🔲 퇴직급여와 관련된 자산 및 부채는 재무상태표의 유동성분류기준에 따라 유동부분과 비유동부분으로 구분하여 각각 공시하여야 한다.

➡ (X) : 【심화학습 : 종업원급여 문단 133】
  일부 기업은 유동자산과 유동부채를 각각 비유동자산과 비유동부채와 구분한다. 그러나 이 기준서에서는 퇴직급여와 관련된 자산과 부채를 유동부분과 비유동부분으로 구분하여야 하는지는 특정하지 아니한다.

이론과기출 제168강 ○ 단기종업원급여

단기유급휴가

개요		•연차휴가, 병가, 단기장애휴가, 출산·육아휴가등 종업원 휴가에 대하여 보상할수 있는 것
형태	누적유급휴가	•당해 미사용분을 차기 사용가능 ➡ ∴보고기간말 미사용 유급휴가를 부채로 인식함. **보론** 누적유급휴가의 예상원가는 보고기간말 현재 미사용유급휴가가 누적되어 기업이 지급할 것으로 예상하는 추가금액으로 측정함.
	비누적유급휴가	•당해 미사용분은 소멸 ➡ ∴보고기간말 부채인식 없음. **보론** 즉, 실제로 사용하기 전에는 부채나 비용을 인식치 않음.

 유급병가

✪다음에 의할 때 20x1년 말에 유급휴가와 관련하여 필요한 회계처리는?

(1) A회사는 100명의 종업원에게 1년에 5일의 근무일수에 해당하는 유급병가를 제공하고 있으며, 미사용 유급병가는 다음 1년 동안 이월하여 사용할 수 있다. 유급병가는 당해연도에 부여된 권리가 먼저 사용된 다음 직전연도에서 이월된 권리가 사용되는 것으로 본다.

(2) 20x1년 12월 31일 현재 미사용 유급병가는 종업원당 평균 2일이고, 과거의 경험에 비추어 볼 때 20x2년도 중에 종업원 92명이 사용할 유급병가일수는 5일 이하이고, 나머지 8명이 사용할 유급병가일수는 평균적으로 6.5일이 될 것으로 예상된다.

(3) 유급병가의 예상원가는 1일당 ₩20,000이다.

풀이

•미사용유급병가의 사용분 : 6.5일-5일=1.5일
•(차) 단기종업원급여 (1.5일x20,000)x8명=240,000 (대) 미지급비용 240,000

이익분배제도·상여금제도

개요	이익분배제도	•종업원이 특정기간 계속 근무하는 것을 조건으로 이익을 분배받을 수 있는 제도로 성과급의 한 형태를 말함.
	상여금제도	•통상임금 이외에 지급되는 보너스의 한 형태를 말함.
인식	① 과거 사건의 결과로 현재의 지급의무가 발생하고, 채무금액을 신뢰성 있게 추정할 수 있다면 이익분배금 및 상여금의 예상원가를 인식함. ② 이익분배제도/상여금제도와 관련된 원가는 이익분배가 아니라 당기비용으로 인식함. (차) 단기종업원급여 xxx (대) 미지급비용 xxx (O) (차) 이익잉여금 xxx (대) 미지급비용 xxx (X) ③ 지급기일이 회계기간말부터 12개월내에 도래치 않는다면 기타장기종업원급여에 해당됨.	

 이익분배제도

✪다음에 의할 때 20x1년 말에 이익분배금과 관련하여 필요한 회계처리는?

(1) A회사는 회계연도 당기순이익의 일정 부분을 해당 회계연도에 근무한 종업원에게 지급하는 이익분배제도를 두고 있다.

(2) 해당 회계연도에 퇴사자가 없다고 가정하면 이익분배금 총액은 당기순이익의 3%가 될 것이지만, 일부 종업원이 퇴사함에 따라 실제로 지급될 이익분배금 총액은 당기순이익의 2.5%로 감소할 것으로 예상된다.

(3) 20x1년의 이익분배금을 반영하기 전의 당기순이익은 ₩1,000,000이다.

풀이

•(차) 단기종업원급여 1,000,000×2.5%=25,000 (대) 미지급비용 25,000

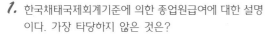

객관식 확인학습 ─ 이론적용연습

1. 한국채택국제회계기준에 의한 종업원급여에 대한 설명이다. 가장 타당하지 않은 것은?

① 비누적유급휴가는 이월되지 않으므로 당기에 사용되지 않은 유급휴가는 소멸되며 관련 종업원이 퇴사하더라도 미사용유급휴가에 상응하는 현금을 수령할 자격이 없다.

② 비누적유급휴가는 종업원이 실제로 유급휴가를 사용하기 전에도 부채나 비용을 인식한다.

③ 기업의 채무는 종업원이 미래 유급휴가에 대한 권리를 증가시키는 근무용역을 제공함에 따라 발생한다.

④ 누적유급휴가의 예상원가는 보고기간말 현재 미사용유급휴가가 누적된 결과 기업이 지급할 것으로 예상되는 추가금액으로 측정한다.

⑤ 이익분배제도 및 상여금제도에 따라 기업이 부담하는 의무는 종업원이 제공하는 근무용역에서 발생하는 것이며 주주와의 거래에서 발생하는 것이 아니다. 따라서 이익분배제도 및 상여금제도와 관련된 원가는 이익분배가 아니라 당기비용으로 인식한다.

대비제외션
• 비누적유급휴가는 종업원이 실제로 유급휴가를 사용하기 전에는 부채나 비용을 인식하지 아니한다.

2. ㈜합격은 100명의 종업원에게 1년에 5일의 근무일수에 해당하는 유급병가를 제공하고 있으며, 미사용 유급병가는 다음 1년동안 이월하여 사용할수 있다. 유급병가는 당해연도에 부여된 권리가 먼저 사용된 다음 직전연도에서 이월된 권리가 사용되는 것으로 본다. 20x1년 12월 31일 현재 미사용유급병가는 종업원당 2일이고, 과거의 경험에 비추어 볼 때 20x2년도 중에 92명이 사용할 유급병가일수는 5일이하, 나머지 8명이 사용할 유급병가일수는 평균적으로 6.5일이 될 것으로 예상한다. 유급병가 예상원가는 1일 ₩15,000이다. 20x1년 말 유급병가와 관련하여 부채로 인식할 금액은 얼마인가?

① ₩150,000　② ₩180,000　③ ₩240,000
④ ₩450,000　⑤ ₩640,000

대비제외션
• 미사용유급병가의 사용분 : 6.5일-5일=1.5일
• 부채(미지급비용) : (1.5일x15,000)x8명=180,000
→(차) 단기종업원급여 180,000 (대) 미지급비용 180,000

서술형Correction연습

□ 비누적유급휴가의 예상원가는 당해 유급휴가를 사용하지 않은 경우에도 유급휴가를 사용하는 경우에 기업이 지급할 것으로 예상하는 추가금액으로 측정한다.

➡ (X) : 누적유급휴가의 예상원가는 보고기간말 현재 미사용유급휴가가 누적되어 기업이 지급할 것으로 예상하는 추가금액으로 측정함.

□ 미사용유급휴가는 차기 이후의 이월여부에 관계없이 채무로 인식한다.

➡ (X) : 비누적유급휴가는 이월되지 않으므로 당기에 사용하지 않은 유급휴가는 소멸된다. 이 경우 종업원이 근무용역을 제공하더라도 관련 급여가 증가되지 않기 때문에 종업원이 실제로 유급휴가를 사용하기 전에는 부채나 비용을 인식하지 아니한다.

□ 유급휴가 형식을 취하는 단기종업원급여의 예상원가는 휴가가 실제로 사용되는 때에 비용으로 인식한다.

➡ (X) : 비누적유급휴가는 종업원이 휴가가 실제로 사용할 때 비용으로 인식하나, 누적유급휴가는 종업원이 미래 유급휴가 권리를 확대하는 근무용역을 제공할 때 인식한다.(즉, 보고기간말 미사용 유급휴가를 부채로 인식함.)

□ 누적유급휴가의 경우에는 종업원이 미래 유급휴가 권리를 확대시키는 근무용역을 제공하는 때에 종업원급여를 비용으로 인식하므로 보고기간말에 부채는 계상되지 않는다.

➡ (X) : 누적 유급휴가의 예상원가는 보고기간말 현재 미사용 유급휴가가 누적되어 기업이 지급할 것으로 예상하는 추가 금액으로 측정하며 이를 부채로 계상한다.

□ 이익분배제도에 따라 기업이 부담하는 의무는 종업원이 제공하는 근무용역에서 발생하는 것이나 이익분배에 해당하므로 이익잉여금의 처분으로 회계처리한다.

➡ (X) : 이익분배제도 및 상여금제도에 따라 기업이 부담하는 의무는 종업원이 제공하는 근무용역에서 발생하는 것이지 주주와의 거래에서 발생하는 것이 아니므로 이익분배제도 및 상여금제도와 관련된 원가는 이익분배가 아니라 당기비용으로 인식한다.

시험중요도 ★★★

이론과기출 제169강 ○ 퇴직급여제도

의의	❖퇴직급여는 종업원이 퇴직한 이후에 지급하는 종업원급여로, 퇴직급여의 지급과 관련하여 기업이 한명 이상의 종업원에게 퇴직급여를 지급하는 근거가 되는 공식 또는 비공식 협약을 퇴직급여제도라고 함. 퇴직급여제도는 제도의 주요규약에서 도출되는 경제적 실질에 따라 확정기여제도(DC)와 확정급여제도 (DB)로 구분됨.

확정기여 제도	개요	•기업이 별개의 실체(기금)에 고정 기여금을 납부하여야 하고, 그 기금이 당기와 과거기간에 제공된 종업원 근무용역과 관련된 모든 종업원급여를 지급할 수 있을 정도로 충분한 자산을 보유하지 못하더라도 기업에게는 추가로 기여금을 납부해야 하는 법적의무나 의제의무가 없는 퇴직급여제도 ➡기업은 약정한 기여금을 납부함으로써 퇴직급여와 관련된 모든 의무가 종결됨. •납부해야할 기여금은 자산의 원가에 포함하는 경우를 제외하고는 비용으로 인식함. •납부해야할 기여금에 미달납부한 경우는 미지급비용(부채)을 인식하고, 초과납부한 경우는 선급비용(자산)을 인식함.

	적정납부시	(차) 퇴직급여	1,000	(대) 현금	1,000
	미달납부시	(차) 퇴직급여	1,000	(대) 현금 미지급비용	900 100
	초과납부시	(차) 퇴직급여 선급비용	1,000 100	(대) 현금	1,100

확정기여 제도	기업의 부담	•출연금액에 한정 ➡기업의 법적의무나 의제의무는 기업이 기금에 출연하기로 약정한 금액으로 한정됨.
	종업원 수령액	•불확정적 ➡종업원이 받을 퇴직급여액은 기업과 종업원이 퇴직급여제도나 보험회사에 출연하는 기여금 과 그 기여금에서 발생하는 투자수익에 따라 결정됨.
	위험부담자	•종업원 ➡보험수리적위험(실제급여액이 기대급여액에 미치지 못할 위험)과 투자위험(기여금을 재원 으로 투자한 자산이 기대급여액을 지급하는 데 충분하지 못하게 될 위험)은 종업원이 부담함.

확정급여 제도	개요	•확정기여제도 이외의 모든 퇴직급여제도를 말함. ➡기업의 의무는 약정한 급여를 전·현직종업원에게 지급하는 것임.
	기업의 부담	•변동적 ➡보험수리적실적이나 투자실적이 예상보다 저조하다면 의무증가가 가능함. 말장난 확정급여제도에서 기업의 법적의무나 의제의무는 기업이 기금에 출연하기로 약정한 금 액으로 한정되며 종업원이 보험수리적위험과 투자위험을 실질적으로 부담한다(X)
	종업원 수령액	•확정적 ➡종업원이 받을 퇴직급여액은 기업과 종업원이 퇴직급여제도나 보험회사에 출연하는 기여금 과 그 기여금에서 발생하는 투자수익과 무관함.
	위험부담자	•기업 ➡기업이 보험수리적위험과 투자위험을 부담함.

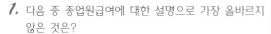

객관식 확인학습

이론적용연습

1. 다음 중 종업원급여에 대한 설명으로 가장 올바르지 않은 것은?

① 확정급여채무의 현재가치란 종업원이 당기와 과거기간에 근무용역을 제공하여 발생한 채무를 기업이 결제하는 데 필요한 예상 미래지급액의 현재가치(사외적립자산 차감 전)를 의미한다.

② 종업원급여는 단기종업원급여, 퇴직급여, 기타장기종업원급여, 해고급여의 네 가지 범주를 포함한다.

③ 단기종업원급여는 종업원이 관련 근무용역을 제공한 연차보고기간 이후 12 개월 이전에 전부 결제될 종업원급여로 해고급여는 제외한다.

④ 확정급여제도는 기업이 종업원 퇴직시 약정된 퇴직급여의 지급을 약속한 것으로 그 운용과 위험을 종업원이 부담한다.

⑤ 누적유급휴가의 예상원가는 보고기간말 현재 미사용유급휴가가 누적되어 기업이 지급할 것으로 예상하는 추가금액으로 측정한다.

• 확정급여제도는 그 운용과 위험을 기업이 부담한다.

2. 다음 중 퇴직급여에 대한 설명으로 가장 올바르지 않은 것은?

① 퇴직급여제도는 확정기여제도와 확정급여제도를 포함한다.

② 당기근무원가는 당기에 종업원이 근무용역을 제공함에 따라 발생하는 확정급여채무의 현재가치 증가액을 말한다.

③ 확정급여제도에서는 사외적립자산을 출연하는데 이때 사외적립자산은 공정가치로 측정한다.

④ 확정급여제도는 기업이 기여금을 불입함으로써 퇴직급여와 관련된 모든 의무가 종료된다.

⑤ 확정급여제도란 보험수리적위험과 투자위험을 기업이 부담하는 퇴직급여제도를 의미한다.

• 기여금을 불입함으로써 퇴직급여와 관련된 모든 의무가 종료되는 것은 확정기여제도이다.

3. 퇴직급여제도에 의한 회계처리와 보고에 관한 설명으로 옳지 않은 것은?

① 확정기여제도에서 가입자의 미래급여금액은 사용자나 가입자가 출연하는 기여금과 기금의 운영효율성 및 투자수익에 따라 결정된다.

② 확정기여제도의 재무제표에는 약정퇴직급여의 보험수리적 현재가치와 급여지급에 이용가능한 순자산 사이의 관계, 그리고 약정급여를 위한 기금적립정책에 대한 설명이 있어야 한다.

③ 확정급여제도는 종업원에게 지급할 퇴직급여금액이 일반적으로 종업원의 임금과 근무연수에 기초하는 산정식에 의해 결정되는 퇴직급여제도이다.

④ 가득급여는 종업원의 미래 계속 근무와 관계없이 퇴직급여제도에 따라 받을 권리가 있는 급여를 의미한다.

⑤ 기금적립은 퇴직급여를 지급할 미래의무를 충족하기 위해 사용자와는 구별된 실체(기금)에 자산을 이전하는 것을 의미한다.

• 확정기여제도의 재무제표(X) → 확정급여제도의 재무제표(O)

이론과기출 제170강 ○ 확정급여제도 : 회계처리 개괄

확정급여채무	•근무용역제공으로 발생한 채무를 결제시 필요한 미래지급액으로 현재가치로 측정 ➡퇴직시점의 퇴직급여는 보험수리적 평가방법을 적용하여 추정함.
당기근무원가	•당기에 종업원이 근무용역을 제공하여 발생한 확정급여채무 현재가치의 증가액으로 당해 연도에 귀속되는 급여의 현재가치를 말함. ➡확정급여채무와 당기근무원가는 '예측단위적립방식'을 사용하여 측정함.

 사례 확정급여채무 회계처리(예측단위적립방식)

✿20x1년 3년간 근무하고 퇴사할(20x3년말에 퇴직할 경우) 종업원의 퇴직시 퇴직금이 ₩300(보험수리적
평가방법 추정액)으로 예상된다. 할인율은 10%로 가정한다.(단, 20x1년초에 입사함)

풀이

1. 현재가치를 무시한 연도별 당기근무원가 계산
   - 배분액 : 300÷3년=100 : 20x1년 100, 20x2년 100, 20x3년 100
2. 당기근무원가와 확정급여채무의 현재가치 계산

	20x1년	20x2년	20x3년
당기근무원가	$100÷1.1^2$ =83	100÷1.1=91	100
이자원가	-	83x10%≒8	(83+8)x10%+91x10%≒18
추가인식할 확정급여채무	83	99	118

3. 회계처리

20x1년	(차) 퇴직급여(근무원가)	83	(대) 확정급여채무	83
20x2년	(차) 퇴직급여(이자원가) 퇴직급여(근무원가)	8 91	(대) 확정급여채무	99
20x3년	(차) 퇴직급여(이자원가) 퇴직급여(근무원가)	18 100	(대) 확정급여채무	118
	(차) 확정급여채무	300	(대) 현금	300

*퇴직급여=당기근무원가+이자원가
*이자원가는 '기초확정급여채무x10%'로 계산할수도 있음.(예 20x3년 이자원가=(83+99)x10%≒18)
  (이자원가는 이하 사외적립자산 이자수익과 상계한 이후의 순이자를 당기손익으로 인식함.)

**사외적립
자산**

❖기금(보험회사)이 보유하고 있는 자산을 말하며, 보고기간말에 공정가치로 측정하고 재무상태표에 확정
급여채무에서 차감하여 표시함.

기여금 적립시	(차) 사외적립자산	xxx	(대) 현금	xxx
이자수익(수익발생)	(차) 사외적립자산	xxx	(대) 퇴직급여(이자수익)	xxx
퇴직시(퇴직급여지급)	(차) 확정급여채무	xxx	(대) 사외적립자산	xxx

**재무제표
표시**

재무상태표	•확정급여채무(현가)에서 사외적립자산(공정가치)을 차감금액을 순확정급여부채로 표시 ❑ 순확정급여부채 = 확정급여채무 － 사외적립자산
포괄손익 계산서	•포괄손익계산서에는 다음의 금액을 퇴직급여로 계상함. ❑ 퇴직급여 = 당기근무원가 + (확정급여채무 이자원가 － 사외적립자산의 수익)

기타사항

재측정요소	•확정급여채무나 사외적립자산의 예상치 못한 변동을 말하며 기타포괄손익 인식함.
과거근무원가	•과거근무용역에 대한 확정급여채무 현가의 변동액을 말하며, 당기손익 인식함. ➡(차) 퇴직급여 xxx (대) 확정급여채무 xxx
정산손익	•정산(예 확정급여채무를 보험회사에 이전)손익은 당기손익 인식함.

객관식 확인학습

이론적용연습

1. ㈜합격의 다음 자료에 의해 2차연도말 추가로 인식될 확정급여채무 금액을 구하면 얼마인가?

> (1) ㈜합격은 종업원이 퇴직한 시점에 일시불급여를 지급하며, 일시불급여는 종업원의 퇴직전 최종임금의 1%에 근무연수를 곱하여 산정한다.
> (2) 종업원(1차연도초에 입사)의 연간 임금은 1차연도에 ₩11,000이며, 향후 매년 8%(복리)씩 상승하는 것으로 가정한다.
> (3) 우량회사채의 시장수익률을 기초로 산정한 이자율은 연 12%라고 가정한다.
> (4) 종업원은 5차연도말 퇴직할 것으로 예상된다.
> (5) 편의상 종업원이 당초 예상보다 일찍 또는 늦게 퇴직할 가능성을 반영하기 위해 필요한 추가적인 조정은 없다고 가정한다.

① ₩118   ② ₩150   ③ ₩190
④ ₩213   ⑤ ₩450

 내비게이션

- 보험수리적평가방법 추정액(퇴직시점의 일시불급여)
  - 퇴직전 최종임금 : $11,000 \times (1+8\%)^4 = 14,965$
  - 일시불급여 : $14,965 \times 1\% \times 5년 = 748$
- 현재가치를 무시한 연도별 당기근무원가 계산
  - $748 \div 5년 = 150$
- 당기근무원가와 확정급여채무의 현재가치 계산

	1차연도	2차연도
당기근무원가	$150 \div (1+12\%)^4$	$150 \div (1+12\%)^3$
이자원가	–	$95 \times 12\%$
추가인식할 확정급여채무	95	118

2. 다음의 20x1년 확정급여제도와 관련된 자료에 의해 포괄손익계산서상 퇴직급여를 계산하면?

> (1) 당기근무원가 : ₩12,500,000
> (2) 확정급여채무의 이자원가 : ₩3,125,000
> (3) 사외적립자산의 이자수익 : ₩6,250,000
> (4) 확정급여채무 관련 재측정손실 : ₩625,000
> (5) 과거근무원가(확정급여채무의 현재가치 증가) : ₩1,250,000

① ₩9,375,000   ② ₩10,000,000   ③ ₩10,625,000
④ ₩13,250,000   ⑤ ₩15,625,000

내비게이션
- $12,500,000 + (3,125,000 - 6,250,000) + 1,250,000 = 10,625,000$

3. 다음은 확정급여제도(퇴직 이후 연금을 지급하는 방식을 적용)를 채택하고 있는 ㈜합격의 종업원 A씨에 대한 자료이다. 20x2년말 A씨에 대하여 인식할 확정급여채무 잔액을 계산하면 얼마인가? 단, 각 보고기간말 우량회사채의 시장수익률을 기초로 산정한 이자율은 10%이다.

> (1) 20x1년말 현재 근무중인 A씨(20x1년초에 입사하였으며 보고기간말로부터 4년 후에 퇴직할 것으로 예상됨)의 연간 임금은 ₩1,000,0000이며, 매년 5%씩 상승할 것으로 예상된다.
> (2) 퇴직후 회계연도말부터 퇴직전 최종임금의 2%에 해당하는 연금을 6년간 지급할 것으로 예상하고 있다.

기간	10% 기간말 단일금액 ₩1의 현재가치	10% 정상연금 ₩1의 현재가치
3	0.7513	2.4868
4	0.6830	3.1699
5	0.6209	3.7908
6	0.5645	4.3552

① ₩17,355   ② ₩21,175   ③ ₩24,310
④ ₩30,372   ⑤ ₩31,818

내비게이션
- 보험수리적평가방법 추정액(퇴직시점의 연금지급액 현가)
  - 퇴직전 최종임금 : $1,000,000 \times (1+5\%)^4 = 1,215,506$
  - 지급할 연금 : $1,215,506 \times 2\% = 24,310$
  - 퇴직시점의 연금지급액 현가 : $24,310 \times 4.3552 = 105,875$
- 현재가치를 무시한 연도별 당기근무원가 계산
  - $105,875 \div 5년 = 21,175$
- 당기근무원가와 확정급여채무의 현재가치 계산

	20x1년	20x2년
당기근무원가	$21,175 \times 0.6830$	$21,175 \times 0.7513$
이자원가	–	$14,463 \times 10\%$
추가인식할 확정급여채무	14,463	17,355

∴ $14,463 + 17,355 = 31,818$

서술형Correction연습

> ☐ 퇴직급여제도가 확정급여제도인 경우에는 제도에서 정하고 있는 급여계산방식에 따라 계산된 금액을 퇴직급여를 지급하는 시점에 비용으로 인식한다.

➡ (X) : 퇴직급여제도가 확정급여제도인 경우에는 제도에서 정하고 있는 급여계산방식에 따라 종업원의 근무기간에 걸쳐 급여를 배분하여 비용으로 인식한다.

제1편 Mainplot [주요논제]

제2편 Subplot [특수논제]

합본부록1 기출유형별 필수문제

합본부록2 실전적중모의고사

이론과기출 제171강 ○── 확정급여제도 : 사외적립자산

<table>
<tr><td rowspan="7">개요</td><td rowspan="6">정의</td><td colspan="2">•사외적립자산은 기업으로부터 기여금을 받아 이를 운용하고 종업원에게 퇴직급여를 지급하는 역할을 맡은 기금이 보유하고 있는 자산을 말함.</td></tr>
<tr><td colspan="2">
[1] 퇴직급여지급	(차) 확정급여채무	xxx	(대) 사외적립자산	xxx
[2] 기여금적립	(차) 사외적립자산	xxx	(대) 현금	xxx
[3] 이자원가*)	(차) 퇴직급여(이자원가)	xxx	(대) 확정급여채무	xxx
[4] 당기근무원가	(차) 퇴직급여(근무원가)	xxx	(대) 확정급여채무	xxx
[5] 이자수익	(차) 사외적립자산	xxx	(대) 퇴직급여(이자수익)	xxx
</td></tr>
<tr><td colspan="2">*)확정급여채무x할인율로 산정하되 기중 확정급여채무 변동분을 반영하여 계산함.
보론 할인율 : 우량회사채의 시장수익률을 참조하여 결정하는 것이 원칙임.</td></tr>
<tr><td>측정</td><td>•사외적립자산은 공정가치로 측정함.</td></tr>
<tr><td>공시</td><td>•확정급여채무의 현재가치에서 차감하여 재무상태표에 공시함.
➡과소적립액은 순확정급여부채로, 초과적립액은 순확정급여자산으로 공시함.
•순확정급여자산('사외적립자산〉확정급여채무' 인 경우)은 자산인식상한을 한도로 하며, 자산인식상한 초과액은 기타포괄손익으로 인식함.</td></tr>
<tr><td rowspan="3">이자수익</td><td>이자율
(할인율)</td><td>•확정급여채무의 이자원가 산정시 사용한 할인율을 동일하게 이용하여 산정함.
➡∵사외적립자산에서 발생하는 실제이자수익은 변동성이 클 수 있으므로 확정급여채무의 이자원가 산정시 사용한 할인율을 이용하여 산정된 이자수익효과만을 퇴직급여에서 차감하여 당기손익에 반영하고, 실제이자수익과의 차이는 재측정요소로 간주하여 기타포괄손익 처리함.('후술')</td></tr>
<tr><td>금액계산</td><td>•이자수익 = 기초사외적립자산×이자율(할인율)
➡사외적립자산의 기중변동(퇴직급여지급과 사외적립자산적립)을 고려함.</td></tr>
<tr><td>순이자
(상계)</td><td>•확정급여채무 이자원가는 사외적립자산 이자수익과 상계한 이후의 순이자를 당기손익으로 인식함.</td></tr>
</table>

사례 ▶ 사외적립자산 회계처리

❖확정급여제도를 시행하고 있는 (주)합격의 다음 자료에 의해 20x1년에 당기손익으로 인식할 금액을 계산하면 얼마인가?

(1) 20x1년초 확정급여채무는 ₩125,000, 사외적립자산은 ₩100,000이다.
(2) 20x1년 7월 1일 사외적립자산에서 지급한 퇴직급여는 ₩7,500이다.
(3) 20x1년 10월 1일 사외적립자산에 ₩15,000을 추가 적립하였다.
(4) 20x1년도 확정급여채무의 현재가치평가에 할인율 10%를 적용한 당기근무원가는 ₩30,0000이다.

세부고찰

•회계처리

7/1(퇴직급여지급)	(차) 확정급여채무	7,500	(대) 사외적립자산	7,500
10/1(기여금적립)	(차) 사외적립자산	15,000	(대) 현금	15,000
12/31 이자원가	(차) 퇴직급여(이자원가)	12,125[1]	(대) 확정급여채무	12,125
12/31 당기근무원가	(차) 퇴직급여(근무원가)	30,000	(대) 확정급여채무	30,000
12/31 이자수익	(차) 사외적립자산	10,000	(대) 퇴직급여(이자수익)	10,000[2]

[1]125,000x10%-7,500x10%x6/12=12,125 [2]100,000x10%-7,500x10%x6/12+15,000x10%x3/12=10,000
∴-12,125-30,000+10,000=△32,125(손실)

순확정급여부채

확정급여채무	159,625
사외적립자산	(117,500)
	42,125

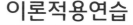 

객관식 확인학습 ◯ **이론적용연습**

1. 종업원급여에 관한 설명으로 옳지 않은 것은?

① 보험수리적손익은 확정급여제도의 정산으로 인한 확정급여
채무의 현재가치변동을 포함하지 아니한다.
② 자산의 원가에 포함하는 경우를 제외한 확정급여원가의 구
성요소 중 순확정급여 부채의 재측정요소는 기타포괄손익
으로 인식한다.
③ 순확정급여부채(자산)의 순이자는 당기손익으로 인식한다.
④ 퇴직급여제도 중 확정급여제도 하에서 보험수리적위험과
투자위험은 종업원이 실질적으로 부담한다.
⑤ 순확정급여부채(자산)의 재측정요소는 보험수리적손익, 순
확정급여부채(자산)의 순이자에 포함된 금액을 제외한 사외
적립자산의 수익, 순확정급여부채(자산)의 순이자에 포함된
금액을 제외한 자산인식상한효과의 변동으로 구성된다.

📻 **내비게이션**

• ① 정산손익(당기손익)은 보험수리적손익(기타포괄손익)과 무관하므로 맞
는 설명이다.
④ 확정급여제도 하에서 보험수리적위험과 투자위험은 기업이 실질적으
로 부담한다.
⑤ 재측정요소(기타포괄손익)는 다음 3가지 항목이다.
 – 보험수리적손익
 – 사외적립자산의 수익
 – 자산인식상한효과
*①,②,③,⑤의 구체적인 내용은 후술함!

서술형Correction연습

☐ 사외적립자산은 보고기간말에 공정가치로 측정하
고 재무상태표에 확정급여채무에 가산하여 표시하
여야 한다.

➡ (X) : 사외적립자산은 확정급여채무에서 차감하여 표시한다.

☐ 확정급여제도에서는 확정급여채무의 현재가치에서
사외적립자산의 공정가치를 차감한 금액을 재무상
태표에 보고하며 이 금액이 부(-)의 금액인 경우에
는 자산으로 인식하지 아니한다.

➡ (X) : 사외적립자산의 공정가치가 확정급여채무의 현재가치를 초과
하는 경우 동 초과액은 자산인식상한(=제도에서 환급받는 형태로 또
는 제도에 납부할 미래기여금을 절감하는 형태로 얻을 수 있는 경제
적효익의 현재가치)의 한도내에서는 자산(순확정급여자산)으로 보고
한다.

☐ 퇴직급여채무를 할인하기 위해 사용하는 할인율은
보고기간말 현재 국공채의 시장수익률을 사용한다.

➡ (X) : 퇴직급여채무(기금을 적립하는 경우와 적립하지 않는 경우 모
두 포함)를 할인하기 위해 사용하는 할인율은 보고기간 말 현재 우량
회사채의 시장수익률을 참조하여 결정한다. 만약 그러한 우량회사채
에 대해 거래 층이 두터운 해당 통화의 시장이 없는 경우에는 보고기
간 말 현재 그 통화로 표시된 국공채의 시장수익률을 사용한다.

☐ 확정급여채무의 현재가치를 측정할 때 사용하는 할
인율은 해당 기업의 증분차입이자율을 이용한다.

➡ (X) : 보고기간 말 현재 우량회사채의 시장수익률을 참조하여 결정하
는 것이 원칙이다.

이론과기출 제172강 확정급여제도 : 재측정요소

확정급여채무	재측정전 기말잔액	□ 기초잔액 − 퇴직급여지급 + 이자원가 + 당기근무원가					
	재측정	•확정급여채무는 보고기간말의 보험수리적가정의 변경(例 이직률, 조기퇴직률, 할인율 등의 변경)을 반영하여 재측정함. ➡ 재측정손익은 예상하지 못한 확정급여채무의 현재가치증감에서 발생하게 됨.					
	재측정손익 [보험수리적손익]	•재측정손익은 기타포괄손익으로 인식하며 다음과 같이 계산함. → (+)면 손실 □ 당기말 실제 확정급여채무의 현가 − 재측정전 확정급여채무 기말잔액					
	회계처리	보고기간말	(차) 퇴직급여(이자원가) (차) 퇴직급여(근무원가) (차) 재측정손실	xxx xxx xxx	(대) 확정급여채무 (대) 확정급여채무 (대) 확정급여채무	xxx xxx xxx	
사외적립자산	재측정전 기말잔액	□ 기초잔액 − 퇴직급여지급 + 기여금적립 + 이자수익					
	재측정	•사외적립자산도 해당 보고기간의 실제투자수익을 반영하여 재측정함. ➡ 재측정손익은 예상하지 못한 사외적립자산의 공정가치변동에서 발생하게 됨.					
	재측정손익 [투자손익]	•재측정손익은 기타포괄손익으로 인식하며 다음과 같이 계산함. → (+)면 이익 □ 사외적립자산의 실제투자수익 − 사외적립자산의 이자수익					
	회계처리	보고기간말	(차) 사외적립자산 (차) 사외적립자산	xxx xxx	(대) 퇴직급여(이자수익) (대) 재측정이익	xxx xxx	

보론 확정급여채무와 사외적립자산의 재측정손익(기타포괄손익)은 후속기간에 당기손익으로 재분류하지 않음.
➡ 단, 이익잉여금등 자본내 다른 항목으로 대체가능함.

사례 재측정요소 회계처리

❂ 확정급여제도를 시행하고 있는 (주)합격의 다음 자료에 의해 20x1년말 순확정급여부채를 계산하면?

(1) 20x1년초 확정급여채무는 ₩37,500, 사외적립자산은 ₩30,000이다.
(2) 20x1년 12월 31일 사외적립자산에서 지급한 퇴직급여는 ₩7,500이다.
(3) 20x1년 12월 31일 사외적립자산에 ₩12,500을 추가 적립하였다.
(4) 20x1년도 확정급여채무의 현재가치평가에 할인율 10%를 적용한 당기근무원가는 ₩10,000이다.
(5) 20x1년 사외적립자산의 실제 투자수익률은 15%로 ₩4,500의 투자수익이 발생하였다.
(6) 20x1년말 예측단위적립방식에 의해 재측정된 확정급여채무의 현재가치는 ₩50,000이다.

●회계처리

12/31(퇴직급여지급)	(차) 확정급여채무	7,500	(대) 사외적립자산	7,500
12/31(기여금적립)	(차) 사외적립자산	12,500	(대) 현금	12,500
12/31(결산일)	(차) 퇴직급여(이자원가)	3,750[1]	(대) 확정급여채무	3,750
	(차) 퇴직급여(근무원가)	10,000	(대) 확정급여채무	10,000
	(차) 재측정손실	6,250[2]	(대) 확정급여채무	6,250
	(차) 사외적립자산	3,000	(대) 퇴직급여(이자수익)	3,000[3]
	(차) 사외적립자산	1,500	(대) 재측정이익	1,500[4]

[1] 37,500x10%−7,500x10%x0/12=3,750 [2] 50,000−(37,500−7,500+3,750+10,000)
[3] 30,000x10%−7,500x10%x0/12+12,500x10%x0/12=3,000
[4] (30,000 × 15%−7,500 × 15% × 0/12+12,500 × 15% × 0/12)−3,000=1,500

∴순확정급여부채 : 확정급여채무(50,000)−사외적립자산(39,500)=10,500

세부고찰

객관식 확인학습 이론적용연습

1. ㈜한국은 퇴직급여제도로 확정급여제도를 채택하고 있다. 다음은 확정급여제도와 관련된 ㈜한국의 20x1년도 자료이다.

> (1) 당기근무원가 : ₩65,000
> (2) 퇴직금지급액 : ₩40,000
> (3) 사외적립자산에 대한 기여금 납부액 : ₩30,000
> (4) 확정급여채무의 현재가치(20x1년말) : ₩250,000
> (5) 사외적립자산의 공정가치(20x1년말) : ₩206,000

㈜한국의 20x1년초 확정급여채무의 현재가치와 사외적립자산의 공정가치는 각각 ₩200,000으로 동일하며, 20x1년초 확정급여채무의 현재가치 측정에 적용할 할인율은 연 10%이다. 확정급여제도와 관련하여 ㈜한국이 20x1년도에 인식할 순확정급여부채의 재측정요소는 얼마인가? 단, 모든 거래는 기말에 발생하고, 퇴직금은 사외적립자산에서 지급한다고 가정한다.

① ₩4,000 ② ₩5,000 ③ ₩7,000
④ ₩9,000 ⑤ ₩9,500

내비게이션

• 회계처리
[20x1년 12월 31일 퇴직급여지급]
(차) 확정급여채무 40,000 (대) 사외적립자산 40,000
[20x1년 12월 31일 기여금적립]
(차) 사외적립자산 30,000 (대) 현금 30,000
[20x1년 12월 31일 결산일]
(차) 퇴직급여(이자원가) 20,000[1] (대) 확정급여채무 20,000
(차) 퇴직급여(근무원가) 65,000 (대) 확정급여채무 65,000
(차) 재측정손실 5,000[2] (대) 확정급여채무 5,000
(차) 사외적립자산 20,000 (대) 퇴직급여(이자수익) 20,000[3]
(차) 재측정손실 4,000 (대) 사외적립자산 4,000[4]

[1]200,000×10%−40,000×10%×0/12=20,000
[2]250,000−(200,000−40,000+20,000+65,000)=5,000
[3]200,000×10%−40,000×10%×0/12+30,000×10%×0/12=20,000
[4](200,000−40,000+30,000+20,000)−206,000=4,000
∴재측정손실 : 5,000+4,000=9,000

2. 확정급여제도와 관련된 위 문제 1번의 거래로 인해 ㈜한국의 20x1년말 재무상태표에 순확정급여부채로 인식할 금액과 20x1년도 포괄손익계산서에 당기손익으로 반영될 금액은 얼마인가?

	순확정급여부채	당기손익 반영액
①	₩44,000	₩85,000
②	₩44,000	₩65,000
③	₩44,000	₩94,000
④	₩250,000	₩85,000
⑤	₩250,000	₩65,000

내비게이션
•순확정급여부채 : 250,000−206,000=44,000
•당기손익 반영액 : −20,000−65,000+20,000=△65,000(손실)

3. ㈜한국은 퇴직급여제도로 확정급여제도를 채택하고 있다. 다음은 확정급여제도와 관련된 ㈜한국의 20x1년 자료이다. 퇴직금의 지급과 사외적립자산의 추가납입은 20x1년말에 발생하였으며, 20x1년초 현재 우량회사채의 시장이자율은 연5%로 20x1년 중 변동이 없었다. 20x1년말 ㈜한국의 재무상태표에 계상될 순확정급여부채는 얼마인가?

> (1) 20x1년초 확정급여채무 장부금액 : ₩500,000
> (2) 20x1년초 사외적립자산 공정가치 : ₩400,000
> (3) 당기근무원가 : ₩20,000
> (4) 퇴직금지급액(사외적립자산에서 지급함) : ₩30,000
> (5) 사외적립자산 추가납입액 : ₩25,000
> (6) 확정급여채무의 보험수리적손실 : ₩8,000
> (7) 사외적립자산의 실제 수익 : ₩25,000

① ₩65,000 ② ₩73,000 ③ ₩95,000
④ ₩100,000 ⑤ ₩103,000

내비게이션

• 회계처리
[20x1년 12월 31일 퇴직급여지급]
(차) 확정급여채무 30,000 (대) 사외적립자산 30,000
[20x1년 12월 31일 기여금적립]
(차) 사외적립자산 25,000 (대) 현금 25,000
[20x1년 12월 31일 결산일]
(차) 퇴직급여(이자원가) 25,000[1] (대) 확정급여채무 25,000
(차) 퇴직급여(근무원가) 20,000 (대) 확정급여채무 20,000
(차) 재측정손실 8,000 (대) 확정급여채무 8,000
(차) 사외적립자산 20,000 (대) 퇴직급여(이자수익) 20,000[2]
(차) 재측정손실 5,000 (대) 사외적립자산 5,000[3]

[1]500,000×5%−30,000×5%×0/12=25,000
[2]400,000×5%−30,000×5%×0/12+25,000×5%×0/12=20,000
[3]25,000−20,000=5,000

• 확정급여채무 : 500,000−30,000+25,000+20,000+8,000= 523,000
사외적립자산 : 400,000−30,000+25,000+20,000+5,000= (420,000)
순확정급여부채   103,000

서술형Correction연습

☐ 순확정급여부채의 재측정요소는 기타포괄손익 처리하며 발생 즉시 이익잉여금으로 대체한다.

➡ (X) : 후속기간에 이익잉여금 등으로 대체할 수 있다.(임의규정)

시험중요도 ★★☆

이론과기출 제173강 ○→ 확정급여제도 : 계정흐름의 추정

분석Trick

기본가정	•퇴직급여와 사외적립자산 적립은 당기말에 발생하고, 퇴직금은 사외적립자산에서 지급한다고 가정
등호적용	•부채인 확정급여채무는 (−)로 출발하고, 자산인 사외적립자산은 (+)로 출발 ① 부채(확정급여채무)의 증가는 (−), 감소는 (+)로 처리 ➡즉, 역방향 ② 자산(사외적립자산)의 증가는 (+), 감소는 (−)로 처리 ➡즉, 순방향

분석방법

•확정급여채무는 재측정손실, 사외적립자산은 재측정이익이 발생한 경우

	기초	지급	적립	순이자	당기근무	재측정	기말
확정급여채무	(xxx)	xxx	–	(xxx)	(xxx)	(xxx)	?
사외적립자산	xxx	(xxx)	xxx	xxx	–	xxx	?
순확정급여부채	(xxx)	?	?	?	?	?	?

보론 기초순확정급여부채×할인율＝순이자

사례적용

•전술한 '확정급여제도 : 재측정요소' 사례에의 적용

	기초	지급	적립	순이자	당기근무	재측정	기말
확정급여채무	(37,500)	7,500	–	(3,750)	(10,000)	(6,250)	(50,000)
사외적립자산	30,000	(7,500)	12,500	3,000	–	1,500	39,500
순확정급여부채	(7,500)	0	12,500	(750)	(10,000)	(4,750)	(10,500)

➡ ∴① 기말확정급여채무 : 50,000
　② 기말사외적립자산 : 39,500
　③ 기말순확정급여부채 : 10,500

세부고찰

사례 ▸ 할인율 추정

❂ ㈜신라는 퇴직급여제도로 확정급여제도(defined benefit plan)를 채택하고 있다. 20x1년초 순확정급여부채는 ₩2,000이다. 20x1년에 확정급여제도와 관련된 확정급여채무 및 사외적립자산에서 기타포괄손실(재측정요소)이 각각 발생하였으며, 그 결과 ㈜신라가 20x1년 포괄손익계산서에 인식한 퇴직급여 관련 기타포괄손실은 ₩1,040이다. ㈜신라가 20x1년초 확정급여채무의 현재가치 측정에 적용한 할인율은 얼마인가?

(1) 20x1년 확정급여채무의 당기근무원가는 ₩4,000이다.
(2) 20x1년말 퇴직한 종업원에게 ₩3,000의 현금이 사외적립자산에서 지급되었다.
(3) 20x1년말 사외적립자산에 추가로 ₩2,000을 적립하였다.
(4) 20x1년말 재무상태표에 표시되는 순확정급여부채는 ₩5,180이다.

•계정흐름의 추정

	기초	지급	적립	순이자	당기근무	재측정	기말
확정급여채무		3,000	–		(4,000)	(xxx)	
사외적립자산		(3,000)	2,000		–	(xxx)	
순확정급여부채	(2,000)	0	2,000	x	(4,000)	(1,040)	(5,180)

•(2,000)+0+2,000+x+(4,000)+(1,040)=(5,180) 에서,
→x=(140)
•기초순확정급여부채(2,000)x할인율=순이자(140) 에서,
→할인율=7%

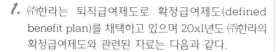

객관식 확인학습 · 이론적용연습

1. ㈜한라는 퇴직급여제도로 확정급여제도(defined benefit plan)를 채택하고 있으며 20x1년도 ㈜한라의 확정급여제도와 관련된 자료는 다음과 같다.

구분	20x1년	비고
확정급여채무의 현재가치	₩?	(20x1년초)
사외적립자산의 공정가치	₩240,000	(20x1년초)
당기근무원가	₩50,000	
퇴직금지급액	₩75,000	
사외적립자산에 대한 기여금 납부액	₩50,400	
확정급여채무의 현재가치 평가에 사용할 할인율	연 12%	(20x1년초)

20x1년에 발생한 확정급여채무의 재측정요소(손실)는 ₩5,000이고, 사외적립자산의 재측정요소(이익)는 ₩10,000이다. 20x1년 말 확정급여채무의 현재가치가 ₩254,400이라면, ㈜한라의 20x1년초 확정급여채무의 현재가치는 얼마인가? 단, 퇴직금은 사외적립자산에서 지급하고, 모든 거래는 기말에 발생한다.

① ₩234,400 　② ₩245,000 　③ ₩264,000
④ ₩276,000 　⑤ ₩290,000

내비게이션

• 20x1년초 확정급여채무 현재가치를 x 라 하면, 회계처리는 다음과 같다.

• 회계처리

[20x1년 12월 31일 퇴직급여지급]
(차) 확정급여채무　　　　75,000　(대) 사외적립자산　　75,000
[20x1년 12월 31일 기여금적립]
(차) 사외적립자산　　　50,400　(대) 현금　　　　　50,400
[20x1년 12월 31일 결산일]
(차) 퇴직급여(이자원가)　$x \times 12\%$[1]　(대) 확정급여채무　$x \times 12\%$
(차) 퇴직급여(근무원가)　50,000　(대) 확정급여채무　50,000
(차) 재측정손실　　　　5,000　(대) 확정급여채무　5,000
(차) 사외적립자산　　28,800　(대) 퇴직급여(수익) 28,800[2]
(차) 사외적립자산　　10,000　(대) 재측정이익　10,000

[1] $x \times 12\% - 75,000 \times 12\% \times 0/12 = x \times 12\%$
[2] $240,000 \times 12\% - 75,000 \times 12\% \times 0/12 + 50,400 \times 12\% \times 0/12 = 28,800$
∴ $254,400 - (x - 75,000 + x \times 12\% + 50,0000) = 5,000$에서, $x = 245,000$
*[별해] 분석Trick을 이용하는 경우(확정급여채무 계정흐름)

기초	지급	적립	순이자	당기근무	재측정	기말
(x)	75,000	–	($x \times 12\%$)	(50,000)	(5,000)	(254,400)

→ ∴ $x = 245,000$

서술형Correction연습

☐ 확정급여제도에서 관련 채무는 보고기간말 근속 중인 종업원이 일시에 퇴직한다고 가정하는 경우 지급하여야 할 퇴직일시금을 기준으로 측정한다.

➡ (X) : 확정급여제도에서 확정급여채무는 예측단위적립방식에 근거하여 종업원에게 지급할 확정급여추정치의 현재가치로 측정한다.

☐ 기타포괄손익으로 인식한 재측정손익의 누계액은 종업원에게 퇴직급여를 지급하는 시기에 당기손익으로 재분류조정하여 포괄손익계산서에 표시한다.

➡ (X) : 기타포괄손익에 인식되는 순확정급여부채(자산)의 재측정요소는 후속 기간에 당기손익으로 재분류하지 아니한다. 그러나 기타포괄손익에 인식된 금액을 자본 내에서 대체할 수 있다.

이론과기출 제174강 ○ 확정급여제도 : 과거근무원가등

	정의	•제도가 개정되거나 축소됨에 따라 종업원이 과거기간에 제공한 근무용역에 대한 확정급여채무 현재가치가 변동하는 경우 그 변동금액을 말함.
	손익인식	•과거근무원가는 다음 중 이른 날에 즉시 비용(당기손익)으로 인식함.
		① 제도의 개정·축소가 일어날 때 ② 관련되는 구조조정원가나 해고급여를 인식할 때
	회계처리	확정급여채무증가 | (차) 퇴직급여(과거근무가) xxx (대) 확정급여채무 xxx
		확정급여채무감소 | (차) 확정급여채무 xxx (대) 퇴직급여(과거근무가) xxx

과거근무원가

> **사례** 과거근무원가 회계처리

❂ 확정급여제도를 시행하고 있는 (주)합격의 다음 자료에 의해 20x1년에 당기손익과 기타포괄손익에 미친 영향을 계산하면 얼마인가?

> (1) 20x1년초 확정급여채무는 ₩125,000, 사외적립자산은 ₩75,000이다.
> (2) 20x1년 1월 1일 확정급여제도를 개정하였으며 이로 인해 과거근무원가 ₩25,000이 발생하였다.
> (3) 20x1년 퇴직한 종업원은 없으며, 사외적립자산에 추가 적립한 금액도 없다.
> (4) 확정급여채무 현재가치에 할인율 10%를 적용하였으며, 20x1년도 당기근무원가는 ₩12,500이다.
> (5) 20x1년 사외적립자산의 실제수익률은 연 12%이다.
> (6) 20x1년말 현재 확정급여채무의 장부금액은 ₩180,0000이다.

> **풀이**

•회계처리

과거근무원가	(차) 퇴직급여(과거근무)	25,000	(대) 확정급여채무	25,000
	(차) 퇴직급여(이자원가)	15,000[1]	(대) 확정급여채무	15,000
	(차) 퇴직급여(근무원가)	12,500	(대) 확정급여채무	12,500
결산일	(차) 재측정손실	2,500	(대) 확정급여채무	2,500[2]
	(차) 사외적립자산	7,500	(대) 퇴직급여(이자수익)	7,500[3]
	(차) 사외적립자산	1,500	(대) 재측정이익	1,500[4]

[1] $(125,000+25,000)\times10\%=15,000$ [2] 추정 : $180,000-(125,000+25,000+15,000+12,500)=2,500$
[3] $75,000\times10\%=7,500$ [4] $75,000\times12\%-7,500=1,500$
∴당기손익 : $-25,000-15,000-12,500+7,500=\triangle45,000$(손실)
  기타포괄손익 : $-2,500+1,500=\triangle1,000$(손실)

정산손익

	정의	•정산이란 확정급여제도에 따라 생긴 급여의 일부·전부에 대한 법적의무나 의제의무를 더 이상 부담하지 않기로 하는 거래를 말함.
	손익인식	•정산으로 인한 손익은 정산이 일어나는 때에 즉시 당기손익으로 인식함.
	회계처리	**예시** 확정급여채무 ₩37,500, 사외적립자산 ₩30,000인 기업이 보험회사에 현금 ₩10,000을 지급하고 확정급여제도에 관한 모든 권리와 의무를 이전한 경우

정산일	(차) 확정급여채무	37,500	(대) 사외적립자산	30,000
	정산손실	2,500	현금	10,000

자산인식상한

	의의	•사외적립자산이 확정급여채무보다 초과적립되어 순확정급여자산이 인식되는 경우, 기업이 이용가능한 경제적효익보다 더 많은 자산을 인식하지 못하게 하기 위해 소정 자산인식상한(=초과적립액 중 자산인식한도액)을 규정함. •자산인식상한 초과액은 재측정요소로 보아 기타포괄손익으로 인식함.
	회계처리	**예시** 확정급여채무 ₩37,500, 사외적립자산 ₩45,000, 자산인식상한 ₩6,000인 경우

보고기간말	(차) 재측정손실	1,500	(대) 사외적립자산조정충당금	1,500

객관식 확인학습   **이론적용연습**

1. 다음은 ㈜한국이 채택하고 있는 퇴직급여제도와 관련한 20x1년도 자료이다.

> (1) 20x1년초 확정급여채무의 현재가치와 사외적립자산의 공정가치는 각각 ₩4,500,000과 ₩4,200,000이다.
> (2) 20x1년말 확정급여채무의 현재가치와 사외적립자산의 공정가치는 각각 ₩5,000,000과 ₩3,800,000이다.
> (3) 20x1년말 일부 종업원의 퇴직으로 퇴직금 ₩1,000,000을 사외적립자산에서 지급하였으며, 20x1년말에 추가로 적립한 기여금 납부액은 ₩200,000이다.
> (4) 20x1년에 종업원이 근무용역을 제공함에 따라 증가하는 예상미래퇴직급여지급액의 현재가치는 ₩500,000이다.
> (5) 20x1년말 확정급여제도의 일부 개정으로 종업원의 과거근무기간의 근무용역에 대한 확정급여채무의 현재가치가 ₩300,000 증가하였다.
> (6) 20x1년초와 20x1년말 현재 우량회사채의 연 시장수익률은 각각 8%, 10%이며, 퇴직급여채무의 할인율로 사용한다.

㈜한국의 확정급여제도로 인한 20x1년도 포괄손익계산서의 당기순이익과 기타포괄이익에 미치는 영향은 각각 얼마인가?

	당기순이익	기타포괄이익
①	₩548,000 감소	₩52,000 감소
②	₩600,000 감소	₩300,000 감소
③	₩830,000 감소	₩270,000 감소
④	₩830,000 감소	₩276,000 증가
⑤	₩824,000 감소	₩276,000 감소

 내비게이션

• 회계처리
[20x1년 12월 31일 퇴직급여지급]
(차) 확정급여채무   1,000,000   (대) 사외적립자산   1,000,000
[20x1년 12월 31일 기여금적립]
(차) 사외적립자산   200,000   (대) 현금   200,000
[20x1년 12월 31일 과거근무원가]
(차) 퇴직급여(과거근무) 300,000   (대) 확정급여채무   300,000
[20x1년 12월 31일 결산일]
(차) 퇴직급여(이자원가) 360,000[1] (대) 확정급여채무   360,000
(차) 퇴직급여(근무원가) 500,000   (대) 확정급여채무   500,000
(차) 재측정손실   340,000[2] (대) 확정급여채무   340,000
(차) 사외적립자산   336,000   (대) 퇴직급여(이자수익) 336,000[3]
(차) 사외적립자산   64,000[4] (대) 재측정이익   64,000

[1] 4,500,000x8%−1,000,000x8%x0/12+300,000x8%x0/12=360,000
[2] 5,000,000−(4,500,000−1,000,000+300,000+360,000+500,000)=340,000
[3] 4,200,000x8%−1,000,000x8%x0/12+200,000x8%x0/12=336,000
[4] 3,800,000−(4,200,000−1,000,000+200,000+336,000)=64,000
∴당기손익 : −300,000−360,000−500,000+336,000= △ 824,000(손실)
 기타포괄손익 : −340,000+64,000= △ 276,000(손실)

2. ㈜거제는 퇴직급여제도로 확정급여제도를 채택하고 있으며, 20x1년초 확정급여채무와 사외적립자산의 장부금액은 각각 ₩1,000,000과 ₩900,000이다. ㈜거제의 20x1년도 확정급여제도와 관련된 자료는 다음과 같다. ㈜거제의 확정급여제도와 관련하여 적용할 할인율은 연 12%이며, 모든 거래는 기말에 발생하고, 퇴직금은 사외적립자산에서 지급한다. 또한 자산인식의 상한은 ₩20,000으로 가정한다.

> (1) 당기 근무원가 : ₩100,000
> (2) 퇴직금 지급액 : ₩150,000
> (3) 사외적립자산에 대한 기여금 납부액 : ₩400,000
> (4) 보험수리적가정의 변동을 고려한 20x1년말의 확정급여채무 : ₩1,300,000
> (5) 20x1년말 사외적립자산의 공정가치 : ₩1,350,000

동 확정급여제도로 인하여 ㈜거제의 20x1년도 포괄손익계산서상 당기순이익과 기타포괄이익에 미치는 영향은 각각 얼마인가?

	당기순이익	기타포괄이익
①	₩112,000 증가	₩162,000 증가
②	₩112,000 감소	₩168,000 감소
③	₩175,000 감소	₩192,000 증가
④	₩220,000 증가	₩162,000 증가
⑤	₩220,000 감소	₩168,000 감소

 내비게이션

• 회계처리
[20x1년 12월 31일 퇴직급여지급]
(차) 확정급여채무   150,000   (대) 사외적립자산   150,000
[20x1년 12월 31일 기여금적립]
(차) 사외적립자산   400,000   (대) 현금   400,000
[20x1년 12월 31일 결산일]
(차) 퇴직급여(이자원가) 120,000[1] (대) 확정급여채무   120,000
(차) 퇴직급여(근무원가) 100,000   (대) 확정급여채무   100,000
(차) 재측정손실   230,000[2] (대) 확정급여채무   230,000
(차) 사외적립자산   108,000   (대) 퇴직급여(이자수익) 108,000[3]
(차) 사외적립자산   92,000[4] (대) 재측정이익   92,000
(차) 재측정손실   30,000   (대) 자산조정충당금   30,000[5]

[1] 1,000,000x12%−150,000x12%x0/12=120,000
[2] 1,300,000−(1,000,000−150,000+120,000+100,000)=230,000
[3] 900,000x12%−150,000x12%x0/12+400,000x12%x0/12=108,000
[4] 1,350,000−(900,000−150,000+400,000+108,000)=92,000
[5] (1,350,000−1,300,000)−20,000=30,000
∴당기손익 : −120,000−100,000+108,000= △ 112,000(손실)
 기타포괄손익 : −230,000+92,000−30,000= △ 168,000(손실)

이론과기출 제175강 ○ 주식기준보상 주식결제형 주식기준보상 : 개괄

보상원가 측정 (종업원)	적용순서	보상원가	측정기준일	비고
	〈1순위〉	•제공용역공정가치	일반적으로 측정불가	
	〈2순위〉	•지분상품공정가치	부여일	재측정하지 않음.
	〈3순위〉	•지분상품내재가치(=주가-행사가격)	용역을 제공받은날	재측정(기말 & 가득기간이후)

보상원가 인식	즉시가득	•지분상품 부여일에 전부 보상원가를 인식
	용역제공조건	•보상원가를 가득조건에 따라 가득기간(용역제공기간)에 배분하여 인식

	보고기간말	•재측정없이 부여일 공정가치로 측정하고 기대권리소멸률을 반영한 보상원가를 용역제공 비율(=당기말까지 기간÷용역제공기간)에 따라 가득기간에 걸쳐 인식
		(차) 주식보상비용(당기비용) xxx (대) 주식선택권(자본) xxx
	가득일이후	•회계처리 없음.
	권리행사시	(차) 현금(행사가격) xxx (대) 자본금(액면)[1] xxx
		주식선택권 xxx 주식발행초과금(대차차액)[2] xxx
		➡자기주식교부시는 [1]은 자기주식, [2]는 자기주식처분이익으로 처리함.
	권리소멸시	•인식한 보상원가는 환입하지 않으며, 주식선택권은 다른 자본계정으로 계정대체가능.
		(차) 주식선택권 xxx (대) 소멸이익(자본) xxx

보론 연평균 기대권리소멸률($x\%$)이 주어지는 경우 : 가득될 수량=부여한 수량×$(1-x\%)^n$

사례 용역제공조건이 부과된 주식결제형 회계처리

❂20x1년초 종업원 500명에게 각각 주식선택권 100개를 부여하고 3년의 용역제공조건을 부과. 부여일 현재 주식선택권의 단위당 공정가치는 ₩15으로 추정. 행사가격은 주당 ₩120(액면금액은 주당 ₩100). 이하 20x3년의 경우는 실제퇴사비율이다. 20x4년까지 권리행사가 이루어지지 않았다.
❂잔여인원(퇴사추정비율) : 20x1년말 – 480명(15%) / 20x2년말 – 458명(12%) / 20x3년말 – 443명(11.4%)

회계처리 풀이

1. 20x1년부터 20x4년까지 회계처리

20x1년초	– 회계처리 없음 –	–
20x1년말	(차) 주식보상비용 212,500 (대) 주식선택권 212,500	•(100개x500x85%)x15x1/3 =212,500
20x2년말	(차) 주식보상비용 227,500 (대) 주식선택권 227,500	•(100개x500x88%)x15x2/3-212,500 =227,500
20x3년말	(차) 주식보상비용 224,500 (대) 주식선택권 224,500	•100개x443x15-(212,500+227,500) =224,500
20x4년말	– 회계처리 없음 –	

2. If, 권리행사(20,000개) 또는 권리소멸(20,000개)시 회계처리(단, 자기주식 장부가 ₩2,200,000)

[CASE I] 신주교부	(차) 현금 2,400,000 (대) 자본금 2,000,000	•20,000개 x120=2,400,000
	주식선택권 300,000 주발초 700,000	•20,000개 x100=2,000,000 •20,000개 x15=300,000
[CASE II] 자기주식	(차) 현금 2,400,000 (대) 자기주식 2,200,000	–
	주식선택권 300,000 자기주식처분 이익 500,000	
[CASE III] 권리소멸	(차) 주식선택권 300,000 (대) 소멸이익 300,000 (자본항목)	•20,000개x15=300,000 •적절한 계정과목으로 계정대체함.

객관식 확인학습 ◖─────◗ 이론적용연습

1. 주식결제형 주식기준보상에 대한 다음의 설명 중 옳지 않은 것은?

① 종업원 및 유사용역제공자와의 주식기준보상거래에서는 기업이 거래상대방에게서 재화나 용역을 제공받는 날을 측정기준일로 한다.

② 제공받는 재화나 용역의 공정가치를 신뢰성 있게 추정할 수 있다면, 제공받는 재화나 용역과 그에 상응하는 자본의 증가를 제공받는 재화나 용역의 공정가치로 직접 측정한다.

③ 제공받는 재화나 용역의 공정가치를 신뢰성 있게 추정할 수 없다면, 제공받는 재화나 용역과 그에 상응하는 자본의 증가는 부여한 지분상품의 공정가치에 기초하여 간접 측정한다.

④ 가득된 지분상품이 추후 상실되거나 주식선택권이 행사되지 않은 경우에도 종업원에게서 제공받은 근무용역에 대해 인식한 금액을 환입하지 아니한다.

⑤ 시장조건이 있는 지분상품을 부여한 경우에는 그러한 시장조건이 달성되는지 여부와 관계없이 다른 모든 가득조건을 충족하는 거래상대방으로부터 제공받는 재화나 용역을 인식한다.

내비게이션
- 기업이 거래상대방에게서 재화나 용역을 제공받은 날(X) → 부여일(O)
  → 종업원 및 유사용역제공자와의 주식결제형 주식기준보상거래의 경우, 제공받는 용역의 공정가치는 일반적으로 신뢰성 있게 추정할 수 없기 때문에, 부여한 지분상품의 공정가치에 기초하여 측정한다. 부여한 지분상품의 공정가치는 부여일 기준으로 측정한다[K-IFRS 제1102호 문단 11]

2. ㈜대한은 20x1년 1월 1일 종업원 100명에게 각각 1,000개의 주식선택권을 부여하였다. 동 주식선택권은 종업원이 앞으로 3년 동안 회사에 근무해야 가득된다. 20x1년 1월 1일 현재 ㈜대한이 부여한 주식선택권의 단위당 공정가치는 ₩360이며, 각 연도말 퇴직 종업원 수는 다음과 같다.

연도	실제퇴직자수	추가퇴직예상자수
20x1년말	10명	20명
20x2년말	15명	13명
20x3년말	8명	–

주식선택권 부여일 이후 주가가 지속적으로 하락하여 ㈜대한의 20x2년 12월 31일 주식선택권의 공정가치는 단위당 ₩250이 되었다. 동 주식기준보상과 관련하여 ㈜대한이 인식할 20x2년 포괄손익계산서상 주식보상비용은 얼마인가?

① ₩1,933,333 ② ₩5,166,667 ③ ₩6,480,000
④ ₩6,672,000 ⑤ ₩8,400,000

내비게이션
- 주식선택권의 공정가치는 부여일에 측정하고 변동은 반영치 않는다.
- 20x1년 주식보상비용 : (1,000개x70명)x360x1/3=8,400,000
- 20x2년 주식보상비용 : (1,000개x62명)x360x2/3=6,480,000

3. ㈜한국은 20x1년 1월 1일 현재 근무하고 있는 임직원 10명에게 20x3년 12월 31일까지 의무적으로 근무하는 것을 조건으로 각각 주식선택권 10개씩을 부여하였다. 20x1년 1월 1일 현재 ㈜한국이 부여한 주식선택권의 단위당 공정가치는 ₩1,000이다. 부여된 주식선택권의 행사가격은 단위당 ₩15,000이고, 동 주식의 주당 액면금액은 ₩10,000이다. 각 연도말 주식선택권의 단위당 공정가치는 다음과 같다.

20x1년말	20x2년말	20x3년말
₩1,000	₩1,200	₩1,500

주식선택권 부여일 현재 임직원 중 10%가 3년 이내에 퇴사하여 주식선택권을 상실할 것으로 추정하였으나, 각 연도말의 임직원 추정퇴사비율 및 실제퇴사비율은 다음과 같다.

20x1년말	20x2년말	20x3년말
16%(추정)	16%(추정)	13%(실제)

가득기간 종료후인 20x3년말에 주식선택권 50개의 권리가 행사되어 ㈜한국은 보유하고 있던 자기주식(취득원가 ₩700,000)을 교부하였다. 주식선택권의 회계처리가 ㈜한국의 20x3년 당기순이익과 자본총계에 미치는 영향은 각각 얼마인가?

	당기순이익	자본총계
①	₩31,000 감소	₩750,000 증가
②	₩31,000 감소	₩781,000 증가
③	₩31,000 감소	₩850,000 증가
④	₩63,300 감소	₩750,000 증가
⑤	₩63,300 감소	₩813,300 증가

내비게이션
- 20x1년 주식보상비용 : (10개x10명x84%)x1,000x1/3=28,000
- 20x2년 주식보상비용 : (10개x10명x84%)x1,000x2/3-28,000=28,000
- 20x3년 주식보상비용 : (10개x10명x87%)x1,000x3/3-56,000=31,000
- 20x3년말 행사시 회계처리

  (차) 현금   750,000¹⁾ (대) 자기주식   700,000
       주식선택권   50,000²⁾   자기주식처분이익 100,000

  ¹⁾50개x15,000=750,000 ²⁾50개x1,000=50,000
  ∴당기순이익 : 31,000(감소)
  자본총계 : (700,000+100,000)-50,000=750,000(증가)

이론과기출 제176강 ⊂ 주식결제형 주식기준보상 : 비시장성과조건

의의	성과조건	•특정기간동안 용역을 제공하고, 특정 성과목표를 달성해야하는 조건을 말함. ➡성과조건의 달성여부에 따라 기대가득기간, 행사가격, 수량이 변동됨. ➡최초 보상원가는 최선의 추정치(기대가득기간, 행사가격, 수량)에 기초하여 인식
	비시장성과조건	•기대가득기간 · 행사가격 · 수량이 변경되는 경우 : 추정치의 변경을 반영함.

> **참고** 시장성과조건 : 지분상품의 시장가격과 관련되는 조건 →주가
> 비시장성과조건 : 지분상품의 시장가격과 관련없는 영업관련 조건 →판매(매출), 이익, 시장점유율

▌사례 행사가격을 좌우하는 비시장성과조건

❂(주)합격은 20x1년초에 임원에게 20x3년말까지 근무조건으로 주식선택권 10,000개를 부여함.
❂행사가격은 ₩40이나, 3년동안 이익이 연평균 10%이상 증가하면 행사가격은 ₩30으로 인하됨.
❂부여일에 주식선택권의 공정가치는 행사가격이 개당 ₩30인 경우 ₩16, 행사가격이 ₩40인 경우 ₩12으로 추정됨.

> (1) 20x1년에 (주)합격의 이익은 12% 성장하였고, (주)합격은 이익이 이 비율로 계속하여 성장할 것으로 예상함. 따라서 기업은 이익목표가 달성되어 주식선택권의 행사가격이 ₩30이 될 것으로 예상함.
> (2) 20x2년에 ㈜합격의 이익은 13% 증가하였으며, 여전히 이익목표가 달성될 것으로 예상함.
> (3) 20x3년에 (주)합격의 이익은 3%만 성장하였고, 따라서 이익목표는 달성되지 못함. 이 임원이 3년간 근무함에 따라 용역제공조건은 충족됨. 20x3년말에 이익목표가 달성되지 못하기 때문에 가득된 주식선택권 10,000개의 행사가격은 ₩40임.

세부고찰 I

> **풀이**

•20x1년 주식보상비용 : 10,000개x16x1/3=53,333
•20x2년 주식보상비용 : 10,000개x16x2/3-53,333=53,334
•20x3년 주식보상비용 : 10,000개x12x3/3-(53,333+53,334)=13,333
→(차) 주식보상비용 13,333 (대) 주식선택권(자본) 13,333

▌사례 기대가득기간을 좌우하는 비시장성과조건

❂(주)합격은 20x1년초 종업원 500명에게 가득기간 중 계속근무를 조건으로 각각 주식 100주를 부여함. 부여한 주식은 이익이 18%이상이면 20x1년말에, 2년간 이익이 연평균 13%이상이면 20x2년말에, 3년간 이익이 연평균 10%이상이면 20x3년말에 가득됨. 20x1년초 부여한 주식의 단위당 공정가치는 ₩30이며 이는 주가와 동일함. 부여일부터 3년간은 배당금이 지급되지 않을 것으로 예상됨.

> (1) 20x1년말까지 이익은 14% 증가하였으며 30명이 퇴사함. 20x2년에도 비슷한 비율로 이익이 성장하여 20x2년말에 주식이 가득될 것으로 예상함. 또한 20x2년에 30명이 추가로 퇴사하여 20x2년말에는 총 440명이 각각 100주를 가득할 것으로 예상함.
> (2) 20x2년말까지 이익은 10% 증가하는데 그쳐 20x2년말에 주식이 가득되지 못함. 이 연도에 28명이 퇴사함. 20x3년에 25명이 추가로 퇴사할 것으로 예상하였으며, 20x3년에는 이익이 최소한 6%이상 성장하여 연평균 10%를 달성할 것이라고 예상함.
> (3) 20x3년말까지 23명이 퇴사하였고 이익은 8% 증가하여 연평균 10.67% 증가함.

세부고찰 II

> **풀이**

•20x1년 주식보상비용 : (100주x440명)x30x1/2=660,000
•20x2년 주식보상비용 : (100주x417명)x30x2/3-660,000=174,000
•20x3년 주식보상비용 : (100주x419명)x30x3/3-(660,000+174,000)=423,000
→(차) 주식보상비용 423,000 (대) 미가득주식(자본) 423,000

> **저자주** 주식선택권 부여시는 주식선택권(현금수령있음), 주식 부여시는 미가득주식(현금수령없음)을 사용합니다!

객관식 확인학습 이론적용연습

1. ㈜백두는 20x1년 1월 1일에 판매부서 직원 20명에게 2년 용역제공조건의 주식선택권을 1인당 1,000개씩 부여하였다. 주식선택권의 행사가격은 단위당 ₩1,000이나, 만약 2년 동안 연평균 판매량이 15% 이상 증가하면 행사가격은 단위당 ₩800으로 인하된다. 부여일 현재 주식선택권의 단위당 공정가치는 행사가격이 단위당 ₩1,000일 경우에는 ₩500으로, 행사가격이 단위당 ₩800일 경우에는 ₩600으로 추정되었다. 20x1년의 판매량이 18% 증가하여 연평균 판매량 증가율은 달성가능할 것으로 예측되었다. 그러나 20x2년의 판매량 증가율이 6%에 그쳐 2년간 판매량은 연평균 12% 증가하였다. 한편 20x1년초에 ㈜백두는 20x2년말까지 총 5명이 퇴직할 것으로 예상하였고 이러한 예상에는 변동이 없었으나, 실제로는 20x1년에 1명, 20x2년에 3명이 퇴직하여 총 4명이 퇴사하였다. 동 주식기준보상과 관련하여 ㈜백두가 20x2년도 포괄손익계산서상에 인식할 보상비용은 얼마인가?

① ₩3,500,000 ② ₩3,800,000 ③ ₩4,000,000
④ ₩4,500,000 ⑤ ₩5,100,000

 내비게이션
• 20x1년 주식보상비용 : (1,000개x15명)x600x1/2=4,500,000
• 20x2년 주식보상비용 : (1,000개x16명)x500x2/2-4,500,000=3,500,000

2. ㈜한국은 20x1년 1월 1일 종업원 100명에게 각각 주식결제형 주식선택권 10개를 부여하였으며, 부여한 주식선택권의 단위당 공정가치는 ₩3,000이다. 이 권리들은 연평균 시장점유율에 따라 가득시점 및 가득여부가 결정되며, 조건은 다음과 같다.

연평균 시장점유율	가득일
10%이상	20x2년말
7%이상에서 10%미만	20x3년말
7%미만	가득되지 않음

20x1년의 시장점유율은 11%이었으며, 20x2년 이후에도 동일한 시장점유율을 유지할 것으로 예상하였다. 20x2년의 시장점유율은 8%이었으며, 20x3년에도 8%로 예상하였다. 20x1년말 현재 6명이 퇴사하였으며, 20x3년말까지 매년 6명씩 퇴사할 것으로 예측된다. 실제 퇴직자수도 예측과 일치하였다. ㈜한국이 주식선택권과 관련하여 20x2년도 포괄손익계산서에 인식할 비용은?

① ₩320,000 ② ₩440,000 ③ ₩1,320,000
④ ₩1,440,000 ⑤ ₩1,640,000

 **내비게이션**
• 20x1년 주식보상비용 : (10개x88명)x3,000x1/2=1,320,000
  → 연평균 시장점유율 : 11%
• 20x2년 주식보상비용 : (10개x82명)x3,000x2/3-1,320,000=320,000
  → 연평균 시장점유율 : (11%+8%+8%) ÷ 3=9%

3. ㈜합격은 20x1년초에 판매부서 종업원 100명에게 주식선택권을 부여하고, 3년의 용역제공조건과 함께 특정제품의 판매수량과 관련된 다음의 비시장조건을 부과하였다.

연평균 판매증가율	1인당 가득수량
5%미만	–
5%이상 - 10%미만	100개
10%이상 - 15%미만	200개
15%이상	300개

주식선택권의 행사가격은 ₩1,000이고 관련 자료가 다음과 같을 때 20x3년 주식보상비용을 계산하면 얼마인가?

(1) ㈜합격은 부여일 현재 주식선택권의 단위당 공정가치를 ₩150으로 추정하였다.
(2) 20x1년에 7명이 실제로 퇴사하였고, ㈜합격은 부여일로부터 20x3년말까지 총 20명이 퇴사할 것으로 추정하였다. 제품판매는 12% 증가하였으며 ㈜합격은 이 증가율이 20x2년과 20x3년에도 계속될 것으로 추정하였다.
(3) 20x2년에 5명이 추가로 퇴사하였으며 20x3년에 3명이 더 퇴사할 것으로 예상하였다. 제품판매는 18% 증가하여 부여일 이후 2년간 연평균 증가율이 15%에 달하였다. ㈜합격은 부여일 이후 3년동안 제품판매의 연평균 증가율이 15%를 초과할 것으로 추정하였다.
(4) 20x3년에 추가로 2명이 퇴사하였다. ㈜합격의 제품판매는 부여일 이후 3년동안 연평균 16% 증가하여 20x3년말에 86명의 종업원이 1인당 300개의 주식선택권을 가득하였다

① ₩800,000 ② ₩1,320,000 ③ ₩1,750,000
④ ₩2,120,000 ⑤ ₩3,870,000

내비게이션
• 20x1년 주식보상비용 : (200개x80명)x150x1/3=800,000
  → 연평균 판매증가율 : 12%
• 20x2년 주식보상비용 : (300개x85명)x150x2/3-800,000=1,750,000
  → 연평균 판매증가율 : 15%초과
• 20x3년 주식보상비용 : (300개x86명)x150x3/3-2,550,000=1,320,000
  → 연평균 판매증가율 : 16%

제1편 Mainplot [주요논제]

제2편 Subplot [특수논제]

합본부록1 기출유형별 필수문제

합본부록2 실전적중모의고사

이론과기출 제177강 ⊂ **주식결제형 주식기준보상 : 시장성과조건**

의의	성과조건	•특정기간동안 용역을 제공하고, 특정 성과목표를 달성해야하는 조건을 말함. ➡성과조건의 달성여부에 따라 기대가득기간, 행사가격, 수량이 변동됨. ➡최초 보상원가는 최선의 추정치(기대가득기간, 행사가격, 수량)에 기초하여 인식 •저자주 위 내용은 비시장성과조건과 동일합니다!
	시장성과조건	•시장성과조건(=목표주가등)의 달성(충족) 불문하고 다른 모든 가득조건(=용역제공조건)이 충족되면 보상원가를 인식함. •기대가득기간·행사가격·수량이 변경되는 경우 : 추정치의 변경을 반영치 않음. •참고 가득여부를 좌우하는 목표주가와 같은 시장조건은 부여한 지분상품의 공정가치를 추정할 때 고려함. 따라서 시장조건이 부과된 주식선택권(지분상품)에 대해서는 그러한 시장조건(목표주가)이 달성(충족)되는지에 관계없이 다른 모든 가득조건(예 용역제공조건)이 충족되면 보상원가를 인식함. 즉, 목표주가가 달성되지 못할 가능성은 이미 부여일 현재 주식선택권의 공정가치를 추정할 때 고려하였으므로 회사가 용역제공조건이 충족될 것으로 기대하였고 실제 결과도 동일하다면 매 회계연도마다 보상원가를 인식한 후 상황에 따라 주식선택권소멸이익이나 주식보상비용환입의 회계처리를 수행함.

세부고찰 I

 사례 **시장성과조건이 부과된 주식선택권**

❂20x1년초 임원에게 3년 근무조건으로 주식선택권 10,000개를 부여함. 그러나 20x1년초 ₩50인 주가가 20x3년말에 ₩65 이상으로 상승하지 않는다면 이 주식선택권은 행사될 수 없음.

❂주식선택권 공정가치 측정시 이항모형을 적용하였으며, 모형 내에서 20x3년말 주가가 ₩65 이상이 될 가능성과 그렇지 못할 가능성을 고려하였음. 주식선택권의 공정가치를 단위당 ₩24으로 추정함.

❂주가변동자료 : 20x1년말 ₩68, 20x2년말 ₩62, 20x3년말 ₩64

풀이

1. 회계처리
   ① 20x1년말/20x2년말/20x3년말 주식보상비용 : 10,000개x24x1/3=80,000
   ② 20x3년말 추가 회계처리 : (차) 주식선택권 240,000 (대) 주식선택권소멸이익 240,000
2. 만약, 20x2년 중에 퇴사한 경우

20x1년말	(차)	주식보상비용	80,000	(대)	주식선택권	80,000
20x2년중	(차)	주식선택권	80,000	(대)	주식보상비용환입	80,000

세부고찰 II

사례 **가득기간을 좌우하는 시장성과조건이 부과된 경우**

❂20x1년초 임원 10명에게 각각 존속기간이 10년인 주식선택권 10,000개를 부여함. 이는 주가목표가 달성될 때까지 계속 근무한다면 주가가 ₩50원에서 ₩70원으로 상승할 때 가득되며 즉시 행사가능함.

❂주식선택권 공정가치 측정시 이항모형을 적용하였으며, 모형 내에서 주식선택권이 존속하는 10년 동안 목표주가가 달성될 가능성과 그렇지 못할 가능성을 고려하였음. 부여일에 주식선택권의 공정가치를 단위당 ₩25, 기대가득기간은 5년으로 추정하였음.

❂2명의 임원이 20x5년말까지 퇴사할 것으로 추정하였음. 그러나, 실제로는 총 3명이 퇴사하였음. 주가목표는 실제로 20x6년도에 달성됨.

❂20x6년도 말에 주가목표가 달성되기 전에 1명의 임원이 추가로 퇴사하였음.

풀이

•20x1년말 ~ 20x4년말 주식보상비용 : 10,000개x8명x25x1/5=400,000
•20x5년말 주식보상비용 : 10,000개x7명x25x5/5-1,600,000=150,000

•저자주 시장성과조건인 경우 기대가득기간이 변경되는 경우에도 이를 반영치 않으며, 20x6년도에 추가로 임원 1명이 퇴사하였음에도 불구하고 이미 5년의 기대가득기간을 채웠기 때문에 어떠한 조정도 하지 않습니다!

객관식 확인학습

이론적용연습

1. 주식결제형 주식기준보상거래에 대한 다음의 설명 중 한국채택국제회계기준의 규정과 다른 것은?

① 용역제공조건으로 주식선택권을 부여하는 경우에는 미래용역제공기간에 걸쳐 보상원가를 배분한다.

② 비시장성과조건(예 : 목표이익, 목표판매량 등)이 있는 주식선택권을 부여하는 경우 가득기간은 비시장성과조건이 충족되는 날에 따라 결정된다.

③ 시장성과조건이 아닌 가득조건은 측정기준일 현재 주식이나 주식선택권의 공정가치를 추정할 때 고려하지 않는다.

④ 시장성과조건이 부과된 지분상품에 대해서는 그러한 시장성과 조건이 충족되는 시점에 보상원가를 인식한다.

⑤ 가득일이 지난 뒤에는 가득된 지분상품이 상실되거나 주식선택권이 행사되지 않은 경우에도 이미 인식한 보상원가를 수정하지 않는다.

 내비게이션

• 시장성과조건 달성여부 불문하고 다른 가득조건이 충족되면 보상원가를 인식한다.

2. 주식결제형 주식기준보상의 회계처리에 대한 내용중 주식기준보상기준서와 일치하지 않는 것은?

① 부여한 지분상품이 즉시 가득된다면 부여일에 전부 보상원가로 인식하고 동일한 금액을 자본항목으로 회계처리한다.

② 시장성과조건이 부과된 지분상품에 대해서는 그러한 시장성과 조건이 달성되는지 여부와 관계없이 다른 모든 가득조건이 충족되면 보상원가를 인식한다.

③ 시장성과조건인 경우 기대가득기간은 후속적인 정보에 비추어 볼때 기대가득기간이 직전 추정치와 다르다면 추정치를 변경한다.

④ 제공받는 재화나 용역을 인식하고 동일한 금액을 자본항목으로 회계처리한 경우 가득일이 지난 뒤에는 자본항목을 수정하지 아니한다.

⑤ 제공받는 재화나 용역의 공정가치를 신뢰성있게 측정할수 없는 경우에는 지분상품의 공정가치에 기초하여 간접 측정한다.

 내비게이션

• 후속적으로 수정치 않는다.

3. 다음 자료에 의해 ㈜합격의 주식기준보상거래가 시장성과조건인 경우 20x2년도 주식보상비용 금액과 비시장성과조건인 경우 20x2년도 주식보상비용 금액의 차이 금액을 구하면 얼마인가?

(1) ㈜합격은 20x1년초 종업원 200명에게 각각 주식선택권 100개를 부여하였으며, ㈜합격은 기대가득기간에 관계없이 부여일 현재 주식선택권의 공정가치를 단위당 ₩30으로 추정하였다.

(2) 20x1년의 실제 퇴사자는 20명이며, 가득기간 종료시점까지 추가로 예상되는 퇴사자는 40명이다.

(3) 20x2년의 실제 퇴사자는 10명이며, 가득기간 종료시점까지 추가로 예상되는 퇴사자는 40명이다.

(4) 동 주식선택권은 일정한 성과가 달성되는 시점부터 권리를 행사할 수 있으며, 20x1년말 현재 주어진 성과가 부여일로부터 3년이면 달성될 것으로 판단하였으나 20x2년말 현재에는 부여일로부터 4년이 되는 시점에 달성될 것으로 판단을 수정하였다.

① ₩0 ② ₩55,000 ③ ₩65,000
④ ₩120,000 ⑤ ₩175,000

내비게이션

• 시장성과조건인 경우
  ㉠ 20x1년 주식보상비용
  $100개×140명×30×\frac{1}{3}=140,000$
  ㉡ 20x2년 주식보상비용
  $100개×130명×30×\frac{2}{3}-140,000=120,000$

• 비시장성과조건인 경우
  ㉠ 20x1년 주식보상비용
  $100개×140명×30×\frac{1}{3}=140,000$
  ㉡ 20x2년 주식보상비용
  $100개×130명×30×\frac{2}{4}-140,000=55,000$

∴$120,000-55,000=65,000$

*시장성과조건인 경우 기대가득기간이 변경되는 경우에도 이를 반영치 않는다.

서술형Correction연습

□ 성과조건이 부여된 경우에는 부여일 현재 가장 실현가능성이 높다고 판단되는 성과조건의 결과에 기초하여 기대가득기간을 추정하며, 추정치가 변경되는 경우 이를 반영한다.

➡ (X) : 비시장성과조건인 경우는 추정치가 변경되는 경우 이를 반영하나, 시장성과조건인 경우에는 반영하지 않는다.

이론과기출 제178강 ⊃ 주식결제형 주식기준보상 : 중도청산과 조건변경

	공통사례	20x1년초 종업원 100명에게 주식선택권 20개를 부여하고, 3년의 용역제공조건을 부과함. 주식선택권의 단위당 공정가치는 ₩30으로 추정함. 주식선택권을 부여받은 종업원 중 퇴사할 종업원은 없다고 추정함. 20x3초에 개당 ₩40(개당 공정가치는 ₩35)으로 전액 중도청산함.

중도청산

20x1년말 20x2년말	(차) 주식보상비용 20,000[1) (대) 주식선택권 20,000
	[1)20x1년말 : 20개x100명x30x1/3=20,000, 20x2년말 : 20개x100명x30x2/3−20,000=20,000

20x3년초	**[1] 잔여보상비용을 즉시 인식**
	(차) 주식보상비용 20,000[2) (대) 주식선택권 20,000
	[2] 공정가치를 초과하지 않는 범위내의 현금지급액을 자본에서 차감
	(차) 주식선택권 60,000 (대) 현금 70,000[3) 청산손실(자본항목) 10,000
	[3] 공정가치 초과 현금지급액을 보상비용으로 인식
	(차) 주식보상비용 10,000 (대) 현금 10,000[4)
	[2)20개x100명x30−(20,000+20,000)=20,000 [3)20개x100명x35=70,000 [4)20개x100명x(40−35)

조건변경 (공정가치증가)	**의의**	•주식선택권의 행사가격을 인하하면 주식선택권의 공정가치는 증가함.
	공정가치증가 (종업원에게 유리한 변경)	•증분공정가치(이하 사례참조)를 잔여 가득기간에 걸쳐 추가인식함.(즉, 조건변경시점에 새로 추가로 부여한 주식선택권으로 간주함.) •**주의** 당초 부여일에 측정한 공정가치는 조건변경 여부와 무관하게 당초 가득기간의 잔여기간에 걸쳐 인식함. **보론** 가득일 후에 조건변경이 있는 경우는 증분공정가치를 즉시 인식함.
	공정가치감소	•조건변경이 없는 것으로 봄 ➡ 부(−)의 증분공정가치는 인식하지 않음.

사례 종업원에게 유리한 조건변경(공정가치증가)

❀20x1년초 종업원 100명에게 3년의 용역제공조건으로 주식선택권 100개씩을 부여. 부여일의 주식선택권의 단위당 공정가치는 ₩360, 행사가격은 ₩300임. 20x2년 주식보상비용은 얼마인가?

(1) 부여일 이후 주가가 지속적으로 하락하여 20x1년말 주식선택권의 단위당 공정가치가 ₩250으로 하락하였으며, 종업원 보상차원에서 행사가격을 ₩200으로 낮추는 조건변경에 합의하여 이로인해 주식선택권의 단위당 공정가치는 ₩380으로 증가함.
(2) 20x1년 중에 실제로 10명이 퇴사하였고, 추가로 20명이 퇴사할 것으로 추정함.
(3) 20x2년 중에 실제로 15명이 퇴사하였고, 추가로 13명이 퇴사할 것으로 추정함.
(4) 20x3년 중에 실제로 8명이 퇴사함.

풀이

•단위당 증분공정가치 : 380−250=130
1. 20x1년말 주식보상비용 : 840,000
   ① 부여일의 공정가치기준 보상비용 : 100개x70명x360x1/3=840,000
   ② 증분공정가치기준 보상비용 : 없음.
2. 20x2년말 주식보상비용 : 648,000+403,000=1,051,000
   ① 부여일의 공정가치기준 보상비용 : 100개x62명x360x2/3−840,000=648,000
   ② 증분공정가치기준 보상비용 : 100개x62명x130x1/2=403,000
3. 20x3년말 주식보상비용 : 924,000+468,000=1,392,000
   ① 부여일의 공정가치기준 보상비용 : 100개x67명x360x3/3−(840,000+648,000)=924,000
   ② 증분공정가치기준 보상비용 : 100개x67명x130x2/2−403,000=468,000

객관식 확인학습 ⊂⊃ 이론적용연습

1. ㈜대전은 20x1년 1월 1일에 종업원 6,000명에게 주식선택권을 100개씩 부여하였다. 동 주식선택권은 종업원이 앞으로 3년 간 용역을 제공할 경우 가득된다. 20x1년 1월 1일 현재 ㈜대전이 부여한 주식선택권의 단위당 공정가치는 ₩10이며, 각 연도 말 주식선택권의 단위당 공정가치는 다음과 같다.

20x1년말	20x2년말	20x3년말
₩12	₩16	₩23

㈜대전은 주식선택권을 부여받은 종업원 중 퇴사할 종업원은 없다고 추정하였다. 20x3년 1월 1일에 ㈜대전은 종업원과의 협의 하에 주식선택권을 단위당 현금 ₩20에 중도청산하였다. 중도청산일까지 퇴사한 종업원은 없다. 20x3년 1월 1일에 ㈜대전의 주식선택권의 중도청산과 관련하여 발생한 비용과 자본에 미치는 영향은 얼마인가? 단, 동 주식선택권의 20x2년 12월 31일과 20x3년 1월 1일의 공정가치는 같다고 가정한다.

	비용에 미치는 영향	자본에 미치는 영향
①	₩4,400,000 증가	₩4,400,000 감소
②	₩4,400,000 증가	₩12,000,000 감소
③	₩6,000,000 증가	₩12,000,000 감소
④	₩6,000,000 감소	₩12,000,000 증가
⑤	₩9,600,000 증가	₩9,600,000 증가

 내비게이션

• 회계처리
[20x1년 12월 31일]
(차) 주식보상비용 2,000,000[1] (대) 주식선택권 2,000,000
[20x2년 12월 31일]
(차) 주식보상비용 2,000,000[2] (대) 주식선택권 2,000,000
[20x3년 01월 01일]
(차) 주식보상비용 2,000,000[3] (대) 주식선택권 2,000,000
(차) 주식선택권 6,000,000 (대) 현금 9,600,000[4]
　 청산손실(자본) 3,600,000
(차) 주식보상비용 2,400,000 (대) 현금 2,400,000[5]

[1] $100개 \times 6,000명 \times 10 \times \frac{1}{3} = 2,000,000$
[2] $100개 \times 6,000명 \times 10 \times \frac{2}{3} - 2,000,000 = 2,000,000$
[3] 잔여보상비용 : $100개 \times 6,000명 \times 10 - 4,000,000 = 2,000,000$
[4] 공정가치 범위내 지급액 : $100개 \times 6,000명 \times 16 = 9,600,000$
[5] 공정가치 초과 지급액 : $100개 \times 6,000명 \times (20-16) = 2,400,000$
∴비용 : $2,000,000 + 2,400,000 = 4,400,000$
　자본 : $(2,000,000 - 6,000,000 - 3,600,000) - 비용(4,400,000) = \triangle 12,000,000$

2. ㈜합격의 다음 자료에 의할 때 20x2년에 인식할 주식보상비용은 얼마인가?

(1) 20x1년초 종업원 500명에게 각각 주식선택권 100개를 부여하고 3년의 용역제공조건을 부과하였다.
(2) 주식선택권의 단위당 공정가치를 ₩120으로 추정했으며, 3년동안 100명이 퇴사하여 주식선택권을 상실하게 될것으로 추정하였다.
(3) 부여일 이후 주가가 지속적으로 하락함에 따라 20x1년말에 행사가격을 하향조정하였다.
(4) 20x1년말 현재 퇴사할 것으로 추정되는 종업원수는 총 90명이며, 20x2년말 현재 퇴사하는 종업원수는 총 110명으로 추정되었다.
(5) 행사가격의 조정으로 조정한날(20x1년말)에 당초 주식선택권의 공정가치가 ₩70에서 ₩90으로 증가하였다.

① ₩1,720,000 ② ₩1,870,000 ③ ₩1,890,000
④ ₩1,940,000 ⑤ ₩2,000,000

🖥️ **내비게이션**

• 단위당 증분공정가치 : 90-70=20
• 20x1년말 주식보상비용
 ① 부여일의 공정가치기준 보상비용 : 100개x410명x120x1/3=1,640,000
 ② 증분공정가치기준 보상비용 : 없음.
• 20x2년말 주식보상비용
 ① 부여일의 공정가치기준 보상비용 :
  100개x390명x120x2/3-1,640,000=1,480,000
 ② 증분공정가치기준 보상비용 : 100개x390명x20x1/2=390,000
∴20x2년 주식보상비용 : 1,480,000+390,000=1,870,000

서술형Correction연습

☐ 주식기준보상거래에서 이미 부여한 지분상품의 조건을 변경하는 경우 조건변경의 효과를 인식한다.

➡ (X) : 총공정가치를 증가시키거나 종업원에게 유리하게 변경되는 경우에만 조건변경의 효과를 인식한다.

☐ 주식결제형 주식기준보상에서 가득일 후에 조건변경이 있는 경우에는 조건변경이 없는 것으로 보고 조건변경에 대한 회계처리를 하지 아니한다.

➡ (X) : 가득일 후에 조건변경이 있는 경우에는 증분공정가치를 즉시 인식한다.

☐ 중도청산시 종업원에게 지급하는 금액은 자기지분상품의 재매입손실로 간주하여 비용으로 인식한다.

➡ (X) : 자본에서 차감하되, 공정가치 초과액은 비용으로 인식한다.

시험중요도 ★☆☆

이론과기출 제179강 ○ 주식결제형 주식기준보상 : 기타 조건변경

가득조건 변경	가득기간 감소 (종업원에게 유리한 변경)	•변경한 가득기간을 고려하여 보상원가를 인식함. 예시 4년에서 3년으로 변경한 경우(임의금액 사례임) 주식보상비용 ㉠ 20x1년(부여연도) : (10개x90명x@150)x1/4=33,750 ㉡ 20x2년(변경연도) : (10개x90명x@150)x2/3-33,750=56,250
	가득기간 증가 (종업원에게 불리한 변경)	•변경한 가득기간을 고려하지 않고 당초대로 회계처리함. 예시 4년에서 5년으로 변경한 경우(임의금액 사례임) 주식보상비용 ㉠ 20x1년(부여연도) : (10개x90명x@150)x1/4=33,750 ㉡ 20x2년(변경연도) : (10개x90명x@150)x2/4-33,750=33,750

부여수량 변경	주식선택권 수량 증가 (종업원에게 유리한 변경)	① 당초수량 : 당초 그대로 주식보상비용을 인식함. ② 증가수량 : 조건변경일 공정가치로 잔여기간에 주식보상비용을 인식함.
	주식선택권 수량 감소 (종업원에게 불리한 변경)	•일부가 취소(중도청산)된 것으로 처리함. ➡즉, 취소된 수량은 취소일 현재 가득되었다고 가정하여 잔여가득기간에 인식할 금액을 즉시 인식함. 주의 이 경우 취소분에 대한 주식보상비용은 변경일 현재 실제 미퇴사자를 적용하여 계산함.

사례 주식선택권 수량변경시 주식보상비용

❂ 20x1년초 종업원 100명에게 각각 주식선택권 100개를 부여하고 4년의 용역제공조건을 부과함. 부여일 현재 주식선택권의 단위당 공정가치는 ₩150으로 추정함. 조건변경일의 공정가치는 ₩120으로 가정함.

구분	20x1년말	20x2년말	20x3년말	20x4년말
실제 퇴사자수	5명	5명	2명	3명
추정 예정 퇴사자수	5명	20명	8명	–

풀이

•[CASE I] 20x2년말 주식선택권 개수를 110개로 변경한 경우 연도별 주식보상비용

연도	당초수량분	증가수량분
20x1년말	100개x90명x@150x1/4=337,500	–
20x2년말	100개x70명x@150x2/4 -337,500=187,500	–
20x3년말	100개x80명x@150x3/4 -(337,500+187,500)=375,000	10개x80명x@**120**x1/2=48,000
20x4년말	100개x85명x@150x4/4 -(337,500+187,500+375,000)=375,000	10개x85명x@120x2/2 -48,000=54,000

•[CASE II] 20x2년말 주식선택권 개수를 80개로 변경한 경우 연도별 주식보상비용

연도	당초수량분	취소수량분
20x1년말	80개x90명x@150x1/4=270,000	20개x90명x@150x1/4=67,500
20x2년말	80개x70명x@150x2/4 -270,000=150,000	20개x**90명**x@150x**2/2** -67,500=202,500
20x3년말	80개x80명x@150x3/4 -(270,000+150,000)=300,000	–
20x4년말	80개x85명x@150x4/4 -(270,000+150,000+300,000)=300,000	–

객관식 확인학습 — 이론적용연습

1. ㈜합격은 20x1년 1월 1일 종업원 100명에게 각각 주식선택권 100개를 부여하고 4년의 용역제공조건을 부과하였다. 다음 자료에 의해 ㈜합격이 20x2년에 인식할 주식보상비용을 구하면 얼마인가?

(1) 주식선택권 부여일인 20x1년 1월 1일 ㈜합격은 주식선택권의 단위당 공정가치를 ₩150으로 추정하였다.
(2) ㈜합격은 20x2년 1월 1일 용역제공조건을 4년에서 3년으로 변경하는 조건변경을 하였다.
(3) 각 회계연도말 현재 가득예정인원은 다음과 같으며 20x3년말 현재는 실제가득인원이다.

20x1년말	20x2년말	20x3년말
90명	70명	80명

① ₩187,500 ② ₩337,500 ③ ₩362,500
④ ₩500,000 ⑤ ₩562,500

냅비게의셥

• 20x1년 주식보상비용 : 100개x90명x150x$\frac{1}{4}$ =337,500

• 20x2년 주식보상비용 : 100개x70명x150x$\frac{2}{3}$ −337,500=362,500

2. ㈜대한은 20x1년 1월 1일 종업원 100명에게 각각 10개의 주식선택권을 부여하였다. 동 주식선택권은 종업원이 앞으로 3년 동안 회사에 근무해야 가득된다. 20x1년 1월 1일 현재 ㈜대한이 부여한 주식선택권의 단위당 공정가치는 ₩360이며, 각 연도말 퇴직 종업원 수는 다음과 같다.

구분	실제 퇴직자수	추가퇴직 예상자수
20x1년말	10명	20명
20x2년말	15명	13명
20x3년말	13명	—

주식선택권 부여일 이후 주가가 지속적으로 하락하여 ㈜대한의 20x2년 12월 31일 주식선택권의 단위당 공정가치는 ₩250이 되었다. 또한 20x2년말 ㈜대한은 종업원에게 부여하였던 주식선택권의 수를 10개에서 9개로 변경하였다. 동 주식기준보상과 관련하여 ㈜대한이 20x2년도에 인식할 주식보상비용은 얼마인가? 단, 단수차이로 인해 오차가 있다면 가장 근사치를 선택한다.

① ₩64,800 ② ₩68,520 ③ ₩72,240
④ ₩76,920 ⑤ ₩78,520

냅비게의셥

• 20x1년 주식보상비용
  ㉠ 당초수량분 : 9개x70명x360x$\frac{1}{3}$ =75,600
  ㉡ 취소수량분 : 1개x70명x360x$\frac{1}{3}$ =8,400

• 20x2년 주식보상비용
  ㉠ 당초수량분 : 9개x62명x360x$\frac{2}{3}$ −75,600=58,320
  ㉡ 취소수량분 : 1개x75명x360x$\frac{2}{2}$ −8,400=18,600

∴58,320+18,600=76,920

이론과기출 제180강 ── 현금결제형 주식기준보상

| 보상원가 측정 | 보상원가 | •주가차액보상권의 공정가치로 측정 |
| | 측정 | •매 보고기간말 공정가치를 재측정하고, 공정가치의 변동액은 당기손익으로 인식 |

	보고기간말	•주가차액보상권은 보고기간말 공정가치로 재측정하고 기대권리소멸률을 반영한 보상원가를 용역제공비율에 따라 가득기간에 걸쳐 인식
		(차) 주식보상비용(당기비용) xxx (대) 장기미지급비용(부채) xxx
	가득일이후	•가득일 이후에도 매 보고기간말의 공정가치를 기준으로 보상원가를 재측정하고 보상원가의 재측정으로 변동한 금액은 주식보상비용과 장기미지급비용으로 처리
	권리행사시	•우선 공정가치 변동분을 당기손익으로 인식한 후, 상계할 장기미지급비용의 장부금액과 현금결제액(=내재가치=주가-행사가격)의 차액을 주식보상비용으로 인식
		(차) 주식보상비용 xxx (대) 장기미지급비용 xxx
		(차) 장기미지급비용 xxx (대) 현금(내재가치) xxx
		주식보상비용 xxx
		【참고】 권리행사기간 종료시 장기미지급비용을 환입하여 당기손익으로 인식함.

▶ 사례 용역제공조건이 부과된 현금결제형 회계처리 ◀

❂ 20x1년초 주가가 행사가격인 ₩100을 초과하는 경우 차액을 현금으로 지급하는 현금결제형 주가차액 보상권 100개를 종업원 100명에게 각각 부여하고 2년의 용역제공조건을 부과하였다. 보고기간말 기대 권리소멸률(단, 가득기간 종료시점은 실제권리소멸률임.)은 다음과 같으며, 20x4년말 가득조건을 충족 시킨 종업원 89명 중 50명이 권리를 행사하였다.

20x1년 말	20x2년말
10%	11%

한편 각 보고기간말에 추정한 주가차액보상권의 공정가치와 주가는 다음과 같다.

구분	주가 (주식의 공정가치)	옵션공정가치 (주가차액보상권 공정가치)	옵션내재가치 (주가 – 행사가격)
20x1년말	₩150	₩80	₩50
20x2년말	₩180	₩100	₩80
20x3년말	₩160	₩90	₩60
20x4년말	₩200	₩130	₩100

•회계처리

20x1년초	– 회계처리 없음 –			
20x1년말	(차) 주식보상비용	360,000[1]	(대) 장기미지급비용	360,000
20x2년말	(차) 주식보상비용	530,000[2]	(대) 장기미지급비용	530,000
20x3년말	(차) 장기미지급비용	89,000	(대) 주식보상비용환입	89,000[3]
20x4년말	(차) 주식보상비용	356,000[4]	(대) 장기미지급비용	356,000
	(차) 장기미지급비용	650,000[5]	(대) 현금	500,000[6]
			주식보상비용	150,000

[1] 100개x90명x80x1/2 = 360,000
[2] 100개x89명x100 – 360,000 = 530,000
[3] 100개x89명x90 – (360,000+530,000) = △89,000
[4] 100개x89명x130–100개x89명x90 = 356,000
[5] 100개x50명x130 = 650,000
[6] 100개x50명x100 = 500,000

객관식 확인학습 — 이론적용연습

1. ㈜대한은 주가가 행사가격(단위당 ₩1,000)을 초과할 경우 차액을 현금으로 지급하는 주가차액보상권을 20x1년 1월 1일 임직원 10명에게 각각 200개씩 부여하였다. 이 주가차액보상권은 20x1년 말에 모두 가득되었고, 20x3년 말에 실제로 1,000개의 주가차액보상권이 행사되었다. 매 회계연도 말 보통주와 현금결제형 주가차액보상권의 단위당 공정가치가 다음과 같은 경우, 주가차액보상권과 관련하여 20x3년도에 ㈜대한이 인식할 주식보상비용(또는 주식보상비용환입)과 현금지급액은?

구분	20x1년말	20x2년말	20x3년말
보통주의 공정가치	₩1,800	₩1,700	₩1,900
주가차액보상권의 공정가치	₩1,400	₩1,300	₩1,500

① 주식보상비용 ₩200,000
　현금지급액 ₩900,000
② 주식보상비용환입 ₩200,000
　현금지급액 ₩900,000
③ 주식보상비용 ₩900,000
　현금지급액 ₩900,000
④ 주식보상비용 ₩1,100,000
　현금지급액 ₩500,000
⑤ 주식보상비용환입 ₩1,100,000
　현금지급액 ₩500,000

• 회계처리
[20x1년 12월 31일]
(차) 주식보상비용 2,800,000[1] (대) 장기미지급비용 2,800,000
[20x2년 12월 31일]
(차) 장기미지급비용 200,000 (대) 보상비용환입 200,000[2]
[20x3년 12월 31일]
(차) 주식보상비용 400,000[3] (대) 장기미지급비용 400,000
(차) 장기미지급비용 1,500,000[4] (대) 현금 900,000[5]
　　　　　　　　　　　　　　　　주식보상비용 600,000

[1] 200개x10명x1,400x1/1=2,800,000
[2] 200개x10명x1,300-2,800,000=△200,000
[3] 200개x10명x150-200개x10명x1,300=400,000
[4] 1,000개x1,500=1,500,000
[5] 1,000개x(1,900-1,000)=900,000
∴주식보상비용환입 : 400,000-600,000=△200,000(환입)
현금지급액 : 900,000

2. ㈜대한은 20x1년 1월 1일에 판매직 종업원 100명에게 각각 현금결제형 주가차액보상권 100개씩을 부여하고, 2년의 용역제공조건을 부과하였다. 연도별 판매직 종업원의 실제 퇴사인원 및 추정 퇴사인원은 다음과 같다.

(1) 20x1년도 : 실제 퇴사인원은 6명이며, 20x2년도에는 추가로 4명이 퇴사할 것으로 추정하였다.
(2) 20x2년도 : 실제 퇴사인원은 7명이며, 20x2년도 말 시점의 계속근무자는 주가차액보상권을 모두 가득하였다.

매 회계연도 말에 현금결제형 주가차액보상권의 공정가치와 20x2년에 행사된 현금결제형 주가차액보상권 현금지급액의 내역은 다음과 같다.

구분	개당 공정가치	개당 현금지급액(내재가치)
20x1년	₩400	–
20x2년	₩420	₩410

20x2년 12월 31일에 종업원 50명이 주가차액보상권을 행사하였을 때, 20x2년도에 인식해야 할 보상비용은 얼마인가?

① ₩902,000　② ₩1,800,000　③ ₩1,804,000
④ ₩2,050,000　⑤ ₩3,604,000

• 회계처리
[20x1년 12월 31일]
(차) 주식보상비용 1,800,000[1] (대) 장기미지급비용 1,800,000
[20x2년 12월 31일]
(차) 주식보상비용 1,854,000[2] (대) 장기미지급비용 1,854,000
(차) 장기미지급비용 2,100,000[3] (대) 현금 2,050,000[4]
　　　　　　　　　　　　　　　　주식보상비용 50,000

[1] 100개x90명x400x1/2=1,800,000
[2] 100개x87명x420x2/2-1,800,000=1,854,000
[3] 100개x50명x420=2,100,000
[4] 100개x50명x410=2,050,000
∴주식보상비용 : 1,854,000-50,000=1,804,000

서술형 Correction연습

▫ 가득된 주식선택권의 권리가 행사되지 않고 소멸하는 경우에는 이미 인식한 보상원가를 환입하여 당기손익으로 인식한다.

➡ (X) : 현금결제형은 환입하나 주식결제형은 환입하지 않는다.

시험중요도 ★☆☆

이론과기출 제181강 ⊂ 선택형 주식기준보상

개요	의의	• 거래상대방에게 결제방식[현금결제요구권(부채요소) 또는 지분상품결제요구권(자본요소)]을 선택할 수 있는 권리를 부여한 경우에는 부채요소와 자본요소가 포함된 복합금융상품을 부여한 것으로 봄.
	복합금융상품 총공정가치	❑ Max[①현금결제(부채요소)공정가치 or ②지분상품결제(자본요소)공정가치]
	요소의 구분	• 선택형옵션인 총공정가치를 다음의 예시와 같이 일체형으로 변환하여 부채요소의 공정가치와 자본요소의 공정가치로 구분함. 예시 총공정가치=Max[①1,000주x51(주가)=51,000 or ②1,200주x48(공정가치)=57,600] →일체형으로 변환 : 1,000주x51 and 1,200주x5.5 ⇓ '1,200주xx=②-①'이 되도록 x를 계산함. →∴부채요소 : 1,000주x51=51,000, 자본요소 : 1,200주x5.5=6,600 저자주 실전에서는 부채요소를 51,000으로 우선 측정하고, 총공정가치(57,600)에서 부채요소(51,000)을 차감한 6,600을 자본요소로 측정해도 무방합니다!
	보상원가인식	• 구분한 부채요소와 자본요소 금액을 각각 현금결제형(장기미지급비용/공정가치 재측정), 주식결제형(주식선택권등/부여일 공정가치로 측정)으로 처리함. (차) 주식보상비용　　　　　　xxx　(대) 장기미지급비용(부채요소)　xxx (차) 주식보상비용　　　　　　xxx　(대) 주식선택권(자본요소)　　　xxx
	권리행사시	**주식결제선택** • 부채를 발행되는 지분상품의 대가로 보아 자본으로 직접대체함. (차) 현금　　　　　　xxx　(대) 자본금　　　　　xxx 　　장기미지급비용　xxx　　　　주식발행초과금　xxx 　　주식선택권　　　xxx **현금결제선택** • 현금지급액은 모두 부채의 상환액으로 보며 이미 인식한 자본요소는 계속 자본으로 분류함.(단, 다른 자본과목으로 처리가능) (차) 장기미지급비용　xxx　(대) 현금　　　　　　xxx 　　주식보상비용　　xxx (차) 주식선택권　　　xxx　(대) 소멸이익(자본)　xxx

🔷 사례 ⏵ 종업원(거래상대방)선택형 주식기준보상 ◀

❂ (주)합격은 20x1년초 종업원에게 가상주식 1,000주(주식 1,000주에 상당하는 현금지급에 대한 권리)와 주식 1,200주를 선택할 수 있는 권리를 부여함. 각 권리는 종업원이 2년간 근무할 것을 조건으로 함.

> (1) 부여일에 (주)합격의 주가는 단위당 ₩51이며 20x1년말, 20x2년말의 주가는 각각 ₩52, ₩60 이고, 기말의 주가는 다음해 기초의 주가와 동일하며, 주당 액면금액은 ₩100이다.
> (2) 주식 1,200주를 제공받는 결제방식의 부여일 공정가치는 주당 ₩48이라고 추정하였다.

세부고찰

• 부채요소 공정가치=51,000, 자본요소 공정가치=6,600 →위 예시 ' 참조

20x1년말	(차) 주식보상비용	26,000[1]	(대) 장기미지급비용	26,000
	(차) 주식보상비용	3,300[2]	(대) 미가득주식	3,300
20x2년말	(차) 주식보상비용	34,000[3]	(대) 장기미지급비용	34,000
	(차) 주식보상비용	3,300[4]	(대) 미가득주식	3,300

[1]1,000주x52x1/2=26,000 [2]6,600x1/2=3,300 [3]1,000주x60x2/2-26,000=34,000 [4]6,600x1/2=3,300

객관식 확인학습 **이론적용연습**

1. ㈜고구려는 20x1년 1월 1일 종업원에게 가상주식 1,000주(주식 1,000주에 상당하는 현금을 지급받을 권리)와 주식 1,400주를 선택할 수 있는 권리를 부여하고 3년의 용역제공조건을 부과하였다. 종업원이 주식 1,400주를 제공받는 결제방식을 선택하는 경우에는 주식을 가득일 이후 3년간 보유하여야 하는 제한이 있다. 부여일에 ㈜고구려의 주가는 주당 ₩400이다. ㈜고구려는 부여일 이후 3년 동안 배당금을 지급할 것으로 예상하지 않는다. ㈜고구려는 가득 이후 양도제한의 효과를 고려할 때 주식 1,400주를 제공받는 결제방식의 부여일 현재 공정가치가 주당 ₩360이라고 추정하였다. 부여일에 추정된 상기 복합금융상품 내 자본요소의 공정가치는 얼마인가?

① ₩104,000　② ₩360,000　③ ₩400,000
④ ₩504,000　⑤ ₩560,000

📻 **냅빅제의섬**
• 총공정가치 : Max[①, ②]=504,000
　① 1,000주x400=400,000
　② 1,400주x360=504,000
• 부채요소 공정가치 : 1,000주x400=400,000
• 자본요소 공정가치 : 504,000-400,000=104,000

2. ㈜합격은 20x1년초 종업원 10명에게 주식기준보상을 부여하였다. ㈜합격은 부여일에 주식선택권 120개와 주가차액보상권 100개를 동시에 부여하였으며 종업원이 결제방식을 선택할 수 있다. 가득조건은 3년의 용역제공조건이 부과된다. 가득기간 종료일까지 예상 퇴사인원은 없으며 실제로 가득종료일까지 퇴사한 인원은 없다. 주식선택권 또는 주가차액보상권의 각 일자별 공정가치가 다음과 같다고 할 때 ㈜합격이 20x3년에 인식할 주식보상비용은 얼마인가? 단, 20x4년도에 주식기준보상이 행사되었다.

구분	주식선택권 공정가치	주가차액보상권 공정가치
20x1년초	₩49	₩51
20x1년말	₩53	₩54
20x2년말	₩45	₩48
20x3년말	₩52	₩52

① ₩2,600　② ₩17,400　③ ₩20,000
④ ₩20,600　⑤ ₩22,600

📻 **냅빅제의섬**
• 총공정가치 : Max[①, ②]=58,800
　① 100개x10명x51=51,000
　② 120개x10명x49=58,800

• 부채요소 공정가치 : 100개x10명x51=51,000
• 자본요소 공정가치 : 58,800-51,000=7,800
• 회계처리
　[20x1년 12월 31일]
　(차) 주식기준보상 18,000[1) (대) 장기미지급비용 18,000
　(차) 주식기준보상 2,600[2) (대) 주식선택권 2,600
　[20x2년 12월 31일]
　(차) 주식기준보상 14,000[3) (대) 장기미지급비용 14,000
　(차) 주식기준보상 2,600[4) (대) 주식선택권 2,600
　[20x3년 12월 31일]
　(차) 주식기준보상 20,000[5) (대) 장기미지급비용 20,000
　(차) 주식기준보상 2,600[6) (대) 주식선택권 2,600

[1) 100개x10명x54x1/3=18,000
[2) 7,800x1/3=2,600
[3) 100개x10명x48x2/3-18,000=14,000
[4) 7,800x1/3=2,600
[5) 100개x10명x52x3/3-(18,000+14,000)=20,000
[6) 7,800x1/3=2,600
∴20x3년 주식보상비용 : 20,000+2,600=22,600

참고	기업이 결제방식을 선택할수 있는 경우(기업선택형)

❑ 기업이 현금이나 지분상품발행으로 결제할 수 있는 선택권을 갖는 조건이 있는 주식기준보상거래의 경우에는 현금을 지급해야 하는 현재의무가 있는지를 결정하고 그에 따라 주식기준보상거래를 회계처리한다.
❑ 다음 중 어느 하나에 해당하는 경우에는 현금을 지급해야 하는 현재의무가 있는 것으로 본다.

　① 지분상품을 발행하여 결제하는 선택권에 상업적 실질이 없는 경우(예: 법률에 따른 주식발행의 금지)
　② 현금으로 결제한 과거의 실무관행이 있거나 현금으로 결제한다는 방침이 명백한 경우
　③ 거래상대방이 현금결제를 요구할 때마다 일반적으로 기업이 이를 수용하는 경우

❑ 현금을 지급해야 하는 현재의무가 있는 때에는 현금결제형 주식기준보상거래로 보아 회계처리한다.
❑ 현금을 지급해야 하는 현재의무가 없으면 주식결제형 주식기준보상거래로 보아 회계처리하며, 결제하는 때에 다음과 같이 회계처리한다.

　① 기업이 현금결제를 선택하는 때에는 자기지분상품의 재매입으로 보아 현금지급액을 자본에서 차감한다. 다만, 아래 ③의 경우는 추가 회계처리가 필요하다.
　② 기업이 지분상품을 발행하여 결제하기로 하는 때에는 아래 ③의 경우를 제외하고는 별도의 회계처리를 하지 아니한다. 다만 필요하다면 한 자본계정에서 다른 자본계정으로 대체는 가능하다.
　③ 기업이 결제일에 더 높은 공정가치를 가진 결제방식을 선택하는 때에는 초과 결제가치를 추가 비용으로 인식한다. 이때 초과 결제가치는 실제로 지급한 금액이 주식결제방식을 선택할 때 발행하여야 하는 지분상품의 공정가치를 초과하는 금액이거나 실제로 발행한 지분상품의 공정가치가 현금결제방식을 선택할 때 지급하여야 하는 금액을 초과하는 금액이다.

Answer　1. ①　2. ⑤

이론과기출 제182강 ◯ 특수한 경우의 주식결제형 주식기준보상

공정가치 측정불가

거래형태	•주식결제형에서 지분상품(주식선택권)의 공정가치를 신뢰성있게 측정할수 없는 경우
회계처리	[1] 보상원가를 매 보고기간말 내재가치[주가(=주식의 공정가치) − 행사가격]로 재측정함. [2] 가득일 이후에도 매 보고기간말 내재가치로 재측정함.

▶ **사례** 공정가치 측정불가 주식결제형 회계처리 ◀

❂ 20x1년초 종업원 50명에게 3년 근무 조건으로 각각 주식선택권 1,000개를 부여하였다. 행사가격은 ₩60, 부여일 주가도 ₩60이다. 주식선택권의 공정가치를 신뢰성있게 측정할수 없다고 판단하였다.

❂ 20x1년말 현재 3명이 퇴사했고, 20x3년말까지 추가로 7명이 퇴사할 것으로 추정하였다. 20x2년에 실제로 2명이 퇴사하였고, 20x3년말까지 추가로 2명이 퇴사할 것으로 추정하였다. 20x3년도에는 실제로 2명이 퇴사하였고, 20x3년말에 43,000개의 주식선택권이 가득되었다. 권리는 20x5년에 행사 되었다고 할 때 20x1년부터 20x4년까지 연도별 주식보상비용을 계산하면 얼마인가?

20x1년말 주가	20x2년말 주가	20x3년말 주가	20x4년말 주가
₩63	₩65	₩75	₩88

 풀이

- 20x1년말 주식보상비용 : 1,000개x40명x(63−60)x1/3=40,000
- 20x2년말 주식보상비용 : 1,000개x43명x(65−60)x2/3−40,000=103,333
- 20x3년말 주식보상비용 : 1,000개x43명x(75−60)x3/3−(40,000+103,333)=501,667
- 20x4년말 주식보상비용 : 1,000개x43명x(88−60)−(40,000+103,333+501,667)=559,000

현금결제 선택권 후속추가

거래형태	•주식결제형 주식기준보상거래를 한 이후 가득기간 중 현금결제선택권이 부여되는 경우
회계처리	[1] 조건변경일에 부채요소공정가치를 계산 [2] 자본요소공정가치=당초주식결제요구권공정가치 − 부채요소공정가치 [3] 가득된 부분에 해당하는 금액을 자본과 상계하여 부채로 재분류 [4] 자본요소는 재측정없이, 부채요소는 재측정하여 보상비용 인식

▶ **사례** 현금결제선택권이 후속적으로 추가된 경우 ◀

❂ 20x1년초에 임원 1명에게 3년간 근무할 것을 조건으로 공정가치가 주당 ₩33인 주식 10,000주를 부여하였다. 20x2년말에 기업의 주가는 ₩25으로 하락하였다. 동 일자로 기업은 당초 부여한 주식에 현금결제선택권을 추가하여 이 임원은 가득일에 선택적으로 주식 10,000주를 수취하거나 10,000주에 상당하는 현금을 수취할 수 있게 되었다. 가득일의 주가는 ₩22이다. 20x3년말까지 회계처리는?

풀이

- 20x2년말 부채요소공정가치 : 10,000주x25=250,000
  - →자본요소공정가치 : 10,000주x33−250,000=80,000
- 회계처리

20x1년말	(차) 주식보상비용	110,000[1]	(대) 미가득주식	110,000
20x2년말	(차) 주식보상비용	110,000[2]	(대) 미가득주식	110,000
	(차) 미가득주식	166,667	(대) 장기미지급비용	166,667[3]
20x3년말	(차) 주식보상비용	26,667[4]	(대) 미가득주식	26,667
	(차) 주식보상비용	53,333[5]	(대) 장기미지급비용	53,333

[1]10,000주x33x1/3=110,000 [2]10,000주x33x2/3−110,000=110,000
[3]가득된 부분에 해당하는 부채요소금액(250,000x2/3=166,667)을 자본(미가득주식)과 상계
[4]80,000x3/3−53,333=26,667 [5]10,000주x22x3/3−166,667=53,333

객관식 확인학습 — 이론적용연습

1. ㈜설악은 20x1년 1월 1일 임원 20명에게 각각 주식 50주를 부여하였다. 의무근무조건은 부여일로부터 3년이며, 부여일 당시 주식의 주당 공정가치는 ₩450이었다. 한편, ㈜설악은 20x2년 12월 31일 당초 부여한 주식에 현금결제선택권을 부여하였다. 따라서 각 임원은 가득일에 주식 50주를 수취하거나 50주에 상당하는 현금을 수취할 수 있다. 20x2년 말 ㈜설악 주식의 주당 공정가치는 ₩420이었다. 동 주식기준보상과 관련하여 ㈜설악이 20x2년도 포괄손익계산서상 비용으로 인식할 금액과 20x2년 말 현재 재무상태표상 부채로 인식할 금액은 각각 얼마인가? 단, 모든 임원은 계속 근무하고 있다고 가정한다.

	비용으로 인식할 금액	부채로 인식할 금액
①	₩130,000	₩140,000
②	₩130,000	₩280,000
③	₩140,000	₩140,000
④	₩150,000	₩140,000
⑤	₩150,000	₩280,000

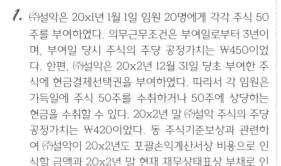 내비게이션

• 20x2년말 부채요소 공정가치 : 50주x20명x420=420,000
→자본요소 공정가치 : 50주x20명x450=450,000

• 회계처리
[20x1년 12월 31일]
(차) 주식보상비용   150,000[1]   (대) 미가득주식   150,000
[20x2년 12월 31일]
(차) 주식보상비용   150,000[2]   (대) 미가득주식   150,000
(차) 미가득주식   280,000   (대) 장기미지급비용   280,000[3]

[1] 50주x20명x450x$\frac{1}{3}$=150,000

[2] 50주x20명x450x$\frac{2}{3}$-150,000=150,000

[3] 가득된 부분에 해당하는 부채요소금액(420,000x2/3=280,000)을 자본(미가득주식)과 상계

∴비용(주식보상비용) : 150,000
부채(장기미지급비용) : 280,000

2. 다음은 주식기준보상거래에 대한 설명이다. 다음 중 이와 관련하여 한국채택국제회계기준의 내용과 가장 일치하는 것은 어느 것인가?

① 기업이 거래상대방에게 결제방식을 선택할 수 있는 권리를 부여한 경우에는 현금지급의 현재의무가 있는 경우에만 현금결제형으로 회계처리하고, 현금지급의 현재의무가 없는 경우에는 주식결제형으로 회계처리한다.

② 주식결제형 주식기준보상거래에서 지분상품의 공정가치를 신뢰성있게 추정할 수 없는 경우에는 거래상대방에게서 재화나 용역을 제공받는 날을 기준으로 지분상품을 내재가치로 최초 측정하며, 이후 매 보고기간 말과 최종 결제일에 내재가치를 재측정하고 내재가치 변동액을 당기손익으로 인식한다.

③ 주가차액보상권은 매 보고기간말 현재의 공정가치로 측정하고, 공정가치 변동분은 당기손익으로 인식한다.

④ 성과조건부 주식결제형 주식기준보상거래에서 후속적인 정보에 비추어 볼 때 기대가득기간이 직전 추정치와 다르다면 기대가득기간의 추정치를 변경한다.

⑤ 선택형 주식기준보상거래와 관련하여 거래상대방이 현금결제방식을 선택하는 경우에는 현금지급액은 모두 부채의 상환액으로 보며, 이미 인식한 부채요소와 자본요소의 합계를 현금결제금액과 비교하여 차액을 당기손익으로 인식한다.

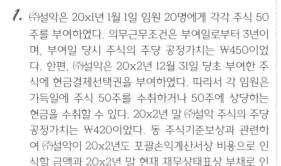 내비게이션

• ① 기업이 결제방식을 선택할 수 있는 경우에 대한 내용이며, 본 문제와 같이 거래상대방(종업원)이 결제방식을 선택할 수 있는 경우에는 복합금융상품으로 본다.

③ 주식기준보상은 다음과 같이 구분된다.

	주식선택권	현금(행사가격)수령하고 주식을 교부
주식결제형	주가차액보상권	현금수령없이 주가와 행사가격의 차액 상당 주식을 교부
	미가득주식	현금수령없이 가득된 주식을 교부
현금결제형	주가차액보상권	주가와 행사가격의 차액을 현금으로 지급
	가상주식	주가만큼의 현금을 지급

따라서, 현금결제형 주가차액보상권의 경우에는 매 보고기간말의 공정가치로 측정하나, 주식결제형 주가차액보상권의 경우에는 부여일의 공정가치로 측정한다.

④ 성과조건이 시장조건이면 부여한 주식선택권 공정가치를 추정할 때 사용하는 가정에 맞게 기대가득기간을 추정하며 후속적으로 수정하지 아니한다. 그러나 성과조건이 비시장조건이면 후속적인 정보로 추정한 기대가득기간이 앞서 추정했던 기대가득기간과 다르다면 기대가득기간 추정치를 변경한다.

⑤ 이미 인식한 자본요소는 계속 자본으로 분류한다. 그러나 다른 자본계정으로 대체하는 것을 금지하지 않는다.

이론과기출 제183강 ○ 리스회계 리스의 의의와 분류

리스의 의의	리스	•대가와 교환하여 자산의 사용권을 일정기간 이전하는 계약을 말함. ➡리스제공자는 금융리스나 운용리스로 분류함.(리스이용자는 분류하지 않음)
	기초자산	•리스제공자가 리스이용자에게 사용권을 제공하는 리스의 대상이 되는 자산을 말함.
	적용제외	① 무형자산 적용범위에 포함되는, 라이선싱계약에 따라 영화필름, 비디오녹화물, 희곡, 원고, 특허권, 저작권과 같은 항목에 대하여 리스이용자가 보유하는 권리 ② 수익의 적용범위에 포함되는 지적재산 라이선스 등
	적용선택	•위 ①이 아닌 다른 무형자산 리스에 리스기준서를 적용할수 있으나 반드시 적용해야 하는 것은 아님. ➡즉, ①의 항목이 아닌 무형자산 리스에 대해서는 선택가능 말장난 리스기준서는 유형자산에만 적용하며 무형자산에는 적용할 여지가 없다(X)
	리스의 식별	•계약 약정시점에 계약 자체가 리스인지 판단하며, 대가와 교환하여 식별되는 자산의 사용 통제권을 일정기간 이전한다면 그 계약은 리스이거나 리스를 포함함. ➡계약조건이 변경된 경우만 계약이 리스인지, 리스를 포함하는지를 다시 판단함.

리스제공자 리스분류	분류시점		•리스는 리스약정일에 분류하며, 리스변경이 있는 경우에만 분류를 다시 판단함. ➡추정의 변경(예 내용연수·잔존가치 추정치의 변경)이나 상황의 변화(예 리스이용자의 채무 불이행)는 회계 목적상 리스를 새로 분류하는 원인이 되지 않음.
	분류유형	금융리스	•기초자산의 소유에 따른 위험과 보상의 대부분을 이전하는 리스 •법적소유권은 리스제공자에게 있으나 리스이용자가 자산인식하고 감가상각함. ➡이론적 근거 : 경제적 실질 주의 이하 금융리스 예시나 지표가 항상 결정적인 것은 아니며, 예시나 지표에 해 당되어도 위험과 보상의 이전이 없으면 운용리스임.(예 리스기간 종료시점 에 소유권을 그 시점의 공정가치에 해당하는 변동지급액으로 이전하는 경우)
		운용리스	•기초자산의 소유에 따른 위험과 보상의 대부분을 이전하지 않는 리스
	금융리스 예시		❖일반적으로 금융리스로 분류되는 상황의 예는 다음과 같음.
		소유권이전약정	•종료시점 이전에 소유권이 리스이용자에게 이전되는 리스
		염가매수선택권	•선택권을 행사할 수 있는 날의 공정가치보다 충분히 낮을 것으로 예상되 는 가격으로 매수할 수 있는 선택권을 가지고 있고, 그 선택권을 행사할 것이 리스약정일 현재 상당히 확실한 경우
		리스기간기준	•소유권이 이전되지는 않더라도 리스기간이 경제적내용연수의 상당 부분 을 차지하는 경우 ➡예 리스기간≥경제적내용연수x75%
		공정가치기준	•리스약정일 현재 리스료의 현재가치가 적어도 공정가치의 대부분에 해당하는 경우 ➡예 리스료 현재가치≥공정가치x90%
		범용성없는 자산	•리스이용자만이 주요한 변경없이 사용할수 있는 경우 ➡예 리스기간 종료시점에 다른곳에 사용불가한 특수기계
	금융리스 지표		❖금융리스로 분류될수 있는 상황의 지표는 다음과 같음.
		해지손실부담	•리스이용자가 리스를 해지할수 있는 경우에 리스이용자가 해지에 관련 되는 리스제공자의 손실을 부담하는 경우
		공정가치 변동손익 귀속	•잔존자산의 공정가치 변동에서 생기는 손익이 리스이용자에게 귀속되는 경우 ➡예 리스 종료시점에 매각대가의 대부분에 해당하는 금액이 리스료 환급 의 형태로 리스이용자에게 귀속되는 경우
		염가갱신	•리스이용자가 시장리스료보다 현저하게 낮은 리스료로 다음 리스기간에 리스를 계속할 능력이 있는 경우

참고 부동산리스(토지·건물요소가 모두 포함된 경우)에서 리스료를 신뢰성있게 배분할수 없는 경우 모두 운용
리스이면 운용리스로, 모두 운용리스가 아닌 경우는 금융리스로 분류함.

객관식 확인학습 ── **이론적용연습**

1. 리스제공자는 기초자산의 소유에 따른 위험과 보상의 대부분을 이전하는지에 따라 금융리스 또는 운용리스로 분류한다. 다음 중 금융리스 분류기준으로서 가장 적절하지 않은 것은?

① 리스자산의 소유권이 이전되지 않더라도 리스기간이 리스자산의 경제적내용연수의 경미한 부분을 차지하는 경우
② 리스이용자가 선택권을 행사할 수 있는 날의 공정가치보다 충분히 낮을 것으로 예상되는 가격으로 기초자산을 매수할 수 있는 선택권을 가지고 있고, 그 선택권을 행사할 것이 리스약정일 현재 상당히 확실한 경우
③ 기초자산이 특수하여 해당 리스이용자만이 주요한 변경 없이 사용할 수 있는 경우
④ 리스약정일 현재, 리스료의 현재가치가 적어도 기초자산 공정가치의 대부분에 해당하는 경우
⑤ 리스기간 종료시점 이전에 기초자산의 소유권이 리스이용자에게 이전되는 리스의 경우

• 경미한 부분을 차지하는 경우(X) → 상당 부분을 차지하는 경우(O)

2. 다음 중 리스와 관련한 설명으로 가장 타당하지 않은 것은?

① 계약의 다른 속성들을 고려할 때 기초자산의 소유에 따른 위험과 보상의 대부분을 이전하지 않는다는 점이 분명하다면 그 리스는 운용리스로 분류한다.
② 리스기간 종료시점에 기초자산의 소유권을 그 시점의 공정가치에 해당하는 변동 지급액으로 이전하는 경우 운용리스로 분류한다.
③ 리스제공자는 약정일에 리스의 토지요소와 건물요소에 리스료를 신뢰성있게 배분할수 없는 경우에는 두 요소가 모두 금융리스인 경우에만 전체 리스를 금융리스로 분류한다.
④ 리스이용자가 리스를 해지할 수 있는 경우에 리스이용자가 해지에 관련되는 리스제공자의 손실을 부담하는 경우 금융리스로 분류될 수 있는 상황의 지표가 된다.
⑤ 추정의 변경(예: 기초자산의 내용연수 또는 잔존가치 추정치의 변경)이나 상황의 변화(예: 리스이용자의 채무불이행)는 회계 목적상 리스를 새로 분류하는 원인이 되지 않는다.

• 모두 운용리스임이 분명하지 않은 경우 전체 리스를 금융리스로 분류함.

3. 다음은 리스와 관련하여 분류에 대한 설명이다. 옳지 않은 것은?

① 리스기간 종료시점 이전에 기초자산의 소유권이 리스이용자에게 이전되는 리스는 일반적으로 금융리스로 분류되는 상황에 해당한다.
② 리스이용자가 선택권을 행사할 수 있는 날의 공정가치보다 충분히 높을 것으로 예상되는 가격으로 기초자산을 매수할 수 있는 선택권을 가지고 있고, 그 선택권을 행사할 것이 리스약정일 현재 상당히 확실한 경우 일반적으로 금융리스로 분류되는 상황에 해당한다.
③ 잔존자산의 공정가치 변동에서 생기는 손익이 리스이용자에게 귀속되는 경우 금융리스로 분류될 수 있는 상황의 지표가 된다.
④ 기초자산의 소유에 따른 위험과 보상의 대부분(substantially all)을 이전하는 리스는 금융리스로 분류한다.
⑤ 리스이용자가 시장리스료보다 현저하게 낮은 리스료로 다음 리스기간에 리스를 계속할 능력이 있는 경우 금융리스로 분류될 수 있는 상황의 지표가 된다.

• 높을 것으로(X) → 낮을 것으로(O)

서술형Correction연습

☐ 리스기간 종료시점에 기초자산의 소유권을 그 시점의 공정가치에 해당하는 변동 지급액으로 이전하는 경우에는 금융리스로 분류한다.

➡ (X) : 계약의 다른 속성들을 고려할 때 기초자산의 소유에 따른 위험과 보상의 대부분을 이전하지 않는다는 점이 분명하다면 그 리스는 운용리스로 분류한다. 예를 들어, 리스기간 종료시점에 기초자산의 소유권을 그 시점의 공정가치에 해당하는 변동 지급액으로 이전하거나 변동리스료가 있고 그 결과로 리스제공자가 기초자산의 소유에 따른 위험과 보상의 대부분을 이전하지 않는 경우가 있다.

☐ 리스이용자가 리스를 해지할 수 있는 경우에 리스제공자가 해지에 관련되는 리스이용자의 손실을 부담하는 경우 금융리스로 분류한다.

➡ (X) : 리스이용자가 해지에 관련되는 리스제공자의 손실을 부담하는 경우 금융리스로 분류할 수 있다.

☐ 추정의 변경이나 상황의 변화로 인하여 기존 리스의 분류 변경을 초래할수 있다.

➡ (X) : 추정의 변경(예 기초자산의 내용연수 또는 잔존가치 추정치의 변경)이나 상황의 변화(예 리스이용자의 채무불이행)는 회계목적상 리스를 새로 분류하는 원인이 되지 않는다.

이론과기출 제184강 ── 리스용어의 정의

기본용어	리스약정일	•리스계약일과 리스의 주요 조건에 대하여 계약당사자들이 합의한 날 중 이른 날 •주의 리스는 리스약정일에 분류하며 리스변경이 있는 경우에만 분류를 재판단함.
	리스개시일 (리스기간개시일)	•리스제공자가 리스이용자에게 기초자산을 사용할수 있게 하는 날 •주의 리스에 따른 자산, 부채, 수익, 비용의 최초인식일임.(즉, 회계처리시점)
	리스기간	•리스이용자가 기초자산 사용권을 갖는 해지불능기간 •주의 리스개시일에 평가해 볼 때, 리스이용자가 연장선택권을 행사할 것이 상당히 확실한 경우와 종료선택권을 행사하지 않을 것이 상당히 확실한 경우에 그 선택권의 대상기 간을 포함함.
	경제적내용연수	•자산을 사용여부에 관계없이 경제적으로 사용할수 있을 것으로 예상하는 전체기간 •비교 내용연수 : 실제 자산을 사용할수 있는 기간으로 감가상각기간을 의미함.

세부용어	리스료	❖리스이용자가 리스제공자에게 지급하는 금액으로 다음 항목으로 구성됨.

		고정리스료	•지급액에서 변동리스료를 뺀 금액(리스인센티브[1]는 차감)
		변동리스료	•시간경과가 아닌 지수·요율(이율)에 따라 달라지는 리스료
		매수선택권행사가격 (소유권이전금액)	•리스이용자가 매수선택권을 행사할 것이 상당히 확실한 경우 그 매수선택권의 행사가격(또는 소유권이전금액)
		종료선택권행사가격	•리스기간이 리스이용자의 종료선택권 행사를 반영하는 경우에 그 리스를 종료하기 위하여 부담하는 금액
		보증잔존가치	① 리스이용자의 경우 : 잔존가치보증에 따라 리스이용자가 지급 할 것으로 예상되는 금액 ② 리스제공자의 경우 : 다음의 자의 잔존가치보증액 – 리스이용자와 리스이용자의 특수관계자 – 리스제공자와 특수 관계에 있지 않고 보증의무를 이행할 재 무적 능력이 있는 제3자

[1] 리스제공자가 리스이용자에게 지급하는 금액이나 리스의 원가를 리스제공자가 보상·부담하는 금액

보론 **무보증잔존가치** : 리스제공자가 실현 불확실하거나 리스제공자의 특수관계자만이
보증한 잔존가치 부분 →추정잔존가치=보증잔존가치+무보증잔존가치

•참고 잔존가치	•소유권이전O	회수불가잔존가치	미래현금흐름이 아님
	•소유권이전X	회수가능잔존가치	보증잔존가치
			무보증잔존가치

단기리스	•리스개시일에 리스기간이 12개월 이하인 리스 •주의 매수선택권이 있는 리스는 단기리스에 해당하지 않음.

공정가치	•리스제공자가 기초자산을 신규로 취득하여 리스하는 경우 <div align="center">공정가치 = 취득원가</div>

리스개설직접원가	•리스 미체결시 부담하지 않았을 리스체결의 증분원가로 자산을 구성함. •비교 금융리스 관련 제조자·판매자인 리스제공자가 부담하는 원가는 비용인식함.

내재이자율	•소유권이전이 확실하지 않은 경우 다음 산식을 성립시키게 하는 할인율 <div align="center">(리스료 + 무보증잔존가치)의 현재가치 = 공정가치 + 리스개설직접원가(제공자)</div><div align="center">ㆍㆍㆍㆍㆍㆍㆍㆍㆍ'리스총투자'ㆍㆍㆍㆍㆍㆍㆍㆍㆍㆍㆍㆍㆍㆍㆍㆍㆍㆍ'리스순투자'</div>•비교 '리스이용자의 증분차입이자율'은 리스이용자가 비슷한 경제적 환경에서 비슷한 기 간에 걸쳐 비슷한 담보로 사용권자산과 가치가 비슷한 자산 획득에 필요한 자금을 차입한다면 지급해야 하는 이자율을 말함.

미실현금융수익	•리스총투자와 리스순투자의 차이로 금융리스제공자가 인식할 총이자수익임. <div align="center">미실현금융수익 = 리스총투자 – 리스순투자</div>

객관식 확인학습

이론적용연습

서술형Correction연습

1. 다음 중 리스관련 용어의 설명으로 가장 타당하지 않은 것은?

① 리스개시일이란 리스제공자가 리스이용자에게 기초자산을 사용할 수 있게 하는 날을 말한다.

② 리스총투자는 금융리스에서 리스제공자가 받게 될 리스료와 무보증잔존가치의 합계액을 말한다.

③ 무보증잔존가치는 리스제공자가 실현할 수 있을지 확실하지 않거나 리스제공자의 특수관계자만이 보증한 기초자산의 잔존가치 부분을 말한다.

④ 리스기간이란 리스이용자가 기초자산 사용권을 갖는 해지불능기간을 말한다. 단, 리스이용자가 리스 연장선택권을 행사할 것이 상당히 확실한 경우에 그 선택권의 대상 기간과 리스이용자가 리스 종료선택권을 행사하지 않을 것이 상당히 확실한 경우에 그 선택권의 대상 기간도 리스기간에 포함한다.

⑤ 내재이자율이란 리스개시일 현재 리스제공자가 수령하는 리스료와 보증잔존가치의 합계액을 기초자산의 공정가치와 일치시키는 할인율을 말한다.

내비게이션

• 내재이자율이란 리스료 및 무보증잔존가치의 현재가치 합계액을, 기초자산의 공정가치와 리스제공자의 리스개설직접원가의 합계액과 동일하게 하는 할인율을 말한다.

2. 다음 중 리스와 관련한 설명으로 가장 타당하지 않은 것은?

① 리스는 리스개시일에 분류하며 리스변경이 있는 경우에만 분류를 다시 판단한다.

② 공정가치는 합리적인 판단력과 거래의사가 있는 독립된 당사자 사이의 거래에서 자산이 교환되거나 부채가 결제될 수 있는 금액을 말한다.

③ 단기리스는 리스개시일에 리스기간이 12개월 이하인 리스를 말하며, 매수선택권이 있는 리스는 단기리스에 해당하지 않는다.

④ 리스료는 비리스요소에 배분되는 금액은 포함하지 않는다.

⑤ 리스의 해지불능기간이 달라진다면 리스기간을 변경한다.

내비게이션

• 리스는 리스약정일에 분류한다.

☐ 리스개시일은 리스계약일과 리스의 주요 조건에 대하여 계약당사자들이 합의한 날 중 이른 날을 말한다.

➡ (X) : 리스개시일(X) → 리스약정일(O)

☐ 리스료는 기초자산 사용권과 관련하여 리스기간에 리스이용자가 리스제공자에게 지급하는 금액으로 리스이용자의 경우 잔존가치보증에 따라 리스이용자가 지급할 것으로 예상되는 금액은 포함하지 아니한다.

➡ (X) : 리스이용자의 경우에 리스료는 잔존가치보증에 따라 리스이용자가 지급할 것으로 예상되는 금액도 포함한다.

☐ 리스기간은 리스이용자가 리스 연장선택권을 가지는 추가기간을 항상 포함한다.

➡ (X) : 리스이용자가 그 선택권을 행사할 것이 상당히 확실한 경우에만 포함한다.

☐ 리스총투자는 금융리스에서 리스제공자가 받게 될 리스료와 무보증잔존가치의 합계액을 내재이자율로 할인한 금액을 말한다.

➡ (X) : 리스료와 무보증잔존가치의 합계액을 말한다.

☐ 리스료와 무보증잔존가치의 합계액을 내재이자율로 할인한 현재가치는 기초자산의 공정가치와 일치한다.

➡ (X) : 공정가치와 리스개설직접원가의 합계액과 일치한다.

시험중요도 ★★☆

이론과기출 제185강 ○ 고정리스료 계산

세부고찰 I

▶ 사례 ■ 소유권이전이 없는 경우

❖ 다음은 리스제공자와 리스이용자의 금융리스계약관련 자료이다. 리스료는 매년 말 지급하며 리스이용자가 리스기간 종료시점의 추정잔존가치를 보증하였다. 그리고 연 12%에 대한 10년간의 현가계수는 0.32200이고, 연금현가계수는 5.65020이다. 이 경우 리스제공자가 수령할 고정리스료는 얼마인가?

> (1) 리스기간 : 10년, 기초자산의 공정가치 : ₩5,000,000
> (2) 리스기간 종료시점의 추정잔존가치 : ₩1,000,000
> (3) 내재이자율 : 연 12%

풀이

● 고정리스료x5.6502+1,000,000x0.3220=5,000,000

∴고정리스료(정기리스료)=827,935

세부고찰 II

▶ 사례 ■ 소유권이전이 있는 경우

❖ 20×1년 1월 1일 ㈜꼬봉은 ㈜오야붕리스와 다음과 같은 조건으로 금융리스계약을 체결하였다. 리스기간 동안 매년 말 지급되는 고정리스료는 얼마인가?

> (1) 리스자산(기계장치)의 공정가치 : ₩500,000(경제적 내용연수 4년, 잔존가치 ₩0, 정액법 상각)
> (2) 리스기간은 3년이고 리스료는 매년 말 정액지급함.
> (3) ㈜꼬봉은 리스기간 종료시 ₩50,000을 지급하고 소유권을 이전 받음.
> (4) 내재이자율은 10% : 3기간의 10% 정상연금 현가계수는 2.48685, 현가계수는 0.75131

풀이

● 고정리스료x2.48685+50,000x0.75131=500,000

∴고정리스료(정기리스료)=185,952

세부고찰 III

▶ 사례 ■ 리스개설직접원가가 있는 경우

❖ 다음은 리스제공자인 ㈜합격리스와 리스이용자인 ㈜적중의 금융리스 계약 관련 자료이다. 이 경우 ㈜합격리스가 수령할 고정리스료를 구하면 얼마인가?

> (1) 금융리스계약의 리스기간은 10년이며 리스개시일의 리스자산의 공정가치는 ₩12,500,000이다.
> (2) 리스기간 종료시점의 리스자산의 추정잔존가치 ₩2,500,000이며, 리스이용자인 ㈜적중이 리스기간 종료시점의 추정잔존가치를 전액 보증하였다.
> (3) ㈜합격리스는 리스개설직접원가로 ₩125,000을 부담하였다.
> (4) 리스료는 매년 말 지급하며, 내재이자율은 연 12%이다.
> (5) 현재가치계수와 관련한 사항은 다음과 같다.
>
> | 기간 | 12% 기간말 단일금액 ₩1의 현재가치 | 12% 정상연금 ₩1의 현재가치 |
> | --- | --- | --- |
> | 10 | 0.3220 | 5.6502 |

풀이

● [고정리스료+보증잔존가치(2,500,000)]현가=공정가치(12,500,000)+리스개설직접원가(125,000)

● 고정리스료x5.6502+2,500,000x0.3220=12,500,000+125,000

∴고정리스료=2,091,961

객관식 확인학습

이론적용연습

1. ㈜민국리스는 20x1년 1월 1일 ₩500,000(공정가치)에 취득한 기계장치로 ㈜대한과 금융리스계약을 체결하고 20x1년 1월 1일부터 리스를 실행하였다.

> (1) 리스기간은 3년이며, 리스종료일에 ㈜대한에게 기계장치 소유권을 ₩100,000에 이전한다.
> (2) 최초 고정리스료는 리스개시일에 수취하며, 20x1년말부터 20x3년말까지 매년말 3회에 걸쳐 추가로 고정리스료를 수취한다.
> (3) 리스계약과 관련하여 ㈜민국리스가 지출한 리스개설직접원가는 ₩20,0000이다.
> (4) ㈜민국리스의 내재이자율은 12%이며, 현가계수는 다음과 같다.

단일금액 ₩1의 현재가치			정상연금 ₩1의 현재가치		
1년	2년	3년	1년	2년	3년
0.8929	0.7972	0.7118	0.8929	1.6901	2.4018

㈜민국리스가 내재이자율을 유지하기 위하여 책정해야 할 고정리스료는? 단, 단수차이로 인해 오차가 있다면 가장 근사치를 선택한다.

① ₩126,056   ② ₩131,936   ③ ₩152,860
④ ₩186,868   ⑤ ₩216,504

📻 **내비게이션**
- 소유권이 이전되므로 잔존가치는 미래현금흐름이 아니다. 따라서, 보증·무보증잔존가치 자체가 없다.
- 본 문제의 리스료는 고정리스료와 소유권이전금액으로 구성된다.
- (고정리스료+소유권이전금액)의 현재가치
  =기초자산공정가치+리스개설직접원가
- 고정리스료를 x 라 하면,
  $(x+x \times 2.4018+100,000 \times 0.7118)=500,000+20,000$ 에서, $x=131,936$

이론과기출 제186강 ○ 리스제공자 금융리스 : 기본회계처리

개요	리스개시일 이전	• (차) 선급리스자산(구입액) xxx (대) 현금 xxx
	리스개시일	• (차) 리스채권 xxx (대) 선급리스자산 xxx 현금(리스개설직접원가) xxx
		리스채권 | ▫ (리스료+무보증잔존가치)를 내재이자율로 할인한 현가 =공정가치(신규취득시 취득원가)+리스개설직접원가
	보고기간말	• (차) 현금 xxx (대) 이자수익 xxx 리스채권 xxx
		이자수익 | ▫ 리스채권장부가×내재이자율

사례 ◁ 자산반환시 금융리스제공자 회계처리

❂ 20x2년초 의료장비에 대한 금융리스계약을 체결함. 내재이자율 10%(3년 현가계수와 연금현가계수는 0.75131, 2.48685). 리스기간 3년, 리스료는 매년말 ₩300,000, 리스개설직접원가 ₩20,000 지출함.
• 리스자산 : 20x1년말 신규취득 취득원가 ₩980,000, 경제적내용연수 5년, 잔존가치 없음.
• 특약사항 : 종료시 반환조건, 리스기간 종료시점 추정잔존가치 ₩338,000 중 ₩250,000 보증조건

풀이

자산반환
[소유권이전x]

• 리스채권 : 300,000x2.48685+338,000x0.75131=1,000,000 또는 980,000+20,000=1,000,000

일자	리스료	이자수익(10%)	회수액	리스채권잔액
20x2년초	–	–	–	1,000,000
20x2년말	300,000	100,000	200,000	800,000
20x3년말	300,000	80,000	220,000	580,000
20x4년말	300,000	58,000	242,000	338,000 →'보증+무보증'

20x1년말	(차) 선급리스자산	980,000	(대) 현금	980,000
20x2년초	(차) 리스채권	1,000,000	(대) 선급리스자산	980,000
			현금	20,000
20x2년말	(차) 현금	300,000	(대) 이자수익	100,000
			리스채권	200,000
20x3년말	(차) 현금	300,000	(대) 이자수익	80,000
			리스채권	220,000
20x4년말	(차) 현금	300,000	(대) 이자수익	58,000
			리스채권	242,000
	[Case1] 실제잔존가치(=공정가치)가 ₩350,000인 경우			
	(차) 리스자산	338,000	(대) 리스채권	338,000
	[Case2] 실제잔존가치(=공정가치)가 ₩300,000인 경우			
	(차) 리스자산	300,000	(대) 리스채권	338,000
	리스채권손상차손	38,000		
	[Case3] 실제잔존가치(=공정가치)가 ₩200,000인 경우			
	(차) 리스자산	200,000	(대) 리스채권	338,000
	리스채권손상차손	138,000		
	(차) 현금	50,000	(대) 리스자산보증이익	50,000

객관식 확인학습 이론적용연습

1. ㈜합격리스는 ㈜적중과 다음과 같은 조건하에 리스계약을 체결하였다. 당해 리스는 리스제공자의 금융리스로 분류된다. 이때 리스개시일에 ㈜합격리스가 인식할 리스채권과 ㈜적중이 인식할 리스부채는 각각 얼마인가? 단, 소수점 이하는 반올림할 것.

> (1) 매 연도말(12월 31일)에 지급하기로 명시한 연간리스료는 ₩2,000,0000이다.
> (2) 리스기간 종료시 리스자산의 추정잔존가치는 ₩300,000 이며, 리스이용자는 이 중 ₩200,000을 보증(전액 지급예상)하였다.
> (3) 리스기간은 20x1년 1월 1일부터 3년간이다.
> (4) 내재이자율은 연간 10%이다.

	리스채권	리스부채
①	₩5,199,098	₩5,123,967
②	₩5,199,098	₩5,199,098
③	₩5,199,098	₩5,369,214
④	₩5,123,967	₩5,364,254
⑤	₩5,123,967	₩5,792,123

 내비게이션
- 리스채권
$$\frac{2,000,000}{1.1}+\frac{2,000,000}{1.1^2}+\frac{2,200,000}{1.1^3}+\frac{100,000}{1.1^3}=5,199,098$$
- 리스부채
$$\frac{2,000,000}{1.1}+\frac{2,000,000}{1.1^2}+\frac{2,200,000}{1.1^3}=5,123,967$$

2. 리스제공자와 리스이용자의 회계처리에 대한 다음 설명으로 옳지 않은 것은?

① 리스이용자는 리스개시일에 사용권자산과 리스부채를 인식하며, 리스이용자는 리스개시일에 사용권자산을 원가로 측정한다.

② 리스이용자는 리스개시일에 그날 현재 지급되지 않은 리스료의 현재가치로 리스부채를 측정하며, 리스의 내재이자율을 쉽게 산정할 수 있는 경우에는 그 이자율로 리스료를 할인한다. 이 경우 그 이자율을 쉽게 산정할 수 없는 경우에는 리스이용자의 증분차입이자율을 사용한다.

③ 리스이용자에게 리스개설직접원가가 발생한 경우에는 사용권자산으로 인식하는 금액에 가산하나, 제조자도 판매자도 아닌 리스제공자에게 리스개설직접원가가 발생한 경우에는 발생한 기간의 비용으로 회계처리한다.

④ 리스제공자는 리스총투자를 계산할 때 사용한 추정 무보증잔존가치를 정기적으로 검토한다. 추정 무보증잔존가치가 줄어든 경우에 리스제공자는 리스기간에 걸쳐 수익 배분액을 조정하고 발생된 감소액을 즉시 인식한다.

⑤ 제조자 또는 판매자인 리스제공자의 금융리스 체결과 관련하여 부담하는 원가는 주로 제조자 또는 판매자인 리스제공자가 매출이익을 벌어들이는 일과 관련되므로 리스개시일에 비용으로 인식한다.

 내비게이션
- 제조자도 판매자도 아닌 리스제공자에게 리스개설직접원가가 발생한 경우에는 리스채권에 가산한다.
- ①,②,④,⑤에 대하여는 후술함!

서술형Correction연습

□ 리스제공자는 리스개시일에 금융리스에 따라 보유하는 자산을 재무상태표에 인식하고 그 자산을 리스총투자와 동일한 금액의 수취채권으로 표시한다.

➡ (X) : 리스총투자(X) → 리스순투자(O)

□ 리스제공자는 자신의 리스총투자 금액에 일정한 기간수익률을 반영하는 방식으로 리스기간에 걸쳐 금융수익을 인식한다.

➡ (X) : 리스총투자(X) → 리스순투자(O)

□ 리스제공자는 리스개시일에 측정된 리스료를 내재이자율로 할인한 현재가치를 리스부채로 인식한다.

➡ (X) : 리스제공자(X) → 리스이용자(O)

시험중요도 ★★☆

이론과기출 제187강 ◯ 리스제공자 금융리스 : 소유권이전

개요	거래형태	•소유권이전약정이나 염가매수선택권이 있는 경우 리스제공자는 리스종료일에 기초자산의 소유권을 리스이용자에게 이전하고 현금을 수령함.
	리스채권 계산	•종료시점의 추정잔존가치는 회수불가하므로 리스제공자의 현금흐름이 될수 없음. ➡∴보증·무보증잔존가치 자체가 없음.
	손익처리	•소유권이전에 따른 현금수령액과 리스채권 장부금액의 차액은 당기손익(리스채권처분손익)으로 인식함. (차) 현금　　　　　　　　xxx　　(대) 리스채권　　　　　　　　xxx 　　　　　　　　　　　　　　　　리스채권처분이익　　　　　xxx

사례 ◀ 염가매수선택권이 있는 경우 금융리스제공자 회계처리

❖ 리스제공자 A는 리스이용자 B와 20x2년초(리스개시일) 기계장치에 대한 금융리스계약을 체결함.
- •내재이자율 10%이며, 3년 현가계수와 연금현가계수는 각각 0.75131과 2.48685임.
- •양사 모두 정액법을 적용하며, 양사 모두 결산일은 매년말임.
- •리스자산은 20x1년말 신규취득하였으며 취득원가는 ₩100,000(공정가치와 일치)임.
- •리스자산의 경제적내용연수 4년, 잔존가치는 없음.
- •리스기간은 3년이며, 리스료는 매년말 ₩38,700임.
- •리스 종료시점에 매수선택권을 행사가능하며 행사가격은 리스종료일 실제잔존가치의 25%로 결정함. 리스종료일의 추정잔존가치는 ₩20,0000이므로 행사가격은 ₩5,000으로 추정됨.
- •리스종료일 현재 실제잔존가치는 ₩30,0000이며 매수선택권은 ₩7,500에 권리가 행사되었음.

- •리스채권 : ①+②=100,000
  - ① 고정리스료의 현가 : 38,700×2.48685
  - ② 염가매수선택권가액 현가 : 5,000×0.75131
  - →또는 공정가치(취득원가)=100,000

일자	리스료	이자수익(10%)	회수액	리스채권잔액
20x2년초	–	–	–	100,000
20x2년말	38,700	10,000	28,700	71,300
20x3년말	38,700	7,130	31,570	39,730
20x4년말	38,700	3,970	34,730	5,000 →'염가매수약정액'

세부고찰

20x1년말	(차) 선급리스자산	100,000	(대) 현금	100,000
20x2년초	(차) 리스채권	100,000	(대) 선급리스자산	100,000
20x2년말	(차) 현금	38,700	(대) 이자수익	10,000
			리스채권	28,700
20x3년말	(차) 현금	38,700	(대) 이자수익	7,130
			리스채권	31,570
20x4년말	(차) 현금	38,700	(대) 이자수익	3,970
			리스채권	34,730
	(차) 현금	7,500	(대) 리스채권	5,000
			리스채권처분이익	2,500

객관식 확인학습 **이론적용연습**

1. 20x1년초 ㈜합격은 공정가치 ₩40,000,000의 건설중장비를 ㈜적중리스와 4년의 금융리스계약을 체결하였다. 계약종료일에 염가매수선택권이 ㈜합격에게 주어져 있으며, ㈜합격은 향후 4년간 매년 말 ₩12,618,694의 리스료를 ㈜적중리스에게 지급해야 한다. 내용연수는 5년, 잔존가치는 ₩4,000,000, 감가상각은 정액법, 내재이자율은 10%이다. 20x1년말 ㈜적중리스의 리스채권 원금회수액과 이자수익을 계산하면 각각 얼마인가?

	리스채권 원금회수액	이자수익
①	₩8,618,694	₩10,000,000
②	₩11,356,825	₩4,000,000
③	₩8,618,694	₩4,000,000
④	₩11,356,825	₩1,261,869
⑤	₩8,618,694	₩1,261,869

내비게이션

• 리스채권 : 40,000,000(공정가치)
→리스제공자는 수령하는 리스료를 리스채권의 원금회수액과 이자수익으로 구분하는 회계처리만 하면 된다.
• 이자수익 : 40,000,000×10%=4,000,000
• 원금회수액 : 12,618,694(리스료)−4,000,000=8,618,694

• [20x1년말 회계처리]

(차) 현금	12,618,694	(대) 이자수익	4,000,000
		리스채권	8,618,694

2. ㈜합격은 다음과 같이 내용연수 5년, 잔존가치 ₩0의 기계장치를 리스하였다. 20x1년말 동 리스와 관련하여 ㈜합격이 인식할 감가상각비를 계산하면 얼마인가?

(1) 리스약정일(리스개시일) : 20x1년 1월 1일
(2) 리스기간 : 20x1년 1월 1일 ~ 20x3년 12월 31일
(3) 20x1년 1월 1일 기계장치의 공정가치는 ₩750,000, 리스료(염가매수선택권 행사가격 고려)를 내재이자율로 할인한 현재가치는 ₩705,0000이다.
(4) ㈜합격은 동 기계장치에 대하여 정액법으로 감가상각한다.
(5) 염가매수선택권(행사가격 ₩150,000)을 리스기간 종료시점에 행사할 것이 확실하다.
(6) 리스의 협상 및 체결단계에서 지출한 리스개설직접원가는 없다.

① ₩141,000 ② ₩150,000 ③ ₩235,000
④ ₩250,000 ⑤ ₩0

내비게이션

• 사용권자산(리스부채) : 705,000
∴ 감가상각비 : (705,000−0) ÷ 5년=141,000

시험중요도 ★☆☆

이론과기출 제188강 ○ **리스제공자 금융리스 : 무보증잔존가치 감소**

개요	정기검토	•리스제공자는 리스총투자를 계산할때 사용한 추정무보증잔존가치를 정기적으로 검토함.
	감소인식	•추정 무보증잔존가치가 줄어든 경우에 리스제공자는 리스기간에 걸쳐 수익 배분액을 조정하고 발생된 감소액을 즉시 인식함.
	손상차손	•추정무보증잔존가치 감소 ➡ 미래현금흐름 감소 ➡ 리스채권 장부금액 감소 •따라서, 리스채권손상차손을 인식함. 리스채권손상차손 (당기비용) ☐ 추정무보증잔존가치 감소분을 내재이자율로 할인한 현가

─저자주─ 보증잔존가치는 회수가 가능한 금액이므로 보증잔존가치 감소는 리스채권 손상차손의 대상이 아님.

▼ **사례** 추정무보증잔존가치 감소시 회계처리 ◀

❂20x2년초 기계장치에 대한 금융리스계약을 체결하였으며, 리스기간 종료시점에 리스자산은 반환됨.
• 내재이자율 12%이며, 2년 현가계수는 0.79719이고, 3년 현가계수와 연금현가계수는 각각 0.71178과 2.40183임. 리스자산의 경제적내용연수 5년, 잔존가치는 없음.
• 리스자산은 20x1년말 신규취득하였으며 취득원가는 ₩1,000,000(공정가치와 일치)임.
• 리스기간은 3년이며, 리스료는 매년말 ₩401,532임.
• 리스기간 종료시점 추정잔존가치는 ₩50,0000이며, 이 중 리스이용자가 ₩35,000을 보증함.
• 20x2년말 리스기간 종료시점 추정잔존가치는 ₩40,000으로 감소하였음.
• 20x4년말 실제잔존가치는 ₩39,000임.

✏ **풀이**

세부고찰	•리스채권 : 401,532x2.40183+50,000x0.71178=1,000,000 또는 공정가치(취득원가)=1,000,000

- 20x2년말 현재 무보증잔존가치가 15,000에서 5,000으로 변경되어 10,000 감소
- 20x2년말 리스채권손상차손 : 10,000(무보증잔존가치 감소분)x0.79719=7,972

일자	리스료	이자수익(12%)	회수액	리스채권잔액
20x2년초	–	–	–	1,000,000
20x2년말	401,532	120,000	281,532	1,000,000-281,532-7,972=710,496
20x3년말	401,532	85,260	316,272	394,224
20x4년말	401,532	47,308	354,224	40,000→'보증+무보증'

20x1년말	(차) 선급리스자산	1,000,000	(대) 현금	1,000,000
20x2년초	(차) 리스채권	1,000,000	(대) 선급리스자산	1,000,000
20x2년말	(차) 현금	401,532	(대) 이자수익	120,000
			리스채권	281,532
	(차) 리스채권손상차손	7,972	(대) 리스채권(or손실충당금)	7,972
20x3년말	(차) 현금	401,532	(대) 이자수익	85,260
			리스채권	316,272
20x4년말	(차) 현금	401,532	(대) 이자수익	47,308
			리스채권	354,224
	(차) 리스자산 리스채권손상차손	39,000 1,000	(대) 리스채권	40,000

─참고─ if, 20x2년말 종료시점 추정잔존가치가 ₩30,000인 경우에는 보증잔존가치가 ₩35,000이므로 종료 시점 무보증잔존가치는 ₩0으로 보면됨.
→따라서, 손상차손은 15,000(무보증잔존가치 감소분)x0.79719=11,958

1. 20x1년 1월 1일(리스개시일)에 B사(리스이용자)는 A사(리스제공자)와 금융리스계약을 체결하였다. 다음 자료에 의할 때 이 리스계약으로 리스제공자인 A의 20x1년도말 리스채권상각차손으로 계상되는 금액을 구하면 얼마인가?(단, 소수점 이하는 반올림하며, 이 경우 단수차이로 인해 약간의 오차가 있으면 가장 근사치를 선택한다.)

(1) 취득원가(=리스개시일의 공정가치) : ₩100,000
(2) 자산의 내용연수 : 4년(정액법)
(3) 리스기간 종료시 추정잔존가치 : ₩20,000
    (20x1.12.31 현재 ₩10,000으로 추정변경)
(4) 리스기간 : 3년, 만기일은 20x3년 12월 31일
(5) 연간 리스료 : 매년 말에 ₩34,170씩 3차례 지급
(6) 보증잔존가치는 없으며, 소유권이전약정과 염가매수선택권도 없다.
(7) 내재이자율은 10%이며 현재가치계수 자료는 다음과 같다.

기간	현재가치계수	연금현재가치계수
2	0.8264	1.7355
3	0.7513	2.4868

① ₩0   ② ₩7,513   ③ ₩8,264
④ ₩9,091   ⑤ ₩10,000

📺 **내비게이션**
• 20x1년말 현재 추정무보증잔존가치가 20,000에서 10,000으로 변경되어 10,000 감소됨.
• 리스채권손상차손 : 10,000(무보증잔존가치 감소분)x0.8264=8,264

2. 20x1년 1월 1일 ㈜강원리스는 제조사로부터 공정가치 ₩600,000인 기계장치를 구입하여 ㈜원주에게 금융리스계약을 통하여 리스하였다. 리스약정일과 리스개시일은 동일하며, 경제적내용연수와 리스기간도 동일하다. 리스료는 20x1년부터 5년간 매년도 말 ₩150,000을 수취한다. 리스기간 종료 후 그 잔존가치는 ₩50,540이며, ㈜원주가 이 중 ₩30,000을 보증한다. 동 금융리스에 적용되는 유효이자율(내재이자율)은 연 10%이며, 현가계수는 다음과 같다.

기간	기간말 ₩1의 현재가치 (단일금액, 10%)	정상연금 ₩1의 현재가치(10%)
4년	0.6830	3.1699
5년	0.6209	3.7908

20x1년 말에 이 리스자산의 잔존가치가 ₩50,540에서 ₩30,540으로 감소하였다. 이 리스계약이 리스제공자인 ㈜강원리스의 20x1년도 당기순이익에 미치는 영향은 얼마인가?(단, 소수점 이하는 반올림하며, 이 경우 단수차이로 인해 약간의 오차가 있으면 가장 근사치를 선택한다.)

① ₩40,500   ② ₩42,340   ③ ₩44,500
④ ₩46,340   ⑤ ₩60,000

📺 **내비게이션**
• 리스채권 : 150,000x3.7908+50,540x0.6209=600,000 또는 공정가치=600,000
• 20x1년말 현재 무보증잔존가치 감소액 :
  20,540(50,540-30,000)에서 540(30,540-30,000)으로 변경되어 20,000감소
• 20x1년말 이자수익 : 600,000x10%=60,000
• 20x1년말 리스채권손상차손 : 20,000x0.6830=13,660
∴60,000-13,660=46,340

이론과기출 제189강 ◯ 리스제공자 금융리스 : 판매형리스

개요	거래형태	•제조자나 판매자가 제조·구매한 자산을 금융리스방식으로 판매하는 경우의 리스를 말함. ➡ ∴리스자산을 정상판매시 매출손익과 리스기간 이자수익의 두 종류의 이익이 발생함.
	매출손익	<table><tr><td>매출액</td><td>❑ Min[리스료를 시장이자율로 할인한 현가, 공정가치]</td></tr><tr><td>매출원가</td><td>❑ 취득(제조)원가 – 무보증잔존가치를 시장이자율로 할인한 현가 ➡ 취득원가(제조원가) : 장부금액과 다른 경우는 장부금액 적용 ➡ 무보증잔존가치 현가는 리스채권으로 대체함.(이하 사례참조!)</td></tr></table> •저자주▶ 매출액 계산시 무보증잔존가치는 리스이용자로부터 회수되는 금액이 아니므로 매출액의 계산에서 제외합니다. 즉, 무보증잔존가치는 반환후 제3자에게 매각시 회수되므로 리스이용자에게 판매함으로써 얻게되는 현금흐름이 아니기 때문입니다. 한편, 매출액 계산시 제외했으므로 매출원가 계산시에도 무보증잔존가치를 차감합니다.
	리스개설 직접원가	•리스개시일에 전액 비용(판매비용)으로 인식함.

▶참고 운용리스인 경우 : 리스자산의 판매로 볼 수 없으므로 매출이익을 인식치 아니함.

✔사례 판매형리스 회계처리

❂㈜신의한수는 기계장치 제조 및 판매회사로 제조원가 ₩45,000,000의 재고자산을 금융리스방식으로 판매하는 계약을 다음과 같이 체결함.

(1) 리스개시일 : 20x1년초
(2) 리스개시일의 공정가치 : ₩53,000,000
(3) 기초자산 경제적내용연수 : 4년
(4) 잔존가치 : 내용연수 종료후 잔존가치는 없음.
(5) 리스기간 : 3년
(6) 리스기간 종료시점의 추정잔존가치 : ₩5,000,000
(7) 리스이용자는 추정잔존가치 중 ₩3,000,000을 보증함.
(3) 매년말 ₩20,000,000의 리스료를 수령함.
(4) ㈜신의한수는 금융리스 체결과 관련하여 리스개시일에 ₩100,000의 수수료를 지급하였음.
(5) 시장이자율은 10%이며, 현재가치계수 자료는 다음과 같다.

기간	10% 기간말 단일금액 ₩1의 현재가치	10% 정상연금 ₩1의 현재가치
3	0.7513	2.4868

풀이

•판매형리스의 리스개설직접원가 ₩100,000은 전액 비용으로 인식함.
•리스료를 시장이자율로 할인한 현가 : 20,000,000×2.4868+3,000,000×0.7513=51,989,900
•매출액 : Min[51,989,900, 53,000,000(공정가치)]=51,989,900
•매출원가 : 45,000,000 − 1,502,600(2,000,000x0.7513) = 43,497,400
•이자수익 : (51,989,900+1,502,600)x10%=5,349,250
•회계처리

20x1년초	(차)	리스채권	51,989,900	(대)	매출	51,989,900
	(차)	리스채권	1,502,600	(대)	재고자산	45,000,000
		매출원가	43,497,400			
	(차)	수수료비용	100,000	(대)	현금	100,000
20x1년말	(차)	현금	20,000,000	(대)	이자수익	5,349,250
					리스채권	14,650,750

객관식 확인학습 ─ **이론적용연습**

1. ㈜국세는 일반 판매회사로서 20x2년 1월 1일에 ㈜대한리스에 아래와 같은 조건으로 보유자산을 판매하였다.

> (1) ㈜국세는 20x2년부터 20x4년까지 매년 12월 31일에 ㈜대한리스로부터 리스료로 ₩10,000,000씩 3회 수령한다.
> (2) ㈜대한리스는 리스기간 종료일인 20x4년 12월 31일에 리스자산을 당시의 공정가치보다 충분히 낮은 금액인 ₩2,000,000에 매수할 수 있는 선택권을 가지고 있으며, 20x2년 1월 1일 현재 ㈜대한리스가 이를 행사할 것이 거의 확실시 된다.
> (3) ㈜대한리스가 선택권을 행사하면 리스자산의 소유권은 ㈜국세에서 ㈜대한리스로 이전된다.
> (4) 20x2년 1월 1일 ㈜국세가 판매한 리스자산의 장부금액은 ₩20,000,000이며, 공정가치는 ₩27,000,000이다.
> (5) ㈜국세의 증분차입이자율은 연 5%이며, 시장이자율은 연 8%이다.

위 거래는 금융리스에 해당된다. 이 거래와 관련하여 ㈜국세가 20x2년 1월 1일에 인식할 매출액은 얼마인가? 단, 리스약정일과 리스개시일은 동일한 것으로 가정한다. 또한 현가계수는 아래의 표를 이용한다.

기간	기간말 단일금액 ₩1의 현재가치		정상연금 ₩1의 현재가치	
	5%	8%	5%	8%
1	0.95238	0.92593	0.95238	0.92593
2	0.90703	0.85734	1.85941	1.78327
3	0.86384	0.79383	2.72325	2.57710

① ₩23,756,000 ② ₩25,771,000 ③ ₩27,000,000
④ ₩27,358,660 ⑤ ₩28,960,180

• 매출액 : Min[①, ②]=27,000,000
　① 10,000,000x2.57710+2,000,000x0.79383=27,358,660
　② 27,000,000(공정가치)

2. 에어컨제조사인 ㈜태풍은 20x1년 1월 1일 직접 제조한 추정내용연수가 5년인 에어컨을 ㈜여름에게 금융리스 방식으로 판매하는 계약을 체결하였다. 동 에어컨의 제조원가는 ₩9,000,000이고, 20x1년 1월 1일의 공정가치는 ₩12,500,000이다. 리스기간은 20x1년 1월 1일부터 20x4년 12월 31일까지이며, ㈜여름은 리스기간 종료시 에어컨을 반환하기로 하였다. ㈜여름은 매년말 리스료로 ₩3,500,000을 지급하며, 20x4년 말의 에어컨 예상잔존가치 ₩1,000,000 중 ₩600,000은 ㈜여름이 보증하기로 하였다. ㈜태풍은 20x1년 1월 1일 ㈜여름과의 리스계약을 체결하는 과정에서 ₩350,000의 직접비용이 발생하였다. ㈜태풍이 동 거래로 인하여 리스개시일인 20x1년 1월 1일에 인식할 수익과 비용의 순액(수익에서 비용을 차감한 금액)은 얼마인가? 단, 20x1년 1월 1일 현재 시장이자율과 ㈜태풍이 제시한 이자율은 연 8%로 동일하다.

기간	8% 기간말 단일금액 ₩1의 현재가치	8% 정상연금 ₩1의 현재가치
4	0.7350	3.3121

① ₩2,575,250 ② ₩2,683,250 ③ ₩2,977,350
④ ₩3,327,350 ⑤ ₩3,444,000

• 판매형리스의 리스개설직접원가는 리스개시일에 비용으로 인식한다.
• 매출액 : Min[①, ②]=12,033,350
　① 리스료의 현가 : 3,500,000x3.3121+600,000x0.7350=12,033,350
　② 공정가치 : 12,500,000
• 매출원가 : 9,000,000－(1,000,000－600,000)x0.7350=8,706,000
∴ 12,033,350－8,706,000－350,000=2,977,350

• [20x1년초 회계처리]
　(차) 리스채권　　12,033,350　(대) 매출　　　　12,033,350
　(차) 리스채권　　　294,000　(대) 재고자산　　9,000,000
　　　매출원가　　8,706,000
　(차) 수수료비용　　350,000　(대) 현금　　　　　350,000

서술형Correction연습

☐ 제조자나 판매자인 리스제공자가 리스개시일에 인식할 매출액은 시장이자율로 할인한 리스료의 현재가치이다.

➡ (X) : 인식할 매출액은 시장이자율로 할인한 리스료의 현재가치와 자산의 공정가치 중 작은 금액이다.

☐ 제조자 또는 판매자가 리스제공자인 경우 매출원가는 리스자산의 취득원가이다.

➡ (X) : 매출원가＝취득원가－무보증잔존가치의 현가

시험중요도 ★★☆

이론과기출 제190강 ○ 리스제공자 운용리스 : 회계처리

개요	리스개시일 이전	•기초자산 구입액은 금융리스의 경우와 같이 선급리스자산으로 계상함.

		(차) 선급리스자산(구입액) xxx (대) 현금 xxx

	리스개시일	•선급리스자산을 운용리스자산으로 대체하고, 리스개설직접원가를 가산함.

		(차) 운용리스자산 xxx (대) 선급리스자산 xxx 현금(리스개설직접원가) xxx

수익인식

•정액기준(정액법)이나 다른 체계적인 기준으로 리스료를 수익으로 인식함.
➡️ 다른 체계적인 기준이 기초자산의 사용으로 생기는 효익이 감소되는 형태를 더 잘 나타낸다면 그 기준을 적용함.

정액기준 리스료수익 인식액	□ 고정리스료합계액 ÷ 리스기간

(차) 현금 xxx (대) 리스료수익 xxx 미수리스료 xxx

감가상각

•기초자산의 감가상각정책은 리스제공자가 소유한 비슷한 자산의 보통 감가상각 정책과 일치해야함.
•운용리스자산에 가산한 리스개설직접원가는 리스료수익과 같은 기준으로 리스기간에 걸쳐 비용(감가상각비)으로 인식함.

상각기간	□ 운용리스자산 중 구입액 : 경제적내용연수 □ 운용리스자산 중 리스개설직접원가 : 리스기간

손상차손

•리스제공자는 운용리스의 대상이 되는 기초자산이 손상되었는지를 판단하고 식별되는 손상차손을 회계처리하기 위하여 기준서 '자산손상'을 적용함.

사례 ◀ 운용리스제공자 회계처리

❂리스제공자 A는 리스개시일인 20x2년초 리스기간 3년의 운용리스계약을 체결하고 고정리스료로 20x2년말, 20x3년말, 20x4년말에 각각 ₩20,000, ₩30,000, ₩70,000을 수수하기로 함.
•리스자산은 20x1년말 ₩100,0000에 취득하였으며 경제적내용연수 5년, 정액법상각, 잔존가치 없음.
•리스개시일에 리스개설직접원가 ₩3,000을 지출했으며, 리스종료일의 보증잔존가치는 ₩5,000임.

풀이

•매년 리스료수익 : (20,000+30,000+70,000)÷3년=40,000
•매년 감가상각비 : (100,000-0)÷5년+3,000÷3년=21,000

세부고찰	20x1년말	(차) 선급리스자산	100,000	(대) 현금	100,000
	20x2년초	(차) 운용리스자산	103,000	(대) 선급리스자산 현금	100,000 3,000
	20x2년말	(차) 현금 미수리스료	20,000 20,000	(대) 리스료수익	40,000
		(차) 감가상각비	21,000	(대) 감가상각누계액	21,000
	20x3년말	(차) 현금 미수리스료	30,000 10,000	(대) 리스료수익	40,000
		(차) 감가상각비	21,000	(대) 감가상각누계액	21,000
	20x4년말	(차) 현금	70,000	(대) 리스료수익 미수리스료	40,000 30,000
		(차) 감가상각비	21,000	(대) 감가상각누계액	21,000

객관식 확인학습

 이론적용연습

1. ㈜세무리스는 ㈜한국과 운용리스계약을 체결하고, 20x2년 10월 1일 생산설비(취득원가 ₩800,000, 경제적내용연수 10년, 잔존가치 ₩0, 정액법 감가상각)를 취득과 동시에 인도하였다. 리스기간은 3년이고, 리스료는 매년 9월 30일에 수령한다. ㈜세무리스가 리스료를 다음과 같이 수령한다면, 동 거래가 20x2년 ㈜세무리스의 당기순이익에 미치는 영향은 각각 얼마인가? 단, 기초자산의 사용으로 생기는 효익이 감소되는 형태를 더 잘 나타내는 다른 체계적인 기준은 없고, 리스료와 감가상각비는 월할 계산한다.

일자	리스료
20x3년 9월 30일	₩100,000
20x4년 9월 30일	₩120,000
20x5년 9월 30일	₩140,000

① ₩5,000 증가 ② ₩10,000 증가 ③ ₩25,000 증가
④ ₩30,000 증가 ⑤ ₩40,000 증가

내비게이션

• 리스료수익 : [(100,000+120,000+140,000) ÷ 3년] x $\frac{3}{12}$ =30,000

• 감가상각비 : [(800,000−0) ÷ 10년] x $\frac{3}{12}$ =20,000

→ ∴30,000−20,000=10,000(증가)

2. ㈜대한리스는 ㈜민국상사에 다음과 같은 조건의 리스를 제공하였다. ㈜대한리스가 2차 회계연도 12월 31일(회계기간은 1년임)에 계상하여야 할 리스료수익과 재무상태표상의 선수리스료의 금액은 각각 얼마인가? 단, 기초자산의 사용으로 생기는 효익이 감소되는 형태를 더 잘 나타내는 다른 체계적인 기준은 없다고 가정한다.

(1) 리스계약은 운용리스이며, 리스기간은 3년이다.
(2) 리스료지급은 매 연도 첫 날에 다음과 같이 선급한다.

1차연도 1월 1일	₩1,000,000
2차연도 1월 1일	₩1,000,000
3차연도 1월 1일	₩700,000
계	₩2,700,000

	리스료수익	선수리스료
①	₩900,000	₩100,000
②	₩900,000	₩200,000
③	₩700,000	₩200,000
④	₩1,000,000	₩100,000
⑤	₩1,000,000	₩200,000

내비게이션

• 리스료수익=2,700,000 ÷ 3년=900,000
• 선수리스료=2,000,000 − 900,000x2=200,000

3. 다음은 리스제공자의 운용리스 회계처리에 대한 설명이다. 가장 옳지 않은 것은?

① 운용리스에 해당하는 감가상각 대상 기초자산의 감가상각 정책은 리스제공자가 소유한 비슷한 자산의 보통 감가상각 정책과 일치해야 한다.
② 제조자 또는 판매자인 리스제공자의 운용리스 체결은 판매와 동등하지 않으므로 운용리스 체결 시점에 매출이익을 인식하지 않는다.
③ 리스제공자는 운용리스 체결 과정에서 부담하는 리스개설직접원가를 기초자산의 장부금액에 더하고 기초자산의 경제적 내용연수에 걸쳐 비용으로 인식한다.
④ 리스제공자는 정액 기준이나 다른 체계적인 기준으로 운용리스의 리스료를 수익으로 인식한다. 다른 체계적인 기준이 기초자산의 사용으로 생기는 효익이 감소되는 형태를 더 잘 나타낸다면 리스제공자는 그 기준을 적용한다.
⑤ 리스제공자는 운용리스의 대상이 되는 기초자산이 손상되었는지를 판단하고, 식별되는 손상차손을 회계처리하기 위하여 기업회계기준서 제1036호 '자산손상'을 적용한다.

내비게이션

• 리스제공자는 운용리스 체결 과정에서 부담하는 리스개설직접원가를 기초자산의 장부금액에 더하고 리스료 수익과 같은 기준으로 리스기간에 걸쳐 비용으로 인식한다.

서술형Correction연습

☐ 운용리스에서 리스제공자는 리스개설직접원가를 발생시 비용으로 인식한다.

➡ (X) : 운용리스의 협상 및 계약단계에서 발생한 리스개설직접원가는 운용리스자산의 장부금액에 가산하고 리스료수익과 같은 기준으로 리스기간에 걸쳐 비용(감가상각비)으로 인식한다.

이론과기출 제191강 ◯ 리스이용자 : 기본회계처리

<table>
<tr><td rowspan="7">개요</td><td rowspan="3">리스개시일</td><td colspan="2">• (차) 사용권자산(원가)   xxx   (대) 리스부채   xxx
현금(리스개설직접원가)[*]   xxx
선급리스료[*]   xxx
복구충당부채(복구원가 추정치)   xxx

[*] 리스제공자로부터 받은 리스인센티브 차감액</td></tr>
<tr><td>리스부채</td><td>□ 지급되지 않은 리스료를 내재이자율로 할인한 현가
➡ 내재이자율 산정불가시는 리스이용자의 증분차입이자율로 할인</td></tr>
<tr><td colspan="2"></td></tr>
<tr><td rowspan="4">보고기간말</td><td colspan="2">• (차) 이자비용   xxx   (대) 현금   xxx
리스부채   xxx
(차) 감가상각비   xxx   (대) 감가상각누계액   xxx</td></tr>
<tr><td>이자비용</td><td>□ 리스부채 장부금액×내재이자율(리스이용자 증분차입이자율)</td></tr>
<tr><td rowspan="3">감가상각</td><td>

구분	감가상각대상금액	감가상각기간
소유권이전O	원가−추정잔존가(내용연수종료시)	내용연수
소유권이전X	원가−보증잔존가(지급예상액)	Min[리스기간,내용연수]

</td></tr>
</table>

 사례 자산반환시 리스이용자 회계처리 ◀

❖ 20x2년초 금융리스계약을 체결함. 내재이자율 10%(3년 현가계수와 연금현가계수는 0.75131, 2.48685). 리스기간 3년, 리스료는 매년말 ₩300,000, 리스이용자는 리스개설직접원가 ₩20,000 지출함.
- 기초자산 : 내용연수 5년, 잔존가치 없음. 정액법상각. 종료시 반환조건
- 종료시점 추정잔존가치 ₩338,000 중 ₩250,000(전액 지급예상) 보증조건일 때, 20x4년 회계처리?

풀이

- 20x2년초 리스부채 : 300,000x2.48685+250,000(보증잔존가치)x0.75131=933,883
- 20x2년초 사용권자산 : 933,883+20,000=953,883
- 감가상각비 : (953,883−250,000)÷Min[3년, 5년]=234,628 →연도별로 234,628, 234,628, 234,627

자산반환
[소유권이전X]

일자	리스료	이자비용(10%)	상환액	리스부채잔액
20x2년초	−	−	−	933,883
20x2년말	300,000	93,388	206,612	727,271
20x3년말	300,000	72,727	227,273	499,998
20x4년말	300,000	50,002	249,998	250,000 →'보증'

<table>
<tr><td rowspan="7">20x4년말</td><td colspan="2">(차) 이자비용   50,002   (대) 현금   300,000
리스부채   20,002
(차) 감가상각비   234,627   (대) 감가상각누계액   234,627</td></tr>
<tr><td colspan="2">[Case1] '실제잔존가치(=공정가치) ≥ 보증잔존가치'인 경우 → 예) 실제 300,000
(차) 리스부채   250,000   (대) 사용권자산   953,883
감가상각누계액   703,883</td></tr>
<tr><td colspan="2">[Case2] '실제잔존가치(=공정가치) 〈 보증잔존가치'인 경우 → 예) 실제 200,000
(차) 리스부채   250,000   (대) 사용권자산   953,883
감가상각누계액   703,883
(차) 리스자산보증손실   50,000   (대) 현금   50,000</td></tr>
</table>

객관식 확인학습 ▷ **이론적용연습**

1. 리스사업을 하고 있는 ㈜코리아리스는 ㈜서울과 다음과 같은 조건으로 해지불능 금융리스계약을 체결하였다. 아래의 자료를 기초로 리스개시일 현재 ㈜코리아리스가 리스채권으로 인식할 금액 및 ㈜서울이 20x1년 감가상각비로 인식해야 할 금액은 각각 얼마인가? 리스제공자인 ㈜코리아리스의 내재이자율은 연 10%이며, 양사 모두 리스자산의 감가상각방법으로 정액법을 사용한다. 10% 현가계수는 아래의 표를 이용하며, 소수점 첫째자리에서 반올림한다. 단, 계산결과 단수차이로 인한 약간의 오차가 있으면 가장 근사치를 선택한다.

기간	기간말 단일금액 ₩1의 현재가치	정상연금 ₩1의 현재가치
4	0.6830	3.1699
5	0.6209	3.7908

(1) 리스개시일 : 20x1년 1월 1일
(2) 리스기간 : 리스개시일로부터 4년(리스기간 종료시점의 추정잔존가치는 ₩50,0000이며, 이 중에서 리스이용자가 ₩30,000을 보증함)
(3) 리스자산의 내용연수 : 5년
(4) 연간리스료 : 매 연도말에 ₩4,000,000씩 지급함.
(5) 리스개설직접원가 : ㈜코리아리스가 지출한 리스개설직접원가는 ₩0이며, ㈜서울이 지출한 리스개설직접원가는 ₩80,000임.
(5) 소유권이전약정 : 리스기간 종료시까지 소유권이전약정 없음.

	리스채권	감가상각비
①	₩12,713,750	₩2,550,018
②	₩12,713,750	₩3,046,365
③	₩12,713,750	₩3,187,523
④	₩15,181,827	₩3,046,365
⑤	₩15,194,245	₩2,550,018

내비게이션
• 리스채권 : 4,000,000x3.1699+30,000x0.6830+20,000x0.6830
　　　　　　=12,713,750
• 리스부채 : 4,000,000x3.1699+30,000x0.6830=12,700,090
• 사용권자산 : 12,700,090+80,000=12,780,090
• 감가상각비 : (12,780,090–30,000)÷Min[4년, 5년]=3,187,523

보론 **리스이용자 인식면제**

☐ 리스이용자는 다음에 대하여는 사용권자산과 리스부채를 인식하지 않기로 선택할수 있다.

> ① 단기리스(리스기간 12개월 이하)
> ② 소액 기초자산 리스

이 경우에 리스이용자는 해당 리스에 관련되는 리스료를 리스기간에 걸쳐 정액 기준이나 다른 체계적인 기준에 따라 비용으로 인식한다. 다른 체계적인 기준이 리스이용자의 효익의 형태를 더 잘 나타내는 경우에는 그 기준을 적용한다.
☐ 단기리스에 대한 선택은 사용권이 관련되어 있는 기초자산의 유형별로 하며, 소액 기초자산 리스에 대한 선택은 리스별로 할 수 있다.
☐ 기초자산이 소액인지는 절대적 기준에 따라 평가하며 그 리스가 리스이용자에게 중요한지 여부와는 관계가 없다.

보론 **사용권자산 측정**

1 최초측정
리스이용자는 리스개시일에 사용권자산을 원가로 측정한다.
2 후속측정
① 리스이용자가 보유 투자부동산에 공정가치모형을 적용하는 경우에는 투자부동산 정의를 충족하는 사용권자산에도 공정가치모형을 적용한다.
② 사용권자산이 재평가모형을 적용하는 유형자산의 유형에 관련되는 경우에 리스이용자는 그 유형자산의 유형에 관련되는 모든 사용권자산에 재평가모형을 적용하기로 선택할 수 있다.
③ 위 ①과 ②의 측정모형 중 어느 하나를 적용하지 않는 경우에 리스이용자는 리스개시일 후에 원가모형을 적용하여 사용권자산을 측정한다.
3 자산손상
사용권자산이 손상된 경우에는 기준서 '자산손상'을 적용한다.

서술형Correction연습

☐ 리스이용자는 금융리스로 분류되는 경우 리스개시일에 사용권자산과 리스부채를 인식한다.

➡ (X) : 리스제공자가 리스계약을 금융리스나 운용리스 중 어느 것으로 처리하는지에 관계없이 사용권자산과 리스부채를 인식하여야 한다.

이론과기출 제192강 ◯ 리스이용자 : 소유권이전

개요	거래형태	•소유권이전약정이나 염가매수선택권이 있는 경우 리스이용자는 리스종료일에 기초자산의 소유권을 리스제공자로부터 이전받고 현금을 지급함.
	사용권자산 계정대체	•소유권이 이전되는 사용권자산은 적절한 계정(예 유형자산 등)으로 대체함 (차) 유형자산 등　　　　xxx　(대) 사용권자산　　　　xxx 　　감가상각누계액(구)　xxx　　　감가상각누계액(신)　xxx
	리스부채 잔액제거	•리스부채의 잔액을 제거하되 '현금지급액 〉 리스부채잔액'인 경우의 차액은 다음과 같이 자본적지출로 처리함. (차) 리스부채　　　　　xxx　(대) 현금　　　　　　　xxx 　　유형자산 등　　　　xxx

사례　염가매수선택권이 있는 경우 리스이용자 회계처리

❂ 리스이용자 B는 20x2년초(리스개시일) 기계장치에 대한 금융리스계약을 체결함.
 •내재이자율 10%이며, 3년 현가계수와 연금현가계수는 각각 0.7513과 2.4869임.
 •리스자산의 경제적내용연수 4년. 잔존가치는 없음. 정액법상각함.
 •리스기간은 3년이며, 리스료는 매년말 ₩38,700임.
 •리스 종료시점에 매수선택권을 행사가능하며 행사가격은 리스종료일 실제잔존가치의 25%로 결정함. 리스종료일의 추정잔존가치는 ₩20,000이므로 행사가격은 ₩5,000으로 추정됨.
 •리스종료일 현재 실제잔존가치는 ₩30,000이며 매수선택권은 ₩7,500에 권리가 행사되었음.

풀이

•20x2년초 리스부채 : 38,700x2.4869+5,000(매수선택권)x0.7513=100,000
•20x2년초 사용권자산 : 100,000
•매년 감가상각비 : (100,000-0)÷4년=25,000

세부고찰

일자	리스료	이자비용(10%)	상환액	리스부채잔액
20x2년초	–	–	–	100,000
20x2년말	38,700	10,000	28,700	71,300
20x3년말	38,700	7,130	31,570	39,730
20x4년말	38,700	3,970	34,730	5,000 →'염가매수약정액'

일자	분개				
20x2년초	(차) 사용권자산	100,000	(대) 리스부채		100,000
20x2년말	(차) 이자비용	10,000	(대) 현금		38,700
	리스부채	28,700			
	(차) 감가상각비	25,000	(대) 감가상각누계액		25,000
20x3년말	(차) 이자비용	7,130	(대) 현금		38,700
	리스부채	31,570			
	(차) 감가상각비	25,000	(대) 감가상각누계액		25,000
20x4년말	(차) 이자비용	3,970	(대) 현금		38,700
	리스부채	34,730			
	(차) 감가상각비	25,000	(대) 감가상각누계액		25,000
	(차) 기계장치	100,000	(대) 사용권자산		100,000
	감가상각누계액	75,000	감가상각누계액		75,000
	(사용권자산)		(기계장치)		
	(차) 리스부채	5,000	(대) 현금		7,500
	기계장치〈자본적지출 간주〉	2,500			

객관식 확인학습 ── 이론적용연습

1. ㈜합격은 20x1년 1월 1일이 리스개시일인 리스계약을 리스제공자와 체결하였다. 다음 자료에 의해 ㈜합격이 20x1년도의 감가상각비로 인식할 금액을 구하면 얼마인가?

(1) 리스자산의 취득금액은 ₩450,000으로 공정가치와 동일하다.
(2) 리스기간은 리스개시일로부터 3년(리스기간 종료시점의 추정잔존가치는 ₩50,0000이며, 이 중에서 리스이용자가 ₩30,000을 보증함)
(3) 리스자산의 경제적내용연수는 4년, 잔존가치는 없으며 감가상각방법은 정액법이다.
(4) 리스료는 매년 12월 31일에 동일한 금액을 지급한다.
(5) 리스제공자는 리스개시일에 리스개설직접원가로 ₩25,000을 지출하였다.
(6) 리스제공자의 내재이자율은 10%이다.
(7) 리스기간 종료시 ₩10,000에 소유권을 이전할수 있는 선택권이 부여되어 있다. 선택권의 행사가격은 리스기간 종료시점의 잔존가치 ₩40,000과 비교할 때 유의적으로 낮은 금액이라고 판단된다.

기간	현재가치계수(10%)	연금 현재가치계수(10%)
3	0.7513	2.4868
4	0.6830	3.1699

① ₩103,500 ② ₩111,667 ③ ₩118,750
④ ₩187,987 ⑤ ₩196,750

냅비게의션
• (리스료+무보증잔존가치)의 현가=공정가치+리스개설직접원가(제공자)
• 고정리스료를 x 라하면,
　x x2.4868+10,000x0.7513=450,000+25,000 에서, x =187,987
• 리스부채 : 187,987x2.4868+10,000x0.7513=475,000
• 사용권자산 : 475,000+0=475,000
• 감가상각비 : (475,000-0) ÷ 4년=118,750

2. ㈜대한은 20x1년 1월 1일 ㈜한국리스로부터 기계장치를 리스하기로 하고, 동 일자에 개시하여 20x3년 12월 31일에 종료하는 리스계약을 체결하였다. 연간 정기리스료는 매년 말 ₩1,000,000을 후급하며, 내재이자율은 연 10%이다. 리스종료일의 예상 잔존가치는 ₩1,000,000 이다. 리스개설과 관련한 법률비용으로 ㈜대한은 ₩100,000을 지급하였다. 리스종료일에 ㈜대한은 염가매수선택권을 ₩500,000에 행사할 것이 리스약정일 현재 거의 확실하다. 기계장치의 내용연수는 5년이고, 내용연수 종료시점의 잔존가치는 없으며, 기계장치는 정액법으로 감가상각한다. ㈜대한이 동 리스거래와 관련하여 20x1년도에 인식할 이자비용과 감가상각비의

합계는 얼마인가? 단, 계산방식에 따라 단수차이로 인해 오차가 있는 경우 가장 근사치를 선택한다.

기간	단일금액 ₩1의 현재가치(할인율=10%)	정상연금 ₩1의 현재가치(할인율=10%)
1	0.9091	0.9091
2	0.8265	1.7355
3	0.7513	2.4869
4	0.6830	3.1699
5	0.6209	3.7908

① ₩746,070 ② ₩766,070 ③ ₩858,765
④ ₩878,765 ⑤ ₩888,765

냅비게의션
• 리스부채 : 1,000,000x2.4869+500,000x0.7513=2,862,550
• 사용권자산 : 2,862,550+100,000=2,962,550
• 이자비용 : 2,862,550x10%=286,255
• 감가상각비 : (2,962,550-0) ÷ 5년=592,510
∴ 286,255+592,510=878,765

보론	리스이용자 재무제표 표시

1 재무상태표
① 사용권자산을 다른 자산과 구분하여 표시하거나 공시한다.
② 투자부동산의 정의를 충족하는 사용권자산은 재무상태표에 투자부동산으로 표시한다.
③ 리스부채를 다른 부채와 구분하여 표시하거나 공시한다.
2 포괄손익계산서
포괄손익계산서에서 리스이용자는 리스부채에 대한 이자비용을 사용권자산의 감가상각비와 구분하여 표시한다.
3 현금흐름표
① 리스부채의 원금에 해당하는 현금 지급액은 재무활동으로 분류한다.
② 리스부채의 이자에 해당하는 현금 지급액은 이자의 지급유출액으로 분류한다.
③ 리스부채 측정치에 포함되지 않은 단기리스료, 소액자산 리스료, 변동리스료는 영업활동으로 분류한다

Answer 1. ③ 2. ④

시험중요도

이론과기출 제193강 ○─ 리스이용자 : 리스부채의 재평가

회계처리	재측정	•리스개시일 후에 리스료에 생기는 변동을 반영하기 위해 리스부채를 재측정하며, 이 경우 사용권자산을 조정하여 리스부채의 재측정 금액을 인식함.

예시 재평가 전 사용권자산 장부가 ₩125,000, 리스부채 장부가 ₩200,000
리스료 변동으로 재측정한 리스부채가 ₩250,000인 경우

(차) 사용권자산	50,000	(대) 리스부채	50,000

리스부채 조정손익

•사용권자산의 장부금액이 영(0)으로 줄어들고 리스부채 측정치가 그보다 많이 줄어드는 경우에 리스이용자는 나머지 재측정 금액을 당기손익으로 인식함.

예시 재평가 전 사용권자산 장부가 ₩125,000, 리스부채 장부가 ₩200,000
리스료 변동으로 재측정한 리스부채가 ₩50,000인 경우

(차) 리스부채	150,000	(대) 사용권자산	125,000
		리스부채조정이익	25,000

원래할인율로 재평가

•다음에 해당시 원래할인율로 수정리스료를 할인하여 리스부채를 다시 측정함.

① 잔존가치 보증에 따라 지급할 것으로 예상되는 금액이 변동
② 리스료를 산정할 때 사용한 지수나 요율(이율)의 변동으로 미래 리스료가 변동

수정할인율로 재평가

•다음에 해당시 수정할인율로 수정리스료를 할인하여 리스부채를 다시 측정함.

① 리스기간 변경으로 리스료가 변동(예 연장선택권)
② 매수선택권 평가의 변동으로 리스료가 변동
③ 변동이자율의 변동으로 리스료가 변동

보론 수정할인율

☐ 내재이자율을 쉽게 산정할 수 있는 경우 : 남은 리스기간의 내재이자율
☐ 내재이자율을 쉽게 산정할 수 없는 경우 : 재평가시점의 증분차입이자율

➡️저자주 실제시험에서는 일반적으로 수정할인율이 주어집니다!

적용할인율

▶사례 수정할인율로 리스부채 재평가 회계처리 ◀

❂ 리스이용자 A는 20x1년초가 리스개시일이고 리스기간은 3년인 리스계약을 리스제공자와 체결함.

(1) 리스료는 매년말 ₩100,000, 기초자산은 리스종료일에 반환조건, 정액법, 내재이자율은 10%임.
(2) 리스종료일에 1년 연장선택권이 있으나 리스개시일에는 행사할 것이 상당히 확실하지 않음.
  그러나, 20x1년말 연장선택권을 행사할 것이 상당히 확실해졌음.
(3) 내용연수는 5년이고, 리스종료일의 보증잔존가치는 없으며, 20x1년말의 수정할인율은 12%임.
(4) 10% 3기간 현가계수와 연금현가계수는 각각 0.7513과 2.4868
  12% 3기간 현가계수와 연금현가계수는 각각 0.7118과 2.4018

풀이

•20x1년초 리스부채(=사용권자산) : 100,000x2.4868=248,680
•20x1년말 감가상각비 : (248,680-0)÷Min[3년, 5년]=82,893
•20x1년말 재측정 리스부채(by수정할인율) : 100,000x2.4018=240,180

20x1년초	(차) 사용권자산	248,680	(대) 리스부채	248,680
20x1년말	(차) 이자비용	24,868[1]	(대) 현금	100,000
	리스부채	75,132		
	(차) 감가상각비	82,893	(대) 감가상각누계액	82,893
	(차) 사용권자산	66,632	(대) 리스부채	66,632[2]

[1] 248,680x10%=24,868 [2] 240,180-(248,680-75,132)=66,632

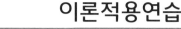

객관식 확인학습

이론적용연습

1. 리스이용자 ㈜합격은 20x1년 1월 1일이 리스개시일인 금융리스계약을 체결하였다. 관련된 다음 자료에 의해 ㈜합격이 20x1년말 재무상태표에 보고할 (A)사용권자산 장부금액과 (B)리스부채 장부금액을 계산하면 얼마인가? 단, 감가상각방법은 정액법을 사용한다.

> (1) 리스기간 3년이며, 리스자산 내용연수는 5년이다.
> (2) 고정리스료는 매년 말 ₩422,349를 지급한다.
> (3) 리스종료일에 염가매수선택권이나 소유권 이전 약정은 없다.
> (4) 리스종료일의 추정잔존가치는 ₩50,000이며, 리스이용자가 ₩30,000을 보증하였다. 그러나 잔존가치 보증에 따라 리스이용자가 지급할 것으로 예상한 금액은 없다고 추정하였다.
> (5) 리스개설직접원가는 리스이용자에게 ₩5,000이 발생하였다.
> (6) 20x1년말에 ㈜합격은 잔존가치 보증에 따라 리스종료일에 지급할 금액을 ₩1,000으로 예상하였다.
> (7) 리스의 내재이자율을 쉽게 산정할수 없다. 리스개시일 리스이용자의 증분차입이자율은 12%이며, 20x1년말 리스이용자의 증분차입이자율은 10%이다.

기간	현재가치계수		연금 현재가치계수	
	10%	12%	10%	12%
2	0.82645	0.79719	1.73554	1.69005
3	0.75131	0.71178	2.48685	2.40183

	(A)	(B)		(A)	(B)
①	1,020,208	720,323	②	1,020,208	733,200
③	680,405	714,588	④	680,405	713,790
⑤	680,405	712,992			

내비게이션

- 20x1년초 잔존가치 보증에 따라 리스이용자가 지급할 것으로 예상한 금액은 없다고 추정하였으므로 리스료 산정에 포함될 보증잔존가치는 없다. 한편, 원래할인율(12%)로 수정리스료를 할인하는 대상이다.
- 20x1년초 리스부채 : 422,349x2.40183=1,014,410
- 20x1년말 감가상각비 : (1,019,410−0) ÷ Min[3년, 5년]=339,803
- 20x1년말 재측정 리스부채 : 422,349x1.69005+1,000x0.79719=714,588

- [20x1년초 회계처리]
  (차) 사용권자산 1,019,410 (대) 리스부채 1,014,410
  현금 5,000
  [20x1년말 회계처리]
  (차) 이자비용 121,729[1]) (대) 현금 422,349
  리스부채 300,620
  (차) 감가상각비 339,803 (대) 감가상각누계액 339,803
  (차) 사용권자산 798 (대) 리스부채 798[2])

  [1])1,014,410x12%=121,729 [2])714,588−(1,014,410−300,620)=798

이론과기출 제194강 ⊃ 법인세회계 법인세 기간간배분(이연법인세)

•저자주◀ 수험생 스스로 법인세법의 세무조정 논리에 대한 기초를 먼저 선행학습후 접근하시기 바랍니다!

계산구조	의의	•법인세부담액을 손익계산서상 법인세비용으로 계상하게 되면 회계이익과 무관한 금액이 계상되므로, 수익비용의 올바른 대응을 위해 법인세부담액을 배분함. •이연법인세자산(=차감할일시적차이) : 회계이익 〈 과세소득 　➡ 유보(익금산입)존재 → 반대조정으로 미래에 세금 덜냄. → ∴자산성있음. •이연법인세부채(=가산할일시적차이) : 회계이익 〉 과세소득 　➡ △유보(손금산입)존재 → 반대조정으로 미래에 세금 더냄. → ∴부채성있음.
	대상	① 일시적차이 ② 미사용 세무상결손금의 이월액 ③ 미사용 세액공제의 이월액
	공시 방법	•이연법인세자산(부채)는 비유동으로만 표시하고 소정 요건을 충족하는 경우 상계하여 표시 •현재가치평가를 하지 않음.
	계산 절차	[1단계] 미지급법인세 = 과세소득×당기세율 ➡(세전순이익 ± 영구적차이 ± 일시적차이)×당기세율 [2단계] 이연법인세자산(부채) = 유보(△유보)×미래예상세율(평균세율) [3단계] 법인세비용 = 대차차액에 의해 계산 •주의 이연법인세자산(부채)은 당기세율이 아니라 소멸시점의 미래예상세율을 적용함.

•주의 차감할일시적차이는 미래 과세소득의 발생가능성이 높은 경우에만 이연법인세자산을 인식함.
　　예 당기 유보 500, △ 유보 100, 소멸연도 예상과세소득이 300인 경우(즉, 추정과세소득은 400)
　　　→'유보400x세율'에 대한 이연법인세자산, '△ 유보100x세율'에 대한 이연법인세부채를 인식
•보론 ① 선급법인세, 미수법인세환급액등 ➡'당기법인세자산' ② 미지급법인세등 ➡'당기법인세부채'
•참고 기준서는 평균유효세율(법인세비용÷회계이익)을 공시하도록 규정하고 있음.

계산방법	**자산부채법** •이연법인세자산(부채)을 먼저 계산후 법인세비용계산 ➡∴자산·부채 적정계상유리

▶ **사례** **이연법인세자산·부채계산**

❖ 20x1년 설립. 20x1년 법인세계산서식 발췌 자료는 다음과 같다.
　•유보 1 : ₩500,000 − 20x2∼20x5 매년 ₩125,000씩 소멸로 추정
　•유보 2 : ₩100,000 − 20x2 전액소멸로 추정
　•△유보3 : (₩800,000) − 20x2, 20x3, ₩150,000씩, 20x4, 20x5 ₩250,000씩 소멸로 추정
　1. 세율이 30%로 일정시 20x1년 회계처리?
　2. 20x2년 △유보4 ₩400,000이 발생했으며(20x3, 20x4에 ₩200,000씩 소멸), 세율이 20x3부터
　　25%로 변동시 20x2년 회계처리?

•풀이

20x1년		20x2년	
이연법인세자산　유보1 : 500,000x30% 　　　　　　　　　유보2 : 100,000x30% 이연법인세부채　△유보3 : 800,000x30% 이연법인세부채　　　　　　60,000		이연법인세자산　유보1 : (500,000−125,000)x25% 　　　　　　　　　유보2 : 　　　　　− 이연법인세부채　△유보3 : (800,000−150,000)x25% 　　　　　　　　　△유보4 : 　400,000x25% 이연법인세부채　　　　　　168,750	
(차) 법인세비용 xxx (대) 미지급법인세 xxx 　　　　　　　　　　　　이연법인세부채 60,000		(차) 법인세비용 xxx (대) 미지급법인세 xxx 　　　　　　　　　　　　이연법인세부채 108,750	

•주의 if, 위 20x2년 계산결과가 이연법인세부채 168,750이 아니라, 이연법인세자산 70,000일때
　　→ (차)　법인세비용　　　　　　　xxx　(대) 미지급법인세　　　xxx
　　　　　　이연법인세부채　　　60,000
　　　　　　이연법인세자산　　　70,000

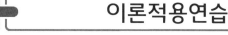

객관식 확인학습 — **이론적용연습**

1. 다음은 20x1년초 설립한 ㈜한국의 20x1년도 법인세와 관련된 내용이다.

법인세비용차감전순이익	₩5,700,000
세무조정항목 :	
감가상각비한도초과	300,000
조세특례제한법상 준비금	(600,000)
과세소득	₩5,400,000

(1) 조세특례제한법상 준비금은 20x2년부터 3년간 매년 ₩200,000씩 소멸하며, 감가상각비한도초과는 20x4년에 소멸한다.
(2) 향후 과세소득(일시적차이 조정 전)은 경기침체로 20x2년부터 20x4년까지 매년 ₩50,000으로 예상된다. 단, 20x5년도부터 과세소득은 없을 것으로 예상된다.
(3) 연도별 법인세율은 20%로 일정하다.

㈜한국이 20x1년도 포괄손익계산서에 인식할 법인세비용은?

① ₩1,080,000 ② ₩1,140,000 ③ ₩1,150,000
④ ₩1,180,000 ⑤ ₩1,200,000

내비게이션
• 20x1년 설립되었으므로 기초 이연법인세자산·부채는 없다.
• 20x1년 : 유보 300,000, △유보 600,000
• 이연법인세자산 : 250,000x20%=50,000
 → ∵ 20x4년 추정과세소득이 250,000(예상과세소득 50,000+△유보추인분 200,000)
• 이연법인세부채 : 600,000x20%=120,000
• 20x1년말 계상할 이연법인세부채 120,000-50,000=70,000

• 회계처리
(차) 법인세비용 1,150,000[2] (대) 당기법인세부채 1,080,000[1]
                                    (미지급법인세)
                                  이연법인세부채 70,000

[1] 5,400,000x20%=1,080,000 [2] 대차차액

2. ㈜한국은 20x1년초에 설립된 회사이다. 20x1년도 법인세비용차감전순이익은 ₩2,000,000이며 법인세율은 25%이다. 20x1년도 당기법인세(부채)를 계산하기 위한 세무조정사항은 다음과 같다. 20x2년도와 20x3년도의 세무조정전 과세소득은 각각 ₩2,500,000과 ₩3,000,000으로 예상되며 법인세율은 25%로 변동이 없다. 20x1년도의 당기법인세부채, 평균유효세율, 그리고 20x1년도말의 이연법인세자산(또는 부채)은 얼마인가? 단, 이연법인세자산·부채는 상계하여 표시한다.

(1) 확정급여부채 한도초과액은 ₩100,0000이고 동 초과액은 20x2년 및 20x3년에 각각 ₩50,000씩 손금으로 추인된다.
(2) 세무상 손금한도를 초과하여 지출한 접대비는 ₩50,000이다.
(3) 만기일이 20x2년 3월 31일인 정기예금의 20x1년도 미수이자수익은 ₩40,0000이다.
(4) 비과세이자소득 ₩30,000을 수령하고 영업외수익으로 보고하였다.

	당기 법인세부채	평균 유효세율	이연법인세 자산(부채)
①	₩520,000	25.25%	자산 ₩15,000
②	₩535,000	25.25%	부채 ₩15,000
③	₩520,000	26.00%	자산 ₩15,000
④	₩535,000	26.00%	부채 ₩15,000
⑤	₩540,000	24.75%	자산 ₩20,000

내비게이션
• 당기법인세(미지급법인세) :
 (2,000,000+100,000+50,000-40,000-30,000)x25% =520,000
• 이연법인세자산 : (100,000-40,000)x25%=15,000
• 법인세비용 : 520,000-15,000=505,000
• 평균유효세율 : 505,000÷2,000,000=25.25%

서술형Correction연습

☐ 일시적차이에 대한 법인세효과는 일시적차이가 소멸되는 회계기간에 일시적차이로 인하여 증감할 법인세를 일시적차이로 나눈 한계세율을 사용한다.

➡ (X) : 한계세율을 사용한다.(X) → 평균세율을 사용한다.(O)

☐ 보고기간말로부터 1년 이후에 소멸되는 일시적차이에 해당하는 이연법인세자산(부채)는 현재가치로 평가한다.

➡ (X) : 이연법인세자산(부채)는 현재가치로 평가하지 않는다.

☐ 가산할 일시적차이에 대한 세금효과는 실현가능성이 높은 경우 이연법인세자산으로 인식한다.

➡ (X) : 가산할 일시적차이(X) → 차감할 일시적차이(O)

☐ 미래 회계기간에 충분한 과세소득이 있을지 여부를 평가할 때 미래 회계기간에 발생할 것으로 예상되는 차감할 일시적차이로 인한 과세대상금액도 고려한다.

➡ (X) : 현재의 △유보를 고려하는 것이며, 미래 발생 예상분 유보까지 고려하지는 않는다.

Answer 1. ③ 2. ①

이론과기출 제195강 ○ 이연법인세 항목별 분석(1)

세부고찰 I

사례 법인세비용 도출과 당기순이익 계산

❂(주)신밧드의보험의 다음 자료에 의해 20x1년 당기순이익을 구하면 얼마인가? 단, 이연법인세자산 (부채)은 상계하여 표시한다.

(1) 20x1년 회계이익은 ₩100,000, 과세소득은 ₩120,000이다.

회계이익	₩100,000
전기이전 일시적차이의 실현분	(20,000)
당기발생 일시적차이	(10,000)
당기발생 영구적차이	50,000
과세소득	₩120,000

(2) 20x1년초 이연법인세자산(30% 법인세율 적용액)은 ₩9,000으로 당기 실현분을 제외한 금액 은 20x2년 실현된다.
(3) 당기발생 일시적차이는 20x2년과 20x3년에 각각 ₩5,000이 실현된다.
(4) 법인세율은 20x1년과 20x2년 30%, 20x3년 20%로 전기에는 예측할수 없었다.
(5) (주)신밧드의보험은 중간예납으로 ₩10,000을 당해 8.31에 납부하고, 선급법인세로 계상했다.

풀이

• 이연법인세자산 : (9,000÷30%−20,000)x30%−5,000x30%−5,000x20%=500

(차) 법인세비용	44,500	(대) 선급법인세	10,000
		미지급법인세	120,000x30%−10,000=26,000
		이연법인세자산	9,000−500=8,500

• 당기순이익 : 100,000−44,500=55,500

세부고찰 II

사례 단기매매금융자산(FVPL금융자산)/미수이자/벌과금

❂20x1년초에 창업한 (주)벼락치기고수의 20x1년도 장부금액과 세무기준액의 차이가 발생하는 항목은 다음과 같다. 단, 이연법인세자산(부채)은 상계하여 표시한다.

구분	장부금액	세무기준액	세무상 신고목적
단기매매금융자산(FVPL금융자산)	₩100,000	₩140,000	현금주의
미수이자	₩20,000	−	현금주의
미지급벌과금	₩5,000	₩5,000	불인정

위에 언급한 단기매매금융자산(FVPL금융자산)은 20x2년도에 처분되었으며 위 미수이자 중 50%가 20x2년도에 회수되었다. 20x2년도에 새로 발생한 일시적 차이는 없었다. 모든 연도의 법인세율은 20% 이다. (주)벼락치기고수가 20x2년도말 현재 재무상태표의 이연법인세자산(부채)의 잔액은 얼마인가?

풀이

• 단기매매금융자산(FVPL금융자산) : 손불 평가손실 40,000(유보) →처분시 △유보로 소멸함.
  미수이자 : 익불 이자수익 20,000(△유보) →회수시 유보로 소멸함.
  미지급벌과금 : 손불 벌과금 5,000(기타사외유출) →영구적차이
• 20x1년 : 유보 40,000, △유보 20,000 → 이연법인세자산 20,000 × 20%=4,000
• 20x2년 : △유보 10,000 → 이연법인세부채 10,000 × 20%=2,000

(차) 법인세비용	xxx	(대) 미지급법인세	xxx
		이연법인세자산	4,000
		이연법인세부채	2,000

객관식 확인학습 ◯  **이론적용연습**

1. ㈜합격은 20x1년초에 설립되었다. 다음 자료에 의하여 20x2년도 법인세비용을 구하면 얼마인가? 단, 일시적차이에 사용될 수 있는 미래 과세소득의 발생가능성은 충분하다고 가정한다.

> (1) 20x1년과 20x2년 발생한 기업회계상 회계이익과 법인세법상 과세소득의 차이와 소멸에 대한 자료는 다음과 같다.
> (단위 : 원)

[20x1년도]					
내역	회계이익	과세소득	소멸		
			20x2년	20x3년	20x4년
감가상각비	(125,000)	(75,000)		25,000	25,000
접대비	(12,500)	0			
미수이자	25,000	0	(25,000)		

[20x2년도]					
내역	회계이익	과세소득	소멸		
			20x3년	20x4년	20x5년
무형자산상각비	(125,000)	(50,000)		25,000	50,000
미수이자	37,500	0	(37,500)		

> (2) 일시적차이가 소멸될 것으로 예상되는 기간의 과세소득에 적용될 것으로 예상되는 평균세율은 다음과 같다. 단, 20x2년도의 실제 법인세율도 40%이다.

20x2년	20x3년	20x4년	20x5년
40%	35%	30%	30%

> (3) ㈜합격은 20x2년도 법인세비용차감전순이익으로 ₩375,000을 보고하였다.

① ₩155,625   ② ₩156,250   ③ ₩159,375
④ ₩165,625   ⑤ ₩170,375

 내비게이션

• 20x1년말 이연법인세자산·부채
  - 이연법인세자산(유보) : 25,000x35%+25,000x30%=16,250
  - 이연법인세부채(△유보) : 25,000x40%=10,000
  - →이연법인세자산 6,250
• 20x2년 세무조정
  - 익금산입 전기미수이자 25,000(유보)
  - 손금불산입 무형자산상각비 75,000(유보)
  - 익금불산입 당기미수이자 37,500(△유보)
• 20x2년말 이연법인세자산·부채
  - 이연법인세자산(전기유보) : 25,000x35%+25,000x30%=16,250
  - 이연법인세자산(유보) : 25,000x30%+50,000x30%=22,500
  - 이연법인세부채(△유보) : 37,500x35%=13,125
  - →이연법인세자산 25,625
• 회계처리
  (차) 법인세비용 155,625[3] (대) 미지급법인세 175,000[1]
      이연법인세자산 19,375[2]
  [1] (375,000+25,000+75,000-37,500)x40%=175,000
  [2] 25,625-6,250=19,375
  [3] 대차차액
  ∴법인세비용 : 155,625

2. ㈜합격은 20x1년 1월 1일 건물을 ₩240,000에 취득(내용연수 4년, 잔존가치 없음)하여 연수합계법으로 감가상각하고 있으나 세법상 정액법을 적용해야 한다. 20x1년 법인세비용차감전순이익은 ₩600,000, 당기 세무상 접대비한도초과액은 ₩55,000이다. 20x1년 1월 1일 이연법인세자산(부채)는 없다. 연도별 법인세율은 20x1년 25%, 20x2년 이후는 30%라고 할 경우 20x1년 도의 법인세비용은 얼마인가? 단, 이연법인세자산(부채)은 상계하여 표시하며, 이연법인세자산의 실현가능성은 높다.

① ₩148,200   ② ₩149,350   ③ ₩152,950
④ ₩154,200   ⑤ ₩161,950

내비게이션

• 연도별 감가상각비 세무조정

구분	20x1년	20x2년	20x3년	20x4년
연수합계법	96,000	72,000	48,000	24,000
정액법	60,000	60,000	60,000	60,000
세무조정	손금불산입 36,000 (유보)	손금불산입 12,000 (유보)	손금산입 12,000 (△유보)	손금산입 36,000 (△유보)

• 20x1년 회계처리
  (차) 법인세비용 161,950[3] (대) 미지급법인세 172,750[1]
      이연법인세자산 10,800[2]
  [1] (600,000+55,000+36,000)x25%=172,750
  [2] 36,000x30%=10,800
  [3] 대차차액

서술형Correction연습

☐ 자산의 장부금액은 공정가치로 증가하였으나 자산의 세무기준액은 이전 소유자의 원가로 남아있는 경우 이연법인세자산을 초래하는 차감할 일시적차이가 발생한다.

◆ (X) : 이연법인세부채를 초래하는 가산할 일시적차이가 발생한다.

시험중요도 ★★☆

이론과기출 제196강 ▷ 이연법인세 항목별 분석(2)

세부고찰 I

▶ **사례** 접대비/감가상각비

❖ 다음은 ㈜일당백의정신의 20x2년도 자료이다. 20x2년도의 법인세비용과 미지급법인세는 얼마인가? 단, 이연법인세자산(부채)은 상계하여 표시하며, 이연법인세자산의 실현가능성은 높다.

> (1) 법인세비용차감전순이익 ₩2,000,000
> (2) 접대비한도초과액 ₩100,000
> (3) 감가상각비 한도초과액 ₩50,000(₩30,000은 20x3년, ₩20,000은 20x4년 소멸)
> (4) 단기매매금융자산(FVPL금융자산)평가이익 ₩20,000(20x3년 중에 처분예정)
> (5) 법인세율은 20x2년 25%, 20x3년 28%, 20x4년 이후는 30%
> (6) 20x1년말 현재 이연법인세자산(부채) 잔액은 없었다.

- 미지급법인세 : (2,000,000＋100,000＋50,000－20,000)×25%＝532,500
- 이연법인세자산 : 30,000×28%＋20,000×30%－20,000×28%＝8,800
- 법인세비용 : 532,500－8,800＝523,700

*[회계처리] (차) 이연법인세자산 8,800 (대) 미지급법인세 532,500
　　　　　　　　　법인세비용 523,700

세부고찰 II

▶ **사례** 대손충당금/기부금

❖ ㈜수석합격기원의 20x1년 법인세비용차감전순이익은 ₩200,0000이고, 법인세율은 20%이다. 20x1년의 세무조정사항은 다음과 같으며, 차감할 일시적 차이의 실현가능성은 높다고 가정한다. 20x1년 당기법인세와 재무상태표에 계상되는 이연법인세자산(부채)을 계산하면 각각 얼마인가? 단, 20x1년초에 이연법인세자산(부채)의 잔액은 없으며, 이연법인세자산(부채)은 상계하여 표시한다.

> (1) 감가상각비 한도초과액 ₩50,000 (2) 단기매매금융자산(FVPL금융자산)평가이익 ₩20,000
> (3) 대손충당금 한도초과액 ₩10,000 (4) 미수수익 ₩60,000
> (5) 지정기부금 한도초과액 ₩30,000

- 유보 : (1)+(3)=60,000, △유보 : (2)+(4)=80,000
- 당기법인세(미지급법인세) : (200,000+50,000-20,000+10,000-60,000+30,000)x20%=42,000
- 이연법인세부채 : (80,000-60,000)x20%=4,000

세부고찰 III

▶ **사례** 할부판매/경품충당부채

❖ ㈜끝까지함해보자의 20x1년도 세무조정사항은 발생주의로 인식한 할부판매이익 ₩1,800,000(20x2년부터 20x4년까지 균등하게 현금회수)과 경품부채비용 ₩2,400,000(20x2년부터 20x4년까지 균등하게 현금지출)을 현금주의로 조정하는 것이다. 20x1년도 및 차기 이후의 세율이 각각 30%와 25%라고 할 때 20x1년도 재무상태표에 보고하는 이연법인세자산은 얼마인가? 단, 세무조정사항은 법인세법상 적절한 것으로 가정하며 전기이월 일시적차이는 없으며, 이연법인세자산(부채)은 상계하여 표시한다.

- 할부판매 : 익불 1,800,000(△유보) / 경품충당부채 : 손불 2,400,000(유보)
- 이연법인세자산 : (2,400,000－1,800,000)× 25%＝150,000

객관식 확인학습 — 이론적용연습

1. 다음은 ㈜갑의 법인세 관련 자료이다.

> (1) 20x2년 법인세부담액은 ₩1,0000이며, 20x2년 중 원천징수·중간예납으로 ₩400의 법인세를 선납하고 다음과 같이 회계처리하였다.
>
> (차변) 선급법인세 400 (대변) 현금 400
>
> (2) 세무조정에 따른 유보 처분액(일시적차이)의 증감내용을 나타내는 20x2년도 자본금과적립금조정명세서(을)은 다음과 같다. (단위 : 원)

구분	기초 잔액	당기중 증감 감소	당기중 증감 증가	기말 잔액
매출채권 대손충당금	460	50	70	480
미수이자	△100	△80	△50	△70
유형자산 감가상각누계액	300	40	80	340
제품보증충당부채	340	230	40	150
조세특례제한법상 준비금	△600			△600
	400	240	140	300

> 주) △는 (−)유보를 의미함.
>
> (3) 20x1년말과 20x2년말의 차감할 일시적차이가 사용될 수 있는 과세소득의 발생가능성은 높으며, 20x1년말과 20x2년말 미사용 세무상결손금과 세액공제는 없다.
>
> (4) 20x1년말과 20x2년말의 일시적차이가 소멸될 것으로 예상되는 기간의 과세소득에 적용될 것으로 예상되는 평균세율은 20%이다.
>
> (5) ㈜갑은 20x3년 3월 30일에 20x2년분 법인세 차감납부할 세액 ₩600을 관련 세법규정에 따라 신고·납부하였으며, 법인세에 부가되는 세액은 없는 것으로 가정한다.

㈜갑의 20x2년말 재무상태표에 계상할 이연법인세 자산·부채(상계후 금액)는 얼마인가?

① 이연법인세자산 ₩20 ② 이연법인세자산 ₩60
③ 이연법인세부채 ₩20 ④ 이연법인세부채 ₩40
⑤ 이연법인세부채 ₩60

냅빡게의섭
- 20x1년말 이연법인세자산·부채는 자본금과적립금조정명세서(을)의 기초 잔액에 세율을 곱한 금액이다. →이연법인세자산 : 400x20%=80
- 20x2년말 이연법인세자산·부채는 자본금과적립금조정명세서(을)의 기말 잔액에 세율을 곱한 금액이다. →이연법인세자산 300x20%=60

2. 문제 1번에서 ㈜갑의 20x2년도 포괄손익계산서에 계상할 법인세비용은 얼마인가?

① ₩940 ② ₩980 ③ ₩1,000
④ ₩1,020 ⑤ ₩1,060

냅빡게의섭
- 400(선급법인세)+600(당기법인세부채)+20(이연법인세자산)=1,020

3. ㈜이연은 창업연도인 20x1년 7월 1일에 건물을 임대하고 3년분 ₩150,000의 임대료를 선불로 받았다. 세법상 임대소득의 귀속시기를 현금주의로 한다고 가정하고, 20x1년 12월 31일 재무상태표에 계상될 이연법인세자산 또는 부채는 얼마인가? (그 밖의 일시적 차이는 없고, 세율은 20x1년까지는 30%이었으나 20x1년 중 법인세법 개정으로 20x2년은 25%, 20x3년과 그 이후연도는 20%이다.)

① 이연법인세자산 ₩37,500
② 이연법인세부채 ₩37,500
③ 이연법인세자산 ₩27,500
④ 이연법인세부채 ₩27,500
⑤ 이연법인세자산 ₩31,250

냅빡게의섭
- 세무조정 : 익금산입 $150,000 \times \dfrac{30}{36} = 125,000$(유보)
- 이연법인세자산 : 150,000x12/36x25%+150,000x18/36x20%=27,500

4. 법인세 회계처리에 대한 다음 설명으로 옳지 않은 것은?

① 이연법인세 자산과 부채는 현재가치로 할인하지 아니한다.
② 모든 가산할 일시적차이에 대하여 이연법인세부채를 인식하는 것을 원칙으로 한다.
③ 당기 및 과거기간에 대한 당기법인세 중 납부되지 않은 부분을 부채로 인식한다. 만일 과거기간에 이미 납부한 금액이 그 기간 동안 납부하여야 할 금액을 초과하였다면 그 초과금액은 자산으로 인식한다.
④ 이연법인세 자산과 부채는 보고기간말까지 제정되었거나 실질적으로 제정된 세율(및 세법)에 근거하여 당해 자산이 실현되거나 부채가 결제될 회계기간에 적용될 것으로 기대되는 세율을 사용하여 측정한다.
⑤ 이연법인세자산의 장부금액은 매 보고기간말에 검토한다. 이연법인세자산의 일부 또는 전부에 대한 혜택이 사용되기에 충분한 과세소득이 발생할 가능성이 더 이상 높지 않다면, 이연법인세자산의 장부금액을 감액시킨다. 감액된 금액은 사용되기에 충분한 과세소득이 발생할 가능성이 높아지더라도 다시 환입하지 아니한다.

냅빡게의섭
- 감액된 금액은 사용되기에 충분한 과세소득이 발생할 가능성이 높아지면 다시 환입한다.

Answer 1. ② 2. ④ 3. ③ 4. ⑤

이론과기출 제197강 ○── 이월공제의 법인세효과

의의	의의	•이월결손금이나 이월되는 세액공제는 차감할 일시적차이와 동일한 세금효과를 가짐.
	인식	•미사용 세무상결손금과 세액공제가 사용될 수 있는 미래 과세소득의 발생가능성이 높은 경우 그 범위 안에서 이연법인세자산을 인식함.

<table>
<tr><td rowspan="5">이월결손금</td><td>예시</td><td colspan="2">*이월결손금 ₩400, 세율 30%, △유보 ₩300발생, 세율 일정 가정</td></tr>
<tr><td rowspan="3">적용례1</td><td colspan="2">❖충분한 과세소득 발생가능성이 있는 경우</td></tr>
<tr><td>•이연법인세부채 : 300×30%=90
•이연법인세자산 : 400×30%=120</td><td>(차) 이연법인세자산　　30　　(대) 법인세비용^{*)}　　30</td></tr>
<tr><td colspan="2">^{*)}대변에 계상되는 법인세비용은 포괄손익계산에 법인세수익으로 표시함.</td></tr>
<tr><td rowspan="2">적용례2</td><td colspan="2">❖결손금 중 200 소급공제로 미수환급세액이 60, 충분한 과세소득 발생가능성이 있는 경우</td></tr>
</table>

적용례2	•이연법인세부채 : 300×30%=90 •이연법인세자산 : 200×30%=60	(차) 미수법인세환급액　60　(대) 법인세비용　　　　60 (차) 법인세비용　　　30　(대) 이연법인세부채　　30

 사례 　결손금이월공제 ◀

❂20x2년 법인세비용차감전순손실은 ₩4,000,000으로 세무상 결손금과 일치함. 20x2년초 이연법인세 부채(누적 가산할일시적차이 ₩1,600,000에 대한 것으로 20x4년에 소멸예정) ₩400,000을 계상하고 있음.

❂20x2년 결손금 중 소급공제액은 ₩400,000으로 미수법인세환급액은 ₩120,000임.

❂이월공제되는 결손금은 다음과 같이 소멸되며 모두 실현가능함.

연도	20x3년	20x4년
소멸액	₩1,600,000	₩2,000,000

❂각 회계기간의 법인세율은 다음과 같음.

20x2년	20x3년	20x4년
25%	20%	15%

풀이

1. 이연법인세자산
   - (1,600,000x20%+2,000,000x15%)-1,600,000x15%=380,000

2. 회계처리

소급공제	(차) 미수법인세환급액	120,000	(대) 법인세비용	120,000
이월공제	(차) 이연법인세부채 　　이연법인세자산	400,000 380,000	(대) 법인세비용	780,000

3. 공시

부분포괄손익계산서	
법인세비용차감전순이익(손실)	(4,000,000)
법인세수익	900,000
당기순이익(손실)	(3,100,000)

이월세액공제	예시	*20x1년의 산출세액은 ₩200,000이며, 20x2년의 산출세액은 ₩400,000이고, 20x1년 세액공제는 ₩250,000이다. 회계이익과 과세소득은 차이가 없다.
	적용례	❖법인세혜택의 실현가능성이 높은 경우 　　(차) 이연법인세자산　50,000　(대) 법인세비용　50,000

•주의 세율을 곱할 필요 없으며, 세액 그 자체가 법인세효과임!

객관식 확인학습

이론적용연습

1. 12월말 결산법인인 ㈜국세의 20x2년도 법인세비용차감전순손실은 ₩4,000,000이다. 그리고 20x2년도에 유형자산의 감가상각과 관련하여 미래 과세소득에서 가산할 일시적 차이인 손금산입항목이 ₩4,000,000만큼 발생하여 세무당국에 ₩8,000,000의 결손금을 보고하였다. 20x1회계연도까지 발생된 일시적 차이는 없었으며 20x2년도에 발생된 손금산입항목은 20x3년도와 20x4년도에 각각 ₩2,000,000씩 소멸될 것으로 예상된다. 20x2년도의 법인세율은 24%이며 20x3년도부터는 20%로 인하하기로 입법화되었다. ㈜국세의 경우 이월결손금을 통한 법인세 혜택의 실현가능성이 확실한데 20x3년도에 ₩5,000,000, 20x4년도에 ₩3,000,000이 실현될 것이다. ㈜국세가 한국채택국제회계기준에 의해 회계처리하는 경우 20x2년도의 재무제표 보고내용으로 옳은 것은? 단, 이연법인세자산(부채)는 상계하여 표시한다.

① 재무상태표에 이연법인세자산(유동)으로 ₩600,000을 보고한다.
② 포괄손익계산서에 법인세비용(법인세수익)으로 보고할 금액은 없다.
③ 재무상태표에 이연법인세자산(비유동)으로 ₩200,000을 보고한다.
④ 재무상태표에 이연법인세부채(유동)으로 ₩800,000을 보고한다.
⑤ 포괄손익계산서에 당기순손실로 ₩3,200,000을 보고한다.

내비게이션

• 이연법인세자산 : 8,000,000x20%-4,000,000x20%=800,000
　(차) 이연법인세자산 800,000 (대) 법인세비용(법인세수익) 800,000
• 당기순손실 : △4,000,000+800,000=△3,200,000

부분포괄손익계산서

법인세비용차감전순이익(손실)	(4,000,000)
법인세수익	800,000
당기순이익(손실)	(3,200,000)

• 이연법인세자산(부채)는 비유동으로 분류한다.

서술형Correction연습

☐ 자산의 세무기준액은 자산의 장부금액이 회수될 때 기업에 유입될 과세대상 경제적효익을 말한다.

⟹ (X) : 【심화학습 : 제1012호(법인세) 문단7, 문단8】
　자산의 세무기준액은 자산의 장부금액이 회수될 때 기업에 유입될 과세대상 경제적효익에서 세무상 차감될 금액을 말한다. 만약 그러한 경제적효익이 과세대상이 아니라면, 자산의 세무기준액은 장부금액과 일치한다.

기계장치	*취득원가 ₩100, 회계상Dep ₩40, 세무상Dep ₩30 인 경우 →창출수익과 처분이익은 과세대상이며 감가상각등으로 과세소득에서 차감될 세무상 금액은 ₩70이므로 '세무기준액=₩70' →장부금액은 ₩60, 세무기준액은 ₩70, 일시적차이 ₩10(손금 100, 유보)
미수이자	*미수이자의 장부금액이 ₩100, 이자수익은 현금기준으로 과세되는 경우 →차기 회수금액은 세무상 과세소득에 포함되며, 과세소득에서 차감될 세무상 금액은 없으므로 '세무기준액=₩0' →장부금액은 ₩100, 세무기준액은 ₩0, 일시적차이 ₩100(익불 100, △유보)
매출채권	*매출채권의 장부금액이 ₩100, 수익(매출액)이 이미 과세소득에 포함된 경우 →매출채권회수에 따른 경제적효익은 과세대상이 아니므로 세무기준액은 장부금액과 일치함. '세무기준액=₩100' →장부금액은 ₩100, 세무기준액은 ₩100, 일시적차이 ₩0(세무조정없음)

부채의 세무기준액은 '장부금액-미래 회계기간에 당해 부채와 관련하여 세무상 공제될 금액'이다. 수익을 미리 받은 경우는 이로 인한 부채의 세무기준액은 '당해장부금액-미래 회계기간에 과세되지 않을 수익'이다.

미지급 이자	*미지급이자 장부금액 ₩100, 현금기준으로 세무상 공제되는 경우 →'세무기준액=₩0(100-100)' →장부금액은 ₩100, 세무기준액은 ₩0, 일시적차이 ₩100(손불 100, 유보)
선수이자	*선수이자 장부금액 ₩100, 현금기준으로 이미 과세된 경우 →'세무기준액=₩0(100-100)' →장부금액은 ₩100, 세무기준액은 ₩0, 일시적차이 ₩100(익금 100, 유보)

•저자주 결론적으로, 세무기준액은 장부금액과 비교하여 일시적차이를 발생시키는 금액으로 생각하면 됩니다. 따라서, 일시적차이를 발생시키지 않는다면(세무조정이 없다면) 세무기준액은 장부금액과 일치합니다.

시험중요도 ★★☆

이론과기출 제198강 ⊂ ▶ 법인세 기간내배분

<table>
<tr><td rowspan="3">개요</td><td>의의</td><td>•일례로 자기주식처분이익은 회계상 자본항목이나 세법상으로는 익금이므로 과세소득에 대한 법인세부담액(당기법인세)을 법인세비용으로 보고하면 회계이익과 관련없는 법인세비용이 회계이익에서 차감되는 현상이 발생함.</td></tr>
<tr><td>처리</td><td>•자기주식처분이익에 대한 법인세를 자본항목(자기주식처분이익)에서 직접 차감하여 자기주식처분이익을 재무상태표에 세후금액으로 표시함.
➡이처럼 당기법인세를 회계이익/자본항목에 배분하는 것을 기간내배분이라 함.</td></tr>
</table>

<table>
<tr><td rowspan="8">당기법인세
기간내배분</td><td>자기주식처분손익</td><td>•기업회계 : 자기주식처분손익 – 자본항목
•세무조정 : ① 처분이익 → 익금산입(기타) ② 처분손실 → 손금산입(기타)</td></tr>
<tr><td rowspan="2">회계처리</td><td>•법인세부담액에 영향을 주며 이연법인세자산(부채)를 발생시키지 않음.
  ◑ 법인세비용으로 회계처리하지 않고 직접 자기주식처분손익에서 가감함.</td></tr>
<tr><td>

(차) 법인세비용	xxx	(대) 미지급법인세	xxx
(차) 자기주식처분이익	xxx	(대) 법인세비용	xxx

</td></tr>
</table>

✔사례 　자기주식처분손익의 법인세효과 ◀

✪[상황1] 회계이익 ₩1,000, 자기주식처분이익 ₩200, 세율 30%
　[상황2] 회계이익 ₩1,000, 자기주식처분손실 ₩200, 세율 30%

풀이

[상황1]	(차) 법인세비용	360	(대) 미지급법인세	1,200x30%=360
	(차) 자기주식처분이익	200x30%=60	(대) 법인세비용	60
[상황2]	(차) 법인세비용	240	(대) 미지급법인세	800x30%=240
	(차) 법인세비용	60	(대) 자기주식처분손실	200x30%=60

<table>
<tr><td rowspan="7">이연법인세
기간내배분</td><td>재평가잉여금</td><td>•기업회계 : 재평가잉여금 – 기타포괄손익(자본)
•세무조정 : 손금산입(△유보)+익금산입(기타)</td></tr>
<tr><td rowspan="2">회계처리</td><td>•법인세부담액에 영향은 없으나 이연법인세부채를 발생시킴.
  ◑ 이연법인세부채를 직접 재평가잉여금에서 차감함.</td></tr>
<tr><td>

(차) 법인세비용	xxx	(대) 미지급법인세	xxx
(차) 재평가잉여금	xxx	(대) 이연법인세부채	xxx

</td></tr>
</table>

●비교 재평가손실(당기손익) : 손금불산입(유보) →일반적인 경우와 동일하게 이연법인세자산을 인식함.

(차) 법인세비용	xxx	(대) 미지급법인세	xxx
(차) 이연법인세자산	xxx		

●참고 이연법인세 기간내배분의 기타유형(익금산입과 손금산입이 동시발생)

① 복합금융상품의 자본요소에 대한 최초인식에서 발생하는 금액
② 소급적용 회계정책변경/오류수정으로 인한 기초이익잉여금 잔액의 조정
  ➡ **말장난** 회계추정변경(X)
  →세무조정 : 익금산입(기타)+손금산입(△유보)
  →(차) 이익잉여금 xxx (대) 이연법인세부채 xxx
③ 해외사업장 재무제표의 환산에서 발생하는 외환차이

객관식 확인학습 ○── 이론적용연습

1. 다음 자료는 ㈜한국의 20x2년도 법인세와 관련된 내용이다.

> (1) 20x1년말 현재 일시적차이 :
> 　미수이자 　　　　　　　　₩(100,000)
> (2) 20x2년도 법인세비용차감전순이익 : ₩1,000,000
> (3) 20x2년도 세무조정 사항 :
> 　미수이자 　　　　　　　　₩(20,000)
> 　접대비한도초과 　　　　　　₩15,000
> 　자기주식처분이익 　　　　　₩100,000
> (4) 연도별 법인세율은 20%로 일정하다.

㈜한국의 20x2년도 포괄손익계산서에 인식할 법인세비용은 얼마인가? 단, 일시적차이에 사용될 수 있는 과세소득의 발생가능성은 높으며, 20x1년말과 20x2년말 각 연도의 미사용 세무상결손금과 세액공제는 없다.

① ₩199,000 　② ₩203,000 　③ ₩219,000
④ ₩223,000 　⑤ ₩243,000

- 20x1년말 이연법인세부채
  - 100,000(△유보)x20%=20,000
- 20x2년말 유보잔액
  - 전기분 미소멸 : △100,000
  - 당기 발생분 : △20,000
  - 잔액 : △100,000+△20,000=△120,000
- 미지급법인세(당기법인세부채)
  (1,000,000-20,000+15,000+100,000)x20%=219,000
- 20x2년말 이연법인세부채
  - 120,000(△유보)x20%=24,000
- 회계처리

(차) 법인세비용	223,000	(대) 미지급법인세	219,000
		이연법인세부채	4,000
(차) 자기주식처분이익	20,000[1]	(대) 법인세비용	20,000

[1] 100,000x20%=20,000
∴법인세비용 : 223,000-20,000=203,000

2. 법인세회계에 대한 다음 설명 중 옳지 않은 것은?

① 동일 회계기간 또는 다른 회계기간에 자본에 직접 가감되는 항목과 관련된 당기법인세와 이연법인세는 자본에 직접 가감한다.

② 기업이 인식된 금액에 대한 법적으로 집행가능한 상계권리를 가지고 있고, 기업이 순액으로 결제하거나 자산을 실현하는 동시에 부채를 결제할 의도가 있는 경우 당기법인세자산과 당기법인세부채를 상계한다.

③ 모든 가산할 일시적차이에 대하여 이연법인세부채를 인식한다. 다만, 영업권을 최초로 인식할 때에는 발생하는 이연법인세부채는 인식하지 아니한다.

④ 재평가모형을 적용하는 유형자산과 관련된 재평가잉여금은 법인세효과를 차감한 후의 금액으로 기타포괄손익에 표시하고 법인세효과는 이연법인세자산으로 인식한다.

⑤ 미사용 세무상결손금과 세액공제가 사용될 수 있는 미래 과세소득의 발생가능성이 높은 경우 그 범위 안에서 이월된 미사용 세무상결손금과 세액공제에 대하여 이연법인세자산을 인식한다.

- 재평가잉여금은 △유보(가산할 일시적차이)를 발생시키므로 이연법인세자산이 아니라 이연법인세부채를 인식한다.

시험중요도 ★☆☆

이론과기출 제199강 ○→ 자기주식처분손익·재평가잉여금 법인세효과

사례 자기주식처분이익

세부고찰 I

❂다음은 ㈜대쪽같은인생의 20x2년도 법인세비용 계산에 필요한 자료이다. 이연법인세회계를 적용하여 20x2년도 포괄손익계산서에 계상될 법인세비용을 계산하면 얼마인가?

•20x1년말 현재 미소멸 일시적차이	조세특례제한법상 준비금 손금산입	(₩3,000,000)
•20x2년도 법인세비용차감전순이익		₩5,000,000
•20x2년도 세무조정사항	조세특례제한법상 준비금 익금산입(환입)	₩1,000,000
	자기주식처분이익 익금산입	₩300,000
	접대비한도초과 손금불산입	₩100,000

(1) 자기주식처분이익은 회계장부에 기타자본구성요소로 분류하였다.
(2) 20x1년말 현재 준비금에 대한 일시적 차이는 20x2년부터 매년 1/3씩 소멸될 예정이다.
(3) 20x1년말 법인세 계산시 적용한 세율은 30%이며, 20x2년도에도 동일한 30%를 적용한다. 다만, 20x2년말 세법개정으로 인하여 20x3년부터 적용할 세율은 25%로 인하되었다.

 풀이

•20x1년말 이연법인세부채 : 3,000,000 × 30% = 900,000
•20x2년말 이연법인세부채 : (3,000,000−1,000,000) × 25% = 500,000
•미지급법인세(당기법인세부채) : (5,000,000+1,000,000+300,000+100,000)x30%=1,920,000
•회계처리

(차) 법인세비용	1,520,000	(대) 미지급법인세	1,920,000
이연법인세부채	400,000		
(차) 자기주식처분이익	300,000x30%=90,000	(대) 법인세비용	90,000

•법인세비용 : 1,520,000−90,000=1,430,000

사례 재평가잉여금

세부고찰 II

❂아래 자료는 ㈜벼락치기고수의 20x1년도 법인세와 관련된 거래내용이다.

(1) 20x1년도 접대비 한도초과액은 ₩300,0000이다.
(2) 20x1년 6월 7일에 ₩35,000에 취득한 자기주식을 20x1년 9월 4일에 ₩60,000에 처분했다.
(3) ㈜벼락치기고수가 20x1년 9월 7일 사옥을 건설하기 위하여 ₩70,000에 취득한 토지의 20x1년 12월 31일 현재 공정가치는 ₩80,000이다. ㈜벼락치기고수는 유형자산에 대하여 재평가모형을 적용하고 있으나, 세법에서는 이를 인정하지 않는다.

㈜벼락치기고수의 20x1년도 법인세비용차감전순이익은 ₩3,000,000이다. 당기 과세소득에 적용될 법인세율은 30%이고, 향후에도 세율이 일정하다면 ㈜벼락치기고수가 20x1년도 포괄손익계산서에 인식할 법인세비용과 20x1년 말 재무상태표에 계상될 이연법인세 자산·부채는 각각 얼마인가?(단, ㈜벼락치기고수의 향후 과세소득은 20x1년과 동일한 수준이며, 전기이월 일시적 차이는 없다고 가정한다.)

풀이

•미지급법인세(당기법인세부채) : (3,000,000+300,000+25,000+10,000−10,000)x30%=997,500
•회계처리

(차) 법인세비용	997,500	(대) 미지급법인세	997,500
(차) 자기주식처분이익	25,000x30%=7,500	(대) 법인세비용	7,500
(차) 재평가잉여금	10,000x30%=3,000	(대) 이연법인세부채	3,000

•법인세비용 : 997,500−7,500=990,000 / 이연법인세부채 : 3,000

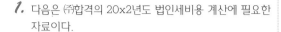

객관식 확인학습 ⊃ 이론적용연습

1. 다음은 ㈜합격의 20x2년도 법인세비용 계산에 필요한 자료이다.

> (1) 20x1년말 현재 미소멸 일시적차이 :
> 조세특례제한법상 준비금 손금산입 ₩(3,000,000)
> (2) 20x2년도 법인세비용차감전순이익 : ₩5,000,000
> (3) 20x2년도 세무조정사항 :
> 조세특례제한법상 준비금 익금산입 ₩1,000,000
> 자기주식처분이익 익금산입 ₩300,000
> 접대비한도초과 손금불산입 ₩100,000
> (4) 자기주식처분이익은 회계장부에 기타자본요소로 분류하였다.
> (5) 20x1년말 현재 조세특례제한법상 준비금에 대한 일시적차이는 20x2년부터 매년 1/3씩 소멸될 예정이다.
> (6) 20x1년말 법인세 계산시 적용한 세율은 30%이며, 20x2년도에도 동일한 30%를 적용한다. 다만, 20x2년말 세법개정으로 인하여 20x3년부터 적용할 세율은 25%로 인하되었다.

이연법인세회계를 적용하여 ㈜합격의 20x2년도 포괄손익계산서에 계상될 법인세비용을 계산하면 얼마인가?

① ₩1,430,000 ② ₩1,520,000 ③ ₩2,420,000
④ ₩1,580,500 ⑤ ₩2,330,000

2. 법인세에 관한 설명으로 옳지 않은 것은?

① 이연법인세 자산과 부채는 보고기간말까지 제정되었거나 실질적으로 제정된 세율(및 세법)에 근거하여 당해 자산이 실현되거나 부채가 결제될 회계기간에 적용될 것으로 기대되는 세율을 사용하여 측정한다.
② 동일 회계기간 또는 다른 회계기간에 당기손익 이외로 인식되는 항목과 관련된 당기 법인세와 이연법인세는 당기손익 이외의 항목으로 인식한다.
③ 종속기업 및 관계기업에 대한 투자자산과 관련된 모든 가산할 일시적 차이에 대하여 항상 이연법인세부채를 인식하는 것은 아니다.
④ 미사용 세무상결손금과 세액공제가 사용될 수 있는 미래 과세소득의 발생가능성이 높은 경우 그 범위 안에서 이월된 미사용 세무상결손금과 세액공제에 대하여 이연법인세자산을 인식한다.
⑤ 이연법인세 자산과 부채는 현재가치로 할인한다.

- ②당기손익 이외로 인식되는 항목은 자본이나 기타포괄손익을 말하며, 자본거래에 의한 손익이나 기타포괄손익으로 발생하는 당기법인세자산·부채와 이연법인세자산·부채는 해당 항목으로 인식하여 법인세효과를 반영한다.(즉, 당해 항목과 직접 상계함.) - '후술'함.
③ K-IFRS 제1012호

참고	문단 15, 문단 24
❑ 다음의 두 가지 조건을 모두 만족하는 정도까지를 제외하고는 종속기업, 지점 및 관계기업에 대한 투자자산과 공동약정 투자지분과 관련된 모든 가산할 일시적차이에 대하여 이연법인세부채를 인식한다.(∴항상 이연법인세부채 인식X) ㉠ 지배기업, 투자자, 공동기업 참여자 또는 공동영업자가 일시적 차이의 소멸시점을 통제할 수 있다. ㉡ 예측가능한 미래에 일시적차이가 소멸하지 않을 가능성이 높다. ❑ 종속기업, 지점 및 관계기업에 대한 투자자산과, 공동약정 투자지분과 관련된 모든 차감할 일시적차이에 대하여 다음의 조건을 모두 만족하는 정도까지만 이연법인세자산을 인식한다. ㉠ 일시적차이가 예측가능한 미래에 소멸할 가능성이 높다. ㉡ 일시적차이가 사용될 수 있는 과세소득이 발생할 가능성이 높다.	

⑤ 이연법인세자산·부채는 현재가치평가를 하지 않는다.

- 20x1년말 이연법인세부채
 – 3,000,000(△유보)x30%=900,000
- 20x2년말 유보잔액
 – 전기분 미소멸: △3,000,000-△1,000,000=△2,000,000
 – 당기 발생분: 0
 – 잔액: △2,000,000
- 미지급법인세(당기법인세부채)
 (5,000,000+1,000,000+300,000+100,000)x30%=1,920,000
- 20x2년말 이연법인세부채
 – 2,000,000(△유보)x25%=500,000
- 회계처리
 (차) 법인세비용 1,520,000 (대) 미지급법인세 1,920,000
  이연법인세부채 400,000
 (차) 자기주식처분이익 90,000[1] (대) 법인세비용 90,000

[1]300,000x30%=90,000
∴법인세비용 : 1,520,000-90,000=1,430,000

서술형Correction연습

❑ 법인세는 종속기업, 관계기업 또는 공동약정이 보고기업에게 배당할 때 납부하는 원천징수 세금 등은 포함하지 않는다.

➡ (X) : 【심화학습 : 제1012호(법인세) 문단2】
이 기준서의 법인세는 기업의 과세소득에 기초하여 국내 및 국외에서 부과되는 모든 세금을 포함한다. 또한 법인세는 종속기업, 관계기업 또는 공동약정이 보고기업에게 배당할 때 납부하는 원천징수세금 등도 포함한다.

시험중요도 ★☆☆

이론과기출 제200강 ⊂ 전환권대가·FVOCI금융자산평가손익 법인세효과

세무조정	• 기업회계 : (차) 전환권조정(사채차감) (대) 전환권대가(자본) • 세무조정 : 손금산입(△유보)+익금산입(기타)

전환권대가

회계처리	• 법인세부담액에 영향은 없으나 이연법인세부채를 발생시킴. ⇨ 이연법인세부채를 직접 전환권대가에서 차감함. (차) 전환권대가 xxx (대) 이연법인세부채 xxx

📋 사례   **전환사채(복합금융상품) 법인세효과**

❂20x1년초 액면 ₩1,000,000(표시이자율 연 5%, 만기 3년)의 전환사채를 액면발행함. 일반사채 시장수익률은 연 10%, 법인세율은 30%임.(3년 10% 현가계수와 연금현가계수는 각각 0.75131, 2.48685)

• 현재가치 : 50,000x2.48685+1,000,000x0.75131=875,653
   전환권대가 : 1,000,000−875,653=124,347
• 세무조정 : 손금산입 부채증액 124,347(△유보), 익금산입 전환권대가 124,347(기타)

발행시	(차) 현금	1,000,000	(대) 전환사채		1,000,000
	전환권조정	124,347	전환권대가		124,347
	(차) 전환권대가	37,304	(대) 이연법인세부채	124,347x30%=	37,304

세무조정	• 기업회계 : FVOCI금융자산평가이익 − 기타포괄손익(자본) • 세무조정 : 손금산입(△유보)+익금산입(기타)

회계처리	• 법인세부담액에 영향은 없으나 이연법인세부채를 발생시킴. ⇨ 이연법인세부채를 직접 FVOCI금융자산평가이익에서 차감함. (차) FVOCI금융자산평가이익 xxx (대) 이연법인세부채 xxx

📋 사례   **FVOCI금융자산평가손익 법인세효과**

❂㈜합격의 20x1년도 법인세와 관련된 거래 내용이다. 20x1년도 법인세비용은?

FVOCI 금융자산 평가손익

> (1) 20x1년말 재고자산평가손실은 ₩25,000이며, 20x1년말 FVOCI금융자산평가손실 ₩625,000을 인식하였다.
> (2) 20x1년도 법인세비용차감전순이익은 ₩2,500,000이며, 법인세율은 30%로 미래에도 동일한 세율이 유지된다고 가정한다.
> (3) 일시적차이에 사용될 수 있는 과세소득의 발생가능성은 높으며, 전기이월 일시적차이는 없는 것으로 가정한다.

📋 풀이

• 세무조정
  – 재고자산 : 손금불산입 25,000(유보)
  – FVOCI금융자산 : 익금산입 625,000(유보) & 손금산입 625,000(기타)
• 미지급법인세(당기법인세) : (2,500,000+25,000+625,000−625,000)x30%=757,500
• 회계처리

(차) 법인세비용	750,000	(대) 미지급법인세	757,500
이연법인세자산	25,000x30%=7,500		
(차) 이연법인세자산	625,000x30%=187,500	(대) FVOCI금융자산평가손실	187,500

→∴법인세비용=750,000

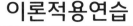

객관식 확인학습 ◁ 이론적용연습

1. ㈜대박은 20x1년 1월 1일 다음과 같은 조건의 전환사채를 발행하였다.

> (1) 액면금액 및 발행금액 : ₩50,000,000
> (2) (전환권이 없는 동일조건) 일반사채의 유효이자율 : 연 9%
> (3) 액면이자율 : 연 7%
> (4) 이자지급방법 : 매년 말 현금지급
> (5) 만기(상환기일) : 20x3.12.31(상환기일에 액면금액 일시 상환)
> (6) 전환청구기간 : 사채발행일 이후 1개월 경과일로부터 상환 기일 30일전까지
> (7) 전환조건 : 사채발행금액 ₩1,000,000당 주식 100주로 전환가능

전환사채와 관련하여 세법에서는 자본요소에 해당하는 부분을 인정하지 않으며, 당기 과세소득에 적용될 법인세율은 40%로 향후에도 세율의 변동은 없을 것으로 예상된다. 동 전환사채의 세무조정으로 인해 발생하는 이연법인세자산·부채와 관련된 법인세비용(이자비용 중 현금으로 지급되는 부분으로 인해 발생하는 법인세 효과는 제외)이 ㈜대박의 20x1년도 포괄손익계산서상 당기순이익에 미치는 영향은 얼마인가? 단, 당기 및 차기 이후 차감할 일시적차이에 사용될 수 있는 과세소득의 발생가능성은 높으며, 전기이월 일시적차이는 없는 것으로 가정한다. 현가계수는 아래 표를 이용하라. 또한 소수점 첫째자리에서 반올림하며, 단수차로 인해 약간의 오차가 있으면 가장 근사치를 선택한다.

기간	기간말 단일금액 ₩1의 현재가치		정상연금 ₩1의 현재가치	
	7%	9%	7%	9%
3	0.8163	0.7722	2.6243	2.5313

① 영향없음
② ₩308,904 증가
③ ₩308,904 감소
④ ₩703,276 증가
⑤ ₩703,276 감소

📻 내비게이션

• 현재가치 : 3,500,000x2.5313+50,000,000x0.7722=47,469,550
• 전환권대가(전환권조정) : 50,000,000-47,469,550=2,530,450
• 20x1년 1월 1일 회계처리
　(차) 현금　　　　　50,000,000　(대) 전환사채　　50,000,000
　　　전환권조정　　2,530,450　　　전환권대가　　2,530,450

→세무상처리 : (차) 현금 50,000,000 (대) 전환사채 50,000,000
→세무조정 : 손금산입 부채증액 2,530,450 (△유보),
　　　　　　익금산입 전환권대가 2,530,450(기타)
→이연법인세부채 : 2,530,450x40%=1,012,180
→(차) 전환권대가 1,012,180 (대) 이연법인세부채 1,012,180

• 20x1년 12월 31일 회계처리
　(차) 이자비용　4,272,260[1)]　(대) 현금　　　　3,500,000[2)]
　　　　　　　　　　　　　　　전환권조정　　　772,260

　[1)]47,469,550x9%=4,272,260　[2)]50,000,000x7%=3,500,000
→세무상처리 : (차) 이자비용 3,500,000 (대) 현금 3,500,000
→세무조정 : 손금불산입 이자비용 772,260(유보)
→이연법인세자산(이연법인세부채와 상계) : 772,260x40%=308,904
→(차) 이연법인세부채 308,904 (대) 법인세비용 308,904
∴법인세비용이 308,904 감소 → 당기순이익 308,904 증가

2. 아래 자료는 ㈜한국의 20x1년도 법인세와 관련된 거래 내용이다.

> (1) 20x1년말 접대비 한도초과액은 ₩30,000이다.
> (2) 20x1년말 재고자산평가손실은 ₩10,000이다.
> (3) 20x1년말 기타포괄손익-공정가치측정금융자산평가손실 ₩250,000을 인식하였다. 동 기타포괄손익-공정가치측정금융자산평가손실은 20x3년도에 소멸된다고 가정한다.
> (4) 20x1년도 법인세비용차감전순이익은 ₩1,000,000이다.
> (5) 20x1년까지 법인세율이 30%이었으나, 20x1년말에 세법개정으로 인하여 20x2년 과세소득 분부터 적용할 세율은 20%로 미래에도 동일한 세율이 유지된다.

㈜한국의 20x1년도 포괄손익계산서에 계산할 법인세비용은 얼마인가? 단, 일시적차이에 사용될 수 있는 과세소득의 발생가능성은 높으며, 전기이월 일시적차이는 없는 것으로 가정한다.

① ₩260,000
② ₩310,000
③ ₩335,000
④ ₩360,000
⑤ ₩385,000

📻 내비게이션

• 세무조정
－접대비 한도초과 : 손금불산입 30,000(기타사외유출)
－재고자산 : 손금불산입 10,000(유보)
－FVOCI금융자산 : 익금산입 250,000(유보) & 손금산입 250,000(기타)
• 미지급법인세(당기법인세) :
(1,000,000+30,000+10,000+250,000-250,000)x30%=312,000

• 회계처리
　(차) 법인세비용　　310,000[2)]　(대) 미지급법인세　　312,000
　　　이연법인세자산　2,000[1)]
　(차) 이연법인세자산　50,000[3)]　(대) FVOCI평가손실　50,000

　[1)]10,000x20%=2,000　[2)]대차차액　[3)]250,000x20%=50,000
∴법인세비용 : 310,000

제1편 Mainplot [주요논제]

제2편 Subplot [특수논제]

합본부록1 기출유형별 필수문제

합본부록2 실전적중모의고사

이론과기출 제201강 ○ 회계변경·오류수정 회계정책변경

의의			
	회계변경		•적용해 오던 회계정책·회계추정을 다른 회계정책·회계추정으로 변경
	회계정책변경		•K-IFRS에서 인정하는 회계정책에서 K-IFRS에서 인정하는 다른 회계정책으로 변경 [비교] K-IFRS(X) → K-IFRS(O) : 오류수정

❖[회계정책의 적용과 선택]

	적용		•회계정책 적용효과가 중요치 않은 경우에는 그 회계정책을 적용하지 않을 수 있음. ➡그러나, 재무상태·재무성과·현금흐름을 특정의도대로 표시하기 위해 K-IFRS에 위배된 회계정책을 적용하는 것은 그것이 중요치 않더라도 적절하다고 할수 없음. [말장난] 그것이 중요하지 않은 경우라면 적절하다고 할수 있다(X)
	실무적용지침		•K-IFRS의 일부를 구성하는 지침(실무적용지침)은 의무규정이지만, K-IFRS의 일부를 구성하지 않는 지침은 재무제표에 대한 의무규정을 포함하지 아니함. ➡즉, K-IFRS의 일부를 구성하는 경우에만 의무규정임.
	K-IFRS가 없는 경우	정책개발	•거래등에 구체적으로 적용할수 있는 K-IFRS가 없는 경우, 경영진은 판단에 따라 회계정책을 개발·적용하여 회계정보를 작성할수 있음.
		순차적용	•판단시, 경영진은 다음 사항을 순차적으로 참조하여 적용가능성을 고려함. 〈1순위〉 유사한 회계논제를 다루는 K-IFRS의 규정 〈2순위〉 개념체계의 정의, 인식기준 및 측정개념 ➡한편, 판단시, 경영진은 유사한 개념체계를 사용하여 회계기준을 개발하는 회계기준제정기구가 가장 최근에 발표한 회계기준, 기타의 회계문헌과 인정된 산업관행을 고려할수 있음. [말장난] 인정된 산업관행은 고려할수 없다(X)
	일관성		•K-IFRS에서 특정 범주별로 서로 다른 회계정책을 적용하도록 규정·허용하는 경우를 제외하고는 유사한 거래등에는 동일한 회계정책을 선택하여 일관성있게 적용함. ➡K-IFRS에서 허용시는 각 범주별 선택회계정책을 일관성있게 적용함.
변경사례	가정변경		•재고자산 원가흐름의 가정 변경 ➡예 선입선출법에서 가중평균법으로 변경
	측정기준변경		•유형자산과 무형자산의 측정기준 변경 ➡예 원가모형에서 재평가모형으로 변경 •투자부동산의 측정기준 변경 ➡예 원가모형에서 공정가치모형으로 변경 •표시통화의 변경
변경사유	변경가능사유		① 한국채택국제회계기준에서 회계정책의 변경을 요구하는 경우 ② 회계정책변경을 반영한 F/S가 신뢰성있고 더 목적적합한 정보를 제공하는 경우
	적용제외		•다음의 경우는 회계정책의 변경에 해당하지 아니하므로 언제나 허용됨. ① 과거발생한 거래와 실질이 다른 거래등에 대해 다른 회계정책을 적용하는 경우 ② 과거에 발생하지 않았거나 발생하였어도 중요하지 않았던 거래등에 대하여 새로운 회계정책을 적용하는 경우 ➡예 품질보증비용을 비용처리하다가, 중요성이 증대됨에 따라 충당부채를 인식 ③ 유형·무형자산에 대하여 재평가모형을 최초로 적용하는 경우 & K-IFRS조기적용

[참고] 소급적용 고려사항

소급적용불가	•유의적인 관측가능하지 않은 투입변수를 이용하여 공정가치를 측정하는 경우 새로운 회계정책이나 전기오류의 수정을 실무적으로 소급적용할수 없음.
측정기준변경	•AC금융자산에 대한 과거기간의 측정오류를 수정시, 이후에 경영진이 보유목적을 변경하더라도 새로운 보유목적에 따라 측정기준을 변경할수 없음.
빈번한 추정	•비교표시된 과거기간의 정보를 수정하기 위해서는 유의적인 추정이 빈번하게 필요하더라도, 비교정보를 신뢰성 있게 조정하거나 수정하여야 함.

객관식 확인학습 **이론적용연습**

1. 회계정책, 회계추정의 변경 및 오류에 관한 설명으로 옳지 않은 것은?

① 한국채택국제회계기준에서 특정 범주별로 서로 다른 회계정책을 적용하도록 규정하거나 허용하는 경우를 제외하고는 유사한 거래, 기타 사건 및 상황에는 동일한 회계정책을 선택하여 일관성 있게 적용한다.

② 종전에는 발생하지 않았거나 발생하더라도 금액이 중요하지 않았기 때문에 품질보증비용을 지출연도의 비용으로 처리하다가, 취급하는 품목에 변화가 생겨 품질보증비용의 금액이 커지고 중요하게 되었기 때문에 충당부채를 인식하는 회계처리를 적용하기로 한 경우, 이는 회계정책의 변경에 해당하지 아니한다.

③ 택배회사의 직원 출퇴근용버스를 새로 구입하여 운영하기로 한 경우, 이 버스에 적용될 감가상각 방법을 택배회사가 이미 보유하고 있는 배달용트럭에 대한 감가상각방법과 달리 적용하는 경우는 이를 회계정책의 변경으로 본다.

④ 회계정책의 변경을 반영한 재무제표가 거래, 기타 사건 또는 상황이 재무상태, 재무성과 또는 현금흐름에 미치는 영향에 대하여 신뢰성있고 더 목적적합한 정보를 제공하는 경우에는 회계정책을 변경할 수 있다.

⑤ 중요한 전기오류는 특정기간에 미치는 오류의 영향이나 오류의 누적효과를 실무적으로 결정할 수 없는 경우를 제외하고는 소급재작성에 의하여 수정한다.

냅뷔게의샵
• 과거발생한 거래와 실질이 다른 거래에 대해 다른 회계정책을 적용하는 경우이므로 회계정책의 변경 적용제외 사유에 해당한다.

2. 회계정책, 회계추정의 변경 및 오류에 관한 설명이다. 가장 타당한 것은?

① 오류의 수정은 회계추정의 변경과 구별된다. 회계적 추정치는 성격상 추가 정보가 알려지는 경우 수정이 필요할 수도 있는 근사치의 개념이다. 예를 들어, 우발상황의 결과에 따라 인식되는 손익은 오류의 수정에 해당한다.

② 회계정책의 변경과 회계추정의 변경을 구분하는 것이 어려운 경우에는 이를 회계정책의 변경으로 본다.

③ 과거에 발생한 거래와 실질이 다른 거래, 기타 사건 또는 상황에 대하여 다른 회계정책을 적용하는 경우와 과거에 발생하지 않았거나 발생하였어도 중요하지 않았던 거래, 기타 사건 또는 상황에 대하여 새로운 회계정책을 적용하는 경우는 회계정책의 변경에 해당한다.

④ 한국채택국제회계기준에서 회계정책의 변경을 요구하는 경우에만 회계정책을 변경할 수 있다.

⑤ 유형자산을 원가모형에서 재평가모형으로 변경(재평가모형을 최초로 적용하는 경우는 제외)하는 것과 같은 측정기준의 변경은 회계정책의 변경에 해당한다.

냅뷔게의샵
• ① 우발상황의 결과에 따라 인식되는 손익은 오류의 수정에 해당하지 아니한다.('후술'함!)
② 회계정책의 변경과 회계추정의 변경을 구분하는 것이 어려운 경우에는 이를 회계추정의 변경으로 본다.
③ 과거에 발생한 거래와 실질이 다른 거래, 기타 사건 또는 상황에 대하여 다른 회계정책을 적용하는 경우와 과거에 발생하지 않았거나 발생하였어도 중요하지 않았던 거래, 기타 사건 또는 상황에 대하여 새로운 회계정책을 적용하는 경우는 회계정책의 변경에 해당하지 아니한다.
④ 회계정책의 변경을 반영한 재무제표가 거래, 기타 사건 또는 상황이 재무상태, 재무성과 또는 현금흐름에 미치는 영향에 대하여 신뢰성 있고 더 목적적합한 정보를 제공하는 경우에도 회계정책을 변경할 수 있다.

서술형Correction연습

□ 기업의 재무상태, 재무성과 또는 현금흐름을 특정한 의도대로 표시하기 위하여 한국채택국제회계기준에 위배된 회계정책을 적용하는 것은 그것이 중요하지 않은 경우라면 적절하다고 할수 있다.

➡ (X) : 중요치 않더라도 적절하다고 할수 없다.

□ 회계정책 개발 판단을 하는 경우 경영진은 자산, 부채, 수익, 비용에 대한 '개념체계'의 정의, 인식기준 및 측정개념을 먼저 고려한 후, 내용상 유사하고 관련되는 회계논제를 다루는 K-IFRS의 규정을 고려한다.

➡ (X) : 내용상 유사하고 관련되는 회계논제를 다루는 K-IFRS의 규정을 먼저 고려한다.

□ 경영진의 판단에 따라 회계정책을 개발 및 적용하는 경우에 경영진은 유사한 개념체계를 사용하여 회계기준을 개발하는 회계기준제정기구가 가장 최근에 발표한 회계기준, 기타의 회계문헌을 고려할 수 있으나, 인정된 산업관행은 고려할 수 없다.

➡ (X) : 인정된 산업관행도 고려할 수 있다.

□ 측정기준의 변경은 회계정책의 변경이 아니라 회계추정의 변경에 해당한다.

➡ (X) : 측정기준의 변경은 회계정책의 변경에 해당한다.

제1편 Mainplot [주요논제]

제2편 Subplot [특수논제]

합본부록1 기출유형별 필수문제

합본부록2 실전적중모의고사

이론과기출 제202강 ○ 회계정책변경 처리방법

처리방법

1 원칙

소급법 (소급적용)	•새로운 회계정책을 처음부터 적용한 것처럼 거래등에 적용하는 것 ➡즉, 새로운 회계처리방법을 적용하여 누적효과(순이익차이)를 계산하고 이를 이익잉여금에 가감한 후 전기의 재무제표를 재작성하는 방법
재무제표 표시	•비교표시되는 가장 이른 과거기간의 영향받는 자본의 각 구성요소의 기초금액과 비교 공시되는 각 과거기간의 기타 대응금액을 새로운 회계정책이 처음부터 적용된 것처럼 조정

2 회계변경의 영향을 실무적으로 결정할수 없는 경우

특정기간만 결정불가	•실무적으로 소급적용할 수 있는 가장 이른 회계기간에 새로운 회계정책을 적용하고 자본 구성요소의 기초금액을 조정 ➡실무적으로 적용할 수 있는 가장 이른 회계기간은 당기일 수도 있음. 말장난 가장 이른 회계기간은 최소한 당기보다는 전이어야 한다(X)
과거전체 결정불가 (전진적용)	•실무적으로 적용할 수 있는 가장 이른 날부터 새로운 회계정책을 전진적용하여 비교정보를 재작성 말장난 회계정책변경은 소급법을 적용하여 수정한다(X)

보론 소급법적용순서 : 새로운 회계정책을 소급적용하는 경우, 새로운 회계정책을 실무적으로 적용할수 있는 최대한 앞선 과거기간의 비교정보부터 적용함.

세부고찰

▶ 사례 **회계정책변경 회계처리**

❂ 20x1년초 투자부동산으로 분류되는 건물을 ₩200,000에 취득하여 원가모형을 적용하였다.(내용연수 10년, 잔존가치 ₩0, 정액법) 20x2년초에 원가모형에서 공정가치모형으로 변경하였다. 건물의 20x1년말 공정가치는 ₩240,0000이다. 20x2년초에 행할 회계처리는?

▶ 풀이

회사의 처리	(차) 투자부동산	200,000	(대) 현금	200,000
	감가상각비	20,000	감가상각누계액	20,000
소급적용 처리	(차) 투자부동산	200,000	(대) 현금	200,000
	투자부동산	40,000	투자부동산평가이익	40,000

→∴20x2년초 회계처리

(차) 감가상각누계액	20,000	(대) 이익잉여금	60,000
투자부동산	40,000		

▶ 사례 **회계정책변경의 소급적용**

❂ 20x1년에 설립. 20x2년 중에 재고자산평가방법을 총평균법에서 선입선출법으로 변경.
당기 총평균법에 의한 매출원가는 ₩3,680,000 임. 재고자산 금액은 다음과 같음.
– 20x2년초 : 총평균법 ₩128,000, 선입선출법 ₩192,000
– 20x2년말 : 총평균법 ₩160,000, 선입선출법 ₩232,000

▶ 풀이

•20x1년 : 기말재고 64,000↓ → 매출원가 64,000↑ → 순이익 64,000↓
 20x2년 : 기초재고 64,000↓ & 기말재고 72,000↓ → 매출원가 8,000↑

(차) 재고자산	72,000	(대) 매출원가	8,000
		(대) 이익잉여금	64,000

객관식 확인학습 ──── **이론적용연습**

1. ㈜합격은 영업개시일 이후 재고자산에 대하여 가중평균법을 사용하고 있다. 이 회사의 경영자는 20x2년초 신뢰성있고 더 목적적합한 정보를 제공하는 선입선출법으로 변경할 것을 고려중인데, 이러한 변경이 매출원가에 미치는 영향에 대해서 관심을 가지고 있다. 다음 자료에 의할 때, 20x2년도 선입선출법을 소급적용하는 경우 ㈜합격의 포괄손익계산서에 비교정보로 공시되는 20x1년도 매출원가를 계산하면 얼마가 되겠는가?

	20x1년초	20x1년말
가중평균법하의 재고액	₩60,000	₩105,000
선입선출법하의 재고액	₩75,000	₩114,000
가중평균법하의 20x1년 매출원가	₩160,000	

① ₩166,000 ② ₩175,000 ③ ₩186,000
④ ₩196,000 ⑤ ₩206,000

 내비게이션

• 분석방법
  ㉠ 20x0년 기말재고 과소분
   – 20x0년 : 기말 15,000↓ → 매출원가 15,000↑ → 이익 15,000↓
   – 20x1년 : 기초 15,000↓ → 매출원가 15,000↓ → 이익 15,000↑
  ㉡ 20x1년 기말재고 과소분
   – 20x1년 : 기말 9,000↓ → 매출원가 9,000↑ → 이익 9,000↓
   – 20x2년 : 기초 9,000↓ → 매출원가 9,000↓ → 이익 9,000↑
∴20x1년 매출원가가 6,000 과소계상(9,000-15,000)이므로 6,000 증가해야 하므로,
  – 20x1년 매출원가 : 160,000+6,000=166,000

2. ㈜대경은 20x2년도에 재고자산평가방법을 선입선출법에서 평균법으로 변경하였다. 그 결과 20x2년도의 기초재고자산과 기말재고자산이 각각 ₩22,000과 ₩18,000만큼 감소하였다. 이러한 회계정책변경은 한국채택국제회계기준에 의할 때 인정된다. 만일 회계정책변경을 하지 않았다면 ㈜대경의 20x2년 당기순이익은 ₩160,000이고, 20x2년 12월 31일 현재 이익잉여금은 ₩540,000이 된다. 회계정책변경 후 ㈜대경의 20x2년 당기순이익과 20x2년 12월 31일 현재 이익잉여금을 계산하면 각각 얼마인가?

	당기순이익	이익잉여금
①	₩120,000	₩522,000
②	₩156,000	₩558,000
③	₩156,000	₩602,000
④	₩164,000	₩522,000
⑤	₩200,000	₩602,000

 내비게이션

•회계정책변경 후에 당기 기초재고와 기말재고가 각각 22,000, 18,000 감소했으므로, 회계정책변경 전에는 당기 기초재고(=전기 기말재고)와 당기 기말재고가 각각 22,000, 18,000 과대계상되었음을 의미한다.
•분석방법
  ㉠ 20x1년 기말재고 과대분
   – 20x1년 : 기말 22,000↑ → 매출원가 22,000↓ → 이익 22,000↑
   – 20x2년 : 기초 22,000↑ → 매출원가 22,000↑ → 이익 22,000↓
  ㉡ 20x2년 기말재고 과대분
   – 20x2년 : 기말 18,000↑ → 매출원가 18,000↓ → 이익 18,000↑
∴당기순이익은 4,000 과소계상(18,000-22,000)이므로 4,000 증가, 이익잉여금은 18,000 과대계상(22,000-22,000+18,000)이므로 18,000 감소해야 하므로,
  – 정확한 당기순이익 : 160,000+4,000=164,000
  – 정확한 이익잉여금 : 540,000-18,000=522,000

서술형Correction연습

❑ 감가상각방법을 정률법에서 연수합계법으로 변경하는 경우는 회계정책의 변경에 해당한다.

➡ (X) : 감가상각방법 변경은 회계추정의 변경이다. 참고로, K-IFRS에 의해 회계정책의 변경에 해당하는 경우는 재고자산 단가결정방법 변경, 원가모형과 재평가모형의 선택적용 변경등이 전부라고 해도 과언이 아닐 정도로 적용범위가 협소하다.

❑ 비교표시되는 하나 이상의 과거기간의 비교정보에 대해 특정기간에 미치는 회계정책 변경의 영향을 실무적으로 결정할 수 없는 경우, 실무적으로 적용할 수 있는 가장 이른 회계기간의 기초부터 전진적으로 적용한다.

➡ (X) : 실무적으로 소급적용할 수 있는 가장 이른 회계기간의 자산 및 부채의 기초장부금액에 새로운 회계정책을 적용하고, 그에 따라 변동하는 자본 구성요소의 기초금액을 조정한다.

❑ 회계정책의 변경은 소급법을 적용하여 수정하고 반드시 비교표시기간의 자본의 각 구성요소의 기초금액과 기타 대응금액을 새로운 회계정책이 처음부터 적용된 것처럼 조정한다.

➡ (X) : 당기 기초시점에 과거기간 전체에 대한 새로운 회계정책 적용의 누적효과를 실무적으로 결정할 수 없는 경우, 실무적으로 적용할 수 있는 가장 이른 날부터 새로운 회계정책을 전진적용하여 비교정보를 재작성한다.

이론과기출 제203강 ── 재고자산의 회계정책변경

세부고찰 I

▶ **사례** 재고자산원가흐름 가정변경시 순이익차이

✪ (주)영계백숙은 20x1년 1월 1일에 영업을 개시했으며, 재고자산에 대하여 선입선출법을 사용하고 있다. 이 회사의 경영자는 이동평균법으로 변경할 것을 고려중인데, 이러한 변경이 당기순이익에 미치는 영향에 대해서 관심을 가지고 있다. 20x2년에 이동평균법으로 변경할 경우 20x2년의 순이익과 비교정보로 공시되는 20x1년도 매출원가는 얼마가 되겠는가? 단, 20x1년도 매출원가는 ₩600,0000l다.

	20x1년	20x2년
선입선출법하의 기말재고액	₩240,000	₩270,000
이동평균법하의 기말재고액	₩200,000	₩210,000
선입선출법하의 순이익	₩120,000	₩170,000

 풀이

• 이동평균법과 비교한 선입선출법 금액 분석

20x1년 : 기말재고 40,000↑ → 매출원가 40,000↓ → 순이익 40,000↑
20x2년 : 기초재고 40,000↑ & 기말재고 60,000↑ → 매출원가 20,000↓ → 순이익 20,000↑

(차) 매출원가	20,000	(대) 재고자산	60,000
이익잉여금	40,000		

• 20x2년 순이익 : 170,000-20,000=150,000(∵20x2년 순이익 20,000 과대계상)
• 20x1년도 매출원가 : 600,000+40,000=640,000(∵20x1년 매출원가 40,000 과소계상)

◆저자주 K-IFRS에 의해 회계정책의 변경에 해당하는 경우는 재고자산 단가결정방법 변경, 원가모형과 재평가모형의 선택적용 변경등이 전부라고 해도 과언이 아닐 정도로 적용범위가 협소합니다.

▶ **사례** 재고자산원가흐름 가정변경시 이익잉여금과 당기순이익

✪ (주)고기반찬은 20x2년도에 재고자산의 평가방법을 선입선출법에서 총평균법으로 회계정책을 변경한 결과 20x2년도의 기초재고자산과 기말재고자산이 각각 ₩160,000과 ₩140,000만큼 감소하였다. 이러한 회계변경의 효과가 20x2년도의 기초이익잉여금과 당기순이익에 미치는 영향은 각각 얼마인가? 단, 장부는 마감전이다.

 풀이

세부고찰 II

*회계정책변경 후에 당기 기초재고와 기말재고가 각각 160,000, 140,000 감소했으므로, 회계정책변경전에는 당기 기초재고(=전기 기말재고)와 당기 기말재고가 각각 160,000, 140,000 과대계상되었음을 의미함.

• 전기 분석
기말재고 160,000 과대계상 → 매출원가 160,000 과소계상 → 순이익 160,000 과대계상

• 당기 분석
기초재고 160,000 과대계상 & 기말재고 140,000 과대계상 → 매출원가 20,000 과대계상
→ 순이익 20,000 과소계상

• 회계처리

(차) 이익잉여금	160,000	(대) 매출원가	20,000
		재고자산	140,000

∴기초이익잉여금 : 160,000 감소
당기순이익 : 20,000 증가

객관식 확인학습 ⟩ **이론적용연습**

1. ㈜세무는 20x1년 설립 이후 재고자산 단위원가 결정방법으로 가중평균법을 사용하여 왔다. 그러나 선입선출법이 보다 목적적합하고 신뢰성있는 정보를 제공할 수 있다고 판단하여, 20x4년초에 단위원가 결정방법을 선입선출법으로 변경하였다. ㈜세무가 재고자산 단위원가 결정방법을 선입선출법으로 변경하는 경우, 다음 자료를 이용하여 20x4년도 재무제표에 비교정보로 공시될 20x3년 매출원가와 20x3년 기말이익잉여금은?

구분	20x1년	20x2년	20x3년
가중평균법적용 기말재고자산	₩10,000	₩11,000	₩12,000
선입선출법적용 기말재고자산	₩12,000	₩14,000	₩16,000
회계정책 변경 전 매출원가	₩50,000	₩60,000	₩70,000
회계정책 변경 전 기말이익잉여금	₩100,000	₩300,000	₩600,000

	매출원가	기말이익잉여금
①	₩61,000	₩607,000
②	₩61,000	₩604,000
③	₩69,000	₩599,000
④	₩69,000	₩604,000
⑤	₩71,000	₩599,000

 내비게이션

• 매출원가 분석
  ㉠ 20x1년 기말재고 과소분
   – 20x1년 : 기말재고 2,000↓ → 매출원가 2,000↑ → 이익 2,000↓
   – 20x2년 : 기초재고 2,000↓ → 매출원가 2,000↓ → 이익 2,000↑
  ㉡ 20x2년 기말재고 과소분
   – 20x2년 : 기말재고 3,000↓ → 매출원가 3,000↑ → 이익 3,000↓
   – 20x3년 : 기초재고 3,000↓ → 매출원가 3,000↓ → 이익 3,000↑
  ㉢ 20x3년 기말재고 과소분
   – 20x3년 : 기말재고 4,000↓ → 매출원가 4,000↑ → 이익 4,000↓
  ∴20x3년 매출원가 1,000 과대 → 매출원가 : 70,000−1,000=69,000
• 이익잉여금 분석

	20x1년	20x2년	20x3년
20x1년 기말과소	이익 2,000↓	이익 2,000↑	
20x2년 기말과소		이익 3,000↓	이익 3,000↑
20x3년 기말과소			이익 4,000↓
	이익 2,000↓	이익 1,000↓	이익 1,000↓

∴이익 4,000 과소 → 20x3년 기말이익잉여금 : 600,000+4,000=604,000

2. 20x2년초에 설립된 ㈜백제는 설립일 이후 재고자산 단위원가 결정방법으로 선입선출법을 사용하여 왔다. 그러나 영업환경의 변화로 가중평균법이 보다 더 신뢰성 있고 목적적합한 정보를 제공하는 것으로 판단되어 20x4년초에 재고자산 단위원가 결정방법을 가중평균법으로 변경하였으며, 이와 관련된 자료는 다음과 같다. 선입선출법을 적용한 20x3년도의 포괄손익계산서상 매출원가는 ₩8,000,000이다. ㈜백제가 20x4년도에 가중평균법을 소급적용하는 경우, 20x4년도 포괄손익계산서에 비교정보로 공시되는 20x3년도 매출원가는 ₩8,200,000이다. ㈜백제가 선입선출법으로 인식한 20x3년초 재고자산은 얼마인가?

구분	20x3년초 재고자산	20x3년말 재고자산
선입선출법	?	₩4,000,000
가중평균법	₩3,600,000	₩4,300,000

① ₩3,100,000 ② ₩3,400,000 ③ ₩3,500,000
④ ₩3,700,000 ⑤ ₩4,100,000

 내비게이션

• 문제1번의 분석틀을 그대로 이용하되 역산하여 계산하면 된다.
• 매출원가 분석
  ㉠ 20x2년 기말재고 과소?/과대?
   – 20x2년 : 기말재고 ? → 매출원가 ?
   – 20x3년 : 기초재고 C → 매출원가 B
  ㉡ 20x3년 기말재고 과소분
   – 20x3년 : 기말재고 300,000↓ → 매출원가 300,000↑
  ∴20x3년 매출원가 A → 매출원가 : 8,000,000+?=8,200,000
• 'A=200,000 과소'이어야 한다.
  따라서, 'B=500,000↓'이어야 한다.
∴'C=500,000↓' → 즉, 20x3년초 재고자산은 3,100,000이다.

이론과기출 제204강 ━ 회계추정변경

의의	회계추정	•기업환경의 불확실성하에서 미래의 재무적 결과를 사전적으로 예측하는 것
	회계추정변경	•기업환경의 변화, 새로운 정보의 획득 또는 경험의 축적에 따라 지금까지 사용해오던 회계적 추정치의 근거와 방법 등을 바꾸는 것

▸주의 성격상 추정의 수정은 과거기간과 연관되지 않으며 오류수정으로 보지 아니함.

변경사례	❖회계추정의 변경이 필요할수 있는 항목의 예는 다음과 같음.

① 대손(손상차손), 재고자산 진부화, 금융자산이나 금융부채의 공정가치
② 감가상각자산의 내용연수, 잔존가치
③ 감가상각자산에 내재된 미래경제적효익의 기대소비행태(=감가상각방법)
④ 품질보증의무

▸주의 감가상각방법의 변경은 회계정책의 변경이 아니라, 회계추정의 변경임.

적용시 구분	측정기준 변경의 경우	•회계정책의 변경에 해당함.
	회계정책의 변경과 회계추정의 변경을 구분하기 어려운 경우	•회계추정의 변경으로 봄.

❖회계추정의 변경효과는 다음의 회계기간의 당기손익에 포함하여 전진적으로 인식함.

① 변경이 발생한 기간에만 영향을 미치는 경우에는 변경이 발생한 기간
② 변경이 발생한 기간과 미래기간에 모두 영향을 미치는 경우에는 변경이 발생한 기간과 미래기간

➡즉, 과거에 보고된 재무제표에 대해서는 어떠한 수정도 하지 않으며, 회계변경으로 인한 누적효과를 전혀 반영하지 않고 당기와 미래기간에만 변경된 회계처리방법을 적용함.
➡전기의 재무제표를 수정하지 않으므로 재무제표의 신뢰성이 제고되나 비교가능성은 저하됨.

◀ ✎사례 **회계추정변경 회계처리** ◀

❖20x1년초 기계장치를 ₩1,000,000에 취득(내용연수 5년, 잔존가치 ₩100,000, 정액법 상각)
20x3년초에 내용연수 5년을 6년, 잔존가치 ₩200,000, 연수합계법으로 변경함

처리방법

Trick	전진법의 적용

[1단계] 변경된 시점의 장부금액 계산
[2단계] 새로운 추정치와 추정방법을 위 장부금액에 적용하여 감가상각비 계산

•[1단계] 20x3년초 장부금액 : $1,000,000 - (1,000,000 - 100,000) \times \frac{2}{5} = 640,000$

•[2단계] 20x3년 감가상각비 : $(640,000 - 200,000) \times \frac{4}{1+2+3+4} = 176,000$

•20x3년 회계처리 : (차) 감가상각비 176,000 (대) 감가상각누계액 176,000
→변경으로 인한 20x3년 세전이익 증감 : $(1,000,000 - 100,000) \div 5년 - 176,000 = 4,000$(세전이익 증가)

회계변경 요약	구분	원칙	예외
	회계정책변경	소급법	누적효과를 실무적으로 결정할수 없는 경우 전진법
	회계추정변경	전진법	–

객관식 확인학습

이론적용연습

1. ㈜한국은 20x1년 1월 1일에 영업용 건물(취득원가 ₩100,000, 잔존가치 ₩0, 내용연수 10년, 정액법 감가상각)을 취득하여 원가모형을 적용하고 있다. 20x3년 1월 1일에 ₩30,000의 수선비가 지출되었고, 이로 인하여 내용연수가 2년 연장될 것으로 추정하였다. 수선비는 자산화하기로 하였으며, ㈜한국은 감가상각방법을 20x3년초부터 연수합계법으로 변경하기로 하였다. 영업용 건물의 회계처리가 ㈜한국의 20x3년도 당기순이익에 미치는 영향은? 단, 단수차이로 인해 오차가 있다면 가장 근사치를 선택한다.

① ₩11,000 감소 ② ₩14,545 감소 ③ ₩16,666 감소
④ ₩20,000 감소 ⑤ ₩21,818 감소

 내비게이션
• 20x3년초 장부금액
100,000-100,000x2/10=80,000
• 20x3년 감가상각비
$(80,000+30,000)x\dfrac{10}{1+2+3+4+5+6+7+8+9+10}$=20,000
∴순이익 20,000 감소

2. ㈜국세는 20x1년 1월 1일에 본사 사옥을 ₩1,000,000에 취득(내용연수 5년, 잔존가치 ₩100,000)하고 연수합계법으로 감가상각한다. ㈜국세는 20x2년초에 본사 사옥의 증축을 위해 ₩200,000을 지출하였으며 이로 인해 잔존가치는 ₩20,000 증가하였고, 내용연수는 2년 더 연장되었다. ㈜국세가 20x2년초에 감가상각방법을 이중체감법(상각률은 정액법 상각률의 2배)으로 변경하였다면, 20x2년도에 인식해야할 감가상각비는 얼마인가? 단, ㈜국세는 본사 사옥에 대하여 원가모형을 적용한다.

① ₩145,000 ② ₩150,000 ③ ₩240,000
④ ₩260,000 ⑤ ₩300,000

 내비게이션
• 20x1년말 장부금액
$1,000,000-(1,000,000-100,000)x\dfrac{5}{1+2+3+4+5}$=700,000
∴(700,000+200,000)x2/6=300,000
→이중체감법은 잔존가치를 차감하지 않음에 주의!

3. ㈜합격은 20x1년 7월 1일 기계장치(내용연수 5년, 잔존가치 ₩200,000)를 ₩2,000,000에 취득하여 연수합계법으로 상각하였다. ㈜합격은 20x3년 1월 1일 감가상각방법을 정액법으로 변경하였으며, 잔존가치는 ₩0, 잔여내용연수는 4년으로 추정하였다. 이러한 변경은 모두 정당한 회계변경이다. 20x4년 1월 1일 ㈜합격이 기계장치를 ₩1,000,000에 처분할 경우 인식할 손익은?

① 처분이익 ₩100,000 ② 처분이익 ₩130,000
③ 처분이익 ₩200,000 ④ 처분손실 ₩120,000
⑤ 처분손실 ₩160,000

 내비게이션
• 20x1년 감가상각비 : $(2,000,000-200,000)\times\dfrac{5}{15}\times\dfrac{6}{12}$=300,000
• 20x2년 감가상각비 :
$(2,000,000-200,000)\times\dfrac{5}{15}\times\dfrac{6}{12}+(2,000,000-200,000)\times\dfrac{4}{15}\times\dfrac{6}{12}$
=540,000
• 20x3년초 장부금액 : 2,000,000-(300,000+540,000)=1,160,000
• 20x4년초 장부금액 : 1,160,000-(1,160,000÷4년)=870,000
∴처분손익 : 1,000,000-870,000=130,000(이익)

4. 회계정책, 회계추정의 변경 및 오류에 대한 다음의 설명 중 가장 타당하지 않은 것은?

① 당기에 발견한 전기 또는 그 이전 기간의 중요한 오류는 이익잉여금에 수정하고 비교정보를 재작성하여 공시한다.
② 변경된 새로운 회계정책은 소급적용하여 그 정책변경효과를 전기이월미처분이익잉여금에 반영한다.
③ 회계변경의 속성상 그 효과를 회계정책의 변경효과와 회계추정의 변경효과로 구분하기가 불가능한 경우에는 이를 회계정책의 변경으로 본다.
④ 변경된 새로운 회계정책을 소급하여 적용하는 것이 실무적으로 불가능한 경우에는 실무적으로 적용가능한 가장 이른 날부터 회계정책을 전진적으로 적용한다.
⑤ 회계추정의 변경은 전진적으로 처리하여 그 효과를 당기와 당기 이후의 기간에 반영한다.

 내비게이션
• 구분하기가 불가능한 경우에는 이를 회계추정의 변경으로 본다.

서술형Correction연습

❑ 추정의 수정은 과거기간과 연관되며 오류수정의 일부이다.

➡ (X) : 추정의 근거가 되었던 상황의 변화, 새로운 정보의 획득, 추가적인 경험의 축적이 있는 경우 추정의 수정이 필요할 수 있다. 성격상 추정의 수정은 과거기간과 연관되지 않으며 오류수정으로 보지 아니한다.

제1편 Mainplot [주요논제] | 제2편 Subplot [특수논제] | 합본부록1 기출유형별 필수문제 | 합본부록2 실전적중모의고사

시험중요도 ★★★

이론과기출 제205강 ◯ 회계추정변경의 적용

세부고찰 I

사례 ■ 감가상각누계액 잔액계산

❀(주)뽕은 20x1년초에 기계장치를 ₩200,000,000에 취득하였다(내용연수 10년, 잔존가치 ₩20,000,000, 연수합계법). 취득 당시에 기계의 설치 및 시운전에 ₩7,000,0000이 지출되었다. 그런데 20x4년초에 감가상각방법을 정액법으로 변경하였고, 잔존내용연수는 5년, 잔존가치는 없는 것으로 새롭게 추정하였다. 20x4년도의 감가상각비와 20x4년말의 감가상각누계액은 얼마인가? 단, 법인세효과는 무시한다.

•20x1년 ~ 20x3년 감가상각비(감가상각누계액) : $(207,000,000-20,000,000) \times \dfrac{10+9+8}{1+\ldots+10} = 91,800,000$

•20x4년 감가상각비 : $[(207,000,000-91,800,000)-0] \div 5 = 23,040,000$

•20x4년말 감가상각누계액 잔액 : $91,800,000+23,040,000 = 114,840,000$

세부고찰 II

사례 ■ 잔존내용연수 추정

❀(주)폭파는 20x0년초에 기계장치를 ₩21,000,000에 취득하였다(내용연수 10년, 잔존가치 ₩1,000,000, 정액법). 그런데 20x6년초에 동 기계장치를 당초의 내용연수보다 몇 년간 더 쓸 수 있음을 알고 내용연수 연장과 함께 감가상각방법을 연수합계법으로, 잔존가치를 ₩0으로 변경하였다. (주)폭파가 20x8년도에 동 기계장치에 대하여 ₩1,500,000의 감가상각비를 인식하였다면, 20x9년 1월 1일 현재 동 기계장치의 감가상각누계액 차감 후 장부금액은 얼마인가?

•20x6년초 장부금액 : $21,000,000-(21,000,000-1,000,000) \times 6/10 = 9,000,000$

•20x8년 감가상각비 : $(9,000,000-0) \times \dfrac{A-2}{1+\ldots+A} = 1,500,000$ 에서, A(신내용연수)=8년

•20x9년초 장부금액 : $9,000,000 - 9,000,000 \times \dfrac{8+7+6}{1+\ldots+8} = 3,750,000$

세부고찰 III

사례 ■ 회계추정변경후 차기이월이익잉여금 계산

❀12월말 결산법인인 (주)합격을향해돌진은 20x1년 1월 1일에 취득한 사무용복사기(취득원가 ₩400,000)에 대하여 20x3년 1월 1일을 기준으로 다음과 같이 정당한 회계변경을 하였다.

	변경전	변경후
감가상각방법	연수합계법	정액법
내용연수	4년(20x4년말까지사용)	6년(20x6년말까지사용)
잔존가치	₩40,000	₩10,000

한편, 20x2년말 차기이월이익잉여금은 ₩380,0000이었으며, 위와 같은 회계변경이 없었다면 20x3년도 당기순이익은 ₩300,0000이라고 한다.
[요구사항 1] 회계변경을 하지 않은 경우에 비하여 20x3년도 법인세비용차감전순이익의 증감은?
[요구사항 2] 20x3년도 당기순이익과 차기이월이익잉여금은 얼마인가?

•20x3년초 장부금액 : $400,000-(400,000-40,000) \times (4+3)/(1+2+3+4) = 148,000$

•세전이익 증감 : $(400,000-40,000) \times 2/(1+2+3+4) - (148,000-10,000) \div 4 = 37,500$(증가)

•당기순이익 : $300,000+37,500 = 337,500$

•차기이월이익잉여금 : $380,000+337,500 = 717,500$

객관식 확인학습 **이론적용연습**

1. ㈜세무와 ㈜한국은 20x1년초에 모든 조건이 동일한 영업용 차량(내용연수 4년, 잔존가치 ₩500,000)을 ₩9,000,000에 각각 취득하였다. 두 회사가 동 차량에 대하여 각 보고기간별로 다음과 같이 감가상각방법을 적용하던 중, 두 회사 모두 20x4년초 현금 ₩3,000,000에 동 차량을 매각하였다.

구분	20x1년	20x2년	20x3년
㈜세무	정률법	정률법	정액법
㈜한국	정액법	연수합계법	연수합계법

두 회사의 총수익 및 동 차량에서 발생한 감가상각비를 제외한 총비용이 동일하다고 가정할 경우 옳은 설명은? 단, ㈜세무와 ㈜한국은 동 차량에 대해 원가모형을 적용하고 있으며, 정률법 상각률은 55%이다.

① 20x1년도 당기순이익은 ㈜한국이 더 작다.
② 20x4년초에 인식하는 유형자산처분이익은 ㈜세무가 더 크다.
③ ㈜세무의 20x2년도 감가상각비는 ₩4,675,000이다.
④ ㈜한국의 20x3년말 차량 장부금액은 ₩1,145,833이다.
⑤ ㈜세무의 20x3년도 감가상각비는 ₩330,625이다.

 낸비계이션

• ㈜세무
 – 20x1년 Dep : 9,000,000×55%=4,950,000
 – 20x2년 Dep : (9,000,000−4,950,000)×55%=2,227,500
 – 20x2년말 장부금액 : 9,000,000−(4,950,000+2,227,500)=1,822,500
 – 20x3년 Dep : (1,822,500−500,000)÷2년=661,250
 – 20x3년말 장부금액 : 1,822,500−661,250=1,161,250
 – 20x4년초 처분이익 : 3,000,000−1,161,250=1,838,750
• ㈜한국
 – 20x1년 Dep : (9,000,000−500,000)÷4년=2,125,000
 – 20x1년말 장부금액 : 9,000,000−2,125,000=6,875,000
 – 20x2년 Dep : (6,875,000−500,000)×$\frac{3}{1+2+3}$=3,187,500
 – 20x3년 Dep : (6,875,000−500,000)×$\frac{2}{1+2+3}$=2,125,000
 – 20x3년말 장부금액 : 6,875,000−(3,187,500+2,125,000)=1,562,500
 – 20x4년초 처분이익 : 3,000,000−1,562,500=1,437,500
• ① 감가상각비가 작은 ㈜한국의 당기순이익이 더 크다.
 ③ ㈜세무의 20x2년도 감가상각비는 2,227,500이다.
 ④ ㈜한국의 20x3년말 차량 장부금액은 1,562,500이다.
 ⑤ ㈜세무의 20x3년도 감가상각비는 661,250이다.

2. ㈜합격이 20x1년초 취득한 기계장치에 대한 자료가 다음과 같을 때 20x3년의 정확한 당기순이익은 얼마이겠는가?

(1) 취득관련 자료
 – 취득일 : 20x1년 1월 1일
 – 취득금액 : ₩12,500,000
 – 내용연수 : 5년
 – 잔존가치 : 없음.
 – 감가상각방법 : 연수합계법
(2) ㈜합격은 20x3년 중 20x1년초 취득시 추정한 종전 내용연수 5년을 4년으로 변경하였고, 잔존가치를 ₩500,000으로 변경하였으며, 이에 따라 계산한 감가상각비를 적용할 경우 당기순이익은 ₩6,250,000이다.
(3) ㈜합격은 20x3년 중 연수합계법보다 정액법이 더 합리적이라는 전문가의 의견을 수용하여 감가상각방법도 정액법으로 변경하였다.
(4) ㈜합격의 위 회계변경은 한국채택국제회계기준에 의한 타당성이 인정된다고 가정한다.

① ₩3,500,000 ② ₩5,500,000 ③ ₩5,750,000
④ ₩6,250,000 ⑤ ₩7,000,000

 낸비계이션

• 내용연수/잔존가치 변경 반영시 감가상각비 계산
 – 20x1년 ~ 20x2년 Dep : 12,500,000×$\frac{5+4}{1+2+3+4+5}$=7,500,000
 – 20x2년말 장부금액 : 12,500,000−7,500,000=5,000,000
 – 20x3년 Dep : (5,000,000−500,000)×$\frac{2}{1+2}$=3,000,000
• 내용연수/잔존가치/감가상각방법 변경 반영시 감가상각비 계산
 – 20x1년 ~ 20x2년 Dep : 12,500,000×$\frac{5+4}{1+2+3+4+5}$=7,500,000
 – 20x2년말 장부금액 : 12,500,000−7,500,000=5,000,000
 – 20x3년 Dep : (5,000,000−500,000)÷2년=2,250,000
• 감가상각비 감소액 : 3,000,000−2,250,000=750,000
∴ 정확한 당기순이익 : 6,250,000+750,000=7,000,000

시험중요도 ★★☆

이론과기출 제206강 ○ 오류수정 처리방법

| 의의 | 전기오류 | •과거기간 동안에 재무제표를 작성할 때 신뢰할 만한 정보를 이용하지 못했거나 잘못 이용하여 발생한 재무제표에의 누락이나 왜곡표시를 말함. |
| | 오류수정 | •전기 또는 그 이전의 재무제표에서 발생한 오류를 당기에 발견하여 수정하는 것
➡예 산술적 계산 오류, 회계정책의 적용오류, 사실의 간과, 해석의 오류 및 부정등 |

> 보론 ① 기업의 재무상태, 재무성과 또는 현금흐름을 특정한 의도대로 표시하기 위하여 중요하거나 중요하지 않은 오류를 포함하여 작성된 재무제표는 K-IFRS에 따라 작성되었다고 할수 없음.
> ② 우발상황의 결과에 따라 인식되는 손익은 오류의 수정에 해당하지 아니함.

| 처리방법 | 개요 | •당기중에 발견한 당기 잠재적 오류는 재무제표의 발행승인일 전에 수정함.
➡그러나, 중요한 오류를 후속기간에 발견하는 경우 이러한 전기오류는 해당 후속기간의 재무제표에 비교표시된 재무정보를 재작성하여 수정함.
●저자주 K-IFRS는 중요하지 않은 오류의 처리방법에 대한 규정이 없습니다!
•전기오류의 수정은 오류가 발견된 기간의 당기손익으로 보고하지 않음. |

1 원칙

| | 소급법
(소급적용) | •중요한 전기오류가 발견된 이후 최초로 발행을 승인하는 재무제표에 다음의 방법으로 전기오류를 소급하여 수정함.
① 오류가 발생한 과거기간의 재무제표가 비교표시되는 경우에는 그 재무정보를 재작성함.
② 오류가 비교표시되는 가장 이른 과거기간 이전에 발생한 경우에는 비교표시되는 가장 이른 과거기간의 자산·부채·자본의 기초금액을 재작성함. |
| | 재무제표 표시 | •소급재작성이란 전기오류가 처음부터 발생하지 않은 것처럼 재무제표 구성요소의 인식, 측정 및 공시를 수정하는 것을 말함. |

2 오류의 영향을 실무적으로 결정할수 없는 경우

| | 특정기간만 결정불가 | •실무적으로 소급 재작성할수 있는 가장 이른 회계기간(당기일 수도 있음)에의 자산, 부채 및 자본의 기초금액을 재작성함. |
| | 과거전체 결정불가
(전진적용) | •실무적으로 적용할수 있는 가장 이른 날부터 전진적으로 오류를 수정하여 비교정보를 재작성함. |

 사례 수정후 이익잉여금과 당기순이익 계산

❖20x3년에 아래의 중요한 오류가 발견되었으며 20x3년도 전기이월이익잉여금과 당기순이익은 각각 ₩90,000, ₩70,0000이다. 오류를 수정한 후의 20x3년도 전기이월이익잉여금과 당기순이익은?
(1) 20x1년도, 20x2년도, 20x3년도에 감가상각비를 각각 ₩10,000씩 과소계상
(2) 20x3년 매출 ₩20,000을 20x2년 매출로 처리

풀이

수정전	전기이월이익잉여금(90,000)	당기순이익(70,000)
x1년 감가상각비 과소→이익과대 10,000	(10,000)	–
x2년 감가상각비 과소→이익과대 10,000	(10,000)	–
x3년 감가상각비 과소→이익과대 10,000	–	(10,000)
x2년 매출 과대→이익과대 20,000	(20,000)	–
x3년 매출 과소→이익과소 20,000	–	20,000
수정후	50,000	80,000

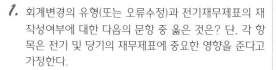

객관식 확인학습 **이론적용연습**

1. 회계변경의 유형(또는 오류수정)과 전기재무제표의 재작성여부에 대한 다음의 문항 중 옳은 것은? 단, 각 항목은 전기 및 당기의 재무제표에 중요한 영향을 준다고 가정한다.

문항	항목	회계변경의 유형 또는 오류수정	전기 재무제표 재작성여부
①	재고자산 단위원가 계산방법을 후입선출법에서 선입선출법으로 변경함	회계추정의 변경	재작성 안함
②	패소의 가능성이 높고 손해배상금액의 합리적 추정이 가능하였던 소송사건을 우발부채로 주석 공시하였다가 충당부채로 변경함	회계추정의 변경	재작성 안함
③	미래 경제적효익의 변화를 인식하여 새로운 회계처리방법을 채택하였으나 회계정책의 변경인지 추정의 변경인지 분명하지 않음	회계정책의 변경	재작성함
④	장기건설계약의 회계처리방법을 완성기준에서 진행기준으로 변경함	오류수정	재작성 안함
⑤	유형자산의 감가상각방법을 정률법에서 이중체감법으로 변경함	회계추정의 변경	재작성 안함

내비게이션
- ① K-IFRS는 후입선출법을 인정하지 않으므로 오류수정에 해당하며, 전기재무제표를 재작성한다.
- ② 충당부채를 우발부채로 잘못 처리한 회계처리의 수정이므로 오류수정에 해당하며, 전기재무제표를 재작성한다.
- ③ 회계정책 변경과 회계추정 변경을 구분하는 것이 어려운 경우에는 회계추정변경으로 보며, 회계추정 변경은 전기재무제표를 재작성하지 않는다.
- ④ K-IFRS는 건설계약에 대하여 완성기준을 인정하지 않으므로 오류수정에 해당하며, 전기재무제표를 재작성한다.

2. 회계정책, 회계추정의 변경 및 오류에 대한 다음 설명 중 옳은 것은?
① 측정기준의 변경은 회계추정의 변경이 아니라 회계정책의 변경에 해당한다.
② 회계정책의 변경은 기준서나 해석서에서 회계정책 변경을 요구하는 경우가 아니면 허용되지 않는다.
③ 회계정책의 변경은 소급법을 적용하여 수정하고 반드시 비교표시기간의 자본의 각 구성요소의 기초금액과 기타 대응금액을 새로운 회계정책이 처음부터 적용된 것처럼 조정한다.

④ 오류를 재무제표발행승인일 이전에 발견하는 경우에는 수정한다. 만약, 후속기간에 중요한 오류가 발견되는 경우에는 해당 후속기간의 재무제표에 반영하여야 하며, 비교표시된 재무정보에서 이러한 전기오류를 수정해서는 안된다.
⑤ 모든 오류는 총포괄손익에 영향을 미친다.

내비게이션
- ② 회계정책의 변경을 반영한 재무제표가 거래, 기타 사건 또는 상황이 재무상태, 재무성과 또는 현금흐름에 미치는 영향에 대하여 신뢰성 있고 더 목적적합한 정보를 제공하는 경우에도 회계정책을 변경할 수 있다.
- ③ 당기 기초시점에 과거기간 전체에 대한 새로운 회계정책 적용의 누적효과를 실무적으로 결정할 수 없는 경우, 실무적으로 적용할 수 있는 가장 이른 날부터 새로운 회계정책을 전진적용하여 비교정보를 재작성한다.
- ④ 재무제표에 비교표시된 재무정보를 재작성하여 수정한다.
- ⑤ 계정분류오류(=당기순이익에 영향을 미치지 않는 오류)는 총포괄손익에 영향을 미치지 않는다.

서술형Correction연습

□ 전기오류란 과거기간동안에 재무제표를 작성할 때 신뢰할 만한 정보를 이용하였으나 발생한 재무제표에의 누락이나 왜곡표시를 말한다.

➡ (X) : 이용하였으나(X) → 이용하지 못했거나 잘못 이용하여(O)

□ 재고자산 단위원가 계산방법을 후입선출법에서 가중평균법으로 변경은 회계정책의 변경에 해당한다.

➡ (X) : 후입선출법은 인정되지 않으므로 오류수정에 해당한다.

□ 중요하지 않은 오류를 포함하여 작성된 재무제표까지 K-IFRS에 따라 작성되지 않았다고는 할수 없다.

➡ (X) : 중요하거나 중요하지 않은 오류를 포함하여 작성된 재무제표는 한국채택국제회계기준에 따라 작성되었다고 할 수 없다.

□ 우발상황의 결과에 따라 인식되는 손익은 오류의 수정에 해당한다.

➡ (X) : 오류의 수정은 회계추정의 변경과 구별된다. 회계적 추정치는 성격상 추가 정보가 알려지는 경우 수정이 필요할 수도 있는 근사치의 개념이다. 예를 들어, 우발상황의 결과에 따라 인식되는 손익은 오류의 수정에 해당하지 아니한다.

이론과기출 제207강 ◯ 자동조정적 오류수정(1)

수정방법	오류발생연도에 발견시	•관련손익수정 + 자산·부채항목수정
	다음연도 마감(=이익잉여금대체 완료)전 발견시	•당기손익항목수정 + 이익잉여금
	다음연도 마감후 발견시	•자동조정되므로 수정 불요

재고자산

분석방법
•전기 : 기말재고 과대 ➡ 매출원가 과소 ➡ 이익과대
•당기 : 기초재고 과대 ➡ 매출원가 과대 ➡ 이익과소

🔻**사례** 재고자산 오류수정

❂ 전기 기말재고가 ₩50,000 과대계상되었고, 당기 기말재고가 ₩30,000 과대계상됨.

• 전기 마감전 발견시	:	(차)매출원가	50,000	(대) 상품	50,000
• 당기 마감전 발견시	:	① (차) 이익잉여금	50,000	(대) 매출원가	50,000
		② (차) 매출원가	30,000	(대) 상품	30,000
• 당기 마감후 발견시	:	①	– 회계처리없음(자동조정됨) –		
		② (차) 이익잉여금	30,000	(대) 매출원가	30,000

매입·매출 (재고적정시)

분석방법
•전기 : 매입(매입채무) 과소 ➡ 매출원가 과소 ➡ 이익과대
•당기 : 매입(매입채무) 과대 ➡ 매출원가 과대 ➡ 이익과소

•전기 : 매출(매출채권) 과대 ➡ 이익과대
•당기 : 매출(매출채권) 과소 ➡ 이익과소

🔻**사례** 매입·매출의 기간구분 오류수정(재고적정시)

❂전기외상매입 ₩10,000을 당기매입처리, 당기외상매출 ₩10,000을 전기매출처리(재고자산은 적정계상)

		매입			
• 전기 마감전 발견시	: (차) 매출원가	10,000	(대) 매입채무	10,000
• 당기 마감전 발견시	: (차) 이익잉여금	10,000	(대) 매출원가	10,000
		매출			
• 전기 마감전 발견시	: (차) 매출	10,000	(대) 매출채권	10,000
• 당기 마감전 발견시	: (차) 이익잉여금	10,000	(대) 매출	10,000

참고 당기 마감후 발견시는 회계처리 없음.

선급비용 미수수익

분석방법
•전기 : 선급비용(미수수익) 과소 ➡ 비용과대(수익과소) ➡ 이익과소
•당기 : 비용과소(수익과대) ➡ 이익과대

🔻**사례** 선급비용 오류수정

❂20x1.7.1 ~ 20x2.6.30 보험료 ₩10,000을 전액 전기인 20x1의 비용으로 처리함(즉, 선급비용과소계상)

• 전기 마감전 발견시	: (차) 선급보험료	5,000	(대) 보험료	5,000
• 당기 마감전 발견시	: (차) 보험료	5,000	(대) 이익잉여금	5,000
• 당기 마감후 발견시	:	– 회계처리 없음 –			

객관식 확인학습 **이론적용연습**

1. 실지재고조사법을 사용하는 ㈜합격은 20x1년도 기말 재고자산을 과대평가하였다. 이로 인해 20x1년도와 20x2년도 재무제표에 미치는 영향으로 가장 타당하지 않은 것은?

 ① 20x1년도 매출원가가 과소계상된다.
 ② 20x1년도 이익잉여금이 과대계상된다.
 ③ 20x2년도 이익잉여금이 과소계상된다.
 ④ 20x2년도 기초재고자산이 과대계상된다.
 ⑤ 20x2년도 당기순이익이 과소계상된다.

낻비게이션

• 20x1년 : 기말재고 과대 → 매출원가 과소 → 이익(이익잉여금) 과대
• 20x2년 : 기초재고 과대 → 매출원가 과대 → 이익(이익잉여금) 과소
 → 이익잉여금은 20x1년 과대와 20x2년 과소가 상쇄되어 영향이 없다.

2. 20x4년 중 다음과 같은 중요한 오류를 발견하였다.

회계연도	기말재고오류
20x1년	₩20,000 과대
20x2년	₩30,000 과소
20x3년	₩40,000 과대

상기 오류수정전 20x4년 당기순이익은 ₩200,000 이고, 20x4년말 이익잉여금은 ₩500,000이다. 상기 오류수정후 20x4년 당기순이익과 20x4년말 이익잉여금을 계산하면 각각 얼마인가?

	20x4년 당기순이익	20x4년말 이익잉여금
①	₩240,000	₩500,000
②	₩240,000	₩540,000
③	₩130,000	₩500,000
④	₩130,000	₩540,000
⑤	₩130,000	₩470,000

낻비게이션

• 20x3년 : 기말재고 과대 → 매출원가 과소 → 이익(이익잉여금) 과대
• 20x4년 : 기초재고 과대 → 매출원가 과대 → 이익(이익잉여금) 과소
 → 이익잉여금은 20x3년 과대와 20x4년 과소가 상쇄되어 영향이 없다.
 → 20x4년 수정후 당기순이익 : 200,000+40,000=240,000
* 20x1년과 20x2년 오류는 자동조정되므로 아무런 영향이 없다.

3. 20x2년 중 다음과 같은 중요한 오류를 발견하였다.

(1) 20x1년 12월 31일 구입한 재고자산 ₩4,500,000을 재무상 태표에 누락하였다.
(2) 위 재고자산과 관련한 매입과 매입채무는 적정하게 회계처 리하였다.

20x1년말 이익잉여금은 ₩180,000,000이며, 상기 오류수정전 20x2년 세후이익이 ₩36,000,000이라 고 할 때, 이러한 오류의 수정을 한 후 기초이익잉여 금과 20x2년 세후이익을 계산하면 얼마인가? 단, 매년 법인세율은 30%가 적용된다.

	기초이익잉여금	20x2년 세후이익
①	₩176,850,000	₩39,150,000
②	₩176,850,000	₩32,850,000
③	₩180,000,000	₩39,150,000
④	₩183,150,000	₩39,150,000
⑤	₩183,150,000	₩32,850,000

낻비게이션

• 20x1년 : 기말재고 과소 → 매출원가 과대 → 이익(이익잉여금) 과소
• 20x2년 : 기초재고 과소 → 매출원가 과소 → 이익(이익잉여금) 과대
∴ ㉠ 오류수정후 기초이익잉여금(세후)
 − 180,000,000+4,500,000x(1−30%)=183,150,000
 ㉡ 오류수정후 순이익(세후) : 36,000,000−4,500,000x(1−30%)=32,850,000

제1편 Mainplot [주요논제]

제2편 Subplot [특수논제]

합본부록1 기출유형별 필수문제

합본부록2 실전적중모의고사

이론과기출 제208강 ─ 자동조정적 오류수정(2)

분석방법	•전기 : 선수수익(미지급비용) 과소 ➡ 수익과대(비용과소) ➡ 이익과대
	•당기 : 수익과소(비용과대) ➡ 이익과소

▶ 사례 선수수익 오류수정

❂20x1.7.1 ~ 20x2.6.30 임대수익 ₩10,000을 전액 전기인 20x1의 수익으로 처리함(즉, 선수수익과소계상)

풀이

- 전기 마감전 발견시 : (차) 임대수익　　　5,000　　(대) 선수임대료　　5,000
- 당기 마감전 발견시 : (차) 이익잉여금　　5,000　　(대) 임대수익　　　5,000
- 당기 마감후 발견시 : 　　　　　　　　　 – 회계처리 없음 –

▶ 사례 이연·발생계정 오류수정

❂(주)이정도쯤이야의 당기순이익은 20x1년에 ₩1,000,000, 20x2년에 ₩1,300,0000이며, 20x2년말 이익 잉여금은 ₩3,000,000으로 보고하였다. 20x2년말에 장부가 마감 되기전 다음의 중요한 오류를 수정하 였다. 20x2년의 수정후 당기순이익은 얼마인가?

구분	20x1년	20x2년
선급비용 과소계상	₩30,000	₩50,000
미지급비용의 누락	₩60,000	₩80,000
미수수익의 누락	₩40,000	₩70,000

구분	20x1년	20x2년
선수수익 과소계상	₩90,000	₩100,000
기말재고자산과대	₩80,000	₩120,000

풀이

- 수정전 당기순이익(1,300,000)−전기선급비용(30,000)+당기선급비용(50,000)+전기미지급비용(60,000)
−당기미지급비용(80,000)−전기미수수익(40,000)+당기미수수익(70,000)+전기선수수익(90,000)−당기선수수익(100,000)+전기기말재고자산(80,000)−당기기말재고자산(120,000)
=수정후 당기순이익(1,280,000)

고속철 자동조정적오류의 이익에의 영향

x1년	x2년
자산과소 → 이익과소 ('+' 방향)	이익과대(x1년과 반대)
부채과소 → 이익과대 ('−' 방향)	이익과소(x1년과 반대)

분석방법	•재고자산(기말재고)이 과대·과소계상되는지 살펴 그 영향을 추가로 고려해야 함.

▶ 사례 매입·매출의 기간구분 오류수정(재고오류시)

❂전기외상매입 ₩10,000을 당기매입처리, 이는 전기 재고자산에 포함되지 않음.

매입

- 전기 마감전 발견시 : (차) 매출원가　　10,000　　(대) 매입채무　　10,000
- 당기 마감전 발견시 : (차) 이익잉여금　10,000　　(대) 매출원가　　10,000

재고자산

- 전기 마감전 발견시 : (차) 상품　　　　10,000　　(대) 매출원가　　10,000
- 당기 마감전 발견시 : (차) 매출원가　　10,000　　(대) 이익잉여금　10,000

**선수수익
미지급비용**

**매입·매출
(재고오류시)**

객관식 확인학습 ⊂ 이론적용연습

1. ㈜합격은 특정 수익·비용 항목에 대하여 현금주의에 따라 회계처리하면서 기말수정분개를 누락하였다. 관련 항목에 대하여 발생주의에 따라 올바르게 수정분개한 경우 계정잔액은 다음과 같다. 단, 선급보험료는 20x2년 7월초에 2년치 보험료를 지급한 것이다. 아래 항목에 대한 오류를 적절히 수정했을때 20x2년 법인세비용차감전순이익에 미치는 영향은 얼마인가? ㈜합격의 회계기간은 1월 1일부터 12월 31일이며, 회계오류는 중요한 오류에 해당한다.

수익·비용 항목	20x1년말	20x2년말
선급보험료	₩0	₩900
미수이자	₩5,250	₩6,750
미지급급여	₩4,800	₩3,600
미지급이자	₩6,000	₩4,500
선수임대료	₩4,000	₩2,500
선수금	₩5,500	₩6,000

① 법인세비용차감전순이익 ₩15,050 감소
② 법인세비용차감전순이익 ₩8,950 감소
③ 법인세비용차감전순이익 ₩2,500 증가
④ 법인세비용차감전순이익 ₩3,600 증가
⑤ 법인세비용차감전순이익 ₩6,100 증가

📺 **내비게이션**

• 올바르게 수정분개를 한후 계정잔액만큼 모두 과소계상되었음을 의미한다.
• 오류분석

	20x1년	20x2년
당기 선급보험료 과소계상	–	이익 900↓
전기 미수이자 과소계상	이익 5,250↓	이익 5,250↑
당기 미수이자 과소계상		이익 6,750↑
전기 미지급급여 과소계상	이익 4,800↑	이익 4,800↓
당기 미지급급여 과소계상		이익 3,600↑
전기 미지급이자 과소계상	이익 6,000↑	이익 6,000↓
당기 미지급이자 과소계상	–	이익 4,500↑
전기 선수임대료 과소계상	이익 4,000↑	이익 4,000↓
당기 선수임대료 과소계상	–	이익 2,500↑
전기 선수금 과소계상 (전기 매출 과대계상)	이익 5,500↑	이익 5,500↓
당기 선수금 과소계상 (당기 매출 과대계상)	–	이익 6,000↑
	이익 15,050↑	이익 6,100↓

∴이익과소 : 6,100 →오류수정후 법인세비용차감전순이익 6,100 증가

2. ㈜합격은 20x3년말 장부마감 전 과거 3년간의 회계장부를 검토한 결과 다음과 같은 오류사항을 발견하였다. 이들은 모두 중요한 오류로 3회계연도를 통합해서 볼 때 이들 오류들을 수정하는 경우 20x3년말 이익잉여금의 변동으로 올바른 것은 얼마인가?

> (1) 미지급급여는 20x1년에는 ₩17,000 과소계상, 20x2년에는 ₩15,000 과대계상, 20x3년에는 ₩13,000이 과소계상되었다.
> (2) 기말재고자산은 20x1년에는 ₩28,000 과소계상, 20x2년에는 ₩40,000 과소계상, 20x3년에는 ₩32,000이 과대계상되었다.
> (3) 20x2년에 보험료로 처리한 금액 중 ₩10,000은 20x3년도 보험료의 선납분이었다.

① ₩45,000 감소
② ₩45,000 증가
③ ₩61,000 감소
④ ₩61,000 증가
⑤ ₩110,000 감소

📺 **내비게이션**

*20x1년/20x2년 오류는 모두 자동조정되므로 이익잉여금에 변동이 없다.
• 오류분석

	20x3년
당기 미지급급여 과소계상	이익 13,000↑
당기 기말재고 과대계상	이익 32,000↑
	이익 45,000↑

∴오류수정후 이익잉여금 45,000 감소

이론과기출 제209강 ⊂ **비자동조정적 오류수정**

개요	의의	• 오류발생연도와 다음연도 장부마감후에도 오류가 자동적으로 상쇄되지 않는 오류임.
	접근방법	• 수정분개를 하는 것이 효율적인 접근방법임.

오류수정 방법	마감전	◉ (전기까지 회사측역분개+전기까지 올바른 분개)하여 상계후 손익이 이익잉여금 ◉ 당기수정분개
	마감후	◉ (당기까지 회사측역분개+당기까지 올바른 분개)하여 상계후 손익이 이익잉여금

> •저자주 회사측분개와 올바른분개를 비교하여 수정분개를 하는 방법으로 모든 교재가 풀이하고 있으나, 위와 같이 접근하는 것이 문제가 복잡해질 경우 수월하게 답을 도출할수 있습니다.
>
> •주의 ① 당기순이익에의 영향을 물을 때 : 해당연도 회사분개와 올바른분개 비교하여 이익차이파악
> ② 이익잉여금에의 영향을 물을 때 : 모든연도 회사분개와 올바른분개 비교하여 잉여금차이파악

▶ *사례*　**감가상각의 오류**

❂ 20x1년초 ₩100,000에 구입한 기계장치를 구입즉시 수선유지비로 처리하였음을 20x2년말 발견하였음. 기계장치의 내용연수 5년, 잔존가치 없으며, 감가상각방법은 정액법임.

풀이

세부고찰

1. 20x2년말 장부마감전인 경우
   ① 전기까지 회사측 역분개

(차) 현금	100,000	(대) 수선유지비	100,000

　② 전기까지 올바른 분개

(차) 기계장치	100,000	(대) 현금	100,000
감가상각비	20,000	(대) 감가상각누계액	20,000

　③ '①+②'를 하여 상계후 손익을 이익잉여금(전기오류수정손익)으로 일단 계상하면,

(차) 기계장치	100,000	(대) 감가상각누계액	20,000
		(대) 이익잉여금	80,000

　④ 당기수정분개

(차) 감가상각비	20,000	(대) 감가상각누계액	20,000

　∴ '③+④'를 하여 최종 분개를 완성함.

(차) 기계장치	100,000	(대) 감가상각누계액	40,000
감가상각비	20,000	이익잉여금	80,000

2. 20x2년말 장부마감후인 경우
   ① 당기까지 회사측 역분개

(차) 현금	100,000	(대) 수선유지비	100,000

　② 당기까지 올바른 분개

(차) 기계장치	100,000	(대) 현금	100,000
감가상각비	40,000	(대) 감가상각누계액	40,000

　∴ '①+②'를 하여 상계후 손익을 이익잉여금으로 계상하여, 최종 분개를 완성함.

(차) 기계장치	100,000	(대) 감가상각누계액	40,000
		이익잉여금	60,000

객관식 확인학습 ▸ 이론적용연습

1. 20x1년초 ㈜대한은 신제품을 출시하면서 판매일로부터 2년 이내에 제조상 결함으로 인하여 발생하는 제품하자에 대해 무상으로 수리하거나 교체해 주는 제품보증제도를 도입하였다. 다음은 20x1년과 20x2년의 매출액 및 실제 제품보증비 지출에 대한 자료이다.

구분	20x1년	20x2년
매출액	₩2,000,000	₩2,500,000
제품보증비 지출액	₩8,000	₩17,000

20x1년말 ㈜대한은 매출액의 3%를 제품보증비 발생액에 대한 추정치로 결정하고 제품보증충당부채를 설정하였다. 그러나 20x2년 중에 ㈜대한은 전년도 제품보증충당부채 설정당시 이용가능한 정보를 충분히 고려하지 못하였음을 발견하고 추정치를 매출액의 2%로 수정하였다. 동 오류는 중요한 오류에 해당한다. ㈜대한이 20x2년에 제품보증에 대한 회계처리를 적절히 수행한 경우, 동 회계처리가 20x2년말 재무상태표상 이익잉여금에 미치는 영향과 제품보증충당부채 잔액은 각각 얼마인가?

	이익잉여금에 미치는 영향	제품보증충당부채 잔액
①	₩30,000 감소	₩50,000
②	₩50,000 감소	₩50,000
③	₩30,000 감소	₩65,000
④	₩50,000 감소	₩65,000
⑤	₩50,000 감소	₩85,000

대비게의션

• 제품보증과 관련한 추정치의 변경은 일반적으로 회계추정의 변경이므로 전진법을 적용해야 하나, 문제에서 중요한 오류로 판단하여 오류수정으로 제시하고 있으므로 소급법을 적용한다.

• 전기 회사측 분개
 (차) 보증비 8,000 (대) 현금   8,000
 (차) 보증비 52,000 (대) 제보충 52,000[1]

• 오류분석
 ① 전기 회사측 역분개
  (차) 현금   8,000 (대) 보증비 8,000
  (차) 제보충 52,000 (대) 보증비 52,000
 ② 전기 올바른 분개
  (차) 보증비 8,000 (대) 현금   8,000
  (차) 보증비 32,000 (대) 제보충 32,000[2]
 ③ '①+②'를 하여 상계후 손익을 이익잉여금으로 계상하는 분개
  (차) 제보충 20,000 (대) 이익잉여금 20,000
 ④ 당기분개(=회사가 회계처리를 적절히 수행한 분개)
  (차) 제보충 17,000 (대) 현금   17,000
  (차) 보증비 50,000[3] (대) 제보충 50,000

[1] 2,000,000×3%−8,000=52,000 [2] 2,000,000×2%−8,000=32,000
[3] 2,500,000×2%=50,000

• ③과 ④의 회계처리가 이익잉여금에 미치는 영향
 – 이익잉여금 증가 20,000 & 이익잉여금 감소(보증비) 50,000
 ∴ 이익잉여금 감소 30,000
• 제품보증충당부채 잔액
 – 52,000−20,000−17,000+50,000=65,000

2. ㈜합격은 연말 결산시에 다음과 같은 회계오류를 발견하였다. 이 중에서 회계연도말 유동자산과 자본을 모두 과대계상하게 되는 것은 무엇인가?

① 선급비용의 과소계상
② 미지급비용의 과소계상
③ 장기매출채권을 유동자산으로 잘못 분류함
④ 매출채권에 대한 대손충당금의 과소계상
⑤ 영업용 건물에 대한 감가상각비의 과소계상

대비게의션

• 오류수정분개(누락한 분개)를 하면 다음과 같다.
 ① (차) 선급비용   xxx (대) 비용   xxx
  → 유동자산과소, 자본과소
 ② (차) 비용   xxx (대) 미지급비용 xxx
  → 유동부채과소, 자본과대
 ③ (차) 장기매출채권 xxx (대) 매출채권   xxx
  → 유동자산과대, 자본불변
 ④ (차) 대손상각비 xxx (대) 대손충당금 xxx
  → 유동자산과대, 자본과대
 ⑤ (차) 감가상각비 xxx (대) 감가상각누계액 xxx
  → 비유동자산과대, 자본과대

이론과기출 제210강 ○ 감가상각비 오류수정

사례 감가상각비의 계상 오류

✿(주)합격자명단의내이름은 20x3년도에 처음으로 회계감사를 받게 되어 과거 3년간의 회계 장부를 검토한 결과 아래와 같은 사항들이 발견되었다. 오류는 중요한 오류로 간주되었으며, 장부는 마감되지 아니하였다. 20x3년도 당기순이익이 ₩540,000일 때 오류수정 후의 20x3년도 당기순이익은 얼마인가?

(1) 기말재고자산은 20x1년도에 ₩35,000 과대계상되었고, 20x2년도에 ₩40,000 과소계상되었으며, 20x3년도에 ₩50,000 과소계상되었다.
(2) 감가상각비는 20x1년도, 20x2년도, 20x3년도에 각각₩10,000씩 과소계상되었다.
(3) 미지급급료는 20x2년도에 ₩38,000 과소계상, 20x3년도에 ₩35,000 과대계상되었다.

세부고찰 I

 낵비계의셥

	20x2년	20x3년
●전기 기말재고 과소계상	이익과소 40,000	이익과대 40,000
●당기 기말재고 과소계상	–	이익과소 50,000
●당기 감가상각비 과소계상	–	비용과소 10,000
●전기 미지급비용 과소계상	이익과대 38,000	이익과대 38,000
●당기 미지급비용 과대계상		이익과소 35,000
	이익과소 2,000	이익과소 73,000

∴오류수정으로 20x3년 당기순이익은 73,000 증가
→수정후 당기순이익 : 수정전 당기순이익(540,000)+73,000=613,000

사례 개발비(자산)의 비용처리 오류

✿(주)오드리햇반은 20x2년도의 재무제표를 작성하던 중 다음의 두가지 오류를 발견하였다. 이 두가지 오류는 모두 중요한 오류라고 판단된다. 20x2년의 장부가 아직 마감되지 않았다. 이 두가지 오류의 수정으로 인해 20x1년도와 20x2년도 법인세비용차감전순이익은 각각 얼마나 증가 혹은 감소하겠는가?

(1) 20x1년의 기말재고자산을 ₩10,000만큼 과대평가하였으며, 20x2년의 기말재고자산을 ₩6,000만큼 과소평가하였다.
(2) 20x1년 1월 1일에 연구개발비로 지출한 ₩50,000 중 ₩20,000은 무형자산인 개발비 항목으로 인식하는 것이 합당함에도 불구하고 ₩50,000전액을 비용처리 하였다. 개발비는 내용연수를 5년으로 하고 정액법으로 상각한다. 이 개발비의 상각은 다른 자산의 제조와 관련이 없다.

세부고찰 II

 낵비계의셥

	20x1년	20x2년
●전기 기말재고 과대계상	이익과대 10,000	이익과소 10,000
●당기 기말재고 과소계상		이익과소 6,000
●전기 자산을 비용처리	비용과대 16,000	비용과소 4,000
	이익과소 6,000	이익과소 12,000

∴오류수정으로 20x1년 6,000증가, 20x2년 12,000증가

객관식 확인학습 ⊃ 이론적용연습

1. ㈜한국은 20x2년도 재무제표 작성 중에 다음과 같은 오류를 발견하였다.

> (1) 20x1년 기말재고자산을 ₩20,000 과대평가하였으며, 20x2년 기말재고자산을 ₩6,000 과소평가하였다.
> (2) 20x1년 미지급급여를 ₩3,000 과소계상하였으며, 20x2년 미지급급여를 ₩2,000 과대계상하였다.
> (3) 20x1년초 ₩20,000에 취득한 유형자산을 취득시 전액 비용으로 처리하였다. 유형자산은 내용연수 5년, 잔존가치 ₩0, 정액법으로 감가상각한다.
> (4) 매년 무형자산상각비를 ₩1,000 누락하였다.

20x2년의 장부가 아직 마감되지 않았다면, 이러한 오류수정으로 인해 ㈜한국의 20x2년도 당기순이익과 20x2년 기말이익잉여금은 각각 얼마나 증가하는가? 단, 오류사항은 모두 중요한 오류로 간주하며, 실무적으로 적용할 수 있는 범위 내에 있다. 유형자산에 대해서는 원가모형을 적용한다.

	당기순이익	기말이익잉여금
①	₩20,000	₩19,000
②	₩26,000	₩18,000
③	₩26,000	₩19,000
④	₩27,000	₩18,000
⑤	₩27,000	₩19,000

• 오류분석

	20x1년	20x2년
20x1년 기말재고 과대	이익 20,000↑	이익 20,000↓
20x2년 기말재고 과소	–	이익 6,000↓
20x1년 미지급비용 과소	이익 3,000↑	이익 3,000↓
20x2년 미지급비용 과대	–	이익 2,000↓
자산취득 처리오류	비용 16,000↑	비용 4,000↓
무형자산상각비 오류	비용 1,000↓	비용 1,000↓
	이익 8,000↑	이익 26,000↓

• 20x2년 당기순이익
  20x2년 이익과소 26,000이므로 오류수정으로 26,000증가
• 20x2년말 이익잉여금
  20x1년과 20x2년 합계 이익과소 18,000이므로 오류수정으로 18,000 증가

2. 장부가 마감된 당기 20x2년에 다음과 같은 중요한 오류가 발견된 경우 오류를 수정한 후 이익잉여금은 오류를 수정하기 전에 비하여 얼마나 증감하는지를 계산하면 얼마인가?

> (1) 20x1년의 기말재고자산은 ₩1,500,000 과대계상, 20x2년의 기말재고자산은 ₩1,750,000 과소계상되었다.
> (2) 20x1년 12월 31일에 회계담당자의 착오로 당기손익-공정가치측정금융자산평가손실을 기타포괄손익-공정가치측정금융자산평가손실로 하여 ₩1,500,000을 인식하였다.
> (3) 20x1년 1월 1일 경상개발비 ₩5,000,000을 무형자산(5년, 정액법상각)으로 계상하였다.

① ₩2,750,000 감소   ② ₩2,750,000 증가
③ ₩4,250,000 증가   ④ ₩4,250,000 감소
⑤ ₩7,000,000 증가

• 오류분석

	20x1년	20x2년
전기 기말재고 과대계상	이익 1,500,000↑	이익 1,500,000↓
당기 기말재고 과소계상	–	이익 1,750,000↓
금융자산평가손실 오류	비용 1,500,000↓	–
전기 비용을 자산처리	비용 4,000,000[1]↓	비용 1,000,000[2]↑
	이익 7,000,000↑	이익 4,250,000↓

[1] 5,000,000−5,000,000÷5년=4,000,000
[2] 5,000,000÷5년=1,000,000
∴이익잉여금 과대 : 7,000,000−4,250,000=2,750,000
→오류수정후 이익잉여금 2,750,000 감소

시험중요도 ★★☆

이론과기출 제211강 ─ 자산의 비용처리/전환사채 오류수정

사례 ─ 자본적지출의 비용처리 오류

❂ ㈜어이없는까임은 20×2년도 재무제표를 감사받던 중 몇 가지 오류사항을 지적받았다. 다음 오류사항들을 20×2년도 재무제표에 수정·반영할 경우, 전기이월이익잉여금과 당기순이익에 미치는 영향은 얼마인가? 단, 오류사항은 모두 중요한 오류로 간주한다. 건물에 대해서는 원가모형을 적용하며, 감가상각은 월할계산한다. 또한 20×2년도 장부는 마감되지 않았다고 가정한다.

> (1) 20×1년 1월 1일에 본사 건물을 ₩1,000,000(잔존가치 ₩0, 정액법 상각)에 취득하였는데 감가상각에 대한 회계처리를 한 번도 하지 않았다. 20×2년 12월 31일 현재 동 건물의 잔존내용연수는 8년이다.
> (2) 20×1년 7월 1일에 동 건물의 미래효익을 증가시키는 냉난방설비를 부착하기 위한 지출을 하였으며 ₩190,000이 발생하였는데, 이를 수선비로 처리하였다.
> (3) 20×1년 4월 1일에 가입한 정기예금의 이자수령 약정일은 매년 3월 31일이다. ㈜어이없는까임은 20×1년 말과 20×2년 말에 정기예금에 대한 미수이자 ₩50,000을 계상하지 않고, 실제 이자를 받은 이자수령일에 수익으로 인식하는 회계처리를 하였다.

세부고찰 I

	20x1년	20x2년
• 감가상각비 미인식	이익과대 100,000[1]	이익과대 100,000
• 자산을 비용처리	비용과대 180,000[2]	비용과소 20,000[3]
• 전기 미수이자 과소계상	이익과소 50,000	이익과대 50,000
• 당기 미수이자 과소계상	–	이익과소 50,000
	이익과소 130,000	이익과대 120,000

[1] $1,000,000 \div 10년 = 100,000$

[2] $190,000 - 190,000 \times \dfrac{6개월}{114개월(=9.5년)} = 180,000$

[3] $190,000 \times \dfrac{12개월}{114개월(=9.5년)} = 20,000$

∴오류수정후 전기이월이익잉여금 130,000 증가, 당기순이익 120,000 감소

사례 ─ 전환사채이자비용의 계상 오류

❂ ㈜선녀와도박꾼은 20x1년초에 액면 ₩100,000인 전환사채(표시이자율 7%, 일반사채의 유효이자율 12%)를 액면발행하였으며, 20x1년말 50%가 전환청구되었고, 회사는 전환사채의 표시이자를 지급하는 회계처리를 하였으나 전환권조정 상각 및 전환에 관한 회계처리를 하지 않았다. 한편, 20x1년 전환시점에 재무상태표에는 동 전환사채와 관련하여 전환권대가 ₩534, 사채상환할증금 ₩9,930, 전환권조정 ₩10,464이 계상되어 있다. 오류수정분개를 한 경우 이자비용의 추가계상액은?

세부고찰 II

• 장부금액 : 100,000+9,930−10,464=99,466
• 추가계상 이자비용 : 99,466x12%−100,000x7%=4,936

→ 올바른 회계처리 : (차) 이자비용 11,936 (대) 현금 7,000
　　　　　　　　　　　　　　　　　　　　　　전환권조정 4,936

객관식 확인학습　　**이론적용연습**

1. ㈜대한의 회계담당자는 20x3년도 장부를 마감하기 전에 다음과 같은 오류사항을 발견하였으며, 모두 중요한 오류에 해당한다.

> (1) ㈜대한은 20x2년초에 사무실을 임차하고 2년치 임차료 ₩360,000을 미리 지급하면서 선급임차료로 기록하였다. 이와 관련하여 ㈜대한은 20x3년에 다음과 같이 수정분개하였다.
>
> > (차) 임차료 360,000　　(대) 선급임차료 360,000
>
> (2) ㈜대한은 실지재고조사법을 적용하면서 선적지인도조건으로 매입하여 매기말 현재 운송중인 상품을 기말재고자산에서 누락하였다. 이로 인해 20x1년말의 재고자산이 ₩150,000 과소계상되었으며, 20x2년말의 재고자산도 ₩200,000 과소계상되었다. 과소계상된 재고자산은 모두 그 다음 연도에 판매되었다.
>
> (3) 20x2년초 ㈜대한은 정액법으로 감가상각하고 있던 기계장치에 대해 ₩100,000의 지출을 하였다. 동 지출은 기계장치의 장부금액에 포함하여 인식하여야 하는데, ㈜대한은 이를 전액 수선비로 회계처리하였다. 20x3년말 현재 동 기계장치의 잔존내용연수는 3년이다.

위 오류사항에 대한 수정효과가 ㈜대한의 20x3년 전기이월이익잉여금과 당기순이익에 미치는 영향은 얼마인가?

	전기이월이익잉여금	당기순이익
①	₩80,000 증가	₩40,000 감소
②	₩100,000 증가	₩40,000 감소
③	₩80,000 증가	₩220,000 감소
④	₩100,000 증가	₩220,000 감소
⑤	영향없음	영향없음

• 오류분석

	20x1년	20x2년	20x3년
선급비용 과대	-	이익 180,000↑	이익 180,000↓
20x1년 기말과소	이익 150,000↓	이익 150,000↑	-
20x2년 기말과소	-	이익 200,000↓	이익 200,000↑
자산을 비용처리		비용 80,000[1]↑	비용 20,000[2]↓
	이익 150,000↓	이익 50,000↑	이익 40,000↓

[1] 100,000-100,000÷5년=80,000
[2] 80,000÷4년=20,000
• 20x3년 당기순이익
 - 20x3년 이익과대 40,000이므로 오류수정으로 40,000감소
• 20x3년말 전기이월이익잉여금(=20x2년말 이익잉여금)
 - 20x1년, 20x2년 합계 이익과소 100,000이므로 오류수정으로 100,000 증가

2. ㈜합격의 20x2년도 결산과정(장부마감 전)에서 다음과 같은 사항이 발견되었다. 아래 항목들을 재무제표에 반영할 경우, 20x2년말 미처분이익잉여금에 미치는 영향은 얼마인가?

> (1) 20x1년의 기말재고자산은 ₩40,000만큼 과소계상되었고, 20x2년의 기말재고자산은 ₩32,000만큼 과대계상되었다.
>
> (2) 20x1년 1월 1일에 기계장치(취득원가 ₩1,000,000, 내용연수 5년, 잔존가치 없음, 감가상각방법은 정액법)를 취득하였으나, 취득원가 전액을 20x1년도 비용으로 처리하였다.
>
> (3) 20x3년 1월 5일에 물류창고에서 화재가 발생하였으며 화재손실은 ₩85,000으로 추정된다. 화재손실 중 ₩65,000은 화재보험금으로 충당될 예정이다.
>
> (4) 20x2년 12월 10일에 당해연도 연말상여금 지급을 결정하였고, 20x3년 1월 15일에 당해 상여금 지급금액 ₩25,000을 인식하였다.

① ₩447,000 감소　　② ₩507,000 증가
③ ₩543,000 증가　　④ ₩607,000 감소
⑤ ₩632,000 증가

• (3)은 오류에 해당하지 않는다.
• 오류분석

	20x1년	20x2년
전기 기말재고 과소계상	이익 40,000↓	이익 40,000↑
당기 기말재고 과대계상		이익 32,000↑
전기 자산을 비용처리	비용 800,000[1]↑	비용 200,000[2]↓
당기비용(상여금) 미계상	-	비용 25,000↓
	이익 840,000↓	이익 297,000↑

[1] 1,000,000-100,000÷5년=800,000
[2] 800,000÷4년=200,000
• 20x2년말 미처분이익잉여금
 - 20x1년, 20x2년 합계 이익과소 543,000이므로 오류수정으로 543,000 증가

시험중요도 ★☆☆

이론과기출 제212강 ━ 사채/정부보조금 오류수정

사례 사채와 정부보조금 회계처리의 오류

❂20×1년 1월 1일에 설립된 ㈜국세의 회계담당자로 새롭게 입사한 김수정씨는 당사의 과거자료를 살펴보던 중 다음과 같은 오류가 수정되지 않았음을 확인하였다.

(1) ㈜국세의 판매직원 급여는 매월 ₩1,000,000으로 설립 후 변동이 없다. ㈜국세는 회사 설립후 지금까지, 근로 제공한 달의 급여를 다음 달 매10일에 현금 ₩1,000,000을 지급하면서 비용으로 전액 인식하였다.

(2) ㈜국세는 20×2년 1월 1일에 사채(액면금액 ₩2,000,000, 3년 만기)를 ₩1,903,926에 발행하였다. 동 사채의 액면이자율은 10%(매년 말 이자지급), 유효이자율은 12%이다. ㈜국세는 사채발행시 적절하게 회계처리하였으나, 20×2년과 20×3년의 이자비용은 현금지급 이자에 대해서만 회계처리하였다.

(3) ㈜국세는 20×3년 1월 1일 취득원가 ₩10,000,000에 영업용 차량운반구(내용연수 10년, 잔존가치 ₩0, 정액법 상각)를 구입하여 취득 및 감가상각 회계처리를 적절히 하였다. 그러나 동 영업용 차량운반구 취득시 취득자금 중 ₩1,000,000을 상환의무 없이 정부에서 보조받았으나 ㈜국세는 정부보조금에 대한 모든 회계처리를 누락하였다.

위 오류의 수정이 ㈜국세의 20×3년도 포괄손익계산서상 당기순이익에 미치는 영향은 얼마인가? (단, 위 오류는 모두 중요한 오류라고 가정하고, 20×3년도 장부는 마감되지 않았다고 가정한다. 계산금액은 소수점 첫째자리에서 반올림하며, 이 경우 단수차이로 인해 약간의 오차가 있으면 가장 근사치로 답하라.)

답안및해설

세부고찰

(1) : 매 회계기간말에 미지급급여 1,000,000을 과소계상하였음을 의미함.
   - 20x1년말 미지급급여는 자동조정되므로 이익에 미치는 영향이 없음.

	20x2년	20x3년
●전기(20x2년) 미지급급여 과소계상	이익과대 1,000,000	이익과소 1,000,000
●당기(20x3년) 미지급급여 과소계상	–	이익과대 1,000,000
	이익과대 1,000,000	–

→20x3년 이익에 미치는 영향 없음.

(2) : 사발차 상각액만큼 20x2년과 20x3년의 이자비용이 과소계상됨.

	20x2년	20x3년
●전기 이자비용 과소계상	비용과소 28,471[1]	–
●당기 이자비용 과소계상	–	비용과소 31,888[2]
	이익과대 28,471	이익과대 31,888

[1] 1,903,926x12%-2,000,000x10%=28,471
[2] (1,903,926+28,471)x12%-2,000,000x10%=31,888
→오류수정으로 20x3년 31,888 이익감소

(3) : 20x3년말 감가상각시 감가상각비를 상계하는 다음의 회계처리를 누락하였으므로 비용과대(이익과소) 100,000임.

$$\text{(차) 정부보조금 100,000 \quad (대) 감가상각비 } 1,000,000 \times \frac{10,000,000 \div 10년}{10,000,000} = 100,000$$

→오류수정으로 20x3년 100,000 이익증가
∴이익증가 68,112(=0-31,888+100,000)

1. 다음은 유통업을 영위하고 있는 ㈜갑의 회계감사인이 20x3년도 재무제표에 대한 감사과정에서 발견한 사항이다. ㈜갑의 회계변경은 타당한 것으로 간주하고, 회계정책의 적용효과가 중요하며, 오류가 발견된 경우 중요한 오류로 본다. 차입원가를 자본화할 적격자산은 없다. 또한 계산결과 단수차이로 인해 답안과 오차가 있는 경우 근사치를 선택한다.

(1) ㈜갑은 20x2년 1월 1일에 액면금액이 ₩10,0000이고, 이자율이 연 10%인 3년 만기의 사채를 ₩9,520에 발행하였다. 이자지급일은 매년 말이고, 유효이자율법으로 사채할인발행차금을 상각하며, 사채발행시점의 유효이자율은 연 12%이다. ㈜갑은 20x2년도와 20x3년도의 포괄손익계산서에 위 사채와 관련된 이자비용을 각각 ₩1,000씩 인식하였다.
(2) ㈜갑은 20x3년초에 재고자산 단위원가 결정방법을 선입선출법에서 가중평균법으로 변경하였다. ㈜갑은 기초와 기말 재고자산금액으로 각각 ₩1,500과 ₩1,100을 적용하여 20x3년의 매출원가를 계상하였다. 선입선출법과 가중평균법에 의한 재고자산 금액은 다음과 같다.

	20x2년초	20x2년말	20x3년말
선입선출법	₩1,000	₩1,500	₩1,400
가중평균법	₩900	₩1,700	₩1,100

위의 사항이 재무제표에 적정하게 반영될 경우 비교표시되는 20x2년말 ㈜갑의 재무상태표에 계상될 이익잉여금에 미치는 영향은 얼마인가?

① ₩342 감소 ② ₩101 감소 ③ ₩42 감소
④ ₩58 증가 ⑤ ₩200 증가

• 사채

	20x1년	20x2년	20x3년
전기이자비용 과소	–	비용 142[1]↓	
당기이자비용 과소	–		비용 159[2]↓
	–	이익 142↑	이익 159↑

[1] 9,520x12%-10,000x10%=142
[2] (9,520+142)x12%-10,000x10%=159
• 재고자산

	20x1년	20x2년	20x3년
20x1년 기말과대	이익 100↑	이익 100↓	
20x2년 기말과소	–	이익 200↓	이익 200↑
20x3년 기말적정	–	–	–
	이익 100↑	이익 300↓	이익 200↑

∴오류수정으로 20x2년말 이익잉여금 58(-142-100+300) 증가

2. 문제 1번의 사항이 재무제표에 적정하게 반영될 경우 ㈜갑의 20x3년도 포괄손익계산서의 당기순이익은 얼마나 감소하는가?

① ₩101 ② ₩159 ③ ₩359
④ ₩401 ⑤ ₩459

• 오류수정후 20x3년 당기순이익 359(-159-200) 감소

3. 20x2년 장부마감전 다음의 중요한 오류를 수정할 경우 20x2년 순이익에 미치는 영향은 얼마인가?

(1) 20x1년 4월 1일 액면 ₩1,000,000의 사채를 ₩951,963에 취득하였다.(만기 : 20x4년 3월 31일)
(2) 사채의 액면이자율은 10%, 시장이자율은 12%, 이자는 매년 3월말 후급조건으로 수령한다.
(3) 회사는 20x2년 현금이자 수령시에 ₩100,000을 이자수익으로 인식하였다.

① ₩10,542 감소 ② ₩10,542 증가 ③ ₩15,517 감소
④ ₩15,517 증가 ⑤ ₩85,677 증가

• 오류분석

이자수익 계상오류	20x1년 이자수익 85,677[1]↓	20x1년 이자수익 15,517[2]↓

[1] 951,963x12%x9/12-회사(0)=85,677
[2] [951,963x12%x3/12+(951,963+14,236)x12%x9/12]-회사(100,000)=15,517
∴오류수정으로 20x2년 순이익은 15,517 증가

이론과기출 제213강 ─ 자산처분 오류수정

사례   현재가치평가의 오류

❂(주)뱃살공주는 1차연도초 순장부금액 ₩1,000의 기계장치를 매각하고 그 대가로 무이자부약속어음(만기는 3차연도말, 액면금액 ₩1,000)을 받았다. (주)뱃살공주는 이 거래를 다음과 같이 회계처리하였다.

(차) 미수금	1,000	(대) 기계장치	1,000

상기 회계처리로 인하여 1차연도, 2차연도, 3차연도의 법인세비용차감전순이익과 3차연도 까지의 이익잉여금은 어떠한 영향을 받는가?

세부고찰 I

풀이

●회계처리(현재가치를 800으로 가정한 임의의 금액임)

	회사의 회계처리	올바른 회계처리
1차	(차)미수금 1,000 (대)기계장치 1,000	(차)미수금 1,000 (대)기계장치 1,000 처분손실 200 현할차 200 (차)현할차 50 (대)이자수익 50
2차	─	(차)현할차 70 (대)이자수익 70
3차	(차)현금 1,000 (대)미수금 1,000	(차)현할차 80 (대)이자수익 80 (차)현금 1,000 (대)미수금 1,000

① 1차연도 과대계상, 2차연도 과소계상, 3차연도 과소계상
② 처분손실과 이자수익누적액은 동일하므로 이익잉여금에는 영향이 없다.

사례   오류수정분개를 통한 파악

❂(주)잡념없이고고씽은 20x1년초 장부금액 ₩4,000,000(잔존내용연수 4년, 잔존가치는 없고, 취득원가는 ₩5,000,000)인 기계를 ₩3,600,000에 처분함. 기계처분으로 인한 현금유입액을 잡이익으로 처리하였고, 처분후에도 정액법으로 감가상각을 계속함. 20x2년말 장부마감된 후에 이러한 중요한 오류를 발견하고 오류수정분개를 하였다면, 20x2년말 오류수정으로 인한 이월이익잉여금계정에 미치는 변동액은?

세부고찰 II

풀이

●회사의 분개

(차) 현금	3,600,000	(대) 잡이익	3,600,000
감가상각비	2,000,000	(대) 감가상각누계액	2,000,000

●회사역분개

(차) 잡이익	3,600,000	(대) 현금	3,600,000
감가상각누계액	2,000,000	(대) 감가상각비	2,000,000

●올바른 분개

(차) 현금	3,600,000	(대) 기계장치	5,000,000
감가상각누계액	1,000,000		
처분손실	400,000		

●오류수정분개(=회사역분개+올바른분개) →∴이월이익잉여금 2,000,000 감소

(차) 감가상각누계액	3,000,000	(대) 기계장치	5,000,000
이익잉여금	2,000,000		

객관식 확인학습 · 이론적용연습

1. ㈜합격은 20x1년초에 설립되었으며 골프장을 운영하고 있다. 20x2년 사업연도(1월 1일부터 12월 31일까지)의 재무제표에 대한 회계감사를 받는 과정에서 다음과 같은 회계오류가 지적되었다. 오류수정이 20x2년 재무제표에 표시되는 ⓐ기초이익잉여금(법인세효과 고려)과 ⓑ법인세비용차감전순이익에 미치는 영향은 각각 얼마인가? 단, 회사의 법인세율은 30%이다.

> (1) 20x1년초에 골프장 잔디를 보호하기 위한 스프링쿨러를 설치하면서 설치비 ₩400,000을 비용으로 처리하였다. 20x2년말 현재 스프링쿨러의 잔여내용연수는 3년, 잔존가치는 없으며, 감가상각방법은 정액법이다.
>
> (2) 회사는 당월 급여를 모두 차월에 지급하여 왔으며, 이를 현금주의에 의하여 회계처리하였다. 20x1년말과 20x2년말에 미지급한 급여는 각각 ₩2,000과 ₩2,500이었다.

	Ⓐ	Ⓑ
①	₩318,000 감소	₩82,000 증가
②	₩318,000 증가	₩82,000 감소
③	₩318,000 감소	₩80,500 감소
④	₩222,600 감소	₩80,500 증가
⑤	₩222,600 증가	₩80,500 감소

내비게이션
• 오류분석

	20x1년	20x2년
전기 자산을 비용처리	비용 320,000[1] ↑	비용 80,000[2] ↓
전기 미지급급여 과소계상	이익 2,000 ↑	이익 2,000 ↓
당기 미지급급여 과소계상	–	이익 2,500 ↑
	이익 318,000 ↓	이익 80,500 ↑

[1] 400,000−400,000÷5년=320,000
[2] 400,000÷5년=80,000
∴ 기초이익잉여금 증가(세후) : 318,000−318,000x30%=222,600
법인세비용차감전순이익 감소 : 80,500

2. ㈜합격은 20x1년도 장부의 마감 전에 다음과 같은 오류를 발견하였다. 이러한 회계처리 오류가 20x1년도 법인세비용차감전순이익에 미치는 영향은? 단, 차량 및 기계장치의 감가상각방법은 정률법이며 상각률은 40%로 동일하다.

> (1) 20x1년 1월 1일 기계장치를 취득하면서 취득세 ₩800,000을 수익적지출(비용)로 회계처리
>
> (2) 20x1년 1월 1일 차량에 대한 일상적인 수선비 ₩400,000을 자본적지출(자산)로 회계처리

① ₩160,000 과대계상 ② ₩240,000 과소계상
③ ₩320,000 과대계상 ④ ₩360,000 과소계상
⑤ ₩400,000 과소계상

내비게이션
• 회사의 비용처리액 : 800,000+400,000x40%=960,000
• 올바른 비용처리액 : 800,000x40%+400,000=720,000
∴ 비용과대 240,000 →이익과소 240,000

보론 | 기타 계정과목 오류수정

1 사채할인발행차금

> 20x2년 9월 1일에 사채를 발행, 액면 ₩100,000, 발행가 ₩92,796, 표시이자율 9%, 유효이자율 12%, 매년 8월 31일에 이자지급, 20x2년말 회사는 표시이자만 미지급이자로 계상함.

회사 회계처리	(차) 이자비용 3,000[1] (대) 미지급이자 3,000	
올바른 회계처리	(차) 이자비용 3,712[2] (대) 미지급이자 3,000	사발차 712
당기 오류수정	(차) 이자비용 712 (대) 사발차 712	

[1] 100,000x9%x4/12=3,000 [2] 92,796x12%x4/12=3,712

2 이연법인세

> 당기법인세 ₩60,000을 법인세비용 계상. 기초 이연법인세자산 ₩24,000, 기말 누적 차감할일시적차이는 전기 이월분 포함 ₩100,000, 차기이후 법인세율은 30%

회사 회계처리	(차) 법인세비용 60,000 (대) 미지급법인세 60,000	
올바른 회계처리	(차) 법인세비용 54,000 (대) 미지급법인세 60,000	이·법자산 6,000
당기 오류수정	(차) 이·법자산 6,000 (대) 법인세비용 6,000	

3 주식기준보상

> 당기 20x2년초 주식기준보상과 관련하여 주식결제형 10개를 부여함. 용역제공기간은 3년, 공정가치 @300, 회사는 당기에 장기미지급비용 ₩600을 계상함.

회사 회계처리	(차) 주식보상비용 600 (대) 장기미지급비용 600	
올바른 회계처리	(차) 주식보상비용 1,000[1] (대) 주식선택권 1,000	
당기 오류수정	(차) 주식보상비용 400 (대) 주식선택권 1,000	장기미지급비용 600

[1] 3,000x1/3=1,000

Answer 1. ⑤ 2. ②

이론과기출 제214강 ○ 주당이익 **주당이익(EPS) 기본사항**

의의	주당이익	종류	기본주당이익 (Basic EPS)	• 주당이익은 보통주 1주당 이익이 얼마인가를 나타내는 지표임.

의의	주당이익	종류	기본주당이익 (Basic EPS)	기본주당이익 $=\dfrac{\text{보통주당기순이익}}{\text{가중평균유통보통주식수}}$
			희석주당이익 (Diluted EPS)	• 잠재적보통주(예 보통주로 전환가능한 전환우선주, 전환사채등)가 모두 보통주로 전환되었다고 가정하고 계산한 주당이익
				희석주당이익 $=\dfrac{\text{희석당기순이익}}{\text{가중평균유통보통주식수} + \text{잠재적보통주}}$

> **참고** 주가수익비율(PER) = 주가 ÷ EPS →즉, 주가가 EPS의 몇배인지를 나타내는 지표
> **주의** ∴자기주식 취득시는 가중평균유통보통주식수가 감소하므로 주당이익은 증가함.

	유용성	• 기업간 주당이익을 비교하면 기업간 당기순이익을 단순비교하는 것보다 유용함.

표시	구분표시	• 기본 · 희석EPS는 계속영업손익과 당기순손익에 대하여 계산하고 당기순이익 다음에 표시

> **주의** 기본·희석주당이익이 부(-)의 금액(즉, 주당손실)인 경우에도 표시함.

	주의사항	• 연결F/S와 별도F/S를 모두 제시하는 경우로서 별도F/S에 기초한 주당이익을 공시하기로한 기업은 포괄손익계산서에만 그러한 주당이익 정보를 표시함.

> ➡ 즉, 연결F/S에 그러한 주당이익 정보를 표시해서는 않됨.(∵지배기업 별도F/S의 주당이익과 연결F/S의 주당이익 2가지의 표시는 오해를 유발할수 있는 우려있음)
>
> • 주당이익을 '재무제표 표시'에 따라 별개의 보고서(별개의 손익계산서)에 당기순손익의 항목으로 표시하는 경우에는 주당이익은 그 별개의 보고서에만 표시함.
>
> **말장난** 별개의 손익계산서와 포괄손익계산서 모두에 표시한다(X)

❖ 보통주유통일수를 계산하는 기산일의 예를 들면 다음과 같음.

일반적 기산일	현금납입의 경우('일반적 유상증자')	• 현금을 받을 권리가 발생하는 날
	보통주나 우선주 배당금을 자발적으로 재투자하여 보통주 발행시	• 배당금의 재투자일
	채무상품의 전환으로 인하여 보통주를 발행하는 경우	• 최종이자발생일의 다음날
	기타금융상품에 대하여 이자지급 · 원금상환 대신 보통주를 발행시	• 최종이자발생일의 다음날
	채무를 변제하기 위하여 보통주를 발행하는 경우('출자전환')	• 채무변제일
	현금 이외의 자산을 취득하기 위하여 보통주를 발행하는 경우	• 그 자산의 취득을 인식한 날
	용역의 대가로 보통주를 발행하는 경우	• 용역제공일

> **말장난** 주식발행대가가 현금인 경우 보통주유통일수를 계산하는 기산일은 현금을 받은 날이다(X)

소급수정	무상증자등	• 유통보통주식수 · 잠재적보통주식수가 자본금전입 · 무상증자 · 주식분할로 증가, 주식병합으로 감소하였다면, 비교표시하는 모든 기본 · 희석주당이익을 소급하여 수정함.

> **주의** 잠재적보통주의 전환은 제외함.
>
> ➡ ∵무상증자등에 의한 주식수변동은 상응하는 자원변동이 없으므로 기간별 비교가능성 위해 비교표시되는 과년도 재무제표의 주당이익 수치를 소급수정할 필요가 있음.
>
> **예시** 20x1년 당기순이익 ₩2,000,000(계산된 유통주식수 10,375주), 20x2년 당기순이익 ₩2,200,000(당기 무상증자 10% 포함하여 계산된 유통주식수 12,416주)인 경우
> →20x1년 기본EPS는 193(2,000,000 ÷ 10,375주)이나, 20x2년 재무제표와 비교표시 되는 경우 20x2년 10%의 무상증자 효과를 반영함.
> →즉, 20x1년 소급수정 유통주식수 : 10,375주x1.1=11,413주
> →∴20x1년 소급수정 기본EPS : 2,000,000 ÷ 11,413주=175

	가정변경등	• 주당이익의 계산과정에 사용한 가정이 달라지거나 잠재적보통주가 보통주로 전환되더라도 비교표시되는 과거기간의 희석주당이익은 재작성하지 아니함.

> **말장난** 전환된다면 비교표시되는 과거기간의 희석주당이익은 재작성한다(X)

객관식 확인학습  **이론적용연습**

1. 한국채택국제회계기준에 의한 주당이익에 대한 설명이다. 가장 옳지 않은 것은?

① 사업결합 이전대가의 일부로 발행된 보통주의 경우 취득일을 가중평균유통보통주식수를 산정하는 기산일로 한다.

② 주당순이익과 주당계속영업이익은 당기순이익에 주기표시하고 계산근거는 주석으로 기재한다.

③ 조건부로 재매입할 수 있는 보통주를 발행한 경우 이에 대한 재매입가능성이 없어질 때까지는 보통주로 간주하지 아니하고, 기본주당이익을 계산하기 위한 보통주식수에 포함하지 아니한다.

④ 당해 기간 및 비교표시되는 모든 기간의 가중평균유통보통주식수는 상응하는 자원의 변동 없이 유통보통주식수를 변동시키는 사건을 반영하여 조정한다. 다만. 잠재적보통주의 전환은 제외한다.

⑤ 별도재무제표에 기초한 주당이익을 공시하기로 한 기업은 포괄손익계산서에만 그러한 주당이익 정보를 표시하며 연결재무제표에 그러한 주당이익 정보를 표시해서는 아니 된다.

📻 **내비게이션**
• 당기순이익 다음에 표시하는 것이며 주기표시하지 않는다.

2. 주당이익에 대한 다음의 설명 중 가장 타당하지 않은 것은?

① 희석성 잠재적보통주는 회계기간의 기초에 전환된 것으로 보되 당기에 발행된 것은 그 발행일에 전환된 것으로 본다.

② 보통주로 반드시 전환하여야 하는 전환금융상품은 계약체결시점부터 기본주당이익을 계산하기 위한 보통주식수에 포함한다.

③ 주당이익을 기업회계기준서 제1001호 '재무제표 표시'에 따라 별개의 보고서(별개의 손익계산서)에 당기순손익의 항목으로 표시하는 경우에는 주당이익은 별개의 손익계산서와 포괄손익계산서 모두에 표시한다.

④ 할증배당우선주의 당초 할인발행차금이나 할증발행차금은 유효이자율법을 사용하여 상각하여 이익잉여금에 가감하고 주당이익을 계산할 때 우선주 배당금으로 처리한다.

⑤ 채무를 변제하기 위하여 보통주를 발행하는 경우는 채무변제일이 보통주유통일수를 계산하는 기산일이다.

📻 **내비게이션**
• 그 별개의 보고서(별개의 손익계산서)에만 표시한다.

3. 재무제표 표시에 관한 설명으로 옳지 않은 것은?

① 기업은 비용의 성격별 또는 기능별 분류방법 중에서 신뢰성 있고 더욱 목적적합한 정보를 제공할 수 있는 방법을 적용하여 당기손익으로 인식한 비용의 분석내용을 표시한다.

② 상법 등 관련 법규에서 이익잉여금처분계산서의 작성을 요구하는 경우에는 재무상태표의 이익잉여금에 대한 보충정보로서 이익잉여금처분계산서를 주석으로 공시한다.

③ 영업이익에 포함되지 않은 항목 중 기업의 영업성과를 반영하는 그 밖의 수익 또는 비용 항목이 있다면 이러한 항목을 추가하여 조정영업이익 등의 명칭을 사용하여 주석으로 공시할 수 있다.

④ 이익의 분배에 대해 서로 다른 권리를 가지는 보통주 종류별로 이에 대한 기본주당이익과 희석주당이익을 포괄손익계산서에 표시한다. 그러나 기본주당이익과 희석주당이익이 부의 금액(즉, 주당손실인 경우에는 표시하지 않는다.

⑤ 기업이 상당 기간 계속 사업이익을 보고하였고, 보고기간말 현재 경영에 필요한 재무자원을 확보하고 있는 경우에는 자세한 분석이 없이도 계속기업을 전제로 한 회계처리가 적절하다는 결론을 내릴 수 있다.

📻 **내비게이션**
• 부(−)의 금액(즉, 주당손실)인 경우에도 표시한다.

서술형Correction연습

☐ 당해 기간 및 비교표시되는 모든 기간의 가중평균유통보통주식수는 상응하는 자원의 변동없이 유통보통주식수를 변동시키는 사건을 반영하여 조정하며, 잠재적보통주의 전환도 조정한다.

➡ (X) : 잠재적보통주의 전환은 제외한다.

☐ 주당이익의 계산과정에 사용한 가정이 달라지거나 잠재적보통주가 보통주로 전환된다면 비교표시되는 과거기간의 희석주당이익은 재작성한다.

➡ (X) : 전환되더라도 비교표시되는 과거기간의 희석주당이익은 재작성하지 아니한다.

Answer 1. ② 2. ③ 3. ④

시험중요도 ★★★

이론과기출 제215강 ⟩ 가중평균유통보통주식수 : 무상증자등

기초부터 유통되는 구주에 대해 실시된 경우	•기초에 실시된 것으로 간주
기중 유상증자등의 발행신주에 대해 실시된 경우	•유상증자등의 납입일에 실시된 것으로 간주

무상증자
주식배당
주식분할
주식병합

▶사례 기중유상증자에 대한 무상증자

❂기초 1,000주, 4월 1일 1,000주 유상증자, 7월 1일 무상증자 1,000주(무상증자비율 50%)

풀이

```
1/1              4/1                               12/31
├────────────────┼──────────────────────────────────┤
1,000주          1,000주
1,000주x50%=500주  1,000주x50%=500주
 1,500주          1,500주
```

•가중평균유통보통주식수 : 1,500x12/12+1,500x9/12=2,625주

▶사례 주식분할

❂기초 40,000주, 4월 1일 구주 1주당 신주 2주로 주식분할, 7월 1일 유상증자 신주발행 10,000주

풀이

```
1/1                        7/1                     12/31
├──────────────────────────┼────────────────────────┤
40,000주→80,000주          10,000주
```

•가중평균유통보통주식수 : 80,000x12/12+10,000x6/12=85,000주

유상증자

일반적인 경우	•납입일(현금을 받을 권리가 발생하는 날)을 기준으로 가중평균
공정가치미만 유상증자	•주주우선배정방식에 따라 유상증자시는 발행금액이 공정가치보다 낮으므로 공정가치에 의한 유상증자와 무상증자가 혼합된 것으로 보아 무상증자비율을 구한후, 공정가치로 유상증자 후에 무상증자한 것으로 간주하여 주식수를 계산 ➡공정가치=유상증자 권리행사일 전의 공정가치 •무상증자비율 : ②÷(증자전주식수+①) ① 공정가치로 유상증자시 발행가능주식수 = 유입현금÷공정가치 ② 무상증자주식수=실제유상증자주식수−공정가치로 유상증자시 발행가능주식수

▶사례 공정가치미만 유상증자

❂기초주식수 450주, 7월 1일 유상증자 100주(발행금액 @100), 권리행사일전 공정가치는 ₩200

풀이

•무상증자비율 : $\dfrac{100주-(100주\times@100)\div200}{450주+50주}=10\%$

```
1/1                        7/1                     12/31
├──────────────────────────┼────────────────────────┤
450주                      50주
450주x10%=45주             50주x10%=5주
 495주                      55주
```

•가중평균유통보통주식수 : 495x12/12+55x6/12=522주

객관식 확인학습 ◖ **이론적용연습**

1. 다음 자료에 의해 20x1년 기본주당이익을 계산하면 얼마인가? 단, 20x1년 당기순이익은 ₩5,106,250이며 가중평균유통보통주식수는 월수로 계산한다.

> (1) 20x1년초 보통주와 우선주의 보유현황은 다음과 같다.
> – 보통주 : 200,000주(주당 액면금액 ₩5,000)
> – 우선주 : 10,000주(주당 액면금액 ₩5,000, 누적적우선주, 연 배당률 6%)
> (2) 20x1년 7월 1일 보통주에 대해 5%의 무상증자를 실시하였다.
> (3) 20x1년 10월 1일 보통주 2,500주를 유상증자하였다. 유상신주의 배당기산일은 납입한 때이며 발행금액은 공정가치와 일치한다.

① ₩20   ② ₩18   ③ ₩15
④ ₩13   ⑤ ₩10

내비게이션

•주식수 분석

1/1   10/1   12/31
200,000   2,500
200,000x5%
210,000

•가중평균유통보통주식수 : $210,000 \times \frac{12}{12} + 2,500 \times \frac{3}{12} = 210,625$주
•우선주배당금 : 10,000주x@5,000x6%=3,000,000
•기본주당이익 : $\frac{5,106,250 - 3,000,000}{210,625주} = 10$

2. ㈜대한의 20x1년 1월 1일 유통보통주식수는 24,000주이며, 20x1년도 중 보통주식수의 변동내역은 다음과 같았다.

일자	보통주식수 변동내역
3월 1일	유상증자를 통해 12,000주 발행
5월 1일	자기주식 6,000주 취득
9월 1일	자기주식 3,000주 재발행
10월 1일	자기주식 1,000주 재발행

한편, 20x1년 3월 1일 유상증자시 주당 발행가격은 ₩1,000으로서 권리락 직전일의 종가인 주당 ₩1,500보다 현저히 낮았다. ㈜대한의 20x1년도 기본주당이익 계산을 위한 가중평균유통보통주식수는? 단, 가중평균유통보통주식수는 월할계산한다.

① 31,250주   ② 31,750주   ③ 32,250주
④ 32,750주   ⑤ 33,250주

내비게이션

•공정가치로 유상증자시 발행가능주식수 계산
(12,000주x1,000) ÷ 1,500=8,000주
•무상증자비율 : $\frac{12,000주 - 8,000주}{24,000주 + 8,000주} = 12.5\%$
•주식수 분석

1/1   3/1   5/1   9/1   10/1   12/31
24,000   8,000   (6,000)   3,000   1,000
3,000[1]   1,000[2]
27,000   9,000

[1]24,000주x12.5%=3,000주
[2]8,000주x12.5%=1,000주
•가중평균유통보통주식수
$27,000 \times \frac{12}{12} + 9,000 \times \frac{10}{12} - 6,000 \times \frac{8}{12} + 3,000 \times \frac{4}{12} + 1,000 \times \frac{3}{12} = 31,750$주

서술형Correction연습

▫ 기본주당이익 계산을 위한 가중평균유통보통주식수 산정시 당기 중에 주식분할로 증가된 보통주은 그 발행일을 기산일로 하여 유통보통주식수를 계산한다.

➲ (X) : 기초에 실시된 것으로 간주한다.

이론과기출 제216강 ○── 가중평균유통보통주식수 : 신주인수권등

신주인수권 옵션	•납입일(현금을 받을 권리가 발생하는 날)을 기준으로 가중평균	
전환사채 전환우선주	**일반적인 경우**	•실제전환일을 기준으로 가중평균함.
	보통주로 반드시 전환해야하는 전환금융상품	•계약체결시점부터 보통주식수에 포함하여 조정

자기주식

•보유기간(취득~매각)동안 유통보통주식수에서 제외

 사례 **자기주식**

❂기초주식수 10,000주, 4월 1일 자기주식취득 800주, 7월 1일 자기주식매각 500주

> **풀이**
> •가중평균유통보통주식수 : 10,000주x12/12-800주x9/12+500주x6/12=9,650주

조건부발행
보통주

정의	•조건부주식약정에 명시된 특정 조건이 충족된 경우에 현금 등의 대가가 없거나 거의 없이 발행하게 되는 보통주를 말함.
기산일	•모든 필요조건이 충족(즉, 사건의 발생)된 날에 발행된 것으로 보아 기본주당이익을 계산하기 위한 보통주식수에 포함함. ➡단순히 일정기간이 경과한 후 보통주를 발행하기로 하는 계약 등의 경우 기간의 경과에는 불확실성이 없으므로 조건부발행보통주로 보지 아니함.

보론 조건부재매입가능보통주

☐ 조건부로 재매입할 수 있는 보통주를 발행한 경우 재매입가능성이 없어질 때까지는 보통주로 간주하지 않고 기본주당이익을 계산하기 위한 보통주식수에 포함하지 아니함.(=재매입가능성이 없어질 때부터 보통주식수에 포함)
  →즉, 재매입가능성이 있는한 자기주식 취득과 실질이 동일하므로 유통주식수로 간주치 않음.

사례 **조건부발행보통주**

❂20x1년 기초유통보통주식수 10,000주, 4월 1일 무상증자 10%, 전기 사업결합과 관련하여 다음 조건에 따라 보통주를 추가로 발행하기로 합의하였음.

영업점조건	새로 개점되는 영업점 1개당 보통주 500주 발행
이익조건	당기순이익이 ₩20,000을 초과하는 경우 초과액 ₩100에 대하여 보통주 100주 발행

7월 1일과 10월 1일에 각각 1개의 새로운 영업점을 개점하였으며, 당기순이익으로 보고한 금액은 ₩29,000임.

> **풀이**

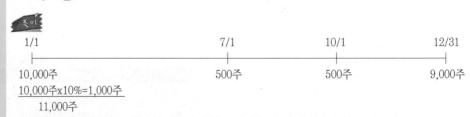

•가중평균유통보통주식수 : 11,000x12/12+500x6/12+500x3/12+9,000x0/12=11,375주

사업결합
이전대가

형태	•사업결합 이전대가의 일부로 발행된 보통주의 경우임.
기산일	•취득일을 가중평균유통보통주식수를 산정하는 기산일로 함. ➡∵사업 취득일부터 피취득자 손익을 취득자의 포괄손익계산서에 반영하기 때문임.

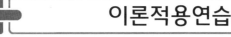

객관식 확인학습

이론적용연습

1. 기본주당이익 계산을 위한 유통보통주식수 산정에 고려할 사항을 설명한 것이다. 가장 잘못된 것은?

① 유상증자 등의 경우에는 원칙적으로 현금을 받을 권리가 발생하는 날(납입일)에 발행된 것으로 간주한다.

② 전환사채나 전환우선주의 전환은 전환청구일에 발행된 것으로 간주한다.

③ 권리행사에 의한 공정가치 미만 유상증자의 경우 공정가치 유상증자와 무상증자가 복합된 것으로 본다.

④ 우선주는 보통주식수 산정시에 제외되어야 한다.

⑤ 무상증자 등의 경우에는 원칙적으로 기초발행으로 간주한다. 다만, 유상증자분에 대한 무상증자는 당해 유상증자 주금납입일에 발행된 것으로 본다.

• 실제로 전환된 날 또는 계약체결시점에 발행된 것으로 간주한다.

2. 다음은 ㈜합격의 보통주식수 변동내역이다. 기초 유통보통주식수가 10,000주라고 할 때, 기본주당이익 계산을 위한 가중평균유통보통주식수를 계산하면 얼마인가? 단, 전환사채는 당기 4월 1일 발행된 것이고, 전환우선주는 전기 10월 1일에 발행된 것이며, 가중평균유통보통주식수는 월수계산한다.

2월 1일 유상증자	3,000주
7월 1일 전환사채의 전환	1,000주
10월 1일 전환우선주의 전환	2,000주
11월 1일 자기주식의 취득	1,500주

① 12,500주 ② 13,500주 ③ 14,500주
④ 16,000주 ⑤ 17,500주

• 가중평균유통보통주식수

$10,000 \times \frac{12}{12} + 3,000 \times \frac{11}{12} + 1,000 \times \frac{6}{12} + 2,000 \times \frac{3}{12} - 1,500 \times \frac{2}{12}$
$= 13,500$주

3. 다음은 ㈜합격의 발행주식수의 변동내역이다. 기본주당이익 계산을 위한 가중평균유통보통주식수를 계산하면 얼마인가? 단, 적수는 월할계산한다.

1월 1일 사외유통주식수	5,000주
4월 1일 자기주식의 취득	1,000주
7월 1일 무상증자 50%	?
10월 1일 유상증자	1,000주

① 5,000주 ② 6,000주 ③ 6,322주
④ 6,625주 ⑤ 7,500주

• 주식수 분석

1/1	4/1	10/1	12/31
5,000	(1,000)	1,000	
5,000×50%	(1,000×50%)		
7,500	(1,500)		

• 가중평균유통보통주식수

$7,500 \times \frac{12}{12} - 1,500 \times \frac{9}{12} + 1,000 \times \frac{3}{12} = 6,625$주

4. ㈜합격의 20x1년 자본금 변동사항(주당 액면금액 ₩5,000)이 다음과 같을때, 가중평균유통보통주식수는 얼마인가? 단, 가중평균유통보통주식수 월수계산한다.

(단위 : 천원)

	보통주 자본금		우선주 자본금	
기초	10,000주	₩50,000	2,000주	₩10,000
3월 1일 주식배당 5%	500주	₩2,500	100주	₩500
7월 1일 유상증자 20%	2,100주	₩10,500	420주	₩2,100
9월 1일 무상증자 10%	1,260주	₩6,300	252주	₩1,260
기말	13,860주	₩69,300	2,772주	₩13,860

① 12,705주 ② 12,966주 ③ 13,263주
④ 13,654주 ⑤ 13,860주

• 주식수 분석

1/1	7/1	12/31
10,000	2,100	
1,000×5%	–	
10,500×10%	2,100×10%	
11,550	2,310	

• 가중평균유통보통주식수 : $11,550 \times \frac{12}{12} + 2,310 \times \frac{6}{12} = 12,705$주

서술형Correction연습

☐ 보통주로 반드시 전환하여야 하는 전환금융상품은 전환일부터 기본주당이익을 계산하기 위한 보통주식수에 포함한다.

➡ (X) : 전환일부터(X) →계약체결시점부터(O)

이론과기출 제217강 ○─ 보통주당기순이익 : 개요와 우선주

개요	보통주당기순이익	•당기순이익(세후순이익)에서 우선주배당금(세후우선주배당금)을 차감하여 산정함. ▶저자주◀ 세후우선주배당금은 일반적인 우선주배당금과 동일합니다!
	우선주배당금	•중간배당을 포함하여 차기 주주총회에서 배당결의될 예상액을 당기순이익에서 차감함.

> **사례** 우선주배당금계산의 기초

❖기초우선주자본금 ₩100,000,000. 7월 1일 유상증자로 인한 우선주자본금 ₩20,000,000, 8월 30일 10% 무상증자로 인한 우선주자본금 ₩12,000,000, 우선주배당률 10%, 유상신주배당기산일은 납입한 때, 무상신주배당기산일은 원구주에 따름. 배당금은 월수계산함.

•우선주배당금
$(100,000,000+100,000,000×10\%)×12/12×10\%+(20,000,000+20,000,000×10\%)×6/12×10\%=12,100,000$

비누적·누적 우선주	비누적적우선주	•당해 회계기간과 관련하여 배당결의된 세후배당금을 당기순손익에서 차감함.
	누적적우선주	•배당결의 여부와 관계없이 당해 회계기간과 관련한 세후배당금을 당기순손익에서 차감함. ▶주의◀ ∴전기 이전의 기간과 관련하여 당기에 지급되거나 결의된 누적적우선주배당금은 제외함. ▶말장난◀ 배당결의 되지않은 당해 회계기간과 관련한 누적적우선주에 대한 세후배당금은 당기순손익에서 차감할 우선주배당금에 해당하지 아니한다(X)

> **사례** 누적적우선주배당금

❖전기당기순손실 ₩50,000, 당기순이익 ₩200,000, 전기,당기 모두 유통보통주식은 1,000주, 우선주는 비참가적, 누적적우선주. 당기에 전기분과 당기분 우선주배당 ₩30,000씩 ₩60,000을 배당키로 결의함.

•전기 기본EPS : $(-50,000-30,000)÷1,000=-80$
•당기 기본EPS : $(200,000-30,000)÷1,000=170$
  →$(200,000-60,000)÷1,000=140(X)$
*배당결의하지 않은 경우에도 위와 동일함!

우선주 재매입	재매입대가>장부금액	•기업이 공개매수 방식으로 우선주를 재매입할때 우선주 주주에게 지급한 대가의 공정가치가 우선주의 장부금액을 초과하는 부분은 우선주 주주에 대한 이익배분으로서 이익잉여금에서 차감하며, 당기순이익에서 차감함.
		<table><tr><td>(차) 우선주자본금(장부금액)</td><td>80</td><td>(대) 현금(지급대가)</td><td>100</td></tr><tr><td>(차) 이익잉여금</td><td>20</td><td></td><td></td></tr></table>
		➡즉, 이익배분(우선주배당)의 증가로 보아 당기순이익에서 차감 ▶말장난◀ 보통주에 귀속되는 당기순손익을 계산할 때 가산한다(X)
	재매입대가<장부금액	•반면, 우선주의 장부금액이 우선주의 매입을 위하여 지급하는 대가의 공정가치를 초과하는 경우 그 차액을 당기순이익에 가산함.
		<table><tr><td>(차) 우선주자본금(장부금액)</td><td>80</td><td>(대) 현금(지급대가)</td><td>60</td></tr><tr><td></td><td></td><td>이익잉여금</td><td>20</td></tr></table>
		➡즉, 이익배분(우선주배당)의 감소로 보아 당기순이익에 가산

객관식 확인학습 — 이론적용연습

1. 20x1년 1월 1일 ㈜국세의 유통보통주식수는 10,000주(주당액면 ₩5,000), 유통우선주식수는 7,000주(주당액면 ₩5,000, 비누적적·비참가적)이었다. 20x1년 중 우선주의 변동은 없었으며, 보통주는 20x1년 4월 1일 유상증자로 4,000주가 증가하였고, 7월 1일 10% 무상증자로 1,400주가 추가 발행되었다. 20x1년도 당기순이익은 ₩29,880,000이었으며, 배당 결의된 우선주의 배당률은 20%이다. ㈜국세의 기본주당이익은 얼마인가? 단, 가중평균유통주식수는 월할계산한다. 또한 유상증자는 20x1년 4월 1일에 전액 납입 완료되었으며, 무상신주의 배당기산일은 원구주에 따른다.

① ₩1,334 ② ₩1,443 ③ ₩1,486
④ ₩1,600 ⑤ ₩1,670

 내비게이션

• 주식수 분석

```
1/1              4/1                        12/31
├───────────────┼──────────────────────────┤
10,000          4,000
10,000x10%      4,000x10%
11,000주        4,400주
```

• 가중평균유통보통주식수 : $11,000 \times \frac{12}{12} + 4,400 \times \frac{9}{12} = 14,300$주

• 기본주당이익 : $\dfrac{29,880,000 - 7,000주 \times 5,000 \times 20\%}{14,300주} = 1,600$

2. ㈜합격의 20x2년도 재무내용은 다음과 같다. ㈜합격의 20x2년도 보통주 기본주당이익은 얼마인가? 단, 모든 계산금액은 소수점 첫째 자리에서 반올림하며, 이 경우 약간의 반올림 오차가 나타날 수 있다.

(1) 20x2년 1월 1일
  - 유통보통주식수 1,000주(주당 액면가 ₩1,000)
  - 유통우선주식수 200주(주당 액면가 ₩1,000, 연배당율 10%, 누적적비참가적 전환우선주, 우선주 10주당 보통주 1주의 전환조건)
(2) 당기순이익은 ₩500,000이다.
(3) ㈜합격은 상기 전환우선주에 대해서 20x1년도 배당금을 지급하지 않았으며, 20x2년도에 전환우선주의 전환은 없었다. 상기 자료 이외에 전환우선주 등의 자본거래는 없었다.

① ₩465 ② ₩466 ③ ₩472
④ ₩477 ⑤ ₩480

 내비게이션

• 보통주당기순이익 : 500,000-200주x@1,000x10%=480,000
• 기본주당이익 : 480,000÷1,000주=480

3. 20x3년 1월 1일 현재 ㈜한국이 기발행한 보통주 500,000주(1주당 액면금액 ₩5,000)와 배당률 연10%의 비누적적 전환우선주 150,000주(1주당 액면금액 ₩10,000)가 유통 중에 있다. 전환우선주는 20x1년 3월 1일에 발행되었으며, 1주당 보통주 1주로 전환이 가능하다. 20x3년도에 발생한 보통주식의 변동 상황을 요약하면 다음과 같다.

구분	내용	변동주식수	유통주식수
1월 1일	기초 유통보통주식수	–	500,000주
4월 1일	전환우선주 전환	100,000주	600,000주
9월 1일	1대 2로 주식분할	600,000주	1,200,000주
10월 1일	자기주식 취득	(200,000주)	1,000,000주

20x3년도 당기순이익은 ₩710,000,000이며, 회사는 현금배당을 결의하였다. ㈜한국의 20x3년도 기본주당이익은 얼마인가? 단, 기중에 전환된 전환우선주에 대해서는 우선주배당금을 지급하지 않으며, 가중평균유통보통주식수 계산시 월할계산한다. 단수 차이로 인해 오차가 있는 경우 가장 근사치를 선택한다.

① ₩500 ② ₩555 ③ ₩591
④ ₩600 ⑤ ₩645

 내비게이션

• 주식수 분석

```
1/1          4/1              10/1      12/31
├────────────┼────────────────┼─────────┤
500,000      100,000          (200,000)
500,000      100,000
1,000,000    200,000
```

• 가중평균유통보통주식수

$1,000,000 \times \frac{12}{12} + 200,000 \times \frac{9}{12} - 200,000 \times \frac{3}{12} = 1,100,000$주

• 기본주당이익

$\dfrac{710,000,000 - 50,000주 \times 10,000 \times 10\%}{1,100,000주} = 600$

서술형Correction연습

□ 누적적우선주배당금은 배당금을 선언하기 전에는 지급의무가 없으므로 배당을 선언하기 전에는 보통주당기순이익의 계산시 당기순이익에서 차감할 수 없다.

➡ (X) : 배당결의 여부와 관계없이 당해 회계기간과 관련한 누적적우선주에 대한 세후배당금은 당기순손익에서 차감한다.

이론과기출 제218강 ━ 보통주당기순이익 : 전환우선주 유도전환등

전환우선주 유도전환

의의	• 전환우선주 발행기업이 처음의 전환조건보다 유리한 조건을 제시하거나 추가적인 대가를 지급하여 조기 전환을 유도하는 경우가 있음. • 이 경우 처음의 전환조건에 따라 발행될 보통주의 공정가치를 초과하여 지급하는 보통주나 그 밖의 대가의 공정가치는 전환우선주에 대한 이익배분으로 봄.
처리	• 기본주당이익을 계산할때 지배기업의 보통주에 귀속되는 당기순손익에서 차감함. <u>말장난</u> 보통주에 귀속되는 당기순손익에 가산한다(X)

▶저자주◀ IFRS는 연결재무제표를 주재무제표로 하고 있기 때문에 기준서에서는 '지배기업 보통주 귀속 당기순손익' 으로 서술하고 있습니다. 본장은 개별기업이 대상이므로 '보통주 귀속 당기순손익' 으로 해도 무방합니다!

할증배당 우선주

의의	• 할증배당우선주는 다음과 같은 우선주를 말함. ① 시가보다 할인발행한 기업에 대한 보상으로 초기에 낮은 배당을 지급하는 우선주 ② 시가보다 할증금액으로 매수한 투자자에 대한 보상으로 이후 기간에 시장보다 높은 배당을 지급하는 우선주

처리	발행차금	• 당초 할인발행차금이나 할증발행차금은 유효이자율법을 사용하여 상각하여 이익잉여금에 가감함.
	주당이익계산	• 주당이익을 계산할때 우선주배당금으로 처리함. ➡ 할인발행차금상각액 : 당기순이익에서 차감 ➡ 할증발행차금상각액 : 당기순이익에 가산

▼ 사례 **할증배당우선주**

❂ 20x1년 1월 1일 액면금액 ₩10,000의 누적적우선주를 발행하였다(전환되거나 상환되지 않음). 우선주는 20x4년부터 연간 주당 ₩700의 배당금을 받게된다. 발행일 현재 누적적우선주에 대한 시장배당수익률은 7%이다. 따라서 발행일에 주당 ₩700의 배당률이 유효하다면 ₩10,000의 발행금액을 기대할수 있다. 그러나 배당지급기간을 고려하여 우선주는 ₩8,163에, 즉 주당 ₩1,837이 할인되어 발행되었다. 이는 액면금액 ₩10,000을 3년 동안 연 7%로 할인한 결과이다. 20x1년의 당기순이익은 ₩100,0000이다.

 풀이

• 20x1년부터 20x3년까지 ₩700의 배당금을 지급한다면 현재가치가 ₩10,000으로서 액면발행될 것이나, 3년간 배당금을 지급하지 않기 때문에 ₩8,163[100,000x(7%,3년현가계수)]에 할인발행되었음을 의미한다.
• 유효이자율법에 의한 상각표

일자	내재된 배당금(7%)	지급된 배당금	장부금액
20x1년초			8,163
20x1년말	8,163x7%=571	0	8,163+571=8,734
20x2년말	8,734x7%=612	0	8,734+612=9,346
20x3년말	9,346x7%=654	0	9,346+654=10,000

• 회계처리

20x1년초	(차) 현금	8,163	(대) 우선주자본금	10,000
	주식할인발행차금	1,837		
20x1년말	(차) 이익잉여금	571	(대) 주식할인발행차금	571
20x2년말	(차) 이익잉여금	612	(대) 주식할인발행차금	612
20x3년말	(차) 이익잉여금	654	(대) 주식할인발행차금	654

• 20x1년 보통주당기순이익 : 100,000-571=99,429

객관식 확인학습 ⊂ **이론적용연습**

1. 기본주당이익을 계산할 때 보통주에 귀속되는 당기순손익 계산에 대하여 옳지 않은 설명은?

① 누적적 우선주는 배당결의가 있는 경우에만 당해 회계기간과 관련한 세후배당금을 보통주에 귀속되는 당기순손익에서 차감한다.

② 할증배당우선주의 할인발행차금은 유효이자율법으로 상각하여 이익잉여금에 가산하고, 주당이익을 계산할 때 우선주배당금으로 처리한다.

③ 비누적적 우선주는 당해 회계기간과 관련하여 배당 결의된 세후 배당금을 보통주에 귀속되는 당기순손익에서 차감한다.

④ 기업이 공개매수 방식으로 우선주를 재매입할 때 우선주 주주에게 지급한 대가의 공정가치가 우선주 장부금액을 초과하는 부분은 보통주에 귀속되는 당기순손익을 계산할 때 차감한다.

⑤ 부채로 분류되는 상환우선주에 대한 배당금은 보통주에 귀속되는 당기순손익을 계산할 때 조정하지 않는다.

 낙비게이션

• ① 배당결의가 있는 경우에만(X) → 배당결의 여부와 관계없이(O)

• ⑤ 배당금이 이자비용으로 처리되어 이미 당기순손익에 차감되어 있으므로 보통주에 귀속되는 당기순손익을 계산할 때 조정하지 않는다.

2. ㈜합격의 다음 자료에 의할 때 20x1년도 기본주당이익은 얼마인가?

(1) 20x1년도 우선주배당금 차감전 당기순이익
- ₩5,000,000

(2) 20x1년초 보통주 발행주식수는 1,000주이며, 동 일자에 액면금액 ₩1,000,000의 우선주(비전환/비상환)를 발행하였다. 기타 보통주 변동내역은 없다.

(3) 연간 우선주 배당률은 10%이며, 배당은 20x3년 1월부터 이루어질 것이고 주식은 할인발행되었다.(할인을 위한 유효이자율은 8%임.)

① ₩4,200 ② ₩4,931 ③ ₩4,999
④ ₩5,125 ⑤ ₩5,639

낙비게이션

• 우선주 발행금액
$$\frac{1,000,000}{1.08^2}=857,339$$
→ ∴ 상각액 : 857,339×8%=68,587

• 기본주당이익
$$\frac{5,000,000-68,587}{1,000주}=4,931$$

서술형Correction연습

❏ 전환우선주 발행기업이 처음의 전환조건보다 유리한 조건을 제시하거나 추가적인 대가를 지급하여 조기 전환을 유도하는 경우 처음의 전환조건에 따라 발행될 보통주의 공정가치를 초과하여 지급하는 보통주나 그 밖의 대가의 공정가치는 기본주당이익을 계산할 때 지배기업의 보통주에 귀속되는 당기순손익에 가산한다.

➡ (X) : 당기순손익에 가산한다.(X) → 당기순손익에서 차감한다.(O)

이론과기출 제219강 ◯ 기본주당이익 산정

 사례 우선주배당금과 기본EPS 계산①

❂(주)합격의기쁨의 우선주는 배당률 7%의 누적적·비참가적 우선주로 전기(20x1년)말 시점에 연체배당금 ₩700,000이 있다. 20x2년 자본금(주당액면 ₩5,000) 변동내역은 다음과 같다.

	보통주 자본금		우선주 자본금	
기초(1월 1일)	10,000주	₩50,000,000	1,000주	₩5,000,000
7월 1일 유상증자(납입) 25%	2,500주	12,500,000	250주	1,250,000
8월 1일 무상증자 6%	750주	3,750,000	75주	375,000
11월 1일 자기주식 구입	(300주)	(1,500,000)	−	−

세부고찰 I

(주)합격의기쁨은 20x2년도 이익에 대해서도 배당을 실시하지 않았다. 유상신주의 배당기산일은 납입한 때이고, 무상신주는 원구주에 따른다. 20x2년 7월 1일 유상증자는 공정가치로 실시되었다. 20x2년도 우선주배당금 차감전 당기순이익이 ₩5,170,000이라고 할 때 기본주당이익은 얼마인가?

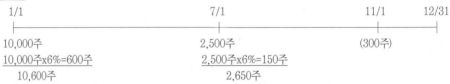

```
1/1                              7/1                    11/1        12/31
├────────────────────────────────┼──────────────────────┼───────────┤
10,000주                         2,500주                 (300주)
10,000주x6%=600주                 2,500주x6%=150주
   10,600주                          2,650주
```

●가중평균유통보통주식수 : 10,600x12/12+2,650x6/12-300x2/12=11,875주
●우선주배당 : (1,060주x12/12)x5,000x7%+(265주x6/12)x5,000x7%=417,375
●기본주당이익 : (5,170,000-417,375)÷11,875주=400

 사례 우선주배당금과 기본EPS 계산②

❂(주)꿈에그린의 우선주는 배당률 10%의 비누적적·비참가적 우선주이다. 다음은 20x1년도 중 보통주와 우선주의 변동사항이다.(20x1년도의 당기순이익은 ₩1,672,000임.)

	보통주(주당액면 ₩1,000)	우선주(주당액면 ₩1,000)
1월 1일 유통주식수	9,000주	5,000주
4월 1일 유상증자(20%)	1,800주	1,000주
7월 1일 무상증자(10%)	1,080주	600주

보통주 유상신주의 주당 발행금액은 ₩1,000이며 3월 31일의 공정가치는 주당 ₩1,800이다. 유상신주의 배당기산일은 납입한 때이고, 무상신주는 원구주에 따른다. 기본주당이익은 얼마인가?

세부고찰 II

●무상증자비율 : $\dfrac{1,800주-(1,800주\times@1,000)\div1,800}{9,000주+1,000주}$=8%

```
1/1                 4/1                              12/31
├───────────────────┼──────────────────────────────────┤
9,000주             1,000주
9,000주x8%=720주     1,000주x8%=80주
9,720주x10%=972주    1,080주x10%=108주
  10,692주            1,188주
```

●가중평균유통보통주식수 : 10,692x12/12+1,188x9/12=11,583주
●우선주배당금 : (5,500주x12/12)x1,000x10%+(1,100주x9/12)x1,000x10%=632,500
●기본주당이익 : (1,672,000-632,500)÷11,583주=90

객관식 확인학습　　이론적용연습

1. ㈜세무의 20x1년 당기순이익은 ₩2,450,000이며, 기초 유통보통주식수는 1,800주이다. 20x1년 9월 1일 주주우선배정 방식으로 보통주 300주를 유상증자하였다. 이때 발행금액은 주당 ₩40,000이며, 유상증자 직전 종가는 주당 ₩60,000이다. ㈜세무의 20x1년 기본주당이익은? 단, 가중평균유통보통주식수는 월할계산한다.

① ₩1,167　　② ₩1,225　　③ ₩1,250
④ ₩1,289　　⑤ ₩1,321

 내비게이션

• 공정가치로 유상증자시 발행가능주식수 계산
(300주x40,000) ÷ 60,000=200주
• 무상증자비율 : $\frac{300주-200주}{1,800주+200주}$ =5%
• 주식수 분석

```
1/1                    9/1              12/31
├────────────────────┼──────────────────┤
1,800                  200
  90¹⁾                   10²⁾
1,890                  210
```

¹⁾1,800주x5%=90주
²⁾200주x5%=10주
• 가중평균유통보통주식수 : 1,890x12/12+210x4/12=1,960주
• 기본주당이익 : $\frac{2,450,000}{1,960주}$ =1,250

2. 20x2년 1월 1일 현재 ㈜국세의 유통 중인 보통주 발행주식은 10,000주(주당 액면금액 ₩10,000)이고, 우선주 발행주식은 5,000주(주당 액면금액 ₩10,000)이다. 우선주는 누적적, 비참가적 우선주이며 연 배당률은 액면금액의 5%이다. ㈜국세는 20x2년 7월 1일에 자기주식(보통주) 1,000주를 구입하였다. 또한 ㈜국세는 20x3년 2월말에 현금배당으로 보통주에 대해서는 액면금액의 2%를, 우선주에 대해서는 1주당 ₩1,000을 지급하기로 결의하였다. 배당결의된 우선주 배당금에는 20x1년분에 대하여 지급하지 못한 부분(1주당 ₩500에 해당)이 포함되어 있다. ㈜국세의 20x2년도 보통주 기본주당이익이 ₩400이라면 당기순이익은 얼마인가? 단, 유통보통주식수의 가중평균은 월수를 기준으로 계산한다.

① ₩2,000,000　　② ₩4,200,000　　③ ₩4,400,000
④ ₩6,300,000　　⑤ ₩6,500,000

 내비게이션

• 1주당 우선주 배당금 : 10,000x5%=500
→ ∴1주당 지급결의 1,000=500(전기분)+500(당기분)
• 기본주당이익=(x -5,000주x500) ÷ (10,000x12/12-1,000x6/12)=400
에서, →x =6,300,000

3. 다음 자료에 의해 20x2년 당기순이익이 ₩3,000,000 이라고 할 경우 20x2년 기본주당이익은?

> (1) 20x2년초 자본금 구성은 다음과 같다.
> － 보통주자본금(@5,000)
> 　₩5,000,000
> － 우선주자본금(@5,000 비참가적, 비누적적)
> 　₩1,000,000
> (2) 20x1년분 주식배당 5%를 지급하기로 20x2년 3월 주주총회에서 의결되었다. 주식배당으로 발행된 신주의 배당기산일은 회계년도초이다.
> (3) 20x2년도 현금배당은 보통주 8%, 우선주 10%이다. 그리고 20x2년 7월 1일 보통주에 대하여 유상증자 20%를 공정가치로 실시하였다. 유상신주의 배당기산일은 납입시점이다.

① ₩1,155　　② ₩1,805　　③ ₩2,133
④ ₩2,507　　⑤ ₩3,333

• 주식수 분석

```
1/1              7/1            12/31
├────────────────┼──────────────┤
1,000            1,050x20%=210
1,000x5%
1,050
```

• 가중평균유통보통주식수 : 1,050x$\frac{12}{12}$ +210x$\frac{6}{12}$ =1,155주
• 우선주배당금 : (200주+200주x5%)x$\frac{12}{12}$ x5,000x10%=105,000
• 기본주당이익 : $\frac{3,000,000-105,000}{1,155주}$ =2,507

시험중요도 ★★★

이론과기출 제220강 ━ 희석주당이익 : 개괄

산식	희석주당이익	$$\frac{\text{희석당기순이익}(=\text{보통주당기순이익}+\text{조정액})}{\text{가중평균유통보통주식수}+\text{잠재적보통주식수}}$$
	고려사항	•가중평균유통보통주식수에 포함되는 기간과 잠재적보통주식수에 포함되는 기간의 합은 항상 12개월이며, 잠재적보통주식수는 희석성잠재적보통주만 고려함. ➡ ∴반희석효과(희석주당이익>기본주당이익)가 있는 잠재적보통주는 제외함.

① 전환우선주·전환사채

전환가정법	•기초 전환으로 보되 당기발행분은 발행일에 전환됐다고 가정하고 계산

구분	가중평균유통보통주식수	잠재적보통주식수
전기발행분 전환	•전환일 ~ 기말까지 포함	•기초 ~ 전환일 전일까지 포함
당기발행분 전환	•전환일 ~ 기말까지 포함	•발행일 ~ 전환일 전일까지 포함
미전환분	–	•기초(발행일) ~ 기말까지 포함

② 옵션(신주인수권부사채)·주식매입권(신주인수권)

잠재적 보통주식수	자기주식법	•행사된 것으로 보아 이하 방법과 같은 자기주식법으로 계산
	전제조건	•'평균시장가격>행사가격'인 경우에만 계산함. **참고** 위와 같은 경우를 내가격(in the money)상태에 있다고 말함
	잠재적보통주식수	**발행가능한 주식수 – 행사시 유입현금으로 취득가능한 자기주식수** ➡자기주식은 평균시장가격으로 취득한다고 가정함.

구분	가중평균유통보통주식수	잠재적보통주식수
전기발행분 행사	•행사일 ~ 기말까지 포함	•기초 ~ 행사일 전일까지 포함
당기발행분 행사	•행사일 ~ 기말까지 포함	•발행일 ~ 행사일 전일까지 포함
미행사분	–	•기초(발행일) ~ 기말까지 포함

 사례 자기주식법

❋전기발행된 신주인수권부사채(액면 ₩500,000, 액면 ₩200당 1주 교부)가 당기 4/1에 40%에 해당하는 신주인수권이 행사됨. 보통주식의 평균시장가격은 ₩400임.

풀이

	행사분(40%)	미행사분(60%)
발행가능 주식수	(500,000x40%)÷200=1,000주	(500,000x60%)÷200=1,500주
취득가능 자기주식수	(1,000주x200)÷400 =(500주)	(1,500주x200)÷400 =(750주)
계	500주	750주

•잠재적보통주식수 : 500주x3/12+750주x12/12=875주

희석 당기순이익	희석당기순이익	**보통주당기순이익 + 전환우선주배당금 + 비용인식액×(1 – t)** ➡비용인식액 : 전환사채이자, 할증금관련 신주인수권조정상각액, 주식보상비용 •**주의** 신주인수권부사채는 행사가 되도 사채이자는 발생되므로, 이자비용 중 상환할증금관련 신주인수권조정상각액 부분만 가산함. 따라서, 액면상환조건이면 가산할 금액이 없음.
	전환우선주배당금	•보통주당기순이익에 다시 가산함. ➡∵기초부터 보통주이나 보통주당기순이익 계산시에 차감했으므로
	비용인식액	•세금효과를 제외하고 가산함. ➡∵기초부터 보통주이나 비용을 계상함으로써 당기순이익이 감소했으므로

객관식 확인학습　　　**이론적용연습**

1. 결산일이 12월 31일인 ㈜서울의 20x1년도 기초유통보통주식수와 기초유통우선주식수는 각각 10,000주(액면금액 @1,000)와 4,000주(누적적 및 비참가적 전환우선주, 액면금액 @500, 연배당율 8%, 우선주 2주당 보통주 1주 전환)이다. ㈜서울의 20x1년도 당기순이익이 ₩12,000,000일 때, 기본주당이익 및 희석주당이익은 각각 얼마인가? 단, 20x1년도에 우선주전환 등의 자본거래는 없으며, 소수점 이하는 반올림한다.

	기본주당이익	희석주당이익
①	₩982	₩869
②	₩1,012	₩988
③	₩1,164	₩1,022
④	₩1,184	₩1,000
⑤	₩1,269	₩1,121

 내비게이션

• 기본주당이익 계산
 – 우선주배당금 : 4,000주×500×8%=160,000
 – 보통주당기순이익 : 12,000,000−160,000=11,840,000
 – 기본주당이익 : $\dfrac{11,840,000}{10,000주}=1,184$

• 희석주당이익 계산
 – 잠재적보통주식수 : 4,000주÷2=2,000주
 – 희석주당이익 : $\dfrac{11,840,000+160,000}{10,000주+2,000주}=1,000$

2. ㈜합격의 20x2년도 재무내용은 다음과 같다.

> (1) 1월 1일(기초)
> ① 유통보통주식수 1,000주(주당 액면금액 ₩1,000)
> ② 유통우선주식수 200주(주당 액면금액 ₩1,000, 연배당율 10%, 누적적·비참가적 전환우선주, 우선주 10주당 보통주 1주의 전환조건)
> (2) 계속영업이익은 ₩500,000이다.

㈜합격은 상기 전환우선주에 대해서 20x1년도 배당금을 지급하지 않았으며, 20x2년도에 전환우선주의 전환은 없었다. 상기 자료 이외에 전환우선주 등의 자본거래는 없었다. ㈜합격의 20x2년도 계속영업이익을 기준으로 한 보통주 기본주당이익 및 희석주당이익은 얼마인가? 단, 모든 계산금액은 소수점 첫째 자리에서 반올림하며, 이 경우 약간의 반올림 오차가 나타날 수 있다.

	기본주당이익	희석주당이익
①	₩480	₩490
②	₩480	₩480
③	₩480	₩0
④	₩500	₩490
⑤	₩500	₩480

내비게이션

• 기본주당이익 계산
 – 우선주배당금 : 200주×1,000×10%=20,000
 – 보통주계속영업이익 : 500,000−20,000=480,000
 – 기본주당이익 : $\dfrac{480,000}{1,000주}=480$

• 희석주당이익 계산
 – 잠재적보통주식수 : 200주÷10=20주
 – 희석주당이익 : $\dfrac{480,000+20,000}{1,000주+20주}=490$

 →반희석효과[희석주당이익(490)〉기본주당이익(480)]가 있는 잠재적보통주는 제외하므로 희석주당이익은 기본주당이익과 동일하다.
 ∴기본주당이익=480
 　희석주당이익=480

서술형 Correction연습

▢ 당기에 보통주로 전환된 잠재적보통주는 기초부터 전환일까지 희석주당이익의 계산에 포함한다.

◐ (X) : 전환일(X) → 전환일 전일(O)

시험중요도 ★★☆

이론과기출 제221강 ○─ 희석주당이익 산정

세부고찰 I

▼사례 **전환사채**

❂20x1년도 주당이익산출과 관련된 자료는 다음과 같다. 20x1년도 기본주당이익이 ₩328이라면 희석주당이익은 얼마인가?(단, 법인세율은 20%로 가정한다.)

(1) 20x1년 1월 1일 현재 유통보통주식수는 15,000주(주당 액면금액 ₩1,000)이며, 우선주는 없다.
(2) 20x1년 7월 1일에 자기주식 1,800주를 취득하여 20x1년 12월 31일 현재 보유하고 있다.
(3) 20x1년 1월 1일에 전환사채(액면금액 ₩500,000, 3년후 일시상환)를 액면발행하였다. 동 사채의 액면이자율은 연 8%(매년 말 이자지급)이며, 전환사채 발행시 동일조건을 가진 일반사채의 유효이자율은 연 10%이다. 동 전환사채는 만기까지 언제든지 사채액면 ₩1,000당 보통주 1주로 전환가능하다. 20x1년 12월 31일까지 동 전환사채에 대하여 전환청구는 없었다.
(4) 가중평균은 월할로 계산하며, 3년 10% 현재가치계수와 연금현재가치계수는 0.7513, 2.4868 이다.

 풀이

• 가중평균유통보통주식수 : 15,000x12/12-1,800x6/12=14,100주
• 보통주당기순이익 ÷ 14,100주=328 에서, 보통주당기순이익=4,624,800
• 전환사채이자비용 : (40,000x2.4868+500,000x0.7513)x10%=47,512
• 잠재적보통주식수 : (500,000÷1,000)x12/12=500주
• 희석주당이익 : $\dfrac{4,624,800+47,512\times(1-20\%)}{14,100주+500주}=319$

▼사례 **신주인수권부사채**

❂보고기간말이 12월 31일인 (주)희석의 20x1년 당기순이익 및 자본금 변동내역은 다음과 같다. (주)희석의 20x1년 희석주당이익은 얼마인가?(단, 법인세율은 30%로 가정한다.)

(1) 당기순이익 : ₩12,000,000
(2) 기초 자본금 내역
 – 보통주자본금(주당 액면금액 ₩5,000) : 10,000주
 – 우선주자본금(주당 액면금액 ₩5,000, 연배당률 10%) : 2,000주
(3) 당기 자본금 변동 내역
 – 7월 1일에 전기 발행한 신주인수권부사채 중 60%의 신주인수권행사로 보통주 600주(주당 행사가격 ₩5,000)를 교부하였으며, 포괄손익계산서에 상환할증금 관련 이자비용이 ₩20,000 계상되어 있다. 당기 중 보통주 평균시장가격은 주당 ₩10,000이다.

세부고찰 II

 풀이

• 가중평균유통보통주식수 : 10,000x12/12+600x6/12=10,300주
• 보통주당기순이익 : 12,000,000-2,000주x5,000x10%=11,000,000
• 기본주당이익 : 11,000,000÷10,300주=1,068
• 잠재적보통주식수의 계산

	행사분(60%)	미행사분(40%)
발행가능 주식수	600주	400주
취득가능 자기주식수	(600주x5,000)÷10,000=(300주)	(400주x5,000)÷10,000=(200주)
계	300주	200주

→잠재적보통주식수 : 300x6/12+200x12/12=350주
• 희석주당이익 : $\dfrac{11,000,000+20,000\times(1-30\%)}{10,300주+350주}=1,034$

객관식 확인학습

이론적용연습

1. 다음은 ㈜합격의 20x1년도 자료이다. 20x1년 희석주당이익을 계산하면 얼마인가? 단, 세율은 30%이며, 원미만은 반올림한다.

> (1) 당기순이익 : ₩525,000
> (2) 가중평균유통보통주식수 : 250주
> (3) 전기에 발행된 전환사채 관련 사항
>   – 액면이자율(=일반사채 유효이자율) 연 6%, 만기 3년인 전환사채를 액면금액인 ₩1,000,000에 발행
>   – 전환조건 : 60주의 보통주로 전환될수 있다.
>   – 20x1년 10월 1일 전액 보통주로 전환되었다.

① ₩1,050   ② ₩1,111   ③ ₩1,269
④ ₩1,526   ⑤ ₩1,886

 낸비케익션

- 전환사채이자 : $1,000,000 \times 6\% \times \dfrac{9}{12} = 45,000$

- 잠재적보통주 : $60 \times \dfrac{9}{12} = 45$주

- 희석주당이익 : $\dfrac{525,000 + 45,000 \times (1-30\%)}{250주 + 45주} = 1,886$

2. ㈜갑의 20x1년 당기순이익은 ₩1,232,500이며, 20x1년초 유통되고 있는 보통주식수는 3,000주이다. 다음 자료를 이용하면 20x1년 포괄손익계산서상 ㈜갑의 희석주당이익은 얼마인가?

> (1) 20x1년 7월 1일에 15%의 주식배당을 하였다.
> (2) 20x1년 10월 1일에 보통주 1,000주를 시장가격으로 발행하였다.
> (3) 20x1년 11월 1일에 자기주식 1,200주를 취득하였다.
> (4) ㈜갑은 직전연도에 1매당 보통주 2주로 교환 가능한 전환사채 500매를 발행하였는데, 20x1년 중 해당 전환사채는 보통주로 전환되지 않았다. 20x1년도 전환사채 관련 이자비용은 ₩200,0000이며 법인세율은 30%이다.

① ₩300   ② ₩305   ③ ₩318
④ ₩321   ⑤ ₩335

 낸비케익션

- 주식수 분석

  1/1   10/1   11/1   12/31

  3,000   1,000   (1,200)

  <u>3,000×15%</u>

  3,450주

- 가중평균유통보통주식수 : $3,450 \times \dfrac{12}{12} + 1,000 \times \dfrac{3}{12} - 1,200 \times \dfrac{2}{12} = 3,500$주

- 기본주당이익 : $\dfrac{1,232,500}{3,500주} = 352$

- 잠재적보통주식수 : 500매×2=1,000주

- 희석주당이익 : $\dfrac{1,232,500 + 200,000 \times (1-30\%)}{3,500주 + 1,000주} = 305$

시험중요도 ★★☆

이론과기출 제222강 ─ 희석주당이익 적용

사례 · 신주인수권과 당기순이익 추정

❂ ㈜나를믿는다의 20x2년 1월 1일 현재 보통주자본금은 ₩50,000,000(주당 액면금액은 ₩5,000)이고 자기주식과 우선주자본금은 없다. ㈜나를믿는다의 20x2년 당기 희석주당이익 계산을 위한 자료는 다음과 같다. 20x2년 10월 1일에 신주인수권 800개가 행사되었다. 가중평균주식수를 월할계산했을때 20x2년 당기 희석주당이익이 ₩620이라고 하면, 20x2년 ㈜나를믿는다의 당기순이익은 얼마인가? 단, 법인세 효과는 고려하지 않는다.

(1) 기초미행사 신주인수권   : 1,000개(신주인수권 1개당 보통주 1주 인수)
(2) 신주인수권 행사가격   : 주당 ₩6,000
(3) 기중 보통주 평균시장가격 : 주당 ₩10,000

세부고찰 I

• 기초유통보통주식수 : 50,000,000÷5,000=10,000주
• 가중평균유통보통주식수 : 10,000x12/12+800x3/12=10,200주
• 잠재적보통주식수의 계산

	행사분	미행사분
발행가능 주식수	800	1,000−800=200
취득가능 자기주식수	(800x6,000)÷10,000=(480)	(200x6,000)÷10,000=(120)
계	320주	80주

→잠재적보통주식수 : 320x9/12+80x12/12=320주

• 희석주당이익 : $\dfrac{x}{10,200주+320주}=620$ 에서, x(당기순이익)=6,522,400

사례 · 신주인수권부사채와 평균시장가격 추정

❂ ㈜세상아덤벼라의 20x2년 1월 1일 현재 보통주자본금은 ₩5,000,000(주당 액면금액 ₩5,000)이고, 자기주식과 우선주자본금은 없다. 20x2년도 주당이익을 계산하기 위한 자료는 다음과 같다. ㈜세상아덤벼라의 20x2년도 희석주당이익이 ₩5,760이라면, ㈜세상아덤벼라 보통주 1주의 20x2년도 평균시장가격은 얼마인가? 단, ㈜세상아덤벼라가 신주인수권부사채와 관련하여 20x2년도 포괄손익계산서에 인식한 이자비용은 ₩180,000이고, 법인세율은 20%로 가정한다. 또한 가중평균주식수는 월할계산한다.

(1) ㈜세상아덤벼라는 20x2년도 당기순이익으로 ₩7,200,000을 보고하였다.
(2) ㈜세상아덤벼라는 20x2년 4월 1일 20% 무상증자를 실시하였다.
(3) ㈜세상아덤벼라는 20x1년 1월 1일에 액면금액이 ₩10,000(만기 3년, 이자 연말 후급, 행사가액 주당 ₩2,000)인 상환할증조건이 없는 신주인수권부사채를 100매 액면발행하였다. 20x2년 말 현재까지 신주인수권의 행사는 없었으나, 만기전까지 언제든지 사채 1매당 보통주 1주를 행사가액에 매입할 수 있는 신주인수권을 행사할 수 있다.

세부고찰 II

• 기초유통보통주식수 : 5,000,000÷5,000=1,000주
• 가중평균유통보통주식수 : (1,000+1,000x20%)x12/12=1,200주
• 평균시장가격을 x라 하면 →잠재적보통주식수=100주−(100주x2,000)÷x
• 희석주당이익 : $\dfrac{7,200,000}{1,200주+[100주−(100주×2,000)÷x]}=5,760$ 에서, x=4,000

*신주인수권부사채는 행사가 되도 사채이자는 발생되므로, 이자비용 중 상환할증금관련 신주인수권조정상각액 부분만 가산함. 따라서, 액면상환조건이면 가산할 금액이 없음. 따라서, 문제의 이자비용 ₩180,000은 조정액에 해당치 않음.

객관식 확인학습 ⊃ ─ **이론적용연습**

1. 20x1년도 다음 자료에 의할 때 20x1년 희석주당이익을 계산하면 얼마인가? 단, 발행된 우선주는 없으며, 원미만은 반올림한다.

> (1) 당기순이익은 ₩30,000,000이며, 가중평균유통보통주식수는 125,000주이다.
> (2) 옵션이 행사될 경우 발행될 보통주식수는 25,000주이다.
> (3) 옵션의 행사가격은 ₩3,750이고, 보통주 1주당 평균시장가격은 ₩5,000이다.

① ₩195 　　② ₩221 　　③ ₩229
④ ₩246 　　⑤ ₩258

 내비게이션

• 잠재적보통주
25,000−(25,000×3,750)÷5,000=6,250주
• 희석주당이익

$$\frac{30,000,000}{125,000주 + 6,250 \times 12/12} = 229$$

이론과기출 제223강 ○─ 희석화여부 판단

의의	개별적 고려	•여러 종류의 잠재적보통주를 발행한 경우에는 잠재적보통주가 희석효과를 가지는지 반희석효과를 가지는지에 대하여 판단할때 여러 종류의 잠재적보통주를 모두 통합해서 고려하는 것이 아니라 개별적으로 고려함.
	순차적 고려	•기본주당이익을 최대한 희석할수 있도록 희석효과가 가장 큰 잠재적보통주부터 순차적으로 고려함. ➡즉, 잠재적보통주별로 '잠재적보통주당이익(=$\frac{조정액}{잠재적보통주식수}$)'을 계산하여 희석효과가 가장 큰(=잠재적보통주주당이익이 가장 작은) 잠재적보통주부터 순차적으로 고려함.

사례 ■ 희석화여부 판단

❖다음 자료의 전환우선주·전환사채는 당기말까지 보통주로 전환되지 않았으며, 신주인수권도 행사되지 않았다고 가정할때 희석주당이익을 계산하면?

기초자본	기초유통보통주식수	100,000주
	기초유통우선주식수	20,000주(주당액면 ₩1,000, 비누적적 전환우선주, 2주당 보통주 1주로 전환, 배당률 7%, 당기 배당은 지급결의 했다고 가정함.)
4월 1일		전환사채(액면금액 ₩10,000,000)를 액면발행하였으며 액면 ₩10,000당 보통주 1주로 전환가능하다. 당기 전환사채이자비용은 ₩900,000이다.
7월 1일		신주인수권 1,000매를 발행하였으며, 1매당 보통주 1주를 인수할 수 있다. 신주인수권의 행사가격은 매당 ₩8,000이며, 당기 보통주의 평균시장가격은 ₩10,000이고 기말종가는 ₩12,000이다.
기타사항		당기순이익은 ₩60,000,000이며, 법인세율은 20%이다.

세부고찰

풀이

1. 기본주당이익 계산

　우선주배당금 : 20,000주x1,000x7%=1,400,000 →∴보통주당기순이익=58,600,000

　기본주당이익 : 58,600,000÷100,000주=586

2. 희석화순위 결정(잠재적보통주당이익이 작은 것)

- 전환우선주 : $\frac{1,400,000}{(20,000주 \div 2) \times 12/12 = 10,000주}$ = 140 ➔ **2순위**

- 전환사채 : $\frac{900,000 \times (1-20\%) = 720,000}{(10,000,000 \div 10,000) \times 9/12 = 750주}$ = 960 ➔ **3순위**

- 신주인수권 : $\frac{0}{[1,000 - (1,000 \times 8,000) \div 10,000] \times 6/12 = 100주}$ = 0 ➔ **1순위**

3. 희석화여부 판단(위 순위별로 하나씩 포함시키면서 계산)

① 기본주당이익 : 　　　　　　　　　　　　　　　　　　　　　　　　　　=586

⇩**희석효과있음**

② 신주인수권 : (58,600,000+0) ÷ (100,000주+100주) 　　　　　　　　=585

⇩**희석효과있음**

③ 전환우선주 : (58,600,000+0+1,400,000) ÷ (100,000주+100주+10,000주) =545

⇩**희석효과없음**

④ 전환사채 : (58,600,000+0+1,400,000+720,000) ÷ (100,000주+100주+10,000주+750주)=548

4. 희석주당순이익 : 545

　(희석잠재적보통주식수 : 100+10,000=10,100주)

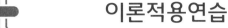

객관식 확인학습 ── **이론적용연습**

1. 다음은 ㈜한국의 20x2년도 주당이익과 관련된 자료이다.

> (1) 당기순이익은 ₩21,384이고, 기초의 유통보통주식수는 100주이며 기중 변동은 없었다.
> (2) 20x1년초 전환사채를 발행하였으며, 전환권을 행사하면 보통주 20주로 전환이 가능하다. 20x2년도 포괄손익계산서의 전환사채 관련 이자비용은 ₩5,250이며, 법인세율은 20%이다. 20x2년말까지 행사된 전환권은 없다.
> (3) 20x1년초 신주인수권 20개를 발행하였으며, 신주인수권 1개당 보통주 1주의 취득(행사가격 ₩3,000)이 가능하다. 20x2년 중의 보통주 평균시가는 주당 ₩5,000이다.

20x2년도 ㈜한국의 포괄손익계산서상 희석주당이익은? 단, 가중평균유통보통주식수는 월할로 계산하며, 단수차이로 인해 오차가 있다면 가장 근사치를 선택한다.

① ₩178 ② ₩183 ③ ₩198
④ ₩200 ⑤ ₩208

내비게이션
• 기본주당이익 계산
  21,384 ÷ 100주 = 213.84
• 희석화순위 결정(잠재적보통주당이익이 작은 것)

  – 전환사채 : $\dfrac{5,250 \times (1-20\%) = 4,200}{20주 = 20주}$ = 210 〈2순위〉

  – 신주인수권 : $\dfrac{0}{20주 - (20 \times 3,000) \div 5,000 = 8주}$ = 0 〈1순위〉

• 희석화여부 판단(위 순위별로 하나씩 포함시키면서 계산)
  ㉠ 기본주당이익 : 213.84

  ㉡ 신주인수권 : $\dfrac{21,384 + 0}{100주 + 8주}$ = 198 〈희석효과 있음〉

  ㉢ 전환사채 : $\dfrac{21,384 + 0 + 4,200}{100주 + 8주 + 20주}$ = 199.875 〈희석효과 없음〉

∴ 희석주당순이익 : 198

이론과기출 제224강 〔현금흐름표〕 현금흐름표 기본사항

효익 (유용성)	금액 · 시기 조절능력평가	•다른 재무제표와 같이 사용시 순자산 변화, 재무구조(유동성 · 지급능력 포함), 변화하는 상황 · 기회에 적응하기 위하여 현금흐름의 금액 · 시기를 조절하는 능력을 평가하는데 유용한 정보를 제공함.
	현금창출능력평가 및 비교평가	•현금및현금성자산의 창출능력을 평가하는데 유용할 뿐만 아니라, 서로 다른 기업의 미래현금흐름의 현재가치를 비교 · 평가하는 모형을 개발할 수 있도록 함.
	기업간 비교가능성 제고	•동일거래등에 서로 다른 회계처리를 적용함에 따라 발생하는 영향을 제거하므로 영업성과에 대한 기업간의 비교가능성을 제고함.
	역사적현금흐름 정보제공	•역사적 현금흐름정보는 미래현금흐름의 금액 · 시기 · 확실성에 대한 지표로 자주 사용됨.
	미래현금흐름 정확성 검증	•과거에 추정한 미래현금흐름의 정확성을 검증하고, 수익성과 순현금흐름 간의 관계 및 물가변동의 영향을 분석하는데 유용함.
현금 및 현금성자산	현금의 개념	•현금흐름표의 현금은 현금과 현금성자산을 말함. ➡현금 : 보유현금과 요구불예금
	현금성자산	•유동성이 매우 높은 단기투자자산(취득일부터 만기일이 3개월이내)으로서 확정된 금액의 현금으로 전환이 용이하고 가치변동의 위험이 경미한 자산을 말함. 〔주의〕보고기간종료일(결산일)부터 만기가 3개월 이내가 아님! ➡지분상품은 현금성자산에서 제외하나, 상환일이 정해져 있고 취득일로부터 상환일까지의 기간이 단기인 우선주는 예외로 함.(즉, 현금성자산으로 함)
	당좌차월	•은행차입은 일반적으로 재무활동으로 간주되나, 금융회사의 요구에 따라 즉시 상환하여야 하는 당좌차월은 기업의 현금관리의 일부를 구성하므로 현금및현금성자산의 구성요소에 포함함. → 〔말장난〕재무활동으로 분류한다(X) 〔현금증감(영업 · 재무 · 투자)+[기초현금및현금성자산−당좌차월]=기말현금및현금성자산〕
	항목간 이동	•현금및현금성자산을 구성하는 항목간 이동은 영업 · 투자 · 재무활동의 일부가 아닌 현금관리의 일부이므로 현금흐름에서 제외함. ➡〔예〕현금으로 현금성자산에 해당하는 단기투자자산을 취득
	구성요소 정책변경	•구성요소를 결정하는 정책변경에 따른 효과는 회계정책의 변경에 따라 보고함. ➡〔예〕투자자산의 일부로 간주되었던 금융상품을 현금성자산으로 분류변경
	공시	•현금및현금성자산의 구성요소를 공시하고, 현금흐름표상의 금액과 재무상태표에 보고된 해당 항목의 조정내용을 공시함.
보고방법	활동분류	•현금흐름을 영업활동, 투자활동 및 재무활동으로 분류하여 보고함. ➡하나의 거래에는 서로 다른 활동으로 분류되는 현금흐름이 포함될 수 있음. （〔예〕이자와 차입금을 함께 상환하는 경우, 이자지급은 영업활동으로 분류될수 있고 원금상환은 재무활동으로 분류됨.）
	비현금거래	•재무제표의 다른 부분에 공시(즉, 주석으로 공시)하며, 그 예는 다음과 같다. ① 자산취득시 직접관련 부채를 인수, 리스를 통하여 자산을 취득 ② 주식발행을 통한 기업의 인수, 채무의 지분(출자)전환 ③ 현물출자, 유형자산 연불구입, 무상증자, 건설중인자산의 유형자산 대체, 주식배당, 전환사채 전환, FVOCI(매도가능)금융자산의 평가, 유동성대체 등
	환율변동효과	•영업활동, 투자활동, 재무활동현금흐름과 구분하여 별도로 표시함. ➡후술하는 현금흐름표 양식 참조!
	관계기업투자	•관계기업, 공동기업, 종속기업에 대한 투자를 지분법 또는 원가법 회계처리시, 투자자는 배당금 · 선급금과 같이 피투자자와의 사이에서 발생한 현금흐름만을 보고함.

객관식 확인학습

이론적용연습

1. 현금흐름표에 관한 설명으로 옳지 않은 것은?

① 이자와 차입금을 함께 상환하는 경우, 이자지급은 영업활동으로 분류될 수 있고 원금상환은 재무활동으로 분류된다.

② 회전율이 높고 금액이 크며 만기가 짧은 항목과 관련된 재무활동에서 발생하는 현금흐름은 순증감액으로 보고할 수 있다.

③ 타인에게 임대할 목적으로 보유하다가 후속적으로 판매목적으로 보유하는 자산을 제조하거나 취득하기 위한 현금 지급액은 영업활동 현금흐름이다.

④ 지분상품은 현금성자산에서 제외하므로 상환일이 정해져 있고 취득일로부터 상환일까지의 기간이 3개월 이내인 우선주의 경우에도 현금성자산에서 제외한다.

⑤ 간접법보다 직접법을 적용하는 것이 미래현금흐름을 추정하는 데 보다 유용한 정보를 제공하므로 영업활동 현금흐름을 보고하는 경우에는 직접법을 사용할 것을 권장한다.

내비게이션

• 상환일이 정해져 있고 취득일로부터 상환일까지의 기간이 3개월 이내인 우선주는 현금성자산에 포함된다.

이론과기출 제225강 ─ 현금흐름표 활동의 구분

영업활동	**정의**		• 기업의 주요 수익창출활동, 그리고 투자·재무활동이 아닌 기타의 활동 ➡ 일반적으로 당기순손익의 결정에 영향을 미치는 거래나 기타사건의 결과로 발생함.
	고려사항	설비매각	• 당기순손익결정에 포함되는 처분손익이 발생할수 있으나 투자활동CF임.
		보유목적변경	• 타인에게 임대할 목적으로 보유하다가 후속적으로 판매목적으로 보유하는 자산을 제조·취득하기 위한 현금지급액은 영업활동CF임.
		단기매매목적	• 단기매매목적으로 보유하는 유가증권의 취득과 판매에 따른 현금흐름은 판매목적의 재고자산과 유사하므로 영업활동으로 분류함. 말장난 투자활동으로 분류한다(X)
		이자·배당금	<table><tr><td rowspan="2">이자수입 / 배당금수입</td><td>영업활동CF</td><td rowspan="2">• 둘 중 선택가능</td></tr><tr><td>투자활동CF</td></tr><tr><td rowspan="2">이자지급 / 배당금지급</td><td>영업활동CF</td><td rowspan="2">• 둘 중 선택가능</td></tr><tr><td>재무활동CF</td></tr></table>말장난 배당금의 지급은 재무활동으로 분류한다(X)
		차입원가	• 자본화여부에 관계없이 현금흐름표에 총지급액을 공시함.
		법인세	• 재무·투자활동에 명백히 관련되지 않는 한 영업활동CF로 분류함. ➡ 즉, 일반적으로 영업활동CF로 분류하나, 투자·재무활동으로 분류가능함. 말장난 영업활동에 명백히 관련되지 않는 한 재무활동현금흐름으로 분류한다(X)

보론 별도공시
　□ 이자·배당금의 수취·지급에 따른 현금흐름과 법인세로 인한 현금흐름은 각각 별도로 공시함.

투자활동	**정의**	• 장기성 자산 및 현금성자산에 속하지 않는 기타 투자자산의 취득과 처분활동
	고려사항	• 제3자에 대한 선급금·대여금의 발생·회수에 따른 현금흐름은 투자활동CF로 분류함. 비교 금융회사는 영업활동CF로 분류함.

재무활동	**정의**	• 기업의 납입자본과 차입금의 크기 및 구성내용에 변동을 가져오는 활동
	고려사항	• 미수금의 회수는 투자활동CF이나, 미지급금의 지급(결제)는 재무활동CF임. 비교 리스부채의 원금은 재무활동, 리스부채의 이자는 영업활동 또는 재무활동

보론 현금흐름표 양식

영업활동 현금흐름	×××
직접법(K-IFRS권장)▶ ┐	
간접법 ▶ ┘ 선택적으로 작성	
투자활동 현금흐름	×××
유형자산취득	(×××)
설비의 처분	×××
……	×××
	———
재무활동 현금흐름	×××
유상증자	×××
장기차입금	×××
……	×××
현금및현금성자산의 환율변동효과	×××
현금및현금성자산의 증감	×××
기초 현금및현금성자산	×××
기말 현금및현금성자산	×××

객관식 확인학습 **이론적용연습**

1. 현금흐름표는 회계기간 동안 발생한 현금흐름을 영업활동, 투자활동 및 재무활동으로 분류하여 보고한다. 다음 중 현금흐름의 분류가 다른 것은?

① 리스부채 상환에 따른 현금유출
② 판매목적으로 보유하는 재고자산을 제조하거나 취득하기 위한 현금유출
③ 보험회사의 경우 보험금과 관련된 현금유출
④ 기업이 보유한 특허권을 일정기간 사용하도록 하고 받은 수수료 관련 현금유입
⑤ 단기매매목적으로 보유하는 계약에서 발생한 현금유입

 내비게이션
• ① 부채의 상환은 재무활동에 해당한다.
② 재고자산 현금흐름은 영업활동에 해당한다.
③ 보험회사는 보험료수취와 보험금지급이 주된 영업이므로 보험금과 관련된 현금유출은 영업활동에 해당한다.
④ 기업이 보유한 자산을 대여하면서 얻는 수익은 영업활동에 해당한다.
⑤ 단기매매금융자산과 같이 단기매매목적으로 보유하는 계약은 운용자금을 관리하기 위한 목적이므로 영업활동에 해당한다.

2. 다음 중 재무활동 현금흐름의 구성요소가 아닌 것은?

① 사채발행에 의한 현금유입
② 현금배당에 의한 현금유출
③ 기업의 유상증자를 통한 자금조달시 현금유입
④ 장기차입금 상환에 따른 현금유출
⑤ 보유 중인 계열사 주식의 처분에 의한 현금유입

 내비게이션
• 투자자산(보유중인 계열사 주식)의 처분은 투자활동 현금흐름이다.
→사채발행, 배당, 유상증자, 차입금상환 : 재무활동 현금흐름

3. 다음 중 재무활동 현금흐름의 예로서 가장 옳지 않은 것은?

① 차입금의 상환에 따른 현금유출
② 다른 기업의 지분상품이나 채무상품의 취득에 따른 현금유출
③ 주식의 취득이나 상환에 따른 소유주에 대한 현금유출
④ 주식이나 기타 지분상품의 발행에 따른 현금유입
⑤ 리스이용자의 리스부채 상환에 따른 현금유출

 내비게이션
• 투자자산 취득으로 보아 일반적으로 투자활동에 해당한다.

4. 다음 자료에 의해 재무활동 현금흐름을 계산하면 얼마인가? 단, 배당금의 지급은 재무활동으로 분류한다고 가정한다.

장기대여금 회수	₩10,000,000
장기금융상품 취득	₩2,500,000
장기차입금 상환	₩7,500,000
사채발행	₩25,000,000
보통주 주식발행	₩50,000,000
배당금 지급	₩625,000

① 순유입 ₩64,250,000
② 순유출 ₩66,875,000
③ 순유입 ₩66,875,000
④ 순유출 ₩67,500,000
⑤ 순유입 ₩67,500,000

 내비게이션
• 장기대여금의 회수, 장기금융상품 취득 : 투자활동 현금흐름
∴ −7,500,000+25,000,000+50,000,000−625,000=66,875,000(순유입)

이론과기출 제226강 ○ 직접법 영업활동 : 매출활동 개괄

직접법양식	**【영업활동현금흐름】**	
	고객으로부터의 유입된 현금	xxx
	공급자와 종업원에 대한 현금유출	(xxx)
	영업에서 창출된 현금	xxx
	이자지급	(xxx)
	법인세납부	(xxx)
	영업활동순현금흐름	xxx

▶저자주◀ 고객으로부터의 유입된 현금=매출활동유입액, 공급자에 대한 현금유출=매입활동유출액

매출활동 유입액

계정흐름

매출채권·선수금			
기초매출채권	xxx	기초선수금	xxx
		현금주의매출액	**xxx**
		↳매출채권회수액, 선수금수령액, 현금매출	
순매출액(현금매출포함)	xxx	대손발생	xxx
외화환산이익	xxx	외화환산손실	xxx
외환차익	xxx	외환차손	xxx
기말선수금	xxx	기말매출채권	xxx

유입액계산

❖ (+)로 출발하며, 자산증감은 역방향으로, 부채증감은 순방향으로 가감하여 계산함.

발생주의순매출액	xxx	➡ **(+)로 출발함에 주의!**
매출채권(총액) 감소	xxx	
대손발생	(xxx)	
외화환산이익(손실)	xxx (xxx)	
외환차익(차손)	xxx (xxx)	
선수금의 감소	(xxx)	
현금주의매출액	xxx	

➡발생주의 순매출액 : CIS상 매출액으로 매출할인·에누리·환입을 차감한 후의 금액
➡대손발생은 대손확정액으로서 다음의 대손충당금(손실충당금) 계정에서 도출함.

대손발생	xxx	기초대손충당금	xxx
기말대손충당금	xxx	대손상각비	xxx

주의사항

분석별해

❏ 매출채권(총액) 증감과 대손발생 = 매출채권(순액) 증감과 대손상각비

예시

	기초	기말	포괄손익계산서	
매출채권	400,000	457,000	매출액	2,000,000
대손(손실)충당금	(5,000)	(12,000)	대손상각비	10,000

→대손충당금 계정에 의해 계산하면, 대손발생=3,000

발생주의순매출액	2,000,000	발생주의순매출액	2,000,000
매출채권(총액) 증가	(57,000)	매출채권(순액) 증가	(50,000)
대손발생	(3,000)	대손상각비	(10,000)
현금주의매출액	1,940,000	현금주의매출액	1,940,000

객관식 확인학습  **이론적용연습**

1. 다음 자료를 근거로 영업활동 현금흐름 중 고객으로부터의 유입된 현금액을 계산하면 얼마인가?

기초매출채권	₩600,000
기말매출채권	₩450,000
기초대손(손실)충당금	₩5,000
기말대손(손실)충당금	₩7,000
당기 매출액	₩3,560,000
당기 대손상각비	₩4,000
당기 매출채권 외화환산이익	₩32,000
당기 매출채권 외환차손	₩14,000

① ₩2,870,000 ② ₩3,726,000 ③ ₩3,950,000
④ ₩4,250,000 ⑤ ₩4,325,000

 내비게이션

• 고객으로부터 유입된 현금

매출액	3,560,000
매출채권 감소	150,000
대손발생	(2,000)*)
외화환산이익	32,000
외환차손	(14,000)
	3,726,000

*) 대손발생액 추정

대손발생(?)	2,000	기초대손충당금	5,000
기말대손충당금	7,000	대손상각비	4,000

저자주 현행 K-IFRS는 외화환산손익과 외환차손익을 구분하지 않고 외환손익으로 규정하고 있습니다!

2. ㈜합격의 매출과 관련된 재무상태표 계정의 자료는 다음과 같다. 고객으로부터의 유입된 현금액을 계산하면 얼마인가? 단, 포괄손익계산서상 매출액은 ₩1,250,000, 대손상각비는 ₩10,000, 외환이익(매출채권관련)은 ₩37,500이다.

계정과목	기초잔액	기말잔액
매출채권(순액)	₩175,000	₩200,000
선수금	₩22,500	₩15,000

① ₩1,145,000 ② ₩1,211,000 ③ ₩1,245,000
④ ₩1,325,000 ⑤ ₩1,445,000

내비게이션

• 고객으로부터 유입된 현금

매출액	1,250,000
매출채권 증가	(25,000)
대손상각비	(10,000)
외환이익	37,500
선수금 감소	(7,500)
	1,245,000

이론과기출 제227강 ○ 직접법 영업활동 : 매출활동과 유입액분석

 사례 기말매출채권 추정

❂다음 자료에 의한 기말 매출채권 잔액은?

전기이월 매출채권잔액	₩100,000	당기 대손확정액	₩50,000
당기 매출채권회수액	₩50,000	전기이월 기초상품재고액	₩30,000
당기 상품매입액	₩290,000	차기이월 기말상품재고액	₩50,000
당기 현금매출액	₩150,000	당기 매출총이익률	10%

세부고찰 I

풀이

• 매출원가 : 30,000+290,000-50,000=270,000
• 매출원가(270,000)=매출액x(1-10%) →매출액=300,000
• 발생주의순매출액(300,000)+매출채권증감(x)-대손발생(50,000)=현금주의매출액(150,000+50,000)
  →따라서, 매출채권증가 50,000 이어야함.
∴기초매출채권이 100,000이므로 기말매출채권은 150,000임.

 사례 발생주의매출액 추정

❂(주)거의다왔다의 20x1년 자산과 부채의 변동을 나타내는 자료는 다음과 같다. 20x1년의 매출채권 현금회수액은 ₩100,000이며, 대손상각비 계상액은 ₩6,000(이중 판매관리비는 ₩5,000)이었다. 이때 (주)거의다왔다의 20x1년 매출액을 계산하면 얼마인가? 단, 매출은 모두 외상매출이다.

과목	20x1.1.1	20x1.12.31
매출채권	₩50,000	₩40,000
대손충당금(손실충당금)	₩2,000	₩1,000
선수금	₩20,000	₩10,000

세부고찰 II

풀이

• 우선 대손발생액을 추정함. →A(대손발생)=6,000

대손발생	A	기초대손충당금	2,000
기말대손충당금	1,000	대손상각비	5,000

• 매출액(x)+10,000(매출채권감소)-10,000(선수금감소)-6,000(대손발생)=100,000(현금주의매출액)
  →∴매출액(x)=106,000

 사례 매출채권회전율과 유입액 추정

❂(주)킹사이다는 20x1년에 ₩100,000의 매출을 달성하였다. 20x2년에는 10%의 매출성장을 예상하고 있다. 총매출액과 기말 매출채권을 기준으로 한 매출채권회전율(총매출액÷기말매출채권) 500%를 20x1년과 20x2년에 유지할 것이다. 20x2년의 영업활동 현금유입액 중 매출로부터의 금액은?

세부고찰 III

풀이

• 기초매출채권(20x1년말 매출채권) : 100,000÷5=20,000, 20x2년 매출액 : 100,000x110%=110,000
• 기말매출채권(20x2년말 매출채권) : 110,000÷5=22,000

기초매출채권	20,000	매출채권회수액	?
매출액	110,000	기말매출채권	22,000

→∴영업활동 현금유입액 중 매출로부터의 금액(매출채권회수액)=108,000

객관식 확인학습  이론적용연습

1. 다음은 ㈜합격의 20x2년 12월 31일 결산관련 자료이다. 20x2년의 현금주의 매출액을 구하면 얼마인가?

(1) 재무상태표 자료

과목	20x2.12.31	20x1.12.31
매출채권(총액)	₩1,500,000	₩1,000,000
대손(손실)충당금	(₩150,000)	(₩50,000)

(2) 포괄손익계산서 자료

과목	금액
매출액(총액)	₩10,000,000
매출에누리	₩100,000
매출할인	₩40,000
대손상각비	₩300,000 (이 중 판매관리비 ₩250,000)

① ₩9,080,000   ② ₩9,210,000   ③ ₩9,260,000
④ ₩9,400,000   ⑤ ₩9,360,000

 냅비게이션

• 현금주의 매출액 계산

발생주의 순매출액	10,000,000−100,000−40,000=9,860,000
매출채권 증가	(500,000)
대손발생	(150,000)[*]
	9,210,000

[*] 대손발생액 추정

대손발생(?)	150,000	기초대손충당금	50,000
기말대손충당금	150,000	대손상각비	250,000

2. ㈜합격의 회계담당자는 회계연도말 회사의 공금을 횡령하고 잠적하였다. 실사결과에 따르면 매출채권의 기말잔액은 ₩10,000으로 확인되었다. 회사가 매출원가의 20%를 이익으로 가산하여 판매가를 결정한다고 할 경우 다음의 자료를 이용하여 횡령액을 계산하면 얼마인가?

기초재고자산	₩20,000
당기 상품매입액	₩90,000
당기 매출채권회수액	₩95,000
매출채권 기초잔액	₩8,000
기말재고자산	₩10,000

① ₩10,000   ② ₩15,000   ③ ₩23,000
④ ₩33,000   ⑤ ₩90,000

냅비게이션

• 다음의 순서로 기계적으로 구할 것!
【1단계】매출원가 계산
   매출원가=기초(20,000)+당기매입(90,000)−기말(10,000)
      =100,000
【2단계】매출액 계산
   매출액=100,000×1.2=120,000
【3단계】현금흐름을 이용하여 정확한 기말매출채권액을 구함.
   발생주의순매출액(120,000)±매출채권의 증감액
      =현금주의매출액(95,000)
• 따라서, 매출채권의 증가 25,000이므로, 기말매출채권−8,000=25,000
  에서 기말매출채권=33,000
∴ 횡령액 : 33,000−10,000=23,000

이론과기출 제228강 ◯ **직접법 영업활동 : 매입활동 개괄**

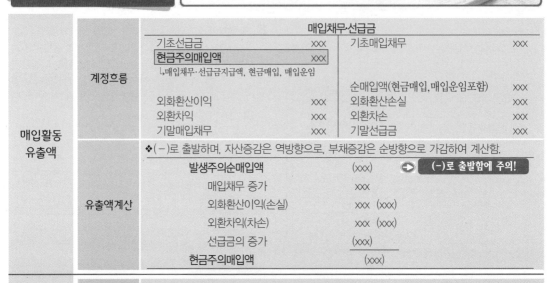

매입활동 유출액	**계정흐름**

계정흐름

매입채무·선급금

기초선급금	xxx	기초매입채무	xxx
현금주의매입액	**xxx**		
└매입채무·선급금지급액, 현금매입, 매입운임			
		순매입액(현금매입,매입운임포함)	xxx
외화환산이익	xxx	외화환산손실	xxx
외환차익	xxx	외환차손	xxx
기말매입채무	xxx	기말선급금	xxx

유출액계산

❖ (-)로 출발하며, 자산증감은 역방향으로, 부채증감은 순방향으로 가감하여 계산함.

발생주의순매입액	(xxx)	➡ **(-)로 출발함에 주의!**
매입채무 증가	xxx	
외화환산이익(손실)	xxx (xxx)	
외환차익(차손)	xxx (xxx)	
선급금의 증가	(xxx)	
현금주의매입액	(xxx)	

발생주의 순매입액 추정

• '재고자산'에서 전술한 바와 같이 다음이 성립함.

☐ 기초 + 당기매입 = 매출원가(구) + 평가손실 + 정상감모 + 비정상감모 + 기말재고
⇓
'발생주의순매입액' '평가손실등을 매출원가 처리시의 매출원가(신)'

• 따라서, (-)로 출발하는 발생주의순매입액은 다음과 같이 정리할수 있음.

☐ -발생주의순매입액 = -매출원가(신) - 비정상감모 + 재고자산감소

보론 평가손실/정상감모를 모두 매출원가에 반영하지 않고 비용처리한 경우
☐ -발생주의순매입액=-매출원가(구)-평가손실-정상감모-비정상감모+재고자산감소

주의사항

▷ **사례** 공급자에 대한 현금유출(=매입활동유출액) 기본분석 ◀

❂매입과 관련된 재무상태표 계정의 자료는 다음과 같다. 공급자에 대한 현금유출액을 계산하면?

	재고자산	선급금	매입채무
기초잔액	₩60,000	₩10,000	₩50,000
기말잔액	₩41,000	₩13,000	₩70,000

단, 포괄손익계산서상 매출원가 ₩300,000, 재고자산감모손실(매출원가가 아닌 일반비용 처리한 비정상감모임.) ₩10,000, 외환이익(매입채무관련) ₩5,000이다.

풀이

방법1		방법2(저자권장)	
발생주의순매입액	(291,000[*])	매출원가	(300,000)
		재고자산감모손실(비정상감모)	(10,000)
		재고자산감소	19,000
매입채무증가	20,000	매입채무증가	20,000
외환차익	5,000	외환차익	5,000
선급금증가	(3,000)	선급금증가	(3,000)
공급자에 대한 유출액	(269,000)	공급자에 대한 유출액	(269,000)

[*])60,000+발생주의순매입=300,000+10,000+41,000 에서, 발생주의순매입=291,000

객관식 확인학습 ◖ **이론적용연습**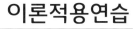

1. ㈜세무의 20x1년도 재무제표의 상품매매와 관련된 자료이다. 20x1년도 ㈜세무의 상품매입과 관련된 현금유출액은?

기초매출채권	₩40,000
기말매출채권	₩50,000
기초상품재고액	₩30,000
기말상품재고액	₩28,000
기초매입채무	₩19,000
기말매입채무	₩20,000
기초선수금	₩20,000
기말선수금	₩15,000
기초선급금	₩10,000
기말선급금	₩5,000
매출액	₩400,000
매출원가	₩240,000
환율변동이익[*]	₩4,000

[*] 환율변동이익은 매입채무에 포함된 외화외상매입금에서만 발생함

① ₩222,000   ② ₩228,000   ③ ₩236,000
④ ₩240,000   ⑤ ₩248,000

내비게이션

• 매입과 관련된 현금유출액(공급자에 대한 현금유출액)

매출원가	(240,000)
재고자산 감소	2,000
매입채무 증가	1,000
선급금 감소	5,000
환율변동이익(외환이익)	4,000
	(228,000)

2. 다음은 ㈜대한의 20x1년도 재무제표의 일부 자료이다. 직접법을 사용하여 20x1년도 현금흐름표의 영업활동 현금흐름을 구할 때, 고객으로부터 유입된 현금흐름과 공급자에 대해 유출된 현금흐름으로 옳은 것은?

(1) 재무상태표의 일부자료

계정과목	기초잔액	기말잔액
매출채권(총액)	₩200,000	₩140,000
대손(손실)충당금	₩10,000	₩14,000
재고자산	₩60,000	₩50,000
매입채무	₩50,000	₩100,000
선수금	₩10,000	₩8,000

(2) 포괄손익계산서 일부자료

계정과목	금액
매출액	₩1,500,000
매출원가	₩1,000,000
대손상각비	₩7,000
재고자산평가손실	₩50,000
외환이익(매입채무관련)	₩20,000

	고객으로부터 유입된 현금흐름	공급자에 대해 유출된 현금흐름
①	₩1,555,000	₩970,000
②	₩1,555,000	₩995,000
③	₩1,560,000	₩950,000
④	₩1,560,000	₩970,000
⑤	₩1,560,000	₩995,000

내비게이션

• 고객으로부터 유입된 현금흐름

매출액	1,500,000
매출채권 감소	60,000
대손발생	(3,000)[*]
선수금 감소	(2,000)
	1,555,000

[*] 대손발생액 추정

대손발생(?)	3,000	기초대손충당금	10,000
기말대손충당금	14,000	대손상각비	7,000

• 공급자에 대해 유출된 현금흐름

매출원가	(1,000,000)
재고자산평가손실	(50,000)
재고자산 감소	10,000
매입채무 증가	50,000
외환이익	20,000
	(970,000)

시험중요도 ★★☆

이론과기출 제229강 ◯ 직접법 영업활동 : 매입활동과 유출액분석

세부고찰 I

사례 일반적인 경우

❂다음은 ㈜힘내라힘의 20x1년 회계기간동안의 재무제표 수치이다. 매입으로 인한 현금유출액은?

(1) 매출원가 : ₩500,000
(2) 재고자산 : 20x1년 1월 1일 ₩100,000, 20x1년 12월 31일 ₩200,00
(3) 매입채무 : 20x1년 1월 1일 ₩50,000, 20x1년 12월 31일 ₩100,00

●-500,000(매출원가)-100,000(재고자산증가)+50,000(매입채무증가)=-550,000

사례 재고자산평가손실이 있는 경우

❂재무상태표의 계정 자료이다. 공급자에 대한 현금유출액을 계산하면 얼마인가?

구분	기초잔액	기말잔액
재고자산	₩250,000	₩300,000
매입채무	₩125,000	₩250,000

단, 포괄손익계산서상 매출원가 ₩4,750,000, 재고자산평가손실(매출원가에 반영하지 않음)
₩150,000, 외환차손(매입채무 관련) ₩75,000이다.

세부고찰 II

매출원가	(4,750,000)
재고자산평가손실	(150,000)
재고자산증가	(50,000)
매입채무증가	125,000
외환차손	(75,000)
공급자에 대한 유출액	(4,900,000)

사례 매출원가 추정

❂(주)한권합격의 20x1년 현금흐름표상 공급자에 대한 현금유출액(재고자산 매입)이 ₩1,525,000일 때,
다음 자료에 따라 20x1년 포괄손익계산서상의 매출원가를 구하면 얼마인가?

(1) 재무상태표의 계정 자료

구분	20x1년초	20x1년말
재고자산	₩1,500,000	₩1,875,000
매입채무	₩1,375,000	₩1,650,000

(2) 포괄손익계산서상 매입채무 관련 외환차익은 ₩200,000, 외화환산이익은 ₩500,000이다.

세부고찰 III

매출원가	(x)
재고자산증가	(375,000)
매입채무증가	275,000
외환환산이익	500,000
외환차익	200,000
공급자에 대한 유출액	(1,525,000)

∴x=2,125,000

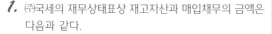

1. ㈜국세의 재무상태표상 재고자산과 매입채무의 금액은 다음과 같다.

구분	20x1년초	20x1년말
재고자산	₩600,000	₩750,000
매입채무	₩550,000	₩660,000

한편, 20x1년도 포괄손익계산서상 매입채무와 관련된 외환차익은 ₩80,000, 외화환산이익은 ₩200,000 으로 계상되었다. ㈜국세의 20x1년도 현금흐름표상 공급자에 대한 유출(재고자산 매입)이 ₩610,000이 라면 20x1년도 포괄손익계산서상 매출원가는 얼마 인가?

① ₩750,000   ② ₩800,000   ③ ₩850,000
④ ₩900,000   ⑤ ₩950,000

- 매출원가 (X)
  재고자산 증가 (150,000)
  매입채무 증가 110,000
  외화환산이익 200,000
  외환차익 80,000
  공급자에 대한 유출액 (610,000)

∴ X=850,000

• 저자주 ▶ 본문 세부고찰 문제에서 숫자만 바꾸어 출제된 문제입니다.

2. 다음은 20x1년 ㈜합격의 영업활동 관련 정보와 직접법 을 이용한 현금흐름표 중 영업활동 현금흐름이다. ① ~ ⑤에 들어갈 금액으로 틀린 것은?

내역	금액
현금매출	₩5,000,000
20x1년 1월 1일 매출채권 잔액	₩2,500,000
신용매출	₩15,000,000
20x1년 12월 31일 매출채권 잔액	₩3,750,000
종업원에 대한 현금 지급액	₩4,500,000
현금매입	₩2,500,000
20x1년 1월 1일 매입채무 잔액	₩3,750,000
신용매입	₩18,750,000
20x1년 12월 31일 매입채무 잔액	₩5,500,000
이자 지급액	₩3,750,000
법인세 지급액	₩5,000,000

내역	금액
영업활동으로부터의 현금흐름	
재화의 판매에 따른 현금유입	①
재화의 구입에 따른 현금유출	②
종업원과 관련된 현금유출	③
영업으로부터 창출된 현금	④
이자지급	(−)₩3,750,000
법인세 납부	(−)₩5,000,000
영업활동으로부터의 순현금흐름	⑤

① ₩18,750,000   ② (−)₩17,000,000
③ (−)₩4,500,000   ④ (−)₩5,250,000
⑤ (−)₩14,000,000

• ① : 20,000,000(현금매출+신용매출)−1,250,000(매출채권증가)
　　=18,750,000
• ② : −21,250,000(현금매입+신용매입)+1,750,000(매입채무증가)
　　=−19,500,000
• ③ : 4,500,000(종업원에 대한 현금 지급액)
• ④ : 18,750,000−19,500,000−4,500,000=−5,250,000
• ⑤ : −5,250,000−3,750,000−5,000,000=−14,000,000

시험중요도 ★★★

이론과기출 제230강 ⟩ 직접법 기타영업활동 : 개괄

분석제외	비현금손익	•감가상각비등은 분석제외함.
	비영업활동손익	•자산처분손익, 부채상환손익등은 분석제외함.

❖(+)로 출발하며, 자산증감은 역방향으로, 부채증감은 순방향으로 가감하여 계산함.

유입액분석

이자수익 유입액		임대수익 유입액	
발생주의이자수익	10,000	발생주의임대수익	10,000
현할차상각액	(2,000)	미수임대료증가	(2,000)
미수이자증가(or선수이자감소)	(3,000)	선수임대료증가	1,000
유입액(현금주의이자수익)	5,000	유입액(현금주의임대수익)	9,000

❖(−)로 출발하며, 자산증감은 역방향으로, 부채증감은 순방향으로 가감하여 계산함.

이자비용 유출액		종업원 유출액	
발생주의이자비용	(10,000)	발생주의급여	(10,000)
사발차(현할차)상각액	1,000	미지급급여감소	(1,000)
미지급이자증가(or선급이자감소)	2,000	선급급여감소	2,000
유출액(현금주의이자비용)	(7,000)	유출액(현금주의급여)	(9,000)

•주의 주식보상비용이 급여처리된 경우는 종업원 유출액 분석시 주식보상비용을 가산함.

보론 사채발행차금(현재가치할인차금)상각액의 처리

사채발행차금상각액				현재가치할인차금상각액			
【사채할인발행차금】				【부채의 현재가치할인차금】			
(차) 이자비용	100	(대) 현금	80	(차) 이자비용	100	(대) 현금	80
		사발차	20			현할차	20
직접법	•계산시 가산(∵유출이 아님)			직접법	•계산시 가산		
간접법	•당기순이익에 가산(∵유출이 아닌데 비용처리됨)			간접법	•당기순이익에 가산		
【사채할증발행차금】				【자산의 현재가치할인차금】			
(차) 이자비용	80	(대) 현금	100	(차) 현 금	80	(대) 이자수익	100
사할증	20			현할차	20		
직접법	•계산시 차감(∵유출임)			직접법	•계산시 차감		
간접법	•당기순이익에 차감(∵유출인데 비용처리 안됨)			간접법	•당기순이익에 차감		

유출액분석

❖법인세분석

법인세 유출액			
법인세비용	(10,000)	예 기초 : 이연법인세자산 80,000	
미지급법인세증가	2,000	기말 : 이연법인세부채 60,000이라면	
이연법인세부채감소	(1,000)	− 이연법인세자산감소 80,000	
유출액	(9,000)	− 이연법인세부채증가 60,000	

사례 **현금주의 법인세비용유출액 계산**

❖포괄손익계산서의 법인세비용은 ₩43,000이며, 모두 영업활동과 관련이 있음. 재무상태표 관련 계정들의 기초 및 기말잔액이 다음과 같을 때 법인세로 인하여 유출된 현금은?

계정	기초잔액	기말잔액
이연법인세부채	₩12,000	₩8,000
미지급법인세(당기법인세)	₩30,000	₩50,000

•−43,000＋20,000(미지급법인세증가)−4,000(이연법인세부채감소)＝−27,000

객관식 확인학습   이론적용연습

1. ㈜바다의 재무담당자는 20x1년도 영업활동 유형별로 현금의 흐름내역을 살펴보고자 한다. 다음에 제시된 ㈜바다의 20x1년도 재무제표의 일부 자료에 근거하여 20x1년도 직접법에 의한 영업활동현금흐름상 공급자에 대한 현금유출액과 종업원에 대한 현금유출액을 구하면 얼마인가? 단, 주식보상비용은 당기 중 부여한 주식결제형 주식기준보상거래에 따른 용역의 대가로 모두 급여에 포함되어 있으며, 외화환산이익은 모두 외화매입채무의 기말환산과 관련하여 발생하였다.

Ⅰ. 포괄손익계산서	
계정과목	금액
매출액	₩6,000,000
매출원가	(3,200,000)
급여	(1,200,000)
감가상각비	(890,000)
대손상각비	(120,000)
유형자산처분이익	570,000
외화환산이익	320,000
이자비용	(450,000)
재고자산감모손실	(250,000)
법인세비용	(180,000)
당기순이익	₩600,000

Ⅱ. 간접법에 의한 영업활동현금흐름	
당기순이익	₩600,000
주식보상비용	140,000
이자비용	450,000
감가상각비	890,000
유형자산처분이익	(570,000)
법인세비용	180,000
매출채권(순액)의 증가	(890,000)
선급금의 증가	(120,000)
선급급여의 감소	210,000
재고자산의 감소	390,000
매입채무의 증가	430,000
미지급급여의 감소	(170,000)
영업에서 창출된 현금	₩1,540,000
이자지급	(420,000)
법인세납부	(80,000)
영업활동순현금흐름	₩1,040,000

	공급자에 대한 현금유출액	종업원에 대한 현금유출액
①	₩2,180,000	₩1,160,000
②	₩2,430,000	₩1,020,000
③	₩2,430,000	₩1,160,000
④	₩2,500,000	₩1,020,000
⑤	₩2,500,000	₩1,160,000

내비게이션

- 공급자에 대한 현금유출액

매출원가	(3,200,000)
재고자산감모손실	(250,000)
재고자산 감소	390,000
매입채무 증가	430,000
외화환산이익	320,000
선급금 증가	(120,000)
	(2,430,000)

- 종업원에 대한 현금유출액

급여	(1,200,000)
주식보상비용	140,000
미지급급여 감소	(170,000)
선급급여 감소	210,000
	(1,020,000)

시험중요도 ★★☆

이론과기출 제231강 ◯ 직접법 기타영업활동 : 유입·유출액분석

세부고찰 I	**사례** 영업활동 유입 · 유출액

❂20x1년 현금매출 및 신용매출은 각각 ₩160,000과 ₩1,200,0000이고, 20x1년 기초와 기말의 매출채권 잔액은 각각 ₩180,000과 ₩212,0000이다. 20x1년 영업비용은 ₩240,0000이다. 20x1년 선급비용 기말 잔액은 기초보다 ₩16,0000이 증가하였고, 20x1년 미지급비용 기말잔액은 기초보다 ₩24,0000이 감소하였다. 20x1년에 고객으로부터 유입된 현금흐름과 영업비용으로 유출된 현금흐름은?

풀이

- 고객으로부터 유입된 현금흐름 : 1,360,000–32,000(매출채권증가)=1,328,000
- 영업비용으로 유출된 현금흐름 : –240,000–16,000(선급비용증가)–24,000(미지급비용감소)=–280,000

세부고찰 II	**사례** 미지급이자 추정

❂(주)설레임은 현재 발생주의회계를 채택하고 있다. 20x1년 이자비용 계상액은 ₩58,500(현금지급액은 ₩57,400)이었다. 20x1년말 현재 재무상태표상의 미지급이자가 ₩13,200이라면, 20x1년초의 미지급 이자는 얼마인가? 단, 20x1년 기초 및 기말시점의 선급이자는 각각 ₩1,750과 ₩1,550이다.

풀이

- –58,500+x+200(선급이자감소)=–57,400 에서, x=900(미지급이자증가)
- ∴13,200(기말미지급이자)–기초미지급이자=900 에서, 기초미지급이자=12,300

세부고찰 III	**사례** 이자비용 유출액

❂다음은 20x1년도 이자지급과 관련된 자료이다. 이자지급으로 인한 현금유출액은 얼마인가?

> (1) 포괄손익계산서 이자비용 ₩20,000에는 사채할인발행차금상각액 ₩2,0000이 포함되어 있다.
> (2) 재무상태표에 인식된 이자 관련 계정과목의 기초 및 기말잔액은 다음과 같다.
>
> | 계정과목 | 기초잔액 | 기말잔액 |
> |---|---|---|
> | 미지급이자 | ₩2,300 | ₩3,300 |
> | 선급이자 | ₩1,000 | ₩1,300 |

풀이

- –20,000+2,000(사발차상각액)+1,000(미지급이자증가)–300(선급이자증가)=–17,300

세부고찰 IV	**사례** 이자수익 유입액

❂다음은 미수수익과 관련된 재무제표 자료이다. 20x2년 이자수익에 따른 현금유입액을 구하면?.

> ㄱ. 재무상태표 관련자료
>
> | 구분 | 20x2년말 | 20x1년말 |
> |---|---|---|
> | 미수이자 | ₩20,000 | ₩30,000 |
>
> ㄴ. 포괄손익계산서 관련자료
>
> | 구분 | 20x2년 | 20x1년 |
> |---|---|---|
> | 이자수익 | ₩200,000[*] | ₩150,000 |
>
> [*]장기할부판매와 관련된 현재가치할인차금상각액 ₩10,0000이 포함됨.

풀이

- 200,000–10,000(현할차상각액)+10,000(미수이자감소)=200,000

객관식 확인학습 ◁━ **이론적용연습**

1. 창업지원컨설팅을 하는 ㈜국세는 현금주의 회계제도를 채택하고 있으며, 20x1년에 용역수익 ₩400,000을 현금으로 수취하였다. 만약, 발생주의 회계제도를 채택하였다면 20x1년도 ㈜국세의 용역수익은 얼마인가? (단, 추가자료는 다음과 같다.)

구분	20x1년 1월 1일	20x1년 12월 31일
미수용역수익	₩80,000	₩120,000
선수용역수익	₩0	₩10,000

① ₩350,000　　② ₩370,000　　③ ₩430,000
④ ₩450,000　　⑤ ₩470,000

🔊 **내비게이션**

- 발생주의 용역수익　　　　　X
  미수용역수익 증가　　　　(40,000)
  선수용역수익 증가　　　　 10,000
  현금주의 용역수익　　　　400,000

∴ $X = 430,000$

시험중요도 ♥♥♥

이론과기출 제232강 ⟜ **간접법 영업활동 : 양식과 계산구조**

간접법 양식	간접법 영업활동현금흐름 현금흐름표 양식

Ⅰ.영업활동현금흐름

1. 법인세비용차감전순이익	xxx
가감 :	
① 감가상각비	xxx
② 무형자산상각비	xxx
③ 투자수익	(xxx)
④ 이자비용	xxx
⑤ 이자수익	(xxx)
⑥ 배당수익	(xxx)
	xxx
⑦ 매출채권(대손충당금차감순액)증가	(xxx)
⑧ 재고자산(순액)감소	xxx
⑨ 매입채무감소	(xxx)
⑩ 단기매매(FVPL)금융자산감소 등	xxx
2. 영업에서 창출된 현금	xxx
① 이자의 지급	(xxx)
② 이자의 수취	xxx
③ 배당금의 수취	xxx
④ 배당금의 지급	(xxx)
⑤ 법인세의 납부	(xxx)
3. 영업활동 순현금흐름	xxx

계산구조

〈출발점〉 법인세비용차감전순이익		
현금수입 · 지출이 없는 손익계정	• 감가상각비, 금융자산평가손익 • 이자비용, 이자수익, 배당수익[*]	• 비용 ➡ 가산 • 수익 ➡ 차감
투자 · 재무활동관련 손익계정	• 자산처분손익 • 부채상환손익	
영업활동관련 자산 · 부채계정	• 매출채권(순액), 선수금 • 매입채무, 선급금 • 재고자산 • 미수수익, 선급비용, 선수수익, 미지급비용, 단기매매(FVPL)금융자산	• 자산증(감) ➡ 차감(가산) • 부채증(감) ➡ 가산(차감)

[*] 영업활동으로 분류되는 경우 가감조정을 해주는 이유는 현금흐름표 양식상 이들을 직접법을 적용한 것처럼 별도로 표시해주기 때문임.

▶주의 영업활동관련 자산·부채계정 관련손익(예 매출채권 대손상각비, 단기매매금융자산평가이익·처분이익, 재고자산감모손실, 퇴직급여 등)은 위의 현금수입·지출이 없는 손익계정에서 고려치 않음. 따라서, 영업활동과 관련없는 대여금이나 미수금 해당분 대손상각비는 위의 현금수입·지출이 없는 손익계정에서 고려(가산)함.

▶고속철

유형자산현금흐름 계정분석			
기초(순액)	3,000	처분(순액)	800
		당기감가상각비	400
취득	200	기말(순액)	2,000

객관식 확인학습 ─○　**이론적용연습**

1. 다음은 ㈜갑의 20x1년도 간접법에 의한 현금흐름표를 작성하기 위한 자료이다. ㈜갑의 20x1년도 현금흐름표상 영업활동 순현금흐름은 얼마인가?

> (1) 20x1년도 포괄손익계산서 자료
> - 당기순이익 : ₩500
> - 법인세비용 : ₩100
> - 재고자산평가손실 : ₩10
> - 대손상각비 : ₩90(매출채권에서 발생)
> - 외화환산이익 : ₩40(매출채권에서 발생)
> - 외화환산손실 : ₩50(매입채무에서 발생)
> - 단기매매(FVPL)금융자산처분이익 : ₩80
> - 단기매매(FVPL)금융자산평가손실 : ₩60
>
> (2) 20x1년말 재무상태표 자료
> - 20x1년 기초금액 대비 기말금액의 증감은 다음과 같다.

자산		부채와 자본	
계정과목	증가(감소)	계정과목	증가(감소)
현금및현금성자산	30	단기차입금	(70)
단기매매금융자산	120	매입채무	(330)
매출채권(순액)	650	미지급법인세	(20)
재고자산(순액)	(480)	이연법인세부채	30
유형자산(순액)	(230)	자본	480

> (3) 20x1년도 유형자산 취득금액은 ₩700이고 처분은 없었으며, 20x1년도 감가상각비는 ₩300이다.
> (4) 이자와 배당금의 수취, 이자지급 및 법인세납부 또는 환급은 영업활동으로 분류하고, 배당금의 지급은 재무활동으로 분류한다.

① ₩190　② ₩200　③ ₩210
④ ₩310　⑤ ₩1,410

내비게이션

- 영업에서 창출된 현금 계산

법인세비용차감전순이익	600
감가상각비	300
매출채권(순액) 증가	(650)
재고자산(순액) 감소	480
매입채무 감소	(330)
단기매매금융자산 증가	(120)
	280

- 법인세유출액(법인세의 납부) 계산

법인세비용	(100)
미지급법인세 감소	(20)
이연법인세부채 증가	30
	(90)

∴영업활동순현금흐름 : 280(영업에서 창출된 현금)-90(법인세납부)=190

2. ㈜한국의 20x1년도 현금흐름표상 영업에서 창출된 현금이 ₩100,000이고 영업활동 순현금흐름은 ₩89,000이다. 다음에 제시된 자료를 이용하여 ㈜한국의 20x1년도 포괄손익계산서상 법인세비용차감전순이익을 구하면 얼마인가? 단, 이자지급 및 법인세납부는 영업활동으로 분류한다.

⟨20X1년도 ㈜한국의 재무자료⟩			
이자비용	₩2,000	감가상각비	₩1,000
유형자산처분손실	₩3,000	사채상환이익	₩2,000
법인세비용	₩7,000	미지급이자의 증가	₩1,000
재고자산(순액)의 증가	₩3,000	매출채권(순액)의 증가	₩2,000
매입채무의 증가	₩3,000	미지급법인세의 감소	₩3,000

① ₩91,000　② ₩98,000　③ ₩101,000
④ ₩103,000　⑤ ₩105,000

내비게이션

법인세비용차감전순이익	X
감가상각비	1,000
이자비용	2,000
유형자산처분손실	3,000
사채상환이익	(2,000)
매출채권(순액) 증가	(2,000)
재고자산(순액) 증가	(3,000)
매입채무 증가	3,000
영업에서 창출된 현금	100,000

∴$X=98,000$

시험중요도 ★★☆

이론과기출 제233강 ○─ 간접법 영업활동 : 현금흐름표작성

종합사례	❖포괄손익계산서 자료	
	대손상각비(매출채권 관련분 ₩4,000, 대여금 관련분 ₩2,000)	₩6,000
	감가상각비	₩140,000
	단기매매(FVPL)금융자산평가이익	₩8,000
	유형자산처분손실	₩24,000
	이자비용(사채할인발행차금상각액 ₩12,000 포함)	₩52,000
	FVOCI(매도가능)금융자산처분이익	₩38,000
	외환이익(외화차입금 관련분 ₩10,000, 매출채권 관련분 ₩4,000)	₩14,000
	법인세비용차감전순이익	₩400,000
	법인세비용	₩80,000

❖재무상태표 자료

계정과목	기초잔액	기말잔액	증감
매출채권(순액)	₩80,000	₩120,000	40,000
재고자산	₩24,000	₩16,000	(8,000)
매입채무	₩72,000	₩40,000	(32,000)
미지급급여	₩28,000	₩20,000	(8,000)
단기매매(FVPL)금융자산	₩6,000	₩12,000	6,000
미지급이자	₩16,000	₩18,000	2,000
미지급법인세	₩14,000	₩18,000	4,000
이연법인세부채	₩12,000	₩6,000	(6,000)

현금흐름표 (간접법)	간접법 영업활동현금흐름 현금흐름표 사례	
	Ⅰ.영업활동현금흐름	
	1. 법인세비용차감전순이익	400,000
	가감 :	
	① 대손상각비(대여금 관련분)	2,000
	② 감가상각비	140,000
	③ 유형자산처분손실	24,000
	④ 이자비용	52,000
	⑤ FVOCI(매도가능)금융자산처분이익	(38,000)
	⑥ 외환이익(외화차입금 관련분)	(10,000)
		570,000
	⑦ 매출채권(순액)증가	(40,000)
	⑧ 재고자산(순액)감소	8,000
	⑨ 매입채무감소	(32,000)
	⑩ 미지급급여감소	(8,000)
	⑪ 단기매매(FVPL)금융자산증가	(6,000)
	2. 영업에서 창출된 현금	492,000
	① 이자의 지급	(38,000)[1]
	② 법인세의 납부	(82,000)[2]
	3. 영업활동 순현금흐름	372,000

[1] −52,000(이자비용)+12,000(사발차상각액)+2,000(미지급이자증가)=−38,000

[2] −80,000(법인세비용)+4,000(미지급법인세증가)−6,000(이연법인세부채감소)=−82,000

객관식 확인학습 ─ 이론적용연습

1. 다음은 제조기업인 ㈜대한의 20x1년도 간접법에 의한 현금흐름표를 작성하기 위한 자료이다. 이자지급 및 법인세납부를 영업활동으로 분류한다고 할 때, 20x1년 ㈜대한이 현금흐름표에 보고할 영업에서 창출된 현금은 얼마인가?

(1) 법인세비용차감전순이익 : ₩500,000
(2) 대손상각비 : ₩30,000
(3) 재고자산평가손실 : ₩10,000
(4) 건물 감가상각비 : ₩40,000
(5) 이자비용 : ₩50,000
(6) 법인세비용 : ₩140,000
(7) 단기매매(FVPL)금융자산 처분이익 : ₩15,000
(8) 재무상태표 계정과목의 기초금액 대비 기말금액의 증감
  − 매출채권(순액) : ₩100,000 증가
  − 매입채무 : ₩50,000 감소
  − 재고자산(순액) : ₩20,000 증가
  − 단기매매(FVPL)금융자산 : ₩50,000 감소
  − 미지급이자 : ₩70,000 증가

① ₩420,000　　② ₩456,000　　③ ₩470,000
④ ₩495,000　　⑤ ₩535,000

낵비게이션

• 법인세비용차감전순이익	500,000
감가상각비	40,000
이자비용	50,000
매출채권(순액) 증가	(100,000)
매입채무 감소	(50,000)
재고자산(순액) 증가	(20,000)
단기매매(FVPL)금융자산 감소	50,000
영업에서 창출된 현금	470,000

2. 다음 자료를 이용할 경우 20x1년도 현금흐름표에 계상될 영업활동 순현금흐름은 얼마인가? 단, 배당금의 지급은 재무활동으로 분류한다.

(1) 당기순이익 : ₩250,000
(2) 감가상각비 : ₩40,000
(3) 사채상환이익 : ₩35,000
(4) 기타포괄손익-공정가치측정금융자산처분손실 : ₩20,000
(5) 배당금지급 : ₩80,000
(6) 유상증자 : ₩110,000
(7) 자산 및 부채 계정잔액의 일부

계정과목	20x1.1.1	20x1.12.31
매출채권(순액)	₩50,000	₩70,000
단기대여금	₩110,000	₩130,000
유형자산(순액)	₩135,000	₩95,000
매입채무	₩40,000	₩30,000
미지급비용	₩30,000	₩45,000

① ₩260,000 유입　　② ₩265,000 유입
③ ₩270,000 유입　　④ ₩275,000 유입
⑤ ₩290,000 유입

낵비게이션

• 당기순이익	250,000
감가상각비	40,000
사채상환이익	(35,000)
FVOCI금융자산처분손실	20,000
매출채권 증가	(20,000)
매입채무 감소	(10,000)
미지급비용 증가	15,000
	260,000

이론과기출 제234강 ─ 간접법 영업활동 : 순이익추정

세부고찰 I

사례 순이익 추정①

❁㈜동근해가떡썹니다의 20x1년도 현금흐름표상 영업에서 창출된 현금은 ₩1,000,000이었다. 간접법으로 영업활동 현금흐름을 계산하기 위한 다음 항목을 이용하여 20x1년도 당기순이익을 계산하면? 단, 이자의 지급은 영업활동으로 분류하며, 법인세는 무시한다.

매입채무증가	₩50,000	매출채권(순액)감소	₩150,000
선급비용증가	₩30,000	미지급비용감소	₩40,000
재고자산증가	₩80,000	감가상각비	₩50,000
이자비용	₩35,000	기계처분이익	₩20,000

풀이

• X+50,000(감가상각비)+35,000(이자비용)−20,000(기계처분이익)+50,000(매입채무증가)+150,000(매출채권감소)−30,000(선급비용증가)−40,000(미지급비용감소)−80,000(재고자산증가)
=1,000,000(영업에서 창출된 현금) →∴ X=885,000

세부고찰 II

사례 순이익 추정②

❁㈜합격자명단의내이름의 20x1년 영업활동 순현금흐름은 ₩192,000이다. 다음 자료로 20x1년 당기순이익을 구하면? 단, 배당금 지급은 재무활동으로 분류한다.

감가상각비	₩180,000	FVOCI(매도가능)금융자산처분이익	₩16,000
사채할인발행차금상각액	₩9,600	매출채권(순액)증가	₩92,400
현금배당금지급	₩30,800	재고자산증가	₩32,000
단기차입금상환	₩50,000	매입채무증가	₩71,200
미지급법인세감소	₩42,000	사채발행	₩150,000

풀이

• X(순이익)+180,000(감가상각비)−16,000[FVOCI(매도가능)금융자산처분이익]−92,400(매출채권증가)
−32,000(재고자산증가)+71,200(매입채무증가)+9,600(사발차상각액)−42,000(미지급법인세감소)
=192,000(영업활동 순현금흐름) →∴ X=113,600

세부고찰 III

사례 순이익 추정③

❁당기 20x1년의 영업에서 창출된 현금은 ₩5,000,000이다. 다음 자료를 이용하여 20x1년의 법인세비용차감전순이익을 계산하면 얼마인가?

감가상각비	₩375,000
대손상각비(매출채권 관련)	₩375,000
재고자산감모손실	₩500,000
재고자산의 감소	₩250,000
매출채권(순액)의 증가	₩500,000
토지처분금액(장부금액 ₩750,000)	₩1,250,000

풀이

• X(순이익)+375,000(감가상각비)+250,000(재고자산감소)−500,000(매출채권증가)−500,000(토지처분이익)=5,000,000(영업에서 창출된 현금) →∴ X=5,375,000

*영업활동관련 자산·부채관련손익인 대손상각비, 재고자산감모손실은 고려하지 않음.

객관식 확인학습

이론적용연습

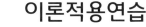

1. 다음 자료는 ㈜코리아의 20x1년말과 20x2년말 재무상태표와 20x2년 포괄손익계산서 및 현금흐름표에서 발췌한 회계자료의 일부이다. ㈜코리아는 이자의 지급을 영업활동으로 분류하고 있다. 다음의 자료만을 이용할 때 20x2년도 '법인세비용차감전순이익' 및 '영업에서 창출된 현금' 을 계산하면 각각 얼마인가?

(1) 감가상각비	₩40,000
(2) 유형자산처분손실	₩20,000
(3) 이자비용	₩25,000
(4) 법인세비용	₩30,000
(5) 미지급법인세의 감소액	₩5,000
(6) 이연법인세부채의 증가액	₩10,000
(7) 이자지급액	₩25,000
(8) 매출채권의 증가액	₩15,000
(9) 대손(손실)충당금의 증가액	₩5,000
(10) 재고자산의 감소액	₩4,000
(11) 매입채무의 감소액	₩6,000
(12) 영업활동순현금흐름	₩200,000

	법인세비용차감전 순이익	영업에서 창출된 현금
①	₩177,000	₩250,000
②	₩172,000	₩245,000
③	₩225,000	₩192,000
④	₩167,000	₩240,000
⑤	₩172,000	₩220,000

낸비게의션

• 영업에서 창출된 현금 계산
법인세비용차감전순이익	X
감가상각비	40,000
유형자산처분손실	20,000
이자비용	25,000
매출채권(순액) 증가	(10,000)
재고자산(순액) 감소	4,000
매입채무 감소	(6,000)
	Y

• 법인세유출액(법인세의 납부) 계산
법인세비용	(30,000)
미지급법인세 감소	(5,000)
이연법인세부채 증가	10,000
	(25,000)

• 이자지급액 : (25,000)
∴영업활동순현금흐름(200,000)= Y -25,000-25,000
→ Y (영업에서 창출된 현금 계산)=250,000
→ X (법인세비용차감전순이익)=177,000

2. 서비스 제공업체인 ㈜세무는 발생주의 회계제도를 채택하고 있다. 20x2회계년도 중에 용역수익 ₩79,500, 급여 ₩27,300, 임차료 ₩20,000이 발생하였다. 급여 및 임차료 이외의 비용은 없으며, 20x1년말과 20x2년말의 발생 및 이연항목은 다음과 같다. 현금주의에 의한 20x2년의 당기순이익은?

구분	20x1.12.31	20x2.12.31
미수용역수익	₩17,000	₩8,000
선수용역수익	₩500	₩2,000
미지급급여	₩3,600	₩7,400
선급임차료	₩1,700	₩3,200

① ₩27,600 ② ₩38,200 ③ ₩42,700
④ ₩43,500 ⑤ ₩45,000

낸비게의션
• 당기순이익(발생주의) : 79,500-27,300-20,000=32,200

당기순이익(발생주의)	32,200
미수용역수익 감소	9,000
선수용역수익 증가	1,500
미지급급여 증가	3,800
선급임차료 증가	(1,500)
당기순이익(현금주의)	45,000

이론과기출 제235강 ○ 간접법 영업활동 : 현금흐름과 적용

사례 영업에서 창출된 현금과 영업활동 순현금흐름

❖다음 자료에 의해 영업에서 창출된 현금과 영업활동 순현금흐름을 계산하면 각각 얼마인가? 단, 이자수취 및 이자지급은 영업활동으로 분류한다.

(1) 재무상태표의 자산·부채의 일부는 다음과 같다.

매출채권(순액)의 증가	₩750,000	재고자산의 감소	₩250,000
매입채무의 증가	₩500,000	사채의 감소	₩750,000
이연법인세자산의 감소	₩50,000	미지급법인세의 증가	₩100,000

(2) 법인세비용차감전순손실은 ₩250,000이며 다음 손익항목이 포괄손익계산서에 포함되어 있다.

감가상각비	₩250,000	토지재해손실	₩500,000
토지처분손실	₩500,000	이자비용(사채할인발행차금상각액)	₩250,000
매출에누리와 매출환입	₩750,000	법인세비용	₩250,000

세부고찰 I

- 영업에서 창출된 현금
  -250,000(순손실)+250,000(감가상각비)+500,000(토지재해손실)+500,000(토지처분손실)+250,000(이자비용)-750,000(매출채권증가)+250,000(재고자산감소)+500,000(매입채무증가)=1,250,000
- 법인세의 납부(법인세유출액)
  -250,000(법인세비용)+100,000(미지급법인세증가)+50,000(이연법인세자산감소)=-100,000
- 영업활동 순현금흐름
  1,250,000(영업에서 창출된 현금)-100,000(법인세의 납부)=1,150,000

사례 현금흐름대비 유동부채 계산

❖아래에 제시된 것 이외의 유동항목은 없는 것으로 가정하고, $\dfrac{유동부채(기말)}{영업활동현금흐름}$ 을 계산하면? 단, 유동비율은 '유동자산÷유동부채'이며, 법인세는 무시한다.

유동비율(기초)	2.0	유동비율(기말)	1.5
법인세비용차감전순이익	₩10,000	매출채권감소	₩5,500
매입채무증가	₩3,000	감가상각비	₩4,000
미지급비용증가	₩1,500	재고자산증가	₩1,000

세부고찰 II

- 영업활동현금흐름 계산
  10,000+5,500(매출채권감소)+3,000(매입채무증가)+4,000(감가상각비)+1,500(미지급비용증가)-1,000(재고자산증가)=23,000
- 기초유동비율= $\dfrac{기초유동자산(x)}{기초유동부채(y)}$ =2에서, $x=2y$
- 기말유동비율= $\dfrac{기말유동자산}{기말유동부채}$ = $\dfrac{기초유동자산-5,500(매출채권감소)+1,000(재고자산증가)}{기초유동부채+3,000(매입채무증가)+1,500(미지급비용증가)}$

  = $\dfrac{2y-4,500}{y+4,500}$ =1.5 → y=22,500 이므로, 기말유동부채=22,500+3,000+1,500=27,000
- $\dfrac{유동부채(기말)}{영업활동현금흐름}$ = $\dfrac{27,000}{23,000}$ =1.17

객관식 확인학습 — 이론적용연습

1. 다음의 자료를 이용하여 ㈜갑의 20x1년 현금흐름표상 영업활동순현금흐름은 얼마인가?

> (1) ㈜갑의 부분재무상태표상 각 항목의 20x1년 기초대비 기말잔액의 증감액은 다음과 같다.
>
> | 자산 | | 부채와 자본 | |
> |---|---|---|---|
> | 계정과목 | 증가(감소) | 계정과목 | 증가(감소) |
> | 현금 | ? | 매입채무 | (10,000) |
> | 재고자산 | 90,000 | 장기차입금 | 110,000 |
> | 장기투자자산 | (100,000) | 자본금 | 0 |
> | 건물 | 300,000 | 이익잉여금 | ? |
> | 감가상각누계액 | (0) | | |
>
> (2) 다음은 20x1년 중에 발생한 거래의 일부이다.
> - 20x1년 당기순이익은 ₩300,0000이다.
> - 취득원가 ₩500,000(장부금액 ₩250,000)의 건물을 ₩250,000에 처분하였고, 당기에 취득한 건물 중 ₩110,000은 건물과 관련된 장기차입금 ₩110,000을 인수하는 방식으로 취득하였다.
> - 장기투자자산 중 일부를 ₩135,000에 처분하였으며, 장기투자자산에 영향을 미치는 다른 거래는 없었다.

① ₩450,000　　② ₩425,000　　③ ₩415,000
④ ₩175,000　　⑤ ₩165,000

 내비게이션

• 건물 처분 회계처리
　(차) 현금(대차차액)　　　250,000　(대) 건물　　　　500,000
　　　Dep누계액　　　　　250,000
　→처분자산Dep누계=250,000

• 장기투자자산 처분 회계처리
　(차) 현금　　　135,000　(대) 장기투자자산　　　100,000
　　　　　　　　　　　　　처분이익(대차차액)　　35,000

• 건물 감가상각비 추정
　'기초Dep누계−처분자산Dep누계+감가상각비=기말Dep누계'
　→감가상각비−처분자산Dep누계=기말Dep누계−기초Dep누계
　→감가상각누계액의 증감=0 이므로 기말Dep누계−기초Dep누계=0
　→감가상각비−처분자산Dep누계(250,000)=0
　→따라서, 감가상각비=250,000

• 당기순이익	300,000
감가상각비	25,000
건물처분이익	(0)
장기투자자산처분이익	(35,000)
재고자산 증가	(90,000)
매입채무 감소	(10,000)
	415,000

2. ㈜한국은 당기 중에 장부금액 ₩40,000인 기계장치를 ₩52,000에 처분하였으며 당기 중 취득한 기계장치는 없다. 법인세차감전순이익은 ₩30,000이며, 액면 발행된 사채의 이자비용이 ₩2,000이다. 영업에서 창출된 현금은?

계정과목	기초	기말
매출채권(총액)	₩120,000	₩90,000
매출채권 대손(손실)충당금	₩4,000	₩5,000
재고자산	₩250,000	₩220,000
기계장치(총액)	₩400,000	₩300,000
기계장치 감가상각누계액	₩230,000	₩190,000
매입채무	₩245,000	₩280,000

① ₩116,000　　② ₩126,000　　③ ₩136,000
④ ₩146,000　　⑤ ₩156,000

내비게이션

• 기계장치 처분 회계처리
　(차) 현금　　52,000　(대) 기계장치(순액)　　40,000
　　　　　　　　　　　　　　처분이익　　　　　12,000

• 기계장치 계정분석

기초(순액)	170,000[1]	처분(순액)	40,000
		감가상각비(대차차액)	20,000
취득(대차차액)	0	기말(순액)	110,000[2]

[1] 400,000−230,000=170,000
[2] 300,000−190,000=110,000

• 법인세비용차감전순이익	30,000
처분이익	(12,000)
감가상각비	20,000
이자비용	2,000
매출채권(순액) 감소	31,000
재고자산(순액) 감소	30,000
매입채무 증가	35,000
영업에서 창출된 현금	136,000

이론과기출 제236강 ◯ 투자·재무활동 : 유형자산 순현금흐름

세부고찰 I

사례 유형자산 순현금흐름①

❂다음은 ㈜코마탈출의 건물계정에 대한 비교재무상태표 자료이다.

	20x1년	20x2년
건물	₩100,000,000	₩115,000,000
감가상각누계액	(₩37,500,000)	(₩43,750,000)

㈜코마탈출은 20x2년 중 건물을 ₩37,500,000에 취득하였으며, 포괄손익계산서에 보고된 감가상각비와 건물처분이익은 각각 ₩10,000,000과 ₩13,250,000이다. 투자활동 순현금흐름을 계산하면 얼마인가?

• 계정분석

기초(순액)	62,500,000	처분(순액)(?)	18,750,000
		감가상각비	10,000,000
취득	37,500,000	기말(순액)	71,250,000

• 처분시 : (차) 현금(?) 32,000,000 (대) 건물(순액) 18,750,000
                                              처분이익   13,250,000

∴ 현금유입(처분) : 32,000,000
  현금유출(취득) : (37,500,000)
  순현금흐름   (5,500,000)

세부고찰 II

사례 유형자산 순현금흐름②

❂다음은 ㈜유연천리래상회의 당기 20x1년 회계자료이다.

(1) 전기말 보유하던 건물을 20x1년 1월 1일에 현금을 지급받고 전액 처분하였다.
(2) 20x1년 1월 1일에 현금을 지급하고 신규로 건물을 취득하였다.
(3) ㈜유연천리래상회의 20x1년 포괄손익계산서상에는 건물처분이익 ₩2,750,000이 계상되어 있다.
(4) 부분재무상태표

과목	전기말	당기말
건물	₩18,000,000	₩9,750,000
감가상각누계액	(₩8,750,000)	(₩1,000,000)

20x1년 1월 1일에 있었던 건물의 처분과 신규취득이 투자활동 거래의 전부라고 할 때, ㈜유연천리래상회의 20x1년 투자활동 순현금흐름을 계산하면 얼마인가?

• 처분시 회계처리 : (차) 현금(?)   12,000,000 (대) 건물   18,000,000
                         감가상각누계액 8,750,000   처분이익 2,750,000

• 계정분석

기초(순액)	9,250,000	처분(순액)	9,250,000
		감가상각비	1,000,000
취득(?)	9,750,000	기말(순액)	8,750,000

∴ 현금유입(처분) : 12,000,000
  현금유출(취득) : (9,750,000)
  순현금흐름   2,250,000

객관식 확인학습 ┥ **이론적용연습**

1. 20x1년 초에 설립된 ㈜대한의 20x1년 12월 31일 현재 토지의 장부금액은 ₩5,400,000이다. 이는 재평가로 인하여 증가된 ₩1,100,000이 포함된 금액이다. 또한 ㈜대한은 20x1년 3월 1일에 취득한 기계장치(내용연수 5년, 잔존가치 ₩400,000, 정액법 상각)를 20x1년 5월 31일 ₩5,300,000에 전부 처분하고 유형자산처분손실 ₩1,845,000을 인식하였다. ㈜대한은 감가상각에 대해 월할계산하고 있으며, 자산의 취득 및 처분과 관련된 모든 거래는 현금으로 이루어지고 있다. ㈜대한의 20x1년도 현금흐름표에 계상될 투자활동 순현금흐름은 얼마인가? 단, 토지는 20x1년 초에 취득하였으며, 재평가모형을 적용한다.

① ₩4,300,000 유출　　　② ₩5,500,000 유입
③ ₩6,500,000 유출　　　④ ₩7,500,000 유입
⑤ ₩11,800,000 유출

내비게이션

• 토지 취득
(차) 토지　　　　　4,300,000[1)]　(대) 현금　　4,300,000
[1)]5,400,000−1,100,000=4,300,000

• 기계장치 취득
(차) 기계장치　　　　　X　(대) 현금　　　　X

• 기계장치 처분
(차) 현금　　　　　5,300,000　(대) 기계장치　　X
　　Dep누계액　(X−400,000)×3/60
　　처분손실　　1,845,000
→X=7,500,000

• 현금유출 : 토지 취득　　(4,300,000)
　현금유출 : 기계장치 취득　(7,500,000)
　현금유입 : 기계장치 처분　 5,300,000
　투자활동 순현금흐름　　(6,500,000)

제1편 Mainplot [주요논제]

제2편 Subplot [특수논제]

합본부록1 기출유형별 필수문제

합본부록2 실전적중모의고사

이론과기출 제237강 ◯ 투자·재무활동 : 유형자산 계정분석

세부고찰 I

사례 유형자산 유입액분석

❂다음 자료는 ㈜무혈입성의 유형자산 중 건물에 대한 자료이다. 순현금흐름을 계산하면?

(1) 비교재무상태표 중 일부

과목	20x2년말	20x1년말
건물	₩830,000	₩850,000
감가상각누계액	(₩240,000)	(₩200,000)

(2) 20x2년도 중 취득원가 ₩150,000(감가상각누계액 ₩60,000)의 건물을 처분하였으며 동 처분으로 처분손실 ₩10,000이 발생하였다. 건물 및 감가상각누계액의 나머지 차액은 당기 중 현금으로 취득한 것과 당기 감가상각비를 계상한 것이다.

●계정분석

기초(순액)	850,000−200,000=650,000	처분(순액)	150,000−60,000=90,000
		감가상각비	240,000−(200,000−60,000)=100,000
취득(?)	130,000	기말(순액)	830,000−240,000=590,000

∴현금유입(처분) 80,000 / 현금유출(취득) (130,000) → 순현금흐름 (50,000)

세부고찰 II

사례 유형자산 유입 · 유출액분석

❂다음은 (주)포기를모르는놈의 재무제표의 일부이다.

(1) 비교재무상태표

과목	20x1년말	20x2년말
유형자산	₩245,000	₩270,000
감가상각누계액	(₩167,000)	(₩178,000)
미지급금	₩34,000	₩54,000

(2) 포괄손익계산서
– 감가상각비 : ₩32,000, 유형자산처분이익 : ₩13,000

20x2년 3월 1일 원가 ₩45,000의 유형자산을 현금을 받고 처분하였다. 또한 20x2년 8월 중 새로운 유형자산의 구입이 있었으며, 구입대금 중 현금지급하지 못한 ₩20,000은 미지급금으로 계상되었다. 20x2년도의 현금흐름표에 보고되어야 할 투자활동으로 부터의 순현금흐름은 얼마인가?

●167,000(기초감가상각누계액)−x+32,000(감가상각비)=178,000(기말감가상각누계액)
→처분자산의 감가상각누계액(x)=21,000

→처분시 : (차) 현금(?)　　　37,000　(대) 유형자산　　　　45,000
　　　　　　　감가상각누계액　21,000　　　처분이익　　　　13,000

●계정분석

기초(순액)	245,000−167,000=78,000	처분(순액)	45,000−21,000=24,000
		감가상각비	32,000
취득(?)	70,000	기말(순액)	270,000−178,000=92,000

→취득시 : (차) 유형자산　　　70,000　(대) 현금(?)　　　50,000
　　　　　　　　　　　　　　　　　　　　　미지급금　　　20,000

∴현금유입(처분) 37,000 / 현금유출(취득) (50,000) → 순현금흐름 (13,000)

객관식 확인학습 **이론적용연습**

1. 다음은 ㈜여름의 기계장치와 관련하여 20x1년도 중 발생한 일부 거래내역과 20x1년도 부분재무제표의 자료이다. ㈜여름의 유형자산은 모두 기계장치이다. 다음의 자료만을 이용하여 계산한 20x1년도 기계장치의 처분으로 인한 현금유입액은 얼마인가?

부분재무상태표			
계정과목	기초잔액	기말잔액	증감
기계장치	8,700,000	8,670,000	(30,000)
감가상각누계액	(3,700,000)	(2,500,000)	(1,200,000)

부분포괄손익계산서	
유형자산감가상각비	(850,000)
유형자산처분이익	570,000

(1) 20x1년 7월 1일 ㈜여름은 공정개선을 위해 보유중인 기계장치 일부를 ㈜겨울의 기계장치와 교환하였다. 교환시점에서 ㈜여름이 보유한 기계장치의 취득금액은 ₩3,300,000(감가상각누계액 ₩1,100,000)이고 공정가치는 ₩2,300,000이었으며, ㈜겨울이 보유한 기계장치의 취득금액은 ₩4,000,000(감가상각누계액 ₩2,500,000)이고 공정가치는 ₩2,000,000이었다. 동 거래는 상업적 실질이 있는 교환으로 공정가치 보상을 위한 현금수수는 없었으며, ㈜여름이 보유한 기계장치의 공정가치가 더 명백하였다.

(2) 20x1년 10월 1일 취득원가 ₩4,000,000인 기계장치를 취득하였으며, 당기 중 기계장치의 추가 취득거래는 발생하지 않았다. 또한 (1)의 교환거래를 제외한 기계장치관련 거래는 모두 현금으로 이루어졌으며, ㈜여름은 기계장치에 대해 원가모형을 적용하였다.

① ₩2,080,000 ② ₩2,550,000 ③ ₩2,650,000
④ ₩3,300,000 ⑤ ₩3,400,000

내비게이션

• 기계장치 계정분석

기초(순액)	5,000,000	처분(순액)〈대차차액〉	1,980,000
		감가상각비	850,000
취득(유출액)	4,000,000	기말(순액)	6,170,000

• 처분회계처리[처분(순액)=1,980,000의 구성내역]

(차) 기계장치(신) 2,300,000 (대) 기계장치(구) 3,300,000
　　Dep누계액 1,100,000 　　처분이익 100,000
(차) 현금 X (대) 기계장치(순액) Y
　　　　　　　　　　　　　　처분이익 470,000[1]

[1] 570,000−100,000=470,000

• 기계장치 계정분석에서 '처분(순액)=1,980,000'이므로,
→1,980,000=(3,300,000−2,300,000−1,100,000)+Y 에서, Y=2,080,000
→X=2,080,000+470,000=2,550,000

참고 ◀ 순현금흐름 : 2,550,000−4,000,000(취득)=−1,450,000(유출)

2. 다음의 자료를 이용하여 ㈜갑의 20x1년 현금흐름표상 투자활동순현금흐름은 얼마인가?

(1) ㈜갑의 부분재무상태표상 각 항목의 20x1년 기초대비 기말잔액의 증감액은 다음과 같다.

자산		부채와 자본	
계정과목	증가(감소)	계정과목	증가(감소)
장기투자자산	(100,000)	장기차입금	110,000
건물	300,000	자본금	0
감가상각누계액	(0)	이익잉여금	?

(2) 다음은 20x1년 중에 발생한 거래의 일부이다.
 − 취득원가 ₩500,000(장부금액 ₩250,000)의 건물을 ₩250,000에 처분하였고, 당기에 취득한 건물 중 ₩110,000은 건물과 관련된 장기차입금 ₩110,000을 인수하는 방식으로 취득하였다.
 − 장기투자자산 중 일부를 ₩135,000에 처분하였으며, 장기투자자산에 영향을 미치는 다른 거래는 없었다.

① (₩550,000) ② (₩690,000) ③ (₩305,000)
④ ₩195,000 ⑤ (₩385,000)

내비게이션

• 건물 처분 회계처리
(차) 현금(대차차액) 250,000 (대) 건물 500,000
　　Dep누계액 250,000

→처분자산Dep누계=250,000
• 건물 감가상각비 추정
'기초Dep누계−처분자산Dep누계+감가상각비=기말Dep누계'
→감가상각비−처분자산Dep누계=기말Dep누계−기초Dep누계
→감가상각누계액의 증감=0 이므로 기말Dep누계−기초Dep누계=0
→감가상각비−처분자산Dep누계(250,000)=0
→따라서, 감가상각비=250,000
• 건물 계정분석

기초(순액)	A	처분(순액)	250,000
		감가상각비	250,000
취득(대차차액)	800,000	기말(순액)	A+300,000

• 건물 취득 회계처리
(차) 건물 800,000 (대) 현금(대차차액) 690,000
　　　　　　　　　　　　장기차입금 110,000

• 장기투자자산 처분 회계처리
(차) 현금(처분금액) 135,000 (대) 장기투자자산 100,000
　　　　　　　　　　　　처분이익(대차차액) 35,000

∴250,000−690,000+135,000=−305,000

이론과기출 제238강 ━ 투자·재무활동 : 현금흐름과 적용

사례   사채 현금흐름의 적용

❖다음 자료에 의해 당기 사채와 관련한 재무활동 순현금흐름을 계산하면 얼마인가?

계정과목	기초잔액	기말잔액
사채	₩150,000	₩200,000
사채할인발행차금	₩10,000	₩14,000

– 당기 사채할인발행차금 상각이자비용은 ₩2,000이다.(액면이자는 없다.)
– 당기에 장부금액 ₩49,000(액면금액 ₩50,000)의 사채를 상환하였으며 상환손실은 ₩2,000이다.

세부고찰 I

- ① (차) 사채   50,000   (대) 사채할인발행차금   1,000
      상환손실   2,000   현금(?)   51,000
- ② (차) 현금   A   (대) 사채   B
      사채할인발행차금   C
- ③ (차) 이자비용   2,000   (대) 사채할인발행차금   2,000

- B의 계산 : 150,000−50,000+B=200,000 에서, B=100,000
- C의 계산 : 10,000−1,000+C−2,000=14,000 에서, C=7,000
- A의 계산 : A+7,000=100,000 에서, A=93,000
- ∴현금유입(발행) 93,000 / 현금유출(상환) (51,000) → 순현금흐름 42,000

사례   유형자산처분손익의 간접법 반영

❖다음은 ㈜외유내강의 20x2년말 기준 비교재무상태표와 포괄손익계산서 및 기타 주요 자료이다. 이에 근거하여 20x2년 현금흐름표 작성시 영업활동으로 인한 현금흐름을 계산하면 얼마인가?

(1) 재무상태표 자료

계정과목	20x2년말	20x1년말	계정과목	20x2년말	20x1년말
현금	₩250,000	₩175,000	기계장치	₩3,750,000	₩3,000,000
매출채권	₩625,000	₩525,000	감가상각누계액	(₩1,250,000)	(₩1,125,000)
대손충당금	(₩75,000)	(₩125,000)	차입금	₩625,000	₩750,000
재고자산	₩850,000	₩1,050,000	자본금	₩1,500,000	₩1,500,000
매입채무	₩200,000	₩195,000	이익잉여금	₩1,825,000	₩1,055,000

(2) 포괄손익계산서 자료 : 당기순이익 ₩770,000, 감가상각비 ₩200,000, 대손상각비 ₩25,000
(3) 20x2년 중 기계장치를 ₩1,250,000에 추가로 취득하였으며, 사용하던 기계장치 중 일부(취득원가 ₩500,000)를 ₩500,000에 매각하였다.

세부고찰 II

- 기계장치 계정분석

기초(순액)	3,000,000−1,125,000=1,875,000	처분(순액)(?)	425,000
취득	1,250,000	감가상각비	200,000
		기말(순액)	3,750,000−1,250,000=2,500,000

- 기계장치 처분시 회계처리 :   (차) 현금   500,000   (대) 기계장치(순액)   425,000
                                                  처분이익   75,000

∴770,000(순이익)+200,000(감가상각비)−150,000(매출채권순액증가)+200,000(재고자산감소)+5,000(매입채무증가)−75,000(처분이익)=950,000

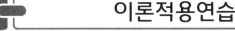

객관식 확인학습 · 이론적용연습

1. ㈜세무의 현금흐름표 작성을 위한 20x2년 자료가 다음과 같을 때, ㈜세무의 20x2년도 투자활동순현금흐름과 재무활동순현금흐름은? 단, ㈜세무는 이자의 지급, 이자 및 배당금의 수입은 영업활동으로, 배당금의 지급은 재무활동으로 분류하고 있다.

> (1) 유상증자로 ₩250,000, 장기차입금으로 ₩300,000을 조달하였다.
> (2) 20x2년초 매출채권 잔액은 ₩300,000이었고, 여기에 대손(손실충당금 잔액이 ₩20,000 설정되어 있다. 20x2년말 매출채권 잔액은 ₩500,000이며, 대손추정을 통하여 기말 대손충당금 잔액이 ₩50,000으로 증가하였다.
> (3) 20x1년 경영성과에 대해 20x2년 3월 주주총회 결의를 통해 주주들에게 배당금으로 ₩200,000을 지급하였다.
> (4) 기초와 기말의 법인세 부채는 각각 ₩300,000과 ₩400,000이었다.
> (5) 당기에 유형자산을 총원가 ₩600,000에 취득하였다.
> (6) 취득원가가 ₩800,000이고 감가상각누계액이 ₩500,000인 공장 설비를 현금매각하고, 유형자산처분이익을 ₩100,000을 인식하였다.

	투자활동순현금흐름	재무활동순현금흐름
①	₩200,000 유출	₩350,000 유입
②	₩200,000 유출	₩550,000 유입
③	₩400,000 유입	₩200,000 유출
④	₩600,000 유출	₩350,000 유입
⑤	₩600,000 유출	₩550,000 유입

 낵비개의션

• 투자활동순현금흐름

현금유출 : 유형자산 취득	(600,000)
현금유입 : 공장설비 처분	400,000[1]
	(200,000)

[1] (800,000−500,000)+100,000=400,000

• 재무활동순현금흐름

현금유입 : 유상증자	250,000
현금유입 : 장기차입금	300,000
현금유출 : 배당금지급	(200,000)
	350,000

2. 다음은 ㈜합격의 사채관련 비교재무상태표이다. 20x2년 사채할인발행차금상각액이 ₩50,000일 때 재무활동 현금흐름은 얼마인가? 단, 20x2년 중 사채의 상환은 없다.

과목	20x1년	20x2년
사채	₩1,500,000	₩2,000,000
사채할인발행차금	₩200,000	₩230,000

① ₩230,000 유입   ② ₩350,000 유입
③ ₩420,000 유입   ④ ₩450,000 유입
⑤ ₩500,000 유입

낵비개의션

• 사채발행시 회계처리

(차) 현금	X	(대) 사채	500,000[1]
사채할인발행차금	Y		

[1] 2,000,000−1,500,000=500,000

• 현금유입액 추정
$(200,000+Y)−50,000=230,000$ 에서, $Y=80,000$
$→(X+80,000)=500,000$에서, $X=420,000$
∴ 현금유입 420,000

이론과기출 제239강 ○ 영업권의 후속측정 **현금창출단위**

영업권 의의	식별가능성	•영업권은 개별적으로 식별하여 인식하는 것이 불가한 자산임.
	상각	•내용연수가 비한정인 것으로 보므로 상각대상자산이 아님.
	손상검사	•손상평가대상으로서 매년 그리고 손상징후가 있을 때마다 손상검사를 함.

➡ 개별적으로 식별불가하므로 영업권만 별도로 회수가능액 추정이 불가능함.
따라서, 현금창출단위를 지정해 놓고 현금창출단위 전체에 대하여 손상차손을 인식하게됨.

현금창출단위 (CGU)	현금창출단위	•다른 자산(자산집단)에서의 현금유입과는 거의 독립적인 현금유입을 창출하는 식별가능한 최소자산집단을 말함. ➡ 말장난 최대자산집단(X)
	현금창출단위집단	•여러개의 현금창출단위로 구성된 것을 말함.

영업권 배분	개요	•사업결합으로 취득한 영업권은 손상검사 목적상 각 현금창출단위나 현금창출단위집단에 취득일로부터 배분됨. ➡ 이는 배분대상 현금창출단위나 현금창출단위집단에 피취득자의 다른 자산이나 부채가 할당되어 있는지와 관계없이 이루어짐.
	완료시점	•취득일후 최초로 개시하는 회계연도말까지 그 영업권의 최초배분을 완료해야함.

예시 ㈜피취득은 현금창출단위 A,B,C로 구성됨. 순자산공정가치는 40억원, 이전대가는 100억원인 경우
→영업권은 60억원(100억원−40억원)이며, 취득자의 영업권배분이 완료되었다고 가정시

	현금창출단위A	현금창출단위B	현금창출단위C
순자산(공정가치)	15억원	15억원	10억원
영업권배분액	20억원	0억원	40억원

영업의 처분	거래형태	•영업권이 배분된 현금창출단위내의 일부 영업을 처분하는 경우임.
	회계처리	① 처분손익을 결정할때 그 영업의 장부금액을 포함함. ② 현금창출단위내에 존속하는 부분과 처분되는 부분의 상대적가치로 영업권을 측정함.

예시 위 예시에서 현금창출단위C에 포함되는 일부영업(해당 순자산 2억원)을 10억원에 매각하였으며, 존속하는 나머지 현금창출단위의 회수가능액이 90억원이라고 가정시

→ (차) 현금 10억원 (대) 순자산(일부영업) 2억원
영업권 $40억원 \times \dfrac{10억원}{90억원 + 10억원}$ =4억원
처분이익 4억원

손상검사	영업권이 배분되지 않은 현금창출단위	•손상징후가 있을 때마다 손상검사함(위 '현금창출단위B')
	영업권이 배분된 현금창출단위	•매년 그리고 손상징후가 있을 때마다 손상검사함. ① 매년 같은 시기에 실시함. ② 서로 다른 현금창출단위에 대해서는 각기 다른 시점에 손상검사를 할수 있음. ③ 현금창출단위에 배분된 영업권을 당해 사업결합에서 취득한 경우 현금창출단위는 당해 회계연도말 전에 손상검사를 함. ④ 영업권이 배분된 현금창출단위에 속하는 자산에 대해서는 영업권을 포함하는 당해 현금창출단위보다 그 자산에 대한 손상검사를 먼저 실시함. ⑤ 영업권이 배분된 현금창출단위집단에 속하는 현금창출단위에 대해서는 영업권을 포함하는 현금창출단위집단 보다 현금창출단위에 대한 손상검사를 먼저 실시함.

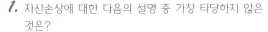

객관식 확인학습 — **이론적용연습**

1. 자산손상에 대한 다음의 설명 중 가장 타당하지 않은 것은?

① 현금창출단위에 손상차손을 배분하는 경우, 개별자산의 장부금액은 회수가능액 또는 영(0) 이하로 감소될 수 없다.

② 자산손상을 시사하는 징후가 있다면 개별자산별로 회수가능액을 추정하고 개별자산의 회수가능액을 추정할 수 없다면 그 자산이 속하는 현금창출단위의 회수가능액을 추정한다.

③ 자산의 사용가치 계산시 미래현금흐름은 자산의 계속사용으로 인한 순현금유입액과 내용연수 종료시점에 당해 자산의 처분으로 수취될 순현금흐름으로 구성된다.

④ 현금창출단위의 손상차손환입이 발생한 경우, 개별자산의 장부금액은 과거기간에 손상차손을 인식하지 않았을 경우의 장부금액을 초과할 수 없다.

⑤ 영업권이 배분된 현금창출단위는 손상의 징후가 있을 때 손상검사를 하고 영업권이 배분되지 않은 현금창출단위는 매년 손상검사를 한다.

냅바계학셀
• 영업권이 배분되지 않은 현금창출단위는 손상의 징후가 있을 때 손상검사를 하고 영업권이 배분된 현금창출단위는 매년 그리고 손상의 징후가 있을 때마다 손상검사를 한다.

서술형Correction연습

□ 현금창출단위란 다른 자산이나 자산집단에서의 현금유입과는 거의 독립적인 현금유입을 창출하는 식별가능한 최대자산집단을 말한다.

➡ (X) : 최대자산집단(X) → 최소자산집단(O)

□ 영업권은 손상검사 목적을 위하여 각 현금창출단위나 현금창출단위집단에 취득일로부터 배분되어야 하며 배분대상 현금창출단위나 현금창출단위집단에는 피취득자의 다른 자산이나 부채가 할당되어 있어야 한다.

➡ (X) : 배분대상에 피취득자의 다른 자산이나 부채가 할당되어 있는지 여부와는 무관하다.

□ 현금창출단위에 배분된 영업권의 일부 또는 전부를 당해 회계연도 중에 일어난 사업결합에서 취득한 경우 현금창출단위는 취득일 후 12개월 전에 손상검사를 한다.

➡ (X) : 당해 회계연도말 전에 손상검사를 한다.

이론과기출 제240강 ── 현금창출단위의 손상차손

현금창출단위 손상차손	현금창출단위 회수가능액	• Max [①순공정가치 ②사용가치] ➡ 일반 개별자산과 동일함!
	현금창출단위 손상차손	• 손상차손(당기손익) = 장부금액 – 회수가능액

❖ 다음 순서로 배분하여 현금창출단위에 속하는 개별자산의 장부금액을 감소시킴.

<1순위>	• 현금창출단위에 배분된 영업권의 장부금액을 감소시킴.
<2순위>	• 현금창출단위에 속하는 다른 자산에 장부금액에 비례하여 배분함. **보론** ① 배분후 개별자산의 장부금액은 다음 금액 이하로 감소시킬수 없음. Max [①순공정가치(결정가능한 경우) ②사용가치(결정가능한 경우) ③0] →즉, 배분후 개별자산의 장부금액은 개별자산의 회수가능액에 미달할수 없음. ② 이러한 제약으로 인해 위와 같이 특정자산에 배분되지 않은 손상차손은 다른 자산에 장부금액에 비례하여 재배분함.

🔖 사례 ■ 현금창출단위 손상차손의 배분

손상차손 배분

❂ 다음 자료에 의해 손상후 각 자산별 장부금액을 계산하면?

(1) ㈜오야붕은 20x1년 1월 1일을 취득일로 하여 ㈜꼬봉을 흡수합병하였다.
(2) ㈜오야붕은 ㈜꼬봉이 영위하고 있는 현금창출단위인 A사업부에 다음의 금액을 배분하였다.

토지	건물	기계장치	영업권
₩50,000	₩200,000	₩75,000	₩100,000

– 각 자산의 잔존가치는 없고 정액법으로 감가상각한다.
– 건물과 기계장치의 잔존내용연수는 각각 4년과 3년이다.

(3) 20x1년말 순공정가치와 사용가치 추정액은 다음과 같다.

	순공정가치	사용가치
현금창출단위인 A사업부	₩125,000	₩100,000
현금창출단위에 포함된 개별자산	결정불가	결정불가

🔖 풀이

• 현금창출단위 손상차손 : 350,000 – Max [125,000, 100,000] = 225,000

구분	20x1년말 장부금액	손상차손액(배분액)		손상후 장부금액
영업권	100,000	<1순위>	100,000	0
토지	50,000		125,000x20%=25,000	25,000
건물	200,000–200,000÷4년=150,000	<2순위>	125,000x60%=75,000	75,000
기계장치	75,000–75,000÷3년=50,000		125,000x20%=25,000	25,000
계	350,000		225,000	125,000

보론 if, 20x1년말 토지의 순공정가치(=₩35,000)만 결정가능한 경우

*토지를 ₩10,000(35,000–25,000)만큼 증가시키고, 동액 만큼을 건물과 기계장치의 손상후 장부금액에 비례하여 감소시킴.

구분	손상후 장부금액	재배분액	재배분후 장부금액
영업권	0	0	0
토지	25,000	35,000–25,000=10,000	35,000
건물	75,000	(10,000x75%=7,500)	75,000–7,500=67,500
기계장치	25,000	(10,000x25%=2,500)	25,000–2,500=22,500
계	125,000		125,000

객관식 확인학습 ── **이론적용연습**

1. 다음은 ㈜합격의 20x1년말 현금창출단위(CGU : cash generating unit)의 감가상각 및 상각후 자산의 장부금액을 표시한 것이다. ㈜합격은 동 현금창출단위의 회수가능액을 ₩6,000,000으로 추정하였다. 20x1년말 손상차손을 인식할 경우 각 자산별 손상차손인식액을 구하면 얼마인가?

구분	장부금액
건물	₩5,000,000
기계장치	₩2,500,000
영업권	₩500,000
계	₩8,000,000

	건물	기계장치	영업권
①	₩1,000,000	₩500,000	₩500,000
②	₩500,000	₩625,000	₩125,000
③	₩937,500	₩750,000	₩500,000
④	₩750,000	₩937,500	₩125,000
⑤	₩1,250,000	₩1,000,000	₩500,000

• 20x1년말 현금창출단위 손상차손 : 8,000,000-6,000,000=2,000,000

구분	20x1년말 장부금액	손상차손액 (배분액)	
영업권	500,000	〈1순위〉	500,000
건물	5,000,000	〈2순위〉	1,500,000x(5,000,000/7,500,000) =1,000,000
기계장치	2,500,000		1,500,000x(2,500,000/7,500,000) =500,000
계	8,000,000		2,000,000

2. 다음의 자료에 의해 20x2년말 기계장치의 장부금액을 구하면 얼마인가?

(1) 회사는 건물과 기계장치에 대하여 개별적으로 회수가능액을 추정하기 어려워 현금창출단위로 구분하고 있으며, 동 현금창출단위는 사업결합으로 취득한 영업권의 배분액이 포함되어 있다.

(2) 20x2년말 감가상각 반영후 손상차손 인식전 현금창출단위를 구성하는 개별자산의 장부금액과 공정가치는 다음과 같다.

구분	장부금액	공정가치
건물	₩90,000,000	₩100,000,000
기계장치	₩30,000,000	₩75,000,000
영업권	₩10,000,000	₩12,500,000

(3) 현금창출단위에 대해 20x2년말의 회수가능액을 ₩110,000,000으로 추정하였다. 이는 가치의 현저한 하락으로서 손상차손 인식요건을 충족하며, 회사는 손상차손을 인식하기로 하였다.

(4) 회사는 모든 유형자산에 대하여 원가모형을 적용하며, 매 결산일에 손상발생의 여부를 검토하고 있다.

① ₩17,500,000 ② ₩20,000,000 ③ ₩22,500,000
④ ₩25,000,000 ⑤ ₩27,500,000

• 20x2년말 현금창출단위 손상차손 : 130,000,000-110,000,000=20,000,000

구분	20x2년말 장부금액	손상차손액 (배분액)	
영업권	10,000,000	〈1순위〉	10,000,000
건물	90,000,000	〈2순위〉	10,000,000x(90,000,000/120,000,000) =7,500,000
기계장치	30,000,000		10,000,000x(30,000,000/120,000,000) =2,500,000
계	130,000,000		20,000,000

• 20x2년말 기계장치 장부금액 : 30,000,000-2,500,000=27,500,000

시험중요도 ★☆☆

이론과기출 제241강 ━ **현금창출단위의 손상차손환입**

환입여부 · 환입액배분	현금창출단위의 영업권	• 영업권에 대해 인식한 손상차손은 후속기간에 환입할수 없음. ➡∴ 영업권에 대해 손상차손을 인식하고 난 후 후속기간에 증가된 회수가능액은 사업결합으로 취득한 영업권의 손상차손환입액이 아니라 내부적으로 창출된 영업권의 증가액일 것이며 기준서 '무형자산'에 따라 내부적으로 창출된 영업권은 자산으로 인식하지 않음.
	현금창출단위의 다른 자산	• 현금창출단위의 손상차손환입(당기손익)은 영업권을 제외한 현금창출단위를 구성하는 자산들의 장부금액에 비례하여 배분함. ➡ 말장난 공정가치에 비례하여 배분한다(X) 보론 ① 배분후 개별자산의 장부금액은 다음 금액을 초과하여 증가시킬수 없음. $$Min[①회수가능액(결정가능한 경우) ②손상 미인식시 장부금액]$$ ② 이러한 제약으로 인해 위와 같이 특정자산에 배분되지 않은 손상차손환입액은 영업권을 제외한 다른 자산에 장부금액에 비례하여 재배분함.

▼**사례** **현금창출단위 손상차손환입의 배분**

❂ 다음 자료에 의해 20x1년말 A사업부의 자산별 장부금액을 계산하면?

(1) ㈜오야붕의 20x1년 1월 1일 현금창출단위인 A사업부의 장부금액은 다음과 같다.

토지	건물	기계장치	영업권
₩25,000	₩50,000	₩20,000	−

 − 각 자산의 잔존가치는 없고 정액법으로 감가상각한다.
 − 건물과 기계장치의 잔존내용연수는 모두 4년이다.

(2) 20x1년말 순공정가치와 사용가치 추정액은 다음과 같다.

	순공정가치	사용가치
현금창출단위인 A사업부	₩116,250	₩95,000
현금창출단위에 포함된 개별자산	결정불가	결정불가

(3) 20x1년말 현재 현금창출단위에 포함된 개별자산의 손상차손을 인식하지 않았을 경우 장부금액은 다음과 같다.

토지	건물	기계장치	영업권
₩29,625	₩65,000	₩30,000	₩45,000

세부고찰

▶**풀이**

• 현금창출단위 손상차손환입 : $Max[116,250, 95,000]-77,500=38,750$

구분	20x1년말 장부금액	손상차손환입액(배분액)	환입후 장부금액
토지	25,000	38,750x(25,000/77,500)=12,500	37,500
건물	50,000−50,000÷4년=37,500	38,750x(37,500/77,500)=18,750	56,250
기계장치	20,000−20,000÷4년=15,000	38,750x(15,000/77,500)=7,500	22,500
계	77,500	38,750	116,250

구분	환입후 장부금액	재배분액	재배분후 최종장부금액
토지	37,500	(37,500−29,625=7,875)	**29,625**
건물	56,250	7,875x(56,250/78,750)=5,625	56,250+5,625=**61,875**
기계장치	22,500	7,875x(22,500/78,750)=2,250	22,500+2,250=**24,750**
계	116,250		116,250

객관식 확인학습 **이론적용연습**

1. 다음은 자산손상과 관련하여 현금창출단위(Cash Generating Unit)의 손상과 관련된 내용이다. 가장 타당하지 않은 것은?

① 현금창출단위 손상차손은 우선 현금창출단위에 배분한 영업권의 장부금액을 감액한 후, 잔여액을 현금창출단위에 속하는 다른 자산에 각각의 장부금액에 비례하여 배분한다.

② 영업권에 대해 인식한 손상차손은 후속기간에 환입할수 없다.

③ 현금창출단위의 회수가능액은 현금창출단위의 순공정가치와 사용가치 중 더 큰 금액으로 한다.

④ 현금창출단위는 다른 자산이나 자산집단에서의 현금유입액과는 거의 독립적인 현금유입을 창출하는 식별할 수 있는 최소 자산집단이다.

⑤ 현금창출단위의 손상차손환입은 현금창출단위를 구성하는 자산들(영업권 포함)의 장부금액에 비례하여 배분한다.

 내비게이션
• 영업권 포함(X) → 영업권 제외(O)

서술형Correction연습

☐ 현금창출단위의 손상차손환입은 현금창출단위를 구성하는 자산들(영업권 제외)의 공정가치에 비례하여 배분한다.

➡ (X) : 공정가치(X) → 장부금액(O)

이론과기출 제242강 ─ 매각예정비유동자산 매각예정비유동자산 분류기준

개요	측정	•매각예정분류기준을 충족하는 자산은 'Min[①순공정가치 ②장부금액]'으로 측정함. ➡순공정가치=공정가치−매각부대원가
	상각	•비유동자산이 매각예정으로 분류되거나 매각예정으로 분류된 처분자산집단의 일부이면 그 자산은 감가상각(또는 상각)하지 아니함. •주의 매각예정으로 분류된 처분자산집단의 부채관련 이자·기타비용은 계속 인식함.
	손상	•순공정가치가 하락(증가)시 손상차손(손상차손환입)을 인식함.
	표시	•매각예정으로 분류된 비유동자산은 다른 자산과 별도로 재무상태표에 표시함.

> **참고** 처분자산집단
> ❏ 단일거래를 통해 매각이나 다른 방법으로 함께 처분될 예정인 자산의 집합과 당해 자산에 직접 관련되어 이전될 부채를 말함. 만약 처분자산집단이 영업권이 배분된 현금창출단위인 경우, 당해 처분자산집단은 사업결합에서 취득한 영업권을 포함함.

매각예정 분류기준	매각예정 비유동자산	•비유동자산(처분자산집단)의 장부금액이 계속사용이 아닌 매각거래를 통하여 주로 회수되는 경우의 비유동자산을 말함.
	매각가능성	•비유동자산(처분자산집단)이 매각예정으로 분류되기 위해서는 현재 상태에서 통상적·관습적인 거래조건만으로 즉시 매각가능하여야 하며 매각될 가능성이 매우 높아야함. ➡ '매각될 가능성이 매우 높다'는 것은 발생하지 않을 가능성보다 발생할 가능성이 유의적으로 더 높은 경우를 말하며, 매각될 가능성이 매우 높으려면 다음의 조건을 모두 충족해야 함.

	매각계획	❏ 적절한 지위의 경영진이 매각계획을 확약, 매수자를 물색, 매각계획을 이행하기 위한 적극적인 업무진행을 이미 시작하였어야 함.
	매각추진	❏ 당해 자산(처분자산집단)의 현행 공정가치에 비추어 볼 때 합리적 가격수준으로 적극적으로 매각을 추진하여야 함.
	매각완료	❏ 분류시점에서 1년 이내에 매각완료요건이 충족될 것으로 예상되며, 계획을 이행하기 위하여 필요한 조치로 보아 그 계획이 유의적으로 변경되거나 철회될 가능성이 낮아야 함.

➡사건·상황에 따라서는 매각완료 소요기간이 연장되어 1년을 초과할수도 있음. 만약 통제할수 없는 사건·상황때문에 매각기간이 연장되었지만 여전히 매각계획을 확약한다는 충분한 증거가 있다면 매각완료시까지의 기간이 연장된다고 하더라도 매각예정으로 분류할수 없는 것은 아님.

	보고기간후 충족시	•위 요건이 보고기간후에 충족된 경우에는 당해 비유동자산(처분자산집단)은 보고기간후 발행되는 당해 재무제표에서 매각예정으로 분류할수 없음. ➡그러나 이들 요건이 보고기간후 공표될 재무제표의 승인 이전에 충족된다면 그 내용을 주석으로 공시함.

> **보론** 처분만을 목적으로 취득한 비유동자산
> ❏ 처분만을 목적으로 취득한 비유동자산(처분자산집단)이 취득일에 위의 1년 요건을 충족하고 다른 요건을 충족하지 못하였으나 취득 후 빠른 기간(통상 3개월 이내) 내에 충족할 가능성이 매우 높은 경우에는 그 비유동자산(처분자산집단)을 취득일에 매각예정으로 분류함.

> **보론** 폐기될 비유동자산
> ❏ 폐기될 비유동자산(처분자산집단)은 매각예정으로 분류할수 없음.
> ➡∵장부금액이 매각거래를 통해 회수되는 경우는 매각예정으로 분류되나, 해당 장부금액은 원칙적으로 계속 사용함으로써 회수되기 때문임.
> ❏ 폐기될 비유동자산은 매각예정으로 분류할수 없으므로 감가상각을 함.

객관식 확인학습

이론적용연습

서술형Correction연습

1. 매각예정비유동자산중단영업에 관한 설명으로 가장 옳지 않은 것은?

① 매각예정으로 분류하였으나 중단영업의 정의를 충족하지 않는 비유동자산(또는 처분자산집단)을 재측정하여 인식하는 평가손익은 계속영업손익에 포함한다.

② 비유동자산이 매각예정으로 분류되거나 매각예정으로 분류된 처분자산집단의 일부인 경우에도 그 자산은 감가상각(또는 상각)한다.

③ 매각예정으로 분류된 비유동자산(또는 처분자산집단)과 관련하여 기타포괄손익으로 인식한 손익누계액은 별도로 표시한다.

④ 처분자산집단에 대하여 인식한 손상차손은 우선 영업권을 감소시키고 나머지 금액은 자산집단의 비유동자산 장부금액에 비례하여 배분한다.

⑤ 매각예정으로 분류된 비유동자산(또는 처분자산집단)은 순공정가치와 장부금액 중 작은 금액으로 측정한다.

 날비게이션
• 감가상각하지 아니한다.

☐ 매각예정분류기준을 충족하는 자산은 순공정가치로 측정한다.

➡ (X) : 매각예정으로 분류된 비유동자산(또는 처분자산집단)은 순공정가치와 장부금액 중 작은 금액으로 측정한다.

☐ 매각예정으로 분류된 비유동자산은 감가상각하지 않으며 매각예정으로 분류된 처분자산집단의 부채와 관련된 이자와 기타 비용도 인식하지 않는다.

➡ (X) : 매각예정으로 분류된 처분자산집단의 부채와 관련된 이자와 기타 비용은 계속해서 인식한다.

☐ 처분만을 목적으로 취득한 비유동자산(또는 처분자산집단)이 취득일에 1년 이내에 매각완료 요건이 충족될 것으로 예상되고 다른 요건을 충족하지 못하였으나 취득 후 6개월 이내에 충족할 가능성이 매우 높은 경우에는 그 비유동자산(또는 처분자산집단)을 취득일에 매각예정으로 분류한다.

➡ (X) : 6개월(X) → 3개월(X)

☐ 매각거래를 통해 장부금액이 회수되거나 폐기될 비유동자산은 매각예정비유동자산으로 분류한다.

➡ (X) : 폐기될 비유동자산은 매각예정으로 분류할 수 없다.

이론과기출 제243강 ━ 매각예정비유동자산 측정과 손상

비유동자산 측정	일반적 측정	•매각예정으로 분류된 경우 순공정가치와 장부금액 중 작은 금액으로 측정함.
	신규취득자산	•신규취득자산(처분자산집단)이 매각예정분류기준을 충족한다면 순공정가치와 매각예정으로 분류되지 않았을 경우의 장부금액(예 원가) 중 작은 금액으로 측정함.
	매각부대원가	•1년 이후에 매각될 것으로 예상된다면 매각부대원가는 현재가치로 측정함. ➡매각부대원가 현재가치의 증가분은 금융원가로서 당기손익으로 회계처리함.

손상	손상차손	•최초 또는 향후 순공정가치의 하락을 손상차손으로 인식함.
	손상차손환입	•순공정가치가 증가하면 이익을 인식함. ➡단, 그 금액은 과거에 인식하였던 손상차손누계액을 초과할수 없음.

보론 처분자산집단의 손상차손 배분
　　□ 영업권에 우선 배분하고 비유동자산 장부금액에 비례하여 배분(단, 금융자산·재고자산 제외)

매각계획 변경(철회)	개요	•매각예정으로 분류되던 자산(처분자산집단)이 매각예정분류기준을 더 이상 충족할 수 없는 경우 그 자산(처분자산집단)은 매각예정으로 분류할수 없음.
	측정	•더 이상 매각예정으로 분류할수 없는 비유동자산의 측정 : Min[①, ②] ① 매각예정으로 분류하기 전 장부금액에 감가상각, 상각, 또는 재평가등 매각예정으로 분류하지 않았더라면 인식하였을 조정사항을 반영한 금액 ② 매각하지 않기로 결정한 날의 회수가능액

▼사례 　매각예정비유동자산의 손상과 매각계획 철회

❂(주)야리꾸리의 다음 자료에 의해 회계처리를 제시하라.

(1) 사용중인 기계장치의 20x1년초 내역
　－취득원가 ₩250,000(감가상각누계액 ₩50,000), 잔존가치 ₩0, 잔존내용연수 4년, 정액법상각
(2) 20x1년 7월 1일 매각예정으로 분류하기로 하였다.
(3) 20x1년 7월 1일과 20x1년 12월 31일의 순공정가치는 각각 ₩125,000, ₩100,0000이다.
(4) 20x2년 7월 1일 매각계획을 철회함. 매각계획 변경일 현재 회수가능액은 ₩150,0000이고, 처음부터 매각예정으로 분류하지 않았다면 매각예정을 철회한 날 현재의 장부금액은 ₩125,0000이다.

풀이

20x1.7.1	(차) 감가상각비	200,000÷4년x6/12=25,000	(대) 감가상각누계액		25,000
	(차) 매각예정비유동자산	175,000	(대) 기계장치		250,000
	감가상각누계액	50,000+25,000=75,000			
	(차) 손상차손	175,000−125,000=50,000	(대) 손상차손누계액		50,000
20x1년말	(차) 손상차손	125,000−100,000=25,000	(대) 손상차손누계액		25,000
20x2.7.1	(차) 손상차손누계액	25,000	(대) 손상차손환입	25,000*)	
	(차) 기계장치	125,000	(대) 매각예정비유동자산	175,000	
	손상차손누계액	50,000			
20x2년말	(차) 감가상각비	125,000÷2.5년x6/12=25,000	(대) 감가상각누계액		25,000

*)Min[125,000, 150,000]−100,000=25,000

공시	재무상태표 공시	•매각예정으로 분류된 비유동자산 및 관련 기타포괄손익은 별도로 표시함. ➡처분자산집단에 포함되는 자산·부채도 다른 자산·부채와 별도로 표시함. 주의 해당 자산과 부채는 상계하여 단일금액으로 표시할수 없음.
	재분류 금지	•과거 F/P에 매각예정으로 분류된 비유동자산(처분자산집단에 포함된 자산·부채)은 최근 F/P의 분류를 반영하기 위해 재분류하지 아니함.

객관식 확인학습  **이론적용연습**

1. ㈜합격은 12월 결산법인으로 비유동자산에 대하여 원가모형을 적용하고 있다. 20x1년 10월 20일에 회사는 K-IFRS 1105에 따라 비유동자산을 매각예정비유동자산으로 분류하였다. 동 일자의 이 자산 장부금액은 ₩19,500, 공정가치는 ₩26,500, 매각원가 ₩1,950 이다. 이 자산은 20x2년 1월 18일에 매각되었다. 20x1년 12월 31일 재무상태표에 이 자산이 표시되는 금액은 얼마인가?

① ₩19,500   ② ₩22,500   ③ ₩24,550
④ ₩26,200   ⑤ ₩26,500

 내비게이션

• 순공정가치 : 26,500-1,950=24,550
∴ Min[24,550, 19,500]=19,500

2. 매각예정비유동자산과 중단영업과 관련된 다음의 설명 중 타당하지 않은 것은?

① 매각예정분류조건이 보고기간후에 충족된 경우 당해 비유동자산(또는 처분자산집단)은 보고기간후 발행되는 당해 재무제표에서 매각예정으로 분류할 수 없다.
② 매각예정으로 분류된 비유동자산과 부채는 상계한 후의 순액을 재무상태표에 표시한다.
③ 매각예정으로 분류하기 위해서는 당해 자산(또는 처분자산집단)은 현재의 상태에서 통상적이고 관습적인 거래조건만으로 즉시 매각가능하여야 하며 매각될 가능성이 매우 높아야 한다.
④ 신규로 취득한 비유동자산이 매각예정분류기준을 충족한다면 최초 인식 시점에 순공정가치와 매각예정으로 분류되지 않았을 경우의 장부금액(예 : 원가) 중 작은 금액으로 측정한다.
⑤ 기업이 통제할 수 없는 사건 또는 상황 때문에 매각기간이 연장되었지만 기업이 여전히 해당 자산의 매각계획을 확약한다는 충분한 증거가 있다면 매각이 완료되기까지의 기간이 연장된다고 하더라도 해당자산을 매각예정으로 분류할 수 없는 것은 아니다.

 내비게이션

• 상계하여 단일금액으로 표시할수 없다.

3. 매각예정비유동자산과 중단영업에 관련된 다음의 설명 중 타당하지 아니한 것은?

① 매각예정으로 분류된 처분자산집단에서 개별자산이나 부채를 제거하는 경우에 매각예정인 처분자산집단의 나머지 자산과 부채는 당해 집단이 매각예정분류조건을 충족한다면 계속해서 집단단위로 측정한다.
② 비유동자산이 매각예정자산으로 분류되거나 매각예정으로 분류된 처분자산집단의 일부이면 그 자산은 감가상각(또는 상각)하지 아니한다.
③ 매각예정으로 분류된 처분자산집단의 부채와 관련된 이자와 기타 비용은 계속해서 인식한다.
④ 더 이상 매각예정자산으로 분류할 수 없거나 매각예정 처분자산집단에 포함할 수 없는 비유동자산은 매각하지 않기로 결정한 날의 회수가능액으로 측정한다.
⑤ 매각예정으로 분류되던 자산(또는 처분자산집단)이 매각예정분류조건을 더 이상 충족할 수 없는 경우 그 자산(또는 처분자산집단)은 매각예정으로 분류할 수 없다.

 내비게이션

• 더 이상 매각예정으로 분류할 수 없거나 매각예정으로 분류된 처분자산집단에 포함될 수 없는 비유동자산에 대하여는 다음의 ①, ② 중 작은 금액으로 측정한다.
① 당해 자산(또는 처분자산집단)을 매각예정으로 분류하기 전 장부금액에 감가상각, 상각, 또는 재평가로 매각예정으로 분류하지 않았더라면 인식하였을 조정사항을 반영한 금액
② 매각하지 않기로 결정한 날의 회수가능액

서술형Correction연습

☐ 처분자산집단에 대하여 인식한 손상차손은 우선 영업권을 감소시키고 나머지 금액은 유동자산에 배분한다.

➡ (X) : 나머지 금액은 다른 비유동자산의 장부금액에 비례하여 배분한다.

☐ 과거 재무상태표에 매각예정으로 분류된 비유동자산 또는 처분자산집단에 포함된 자산과 부채의 금액은 최근 재무상태표의 분류를 반영하기 위하여 재분류한다.

➡ (X) : 재분류하거나 재작성하지 아니한다.

Answer   1. ①   2. ②   3. ④

시험중요도 ★★☆

이론과기출 제244강 ─ 매각예정비유동자산 손상차손과 배분

세부고찰 I

 사례   매각예정비유동자산의 손상차손

❂ (주)종점의 다음 자료에 의해 20x1년말 포괄손익계산서상 손상차손에 포함될 금액은 얼마인가?

> (1) 비유동자산에 대하여 원가모형을 사용하고 있으며, 20x1년 9월말 매각예정으로 분류하였다.
> (2) 20x1년 9월말 : 장부금액 ₩40,000,000, 공정가치 ₩30,000,000, 매각원가 ₩5,000,000
> (3) 20x1년 11월말 위 자산은 ₩23,000,000에 매각되었다.

풀이

• 손상차손 : 40,000,000-(30,000,000-5,000,000)=15,000,000

세부고찰 II

 사례   매각예정비유동자산의 처분손익

❂ (주)다왔다의 다음 자료에 의해 20x2년 1월말의 매각거래가 당기손익에 미친 영향을 구하면?

> (1) 비유동자산에 대하여 원가모형을 사용하고 있으며, 20x1년 10월말 매각예정으로 분류하였다.
> (2) 20x1년 10월말 : 장부금액 ₩97,500, 공정가치 ₩132,500, 매각원가 ₩9,750
> (3) 20x2년 1월말 위 자산은 ₩131,000에 매각되었으며, 손상은 없는 것으로 가정한다.

풀이

• 처분이익 : 131,000-97,500=33,500

세부고찰 III

 사례   처분자산집단 손상차손 배분

❂ (주)끝이보인다는 12월말에 특정자산집단을 매각방식으로 처분하기로 하였고 이는 매각예정의 분류기준을 충족한다. 처분자산집단에 속한 자산은 다음과 같이 측정한다. (주)끝이보인다는 매각예정으로 분류하는 시점에서 처분자산집단의 순공정가치를 ₩53,000으로 추정하였으며, 따라서 처분자산집단에 대한 손상차손을 인식하고자 한다. 손상차손 배분 후 유형자산(재평가액으로 표시)의 장부금액은 얼마인가?

구분	매각예정으로 분류하기 전 12월 말의 장부금액	매각예정으로 분류하기 직전에 재측정한 장부금액
영업권	₩3,000	₩3,000
유형자산(재평가액으로 표시)	₩19,000	₩18,000
유형자산(원가로 표시)	₩32,000	₩32,000
재고자산	₩5,000	₩4,000
FVOCI(매도가능)금융자산	₩3,000	₩2,000
합계	₩62,000	₩59,000

풀이

• 처분자산집단 손상차손 : 59,000-53,000=6,000

구분	장부금액	손상차손액(배분액)		손상후 장부금액
영업권	3,000	〈1순위〉	3,000	0
유형자산(재평가)	18,000	〈2순위〉	3,000x36%=1,080	16,920
유형자산(원가)	32,000		3,000x64%=1,920	30,080
재고자산	4,000	배분제외	0	4,000
FVOCI(매도가능)금융자산	2,000		0	2,000
계	59,000	6,000		53,000

∴유형자산(재평가액으로 표시) 장부금액 : 16,920

객관식 확인학습 ｜ 이론적용연습

1. ㈜끝짱은 자산집단을 처분객관식 확인학습려고 한다. 이 처분자산집단이은 다음과 같이 측정되며, ㈜끝짱은 처분자산집단의 순공정가치를 ₩15,000,000으로 추정한다. 손상차손 배분후 처분자산집단 내의 각 자산의 장부금액에 대한 설명 중 옳지 않은 것은?

구분	매각예정으로 분류하기 전 12월 말의 장부금액	매각예정으로 분류하기 직전에 재측정한 장부금액
영업권	₩3,000,000	₩3,000,000
유형자산 (재평가액으로 표시)	₩5,000,000	₩3,500,000
유형자산 (원가로 표시)	₩6,500,000	₩6,500,000
재고자산	₩4,000,000	₩3,800,000
FVOCI금융자산	₩4,500,000	₩4,000,000
합계	₩23,000,000	₩20,800,000

① 영업권의 장부금액은 ₩0이다.
② 재평가액으로 표시하는 유형자산의 장부금액은 ₩2,520,000 이다.
③ 원가로 표시하는 유형자산의 장부금액은 ₩4,000,000이다.
④ 재고자산 장부금액은 ₩3,800,000이다.
⑤ FVOCI금융자산 장부금액은 ₩4,000,000이다.

낵빅겐익션

• 처분자산집단 손상차손 : 20,800,000−15,000,000=5,800,000

구분	장부금액	손상차손액 (배분액)		손상후 장부금액
영업권	3,000,000	〈1순위〉	3,000,000	0
유형자산 (재평가)	3,500,000	〈2순위〉	2,800,000x35% =980,000	2,520,000
유형자산 (원가)	6,500,000		2,800,000x65% =1,820,000	4,680,000
재고자산	3,800,000		0	3,800,000
FVOCI 금융자산	4,000,000	배분제외	0	4,000,000
계	20,800,000		5,800,000	15,000,000

3P

3P

3P

FINAL

3P

POTENTIALITY
PASSION
PROFESSION

3P는 여러분의 무한한 잠재적 능력과
반드시 성취하겠다는 열정을 토대로 전
문가의 길로 나아가는 세무라이선스 파
이널시리즈의 학습 정신입니다.

수험생 여러분의 합격을 응원합니다.

FINAL

Certified IFRS Manager

기출유형별필수문제

기출유형별필수문제는 IFRS관리사 시험의 모든 기출유형을 출제유형별로 총정리하여 어떠한 유형의 문제가 출제 되어도 해결 가능하도록 본문 이론적용연습과는 별도의 문제로 구성하였습니다.

Essential Question 1 　　　일반목적재무보고서의 목적과 제공정보

● 재무보고를 위한 개념체계의 일반목적재무보고에 관한 설명으로 옳지 않은 것은?

① 보고기업의 경제적 자원 및 청구권의 변동은 그 기업의 재무성과에서만 발생한다.
② 보고기업의 경영진이 기업의 경제적자원을 얼마나 효율적이고 효과적으로 사용하는 책임을 이행하고 있는지에 대한 정보는 정보이용자가 해당 자원에 대한 경영자의 관리를 평가할 수 있도록 도움을 준다.
③ 재무보고서는 정확한 서술보다는 상당 부분 추정, 판단 및 모형에 근거한다. 개념체계는 그 추정, 판단 및 모형의 기초가 되는 개념을 정한다. 이 개념은 회계기준위원회와 재무보고서의 작성자가 노력을 기울이는 목표이다.
④ 일반목적재무보고의 목적은 현재 및 잠재적 투자자, 대여자와 그 밖의 채권자가 기업에 자원을 제공하는 것과 관련된 의사결정을 할 때 유용한 보고기업 재무정보를 제공하는 것이다.
⑤ 발생기준 회계는 거래와 그 밖의 사건 및 상황이 보고기업의 경제적자원 및 청구권에 미치는 영향을 비록 그 결과로 발생하는 현금의 수취와 지급이 다른 기간에 이루어지더라도 그 영향이 발생한 기간에 보여준다.

해설
• 재무성과뿐만 아니라 채무상품·지분상품의 발행과 같은 그 밖의 사건이나 거래에서 발생한다.

정답 ①

Essential Question 2 　　　유용한 재무정보의 질적특성

● 다음은 재무정보의 질적특성에 대한 재무보고를 위한 개념체계의 내용이다. 가장 타당하지 않은 것은?

① 완벽한 표현충실성을 위해서는 서술은 완전하고, 중립적이며, 오류가 없어야 할 것이다.
② 비교가능성은 이용자들이 항목 간의 유사점과 차이점을 식별하고 이해할 수 있게 하는 질적특성이다.
③ 재무정보가 의사결정에 유용하기 위해서는 목적적합성과 이해가능성이라는 두 가지 근본적 질적특성을 갖추어야 하며, 검증가능성을 비롯한 4가지 질적특성은 정보의 유용성을 보강시킨다.
④ 오류가 없다는 것은 현상의 기술에 오류나 누락이 없고 보고정보를 생산하는데 사용되는 절차의 선택과 적용시 절차상 오류가 없음을 의미하는 것이지 모든 면에서 완벽하게 정확하다는 것을 의미하지는 않는다.
⑤ 보강적 질적특성은 정보가 목적적합하지 않거나 나타내고자 하는 바를 충실하게 표현하지 않으면, 개별적으로든 집단적으로든 그 정보를 유용하게 할 수 없다.

해설
• 근본적 질적특성은 목적적합성과 표현충실성이다.

정답 ③

Essential Question 3 | 근본적 질적특성 - 표현충실성[1]

● 재무보고를 위한 개념체계상 재무정보의 질적특성에 대한 설명으로 가장 타당한 것은?

① 많은 경우, 경제적 현상의 실질과 그 법적 형식은 같다. 만약 같지 않다면, 법적 형식에 따른 정보만 제공해서는 경제적 현상을 충실하게 표현할 수 없을 것이다.

② 신중을 기한다는 것은 자산과 수익이 과대평가되지 않고 부채와 비용이 과소평가되지 않는 것을 의미하며, 자산이나 수익의 과소평가나 부채나 비용의 과대평가를 허용한다.

③ 회계기준위원회는 중요성에 대한 획일적인 계량 임계치를 정하거나 특정한 상황에서 무엇이 중요한 것인지를 미리 결정하여야 한다.

④ 재무정보가 예측가치를 갖기 위해서 그 자체가 예측치 또는 예상치이어야 한다.

⑤ 중립적 정보는 목적이 없거나 행동에 대한 영향력이 없는 정보를 의미한다.

해설

• ② 신중을 기한다는 것은 자산이나 수익의 과소평가나 부채나 비용의 과대평가를 허용하지 않는다.
③ 결정하여야 한다.(X) → 결정할 수 없다.(O)
④ 재무정보가 예측가치를 갖기 위해서 그 자체가 예측치 또는 예상치일 필요는 없다.
⑤ 중립적 정보는 목적이 없거나 행동에 대한 영향력이 없는 정보를 의미하지 않는다.

정답 ①

Essential Question 4 | 근본적 질적특성 - 표현충실성[2]

● 재무보고를 위한 개념체계상 정보의 질적특성에 대한 설명으로 가장 타당한 것은?

① 표현충실성은 모든 면에서 정확한 것을 의미하지는 않는다.

② 근본적 질적특성이 충족되지 않은 정보라 하더라도 모든 보강적 질적특성을 극대화함으로써 그 정보를 유용하게 할 수 있다.

③ 근본적 질적특성은 목적적합성, 이해가능성 및 표현충실성이다.

④ 재무정보가 예측가치를 갖기 위해서는 반드시 그 자체가 예측치 또는 예상치이어야 한다.

⑤ 비교가능성은 일관성과 동일한 개념이며 통일성을 의미한다.

해설

• ② 보강적 질적 특성은 가능한 한 극대화되어야 한다. 그러나 보강적 질적 특성은, 정보가 목적적합하지 않거나 충실하게 표현되지 않으면, 개별적으로든 집단적으로든 그 정보를 유용하게 할 수 없다.
③ 근본적 질적특성은 목적적합성, 표현충실성이다.
④ 재무정보가 예측가치를 갖기 위해서 그 자체가 예측치 또는 예상치일 필요는 없다.
⑤ 일관성은 비교가능성과 관련은 되어 있지만 동일하지는 않다. 일관성은 한 보고기업 내에서 기간 간 또는 같은 기간 동안에 기업 간, 동일한 항목에 대해 동일한 방법을 적용하는 것을 말한다. 비교가능성은 목표이고 일관성은 그 목표를 달성하는 데 도움을 준다. 비교가능성은 통일성이 아니다. 정보가 비교가능하기 위해서는 비슷한 것은 비슷하게 보여야 하고 다른 것은 다르게 보여야 한다. 재무정보의 비교가능성은 비슷한 것을 달리 보이게 하여 보강되지 않는 것처럼, 비슷하지 않은 것을 비슷하게 보이게 한다고 해서 보강되지 않는다.

정답 ①

Essential Question 5 | 보강적 질적특성 - 비교가능성

● 재무보고를 위한 개념체계상 재무정보의 질적특성에 대한 설명으로 가장 옳지 않은 것은?

① 비교가능성은 이용자들이 항목 간의 유사점과 차이점을 식별하고 이해할 수 있게 하는 질적특성으로 일관성, 통일성과 동일한 개념이다.

② 재무정보에 예측가치, 확인가치 또는 이 둘 모두가 있다면 그 재무정보는 의사결정에 차이가 나도록 할 수 있다.

③ 보강적 질적특성은 정보가 목적적합하지 않거나 나타내고자 하는 바를 충실하게 표현하지 않으면, 개별적으로든 집단적으로든 그 정보를 유용하게 할 수 없다.

④ 목적적합하지 않은 현상에 대한 표현충실성과 목적적합한 현상에 대한 충실하지 못한 표현 모두 이용자들이 좋은 결정을 내리는 데 도움이 되지 않는다.

⑤ 비교가능성, 검증가능성, 적시성 및 이해가능성은 목적적합성과 나타내고자 하는 바를 충실하게 표현하는 것 모두를 충족하는 정보의 유용성을 보강시키는 질적특성이다.

▸ 해설

• 일관성은 비교가능성과 관련은 되어 있지만 동일하지는 않다. 일관성은 한 보고기업 내에서 기간 간 또는 같은 기간 동안에 기업 간, 동일한 항목에 대해 동일한 방법을 적용하는 것을 말한다. 비교가능성은 목표이고 일관성은 그 목표를 달성하는 데 도움을 준다.

• 비교가능성은 통일성이 아니다. 정보가 비교가능하기 위해서는 비슷한 것은 비슷하게 보여야 하고 다른 것은 다르게 보여야 한다. 재무정보의 비교가능성은 비슷한 것을 달리 보이게 하여 보강되지 않는 것처럼, 비슷하지 않은 것을 비슷하게 보이게 한다고 해서 보강되지 않는다.

정답 ①

Essential Question 6 | 보강적 질적특성 - 검증가능성

● 재무보고를 위한 개념체계상 재무정보의 질적특성에 대한 설명으로 가장 옳지 않은 것은?

① 검증은 직접적 또는 간접적으로 이루어질 수 있다. 직접 검증은 모형, 공식 또는 그 밖의 기법에의 투입요소를 확인하고 같은 방법을 사용하여 그 결과를 재계산하는 것을 의미한다.

② 근본적 질적 특성을 충족하면 어느 정도의 비교가능성은 달성될 수 있을 것이다. 목적적합한 경제적 현상에 대한 표현충실성은 다른 보고기업의 유사한 목적적합한 경제적 현상에 대한 표현충실성과 어느 정도의 비교가능성을 자연히 가져야 한다.

③ 합리적인 추정치의 사용은 재무정보의 작성에 필수적인 부분이며, 추정이 명확하고 정확하게 기술되고 설명되는 한 정보의 유용성을 저해하지 않는다.

④ 일부 현상은 본질적으로 복잡하여 이해하기 쉽지 않다. 그 현상에 대한 정보를 재무보고서에서 제외하면 그 재무보고서의 정보를 더 이해하기 쉽게 할 수 있다. 그러나 그 보고서는 불완전하여 잠재적으로 오도할 수 있다.

⑤ 완전한 서술은 필요한 기술과 설명을 포함하여 이용자가 서술되는 현상을 이해하는 데 필요한 모든 정보를 포함하는 것이다.

▸ 해설

• 직접 검증(X) → 간접 검증(O)

정답 ①

Essential Question 7 | 보강적 질적특성 - 적시성

● 재무보고를 위한 개념체계상 재무정보의 질적특성에 대한 설명이다. 가장 옳지 않은 것은?

① 원가는 재무보고로 제공될 수 있는 정보에 대한 포괄적 제약요인이다. 재무정보의 보고에는 원가가 소요되고, 해당 정보 보고의 효익이 그 원가를 정당화한다는 것이 중요하다.

② 원가 제약요인을 적용함에 있어서, 회계기준위원회는 특정 정보를 보고하는 효익이 그 정보를 제공하고 사용하는 데 발생한 원가를 정당화할 수 있을 것인지 평가한다. 본질적인 주관성 때문에, 재무정보의 특정 항목 보고의 원가 및 효익에 대한 평가는 개인마다 달라진다.

③ 보강적 질적 특성은, 정보가 목적적합하지 않거나 나타내고자 하는 바를 충실하게 표현하지 않으면, 개별적으로든 집단적으로든 그 정보를 유용하게 할 수 없다.

④ 적시성은 의사결정에 영향을 미칠 수 있도록 의사결정자가 정보를 제때에 이용가능하게 하는 것을 의미한다. 일반적으로 정보는 오래될수록 유용성이 낮아지며, 보고기간 말 후에는 적시성이 사라진다.

⑤ 목적적합하고 나타내고자 하는 바가 충실하게 표현된 재무정보를 보고하는 것은 이용자들이 더 확신을 가지고 의사결정하는 데 도움이 된다. 그러나 모든 이용자가 목적적합하다고 보는 모든 정보를 일반목적재무보고서에서 제공하는 것은 가능하지 않다.

해설
•일부 정보는 보고기간 말 후에도 오랫동안 적시성이 있을 수 있다.

정답 ④

Essential Question 8 | 재무제표 관련 요소

● 다음은 재무제표의 관련 요소에 대한 설명이다. 가장 타당하지 않은 것은?

① 수익은 자본청구권 보유자의 출자와 관련된 것을 제외한다.
② 자산은 과거사건의 결과로 기업이 통제하는 현재의 경제적자원이다.
③ 부채는 과거사건의 결과로 기업이 경제적자원을 이전해야 하는 현재의무이다.
④ 비용은 자본청구권 보유자에 대한 분배와 관련된 것을 제외한다.
⑤ 자본은 잔여지분을 말하며, 자본의 금액은 독립적으로 그 금액을 측정할 수 있다.

해설
•자본의 금액은 자산과 부채금액의 측정에 따라 결정되며 자본은 개별적(독립적)으로 측정되는 것이 아니다.

정답 ⑤

Essential Question 9 — 자산의 특징과 권리

● 다음 중 재무보고를 위한 개념체계 자산과 관련하여 '다른 당사자의 의무에 해당하지 않는 권리'에 속하는 것은 어느 것인가?

① 현금을 수취할 권리
② 재화나 용역을 제공받을 권리
③ 유형자산 또는 재고자산과 같은 물리적 대상에 대한 권리(예 : 물리적 대상을 사용할 권리 또는 리스제공자산의 잔존가치에서 효익을 얻을 권리)와 지적재산 사용권
④ 유리한 조건으로 다른 당사자와 경제적자원을 교환할 권리
⑤ 불확실한 특정 미래사건이 발생하면 다른 당사자가 경제적효익을 이전하기로 한 의무로 인해 효익을 얻을 권리

해설

• 경제적효익을 창출할 잠재력을 지닌 권리는 다음을 포함하여 다양한 형태를 갖는다.
  (가) 다른 당사자의 의무에 해당하는 권리. 예를 들면 다음과 같다.

> ㉠ 현금을 수취할 권리
> ㉡ 재화나 용역을 제공받을 권리
> ㉢ 유리한 조건으로 다른 당사자와 경제적자원을 교환할 권리. 이러한 권리에는 현재 유리한 조건으로 경제적자원을 구매하는 선도계약 또는 경제적자원을 구매하는 옵션이 포함된다.
> ㉣ 불확실한 특정 미래사건이 발생하면 다른 당사자가 경제적효익을 이전하기로 한 의무로 인해 효익을 얻을 권리

  (나) 다른 당사자의 의무에 해당하지 않는 권리. 예를 들면 다음과 같다.

> ㉠ 유형자산 또는 재고자산과 같은 물리적 대상에 대한 권리. 이러한 권리의 예로는 물리적 대상을 사용할 권리 또는 리스제공자산의 잔존가치에서 효익을 얻을 권리가 있다.
> ㉡ 지적재산 사용권

정답 ③

Essential Question 10 | 재무제표 요소의 측정기준

● 재무보고를 위한 개념체계 재무제표 요소의 측정기준에 대한 설명이다. 옳지 않은 것은?

① 자산의 공정가치는 측정일에 시장참여자 사이의 정상거래에서 자산을 매도할 때 받게 될 가격으로 궁극적인 처분에서 발생할 거래원가를 반영하지 않는다.

② 자산의 현행원가는 측정일에 동등한 자산의 원가로서 측정일에 지급할 대가와 그 날에 발생할 거래원가를 반영하지 않는다.

③ 자산의 현행가치는 자산을 발생시킨 거래나 그 밖의 사건의 가격에 조금도 근거를 두지 않는다.

④ 자산을 취득하거나 창출할 때의 역사적 원가는 자산의 취득 또는 창출에 발생한 원가의 가치로서, 자산의 취득 또는 창출을 위하여 지급한 대가와 거래원가를 포함한다.

⑤ 자산의 사용가치는 기업이 자산의 사용과 궁극적인 처분으로 얻을 것으로 기대하는 현금흐름 또는 그 밖의 경제적효익의 현재가치이다.

해설

• 거래원가를 반영하지 않는다.(X) → 거래원가를 포함한다.(O)

정답 ②

Essential Question 11 | 측정기준의 적용

● 다음은 재무보고를 위한 개념체계에서 규정하는 측정기준에 대한 설명이다. 가장 옳지 않은 것은?

① 금융자산과 금융부채의 상각후원가는 역사적 원가로 분류되므로 시간의 경과에 따라 갱신되지 않는다.

② 현행가치 측정치는 측정일의 조건을 반영하기 위해 갱신된 정보를 사용하여 자산, 부채 및 관련 수익과 비용의 화폐적 정보를 제공한다.

③ 자산을 취득하거나 창출할 때의 역사적 원가는 자산의 취득 또는 창출에 발생한 원가의 가치로서, 자산을 취득 또는 창출하기 위하여 지급한 대가와 거래원가를 포함한다.

④ 이행가치와 달리 역사적 원가는 자산의 손상이나 손실부담에 따른 부채와 관련되는 변동을 제외하고는 가치의 변동을 반영하지 않는다.

⑤ 공정가치는 측정일에 시장참여자 사이의 정상거래에서 자산을 매도할 때 받거나 부채를 이전할 때 지급하게 될 가격이다.

해설

• [K-IFRS '재무보고를 위한 개념체계' 문단6.9]
역사적 원가 측정기준을 금융자산과 금융부채에 적용하는 한 가지 방법은 상각후원가로 측정하는 것이다. 금융자산과 금융부채의 상각후원가는 최초 인식 시점에 결정된 이자율로 할인한 미래현금흐름 추정치를 반영한다. 변동금리상품의 경우, 할인율은 변동금리의 변동을 반영하기 위해 갱신된다. 금융자산과 금융부채의 상각후원가는 이자의 발생, 금융자산의 손상 및 수취 또는 지급과 같은 후속 변동을 반영하기 위해 시간의 경과에 따라 갱신된다.

정답 ①

| Essential Question 12 | 재무제표 요소와 자본의 측정 |

● 재무보고를 위한 개념체계에 대한 설명이다. 재무제표 요소의 측정에 대해 틀린 것은?

① 가격 변동이 유의적일 경우, 현행원가를 기반으로 한 이익은 역사적 원가를 기반으로 한 이익보다 미래 이익을 예측하는 데 더 유용할 수 있다.
② 보강적 질적 특성 중 적시성은 측정에 특별한 영향을 미치지 않는다.
③ 때로는 기업의 재무상태와 재무성과를 충실히 표현하는 목적적합한 정보를 제공하기 위해 자산이나 부채, 관련된 수익과 비용에 대해 하나 이상의 측정기준이 필요하다는 결론에 이르게 될 수도 있다.
④ 역사적 원가는 자산의 소비와 손상을 반영하여 감소하기 때문에, 역사적 원가로 측정된 자산에서 회수될 것으로 예상되는 금액은 적어도 장부금액과 같거나 장부금액보다 크다.
⑤ 자본의 총장부금액은 일반적으로 기업의 자본청구권에 대한 시가총액과 동일하다.

해설
• 일반목적재무제표는 기업의 가치를 보여주도록 설계되지 않았기 때문에 자본의 총장부금액은 일반적으로 시가총액과 동일하지 않을 것이다.

정답 ⑤

| Essential Question 13 | 자본유지개념 이익결정[1] |

● ㈜합격의 다음 자료를 토대로 ㈜합격의 당기순이익을 구하면 얼마인가?

(1) 기초부채는 ₩400,000이며 기말부채는 ₩362,500이다.
(2) 기말순자산은 ₩450,000이며, 기말자산은 기초자산보다 ₩75,000이 증가하였다.
(3) 당기 중 ₩100,000의 유상증자가 있었으며, 주주들에게 현금배당 ₩12,500을 지급하였다.

① ₩20,000 ② ₩25,000 ③ ₩50,000
④ ₩62,500 ⑤ ₩75,000

해설
• 기말순자산=기말자본
• 기말자산=기초자산+75,000
• 기초자산+75,000=기말부채(362,500)+기말자본(450,000)
  →기초자산=737,500
• 기초자본 : 기초자산(737,500)−기초부채(400,000)=337,500
∴이익 : 450,000−(337,500+100,000−12,500)=25,000

정답 ②

Essential Question 14 | 자본유지개념 이익결정[2]

● ㈜합격의 다음 자료에 의해 20x2년도 당기순이익을 계산하면 얼마인가?

20x2년말 자산	20x1년말에 비하여 ₩12,500,000 증가함.
20x2년말 부채	20x1년말에 비하여 ₩5,000,000 증가함.
20x2년 유상증자	당기 중에 ₩2,500,000의 유상증자를 실시함.
배당금지급	주주에 대한 현금배당 ₩1,250,000, 주식배당 ₩250,000

① ₩6,250,000　　　　② ₩6,500,000　　　　③ ₩7,000,000
④ ₩7,250,000　　　　⑤ ₩7,500,000

해설
- 기초자산을 X, 기초부채를 Y라 하면,
  →기초자본=$X-Y$
- 기말자산은 $X+12,500,000$, 기말부채는 $Y+5,000,000$이므로,
  →기말자본=$X-Y+7,500,000$
- 이익 : $(X-Y+7,500,000)-[(X-Y)+2,500,000-1,250,000]=6,250,000$

정답 ①

Essential Question 15 | 자본유지개념 이익결정[3]

● 다음은 ㈜합격의 각 연도말 자산과 부채 및 20x2년 중 자본거래에 대한 자료이다. 20x2년 중 기타포괄손익은 발생하지 않았다고 할 때, 20x2년도 ㈜합격의 당기순이익을 구하면 얼마인가?

(1) 각 연도말 자산과 부채

구분	20x1년말	20x2년말
현금및현금성자산	₩260,000	₩360,000
매출채권	₩340,000	₩400,000
재고자산	₩760,000	₩700,000
유형자산	₩1,080,000	₩1,320,000
무형자산	₩400,000	₩460,000
투자자산	₩300,000	₩320,000
매입채무	₩940,000	₩860,000
장기차입금	₩640,000	₩780,000

(2) 20x2년 중 ₩100,000의 유상증자를 하였다.
(3) 주주들에게 현금배당 ₩12,000과 주식배당 ₩8,000을 지급하였다.

① ₩260,000　　　　② ₩272,000　　　　③ ₩292,000
④ ₩302,000　　　　⑤ ₩475,000

해설
- 기초자본 : $(260,000+340,000+760,000+1,080,000+400,000+300,000)-(940,000+640,000)=1,560,000$
- 기말자본 : $(360,000+400,000+700,000+1,320,000+460,000+320,000)-(860,000+780,000)=1,920,000$
- ∴이익 : $1,920,000-(1,560,000+100,000-12,000)=272,000$

주의 주식배당은 자본변동이 없으므로 고려하지 않는다.

정답 ②

Essential Question 16 | 재무제표 표시 일반사항[1]

● 다음은 재무제표 표시에 관한 내용이다. 가장 옳은 설명은 어느 것인가?

① 각각의 재무제표는 전체 재무제표에서 동등한 비중으로 표시한다.
② 기업들은 '재무제표 표시'기준서에서 규정하고 있는 재무제표의 명칭만을 사용하여야 한다.
③ 재무제표는 기업이 재무상태, 재무성과 및 현금흐름을 공정하게 표시해야 하며, 한국채택국제회계기준에 따라 작성된 재무제표라고 하더라도 공정하게 표시된 재무제표라는 것을 보증하지는 않는다.
④ 재무제표가 한국채택국제회계기준의 요구사항을 모두 충족한 경우가 아니라면 부분적으로 한국채택국제회계기준을 준수하여 작성되었다고 기재할 수 있다.
⑤ 기업은 발생기준 회계를 사용하여 전체 재무제표를 작성한다.

> ■ 해설
> • ② 재무제표 표시 기준서에서 사용하는 재무제표의 명칭이 아닌 다른 명칭을 사용할 수 있다.
>   ③ 한국채택국제회계기준에 따라 작성된 재무제표(필요에 따라 추가공시한 경우 포함)는 공정하게 표시된 재무제표로 본다.
>   ④ 재무제표가 한국채택국제회계기준의 요구사항을 모두 충족한 경우가 아니라면 한국채택국제회계기준을 준수하여 작성되었다고 기재하여서는 아니된다.
>   ⑤ 기업은 현금흐름 정보를 제외하고는 발생기준 회계를 사용하여 재무제표를 작성한다. 즉, 현금흐름표에 공시되는 현금흐름 정보는 발생기준으로 작성되지 않는다.

정답 ①

Essential Question 17 | 재무제표 표시 일반사항[2]

● 다음은 재무제표의 표시와 관련된 설명이다. 올바른 내용으로만 묶인 것은 어느 것인가?

> ㄱ. 재고자산에 대한 재고자산평가충당금과 같은 평가충당금을 차감하여 관련 자산을 순액으로 측정하는 것이 상계표시의 대표적인 예이다.
> ㄴ. 기업이 상당 기간 계속 사업이익을 보고하였고, 보고기간말 현재 경영에 필요한 재무자원을 확보하고 있는 경우에는 자세한 분석이 없이도 계속기업을 전제로 한 회계처리가 적절하다는 결론을 내릴 수 있다.
> ㄷ. 계속기업의 가정이 적절한지의 여부를 평가할 때 경영진은 적어도 보고기간말로부터 향후 12개월 기간에 대하여 이용가능한 모든 정보를 고려한다.
> ㄹ. 동일 거래에서 발생하는 수익과 관련비용의 상계표시가 거래나 그 밖의 사건의 실질을 반영한다면 그러한 거래의 결과는 상계하여 표시한다.

① ㄴ, ㄹ   ② ㄱ, ㄴ, ㄷ   ③ ㄷ, ㄹ
④ ㄴ, ㄷ, ㄹ   ⑤ ㄱ, ㄴ, ㄹ

> ■ 해설
> • 평가충당금을 차감하여 관련 자산을 순액으로 측정하는 것은 상계표시에 해당하지 아니한다.

정답 ④

Essential Question 18 | 재무제표 표시 일반사항[3]

● 재무제표 표시에 대한 설명으로 가장 타당하지 않은 것은?

① 재무제표 항목의 표시나 분류를 변경하는 경우 실무적으로 적용할 수 없는 것이 아니라면 비교금액도 재분류해야 한다.

② 한국채택국제회계기준이 달리 허용하거나 요구하는 경우를 제외하고는 당기 재무제표에 보고되는 모든 금액에 대해 전기 비교정보를 공시하며 당기 재무제표를 이해하는 데 목적적합하다면 서술형 정보의 경우에도 비교정보를 포함한다.

③ 외환손익 또는 단기매매 금융상품에서 발생하는 손익과 같이 유사한 거래의 집합에서 발생하는 차익과 차손이 중요하지 않은 경우 순액으로 표시한다.

④ 재고자산에 대한 재고자산평가충당금과 매출채권에 대한 대손충당금과 같은 평가충당금을 차감하여 관련 자산을 순액으로 측정하는 것은 상계표시에 해당하지 아니한다.

⑤ 한국채택국제회계기준은 재무제표 뿐만 아니라 연차보고서, 감독기구 제출서류 또는 다른 문서에 표시되는 그 밖의 정보에도 반드시 적용해야 한다.

해설

• 많은 기업은 특히 환경 요인이 유의적인 산업에 속해 있는 경우나 종업원이 주요 재무제표이용자인 경우에 재무제표 이외에도 환경보고서나 부가가치보고서와 같은 보고서를 제공한다. 재무제표 이외의 보고서는 한국채택국제회계기준의 적용범위에 해당하지 않는다.

정답 ⑤

Essential Question 19 | 재무상태표 표시방법과 혼합법

● 다음은 재무제표의 표시와 관련된 설명이다. 가장 타당하지 않은 것은?

① 수익과 비용의 어느 항목도 당기손익과 기타포괄손익을 표시하는 보고서 또는 주석에 특별손익 항목으로 표시할 수 없다.

② 기업이 상당 기간 계속 사업이익을 보고하였고, 보고기간말 현재 경영에 필요한 재무자원을 확보하고 있는 경우에는 자세한 분석이 없이도 계속기업을 전제로 한 회계처리가 적절하다는 결론을 내릴 수 있다.

③ 상법 등 관련 법규에서 이익잉여금처분계산서의 작성을 요구하는 경우에는 재무상태표의 이익잉여금에 대한 보충정보로서 이익잉여금처분계산서를 주석으로 공시한다.

④ 영업이익에 포함되지 않은 항목 중 기업의 영업성과를 반영하는 그 밖의 수익 또는 비용 항목이 있다면 이러한 항목을 추가하여 조정영업이익 등의 명칭을 사용하여 주석으로 공시할 수 있다.

⑤ 자산과 부채의 일부는 유동/비유동 구분법으로, 나머지는 유동성 순서에 따른 표시방법으로 표시하는 것은 재무제표 이용자의 오해를 유발할 수 있으므로 허용되지 않는다.

해설

• 신뢰성 있고 더욱 목적적합한 정보를 제공한다면 자산과 부채의 일부는 유동/비유동 구분법으로, 나머지는 유동성 순서에 따른 표시방법으로 표시(=혼합법)하는 것이 허용된다. 이러한 혼합표시방법은 기업이 다양한 사업을 영위하는 경우에 필요할 수 있다.

정답 ⑤

Essential Question 20 | 포괄손익계산서 표시 일반사항[1]

● 다음은 재무제표 표시에 있어 포괄손익계산서의 표시와 관련한 내용이다. 가장 올바른 것은?

① 총포괄손익은 거래나 그 밖의 사건으로 인한 기간 중 자본의 변동을 말한다.
② 한 기간에 인식되는 모든 수익과 비용 항목은 한국채택국제회계기준이 달리 정하지 않는 한 당기손익으로 인식한다.
③ 별개의 손익계산서를 작성하는 경우 별개의 손익계산서는 포괄손익계산서의 바로 다음에 표시한다.
④ 성격별 분류법에 의한 경우에는 적어도 매출원가를 다른 비용과 분리하여 공시한다.
⑤ 기타포괄손익의 구성요소는 관련 법인세 효과를 차감한 순액으로 표시하는 방법만이 허용된다.

해설

- ① 총포괄손익은 거래나 그 밖의 사건으로 인한 기간 중 자본의 변동으로서, 소유주로서의 자격을 행사하는 소유주와의 거래로 인한 자본의 변동은 제외한다.
  ② 기준서 재무제표 표시 문단 88
  ③ 별개의 손익계산서는 포괄손익계산서 바로 앞에 표시한다.
  ④ 성격별 분류법(X) → 기능별 분류법(O)
  ⑤ 기타포괄손익의 항목과 관련된 법인세 효과 반영 전 금액으로 표시하고, 각 항목들에 관련된 법인세 효과는 단일 금액으로 합산하여 표시할 수도 있다.

정답 ②

Essential Question 21 | 포괄손익계산서 표시 일반사항[2]

● 재무보고를 위한 개념체계상 정보의 질적특성에 대한 설명으로 가장 타당하지 않은 것은?

① 기업의 재무성과를 이해하는 데 목적적합한 경우에는 당기손익과 기타포괄손익을 표시하는 보고서에 항목, 제목 및 중간합계를 추가하여 표시한다.
② 비용을 기능별로 분류하는 기업은 감가상각비, 기타 상각비와 종업원급여비용을 포함하여 비용의 성격에 대한 추가 정보를 공시한다.
③ 기타포괄손익의 항목(재분류조정 포함)과 관련한 법인세비용 금액은 포괄손익계산서나 주석에 공시한다.
④ 특별손익 항목은 당기손익과 기타포괄손익을 표시하는 보고서에는 표시해서는 안되며 주석에만 표시할 수 있다.
⑤ 중간합계를 표시할 경우 포괄손익계산서 관련 한국채택국제회계기준에서 요구하는 중간합계와 합계보다 더 부각되어 나타나지 않도록 한다.

해설

- 수익과 비용의 어느 항목도 당기손익과 기타포괄손익을 표시하는 보고서 또는 주석에 특별손익 항목으로 표시할 수 없다.

정답 ④

Essential Question 22	포괄손익계산서 표시 일반사항[3]

● 재무제표 표시에 관한 설명이다. 가장 올바른 것은?

① 특별손익을 표시할 필요가 있을 경우 수익과 비용의 어느 항목이든지 당기손익과 기타포괄손익을 표시하는 보고서 또는 주석에 특별손익 항목으로 별도로 표시함으로써 정보이용자들의 유용한 의사결정을 돕는다.

② 재분류조정은 이전에 기타포괄손익으로 인식되었던 금액이 당기에 당기손익으로 재분류된 금액을 말한다.

③ 비용의 기능별 정보가 미래현금흐름을 예측하는 데 유용하기 때문에, 비용을 성격별로 분류하는 경우에는 기능별 분류에 대한 추가 공시가 필요하다.

④ 비용을 성격별로 분류하는 방법은 기능별 분류보다 재무제표이용자에게 더욱 목적적합한 정보를 제공할 수 있지만, 비용을 성격별로 분류하는데 자의적인 판단이 개입될 수 있다는 점을 주의해야 한다.

⑤ 기타포괄손익의 항목을 표시하는 경우 반드시 관련 법인세 효과를 차감한 순액으로 표시해야 한다.

해설

- ① 수익과 비용의 어느 항목도 당기손익과 기타포괄손익을 표시하는 보고서 또는 주석에 특별손익 항목으로 표시할 수 없다.
- ③ 비용의 성격에 대한 정보가 미래현금흐름을 예측하는 데 유용하기 때문에, 비용을 기능별로 분류하는 경우에는 추가 공시가 필요하다.
- ④ 비용을 기능별로 분류하는 방법은 성격별 분류보다 재무제표이용자에게 더욱 목적적합한 정보를 제공할 수 있지만 비용을 기능별로 배분하는데 자의적인 배분과 상당한 정도의 판단이 개입될 수 있다.
- ⑤ 기타포괄손익의 항목은 다음 중 한 가지 방법으로 표시할 수 있다.
  ㉠ 관련 법인세 효과를 차감한 순액으로 표시
  ㉡ 기타포괄손익의 항목과 관련된 법인세 효과 반영 전 금액으로 표시하고, 각 항목들에 관련된 법인세 효과는 단일 금액으로 합산하여 표시

정답 ②

Essential Question 23	포괄손익계산서상 특별손익의 표시여부

● 다음은 재무제표의 표시와 관련된 내용이다. 가장 타당하지 않은 것은?

① 특별손익 항목은 정상적인 영업활동과 미래의 지속성에 차이가 있으므로 특별손익을 구분하여 표시한다.

② 계속기업으로서의 존속능력에 유의적인 의문이 제기될 수 있는 사건이나 상황과 관련된 중요한 불확실성을 알게 된 경우, 경영진은 그러한 불확실성을 공시하여야 한다.

③ 기준서에서 사용하는 재무제표의 명칭이 아닌 다른 명칭을 사용할 수 있다.

④ 유사한 거래의 집합에서 발생하는 차익과 차손이 중요하지 않다면 상계하여 순액으로 표시한다.

⑤ 한국채택국제회계기준을 준수하여 재무제표를 작성하는 기업은 그러한 준수 사실을 주석에 명시적이고 제한없이 기재한다.

해설

- 수익과 비용의 어느 항목도 당기손익과 기타포괄손익을 표시하는 보고서 또는 주석에 특별손익 항목으로 표시할 수 없다.

정답 ①

Essential Question 24 　　　　포괄손익계산서 표시와 비용분류방법

● 다음은 포괄손익계산서의 표시와 관련된 설명이다. 가장 타당하지 않은 것은?

① 비용을 성격별로 분류하는 경우 당기손익에 포함된 비용은 그 성격별로 통합하며, 기능별로도 재배분해야 한다.

② 비용을 기능별로 분류하는 기업은 감가상각비, 기타 상각비와 종업원급여비용을 포함하여 비용의 성격에 대한 추가 정보를 공시한다.

③ 기업의 재무성과를 이해하는 데 목적적합한 경우에는 당기손익과 기타포괄손익을 표시하는 보고서에 항목, 제목 및 중간합계를 추가하여 표시한다.

④ 별개의 손익계산서를 표시하는 경우, 포괄손익을 표시하는 보고서에는 당기손익 부분을 표시하지 않는다.

⑤ 재분류조정은 포괄손익계산서나 주석에 표시할 수 있는데, 재분류조정을 주석에 표시하는 경우에는 관련 재분류조정을 반영한 후에 기타포괄손익의 항목을 표시한다.

● 해설

• 비용을 성격별로 분류하는 경우 당기손익에 포함된 비용은 그 성격(예 감가상각비, 원재료의 구입, 운송비, 종업원급여와 광고비)별로 통합하며, 기능별로 재배분하지 않는다. 비용을 기능별 분류로 배분할 필요가 없기 때문에 적용이 간단할 수 있다. 반면, 비용을 매출원가, 그리고 물류원가와 관리활동원가 등과 같이 기능별로 분류하는 경우에는 성격별 분류보다 재무제표이용자에게 더욱 목적적합한 정보를 제공할 수 있지만 비용을 기능별로 배분하는데 자의적인 배분과 상당한 정도의 판단이 개입될 수 있다.

정답 ①

Essential Question 25 　　　　포괄손익계산서 표시와 기타포괄손익

● 다음은 포괄손익계산서의 표시와 관련된 설명이다. 가장 타당하지 않은 것은?

① 수익 중에서 유효이자율법을 사용하여 계산한 이자수익은 별도로 표시한다.

② 기타포괄손익의 항목은 관련 법인세 효과를 차감한 순액으로 표시하는 방법만 허용한다.

③ 기타포괄손익의 항목(재분류조정 포함)과 관련한 법인세비용 금액은 포괄손익계산서나 주석에 공시한다.

④ 기업의 재무성과를 이해하는 데 목적적합한 경우에는 당기손익과 기타포괄손익을 표시하는 보고서에 항목, 제목 및 중간합계를 추가하여 표시한다.

⑤ 비용을 기능별로 분류하는 기업은 감가상각비, 기타 상각비와 종업원급여비용을 포함하여 비용의 성격에 대한 추가 정보를 공시한다.

● 해설

• 기타포괄손익의 항목은 다음 중 한 가지 방법으로 표시할 수 있다.
　㉠ 관련 법인세 효과를 차감한 순액으로 표시
　㉡ 기타포괄손익의 항목과 관련된 법인세 효과 반영 전 금액으로 표시하고, 각 항목들에 관련된 법인세 효과는 단일 금액으로 합산하여 표시

정답 ②

| Essential Question 26 | 포괄손익계산서 영업이익 공시 [1] |

● 다음은 재무제표 표시와 관련하여 영업이익 공시와 관련된 설명이다. 가장 타당하지 않은 것은?

① 영업이익 산출에 포함된 주요항목과 그 금액을 포괄손익계산서 본문에 표시하거나 주석으로 공시한다.

② 포괄손익계산서에 영업이익을 구분하여 표시할 경우 수익에서 매출원가만을 차감하며, 판매비와 관리비는 조정영업이익 계산시 반영한다.

③ 비용을 성격별로 분류하는 경우, 영업수익에서 영업비용을 차감한 영업이익을 포괄손익계산서에 구분하여 표시할 수 있다.

④ 영업의 특수성으로 인해 매출원가를 구분하기 어려운 경우, 영업수익에서 영업비용을 차감한 영업이익을 포괄손익계산서에 구분하여 표시할 수 있다.

⑤ 영업이익에 포함되지 않은 항목 중 기업의 영업성과를 반영하는 그 밖의 수익 또는 비용 항목이 있다면 이러한 항목을 추가하여 조정영업이익 등의 명칭을 사용하여 주석으로 공시할 수 있다.

해설

• 기업은 수익에서 매출원가 및 판매비와 관리비(물류원가 등을 포함)를 차감한 영업이익을 포괄손익계산서에 구분하여 표시한다.

참고 영업이익 공시와 관련된 K-IFRS 1001호의 기타 규정

• 기업은 수익에서 매출원가 및 판매비와관리비(물류원가 등을 포함)를 차감한 영업이익(또는 영업손실)을 포괄손익계산서에 구분하여 표시한다. 다만 영업의 특수성을 고려할 필요가 있는 경우(예: 매출원가를 구분하기 어려운 경우)나 비용을 성격별로 분류하는 경우 영업수익에서 영업비용을 차감한 영업이익(또는 영업손실)을 포괄손익계산서에 구분하여 표시할 수 있다.[문단 한138.2]

• 영업이익(또는 영업손실) 산출에 포함된 주요항목과 그 금액을 포괄손익계산서 본문에 표시하거나 주석으로 공시한다.[문단 한138.3]

• 문단 한138.2에 따른 영업이익(또는 영업손실)에 포함되지 않은 항목 중 기업의 영업성과를 반영하는 그 밖의 수익 또는 비용 항목이 있다면 이러한 항목을 추가하여 조정영업이익(또는 조정영업손실) 등의 명칭을 사용하여 주석으로 공시할 수 있으며, 이 경우 다음 내용을 포함한다.[문단 한138.4]

> ㄱ. 추가한 주요항목과 그 금액
> ㄴ. 이러한 조정영업이익(또는 조정영업손실) 등은 해당 기업이 자체 분류한 영업이익(또는 영업손실)이라는 사실

정답 ②

Essential Question 27　　　　**포괄손익계산서 영업이익 공시[2]**

● 다음은 재무제표 표시와 관련된 내용이다. 가장 타당하지 않은 것은?

① 동일 거래에서 발생하는 수익과 관련비용의 상계표시가 거래나 그 밖의 사건의 실질을 반영한다면 그러한 거래의 결과는 상계하여 표시한다.

② 계속기업의 가정이 적절한지의 여부를 평가할 때 경영진은 적어도 보고기간말로부터 향후 12개월 기간에 대하여 이용가능한 모든 정보를 고려한다.

③ 재고자산에 대한 재고자산평가충당금과 매출채권에 대한 대손충당금과 같은 평가충당금을 차감하여 관련 자산을 순액으로 측정하는 것은 상계표시에 해당하지 아니한다.

④ 영업이익에 포함되지 않은 항목 중 기업의 영업성과를 반영하는 그 밖의 수익 또는 비용 항목이 있다면 이러한 항목을 추가하여 조정영업이익 등의 명칭을 사용하여 포괄손익계산서 본문에 보고해야 한다.

⑤ 기업이 상당 기간 계속 사업이익을 보고하였고, 보고기간말 현재 경영에 필요한 재무자원을 확보하고 있는 경우에는 자세한 분석이 없이도 계속기업을 전제로 한 회계처리가 적절하다는 결론을 내릴 수 있다.

───────────

▪️**해설**

• 포괄손익계산서 본문에 보고해야 한다.(X) → 주석으로 공시할 수 있다.(O)

정답 ④

Essential Question 28	Cashflow와 현재가치평가

● 다음은 ㈜합격의 토지 매각과 관련된 자료이다. 동 거래로 20x1년 인식해야 할 이자수익을 구하면 얼마인가?

---

(1) ㈜합격은 20x1년 4월 1일 장부금액 ₩2,500,000의 토지를 매각하였다.

(2) 매각대금은 20x2년 3월 31일부터 20x4년 3월 31일까지 매년 3월말에 ₩1,000,000씩을 수령하기로 하였다.

(3) 이자는 미회수 명목금액의 연 5%에 해당하는 금액을 매년 3월말에 함께 수령하기로 하였다.

(4) 20x1년 4월 1일 동 거래에 적용될 유효이자율은 연 10%이다.

(5) 현재가치계수 관련 자료는 다음과 같다.

기간	단일금액 ₩1의 현재가치계수		정상연금 ₩1의 현재가치계수	
	5%	10%	5%	10%
n=1	0.9524	0.9091	0.9524	0.9091
n=2	0.9070	0.8264	1.8594	1.7355
n=3	0.8638	0.7513	2.7232	2.4868

---

① ₩120,369　　　　　　② ₩136,333　　　　　　③ ₩145,630

④ ₩186,236　　　　　　⑤ ₩205,753

해설

• 현금흐름
  - 20x2년 3월 31일 : 3,000,000×5%+1,000,000=1,150,000
  - 20x3년 3월 31일 : 2,000,000×5%+1,000,000=1,100,000
  - 20x4년 3월 31일 : 1,000,000×5%+1,000,000=1,050,000

• 현재가치 : 1,150,000×0.9091+1,100,000×0.8264+1,050,000×0.7513=2,743,370

• 20x1년 이자수익 : $2,743,370 \times 10\% \times \dfrac{9}{12} = 205,753$

• 회계처리

20x1.4.1	(차) 장기미수금	3,000,000	(대) 토지	2,5000,00
			현재가치할인차금	256,630
			유형자산처분이익	243,370
20x1.12.31	(차) 미수이자	112,500	(대) 이자수익	205,753
	현재가치할인차금	93,253		

정답 ⑤

Essential Question 29 | 계약의 식별과 적용범위

● 다음은 한국채택국제회계기준 '고객과의 계약에서 생기는 수익'에 관한 설명이다. 가장 옳지 않은 것은 어느 것인가?

① 계약상대방이 기업의 통상적인 활동의 산출물을 취득하기 위해서가 아니라 어떤 활동이나 과정(예: 협업약정에 따른 자산 개발)에 참여하기 위해 기업과 계약하였고, 그 계약 당사자들이 그 활동이나 과정에서 생기는 위험과 효익을 공유한다면, 그 계약상대방은 고객이 아니다.

② 고객이나 잠재적 고객에게 판매를 쉽게 하기 위해 행하는 같은 사업 영역에 있는 기업 사이의 비화폐성 교환에 대하여도 '고객과의 계약에서 생기는 수익'을 적용한다.

③ 계약상 권리와 의무의 집행 가능성은 법률적인 문제이다. 계약은 서면으로, 구두로, 기업의 사업관행에 따라 암묵적으로 체결할 수 있다.

④ 계약의 각 당사자가 전혀 수행되지 않은 계약에 대해 상대방(들)에게 보상하지 않고 종료할 수 있는 일방적이고 집행 가능한 권리를 갖는다면, 적용 목적상 그 계약은 존재하지 않는다고 본다.

⑤ 고객과의 계약이 계약여부 판단기준은 충족하지 못하지만 고객에게서 대가를 받은 경우에는 계약여부 판단기준이 나중에 충족될 때까지, 고객에게서 받은 대가는 부채로 인식한다.

해설

• [K-IFRS '고객과의 계약에서 생기는 수익' 문단5]
이 기준서는 다음을 제외한 고객과의 모든 계약에 적용한다.
㉠ '리스'의 적용범위에 포함되는 리스계약
㉡ '보험계약'의 적용범위에 포함되는 보험계약
㉢ '금융상품', '연결재무제표', '공동약정', '별도재무제표', '관계기업과 공동기업에 대한 투자'의 적용범위에 포함되는 금융상품과 그 밖의 계약상 권리 또는 의무
㉣ 고객이나 잠재적 고객에게 판매를 쉽게 하기 위해 행하는 같은 사업 영역에 있는 기업 사이의 비화폐성 교환. 예를 들면 두 정유사가 서로 다른 특정 지역에 있는 고객의 수요를 적시에 충족하기 위해, 두 정유사끼리 유류를 교환하기로 합의한 계약에는 이 기준서를 적용하지 않는다.

정답 ②

Essential Question 30 | 고객과의 계약 회계처리 요건(계약여부 판단기준)

● 한국채택국제회계기준 '고객과의 계약에서 생기는 수익'은 제시된 기준을 모두 충족하는 고객과 체결한 계약에만 적용하도록 규정하고 있다. 다음 중 계약이 한국채택국제회계기준 '고객과의 계약에서 생기는 수익'의 적용범위에 포함되기 위하여 충족해야 하는 기준으로 가장 옳지 않은 것은?

① 이전할 재화나 용역의 지급조건을 식별할 수 있다.

② 고객에게 이전할 재화나 용역에 대하여 받을 권리를 갖게 될 대가의 회수 가능성이 높다.

③ 이전할 재화나 용역과 관련된 각 당사자의 권리를 식별할 수 있다.

④ 계약 당사자들이 계약을 승인하고 각자의 의무를 수행하기로 확약한다.

⑤ 계약의 결과로 기업의 미래 현금흐름의 위험, 시기, 금액이 변동되지 않을 것으로 예상된다.

해설

• 변동되지 않을 것으로 예상된다.(X) → 변동될 것으로 예상된다.(O)

정답 ⑤

Essential Question 31 | 수행의무 식별과 보증의무 처리방법

● 다음은 한국채택국제회계기준 '고객과의 계약에서 생기는 수익'에 대한 설명이다. 가장 옳지 않은 것은 어느 것인가?

① 계약 개시시점에 고객과의 계약에서 약속한 재화나 용역을 검토하여 고객에게 구별되는 재화나 용역(또는 재화나 용역의 묶음)이나 실질적으로 서로 같고 고객에게 이전하는 방식도 같은 '일련의 구별되는 재화나 용역'을 이전하기로 한 각 약속을 하나의 수행의무로 식별한다.

② 기업이 제품을 판매하면서 고객에게 보증을 별도로 구매할 수 있는 선택권을 부여하지 아니한 경우 당해 보증의무는 수행의무이므로 거래가격을 제품과 용역에 배분한다.

③ 구별되는 약속한 재화나 용역이 추가되어 계약의 범위가 확장되고 계약가격이 추가로 약속한 재화나 용역의 개별 판매가격에 특정 계약 상황을 반영하여 적절히 조정한 대가(금액)만큼 상승하는 경우 계약변경은 별도 계약으로 회계처리한다.

④ 계약을 이행하기 위해 해야 하지만 고객에게 재화나 용역을 이전하는 활동이 아니라면 그 활동은 수행의무에 포함되지 않는다. 예를 들면 용역 제공자는 계약을 준비하기(set up) 위해 다양한 관리 업무를 수행할 필요가 있을 수 있다. 관리 업무를 수행하더라도, 그 업무를 수행함에 따라 고객에게 용역이 이전되지는 않는다. 그러므로 그 준비 활동은 수행의무가 아니다.

⑤ 제품이 손해나 피해를 끼치는 경우에 기업이 보상하도록 요구하는 법률 때문에 수행의무가 생기지는 않는다. 예를 들면 제조업자는 소비자가 용도에 맞게 제품을 사용하면서 생길 수 있는 모든 피해(예: 개인 자산에 대한 피해)를 제조업자가 책임지도록 하는 법률이 있는 국가(법적 관할구역)에서 제품을 판매할 수 있다.

해설
• 당해 보증이 확신유형의 보증인 경우에는 수행의무가 아니므로 충당부채를 인식한다.

정답 ②

Essential Question 32 | 거래가격의 정의와 수익 일반사항

● 다음은 한국채택국제회계기준 '고객과의 계약에서 생기는 수익'에 대한 설명이다. 가장 옳지 않은 것은 어느 것인가?

① 거래가격은 고객에게 약속한 재화나 용역을 이전하고 그 대가로 기업이 받을 권리를 갖게 될 것으로 예상하는 금액이며, 제삼자를 대신해서 회수한 금액을 포함한다.

② 계약 당사자 중 어느 한 편이 계약을 수행했을 때, 기업의 수행 정도와 고객의 지급과의 관계에 따라 그 계약을 계약자산이나 계약부채로 재무상태표에 표시하며, 대가를 받을 무조건적인 권리는 수취채권으로 구분하여 표시한다.

③ 구별되는 약속한 재화나 용역이 추가되어 계약의 범위가 확장되고 계약가격이 추가로 약속한 재화나 용역의 개별 판매가격에 특정 계약 상황을 반영하여 적절히 조정한 대가(금액)만큼 상승하는 경우 계약변경은 별도 계약으로 회계처리한다.

④ 자산은 고객이 그 자산을 통제할 때 이전된다. 이 경우 고객이 자산을 통제하는지를 판단할 때, 그 자산을 재매입하는 약정을 고려한다.

⑤ 고객과의 계약체결 증분원가가 회수될 것으로 예상된다면 이를 자산으로 인식한다.

해설
• 제삼자를 대신해서 회수한 금액(예 일부 판매세)은 제외한다.

정답 ①

Essential Question 33 | **거래가격 산정과 변동대가**

● 다음 자료에 의해 ㈜합격의 20x1년 1월 20일 인식할 매출액을 구하면 얼마인가?

(1) ㈜합격은 제품을 개당 ₩200,000에 판매하기로 20x1년 1월 1일에 고객과 계약을 체결하였으며, 해당 계약에는 고객이 제품을 1년 동안 2,000개 이상 구매할 경우 개당 가격을 소급하여 ₩190,000으로 낮추어 주는 내용이 포함되어 있다.

(2) 20x1년 1월 20일 ㈜합격은 고객에게 제품을 200개 외상으로 판매하였는데, 이 시점에서 ㈜합격은 고객이 20x1년 동안 2,000개 이상의 제품을 구매할 것으로 추정하였으며, 이 추정의 유의적인 부분이 되돌려지지 않을 가능성은 매우 높다.

① ₩0
② ₩20,000,000
③ ₩30,000,000
④ ₩38,000,000
⑤ ₩40,000,000

해설
• 200개×190,000=38,000,000.

정답 ④

Essential Question 34 | **거래가격 산정과 환불부채**

● 다음은 한국채택국제회계기준 '고객과의 계약에서 생기는 수익'에 대한 설명이다. 가장 옳지 않은 것은 어느 것인가?

① 변동대가와 관련된 불확실성이 나중에 해소될 때, 이미 인식한 누적 수익 금액 중 유의적인 부분을 되돌리지 않을 가능성이 매우 높은(highly probable) 정도까지만 추정된 변동대가의 일부나 전부를 거래가격에 포함한다.

② 고객에게서 받은 대가의 일부나 전부를 고객에게 환불할 것으로 예상하는 경우에는 환불부채를 인식한다. 환불부채는 기업이 받았거나 받을 대가 중에서 권리를 갖게 될 것으로 예상하지 않는 금액으로 측정한다. 환불부채는 계약 개시시점에 측정하며 보고기간 말마다 수정하지 아니한다.

③ 고객이 재화나 용역 그 자체에서 효익을 얻거나 고객이 쉽게 구할 수 있는 다른 자원과 함께하여 그 재화나 용역에서 효익을 얻을 수 있고, 고객에게 재화나 용역을 이전하기로 하는 약속을 계약 내의 다른 약속과 별도로 식별해 낼 수 있다면 고객에게 약속한 재화나 용역은 구별되는 것이다.

④ 각 보고기간 말의 상황과 보고기간의 상황 변동을 충실하게 표현하기 위하여 보고기간 말마다 추정 거래가격을 새로 수정한다.

⑤ 거래가격을 산정하기 위하여 기업은 재화나 용역을 현행 계약에 따라 약속대로 고객에게 이전할 것이고 이 계약은 취소·갱신·변경 되지 않을 것이라고 가정한다.

해설
• 환불부채는 보고기간 말마다 상황의 변동을 반영하여 새로 수정한다.

정답 ②

Essential Question 35 　　개별판매가격 추정과 적용

● ㈜합격은 제품 갑, 을, 병을 함께 묶어 총거래금액 ₩1,250,000에 판매하기로 고객과 계약을 체결하였다. ㈜합격은 서로 다른 시점에 각 제품에 대한 수행의무를 이행할 예정이며, 각 제품을 별도로 판매할 경우의 판매가격은 다음과 같이 추정되었다. ㈜합격이 제품 병에 배분할 거래가격은? 단, 개별판매가격 합계가 계약에서 약속한 대가를 ₩625,000만큼 초과하나, 해당 할인액이 계약상 하나 이상의 일부 수행의무에만 관련된다는 관측 가능한 증거는 없다.

제품	개별판매가격	개별판매가격 추정방법
제품 갑	₩625,000	직접 관측 가능
제품 을	₩312,500	시장평가조정접근법
제품 병	₩937,500	예상원가이윤가산접근법
합계	₩1,875,000	–

① ₩416,667　　　　　② ₩625,000　　　　　③ ₩937,500
④ ₩1,000,000　　　　⑤ ₩1,250,000

해설

- 시장평가조정접근법과 예상원가이윤가산접근법에 의한 추정액도 개별판매가격으로 인정된다.

$$\therefore \text{제품 병에 배분할 거래가격} : 1,250,000 \times \frac{937,500}{1,875,000} = 625,000$$

정답 ②

Essential Question 36 　　거래가격 배분

● 12월말 결산법인인 ㈜합격은 고객과 계약을 체결하고 제품 A, B, C를 ₩100에 판매하기로 하였다. ㈜합격은 서로 다른 시점에 각 제품에 대한 수행의무를 이행하며, 각 제품의 개별 판매가격은 다음과 같다.

제품 A	제품 B	제품 C	합계
₩50	₩25	₩75	₩150

개별 판매가격의 합계(₩150)가 약속된 대가(₩100)를 초과하기 때문에 고객은 제품 묶음을 구매하면서 할인을 받는 것이다. 할인이 귀속되는 수행의무에 대한 관측 가능한 증거가 없는 경우 할인액의 배분후 제품 B의 거래가격은 얼마인가?

① ₩50　　　　　　② ₩33　　　　　　③ ₩25
④ ₩17　　　　　　⑤ ₩15

해설

- 할인이 귀속되는 수행의무에 대한 관측가능한 증거가 없으므로 할인액을 모든 수행의무에 비례하여 배분함.

- 배분후 제품 A 거래가격 : $50 - 50 \times \frac{50}{150} = 33$

- 배분후 제품 B 거래가격 : $25 - 50 \times \frac{25}{150} = 17$

- 배분후 제품 C 거래가격 : $75 - 50 \times \frac{75}{150} = 50$

정답 ④

Essential Question 37 | 기간에 걸쳐 이행하는 수행의무의 진행률 측정방법

● 다음은 '고객과의 계약에서 생기는 수익'에 대한 설명이다. 가장 옳지 않은 것은 어느 것인가?

① 기간에 걸쳐 이행하는 수행의무 각각에 대해, 그 수행의무 완료까지의 진행률을 측정하여 기간에 걸쳐 수익을 인식한다. 이 경우 적절한 진행률 측정방법으로 산출법은 인정되지 않는다.

② 거래가격을 배분하는 목적은 기업이 고객에게 약속한 재화나 용역을 이전하고 그 대가로 받을 권리를 갖게 될 금액을 나타내는 금액으로 각 수행의무에 거래가격을 배분하는 것이다.

③ 자산은 고객이 그 자산을 통제할 때 이전된다. 이 경우 고객이 자산을 통제하는지를 판단할 때, 그 자산을 재매입하는 약정을 고려한다.

④ 고객에게 약속한 재화나 용역, 즉 자산을 이전하여 수행의무를 이행할 때 수익을 인식한다.

⑤ 수행의무를 이행할 때 그 수행의무에 배분된 거래가격(변동대가 추정치 중 제약받는 금액은 제외)을 수익으로 인식한다.

해설
• 적절한 진행률 측정방법에는 산출법과 투입법이 포함된다.

정답 ①

Essential Question 38 | 한 시점에 이행하는 수행의무의 수익인식액 계산

● 다음의 거래에 대한 수익인식과 관련하여 ㈜합격이 20x1년 1월 1일에 인식할 수익을 계산하면 얼마인가?

> (1) 20x1년 1월 1일 ㈜합격은 고객에게 통신설비와 향후 24개월 동안 동 통신설비에 대한 유지보수서비스를 함께 제공하기로 계약하고 총 ₩9,000,000의 대금을 수령하였다.
> (2) 통신설비는 계약과 동시에 즉시 고객에게 인도되었다.
> (3) 통신설비와 유지보수서비스의 개별판매가격은 각각 ₩3,750,000과 ₩7,500,000이다.

① ₩0   ② ₩3,000,000   ③ ₩3,750,000
④ ₩6,000,000   ⑤ ₩7,500,000

해설
• 거래가격은 9,000,000이고, 통신설비제공(한 시점에 이행하는 수행의무)과 유지보수서비스(기간에 걸쳐 이행하는 수행의무)의 2개의 수행의무가 있다.
• 거래가격 배분

     ㉠ 통신설비 : $9,000,000 \times \dfrac{3,750,000}{3,750,000+7,500,000} = 3,000,000$

         →통신설비에 배분된 3,000,000은 20x1년 1월 1일에 수익으로 인식

     ㉡ 유지보수서비스 : $9,000,000 \times \dfrac{7,500,000}{3,750,000+7,500,000} = 6,000,000$

         →유지보수서비스에 배분된 6,000,000은 수익을 이연하여 24개월의 기간에 걸쳐 수익을 인식

∴20x1년 1월 1일 수익인식액 : 3,000,000

정답 ②

Essential Question 39 | **기간별 총수익인식액 계산**

● 다음의 거래에 대한 수익인식과 관련하여 ㈜합격이 20x1년에 인식할 수익을 계산하면 얼마인가?

> (1) 이동통신사업자인 ㈜합격은 20x1년 10월 1일 고객에게 이동통신장비와 향후 24개월 동안 이동통신서비스를 함께 제공하기로 계약하고 총 ₩6,000,000의 대금을 수령하였다.
> (2) 이동통신장비는 계약과 동시에 즉시 고객에게 인도되었다.
> (3) 이동통신장비와 이동통신서비스의 개별판매가격은 각각 ₩1,800,000과 ₩3,600,000이다.

① ₩0   ② ₩3,000,000   ③ ₩3,750,000
④ ₩6,000,000   ⑤ ₩7,500,000

해설

- 거래가격은 6,000,000이고, 이동통신장비제공(한 시점에 이행하는 수행의무)과 이동통신서비스(기간에 걸쳐 이행하는 수행의무)의 2개의 수행의무가 있다.
- 거래가격 배분

  ㉠ 이동통신장비 : $6,000,000 \times \dfrac{1,800,000}{1,800,000+3,600,000} = 2,000,000$

  →이동통신장비에 배분된 2,000,000은 20x1년 10월 1일에 수익으로 인식

  ㉡ 이동통신서비스 : $6,000,000 \times \dfrac{3,600,000}{1,800,000+3,600,000} = 4,000,000$

  →이동통신서비스에 배분된 4,000,000은 수익을 이연하여 24개월의 기간에 걸쳐 수익을 인식

∴20x1년 수익인식액 : $2,000,000 + 4,000,000 \times \dfrac{3개월}{24개월} = 2,500,000$

정답 ②

Essential Question 40 | **고객과의 계약에서 생기는 수익 용어의 정의**

● 한국채택국제회계기준 '고객과의 계약에서 생기는 수익'의 용어의 정의이다. 가장 옳지 않은 것은?

① 계약자산이란 기업이 고객에게 이전한 재화나 용역에 대하여 그 대가를 받을 기업의 권리로 그 권리에 시간의 경과 외의 조건(예: 기업의 미래 수행)이 있는 자산을 말한다.
② 수행의무란 고객과의 계약에서 구별되는 재화나 용역(또는 재화나 용역의 묶음) 또는 실질적으로 서로 같고 고객에게 이전하는 방식도 같은 일련의 구별되는 재화나 용역 중 어느 하나를 고객에게 이전하기로 한 각 약속을 말한다.
③ 계약이란 둘 이상의 당사자들 사이에 집행가능한 권리와 의무가 생기게 하는 합의를 말한다.
④ 수익(Revenue)이란 광의의 수익(income) 중 기업의 통상적인 활동에서 생기는 것을 말한다.
⑤ 계약부채란 기업이 고객에게서 이미 받은 대가(지급기일이 되었더라도 수령하지 않은 대가는 제외)에 상응하여 고객에게 재화나 용역을 이전하여야 하는 기업의 의무를 말한다.

해설

- 계약부채의 정의 : 기업이 고객에게서 이미 받은 대가(또는 지급기일이 된 대가)에 상응하여 고객에게 재화나 용역을 이전하여야 하는 기업의 의무

정답 ⑤

Essential Question 41 | 장기할부판매 매출총이익·매출채권장부금액 계산

● ㈜합격의 다음 자료에 의해 ㈜합격이 인식할 매출총이익과 20x1년말 매출채권 장부금액을 계산하면 각각 얼마인가?

(1) ㈜합격은 20x1년 1월 1일 ㈜적중에 상품(원가 : ₩5,000,000)을 할부판매하고 동시에 상품을 인도하였다.
(2) 동 할부판매에 대하여 매년 말 ₩2,500,000씩 3회에 걸쳐 회수하기로 하였다.
(3) 동 할부판매에 적용되는 유효이자율은 연 12%이다.

기간	단일금액 ₩1의 현재가치	정상연금 ₩1의 현재가치
	12%	12%
3	0.71178	2.40183

	20x1년 매출총이익	20x1년말 매출채권 장부금액
①	₩2,500,000	₩2,500,000
②	₩2,500,000	₩4,225,124
③	₩1,004,575	₩2,500,000
④	₩1,004,575	₩4,225,124
⑤	₩1,004,575	₩6,004,575

해설

• 매출액 : 2,500,000×2.40183=6,004,575
• 회계처리

20x1년초	(차) 매출채권	7,500,000	(대) 매출	6,004,575
			현재가치할인차금	1,495,425
	(차) 매출원가	5,000,000	(대) 상품	5,000,000
20x1년말	(차) 현금	2,500,000	(대) 매출채권	2,500,000
	(차) 현재가치할인차금 6,004,575×12%=720,549		(대) 이자수익	720,549

∴매출총이익 : 6,004,575-5,000,000=1,004,575
　매출채권 장부금액 : (7,500,000-2,500,000)-(1,495,425-720,549)=4,225,124

정답 ④

Essential Question 42 | **장기할부판매 매출채권 장부금액 계산**

● ㈜합격은 중장비기계를 제조판매하고 있으며, 제품이 고가이기 때문에 장기할부판매를 하고 있다. 20x1년 10월 1일 거래처에 제품을 판매하면서 ₩1,000,000은 현금으로 받고, 나머지 잔금은 2년간에 걸쳐 매년 10월 1일에 회수하기로 하였다. 다음의 자료를 이용하여 ㈜합격이 20x1년 10월 1일에 계상할 관련 매출채권의 장부금액은?

(1) 20x2년 및 20x3년 10월 1일에 회수할 잔금은 각각 ₩5,000,000과 ₩14,500,000이고, 위 금액의 회수가능성은 매우 높은 것으로 예상된다.
(2) 매출채권에 대한 유효이자율은 연 10%이다.
(3) 유효이자율 10%에 대한 1년, 2년, 3년의 현가계수는 각각 0.9091, 0.8264, 0.75130이다.

① ₩17,528,300 ② ₩2,971,700 ③ ₩22,471,700
④ ₩19,000,800 ⑤ ₩16,528,300

해설

• 현가(장부금액) : 5,000,000×0.9091+14,500,000×0.8264=16,528,300

(차) 현금	1,000,000	(대) 매출	1,000,000
(차) 매출채권	19,500,000	(대) 매출	16,528,300
		현재가치할인차금	2,971,700

정답 ⑤

Essential Question 43 | **장기할부판매 매출총이익 계산**

● ㈜합격의 다음 자료에 의해 ㈜합격이 20x1년에 인식할 매출총이익을 구하면 얼마인가?

(1) ㈜합격은 20x1년 1월 1일 ㈜적중에 상품(원가 : ₩4,000,000)을 할부판매하였다.
(2) 동 할부판매에 대하여 계약금으로 현금 ₩400,000을 받고 나머지 대금은 20x1년 3월 31일부터 매 분기말에 ₩600,000씩 2년간 회수하기로 하였다.
(3) 동 할부판매의 매출채권에 대한 유효이자율은 연 8%이다.

기간	단일금액 ₩1의 현재가치		정상연금 ₩1의 현재가치	
	8%	2%	8%	2%
2	0.8573	0.9612	1.7833	1.9416
8	0.5402	0.8535	5.7466	7.3255

① ₩404,700 ② ₩795,300 ③ ₩800,000
④ ₩4,395,300 ⑤ ₩4,795,300

해설

• 매출액 : 400,000+600,000×7.3255=4,795,300

(차) 현금	400,000	(대) 매출	400,000
(차) 매출채권	4,800,000	(대) 매출	4,395,300
		현재가치할인차금	404,700
(차) 매출원가	4,000,000	(대) 상품	4,000,000

∴매출총이익 : 4,795,300-4,000,000=795,300

정답 ②

| Essential Question 44 | 선수금에 포함된 유의적 금융요소와 매출액 |

● ㈜합격은 20x1년 1월 1일 고객에게 제품을 이전하는 계약을 체결하였다. 관련된 다음 자료에 의해 동 거래와 관련하여 ㈜합격이 20x2년에 인식할 매출액과 이자비용을 구하면 각각 얼마인가?

(1) 20x1년 1월 1일 계약체결 시점에 ₩20,000,000을 수령하였다.
(2) 제품은 2년 후인 20x2년 12월 31일에 이전하기로 하였다.
(3) 동 계약에는 유의적인 금융요소가 있는 것으로 판단되며, ㈜합격은 동 거래에 적용할 이자율로 증분차입이자율 3%를 선택하였다.

	매출액	이자비용
①	₩20,000,000	₩618,000
②	₩20,000,000	₩600,000
③	₩21,218,000	₩618,000
④	₩21,218,000	₩600,000
⑤	₩21,428,000	₩618,000

○ 해설

• 회계처리

20x1년 1월 1일	(차) 현금	20,000,000	(대) 계약부채	20,000,000
20x1년 12월 31일	(차) 이자비용	20,000,000×3%=600,000	(대) 계약부채	600,000
20x2년 12월 31일	(차) 이자비용	20,600,000×3%=618,000	(대) 계약부채	618,000
	(차) 계약부채	21,218,000	(대) 매출	21,218,000

∴20x2년에 인식할 매출액 : 21,218,000
　20x2년에 인식할 이자비용 : 618,000

정답 ③

Essential Question 45 | 선수금에 포함된 유의적 금융요소와 계약부채

● ㈜합격은 20x1년 1월 1일 고객에게 제품을 이전하는 계약을 체결하였다. 관련된 다음 자료에 의해 동 거래와 관련하여 ㈜합격이 보고할 20x3년말 현재 계약부채 잔액과 20x4년 매출액을 구하면 각각 얼마인가?

> (1) 20x1년 1월 1일 계약체결 시점에 ₩250,000,000을 수령하였다.
> (2) 제품은 3년 후인 20x4년 1월 1일에 이전하기로 하였다.
> (3) 동 계약에는 유의적인 금융요소가 있는 것으로 판단되며, 동 거래에 적용되는 할인율은 계약 개시시점에 기업과 고객이 별도의 금융거래를 하게 된다면 반영하게 될 할인율인 4%이다.

	20x3년말 계약부채	20x4년 매출액
①	₩281,216,000	₩270,400,000
②	₩281,216,000	₩260,000,000
③	₩281,216,000	₩281,216,000
④	₩280,000,000	₩270,400,000
⑤	₩280,000,000	₩281,216,000

해설

• 회계처리

20x1년 1월 1일	(차) 현금	250,000,000	(대) 계약부채	250,000,000
20x1년 12월 31일	(차) 이자비용	250,000,000 × 4% = 10,000,000	(대) 계약부채	10,000,000
20x2년 12월 31일	(차) 이자비용	260,000,000 × 4% = 10,400,000	(대) 계약부채	10,400,000
20x3년 12월 31일	(차) 이자비용	270,400,000 × 4% = 10,816,000	(대) 계약부채	10,816,000
20x4년 1월 1일	(차) 계약부채	281,216,000	(대) 매출	281,216,000

∴ 20x3년말 계약부채 잔액 : 250,000,000+10,000,000+10,400,000+10,816,000=281,216,000
20x4년 매출액 : 281,216,000

 정답 ③

Essential Question 46	선수금에 포함된 유의적 금융요소와 당기손익

● ㈜합격은 20x1년 1월 1일 고객에게 제품을 이전하는 계약을 체결하였다. 관련된 다음 자료에 의해 동 거래와 관련하여 ㈜합격의 20x2년도 포괄손익계산서 손익에 미치는 영향으로 가장 옳은 것은? 단, 매출원가는 없는 것으로 가정한다.

> (1) 20x1년 1월 1일 계약체결 시점에 ₩100,000,000을 수령하였다.
> (2) 제품은 20x2년 12월 31일에 이전하기로 하였다.
> (3) ㈜합격은 동 거래에 적용할 이자율로 증분차입이자율 6%를 선택하였으며, 동 계약에는 유의적인 금융요소가 있는 것으로 판단하였다.

① ₩6,360,000 증가   ② ₩6,360,000 감소   ③ ₩106,000,000 증가
④ ₩106,000,000 감소   ⑤ ₩112,360,000 증가

해설

• 회계처리

20x1년 1월 1일	(차) 현금	100,000,000	(대) 계약부채	100,000,000
20x1년 12월 31일	(차) 이자비용	100,000,000×6%=6,000,000	(대) 계약부채	6,000,000
20x2년 12월 31일	(차) 이자비용	106,000,000×6%=6,360,000	(대) 계약부채	6,360,000
	(차) 계약부채	112,360,000	(대) 매출	112,360,000

∴20x2년 손익에 미치는 영향 : 112,360,000(매출액)−6,360,000(이자비용)=106,000,000(증가)

정답 ③

Essential Question 47 | 위탁판매 매출액과 매출원가 계산

● ㈜합격은 ㈜적중에 건설장비의 판매를 위탁하고 있다. 관련된 다음 자료에 의해 동 위탁판매와 관련하여 ㈜합격이 20x1년에 인식할 매출액(순매출액)과 매출원가를 구하면 각각 얼마인가?

> (1) ㈜합격은 20x1년 5월 1일 건설장비 10대(1대당 판매가격은 ₩100,000,000, 1대당 원가는 ₩40,000,000)를 ㈜적중에 발송하는 과정에서 건설장비 특수운송업체에게 운송을 의뢰하고 운송비 ₩25,000,000을 지급하였다.
> (2) ㈜적중은 20x1년 12월 31일까지 ㈜합격으로부터 위탁받은 건설장비 10대중 6대를 고객에게 판매하였다.
> (3) ㈜적중은 20x1년 12월 31일 판매수수료 10%를 제외한 판매대금 ₩540,000,000을 ㈜합격에 송금하였다.

	순매출액	매출원가
①	₩1,000,000,000	₩400,000,000
②	₩600,000,000	₩240,000,000
③	₩600,000,000	₩255,000,000
④	₩540,000,000	₩240,000,000
⑤	₩540,000,000	₩255,000,000

해설

• 회계처리

20x1년 5월 1일	(차) 적송품	425,000,000[1]	(대) 재고자산 현금	400,000,000 25,000,000
20x1년 12월 31일	(차) 현금 지급수수료	540,000,000 60,000,000[3]	(대) 매출(순매출액)	600,000,000[2]
	(차) 매출원가	255,000,000[4]	(대) 적송품	

[1] 10대 × 40,000,000+25,000,000=425,000,000

[2] 6대 × 100,000,000=600,000,000

[3] 600,000,000 × 10%=60,000,000

[4] $425,000,000 \times \dfrac{6대}{10대} =255,000,000$

정답 ③

Essential Question 48 | **상품권 순매출액 계산**

● 다음 자료는 ㈜합격의 상품권에 관한 거래 내용이다. ㈜합격이 상품권 발행에 의한 판매와 관련하여 20x1년도 포괄손익계산서에 인식하게 될 수익(순매출액)을 구하면 얼마인가?

> (1) ㈜합격은 20x1년 1월 10일 액면금액이 ₩100,000인 상품권 1,000매를 1매당 ₩90,000에 할인발행하였으며, 동 상품권의 만기는 발행일로부터 5년이다.
> (2) 고객은 상품권 액면금액의 60% 이상을 사용하면 잔액을 현금으로 돌려 받을 수 있다.
> (3) ㈜합격은 20x1년 12월 31일까지 회수된 상품권 200매에 대하여 상품 인도와 함께 잔액 ₩3,600,000을 현금으로 지급하였다.

① ₩10,000,000 ② ₩14,400,000 ③ ₩16,400,000
④ ₩20,000,000 ⑤ ₩24,000,000

해설

- 제거할 선수금 : 100,000(액면금액)×200매=20,000,000
- 총매출액 : 20,000,000(제거할 선수금)-3,600,000(현금)=16,400,000
- 매출에누리(=제거할 상품권 할인액) : (100,000-90,000)×200매=2,000,000
- 순매출액 : 16,400,000(총매출액)-2,000,000(매출에누리)=14,400,000
- 회계처리

발행시	(차) 현금	90,000×1,000매=90,000,000	(대) 선수금	100,000×1,000매=100,000,000
	할인액	10,000×1,000매=10,000,000		
회수시	(차) 선수금	100,000×200매=20,000,000	(대) 매출	16,400,000
			현금	3,600,000
	(차) 매출에누리	2,000,000	(대) 할인액	10,000×200매=2,000,000

정답 ②

| Essential Question 49 | 상품권 잡이익(영업외수익) 계산 |

● ㈜합격은 20x1년 1월 1일 권면금액이 ₩100,000인 상품권 10매를 1매당 ₩95,000에 판매하였다. 동 상품권의 유효기간은 발행일로부터 3년이고, 유효기간이 경과한 후에는 권면금액의 60%를 환급해 주기로 하였다. 관련 자료는 다음과 같다.

> (1) 20x3년 12월 31일에 회수된 상품권은 6매이었는데 5매는 ₩100,000에 상당하는 물품과 교환되었지만 1매는 ₩80,000에 해당하는 물품과 교환되어 차액 ₩20,000은 환급해 주기로 하였다.
> (2) 20x4년 1월 1일 회수되지 않은 상품권은 4매 존재한다.

유효기간인 20x4년 1월 1일까지 회수되지 않은 상품권 4매에 대하여 ㈜합격이 20x4년 1월 1일 시점에서 영업외수익으로 인식할 금액은 얼마인가?

① ₩130,000   ② ₩140,000   ③ ₩150,000
④ ₩160,000   ⑤ ₩170,000

해설

- 제거할 선수금 : [100,000(권면금액)×4매]×40%=160,000
- 제거할 상품권 할인액 : (100,000-95,000)×4매=20,000
- 잡이익(영업외수익) : 160,000-20,000=140,000
- 회계처리

발행시 (20x1년 1월 1일)	(차) 현금 95,000×10매=950,000 할인액 5,000×10매=50,000	(대) 선수금 100,000×10매=1,000,000
회수시 (20x3년 12월 31일)	(차) 선수금 100,000×6매=600,000 (차) 매출에누리 30,000	(대) 매출 580,000 현금 20,000 (대) 할인액 5,000×6매=30,000
미회수상품권 (20x4년 1월 1일)	(차) 선수금 400,000×40%=160,000	(대) 할인액 5,000×4매=20,000 잡이익 140,000
	참고 회수시 추가분개 : (차) 선수금 400,000×60%=240,000 (대) 현금 240,000	

정답 ②

Essential Question 50	반품권이 있는 판매의 매출액·매출원가 계산

● 다음 자료에 의해 ㈜합격이 20x1년 4월 1일에 인식할 매출액과 매출원가를 구하면 각각 얼마인가?

> (1) ㈜합격은 20x1년 4월 1일 ㈜적중에게 제품 200개를 개당 ₩20,000(개당 원가 ₩12,000)에 현금판매 하는 계약을 체결하고 이와 동시에 해당 제품을 모두 인도하였다.
> (2) ㈜합격은 ㈜적중이 30일 이내에 반품을 요구하는 경우 전액을 환불해 주기로 하는 내용의 반품권을 부여하였다.
> (3) ㈜합격은 20x1년 4월 1일에 판매한 제품 중 10개가 30일 이내에 반품될 것을 합리적으로 추정하였다.
> (4) ㈜합격은 반품기간이 종료될 때 이미 인식한 누적수익금액 중 유의적인 부분을 되돌리지 않을 가능 성이 매우 높다고 보았으며, 제품의 회수원가는 중요하지 않을 것으로 추정하고 반품된 제품은 다시 판매하여 이익을 남길 수 있다고 예상하였다.

	매출액	매출원가
①	₩4,000,000	₩2,400,000
②	₩4,000,000	₩2,280,000
③	₩4,000,000	₩2,150,000
④	₩3,800,000	₩2,400,000
⑤	₩3,800,000	₩2,280,000

● 해설

- 매출액(판매예상분) : 190개×20,000=3,800,000
- 매출원가(판매예상분) : 190개×12,000=2,280,000
- 회계처리(20x1년 4월 1일)

수익인식	(차) 현금	200개×20,000=4,000,000	(대) 매출	3,800,000
			환불부채	10개×20,000=200,000
원가인식	(차) 매출원가	2,280,000	(대) 제품	200개×12,000=2,400,000
	반품제품회수권	10개×12,000=120,000		

정답 ⑤

Essential Question 51　　　　　　　**반품권이 있는 판매의 자산·부채 계산**

● 다음 자료에 의해 ㈜합격이 20x1년 9월 1일에 인식할 자산(반환제품회수권)과 부채(환불부채)의 금액을 구하면 각각 얼마인가?

> (1) ㈜합격은 20x1년 9월 1일 ㈜적중에게 제품 100개를 개당 ₩60,000(개당 원가 ₩40,000)에 현금판매하는 계약을 체결하고 이와 동시에 해당 제품을 모두 인도하였다.
> (2) ㈜합격은 ㈜적중이 30일 이내에 반품을 요구하는 경우 전액을 환불해 주기로 하는 내용의 반품권을 부여하였다.
> (3) ㈜합격은 20x1년 9월 1일에 판매한 제품 중 30개가 30일 이내에 반품될 것을 합리적으로 추정하였다.
> (4) ㈜합격은 반품기간이 종료될 때 이미 인식한 누적수익금액 중 유의적인 부분을 되돌리지 않을 가능성이 매우 높다고 보았으며, 반품시 제품의 회수원가는 중요하지 않을 것으로 추정하고 반품된 제품은 다시 판매하여 이익을 남길 수 있다고 예상하였다.

	자산	부채
①	₩1,800,000	₩1,200,000
②	₩1,800,000	₩1,800,000
③	₩1,200,000	₩1,200,000
④	₩1,200,000	₩1,800,000
⑤	₩1,200,000	₩2,800,000

해설

- 환불부채(반품예상분) : 30개×60,000=1,800,000
- 반품제품회수권(반품예상분) : 30개×40,000=1,200,000
- 회계처리(20x1년 9월 1일)

수익인식	(차) 현금	100개×60,000=6,000,000	(대) 매출	70개×60,000=4,200,000
			환불부채	1,800,000
원가인식	(차) 매출원가	70개×40,000=2,800,000	(대) 제품	100개×40,000=4,000,000
	반품제품회수권	1,200,000		

정답 ④

Essential Question 52	고객충성제도 - 기업이 보상제공

● ㈜합격은 ₩10,000의 상품을 구입할 때마다 100포인트를 부여하는 고객충성제도를 도입하였다. 고객은 부여받은 포인트로 ㈜합격의 상품과 교환할 수 있다. 20x2년말로 종료하는 회계연도에 포인트 회수로 인해 수익에 영향을 미치는 금액은?

> (1) 20x1년 매출액은 ₩100,000,000이며, ㈜합격은 상품의 판매금액을 상품과 포인트의 개별판매가격 비율로 배분한 결과 포인트당 ₩6을 배분하였다.
> (2) 회수예상 포인트 : 800,000포인트, 20x1년 행사된 포인트 : 500,000포인트
> (3) 20x2년에 회수될 포인트에 대한 기대치를 900,000포인트로 수정하였다.
> (4) 20x2년 중에 100,000포인트가 회수되었다.

① ₩4,800,000   ② ₩3,200,000   ③ ₩1,200,000
④ ₩250,000   ⑤ ₩233,333

해설

• 20x1년 포인트매출 : $6,000,000 \times \dfrac{500,000}{800,000} = 3,750,000$

• 20x2년 포인트매출 : $6,000,000 \times \dfrac{500,000+100,000}{900,000} - 3,750,000 = 250,000$

정답 ④

Essential Question 53	라이선스의 성격과 수익인식

● 다음 자료는 웹툰(연재만화) 창작자인 ㈜합격의 라이선스 계약과 관련된 내용이다. ㈜합격이 부여한 라이선스의 성격과 ㈜합격이 20x1년에 인식할 수익을 구하면 얼마인가?

(1) ㈜합격은 20x1년 1월 1일 웹툰 속 캐릭터의 이미지와 이름을 ㈜적중(장난감 제조회사)에게 4년 동안 사용하도록 하는 라이선스 계약을 체결하였으며, ㈜적중은 합당한 지침 내에서 ㈜합격 웹툰 속의 캐릭터를 사용할 수 있다.

(2) ㈜합격은 해당 라이선스를 부여하는 대가로 ㈜적중으로부터 4년 동안 매년 ₩75,000,000을 받기로 하였다.

(3) 라이선스 계약에 따르면 ㈜적중은 웹툰 속 캐릭터의 가장 최신 이미지를 사용하여야 하는데, 해당 웹툰의 주요 캐릭터는 시간에 따라 그 이미지가 발전하며 새롭게 창작된 캐릭터가 빈번하게 등장하기도 한다.

(4) ㈜적중에 대하여 라이선스를 부여하는 것 외에 ㈜합격의 다른 수행의무는 없으며, 대가에 포함되어 있는 금융요소는 유의적이지 않다고 가정한다.

	라이선스의 성격	20x1년 인식할 수익
①	사용권	₩300,000,000
②	사용권	₩75,000,000
③	접근권	₩300,000,000
④	접근권	₩75,000,000
⑤	접근권	₩0

해설

• 라이선스의 성격
  접근권의 적용요건 3가지를 다음과 같이 모두 충족하므로 접근권의 성격을 갖는다.
  ㉠ 고객[㈜적중]에게 권리가 있는 지적재산(캐릭터)에 유의적으로 영향을 미칠 활동을 기업[㈜합격]이 할 것이라고 고객이 합리적으로 예상한다(이는 기업의 사업 관행에서 비롯된다). 이는 기업의 활동(캐릭터 개발)이 고객이 권리를 가지는 지적재산의 형식을 바꾸기 때문이다.
  ㉡ 계약에 따라 고객이 최신 캐릭터를 사용하여야 하기 때문에, 라이선스에서 부여한 권리에 따라 고객은 기업 활동의 긍정적 또는 부정적 영향에 직접 노출된다.
  ㉢ 라이선스에서 부여한 권리를 통해 고객이 그 활동에서 효익을 얻을 수 있을지라도, 그 활동이 행해짐에 따라 고객에게 재화나 용역을 이전하는 것은 아니다.

• 20x1년에 인식할 수익
  접근권은 기간에 걸쳐 이행하는 수행의무로 회계처리하므로 20x1년도 해당분 75,000,000을 인식한다.

정답 ④

| Essential Question 54 | 교환거래 수익인식 |

● ㈜합격은 20x1년 중 제품 갑을 ㈜적중의 제품 을과 교환하였다. 제품 갑의 원가는 ₩12,500, 공정가치는 ₩17,500이며, 제품 을의 공정가치는 ₩20,000이다. ㈜합격의 회계처리를 설명한 것 중 가장 옳지 않은 것은?

① 제품 갑과 제품 을의 성격과 가치가 유사하다면 수익으로 인식할 수 없다.

② 제품 갑과 제품 을의 성격과 가치가 유사하고 ㈜합격이 현금 ₩2,500을 ㈜적중에게 지급하였다면 ₩7,500을 수익으로 인식한다.

③ 제품 갑과 제품 을의 성격과 가치가 상이하다면 ₩20,000을 수익으로 인식한다.

④ 제품 갑과 제품 을의 성격과 가치가 상이하고 ㈜합격이 현금 ₩2,500을 ㈜적중에게 지급하였다면 ₩17,500을 수익으로 인식한다.

⑤ 제품 갑과 제품 을의 성격과 가치가 상이하고 제품 을의 공정가치를 합리적으로 측정할 수 없다고 가정하면 ₩17,500을 수익으로 인식한다.

→ 해설

• 성격과 가치가 유사한 경우
 – 상업적실질이 없으므로 고객과의 계약이 아니다. 따라서, 수익을 인식하지 않는다.
• 성격과 가치가 상이한 경우
 – 수익은 받은 재화나 용역의 공정가치로 측정하되 현금수수를 반영한다.
 – 단, 위 공정가치를 측정 불가시는 이전한 재화나 용역의 공정가치로 측정한다.

①	(차) 제품(을)	12,500	(대) 제품(갑)	12,500
②	(차) 제품(을)	15,000	(대) 제품(갑)	12,500
			현금	2,500
③	(차) 제품(을)	20,000	(대) 매출	20,000
	(차) 매출원가	12,500	(대) 제품(갑)	12,500
④	(차) 제품(을)	20,000	(대) 매출	17,500
			현금	2,500
	(차) 매출원가	12,500	(대) 제품(갑)	12,500
⑤	(차) 제품(을)	17,500	(대) 매출	17,500
	(차) 매출원가	12,500	(대) 제품(갑)	12,500

정답 ②

| Essential Question 55 | 기본적 건설계약 계약손익 계산 |

● 다음은 ㈜합격이 수주한 건설계약과 관련한 자료이다. ㈜합격은 기간에 걸쳐 수익과 비용을 인식한다고 할 때 20x1년에 ㈜합격이 인식할 계약손익은 얼마인가?

---

(1) 총건설계약금액 : ₩300,000
(2) 건설계약 관련 원가자료

구분	20x1년	20x2년	20x3년
당기발생 계약원가	₩30,000	₩50,000	₩120,000
완성시까지 추가소요계약원가	₩70,000	₩20,000	–

(3) ㈜합격은 수행의무의 진행률을 발생한 누적계약원가를 추정총계약원가로 나누어 계산한다.

---

① 이익 ₩15,000
② 손실 ₩15,000
③ 이익 ₩60,000
④ 손실 ₩60,000
⑤ 이익 ₩90,000

해설

• $300,000 \times \dfrac{30,000}{30,000+70,000} - 30,000 = 60,000$(이익)

정답 ③

| Essential Question 56 | 건설 완공연도 계약손익 계산 : 당기발생액 기준 |

● ㈜합격은 20x1년 3월 1일 지방자치단체가 발주하는 항만건설계약을 수주하였으며, 관련된 자료가 다음과 같을 때 ㈜합격이 해당 항만건설계약과 관련하여 20x3년에 인식할 계약이익을 구하면 얼마인가?

---

(1) ㈜합격은 동 계약을 ₩200,000,000에 수주하였다.
(2) 해당 항만건설공사는 20x3년에 완공될 예정이다.
(3) 20x3년말까지 건설계약과 관련된 원가자료는 다음과 같다.

구분	20x1년	20x2년	20x3년
당기발생 계약원가	₩40,000,000	₩50,000,000	₩82,000,000
완성시까지 추가소요계약원가	₩120,000,000	₩90,000,000	₩0

(4) 동 건설계약은 진행기준을 적용하여 회계처리하며, ㈜합격은 수행의무의 진행률을 발생한 누적계약원가를 추정총계약원가로 나누어 계산한다.

---

① ₩10,000,000
② ₩18,000,000
③ ₩28,000,000
④ ₩50,000,000
⑤ ₩68,000,000

해설

• 연도별 계약손익

	20x1년	20x2년	20x3년
진행률	$\dfrac{40}{40+120}=25\%$	$\dfrac{40+50}{40+50+90}=50\%$	100%
계약수익	2억×25%=50,000,000	2억×50%-50,000,000=50,000,000	2억-100,000,000=100,000,000
계약원가	(40,000,000)	(50,000,000)	(82,000,000)
계약손익	10,000,000	0	18,000,000

정답 ②

Essential Question 57	건설 완공연도 계약손익 계산 : 누적발생액 기준[1]

● 다음은 ㈜합격이 20x1년 1월 1일 수주한 건물공사계약과 관련된 자료이다. ㈜합격이 20x3년에 인식할 계약이익을 구하면 얼마인가?

(1) ㈜합격은 동 건물공사계약을 ₩2,000,000,000에 수주하여 공사를 진행하였으며, 해당 공사는 20x3년에 완공될 예정이다.

(2) 동 건설계약과 관련된 원가자료는 다음과 같다.

구분	20x1년	20x2년	20x3년
누적발생계약원가	₩400,000,000	₩1,080,000,000	₩1,800,000,000
추정총계약원가	₩1,600,000,000	₩1,800,000,000	₩1,800,000,000

(3) 동 건설계약은 수행의무의 진행률을 측정하여 기간에 걸쳐 수익을 인식하며, ㈜합격은 수행의무의 진행률을 누적발생계약원가를 추정총계약원가로 나눈 비율을 사용한다.

① ₩20,000,000   ② ₩80,000,000   ③ ₩100,000,000
④ ₩150,000,000   ⑤ ₩200,000,000

해설

• 연도별 계약손익

	20x1년	20x2년	20x3년
진행률	$\frac{400,000,000}{1,600,000,000}$=25%	$\frac{1,080,000,000}{1,800,000,000}$=60%	100%
계약수익	20억×25%=500,000,000	20억×60%-5억=700,000,000	20억-12억=800,000,000
계약원가	(400,000,000)	10.8억-4억=(680,000,000)	18억-10.8억=(720,000,000)
계약손익	100,000,000	20,000,000	80,000,000

 정답 ②

Essential Question 58 | **건설 완공연도 계약손익 계산 : 누적발생액 기준[2]**

● 다음은 ㈜합격이 20x1년에 수주한 도급공사의 건설계약과 관련된 자료이다. ㈜합격이 20x3년에 인식할 계약이익을 구하면 얼마인가?

> (1) ㈜합격은 동 계약을 ₩16,000,000에 수주하였다.
> (2) 동 건설계약과 관련된 원가자료는 다음과 같다.
>
> | 구분 | 20x1년 | 20x2년 | 20x3년 |
> |---|---|---|---|
> | 누적발생원가 | ₩4,000,000 | ₩7,200,000 | ₩12,000,000 |
> | 추가로 소요될 계약원가 추정액 | ₩6,000,000 | ₩4,800,000 | – |
>
> (3) 동 건설계약은 진행기준을 적용하여 회계처리하며, ㈜합격은 수행의무의 진행률을 발생한 누적계약 원가를 추정총계약원가로 나누어 계산한다.

① ₩1,600,000 ② ₩2,400,000 ③ ₩4,000,000
④ ₩12,000,000 ⑤ ₩16,000,000

해설

• 연도별 계약손익

	20x1년	20x2년	20x3년
진행률	$\dfrac{4,000,000}{4,000,000+6,000,000}=40\%$	$\dfrac{7,200,000}{7,200,000+4,800,000}=60\%$	100%
계약수익	16,000,000×40%=6,400,000	16,000,000×60%−6,400,000=3,200,000	16,000,000−9,600,000=6,400,000
계약원가	(4,000,000)	7,200,000−4,000,000=(3,200,000)	12,000,000−7,200,000=4,800,000
계약손익	2,400,000	0	1,600,000

정답 ①

Essential Question 59 | **계약원가 차감항목**

● ㈜합격건설은 20x1년 공장건설공사를 ₩250,000에 수주하였으며 관련 자료가 다음과 같을 때, 원가기준 진행기준에 의해 ㈜합격건설이 20x2년에 인식할 계약이익을 계산하면 얼마인가?

> (1) 20x2년 건설에 투입후 남은 잉여자재를 처분하여 ₩2,300의 부수이익이 발생하였다.
> (2) 원가 자료는 다음과 같으며 추정총계약원가는 모든 사항을 고려한 금액이다.
>
> | | 20x1년 | 20x2년 |
> |---|---|---|
> | 발생계약원가(누적) | ₩67,500 | ₩184,000 |
> | 추정총계약원가 | ₩225,000 | ₩230,000 |

① ₩75,20 ② ₩8,300 ③ ₩9,800
④ ₩10,600 ⑤ ₩10,800

해설

• $(250,000 \times \dfrac{184,000-2,300}{230,000} - 250,000 \times \dfrac{67,500}{225,000}) - [(184,000-2,300)-67,500] = 8,300$

정답 ②

Essential Question 60 | **계약원가 제외항목**

● ㈜적중건설(12월말 결산법인임.)은 20x1년초에 발주자인 ㈜만점로부터 공장건설공사(공사기간 3년)를 수주하였으며 관련 자료가 다음과 같을 때, 원가기준 진행기준에 의해 ㈜적중건설이 20x1년에 인식할 계약이익을 계산하면 얼마인가?

> (1) 계약금액 : ₩75,000,000
> (2) 20x1년에 발생한 원가 자료는 다음과 같다.
>   – 현장 인력 노무원가 : ₩6,000,000, 건설에 사용된 재료원가 : ₩9,000,000
>   – 건설간접원가 : ₩4,500,000, 유휴 건설장비 감가상각비 : ₩1,500,000
>   – 판매원가 : ₩1,500,000
> (3) 20x2년과 20x3년에 추가로 발생할 것으로 예상되는 계약원가는 총 ₩19,500,000이다.

① ₩11,333,000   ② ₩12,000,000   ③ ₩16,236,000
④ ₩17,250,000   ⑤ ₩18,000,000

해설

• 유휴 건설장비 감가상각비와 판매원가는 계약원가에 포함되지 않는다.
• 20x1년 계약원가 : 6,000,000+9,000,000+4,500,000=19,500,000
• 계약이익 : $75,000,000 \times \dfrac{19,500,000}{19,500,000 + 19,500,000} - 19,500,000 = 18,000,000$

정답 ⑤

Essential Question 61 | **총건설계약금액의 변경**

● ㈜합격건설은 20x1년초에 항만건설공사(공사기간 4년)를 수주하였으며 관련 자료가 다음과 같을 때, ㈜합격건설이 20x3년에 인식할 계약수익을 계산하면 얼마인가? 단, 동 건설계약의 수익인식은 진행기준을 사용하고, 계약의 진행율은 누적발생계약원가를 기준으로 한다.

> (1) 최초 계약금액 : ₩9,000,000
> (2) 20x3년에 공사내용의 변경으로 계약금액 ₩1,200,000이 추가되었다.
> (3) 발생원가 자료는 다음과 같다.
>
> | | 20x1년 | 20x2년 | 20x3년 |
> |---|---|---|---|
> | 실제발생 계약원가 | ₩1,500,000 | ₩1,800,000 | ₩2,460,000 |
> | 완성시까지 추가계약원가 | ₩4,500,000 | ₩2,700,000 | ₩1,440,000 |

① ₩2,250,000   ② ₩2,500,000   ③ ₩3,210,000
④ ₩4,250,000   ⑤ ₩5,550,000

해설

• $(9,000,000+1,200,000) \times \dfrac{5,760,000}{7,200,000} - 9,000,000 \times \dfrac{3,300,000}{6,000,000} = 3,210,000$

정답 ③

| Essential Question 62 | 계약원가 추정 |

● ㈜만점건설(12월말 결산법인임.)은 20x1년초에 공장건설공사를 수주하였으며 관련 자료가 다음과 같을 때, 20x2년에 발생한 계약원가를 계산하면 얼마인가? 단, 원가기준 진행률을 적용한다.

(1) 계약금액 : ₩3,000,000
(2) 추정총계약원가 : ₩2,400,000
(3) 기타자료

구분	20x1년	20x2년
공사진행률	20%	60%
인식한 이익의 누계액	₩150,000	₩360,000

① ₩990,000   ② ₩1,000,000   ③ ₩1,236,000
④ ₩1,320,500   ⑤ ₩1,423,200

해설

• 20x2년 계약수익 : $3,000,000 \times 60\% - 3,000,000 \times 20\% = 1,200,000$
  →계약수익(1,200,000)−계약원가=계약이익(360,000−150,000)
∴계약원가=990,000

정답 ①

| Essential Question 63 | 추정총계약원가 추정 |

● ㈜수석건설은 20x1년초 공사기간 3년인 공장을 건설하는 계약을 ₩5,000,000에 수주하였다. 관련자료가 다음과 같을때 20x1년말의 추정총계약원가를 추정하면 얼마인가? 단, 원가기준 진행률을 적용한다.

구분	20x1년	20x2년	20x3년
누적발생원가	₩2,000,000	₩4,400,000	?
추정총계약원가	?	₩5,600,000	?
계약손익	이익 ₩400,000	?	이익 ₩100,000

① ₩4,166,667   ② ₩4,263,667   ③ ₩4,850,667
④ ₩4,901,000   ⑤ ₩4,999,000

해설

• 계약수익 : $x - 2,000,000(계약원가) = 400,000$, $x = 2,400,000$
• 진행률 : $5,000,000(건설계약금액) \times y = 2,400,000(계약수익)$, $y = 48\%$
• 추정총계약원가 : $\dfrac{2,000,000(누적발생계약원가)}{z} = 48\%$, $z = 4,166,667$

정답 ①

Essential Question 64	미청구공사금액 계산

● ㈜적중건설은 20x1년초에 갑빌딩과 을빌딩 공사를 수주하였으며 관련 자료가 다음과 같을 때, ㈜적중건설이 20x1년에 인식할 미청구공사 금액을 계산하면 얼마인가? 단, 진행률은 누적발생계약원가를 기준으로 하며, 갑빌딩 을빌딩 각각에 대하여 진행기준을 적용한다.

> (1) 공사기간 : 20x1.1.1~20x4.12.31
> (2) 20x1년 발생원가 자료는 다음과 같다.
>
> | | 갑빌딩 | 을빌딩 |
> |---|---|---|
> | 누적발생 계약원가 | ₩37,500,000 | ₩18,000,000 |
> | 계약이익(계약손실) | 이익 ₩3,000,000 | 손실 ₩2,250,000 |
> | 진행청구액 | ₩30,000,000 | ₩15,000,000 |

① ₩750,000   ② ₩10,500,000   ③ ₩10,012,000
④ ₩11,250,000   ⑤ ₩15,550,000

해설

- 갑빌딩 미청구공사 : 미성공사(37,500,000+3,000,000)-진행청구액(30,000,000)=10,500,000
- 을빌딩 미청구공사 : 미성공사(18,000,000-2,250,000)-진행청구액(15,000,000)=750,000
∴10,500,000+750,000=11,250,000

> ◀고속철▶ 미성공사잔액은 누적계약수익과 일치한다.

정답 ④

Essential Question 65 | **특수계약원가-하자보수비**

● ㈜합격은 20x1년 1월 1일 서울시로부터 도로건설 공사를 총계약금액 ₩2,750,000에 수주하고 계약을 체결하였다. 관련된 다음의 자료에 의하여 ㈜합격의 20x2년 포괄손익계산서 계약원가를 계산하면 얼마인가?

> (1) 공사는 20x3년말에 완성되었으며, 원가자료는 다음과 같다.
>
> | 구분 | 20x1년 | 20x2년 | 20x3년 |
> |---|---|---|---|
> | 누적발생원가 | ₩500,000 | ₩1,800,000 | ₩2,375,000 |
> | 추가예상원가 | ₩1,500,000 | ₩450,000 | – |
>
> (2) 위 누적발생원가와 추가예상원가에는 하자보수원가는 포함되어 있지 않다.
> (3) 하자보수원가는 계약수익의 2%로 추정하고 매 회계연도말에 하자보수충당부채로 설정한다.

① ₩1,300,000   ② ₩1,330,250   ③ ₩1,425,500
④ ₩1,435,200   ⑤ ₩1,512,500

해설

• 20x2년 계약수익 : $2,750,000 \times (\frac{1,800,000}{2,250,000} - \frac{500,000}{2,000,000}) = 1,512,500$

→하자보수원가 : $1,512,500 \times 2\% = 30,250$

∴20x2년 계약원가 : $(1,800,000 - 500,000) + 30,250 = 1,330,250$

참고 회계처리

20x2년	(차) 미성공사	1,300,000	(대) 현금	1,300,000
	(차) 미성공사	30,250	(대) 하자보수충당부채	30,250
	(차) 계약원가	1,330,250	(대) 계약수익	1,512,500
	미성공사	182,250		

정답 ②

Essential Question 66 | **총공사손실예상시 계약손익 계산**

● ㈜전원합격건설(12월말 결산법인임.)은 20x1년초에 축구장 건설공사를 수주하였으며 관련 자료가 다음과 같을 때, 20x2년과 20x3년 계약손익을 계산하면 각각 얼마인가? 단, 원가기준 진행률을 적용한다.

> (1) 계약금액 : ₩7,500,000
> (2) 원가자료

구분	20x1년	20x2년	20x3년
추정총계약원가	₩6,750,000	₩7,650,000	₩7,200,000
당기계약원가	₩1,350,000	₩4,770,000	₩1,080,000
계약대금회수액	₩1,200,000	₩3,750,000	₩1,500,000

	20x2년	20x3년
①	계약손실 ₩270,000	계약이익 ₩420,000
②	계약손실 ₩270,000	계약이익 ₩570,000
③	계약손실 ₩300,000	계약이익 ₩300,000
④	계약손실 ₩300,000	계약이익 ₩450,000
⑤	계약손실 ₩420,000	계약이익 ₩720,000

해설

- 20x1년 계약수익 : $7,500,000 \times \dfrac{1,350,000}{6,750,000} = 1,500,000$

- 20x2년 추가소요원가 : $7,650,000 - (1,350,000 + 4,770,000) = 1,530,000$

- 20x2년 예상손실 : $1,530,000 - 7,500,000 \times (1 - \dfrac{1,350,000 + 4,770,000}{7,650,000}) = 30,000$

	20x2년	20x3년
진행률	$\dfrac{1,350,000 + 4,770,000}{7,650,000} = 80\%$	100%
계약수익	7,500,000×80%-1,500,000=4,500,000	7,500,000-1,500,000-4,500,000=1,500,000
계약원가	4,770,000+30,000=(4,800,000)	1,080,000-30,000=(1,050,000)
계약손익	△300,000	450,000

정답 ④

| Essential Question 67 | 총공사손실예상시 회계처리 |

● ㈜합격은 20x1년초에 B도로공사와 고속도로 1구간의 건설계약을 ₩8,000,000에 체결하였다. 해당 고속도로는 20x3년말에 완공하였으며, 동 건설계약과 관련된 자료는 다음과 같다. ㈜합격은 진행기준으로 수익과 비용을 인식한다. ㈜합격이 이 건설계약과 관련하여 20x2년에 해야 할 회계처리에 대한 설명으로 가장 타당한 것은? 단, 공사진행률은 추정총계약원가와 누적계약원가발생액에 기초하여 산정한다.

구분	20x1년	20x2년	20x3년
당기발생원가	₩1,300,000	₩3,800,000	₩3,400,000
추정총계약원가	₩6,500,000	₩8,500,000	₩8,500,000
계약대금청구액	₩1,500,000	₩3,500,000	₩3,000,000

① 인식할 계약수익은 ₩3,200,000이다.
② 인식할 계약원가는 ₩3,800,000이다.
③ 인식할 계약원가는 ₩3,200,000이다.
④ 인식할 계약손실은 ₩₩600,000이다.
⑤ 인식할 계약손익은 ₩0이다.

해설

• 20x1년
  – 진행률 : $\frac{1,300,000}{6,500,000}=20\%$
  – 계약수익 : $8,000,000 \times 20\%=1,600,000$
• 20x2년
  – 진행률 : $\frac{1,300,000+3,800,000}{8,500,000}=60\%$
  – 추가소요원가 : $8,500,000-(1,300,000+3,800,000)=3,400,000$
  – 예상손실 : $3,400,000-8,000,000 \times (1-60\%)=200,000$
  – 계약수익 : $8,000,000 \times 60\%-1,600,000=3,200,000$
  – 계약원가 : $3,800,000+200,000(예상손실)=4,000,000$
  – 계약손익 : $3,200,000-4,000,000=\triangle800,000(계약손실)$

참고 회계처리

20x1년	(차) 미성공사	1,300,000	(대) 현금	1,300,000
	(차) 공사미수금	1,500,000	(대) 진행청구액	1,500,000
	(차) 계약원가	1,300,000	(대) 계약수익	1,600,000
	미성공사	300,000		
20x2년	(차) 미성공사	3,800,000	(대) 현금	3,800,000
	(차) 공사미수금	3,500,000	(대) 진행청구액	3,500,000
	(차) 계약원가	4,000,000	(대) 계약수익	3,200,000
			미성공사	800,000

정답 ①

Essential Question 68 | **추정불가 건설계약**

● ㈜합격건설은 20x1년 1월 댐 관련 토목공사를 수주하였다. 그러나 발주자의 도산으로 더 이상 공사를 진행하기 곤란한 상황이다. 관련 자료는 다음과 같다. ㈜합격건설이 20x1년 중 동 공사로 인하여 인식할 손익은 얼마인가?

(1) 총건설계약금액		₩20,000,000
(2) 20x1년 발생계약원가		₩6,000,000
(3) 20x1년 중 회수금액		₩8,000,000

① 계약이익 ₩8,000,000　　　② ₩0　　　③ 계약이익 ₩2,000,000
④ 계약손실 ₩12,000,000　　　⑤ 계약손실 ₩14,000,000

▸해설

- 계약수익 ：Min[① 6,000,000 ② 8,000,000]－0＝ 6,000,000
  계약원가 ： 　　　　　　　　　　　　　＝ (6,000,000)
  계약손익 　　　　　　　　　　　　　　　　 0
- **참고** 당기발생원가 1,200,000, 건설계약대금 중 회수가능액이 1,000,000인 경우
  → 계약수익 ：Min[① 1,200,000 ② 1,000,000]－0＝ 1,000,000
  　 계약원가 ： 　　　　　　　　　　　　＝ (1,200,000)
  　 계약손익 　　　　　　　　　　　　　　 (200,000)

정답 ②

Essential Question 69 | **추정불가 건설계약의 불확실성 해소**

● 다음은 ㈜합격건설이 20x1년에 체결한 건설계약관련 자료이다. 20x1년과 20x2년에는 당 건설계약의 결과를 신뢰성있게 추정할수 없었으나 20x3년부터 이러한 불확실성이 해소되어 그 결과를 신뢰성있게 추정할 수 있게 되었다고 할때 20x3년에 계상될 계약손익은 얼마인가? 단, 발생원가의 회수가능성은 매우 높으며, 계약의 진행률은 누적발생계약원가를 기준으로 한다.

(1) 건설계약금액 : ₩800,000
(2) 각연도의 발생원가 : 20x1년 ₩50,000, 20x2년 ₩100,000, 20x3년 ₩200,000
(3) 20x3년말에 완성시까지 추가로 소요될 계약원가는 ₩150,000으로 추정된다.

① 계약손실 ₩50,000　　　② 계약손실 ₩100,000　　　③ 계약이익 ₩200,000
④ 계약이익 ₩210,000　　　⑤ 계약이익 ₩410,000

▸해설

- 20x1년 계약수익 : Min[① 50,000 ② 50,000]－0=50,000
- 20x2년 계약수익 : Min[① 150,000 ② 150,000]－50,000=100,000
- 20x3년 계약손익 : $(800,000 \times \dfrac{50,000+100,000+200,000}{50,000+100,000+200,000+150,000} -150,000)-200,000=210,000$

정답 ④

Essential Question 70	현금및현금성자산의 집계

● 다음은 ㈜합격의 20x1년말 자료이다. ㈜합격의 재무상태표에 현금및현금성자산으로 인식할 금액을 구하면 얼마인가? 단, 자료의 환매채는 취득일은 20x1년 10월 1일이고 6개월 후 환매조건이다.

내역	금액	내역	금액
당좌예금(A은행)	₩12,500,000	당좌개설보증금	₩250,000
당좌차월(B은행)	₩1,250,000	종업원 가불증서	₩300,000
차용증서	₩1,250,000	배당금지급통지서	₩100,000
우편환증서	₩500,000	타인발행약속어음	₩500,000
환매채	₩750,000		

① ₩12,600,000
② ₩12,850,000
③ ₩13,100,000
④ ₩13,350,000
⑤ ₩14,100,000

해설

• 현금및현금성자산 : 12,500,000(당좌예금)+100,000(배당금지급통지서)+500,000(우편환증서)=13,100,000
  →당좌차월 : 단기차입금
  →차용증서 : 단기(장기)대여금
  →환매채 : 단기금융상품(∵취득당시로부터 만기가 3개월 이내가 아니므로)
  →당좌개설보증금 : 장기금융상품
  →종업원가불증서 : 단기(장기)대여금
  →타인발행약속어음 : 매출채권(미수금)

정답 ③

Essential Question 71	은행계정조정표와 조정전 잔액 계산

● 다음은 ㈜합격의 20x1년말 은행계정조정표 작성을 위한 자료로서 ㈜합격과 은행의 잔액 불일치의 원인을 열거한 것이다. 은행의 조정 전 당좌예금잔액증명서상 잔액을 구하면 얼마인가?

> ㄱ. 조정 전 ㈜합격의 당좌예금계정 잔액은 ₩738,750이다.
> ㄴ. 발행수표 중 12월 31일까지 은행에서 인출되지 않은 기발행미인출수표는 ₩92,500이다.
> ㄷ. 거래처로부터 받아 예입한 수표 ₩5,700이 회사의 장부에는 ₩7,500으로 잘못 기장되었다.
> ㄹ. 12월 31일 늦게 예입한 수표 ₩125,000이 은행에서는 20x2년 1월 3일에 입금처리 되었다.
> ㅁ. 거래처로부터 외상매출금 ₩25,000이 입금되었다.
> ㅂ. 거래처로부터 받아 예입한 수표 ₩50,000이 부도처리되었다는 사실을 발견하였다.
> ㅅ. 은행 측에서 당좌거래 수수료 ₩25,000을 부과하고 이를 당좌예금계좌에서 차감하였는데 회사에서는 아직 미정리 상태이다.

① ₩489,250   ② ₩524,350   ③ ₩654,450
④ ₩698,350   ⑤ ₩724,650

해설

• 은행계정조정표 작성

조정전 회사측잔액 (당좌예금계정잔액)	738,750(ㄱ)	≠	조정전 은행측잔액 (당좌예금잔액증명서)	X
회사측 기장오류(ㄷ)	(1,800)		기발행미인출수표(ㄴ)	(92,500)
회사미통지예금(ㅁ)	25,000		은행미기입예금(ㄹ)	125,000
부도수표(ㅂ)	(50,000)			
은행수수료(ㅅ)	(25,000)			
조정후 회사측잔액	686,950	=	조정후 은행측잔액	686,950

∴ $X - 92,500 + 125,000 = 686,950 \rightarrow X = 654,450$

정답 ③

Essential Question 72 | **매출채권 평가와 계정흐름**

● ㈜합격의 20x1년 4월 중 매출과 관련된 자료가 다음과 같을 때, ㈜합격의 20x1년 4월 매출액을 구하면 얼마이겠는가?

내역	금액
20x1년 3월 31일 매출채권 잔액	₩28,200,000
20x1년 4월 30일 매출채권 잔액	₩25,050,000
4월 중 현금매출액	₩23,250,000
4월 중 대손(손상)처리액[매출채권을 대손충당금(손상충당금)과 상계]	₩1,800,000
4월 중 매출채권 현금회수액	₩102,000,000

① ₩100,650,000 ② ₩122,100,000 ③ ₩123,900,000
④ ₩125,700,000 ⑤ ₩135,900,000

해설

• 매출채권 계정흐름

매출채권

기초매출채권(3/31)	28,200,000	매출채권회수액	102,000,000
		대손발생액	1,800,000
외상매출액(?)	100,650,000	기말매출채권(4/30)	25,050,000
	128,850,000		128,850,000

∴ 매출액 : 100,650,000(외상매출)+23,250,000(현금매출)=123,900,000

□ **현금흐름표 접근법으로 구하기**
• 발생주의매출액 : X
  매출채권감소 : 3,150,000
  대손발생 : (1,800,000)
• 현금주의매출액(현금매출+회수) : 125,250,000

→ ∴ X=123,900,000

고속철

정답 ③

Essential Question 73 | 충당금설정률표와 손상차손(대손상각비) 계산

● 다음은 12월말 결산법인인 ㈜합격의 매출채권과 관련된 자료이다. 20x1년말 매출채권에 대해 추정한 손실충당금(대손충당금)을 추가 인식 또는 환입한 후 포괄손익계산서에 기록될 손상차손(대손상각비)을 구하면 얼마인가?

(1) ㈜합격의 20x1년 말 수정전시산표 상에 매출채권과 매출채권에 대한 손실충당금 잔액은 각각 ₩2,500,000과 ₩12,500이다.
(2) 20x1년 동안 매출채권과 관련하여 회수불능으로 확정된 사건은 없었다.
(3) ㈜합격은 매출채권의 기대신용손실 결정을 위해 다음과 같은 충당금설정률표를 이용한다.

구분	미연체	1일~30일 연체	31일~60일 연체	61일 초과 연체
매출채권 총장부금액	₩2,000,000	₩250,000	₩175,000	₩75,000
채무불이행률	0.1%	0.5%	4%	10%

① ₩5,250
② ₩12,500
③ ₩17,750
④ ₩18,750
⑤ ₩30,250

해설

- 기대신용손실(기말대손추정액) : 2,000,000×0.1%+250,000×0.5%+175,000×4%+75,000×10%=17,750
- 추가설정분개 : (차) 손상차손(대손상각비) 17,750-12,500=5,250 (대) 손실충당금(대손충당금) 5,250

정답 ①

Essential Question 74 | 재고자산 기본사항[1]

● 재고자산과 관련된 다음의 설명 중 가장 타당하지 않은 것은?

① 재고자산의 취득원가는 매입원가, 전환원가 및 재고자산을 현재의 장소에 현재의 상태로 이르게 하는 데 발생한 기타 원가 모두를 포함한다.
② 재고자산의 순실현가능가치는 순공정가치와 항상 일치한다.
③ 순실현가능가치는 통상적인 영업과정의 예상 판매가격에서 예상되는 추가 완성원가와 판매비용을 차감한 금액으로 기업특유가치이다.
④ 재고자산은 완제품이나 생산중인 재공품도 포함하며, 생산에 투입될 원재료와 소모품도 포함한다.
⑤ 재고자산은 외부에서 매입하여 재판매하기 위해 보유하는 상품, 토지와 그 밖의 자산을 포함한다.

해설

- 순실현가능가치는 통상적인 영업과정에서 재고자산의 판매를 통해 실현할 것으로 기대하는 순매각금액을 말하며, 공정가치는 측정일에 재고자산의 주된(또는 가장 유리한) 시장에서 시장참여자 사이에 일어날 수 있는 그 재고자산을 판매하는 정상거래의 가격을 반영한다. 재고자산의 순실현가능가치는 순공정가치(=공정가치에서 처분부대원가를 뺀 금액)와 일치하지 않을 수도 있다.

정답 ②

Essential Question 75 | 재고자산 기본사항[2]

● 재고자산과 관련된다음의 설명 중 가장 타당하지 않은 것은?

① 재고자산은 완제품이나 생산중인 재공품도 포함하며, 생산에 투입될 원재료와 소모품도 포함한다.
② 재료원가, 노무원가 및 기타 제조원가 중 비정상적으로 낭비된 부분은 재고자산의 취득원가에 포함될 수 없다.
③ 재고자산은 외부에서 매입하여 재판매하기 위해 보유하는 상품, 토지와 그 밖의 자산을 포함한다.
④ 순실현가능가치는 측정일에 재고자산의 주된 시장에서 시장참여자 사이에 일어날 수 있는 그 재고자산을 판매하는 정상거래의 가격을 말한다.
⑤ 재고자산은 취득원가와 순실현가능가치 중 낮은 금액으로 측정한다.

해설
- 순실현가능가치
  - 통상적인 영업과정의 예상 판매가격에서 예상되는 추가 완성원가와 판매비용을 차감한 금액으로, 통상적인 영업과정에서 재고자산의 판매를 통해 실현할 것으로 기대하는 순매각금액을 말한다.
- 공정가치
  - 측정일에 재고자산의 주된 시장에서 시장참여자 사이에 일어날 수 있는 그 재고자산을 판매하는 정상거래의 가격을 말한다.

정답 ④

Essential Question 76 | 재고자산 취득원가

● 재고자산과 관련된 다음의 설명 중 가장 타당하지 않은 것은?

① 특정한 고객을 위한 비제조 간접원가 또는 제품 디자인원가는 발생한 기간의 비용으로 인식한다.
② 용역제공기업이 재고자산을 가지고 있다면 이를 제조원가로 측정한다.
③ 생물자산에서 수확한 농림어업 수확물로 구성된 재고자산은 공정가치에서 예상되는 판매비용을 차감한 금액으로 측정하여 수확시점에 최초로 인식한다.
④ 후속 생산단계에 투입하기 전에 보관이 필요한 경우 이외의 보관원가는 재고자산의 취득원가에 포함할 수 없으며 발생기간의 비용으로 인식한다.
⑤ 재고자산을 후불조건으로 취득할 때 계약이 실질적으로 금융요소를 포함하고 있다면 해당 금융요소(예 : 정상신용조건의 매입가격과 실제 지급액간의 차이)는 금융이 이루어지는 기간동안 이자비용으로 인식한다.

해설
- 특정한 고객을 위한 비제조간접원가나 제품디자인원가를 원가에 포함하는 것이 적절할 수도 있다.

정답 ①

Essential Question 77 — 재고자산 취득원가와 평가

● 재고자산에 대한 설명이다. 가장 옳지 않은 것은?

① 원재료 가격이 하락하고 제품의 원가가 순실현가능가치를 초과할 것으로 예상된다면 해당 원재료를 순실현가능가치로 감액한다.

② 재고자산을 후불조건으로 취득하는 경우, 정상신용조건의 매입가격을 초과하여 지급한 금액도 재고자산을 현재의 상태로 이르게 하는데 발생한 원가이므로 재고자산의 취득원가에 포함한다.

③ 후속 생산단계에 투입하기 전에 보관이 필요한 경우 이외의 보관원가는 재고자산의 취득원가에 포함할 수 없으며 발생기간의 비용으로 인식한다.

④ 표준원가법이나 소매재고법 등의 원가측정방법은 그러한 방법으로 평가한 결과가 실제 원가와 유사한 경우에 편의상 사용할 수 있다.

⑤ 재고자산의 감액을 초래했던 상황이 해소되거나 경제상황의 변동으로 순실현가능가치가 상승한 명백한 증거가 있는 경우에는 최초의 장부금액을 초과하지 않는 범위 내에서 평가손실을 환입한다.

해설
- 재고자산을 후불조건으로 취득할 수도 있다. 계약이 실질적으로 금융요소를 포함하고 있다면, 해당 금융요소(예 정상신용조건 매입가격과 실제지급액 간 차이)는 금융이 이루어지는 기간동안 이자비용으로 인식한다.

정답 ②

Essential Question 78 — 매출총이익 계산

● 20x1년 ㈜합격의 재고자산 관련 매출 및 매입 자료와 기말수정분개 자료는 다음과 같다. 다른 매입 및 매출거래는 없다고 가정할 때 20x1년 매출총이익을 구하면 얼마인가?

(1) 매입자료			
– 매입액 ₩64,000,000, 매입에누리와 매입환출 ₩3,600,000			
(2) 매출자료			
– 매출액 ₩80,000,000, 매출에누리와 매출환입 ₩4,800,000			
(3) 기말수정분개			
(차) 매출원가	8,000,000	(대) 재고자산(기초)	8,000,000
(차) 재고자산(기말)	7,000,000	(대) 매출원가	7,000,000

① ₩11,800,000   ② ₩13,800,000   ③ ₩14,800,000
④ ₩15,800,000   ⑤ ₩16,800,000

해설
- 순매출액 : 80,000,000−4,800,000=75,200,000
- 순매입액 : 64,000,000−3,600,000=60,400,000
- 매출원가 : 8,000,000(기초재고)+60,400,000(순매입액)−7,000,000(기말재고)=61,400,000
- ∴매출총이익 : 75,200,000(순매출액)−61,400,000(매출원가)=13,800,000

정답 ②

Essential Question 79 | 재고자산 포함항목 결정[1]

● 디음 자료는 ㈜합격의 정확한 기말상품재고액을 계산하기 위해 고려해야 할 사항에 대한 내용이다. ㈜합격의 20x1년 12월말 현재 창고에 보관 중인 상품재고의 실사 금액이 ₩5,000,000이라고 할 때, 정확한 기말상품재고액은 얼마이겠는가?

> (1) FOB 도착지인도기준으로 판매한 상품(원가 ₩500,000)이 20x1년말 현재 운송 중에 있다.
> (2) ㈜합격이 수탁자인 ㈜적중에게 적송한 원가 ₩250,000의 상품 중 50%를 당기말까지 ㈜적중이 판매하지 않고 있다.
> (3) 20x1년 12월 19일에 고객에게 발송한 원가 ₩1,000,000의 시송품 가운데 20x1년말까지 매입의사표시를 해 온 금액은 ₩750,000이다.
> (4) FOB 선적지인도기준으로 ₩1,250,000에 매입한 상품이 20x1년말 현재 운송 중에 있다.

① ₩6,375,000   ② ₩6,875,000   ③ ₩7,125,000
④ ₩7,250,000   ⑤ ₩7,625,000

해설

• 5,000,000+500,000+250,000×50%+(1,000,000−750,000)+1,250,000=7,125,000

정답 ③

Essential Question 80 | 재고자산 포함항목 결정[2]

● ㈜합격의 20x1년 12월 31일의 재고자산 실사결과는 ₩704,670이었다. 회계감사 도중 담당자는 다음 사항을 알게 되었다. 다음 내용을 반영한 재무상태표 재고자산은 얼마인가?

> (1) 기말실사시 20x1년 12월 10일에 거래처로부터 매입한 상품 ₩31,260이 포함되지 않았다. 이는 20x1년 12월 30일에 선적지인도조건으로 선적되었으며 20x2년에 도착하였다.
> (2) 거래처로부터 매입한 상품 ₩25,620이 재고자산에 포함되지 않았다. 이 상품은 20x1년 12월 31일 재고실사 후에 수령하였다. 이 상품은 20x1년 12월 27일에 선적지인도조건으로 선적되었다. 송장은 20x1년 12월 30일에 수령하였고 동 일자에 기록되었다.
> (3) ㈜합격이 거래처로부터 위탁받은 상품 ₩31,314이 재고자산에 포함되어 있다.
> (4) 거래처에 선적지인도조건으로 판매된 상품이 재고자산에 포함되어 있다. 이 상품은 재고실사 후에 선적되었다. 송장은 20x1년 12월 31일에 제공되었으며 동 일자에 ₩56,700의 매출로 기록되었다. 이 상품의 원가는 ₩34,560이며 거래처는 20x2년 1월 5일에 이 상품을 수령하였다.
> (5) 시송품 중 매입의사를 표시하지 않은 상품은 ₩12,500이다.

① ₩564,256   ② ₩635,265   ③ ₩702,355
④ ₩708,176   ⑤ ₩812,365

해설

• 704,670+31,260+25,620−31,314−34,560+12,500=708,176

정답 ④

Essential Question 81	재고자산거래의 매입채무에의 영향

● ㈜합격은 모든 매입거래를 외상으로 하고 있으며 20x1년 결산과정에서 다음의 거래들을 발견하였다. 이들 거래를 반영하는 경우 20x1년말 보고할 매입채무는 얼마이겠는가? 단, ㈜합격의 20x1년말 장부상 매입채무 금액은 ₩97,500이다.

> (1) 20x1년 12월 19일 송장가격 ₩5,250의 상품이 기말 현재 운송중에 있으며, 동 상품은 도착지인도조건으로서 ㈜합격은 이에 대한 매입 회계처리를 하였고, 상품은 다음연도 1월 중에 도착하였다.
> (2) 20x1년말 현재 송장가격 ₩13,750의 상품이 운송중에 있으며, 동 상품은 선적지인도조건으로서 ㈜합격은 이에 대한 매입 회계처리를 하지 않았으며, 상품은 다음연도 1월 중에 도착하였다.
> (3) 20x1년 12월 29일 상품을 ₩7,500에 매입하고 매입채무를 인식하였다. 동 거래는 ㈜합격이 2개월후 판매자에게 재판매할 수 있는 풋옵션을 보유하는 조건이며 대금은 다음연도 1월 2일에 지급하였다. 재판매가격은 ₩8,750, 풋옵션 행사시점의 예상시장가치는 ₩8,000으로 추정된다.
> (4) 20x1년 12월 22일 송장가격 ₩6,250의 상품이 운송중에 소실되었다. 동 상품은 선적지인도조건으로서 ㈜합격은 이에 대한 매입 회계처리를 하지 않았으며, ㈜합격은 운송회사에 대한 손해배상 청구를 진행 중에 있다.

① ₩103,750   ② ₩104,750   ③ ₩112,250
④ ₩112,500   ⑤ ₩117,500

해설

- (1) 미도착 상태이므로 매입이 아님 & 매입채무를 인식함
  → ∴차감 5,250
  (2) 매입처리 해야함 & 매입채무를 인식하지 않음
  → ∴가산 13,750
  (3) 판매자입장에서 동 거래는 금융약정으로 분류되며 따라서, 구매자인 ㈜합격은 대여금을 인식할 뿐 매입채무를 인식해서는 안됨 & 매입채무를 인식함
  → ∴차감 7,500
  (4) 소실된 경우 운송업자와의 문제일 뿐 판매자에 대한 매입채무는 존재하므로 매입처리 해야함 & 매입채무를 인식하지 않음
  → ∴가산 6,250
  ∴97,500−5,250+13,750−7,500+6,250=104,750

정답 ②

Essential Question 82	재고자산 단위원가 결정

● 재고자산에 대한 설명 중 가장 타당하지 않은 것은?

① 개별법이 적용되지 않는 재고자산의 단위원가는 선입선출법, 후입선출법이나, 가중평균법을 사용하여 결정한다.

② 재고자산은 취득원가와 순실현가능가치 중 낮은 금액으로 측정한다.

③ 생산단위당 고정제조간접원가 배부액은 낮은 조업도나 유휴설비로 인해 증가되지 않으며, 배부되지 않은 제조간접원가는 발생한 기간의 비용으로 인식한다.

④ 소매재고법에서 재고자산의 원가는 재고자산의 판매가격을 적절한 총이익률을 반영하여 환원하는 방법으로 결정하는데 이때 적용되는 이익률은 최초판매가격 이하로 가격이 인하된 재고자산을 고려하여 계산하며 일반적으로 판매부문별 평균이익률을 사용한다.

⑤ 판매 및 일반관리 인력과 관련된 노무원가 및 기타원가는 용역제공기업의 재고자산의 취득원가에 포함하지 않고 발생한 기간의 비용으로 인식한다.

해설
• 후입선출법은 인정되지 않는다.

정답 ①

Essential Question 83	재고자산 선입선출법 기말재고금액 계산

● ㈜합격은 재고자산을 선입선출법으로 평가하고 있다. 기말재고자산 실사결과 확인된 재고수량은 4,500개이며, 전기 이월분은 모두 전기 말에 일괄하여 매입한 것이다. 기말재고자산금액은 얼마인가?

일자	수량	단가	금액
전기이월	3,000개	₩2,500	₩7,500,000
3월 5일 구입	1,000개	₩2,700	₩2,700,000
6월 8일 판매	1,500개	–	–
10월 24일 구입	2,000개	₩2,900	₩5,800,000
기말	4,500개	?	?

① ₩10,537,000   ② ₩11,222,000   ③ ₩12,250,000
④ ₩12,360,000   ⑤ ₩13,550,000

해설
• (7,500,000+2,700,000+5,800,000)-(1,500개×2,500)=12,250,000

정답 ③

Essential Question 84 | **재고자산 선입선출법 매출총이익 계산**

● 다음은 ㈜합격의 5월 재고자산과 관련된 내용이다. 5월 동안의 매출총이익을 구하면 얼마인가?

(1) ㈜합격은 재고자산에 대해 실지재고조사법을 적용하고 있으며, 원가흐름 가정으로 선입선출법을 사용하고 있다.
(2) 5월의 재고자산 자료는 다음과 같다.

일자	적요	수량	단가	금액
5월 1일	기초재고	200개	₩22	₩4,400
5월 10일	매입	1,400개	₩26	₩36,400
5월 18일	매출	1,200개	₩44	₩52,800
5월 22일	매입	100개	₩30	₩3,000
5월 31일	기말재고	500개		

① ₩22,400 ② ₩38,000 ③ ₩44,800
④ ₩52,800 ⑤ ₩83,200

해설

• 매출액 : 52,800
• 매출원가 : 200개×22+1,000개×26=30,400
∴매출총이익 : 52,800-30,400=22,400

정답 ①

Essential Question 85 | **재고자산 가중평균법 매출총이익 계산**

● 다음은 ㈜합격의 5월 재고자산과 관련된 내용이다. 5월 동안의 매출총이익을 구하면 얼마인가?

(1) ㈜합격은 재고자산에 대해 실지재고조사법을 적용하고 있으며, 원가흐름 가정으로 가중평균법을 사용하고 있다.
(2) 5월의 재고자산 자료는 다음과 같다.

일자	적요	수량	단가	금액
5월 1일	기초재고	200개	₩20	₩4,000
5월 10일	매입	250개	₩32	₩8,000
5월 18일	매출	400개	₩40	₩16,000
5월 22일	매입	300개	₩40	₩12,000
5월 24일	매출	300개	₩50	₩15,000
5월 31일	기말재고	50개		

① ₩8,600 ② ₩16,800 ③ ₩22,400
④ ₩31,000 ⑤ ₩33,800

해설

• 매출액 : 16,000+15,000=31,000, 매출원가 : $(400개+300개) \times \dfrac{4,000+8,000+12,000}{200개+250개+300개} = 22,400$

∴매출총이익 : 31,000-22,400=8,600

정답 ①

Essential Question 86 | 확정판매계약의 재고금액

● ㈜합격의 제품 한 단위당 원가는 변동제조원가 ₩375,000과 고정제조원가 ₩180,000으로 구성되어 있다. 다음의 자료에 의할 때 20x1년말 현재 ㈜합격의 재고금액을 계산하면 얼마인가?

> (1) 20x1년말 현재 100개의 제품을 보유하고 있으며, 20x2년 1월에 거래처에 20개의 제품을 단위당 ₩525,000에 판매하는 계약을 체결하였다.
> (2) 제품의 일반 판매가격은 단위당 ₩600,000이다.

① ₩50,100,000 ② ₩51,320,000 ③ ₩53,330,000
④ ₩54,900,000 ⑤ ₩55,300,000

해설
• 평가손실 계산

구분	수량	단위당원가	순실현가능가치	평가손실
계약수량	20개	@555,000	@525,000(계약가격)	600,000
기타(계약초과수량)	80개	@555,000	@600,000(일반판매가격)	-

∴재고금액 : (20개×@555,000-600,000)+(80개×@555,000)=54,900,000

정답 ④

Essential Question 87 | 재고자산 비용구성과 매출원가 계산[1]

● 다음은 ㈜합격의 매출원가와 관련된 자료이다. 이 자료에서 재고자산평가손실은 ㈜합격의 재고자산이 진부화되어 발생하였다. ㈜합격의 20x2년 포괄손익계산서에 매출원가는 얼마로 보고되어야 하는가? 단, 재고자산평가손실과 정상적 재고자산감모손실은 매출원가에 포함시키는 것으로 가정한다.

> (1) 20x1.12.31 재고자산 ₩180,000
> (2) 20x2년 매입액 ₩248,000
> (3) 20x2년 재고자산평가손실 ₩68,000
> (4) 20x2년 재고자산감모손실(비정상적) ₩20,000
> (5) 20x2.12.31 재고자산(평가손실과 감모손실차감후) ₩60,000

① ₩280,000 ② ₩300,000 ③ ₩328,000
④ ₩348,000 ⑤ ₩368,000

해설
• 기초재고+당기매입=매출원가(구)+평가손실+정상감모손실+비정상감모손실+기말재고[*]

'매출원가(신)'

[*] 감모/평가손/조정액 반영후 금액임.
∴매출원가(신) : (180,000+248,000)-20,000-60,000=348,000

정답 ④

| Essential Question 88 | 재고자산 비용구성과 매출원가 계산[2] |

● 다음은 3가지 종목의 상품을 판매하고 있는 ㈜합격의 재고자산과 관련된 자료이다. ㈜합격이 포괄손익계산서에 매출원가로 보고할 금액을 구하면 얼마인가?

(1) 기초상품재고액은 ₩150,000, 당기상품매입액은 ₩750,000이다.
(2) 기말상품과 관련한 자료

종목	장부상 재고	실제 재고	단위당원가	단위당 판매가격	단위당 추정판매비
A	120개	100개	₩500	₩550	₩100
B	50개	40개	₩420	₩430	₩30
C	100개	100개	₩300	₩400	₩20

(3) ㈜합격은 재고자산평가손실과 정상적 재고자산감모손실은 매출원가에 포함하며, 비정상적 재고자산 감모손실은 기타비용으로 처리하고 있다.
(4) ㈜합격은 재고자산감모손실 중 80%를 정상적인 감모로 간주하고 있으며, 종목별 저가기준을 적용하고 있다.

① ₩800,120   ② ₩806,160   ③ ₩812,120
④ ₩821,160   ⑤ ₩851,120

해설

• 기초재고+당기매입=매출원가(구)+평가손실+정상감모손실+비정상감모손실+기말재고

$$\Downarrow$$

'매출원가(신)'

• 매출원가(신)의 구성항목 계산
  - 매출원가(구) : (150,000+750,000)−(120개×500+50개×420+100개×300)=789,000
  - 평가손실 : 100개×(500−450)+40개×(420−400)=5,800
  - 정상감모손실 : [(120개−100개)×500+(50개−40개)×420]×80%=11,360
∴매출원가(신) : 789,000+5,800+11,360=806,160

정답 ②

Essential Question 89 | 재고자산 비용구성과 총비용 계산

● 다음은 성격과 용도가 유사하지 않은 3가지 품목의 상품을 판매하고 있는 ㈜합격의 재고자산과 관련된 자료이다. ㈜합격이 재고자산과 관련하여 당기비용으로 인식할 금액을 구하면 얼마인가?

(1) 기초상품재고액은 ₩25,000, 당기상품매입액은 ₩1,250,000이다.
(2) 기말상품과 관련한 자료

품목	장부수량	실제수량	단위당 취득원가	단위당 예상판매가격	단위당 예상판매비용
A	500개	450개	₩200	₩300	₩20
B	500개	400개	₩180	₩180	₩80
C	100개	100개	₩110	₩120	₩20

① ₩1,074,000   ② ₩1,135,000   ③ ₩1,150,000
④ ₩1,157,000   ⑤ ₩1,235,000

해설

• 기초재고+당기매입=<u>매출원가(구)+평가손실+정상감모손실+비정상감모손실</u>+기말재고

'총비용'

• 총비용의 구성항목 계산
 - 매출원가(구) : (25,000+1,250,000)-(500개×200+500개×180+100개×110)=1,074,000
 - 평가손실 : 400개×(180-100)+100개×(110-100)=33,000
 - 감모손실(정상감모+비정상감모) : (500개-450개)×200+(500개-400개)×180=28,000
∴ 총비용(당기비용) : 1,074,000+33,000+28,000=1,135,000

정답 ②

Essential Question 90 | **재고자산평가후 매출총이익**

● 다음은 ㈜합격의 20x1년도 상품과 관련한 자료이다. 감모는 모두 정상적인 것으로 파악되었으며 회사는 감모손실과 평가손실을 모두 매출원가로 보고한다고 할 때 20x1년도 매출총이익을 구하면 얼마인가? 단, ㈜합격은 원가흐름에 대한 가정으로 선입선출법을 적용하고 있다.

(1) 당기매입과 매출 자료				
구분	수량	단위당 취득원가	단위당 판매가격
1월 1일(기초재고)	20개	₩250	–
3월 9일(당기매입)	50개	₩375	–
8월 7일(당기매출)	60개	–	₩750

(2) 20x1년말 기말재고 실사결과 5개로 파악되었으며, 기말 현재 상품의 단위당 순실현가능가치는 ₩125 으로 파악되었다.

① ₩21,875　　　　② ₩23,125　　　　③ ₩26,250

④ ₩28,125　　　　⑤ ₩37,500

해설

- 매출액 : 60개×750=45,000
- 매출원가(신) 계산
  - 매출원가(구) : (20개×250+50개×375)−10개×375=20,000
  - 매출원가(평가손실) : 5개×375−5개×125=1,250
  - 매출원가(감모손실) : 10개×375−5개×375=1,875
  →매출원가(신) : 20,000+1,875+1,250=23,125
- 매출총이익 : 45,000−23,125=21,875
- 회계처리

매출원가 산정분개	(차) 매출원가	5,000	(대) 상품(기초)	5,000
	매출원가	18,750	매입	18,750
	상품(기말)	3,750	매출원가	3,750
감모손실	(차) 매출원가(감모손실)	1,875	(대) 상품	1,875
평가손실	(차) 매출원가(평가손실)	1,250	(대) 재고자산평가충당금	1,250

정답 ①

Essential Question 91 | 매출총이익률에 의한 재해손실액 추정

● ㈜합격의 8월21일 홍수로 인하여 손상된 재고자산의 처분가치는 ₩200,000이다. ㈜합격은 모든 판매와 구매를 외상으로 하고있다. ㈜합격의 당 회계년도 회계자료 중 일부는 다음과 같다. 매출총이익률을 20%라고 할 때 홍수로 인한 재고손실액은 얼마인가?

(1) 계정과목잔액		
	1월 1일	8월 21일
재고자산	₩500,000	?
매출채권	₩2,000,000	₩2,400,000

(2) 1월1일 ~ 8월21일 발생한 거래
  - 매출채권회수금액 ₩7,000,000, 매출할인 ₩10,000, 매입액 ₩6,300,000
(3) 8월21일 현재 F.O.B 선적지 조건의 매입중인 운송상품 ₩10,000이 있다.

① ₩662,000 ② ₩670,000 ③ ₩672,000
④ ₩680,000 ⑤ ₩682,000

해설

• 다음의 순서대로 기계적으로 구할것!
[1단계] 현금흐름을 이용하여 매출액을 구한다.
  발생주의 순매출액(x)−매출채권의 증가(400,000)=현금주의 순매출액(7,000,000) →∴x=7,400,000
[2단계] 매출총이익률을 이용하여 매출원가를 구한다.
  매출원가=7,400,000×(1−20%)=5,920,000
[3단계] 기말재고를 구한다.
  기초(500,000)+당기매입(6,300,000)−기말재고(y)=매출원가(5,920,000) →∴y=880,000
[4단계] 손실액을 구한다.
  880,000−10,000(미착품)−200,000(처분가치)=670,000

정답 ②

Essential Question 92 | 매출총이익률에 의한 보험금수익 추정

● ㈜합격은 20x1년 6월 30일 화재가 발생하여 보유하고 있던 상품 중 ₩47,000만 남고 모두 소실되었으나, 화재보험에 가입되어 ₩260,000을 보험금으로 보상받게 되었다. 다음 자료를 이용하여 화재발생의 결과 당기손익에 미치는 효과는 얼마인가?

(1) 20x1년 1월 1일 상품 기초재고액 : ₩400,000
(2) 20x1년 1월 1일부터 20x1년 6월 30일까지의 상품 매입액 : ₩800,000
(3) 20x1년 1월 1일부터 20x1년 6월 30일까지의 매출액 : ₩1,200,000
(4) ㈜합격의 과거 평균매출총이익률은 25%, 재고자산감모손실이나 재고자산평가손실은 없다고 가정한다.

① 이익증가 ₩7,000 ② 이익감소 ₩243,000 ③ 이익감소 ₩253,000
④ 이익감소 ₩40,000 ⑤ 이익증가 ₩260,000

해설

• 매출원가 : 1,200,000×(1−25%)=900,000
• 기말재고 : 400,000+800,000−900,000=300,000
• 화재손실 : 300,000−47,000=253,000
∴보험금수익 : 260,000−253,000=7,000(이익증가)

정답 ①

Essential Question 93 — 매출총이익률에 의한 매출채권 추정

● 매출총이익률이 30%이며, 매출은 외상매출과 현금매출로만 이루어질때 20x1년 당기매출채권과 매출채권잔액은 각각 얼마인가?

기초매출채권	₩800,000	20x1년 매출채권회수액	₩2,300,000
20x1년 매출채권 대손발생액	₩200,000	20x1년 현금매출액	₩700,000
20x1년 기초상품재고액	₩1,200,000	20x1년 기말상품재고액	₩1,100,000
20x1년 당기상품매입액	₩3,400,000		

	당기매출채권	당기말 매출채권잔액
①	₩5,000,000	₩3,000,000
②	₩4,800,000	₩2,800,000
③	₩4,500,000	₩2,700,000
④	₩4,300,000	₩2,600,000
⑤	₩4,200,000	₩2,500,000

해설

- 매출원가 : 1,200,000+3,400,000-1,100,000=3,500,000
- 매출원가(3,500,000)=매출액×[1-매출총이익률(30%)]에서, 매출액=5,000,000
- 매출액(5,000,000)=당기현금매출액(700,000)+당기매출채권 →∴당기매출채권은 4,300,000
- 매출채권잔액=기초매출채권+당기매출채권-매출채권회수액-대손발생액
  →800,000+4,300,000-2,300,000-200,000=2,600,000

정답 ④

| Essential Question 94 | 재고자산 저가주의 소매재고법 : 평균법 |

● 다음은 ㈜합격의 20x1년 재고자산에 관한 자료이다. 정상적인 감모손실은 매출원가로 처리하며, 평균법에 의한 저가기준을 적용하여 소매재고법을 사용하고 있다고 할 때, ㈜합격의 20x1년 매출총이익을 계산하면?

구분	원가	소매가
기초재고	₩900,000	₩1,400,000
당기매입	₩6,300,000	₩9,100,000
매입환출	₩375,000	₩700,000
비정상적 감모손실	₩87,500	₩125,000
매입할인	₩75,000	
순인상액		₩575,000
순인하액		₩150,000
총매출		₩5,550,000
정상적 감모손실		₩50,000
종업원할인		₩200,000

① ₩1,662,500   ② ₩1,682,500   ③ ₩1,705,000
④ ₩1,720,000   ⑤ ₩1,770,000

─ 해설

- [1단계] 기말매가계산
  $(1,400,000+9,100,000-700,000-125,000+575,000-150,000)-(5,550,000+200,000+50,000)=4,300,000$
- [2단계] 원가율계산
  $$\frac{900,000+6,300,000-375,000-75,000-87,500}{1,400,000+9,100,000-700,000-125,000+575,000}=65\%$$
- [3단계] 기말원가계산
  $4,300,000\times65\%=2,795,000$
- [4단계] 매출원가계산
  $(900,000+6,300,000-375,000-75,000-87,500)-2,795,000=3,867,500$
  ∴매출총이익 : $5,550,000-3,867,500=1,682,500$

정답 ②

Essential Question 95 | **재고자산 저가주의 소매재고법 : 선입선출법**

● 다음은 ㈜합격의 재고자산에 관한 자료이다. 선입선출법에 의한 저가기준을 적용하여 소매재고법 (매출가격환원법)을 사용하고 있다고 할 때, 매출원가를 구하면 얼마인가?

구분	원가	소매가
기초재고	₩39,000	₩60,000
당기매입	₩243,750	₩337,500
가격인상액		₩45,000
가격인상취소액		₩7,500
가격인하액		₩11,250
가격인하취소액		₩3,750
매출액		₩345,000

① ₩213,375 ② ₩224,250 ③ ₩229,125
④ ₩234,125 ⑤ ₩244,500

해설

- [1단계] 기말매가계산
  [60,000+337,500+(45,000−7,500)−(11,250−3,750)]−345,000=82,500
- [2단계] 원가율계산
  $$\frac{243,750}{337,500+(45,000-7,500)}=65\%$$
- [3단계] 기말원가계산
  82,500×65%=53,625
- [4단계] 매출원가계산
  (39,000+243,750)−53,625=229,125

정답 ③

Essential Question 96 | **유형자산의 인식**

● 다음은 한국채택국제회계기준상의 유형자산에 대한 설명이다. 틀린 설명은 어느 것인가?

① 화학제품 제조업체가 위험한 화학물질의 생산과 저장에 관한 환경규제요건을 충족하기 위하여 새로운 화학처리공정설비를 설치하는 경우에는 관련증설원가를 자산으로 인식한다.

② 일상적인 수선·유지와 관련하여 발생하는 원가는 해당 유형자산의 장부금액에 포함하여 인식하지 않고, 발생시점에 당기손익으로 인식한다.

③ 용광로의 경우 일정시간 사용 후에 내화벽돌의 교체가 필요할 수 있으며, 항공기의 경우에도 좌석과 취사실 등의 내부설비를 항공기 동체의 내용연수 동안 여러 번 교체할 필요가 있을 수 있다. 이와같이 유형자산의 일부를 대체할 때 발생하는 원가가 인식기준을 충족하는 경우에는 이를 해당 유형자산의 장부금액에 포함하여 인식한다.

④ 정기적인 종합검사과정에서 발생하는 원가가 인식기준을 충족하는 경우에는 유형자산의 일부가 대체되는 것으로 보아 해당 유형자산의 장부금액에 포함하여 인식한다.

⑤ 해당 유형자산을 매입하거나 건설할 때 종합검사와 관련된 원가를 분리하지 않았다면 정기적인 종합검사과정에서 발생하는 원가가 인식기준을 충족한다하여도 종합검사과정에서의 원가와 관련되어 남아있는 장부금액을 제거하지 아니한다.

해설
- 직전에 이루어진 종합검사에서의 원가와 관련되어 남아 있는 장부금액(물리적 부분의 장부금액과는 구별됨)을 제거한다. 이러한 회계처리는 해당 유형자산을 매입하거나 건설할 때 종합검사와 관련된 원가를 분리하여 인식하였는지 여부와 관계가 없다.

정답 ⑤

Essential Question 97 | **유형자산의 원가구성**

● 다음은 한국채택국제회계기준상의 유형자산에 대한 설명이다. 옳지 않은 것은?

① 인식하는 유형자산은 원가로 측정하며, 유형자산의 원가는 인식시점의 현금가격상당액이다.

② 현금가격상당액과 실제 총지급액과의 차액은 자본화하지 않는 한 신용기간에 걸쳐 이자로 인식한다.

③ 관세 및 환급불가능한 취득 관련 세금을 가산하고 매입할인과 리베이트 등을 차감한 구입가격과 경영진이 의도하는 방식으로 자산을 가동하는 데 필요한 장소와 상태에 이르게 하는 데 직접 관련되는 원가 및 자산을 해체, 제거하거나 부지를 복구하는 데 소요될 것으로 최초에 추정되는 원가는 유형자산의원가를 구성한다

④ 새로운 시설을 개설하는데 소요되는 원가도 유형자산의 원가를 구성한다.

⑤ 유형자산의 장부금액은 정부보조금만큼 차감될 수 있다.

해설
- 새로운 시설을 개설하는데 소요되는 원가는 K-IFRS에서 원가가 아닌 예로 규정하고 있다.

정답 ④

Essential Question 98	토지의 취득원가 결정

● ㈜합격은 20x1년 중 토지와 건물을 취득하였으며 관련 자료가 다음과 같을 때, ㈜합격이 20x1년에 인식할 토지의 취득원가를 구하면 얼마인가? 단, 토지는 신건물의 신축을 위하여 취득한 것이며, 진입도로 포장공사비 지출은 회사가 부담하였으나 이에 대한 유지보수 책임은 영구적으로 지방자치 단체에서 부담하기로 하였다.

구건물이 있는 토지의 구입대금	₩30,000,000
구건물 철거원가	₩5,000,000
구건물 철거에서 발생한 고철 매각대금	₩300,000
진입도로 포장공사비	₩3,100,000
신건물 신축비	₩160,000,000
신건물에 대한 건축사 설계비	₩1,000,000
신건물에 대한 건설용 측량비	₩200,000

① ₩34,700,000   ② ₩37,800,000   ③ ₩38,100,000
④ ₩39,000,000   ⑤ ₩39,300,000

해설

• 신건물 신축목적으로 구건물이 있는 토지를 구입하여 구건물을 철거하고 신건물을 신축하는 경우
  →토지 취득원가=일괄구입가+구건물철거비(수익차감)
• 회사가 부담한 진입도로공사비나 상하수도공사비는 국가·지자체 등에 유지관리 책임이 있는 경우 당해 토지의 취득원가에 포함한다.
∴토지 취득원가 : 30,000,000+(5,000,000−300,000)+3,100,000=37,800,000

정답 ②

Essential Question 99	토지·건물의 취득원가 결정[1]

● ㈜합격은 20x1년 1월 4일 공장부지를 구입하여, 그 토지에 있던 구건물을 철거하고 동년 8월 1일에 새건물을 완공하여 생산을 개시하였다. 토지와 구건물 구입대금으로 ㈜합격은 현금 ₩6,200,000을 지급하였다. 취득 이후 20x1년 중 발생한 원가는 다음과 같다.

02월 29일	구건물의 철거비용	₩850,000
03월 10일	폐자재 판매로 인한 잡수익	₩200,000
04월 01일	토지등기비와 토지취득세	₩55,000
04월 30일	새건물 취득과 관련된 법률비용	₩40,000
05월 01일	보험료	₩360,000
05월 01일	새건물 공사비 중도금 지급	₩1,800,000
07월 30일	인건비	₩300,000
08월 01일	새건물 공사비 잔금 지급	₩1,800,000
	합계	₩10,320,000

보험료는 공장건물에 대한 20x1년 5월 1일부터 20x4년 4월 30일까지의 3년간 보험료를 선급한 것이며, 인건비는 새공장 건물 건설과 관련된 업무담당자의 인건비이다. 토지와 건물의 원가는 각각 얼마로 기록되어야 하는가?

	토지	건물
①	₩5,405,000	₩3,640,000
②	₩5,405,000	₩3,970,000
③	₩6,905,000	₩3,640,000
④	₩6,905,000	₩3,970,000
⑤	₩6,905,000	₩3,043,000

해설

• 토지와 건물의 원가 구분

	토지	건물
토지구입가액	6,200,000	
구건물의 철거비용	850,000	
폐자재 판매로 인한 잡수익	(−) 200,000	
토지등기비와 토지취득세	55,000	
새건물 취득과 관련된 법률비용		40,000
보험료		30,000[*]
새건물 공사비 중도금 지급		1,800,000
인건비		300,000
새건물 공사비 잔금 지급		1,800,000
	6,905,000	3,970,000

[*] 360,000 × (3/36) : 건물의 건축기간(5월 1일부터 8월 1일까지의 3개월)에 해당하는 보험료는 건물원가로 처리한다.

정답 ④

Essential Question 100 | 토지·건물의 취득원가 결정[2]

● ㈜합격은 당년도 초에 설립된 후 영업활동을 위하여 유형자산(설비자산)과 관련하여 다음과 같은 항목을 지출하였다. 이 자료를 이용하여 장부에 계상할 토지와 건물의 취득원가를 계산할 경우 각각 얼마인가? 단, 건물은 새로 건설하는데 2년이 소요되었다.

(1)	낡은 건물이 있는 토지의 구입대금	₩1,000,000
(2)	토지 취득 중개수수료	₩50,000
(3)	토지의 취득 및 등록세	₩80,000
(4)	공장 건축허가비	₩5,000
(5)	신축공장건물 설계비	₩63,000
(6)	기존건물 철거비	₩150,000
(7)	기존건물의 철거과정에서 수거한 건자재 판매대금	₩30,000
(8)	토지의 측량비(건물 신축을 위한 것임)	₩35,000
(9)	건물 신축을 위한 토지굴착비용	₩45,000
(10)	건축공사계약액	₩2,875,000*)
(11)	건설자금과 관련된 자본화할 차입원가	₩20,000
(12)	토지의 소유권이전 등기비	₩25,000
	*)₩1,000,000을 지급하고 나머지는 완성시점에 지급	

	토지	건물
①	₩1,125,000	₩1,168,000
②	₩1,125,000	₩3,043,000
③	₩1,125,000	₩2,998,000
④	₩1,275,000	₩1,168,000
⑤	₩1,275,000	₩3,043,000

─ 해설

• 토지 : 1,000,000(1)+50,000(2)+80,000(3)+150,000(6)−30,000(7)+25,000(12)=1,275,000
• 건물 : 5,000(4)+63,000(5)+35,000(8)+45,000(9)+2,875,000(10)+20,000(11)=3,043,000
*건축공사계약금액 전액이 건물원가로 처리되며, 건물완성시 지급할 건축공사계약금액은 외상이므로 미지급금으로 처리됨.

정답 ⑤

Essential Question 101	기계장치의 취득원가

● 다음은 ㈜합격의 20x1년 기계장치의 취득 관련 자료이다. 기계장치의 취득원가는 얼마인가?

내역	금액
구입가격	₩125,000,000
설치장소 준비원가	₩1,250,000
구입운송비	₩3,750,000
설치원가	₩2,500,000
기계장치로 생산될 새로운 제품에 대한 광고비 및 판촉활동 관련 원가	₩5,500,000
기계장치의 매입 및 설치와 관련하여 전문가에게 지급한 수수료	₩5,000,000
기계장치로 생산될 새로운 제품에 대한 수요가 형성되는 과정에서 발생한 초기 가동 손실	₩1,750,000
새로운 지역에서 또는 새로운 고객층을 대상으로 영업을 하는데 소요되는 직원 교육 훈련비	₩3,750,000

① ₩137,500,000 ② ₩138,250,000 ③ ₩141,250,000
④ ₩143,000,000 ⑤ ₩148,500,000

해설

• 125,000,000(구입가격)+1,250,000(설치장소 준비원가)+3,750,000(구입운송비)+2,500,000(설치원가)+5,000,000(기계장치의 매입 및 설치와 관련하여 전문가에게 지급한 수수료)=137,500,000

정답 ①

Essential Question 102	건물·기계장치의 취득원가

● 다음은 ㈜합격의 20x1년 기계장치 및 건물의 취득 관련 자료이다. 기계장치와 건물의 취득원가는 각각 얼마인가?

(1)	구건물이 있는 토지 구입가격(신건물 신축 목적)	₩436,250,000
(2)	구건물 철거원가	₩16,250,000
(3)	구건물 철거 부수입	₩2,125,000
(4)	신건물에 대한 건설용 측량비	₩11,250,000
(5)	신건물 신축비(20x1년 중 완공)	₩375,000,000
(6)	기계장치 구입가격	₩75,000,000
(7)	기계장치로 생산될 제품 수요가 형성되는 과정에서 발생한 초기 가동손실	₩7,500,000
(8)	기계장치 운송비	₩7,500,000
(9)	기계장치로 생산될 새로운 제품에 대한 광고비	₩12,500,000
(10)	기계장치 시운전비	₩3,750,000
(11)	기계장치 설치원가	₩3,750,000

	건물	기계장치
①	₩386,250,000	₩97,500,000
②	₩386,250,000	₩90,000,000
③	₩386,250,000	₩86,250,000
④	₩450,375,000	₩97,500,000
⑤	₩450,375,000	₩90,000,000

해설

• 건물·기계장치의 원가 구분

	건물	기계장치
신건물에 대한 건설용 측량비	11,250,000	
신건물 신축비	375,000,000	
기계장치 구입가격		75,000,000
기계장치 운송비(매입운임)		7,500,000
기계장치 시운전비		3,750,000
기계장치 설치원가		3,750,000
	386,250,000	90,000,000

정답 ②

Essential Question 103 | **일괄구입 유형자산의 취득원가 안분**

● ㈜합격이 일괄하여 취득한 건물과 토지에 대한 자료는 다음과 같다. ㈜합격이 20x1년 해당 건물에 대해 포괄손익계산서에 인식할 감가상각비를 구하면 얼마인가? 단, 건물에 대해 원가모형을 적용하며, 기중 취득 감가상각자산에 대해 월수에 따라 계산하여 상각하는 정책을 채택하고 있다.

> (1) 20x1년 10월 1일 건물과 그 부수토지를 ₩275,000,000에 취득하였으며, 해당 건물과 토지의 취득과정에서 발생한 취득세와 중개수수료는 ₩25,000,000이다.
> (2) 취득시점에 건물과 토지의 공정가치는 각각 ₩250,000,000, ₩125,000,000이다.
> (3) 건물의 내용연수는 10년, 잔존가치는 ₩25,000,000이며, 정액법으로 감가상각한다.

① ₩4,375,000 ② ₩5,000,000 ③ ₩17,500,000
④ ₩20,000,000 ⑤ ₩30,000,000

해설

- 건물의 취득원가(공정가치 안분액) : $(275,000,000+25,000,000) \times \dfrac{250,000,000}{250,000,000+125,000,000} = 200,000,000$
- ∴20x1년 감가상각비 : $[(200,000,000-25,000,000) \div 10년] \times 3/12 = 4,375,000$

정답 ①

Essential Question 104 | **유형자산의 회계변경**

● 다음은 한국채택국제회계기준 유형자산에 대한 설명이다. 가장 옳지 않은 것은 어느 것인가?

① 특정 유형자산을 재평가할 때, 해당 자산이 포함되는 유형자산의 유형 전체를 재평가한다.
② 유형자산의 감가상각방법은 적어도 매 회계연도 말에 재검토한다. 자산에 내재된 미래경제적효익의 예상되는 소비형태가 유의적으로 달라졌다면, 달라진 소비형태를 반영하기 위하여 감가상각방법을 변경한다.
③ 인식시점 이후에 유형자산을 측정할 때, 기업은 원가모형이나 재평가모형 중 하나를 회계정책으로 선택하여 적용한다.
④ 일상적인 수선·유지와 관련하여 발생하는 원가는 해당 유형자산의 장부금액에 포함하여 인식하지 아니하고, 발생시점에 당기손익으로 인식한다.
⑤ 유형자산의 잔존가치와 내용연수는 적어도 매 회계연도말에 재검토한다. 재검토결과 추정치가 종전 추정치와 다르다면 그 차이는 회계정책의 변경으로 회계처리한다.

해설

- 회계정책의 변경(X) → 회계추정의 변경(O)

정답 ⑤

Essential Question 105 | **상업적 실질이 존재시 유형자산 교환[1]**

● 다음은 ㈜합격의 유형자산 교환과 관련된 자료이다. 동 교환거래가 상업적 실질이 있는 경우, ㈜합격이 동 교환거래로 인식할 유형자산의 취득원가를 구하면 얼마인가?

> (1) 20x1년 ㈜합격은 자산의 효율성을 고려하던 중 사용 중인 덤프트럭을 ㈜적중의 트레일러와 교환하고 추가로 현금 ₩25,000,000을 지급하였다.
> (2) 교환시점에 양 회사의 교환자산에 대한 자료는 다음과 같다.
>
> | | 취득원가 | 감가상각누계액 | 공정가치 |
> |---|---|---|---|
> | ㈜합격 덤프트럭 | ₩500,000,000 | ₩300,000,000 | ₩250,000,000 |
> | ㈜적중 트레일러 | ₩600,000,000 | ₩300,000,000 | ₩275,000,000 |

① ₩275,000,000 ② ₩300,000,000 ③ ₩500,000,000
④ ₩600,000,000 ⑤ ₩625,000,000

해설

• 제공자산(덤프트럭)의 공정가치에 현금수수액을 가감하여 취득원가를 계상한다.

• 회계처리

(차) 자산(트레일러)	250,000,000	(대) 자산(덤프트럭)	500,000,000
감가상각누계액(덤프트럭)	300,000,000	처분이익	50,000,000
(차) 자산(트레일러)	25,000,000	(대) 현금	25,000,000

∴취득원가(트레일러) : 250,000,000+25,000,000=275,000,000

정답 ①

Essential Question 106 | **상업적 실질이 존재시 유형자산 교환[2]**

● 다음은 ㈜합격의 유형자산 교환과 관련된 자료이다. 동 교환거래가 상업적 실질이 있는 경우, ㈜합격이 동 교환거래로 인식할 유형자산처분손익을 구하면 얼마인가? 단, 교환시점에 양 회사 자산의 공정가치는 모두 신뢰성있게 측정할 수 있으나, ㈜적중 화물트럭의 공정가치가 ㈜합격 업무용승용차 공정가치보다 더 명백하다.

> (1) 20x1년 ㈜합격은 사용 중인 업무용승용차를 ㈜적중의 화물트럭과 교환하였다.
> (2) 교환시점에 양 회사의 교환자산에 대한 자료는 다음과 같다.
>
> | | 취득원가 | 감가상각누계액 | 공정가치 |
> |---|---|---|---|
> | ㈜합격 업무용승용차 | ₩250,000,000 | ₩150,000,000 | ₩125,000,000 |
> | ㈜적중 화물트럭 | ₩300,000,000 | ₩150,000,000 | ₩137,500,000 |

① ₩37,500,000 이익 ② ₩37,500,000 손실 ③ ₩25,000,000 이익
④ ₩25,000,000 손실 ⑤ ₩0

해설

• 취득자산(화물트럭)의 공정가치를 취득원가로 계상한다.

• 회계처리

(차) 자산(화물트럭)	137,500,000	(대) 자산(업무용승용차)	250,000,000
감가상각누계액(업무용승용차)	150,000,000	처분이익	37,500,000

∴유형자산처분이익 : 37,500,000

정답 ①

Essential Question 107 | 상업적 실질이 결여시 유형자산 교환

● 다음은 ㈜합격의 유형자산 교환과 관련된 자료이다. 동 교환거래가 상업적 실질이 결여된 것으로 가정 할 때, ㈜합격이 동 교환거래로 인식할 유형자산의 취득원가를 구하면 얼마인가?

> (1) 20x1년 ㈜합격은 보유하고 있는 화물트럭을 ㈜적중의 화물트럭과 교환하고 추가로 현금 ₩6,250,000 을 지급하였다.
> (2) 교환시점에 양 회사의 화물트럭에 대한 자료는 다음과 같다.
>
> | | 취득원가 | 감가상각누계액 | 공정가치 |
> |---|---|---|---|
> | ㈜합격 화물트럭 | ₩50,000,000 | ₩20,000,000 | ₩25,000,000 |
> | ㈜적중 화물트럭 | ₩60,000,000 | ₩25,000,000 | ₩31,250,000 |

① ₩31,250,000 ② ₩36,250,000 ③ ₩37,500,000
④ ₩50,000,000 ⑤ ₩60,000,000

해설

• 제공자산[㈜합격 화물트럭]의 장부금액에 현금수수액을 가감하여 취득원가를 계상한다.

• 회계처리
  (차) 자산[㈜적중 화물트럭] 30,000,000 (대) 자산[㈜합격 화물트럭] 50,000,000
  　　감가상각누계액[㈜합격 화물트럭] 20,000,000
  (차) 자산[㈜적중 화물트럭] 6,250,000 (대) 현금 6,250,000

∴취득원가[㈜적중 화물트럭] : 30,000,000+6,250,000=36,250,000

정답 ②

Essential Question 108 | 유형자산 취득원가 추정

● ㈜합격의 기계장치에 대한 자료는 다음과 같다. 동 기계장치의 취득원가를 구하면 얼마인가? 단, ㈜합격은 기계장치에 대해 원가모형을 적용하고 있다.

> (1) 기계장치는 20x1년에 취득하였으며 설치와 시운전이 마무리되어 사용이 가능하게 된 시점인 20x1년 7월 1일부터 회사의 제조활동에 사용되기 시작하였다.
> (2) 기계장치의 내용연수는 5년, 잔존가치는 취득원가의 15%이며, 정액법으로 감가상각한다.
> (3) 20x2년말 동 기계장치에 대한 감가상각누계액은 ₩25,500,0000이다.

① ₩80,000,000 ② ₩100,000,000 ③ ₩120,000,000
④ ₩140,000,000 ⑤ ₩150,000,000

해설

• 취득원가를 A라 가정하면, 감가상각누계액(20x1.7.1~20x2.12.31)=$(A-0.15A) \times \frac{18}{60}$

∴$(A-0.15A) \times \frac{18}{60}$=25,500,000 이므로, A(취득원가)=100,000,000

정답 ②

Essential Question 109 | **연수합계법에서 정액법으로 감가상각방법 변경**

● ㈜합격의 다음 자료에 의해 20x3년 포괄손익계산서에 인식할 기계장치에 대한 감가상각비를 구하면 얼마인가? 단, ㈜합격은 기계장치에 대해 원가모형을 적용하고 있으며, 다른 변경사항은 없는 것으로 가정한다.

> (1) ㈜합격은 20x1년초 기계장치를 ₩12,500,000에 취득하였으며, 동 기계장치의 내용연수는 4년, 잔존가 치는 ₩0을 적용하여 연수합계법으로 감가상각하였다.
> (2) 20x3년초에 정당한 사유가 발생하여 기계장치의 감가상각방법을 정액법으로 변경하고, 잔존가치를 ₩750,000으로 재추정하였다.

① ₩1,250,000　　　　　② ₩1,500,000　　　　　③ ₩1,875,000
④ ₩2,000,000　　　　　⑤ ₩2,250,000

해설

- 20x1년 감가상각비 : $12,500,000 \times \dfrac{4}{1+2+3+4} = 5,000,000$

  20x2년 감가상각비 : $12,500,000 \times \dfrac{3}{1+2+3+4} = 3,750,000$

- 20x3년초 장부금액 : $12,500,000 - (5,000,000 + 3,750,000) = 3,750,000$

  ∴20x3년도 감가상각비 : $(3,750,000 - 750,000) \div 2년 = 1,500,000$

정답 ②

Essential Question 110 | **유형자산 원가모형 손상차손**

● 다음은 기계장치에 대해 원가모형을 적용하는 12월 결산법인인 ㈜합격의 자료이다. 아래 자료에 의할 때 ㈜합격이 동 기계장치와 관련하여 20x3년에 인식할 총비용을 구하면 얼마인가?

> (1) ㈜합격은 20x1년 1월 1일 기계장치를 ₩5,000,000에 취득하여 제품생산에 사용하기 시작하였다.
> (2) 20x3년 12월 31일 동 기계장치의 순공정가치는 ₩1,750,000으로 하락하였으며, 사용가치는 ₩1,500,000으로 추정되어 손상을 인식하였다.

① ₩1,250,000　　　　　② ₩1,750,000　　　　　③ ₩2,000,000
④ ₩2,250,000　　　　　⑤ ₩5,000,000

해설

- 회계처리

20x1.1.1	(차) 기계장치	5,000,000	(대) 현금	5,000,000
20x1년말	(차) 감가상각비	500,000[1]	(대) 감가상각누계액	500,000
20x2년말	(차) 감가상각비	500,000[1]	(대) 감가상각누계액	500,000
20x3년말	(차) 감가상각비	500,000[1]	(대) 감가상각누계액	500,000
	(차) 손상차손	1,750,000[2]	(대) 손상차손누계액	1,750,000

[1] $5,000,000 \div 10년 = 500,000$
[2] 회수가능액 : $Max[1,750,000, 1,500,000] = 1,750,000$
→손상차손 : $(5,000,000 - 1,500,000) - 1,750,000 = 1,750,000$

∴20x3년에 인식할 총비용 : $500,000(감가상각비) + 1,750,000(손상차손) = 2,250,000$

정답 ④

Essential Question 111 | 유형자산 원가모형 손상후 감가상각비와 환입액

● 다음은 기계장치에 대해 원가모형을 적용하는 ㈜합격의 자료이다. 아래 자료에 의할 때 20x2년도에 인식할 기계장치의 감가상각비와 손상차손환입액을 구하면 얼마이겠는가?

(1) ㈜합격은 20x1년 1월 1일 기계장치를 ₩10,000,000에 취득하였다.
(2) 동 기계장치의 내용연수는 5년, 잔존가치는 없으며, 정액법을 적용하여 감가상각한다.
(3) ㈜합격은 20x1년말에 기계장치에 대해 손상차손이 발생하였으며, 20x2년말에 손상차손환입이 발생하였다고 판단하였다. 연도별 기계장치의 순공정가치와 사용가치는 다음과 같다.

	20x1년말	20x2년말
순공정가치	₩3,200,000	₩3,800,000
사용가치	₩4,000,000	₩6,400,000

	20x2년 감가상각비	20x2년 손상차손환입
①	₩2,000,000	₩2,000,000
②	₩2,000,000	₩3,000,000
③	₩1,000,000	₩2,000,000
④	₩1,000,000	₩3,000,000
⑤	₩1,000,000	₩3,400,000

해설

• 회계처리

20x1.1.1	(차) 기계장치	10,000,000	(대) 현금	10,000,000
20x1년말	(차) 감가상각비	2,000,000[1]	(대) 감가상각누계액	2,000,000
	(차) 손상차손	4,000,000[2]	(대) 손상차손누계액	4,000,000
20x2년말	(차) 감가상각비	1,000,000[3]	(대) 감가상각누계액	1,000,000
	(차) 손상차손누계액	3,000,000	(대) 손상차손환입	3,000,000[4]

[1] 10,000,000÷5년=2,000,000
[2] 회수가능액 : Max[3,200,000, 4,000,000]=4,000,000
→손상차손 : (10,000,000-2,000,000)-4,000,000=4,000,000
[3] 4,000,000÷4년=1,000,000
[4] 회수가능액 : Max[3,800,000, 6,400,000]=6,400,000
→환입액 : Min[㉠10,000,000-10,000,000×2/5=6,000,000 ㉡6,400,000]-(4,000,000-1,000,000)=3,000,000

정답 ④

| Essential Question 112 | 유형자산 원가모형 손상차손환입후 장부금액 |

● 다음은 기계장치에 대해 원가모형을 적용하는 12월 결산법인인 ㈜합격의 자료이다. 아래 자료에 의할 때, 가장 옳지 않은 설명은 어느 것인가? 단, 동 기계장치의 손상차손이나 손상차손환입의 발생으로 인하여 기계장치의 내용연수와 잔존가치에 대한 추정에 변화는 없다.

> (1) ㈜합격은 20x1년 1월 1일 기계장치를 ₩2,000,000에 취득하여 사용을 시작하였다.
> (2) 동 기계장치의 내용연수는 5년, 잔존가치는 없으며, 정액법을 이용하여 감가상각한다.
> (3) ㈜합격은 20x1년말에 기계장치에 대해 손상차손이 발생하였으며, 20x2년말에 손상차손환입이 발생하였다고 판단하였다. 연도별 기계장치의 순공정가치와 사용가치는 다음과 같다.
>
> | | 20x1년말 | 20x2년말 |
> |---|---|---|
> | 순공정가치 | ₩800,000 | ₩1,260,000 |
> | 사용가치 | ₩960,000 | ₩1,500,000 |

① 20x1년에 인식할 감가상각비는 ₩400,000이다.
② 20x1년에 인식할 손상차손은 ₩640,000이다.
③ 20x2년말 기계장치의 감가상각누계액은 ₩640,000이다.
④ 20x2년에 인식할 손상차손환입액은 ₩480,000이다.
⑤ 20x2년말 기계장치의 장부금액은 ₩1,500,000이다.

해설

• 회계처리

20x1.1.1	(차) 기계장치	2,000,000	(대) 현금	2,000,000
20x1년말	(차) 감가상각비	400,000[1]	(대) 감가상각누계액	400,000
	(차) 손상차손	640,000[2]	(대) 손상차손누계액	640,000
20x2년말	(차) 감가상각비	240,000[3]	(대) 감가상각누계액	240,000
	(차) 손상차손누계액	480,000	(대) 손상차손환입	480,000[4]

[1] 2,000,000÷5년=400,000
[2] 회수가능액 : Max[800,000, 960,000]=960,000
　→손상차손 : (2,000,000-400,000)-960,000=640,000
[3] 960,000÷4년=240,000
[4] 회수가능액 : Max[1,260,000, 1,500,000]=1,500,000
　→환입액 : Min[㉠2,000,000-2,000,000×2/5=1,200,000 ㉡1,500,000]-(960,000-240,000)=480,000
• 20x2년말 기계장치 장부금액 : 960,000-240,000+480,000=1,200,000

정답 ⑤

Essential Question 113 | **유형자산 원가모형 손상차손환입후 이익**

● 다음은 기계장치에 대해 원가모형을 적용하는 12월 결산법인인 ㈜합격의 자료이다. 동 기계장치에 대한 회계처리가 20x3년도 ㈜합격의 당기순이익에 미치는 순영향을 구하면 얼마인가? 단, 동 기계장치의 손상 및 환입으로 인한 내용연수와 잔존가치 추정에 변화는 없다.

(1) ㈜합격은 20x1년 1월 1일 기계장치를 ₩2,500,000에 취득하여 제품생산에 사용하기 시작하였다.
(2) 동 기계장치의 내용연수는 5년, 잔존가치는 없으며, 정액법을 적용하여 감가상각한다.
(3) ㈜합격의 매 회계연도말 기계장치에 대한 회수가능액은 다음과 같으며, 회수가능액의 변동은 기계장치의 손상 또는 회복에 따른 것이다.

회수가능액	20x2년말	20x3년말
	₩1,125,000	₩1,250,000

① ₩125,000 증가   ② ₩125,000 감소   ③ ₩250,000 증가
④ ₩250,000 감소   ⑤ ₩375,000 감소

해설

• 회계처리

20x1.1.1	(차) 기계장치	2,500,000	(대) 현금	2,500,000
20x1년말	(차) 감가상각비	500,000[1]	(대) 감가상각누계액	500,000
20x2년말	(차) 감가상각비	500,000[1]	(대) 감가상각누계액	500,000
	(차) 손상차손	375,000[2]	(대) 손상차손누계액	375,000
20x3년말	(차) 감가상각비	375,000[3]	(대) 감가상각누계액	375,000
	(차) 손상차손누계액	250,000	(대) 손상차손환입	250,000[4]

[1] $2,500,000 \div 5년 = 500,000$
[2] $(2,500,000 - 1,000,000) - 1,125,000 = 375,000$
[3] $1,125,000 \div 3년 = 375,000$
[4] $Min[\bigcirc 2,500,000 - 2,500,000 \times 3/5 = 1,000,000 \quad \bigcirc 1,250,000] - (1,125,000 - 375,000) = 250,000$

∴ 250,000(손상차손환입) - 375,000(감가상각비) = △125,000(이익감소)

 정답 ②

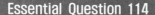

Essential Question 114 　　　**유형자산 원가모형 손상 종합적용**

● ㈜합격은 20x1년 1월 1일 현금 ₩1,100,000을 지급하고 건물을 취득하였다. ㈜합격은 동 건물에 대하여 내용연수는 10년, 잔존가치는 ₩100,000으로 추정하였으며 감가상각방법은 정액법을 사용하기로 하였고 원가모형을 적용한다. 20x3년말 동 건물의 시장가치가 현저히 하락하여 ㈜합격은 자산손상을 인식하기로 하였다. 20x3년말 현재 건물의 회수가능액은 ₩590,000이다. 이후 20x6년말 건물의 회수가능액은 ₩520,000인 것으로 나타났다. 이상의 내용에 대한 아래의 설명 중 옳지 않은 것은?

① 20x3년말 자산손상을 인식하기 전의 건물 장부금액은 ₩800,000이다.
② 20x4년 감가상각비는 ₩70,000이다.
③ 20x5년말 감가상각누계액은 ₩440,000이다.
④ 20x6년말 유형자산손상차손환입액은 ₩140,000이다.
⑤ 20x7년과 20x3년의 감가상각비 금액과 동일하다.

• 해설

• 회계처리

20x1년초	(차) 건물	1,100,000	(대) 현금	1,100,000
20x1년말	(차) 감가상각비	100,000[1]	(대) 감가상각누계액	100,000
20x2년말	(차) 감가상각비	100,000	(대) 감가상각누계액	100,000
20x3년말	(차) 감가상각비	100,000	(대) 감가상각누계액	100,000
	(차) 손상차손	210,000[2]	(대) 손상차손누계액	210,000
20x4년말	(차) 감가상각비	70,000[3]	(대) 감가상각누계액	70,000
20x5년말	(차) 감가상각비	70,000	(대) 감가상각누계액	70,000
20x6년말	(차) 감가상각비	70,000	(대) 감가상각누계액	70,000
	(차) 손상차손누계액	120,000[4]	(대) 손상차손환입	120,000
20x7년말	(차) 감가상각비	100,000[5]	(대) 감가상각누계액	100,000

[1] $(1,100,000-100,000) \times 1/10=100,000$
[2] $(1,100,000-300,000)-590,000=210,000$
[3] $(590,000-100,000) \times 1/7=70,000$
[4] $Min[\text{㉠}1,100,000-(1,100,000-100,000) \times 6/10=500,000 \quad \text{㉡}520,000]-(590,000-70,000 \times 3=380,000)=120,000$
[5] $(500,000-100,000) \times 1/4=100,000$

정답 ④

Essential Question 115 | 유형자산 처분시 처분대가 추정

● ㈜합격의 다음 자료에 의해 20x3년 1월 1일 기계장치의 매각으로 인하여 수령한 대가를 구하면 얼마인가? 단, ㈜합격은 원가모형을 적용하고 있다.

> (1) ㈜합격은 20x1년 1월 1일 기계장치를 ₩375,000,000에 취득하였다.
> (2) ㈜합격은 동 기계장치에 대해 내용연수 5년, 잔존가치 ₩25,000,000, 상각률 40%의 체감잔액법을 적용하여 감가상각하였다.
> (3) 20x3년 1월 1일 ㈜합격은 동 기계장치를 매각하고 유형자산처분이익 ₩202,500,000을 인식하였다.

① ₩135,000,000 　　　② ₩202,500,000 　　　③ ₩240,000,000
④ ₩337,500,000 　　　⑤ ₩577,500,000

해설

• 20x1년 감가상각비 : 375,000,000×40%=150,000,000
　20x2년 감가상각비 : (375,000,000−150,000,000)×40%=90,000,000

• 처분시 회계처리

(차) 현금	?	(대) 기계장치	375,000,000
감가상각누계액	240,000,000	유형자산처분이익	202,500,000

∴매각으로 인하여 수령한 대가 : 337,500,000

정답 ④

Essential Question 116 | 유형자산 취득원가 추정과 처분손익

● ㈜합격의 다음 자료에 의해 20x2년 12월 31일 기계장치의 매각으로 인하여 인식할 유형자산처분손익을 구하면 얼마인가? 단, ㈜합격은 원가모형을 적용하고 있다.

> (1) ㈜합격은 20x1년 7월 1일 기계장치를 취득하여 내용연수 5년, 잔존가치는 취득원가의 10%, 감가상각방법은 정액법을 적용하였다.
> (2) 20x2년 12월 31일 ㈜합격은 동 기계장치를 ₩52,500,000에 매각하였으며, 20x2년 12월 31일 동 기계장치에 대한 감가상각누계액은 ₩20,250,0000이다.

① 유형자산처분이익 ₩2,250,000 　　　② 유형자산처분손실 ₩2,250,000
③ 유형자산처분손실 ₩32,250,000 　　　④ 유형자산처분이익 ₩32,250,000
⑤ 유형자산처분손실 ₩22,500,000

해설

• 취득원가를 A라 하면, $(A-A\times10\%)\times\dfrac{18개월}{60개월}=20,250,000 \rightarrow A(취득원가)=75,000,000$

• 처분시 회계처리

(차) 현금	52,500,000	(대) 기계장치	75,000,000
감가상각누계액	20,250,000		
유형자산처분손실	2,250,000		

정답 ②

Essential Question 117	연수합계법에 의한 기중취득과 기중처분

● ㈜합격의 다음 자료에 의해 20x3년에 인식할 기계장치처분손익을 구하면 얼마인가? 단, ㈜합격은 기계장치에 대해 원가모형을 적용하고 있다.

> (1) ㈜합격은 20x1년 7월 1일 기계장치를 ₩10,000,000에 취득하였다.
> (2) ㈜합격은 동 기계장치에 대해 내용연수 5년, 잔존가치 ₩1,000,000, 연수합계법을 적용하여 월할 상 각하였다.
> (3) 20x3년 10월 1일 ㈜합격은 동 기계장치를 ₩5,350,000에 매각하였다.

① ₩0 ② 손실 ₩1,200,000 ③ 이익 ₩1,200,000
④ 손실 ₩2,400,000 ⑤ 이익 ₩2,400,000

▶ 해설

- 20x1.7.1~12.31 감가상각비 : $(10,000,000-1,000,000) \times \dfrac{5}{1+2+3+4+5} \times \dfrac{6}{12} = 1,500,000$

- 20x2.1.1~12.31 감가상각비 : ㉠+㉡=2,700,000

  ㉠ $(10,000,000-1,000,000) \times \dfrac{5}{1+2+3+4+5} \times \dfrac{6}{12} = 1,500,000$

  ㉡ $(10,000,000-1,000,000) \times \dfrac{4}{1+2+3+4+5} \times \dfrac{6}{12} = 1,200,000$

- 20x3.1.1~10.1 감가상각비 : ㉠+㉡=1,650,000

  ㉠ $(10,000,000-1,000,000) \times \dfrac{4}{1+2+3+4+5} \times \dfrac{6}{12} = 1,200,000$

  ㉡ $(10,000,000-1,000,000) \times \dfrac{3}{1+2+3+4+5} \times \dfrac{3}{12} = 450,000$

- 처분시점(20x3.10.1) 감가상각누계액 : 1,500,000+2,700,000+1,650,000=5,850,000

- 처분시 회계처리
(차) 현금	5,350,000	(대) 기계장치	10,000,000
감가상각누계액	5,850,000	기계장치처분이익	1,200,000

∴20x3년에 인식할 기계장치처분손익 : 1,200,000(이익)

정답 ③

Essential Question 118 | **비상각자산(토지)의 재평가모형[1]**

● 다음의 자료에 의할 때, ㈜합격의 20x2년 당기순이익과 기타포괄손익에 미치는 영향은 얼마인가?
단, ㈜합격은 토지에 대해 재평가모형을 적용하여 회계처리한다.

> (1) ㈜합격은 20x1년초 토지를 ₩250,000,000에 취득하여, 취득 이후 매년 말 재평가를 수행하였다.
> (2) 동 토지의 20x1년말과 20x2년말 공정가치는 각각 ₩300,000,000과 ₩237,500,000으로, 동 토지의
> 공정가치 하락이 자산손상의 징후를 나타내는 것은 아니다.

	당기순이익	기타포괄손익
①	₩62,500,000 감소	₩62,500,000 감소
②	₩62,500,000 증가	₩0
③	₩62,500,000 감소	₩62,500,000 증가
④	₩12,500,000 감소	₩50,000,000 감소
⑤	₩12,500,000 감소	₩50,000,000 증가

해설

• 회계처리

20x1년초	(차) 토지	250,000,000	(대) 현금	250,000,000
20x1년말	(차) 토지	50,000,000[1]	(대) 재평가잉여금(기타포괄손익)	50,000,000
20x2년말	(차) 재평가잉여금(기타포괄손익) 재평가손실(당기손익)	50,000,000 12,500,000	(대) 토지	62,500,000[2]

[1] 300,000,000−250,000,000=50,000,000
[2] 237,500,000−300,000,000=△62,500,000
∴ 재평가손실 12,500,000만큼 당기순이익 감소, 재평가잉여금 상계액 50,000,000만큼 기타포괄손익 감소

정답 ④

Essential Question 119 | **비상각자산(토지)의 재평가모형[2]**

● 다음의 자료에 의할 때, ㈜합격의 20x2년 당기순이익과 기타포괄손익에 미치는 영향은 얼마인가? 단, ㈜합격은 토지에 대해 재평가모형을 적용하여 회계처리한다.

(1) ㈜합격은 20x1년초 토지를 ₩250,000,000에 취득하여, 취득 이후 매년 말 재평가를 수행하였다.
(2) 동 토지의 20x1년말과 20x2년말 공정가치는 각각 ₩225,000,000과 ₩262,500,000으로, 동 토지의 공정가치 하락이 자산손상의 징후를 나타내는 것은 아니다.

	당기순이익	기타포괄손익
①	₩25,000,000 증가	₩12,500,000 증가
②	₩25,000,000 증가	₩50,000,000 증가
③	₩25,000,000 감소	₩62,500,000 증가
④	₩12,500,000 감소	₩37,500,000 증가
⑤	₩12,500,000 증가	₩62,500,000 증가

해설

• 회계처리

20x1년초	(차)토지	250,000,000	(대)현금	250,000,000
20x1년말	(차)재평가손실(당기손익)	25,000,000	(대)토지	25,000,000[1]
20x2년말	(차)토지	37,500,000[2]	(대)재평가이익(당기손익)	25,000,000
			재평가잉여금(기타포괄손익)	12,500,000

[1] 225,000,000−250,000,000=△25,000,000
[2] 262,500,000−225,000,000=37,500,000

∴재평가이익 25,000,000만큼 당기순이익 증가, 재평가잉여금 계상액 12,500,000만큼 기타포괄손익 증가

정답 ①

Essential Question 120	유형자산 재평가모형 비례적수정방법

● 다음의 자료에 의할 때, ㈜합격이 20x1년말 재평가를 수행한 후 기계장치의 감가상각누계액과 재평가잉여금(기타포괄손익)은 각각 얼마이겠는가? 단, ㈜합격은 기계장치에 대해 재평가모형을 적용하여 회계처리한다.

> (1) ㈜합격은 20x1년 1월 1일 기계장치를 ₩250,000,000에 취득하였으며, 내용연수 5년, 잔존가치 ₩0, 정액법을 적용하여 감가상각하였다.
> (2) 동 기계장치의 20x1년말 공정가치는 ₩280,000,000으로 추정되었다.
> (3) ㈜합격은 자산의 총장부금액과 감가상각누계액을 비례적으로 조정하는 방식으로 재평가모형을 적용하고 있다.

	감가상각누계액	재평가잉여금
①	₩70,000,000	₩0
②	₩70,000,000	₩80,000,000
③	₩70,000,000	₩30,000,000
④	₩50,000,000	₩80,000,000
⑤	₩50,000,000	₩30,000,000

해설

- 20x1년 감가상각비 : 250,000,000÷5년=50,000,000
- 20x1년 재평가잉여금 : 280,000,000−(250,000,000−50,000,000)=80,000,000
- 회계처리

20x1.1.1	(차) 기계장치	250,000,000	(대) 현금	250,000,000
20x1.12.31[1]	(차) 감가상각비	50,000,000	(대) 감가상각누계액	50,000,000
	(차) 기계장치	100,000,000	(대) 감가상각누계액	20,000,000
			재평가잉여금	80,000,000

[1] 장부금액($\frac{280,000,000}{200,000,000}$=140%)이 40% 증가했으므로, 원가(250,000,000)와 감가상각누계액(50,000,000)을 40% 증가시킴.
∴감가상각누계액 : 50,000,000+20,000,000=70,000,000

정답 ②

Essential Question 121	유형자산 재평가 관련손익만 묻는 경우

● 다음은 ㈜합격의 2x01년초에 취득한 기계장치의 재평가와 관련한 자료이다. 재평가로 인해 2x11년에 당기순손익과 기타포괄손익에 미치는 영향을 계산하면 얼마인가?

> (1) 취득원가 : ₩15,000,000(내용연수 50년, 잔존가치 ₩0, 정액법으로 감가상각)
> (2) ㈜합격은 2x10년에 재평가와 관련하여 처음으로 재평가손실(당기손실) ₩3,000,000을 인식하였다.
> (3) 2x11년말 동 기계장치의 공정가치는 ₩22,500,000이다.
> (4) ㈜합격은 총장부금액에서 기존의 감가상각누계액을 제거하여 자산의 순장부금액이 재평가금액이 되도록 수정하는 방법을 적용한다.

	당기순손익	기타포괄손익
①	₩3,000,000	₩4,500,000
②	₩3,000,000	₩10,725,000
③	₩3,000,000	(₩10,500,000)
④	₩0	₩10,725,000
⑤	₩0	(₩10,500,000)

해설

• 회계처리

2x01년초	(차) 기계장치	15,000,000	(대) 현금	15,000,000
2x01년말 ? 2x09년말	(차) 감가상각비	300,000[1]	(대) 감가상각누계액	300,000
2x10년말	(차) 감가상각비	300,000	(대) 감가상각누계액	300,000
	(차) 감가상각누계액	3,000,000	(대) 기계장치	6,000,000
	재평가손실	3,000,000		
2x11년말	(차) 감가상각비	225,000[2]	(대) 감가상각누계액	225,000
	(차) 감가상각누계액	225,000	(대) 재평가이익	3,000,000
	기계장치	13,500,000	재평가잉여금	10,725,000

[1] 15,000,000÷50년=300,000
[2] 9,000,000÷40년=225,000
주의 재평가와 관련된 당기손익만 묻고 있으므로 감가상각비는 고려하지 않는다.

정답 ②

Essential Question 122	유형자산 재평가모형의 순효과 계산

● 결산일이 12월 31일인 ㈜합격은 20x1년 1월1일에 기계장치를 ₩80,000,000에 취득하여 사용하였다. 동 기계장치의 내용연수는 10년이며, 잔존가치는 없고, 정액법으로 감가상각한다. ㈜합격은 동 기계장치에 대하여 회계연도말에 공정가치모형을 적용하여 재평가하는 회계처리를 적용하며, 재평가잉여금의 이익이여금 대체는 생략한다고 가정한다. 또한 재평가시점에는 재평가후 자산의 장부금액이 재평가금액과 일치하도록 감가상각누계액과 총장부금액을 비례적으로 수정하는 방법을 적용한다. 20x1년말, 20x2년말의 공정가치는 각각 ₩75,600,000, ₩58,000,000이라고 할때 20x2년말 포괄손익계산서에 미치는 비용총액은 얼마인가?

① ₩14,000,000   ② ₩13,000,000   ③ ₩14,000,000
④ ₩15,000,000   ⑤ ₩16,000,000

> **해설**

• 20x1년
  ㉠ 감가상각비 : 80,000,000÷10년=8,000,000
  ㉡ 재평가잉여금 : 75,600,000−(80,000,000−8,000,000)=3,600,000

20x1년초	(차) 기계장치	80,000,000	(대) 현금	80,000,000
20x1년말[1]	(차) 감가상각비	8,000,000	(대) 감가상각누계액	8,000,000
	(차) 기계장치	4,000,000	(대) 감가상각누계액	4,000,000
			재평가잉여금	3,600,000

[1] 장부금액($\frac{75,600,000}{72,000,000}$=105%)이 5% 증가했으므로, 원가(80,000,000)와 감가상각누계액(8,000,000)을 5% 증가시킴.

• 20x2년
  ㉠ 감가상각비 : 75,600,000÷9년=8,400,000
  ㉡ 재평가손실 : (75,600,000−8,400,000)−58,000,000=9,200,000 →∴재평가잉여금과 상계후 5,600,000
  ∴8,400,000+5,600,000=14,000,000

정답 ①

Essential Question 123 | **이익잉여금대체후 유형자산 재평가잉여금 잔액 계산**

● 다음은 ㈜합격의 20x1년초에 취득한 기계장치의 재평가와 관련한 자료이다. 20x2년말의 재평가잉여금 잔액을 계산하면 얼마인가?

> (1) 취득원가 : ₩7,500,000(내용연수 5년, 잔존가치 ₩0, 정액법으로 감가상각)
> (2) 재평가손익을 인식할 때 총장부금액에서 기존의 감가상각누계액을 제거하는 방법을 사용한다.
> (3) 재평가잉여금을 이익잉여금으로 대체하는 회계처리를 선택하고 있다.
> (4) 기계장치의 20x1년말과 20x2년말의 공정가치는 각각 ₩7,800,000, ₩5,700,000이다.

① ₩1,200,000   ② ₩1,350,000   ③ ₩1,650,000
④ ₩1,800,000   ⑤ ₩18,500,000

해설

• 회계처리

20x1년초	(차) 기계장치	7,500,000	(대) 현금	7,500,000
20x1년말	(차) 감가상각비	1,500,000[1]	(대) 감가상각누계액	1,500,000
	(차) 감가상각누계액	1,500,000	(대) 재평가잉여금	1,800,000
	기계장치	300,000		
20x2년말	(차) 감가상각비	1,950,000[2]	(대) 감가상각누계액	1,950,000
	(차) 재평가잉여금	450,000[3]	(대) 이익잉여금	450,000
	(차) 감가상각누계액	1,950,000	(대) 기계장치	2,100,000
	재평가잉여금	150,000		

[1] 7,500,000÷5년=1,500,000
[2] 7,800,000÷4년=1,950,000
[3] (7,800,000÷4년)−(6,000,000÷4년)=450,000
∴재평가잉여금 잔액 : 1,800,000−450,000−150,000=1,200,000

정답 ①

Essential Question 124	유형자산 재평가잉여금 대체후 이익잉여금의 영향

● 다음은 ㈜합격의 20x1년초에 취득한 기계장치의 재평가와 관련한 자료이다. 20x5년의 이익잉여금에 미치는 영향은?

> (1) 취득원가 : ₩1,500,000(내용연수 10년, 잔존가치 ₩0, 정액법으로 감가상각)
> (2) ㈜합격은 재평가후 자산의 장부금액이 재평가금액과 일치하도록 감가상각누계액과 총장부금액을 비례적으로 수정하는 방법을 적용한다.
> (3) ㈜합격은 재평가잉여금을 이익잉여금으로 대체하는 회계처리를 선택하고 있다.
> (4) 동 기계장치는 처음으로 20x4년말에 ₩1,125,000으로 재평가되었다.

① 영향없음 　　　　　　② ₩37,500 증가 　　　　　　③ ₩37,500 감소
④ ₩150,000 증가 　　　　⑤ ₩150,000 감소

해설

• 회계처리

20x1년초	(차) 기계장치	1,500,000	(대) 현금	1,500,000
20x1년말 ～ 20x3년말	(차) 감가상각비	150,000[1]	(대) 감가상각누계액	150,000
20x4년말[2]	(차) 감가상각비	150,000	(대) 감가상각누계액	150,000
	(차) 기계장치	375,000	(대) 감가상각누계액	150,000
			재평가잉여금	225,000
20x5년말	(차) 감가상각비	187,500[3]	(대) 감가상각누계액	187,500
	(차) 재평가잉여금	37,500[4]	(대) 이익잉여금	37,500

[1] 1,500,000÷10년=150,000

[2] 장부금액($\frac{1,125,000}{900,000}$=125%)이 25% 증가했으므로, 원가(1,500,000)와 감가상각누계액(600,000)을 25% 증가시킴.

[3] 1,125,000÷6년=187,500

[4] (1,125,000÷6년)−(900,000÷6년)=37,500

∴ 감소 187,500(감가상각비) / 증가 37,500(이익잉여금) → 이익잉여금 150,000 감소

정답 ⑤

Essential Question 125 | **정부보조금과 처분손익(정액법)**

● ㈜합격은 20x1년초 상환의무가 없는 정부보조금 ₩2,000,000을 수령하여 기계장치(취득원가 ₩16,000,000, 내용연수 5년, 잔존가치 ₩1,000,000)를 취득하였다. 감가상각은 정액법으로 하였으며, 20x2년말 동 기계장치를 ₩9,000,000에 처분하였다. 유형자산처분손익은 얼마인가? 단, 정부보조금을 자산의 차감계정으로 처리한다.

① 유형자산처분이익 ₩200,000
② 유형자산처분손실 ₩600,000
③ 유형자산처분이익 ₩1,000,000
④ 유형자산처분손실 ₩1,000,000
⑤ 유형자산처분손실 ₩1,800,000

해설

• 회계처리를 해도 되나 실전에서는 다음과 같이 '고속철'풀이법으로 접근하여야 한다.

> **-고속철**
>
> ☐ **처분손익 빨리 구하기**(정액법/연수합계법에만 적용됨)
> • 새로운취득원가='취득원가-정부보조금', 이 금액을 기준으로 감가상각한다고 생각!
>   →새로운취득원가 : 16,000,000-2,000,000=14,000,000
> • 장부금액=새로운취득원가-새로운취득원가기준 감가상각누계액
>   →14,000,000-(14,000,000-1,000,000)×2/5=8,800,000
> • 처분손익=현금수취액-새로운취득원가기준 장부금액
>   →9,000,000-8,800,000=200,000(이익)

정답 ①

Essential Question 126 | **정부보조금과 처분손익(연수합계법)**

● ㈜합격은 20x1년 1월 1일 자산취득 관련 정부보조금 ₩22,500,000을 수령하여 기계장치(취득원가 ₩75,000,000, 내용연수 5년, 잔존가치 ₩7,500,000)를 취득하였다. 감가상각은 연수합계법으로 하였으며, 20x2년 12월 31일 동 기계장치를 ₩30,000,000에 처분하였다. 유형자산처분손익은 얼마인가? 단, 회사는 정부보조금을 원가에서 차감하는 방법으로 처리한다.

① 유형자산처분이익 ₩4,500,000
② 유형자산처분이익 ₩3,000,000
③ 유형자산처분손실 ₩4,500,000
④ 유형자산처분손실 ₩3,000,000
⑤ 유형자산처분손실 ₩1,500,000

해설

• 새로운 취득원가 : 75,000,000-22,500,000=52,500,000

• 처분이익 : $30,000,000-[52,500,000-(52,500,000-7,500,000)×\dfrac{5+4}{1+2+3+4+5}]=4,500,000$(이익)

정답 ①

Essential Question 127	정부보조금과 감가상각비(연수합계법)

● 20x1년 7월 1일 ㈜한국은 취득원가 ₩1,000,000의 설비자산을 취득하고, 내용연수와 잔존가치를 각각 4년과 ₩200,000으로 추정하고 감가상각방법은 연수합계법(월할상각)을 적용한다. 동 자산의 취득과 관련하여 20x1년 7월 1일 정부로부터 보조금 ₩200,000을 수령하여 전액 설비자산의 취득에만 사용하였다. 동 자산과 관련하여 20x2년도에 인식할 당기손익은? 단, 회사는 정부보조금을 자산에서 차감하는 방법으로 처리하고 있다.

① ₩140,000 이익   ② ₩160,000 이익   ③ ₩180,000 손실

④ ₩210,000 손실   ⑤ ₩280,000 손실

해설

• 회계처리

20x1.07.01	(차) 설비자산 현금	1,000,000 200,000	(대) 현금 정부보조금	1,000,000 200,000
20x1.12.31	(차) 감가상각비 정부보조금	160,000[1] 40,000[2]	(대) 감가상각누계액 감가상각비	160,000 40,000
20x1.12.31	(차) 감가상각비 정부보조금	280,000[3] 70,000[4]	감가상각누계액 감가상각비	280,000 70,000

[1] $(1,000,000-200,000) \times \dfrac{4}{1+2+3+4} \times \dfrac{6}{12} = 160,000$

[2] $200,000 \times \dfrac{160,000}{1,000,000-200,000} = 40,000$

[3] $(1,000,000-200,000) \times \dfrac{4}{1+2+3+4} \times \dfrac{6}{12} + (1,000,000-200,000) \times \dfrac{3}{1+2+3+4} \times \dfrac{6}{12} = 280,000$

[4] $200,000 \times \dfrac{280,000}{1,000,000-200,000} = 70,000$

• 20x2년도 당기손익(감가상각비) : 280,000−70,000=210,000

□ **감가상각비 빨리 구하기**(정액법/연수합계법에만 적용됨)

고속철

•새로운취득원가='취득원가−정부보조금', 이 금액을 기준으로 감가상각한다고 생각!

→새로운취득원가 : 1,000,000−200,000=800,000

•당기감가상각비=새로운취득원가기준 감가상각비

→20x2년 감가상각비 : $(800,000-200,000) \times \dfrac{4}{10} \times \dfrac{6}{12} + (800,000-200,000) \times \dfrac{3}{10} \times \dfrac{6}{12} = 210,000$

정답 ④

Essential Question 128 | **정부보조금과 감가상각비(이중체감법)**

● ㈜합격은 정부보조금을 자산에서 차감하는 방법으로 처리하는 회계정책을 채택하고 있으며, 취득한 자산 및 정부보조금과 관련된 자료가 다음과 같을 때 20x1년도 감가상각비로 인식할 금액을 계산하면 얼마인가?

> (1) ㈜합격은 20x1년 4월 1일 반도체검사장비를 취득금액의 30%를 정부로부터 보조받아 취득하였다. 반도체검사장비의 취득원가는 ₩400,000이며, 정부보조금은 상환의무가 없다.
> (2) 취득한 반도체검사장비의 내용연수는 4년, 잔존가치는 ₩40,000이며 ㈜합격은 이중체감법으로 감가상각한다.

① ₩90,000   ② ₩100,000   ③ ₩120,000
④ ₩150,000   ⑤ ₩155,000

해설

• 회계처리(이중체감법은 '고속철'풀이법이 적용되지 않음)

20x1.04.01	(차) 설비자산	400,000	(대) 현금	400,000
	현금	120,000[1]	정부보조금	120,000
20x1.12.31	(차) 감가상각비	150,000[2]	(대) 감가상각누계액	150,000
	정부보조금	50,000[3]	감가상각비	50,000

[1] $400,000 \times 30\% = 120,000$

[2] $400,000 \times \dfrac{2}{4} \times \dfrac{9}{12} = 150,000$

[3] $120,000 \times \dfrac{150,000}{400,000 - 40,000} = 50,000$

• 20x1년도 감가상각비 : 150,000−50,000=100,000

정답 ②

Essential Question 129 | 정부보조금잔액과 감가상각비 합계 계산

● ㈜합격의 유형자산 취득 관련 자료이다. 20x2년 12월 31일의 정부보조금 잔액과 20x1년과 20x2 년의 2년간 감가상각비 합계액은 각각 얼마인가? 단, 정부보조금에 부수되는 조건의 준수에 대한 합리적인 확신이 있다고 가정한다.

> (1) ㈜합격은 20x1년 1월 1일에 전기자동차 생산용 최신설비를 ₩25,000,000(내용연수 5년, 잔존가치 ₩0, 정액법 상각)에 취득하고 정부로부터 ₩5,000,000을 지원받았다.
> (2) 정부보조금은 자산에서 차감하는 형식으로 회계처리한다.

	정부보조금 잔액	감가상각비 합계액
①	₩3,000,000	₩5,000,000
②	₩3,000,000	₩10,000,000
③	₩3,000,000	₩8,000,000
④	₩5,000,000	₩8,000,000
⑤	₩5,000,000	₩10,000,000

해설

- 20x2년말 정부보조금 잔액 : $5,000,000-(5,000,000 \times \dfrac{25,000,000 \div 5년}{25,000,000}) \times 2=3,000,000$
- 20x1년 Dep+20x2년 Dep : $[(25,000,000-5,000,000) \div 5년] \times 2=8,000,000$

정답 ③

Essential Question 130 | 정부보조금과 이연수익법

● 다음은 ㈜합격의 정부보조금과 관련된 자료이다. ㈜합격은 정부보조금을 재무상태표에 이연수익으로 표시한다고 할 때, 20x1년말 이연수익 잔액과 20x1년 당기순이익에 미치는 영향을 계산하면?

> (1) 20x1년초 기계장치를 ₩1,500,0000이 구입하였으며, 동시에 취득원가의 40%에 해당하는 정부보조금을 수령하였다.
> (2) 기계장치의 내용연수는 5년, 잔존가치는 없으며, 정액법으로 감가상각한다.

	이연수익 잔액	당기순이익
①	₩600,000	₩180,000 감소
②	₩600,000	₩300,000 감소
③	₩480,000	₩270,000 감소
④	₩480,000	₩180,000 감소
⑤	₩480,000	₩300,000 감소

해설

- 이연수익 잔액 : $1,500,000 \times 40\%-600,000 \times \dfrac{300,000}{1,500,000}=480,000$
- 당기순이익에 미치는 영향 : $600,000 \times \dfrac{300,000}{1,500,000}$ (보조금수익)$-300,000$(감가상각비)$=\triangle 180,000$

정답 ④

Essential Question 131 　정부보조금 자산차감법과 이연수익법 장부금액 비교

● ㈜합격은 20x1년 7월 1일에 상환의무가 없는 정부보조금 ₩500,000을 수령하여 건물(취득원가 ₩3,000,000, 내용연수 10년, 잔존가치 ₩0)을 취득하였다. 감가상각은 정액법으로 하였다. 회사 가 정부보조금을 자산의 차감계정으로 처리하는 자산차감법으로 회계처리한 경우와 부채인 이연수 익으로 처리하는 이연수익법에 의해 회계처리 한 경우에 각각에 의한 20x1년말 건물의 장부금액은 얼마인가?

	자산차감법	이연수익법
①	₩2,375,000	₩2,850,000
②	₩2,375,000	₩2,375,000
③	₩2,825,000	₩2,850,000
④	₩2,825,000	₩2,375,000
⑤	₩2,825,000	₩2,825,000

해설

• 회계처리

자산차감법	(차) 건물	3,000,000	(대) 현금	3,000,000
	현금	500,000	정부보조금	500,000
	(차) 감가상각비	150,000[1]	(대) 감가상각누계액	150,000
	정부보조금	25,000[2]	감가상각비	25,000
이연수익법	(차) 건물	3,000,000	(대) 현금	3,000,000
	현금	500,000	이연수익	500,000
	(차) 감가상각비	150,000[1]	(대) 감가상각누계액	150,000
	이연수익	25,000[2]	보조금수익	25,000

$^{1)} 3,000,000 \div 10년 \times \dfrac{6}{12} = 150,000$

$^{2)} 500,000 \times \dfrac{150,000}{3,000,000} = 25,000$

• 건물의 장부금액
　① 자산차감법 : 3,000,000(건물)-150,000(감가상각누계액)-475,000(정부보조금)=2,375,000
　② 이연수익법 : 3,000,000(건물)-150,000(감가상각누계액)=2,850,000

정답 ①

Essential Question 132 | 정부보조금의 상환(반환)

● ㈜합격은 정부보조금을 자산에서 차감하는 방법으로 처리하고 있으며, 취득한 자산 및 정부보조금
과 관련된 자료가 다음과 같을 때 20x2년도 감가상각비로 보고할 금액을 계산하면 얼마인가?

> (1) ㈜합격은 20x1년초 설비자금의 일부를 국고에서 지원받아 즉시 설비를 취득하였다. 설비의 취득원가
> 는 ₩250,000이고 정부보조금은 ₩100,000이다.
> (2) 취득한 설비의 내용연수는 5년, 잔존가치는 ₩0이며 ㈜합격은 정액법으로 감가상각한다.
> (3) 20x2년말 ㈜합격은 정부보조금의 지원과 관련하여 당초 준수하여 이행하도록 규정된 제반 규정을 위
> 반하게 되었으며 이로 인해 정부보조금 ₩75,000을 반환하였다.

① ₩20,000　　　　　　② ₩25,000　　　　　　③ ₩30,000
④ ₩45,000　　　　　　⑤ ₩55,000

해설

• 회계처리

20x1년초	(차) 설비자산	250,000	(대) 현금	250,000
	현금	100,000	정부보조금	100,000
20x1년말	(차) 감가상각비	50,000[1]	(대) 감가상각누계액	50,000
	정부보조금	20,000[2]	감가상각비	20,000
20x2년말	(차) 감가상각비	50,000	(대) 감가상각누계액	50,000
	정부보조금	20,000	감가상각비	20,000
	(차) 정부보조금	60,000	(대) 현금	75,000
	감가상각비	15,000		

[1] $250,000 \div 5년 = 50,000$

[2] $100,000 \times \dfrac{50,000}{250,000} = 20,000$

• 20x2년도 감가상각비 : 50,000−20,000+15,000=45,000

정답 ④

Essential Question 133	복구비용과 취득연도 총비용

● 다음은 ㈜합격의 화력발전소 건설 및 취득에 대한 자료이다. ㈜합격이 동 화력발전소와 관련하여 20x1년 포괄손익계산서에 인식할 비용을 구하면 얼마인가? 단, ㈜합격은 동 화력발전소에 대해 원가모형을 적용한다.

> (1) 20x1년 1월 1일 ㈜합격은 내용연수 종료 후 원상복구의무가 있는 화력발전소(내용연수 5년, 잔존가치 ₩0, 정액법 상각)를 건설하는데 ₩250,000,000을 지출하였다.
> (2) 원상복구와 관련하여 예상되는 5년 후의 지출액은 ₩50,000,000으로 추정된다.
> (3) ㈜합격의 신용위험 등을 고려한 할인율은 연 10%이다.
> (4) 기간말 단일금액의 현가계수(10%, 5기간)는 0.62이다.

① ₩3,100,000　　　　② ₩31,000,000　　　　③ ₩56,200,000
④ ₩50,000,000　　　　⑤ ₩59,300,000

▶ 해설

• 복구시점 복구비용 발생예상액 : 50,000,000
• 복구비용현재가치(복구충당부채) : 50,000,000×0.62=31,000,000
• 화력발전소의 취득원가 : 250,000,000+31,000,000=281,000,000
• 회계처리

20x1년초	(차) 구축물	281,000,000	(대) 현금	250,000,000
			복구충당부채	31,000,000
20x1년말	(차) 감가상각비	56,200,000[1]	(대) 감가상각누계액	56,200,000
	이자비용	3,100,000[2]	복구충당부채	3,100,000

　[1] 281,000,000÷5년=56,200,000
　[2] 31,000,000×10%=3,100,000
∴20x1년 포괄손익계산서에 인식할 비용 : 56,200,000(감가상각비)+3,100,000(이자비용)=59,300,000

정답 ⑤

Essential Question 134	복구비용과 2차연도 총비용

● 다음은 ㈜합격의 저유소 건설 및 취득에 대한 자료이다. ㈜합격이 동 저유소와 관련하여 20x2년 포괄손익계산서에 인식할 비용을 구하면 얼마인가? 단, ㈜합격은 동 저유소에 대해 원가모형을 적용한다.

(1) 20x1년 1월 1일 ㈜합격은 내용연수가 종료된 후 원상복구의무가 있는 저유소(내용연수 10년, 잔존가치 ₩0, 정액법 상각)를 건설하는데 ₩750,000,000을 지출하였다.
(2) 원상복구와 관련하여 예상되는 10년 후의 지출액은 ₩150,000,000으로 추정된다.
(3) 복구비용의 현재가치 산정에 적용할 할인율은 연 10%이다.
(4) 단일금액 ₩1의 현가계수(10%, 10기간)는 0.3855이다.

① ₩6,360,750　　　　② ₩80,782,500　　　　③ ₩86,565,000
④ ₩87,143,250　　　　⑤ ₩96,565,000

해설

- 복구시점 복구비용 발생예상액 : 150,000,000
- 복구비용현재가치(복구충당부채) : 150,000,000×0.3855=57,825,000
- 저유소의 취득원가 : 750,000,000+57,825,000=807,825,000
- 회계처리

20x1년초	(차) 구축물	807,825,000	(대) 현금	750,000,000
			복구충당부채	57,825,000
20x1년말	(차) 감가상각비	80,782,500[1]	(대) 감가상각누계액	80,782,500
	이자비용	5,782,500[2]	복구충당부채	5,782,500
20x2년말	(차) 감가상각비	80,782,500[1]	(대) 감가상각누계액	80,782,500
	이자비용	6,360,750[3]	복구충당부채	6,360,750

[1] 807,825,000÷10년=80,782,500
[2] 57,825,000×10%=5,782,500
[3] (57,825,000+5,782,500)×10%=6,360,750

∴20x2년 포괄손익계산서에 인식할 비용 : 80,782,500(감가상각비)+6,360,750(이자비용)=87,143,250

정답　④

| Essential Question 135 | 복구비용과 유형자산 취득원가 계산 |

● ㈜합격은 새로운 천연자원 매장지를 발견하고, 20x1년 1월 1일 천연자원 개발에 필요한 구축물을 총공사비 ₩500,000에 자가신축하였다. 회사는 동 구축물을 천연자원의 개발이 끝나는 5년 후에 원상복구할 예정인데, 이 복구공사 역시 외부에 하도급을 주지 않고 자체적으로 실시하고자 한다. 해체 및 원상복구를 위해서는 총 6명의 인부가 25일의 작업을 해야 하며, 20x1년 1월 1일 현재 인부들의 하루 일당은 ₩500일 것으로 추정된다. 또한 복구관련 장비사용 및 공사간접비는 노무비의 65%를 배부하며, 건설업계의 공사관련 정상이윤은 원가의 25%이다. 복구비용이 유형자산의 취득원가 인식기준을 충족한다고 할 경우 구축물의 취득원가의 가장 근사치는 얼마인가?

> (1) 5년간의 매년 평균 물가상승률 : 연 4%
> (2) 노동시장 등 시장의 불안 등에 대한 위험요인 대가 : 5년간 인플레이션을 포함한 현금흐름의 총 6%
> (3) 무위험이자율에 해당기업의 신용위험을 고려하여 산출된 할인율 : 연 8%
> (4) 화폐의 시간가치
>
> | ₩1의 5년 현재가치 | | | ₩1의 5년 미래가치 | | |
> |---|---|---|---|---|---|
> | 4% | 6% | 8% | 4% | 6% | 8% |
> | 0.8219 | 0.7473 | 0.6806 | 1.2167 | 1.3382 | 1.4693 |

① ₩608,617   ② ₩635,781   ③ ₩644,545

④ ₩654,688   ⑤ ₩699,502

해설

- 취득시점 복구예상비용 : (6명x500×25일)+(6명×500×25일)×65%=123,750
  →자체 복구공사시는 정상이윤을 고려하지 않는다.
- 복구시점 복구비용 발생예상액 : 123,750×(1+4%)^5×(1+6%)=159,594
- 복구비용현재가치(복구충당부채) : $\dfrac{159,594}{(1+8\%)^5}$=108,617
- 구축물의 취득원가 : 500,000+108,617=608,617

정답 ①

Essential Question 136 　　차입원가 자본화의 강제

● 다음은 한국채택국제회계기준 '차입원가'의 규정에 대한 설명이다. 가장 옳지 않은 것은 어느 것인가?

① 건설목적으로 취득한 토지를 별다른 개발활동 없이 보유하는 동안 발생한 차입원가는 자본화하지 않는다.

② 적격자산을 취득하기 위한 목적으로 특정하여 차입한 자금에 한하여, 회계기간동안 그 차입금으로부터 실제 발생한 차입원가에서 당해 차입금의 일시적 운용에서 생긴 투자수익을 차감한 금액을 자본화가능차입원가로 결정한다.

③ 적격자산의 취득, 건설 또는 생산과 직접 관련된 차입원가는 당해 자산 원가의 일부로 자본화하거나 발생기간에 비용으로 인식할 수 있다.

④ 재고자산, 전력생산설비, 투자부동산, 생산용식물도 적격자산이 될 수 있다.

⑤ 일반적인 목적으로 자금을 차입하고 이를 적격자산의 취득을 위해 사용하는 경우에 한하여 당해 자산 관련 지출액에 자본화이자율을 적용하는 방식으로 자본화가능차입원가를 결정한다.

해설
• 적격자산의 취득, 건설 또는 생산과 직접 관련된 차입원가는 당해 자산 원가의 일부로 자본화하여야 한다.
　→기타 차입원가는 발생기간에 비용으로 인식하여야 한다.

정답 ③

Essential Question 137 　　차입원가 자본화와 적격자산

● 다음은 한국채택국제회계기준 '차입원가'의 규정에 대한 설명이다. 틀린 설명은 어느 것인가?

① 상당한 기술 및 관리활동을 진행하고 있는 기간에는 차입원가의 자본화를 중단하지 않는다.

② 일반적인 목적으로 자금을 차입하고 이를 적격자산의 취득을 위해 사용하는 경우에 한하여 당해 자산 관련 지출액에 자본화이자율을 적용하는 방식으로 자본화가능차입원가를 결정한다.

③ 적격자산이란 의도된 용도로 사용하거나 판매가능한 상태에 이르게 하는데 상당한 기간을 필요로 하는 자산을 말하며, 투자부동산은 어떤 경우에도 적격자산이 될 수 없다.

④ 자산을 의도된 용도로 사용(또는 판매) 가능하게 위한 과정에 있어 일시적인 지연이 필수적인 경우에는 차입원가의 자본화를 중단하지 아니한다.

⑤ 적격자산을 취득하기 위한 목적으로 특정하여 차입한 자금에 한하여, 회계기간동안 그 차입금으로부터 실제 발생한 차입원가에서 당해 차입금의 일시적 운용에서 생긴 투자수익을 차감한 금액을 자본화가능차입원가로 결정한다.

해설
• 적격자산 : 재고자산, 제조설비자산, 전력생산설비, 무형자산, 투자부동산, 생산용식물

정답 ③

Essential Question 138 | **차입원가 자본화개시와 활동수행여부**

● 다음은 한국채택국제회계기준 '차입원가'에 대한 설명이다. 가장 옳지 않은 것은?

① 물리적인 제작 전에 각종 인허가를 얻기 위한 활동이 진행되는 기간은 적격자산을 의도된 용도로 사용 가능하게 하는 직접적인 활동이라 볼 수 없으므로 해당 기간의 차입원가는 당기 비용으로 처리한다.

② 건설기간동안 해당 지역의 하천수위가 높아지는 현상이 일반적이어서 교량건설이 지연되는 경우에는 차입원가의 자본화를 중단하지 아니한다.

③ 적격자산의 취득, 건설 또는 생산과 직접 관련된 차입원가는 당해 자산 원가의 일부로 자본화하여야 한다.

④ 재고자산, 제조설비자산, 전력생산설비, 무형자산, 투자부동산, 생산용식물은 경우에 따라 적격자산이 될 수 있다.

⑤ 일반적인 목적으로 자금을 차입하고 이를 적격자산의 취득을 위해 사용하는 경우에 한하여 당해 자산 관련 지출액에 자본화이자율을 적용하는 방식으로 자본화가능차입원가를 결정한다.

> 해설
• 물리적인 제작 전에 각종 인허가를 얻기 위한 활동이 진행되는 기간 중에도 차입원가를 자본화한다.

정답 ①

Essential Question 139 | **차입원가 자본화의 중단배제**

● 한국채택국제회계기준 '차입원가'에 대한 설명이다. 가장 타당하지 않은 것은 어느 것인가?

① 건설기간 동안 해당 지역의 하천수위가 높아지는 현상이 일반적이어서 교량건설이 지연되는 경우 적격자산에 대한 적극적인 개발활동이 중단되므로 차입원가의 자본화를 중단한다.

② 적격자산을 취득하기 위한 목적으로 특정하여 차입한 자금에 한하여, 회계기간동안 그 차입금으로부터 실제 발생한 차입원가에서 당해 차입금의 일시적 운용에서 생긴 투자수익을 차감한 금액을 자본화가능차입원가로 결정한다.

③ 상당한 기술 및 관리활동을 진행하고 있는 기간에는 차입원가의 자본화를 중단하지 아니한다.

④ 물리적인 제작 전에 각종 인허가를 얻기 위한 활동이 진행되는 기간 중에도 차입원가를 자본화한다.

⑤ 일반적인 목적으로 자금을 차입하고 이를 적격자산의 취득을 위해 사용하는 경우에 한하여 당해 자산 관련 지출액에 자본화이자율을 적용하는 방식으로 자본화가능차입원가를 결정한다.

> 해설
• 건설기간동안 해당 지역의 하천수위가 높아지는 현상이 일반적이어서 교량건설이 지연되는 경우에는 차입원가의 자본화를 중단하지 아니한다.

정답 ①

Essential Question 140 | 특정차입만 있는 경우 복수기간 차입원가 자본화액[1]

● 다음 자료에 의해 12월 결산법인인 ㈜합격의 20x1년과 20x2년의 자본화 차입원가를 구하면 각각 얼마인가?

> (1) ㈜합격은 회사 본사사옥 신축과 관련하여 20x1년 7월 1일 특정목적차입금 ₩2,500,000(이자율 연 12%, 상환일은 20x2년 6월 30일)을 차입하였으며, 동 차입금의 일시예입으로 인한 이자수익은 없다.
> (2) 본사사옥 신축기간은 20x1년 11월 1일부터 20x2년 10월 31일이다.

	20x1년	20x2년
①	₩50,000	₩250,000
②	₩50,000	₩100,000
③	₩50,000	₩150,000
④	₩150,000	₩250,000
⑤	₩150,000	₩150,000

해설
- 20x1년 자본화 차입원가(20x1년 11월 1일 ~ 12월 31일) : 2,500,000×12%×2/12=50,000
- 20x2년 자본화 차입원가(20x2년 1월 1일 ~ 6월 30일) : 2,500,000×12%×6/12=150,000

저자주 일반차입금이 없는 경우에는 자본화이자율이 계산될 여지가 없으므로 단순히 특정차입금의 차입원가 만을 연도별로 계산하면 됩니다.

정답 ③

Essential Question 141 | 특정차입만 있는 경우 복수기간 차입원가 자본화액[2]

● 다음 자료에 의해 12월 결산법인인 ㈜합격의 20x1년과 20x2년의 자본화 차입원가를 구하면 각각 얼마인가?

> (1) ㈜합격은 회사 본사사옥 신축과 관련하여 20x1년 7월 1일 특정목적차입금 ₩2,500,000(이자율 연 12%, 상환일은 20x2년 6월 30일)을 차입하였으며, 동 차입금의 일시예입으로 인한 이자수익은 없다.
> (2) 본사사옥 신축기간은 20x1년 6월 1일부터 20x2년 4월 30일이다.

	20x1년	20x2년
①	₩125,000	₩100,000
②	₩125,000	₩150,000
③	₩150,000	₩150,000
④	₩150,000	₩250,000
⑤	₩150,000	₩100,000

해설
- 20x1년 자본화 차입원가(20x1년 7월 1일 ~ 12월 31일) : 2,500,000×12%×6/12=150,000
- 20x2년 자본화 차입원가(20x2년 1월 1일 ~ 4월 30일) : 2,500,000×12%×4/12=100,000

정답 ⑤

제1편 Mainplot [주요논제]   제2편 Subplot [특수논제]   합본부록1 기출유형별 필수문제   합본부록2 실전적중모의고사

Essential Question 142 | 특정차입만 있는 경우 차입원가 자본화액과 이자비용

● 다음 자료에 의해 12월 결산법인인 ㈜합격의 특정목적차입금과 관련한 금융원가 중 20x2년도 자본화 차입원가와 20x2년 포괄손익계산서에 기록될 이자비용을 구하면 각각 얼마인가?

> (1) ㈜합격은 회사의 공장신축과 관련하여 20x1년 4월 1일 특정목적차입금 ₩2,000,000(이자율 연 12%, 차입기간은 1년)을 차입하였으며, 동 차입금의 일시예입으로 인한 이자수익은 발생하지 않았다.
> (2) 공장 신축기간은 20x1년 3월 1일부터 20x2년 1월 31일까지이며, 총 ₩3,000,000의 공사비가 투입되었다.

	20x2년 자본화 차입원가	20x2년 이자비용
①	₩20,000	₩30,000
②	₩20,000	₩40,000
③	₩20,000	₩20,000
④	₩40,000	₩60,000
⑤	₩40,000	₩20,000

해설

- 20x2년 자본화 차입원가(20x2년 1월 1일 ~ 1월 31) : 2,000,000×12%×1/12=20,000
- 20x2년 이자비용(20x2년 2월 1일 ~ 3월 31일) : 2,000,000×12%×2/12=40,000

정답 ②

Essential Question 143 | 일시예치가 있는 경우 특정차입금 차입원가 자본화액

● 다음 자료에 의해 12월 결산법인인 ㈜합격의 20x1년 특정차입금의 자본화 차입원가를 구하면 얼마인가?

> (1) ㈜합격은 20x1년 5월 1일부터 본사사옥 건설을 시작하여 20x2년 12월말에 완공하였다.
> (2) 20x1년 5월 1일에 공사대금 ₩3,000,000의 지출이 발생하였다.
> (3) 동 공사와 관련하여 특정차입금 ₩2,500,000(이자율 연 6%, 차입기간은 20x1년 5월 1일부터 2년)을 차입하였으며, 이 중 ₩500,000을 20x1년에 6개월간 연 4%의 투자수익률로 일시 투자하였다.

① ₩80,000 ② ₩90,000 ③ ₩100,000
④ ₩110,000 ⑤ ₩130,000

해설

- 20x1년 특정차입금 차입원가(20x1년 5월 1일 ~ 12월 31) : 2,500,000×6%×8/12=100,000
- 20x1년 일시투자수익 : 500,000×4%×6/12=10,000
- ∴20x1년 특정차입금의 자본화 차입원가 : 100,000-10,000=90,000

정답 ②

| Essential Question 144 | 일시예치가 있는 경우 총 차입원가 자본화액 |

● 12월 31일이 결산일인 ㈜합격은 보유하고 있던 토지에 본사건물을 신축하기 위하여 20x2년 1월 1일 도급계약을 체결하였다. 본사건물은 20x3년 12월 31일이 준공예정일이며 ㈜합격은 본사건물의 신축과 관련하여 다음과 같이 지출하였다.

일자	금액
20x2년 01월 01일	₩460,000
20x2년 07월 01일	₩700,000
20x3년 10월 01일	₩680,000
합계	₩1,840,000

㈜합격의 차입금 현황은 다음과 같다.

구분	차입일	차입금액	상환일	연이자율	이자지급조건
A	20x2년 01월 01일	₩600,000	20x4년 12월 31일	12%	단리/매년말지급
B	20x1년 01월 01일	₩1,000,000	20x3년 12월 31일	10%	단리/매년말지급
C	20x1년 01월 01일	₩1,000,000	20x4년 12월 31일	12%	단리/매년말지급

이들 차입금 중 차입금 A는 본사건물의 신축을 위하여 개별적으로 차입되었으며, 이중 ₩140,000은 20x2년 1월 1일부터 20x2년 6월 30일까지 연 10%(단리)의 이자지급조건의 정기예금에 예치하였다. 차입금 B와 C는 일반적으로 차입된 것이다. 본사건물의 신축과 관련하여 20x2 회계연도에 자본화할 차입원가를 계산하면 얼마인가?

① ₩114,800 ② ₩124,800 ③ ₩95,800
④ ₩220,000 ⑤ ₩282,000

해설

- 연평균지출액 : $460,000 \times 12/12 + 700,000 \times 6/12 = 810,000$
- 자본화이자율 : $\dfrac{1,000,000 \times 10\% \times 12/12 + 1,000,000 \times 12\% \times 12/12 = 220,000}{1,000,000 \times 12/12 + 1,000,000 \times 12/12} = 11\%$
- 자본화차입원가 : ㉠+㉡=95,800
  ㉠ 특정 : $600,000 \times 12\% \times 12/12 - 140,000 \times 10\% \times 6/12 = 65,000$
  ㉡ 일반 : $[810,000 - (600,000 \times 12/12 - 140,000 \times 6/12)] \times 11\% = 30,800$ [한도] 220,000

정답 ③

| Essential Question 145 | 한도를 초과하는 차입원가 자본화액 |

● 다음은 ㈜합격의 도급계약이 체결된 공장신축을 위한 자료이다. 20x2년에 자본화할 차입원가를 계산하면 얼마인가?

(1) 공사기간 : 20x2년 1월 1일 ~ 20x3년 9월 30일
(2) 지출관련 자료

일자	금액
20x2년 01월 01일	₩40,000,000
20x2년 10월 01일	₩80,000,000
20x3년 01월 01일	₩40,000,000

(3) 차입내역

구분	차입일	차입액	연이자율	상환일
A[1]	20x2년 01월 01일	₩30,000,000	단리 8%	20x3년 12월 31일
B[2]	20x1년 08월 01일	₩10,000,000	단리 7%	20x3년 07월 31일
C[2]	20x2년 11월 01일	₩60,000,000	단리 6%	20x4년 10월 31일

[1]공장신축을 목적으로 개별적으로 차입되었다.
[2]모두 일반목적으로 차입되었다.

① ₩2,400,000
② ₩3,700,000
③ ₩4,100,000
④ ₩4,350,000
⑤ ₩5,200,000

─ 해설

• 연평균지출액 : $40,000,000 \times 12/12 + 80,000,000 \times 3/12 = 60,000,000$
• 자본화이자율 : $\dfrac{10,000,000 \times 7\% \times 12/12 + 60,000,000 \times 6\% \times 2/12 = 1,300,000}{10,000,000 \times 12/12 + 60,000,000 \times 2/12 = 20,000,000} = 6.5\%$
• 자본화차입원가 : ㉠+㉡=3,700,000
  ㉠ 특정 : $30,000,000 \times 8\% \times 12/12 = 2,400,000$
  ㉡ 일반 : $(60,000,000 - 30,000,000 \times 12/12) \times 6.5\% = 1,950,000$ [한도] 1,300,000

정답 ②

Essential Question 146	정부보조금이 있는 경우 차입원가 자본화액

● 다음은 ㈜합격의 본사건물 건설을 위한 자료이다. 20x2년 9월 30일에 준공되었고, 20x2년에 신규조달 차입금이 없다고 할때 20x1년 차입원가 자본화액은 얼마인가?

(1) 지출관련 자료

일자	금액
20x1년 04월 01일	₩400,000
20x1년 10월 01일	₩1,000,000[1)]
20x2년 01월 01일	₩1,300,000

(2) 차입내역

구분	차입일	차입액	연이자율	상환일
A[2)]	20x1년 01월 01일	₩500,000	단리 6%	20x2년 12월 31일
B[3)]	20x1년 07월 01일	₩2,000,000	단리 8%	20x2년 12월 31일
C[3)]	20x1년 01월 01일	₩1,000,000	단리 12%	20x2년 08월 31일

[1)] 동 지출일자에 수령한 정부보조금 ₩200,000이 포함되어 있다.

[2)] 본사건물 건설 목적으로 개별적으로 차입되었으며, 이 중 ₩100,000은 20x1.4.1~20x1.6.30까지 연 4%(단리) 조건의 정기예금에 예치하였다.

[3)] 모두 일반목적으로 차입되었으며, B중 ₩200,000은 20x1.7.1~20x1.9.30까지 연 6%(단리) 조건의 정기예금에 예치하였다.

① ₩15,000　　　　② ₩21,500　　　　③ ₩31,500
④ ₩36,500　　　　⑤ ₩41,275

해설

- 연평균지출액 : ㉠-㉡=500,000
  ㉠ 당기 지출분 : $400,000 \times 9/12 + 1,000,000 \times 3/12 = 550,000$
  ㉡ 정부보조금 : $200,000 \times 3/12 = 50,000$
- 자본화이자율 : $\dfrac{2,000,000 \times 8\% \times 6/12 + 1,000,000 \times 12\% \times 12/12 = 200,000}{2,000,000 \times 6/12 + 1,000,000 \times 12/12 = 2,000,000} = 10\%$
- 자본화차입원가 : ㉠+㉡=36,500
  ㉠ 특정 : $(500,000 \times 6\% \times 9/12) - (100,000 \times 4\% \times 3/12) = 21,500$
  ㉡ 일반 : $[500,000 - (500,000 \times 9/12 - 100,000 \times 3/12)] \times 10\% = 15,000$ [한도] 200,000

정답 ④

Essential Question 147 | **투자부동산 해당여부와 식별[1]**

● 다음은 한국채택국제회계기준 '투자부동산'에 대한 설명이다. 가장 옳지 않은 것은?

① 미래에 자가사용하기 위한 부동산, 미래에 개발 후 자가사용할 부동산, 종업원이 사용하고 있는 부동산은 투자부동산이 아니다.

② 부동산 보유자가 부동산 사용자에게 부수적인 용역을 제공하는 경우, 전체 계약에서 그러한 용역의 비중이 경미하더라도 부동산 보유자는 당해 부동산을 투자부동산으로 분류할 수 없다.

③ 미래에 투자부동산으로 사용하기 위하여 건설 또는 개발 중인 부동산은 투자부동산으로 분류한다.

④ 통상적인 영업과정에서 단기간에 판매하기 위하여 보유하는 토지는 투자부동산에서 제외한다.

⑤ 부분별로 분리하여 매각할 수 없다면 재화나 용역의 생산 또는 제공이나 관리목적에 사용하기 위하여 보유하는 부분이 경미한 경우에만 해당 부동산을 투자부동산으로 분류한다.

> **해설**

• 부동산 보유자가 부동산 사용자에게 부수적인 용역을 제공하는 경우, 전체 계약에서 그러한 용역의 비중이 경미하다면 부동산 보유자는 당해 부동산을 투자부동산으로 분류한다. 예를 들면 사무실 건물의 소유자가 그 건물을 사용하는 리스이용자에게 보안과 관리용역을 제공하는 경우이다.

정답 ②

Essential Question 148 | **투자부동산 해당여부와 식별[2]**

● 다음은 한국채택국제회계기준 '투자부동산'의 분류에 관한 설명이다. 가장 옳지 않은 것은?

① 소유자가 직접 경영하는 호텔은 판매목적으로 보유하고 있는 부동산이 아니므로 재고자산이 아니며 투자부동산으로 분류해야 한다.

② 미래에 투자부동산으로 사용하기 위하여 건설 또는 개발 중인 부동산은 투자부동산으로 분류한다.

③ 부동산 보유자가 부동산 사용자에게 부수적인 용역을 제공하는 경우, 전체 계약에서 그러한 용역의 비중이 경미하다면 부동산 보유자는 당해 부동산을 투자부동산으로 분류한다.

④ 가까운 장래에 판매하거나 개발하여 판매하기 위한 목적으로만 취득한 부동산은 투자부동산이 아니다.

⑤ 통상적인 영업과정에서 단기간에 판매하기 위하여 보유하지 않고 장기 시세차익을 얻기 위하여 보유하고 있는 토지는 투자부동산으로 분류한다.

> **해설**

• 부동산 사용자에게 제공하는 용역이 유의적인 경우가 있다. 예를 들면 호텔을 소유하고 직접 경영하는 경우, 투숙객에게 제공하는 용역은 전체 계약에서 유의적인 비중을 차지한다. 그러므로 소유자가 직접 경영하는 호텔은 투자부동산이 아니며 자가사용부동산이다.

정답 ①

Essential Question 149 | 투자부동산평가이익 계산

● 다음은 ㈜합격의 투자부동산(건물)과 관련된 자료이다. ㈜합격은 감가상각하는 것을 고려하고 있다고 할 때 20x2년의 법인세비용차감전순이익에 미치는 영향은?

> (1) 취득일 : 20x1년 1월 1일
> (2) 취득원가 : ₩20,000,000(내용연수는 10년, 잔존가치는 ₩0, 감가상각방법은 정액법)
> (3) 동 건물은 임대목적으로 취득한 것으로 투자부동산으로 분류하여 공정가치모형을 적용한다.
> (4) 20x1년말과 20x2년말의 동 건물의 공정가치는 각각 ₩25,000,000, ₩30,000,000이다.

① ₩2,000,000 감소   ② ₩3,000,000 증가   ③ ₩3,000,000 감소
④ ₩5,000,000 증가   ⑤ ₩5,000,000 감소

해설
• 평가이익 : 30,000,000－25,000,000=5,000,000 →공정가치모형에서는 감가상각을 하지 않는다.

정답 ④

Essential Question 150 | 투자부동산 공정가치모형

● 다음은 ㈜합격의 건물 취득과 관련된 자료이다. 20x1년에 인식할 감가상각비와 투자부동산평가손익을 계산하면 각각 얼마이겠는가?

> (1) 취득일 : 20x1년 1월 1일
> (2) 취득원가 : ₩16,500,000(내용연수는 5년, 잔존가치는 ₩1,500,000, 감가상각방법은 정액법)
> (3) 동 건물은 운용리스로 제공할 목적으로 취득한 것으로 공정가치모형을 적용한다.
> (4) 20x1년 12월 31일 현재 동 건물의 공정가치는 ₩19,500,0000이다.

	감가상각비	평가손익
①	₩3,000,000	₩3,000,000
②	₩3,000,000	₩6,000,000
③	₩3,000,000	(₩3,000,000)
④	₩0	₩3,000,000
⑤	₩0	(₩3,000,000)

해설
• 감가상각비 : 공정가치모형에서는 감가상각을 하지 않는다.
• 평가이익 : 19,500,000－16,500,000=3,000,000

정답 ④

Essential Question 151	투자부동산의 평가모형별 손익차이[1]

● ㈜합격은 20x1년초에 건물을 ₩40,000,000에 취득(내용연수 20년, 잔존가치 ₩0, 정액법으로 상각)하고 이를 투자부동산으로 분류하였다. 20x1년말 동 건물의 공정가치가 ₩36,800,000이라고 할 때 동 건물에 대해 원가모형을 적용하는 경우와 공정가치모형을 적용하는 경우 20x1년도 다음 설명 중 옳은 것은?

① 원가모형 적용시 법인세비용차감전순이익이 ₩1,200,000 더 많다.
② 원가모형 적용시 법인세비용차감전순이익이 ₩1,500,000 더 많다.
③ 공정가치가모형 적용시 법인세비용차감전순이익이 ₩1,000,000 더 많다.
④ 공정가치가모형 적용시 법인세비용차감전순이익이 ₩1,300,000 더 많다.
⑤ 공정가치가모형 적용시 법인세비용차감전순이익이 ₩1,800,000 더 많다.

> 해설

- 원가모형 : 감가상각비만 인식하며, 평가손익은 인식하지 아니한다.
  →20x1년 감가상각비 : 40,000,000÷20년=2,000,000
- 공정가치모형 : 평가손익만 인식하며, 감가상각비는 인식하지 아니한다.
  →20x1년 평가손실 : 40,000,000-36,800,000=3,200,000
∴원가모형 적용시 법인세비용차감전순이익이 1,200,000 더 많다.

정답 ①

Essential Question 152	투자부동산의 평가모형별 손익차이[2]

● ㈜합격은 20x1년 1월 1일에 임대수익을 얻을 목적으로 건물을 ₩25,000,000에 취득하고 투자부동산으로 분류하였다. 동 건물의 내용연수는 10년으로 추정하였고, 잔존가치는 없다고 판단하였으며, 정액법을 적용하여 감가상각한다. 동 건물에 대하여 원가모형을 적용할 경우와 공정가치모형을 적용할 경우 20x2년도 법인세비용차감전순이익에 미치는 영향의 차이에 대한 설명으로 옳은 것은? 단, 20x1년말 동 건물의 공정가치는 ₩17,500,000이며, 20x2년말 공정가치는 ₩27,500,000이다.

① 원가모형 적용시 법인세비용차감전순이익이 ₩5,000,000 더 많다.
② 원가모형 적용시 법인세비용차감전순이익이 ₩12,500,000 더 많다.
③ 공정가치가모형 적용시 법인세비용차감전순이익이 ₩5,000,000 더 많다.
④ 공정가치가모형 적용시 법인세비용차감전순이익이 ₩12,500,000 더 많다.
⑤ 원가모형 적용시와 공정가치가모형 적용시 차이가 발생하지 않는다.

> 해설

- 원가모형 : 감가상각비만 인식하며, 평가손익은 인식하지 아니한다.
  →20x2년 감가상각비 : 25,000,000÷10년=2,500,000
- 공정가치모형 : 평가손익만 인식하며, 감가상각비는 인식하지 아니한다.
  →20x2년 평가이익 : 27,500,000-17,500,000=10,000,000
∴공정가치모형 적용시 법인세비용차감전순이익이 12,500,000 더 많다.

정답 ④

Essential Question 153 | 투자부동산의 평가모형별 손익차이[3]

● ㈜합격은 20x1년 1월 1일에 임대수익을 얻을 목적으로 건물을 ₩5,000,000에 취득하였고 이를 투자부동산으로 분류하고 원가모형을 적용하였다. 동 건물의 내용연수는 10년, 잔존가치는 없는 것으로 판단하였으며, 정액법을 적용하여 감가상각하였다. 20x1년도 법인세비용차감전순이익은 ₩2,500,000이다. 만약 ㈜합격이 투자부동산인 동 건물에 대하여 원가모형이 아니라 공정가치모형을 적용했다면 20x1년도 법인세비용차감전순이익은 얼마이겠는가? 단, 20x1년말 투자부동산인 동 건물의 공정가치는 ₩5,750,000이다.

① ₩2,250,000　　　　② ₩2,500,000　　　　③ ₩2,750,000
④ ₩3,750,000　　　　⑤ ₩4,250,000

해설

• 원가모형 감가상각비 : 5,000,000÷10년=500,000
　공정가치모형 평가이익 : 5,750,000−5,000,000=750,000
• 감가상각비를 제외시킨 법인세비용차감전순이익 : 2,500,000+500,000=3,000,000
∴ 평가이익 반영 후 법인세비용차감전순이익 : 3,000,000+750,000=3,750,000

정답 ④

Essential Question 154 | 투자부동산 계정대체 일반사항[1]

● 한국채택국제회계기준 '투자부동산'의 규정에 의한 투자부동산의 계정대체에 대한 설명이다. 가장 옳지 않은 것은?

① 재고자산을 공정가치로 평가하는 투자부동산으로 대체하는 경우, 재고자산의 장부금액과 대체시점의 공정가치의 차액은 당기손익으로 인식한다.

② 공정가치로 평가하게 될 자가건설 투자부동산의 건설이나 개발이 완료되면 해당일의 공정가치와 기존 장부금액의 차액은 당기손익으로 인식한다.

③ 자가사용부동산을 공정가치로 평가하는 투자부동산으로 대체하는 시점까지 그 부동산을 감가상각하고, 발생한 손상차손을 인식한다.

④ 투자부동산을 개발하지 않고 처분하려는 경우에는 제거될 때까지 투자부동산을 재고자산으로 대체한다.

⑤ 투자부동산을 원가모형으로 평가하는 경우에는 투자부동산, 자가사용부동산, 재고자산 사이에 대체가 발생할 때에 대체 전 자산의 장부금액을 승계하며 측정이나 주석공시 목적으로 자산의 원가를 변경하지 않는다.

해설

• 투자부동산을 개발하지 않고 처분하기로 결정하는 경우에는 그 부동산이 제거(재무상태표에서 삭제)될 때까지 재무상태표에 투자부동산으로 계속 분류하며 재고자산으로 재분류하지 않는다. 이와 비슷하게 투자부동산을 재개발하여 미래에도 계속 투자부동산으로 사용하려는 경우에도 재개발기간에 계속 투자부동산으로 분류하며 자가사용부동산으로 재분류하지 않는다.

정답 ④

Essential Question 155 | **투자부동산 계정대체 일반사항[2]**

● 한국채택국제회계기준 '투자부동산'에서 규정하고 있는 회계처리에 대한 설명이다. 가장 옳지 않은 것은?

① 투자부동산을 원가모형으로 평가하는 경우에는 투자부동산, 자가사용부동산, 재고자산 사이에 대체가 발생할 때에 대체 전 자산의 장부금액을 승계하며 측정이나 주석공시 목적으로 자산의 원가를 변경하지 않는다.

② 투자부동산을 재개발하여 미래에도 계속 투자부동산으로 사용하려는 경우, 재개발기간에도 계속 투자부동산으로 분류한다.

③ 투자부동산을 개발하지 않고 처분하기로 결정하는 경우에는 그 부동산이 제거(재무상태표에서 삭제)될 때까지 재무상태표에 투자부동산으로 계속 분류하며 재고자산으로 재분류하지 않는다.

④ 투자부동산의 손상, 멸실 또는 포기로 제3자에게서 받은 보상은 받을 수 있게 되는 시점에 당기손익으로 인식한다.

⑤ 재고자산을 공정가치로 평가하는 투자부동산으로 대체하는 경우, 재고자산의 장부금액과 대체시점의 공정가치의 차액은 기타포괄손익으로 인식한다.

───

해설

• 기타포괄손익(X) → 당기손익(O)

정답 ⑤

Essential Question 156 | **투자부동산(공정가치모형)으로 계정대체**

● ㈜합격은 20x1년 1월 1일 건물을 ₩2,000,000에 취득하였다.(내용연수 20년, 잔존가치 ₩0, 정액법으로 상각) ㈜합격은 동 건물을 본사사옥으로 사용하였으며 원가모형을 적용하였다. ㈜합격은 20x5년초부터 동 건물을 임대목적으로 사용할 것이므로 동 건물을 유형자산(자가사용부동산)에서 투자부동산으로 분류변경하였다. 분류변경일까지 동 건물에 대하여 인식한 손상차손은 없으며, 투자부동산은 공정가치모형을 적용한다. 이 경우 회계처리에 대한 다음 설명 중 옳지 않은 것은?

① 분류변경일 현재 동 건물의 공정가치가 ₩1,000,000인 경우 투자부동산은 ₩1,000,000으로 인식한다.

② 분류변경일 현재 동 건물의 공정가치가 ₩1,800,000인 경우 투자부동산은 ₩1,800,000으로 인식한다.

③ 분류변경일 현재 동 건물의 공정가치가 ₩1,000,000인 경우 재평가손실 ₩600,000을 인식한다.

④ 분류변경일 현재 동 건물의 공정가치가 ₩1,800,000인 경우 재평가잉여금 ₩600,000을 인식한다.

⑤ 사용목적 변경시점의 유형자산 장부금액과 공정가치의 차액은 유형자산 재평가모형의 재평가회계처리와 동일한 방법으로 회계처리한다.

> **해설**
>
> • 공정가치가 1,000,000인 경우 20x5년초 계정대체 회계처리
>
> | (차) 재평가손실(당기손익) | 600,000 | (대) 건물 | 600,000 |
> |---|---|---|---|
> | (차) 감가상각누계액 | 400,000 | (대) 건물 | 1,400,000 |
> | 투자부동산 | 1,000,000 | | |
>
> • 공정가치가 1,800,000인 경우 20x5년초 계정대체 회계처리
>
> | (차) 건물 | 200,000 | (대) 재평가잉여금 | 200,000 |
> |---|---|---|---|
> | (차) 감가상각누계액 | 400,000 | (대) 건물 | 2,200,000 |
> | 투자부동산 | 1,800,000 | | |

정답 ④

Essential Question 157 | **무형자산인식과 비용처리**

● 다음은 한국채택국제회계기준 '무형자산'과 관련된 설명이다. 가장 타당하지 않은 것은 어느 것인가?

① 내용연수가 비한정인 무형자산은 상각하지 아니한다.

② 무형자산의 회계정책으로 원가모형이나 재평가모형을 선택할 수 있다.

③ 최초로 비용으로 인식한 내부적으로 창출한 무형항목에 대한 지출은 그 이후에 무형자산의 원가로 인식할 수 없다.

④ 무형자산의 정의를 충족하면서 자산에서 발생하는 미래경제적 효익이 기업에 유입될 가능성이 높고 자산의 원가를 신뢰성있게 측정할 수 있는 경우에만 무형자산을 인식한다.

⑤ 연구활동 및 개발활동에 대한 지출은 발생시점에 비용으로 인식한다.

> **해설**
>
> • 개발활동에 대한 지출은 자산인식요건을 충족하는 경우 자산으로 인식한다.

정답 ⑤

Essential Question 158 | **사업결합시 영업권 계산[1]**

● ㈜합격은 ㈜적중을 합병하였으며 합병시점의 ㈜적중의 재무상태표상 자산과 부채 자료는 다음과 같다. 동 합병과 관련하여 ㈜합격이 지급한 합병대가가 ₩37,500,000일 경우 ㈜합격이 인식할 영업권을 구하면 얼마인가?

㈜적중	재무상태표				
	장부금액	공정가치		장부금액	공정가치
매출채권	6,250,000	6,250,000	매입채무	3,750,000	3,750,000
재고자산	3,750,000	3,750,000	미지급금	2,500,000	2,500,000
기계장치	37,500,000	50,000,000	차입금	25,000,000	25,000,000

① ₩3,750,000 ② ₩8,750,000 ③ ₩9,750,000
④ ₩21,250,000 ⑤ ₩37,500,000

해설

- 자산공정가치 : 6,250,000+3,750,000+50,000,000 = 60,000,000
  부채공정가치 : 3,750,000+2,500,000+25,000,000 = 31,250,000
  순자산공정가치 28,750,000

∴영업권 : 37,500,000(합병대가)-28,750,000(순자산공정가치)=8,750,000

정답 ②

Essential Question 159 | **사업결합시 영업권 계산[2]**

● 다음은 ㈜합격의 합병과 관련된 자료이다. 동 합병으로 인식할 영업권을 구하면 얼마인가?

(1) ㈜합격은 ㈜적중을 합병하면서 합병대가로 ₩2,000,000,000을 지급하였다.
(2) 합병시점 ㈜적중의 재무상태표상 자산총계는 ₩2,625,000,000, 부채총계는 ₩875,000,000이다.
(3) ㈜적중의 재무상태표상 자산 및 부채의 장부금액은 건물을 제외하고는 공정가치와 동일하다.
(4) 건물의 재무상태표상 장부금액은 ₩300,000,000으로 기록되었으나 합병시점의 공정가치는 ₩450,000,000으로 평가되었다.

① ₩50,000,000 ② ₩100,000,000 ③ ₩150,000,000
④ ₩250,000,000 ⑤ ₩350,000,000

해설

- 자산공정가치 : 2,625,000,000+(450,000,000-300,000,000) = 2,775,000,000
  부채공정가치 : = 875,000,000
  순자산공정가치 1,900,000,000

∴영업권 : 2,000,000,000(합병대가)-1,900,000,000(순자산공정가치)=100,000,000

정답 ②

Essential Question 160 | 비한정 무형자산의 처리

● 다음은 ㈜합격이 취득한 방송 라이선스와 관련된 자료이다. ㈜합격이 20x1년말 재무상태표에 보고할 방송 라이선스 금액은 얼마인가? 단, ㈜합격은 상각가능한 무형자산에 대하여 잔존가치 없이 10년 동안 정액법으로 상각하며, 손상은 없다고 가정한다.

> (1) ㈜합격은 20x1년 1월 1일 방송 라이선스를 ₩250,000,000에 취득하였다.
> (2) 라이선스의 1회 법적 유효기간은 10년이나, 기업이 적어도 통상적인 수준의 서비스를 고객에게 제공하고 관련 법적 규정을 준수한다면 거의 원가없이 비한정으로 갱신이 가능하다.
> (3) ㈜합격은 라이선스를 비한정으로 갱신하려는 의도를 가지고 있으며 갱신할 수 있는 능력을 가지고 있다는 증거도 있다.

① ₩25,000,000 ② ₩125,000,000 ③ ₩225,000,000
④ ₩250,000,000 ⑤ ₩0

해설

• [K-IFRS '무형자산' 적용사례4]
  방송 라이선스는 비한정으로 기업의 순현금유입에 기여할 것으로 기대되므로, 내용연수가 비한정인 것으로 회계처리한다. 따라서 당해 라이선스는 그 내용연수가 유한하다고 결정할 때까지는 상각하지 않으며, 라이선스에 대하여 매년 그리고 자산손상을 시사하는 징후가 있을 때마다 손상검사를 한다.
  ∴20x1년말 무형자산(방송 라이선스) 금액 : 250,000,000

정답 ④

Essential Question 161 | 내부창출 무형자산

● 한국채택국제회계기준 '무형자산' 회계처리에 관한 설명으로 가장 타당한 것은?

① 무형자산과 교환거래의 경우 교환거래에 상업적 실질이 결여되더라도 취득시 제공한 자산의 공정가치를 신뢰성있게 측정이 가능하다면 취득원가는 공정가치로 측정한다.
② 사업결합으로 취득한 영업권은 20년을 넘지 않는 내용연수 동안 상각한다.
③ 내부적으로 창출된 브랜드, 고객목록 및 이와 실질이 유사한 항목에 대한 지출은 무형자산으로 인식하지 않는다.
④ 내용연수가 비한정인 무형자산은 상각하지 않고, 자산손상을 시사하는 징후가 확실한 경우에만 손상검사를 한다.
⑤ 연구개발활동과 관련하여 연구단계에서 발생한 지출은 당기비용으로 처리하고, 개발단계에서 발생한 지출은 무형자산으로 처리한다.

해설

• ① 상업적 실질이 결여되어 있는 경우 취득원가는 제공자산의 장부금액으로 측정한다.
  ② 영업권은 상각하지 않는다.
  ④ 매년 또는 자산손상을 시사하는 징후가 있을 때에 손상검사한다.
  ⑤ 개발단계에서 발생한 지출은 자산인식 요건을 충족하는 경우에만 무형자산으로 처리한다.

정답 ③

Essential Question 162	개발비의 인식과 상각

● ㈜합격의 다음 자료에 의할 때 20x1년에 보고할 무형자산과 무형자산상각비는 각각 얼마인가?

> (1) ㈜합격은 20x1년 중에 연구활동과 관련하여 ₩5,000,000, 개발활동과 관련하여 ₩20,000,000의 지출이 있었다.
> (2) 개발활동에 소요된 ₩20,000,000 중 ₩7,500,000은 20x1년 3월 1일부터 9월 30일까지 지출되었으며 나머지 금액은 20x1년 10월 1일 이후에 지출되었다.
> (3) ㈜합격의 개발활동이 무형자산 인식기준을 충족한 것은 10월 1일 이후이며, 10월 1일 이후 개발활동에 소요된 금액은 모두 무형자산 인식기준을 충족한 개발활동에 대한 지출이었다.
> (4) ㈜합격은 해당 무형자산의 내용연수를 5년, 잔존가치는 없다고 추정하였으나 해당 자산의 경제적 효익이 소비될 것으로 예상되는 형태는 신뢰성있게 결정할 수 없었다.

	무형자산	무형자산상각비
①	₩7,500,000	₩375,000
②	₩12,500,000	₩2,500,000
③	₩12,500,000	₩625,000
④	₩20,000,000	₩1,000,000
⑤	₩20,000,000	₩4,000,000

> 해설

- 개발비(20x1년 10월 1일 이후 지출분) : 20,000,000-7,500,000=12,500,000
- 개발비상각비(20x1년 10월 1일 ~ 12월 31일) : 12,500,000÷5년×3/12=625,000
  →경제적 효익이 소비될 것으로 예상되는 형태를 신뢰성있게 결정할 수 없는 경우는 정액법을 적용한다.

 정답 ③

Essential Question 163 | **무형자산 재평가모형과 활성시장 여부**

● 다음은 한국채택국제회계기준 '무형자산'에 대한 설명이다. 가장 타당하지 않은 것은?

① 내부적으로 창출된 브랜드, 제호, 출판표제, 고객목록과 이와 실질이 유사한 항목은 무형자산으로 인식하지 않는다.

② 재평가모형을 적용하여 무형자산을 회계처리하는 경우에는, 같은 유형의 기타 모든 자산에 대해 그에 대한 활성시장이 없는 경우에도 동일한 방법을 적용하여 회계처리한다.

③ 사업결합으로 취득하는 무형자산의 취득원가는 취득일 공정가치로 한다.

④ 무형자산을 최초로 인식할 때에는 원가로 측정한다.

⑤ 최초에 비용으로 인식한 무형항목에 대한 지출은 그 이후에 무형자산의 원가로 인식할 수 없다.

해설

• 재평가한 무형자산과 같은 유형 내의 무형자산을 그 자산에 대한 활성시장이 없어서 재평가할 수 없는 경우에는 원가에서 상각누계액과 손상차손누계액을 차감한 금액으로 표시한다.

정답 ②

Essential Question 164 | **연구비와 개발비손상차손 계산**

● 20x1년초 ㈜합격항공은 500억원중 100억원은 연구단계비용으로, 400억원은 차세대 여객기의 개발비로 사용했다. 20x2년초에는 차세대 여객기의 엔진 개발비로 200억원을 사용하고 20x3년초에는 개발을 포기했다. 개발비는 자산인식요건을 충족한다. ㈜합격항공이 20x1년과 20x3년에 인식해야 하는 포괄손익계산서상의 비용은 얼마인가? 단, 회사는 원가모형을 채택하고 있다.

	20x1년	20x2년
①	200억원	400억원
②	130억원	140억원
③	100억원	600억원
④	250억원	400억원
⑤	130억원	310억원

해설

• 20x1년 : 연구비 100억원
• 20x3년 : 손상차손 400억원+200억원=600억원

정답 ③

Essential Question 165	무형자산상각비와 손상

● ㈜합격의 20x1년초 장부에는 ₩14,000,000의 개발비가 계상되어 있다. 동 개발비는 20x1년초 현재 잔존내용연수가 7년이고, 잔존가액없이 정액법으로 상각한다. 개발비에 대한 매년말 회수가능액은 다음과 같다.

20x1년말 : ₩3,000,000	20x2년말 : ₩11,000,000

㈜합격은 20x1년말 개발비에 대하여 손상차손을 인식하였다. 이 때 개발비와 관련하여 ㈜합격이 20x2년말에 인식할 손익항목으로 올바른 것은? 단, 어떠한 경우에도 개발비의 내용연수에는 변동이 없으며, 회사는 원가모형을 채택하고 있다.

	무형자산상각비	손상차손환입
①	₩500,000	₩7,500,000
②	₩2,000,000	₩8,500,000
③	₩500,000	₩8,500,000
④	₩1,000,000	₩7,500,000
⑤	₩800,000	₩6,500,000

해설

• 무형자산상각비 : 3,000,000÷6년=500,000
• 장부금액 : 3,000,000−500,000=2,500,000
• 환입액 : Min[① 14,000,000−14,000,000×2/7=10,000,000 ② 11,000,000]−2,500,000=7,500,000

정답 ①

Essential Question 166	무형자산 손상차손환입액

● ㈜합격(결산일 12월 31일)은 신기술 개발을 위하여 20x1년과 20x2년에 각각 ₩5,000,000과 ₩7,000,000을 지출하였으며 이 지출액은 모두 개발비로 자산처리할 수 있는 요건을 충족하였다. 이 지출의 결과 얻어진 신기술은 20x2년 10월 1일에 개발이 완료되어 사용되기 시작하였다. 그런데 이 신기술의 시장성이 그다지 없다는 A연구소의 발표 때문에 이 신기술의 회수가능가액이 20x3년 말 현재 ₩8,400,000으로 평가(손상사유발생)되었다. 그러나 A연구소는 당초의 평가를 수정하였고 그 결과 20x4년말 현재 이 신기술의 회수가능액은 ₩9,500,000으로 회복되었다. 한편, ㈜합격은 개발비의 상각기간을 10년으로 추정하였고, 개발비의 상각방법으로서 정액법을 사용하고 월할 계산한다. 이때 20x4년말에 ㈜합격이 인식할 개발비손상차손환입액은 얼마인가? 단, 회사는 원가 모형을 채택하고 있다.

① ₩2,060,000   ② ₩1,100,000   ③ ₩1,860,000
④ ₩2,100,000   ⑤ ₩1,050,000

해설

• 회계처리

20x1년	(차) 개발비	5,000,000	(대) 현금	5,000,000
20x2년	(차) 개발비	7,000,000	(대) 현금	7,000,000
	(차) 무형자산상각비	300,000[1]	(대) 개발비	300,000
20x3년	(차) 무형자산상각비	1,200,000[2]	(대) 개발비	1,200,000
	(차) 손상차손	2,100,000[3]	(대) 개발비(손상차손누계액)	2,100,000
20x4년	(차) 무형자산상각비	960,000[4]	(대) 개발비	960,000
	(차) 개발비(손상차손누계액)	1,860,000	(대) 손상차손환입	1,860,000[5]

[1] $12,000,000 \div 10년 \times 3/12 = 300,000$
[2] $12,000,000 \div 10년 = 1,200,000$
[3] $8,400,000 - (12,000,000 - 300,000 - 1,200,000) = 2,100,000$
[4] $8,400,000 \times 12/105 = 960,000$
[5] $Min[① 12,000,000 - 12,000,000 \times 27/120 ② 9,500,000] - (8,400,000 - 960,000) = 1,860,000$

정답 ③

Essential Question 167 | **금융부채의 범위**

● 금융부채에 대한 한국채택국제회계기준의 설명이다. 틀린 설명은 어느 것인가?

① 정부가 부과하는 법적 요구사항에 따라 발생하는 법인세와 관련된 부채는 금융부채가 아니다.

② 기업회계기준서 제1037호 '충당부채, 우발부채 및 우발자산'에서 정의하고 있는 의제의무는 금융부채이다

③ 금융상품의 발행자는 계약의 실질과 금융부채, 금융자산 및 지분상품의 정의에 따라 최초인식시점에 금융상품이나 금융상품의 구성요소를 금융부채, 금융자산 또는 지분상품으로 분류하여야 한다.

④ 금융부채와 지분상품을 구분하는 중요한 특성은 금융상품의 거래당사자인 발행자가, 금융상품의 다른 거래당사자인 보유자에게 현금 등 금융자산을 인도하거나 발행자에게 잠재적으로 불리한 조건으로 보유자와 금융자산이나 금융부채를 교환하는 계약상 의무의 존재 여부이다.

⑤ 우선주의 보유자가 발행자에게 특정일이나 그 이후에 확정되었거나 결정가능한 금액의 상환을 청구할 수 있는 권리를 보유하고 있는 경우에 이러한 우선주는 금융부채이다.

해설

• K-IFRS '충당부채, 우발부채 및 우발자산'에서 정의하고 있는 의제의무도 계약에서 발생한 것이 아니므로 금융부채가 아니다.

정답 ②

Essential Question 168 | **금융부채의 재분류 여부**

● 다음은 금융부채의 회계처리에 대한 설명이다. 가장 옳지 않은 것은?

① 상각후원가와 공정가치로 측정하는 금융부채 간의 재분류시에 발생하는 차액은 당기손익으로 인식한다.

② 기존 금융부채의 조건이 실질적으로 변경된 경우 최초의 금융부채를 제거하고 새로운 금융부채를 인식한다.

③ 금융부채의 일부를 재매입하는 경우에 종전 금융부채의 장부금액은 계속 인식하는 부분과 제거하는 부분에 대해 재매입일 현재 각 부분의 상대적 공정가치를 기준으로 배분한다.

④ 기존 차입자와 대여자가 실질적으로 다른 조건으로 채무상품을 교환한 경우에 최초의 금융부채를 제거하고 새로운 금융부채를 인식한다.

⑤ 소멸하거나 제3자에게 양도한 금융부채(또는 금융부채의 일부)의 장부금액과 지급한 대가의 차액은 당기손익으로 인식한다.

해설

• 금융부채는 재분류하지 아니한다.[K-IFRS '금융상품' 문단 4.4.2]

정답 ①

Essential Question 169 | 금융자산·금융부채의 상계

● 한국채택국제회계기준 '금융상품 : 표시'에 대한 설명이다. 틀린 설명은 어느 것인가?

① 금융부채의 장부금액 변동과 관련된 손익은 당기손익으로 인식한다.

② 인식한 자산과 부채에 대해 법적으로 집행가능한 상계 권리를 갖고 있지 않더라도 차액으로 결제할 의도가 있다면 금융자산과 금융부채를 상계하고 재무상태표에 순액으로 표시한다.

③ 복합금융상품의 발행과 관련된 거래원가는 배분된 발행금액에 비례하여 부채요소와 자본요소로 배분한다.

④ 보유자가 발행자에게 특정일이나 그 후에 확정되었거나 결정 가능한 금액으로 상환해줄 것을 청구할 수 있는 권리가 있는 우선주는 금융부채이다.

⑤ 복합금융상품의 최초 장부금액을 부채요소와 자본요소에 배분하는 경우 복합금융상품 전체의 공정가치에서 별도로 결정된 부채요소의 금액을 차감한 나머지 금액을 자본요소에 배분한다.

해설
• [K-IFRS '금융상품 : 표시' 문단42]
다음 조건을 모두 충족하는 경우에만 금융자산과 금융부채를 상계하고 재무상태표에 순액으로 표시한다.
㉠ 인식한 자산과 부채에 대해 법적으로 집행가능한 상계 권리를 현재 갖고 있다.
㉡ 차액으로 결제하거나, 자산을 실현하는 동시에 부채를 결제할 의도가 있다.

정답 ②

Essential Question 170 | 금융부채(복합금융상품)의 장부금액 배분

● 다음은 한국채택국제회계기준 '금융상품 : 표시'에서 규정한 회계처리에 대한 설명이다. 가장 타당하지 않은 것은?

① 보유자가 발행자에게 특정일이나 그 후에 확정되었거나 결정 가능한 금액으로 상환해줄 것을 청구할 수 있는 권리가 있는 우선주는 금융부채이다.

② 인식한 자산과 부채에 대해 법적으로 집행가능한 상계 권리를 현재 갖고 있고, 차액으로 결제할 의도가 있다면 금융자산과 금융부채를 상계하고 재무상태표에 순액으로 표시한다.

③ 복합금융상품의 발행과 관련된 거래원가는 배분된 발행금액에 비례하여 부채요소와 자본요소로 배분한다.

④ 금융부채의 장부금액 변동과 관련된 손익은 당기손익으로 인식한다.

⑤ 복합금융상품의 최초 장부금액을 부채요소와 자본요소에 배분하는 경우 복합금융상품 전체의 공정가치에서 별도로 결정된 자본요소의 금액을 차감한 나머지 금액을 부채요소에 배분한다.

해설
• 자본요소의 금액을 차감한 나머지 금액을 부채요소에 배분한다.(X)
→부채요소의 금액을 차감한 나머지 금액을 자본요소에 배분한다.(O)

정답 ⑤

Essential Question 171	사채 할인발행시 총이자비용 계산

● 다음은 ㈜합격이 20x1년 1월 1일 발행한 사채에 관한 자료이다. ㈜합격이 동 사채로 인하여 만기까지 인식해야 할 이자비용 총액을 구하면 얼마인가? 단, 계산과정에서 소수점 이하는 첫째자리에서 반올림하여 가장 근사치를 선택한다.

· 액면금액	:	₩2,500,000
· 표시이자율	:	연 8%(매년 12월 31일 후급)
· 만기상환일	:	20x3년 12월 31일
· 사채발행일의 유효이자율	:	연 10%

할인율 기간	단일금액 ₩1의 현재가치		정상연금 ₩1의 현재가치	
	8%	10%	8%	10%
1년	0.9259	0.9091	0.9259	0.9091
2년	0.8573	0.8264	1.7833	1.7355
3년	0.7938	0.7513	2.5771	2.4868

① ₩642,800　　　　② ₩670,350　　　　③ ₩698,150
④ ₩724,390　　　　⑤ ₩824,390

해설

• 현재가치(발행금액) : 2,500,000×8%×2.4868+2,500,000×0.7513=2,375,610
• 총액면이자 : 2,500,000×8%×3년=600,000
• 총사채할인발행차금 : 2,500,000−2,375,610=124,390
∴총이자비용 : 600,000(총액면이자)+124,390(총사채할인발행차금)=724,390

·고속철·	□ 할인발행의 경우 총이자비용 : 총액면이자+총사채할인발행차금
	□ 할증발행의 경우 총이자비용 : 총액면이자−총사채할증발행차금

정답 ④

Essential Question 172 | 사채 할증발행시 총이자비용 계산

● 다음은 ㈜합격이 20x1년 1월 1일 발행한 사채에 관한 자료이다. ㈜합격이 동 사채로 인하여 만기까지 인식해야 할 이자비용 총액을 구하면 얼마인가? 단, 계산과정에서 소수점 이하는 첫째자리에서 반올림하여 가장 근사치를 선택한다.

· 액면금액	:	₩2,500,000
· 표시이자율	:	연 10%(매년 12월 31일 후급)
· 만기상환일	:	20x3년 12월 31일
· 사채발행일 현재 유효이자율	:	연 8%

할인율 기간	단일금액 ₩1의 현재가치		정상연금 ₩1의 현재가치	
	8%	10%	8%	10%
1년	0.9259	0.9091	0.9259	0.9091
2년	0.8573	0.8264	1.7833	1.7355
3년	0.7938	0.7513	2.5771	2.4868

① ₩621,225　　　　　　② ₩642,800　　　　　　③ ₩670,475
④ ₩724,390　　　　　　⑤ ₩772,225

해설

• 현재가치(발행금액) : 2,500,000×10%×2.5771+2,500,000×0.7938=2,628,775
• 총액면이자 : 2,500,000×10%×3년=750,000
• 총사채할증발행차금 : 2,628,775−2,500,000=128,775
∴총이자비용 : 750,000(총액면이자)−128,775(총사채할증발행차금)=621,225

정답 ①

Essential Question 173 | 이자지급일 사이의 사채발행시 사채할인발행차금상각액

● 다음은 ㈜합격의 사채의 발행과 관련된 자료이다. 동 사채의 회계처리와 관련하여 틀린 설명은?

---

(1) 액면금액은 ₩3,000,000, 만기는 4년
(2) 표시이자율은 연 6%(매년말 이자지급)이고, 유효이자율은 연 12%이다.
(3) 사채권면에 표시된 발행일은 20x1년 1월 1일이며, 실제발행일은 20x1년 7월 1일이다.
(4) 현가계수 자료

	₩1의 현가			₩1의 연금현가		
	2년	3년	4년	2년	3년	4년
6%	0.89000	0.83962	0.79209	1.83340	2.67402	3.46511
12%	0.79719	0.71178	0.63552	1.69005	2.40183	3.03735

---

① 사채권면의 발행일과 실제 발행일 사이의 액면이자 발생액은 ₩90,000이다.
② 사채권면의 발행일과 실제 발행일 사이의 유효이자 발생액은 ₩147,197이다.
③ 실제발행일의 순수 사채발행금액은 ₩2,510,480이다.
④ 20x1년에 상각되는 사채할인발행차금은 ₩147,790이다.
⑤ 20x1년말 현재 사채할인발행차금 잔액은 ₩432,3230이다.

해설

• 20x1년초 현재가치 : 180,000×3.03735+3,000,000×0.63552=2,453,283
• 사채권면의 발행일과 실제 발행일 사이의 유효이자 발생액 : 2,453,283×12%×6/12=147,197
　→사채권면의 발행일과 실제 발행일 사이의 액면이자 발생액 : 3,000,000×6%×6/12=90,000
• 사채구입가격(현금수령액) : 2,453,283+147,197=2,600,480
• 순수 사채발행금액 : 2,600,480-90,000=2,510,480
• 20x1년 회계처리

(차) 현금	2,600,480	(대) 사채	3,000,000
사채할인발행차금	489,520	미지급이자	90,000
(차) 미지급이자	90,000	(대) 현금	180,000
이자비용	147,197[1]	사채할인발행차금	57,197[2]

　[1] 2,453,283×12%×6/12=147,197
　[2] (2,453,283×12%-180,000)×6/12=57,197

• 20x1년에 상각되는 사채할인발행차금 : 57,197
• 20x1년말 현재 사채할인발행차금 잔액 : 489,520-57,197=432,323

정답 ④

Essential Question 174	기본적인 사채상환손익 계산

● 다음은 ㈜합격의 사채의 발행 및 상환에 관한 자료이다. 20x2년 1월 1일 조기상환시 상환손익을 구하면 얼마인가?

> (1) 액면금액은 ₩200,000, 만기는 2년이다.
> (2) 표시이자율은 연 9%(매년말 이자지급)이고, 유효이자율은 연 11%이다.
> (3) 동 사채와 관련하여 회사는 20x1년에 다음과 같은 회계처리를 하였다.
>
> | (차) 현금 | 193,145 | (대) 사채 | 200,000 |
> | --- | --- | --- | --- |
> | 사채할인발행차금 | 6,855 | | |
> | (차) 이자비용 | 21,246 | (대) 현금 | 18,000 |
> | | | 사채할인발행차금 | 3,246 |
>
> (4) 20x2년 1월 1일 회사는 동 사채를 ₩193,000에 조기상환하였다.

① 상환손익 없음. ② 상환이익 ₩3,391 ③ 상환손실 ₩3,391
④ 상환이익 ₩7,000 ⑤ 상환손실 ₩7,000

──해설
• 상환손익 : 장부금액(193,145+3,246)−상환금액(193,000)=3,391(이익)

정답 ②

Essential Question 175	사채의 일부상환시 상환금액 계산

● 다음은 ㈜합격이 20x1년 1월 1일 발행한 사채에 관한 자료이다. 20x2년 1월 1일 사채 액면금액 중 ₩800,000을 조기상환하면서 사채상환이익 ₩50,000이 발생한 경우, 동 조기상환을 위해 지급한 금액은 얼마인가? 단, 소수점 이하는 첫째자리에서 반올림하여 가장 근사치를 선택한다.

· 액면금액	:	₩1,000,000
· 액면이자율	:	연 8%(이자지급일은 매년 12월 31일 후급)
· 만기일	:	20x3년 12월 31일
· 발행금액	:	₩950,258
· 사채발행 당시 유효이자율	:	연 10%

① ₩722,227 ② ₩750,000 ③ ₩772,227
④ ₩822,227 ⑤ ₩833,333

──해설
• 상환시점 사채 장부금액 : 950,258+(950,258×10%−1,000,000×8%)=965,284

• 상환 회계처리
  (차) 사채(장부금액) 965,284×80%=772,227 (대) 현금 ?
                                            사채상환이익 50,000

∴현금(조기상환을 위해 지급한 금액) : 722,227

정답 ①

Essential Question 176	기중상환시 사채상환손익 계산

● 다음은 ㈜합격의 사채의 발행 및 상환에 관한 자료이다. 20x2년 3월 31일 사채상환손익을 구하면 얼마인가?

> (1) 발행일 : 20x1년 1월 1일, 액면금액 : ₩6,000,000, 만기일 : 발행 후 3년
> (2) 표시이자율 : 연 8% 매년 말 지급, 발행시 유효이자율 : 연 10%
> (3) ㈜합격은 20x2년 3월 31일에 상기 사채를 ₩6,300,000(미지급이자 포함)에 매입하였다.
>
> 현가계수표
>
> | 할인율 | ₩1의 현재가치 | | 정상연금 ₩1의 현재가치 | |
> |---|---|---|---|---|
> | 기간 | 8% | 10% | 8% | 10% |
> | 2 | 0.8573 | 0.8264 | 1.7833 | 1.7355 |
> | 3 | 0.7938 | 0.7513 | 2.5771 | 2.4868 |

① ₩110,040　　　　　　② ₩183,600　　　　　　③ ₩222,500

④ ₩363,600　　　　　　⑤ ₩483,600

해설

- 20x1년초 발행금액 : 480,000×2.4868+6,000,000×0.7513=5,701,464
- 20x1년말 장부금액 : 5,701,464+(5,701,464×10%−480,000)=5,791,610
- 상환시점 장부금액 : 5,791,610+(5,791,610×10%−480,000)×3/12=5,816,400
- 현금(미지급이자제외) : 6,300,000−480,000×3/12=6,180,000
- 상환손익 : 5,816,400−6,180,000=△363,600(손실)

정답 ④

Essential Question 177	이자지급일 사이의 발행과 사채상환

● ㈜합격은 액면금액 ₩300,000인 사채(표시이자율 10%, 이자 지급일 매년 12월 31일, 만기 3년, 사채권면의 발행일 20x1년 1월 1일)를 20x1년 5월 1일에 발행하였다. 사채발행시의 유효이자율은 12%이었으며, 사채발행차금은 유효이자율법으로 상각한다. ㈜합격은 20x2년 6월 30일 현금 ₩310,000을 지급하고 사채를 전액 매입상환하였다. 현가표가 아래와 같은 경우 사채상환손익은 얼마인가? 단, 계산과정에서 10원 이내의 오차가 발생할 수 있다.

기간 \ 할인율	10%	12%
3년 현가계수	0.7513	0.7118
3년 연금현가계수	2.4869	2.4018

① 사채상환손실 ₩2,743 ② 사채상환이익 ₩2,743 ③ 사채상환손실 ₩5,136
④ 사채상환이익 ₩5,136 ⑤ 사채상환손실 ₩8,873

해설

• 20x1년 1월 1일 현가 : $300,000 \times 0.7118 + 30,000 \times 2.4018 = 285,594$

일자	유효이자(12%)	액면이자(10%)	상각액	장부금액
20x1년초				285,594
20x1년말	$285,594 \times 12\% = 34,271$	30,000	4,271	289,865
20x2년말	$289,865 \times 12\% = 34,784$	30,000	4,784	294,649

• 20x2년 6월 30일 상환손익 계산

고속철	□ **사채상환손익 빨리 구하기**			
	(차)사채(장부금액)	xxx	(대)현금(미지급이자제외)	xxx
	사채상환손실	xxx		

→사채(장부금액) : $289,865 + 4,784 \times 6/12 = 292,257$
→현금(미지급이자제외) : $310,000 - 30,000 \times 6/12 = 295,000$
→∴상환손실 : $295,000 - 292,257 = 2,743$

참고 회계처리

20x1.5.1	(차) 현금	297,018	(대) 사채	300,000
	사채할인발행차금	12,982	미지급이자	10,000[1]
20x1.12.31	(차) 미지급이자	10,000	(대) 현금	30,000
	이자비용	22,847[2]	사채할인발행차금	2,847[3]
20x2.6.30	(차) 이자비용	17,392[4]	(대) 미지급이자	15,000[5]
			사채할인발행차금	2,392[6]
	(차) 사채	300,000	(대) 현금	310,000
	미지급이자	15,000	사채할인발행차금	7,743[7]
	사채상환손실	2,743		

[1] $30,000 \times 4/12 = 10,000$ [2] $34,271 \times 8/12 = 22,847$ [3] $4,271 \times 8/12 = 2,847$ [4] $34,784 \times 6/12 = 17,392$
[5] $30,000 \times 6/12 = 15,000$ [6] $4,784 \times 6/12 = 2,392$ [7] $12,982 - (2,847 + 2,392) = 7,743$

정답 ①

| Essential Question 178 | 연속상환사채 이자비용과 장부금액 |

● 다음은 ㈜합격이 발행한 연속상환사채에 대한 자료이다. 20x2년도 포괄손익계산서에 기록될 이자 비용과 20x2년말 재무상태표에 표시될 연속상환사채의 장부금액을 구하면 얼마인가? 단, 소수점 이하는 첫째자리에서 반올림하여 가장 근사치를 선택한다.

(1) 발행일 : 20x1년 1월 1일, 액면금액 : ₩750,000, 만기일 : 20x3년 12월 31일
(2) 표시이자율 : 연 5% 매년 말 지급, 발행시 유효이자율 : 연 10%
(3) 동 사채는 매년 말 액면 ₩250,000씩을 분할상환한다.
(4) 현재가치 계수와 관련된 자료는 다음과 같다.

현가계수표

할인율 기간	단일금액 ₩1의 현재가치	
	5%	10%
1	0.9524	0.9091
2	0.9070	0.8264
3	0.8638	0.7513

	20x2년도 이자비용	20x2년말 사채 장부금액
①	₩46,693	₩238,620
②	₩46,693	₩466,927
③	₩46,693	₩510,843
④	₩68,584	₩612,322
⑤	₩68,584	₩685,843

■▶ 해설

• 현금흐름
 − 20x1년말 : (750,000×5%)+250,000=287,500
 − 20x2년말 : (500,000×5%)+250,000=275,000
 − 20x3년말 : (250,000×5%)+250,000=262,500
• 발행금액 : 287,500×0.9091+275,000×0.8264+262,500×0.7513=685,843
• 상각표 : 20x2년 이자비용(유효이자)과 장부금액 계산

일자	유효이자(10%)	액면이자(5%)	상각액	장부금액
20x1년초				685,843
20x1년말	685,843×10%=68,584	750,000×5%=37,500	31,084	(685,843+31,084)−250,000=466,927
20x2년말	466,927×10%=**46,693**	500,000×5%=25,000	21,693	(466,927+21,693)−250,000=**238,620**

정답 ①

Essential Question 179 | 금융부채의 조건변경

● ㈜합격은 액면금액 ₩50,000인 사채(만기일 20x2년 12월 31일, 표시이자율 8%, 매년말 이자지급 조건)를 발행하였으며 20x1년초 현재 사채의 장부금액은 ₩48,260이다. 다음 자료에 의해 ㈜합격이 20x1년 금융부채의 조건변경으로 인식할 조건변경손익과 사채의 이자비용을 계산하면 각각 얼마인가?

(1) 20x1년 1월 1일 ㈜합격은 사채의 투자자와 사채의 표시이자율을 8%에서 2%로 낮추는 조건변경에 합의하였다.
(2) 사채 발행시점의 유효이자율은 10%이며, 20x1년 1월 1일 조건변경시점의 유효이자율은 8%이다.
(3) 8%, 2기간 현가계수와 연금현가계수는 각각 0.8573, 1.7833이다.
(4) 10%, 2기간 현가계수와 연금현가계수는 각각 0.8264, 1.7355이다.

	조건변경손익	이자비용
①	₩5,205	₩4,826
②	₩5,205	₩3,861
③	₩5,205	₩3,572
④	₩3,612	₩3,861
⑤	₩3,612	₩3,572

해설

- ㉠ 새로운 현금흐름의 현가 : 50,000x2%x1.7355+50,000x0.8264=43,056
  ㉡ 최초금융부채의 현금흐름의 현가(=20x1년초 장부금액) : 48,260
  →변동비율($\frac{48,260-43,056}{48,260}$=10.78%)이 10%이상이므로 실질적 조건변경에 해당함.
- 금융부채(신) : 50,000x2%x1.7833+50,000x0.8573=44,648
  →사채할인발행차금 : 50,000-44,648=5,352
- [20x1년 1월 1일 회계처리]

(차) 사채(구)	50,000	(대) 사채할인발행차금(구)	1,740
사채할인발행차금(신)	5,352	사채(신)	50,000
		조건변경이익	3,612

[20x1년 12월 31일 회계처리]

(차) 이자비용	3,572[1)]	(대) 현금	1,000
		사채할인발행차금	2,572

1) 44,648x8%=3,572

정답 ⑤

Essential Question 180	충당부채의 인식

● 다음의 도표는 한국채택국제회계기준 '충당부채, 우발부채, 우발자산'의 실무적용지침에서 제시하고 있는 주요 인식 규정을 요약한 의사결정도이다. 도표의 ㉠, ㉡, ㉢에 들어갈 내용은 각각 무엇인가?

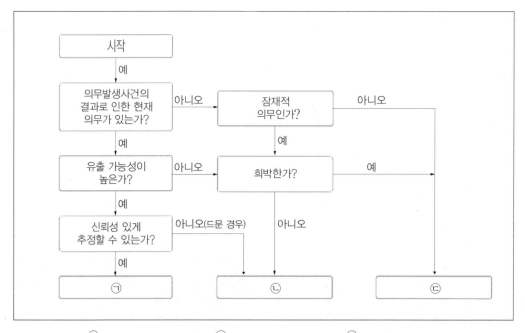

	㉠	㉡	㉢
①	우발부채공시	충당부채	회계처리없음
②	우발부채공시	회계처리없음	충당부채
③	충당부채	충당부채	우발부채공시
④	충당부채	회계처리없음	우발부채공시
⑤	충당부채	우발부채공시	회계처리 없음

─▶ 해설

• ㉠ 충당부채 ㉡ 우발부채공시 ㉢ 회계처리없음

정답 ⑤

Essential Question 181 | 충당부채의 측정

● 다음은 한국채택국제회계기준 '충당부채, 우발부채, 우발자산'에 대한 설명이다. 가장 타당하지 않은 것은 어느 것인가?

① 충당부채로 인식하는 금액은 현재의무를 보고기간 말에 이행하기 위하여 필요한 지출에 대한 최선의 추정치이어야 한다.

② 화폐의 시간가치 영향이 중요한 경우에 충당부채는 의무를 이행하기 위하여 예상되는 지출액의 현재가치로 평가한다.

③ 우발부채와 우발자산은 재무제표에 인식하지 아니한다.

④ 충당부채는 과거사건의 결과로 현재의무가 존재하고 해당 의무를 이행하기 위하여 경제적 효익이 있는 자원을 유출할 가능성이 높으며 해당 의무를 이행하기 위하여 필요한 금액을 신뢰성있게 추정할 수 있을 때 인식한다.

⑤ 다수의 항목과 관련되는 충당부채를 측정하는 경우에 해당 의무는 가능한 모든 결과 중에서 가장 작은 값인 최소값을 충당부채로 인식한다.

→ 해설

• 충당부채로 인식하여야 하는 금액과 관련된 불확실성은 상황에 따라 판단한다. 다수의 항목과 관련되는 충당부채를 측정하는 경우에 해당 의무는 가능한 모든 결과에 관련된 확률을 가중평균하여 추정한다. 이러한 통계적 추정방법을 '기댓값'이라고 한다. 따라서 특정 금액의 손실이 생길 확률(예: 60%나 90%)에 따라 충당부채로 인식하는 금액은 달라진다. 가능한 결과가 연속적인 범위에 분포하고 각각의 발생 확률이 같을 경우에는 해당 범위의 중간 값을 사용한다.

정답 ⑤

Essential Question 182 | 충당부채의 기댓값에 의한 측정

● ㈜합격의 다음 자료에 의해 ㈜합격이 해당 보증과 관련하여 인식해야 하는 충당부채를 구하면 얼마인가?

(1) ㈜합격은 제품 구입 후 1년 이내에 제조상 결함이 발생하는 경우 이에 대한 수선비용을 보장하는 보증을 재화에 포함하여 판매하는 회사이다.

(2) 보증은 고객에게 별도로 구매할 수 있는 선택권이 없으며, 약속한 보증이 합의된 규격에 제품이 부합한다는 확신에 더하여 고객에게 용역을 제공하는 것이 아니다.

(3) 판매한 제품에서 결함이 발생할 가능한 모든 결과에 따른 수선비용 및 발생확률은 다음과 같다.

상황	수선비용	발생확률
결함이 발생하지 않는 경우	₩0	75%
사소한(중요하지 않은) 결함이 발생할 경우	₩125,000,000	20%
중요한(치명적인) 결함이 발생할 경우	₩300,000,000	5%

① ₩15,000,000　　　② ₩25,000,000　　　③ ₩40,000,000
④ ₩125,000,000　　　⑤ ₩300,000,000

→ 해설

• 약속한 보증이 합의된 규격에 제품이 부합한다는 확신에 더하여 고객에게 용역을 제공하는 것이 아니므로 용역유형의 보증이 아니라 확신유형의 보증에 해당하고, 보증은 고객에게 별도로 구매할 수 있는 선택권이 없으므로, 예상원가를 충당부채로 인식한다.

∴충당부채(수선비용의 기댓값) : $0 \times 75\% + 125,000,000 \times 20\% + 300,000,000 \times 5\% = 40,000,000$

정답 ③

Essential Question 183 | 충당부채의 측정과 위험의 반영

● 다음은 한국채택국제회계기준 '충당부채, 우발부채, 우발자산'에 대한 설명이다. 가장 타당하지 않은 것은 어느 것인가?

① 화폐의 시간가치 영향이 중요한 경우에 충당부채는 의무를 이행하기 위하여 예상되는 지출액의 현재가치로 평가하며, 이 경우 할인율에는 미래현금흐름을 추정할 때 고려한 위험을 반영한다.
② 미래의 예상 영업손실은 충당부채로 인식하지 아니한다.
③ 충당부채로 인식하는 금액은 현재의무를 보고기간 말에 이행하기 위하여 필요한 지출에 대한 최선의 추정치이어야 하며, 최선의 추정치를 구할 때에는 관련된 여러 사건과 상황에 따르는 불가피한 위험과 불확실성을 고려한다.
④ 우발부채와 우발자산은 재무제표에 인식하지 아니한다.
⑤ 보고기간 말마다 충당부채의 잔액을 검토하고, 보고기간 말 현재 최선의 추정치를 반영하여 조정하며, 의무를 이행하기 위하여 경제적 효익이 있는 자원을 유출할 가능성이 높지 않게 된 경우에는 관련 충당부채를 환입한다.

▶ **해설**
• 할인율에 반영되는 위험에는 위험이 이중으로 계상되는 것을 방지하기 위해 미래현금흐름을 추정할 때 고려한 위험을 반영하지 아니한다.

정답 ①

Essential Question 184 | 구조조정충당부채

● 한국채택국제회계기준 '충당부채, 우발부채, 우발자산'에 규정된 구조조정과 관련한 다음의 설명 중 가장 타당하지 않은 것은 어느 것인가?

① 구조조정충당부채로 인식할 수 있는 지출은 구조조정에서 생기는 직접비용뿐만 아니라 간접비용도 모두 포함한다.
② 구조조정을 완료하는 날까지 생길 것으로 예상되는 영업손실은 충당부채로 인식하지 아니한다.
③ 특정 국가 또는 지역에 소재하는 사업체를 폐쇄하거나 다른 국가 또는 지역으로 이전하는 것은 구조조정의 정의에 해당할 수 있는 사건이다.
④ 구조조정이란 경영진의 계획과 통제에 따라 기업의 사업범위나 사업수행방식을 중요하게 바꾸는 일련의 절차를 말한다.
⑤ 계속 근무하는 종업원에 대한 교육 훈련과 재배치와 관련된 원가는 구조조정충당부채에 포함하지 아니한다.

▶ **해설**
• 구조조정충당부채로 인식할 수 있는 지출은 구조조정에서 생기는 직접비용만을 포함해야 하며 다음의 요건을 모두 충족하여야 한다.
  ㉠ 구조조정 때문에 반드시 생기는 지출
  ㉡ 기업의 계속적인 활동과 관련 없는 지출

정답 ①

Essential Question 185 | 제품보증충당부채[1]

● ㈜합격은 판매한 제품에 대해 품질보증을 실시하고 있다. 20x1년 중에 품질보증과 관련하여 ₩200,000의 지출이 있었다. 20x1년말 재무상태표에 보고된 제품보증충당부채는 ₩3,400,000 이었고, 포괄손익계산서에 보고된 제품보증비용은 ₩1,400,000이었다. 이 경우 20x1년말 수정전 시산표의 제품보증충당부채 계정잔액은 얼마인가?

① ₩1,400,000   ② ₩2,000,000   ③ ₩2,200,000
④ ₩3,400,000   ⑤ ₩4,800,000

해설

• 제품보증충당부채 계정흐름

지출	200,000	기초	x
기말	3,400,000	전입	1,400,000
	3,600,000		3,600,000

→x=2,200,000
• 수정전시산표 잔액은 지출을 반영한, 결산분개(설정) 전의 금액이므로 2,200,000−200,000=2,000,000

정답 ②

Essential Question 186 | 제품보증충당부채[2]

● ㈜합격은 판매한 제품에 대해 품질보증을 실시하고 있다. 20x1년도 말 현재 품질보증과 관련하여 미래에 지출될 충당부채의 최선의 추정치는 ₩1,700,000이고, 수정전시산표의 제품보증충당부채 계정잔액은 ₩1,000,000이다. 20x1년도 중에 품질보증과 관련되어 ₩100,000의 지출이 있었다. 20x1년도 재무제표에 보고될 제품보증충당부채와 제품보증비용은?

	제품보증충당부채	제품보증비용
①	₩1,600,000	₩700,000
②	₩1,600,000	₩800,000
③	₩1,700,000	₩700,000
④	₩1,700,000	₩800,000
⑤	₩1,700,000	₩900,000

해설

• 수정전시산표(기말 결산 수정분개 전)상의 제품보증충당부채 계정잔액 1,000,000은 당기 중 100,000의 지출을 제품보증충당부채와 상계한 후의 금액이다.
   →따라서, 보고될 제품보증충당부채는 최선의 추정치 1,700,000이 되며, 제품보증비는 제품보증충당부채 추가 설정액 700,000이 된다.
• 기말 회계처리 : (차) 제품보증비 700,000   (대) 제품보증충당부채 1,700,000−1,000,000=700,000

정답 ③

| Essential Question 187 | 제품보증충당부채[3] |

● ㈜합격은 20x1년 초에 컴퓨터판매업을 시작하면서 2년간의 보증수리를 보장하고 있다. 과거경험상 매출액의 4%에 해당하는 보증비용이 발생할 것으로 추정된다. 20x1년과 20x2년의 매출액과 실제 발생한 보증수리비용은 다음과 같다. 20x2년말 현재 제품보증충당부채계정의 잔액은?

연도	매출액	실제보증비용
20x1	₩90,000,000	₩1,400,000
20x2	₩240,000,000	₩3,200,000

① ₩6,000,000 ② ₩13,200,000 ③ ₩8,600,000
④ ₩3,300,000 ⑤ ₩5,600,000

해설
- 2년간 총보증비용추정액 : $(90,000,000 + 240,000,000) \times 4\% = 13,200,000$
- 실제보증비용 : $1,400,000 + 3,200,000 = 4,600,000$
- 20x2년말 제품보증충당부채 : $13,200,000 - 4,600,000 = 8,600,000$

정답 ③

| Essential Question 188 | 제품보증충당부채[4] |

● ㈜합격은 20x1년 7월 1일 제품을 ₩50,000,000에 판매하였다. 이 제품은 1년 동안 제품의 하자를 보증하며, 과거 경험에 의하면 판매보증 기간 중에 매출액의 20%의 판매보증비용이 발생할 것으로 추정된다. 20x1년도에는 판매보증비용이 발생하지 않았으나, 20x2년 6월 30일 현재까지 판매보증비용이 ₩6,000,000 발생하였다. 결산일인 20x2년 12월 31일에 계상하여야 할 제품보증충당부채환입액은 얼마인가? 단, 보증기간 이후에는 제품 보증활동을 더 이상 제공하지 않는다.

① ₩10,000,000 ② ₩8,000,000 ③ ₩6,000,000
④ ₩4,000,000 ⑤ ₩2,000,000

해설
- $50,000,000 \times 20\% - 6,000,000 = 4,000,000$

참고 회계처리

20x1년말	(차) 제품보증비	10,000,000	(대) 제품보증충당부채	10,000,000[1]
20x2년	(차) 제품보증충당부채	6,000,000	(대) 현금	6,000,000
	(차) 제품보증충당부채	4,000,000	(대) 제품보증충당부채환입	4,000,000

[1] $50,000,000 \times 20\% = 10,000,000$

정답 ④

Essential Question 189 | 자본항목 관련 일반사항[1]

● 자본항목과 관련한 설명 중 가장 옳지 않은 것은 어느 것인가?

① 주식분할은 이익잉여금과 법정자본금에 변화를 미치지 않는다.
② 자기지분상품을 매입, 매도, 발행, 소각하는 경우의 손익은 당기손익으로 인식하지 않는다.
③ 주식배당은 이익잉여금을 감소시키고 법정자본금을 증가시킨다.
④ 주식할인발행차금, 자기주식, 감자차손 등은 자본의 차감항목이다.
⑤ 주식의 발행과 직접 관련되어 발생한 주권인쇄비, 수수료 등의 주식발행비용은 당기에 비용으로 처리한다.

해설
• 주식발행비용은 주식발행금액에서 차감한다.
  – 액면발행, 할인발행의 경우 : 주식할인발행차금을 증액
  – 할증발행의 경우 : 주식발행초과금을 감액

정답 ⑤

Essential Question 190 | 자본항목 관련 일반사항[2]

● 자본과 관련한 다음 설명 중 가장 옳지 않은 것은 어느 것인가?

① 주식배당은 이익잉여금을 감소시키고 법정자본금을 증가시킨다.
② 주식할인발행차금, 자기주식, 감자차손, 미교부주식배당금, 주식선택권 등은 자본에서 차감하는 형식으로 보고되는 자본항목이다.
③ 자기주식 처분과정에서 발생하는 손익은 당기손익으로 인식하지 않는다.
④ 자기지분상품을 매입, 매도, 발행, 소각하는 경우의 손익은 당기손익으로 인식하지 않는다.
⑤ 금융부채로 분류되는 상환우선주(누적적)에 대한 배당은 당기비용으로 처리한다.

해설
• 미교부주식배당금과 주식선택권은 자본의 가산항목이다.

정답 ②

제1편 Mainplot [주요논제] 제2편 Subplot [특수논제] 합본부록1 기출유형별 필수문제 합본부록2 실전적중모의고사

Essential Question 191 | 보통주·우선주 배당액

● 다음은 ㈜합격의 20x2년말 현재 자본금과 배당에 관련된 자료이다. 당기의 보통주 배당금을 구하면 얼마인가? 단, ㈜합격은 과거 1년분 배당금이 연체된 상태이다.

> (1) 보통주의 주당 액면금액은 ₩2,000이며 발행주식수는 1,500주이다.
> (2) 우선주의 주당 액면금액은 ₩2,000이며 발행주식수는 500주이고, 배당률은 10%로 누적적·완전참가적 우선주이다.
> (3) 당기에 총 ₩900,000의 현금배당을 결의하였다.

① ₩400,000　　　　② ₩500,000　　　　③ ₩600,000
④ ₩700,000　　　　⑤ ₩800,000

해설

• 보통주와 우선주 배당금 계산

	우선주 배당금(자본금 : 1,000,000)	보통주 배당금(자본금 : 3,000,000)
누적분	1,000,000×10%=100,000	–
당기분	1,000,000×10%=100,000	3,000,000×10%=300,000
잔여분	400,000×1,000,000/4,000,000=100,000	400,000×3,000,000/4,000,000=300,000
	300,000	600,000

정답 ③

Essential Question 192 | 주식발행차금의 상계

● ㈜합격은 주당 액면금액 ₩5,000인 보통주 500주를 주당 ₩15,000에 발행하였다. 발행대금은 전액 당좌예금에 입금되었으며, 주식인쇄비 등 주식발행과 직접 관련된 비용 ₩500,000이 지급되었다. 유상증자 직전에 주식할인발행차금 미상각잔액 ₩800,000이 존재할 때, ㈜합격의 유상증자로 인한 자본의 증가액은 얼마인가?

① ₩2,500,000　　　　② ₩4,500,000　　　　③ ₩6,200,000
④ ₩7,000,000　　　　⑤ ₩7,500,000

해설

• 회계처리

(차) 현금　500주×@15,000−500,000=7,000,000　(대) 자본금　　　　　　500주×@5,000=2,500,000
　　　　　　　　　　　　　　　　　　　　　　　　　　주식할인발행차금　　　　　　800,000
　　　　　　　　　　　　　　　　　　　　　　　　　　주식발행초과금　　　　　　3,700,000

→∴자본증가액 : 7,000,000

 □ **유상증자 자본증가액**
　•유상증자시는 현금유입액 만큼 자본이 증가한다.

정답 ④

Essential Question 193 | 주식소각시 감자차손익의 상계

● ㈜합격은 20x1년초 설립하면서 보통주 1,000주(액면금액 @5,000)를 액면발행하였다. 그러나 20x1년 중에 사업규모를 줄이기 위해 다음과 같은 유상감자를 실시하였다. 20x1년말 자본금을 제외하고 자본에 가산하거나 부(−)의 자본항목으로 표시될 금액을 구하면 얼마인가?

> (1) 20x1년 10월 1일 : 유통중인 자사주식 100주를 주당 ₩5,500에 취득하여 소각하였다.
> (2) 20x1년 11월 1일 : 유통중인 자사주식 100주를 주당 ₩4,000에 취득하여 소각하였다.

① (−)₩50,000   ② (+)₩50,000   ③ (−)₩100,000
④ (+)₩100,000   ⑤ ₩0

해설

• 회계처리

20x1.10.1	(차) 자본금 감자차손	500,000 50,000	(대) 현금	550,000
20x1.11.1	(차) 자본금	500,000	(대) 현금 감자차손 감자차익	400,000 50,000 50,000

→∴감자차익 50,000

정답 ②

Essential Question 194 | 자기주식 취득·재발행시 자본증감

● ㈜합격은 20x1년에 자기주식 60주를 주당 ₩3,000에 취득하였으며, 20x2년에 이 중 30주를 주당 ₩5,000에 처분하였다. 20x1년말 ㈜합격 주식의 주당 공정가치는 ₩4,000이다. 20x2년의 자기주식 처분이 자본총계에 미치는 영향을 옳게 나타낸 것은?

① ₩30,000 감소   ② ₩60,000 증가   ③ ₩150,000 감소
④ ₩150,000 증가   ⑤ ₩180,000 증가

해설

• 자기주식은 시가평가가 배제된다.
• 회계처리

(차) 현금 30주×@5,000=150,000   (대) 자기주식   30주×@3,000=90,000
                                      자기주식처분이익   60,000

→∴자기주식 거래로 자본총계에 미치는 영향 : 150,000

> □ 자기주식거래 자본총계 증감액 빨리구하기
> '자기주식거래에 의한 자본총계 증감액=자기주식거래에 의한 현금유출입액(150,000)'

정답 ④

| Essential Question 195 | 자기주식 취득·재발행·소각시 자본증감[1] |

● 다음은 ㈜합격의 주식발행 및 자기주식 거래와 관련된 자료이다. 자기주식 거래의 결과로 20x2년 도 자본 총계에 미치는 영향을 구하면 얼마인가? 단, 20x1년 중 자기주식 거래는 없었으며, ㈜합격 은 자기주식의 회계처리에 선입선출법에 따른 원가법을 적용하고 있다.

> (1) ㈜합격은 20x1년 1월 1일에 주당 액면금액 ₩5,000인 보통주 100주를 ₩10,000에 발행하여 설립되었다.
> (2) 20x2년 중 다음과 같은 자기주식 거래가 발생하였다.
>
> | 20x2년 2월 1일 | • 20주의 보통주를 주당 ₩11,000에 재취득하였다. |
> | 20x2년 4월 1일 | • 10주의 자기주식을 주당 ₩13,000에 재발행하였다 |
> | 20x2년 8월 1일 | • 10주의 보통주를 주당 ₩12,000에 재취득하였다. |
> | 20x2년 12월 31일 | • 5주의 자기주식을 소각하였다. |

① ₩120,000 감소   ② ₩130,000 증가   ③ ₩210,000 감소
④ ₩220,000 감소   ⑤ ₩470,000 감소

해설

• 회계처리

20x2년 2월 1일	(차) 자기주식 20주×11,000=220,000 (대) 현금	220,000
20x2년 4월 1일	(차) 현금 10주×13,000=130,000 (대) 자기주식 10주×11,000=110,000 자기주식처분이익 20,000	
20x2년 8월 1일	(차) 자기주식 10주×12,000=120,000 (대) 현금	120,000
20x2년 12월 31일	(차) 자본금 5주×5,000=25,000 (대) 자기주식 5주×11,000=55,000 감자차손 30,000	

→ ∴자기주식 거래로 자본총계에 미치는 영향 : −220,000+130,000−120,000=−210,000(감소)

□ **자기주식거래 자본총계 증감액 빨리구하기**
'자기주식거래에 의한 자본총계 증감액=자기주식거래에 의한 현금유출입액(−210,000)'

정답 ③

Essential Question 196 | 자기주식 취득·재발행·소각시 자본증감[2]

● 다음은 20x1년 중에 발생한 ㈜합격의 자본과 관련된 거래이다. 동 거래들로 인해 결산일의 자본
총액에 미치는 영향을 구하면 얼마인가?

20x1년 3월 20일	• 주당 액면금액 ₩1,000인 자기주식 100주를 주당 ₩1,200에 취득하였다.
20x1년 5월 15일	• 3월 20일에 취득한 자기주식 50주를 주당 ₩1,300에 매각하였다
20x1년 9월 11일	• 3월 20일에 취득한 자기주식 50주를 소각하였다.
20x1년 10월 22일	• 주당 액면금액 ₩1,000인 보통주 100주를 주당 ₩950에 발행하였다.
20x1년 12월 31일	• 당기순이익 ₩150,000을 보고하였다.

① ₩40,000 증가　　　　　② ₩55,000 감소　　　　　③ ₩190,000 증가
④ ₩175,000 증가　　　　　⑤ ₩245,000 증가

해설
- 자기주식 거래로 자본총액에 미치는 영향 : −120,000(=100주×1,200)+65,000(=50주×1,300)=−55,000(감소)
- 유상증자로 인해 자본총액에 미치는 영향 : 100주×950=95000(증가)
- 당기순이익으로 인해 자본총액에 미치는 영향 : 150,000(증가)
- ∴−55,000+95,000+150,000=190,000(증가)

정답 ③

Essential Question 197 | 자기주식 수증과 처분

● ㈜합격은 20x1년 2월에 자기주식 100주를 주당 ₩12,000에 취득하였으며, 3월에 자기주식 200
주를 주당 ₩14,000에 취득하였다. 한편 4월에는 자기주식 100주를 특수관계자로부터 무상증여
받고 별도의 회계처리를 하지 아니하였다. 이후 ㈜합격은 9월에 보유하고 있던 자기주식 중 200주
를 주당 ₩11,000에 매각하였다. 자기주식 무상수증 회계처리가 정당하며, 처분한 자기주식의 단가
를 총평균법으로 계산할 경우 ㈜합격이 인식해야 할 자기주식처분손익은 얼마인가?

① 처분이익 ₩500,000　　　② 처분이익 ₩600,000　　　③ 처분이익 ₩200,000
④ 처분손실 ₩466,666　　　⑤ 처분손실 ₩200,000

해설
- 처분시 자기주식 단가 : $\dfrac{100주 \times 12,000 + 200주 \times 14,000 + 100주 \times 0}{100주 + 200주 + 100주} = 10,000$
- 처분손익 : 200주×11,000−200주×10,000=200,000(처분이익)

정답 ③

제1편 Mainplot [주요논제]　제2편 Subplot [특수논제]　합본부록1 기출유형별 필수문제　합본부록2 실전적중모의고사

Essential Question 198 | **현금배당액 추정**

● ㈜합격의 다음 자료에 의하여 현금배당액은 20x1년도 중에 모두 지급되었다고 가정할 때, 지급한 현금배당액을 구하면 얼마인가?

> (1) 20x1년말 자산과 부채는 20x1년초 보다 각각 ₩10,500,000과 ₩7,500,0000이 증가하였다.
> (2) 20x1년 중 보통주 200주(액면금액 ₩1,500)를 주당 ₩7,500에 발행하였다.
> (3) 20x1년에 발견된 중요한 전기오류수정이익은 ₩15,000이다.
> (4) 20x1년도 주식배당액은 ₩150,000이며, 20x1년도 당기순이익은 ₩1,875,000이다.

① ₩200,000　　　　　　② ₩270,000　　　　　　③ ₩350,000
④ ₩390,000　　　　　　⑤ ₩450,000

해설

- 주식배당은 자본증감에 영향이 없다.
- 자본증가액 : 10,500,000−7,500,000=3,000,000
- 자본증가액(3,000,000) : 유상증자(200주×@7,500)+전기오류수정이익(15,000)+당기순이익(1,875,000)−현금배당액
  ∴현금배당액=390,000

정답 ④

Essential Question 199 | **차기이월미처분이익잉여금 계산**

● 20x1년 회계기간에 대한 ㈜합격의 이익잉여금처분계산서 관련자료와 기타자료는 다음과 같다. ㈜합격은 이익준비금은 최소한으로 적립할 것을 결의하였다. 이하의 모든 사항들은 20x2년 2월 1일에 개최된 이사회에서 승인되고, 이후 주주총회에서 변경없이 확정되었다. 이익잉여금처분계산서를 작성할 때 ㈜합격의 차기이월미처분이익잉여금을 구하면?

현금배당	₩800,000	주식배당	₩9,000,000
당기순이익	₩8,500,000	중간배당	₩500,000
자기주식처분손실 상각	₩500,000	전기이월미처분이익잉여금	₩50,000,000
사업확장적립금으로 처분	₩1,700,000	감채적립금으로부터 이입액	₩2,000,000

① ₩60,000,000　　　　② ₩46,980,000　　　　③ ₩47,870,000
④ ₩47,405,000　　　　⑤ ₩47,100,000

해설

- 20x1년말 미처분이익잉여금
  50,000,000(전기이월미처분이익잉여금)−500,000(중간배당)+8,500,000(당기순이익)=58,000,000
- 임의적립금이입액 : 2,000,000
- 이익잉여금처분액 : 800,000(현금배당)+(800,000+500,000)×10%(이익준비금)+9,000,000(주식배당)+500,000
  (자기주식처분손실)+1,700,000(사업확장적립금)=12,130,000
- 차기이월미처분이익잉여금 : 58,000,000+2,000,000−12,130,000=47,870,000

정답 ③

Essential Question 200 | 금융자산 거래원가의 범위

● 다음은 한국채택국제회계기준 '금융상품' 과 관련된 설명이다. 가장 타당하지 않은 것은?

① 금융자산을 당기손익-공정가치측정 항목으로 지정한다면 회계불일치를 제거하거나 유의적으로 줄이는 경우에는 최초 인식시점에 해당 금융자산을 당기손익-공정가치측정 항목으로 지정할 수 있다.

② 금융자산의 계약상 현금흐름이 재협상되거나 변경되었으나 그 금융자산이 제거되지 아니하는 경우에는 해당 금융자산의 총 장부금액을 재계산하고 변경손익을 당기손익으로 인식한다.

③ 당기손익-공정가치로 측정되는 '지분상품에 대한 특정 투자'에 대하여는 후속적인 공정가치 변동을 기타포괄손익으로 표시하도록 최초 인식시점에 선택할 수도 있으며, 이러한 선택은 이후에 취소할 수 없다.

④ 거래원가에는 대리인, 고문, 중개인, 판매자에게 지급하는 수수료와 중개수수료, 채무할증액, 채무할인액, 금융원가, 내부 관리원가, 내부 보유원가 등이 포함된다.

⑤ 금융자산 전체나 일부의 회수를 합리적으로 예상할 수 없는 경우에는 해당 금융자산의 총 장부금액을 직접 줄인다.

해설
• [K-IFRS '금융상품' 부록2. 적용지침 B5.4.8]
 – 거래원가에는 대리인(판매대리인 역할을 하는 종업원을 포함), 고문, 중개인, 판매자에게 지급하는 수수료와 중개수수료, 감독기구와 증권거래소의 부과금과 양도세 등이 포함된다.
 – 거래원가에는 채무할증액, 채무할인액, 금융원가, 내부 관리원가, 내부 보유원가는 포함되지 아니한다.

정답 ④

Essential Question 201 | 금융자산 가치변동과 분류

● 한국채택국제회계기준상 금융자산의 최초인식에 있어 결제일 회계처리방법을 적용하는 경우에는 매매일과 결제일 사이에 이미 취득한 자산에 대한 회계처리와 동일한 방법으로 수취할 자산의 공정가치에 대한 모든 변동을 다음과 같이 회계처리한다. 괄호에 들어갈 말로 옳은 것을 고르면?

(1) 상각후원가측정 금융자산으로 분류된 자산의 가치변동은 (㉠)
(2) 당기손익-공정가치측정 금융자산으로 분류된 자산의 가치변동은 (㉡)
(3) 기타포괄손익-공정가치측정 금융자산으로 분류된 자산의 가치변동은 (㉢)

	㉠	㉡	㉢
①	인식하지 아니한다.	당기손익으로 인식한다.	기타포괄손익으로 인식한다.
②	인식하지 아니한다.	당기손익으로 인식한다.	당기손익으로 인식한다.
③	인식하지 아니한다.	기타포괄손익으로 인식한다.	기타포괄손익으로 인식한다.
④	당기손익으로 인식한다.	당기손익으로 인식한다.	당기손익으로 인식한다.
⑤	인식하지 아니한다.	인식하지 아니한다.	기타포괄손익으로 인식한다.

해설
• AC금융자산은 인식하지 않으며, FVPL금융자산은 당기손익, FVOCI금융자산은 기타포괄손익으로 인식한다.

정답 ①

Essential Question 202 | **금융자산 분류 기준의 적용**

● 다음은 한국채택국제회계기준 '금융상품'과 관련된 회계처리에 대한 설명이다. 가장 옳지 않은 것은?

① 금융자산의 분류 기준에는 사업모형기준과 현금흐름특성기준이 있으며, 두 가지 분류 기준 중에서 유리한 기준을 선택하여 적용할 수 있다.

② 금융자산을 상각후원가 측정 범주에서 기타포괄손익-공정가치 측정 범주로 재분류하는 경우에 재분류일의 공정가치로 측정하고 금융자산의 재분류 전 상각후원가와 공정가치의 차이에 따른 손익은 기타포괄손익으로 인식한다.

③ 후속적으로 상각후원가로 측정하는 자산에 결제일 회계처리방법을 적용하는 경우에 해당 자산은 최초 인식시점에 매매일의 공정가치로 인식한다.

④ 금융자산이나 금융부채는 금융상품의 계약당사자가 되는 때에만 재무상태표에 인식한다.

⑤ 금융자산을 기타포괄손익-공정가치 측정 범주에서 당기손익-공정가치 측정 범주로 재분류하는 경우에 계속 공정가치로 측정하고, 재분류 전에 인식한 기타포괄손익누계액은 재분류일에 재분류조정으로 자본에서 당기손익으로 재분류한다.

> **해설**
> • [K-IFRS '금융상품' 문단4.1.1]
>   다음 두 가지 사항 모두에 근거하여 금융자산이 후속적으로 상각후원가, 기타포괄손익-공정가치, 당기손익-공정가치로 측정되도록 분류한다.
>   ㉠ 금융자산의 관리를 위한 사업모형(사업모형기준)
>   ㉡ 금융자산의 계약상 현금흐름 특성(현금흐름특성기준)

정답 ①

Essential Question 203 | **금융자산 손상 일반사항**

● 다음의 금융자산 손상 회계처리에 대한 설명 중 가장 옳지 않은 것은?

① 유의적인 금융요소를 포함하고 있지 않은 매출채권에 대해서는 항상 전체기간 기대신용손실에 해당하는 금액으로 손실충당금을 측정한다.

② 전체기간 기대신용손실이 최초 인식시점의 추정현금흐름에 포함되었던 기대신용손실액보다 작다 하더라도 전체기간 기대신용손실의 유리한 변동을 손상환입으로 인식한다.

③ 대출약정과 금융보증계약에 손상 요구사항을 적용할 때는, 취소 불가능한 약정의 당사자가 된 날을 최초 인식일로 본다.

④ 취득시 신용이 손상되어 있는 금융자산은 보고기간 말에 최초 인식 이후 전체기간 기대신용손실의 누적변동분만을 손실충당금으로 인식한다.

⑤ 최초 인식 후에 금융상품의 신용위험이 유의적으로 증가하였는지를 매 보고기간 말에 평가하며, 신용위험의 유의적인 증가를 평가할 때 기대신용손실액의 변동을 사용한다.

> **해설**
> • [K-IFRS '금융상품' 문단5.5.9]
>   최초 인식 후에 금융상품의 신용위험이 유의적으로 증가하였는지를 매 보고기간 말에 평가한다. 신용위험의 유의적인 증가를 평가할 때 기대신용손실액의 변동이 아니라 금융상품의 기대존속기간에 걸친 채무불이행 발생 위험의 변동을 사용한다. 이러한 평가를 하기 위해, 보고기간 말의 금융상품에 대한 채무불이행 발생 위험을 최초 인식일의 채무불이행 발생 위험과 비교하고 최초 인식 후에 신용위험의 유의적인 증가를 나타내는 정보로서 과도한 원가나 노력 없이 이용할 수 있고 합리적이고 뒷받침될 수 있는 정보를 고려한다.

정답 ⑤

Essential Question 204 | **대여금과 금융자산처분손익[1]**

● ㈜합격의 대여금과 관련된 자료가 다음과 같을 때 금융자산처분이익을 구하면 얼마인가? 단, 계산 과정에서 소수점 이하는 첫째자리에서 반올림하여 가장 근사치를 선택한다.

(1) 20x1년 1월 1일 현재 ㈜적중에 대한 대여금(장부금액 ₩2,500,000)을 보유하고 있다.
(2) 동 대여금의 원금은 ₩2,500,000이며 만기일은 20x2년 12월 31일이고 일시상환 조건이다.
(3) 이자는 만기일까지 매년 12월 31일 연 10%를 수령하는 조건이다.
(4) ㈜합격은 20x1년 1월 1일에 아무런 조건없이 대여금 전부를 공정가치로 양도하였다.
(5) 위 양도가 제거조건을 충족한다고 가정한다.
(6) 20x1년 1월 1일 현행 시장이자율은 5%이다.
(7) 현재가치계수 자료는 다음과 같다.

기간	단일금액 ₩1의 현재가치계수		정상연금 ₩1의 현재가치계수	
	5%	10%	5%	10%
1	0.9524	0.9091	0.9524	0.9091
2	0.9070	0.8264	1.8594	1.7355

① ₩210,500   ② ₩222,800   ③ ₩232,350
④ ₩242,875   ⑤ ₩256,420

해설

• 공정가치 계산

원금분 공정가치 : 2,500,000x0.9070=2,267,500
이자분 공정가치 :   250,000x1.8594=464,850
총공정가치   2,732,350

∴금융자산처분이익 : 2,732,350(총공정가치)−2,500,000(장부금액)=232,350

정답 ③

Essential Question 205 | 대여금과 금융자산처분손익[2]

● ㈜합격의 대여금과 관련된 자료가 다음과 같을 때 금융자산처분이익을 구하면 얼마인가? 단, 계산 과정에서 소수점 이하는 첫째자리에서 반올림하여 가장 근사치를 선택한다.

(1) 20x1년 1월 1일 현재 ㈜적중에 대한 대여금(장부금액 ₩2,500,000)을 보유하고 있다.
(2) 동 대여금의 원금은 ₩2,500,000이며 만기일은 20x2년 12월 31일이고 일시상환 조건이다.
(3) 이자는 만기일까지 매년 12월 31일 연 10%를 수령하는 조건이다.
(4) ㈜합격은 20x1년 1월 1일에 만기까지 수령할 이자부분만을 아무런 조건없이 이자수익의 공정가치로 양도하였다.
(5) 위 양도가 제거조건을 충족한다고 가정한다.
(6) 20x1년 1월 1일 현행 시장이자율은 5%이다.
(7) 현재가치계수 자료는 다음과 같다.

기간	단일금액 ₩1의 현재가치계수		정상연금 ₩1의 현재가치계수	
	5%	10%	5%	10%
1	0.9524	0.9091	0.9524	0.9091
2	0.9070	0.8264	1.8594	1.7355

① ₩16,950 　　　　② ₩25,800 　　　　③ ₩39,529
④ ₩40,378 　　　　⑤ ₩52,548

해설

• 공정가치 계산

원금분 공정가치 : 2,500,000×0.9070=2,267,500
이자분 공정가치 : 250,000×1.8594=464,850
총 공정가치　　　　　　　　　　　2,732,350

• 이자분 장부금액 계산(총장부금액 2,500,000을 원금분과 이자분의 공정가치비율로 안분함)

$2,500,000 \times \dfrac{464,850}{2,732,350} = 425,321$

∴금융자산처분이익 : 464,850(이자분 공정가치)−425,321(이자분 장부금액)=39,529

정답 ③

Essential Question 206 | FVPL금융자산의 단가산정

● 다음은 20x1년 당기손익-공정가치측정 금융자산의 매입과 매도에 관한 자료이다. 평가이익과 처분이익은 각각 얼마인가? 단, 기말 공정가치는 주당 ₩100,000이며, 단위당 원가는 이동평균법의 원가흐름 가정을 사용한다.

일자	매입수량	매도수량	매입단가(공정가치)	매도단가
01월 08일	200주	–	₩50,000	–
02월 08일	100주	–	₩60,000	–
04월 05일	200주	–	₩100,000	–
08월 05일	–	300주	–	₩110,000
10월 30일	200주	–	₩120,000	–

	평가이익	처분이익
①	₩1,600,000	₩11,400,000
②	₩1,600,000	₩12,400,000
③	₩1,600,000	₩13,400,000
④	₩11,200,000	₩1,600,000
⑤	₩11,200,000	₩2,600,000

해설

- 4월 5일 이동평균 : $\dfrac{200주 \times 50,000 + 100주 \times 60,000 + 200주 \times 100,000}{200주 + 100주 + 200주} = 72,000$
- 처분이익 : $(300주 \times 110,000) - (300주 \times 72,000) = 11,400,000$
- 평가이익 : $(400주 \times 100,000) - (200주 \times 72,000 + 200주 \times 120,000) = 1,600,000$

정답 ①

Essential Question 207 | **FVPL금융자산의 거래원가와 일부처분**

● 다음은 ㈜합격이 20x1년 1월 1일에 취득한 ㈜적중의 주식과 관련된 자료이다. ㈜적중의 주식과 관련하여 20x1년도 ㈜합격의 당기이익에 미치는 영향(순액)을 구하면 얼마인가?

> (1) ㈜합격은 ㈜적중의 주식 10주를 취득수수료 ₩2,500을 포함한 총 ₩252,500에 취득하고 당기손익-공정가치측정금융자산으로 분류하였다.
> (2) ㈜합격은 20x1년 7월 1일 보유 중인 ㈜적중 주식 중 5주를 주당 ₩30,000에 처분하였으며, 처분과 관련한 매매수수료(거래원가)는 발생하지 않았다.
> (3) ㈜적중 주식의 20x1년말 공정가치는 주당 ₩22,500이다.

① ₩7,500   ② ₩10,000   ③ ₩11,250
④ ₩12,500   ⑤ ₩22,500

─ 해설

• 20x1년 회계처리

1월 1일	(차) FVPL금융자산	250,000	(대) 현금	252,500
	지급수수료	2,500		
7월 1일	(차) 현금	5주×30,000=150,000	(대) FVPL금융자산 250,000×50%=125,000	
			처분이익	25,000
12월 31일	(차) 평가손실	125,000-5주×22,500=12,500	(대) FVPL금융자산	12,500

∴ -2,500(지급수수료)+25,000(처분이익)-12,500(평가손실)=10,000(이익)

정답 ②

Essential Question 208	FVPL금융자산의 기중취득과 처분

● ㈜합격은 20x1년 7월 1일에 발행된 사채(액면금액 ₩100,000, 표시이자율 연 12%, 이자지급일 매년 6월말과 12월말)를 단기매매차익을 얻기 위하여 공정가치인 ₩100,000에 발행일에 구입하였다. 20x1년 11월 1일 ㈜적중은 해당 사채를 단기매매차익을 얻기 위하여 공정가치에 발행일로부터 구입일까지의 미수이자를 포함한 ₩104,000에 ㈜합격으로부터 구입하였다. 해당 사채와 관련하여 20x1년 11월 1일 ㈜합격의 처분이익과 20x1년 12월 31일 ㈜적중의 이자수익은 얼마인가? 단, 상기 거래들과 관련하여 거래수수료는 없으며, 유효이자율과 표시이자율은 동일하다고 가정한다. 또한 모든 이자계산은 월수로 한다.

	㈜합격 처분이익	㈜적중 이자수익
①	₩0	₩2,000
②	₩0	₩6,000
③	₩4,000	₩2,000
④	₩4,000	₩6,000
⑤	₩6,000	₩0

해설

- ㈜합격의 처분시 회계처리

(차) 현금	104,000	(대) 이자수익	$100,000 \times 12\% \times 4/12 = 4,000$
		FVPL금융자산	100,000

- ㈜적중의 구입 및 기말 회계처리

(차) FVPL금융자산	100,000	(대) 현금	104,000
미수이자	4,000		
(차) 현금	$100,000 \times 12\% \times 6/12 = 6,000$	(대) 미수이자	4,000
		이자수익	2,000

정답 ①

Essential Question 209 | **FVPL·FVOCI금융자산(지분상품) 평가손익**

● 12월 결산법인인 ㈜합격의 다음 자료에 의해 취득한 금융자산을 당기손익-공정가치측정금융자산과 기타포괄손익-공정가치측정금융자산으로 각각 분류하였을 경우 20x1년 12월 31일에 인식할 평가이익을 계산하면 얼마인가?

> (1) ㈜합격은 20x1년 7월 22일에 ㈜적중의 주식 200주를 주당 ₩15,000에 취득하였으며, 취득과 직접 관련된 수수료 ₩35,000을 지출하였다.
> (2) 20x1년 12월 31일 현재 ㈜적중의 주당 공시되는 시장가격은 ₩17,500이다.

	당기손익-공정가치측정금융자산	기타포괄손익-공정가치측정금융자산
①	₩0	₩0
②	₩500,000	₩500,000
③	₩500,000	₩465,000
④	₩465,000	₩465,000
⑤	₩465,000	₩500,000

해설

- 당기손익-공정가치측정금융자산 평가이익 : 200주×@17,500-200주×@15,000=500,000
- 기타포괄손익-공정가치측정금융자산 평가이익 : 200주×@17,500-(200주×@15,000+35,000)=465,000

정답 ③

Essential Question 210 | **FVOCI금융자산(지분상품) 처분손익**

● 다음은 ㈜합격이 20x1년 1월 1일에 취득한 ㈜적중의 보통주와 관련된 자료이다. ㈜합격이 ㈜적중의 보통주와 관련하여 20x3년에 인식할 금융자산처분손익을 구하면 얼마인가?

> (1) ㈜합격은 ㈜적중의 보통주를 매매수수료 ₩2,500을 포함한 총 ₩252,500에 취득하고 기타포괄손익-공정가치측정 항목으로 선택하였다.
> (2) ㈜적중 보통주의 연도 말 공정가치는 다음과 같다.
>
> | 공정가치 | 20x1년말 | 20x2년말 |
> |---|---|---|
> | | ₩300,000 | ₩200,000 |
>
> (3) ㈜합격은 20x3년에 ㈜적중의 보통주를 ₩230,000에 전부 처분하였다.

① ₩0	② ₩22,500 손실	③ ₩22,500 이익
④ ₩30,000 손실	⑤ ₩30,000 이익	

해설

- FVOCI금융자산(지분상품)은 처분손익을 인식하지 않는다.

정답 ①

Essential Question 211 　FVPL·FVOCI금융자산(지분상품) 처분손익

● 다음은 ㈜합격이 20x1년초에 취득한 ㈜적중의 주식과 관련된 자료이다. ㈜합격이 동 주식을 당기손익-공정가치측정금융자산으로 분류한 경우와 기타포괄손익-공정가치측정금융자산으로 분류한 경우 각각에 대하여 20x2년도 당기손익에 미치는 영향(순액)을 계산하면 얼마인가?

> (1) ㈜합격은 ㈜적중의 주식을 취득수수료 ₩5,000을 포함한 총 ₩255,000에 취득하였다.
> (2) ㈜적중 주식의 20x1년말 현재 공정가치는 ₩305,000이다.
> (3) ㈜합격은 20x2년 중에 보유 중인 ㈜적중의 주식을 ₩450,000에 전부 처분하였으며, 처분과 관련한 매매수수료(거래원가)는 발생하지 않았다.

	당기손익-공정가치측정금융자산	기타포괄손익-공정가치측정금융자산
①	₩0	₩145,000 증가
②	₩145,000 증가	₩195,000 증가
③	₩145,000 증가	₩0
④	₩200,000 증가	₩195,000 증가
⑤	₩200,000 증가	₩145,000 증가

해설

- FVPL금융자산처분이익 : 450,000-305,000=145,000
- FVOCI금융자산처분이익 : FVOCI금융자산(지분상품)은 처분손익을 인식하지 않는다.

정답 ③

Essential Question 212 　AC금융자산 이자수익 : 신용위험없음

● 20x1년 1월 1일 ㈜합격은 액면금액 ₩1,000,000(표시이자율 연 4%, 매년말 후급조건)의 사채를 ₩946,540(유효이자율 연 6%)에 취득하고 상각후원가로 측정하는 금융자산으로 분류하였다. ㈜합격의 결산일은 매년 12월 31일이고, 동 사채의 만기는 20x3년 12월 31일이다. 동 사채의 20x1년말 공정가치가 ₩945,761(현행 시장이자율 연 7%)일 때, 20x1년도 당기손익에 미치는 영향(순액)을 구하면 얼마인가? 단, 계산과정에서 소수점 이하는 첫째자리에서 반올림하여 가장 근사치를 선택한다.

① ₩12,541 증가　　② ₩28,522 증가　　③ ₩36,265 증가
④ ₩56,792 증가　　⑤ ₩66,325 증가

해설

- 20x1년 회계처리

20x1년초	(차) AC금융자산	946,540	(대) 현금	946,540
20x1년말	(차) 현금	40,000	(대) 이자수익	946,540×6%=56,792
	AC금융자산	16,792		

∴당기손익에 미치는 영향은 이자수익 56,792(증가)이다.

정답 ④

Essential Question 213 | AC금융자산의 당기손익 : 신용위험있음

● ㈜합격은 20x1년초 ㈜적중이 발행한 다음의 사채를 공정가치인 ₩950,244에 취득하고 상각후원 가측정금융자산으로 분류하였다. 동 거래가 ㈜합격의 20x1년도 당기손익에 미친 영향(A)과 20x2 년도 이자수익(B)은 각각 얼마인가? 단, 20x1년말 사채의 신용위험은 유의적으로 증가한 것으로 판단하였으며 12개월 기대신용손실은 ₩7,500, 전체기간 기대신용손실은 ₩25,000으로 추정하였 다.

> (1) 액면금액 : ₩1,000,000, 발행일 : 20x1.1.1, 표시이자율 : 연 8%, 만기일 : 20x3.12.31
> (2) 발행일 유효이자율 : 연 10%, 이자지급일 : 매년 말 후급

	A	B
①	₩95,024	₩96,527
②	₩95,024	₩94,027
③	₩95,024	₩93,247
④	₩70,024	₩96,527
⑤	₩70,024	₩94,027

→ 해설

• 20x1년 회계처리

20x1년초	(차) AC금융자산	950,244	(대) 현금	950,244
20x1년말	(차) 현금 　　AC금융자산	80,000 15,024	(대) 이자수익	950,244×10%=95,024
	(차) 손상차손	25,000	(대) 손실충당금	25,000

　→20x1년 당기손익 : 이자수익(95,024)−손상차손(25,000)=70,024
• 20x2년 이자수익 : (950,244+15,024)×10%=96,527

정답 ④

Essential Question 214 | AC금융자산의 장부금액 : 신용위험있음

● ㈜합격은 20x1년초 ㈜적중이 발행한 다음의 사채를 ₩946,540에 취득하고 상각후원가측정금융자산으로 분류하였다. 20x1년말 재무상태표 상에 표시될 동 금융자산의 장부금액(손실충당금 차감후)을 구하면 얼마인가? 단, 계산과정에서 소수점 이하는 첫째자리에서 반올림하여 가장 근사치를 선택한다.

(1) 액면금액은 ₩1,000,000, 발행일은 20x1년 1월 1일, 표시이자율은 연 4%(매년 말 후급)이며, 만기일은 20x3년 12월 31일이다.
(2) 사채의 발행일 현재 유효이자율은 연 6%이며 취득시 신용이 손상되어 있지 않은 것으로 판단하였다.
(3) ㈜합격은 20x1년말에 해당 금융자산의 신용위험이 유의하게 증가하지 않았다고 판단하고 12개월 기대신용손실을 ₩24,000이라고 추정하였다.

① ₩924,210
② ₩937,540
③ ₩939,332
④ ₩964,300
⑤ ₩972,335

해설

• 20x1년 회계처리

20x1년초	(차) AC금융자산	946,540	(대) 현금	946,540
20x1년말	(차) 현금	40,000	(대) 이자수익	946,540×6%=56,792
	AC금융자산	16,792		
	(차) 손상차손	24,000	(대) 손실충당금	24,000

∴20x1년말 AC금융자산 장부금액 : 946,540+16,792−24,000=939,332

정답 ③

Essential Question 215 | **AC금융자산의 신용손상**

● ㈜합격이 취득한 사채에 대한 자료가 다음과 같을 때, ㈜합격이 20x1년도에 동 사채(금융자산)와 관련하여 인식할 손상차손 금액을 구하면 얼마인가? 단, 20x1년초 손실충당금 잔액은 ₩0이며, 계산과정에서 소수점 이하는 첫째자리에서 반올림하여 가장 근사치를 선택한다.

(1) ㈜합격은 ㈜적중이 발행한 사채를 20x1년 1월 1일에 취득하고 상각후원가측정금융자산으로 분류하였다.
(2) 동 사채의 액면금액은 ₩1,000,000, 표시이자율 연 4%(이자는 매년 12월 31 지급), 만기일은 20x3년 12월 31일이다.
(3) 사채발행 시점의 유효이자율은 연 6%이며, 20x1년말 현재 시장이자율은 연 10%이다.
(4) 20x1년말 이자는 정상적으로 수취하였으나 ㈜적중의 신용이 손상되어 ㈜합격은 향후 이자는 수령하지 못하며 만기일에 액면금액만 수취할 것으로 추정하였다.
(5) 현재가치계수 자료는 다음과 같다.

기간	단일금액 ₩1의 현재가치계수			정상연금 ₩1의 현재가치계수		
할인율	4%	6%	10%	4%	6%	10%
1년	0.9615	0.9434	0.9091	0.9615	0.9434	0.9091
2년	0.9246	0.8900	0.8264	1.8861	1.8334	1.7355
3년	0.8890	0.8396	0.7513	2.7751	2.6730	2.4869

① ₩62,511 ② ₩73,311 ③ ₩78,222
④ ₩88,201 ⑤ ₩100,211

해설

• 발행금액(취득가) : 1,000,000×4%×2.6730+1,000,000×0.8396=946,520
• 20x1년말 회수가능액 : 1,000,000×0.8900=890,000
• 20x1년 회계처리

20x1년초	(차) AC금융자산	946,520	(대) 현금	946,520
20x1년말	(차) 현금	40,000	(대) 이자수익	56,791[1]
	AC금융자산	16,791		
	(차) 손상차손	73,311[2]	(대) 손실충당금	73,311

[1] 946,520×6%=56,791
[2] (946,520+16,791)−890,000=73,311

정답 ②

Essential Question 216　|　**FVPL·AC금융자산(채무상품) 처분손익**

● 다음은 12월말 결산법인인 ㈜합격의 채무상품 취득 및 처분관련 자료이다. 동 채무상품을 당기손익 −공정가치측정금융자산으로 분류한 경우와 상각후원가금융자산으로 분류한 경우 각각에 대해 20x3년 인식할 처분손익의 차액을 구하면 얼마인가? 단, 기대신용손실은 없다.

> (1) 발행 및 취득 : 20x1년 1월 1일에 ₩952,000에 취득하였다.(만기 3년)
> (2) 액면금액 : ₩1,000,000(표시이자율 연 10%, 매년말 이자지급, 유효이자율은 연 12%)
> (3) 처분 : 20x3년초에 ₩983,200에 처분하였다.
> (4) 공정가치 : 20x1년말과 20x2년말 공정가치는 각각 ₩970,000, ₩980,000이다.

① ₩1,011　　　　　　　② ₩2,189　　　　　　　③ ₩3,200
④ ₩4,211　　　　　　　⑤ ₩5,031

해설

• 당기손익−공정가치측정금융자산 처분손익 : 983,200−980,000=3,200(이익)
• 상각후원가금융자산 처분손익 : 983,200−(952,000+14,240+15,949)=1,011(이익)
∴3,200−1,011=2,189

정답　②

Essential Question 217　|　**FVOCI금융자산(채무상품) 2차연도 이자수익**

● 20x1년 1월 1일 ㈜합격은 액면금액 ₩1,000,000(표시이자율 연 4%, 매년말 후급조건)의 사채를 ₩946,540(유효이자율 연 6%)에 취득하고 기타포괄손익−공정가치로 측정하는 금융자산으로 분류하였다. ㈜합격의 결산일은 매년 12월 31일이고, 동 사채의 만기는 20x3년 12월 31일이다. 동 사채의 20x1년말 공정가치는 ₩945,761(현행 시장이자율 연 7%)이며, 20x2년말 공정가치는 ₩990,475(현행 시장이자율 연 5%)이다. ㈜합격이 동 사채와 관련하여 인식할 20x2년도 이자수익을 구하면 얼마인가? 단, 기대신용손실은 없다고 가정하며, 계산과정에서 소수점 이하는 첫째자리에서 반올림하여 가장 근사치를 선택한다.

① ₩56,746　　　　　　　② ₩56,892　　　　　　　③ ₩57,800
④ ₩57,892　　　　　　　⑤ ₩58,746

해설

• 20x1년 회계처리

20x1년초	(차) FVOCI금융자산	946,540	(대) 현금	946,540
20x1년말	(차) 현금	40,000[2]	(대) 이자수익	56,792[1]
	FVOCI금융자산	16,792		
	(차) 평가손실(기타포괄손익)	17,571[3]	(대) FVOCI금융자산	17,571

[1] 946,540×6%=56,792　　[2] 1,000,000×4%=40,000　　[3] 945,761−(946,540+16,792)=△17,571
∴20x2년 이자수익 : (946,540+16,792)×6%=57,800

정답　③

제1편 Mainplot [주요논제]　제2편 Subplot [특수논제]　합본부록1 기출유형별 필수문제　합본부록2 실전적중모의고사

| Essential Question 218 | FVOCI금융자산(채무상품) 총이자수익 계산 |

● 20x1년 1월 1일 ㈜합격은 액면금액 ₩1,000,000(표시이자율 연 4%, 매년말 후급조건)의 사채를 ₩946,540(유효이자율 연 6%)에 취득하고 기타포괄손익-공정가치로 측정하는 금융자산으로 분류하였다. ㈜합격의 결산일은 매년 12월 31일이고, 동 사채의 만기는 20x3년 12월 31일이다. 동 사채의 20x1년말 공정가치는 ₩945,761(현행 시장이자율 연 7%)이며, 20x2년말 공정가치는 ₩990,475(현행 시장이자율 연 5%)이다. ㈜합격이 동 사채와 관련하여 3년간 인식할 총이자수익을 구하면 얼마인가? 단, 계산과정에서 소수점 이하는 첫째자리에서 반올림하여 가장 근사치를 선택한다.

① ₩53,460
② ₩120,000
③ ₩173,460
④ ₩175,240
⑤ ₩184,200

해설

• 총이자수익 : (40,000×3년)+(1,000,000−946,540)=173,460

 □ FVOCI금융자산(채무상품) 총이자수익 빨리 구하기
  총이자수익=총액면이자(120,000)+총상각액(53,460)

정답 ③

Essential Question 219 | FVOCI금융자산(채무상품) 이자지급·결산일 불일치

● ㈜합격은 20x1년 7월 일 다음과 같은 조건으로 발행된 채무상품을 취득하고 기타포괄손익−공정가 치측정금융자산으로 분류하였다.

액면금액	: ₩1,000,000	발행일	: 20x1년 7월 1일
표시이자율	: 연 5%	이자지급조건	: 매년 6월 30일 지급
만기일	: 20x4년 6월 30일	유효이자율	: 연 8%

20x1년말 현재 채무상품의 신용은 유의적으로 증가하지 않았으며 12개월 기대신용손실은 ₩3,000, 전체기간 기대신용손실은 ₩7,000으로 추정되었다. ㈜합격이 20x1년말 포괄손익계산서에 인식해야 하는 금융자산평가손익은 얼마인가? 단, 20x1년말 현재 채무상품의 공정가치는 ₩940,000(경과이자 제외)이며, 현재가치계수는 다음의 표를 이용한다.

	5% 현가계수	5% 연금현가계수	8% 현가계수	8% 연금현가계수
1	0.95	0.95	0.92	0.92
2	0.91	1.86	0.86	1.78
3	0.86	2072	0.79	2.57

① ₩3,000 평가이익 ② ₩6,760 평가이익 ③ ₩9,760 평가이익
④ ₩12,760 평가이익 ⑤ ₩36,740 평가이익

해설

• 회계처리

20x1.07.01	(차) FVOCI금융자산	918,500[1]	(대) 현금	903,944
20x1.12.31	(차) 미수이자	25,000[3]	(대) 이자수익	36,740[2]
	FVOCI금융자산	11,740		
	(차) FVOCI금융자산	9,760	(대) 평가이익	9,760[4]
	(차) 손상차손	3,000	(대) 평가이익	3,000

[1] $1,000,000 \times 0.79 + 1,000,000 \times 5\% \times 2.57 = 918,500$
[2] $918,500 \times 8\% \times 6/12 = 36,740$
[3] $1,000,000 \times 5\% \times 6/12 = 25,000$
[4] $940,000 - (918,500 + 11,740) = 9,760$
∴금융자산평가손익 : $9,760 + 3,000 = 12,760$

정답 ④

Essential Question 220 | **FVOCI금융자산(채무상품)의 평가손익**

● ㈜합격은 20x1년초 다음과 같은 조건의 사채를 취득하고 기타포괄손익-공정가치측정금융자산으로 분류하였다.

액면금액	: ₩1,000,000	취득금액	: ₩903,944
표시이자율	: 연 8%	이자지급조건	: 매년말 후급
만기일	: 20x3년 12월 31일	취득일의 유효이자율	: 12%

매년말 사채의 공정가치와 기대신용손실에 관한 자료가 다음과 같을 때 ㈜합격이 20x2년말 재무상태표에 보고할 금융자산평가손익누계액은 얼마인가?

(1) 매년말 사채의 공정가치 : 20x1년말 ₩930,000, 20x2년말 ₩970,000
(2) 20x1년말 사채의 신용위험은 유의적으로 증가하지 않았다고 판단하였으며 12개월 기대신용손실을 ₩4,000으로 추정하였다.
(3) 20x2년말 사채의 신용위험은 유의적으로 증가하지 않았다고 판단하였으며 12개월 기대신용손실을 ₩6,000으로 추정하였다.

① ₩3,693 이익 ② ₩8,527 이익 ③ ₩9,693 이익
④ ₩10,527 이익 ⑤ ₩11,693 이익

──▶ 해설

• 회계처리

20x1.01.01	(차) FVOCI금융자산	903,944	(대) 현금	903,944
20x1.12.31	(차) 현금	80,000[2]	(대) 이자수익	108,473[1]
	FVOCI금융자산	28,473		
	(차) 평가손실	2,417[3]	(대) FVOCI금융자산	2,417
	(차) 손상차손	4,000	(대) 평가손실	4,000
20x2.12.31	(차) 현금	80,000	(대) 이자수익	111,890[4]
	FVOCI금융자산	31,890		
	(차) FVOCI금융자산	8,110	(대) 평가이익	8,110[5]
	(차) 손상차손	2,000	(대) 평가이익	2,000[6]

[1] 903,944 × 12% = 108,473
[2] 1,000,000 × 8% = 80,000
[3] 930,000 − (903,944 + 28,473) = △2,417
[4] (903,944 + 28,473) × 12% = 111,890
[5] 970,000 − (930,000 + 31,890) = 8,110
[6] 6,000 − 4,000 = 2,000
∴평가이익 : (4,000 − 2,417) + 8,110 + 2,000 = 11,693

정답 ⑤

Essential Question 221	FVOCI금융자산(채무상품)의 할증취득

● ㈜합격은 20x1년 1월 1일 만기가 3년이고 액면이자율이 연10%이며 액면금액이 ₩2,000,000인 사채를 취득하고 기타포괄손익-공정가치측정금융자산으로 분류하였다. 이 사채의 이자는 매년말 지급받고, 사채 취득시 유효이자율은 연8%이다. 만약 20x1년 12월 31일 이 사채의 공정가치가 ₩2,050,000이고 기대신용손실이 없는 경우 평가손익은 얼마인가?

(1) 3년후 ₩1의 현재가치	– 이자율 10% : 0.7513, 이자율 8% : 0.7938
(2) 3년간 정상연금 ₩1의 현재가치	– 이자율 10% : 2.4868, 이자율 8% : 2.5771

① ₩103,020 이익   ② ₩71,262 이익   ③ ₩50,000 이익
④ ₩21,262 손실   ⑤ ₩12,342 손실

해설

• 회계처리

20x1.01.01	(차) FVOCI금융자산	2,103,020	(대) 현금	2,103,020
20x1.12.31	(차) 현금	200,000	(대) 이자수익	168,242[1]
			FVOCI금융자산	31,758
	(차) 평가손실(기타포괄손익)	21,262[2]	(대) FVOCI금융자산	21,262

[1] 2,103,020 × 8%=168,242
[2] 2,050,000-(2,103,020-31,758)=△21,262

정답 ④

Essential Question 222	FVOCI금융자산(채무상품) 처분손익[1]

● 20x1년 1월 1일에 ㈜합격은 기타포괄손익–공정가치측정금융자산으로 분류되는 액면금액 ₩20,000 (이자율 10%, 이자 매년말 지급)의 채무상품을 공정가치인 ₩18,800에 취득하였다. 20x1년 12월 31일(결산일)에 동 채무상품에 대한 현금이자 ₩2,000을 수취하였으며 이자수익 ₩2,400을 인식하였다. 20x1년 12월 31일 현재 동 채무상품의 공정가치는 ₩17,400이었으며 기대신용손실은 없다. ㈜합격은 20x2년 1월 1일에 이 채무상품을 ₩18,000에 매각하였다. 동 채권에 대해 20x1년 12월 31일의 평가시점에 인식해야 하는 평가손익과 20x2년 1월 1일의 처분시점에 인식해야 하는 처분손익은 각각 얼마인가?

	평가손익	처분손익
①	₩0	₩800 손실
②	₩1,400 손실	₩600 이익
③	₩1,400 손실	₩800 손실
④	₩1,800 손실	₩600 이익
⑤	₩1,800 손실	₩1,200 손실

> **해설**

• FVOCI금융자산 회계처리

20x1.01.01	(차) FVOCI금융자산	18,800	(대) 현금	18,800
20x1.12.31	(차) 현금	2,000	(대) 이자수익	2,400
	FVOCI금융자산	400		
	(차) 평가손실(기타포괄손익)	1,800	(대) FVOCI금융자산	1,800[1]
처분시	(차) FVOCI금융자산	600	(대) 평가손실(기타포괄손익)	600[2]
	(차) 현금	18,000	(대) FVOCI금융자산	18,000
	(차) 처분손실	1,200	(대) 평가손실(기타포괄손익)	1,200[3]

[1] 17,400−(18,800+400)=△1,800
[2] 18,000−17,400=600
[3] 1,800−600=1,200

정답 ⑤

Essential Question 223 | **FVOCI금융자산(채무상품) 처분손익[2]**

● 20x1년초 ㈜합격은 액면금액 ₩500,000(액면이자율 연 10%, 매년말 후급조건)의 사채를 ₩469,628 (유효이자율 연 12%)에 취득하고 기타포괄손익-공정가치측정금융자산으로 분류하였다. ㈜합격의 결산일은 매년 12월 31일이고, 동 사채의 만기는 20x4년 12월 31일이다. 20x1년말 공정가치는 ₩470,000이고 기대신용손실은 없다. ㈜합격이 20x2년 4월 1일에 동 사채를 ₩480,000(발생이 자 포함)에 매각하였다면 처분손익은 얼마인가?

① 처분손익 ₩0
② 처분손실 ₩5,983
③ 처분이익 ₩5,983
④ 처분손실 ₩10,262
⑤ 처분이익 ₩10,262

해설

• 회계처리

20x1년초	(차) FVOCI금융자산	469,628	(대) 현금	469,628
20x1년말	(차) 현금 　　FVOCI금융자산	50,000[2] 6,355	(대) 이자수익	56,355[1]
	(차) 평가손실(기타포괄손익)	5,983[3]	(대) FVOCI금융자산	5,983
처분시	(차) 미수이자 　　FVOCI금융자산	12,500[5] 1,779	(대) 이자수익	14,279[4]
	(차) 평가손실(기타포괄손익)	4,279[6]	(대) FVOCI금융자산	4,279
	(차) 현금	480,000	(대) 미수이자 　　FVOCI금융자산	12,500 467,500
	(차) 처분손실	10,262	(대) 평가손실(기타포괄손익)	10,262

[1] $469,628 \times 12\% = 56,355$

[2] $500,000 \times 10\% = 50,000$

[3] $470,000 - (469,628 + 6,355) = \triangle 5,983$

[4] $(469,628 + 6,355) \times 12\% \times 3/12 = 14,279$

[5] $500,000 \times 10\% \times 3/12 = 12,500$

[6] $(480,000 - 12,500) - (470,000 + 1,779) = \triangle 4,279$

정답 ④

Essential Question 224	AC·FVOCI금융자산(채무상품) 평가손익

● 다음은 12월말 결산법인인 ㈜합격의 채무상품 취득 및 평가관련 자료이다. 동 채무상품을 기타포괄손익-공정가치측정금융자산으로 분류한 경우와 상각후원가측정금융자산으로 분류한 경우 각각에 대해 20x1년 인식할 평가손실은 얼마인가? 단, 기대신용손실은 없다.

> (1) 발행 및 취득 : 20x1년 1월 1일에 ₩1,900,488에 취득하였다.(만기 3년)
> (2) 액면금액 : ₩2,000,000(표시이자율 연 8%, 매년말 이자지급, 유효이자율은 연 10%)
> (3) 공정가치 : 20x1년말과 20x2년말 공정가치는 각각 ₩1,920,000, ₩1,980,000이다.

	기타포괄손익-공정가치측정금융자산	상각후원가측정금융자산
①	₩10,537	₩0
②	₩10,537	₩10,537
③	₩0	₩0
④	₩0	₩10,537
⑤	₩19,512	₩0

해설

- 기타포괄손익-공정가치측정금융자산 : [1,900,488+(1,900,488×10%−2,000,000×8%)]−1,920,000=10,537
- 상각후원가측정금융자산 : 평가손익을 인식하지 않는다.

정답 ①

Essential Question 225 | AC·FVOCI금융자산(채무상품) 처분손익

● 다음은 12월말 결산법인인 ㈜합격의 채무상품 취득 등과 관련된 자료이다. 동 채무상품을 상각후원가측정금융자산으로 분류한 경우와 기타포괄손익−공정가치측정금융자산으로 분류한 경우 각각에 대해 20x2년 인식할 처분이익은 얼마인가?

> (1) 발행 및 취득 : 20x1년초에 ₩820,000에 취득하였다.(만기 3년)
> (2) 액면금액 : ₩1,000,000(매년 말 ₩50,000의 이자수령 조건, 유효이자율은 연 8%)
> (3) 20x1년말 공정가치 : ₩851,200
> (4) 처분 : 20x2년초에 ₩851,200에 전부 처분하였다.

	상각후원가측정금융자산	기타포괄손익−공정가치측정금융자산
①	₩15,600	₩0
②	₩15,600	₩15,600
③	₩15,600	₩21,200
④	₩65,600	₩15,600
⑤	₩65,600	₩0

해설

• AC금융자산인 경우 회계처리

20x1년초	(차) AC금융자산	820,000	(대) 현금		820,000
20x1년말	(차) 현금	50,000	(대) 이자수익	820,000×8%=65,600	
	AC금융자산	15,600			
20x2년초	(차) 현금	851,200	(대) AC금융자산	820,000+15,600=835,600	
(처분시)			처분이익		15,600

• FVOCI금융자산(채무상품)인 경우 회계처리

20x1년초	(차) FVOCI금융자산	820,000	(대) 현금		820,000
	(차) 현금	50,000	(대) 이자수익	820,000×8%=65,600	
20x1년말	FVOCI금융자산	15,600			
	(차) FVOCI금융자산	15,600	(대) 평가이익	851,200−(820,000+15,600)=15,600	
20x2년초	(차) 현금	851,200	(대) FVOCI금융자산		851,200
(처분시)	(차) 평가이익	15,600	(대) 처분이익		15,600

정답 ②

Essential Question 226 | 금융자산의 재분류[1]

● 다음은 한국채택국제회계기준상 금융자산의 재분류와 관련된 설명이다. 가장 타당하지 않은 것은?

① 금융자산을 기타포괄손익–공정가치측정금융자산 범주에서 상각후원가측정금융자산 범주로 재분류하는 경우에 재분류일의 공정가치로 측정한다. 이 경우 재분류 전에 인식한 기타포괄손익누계액은 자본에서 제거하고 당기손익으로 재분류한다.
② 금융자산을 당기손익–공정가치측정금융자산 범주에서 상각후원가측정금융자산 범주로 재분류하는 경우에 유효이자율은 재분류일의 공정가치와 추정미래현금흐름의 현재가치를 일치시키는 이자율로 재분류일의 현행 시장이자율과 같다.
③ 금융자산을 재분류하는 경우에 그 재분류를 재분류일부터 전진적으로 적용하며, 재분류 전에 인식한 손익이나 이자는 다시 작성하지 않는다.
④ 금융자산을 기타포괄손익–공정가치측정금융자산 범주에서 상각후원가측정금융자산 범주로 재분류하는 경우에도 유효이자율이나 기대신용손실 측정치는 조정하지 않는다. 그러나 기타포괄손익으로 조정한 손실충당금은 재분류일부터 금융자산의 총장부금액에 대한 조정으로 인식한다.
⑤ 금융자산을 당기손익–공정가치측정금융자산 범주에서 상각후원가측정금융자산 범주로 재분류하는 경우에 재분류일은 상각후원가측정금융자산의 최초 인식일로 본다.

해설
• 금융자산의 공정가치에서 조정한다.

정답 ①

Essential Question 227 | 금융자산의 재분류[2]

● 한국채택국제회계기준 '금융상품'의 규정에 의한 금융자산의 재분류시 회계처리에 대한 설명이다. 가장 옳지 않은 것은?

① 금융자산을 기타포괄손익–공정가치 측정 범주에서 상각후원가 측정 범주로 재분류하는 경우에 재분류일의 공정가치로 측정하고, 재분류 전에 인식한 기타포괄손익누계액은 자본에서 제거하고 재분류일의 금융자산의 공정가치에서 조정한다.
② 금융자산을 기타포괄손익–공정가치 측정 범주에서 당기손익–공정가치 측정 범주로 재분류하는 경우에 계속 공정가치로 측정하고, 재분류 전에 인식한 기타포괄손익누계액은 재분류일에 재분류조정으로 자본에서 당기손익으로 재분류한다.
③ 금융자산을 상각후원가 측정 범주에서 기타포괄손익–공정가치 측정 범주로 재분류하는 경우에 재분류일의 공정가치로 측정하고 금융자산의 재분류 전 상각후원가와 공정가치의 차이에 따른 손익은 당기손익으로 인식한다.
④ 금융자산을 상각후원가 측정 범주에서 당기손익–공정가치 측정 범주로 재분류하는 경우에 재분류일의 공정가치로 측정하고, 금융자산의 재분류 전 상각후원가와 공정가치의 차이에 따른 손익은 당기손익으로 인식한다.
⑤ 금융자산을 당기손익–공정가치 측정 범주에서 기타포괄손익–공정가치 측정 범주로 재분류하는 경우에 계속 공정가치로 측정한다.

해설
• 금융자산의 재분류 전 상각후원가와 공정가치의 차이에 따른 손익은 기타포괄손익으로 인식한다.

정답 ③

Essential Question 228	**금융자산의 계약상 현금흐름의 변경**

● 다음은 한국채택국제회계기준상 금융자산의 재분류와 관련된 설명이다. 가장 타당하지 않은 것은?

① 금융자산을 당기손익–공정가치측정 항목으로 지정한다면 회계불일치를 제거하거나 유의적으로 줄이는 경우에는 최초 인식시점에 해당 금융자산을 당기손익–공정가치측정 항목으로 지정할 수 있다.

② 채무할증액, 채무할인액, 금융원가, 내부관리원가, 내부보유원가는 거래원가에 포함되지 않는다.

③ 금융자산 전체나 일부의 회수를 합리적으로 예상할 수 없는 경우에는 해당 금융자산의 총 장부금액을 직접 줄인다.

④ 금융자산의 계약상 현금흐름이 재협상되거나 변경되었으나 그 금융자산이 제거되지 아니하는 경우에는 해당 금융자산의 총 장부금액을 재계산하고 변경손익을 기타포괄손익으로 인식한다.

⑤ 당기손익–공정가치로 측정되는 '지분상품에 대한 특정 투자'에 대하여는 후속적인 공정가치 변동을 기타포괄손익으로 표시하도록 최초 인식시점에 선택할 수 있다.

─ 해설

• 기타포괄손익(X) → 당기손익(O)

정답 ④

Essential Question 229	**금융자산의 제거[1]**

● 한국채택국제회계기준 '금융상품'의 금융자산 제거의 회계처리에 대한 설명이다. 옳지 않은 것은?

① 양도자가 양도자산을 통제하고 있는지는 양수자가 그 자산을 매도할 수 있는 능력을 가지는지에 따라 결정한다.

② 양도자가 금융자산의 소유에 따른 위험과 보상의 대부분을 보유하지도 이전하지도 않는 상태라면, 양도자가 금융자산을 통제하고 있는지와 무관하게 해당 금융자산을 모두 제거한다.

③ 양도자가 금융자산의 소유에 따른 위험과 보상의 대부분을 이전한다면, 해당 금융자산을 제거하고 양도하여 생기거나 갖게 된 권리와 의무는 각각 자산과 부채로 인식한다.

④ 양도자가 금융자산의 소유에 따른 위험과 보상의 대부분을 보유한다면, 해당 금융자산을 계속 인식한다.

⑤ 양수자가 자산 전체를 독립적인 제3자에게 매도할 수 있는 실질적 능력을 가지고 있으며 양도에 추가 제약을 할 필요 없이 그 능력을 일방적으로 행사할 수 있다면, 양도자는 양도자산에 대한 통제를 상실한 것이다.

─ 해설

• 양도자가 금융자산의 소유에 따른 위험과 보상의 대부분을 보유하지도 이전하지도 않는다면, 양도자가 해당 금융자산을 통제하는지를 판단하여 다음과 같이 회계처리한다.

  ㉠ 양도자가 금융자산을 통제하고 있지 않다면, 해당 금융자산을 제거하고 양도하여 생기거나 보유하게 된 권리와 의무는 각각 자산과 부채로 인식한다.

  ㉡ 양도자가 금융자산을 통제하고 있다면, 해당 금융자산에 지속적으로 관여하는 정도까지 그 금융자산을 계속 인식한다.

정답 ②

제1편 Mainplot [주요논제]

제2편 Subplot [특수논제]

합본부록1 기출유형별 필수문제

합본부록2 실전적중모의고사

| Essential Question 230 | 금융자산의 제거[2] |

● 한국채택국제회계기준 '금융상품'에 따른 금융자산의 제거에 대한 설명이다. 가장 옳지 않은 것은?

① 금융자산의 현금흐름에 대한 계약상 권리가 소멸한 경우에는 당해 금융자산을 제거한다.

② 금융자산의 양도자가 금융자산의 소유에 따른 위험과 보상의 대부분을 보유하지도 이전하지도 않을 경우, 양도자가 금융자산을 통제하고 있다면 양도자산 전체를 계속 인식한다.

③ 금융자산의 양도자가 금융자산의 소유에 따른 위험과 보상의 대부분을 보유한다면, 해당 금융자산을 계속 인식한다.

④ 금융자산의 양도자가 금융자산의 소유에 따른 위험과 보상의 대부분을 이전한다면, 해당 금융자산을 제거하고 양도하여 생기거나 갖게 된 권리와 의무는 각각 자산과 부채로 인식한다.

⑤ 금융자산의 양수자가 해당 금융자산 전체를 독립적인 제3자에게 매도할 수 있는 실질적 능력을 가지고 있으며 양도에 추가 제약을 할 필요 없이 그 능력을 일방적으로 행사할 수 있다면 양도자는 해당 금융자산을 제거한다.

해설

• 양도자산 전체를 계속 인식한다.(X)
  →해당 금융자산에 지속적으로 관여하는 정도까지 그 금융자산을 계속 인식한다.(O)

정답 ②

Essential Question 231 | 금융자산의 제거[3]

● 다음은 한국채택국제회계기준 '금융상품'의 금융자산의 제거에 대한 설명이다. 가장 옳지 않은 것은?

① 금융자산의 현금흐름에 대한 계약상 권리가 소멸한 경우에는 당해 금융자산을 제거한다.

② 금융자산의 양수자가 해당 금융자산 전체를 독립적인 제3자에게 매도할 수 있는 실질적 능력을 가지고 있으며 양도에 추가 제약을 할 필요 없이 그 능력을 일방적으로 행사할 수 있다면 양도자는 해당 금융자산을 제거한다.

③ 금융자산의 양도자가 금융자산의 소유에 따른 위험과 보상의 대부분을 보유한다면, 해당 금융자산을 계속 인식한다.

④ 금융자산의 제거 규정을 일부에 적용하도록 허용할 경우 비교가능성을 훼손할 수 있기 때문에 금융자산 일부에 적용하는 것은 허용하지 않는다.

⑤ 금융자산의 양도자가 금융자산의 소유에 따른 위험과 보상의 대부분을 이전한다면, 해당 금융자산을 제거하고 양도하여 생기거나 갖게 된 권리와 의무는 각각 자산과 부채로 인식한다.

해설

• [K-IFRS '금융상품' 문단3.2.2]
제거 여부와 제거 정도의 적정성을 평가하기 전에 제거 규정을 금융자산의 일부에 적용하여야 하는지 아니면 전체에 적용하여야 하는지를 다음과 같이 결정한다.

> (가) 제거 대상이 다음 세 가지 조건 중 하나를 충족하는 경우에만 금융자산의 일부에 적용한다.
> ㉠ 제거 대상이 금융자산의 현금흐름에서 식별된 특정 부분만으로 구성된다. 예를 들면 이자율스트립채권 계약에서 거래상대방이 채무상품의 현금흐름 중 원금에 대한 권리는 없고 이자 부분에 대한 권리만 있는 경우에는 이자 부분에 적용한다.
> ㉡ 제거 대상이 금융자산의 현금흐름에 완전히 비례하는 부분만으로 구성된다. 예를 들면 거래상대방이 채무상품의 현금흐름 중 90%에 대한 권리를 가지는 계약을 체결하는 경우에는 현금흐름의 90%에 적용한다. 둘 이상의 거래상대방이 있는 경우라도 양도자가 현금흐름 중 완전히 비례하는 부분을 보유하고 있다면, 각 거래상대방이 현금흐름 중 비례하는 부분을 보유하여야 하는 것은 아니다.
> ㉢ 제거 대상이 금융자산의 현금흐름에서 식별된 특정 부분 중 완전히 비례하는 부분만으로 구성된다. 예를 들면 거래상대방이 채무상품의 현금흐름 중 이자 부분의 90%에 대한 권리를 가지는 계약을 체결하는 경우에는 해당 이자 부분의 90%에 적용한다. 둘 이상의 거래상대방이 있는 경우라도 양도자가 현금흐름 중 완전히 비례하는 부분을 보유하고 있다면, 각 거래상대방이 특정하여 식별된 현금흐름 중 비례하는 부분을 보유하여야 하는 것은 아니다.
> (나) 위 (가) 외의 모든 경우에는 금융자산의 전체에 적용한다.

정답 ④

Essential Question 232 | **보고기간후사건 일반사항**

● 다음 중 보고기간후사건에 대한 설명으로 옳지 않은 것은?

① 보고기간후사건은 보고기간말과 재무제표 발행승인일 사이에 발생한 유리하거나 불리한 사건으로, 보고기간말 존재하였던 상황에 대해 증거를 제공하는 사건(수정을 요하는 보고기간후사건)과 보고기간 후에 발생한 상황을 나타내는 사건(수정을 요하지 않는 보고기간후사건)의 두 가지 유형으로 구분한다.

② 보고기간말에 존재하였던 상황에 대한 정보를 보고기간 후에 추가로 입수한 경우에는 그 정보를 반영하여 공시 내용을 수정한다.

③ 보고기간 후에 지분상품 보유자에 대해 배당을 선언한 경우, 그 배당금을 보고기간말의 부채로 인식하지 아니한다.

④ 수정을 요하지 않는 보고기간후사건을 반영하기 위하여 재무제표에 인식된 금액을 수정하지 아니한다.

⑤ 경영진이 보고기간 후에, 기업을 청산하거나 경영활동을 중단할 의도를 가지고 있거나, 청산 또는 경영활동의 중단 외에 다른 현실적 대안이 없다고 판단하는 경우에도 계속기업의 기준 하에 재무제표를 작성하여야 한다.

해설

• ⑤의 경우에는 계속기업의 기준 하에 재무제표를 작성해서는 아니 된다.

정답 ⑤

Essential Question 233 | **보고기간후사건과 수정불요사건의 공시**

● 한국채택국제회계기준 '보고기간후사건'에서는 수정을 요하지 않는 보고기간후사건이 중요한 경우에, 이를 공시하지 않는다면 특정 보고기업에 대한 일반목적재무제표에 기초하여 내리는 주요 이용자의 의사결정에 영향을 줄 것으로 합리적으로 예상할 수 있으므로, 수정을 요하지 않는 보고기간후사건으로서 중요한 것은 그 범주별로 사건의 성격 및 사건의 재무적 영향에 대한 추정치 또는 그러한 추정을 할 수 없는 경우에는 이에 대한 설명을 공시하도록 요구하고 있다. 다음 중 수정을 요하지 않는 보고기간후사건으로서 일반적으로 공시하게 되는 예에 해당하지 않는 것은 어느 것인가?

① 보고기간 후에 발생한 화재로 인한 주요 생산 설비의 파손
② 보고기간 후에 소송사건의 확정에 의해 확인된 보고기간말에 존재하였던 현재의무
③ 영업 중단 계획의 발표
④ 보고기간 후에 발생한 주요 사업결합 또는 주요 종속기업의 처분
⑤ 주요한 구조조정계획의 공표나 이행착수

해설

• 보고기간말에 존재하였던 현재의무가 보고기간 후에 소송사건의 확정에 의해 확인되는 경우는 수정을 요하는 보고기간후사건의 예에 해당한다.

정답 ②

Essential Question 234	전환사채 전환권대가(할증상환)

● 다음은 ㈜합격의 전환사채와 관련된 자료이다. 전환사채 발행시점에서 자본요소로 계상할 금액을 구하면 얼마인가?

---

(1) ㈜합격은 20x1년 1월 1일 다음 조건으로 전환사채를 액면발행하였다.
- 액면금액 : ₩1,000,000
- 표시이자 : 연 4%(매년 말 지급)
- 만기일 : 20x3. 12. 31.
- ㈜합격은 전환사채의 만기일에 액면금액의 12%를 상환할증금으로 지급

(2) 일반사채의 시장이자율은 연 10%이다.

(3) 현재가치계수 자료는 다음과 같다.

할인율 기간	단일금액 ₩1의 현재가치		정상연금 ₩1의 현재가치	
	4%	10%	4%	10%
1년	0.9615	0.9091	0.9615	0.9091
2년	0.9246	0.8264	1.8861	1.7355
3년	0.8890	0.7513	2.7751	2.4869

---

① ₩26,258　　　　② ₩36,569　　　　③ ₩49,563
④ ₩59,068　　　　⑤ ₩64,222

해설

- 상환할증금 : 1,000,000×12%=120,000
- 현재가치 : 1,000,000×4%×2.4869+1,120,000×0.7513=940,932
- ∴자본요소(전환권대가) : 1,000,000(발행금액)−940,932(현재가치)=59,068

정답 ④

Essential Question 235	전환사채 일부 전환시 주식발행초과금(할증상환)

● 다음은 ㈜합격의 전환사채와 관련된 자료이다. 20x3년초 전환사채의 60%가 전환되었다. 전환사 채 전환으로 증가하는 주식발행초과금을 구하면? 단, 원 단위 미만의 금액은 소수점 첫째 자리에서 반올림한다.

> (1) ㈜합격은 20x1년초 다음 조건으로 전환사채(액면금액 ₩100,000)를 액면발행하였다.
>   ● 표시이자 : 연 10%(매년 말 지급)
>   ● 전환조건 : 사채액면 ₩1,000당 1주의 보통주(주당액면 ₩500)로 전환
>   ● 만기일 : 20x3. 12. 31.
>   ● 투자자가 만기시점까지 전환권을 행사하지 않으면 만기시점에 액면금액의 112%를 지급
> (2) 20x2년말 재무상태표에 표시된 전환사채 장부금액은 ₩107,018이고 전환권대가는 ₩1,184이었다.
> (3) ㈜합격은 전환사채 발행시점에서 인식한 자본요소(전환권대가) 중 전환된 부분은 주식발행초과금으 로 대체하는 회계처리를 한다.

① ₩34,211   ② ₩34,921   ③ ₩37,910
④ ₩64,211   ⑤ ₩64,921

해설

● 전환시 장부금액이 주어져 있으므로 다음과 같이 고속철풀이법으로 간단히 구할 수 있다.

□ 전환시 회계처리			
(차) 전환사채(장부가)	107,018×60%=64,211	(대) 자본금	(60,000÷1,000)×500=30,000
전환권대가	1,184×60%=710	주발초(?)	34,921(대차차액)

정답 ②

| Essential Question 236 | 전환사채 조기상환(재매입) 회계처리 |

● ㈜합격은 20x1년초 다음과 같은 전환사채를 액면발행하였으며, 20x2년초 전환사채 전부를 ₩1,070,000(상환시점의 공정가치)에 조기상환하였다. 이 전환사채의 회계처리에 관한 설명으로 옳지 않은 것은? 단, 주어진 현가계수표를 이용하며, 현가계산시 소수점 이하는 첫째자리에서 반올림한다.

○ 액면금액 : ₩1,000,000 　　　　　○ 표시이자율 : 연 4%
○ 일반사채의 시장수익률 : 연 8% 　　○ 이자지급일 : 매년 12월 31일
○ 만기상환일 : 20x3년 12월 31일 　　○ 조기상환일 일반사채의 시장수익률: 연 15%
○ 상환할증금 : 없음 　　　　　　　　○ 발행 시 주식전환 옵션은 전환 조건이 확정되어 있다.
○ 현가계수

기간＼할인율	단일금액 ₩1의 현재가치		정상연금 ₩1의 현재가치	
	8%	15%	8%	15%
2	0.85733	0.75614	1.78326	1.62571
3	0.79383	0.65752	2.57710	2.28323

① 발행 당시 전환권대가는 ₩103,086이다.
② 20x1년도 전환권조정 상각액은 ₩31,753이다.
③ 20x2년초 장부금액은 ₩928,667이다.
④ 20x2년 전환사채의 조기상환일에 부채요소의 공정가치는 ₩821,168이다.
⑤ 20x2년 전환사채의 조기상환과 관련하여 당기손익에 반영되는 사채상환손실은 ₩38,247이다.

해설

• 현재가치 : 40,000×2.57710+1,000,000×0.79383＝896,914
• 전환권대가(전환권조정) : 1,000,000－896,914＝103,086
• 20x1년말 전환권조정상각액 : 896,914×8%－40,000＝31,753
• 20x1년말(20x2년초) 장부금액 : 896,914+31,753＝928,667
• 재매입대가(부채요소) : 40,000×1.62571+1,000,000×0.75614＝821,168
• 재매입대가(자본요소) : 1,070,000－821,168＝248,832
• 상환손익은 다음과 같이 고속철풀이법으로 간단히 계산한다.

	□ 상환손익 : 전환사채장부금액－부채요소재매입대가
	•928,667－821,168＝107,499(상환이익)

• 일자별 회계처리

20x1년초	(차)현금	1,000,000	(대)전환사채	1,000,000
	(차)전환권조정	103,086	(대)전환권대가	103,086
20x1년말	(차)이자비용	71,753	(대)현금	40,000
			전환권조정	31,753
20x2.1.1	(차)전환사채	1,000,000	(대)현금	821,168
			전환권조정	71,333
			상환이익	107,499
	(차)전환권대가	103,086	(대)현금	248,832
	재매입손실	145,746		

정답 ⑤

| Essential Question 237 | 신주인수권부사채 일부 행사시 만기상환액(할증상환) |

● 다음은 ㈜합격의 신주인수권부사채와 관련된 자료이다. 20x2년초에 동 신주인수권부사채 액면금액의 80%에 해당하는 신주인수권이 행사되었다면 만기상환시 ㈜합격이 지급해야 할 현금총액(표시이자 지급액 포함)을 구하면 얼마인가?

(1) ㈜합격은 20x1년 1월 1일 다음 조건으로 신주인수권부사채를 액면발행하였다.
- 액면금액 : ₩1,000,000
- 표시이자 : 연 5%(매년 말 후급)
- 만기일 : 20x3. 12. 31.
- ㈜합격은 신주인수권 미행사시 상환일에 액면금액의 109.74%를 일시상환한다.

(2) 일반사채의 시장수익률은 연 10%이며, 발행주식의 주당 액면금액은 ₩5,000이다.

(3) 현재가치계수 자료는 다음과 같다.

기간 \ 할인율	단일금액 ₩1의 현재가치	정상연금 ₩1의 현재가치
	10%	10%
3년	0.75131	2.48685

① ₩969,480
② ₩1,019,480
③ ₩1,069,480
④ ₩1,077,400
⑤ ₩1,097,400

해설

- 20x3년말 표시이자(액면이자) : 1,000,000×5%=50,000
- 20x3년말 상환금액 : 800,000+200,000×109.74%=1,019,480
∴만기상환시 지급해야 할 현금총액 : 50,000+1,019,480=1,069,480

| ＋고속철 | □ 신주인수권부사채 상환금액 빨리 구하기
•[방법1] 상환금액=행사분액면(800,000)+미행사분액면(200,000)×할증비율(109.74%)
•[방법2] 상환금액=총액면(1,000,000)+미행사분할증금(97,400×20%) |

정답 ③

Essential Question 238 | **종업원급여 용어의 정의**

● 한국채택국제회계기준 '종업원급여'에서 규정하고 있는 용어의 정의에 대한 설명이다. 가장 올바른 것은 어느 것인가?

① 퇴직급여란 퇴직 후에 지급하는 종업원급여를 말하는 것으로 해고급여는 포함하나 단기종업원급여는 제외한다.

② 확정급여제도란 확정기여제도 외의 모든 퇴직급여제도를 말한다.

③ 단기종업원급여란 종업원이 관련 근무용역을 제공하는 연차 보고기간 후 12개월이 되기 전에 모두 결제될 것으로 예상하는 종업원급여를 말하는 것으로 해고급여를 포함한다.

④ 종업원급여란 종업원이 제공한 근무용역의 대가를 말하는 것으로 종업원을 해고하는 대가로 기업이 제공하는 보수는 제외한다.

⑤ 확정기여제도란 기업이 별개의 실체(기금)에 고정 기여금을 납부하고, 그 기금에서 당기와 과거 기간에 제공된 종업원 근무용역과 관련된 모든 종업원급여를 지급할 수 있을 정도로 자산을 충분히 보유하지 못한 경우 기업에 추가로 기여금을 납부할 의무가 있는 제도를 말한다.

해설

- ① 해고급여는 포함하나 단기종업원급여는 제외한다.(X) → 해고급여와 단기종업원급여는 제외한다.(O)
  ③ 해고급여를 포함한다.(X) → 해고급여를 제외한다.(O)
  ④ 종업원급여란 종업원이 제공한 근무용역의 대가로 또는 종업원을 해고하는 대가로 기업이 제공하는 모든 종류의 보수를 말한다.
  ⑤ 확정기여제도란 기업이 별개의 실체(기금)에 고정 기여금을 납부하고, 기여금을 납부할 법적의무나 의제 의무가 더는 없는 퇴직급여제도이다. 즉 그 기금에서 당기와 과거 기간에 제공된 종업원 근무용역과 관련된 모든 종업원급여를 지급할 수 있을 정도로 자산을 충분히 보유하지 못하더라도 기업에는 추가로 기여금을 납부할 의무가 없다.

정답 ②

Essential Question 239 | **퇴직급여 인식액 계산**

● ㈜합격은 퇴직급여제도로 확정급여제도를 운영하고 있으며 관련 자료가 다음과 같을 때 ㈜합격이 당기에 인식할 퇴직급여는 얼마인가?

> (1) 기초 확정급여채무의 장부금액은 ₩10,750,000이다.
> (2) 기초 사외적립자산의 장부금액은 ₩8,750,000이다.
> (3) 당기근무원가는 ₩1,900,000이다.
> (4) 확정급여채무 계산시 적용한 할인율은 연 10%이다.

① ₩2,100,000 ② ₩2,150,000 ③ ₩2,250,000
④ ₩2,300,000 ⑤ ₩2,500,000

해설

- 순확정급여부채 계정흐름 분석Trick

	기초	지급	적립	순이자	당기근무	재측정	기말
확정급여채무				(1,075,000[1])	(1,900,000)		
사외적립자산				875,000[2]	–		
순확정급여부채				(200,000)	(1,900,000)		

[1] 10,750,000×10%=1,075,000
[2] 8,750,000×10%=875,000
→∴퇴직급여 : 200,000+1,900,000=2,100,000

정답 ①

Essential Question 240	기말순확정급여부채 산정

● ㈜합격은 퇴직급여제도로 확정급여제도를 채택하고 있다. 다음은 확정급여제도와 관련된 ㈜합격의 20x1년도 자료이다. 20x1년말 보고할 순확정급여부채는 얼마인가? 단, 당기에 사외적립자산에 대한 기여금 및 퇴직금은 없으며, 확정급여채무 계산시 적용한 할인율은 5%이다.

> (1) 전기말 확정급여채무 장부금액은 ₩250,000,000이다.
> (2) 전기말 사외적립자산 공정가치는 ₩216,000,000이다.
> (3) 20x1년도 당기근무원가는 ₩22,000,000이다.
> (4) 20x1년도 확정급여채무의 보험수리적이익은 ₩300,000이다.
> (5) 20x1년도 사외적립자산의 실제수익은 ₩2,400,000이다.

① ₩53,300,000　　　　② ₩65,800,000　　　　③ ₩218,400,000
④ ₩284,200,000　　　　⑤ ₩294,500,000

해설

• 회계처리

퇴직급여지급	–			
기여금적립	–			
20x1년말 결산일	(차) 퇴직급여(이자원가)	12,500,000[1]	(대) 확정급여채무	12,500,000
	(차) 퇴직급여(근무원가)	22,000,000	(대) 확정급여채무	22,000,000
	(차) 확정급여채무	300,000	(대) 재측정이익	300,000
	(차) 사외적립자산	10,800,000	(대) 퇴직급여(이자수익)	10,800,000[2]
	(차) 재측정손실	8,400,000[3]	(대) 사외적립자산	8,400,000

[1] 250,000,000×5%=12,500,000
[2] 216,000,000×5%=10,800,000
[3] 2,400,000−10,800,000=△8,400,000(재측정손실)

• 확정급여채무　　 : 250,000,000+12,500,000+22,000,000−300,000= 284,200,000
　사외적립자산　　 :　　　　　　 216,000,000+10,800,000−8,400,000= (218,400,000)
　순확정급여부채　　　　　　　　　　　　　　　　　　　　　　65,800,000

정답 ②

Essential Question 241 | 기말순확정급여부채와 당기손익 산정

● ㈜합격은 퇴직급여제도로 확정급여제도를 채택하고 있다. 다음은 확정급여제도와 관련된 ㈜합격의 20x2년도 자료이다. 20x2년도 당기손익에 미친 영향과 20x2년말 보고할 순확정급여부채는 얼마인가? 단, 우량회사채의 수익률을 기초로 산정한 이자율은 20x1년말 현재 7%, 20x2년말 현재 9%라고 가정한다.

> (1) 20x2년초 확정급여채무는 ₩1,750,000, 순확정급여부채는 ₩100,000이다.
> (2) 20x2년 중 퇴직한 종업원은 없으며, 당기근무원가는 ₩75,000이다.
> (3) 20x2년 7월 1일 사외적립자산에 ₩25,000을 추가 적립하였다.
> (4) 20x2년도 보험수리적이익은 ₩20,000이다.
> (5) 20x2년도 사외적립자산의 실제수익률은 6%로 확정되었다.

	20x2년도 당기손익에 미친 영향	20x2년말 보고할 순확정급여부채
①	₩81,125	₩136,125
②	₩81,125	₩152,750
③	₩91,840	₩153,625
④	₩91,840	₩137,000
⑤	₩91,840	₩154,500

해설

• 20x1년초 사외적립자산 : 1,750,000−100,000=1,650,000
• 회계처리

퇴직급여지급	−			
20x2년 7월 1일 적립	(차) 사외적립자산	25,000	(대) 현금	25,000
20x2년말 결산일	(차) 퇴직급여(이자원가)	122,500[1]	(대) 확정급여채무	122,500
	(차) 퇴직급여(근무원가)	75,000	(대) 확정급여채무	75,000
	(차) 확정급여채무	20,000	(대) 재측정이익	20,000
	(차) 사외적립자산	116,375	(대) 퇴직급여(이자수익)	116,375[2]
	(차) 재측정손실	16,625[3]	(대) 사외적립자산	16,625

[1] 1,750,000×7%=122,500
[2] 1,650,000×7%+25,000×7%×6/12=116,375
[3] (1,650,000×6%+25,000×6%×6/12)−116,375=△16,625(재측정손실)
• 당기손익 : −122,500−75,000+166,375=△81,125

• 확정급여채무 : 1,750,000+122,500+75,000−20,000= 1,927,500
  사외적립자산 : 1,650,000+25,000+116,375−16,625= (1,774,750)
  순확정급여부채 152,750

정답 ②

Essential Question 242	과거근무원가와 당기손익 산정

● ㈜합격은 퇴직급여제도로 확정급여제도를 채택하고 있다. 다음은 확정급여제도와 관련된 ㈜합격의 20x1년도 자료이다. ㈜합격이 20x1년 포괄손익계산서에 당기손익으로 인식할 퇴직급여를 구하면 얼마인가? 단, 제도의 개정으로 종업원이 과거기간에 제공한 근무용역에 대한 확정급여채무 현재가치가 ₩2,500,000 증가하였다.

> (1) 20x1년 확정급여채무의 이자원가는 ₩375,000이다.
> (2) 20x1년 중 퇴직한 종업원은 없으며, 당기근무원가는 ₩6,250,0000이다.
> (3) 20x1년 사외적립자산의 이자수익(기대수익)은 ₩500,000이다.
> (4) 20x1년 확정급여채무와 관련된 재측정손실은 ₩312,500이다.

① ₩6,250,000　　　　② ₩6,625,000　　　　③ ₩8,625,000
④ ₩9,125,000　　　　⑤ ₩9,937,500

해설

• 회계처리

과거근무원가	(차) 퇴직급여(과거근무)	2,500,000	(대) 확정급여채무	2,500,000
20x1년말 결산일	(차) 퇴직급여(이자원가)	375,000	(대) 확정급여채무	375,000
	(차) 퇴직급여(근무원가)	6,250,000	(대) 확정급여채무	6,250,000
	(차) 재측정손실	312,500	(대) 확정급여채무	312,500
	(차) 사외적립자산	500,000	(대) 퇴직급여(이자수익)	500,000

∴퇴직급여 : 2,500,000+375,000+6,250,000-500,000=8,625,000

정답 ③

Essential Question 243	재측정요소 기타포괄손익 추정

● ㈜합격은 퇴직급여제도로 확정급여제도를 운영하고 있다. ㈜합격의 20x2년 퇴직급여 관련 정보가 다음과 같을 때 이로 인해 20x2년 기타포괄손익에 미치는 영향은?

> (1) 기초 확정급여채무 현재가치는 ₩60,000이다.
> (2) 기초 사외적립자산 공정가치는 ₩50,000이다.
> (3) 당기근무원가는 ₩9,000이며, 기여금 출연액은 ₩10,500이고, 퇴직금 지급액은 ₩5,750이다.
> (4) 기말 확정급여채무 현재가치는 ₩62,500이다.
> (5) 기말 사외적립자산 공정가치는 ₩55,000이다.
> (6) 확정급여채무 계산시 적용한 할인율은 연 5%이다.
> (7) 기여금의 출연과 퇴직금의 지급은 연도 말에 발생한 것으로 가정한다.

① 감소 ₩1,500   ② 증가 ₩1,500   ③ 감소 ₩4,000
④ 증가 ₩4,000   ⑤ 증가 ₩4,200

해설

• 순확정급여부채 계정흐름 분석Trick

	기초	지급	적립	순이자	당기근무	재측정	기말
확정급여채무	(60,000)	5,750	–	(3,000[1])	(9,000)		(62,500)
사외적립자산	50,000	(5,750)	10,500	2,500[2]	–		55,000
순확정급여부채	(10,000)	0	10,500	(500)	(9,000)	x	(7,500)

[1] $60,000 \times 5\% = 3,000$
[2] $50,000 \times 5\% = 2,500$
→ $-10,000 + 10,500 - 500 - 9,000 + x = -7,500$에서, $x = 1,500$(기타포괄이익)

정답 ②

Essential Question 244 　　　　주식기준보상 용어의 정의

● 다음은 한국채택국제회계기준 '주식기준보상'에서 규정하고 있는 용어의 정의에 대한 내용이다. 가장 옳지 않은 것은 어느 것인가?

① 내재가치란 거래상대방이 청약할 수 있는 (조건부나 무조건부)권리나 제공받을 권리가 있는 주식의 공정가치와 거래상대방이 해당 주식에 대해 지급해야 하는 가격을 합한 것을 말한다.

② 측정기준일이란 부여된 지분상품의 공정가치를 측정하는 기준일을 말한다. 종업원 및 유사용역제공자와의 주식기준보상거래에서는 부여일을 측정기준일로 한다.

③ 공정가치란 합리적인 판단력과 거래의사가 있는 독립된 당사자 사이의 거래에서 자산을 교환하거나 부채를 결제하거나 부여된 지분상품을 교환할 수 있는 금액을 말한다.

④ 가득이란 권리의 획득을 말한다. 주식기준보상약정에서 거래 상대방이 현금, 그 밖의 자산이나 기업의 지분상품을 받을 권리는 가득조건의 충족 여부에 따라 더 이상 거래상대방이 권리를 획득하는지가 좌우되지 않을 때 가득된다.

⑤ 주식선택권(주식옵션)이란 보유자에게 특정 기간 확정되었거나 산정 가능한 가격으로 기업의 주식을 매수할 수 있는 권리(의무는 아님)를 부여하는 계약을 말한다.

해설

• 내재가치란 거래상대방이 청약할 수 있는 (조건부나 무조건부)권리나 제공받을 권리가 있는 주식의 공정가치와 거래상대방이 해당 주식에 대해 지급해야 하는 가격의 차이를 말한다.
→예 주식선택권의 행사가격이 ₩15, 기초주식의 공정가치가 ₩20인 경우 : 내재가치=20-15=₩5

정답 ①

Essential Question 245 　　　　주식기준보상 일반사항

● 한국채택국제회계기준 '주식기준보상'에 대한 설명으로 가장 옳지 않은 것은 어느 것인가?

① 주식결제형 주식기준보상거래에서 제공받는 재화나 용역의 공정가치를 신뢰성있게 추정할 수 있는 경우, 제공받는 재화나 용역의 공정가치로 직접 측정한다.

② 현금결제형 주식기준보상거래의 경우에 제공받는 재화나 용역의 공정가치를 재측정하지 않는다.

③ 현금결제형 주식기준보상거래로 재화나 용역을 제공받는 경우에는 그에 상응한 부채의 증가를 인식한다.

④ 주식결제형 주식기준보상거래로 재화나 용역을 제공받는 경우에는 그에 상응한 자본의 증가를 인식한다.

⑤ 주식기준보상거래에서 제공받는 재화나 용역은 그 재화나 용역을 제공받는 날에 인식한다.

해설

• 현금결제형 주식기준보상거래의 경우 매 보고기간 말의 공정가치를 재측정하고, 공정가치의 변동액은 당기손익으로 인식한다.

정답 ②

Essential Question 246 | **주식결제형 주식기준보상 기본회계처리**

● ㈜합격의 다음 자료에 의할 때 ㈜합격이 해당 주식선택권과 관련하여 20x2년에 인식할 보상비용을 구하면 얼마인가?

> (1) ㈜합격은 20x1년 1월 1일에 종업원 2,500명에게 각각 주식선택권 400개를 부여하고 3년의 용역제공조건을 부과하였다.
> (2) 부여일 현재 주식선택권의 단위당 공정가치와 행사가격은 각각 ₩240, ₩400이다.
> (3) 해당 주식선택권의 단위당 공정가치는 20x1년말 ₩246이며, 20x2년말 ₩252으로 변경되었다.
> (4) ㈜합격은 주식선택권을 부여받은 종업원 중 3년 이내에 퇴사나 이직 등으로 인한 권리상실은 없을 것으로 추정하였다.

① ₩76,000,000 ② ₩80,000,000 ③ ₩82,000,000
④ ₩84,000,000 ⑤ ₩160,000,000

해설

• 20x1년 주식보상비용 : $(400개 \times 2,500명) \times 240 \times \frac{1}{3} = 80,000,000$

• 20x2년 주식보상비용 : $(400개 \times 2,500명) \times 240 \times \frac{2}{3} - 80,000,000 = 80,000,000$

정답 ②

Essential Question 247 | **주식결제형 주식기준보상 권리상실 회계처리**

● ㈜합격의 다음 자료에 의할 때 ㈜합격이 해당 주식선택권과 관련하여 20x2년에 인식할 보상비용을 구하면 얼마인가?

> (1) ㈜합격은 20x1년 1월 1일에 종업원 150명에게 각각 주식선택권 200개를 부여하고 3년의 용역제공조건을 부과하였다.
> (2) 부여일 현재 주식선택권의 단위당 행사가격과 공정가치는 각각 ₩500, ₩200이다.
> (3) 해당 주식선택권의 단위당 공정가치는 20x1년말 ₩205이며, 20x2년말 ₩210으로 변경되었다.
> (4) 20x1년 ㈜합격은 종업원 중 20%가 부여일로부터 3년 이내에 퇴사나 이직 등으로 인하여 주식선택권을 상실할 것으로 추정하였으며, 이후 주식선택권 상실률과 관련한 추정의 변경은 없었다.

① ₩1,400,000 ② ₩1,600,000 ③ ₩1,640,000
④ ₩1,680,000 ⑤ ₩3,200,000

해설

• 20x1년 주식보상비용 : $(200개 \times 150명 \times 80\%) \times 200 \times \frac{1}{3} = 1,600,000$

• 20x2년 주식보상비용 : $(200개 \times 150명 \times 80\%) \times 200 \times \frac{2}{3} - 1,600,000 = 1,600,000$

정답 ②

Essential Question 248 | **주식결제형 주식기준보상 퇴사추정비율 변경**

● ㈜합격은 20x1년 1월 1일에 종업원 400명에게 각각 주식선택권 1,000개를 부여하고 3년의 용역제공조건을 부과하였다. 부여일 현재 주식선택권의 단위당 공정가치는 ₩240으로 추정되었다. ㈜합격은 부여일에 종업원 중 10%가 부여일로부터 3년 이내에 퇴사하여 주식선택권을 상실할 것으로 추정하였다. 20x1년 중에 20명이 퇴사하였고, 회사는 20x2년에 가득기간(3년)에 퇴사할 것으로 기대되는 종업원의 추정비율을 10%(40명)에서 15%(60명)로 변경하였다. 20x2년에 인식할 주식보상비용은 얼마인가?

① ₩25,600,000 ② ₩26,400,000 ③ ₩27,200,000
④ ₩28,800,000 ⑤ ₩32,000,000

― 해설

- 20x1년 주식보상비용 : $(1,000개 \times 400명 \times 90\%) \times 240 \times \frac{1}{3} = 28,800,000$

- 20x2년 주식보상비용 : $(1,000개 \times 400명 \times 85\%) \times 240 \times \frac{2}{3} - 28,800,000 = 25,600,000$

정답 ①

Essential Question 249 | **주식결제형 주식기준보상 퇴사추정인원 변경**

● ㈜합격의 다음 자료에 의할 때 ㈜합격이 해당 주식선택권과 관련하여 20x2년에 인식할 주식보상비용을 구하면 얼마인가?

(1) ㈜합격은 20x1년 1월 1일에 종업원 40명에게 각각 주식선택권 10개를 부여하고 4년의 용역제공조건을 부과하였다.
(2) 부여일 현재 주식선택권의 단위당 공정가치는 ₩500이다.
(3) ㈜합격은 20x1년에 종업원 10명이 부여일로부터 4년 이내에 퇴사하여 주식선택권을 상실할 것으로 추정하였으나, 20x1년말까지 실제로 퇴사한 종업원은 없었다.
(4) 20x2년에는 가득기간 동안 종업원 중 8명이 퇴사하여 주식선택권을 상실할 것으로 추정을 변경하였으나, 20x2년말까지 실제로 퇴사한 종업원은 없었다.

① ₩40,000 ② ₩42,500 ③ ₩80,000
④ ₩102,500 ⑤ ₩160,000

― 해설

- 20x1년 주식보상비용 : $(10개 \times 30명) \times 500 \times \frac{1}{4} = 37,500$

- 20x2년 주식보상비용 : $(10개 \times 32명) \times 500 \times \frac{2}{4} - 37,500 = 42,500$

정답 ②

Essential Question 250 | 주식결제형 주식기준보상의 자본에의 영향

● ㈜합격의 다음 자료에 의할 때 부여한 주식선택권이 20x2년 회계처리에 의해 20x2년말 자본총계에 미치는 영향은 얼마인가?

> (1) ㈜합격은 20x1년 1월 1일에 종업원 20명에게 각각 주식선택권 1,000개를 부여하고 4년의 용역제공조건을 부과하였다.
> (2) 부여일 현재 주식선택권의 단위당 공정가치는 ₩800으로 추정되었다.
> (3) 주식선택권 1개로는 주식 1주를 부여 받을 수 있는 권리를 행사할 수 있다.
> (4) 20x1년 중에 실제 2명이 퇴사하였고, 잔여 가득기간에 4명이 추가로 퇴사할 것으로 예상되며, 20x2년 중에 실제 4명이 퇴사하였고, 잔여 가득기간에 4명이 추가로 퇴사할 것으로 예상된다.

① ₩1,200,000
② ₩2,800,000
③ ₩4,000,000
④ ₩8,000,000
⑤ 영향없음

해설

- 20x1년 주식보상비용 : $1,000개 \times 14명 \times 800 \times \frac{1}{4} = 2,800,000$

- 20x2년 주식보상비용 : $1,000개 \times 10명 \times 800 \times \frac{2}{4} - 2,800,000 = 1,200,000$

  →(차) 주식보상비용 1,200,000 (대) 주식선택권(자본) 1,200,000
∴비용증가(이익잉여금감소) & 자본증가 : 자본총계에 영향없음.

정답 ⑤

Essential Question 251 | 주식결제형 주식기준보상 행사시 주식발행초과금

● ㈜합격의 다음 자료에 의할 때 만약 종업원이 20x4년 1월 1일에 주식선택권을 전부 행사한다면 ㈜합격의 주식발행초과금은 얼마나 증가하는가? 단, ㈜합격 주식의 주당 액면금액과 주식선택권의 개당 행사가격은 각각 ₩5,000과 ₩6,000이라고 가정한다.

> (1) ㈜합격은 20x1년 1월 1일에 종업원 1,000명에게 각각 주식선택권 200개를 부여하고 3년의 용역제공 조건을 부과하였다.
> (2) 부여일 현재 주식선택권의 단위당 공정가치는 ₩1,500으로 추정되었다.
> (3) 주식선택권 1개로는 주식 1주를 부여 받을 수 있는 권리를 행사할 수 있다.
> (4) 20x1년 1월 1일 현재 ㈜합격의 종업원 중 30%가 부여일로부터 3년 이내에 퇴사하여 주식선택권을 상실할 것으로 추정하였다. 그런데 20x1년 중에 100명이 퇴사하였고, 회사는 20x1년말에 가득기간(3년) 전체에 걸쳐 퇴사할 것으로 기대되는 종업원의 추정비율을 30%(300명)에서 25%(250명)로 변경하였다.
> (5) 20x2년에 실제로 50명이 퇴사하였고, 회사는 20x2년말에 가득기간(3년) 전체에 걸쳐 퇴사할 것으로 기대되는 종업원의 추정비율을 다시 20%(200명)로 변경하였다.
> (6) 20x3년에는 실제로 50명이 퇴사하였다. 이로 인하여 결국 20x1년부터 20x3년 12월 31일 현재 총 200명이 퇴사하여 주식선택권을 상실하였고 총 160,000개(800명×200개)의 주식선택권이 가득되었다.

① ₩160,000,000
② ₩235,000,000
③ ₩240,000,000
④ ₩400,000,000
⑤ ₩480,000,000

해설

• 행사시 회계처리

(차) 현금	(200개×800명)×6,000=960,000,000	(대) 자본금	(200개×800명)×5,000=800,000,000
주식선택권	(200개×800명)×1,500=240,000,000	주식발행초과금	400,000,000

정답 ④

Essential Question 252　　　　**주식결제형 주식기준보상 기대권리소멸률 변경**

● ㈜합격은 20x1년 1월 1일에 주식선택권 5,000개를 임직원에게 부여하였으며, 권리행사 만료일은 20x7년 12월 31일로 정하였다. 주식의 액면금액은 ₩1,000이며, 주식선택권과 관련한 제반 조건은 다음과 같다.

> (1) 20x3년 12월 31일까지 의무적으로 근무할 것
> (2) 행사가격 : ₩5,000
> (3) 기대권리소멸률 : 매년 2%(약정용역제공기간 3년 동안 연평균)

이후 기업구조조정이 진행됨에 따라 주식선택권의 상당 부분이 소멸될 것으로 예상하여 ㈜합격은 20x2년 말에 연평균 기대권리소멸률을 2%에서 5%로 상향조정하였다. 그리고 약정용역제공기간 종료 시점에서의 실제 권리소멸도 예상한 대로 3년 동안 매년 5%로 판명되었다. 임직원은 20x4년 12월 31일에 주식선택권 전부를 행사하였다. ㈜합격은 보상원가를 산정한 결과 주식선택권 1개당 보상원가가 ₩237으로 계산되었다. 회사는 보상원가를 약정용역제공기간에 걸쳐 배분하여 비용으로 인식하였다. 권리행사일에 ㈜합격이 인식한 주식발행초과금은 얼마인가? 단, 문제풀이과정에서 계산된 모든 숫자는 소수점 이하에서 반올림하시오.

① ₩42,870,000　　　　　② ₩19,939,322　　　　　③ ₩21,435,000
④ ₩18,164,019　　　　　⑤ ₩22,550,322

해설

- 행사된 주식선택권 : 5,000개×95%×95%×95%=4,287개
  →또는, 5,000개×(1−5%)³=4,287개
- 행사시 회계처리

(차) 현금	4,287개×5,000=21,435,000	(대) 자본금	4,287개×1,000=4,287,000
주식선택권	4,287개×237=1,016,019	주식발행초과금	18,164,019

정답 ④

Essential Question 253 | **주식결제형 주식기준보상 행사수량 추정**

● ㈜합격은 20x1년 1월 1일에 주식선택권 2,000개를 임직원에게 부여하였으며, 권리행사 만료일은 20x7년 12월 31일로 정하였다. 주식의 액면금액은 ₩1,000이며, 주식선택권과 관련한 제반 조건과 자료는 다음과 같다.

> (1) 20x3년 12월 31일까지 의무적으로 근무할 것
> (2) 행사가격은 ₩800이며 부여일 현재 주식선택권의 공정가치는 단위당 ₩600이다.
> (3) 부여일에 예상한 주식선택권의 전체 기대권리소멸률 : 20%(약정용역제공기간 3년 전체)

20x1년말 예상한 주식선택권의 전체 기대권리소멸률은 15%로 변경되었으며 20x2년말 예상한 주식선택권의 전체 기대권리소멸률은 18%로 변경되었다. 20x4년 중 주식선택권의 일부 권리가 행사되어 주식발행초과금으로 ₩212,000이 인식되었다. ㈜합격이 20x4년도에 권리를 행사한 수량은 몇 개이겠는가?

① 150개 ② 260개 ③ 460개
④ 530개 ⑤ 600개

▶ 해설
• 1개의 권리가 행사된 경우의 회계처리

(차) 현금(행사가격) 800 (대) 자본금(액면금액) 1,000
　　주식선택권(공정가치) 600 　　주식발행초과금(대차차이) 400

∴1개 : 400=x개 : 212,000 →x=530

정답 ④

Essential Question 254 | **주식결제형 주식기준보상 비시장성과조건(이익성장률)**

● ㈜합격은 20x1년 1월 1일에 종업원 1,000명에게 각각 주식 200주를 부여하고, 가득기간에 종업원이 계속 근무할 것을 요구하는 조건을 부과하였다. 부여한 주식은 회사의 연평균 이익성장률이 15%이상이 되면 20x2년말에, 그리고 연평균 이익성장률이 10%이상이 되면 20x3년말에 가득된다. 20x1년 1월 1일 현재 부여한 주식의 단위당 공정가치는 ₩60이며, 이는 주가와 동일하다. 20x1년에 회사의 이익은 18% 증가하였으며 50명이 퇴사하였다. 회사는 20x2년에도 비슷한 비율로 이익이 성장하여 20x2년말에 주식이 가득될 것으로 예상하였다. 또한 20x2년에 50명이 추가로 퇴사하여 20x2년말에는 총 900명이 주식을 가득할 것으로 예상하였다. 20x2년에 회사의 이익은 11% 증가하는데 그쳐 주식이 가득되지 못하였으며 50명이 퇴사하였고 20x3년에 추가로 50명이 퇴사할것으로 예상하였다. 20x2년에 인식할 주식보상비용은 얼마인가?

① ₩1,400,000 ② ₩2,100,000 ③ ₩2,600,000
④ ₩3,200,000 ⑤ ₩3,400,000

▶ 해설
• 20x1년말 주식보상비용 : 200주×900명×60×$\frac{1}{2}$=5,400,000

• 20x2년말 주식보상비용 : 200주×850명×60×$\frac{2}{3}$-5,400,000=1,400,000

정답 ①

Essential Question 255 | **주식결제형 주식기준보상 비시장성과조건(시장점유율)**

● ㈜합격은 20x1년 1월 1일 주식결제형 주식선택권 100개를 임직원에게 부여하였다. 관련 자료는 다음과 같다.

> (1) 의무 근무기한 : 20x3년 12월 31일
> (2) 권리행사 만료일 : 20x4년 12월 31일
> (3) 기대권리소멸률 : 0%
> (4) 행사가격 : 20x2년 12월 31일까지 시장점유율이 15% 이상 상승하는 경우 ₩8,000, 그렇지 않은 경우 ₩10,000
> (5) 주식선택권의 개당 공정가액
>   − ₩6,300(행사가격이 ₩8,000인 경우)
>   − ₩4,800(행사가격이 ₩10,000인 경우)

㈜합격은 주식선택권 부여시 20x2년말까지 제품 시장점유율이 15% 이상 상승할 것으로 예상하였다. 20x2년까지 실제 시장점유율이 12% 상승에 그쳤을 때 주식보상비용과 관련하여 20x2년말에 필요한 회계처리는?

①	(차) 주식보상비용	110,000	(대) 자본항목	110,000
②	(차) 주식보상비용	135,000	(대) 자본항목	135,000
③	(차) 주식보상비용	110,000	(대) 장기미지급비용	110,000
④	(차) 주식보상비용	160,000	(대) 장기미지급비용	110,000
			이익잉여금	50,000
⑤	(차) 주식보상비용	160,000	(대) 자본항목	110,000
			이익잉여금	50,000

─ 해설

• 20x1년말 주식보상비용 : 100개×6,300×1/3=210,000
• 20x2년말 주식보상비용 : 100개×4,800×2/3−210,000=110,000

정답 ①

Essential Question 256 | 주식결제형 주식기준보상 중도청산

● 12월말 결산법인인 ㈜합격의 다음 자료에 의할 때 주식선택권의 중도청산과 관련하여 20x2년말 계상되는 주식보상비용은 얼마인가?

> (1) 20x1년초에 종업원 300명에게 각각 주식선택권 100개를 부여하기로 하고, 3년의 용역제공조건을 부과하였다.
> (2) 부여일 현재 주식선택권의 단위당 공정가치는 ₩210으로 추정되었다.
> (3) ㈜합격은 20x3년말까지 퇴사자가 없을 것으로 추정하였고 실제 결과도 당초 추정과 동일하였다.
> (4) 20x2년말 ㈜합격은 종업원과 합의로 현금을 지급하여 주식선택권을 모두 중도에 청산하기로 하였다.
> (5) 20x2년말 현재 주식선택권의 공정가치가 ₩230이고 주식선택권 1개당 현금지급액이 ₩260이이다.

① ₩3,600,000   ② ₩4,400,000   ③ ₩5,100,000
④ ₩6,900,000   ⑤ ₩7,800,000

해설

• 회계처리

20x1년말	(차) 주식보상비용	2,100,000[1]	(대) 주식선택권	2,100,000
20x2년말	(차) 주식보상비용	2,100,000[2]	(대) 주식선택권	2,100,000
	(차) 주식보상비용	2,100,000[3]	(대) 주식선택권	2,100,000
	(차) 주식선택권	6,300,000	(대) 현금	6,900,000[4]
	청산손실(자본항목)	600,000		
	(차) 주식보상비용	900,000	(대) 현금	900,000[5]

[1] $100개 \times 300명 \times 210 \times \frac{1}{3} = 2,100,000$

[2] $100개 \times 300명 \times 210 \times \frac{2}{3} - 2,100,000 = 2,100,000$

[3] 잔여보상비용 : $100개 \times 300명 \times 210 - (2,100,000 + 2,100,000) = 2,100,000$
[4] 공정가치 범위내 지급액 : $100개 \times 300명 \times 230 = 6,900,000$
[5] 공정가치 초과 지급액 : $100개 \times 300명 \times (260 - 230) = 900,000$
∴20x2년말 주식보상비용 : $2,100,000 + 2,100,000 + 900,000 = 5,100,000$

정답 ③

Essential Question 257 | 현금결제형 주식기준보상의 1차연도 보상비용

● ㈜합격은 20x1년 1월 1일에 종업원에게 다음과 같은 조건의 현금결제형 주가차액보상권 30,000개를 부여하였다. 이 경우 20x1년 포괄손익계산서에 계상할 당기보상비용은 얼마인가? 단, 종업원은 20x3년 12월 31일 이전에 퇴사하지 않을 것으로 예상된다.

> (1) 기본조건 : 20x3년 12월 31일까지 의무적으로 근무할 것
> (2) 행사가능기간 : 20x4.1.1 ~ 20x5.12.31
> (3) 20x1년말 추정한 주가차액보상권의 공정가치 : ₩250,000/개
> (4) 추정권리상실비율 : 10%

① ₩2,250,000,000   ② ₩2,500,000,000   ③ ₩6,750,000,000
④ ₩7,500,000,000   ⑤ ₩8,200,000,000

해설

• 주식보상비용 : $(30,000개 \times 90\%) \times 250,000 \times \frac{1}{3} = 2,250,000,000$

정답 ①

Essential Question 258 | 현금결제형 주식기준보상의 2차연도 보상비용[1]

● ㈜합격은 20x1년 1월 1일 현재 근무 중인 임직원에게 권리행사일에 주가가 행사가격을 초과하는 경우 그 차액을 현금으로 지급하기로 하는 주가차액보상권 4,000개를 다음과 같은 조건으로 부여하였다. 20x2년말 ㈜합격이 주식보상비용으로 기록할 금액을 구하면 얼마인가?

(1) 기본조건 : 20x4년 12월 31일까지 의무적으로 근무할 것
(2) 행사가격 : ₩20,000(액면금액 ₩5,000)
(3) 행사기간 : 20x5년 1월 1일~20x6년 12월 31일
(4) 매기말 주가와 공정가치

연도	공정가치	주가
20x1년 12월 31일	₩15,000	₩30,000
20x2년 12월 31일	₩9,000	₩25,000
20x3년 12월 31일	₩20,000	₩35,000

① ₩3,000,000　　　　② ₩4,000,000　　　　③ ₩5,000,000
④ ₩6,000,000　　　　⑤ ₩0

해설

• 20x1년 주식보상비용 : $4,000개 \times 15,000 \times \frac{1}{4} = 15,000,000$

• 20x2년 주식보상비용 : $4,000개 \times 9,000 \times \frac{2}{4} - 15,000,000 = 3,000,000$

정답 ①

Essential Question 259 | 현금결제형 주식기준보상의 2차연도 보상비용[2]

● ㈜합격의 다음 자료에 의해 ㈜합격이 주가차액보상권과 관련하여 20x2년에 인식할 보상비용을 구하면 얼마인가?

(1) ㈜합격은 20x1년 1월 1일 임직원 160명에게 각각 권리행사일의 주가가 행사가격을 초과하는 경우 그 차액을 현금으로 지급하기로 하는 현금결제형 주가차액보상권 10개를 부여하였다.

(2) 기본조건 : 20x4년 12월 31일까지 의무적으로 근무할 것

(3) ㈜합격은 20x1년말에 임직원 30명이 가득기간 중에 퇴사하여 주가차액보상권을 상실할 것으로 추정하였으나, 20x2년말에는 24명이 가득기간 중에 퇴사하여 주가차액보상권을 상실할 것으로 추정을 변경하였다.

(4) 20x2년말까지 실제로 퇴사한 임직원은 없었다.

(5) 주가차액보상권의 매기 말 공정가치

연도	공정가치
20x1년 12월 31일	₩400
20x2년 12월 31일	₩500

① ₩210,000   ② ₩340,000   ③ ₩520,000

④ ₩680,000   ⑤ ₩720,000

── 해설

• 20x1년 주식보상비용 : $10개 \times 130명 \times 400 \times \frac{1}{4} = 130,000$

• 20x2년 주식보상비용 : $10개 \times 136명 \times 500 \times \frac{2}{4} - 130,000 = 210,000$

정답 ①

Essential Question 260 | **현금결제형 주식기준보상의 총보상비용**

● ㈜합격의 다음 자료에 의해 ㈜합격이 주가차액보상권과 관련하여 20x3년에 인식할 보상비용과 4년 동안 인식할 총보상비용을 구하면 각각 얼마인가?

(1) ㈜합격은 20x1년 1월 1일 임직원 250명에게 각각 권리행사일의 주가가 행사가격을 초과하는 경우 그 차액을 현금으로 지급하기로 하는 현금결제형 주가차액보상권 10개를 부여하였다.
(2) 기본조건 : 20x4년 12월 31일까지 의무적으로 근무할 것
(3) ㈜합격은 해당 기간 동안 주가차액보상권의 상실은 없을 것으로 추정하였다.
(4) 주가차액보상권의 매년 말 공정가치

연도	공정가치
20x1년 12월 31일	₩1,000
20x2년 12월 31일	₩1,200
20x3년 12월 31일	₩1,300
20x4년 12월 31일	₩1,400

	20x3년 보상비용	4년간 총보상비용
①	₩625,000	₩3,500,000
②	₩937,500	₩2,500,000
③	₩937,500	₩3,500,000
④	₩1,062,500	₩2,500,000
⑤	₩1,062,500	₩3,500,000

> **해설**

- 20x1년 주식보상비용 : $10개 \times 250명 \times 1,000 \times \frac{1}{4} = 625,000$

  20x2년 주식보상비용 : $10개 \times 250명 \times 1,200 \times \frac{2}{4} - 625,000 = 875,000$

  20x3년 주식보상비용 : $10개 \times 250명 \times 1,300 \times \frac{3}{4} - (625,000 + 875,000) = 937,500$

  20x4년 주식보상비용 : $10개 \times 250명 \times 1,400 \times \frac{4}{4} - (625,000 + 875,000 - 937,500) = 1,062,500$

- 4년간 총보상비용 : 625,000+875,000+937,500+1,062,500=3,500,000 또는 10개×250명×1,400=3,500,000

정답 ③

Essential Question 261 | **현금결제형 주식기준보상의 행사**

● ㈜합격은 20x1년초 주가가 행사가격인 ₩100을 초과하는 경우 차액을 현금으로 지급하는 현금결제형 주가차액보상권 100개를 종업원 100명에게 각각 부여하고 2년의 용역제공조건을 부과하였다. 20x1년말 기대권리소멸률은 10%, 20x2년말 기대권리소멸률은 12%이다(20x2년말의 실제권리소멸률도 12%이다). 20x4년말 가득조건을 충족시킨 종업원 60명이 권리를 행사하였다. 보고기간말 주가, 옵션공정가치, 내재가치에 대한 자료는 다음과 같을 때 20x4년말 주식보상비용은 얼마인가?

연도	주가	옵션공정가치	옵션내재가치
20x1년말	₩225	₩105	₩125
20x2년말	₩300	₩180	₩200
20x3년말	₩240	₩135	₩140
20x4년말	₩360	₩150	₩260

① ₩132,000　　　　　② ₩528,000　　　　　③ ₩660,000
④ ₩768,000　　　　　⑤ ₩792,000

- **해설**
  - 회계처리

20x1년말	(차) 주식보상비용	472,500[1]	(대) 장기미지급비용	472,500
20x2년말	(차) 주식보상비용	1,111,500[2]	(대) 장기미지급비용	1,111,500
20x3년말	(차) 장기미지급비용	396,000	(대) 주식보상비용환입	396,000[3]
20x4년말	(차) 주식보상비용	132,000[4]	(대) 장기미지급비용	132,000
	(차) 장기미지급비용	900,000[5]	(대) 현금	1,560,000[6]
	주식보상비용	660,000		

[1] 100개 × 90명 × 105 × 1/2 = 472,500
[2] 100개 × 88명 × 180 × 2/2 − 472,500 = 1,111,500
[3] 100개 × 88명 × 135 − (472,500 + 1,111,500) = △396,000
[4] 100개 × 88명 × 150 − 100개 × 88명 × 135 = 132,000
[5] 100개 × 60명 × 150 = 900,000
[6] 100개 × 60명 × 260 = 1,560,000

∴ 20x4년말 주식보상비용 : 132,000 + 660,000 = 792,000

정답 ⑤

Essential Question 262 | **주식결제형·현금결제형 주식기준보상 비교**

● ㈜합격은 20x1년 1월 1일에 종업원에게 주식선택권 500개를 부여하고 2년의 용역제공조건을 부과하였다. 행사가격은 ₩2,000, 행사가능기간은 20x3년 1월 1일부터 20x4년 12월 31일까지이다. 한편, 이와 동시에 주가가 행사가격을 초과하는 경우 차액을 현금으로 지급하는 현금결제형 주가차액보상권을 동일한 조건으로 500개 부여하였다. 다음의 공정가치와 주가 자료에 의하여 20x3년말 주식선택권과 주가차액보상권이 모두 행사되었을 경우의 종업원의 순현금유입액을 구하면 얼마인가?

연도	주가 (주식의 공정가치)	옵션공정가치 (주식선택권 공정가치)	옵션내재가치 (주가−행사가격)
20x1년초	−	₩1,750	−
20x1년말	₩3,500	?	₩1,500
20x2년말	₩2,750	?	₩750
20x3년말	₩3,000	?	₩1,000

① ₩250,000 ② ₩500,000 ③ ₩625,000
④ ₩1,000,000 ⑤ ₩1,250,000

해설

- 주식결제형 주식기준보상 행사시 현금유입액 : 500개×2,000=1,000,000
- 현금결제형 주식기준보상 행사시 현금유출액 : 500개×1,000=500,000
- ∴순현금유입액 : 1,000,000−500,000=500,000

정답 ②

Essential Question 263 | **리스 용어의 정의**

● 한국채택국제회계기준 '리스'에 규정된 용어의 정의에 대한 설명으로 가장 옳지 않은 것은 어느 것인가?

① 리스개시일이란 리스제공자가 리스이용자에게 기초자산을 사용할 수 있게 하는 날을 말한다.
② 고정리스료란 리스기간의 기초자산 사용권에 대하여 리스이용자가 리스제공자에게 지급하는 변동리스료가 포함된 금액을 말한다.
③ 사용권자산이란 리스기간에 리스이용자가 기초자산을 사용할 권리(기초자산 사용권)를 나타내는 자산을 말한다.
④ 금융리스란 기초자산의 소유에 따른 위험과 보상의 대부분을 이전하는 리스를 말한다.
⑤ 무보증잔존가치란 리스제공자가 실현할 수 있을지 확실하지 않거나 리스제공자의 특수관계자만이 보증한, 기초자산의 잔존가치 부분을 말한다.

해설

- 고정리스료 : 리스기간의 기초자산 사용권에 대하여 리스이용자가 리스제공자에게 지급하는 금액에서 변동리스료를 뺀 금액

정답 ②

Essential Question 264 | 금융리스와 운용리스의 분류

● 한국채택국제회계기준 '리스'에 규정된 회계처리에 대한 설명이다. 다음 중 가장 타당하지 않은 것은 어느 것인가?

① 리스제공자는 기초자산의 소유에 따른 위험과 보상의 대부분을 이전하지 않는 리스는 운용리스로 분류하며, 기초자산이 특수하여 해당 리스이용자만이 주요한 변경 없이 사용할 수 있는 경우가 이러한 상황의 예에 해당한다.

② 리스제공자는 정액 기준이나 다른 체계적인 기준으로 운용리스의 리스료를 수익으로 인식한다. 다른 체계적인 기준이 기초자산의 사용으로 생기는 효익이 감소되는 형태를 더 잘 나타낸다면 리스제공자는 그 기준을 적용한다.

③ 리스제공자는 기초자산의 소유에 따른 위험과 보상의 대부분을 이전하는 리스는 금융리스로 분류하며, 리스약정일 현재, 리스료의 현재가치가 적어도 기초자산 공정가치의 대부분에 해당하는 경우가 이러한 상황의 예에 해당한다.

④ 리스이용자는 리스개시일에 사용권자산과 리스부채를 인식한다. 단, 단기리스와 소액기초자산 리스에는 사용권자산과 리스부채를 인식하지 않기로 선택할 수 있다.

⑤ 리스제공자는 리스개시일에 금융리스에 따라 보유하는 자산을 재무상태표에 인식하고 그 자산을 리스순투자와 동일한 금액의 수취채권으로 표시한다.

▸ 해설

• 기초자산이 특수하여 해당 리스이용자만이 주요한 변경 없이 사용할 수 있는 경우는 리스가 일반적으로 금융리스로 분류되는 상황의 예에 해당한다.

정답 ①

Essential Question 265 | 리스제공자의 리스채권 인식액

● 한국채택국제회계기준 '리스'에 규정된 회계처리에 대한 설명으로 가장 옳지 않은 것은 어느 것인가?

① 리스제공자는 정액 기준이나 다른 체계적인 기준으로 운용리스의 리스료를 수익으로 인식한다. 다른 체계적인 기준이 기초자산의 사용으로 생기는 효익이 감소되는 형태를 더 잘 나타낸다면 리스제공자는 그 기준을 적용한다.

② 리스이용자는 리스개시일에 그날 현재 지급되지 않은 리스료의 현재가치로 리스부채를 측정한다. 이 경우 리스의 내재이자율을 쉽게 산정할 수 있는 경우에는 그 이자율로 리스료를 할인하며, 그 이자율을 쉽게 산정할 수 없는 경우에는 리스이용자의 증분차입이자율을 사용한다.

③ 리스제공자는 리스개시일에 금융리스에 따라 보유하는 자산을 재무상태표에 인식하고 그 자산을 리스총투자와 동일한 금액의 수취채권으로 표시한다.

④ 리스제공자는 각 리스를 운용리스 아니면 금융리스로 분류한다.

⑤ 리스이용자는 리스개시일에 사용권자산과 리스부채를 인식한다. 단, 단기리스와 소액기초자산 리스에는 사용권자산과 리스부채를 인식하지 않기로 선택할 수 있다.

▸ 해설

• 리스총투자(X) → 리스순투자(O)

정답 ③

Essential Question 266 | **리스제공자 1차연도 리스채권잔액과 이자수익 계산**

● 리스제공자인 ㈜합격은 기계장치에 대하여 다음과 같은 조건으로 리스개시일이 20x2년 1월 1일인 금융리스계약을 ㈜적중과 체결하였다. ㈜합격이 해당 리스계약과 관련하여 20x2년말 재무상태표에 보고할 금융리스채권과 20x2년 포괄손익계산서에 인식할 이자수익을 구하면 각각 얼마인가?

(1) 리스기간은 5년이며, 해당 리스기계의 소유권은 리스기간 종료후 리스이용자인 ㈜적중에 무상으로 이전된다.

(2) 기초자산(리스기계)의 취득가액은 ₩3,790,000으로, 20x1년 12월 31일 취득하였으며 취득가액은 공정가치와 일치한다.

(3) 고정리스료로 ₩1,000,000씩을 매년 말 수취한다.

(4) 기초자산의 경제적 내용연수는 6년이고, 잔존가치는 없으며, 정액법으로 감가상각한다.

(5) 동 리스의 내재이자율은 10%이다.

(6) 현재가치계수와 관련된 자료는 다음과 같다.

기간(이자율)	단일금액 ₩1의 현재가치계수	정상연금 ₩1의 현재가치계수
5년(10%)	0.62	3.79

	20x2년말 금융리스채권	20x2년 이자수익
①	₩3,169,000	₩621,000
②	₩3,169,000	₩379,000
③	₩3,790,000	₩621,000
④	₩3,790,000	₩379,000
⑤	₩4,621,000	₩379,000

해설

• 20x2년초 리스채권 : 3,790,000×3.79=3,790,000 →공정가치와 일치함.

• 20x2년 회계처리

20x1년말	(차) 선급리스자산	3,790,000	(대) 현금	3,790,000
20x2년초	(차) 리스채권	3,790,000	(대) 선급리스자산	3,790,000
20x2년말	(차) 현금	1,000,000	(대) 이자수익	3,790,000×10%=379,000
			리스채권(대차차액)	621,000

∴20x2년말 리스채권 : 3,790,000-621,000=3,169,000
20x2년 이자수익 : 379,000

정답 ②

Essential Question 267	추정무보증잔존가치의 감소와 손익

● 다음은 ㈜합격리스가 리스개시일인 20x1년초 금융리스방식으로 ㈜적중에 리스한 자산(공정가치 ₩1,200,000)과 관련한 자료이다. 동 리스로 ㈜합격리스의 20x1년 손익에 미치는 영향은 얼마인가? 단, 가장 근사치를 선택한다.

> (1) 리스기간은 5년, 리스료는 매년 말 ₩300,000, 내재이자율은 연 10%이다.
> (2) ㈜적중은 리스기간 종료시점의 추정잔존가치 ₩101,079 중 ₩30,000을 보증한다.
> (3) 20x1년말 위 추정잔존가치가 ₩56,079으로 변경되었다.
> (4) 현가계수 자료는 다음과 같다.
>
> | 기간 | 현재가치계수 | 정상연금 현재가치계수 |
> |---|---|---|
> | | 10% | 10% |
> | 4 | 0.6830 | 3.1699 |
> | 5 | 0.6209 | 3.7908 |

① ₩30,735   ② ₩89,265   ③ ₩120,000
④ ₩244,233   ⑤ ₩369,265

● 해설

• 무보증잔존가치가 71,079에서 26,079로 45,000 감소
• 이자수익 : 1,200,000 × 10%=120,000
• 손상차손 : 45,000 × 0.6830=30,735
∴120,000−30,735=89,265

정답 ②

Essential Question 268 | 판매형리스 매출액과 매출원가

● ㈜합격은 20x1년 1월 1일 기계장치를 제조하여 다음과 같이 ㈜적중에 공급하고 금융리스계약을 체결하였다.

(1) 기계장치 공정가치	: ₩35,000,000
(2) 기계장치 제조원가	: ₩20,000,000
(3) 리스기간	: 3년
(4) 고정리스료	: 매년 말 ₩10,000,000씩 지급
(5) 리스기간 종료시 추정잔존가치	: ₩5,000,000
(6) 리스기간 종료시 리스이용자의 보증잔존가치	: ₩3,000,000
(7) 20x1년 1월 1일 시장이자율	: 연 10%

이자율 10%의 현가표가 아래와 같은 경우, ㈜합격이 위 거래와 관련하여 20x1년에 인식해야 하는 매출액과 매출원가는 각각 얼마인가?

기간	기간 말 ₩1의 현재가치	정상연금 ₩1의 현재가치
1	0.9091	0.9091
2	0.8264	1.7355
3	0.7513	2.4868

	매출액	매출원가
①	₩27,121,900	₩18,497,400
②	₩27,121,900	₩20,000,000
③	₩35,000,000	₩18,497,400
④	₩28,625,100	₩20,000,000
⑤	₩35,000,000	₩20,000,000

해설

• 리스료를 시장이자율로 할인한 현가 : $10,000,000 \times 2.4868 + 3,000,000 \times 0.7513 = 27,121,900$
• 무보증잔존가치를 시장이자율로 할인한 현가 : $(5,000,000 - 3,000,000) \times 0.7513 = 1,502,600$
∴매출액 : Min[27,121,900, 35,000,000] = 27,121,900
매출원가 : $20,000,000 - 1,502,600 = 18,497,400$

정답 ①

Essential Question 269 | **판매형리스 매출총이익[1]**

● 기계장치를 제조하는 ㈜합격은 생산한 기계장치(기초자산)를 금융리스방식으로 ㈜적중에 판매하는 계약을 체결하였다. 이와 관련된 자료가 다음과 같을 때, ㈜합격이 해당 거래와 관련하여 20x1년에 인식할 매출총이익을 구하면 얼마인가?

> (1) 리스개시일은 20x1년 1월 1일이며, 리스기간은 3년이다.
> (2) 기계장치의 공정가치는 ₩2,750,000이고, 제조원가는 ₩2,000,000이다.
> (3) 고정리스료는 ₩1,000,000으로 매년 말 지급하는 조건이며, 동 리스계약에 적용될 시장이자율은 연 10%이다.
> (4) 리스기간 종료시 잔존가치는 ₩300,000으로 추정되며, 전액을 리스이용자가 보증한다.
> (5) 현재가치계수와 관련된 자료는 다음과 같다.
>
> | 기간(이자율) | 단일금액 ₩1의 현재가치계수 | 정상연금 ₩1의 현재가치계수 |
> |---|---|---|
> | 3년(10%) | 0.75 | 2.49 |

① ₩515,000   ② ₩715,000   ③ ₩750,000
④ ₩1,850,000   ⑤ ₩2,715,000

▶ 해설

- 추정잔존가치 전액을 보증하므로 무보증잔존가치는 없다.
- 리스료를 시장이자율로 할인한 현가 : 1,000,000×2.49+300,000×0.75=2,715,000
- 매출액 : Min[2,715,000, 2,750,000(공정가치)]=2,715,000
- 매출원가 : 2,000,000-0=2,000,000
- ∴매출총이익 : 2,715,000-2,000,000=715,000

정답 ②

Essential Question 270 | 판매형리스 매출총이익[2]

● 중형 컴퓨터를 제조하는 ㈜합격은 생산한 컴퓨터를 주로 금융리스형식을 이용하여 판매하고 있다. ㈜합격은 ㈜적중에 컴퓨터를 금융리스형식으로 판매하였는데 이와 관련된 자료는 다음과 같다. ㈜합격이 20x1년 1월 1일에 인식할 매출총이익의 가장 근사한 금액은 얼마인가?

(1) 리스개시일은 20x1년 1월 1일이고 리스만기일은 20x3년 12월 31일이다.
(2) 리스료는 매년 말 ₩261,275을 받는다.
(3) 시장이자율은 연 10%이다.
(4) 판매당시 컴퓨터의 공정가치는 ₩1,000,000이다.
(5) 컴퓨터의 제조원가는 ₩700,000이다.
(6) 리스기간 종료시 잔존가치는 ₩200,000으로 추정되며 이 중 리스이용자가 보증한 금액은 없다.
(7) 염가매수선택권이나 소유권이전 약정은 없다.
(8) 단일금액 ₩1의 현가계수(10%,3기간)는 0.75130이고, 정상연금 ₩1의 현가계수(10%,3기간)은 2.48680이다.

① ₩80,000   ② ₩100,000   ③ ₩180,000
④ ₩250,000   ⑤ ₩300,000

해설

• 보증잔존가치가 없으므로 추정잔존가치 200,000 전액이 무보증잔존가치이다.
• 리스료를 시장이자율로 할인한 현가 : 261,275×2.4868=649,739
• 무보증잔존가치를 시장이자율로 할인한 현가 : 200,000×0.7513=150,260
• 매출액 : Min[649,739, 1,000,000(공정가치)]=649,739
• 매출원가 : 700,000−150,260=549,740
∴매출총이익 : 649,739−549,740=100,000

정답 ②

| Essential Question 271 | 판매형리스 리스채권잔액 |

● 다음은 오토바이를 제조하는 ㈜합격이 20x1년 1월 1일 ㈜적중과 체결한 판매형리스 계약과 관련된 자료이다. 계약과 동시에 인도였으며 리스기간은 3년이라고 할 때 20x1년 1월 1일 ㈜합격이 재무상태표에 인식할 리스채권 잔액은 얼마이겠는가? 단, 오토바이의 제조원가는 ₩2,250,000이며, 판매가격(공정가치)은 ₩3,300,000이다.

(1) 리스계약일은 20x1년 1월 1일이고 리스만기일은 20x3년 12월 31일이다.
(2) 리스료는 20x1년초부터 매년초 ₩1,050,000을 받는다.
(3) 리스기간이 종료되는 20x3년말에 ₩300,000을 받고 소유권을 리스이용자에게 이전한다.
(4) 내재이자율은 12%, 시장이자율은 10%이다.

기간＼할인율	기간 말 ₩1의 현재가치		정상연금 ₩1의 현재가치	
	10%	12%	10%	12%
1	0.9091	0.8929	0.9091	0.8929
2	0.8264	0.7972	1.7355	1.6901
3	0.7513	0.7118	2.4868	2.4019

① ₩1,267,648
② ₩2,047,665
③ ₩2,458,333
④ ₩3,097665
⑤ ₩3,456,935

▸ 해설

• 소유권이 이전되므로 보증·무보증잔존가치는 없다.
• 리스료를 시장이자율로 할인한 현가 : 1,050,000+1,050,000×0.9091+1,050,000×0.8264+300,000×0.7513=3,097,665
• 매출액 : Min[3,097,665, 3,300,000(공정가치)]=3,097,665
• 매출원가 : 2,250,000-0=2,250,000
• 20x1년 1월 1일 회계처리

　(차) 현금　　　　1,050,000　　(대) 매출　　　　3,097,665
　　　리스채권　　2,047,665
　(차) 매출원가　　2,250,000　　(대) 재고자산　　2,250,000

∴20x1년 1월 1일 리스채권 잔액 : 2,047,665

정답 ②

Essential Question 272 | **판매형리스의 리스개설직접원가**

● 전자계측장비를 제조·판매하는 12월말 결산법인인 ㈜합격은 ㈜적중에게 전자계측장비를 금융리스 형식으로 판매하였다. ㈜합격이 20x1년의 포괄손익계산서상에서 인식할 리스관련 이익은 얼마인 가?

> (1) 리스약정일과 리스개시일은 20x1년 1월 1일이고, 리스기간은 3년간이다.
> (2) 리스료는 매년말 ₩100,000을 받는다.
> (3) 리스제공자의 내재이자율은 연 12%, 증분차입이자율은 연 11%, 시장이자율은 연 10%이다.
>   (리스이용자는 리스제공자의 내재이자율을 알고 있다.)
> (4) 전자계측장비의 공정가치는 ₩260,000이다.
> (5) 리스종료일의 잔존가치는 ₩30,000으로 추정되며, 이중 리스이용자가 보증한 금액은 ₩10,000이다.
> (6) 이 전자계측장비의 생산원가는 ₩200,000이다.
> (7) ㈜합격은 리스개시일에 리스계약을 체결하는 과정에서 ₩10,000의 직접비용이 발생하였다.
> (8) 현재가치계수와 관련된 자료는 다음과 같다.

구분	기간 3년		
	10%	11%	12%
현재가치	0.7513	0.7312	0.7118
연금현재가치	2.4869	2.4437	2.4018

① ₩61,229 ② ₩71,229 ③ ₩88,352
④ ₩98,352 ⑤ ₩256,203

해설

- 판매형리스의 리스개설직접원가는 전액 비용으로 인식한다.
- 리스료를 시장이자율로 할인한 현가 : 100,000×2.4869+10,000×0.7513=256,203
- 무보증잔존가치를 시장이자율로 할인한 현가 : 20,000×0.7513=15,026
- 매출액 : Min[256,203, 260,000(공정가치)]=256,203
- 매출원가 : 200,000−15,026=184,974
- 수수료비용(리스개설직접원가) : 10,000

(차) 리스채권	256,203	(대) 매출	256,203
(차) 리스채권	15,026	(대) 재고자산	200,000
매출원가	184,974		
(차) 수수료비용	10,000	(대) 현금	10,000

- 이자수익 : (256,203+15,026)×10%=27,123
- ∴ 256,203−184,974−10,000+27,123=88,352

정답 ③

Essential Question 273 | **리스이용자 회계처리 기본사항**

● 한국채택국제회계기준 '리스'에 규정된 리스이용자의 회계처리에 대한 설명으로 가장 옳지 않은 것은 어느 것인가?

① 리스이용자는 리스개시일에 그날 현재 지급되지 않은 리스료의 현재가치로 리스부채를 측정한다.

② 측정모형 중 공정가치모형 또는 재평가모형을 적용하지 않는 경우에, 리스이용자는 리스개시일 후에 원가모형을 적용하여 사용권자산을 측정한다.

③ 리스이용자는 리스개시일에 사용권자산을 원가로 측정한다.

④ 리스이용자는 리스개시일에 사용권자산과 리스부채를 인식한다. 단, 단기리스와 소액기초자산 리스에는 사용권자산과 리스부채를 인식하지 않기로 선택할 수 있다.

⑤ 리스의 내재이자율을 쉽게 산정할 수 있는 경우라도 리스이용자의 증분차입이자율로 리스료를 할인한다.

해설

- 리스의 내재이자율을 쉽게 산정할 수 있는 경우에는 그 이자율로 리스료를 할인하며, 그 이자율을 쉽게 산정할 수 없는 경우에는 리스이용자의 증분차입이자율을 사용한다.

정답 ⑤

Essential Question 274 | **리스이용자 1차연도 감가상각비**

● ㈜합격리스는 신규로 취득한 기계장치에 대해 ㈜적중과 리스계약을 체결하였다. 관련 자료가 다음과 같을때 ㈜적중이 1차년도에 인식할 리스자산에 대한 감가상각비는 얼마인가? 단, 리스자산은 정액법으로 감가상각하며, 이자율 10%에 대한 ₩1의 3기간 연금현가계수와 3기간 현가계수는 각각 2.4868 및 0.7513이다.

(1) 리스자산의 공정가치는 ₩704,290이다.

(2) ㈜적중은 ㈜합격리스로부터 리스자산을 인도받고 연간리스료로 매년 말에 리스기간 3년 동안 ₩253,000(내재이자율 연 10%)씩을 후급하기로 하였다.

(3) 리스개시일은 연초이며, 리스자산의 내용연수는 4년이다.

(4) 리스기간 종료시 추정되는 잔존가치는 ₩100,000이며, 이중 ₩30,000(전액 지급예상)을 ㈜적중이 보증하기로 하였다.

(5) 리스의 협상 및 체결단계에서 ㈜적중이 ₩50,000의 리스개설직접원가를 지출하였다.

① ₩155,425   ② ₩186,358   ③ ₩207,233
④ ₩223,900   ⑤ ₩377,273

해설

- 리스부채 : $253,000 \times 2.4868 + 30,000 \times 0.7513 = 651,700$
- 사용권자산 : $651,700 + 50,000 = 701,700$
- 감가상각비 : $(701,700 - 30,000) \div Min[3년, 4년] = 223,900$

정답 ④

Essential Question 275 | **리스이용자 1차연도 총비용 계산[1]**

● 리스이용자인 ㈜합격은 다음과 같은 조건으로 리스개시일이 20x1년 1월 1일인 리스계약을 체결하였다. ㈜합격이 해당 리스계약과 관련하여 20x1년 포괄손익계산서에 인식할 비용을 구하면 얼마인가?

(1) 리스기간은 5년이고, 리스기간 종료시 ㈜합격은 리스기계를 ₩500,000에 매수할 수 있는 선택권이 있으며 ㈜합격이 해당 매수선택권을 행사할 가능성은 상당히 확실하다.
(2) 고정리스료로 ₩1,000,000씩을 매년 말 지급한다.
(3) 기초자산의 내용연수는 8년이고, 잔존가치는 없으며, 정액법으로 감가상각한다.
(4) 동 리스의 적용이자율(내재이자율)은 10%이다.
(5) 현재가치계수와 관련된 자료는 다음과 같다.

기간(이자율)	단일금액 ₩1의 현재가치계수	정상연금 ₩1의 현재가치계수
5년(10%)	0.62	3.79

① ₩512,500
② ₩922,500
③ ₩1,410,000
④ ₩4,100,000
⑤ ₩5,100,000

해설

- 20x1년초 리스부채 : 1,000,000×3.79+500,000×0.62=4,100,000
- 20x1년초 사용권자산 : 4,100,000
- 리스부채 상각표

일자	리스료	이자비용(10%)	상환액	리스부채잔액
20x1.1.1	–	–	–	4,100,000
20x1.12.31	1,000,000	410,000	590,000	3,510,000

- 20x1년 비용
  - 이자비용 : 410,000
  - 감가상각비 : (4,100,000-0)÷8년=512,500
∴20x1년 비용 : 410,000+512,500=922,500

정답 ②

Essential Question 276 | **리스이용자 1차연도 총비용 계산[2]**

● 리스제공자인 ㈜합격리스는 20x1년 12월 1일 인공위성의 리스계약을 리스이용자인 ㈜적중과 체결하였다. 다음 자료에 의해 20x2년도 ㈜적중이 인식할 비용을 구하면 얼마인가?

> (1) 리스료는 리스개시일인 20x2년 1월 1일로부터 매 6개월마다 ₩277,162이 지급되며, 리스기간은 2년이고, 행사할 것이 확실한 염가매수선택권이 부여되어 있다.
> (2) 염가매수선택권은 리스기간 만료시 ₩50,000에 소유권을 양도받는 조건이다.
> (3) ㈜합격리스의 내재이자율은 연 12%이다.
> (4) ㈜합격리스는 20x2년 1월 1일 인공위성을 공정가치인 ₩1,000,000에 구입하여 ㈜적중에 인도하였다.
> (5) 인공위성의 경제적 내용연수는 3년이고, 잔존가치는 없으며, 정액법으로 상각한다.
> (6) 현재가치계수와 관련된 자료는 다음과 같다.

기간	기간말 단일금액 ₩1의 현재가치	정상연금 ₩1의 현재가치
2년(12%)	0.7971	1.6901
4년(6%)	0.7921	3.4651

① ₩106,970　　　　② ₩333,333　　　　③ ₩383,650
④ ₩440,303　　　　⑤ ₩508,286

해설

- 20x2년초 리스부채(6%, 4기간) : 277,162×3.4651+50,000×0.7921=1,000,000
- 20x2년초 사용권자산 : 1,000,000
- 리스부채 상각표

일자	리스료	이자비용(6%)	상환액	리스부채잔액
20x2.1.1	–	–	–	1,000,000
20x2.6.30	277,162	60,000	217,162	782,838
20x2.12.31	277,162	46,970	230,192	552,646

- 20x2년 비용
  - 이자비용 : 60,000+46,970=106,970
  - 감가상각비 : (1,000,000-0)÷3년=333,333
- ∴20x2년 비용 : 106,970+333,333=440,303

정답 ④

Essential Question 277 | **리스이용자 1차연도 자산·부채 기말잔액 계산**

● 리스이용자인 ㈜합격은 다음과 같은 조건으로 리스개시일이 20x1년 1월 1일인 리스계약을 체결하고 기계장치를 리스하였다. ㈜합격이 해당 리스계약과 관련하여 20x1년말 재무상태표에 보고할 사용권자산과 리스부채를 구하면 각각 얼마인가?

> (1) 리스기간은 5년(20x1년 1월 1일부터 20x5년 12월 31일까지)이고, 리스기간 종료시 ㈜합격은 리스한 기계장치를 ₩1,000,000에 매수할 수 있는 선택권이 있으며 ㈜합격이 해당 매수선택권을 행사할 가능성은 상당히 확실하다.
> (2) 고정리스료로 ₩2,000,000씩을 매년 말 지급한다.
> (3) 기초자산의 내용연수는 6년이고, 잔존가치는 없으며, 정액법으로 감가상각한다.
> (4) 동 리스계약에 적용될 이자율(내재이자율)은 5%이다.
> (5) 현재가치계수와 관련된 자료는 다음과 같다.

기간(이자율)	단일금액 ₩1의 현재가치계수	정상연금 ₩1의 현재가치계수
5년(5%)	0.7835	4.3295

	사용권자산	리스부채
①	₩7,868,750	₩9,442,500
②	₩7,868,750	₩8,659,000
③	₩7,868,750	₩7,914,625
④	₩9,442,500	₩9,442,500
⑤	₩9,442,500	₩7,914,625

해설

- 20x1년초 리스부채 : 2,000,000×4.3295+1,000,000×0.7835=9,442,500
- 20x1년초 사용권자산 : 9,442,500
- 리스부채 상각표

일자	리스료	이자비용(5%)	상환액	리스부채잔액
20x1.1.1	−	−	−	9,442,500
20x1.12.31	2,000,000	472,125	1,527,875	7,914,625

- 20x1년말 감가상각비 : (9,442,500-0)÷6년=1,573,750
- ∴20x1년말 사용권자산 기말잔액 : 9,442,500-1,573,750=7,868,750
  20x1년말 리스부채 기말잔액 : 7,914,625(상각표)

정답 ③

Essential Question 278 | **리스이용자 1차연도 사용권자산 잔액과 총비용 계산**

● 리스이용자인 ㈜합격은 다음과 같은 조건으로 리스개시일이 20x1년 1월 1일인 기계장치 사용에 대한 리스계약을 체결하였다. ㈜합격이 해당 리스계약과 관련하여 20x1년 재무상태표에 보고할 사용권자산과 20x1년 포괄손익계산서에 인식할 비용을 구하면 각각 얼마인가?

> (1) 리스기간은 3년이고, 동 리스계약은 리스 인식의 면제 요건을 충족하지 않는다.
> (2) 리스기간 종료시 ㈜합격은 리스한 기계장치를 ₩100,000에 매수할 수 있는 선택권이 있으며 ㈜합격이 해당 매수선택권을 행사할 가능성은 상당히 확실하다.
> (3) 고정리스료로 ₩500,000씩을 매년 말 지급한다.
> (4) 기초자산의 내용연수는 4년이고, 잔존가치는 없으며, 정액법으로 감가상각한다.
> (5) 동 리스의 적용이자율(내재이자율)은 12%이다.
> (6) 현재가치계수와 관련된 자료는 다음과 같다.
>
> | 기간(이자율) | 단일금액 ₩1의 현재가치계수 | 정상연금 ₩1의 현재가치계수 |
> |---|---|---|
> | 3년(12%) | 0.71 | 2.40 |

	20x1년말 사용권자산	20x1년 비용
①	₩953,250	₩470,270
②	₩953,250	₩192,000
③	₩953,250	₩400,000
④	₩1,271,000	₩470,270
⑤	₩1,271,000	₩192,000

해설

- 20x1년초 리스부채 : 500,000×2.40+100,000×0.71=1,271,000
- 20x1년초 사용권자산 : 1,271,000
- 리스부채 상각표

일자	리스료	이자비용(12%)	상환액	리스부채잔액
20x1.1.1	–	–	–	1,271,000
20x1.12.31	500,000	152,520	347,480	923,520

- 20x1년 비용
  - 이자비용 : 152,520
  - 감가상각비 : (1,271,000-0)÷4년=317,750
- ∴20x1년말 사용권자산 : 1,271,000-317,750=953,250
  20x1년 비용 : 152,520+317,750=470,270

정답 ①

Essential Question 279 | **리스이용자 2차연도 이자비용**

● ㈜합격은 공정가치가 ₩30,000,000인 중장비를 20x1년 1월 1일부터 3년간 리스하기로 하고 고정 리스료는 매년 말에 ₩9,642,000씩 지급하기로 하였다. 중장비의 내용연수는 5년이고, 리스기간 종료시(20x3년 12월 31일)의 보증잔존가치는 ₩5,000,000이며, 내용연수가 종료되는 20x5년 12월 31일의 추정잔존가치는 ₩2,000,000이다. 한편, 리스개시일의 내재이자율은 10%로서 리스료의 현재가치는 ₩27,734,200이다. 해당 중장비에 ㈜합격이 20x2년 12월 31일에 기록할 이자비용은 얼마인가?

① ₩6,868,580　　② ₩2,900,000　　③ ₩2,773,420

④ ₩2,086,562　　⑤ ₩9,642,000

해설
- 20x1년초 리스부채 : 27,734,200(문제에 주어짐)
- 리스부채 상각표

일자	리스료	이자비용(10%)	상환액	리스부채잔액
20x1년초	–	–	–	27,734,200
20x1년말	9,642,000	2,773,420	6,868,580	20,865,620
20x2년말	9,642,000	2,086,562	7,555,438	13,310,182

정답 ④

Essential Question 280 | **제3자 보증시 리스이용자 사용권자산**

● 20x1년초에 ㈜합격은 ㈜적중리스와 리스계약을 체결하였다. 관련된 자료가 다음과 같을때 리스개시일에 ㈜합격이 사용권자산으로 인식할 금액은 얼마인가?

(1) 20x1년초의 리스자산 공정가치는 ₩800,000이고 리스자산의 경제적 내용연수 6년이다.
(2) 리스기간은 5년이며, 리스료는 매년 말 ₩200,000씩 5회 지급한다.
(3) 리스종료일의 리스자산의 추정잔존가치는 ₩50,000이며, 이 중 ㈜적중리스와 특수관계가 없는 제3자가 보증(전액 지급예상)한 잔존가치는 ₩30,000이다.
(4) 리스개시일에 ㈜합격은 리스개설직접원가로 ₩12,000을 지출하였다.
(5) 소유권이전 및 염가매수약정은 없다.
(6) ㈜합격은 ㈜적중리스의 내재이자율을 알지 못하며, ㈜합격의 가중평균차입이자율은 6%, ㈜합격의 증분차입이자율은 8%이다.
(7) 6%, 5년의 단일현가계수는 0.7473이고, 정상연금현가계수는 4.2124이며, 8%, 5년의 단일현가계수는 0.6806이고, 정상연금현가계수는 3.9927이다.

① ₩798,540　　② ₩810,540　　③ ₩818,958

④ ₩830,958　　⑤ ₩854,480

해설
- 리스제공자와 특수관계가 없는 제3자의 보증잔존가치
  ㉠ 리스제공자의 보증잔존가치에 포함 → 리스제공자의 리스료에 포함
  ㉡ 리스이용자의 보증잔존가치에 포함안됨. → 리스이용자의 리스료에 포함 안됨.
- ㈜합격(리스이용자)의 사용권자산 계산〈증분차입이자율 8%적용〉
  – 리스부채 : 200,000×3.9927=798,540
  – 사용권자산 : 798,540+12,000(리스개설직접원가)=810,540

정답 ②

Essential Question 281   소액자산 리스 인식면제

● 20x1년 1월 1일 리스이용자인 ㈜합격은 ㈜적중리스와 기계장치를 리스하는 리스계약을 체결하였다. 관련된 자료가 다음과 같을 때, 20x1년 포괄손익계산서에 ㈜합격이 인식할 비용을 계산하면 얼마인가?

> (1) 리스기간은 2년(20x1년 1월 1일 ~ 20x2년 12월 31일)이며, 리스제공자와의 합의에 따라 리스료는 첫 1년간은 매달 ₩2,500,000씩 지급하고 나머지 1년간은 매달 ₩2,000,000씩 지급하기로 하였다.
> (2) ㈜합격은 동 기계장치가 K-IFRS '리스'에 규정된 소액 기초자산 리스의 요건을 충족함에 따라 소액자산 리스 인식면제 회계처리를 선택하고, 리스료를 리스기간에 걸쳐 정액 기준에 따라 비용으로 인식하기로 하였다.

① ₩27,000,000   ② ₩30,000,000   ③ ₩40,000,000
④ ₩47,000,000   ⑤ ₩54,000,000

───────────────────────────────

 해설

• $(2,500,000 \times 12개월 + 2,000,000 \times 12개월) \times \dfrac{12개월}{24개월} = 27,000,000$

정답 ①

Essential Question 282 | **판매후리스 판매자(리스이용자)의 사용권자산 계산**

● 다음은 ㈜합격의 기계장치의 판매 및 리스와 관련된 자료이다. 해당 기계장치의 이전이 판매에 해당한다고 할 때, ㈜합격이 20x1년 1월 1일 사용권자산으로 인식할 금액을 구하면 얼마인가?

> (1) ㈜합격(판매자-리스이용자)은 20x1년 1월 1일 장부금액이 ₩20,000,000인 기계장치를 ㈜적중(구매자-리스제공자)에게 공정가치인 ₩30,000,000에 판매하고 동시에 해당 기계장치를 ㈜적중으로부터 리스하여 3년간 사용하기로 하였다.
> (2) ㈜적중은 해당 리스를 운용리스로 분류하였으며, 적절한 이자율로 할인한 리스료의 현재가치는 ₩18,000,000으로 계산되었다.

① ₩12,000,000   ② ₩18,000,000   ③ ₩20,000,000
④ ₩30,000,000   ⑤ ₩0

해설

• $20,000,000(장부금액) \times \dfrac{18,000,000(리스료현가)}{30,000,000(공정가치)} = 12,000,000$

보론 | **판매후리스(자산이전이 판매에 해당하고 판매가격=공정가치인 경우)**

❑ 판매자(리스이용자) 회계처리

리스부채	사용권자산	처분이익
• 리스료 현재가치	• 자산장부금액 × $\dfrac{리스료\ 현재가치}{자산\ 공정가치}$	• 대차차액

예시 판매가격이 공정가치와 일치하는 경우 판매자-리스이용자 회계처리

㈜합격은 20x1년 1월 1일에 건물을 리스회사인 ㈜적중리스에 ₩150,000에 판매후, 즉시 리스계약을 체결하였다.(자산이전은 판매에 해당한다.) 해당 건물의 공정가치는 ₩150,000이며, 장부금액은 ₩100,000이다. ㈜적중리스와 계약한 리스기간은 5년이며 고정리스료는 매년 말 ₩32,000씩 지급하기로 하였다. 리스기간 종료시점에 기초자산은 반환하는 계약이며 리스의 내재이자율은 10%이다. 20x1년 1월 1일 현재 건물의 잔존내용연수는 8년, 내용연수 종료시점 잔존가치는 없으며 정액법으로 감가상각한다. 구매자인 리스제공자는 운용리스로 분류하였다. 연금현가계수(5년, 10%)는 3.79094이다.

→리스료 현재가치(리스부채)3.79094=121,310

→사용권자산 : $100,000 \times \dfrac{121,310}{150,000} = 80,873$

20x1년초	(차) 현금	150,000	(대) 건물(장부금액)	100,000
	사용권자산	80,873	리스부채	121,310
			처분이익(대차차액)	9,563
20x1년말	(차) 이자비용	121,310×10%=12,131	(대) 현금	32,000
	리스부채	19,869		
	(차) 감가상각비 80,873÷Min[5년,8년]=16,175		(대) 감가상각누계액	16,175

별해 처분이익 : 판매차익(150,000-100,000) × $\dfrac{자산공정가치(150,000) - 리스료\ 현재가치(121,310)}{자산공정가치(150,000)} = 9,563$

정답 ①

Essential Question 283 | **법인세회계 용어의 정의**

● 다음은 한국채택국제회계기준 '법인세'에 규정된 용어의 정의에 대한 내용이다. 가장 올바르지 않은 것은?

① 당기법인세란 회계기간의 과세소득(세무상결손금)에 대하여 납부할(환급받을) 법인세액을 말한다.
② 일시적차이란 재무상태표상 자산 또는 부채의 장부금액과 세무기준액의 차이를 말한다.
③ 법인세비용(수익)이란 당기법인세 및 이연법인세와 관련하여 당해 회계기간의 손익을 결정하는 데 포함되는 총액을 말한다.
④ 과세소득(세무상결손금)이란 과세당국이 제정한 법규에 따라 납부할(환급받을) 법인세를 산출하는 대상이 되는 회계기간의 이익(손실)을 말한다.
⑤ 이연법인세부채란 차감할 일시적차이와 관련하여 미래 회계기간에 회수할 수 있는 법인세 금액을 말한다.

해설
• 이연법인세부채 : 가산할 일시적차이와 관련하여 미래 회계기간에 납부할 법인세 금액

정답 ⑤

Essential Question 284 | **이연법인세자산의 실현가능성 기준**

● 다음 중 이연법인세자산의 실현가능성을 판단하기 위하여 고려할 사항으로 옳지 않은 것은?

① 차감할 일시적차이가 사용될수 있는 과세소득의 발생가능성
② 세무상결손금 등의 이월공제될수 있는 회계기간에 과세소득의 충분성
③ 세무정책으로 적절한 기간에 과세소득을 창출할수 있는지 여부
④ 세무상결손금 등의 이월공제가 적용되는 기간에 소멸될 것으로 예상되는 차감할 일시적 차이의 충분성
⑤ 차감할 일시적 차이가 소멸될 것으로 예상되는 기간과 동일한 회계기간에 소멸이 예상되는 가산할 일시적 차이의 충분성

해설
• 차감할 일시적 차이의 충분성(X) → 가산할 일시적 차이의 충분성(O)

정답 ④

Essential Question 285 | 이연법인세자산·부채의 보고방법

● 다음은 한국채택국제회계기준 법인세에 관한 설명이다. 가장 타당하지 않은 것은 어느 것인가?

① 이연법인세 자산과 부채는 할인하지 아니한다.

② 동일 회계기간 또는 다른 회계기간에 자본에 직접 가감되는 항목과 관련된 당기법인세와 이연법인세는 자본에 직접 가감한다.

③ 이연법인세자산의 일부 또는 전부에 대한 혜택이 사용되기에 충분한 과세소득이 발생할 가능성이 더 이상 높지 않다면 이연법인세자산의 장부금액을 감액시킨다.

④ 과거 회계기간의 당기법인세에 대하여 소급공제가 가능한 세무상결손금과 관련된 혜택은 자산으로 인식한다.

⑤ 이연법인세자산과 이연법인세부채를 상계하여 보고하는 것은 금지된다.

해설

- [K-IFRS '법인세' 문단71]
  다음의 조건을 모두 충족하는 경우 당기법인세자산과 당기법인세부채를 상계한다.
  ㉠ 기업이 인식된 금액에 대한 법적으로 집행가능한 상계권리를 가지고 있다.
  ㉡ 기업이 순액으로 결제하거나, 자산을 실현하는 동시에 부채를 결제할 의도가 있다.

- [K-IFRS '법인세' 문단74]
  다음의 조건을 모두 충족하는 경우 이연법인세자산과 이연법인세부채를 상계한다.
  ㉠ 기업이 당기법인세자산과 당기법인세부채를 상계할 수 있는 법적으로 집행가능한 권리를 가지고 있다.
  ㉡ 이연법인세자산과 이연법인세부채가 다음의 각 경우에 동일한 과세당국에 의해서 부과되는 법인세와 관련되어 있다.
    - 과세대상기업이 동일한 경우
    - 과세대상기업은 다르지만 당기법인세 부채와 자산을 순액으로 결제할 의도가 있거나, 유의적인 금액의 이연법인세부채가 결제되거나 이연법인세자산이 회수될 미래의 각 회계기간마다 자산을 실현하는 동시에 부채를 결제할 의도가 있는 경우

 정답 ⑤

Essential Question 286 | **자산·부채의 세무기준액**

● 다음은 한국채택국제회계기준 '법인세'에서 세무기준액과 관련하여 열거하고 있는 예시에 대한 내용이다. 가장 부합하지 않는 것을 고르면 어느 것인가?

① 매출채권의 장부금액이 100원이다. 관련 수익(매출액)이 이미 과세소득(세무상결손금)에 포함되었다. 이 매출채권의 세무기준액은 100원이다.

② 유동부채에 장부금액이 100원인 미지급비용이 포함되어 있다. 관련 비용이 세무상 이미 공제되었다. 이 미지급비용의 세무기준액은 영(0)이다.

③ 미수이자의 장부금액이 100원이다. 관련 이자수익은 현금기준으로 과세된다. 이 미수이자의 세무기준액은 영(0)이다.

④ 한 기계의 원가가 100원이었다. 세무상 감가상각비 30원은 이미 당기와 과거기간에 공제되었고 미상각잔액은 미래 회계기간에 감가상각이나 처분으로 공제된다. 기계를 사용하여 창출할 수익과 기계의 처분시 차익은 과세대상이며 처분시 손실은 세무상 차감된다. 이 기계의 세무기준액은 70원이다.

⑤ 유동부채에 장부금액이 100원인 선수이자가 포함되어 있다. 관련 이자수익은 현금기준으로 이미 과세되었다. 이 선수이자의 세무기준액은 영(0)이다.

◦ 해설

•유동부채에 장부금액이 100원인 미지급비용이 포함되어 있다. 관련 비용이 세무상 이미 공제되었다. 이 미지급비용의 세무기준액은 100원이다.

•유동부채에 장부금액이 100원인 미지급비용이 포함되어 있다. 관련 비용은 현금기준으로 세무상 공제될 것이다. 이 미지급비용의 세무기준액은 영(0)이다.

◀저자주▶ 본 내용에 대하여는 제2편 이월공제의 법인세효과의 문제편에 상세히 설명하였으므로 해당 내용을 참조하기 바랍니다.

정답 ②

Essential Question 287 | 설립연도 미지급법인세와 이연법인세자산·부채

● 다음은 20x1년 1월 1일에 창업한 ㈜합격의 법인세 계산과 관련한 자료이다. 20x1년 법인세부담액과 재무상태표에 표시되는 이연법인세부채는 각각 얼마인가?

(1) 20x1년 법인세비용차감전순이익 : ₩15,000,000
(2) 20x1년 세무조정사항 : 일시적차이 손금산입액 ₩1,500,000
    – 차기연도부터 매년 50%씩 소멸한다.
(3) 법인세율 : 20x1년 25%, 20x2년 20%, 20x3년 20%, 20x4년 15%

	법인세부담액	이연법인세부채
①	₩3,750,000	₩300,000
②	₩3,750,000	₩150,000
③	₩3,562,500	₩300,000
④	₩3,562,500	₩150,000
⑤	₩3,375,000	₩300,000

해설
• 미지급법인세(법인세부담액) : (15,000,000−1,500,000)×25%=3,375,000
• 이연법인세부채 : (1,500,000×50%)×20%+(1,500,000×50%)×20%=300,000

 정답 ⑤

Essential Question 288 | 설립연도 법인세비용

● 다음은 20x1년 1월 1일에 설립된 ㈜합격의 법인세 계산과 관련한 자료이다. ㈜합격이 20x1년 포괄손익계산서에 인식할 법인세비용을 구하면 얼마인가?

(1) 20x1년도 법인세비용차감전순이익은 ₩1,250,000이며, 20x1년도에 적용될 법인세율은 30%, 20x2년과 20x3년에 적용될 법인세율은 25%, 20x4년 이후 적용될 법인세율은 20%이다.
(2) 법인세 세무조정 과정에서 발생한 향후 가산할 일시적차이에 의한 손금산입액은 ₩250,000이며, 해당 일시적차이는 20x2년부터 매년 25%씩 소멸될 예정이다.

① ₩243,750   ② ₩300,000   ③ ₩356,250
④ ₩365,250   ⑤ ₩375,000

해설
• 미지급법인세 : (1,250,000−250,000)×30%=300,000
• 이연법인세부채 : (250,000×25%)×25%+(250,000×25%)×25%+(250,000×25%)×20%+(250,000×25%)×20%=56,250

• 회계처리
  (차) 법인세비용   ?   (대) 미지급법인세   300,000
                            이연법인세부채   56,250

∴법인세비용 : 300,000+56,250=356,250

 정답 ③

Essential Question 289 | **설립연도 법인세비용과 이연법인세자산·부채**

● 다음은 20x1년 1월 1일에 설립된 ㈜합격의 법인세 계산과 관련한 자료이다. ㈜합격의 20x1년 재무
제표에 보고될 법인세비용과 이연법인세자산(부채)을 구하면 각각 얼마인가?

> (1) 20x1년도 법인세비용차감전순이익은 ₩30,000,000이며, 20x1년도에 적용될 법인세율은 25%, 20x2
> 년 이후 적용될 법인세율은 30%이다.
> (2) 세무조정사항은 다음과 같다.
>   – 일시적차이 : 감가상각비한도초과로 인한 손금불산입액 ₩8,000,000
>   – 일시적차이가 아닌 차이 : 접대비한도초과로 인한 손금불산입액 ₩6,000,000

	법인세비용	이연법인세자산(부채)
①	₩8,600,000	이연법인세부채 ₩2,400,000
②	₩8,600,000	이연법인세자산 ₩2,400,000
③	₩13,400,000	이연법인세부채 ₩2,400,000
④	₩13,400,000	이연법인세자산 ₩2,400,000
⑤	₩6,800,000	이연법인세자산 ₩4,200,000

→ 해설

- 세무조정
  - 손금불산입 감가상각비한도초과 8,000,000(유보)
  - 손금불산입 접대비한도초과 6,000,000(기타사외유출)
- 미지급법인세 : (30,000,000+8,000,000+6,000,000)×25%=11,000,000
- 이연법인세자산 : 8,000,000×30%=2,400,000

- 회계처리

  (차) 법인세비용   ?   (대) 미지급법인세   11,000,000
        이연법인세자산   2,400,000

∴법인세비용 : 11,000,000-2,400,000=8,600,000

정답 ②

Essential Question 290 | **법인세 기간간배분과 법인세비용**

● 다음은 20x1년도 ㈜합격의 법인세와 관련한 자료이다. 전기이월된 이연법인세자산·부채는 없다고 할 때 20x1년도 포괄손익계산서에 표시할 법인세비용을 구하면 얼마인가?

(1) 20x1년 12월 31일 현재 가산할 일시적차이와 차감할 일시적차이의 미래 소멸관련 자료

	20x2년	20x3년	20x4년
가산할 일시적차이	₩1,350,000	₩900,000	₩1,200,000
차감할 일시적차이	₩360,000	₩270,000	₩0

(2) 20x1년 세무조정후 과세소득은 ₩4,500,000이며, 연도별 법인세율은 다음과 같다.

20x1년	20x2년	20x3년	20x4년
30%	25%	20%	15%

① ₩1,375,600   ② ₩1,456,200   ③ ₩1,903,500
④ ₩2,080,222   ⑤ ₩2,555,300

해설

• 미지급법인세(법인세부담액) : 4,500,000×30%=1,350,000
• 이연법인세부채 : (1,350,000−360,000)×25%+(900,000−270,000)×20%+1,200,000×15%=553,500

• 회계처리
  (차) 법인세비용   ?   (대) 미지급법인세   1,350,000
                        이연법인세부채   553,500

∴법인세비용 : 1,350,000+553,500=1,903,500

정답 ③

Essential Question 291 | **미지급법인세 금액 계산**

● ㈜합격의 법인세와 관련한 다음의 자료에 의해 ㈜합격이 20x2년 인식할 미지급법인세(법인세부담액)를 구하면 얼마인가?

(1) ㈜합격의 20x2년 법인세비용은 ₩10,000,000이다.
(2) 이연법인세자산·부채의 기말잔액에 대한 자료는 다음과 같다.

구분	20x2년말	20x1년말
이연법인세자산	₩4,500,000	₩3,500,000
이연법인세부채	₩6,000,000	₩4,000,000

① ₩2,000,000　　② ₩9,000,000　　③ ₩10,000,000
④ ₩12,000,000　　⑤ ₩13,000,000

해설
- 추가계상할 이연법인세자산 : 4,500,000-3,500,000=1,000,000
  추가계상할 이연법인세부채 : 6,000,000-4,000,000=2,000,000
- 회계처리
  (차) 법인세비용　　　10,000,000　(대) 미지급법인세　　　　?
  　　이연법인세자산　　1,000,000　　　이연법인세부채　　2,000,000
∴미지급법인세 : 10,000,000+1,000,000-2,000,000=9,000,000

정답 ②

Essential Question 292 | **미지급법인세 금액 추정**

● ㈜합격의 법인세와 관련한 다음의 자료에 의해 ㈜합격이 당기 20x2년 인식할 미지급법인세(법인세부담액)를 구하면 얼마인가?

(1) 당기 20x2년 법인세비용차감전순이익은 ₩50,000,000이며, 당기순이익은 ₩43,000,000이다.
(2) 이연법인세자산·부채의 기말잔액에 대한 자료는 다음과 같다.

구분	20x2년말	20x1년말
이연법인세자산	₩3,000,000	₩0
이연법인세부채	₩0	₩2,000,000

① ₩3,000,000　　② ₩6,000,000　　③ ₩7,000,000
④ ₩12,000,000　　⑤ ₩12,500,000

해설
- 법인세비용 : 법인세비용차감전순이익(50,000,000)-법인세비용=당기순이익(43,000,000)
  →법인세비용=7,000,000
- 회계처리
  (차) 법인세비용　　　7,000,000　(대) 미지급법인세　　　?
  　　이연법인세부채　　2,000,000
  　　이연법인세자산　　3,000,000
∴미지급법인세 : 7,000,000+2,000,000+3,000,000=12,000,000

정답 ④

Essential Question 293 | 이연법인세자산·부채 금액 추정

● ㈜합격의 법인세와 관련한 다음의 자료에 의해 ㈜합격의 20x2년말 이연법인세부채는 얼마인가?

(1) 20x2년 미지급법인세(법인세부담액)는 ₩6,700,000, 법인세비용차감전순이익은 ₩60,000,000, 당기순이익은 ₩54,000,000이다.
(2) 이연법인세자산 · 부채의 기말잔액에 대한 자료는 다음과 같다.

구분	20x2년말	20x1년말
이연법인세자산	₩2,000,000	₩1,000,000
이연법인세부채	?	₩600,000

① ₩600,000　　　　　　② ₩900,000　　　　　　③ ₩1,000,000
④ ₩1,200,000　　　　　⑤ ₩1,300,000

해설

- 법인세비용 : 법인세비용차감전순이익(60,000,000)−법인세비용=당기순이익(54,000,000)
  →법인세비용=6,000,000
- 추가계상할 이연법인세자산 : 2,000,000−1,000,000=1,000,000
  추가계상할 이연법인세부채 : X−600,000

- 회계처리
  (차) 법인세비용　　　　6,000,000　(대) 미지급법인세　　　6,700,000
  　　　이연법인세자산　1,000,000　　　이연법인세부채　X−600,000

∴6,000,000+1,000,000=6,700,000+X−600,000 → X=900,000

정답 ②

Essential Question 294 | 건설계약과 이연법인세

● 20x1년 1월 1일에 영업을 시작한 ㈜합격은 장기건설계약으로 인한 이익을 재무보고목적으로는 공사진행률 기준을 적용하여 인식하고, 세무목적으로는 공사완성기준을 적용하여 인식한다. 각 기준하에서의 이익은 다음과 같다.

구분	20x1년	20x2년	20x3년
공사완성기준	–	₩400,000	₩700,000
공사진행기준	₩300,000	₩600,000	₩850,000

20x1년부터 20x3년까지의 법인세율은 30%이며, 20x3년 중의 법인세율의 개정으로 인해 20x4년과 그 이후 연도에 대한 법인세율은 25%이다. 20x3년 재무상태표에 ㈜합격이 보고하여야 할 이연법인세자산(부채)의 잔액은 얼마인가?

① 이연법인세자산 ₩162,500
② 이연법인세부채 ₩162,500
③ 이연법인세자산 ₩183,500
④ 이연법인세부채 ₩183,500
⑤ 이연법인세자산 ₩172,500

해설
- 세무조정
  - 20x1년 : 익금불산입 300,000(△유보)
  - 20x2년 : 익금불산입 200,000(△유보)
  - 20x3년 : 익금불산입 150,000(△유보)
- 이연법인세부채
  (300,000+200,000+150,000)×25%=162,500

정답 ②

Essential Question 295 | FVPL금융자산과 할부판매의 법인세효과

● 20x1년 1월 1일에 창업한 ㈜합격의 세무조정사항은 다음과 같다. 20x1년 법인세비용차감전순이익
과 법인세율은 각각 ₩15,000,000과 30%이며, 차기연도 이후에도 법인세비용차감전순이익과 법
인세율이 동일하다고 가정할 때, 20x1년 12월 31일 재무상태표에 표시되어야 할 이연법인세자산(부
채)는 얼마인가? 단, 이연법인세자산(부채)는 상계하여 표시한다.

구분	장부금액	회계상 보고목적	세무상 신고목적
과태료 · 벌과금	₩525,000	비용	불인정
할부매출이익	₩1,500,000	발생주의	현금주의
당기손익-공정가치측정금융자산평가손실	₩900,000	발생주의	현금주의

① (₩90,000) ② ₩135,000 ③ (₩135,000)
④ ₩180,000 ⑤ (₩180,000)

해설

• 세무조정
  - 과태료·벌과금 : 손금불산입 525,000(기타사외유출)
    →영구적차이
  - 할부매출 : 익금불산입 1,500,000(△유보)
    →회수시 유보로 소멸
  - FVPL금융자산평가손실 : 손불 900,000(유보)
    →처분시 △유보로 소멸
• 이연법인세부채 : 1,500,000×30%-900,000×30%=180,000

정답 ⑤

Essential Question 296	판매보증충당부채와 준비금의 법인세효과

● ㈜합격의 다음 자료에 따라 20x1년도에 기록할 법인세비용을 계산하면 얼마인가?

> (1) 20x1년 법인세비용차감전순이익은 ₩200,000,000이며, 법인세율은 30%이다.
>   - 당기 이후의 법인세비용차감전순이익도 동일하게 ₩200,000,000으로 예상하고 있다.
> (2) 과거에 전입되어 20x2년부터 3년간 균등하게 환입될 준비금 ₩60,000,000이 있다.
>   - 이에 대한 이연법인세부채 ₩18,000,000이 전기말 재무상태표에 이연법인세자산·부채의 기말 잔액으로 보고되었다.
> (3) ㈜합격은 20x1년 판매보증비 ₩6,000,000을 계상하였다.
>   - 세법상으로는 실제 지출이 이루어진 20x2년에 손금산입된다.
> (4) 20x1년 중 세법개정으로 20x3년부터 법인세율은 25%가 적용된다.

① ₩38,000,000   ② ₩42,500,000   ③ ₩58,000,000
④ ₩60,000,000   ⑤ ₩62,000,000

해설

- 세무조정(판매보증비) : 손금불산입 6,000,000(유보)
- 미지급법인세 : (200,000,000+6,000,000)×30%=61,800,000
- 이연법인세부채 : (20,000,000×30%+40,000,000×25%)−6,000,000×30%=14,200,000
- 감소시킬 이연법인세부채 : 18,000,000−14,200,000=3,800,000
- 회계처리

(차) 법인세비용(대차차액)   58,000,000   (대) 미지급법인세   61,800,000
      이연법인세부채   3,800,000

정답 ③

Essential Question 297 | 회계정책변경 : 선입선출법에서 평균법

● 다음은 ㈜합격의 회계정책의 변경과 관련한 자료이다. ㈜합격의 20x2년 회계정책의 변경 후 당기순이익을 구하면 얼마인가? 단, 법인세효과는 고려하지 않는다.

> (1) ㈜합격은 20x2년 재고자산 원가흐름에 대한 가정을 선입선출법에서 평균법으로 변경하였다.
> (2) 동 회계정책의 변경은 기업회계기준서 '회계정책, 회계추정의 변경 및 오류'에 규정된 정당한 회계정책의 변경 요건을 충족한다.
> (3) 회계정책을 변경하지 않았을 경우 ㈜합격의 당기순이익은 ₩200,000,000이다.
> (4) 선입선출법과 평균법을 적용한 경우 재고자산 금액은 다음과 같다.
>
> | 구분 | 20x2년 기말재고 | 20x2년 기초재고 |
> |---|---|---|
> | 선입선출법 | ₩60,000,000 | ₩48,000,000 |
> | 평균법 | ₩50,000,000 | ₩32,000,000 |

① ₩194,000,000   ② ₩200,000,000   ③ ₩206,000,000
④ ₩226,000,000   ⑤ ₩236,000,000

해설

- 평균법과 비교한 선입선출법 금액 분석
  20x1년 : 기말재고 16,000,000↑ → 매출원가 16,000,000↓ → 이익 16,000,000↑
  20x2년 : 기초재고 16,000,000↑ & 기말재고 10,000,000↑ → 매출원가 6,000,000↑ → 이익 6,000,000↓
- 20x2년 선입선출법에 의한 이익이 평균법 보다 6,000,000 과소계상된다.
∴평균법에 의한 이익 : 200,000,000+6,000,000=206,000,000

정답 ③

Essential Question 298 | 회계정책변경 : 평균법에서 선입선출법

● 다음은 ㈜합격의 회계정책의 변경과 관련한 자료이다. ㈜합격의 20x2년 회계정책의 변경 후 당기순이익에 미치는 영향을 구하면 얼마인가? 단, 법인세효과는 고려하지 않는다.

> (1) ㈜합격은 재고자산 평가방법으로 평균법을 적용해 오던 중 20x2년 선입선출법으로 재고자산평가방법에 대한 회계정책을 변경하였다.
> (2) 동 회계정책의 변경으로 인해 20x2년 기초재고자산이 ₩25,000,000, 기말재고자산이 ₩37,500,000 증가하였다.
> (3) 동 회계정책의 변경은 기업회계기준서 '회계정책, 회계추정의 변경 및 오류'에 규정된 정당한 회계정책의 변경 요건을 충족한다.

① ₩12,500,000 증가   ② ₩12,500,000 감소   ③ ₩25,000,000 감소
④ ₩37,500,000 증가   ⑤ ₩37,500,000 감소

해설

- 선입선출법과 비교한 평균법 금액 분석
  20x2년 : 기초재고 25,000,000↓ & 기말재고 37,500,000↓ → 매출원가 12,500,000↑ → 이익 12,500,000↓
- 20x2년 평균법에 의한 이익이 선입선출법 보다 12,500,000 과소계상된다.
∴선입선출법에 의한 이익이 12,500,000 증가한다.

정답 ①

Essential Question 299 | **회계추정변경의 누적효과 회계처리**

● 회계정책의 변경은 재무제표의 작성과 보고에 적용하던 회계정책을 다른 회계정책으로 바꾸는 것을 의미한다. 한국채택국제회계기준에 의할 때 만약 20x2년 1월 1일부터 기계장치의 감가상각방법을 정액법에서 정률법으로 변경할 경우 누적효과에 대한 회계처리로 올바른 것은?

> (1) 기계장치 취득원가 : ₩100,000,000
> (2) 취득일 : 20x1년 1월 1일, 내용연수 : 10년, 잔존가치 : ₩0, 정률법 적용시 상각률 : 0.259
> (3) 20x1년 사업연도의 감가상각비는 정상적으로 계상되었다.

① 이익잉여금처분계산서상 이월이익잉여금을 ₩15,900,000 감소시킨다.
② 손익계산서상 영업외수익으로 ₩15,900,000 계상한다.
③ 이익잉여금처분계산서상 이월이익잉여금을 ₩15,900,000 증가시킨다.
④ 손익계산서상 영업외비용으로 ₩15,900,000 계상한다.
⑤ 누적효과를 계상하지 않는다.

해설
• 감가상각방법 변경은 회계추정의 변경이므로 전진법을 적용한다. 따라서, 누적효과를 계상하지 아니한다.

정답 ⑤

Essential Question 300 | **회계추정변경 : 정액법에서 연수합계법**

● ㈜합격은 20x1년초에 업무용 차량운반구를 ₩10,000,000(내용연수 5년, 잔존가치 ₩0)에 취득하여 정액법으로 감가상각하여 오다가 20x2년부터 감가상각방법을 연수합계법으로 변경하였다. 다른 사항은 변화가 없고 원가모형을 적용한다고 가정할 경우, 20x2년 말 재무상태표에 표시되는 동 차량운반구의 장부금액은?

① ₩6,000,000　　　　② ₩5,200,000　　　　③ ₩4,800,000
④ ₩4,200,000　　　　⑤ ₩4,700,000

해설
• [1단계] 20x2년초 장부금액 계산 : 10,000,000−(10,000,000÷5년)=8,000,000
• [2단계] 20x2년 감가상각비 계산 : $8,000,000 \times \dfrac{4}{1+2+3+4} = 3,200,000$
　→∴20x2년말 장부금액 : 8,000,000−3,200,000=4,800,000
*회계추정의 변경은 전진법을 적용함.

정답 ③

Essential Question 301 | 회계추정변경 : 연수합계법에서 정액법

● 20x1년 1월 1일에 ₩8,000,000에 취득한 기계장치(내용연수 5년, 잔존가치 ₩80,000)를 연수합계법으로 감가상각하였으나 20x3년 1월 1일에 기계장치의 미래 경제적효익이 소비되는 형태를 반영하여 감가상각방법을 정액법으로 변경하고, 잔존내용연수를 4년, 잔존가치를 ₩0으로 각각 추정하였다. 한국채택국제회계기준에 의할 때 누적효과의 회계처리와 감가상각비의 회계처리가 20x3년도 손익에 미치는 영향으로 맞는 것은? 단, 회계기간은 매년 1월1일부터 12월31일까지이다.

① ₩812,000 증가   ② ₩812,000 감소   ③ ₩3,000,000 증가
④ ₩3,000,000 감소   ⑤ 영향없음

해설

• 20x3년초 장부금액 : $8,000,000-(8,000,000-80,000) \times \dfrac{5+4}{1+2+3+4+5}=3,248,000$

• 손익에 영향(20x3년 감가상각비) : $(3,248,000-0) \div 4년=812,000(감소)$
*회계추정의 변경이므로 누적효과를 계상하지 아니하고 전진법을 적용한다.

정답 ②

Essential Question 302 | 회계추정변경 : 정액법에서 이중체감법

● ㈜합격은 20x1년초에 ₩15,000,000을 지급하고 건물을 구입하였다. 내용연수는 10년이고 잔존가치는 ₩3,000,000으로 추정하였다. 2년간 정액법으로 상각해오다가 20x3년초에 감가상각방법을 이중체감법으로 바꾸면서 잔존내용연수를 6년, 잔존가치를 ₩5,000,000으로 변경하였다. 이러한 변경이 변경 전에 비하여 20x3년말 이익잉여금에 추가적으로 미치는 영향은 얼마인가? 단, 이중체감법을 적용할 때 내용연수별 상각률은 다음과 같다.

내용연수	상갈률
10년	20%
8년	25%
6년	33%

① 이익잉여금 ₩2,958,000 감소
② 이익잉여금 ₩3,000,000 감소
③ 이익잉여금 ₩4,162,500 감소
④ 이익잉여금 ₩4,968,000 감소
⑤ 이익잉여금 ₩5,071,875 감소

해설

• 20x3년초 장부금액 : $15,000,000-(15,000,000-3,000,000) \times \dfrac{2}{10}=12,600,000$

• 세전이익 증감 : $(15,000,000-3,000,000) \times \dfrac{1}{10}-12,600,000 \times 33\%=\triangle 2,958,000(감소)$

정답 ①

Essential Question 303   **회계추정변경 : 정액법에서 생산량비례법**

● 20x3년 1월 1일 ㈜합격은 생산설비 A의 용역잠재력 감소를 보다 정확하게 인식할 수 있도록 감가상각방법을 정액법에서 생산량비례법으로 변경하였다. 생산설비 A는 20x1년 1월 1일에 취득하였고 취득원가는 ₩1,000,000이며 내용연수는 10년, 잔존가치는 없다. ㈜합격은 생산설비 A가 내용연수 기간동안 총 25,000개의 제품을 생산할 수 있을 것으로 추정하고 있다. 그런데 20x1년, 20x2년, 20x3년에 생산설비 A를 사용하여 생산한 제품은 각각 3,250개, 1,750개, 3,000개이다. 이러한 변경이 변경 전에 비하여 20x3년말 법인세비용차감전순이익에 추가적으로 미치는 영향은 얼마인가?

① ₩4,000 증가   ② ₩4,000 감소   ③ ₩20,000 증가
④ ₩20,000 감소   ⑤ 영향없음

해설

- 20x3년초 장부금액 : $1,000,000 - 1,000,000 \times \frac{2}{10} = 800,000$

- 세전이익 증감 : $1,000,000 \times \frac{1}{10} - 800,000 \times \frac{3,000개}{25,000개 - 3,250개 - 1,750개} = \triangle 20,000(감소)$

정답 ④

Essential Question 304   **내용연수와 잔존가치 추정변경**

● 12월 결산법인인 ㈜합격은 20x1년 1월 1일에 기계를 ₩2,000,000에 취득하였다. 이 기계의 내용연수는 5년, 잔존가치는 ₩400,000으로 추정하였으며 정액법으로 감가상각을 하고 있다. 그러나 기술혁신에 따라 기계장치가 급속히 진부화되어 20x3년 1월 1일에 상태를 점검한 결과 앞으로 2년간 사용이 가능하고, 2년 후의 잔존가치가 ₩200,000이 될 것으로 추정을 변경하였다. 이러한 회계변경은 정당한 것으로 인정되었다. 20x3년에 인식해야 할 감가상각비는?

① ₩320,000   ② ₩400,000   ③ ₩450,000
④ ₩580,000   ⑤ ₩620,000

해설

- 20x3년초 장부금액 : $2,000,000 - [(2,000,000 - 400,000) \div 5년 \times 2] = 1,360,000$
- 20x3년 감가상각비 : $(1,360,000 - 200,000) \div 2년 = 580,000$

정답 ④

Essential Question 305　　　　　**회계추정변경후 순이익과 이월이익잉여금**

● 다음은 ㈜합격이 20x1년 1월 1일에 취득한 중형컴퓨터에 대한 자료이다.

> (1) 중형컴퓨터 취득원가 : ₩150,000,000(추정잔존가치 ₩15,000,000)
> (2) 취득시점에 추정한 내용연수 : 5년, 감가상각방법 : 연수합계법(20x2년까지 정상 상각함.)

㈜합격은 20x3년 1월 1일을 기준으로 다음과 같이 정당한 회계변경을 하였고, 20x2년말 차기이월이익잉여금은 ₩180,000,000이었으며, 회계변경이 없었다면 ㈜합격의 20x3년도 당기순이익은 ₩105,000,000이라고 할 때, 20x3년도 차기이월이익잉여금은 얼마이겠는가?

구분	변경 전	변경 후
감가상각방법	연수합계법	정액법
잔존가치	₩15,000,000	₩10,500,000

① ₩256,500,000　　　　② ₩258,000,000　　　　③ ₩262,500,000
④ ₩288,500,000　　　　⑤ ₩292,500,000

──── 해설 ────

- 20x3년초 장부금액 : $150,000,000-(150,000,000-15,000,000)\times\dfrac{5+4}{1+2+3+4+5}=69,000,000$

- 세전이익 증가 : $(150,000,000-15,000,000)\times\dfrac{3}{1+2+3+4+5}-(69,000,000-10,500,000)\div3=7,500,000$

- 당기순이익 : $105,000,000+7,500,000=112,500,000$

- 차기이월이익잉여금 : $180,000,000+112,500,000=292,500,000$

정답 ⑤

Essential Question 306 | **기말재고·선급비용·미지급비용 오류수정후 이익**

● 다음은 ㈜합격의 회계오류와 관련된 자료이다. 오류수정 후 ㈜합격의 20x2년 법인세비용차감전순이익을 구하면 얼마인가?

> (1) ㈜합격의 20x2년 회계오류 수정 전 법인세비용차감전순이익은 ₩12,500,000이다.
> (2) 회계오류 자료는 다음과 같다.
>
> | 회계오류 | 20x1년 | 20x2년 |
> |---|---|---|
> | 기말재고자산 오류 | ₩250,000과소계상 | ₩200,000과대계상 |
> | 차기비용인 선급비용을 당기비용으로 처리 | ₩300,000 | ₩200,000 |
> | 당기비용인 미지급비용을 차기비용으로 처리 | ₩150,000 | ₩100,000 |

① ₩11,000,000 ② ₩12,000,000 ③ ₩12,500,000
④ ₩17,000,000 ⑤ ₩17,500,000

해설

• 오류분석

	20x1년	20x2년
전기 기말재고 과소계상	이익 250,000 과소	이익 250,000 과대
당기 기말재고 과대계상	–	이익 200,000 과대
전기 선급비용 과소계상	이익 300,000 과소	이익 300,000 과대
당기 선급비용 과소계상	–	이익 200,000 과소
전기 미지급비용 과소계상	이익 150,000 과대	이익 150,000 과소
당기 미지급비용 과소계상	–	이익 100,000 과대
	이익 400,000 과소	이익 500,000 과대

∴오류수정후 20x2년 법인세비용차감전순이익 : 12,500,000−500,000=12,000,000

정답 ②

Essential Question 307 | **자산의 비용처리 오류수정과 이익에의 영향**

● ㈜합격의 다음과 같은 회계처리의 오류가 ㈜합격의 20x1년의 당기순이익에 미치는 효과를 구하면 얼마인가? 단, 법인세효과는 고려하지 않는다.

> (1) ㈜합격은 20x1년 1월 1일 ₩125,000,000을 지출하고 기계장치를 취득하였다.
> (2) ㈜합격이 취득한 기계장치는 유형자산으로 인식되기 위한 인식기준을 모두 충족한 것이었으나 ㈜합격은 이를 전액 당기비용으로 회계처리하였다.
> (3) ㈜합격은 기계장치에 대하여 내용연수 20년, 잔존가치 ₩5,000,000, 정액법으로 감가상각한다.

① ₩125,000,000 과소계상 ② ₩125,000,000 과대계상
③ ₩119,000,000 과대계상 ④ ₩119,000,000 과소계상
⑤ ₩118,750,000 과소계상

해설

• 회사의 비용 계상액 : 125,000,000
• 자산처리시 비용(감가상각비) : (125,000,000−5,000,000)÷20년=6,000,000
∴회사의 비용 과대계상액 : 125,000,000−6,000,000=119,000,000 → 이익 119,000,000 과소계상

정답 ④

Essential Question 308 | 자본적지출의 비용처리 오류수정과 이익에의 영향

● ㈜합격의 다음과 같은 회계처리의 오류가 ㈜합격의 20x1년의 당기순이익에 미치는 효과를 구하면 얼마인가?

> (1) ㈜합격은 20x1년 1월 1일 사용 중인 건물의 수선을 위해 ₩500,000,000을 지출하였다.
> (2) 동 지출은 유형자산으로 인식되기 위한 인식기준을 모두 충족한 것이었으나 ㈜합격은 이를 당기비용인 수선비로 잘못 회계처리하였다.
> (3) ㈜합격은 체감잔액법으로 감가상각을 하며 상각률은 40%, 건물의 잔존가치는 ₩100,000,000이다.

① ₩340,000,000 과소계상
② ₩300,000,000 과소계상
③ ₩300,000,000 과대계상
④ ₩200,000,000 과대계상
⑤ ₩200,000,000 과소계상

해설

- 회사의 비용 계상액 : 500,000,000
- 자산처리시 비용(감가상각비) : 500,000,000 × 40%=200,000,000
∴회사의 비용 과대계상액 : 500,000,000−200,000,000=300,000,000 → 이익 300,000,000 과소계상

정답 ②

Essential Question 309 | 오류수정과 세후이익잉여금

● 12월말 결산법인인 ㈜합격의 20x2년도 재무제표에 대한 감사에서 아래와 같은 회계오류가 지적되었으며 이는 재무제표의 신뢰성을 심각하게 손상시키는 것으로 판단된다. 오류수정이 20x2년도 재무제표상 Ⓐ전기이월이익잉여금(법인세효과 고려)과 Ⓑ법인세비용차감전순이익에 미치는 영향은? 단, 유효법인세율은 30%이며, 과세소득과 회계이익은 동일하다고 가정한다.

> (1) 20x1년 1월 1일에 기계의 성능을 개선하기 위해 지출한 ₩100,000을 수선비로 처리하였다. 20x2년말 현재 이 기계의 잔존내용연수는 8년이며 감가상각은 정액법으로 한다.
> (2) 20x1년과 20x2년말에 선수금 ₩20,000과 ₩30,000을 각각 수취하여 매출로 계상하였다. 실제 상품의 인도는 익년에 이루어졌다. 기말재고자산은 실지재고조사법에 의해 평가한다.

	Ⓐ	Ⓑ
①	₩70,000 증가	₩30,000 감소
②	₩70,000 감소	₩30,000 증가
③	₩70,000 증가	₩20,000 감소
④	₩49,000 감소	₩20,000 증가
⑤	₩49,000 증가	₩20,000 감소

해설

- 오류분석

	20x1년	20x2년
전기 자산을 비용처리	비용과대 90,000[1]	비용과소 10,000
전기 선수금 과소계상	매출과대 20,000	매출과소 20,000
당기 선수금 과소계상	−	매출과대 30,000
	이익과소 70,000	이익과대 20,000

[1] 100,000−100,000÷10년=90,000
∴전기이월이익잉여금 증가(세후) : 70,000−70,000 × 30%=49,000
  법인세비용차감전순이익 감소 : 20,000

정답 ⑤

Essential Question 310 　보통주유통일수 계산의 기산일

● 다음은 한국채택국제회계기준 '주당이익'에 규정된 보통주유통일수를 계산하는 기산일에 대한 내용이다. 가장 적절하지 않은 것은?

① 채무를 변제하기 위하여 보통주를 발행하는 경우 채무변제일
② 현금 이외의 자산을 취득하기 위하여 보통주를 발행하는 경우 그 자산의 취득을 인식한 날
③ 채무상품의 전환으로 인하여 보통주를 발행하는 경우 최종이자발생일의 다음날
④ 보통주나 우선주 배당금을 자발적으로 재투자하여 보통주가 발행되는 경우 배당금의 재투자일
⑤ 용역의 대가로 보통주를 발행하는 경우 보통주 발행일

해설
• 보통주 발행일(X) → 용역제공일(O)

정답 ⑤

Essential Question 311 　조건부 재매입 가능 보통주의 발행

● 다음은 한국채택국제회계기준 '주당이익'에 규정된 기본주당이익에 대한 설명이다. 가장 옳지 않은 것은?

① 용역의 대가로 보통주를 발행하는 경우 보통주유통일수를 계산하는 기산일은 용역제공일이다.
② 보통주나 우선주 배당금을 자발적으로 재투자하여 보통주가 발행되는 경우 보통주유통일수를 계산하는 기산일은 배당금의 재투자일이다.
③ 보통주로 반드시 전환하여야 하는 전환금융상품은 계약체결시점부터 기본주당이익을 계산하기 위한 보통주식수에 포함한다.
④ 당해 회계기간과 관련하여 배당결의된 비누적적 우선주에 대한 세후 배당금은 기본주당이익 계산시 당기순손익에서 차감한다.
⑤ 조건부로 재매입할 수 있는 보통주를 발행한 경우 발행시점부터 기본주당이익을 계산하기 위한 보통주식수에 포함한다.

해설
• 조건부로 재매입할 수 있는 보통주를 발행한 경우 이에 대한 재매입가능성이 없어질 때까지는 보통주로 간주하지 아니하고, 기본주당이익을 계산하기 위한 보통주식수에 포함하지 아니한다.

정답 ⑤

Essential Question 312 | 희석주당이익과 잠재적 보통주식수 고려사항

● 다음은 한국채택국제회계기준 '주당이익'에 대한 설명이다. 가장 옳지 않은 것은?

① 보통주로 반드시 전환하여야 하는 전환금융상품은 계약체결시점부터 기본주당이익을 계산하기 위한 보통주식수에 포함한다.

② 조건부로 재매입할 수 있는 보통주를 발행한 경우 이에 대한 재매입가능성이 없어질 때까지는 보통주로 간주하지 아니하고, 기본주당이익을 계산하기 위한 보통주식수에 포함하지 아니한다.

③ 자본금전입, 무상증자, 주식분할의 경우에는 추가로 대가를 받지 않고 기존 주주에게 보통주를 발행하므로 자원은 증가하지 않고 유통보통주식수만 증가한다.

④ 기본주당이익을 계산하기 위한 보통주식수는 그 기간에 유통된 보통주식수를 가중평균한 주식수로 한다.

⑤ 희석주당이익을 계산할 때 희석효과가 있는 옵션이나 주식매입권은 행사되지 않은 것으로 가정한다.

해설

• 행사되지 않은 것으로 가정한다.(X) → 행사된 것으로 가정한다.(O)

정답 ⑤

Essential Question 313 | 주식분할과 가중평균유통보통주식수 계산

● ㈜합격의 다음 자료에 의해 기본주당이익을 계산하기 위한 가중평균유통보통주식수를 구하면 얼마인가?

(1) ㈜합격의 20x1년초 유통보통주식수는 50,000주이다.
(2) 20x1년 4월 1일 유상증자(10%)를 하여 5,000주를 공정가치로 발행하였다.
(3) 20x1년 11월 1일 1주를 2주로 분할하는 주식분할을 하였다.
(4) 그 외 자본금 변동내역은 없다.

① 53,750주   ② 100,000주   ③ 107,500주
④ 108,750주   ⑤ 110,000주

해설

• 주식분할의 처리
 ㉠ 기초부터 유통되는 구주에 대해 실시된 경우 : 기초에 실시된 것으로 간주
 ㉡ 기중 유상증자 신주에 대해 실시된 경우 : 유상증자 납입일에 실시된 것으로 간주

$$\therefore (50,000주+50,000주) \times \frac{12}{12} + (5,000주+5,000주) \times \frac{9}{12} = 107,500주$$

정답 ③

Essential Question 314 | **가중평균유통보통주식수 일할계산**

● 다음은 당기 중의 보통주식수의 변동 내역이다. 기본주당이익 계산을 위한 가중평균유통보통주식수는 얼마인가? 1년은 365일로 하며 일할 계산한다.

일자	변동내용	발행주식수	자기주식수	유통주식수
1.1	기초	2,000	300	1,700
5.1	유상증자	800	–	2,500
6.3	자기주식매각	–	100	2,600
8.4	유상증자	300	–	2,900
12.1	자기주식 취득	–	250	2,650
12.31	기말	3,100	450	2,650

① 2,036주   ② 2,397주   ③ 2,462주
④ 2,496주   ⑤ 2,582주

해설

• $1,700주 \times \frac{365}{365} + 800주 \times \frac{245}{365} + 100주 \times \frac{212}{365} + 300주 \times \frac{150}{365} - 250주 \times \frac{31}{365} = 2,397주$

정답 ②

Essential Question 315 | **자기주식과 기본주당이익**

● 20x1년도 보통주에 귀속되는 당기순이익은 ₩37,500,000이고, 유통보통주식수의 변동이 다음과 같을 때 20x1년말 현재 기본주당이익을 계산하면 얼마인가? 단, 가중평균유통보통주식수는 월수로 계산하며 원미만은 반올림한다.

일자	변동내용	주식수
1.1	기초	12,000주
3.1	유상증자	3,000주
7.1	자기주식 취득	3,000주
9.1	유상증자	6,000주

① ₩1,875   ② ₩2,082   ③ ₩2,345
④ ₩2,500   ⑤ ₩4,167

해설

• 주식수 분석

```
   1/1       3/1              7/1        9/1              12/31
   ├─────────┼────────────────┼──────────┼────────────────┤
 12,000주  3,000주        (3,000주)   6,000주
```

• 가중평균유통보통주식수 : $12,000주 \times \frac{12}{12} + 3,000주 \times \frac{10}{12} - 3,000주 \times \frac{6}{12} + 6,000주 \times \frac{4}{12} = 15,000주$

• 기본주당이익 : $37,500,000 \div 15,000주 = 2,500$

정답 ④

Essential Question 316 | **공정가치미만 유상증자시 기본주당이익[1]**

● 다음 자료에 의해 ㈜합격의 20x1년 기본주당순이익을 구하면 얼마인가? 단, 가중평균유통보통주식수는 월할 계산한다.

(1) ㈜합격의 20x1년 당기순이익은 ₩4,466,000이며, 기초 유통보통주식수는 1,800주이다.
(2) 20x1년 5월 1일 주주우선배정 방식으로 보통주 300주를 유상증자하였다.
(3) 동 유상증자시 발행금액은 주당 ₩40,000이며, 유상증자 직전 종가는 주당 ₩60,000이다.
(4) 우선주는 존재하지 않는다.

① ₩1,900　　　　　② ₩2,040　　　　　③ ₩ 2,200
④ ₩2,360　　　　　⑤ ₩2,550

해설

• 공정가치로 유상증자시 발행가능주식수 : $\dfrac{300주 \times 40,000}{60,000} = 200주$

• 무상증자비율 : $\dfrac{300주 - 200주}{1,800주 + 200주} = 5\%$

• 주식수 분석

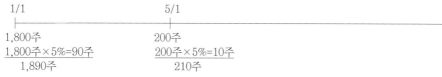

1/1	5/1	12/31
1,800주	200주	
1,800주×5%=90주	200주×5%=10주	
1,890주	210주	

• 가중평균유통보통주식수 : $1,890주 \times \dfrac{12}{12} + 210주 \times \dfrac{8}{12} = 2,030주$

• 우선주배당금 : 0

• 기본주당이익 : $\dfrac{4,466,000 - 0}{2,030주} = 2,200$

정답 ③

| Essential Question 317 | 공정가치미만 유상증자시 기본주당이익[2] |

● 12월말 결산법인인 ㈜합격의 20x1년도 포괄손익계산서상 당기순이익은 ₩126,816이고, 자본의 변동 사항은 다음과 같다. ㈜합격의 보통주와 우선주의 액면금액은 모두 ₩500이다. ㈜합격의 20x1년도 기본주당순이익은 얼마인가? 단, 가중평균유통보통주식수는 월 단위 기준으로 계산한다.

> (1) 20x1년 1월 1일
>   - 유통보통주식수 : 2,100주
>   - 우선주(누적적 6%) : 400주
> (2) 20x1년 7월 1일
>   주당 ₩8,000에 500주를 유상증자하고 납입기일인 7월 1일까지 유상증자대금 전액을 수령하였다. 당해 유상증자는 기존의 보통주주를 대상으로 주식의 공정가치보다 낮은 발행금액으로 실시되었으며, 권리행사일 전(권리락 전일) 주식의 공정가치는 주당 ₩10,000이었다.

① ₩48 ② ₩50 ③ ₩52
④ ₩54 ⑤ ₩56

해설

- 공정가치로 유상증자시 발행가능주식수 : $\dfrac{500주 \times 8,000}{10,000} = 400주$

- 무상증자비율 : $\dfrac{500주 - 400주}{2,100주 + 400주} = 4\%$

- 주식수 분석

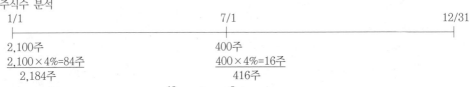

1/1	7/1	12/31
2,100주	400주	
2,100 × 4%=84주	400 × 4%=16주	
2,184주	416주	

- 가중평균유통보통주식수 : $2,184주 \times \dfrac{12}{12} + 416주 \times \dfrac{6}{12} = 2,392주$

- 우선주배당금 : $400주 \times @500 \times 6\% = 12,000$

- 기본주당이익 : $\dfrac{128,816 - 12,000}{2,392주} = 48$

정답 ①

Essential Question 318 　기본주당이익을 통한 당기순이익 추정

● 다음 자료에 의할 때 20x1년 당기순이익은 얼마인가? 단, 유통보통주식수의 가중평균은 월수를 기준으로 계산한다.

> (1) 20x1년초 보통주 150,000주, 우선주 50,000주를 발행하여 영업을 시작하였다.
> (2) 20x1년 10월 1일 보통주 50,000주를 추가발행하였다.
> (3) 20x1년말 기본주당이익은 ₩1,400이다.
> (4) 20x1년 당기순이익에 대한 배당금은 보통주는 1주당 ₩1,000, 우선주는 1주당 ₩2,000이다.

① ₩245,000,000　　　　② ₩298,200,000　　　　③ ₩327,500,000
④ ₩35,500,000　　　　⑤ ₩66,500,000

해설

- 기본주당이익 : $\dfrac{x-50,000주\times2,000}{150,000주\times12/12+50,000주\times3/12}=1,400$

→$x=327,500,000$

정답 ③

Essential Question 319 　전환사채와 희석주당순이익

● 다음 자료에 의할 때 20x1년 희석주당순이익은 얼마인가? 단, 당기 중에 전환사채의 전환은 없었으며, 유통보통주식수의 가중평균은 월수를 기준으로 계산한다.

> (1) ㈜합격의 20x1년초 유통보통주식수는 10,000주이다.
> (2) 전기에 발행된 전환사채가 있으며 액면금액 ₩4,000,000, 전환가격은 1주당 ₩1,000이다.
> (3) 20x1년 전환사채 이자비용은 ₩300,0000이며, 법인세율은 20%이다.
> (4) ㈜합격의 20x1년 당기순이익은 ₩2,560,000이다.

① ₩180　　　　② ₩190　　　　③ ₩200
④ ₩210　　　　⑤ ₩220

해설

- 기본주당이익 : $\dfrac{2,560,000}{10,000주}=256$
- 희석주당이익 계산
  ㉠ 잠재적보통주식수 : $4,000,000\div1,000=4,000주$
  ㉡ 희석주당이익 : $\dfrac{2,560,000+300,000\times(1-20\%)}{10,000주\times12/12+4,000주\times12/12}=200$ →희석효과 있음

정답 ③

| Essential Question 320 | 전환우선주와 기본주당이익·희석주당이익 |

● 다음 자료에 의할 때 20x1년도 기본주당이익과 희석주당이익을 구하면 각각 얼마인가? 단, 유통보통주식수의 가중평균은 월수를 기준으로 계산한다.

> (1) ㈜합격의 20x1년도 기초주식수는 다음과 같다.
> - 기초유통보통주식수 : 2,000주(액면금액 ₩5,000)
> - 기초유통우선주식수 : 400주(전환우선주, 액면금액 ₩5,000, 전환비율은 우선주 2주당 보통주 1주 전환이다.)
> (2) 전환우선주는 회계연도말까지 미전환된 부분에 대해서 액면금액의 10%를 배당한다.
> (3) 20x1년도에 전환우선주의 보통주 전환은 없었으며, 보통주식수의 변동도 없었다.
> (4) 20x1년도 당기순이익은 ₩11,000,000이다.

	기본주당이익	희석주당이익
①	₩5,400	₩5,000
②	₩5,400	₩5,100
③	₩5,400	₩5,250
④	₩5,500	₩5,000
⑤	₩5,500	₩5,250

해설

- 기본주당이익 계산
  - ㉠ 전환우선주배당금 : $(400주 \times 5,000) \times 10\% = 200,000$
  - ㉡ 보통주당기순이익 : $11,000,000 - 200,000 = 10,800,000$
  - ㉢ 기본주당이익 : $\dfrac{10,800,000}{2,000주 \times 12/12} = 5,400$
- 희석주당이익 계산
  - ㉠ 희석당기순이익 : $10,800,000(보통주당기순이익) + 200,000(전환우선주배당금) = 11,000,000$
  - ㉡ 잠재적보통주식수 : $400주 \div 2주 = 200주$
  - ㉢ 희석주당이익 : $\dfrac{11,000,000}{2,000주 \times 12/12 + 200주 \times 12/12} = 5,000$ →희석효과 있음

정답 ①

| Essential Question 321 | 현금흐름표 비현금거래의 별도 공시 |

● 한국채택국제회계기준 '현금흐름표'에서는 많은 투자활동과 재무활동은 자본과 자산 구조에 영향을 미치지만, 당기의 현금흐름에는 직접적인 영향을 미치지 않는 경우가 있으므로, 현금및현금성자산의 사용을 수반하지 않는 비현금거래에 해당하는 투자활동과 재무활동 거래는 현금흐름표에서 제외하며 그러한 거래는 투자활동과 재무활동에 대하여 모든 목적적합한 정보를 제공할 수 있도록 재무제표의 다른 부분에 공시하도록 규정하고 있다. 다음 중 이러한 비현금거래의 사례로 열거하고 있는 항목에 해당하지 않는 것은 어느 것인가?

① 주식 발행을 통한 기업의 인수
② 유상증자를 통한 주식발행
③ 리스로 자산을 취득
④ 자산 취득시 직접 관련된 부채를 인수
⑤ 채무의 지분전환

해설

- 유상증자(현금 xxx / 자본금 xxx)는 현금유입을 수반하는 재무활동 현금흐름에 해당한다.

정답 ②

Essential Question 322 | **현금흐름표 활동과 현금및현금성자산의 항목간 이동**

● 다음은 한국채택국제회계기준 '현금흐름표'에서 규정하고 있는 내용들이다. 가장 옳지 않은 설명은 어느 것인가?

① 영업활동이란 기업의 주요 수익창출활동, 그리고 투자활동이나 재무활동이 아닌 기타의 활동을 말한다.

② 리스이용자의 리스부채 상환에 따른 현금유출은 재무활동 현금흐름으로 보고한다.

③ 현금및현금성자산을 구성하는 항목간 이동은 영업활동 현금흐름으로 보고된다.

④ 현금이란 보유 현금과 요구불예금을 말하며, 현금성자산이란 유동성이 매우 높은 단기 투자자산으로서 확정된 금액의 현금으로 전환이 용이하고 가치변동의 위험이 경미한 자산을 말한다.

⑤ 법인세로 인한 현금흐름은 별도로 공시하며, 재무활동과 투자활동에 명백히 관련되지 않는 한 영업활동 현금흐름으로 분류한다.

─ 해설

• 현금및현금성자산을 구성하는 항목 간 이동은 영업활동, 투자활동 및 재무활동의 일부가 아닌 현금관리의 일부이므로 이러한 항목 간의 변동은 현금흐름에서 제외한다.
  →예 현금으로 현금성자산에 해당하는 단기투자자산을 취득

정답 ③

Essential Question 323 | **현금흐름표 활동의 구분 : 법인세**

● 다음은 한국채택국제회계기준 '현금흐름표'에서 규정하는 현금흐름의 분류에 대한 설명이다. 가장 옳지 않은 설명은 어느 것인가?

① 금융회사가 아닌 업종의 경우, 이자지급, 이자수입 및 배당금수입은 각각 재무활동 현금흐름과 투자활동 현금흐름으로 분류할 수도 있다.

② 재무제표이용자가 영업활동 현금흐름에서 배당금을 지급할 수 있는 기업의 능력을 판단하는 데 도움을 주기 위하여 배당금의 지급을 영업활동 현금흐름의 구성요소로 분류할 수도 있다.

③ 금융회사의 경우 이자지급, 이자수입 및 배당금수입은 일반적으로 영업활동 현금흐름으로 분류한다.

④ 법인세로 인한 현금흐름은 별도로 공시하며, 재무활동과 투자활동에 관련되었는지 여부에 관계없이 영업활동 현금흐름으로 분류한다.

⑤ 배당금의 지급은 재무자원을 획득하는 원가이므로 재무활동 현금흐름으로 분류할 수 있다.

─ 해설

• 법인세는 재무활동과 투자활동에 명백히 관련되지 않는 한 영업활동 현금흐름으로 분류한다.
  →즉, 일반적으로 영업활동 현금흐름으로 분류하나, 투자·재무활동 현금흐름으로도 분류 가능하다.

정답 ④

| Essential Question 324 | 현금흐름표 활동의 구분 : 투자활동 |

● 한국채택국제회계기준 '현금흐름표'에 규정된 투자활동 현금흐름의 사례로서 가장 타당하지 않은 것은 어느 것인가?

① 다른 기업의 지분상품이나 채무상품의 취득에 따른 현금유출(현금성자산으로 간주되는 상품의 취득에 따른 유출액 포함)
② 장기성 자산의 처분에 따른 현금유입
③ 무형자산의 처분에 따른 현금유입
④ 유형자산의 취득에 따른 현금유출
⑤ 제3자에 대한 선급금 및 대여금(금융회사의 현금 선지급과 대출채권은 제외)

해설

• 투자활동 정의 : 장기성자산 취득·처분활동과 현금성자산에 속하지 않는 기타 투자자산의 취득·처분활동
  ∴현금성자산으로 간주되는 상품의 취득에 따른 유출액 포함(X)
    →현금성자산으로 간주되는 상품의 취득에 따른 유출액은 제외(O)

정답 ①

| Essential Question 325 | 현금흐름표 계산구조 |

● 다음은 ㈜합격의 재무상태표와 현금흐름표에서 발췌한 20x2년도 현금흐름 관련 자료이다. 20x2년도 영업활동 현금흐름은 얼마인가? 단, ( )는 현금유출을 의미한다.

내역	금액
20x1년 12월 31일 현금및현금성자산 잔액	₩300,000,000
20x2년 투자활동 현금흐름	(₩100,000,000)
20x2년 재무활동 현금흐름	₩125,000,000
20x2년 12월 31일 현금및현금성자산 잔액	₩375,000,000

① ₩25,000,000 ② ₩35,000,000 ③ ₩50,000,000
④ ₩60,000,000 ⑤ ₩75,000,000

해설

• 영업활동 현금흐름 계산

20x2년 영업활동 현금흐름	X
20x2년 투자활동 현금흐름	(100,000,000)
20x2년 재무활동 현금흐름	125,000,000
20x1년 12월 31일 현금잔액	300,000,000
20x2년 12월 31일 현금잔액	375,000,000

∴X=50,000,000(현금유입)

정답 ③

Essential Question 326 | **직접법 고객으로부터 유입된 현금(매출활동유입액)**

● ㈜합격의 매출과 관련된 재무상태표 계정의 자료는 다음과 같다. 현금흐름표를 직접법에 의해 작성할 경우 고객으로부터의 유입된 현금액을 계산하면 얼마인가? 단, 현금매출액은 ₩18,750,000, 외상매출액은 ₩125,000,000이다.

계정과목	기말잔액	기초잔액
매출채권	₩12,125,000	₩10,500,000
선수금	₩8,750,000	₩7,250,000

① ₩142,125,000　　② ₩143,625,000　　③ ₩143,750,000
④ ₩144,625,000　　⑤ ₩145,250,000

해설

• 고객으로부터 유입된 현금
발생주의매출액(현금매출+외상매출)　143,750,000
매출채권 증가　(1,625,000)
선수금 증가　1,500,000
　143,625,000

정답 ②

Essential Question 327 | **직접법 공급자에 대한 현금유출(매입활동유출액)**

● ㈜합격의 20x1년 재고자산 및 매입채무와 관련된 재무상태표 계정의 자료는 다음과 같다. 매출원가가 ₩162,500,000일 때, 20x1년 현금흐름표를 직접법에 의해 작성할 경우 공급자에게 유출된 현금흐름을 계산하면 얼마인가? 단, 재고자산과 매입채무는 모두 영업활동과 관련된 거래에서 발생한 것이며, 재고자산과 관련된 모든 거래는 외상거래인 것으로 가정한다.

계정과목	기말잔액	기초잔액
재고자산	₩42,500,000	₩30,000,000
매입채무	₩32,500,000	₩22,500,000

① ₩150,000,000　　② ₩160,000,000　　③ ₩165,000,000
④ ₩175,000,000　　⑤ ₩185,000,000

해설

• 공급자에 대한 유출액
매출원가　(162,500,000)
재고자산 증가　(12,500,000)
매입채무 증가　10,000,000
　(165,000,000)

정답 ③

Essential Question 328	직접법 이자수익·임대수익 현금흐름분석

● ㈜합격의 20x1년도 다음 자료에 의해 이자수익과 임대수익에 대한 설명으로 가장 옳지 않은 것은?

> (1) 20x1년 미수이자와 미수임대료의 기초 및 기말잔액은 다음과 같다.
>
> | 구분 | 20x1년초 | 20x1년말 |
> |---|---|---|
> | 미수이자 | ₩500,000 | ₩800,000 |
> | 선수임대료 | ₩1,000,000 | ₩875,000 |
>
> (2) 당기 중 현금으로 수령한 이자는 ₩1,750,000이며, 임대료로 인식한 수익은 ₩2,500,000이다.

① 이자와 임대료로 인한 수익증가액은 ₩4,425,000이다.
② 임대료로 인한 현금유입액이 이자로 인한 현금유입액보다 더 많다.
③ 현금으로 수령한 임대료는 ₩2,375,000이다.
④ 수익으로 인식된 이자수익은 ₩2,050,000이다.
⑤ 이자와 임대료로 인한 현금증가액은 ₩4,125,000이다.

◦해설

• 이자수익 유입액 분석

발생주의 이자수익	X
미수이자 증가	(300,000)
현금주의 이자수익(유입액)	1,750,000

∴ X=2,050,000

• 임대료수익 유입액 분석

발생주의 임대수익	2,500,000
선수임대료 감소	(125,000)
현금주의 이자수익(유입액)	Y

∴ Y=2,375,000

• 이자와 임대료로 인한 수익증가액 : 2,050,000+2,500,000=4,550,000
• 이자와 임대료로 인한 현금증가액 : 1,750,000+2,375,000=4,125,000

정답 ①

Essential Question 329 | **간접법에 의한 영업활동 현금흐름 계산**

● 다음은 20x1년 ㈜합격의 현금흐름표를 작성하기 위한 자료이다. ㈜합격의 20x1년 영업활동 현금흐름을 구하면 얼마인가?

> (1) ㈜합격의 20x1년 포괄손익계산서상 당기순이익은 ₩62,500,000이다.
> (2) 당기 중 현금흐름표 작성과 관련된 기타 자료는 다음과 같다.
>
> | | | | |
> |---|---|---|---|
> | 매출채권 증가 | ₩21,250,000 | 무형자산상각비 | ₩5,000,000 |
> | 유형자산처분손실 | ₩6,250,000 | 기계장치의 취득 | ₩25,000,000 |
> | 장기차입금 증가 | ₩12,500,000 | 장기대여금의 회수 | ₩12,500,000 |
> | 미지급급여 감소 | ₩2,500,000 | | |

① ₩48,000,000 ② ₩50,000,000 ③ ₩55,000,000
④ ₩62,500,000 ⑤ ₩92,500,000

해설

•영업활동 현금흐름 계산

당기순이익	62,500,000
무형자산상각비	5,000,000
유형자산처분손실	6,250,000
매출채권 증가	(21,250,000)
미지급급여 감고	(2,500,000)
영업활동 현금흐름	50,000,000

정답 ②

| Essential Question 330 | 직접법 보험료 현금흐름분석 |

● 다음은 ㈜합격의 20x1년도 재무제표에서 추출한 자료이다. 20x1년도 보험료 현금지출액을 구하면 얼마이겠는가?

> (1) 포괄손익계산서상의 자료
>   – 보험료 : ₩20,000,000
> (2) 재무상태표상 자료
>
> | 구분 | 20x1년말 | 20x1년초 |
> |---|---|---|
> | 선급보험료 | ₩5,000,000 | ₩6,250,000 |
> | 미지급보험료 | ₩10,000,000 | ₩8,000,000 |

① ₩16,750,000   ② ₩21,250,000   ③ ₩22,000,000
④ ₩23,250,000   ⑤ ₩24,500,000

해설

• 보험료 유출액 분석

발생주의 보험료	(20,000,000)
선급보험료 감소	1,250,000
미지급보험료 증가	2,000,000
현금주의 보험료(유출액)	(16,750,000)

정답 ①

Essential Question 331	간접법에 의한 영업활동 현금흐름 계산

● 다음은 20x1년 ㈜합격의 현금흐름표를 작성하기 위한 자료이다. ㈜합격의 20x1년 영업활동 현금흐름을 구하면 얼마인가?

> (1) ㈜합격의 20x1년 포괄손익계산서상 당기순이익은 ₩62,500,000이다.
> (2) 당기 중 현금흐름표 작성과 관련된 기타 자료는 다음과 같다.

매출채권 증가	₩21,250,000	무형자산상각비	₩5,000,000
유형자산처분손실	₩6,250,000	기계장치의 취득	₩25,000,000
장기차입금 증가	₩12,500,000	장기대여금의 회수	₩12,500,000
미지급급여 감소	₩2,500,000		

① ₩48,000,000   ② ₩50,000,000   ③ ₩55,000,000
④ ₩62,500,000   ⑤ ₩92,500,000

해설

• 영업활동 현금흐름 계산

당기순이익	62,500,000
무형자산상각비	5,000,000
유형자산처분손실	6,250,000
매출채권 증가	(21,250,000)
미지급급여 감고	(2,500,000)
영업활동 현금흐름	50,000,000

정답 ②

Essential Question 332	간접법에 의한 당기순이익 역산 추정[1]

● 다음은 20x1년 ㈜합격의 현금흐름표를 작성하기 위한 자료이다. ㈜합격의 20x1년 당기순이익을 구하면 얼마인가?

> (1) ㈜합격의 20x1년 현금흐름표상 영업에서 창출된 현금흐름은 ₩62,500,000이다.
> (2) 당기 중 현금흐름표 작성과 관련된 기타 자료는 다음과 같다.

매출채권 증가	₩2,375,000	감가상각비	₩6,250,000
유형자산처분이익	₩3,250,000	기계장치의 취득	₩21,250,000
장기차입금 증가	₩12,500,000	장기대여금의 회수	₩12,500,000

① ₩60,500,000   ② ₩61,875,000   ③ ₩62,750,000
④ ₩63,250,000   ⑤ ₩63,500,000

해설

• 당기순이익 역산 계산

당기순이익	X
감가상각비	6,250,000
유형자산처분이익	(3,250,000)
매출채권 증가	(2,375,000)
영업에서 창출된 현금	62,500,000

∴ $X = 61,875,000$

정답 ②

Essential Question 333 │ 간접법에 의한 당기순이익 역산 추정[2]

● 다음은 20x2년 ㈜합격의 현금흐름표를 작성하기 위한 자료이다. ㈜합격의 20x2년 당기순이익은 얼마인가? 단, 법인세는 고려하지 않는다.

> (1) ㈜합격의 20x2년 영업활동 현금흐름은 ₩72,500,000이다.
> (2) 당기 중 현금흐름표 작성과 관련된 기타 자료는 다음과 같다.
>   - 20x1년말 매출채권과 비교하여 20x2년말 매출채권은 ₩750,000 증가하였다.
>   - 20x1년말 매입채무와 비교하여 20x2년말 매입채무는 ₩500,000 증가하였다.
>   - 20x1년말 재고자산과 비교하여 20x2년말 재고자산은 ₩1,000,000 감소하였다.
>   - ₩20,000,000에 구입한 건물(감가상각누계액 ₩16,250,000)을 당기에 ₩6,250,000에 매각하였다.
>   - 당기의 감가상각비는 ₩12,500,000이다.

① ₩60,250,000   ② ₩61,750,000   ③ ₩63,250,000
④ ₩64,750,000   ⑤ ₩65,500,000

─ 해설

- 유형자산처분이익 : 6,250,000−(20,000,000−16,250,000)=2,500,000
- 당기순이익 역산 계산

당기순이익	X
감가상각비	12,500,000
유형자산처분이익	(2,500,000)
매출채권 증가	(750,000)
재고자산 감소	1,000,000
매입채무 증가	500,000
영업활동 현금흐름	72,500,000

∴ X=61,750,000

정답 ②

Essential Question 334　　　**간접법 영업활동현금흐름 : 유형자산 처분**

● ㈜합격의 다음 자료에 의해 당기 20x2년 영업활동 현금흐름을 구하면 얼마인가?

> (1) 20x2년 당기순이익은 ₩187,500,000이다.
>
> (2) 20x1년말 매출채권과 비교하여 20x2년말 매출채권은 ₩875,000 증가하였다.
>
> (3) 20x1년말 미지급급여와 비교하여 20x2년말 미지급급여는 ₩625,000 감소하였다.
>
> (4) ₩12,500,000에 구입한 건물(감가상각누계액 ₩8,750,000)을 당기에 ₩1,250,000에 매각하였다.
>
> (5) 당기의 감가상각비는 ₩20,000,000이다.

① ₩208,500,000　　　② ₩208,125,000　　　③ ₩209,375,000
④ ₩210,000,000　　　⑤ ₩211,500,000

해설

- 유형자산처분손실 : (12,500,000－8,750,000)－1,250,000=2,500,000
- 간접법 영업활동 현금흐름

당기순이익	187,500,000
감가상각비	20,000,000
유형자산처분손실	2,500,000
매출채권 증가	(875,000)
미지급급여 감소	(625,000)
영업활동 현금흐름	208,500,000

정답 ①

| Essential Question 335 | 간접법 영업활동현금흐름과 거래추정 |

● ㈜합격이 20x1년도 간접법에 따라 현금흐름표를 작성할 때 다음 자료에 추가로 필요한 조정사항은? 단, ㈜합격의 20x1년도 당기순이익은 ₩225,000이며 영업활동현금흐름은 ₩100,000이다.

매출채권	₩112,500 증가
매입채무	₩25,000 증가
선급비용	₩37,500 감소
선수수익	₩30,000 감소
감가상각비	₩45,000 발생

① 미수임대료 ₩100,000 증가 ② 미지급급여 ₩100,000 증가
③ 미수임대료 ₩100,000 감소 ④ 미수임대료 ₩90,000 감소
⑤ 미지급급여 ₩90,000 감소

해설

• 간접법 영업활동 현금흐름

당기순이익	225,000
감가상각비	45,000
매출채권 증가	(112,500)
매입채무 증가	25,000
선급비용 감소	37,500
선수수익 감소	(30,000)
	X
영업활동 현금흐름	100,000

∴ X=자산 90,000 증가 또는 부채 90,000 감소

정답 ⑤

Essential Question 336 | 유형자산 취득·처분과 현금흐름 : 취득액 추정

● 다음은 ㈜합격의 현금흐름표를 작성하기 위한 자료이다. ㈜합격의 20x1년 현금흐름표에 당기 기계
장치의 취득으로 보고할 투자활동 현금유출액을 구하면 얼마인가?

> (1) ㈜합격은 20x1년 중에 취득원가 ₩10,000,000(장부금액 ₩2,500,000)인 기계장치를 ₩5,000,000에
> 처분하였다.
> (2) 기계장치의 기초 및 기말잔액에 관한 자료는 다음과 같다.
>
> | 계정과목 | 20x1년말 | 20x1년초 |
> |---|---|---|
> | 기계장치 | ₩55,000,000 | ₩38,750,000 |
> | 감가상각누계액(기계장치) | ₩11,250,000 | ₩15,000,000 |
>
> (3) 기계장치와 관련된 모든 취득 및 처분거래는 현금거래이다.

① ₩5,000,000　　　　　② ₩10,000,000　　　　　③ ₩26,250,000

④ ₩32,500,000　　　　　⑤ ₩40,000,000

해설

- 취득원가(10,000,000)－처분자산Dep누계액=장부금액(2,500,000)
  →처분자산Dep누계액=7,500,000
- 기초Dep누계액(15,000,000)－처분자산Dep누계액(7,500,000)+감가상각비=기말Dep누계액(11,250,000)
  →감가상각비=3,750,000
- 계정분석

기초(순액)	23,750,000	처분(순액)	2,500,000
		감가상각비	3,750,000
취득(?)	26,250,000	기말(순액)	43,750,000
	50,000,000		50,000,000

 정답 ③

Essential Question 337 | **유형자산 취득·처분과 현금흐름 : 처분액 추정**

● 다음은 ㈜합격의 건물계정에 대한 비교재무상태표 자료이다.

계정과목	20x2년말	20x1년말
건물	₩132,500,000	₩125,000,000
감가상각누계액(건물)	₩56,250,000	₩50,000,000

㈜합격은 20x2년 중 건물을 ₩25,000,000에 취득하였으며, 포괄손익계산서에 보고된 감가상각비와 건물처분손실은 각각 ₩7,500,000과 ₩1,500,000이다. 20x2년 현금흐름표에 보고될 투자활동 현금흐름(순액)은 얼마인가?

① 순유입 ₩1,500,000   ② 순유입 ₩7,250,000   ③ 순유출 ₩7,250,000
④ 순유입 ₩10,250,000   ⑤ 순유출 ₩10,250,000

► 해설

• 계정분석

기초(순액)	75,000,000	처분(순액)(?)	16,250,000
		감가상각비	7,500,000
취득	25,000,000	기말(순액)	76,250,000
	100,000,000		100,000,000

• 처분회계처리

(차) 현금(?)   14,750,000   (대) 건물(순액)   16,250,000
    처분손실   1,500,000

∴ 현금유입(처분) : 14,750,000
  현금유출(취득) : (25,000,000)
  순현금흐름   (10,250,000)

정답 ⑤

Essential Question 338 | 재무활동 현금흐름 계산[1]

● 다음은 20x1년 ㈜합격의 현금흐름표를 작성하기 위한 자료이다. ㈜합격의 현금흐름표에 표시될 재무활동 현금흐름(순액)을 계산하면 얼마인가?

사채의 상환	₩112,500,000	사채의 발행	₩125,000,000
리스부채의 상환	₩7,500,000	장기금융상품의 취득	₩5,000,000
무상증자를 통한 주식발행	₩87,500,000	자기주식의 취득	₩10,000,000

① 유출 ₩2,500,000 ② 유입 ₩2,500,000 ③ 유출 ₩5,000,000
④ 유입 ₩5,000,000 ⑤ 유입 ₩12,500,000

해설

• 기초이익잉여금(2,000,000)+당기순이익(875,000)−배당금=기말이익잉여금(1,500,000) →배당금=1,375,000
• 재무활동 현금흐름 계산

사채의 상환	(112,500,000)
사채의 발행	125,000,000
리스부채의 상환	(7,500,000)
자기주식의 취득	(10,000,000)
	(5,000,000)

정답 ③

Essential Question 339 | 재무활동 현금흐름 계산[2]

● 다음은 20x1년 ㈜합격의 현금흐름표를 작성하기 위한 자료이다. ㈜합격의 현금흐름표에 표시될 재무활동 현금흐름(순액)을 계산하면 얼마인가?

사채의 상환	₩12,500,000	단기차입금의 차입	₩10,000,000
리스부채의 상환	₩17,500,000	장기금융상품의 취득	₩20,000,000
무상증자를 통한 주식발행	₩15,000,000	자기주식의 취득	₩7,500,000
장기대여금의 회수	₩5,000,000	액면금액 ₩5,000인 주식 1,000주를 주당 ₩20,000에 발행(유상증자)	₩20,000,000

① 유출 ₩2,500,000 ② 유입 ₩2,500,000 ③ 유출 ₩7,500,000
④ 유입 ₩7,500,000 ⑤ 유출 ₩9,500,000

해설

• 재무활동 현금흐름 계산

사채의 상환	(12,500,000)
단기차입금의 차입	10,000,000
리스부채의 상환	(17,500,000)
자기주식의 취득	(7,500,000)
유상증자	20,000,000
	(7,500,000)

정답 ③

Essential Question 340	재무활동 현금흐름 계산[3]

● 다음은 20x1년 ㈜합격의 현금흐름표를 작성하기 위한 자료이다. ㈜합격의 재무활동 현금흐름(순액)을 구하면 얼마이겠는가? 단, 당기순이익과 배당금으로 인한 것 외의 이익잉여금의 변동은 없다고 가정한다.

> (1) ㈜합격의 20x1년 당기순이익은 ₩875,000이다.
> (2) 20x1년초 이익잉여금 잔액은 ₩2,000,000이고, 20x1년말 이익잉여금 잔액은 ₩1,500,000이다.
> (3) ㈜합격은 당기에 현금으로 배당금을 지급하였으며, 이를 재무활동으로 분류하기로 하였다.
> (4) 당기 중 현금흐름표 작성과 관련된 기타 자료는 다음과 같다.
>
> | | | | |
> |---|---|---|---|
> | 장기차입금의 상환 | ₩17,500,000 | 장기대여금의 회수 | ₩10,000,000 |
> | 보통주 주식의 발행 | ₩12,500,000 | 장기금융상품의 취득 | ₩2,500,000 |
> | 단기차입금의 차입 | ₩7,500,000 | | |

① 유입 ₩1,125,000   ② 유출 ₩1,125,000   ③ 유입 ₩1,375,000
④ 유출 ₩1,375,000   ⑤ 유출 ₩6,375,000

해설

• 기초이익잉여금(2,000,000)+당기순이익(875,000)−배당금=기말이익잉여금(1,500,000)
 →배당금=1,375,000
• 재무활동 현금흐름 계산

배당금	(1,375,000)
장기차입금의 상환	(17,500,000)
보통주 주식의 발행	12,500,000
단기차입금의 차입	7,500,000
	1,125,000

정답 ①

Essential Question 341	현금창출단위 개별자산 손상차손

● 다음과 같은 현금창출단위(CGU : cash generating unit)의 자료에 의해 20x1년말 건물의 손상 차손액을 구하면 얼마인가?

(1) 20x1년말 감가상각 및 상각후 자산의 장부금액은 다음과 같으며, 동 자산집합의 20x1년말 회수가능액 은 ₩3,000,000으로 추정된다.

구분	장부금액
건물	₩2,500,000
기계장치	₩1,250,000
영업권	₩250,000
계	₩4,000,000

(2) 20x2년말 감가상각후 장부금액 및 손상차손을 인식하지 아니하였을 경우의 장부금액은 다음과 같으 며, 동 자산집합의 20x2년말 회수가능액은 ₩3,000,000으로 추정된다.

구분	감가상각후 장부금액	손상되기전 장부금액의 상각후 금액
건물	₩1,800,000	₩2,250,000
기계장치	₩700,000	₩800,000
계	₩2,500,000	₩3,050,000

① ₩250,000 ② ₩312,500 ③ ₩500,000
④ ₩750,000 ⑤ ₩1,000,000

해설

• 20x1년말 현금창출단위 손상차손 : 4,000,000−3,000,000=1,000,000

구분	20x1년말 장부금액	손상차손액(배분액)	
영업권	250,000	〈1순위〉	250,000
건물	2,500,000	〈2순위〉	750,000×(2,500,000/3,750,000)=500,000
기계장치	1,250,000		750,000×(1,250,000/3,750,000)=250,000
계	4,000,000		1,000,000

→'자료 (2)'는 질문과 무관한 현혹자료이다.

정답 ③

제1편 Mainplot [주요논제]   제2편 Subplot [특수논제]   합본부록1 기출유형별 필수문제   합본부록2 실전적중모의고사

Essential Question 342 　　　　　　자산손상 일반사항[1]

● 한국채택국제회계기준 '자산손상' 규정에 대한 설명이다. 가장 옳지 않은 것은?

① 유형자산에 대해 원가모형을 채택하는 경우에는 자산손상 회계를 적용해야 하지만 재평가모형을 채택하는 경우에는 자산손상 회계를 적용하지 않는다.

② 재평가되지 않는 자산의 손상차손은 당기손익으로 인식하나 재평가자산의 손상차손은 해당 자산에서 생긴 재평가잉여금에 해당하는 금액까지는 기타포괄손익으로 인식한다.

③ 자산의 회수가능액이 장부금액에 못 미치는 경우에 자산의 장부금액을 회수가능액으로 감액하며, 해당 감소금액은 손상차손이다.

④ 사용가치 추정시 사용할 할인율은 화폐의 시간가치와 미래현금흐름을 추정할 때 조정되지 아니한 자산의 특유위험 대한 현행 시장의 평가를 반영하는 세전 할인율로 한다.

⑤ 사용가치와 관련한 현금흐름은 자산의 남은 내용연수에 걸쳐 존재할 다양한 경제상황에 대한 경영진의 최선의 추정치가 반영된 합리적이고 뒷받침되는 가정을 기초로 추정하며 이때에는 내부증거보다 외부증거에 더 비중을 둔다.

해설

• [K-IFRS '자산손상' 문단5]
이 기준서는 기업회계기준서 '금융상품'의 적용범위에 포함되는 금융자산, 기업회계기준서 '투자부동산'의 적용범위에 포함되며 공정가치로 측정하는 투자부동산, 기업회계기준서 '농림어업'의 적용범위에 포함되며 순공정가치로 측정하는 농림어업활동과 관련된 생물자산에는 적용하지 아니한다. 그러나 이 기준서는 기업회계기준서 '유형자산'과 기업회계기준서 '무형자산'의 재평가모형과 같이 다른 한국채택국제회계기준서에 따라 재평가금액(재평가일의 공정가치에서 이후의 감가상각누계액과 이후의 손상차손누계액을 뺀 금액)을 장부금액으로 하는 자산에는 적용한다.

정답 ①

Essential Question 343 　　　　　　자산손상 일반사항[2]

● 다음은 한국채택국제회계기준 '자산손상'과 관련된 설명이다. 가장 옳지 않은 것은?

① 자산 또는 현금창출단위의 회수가능액은 처분부대원가를 뺀 공정가치와 사용가치 중 더 많은 금액이다.

② 사용가치와 관련한 현금흐름은 자산의 남은 내용연수에 걸쳐 존재할 다양한 경제상황에 대한 경영진의 최선의 추정치가 반영된 합리적이고 뒷받침되는 가정을 기초로 추정하며 이 경우 외부증거보다 내부증거에 더 비중을 둔다.

③ 아직 사용할 수 없는 무형자산은 자산손상 징후가 있는지 관계없이 적어도 일 년에 한 번은 손상검사를 해야한다.

④ 사용가치 추정시 사용할 할인율은 화폐의 시간가치와 미래현금흐름 추정치에 조정하지 아니한 자산의 특유한 위험에 대한 현행 시장의 평가를 반영하는 세전 할인율로 한다.

⑤ 자산의 사용가치가 공정가치에서 처분부대원가를 뺀 금액을 중요하게 초과한다고 볼 이유가 없다면 공정가치에서 처분부대원가를 뺀 금액을 자산의 회수가능액으로 사용할 수 있다.

해설

• [K-IFRS '자산손상' 문단33]
사용가치는 다음과 같이 측정한다.
 – 현금흐름은 자산의 남은 내용연수에 걸쳐 존재할 다양한 경제상황에 대한 경영진의 최선의 추정치가 반영된 합리적이고 뒷받침되는 가정을 기초로 추정한다. 이때에는 내부증거보다 외부증거에 더 비중을 둔다.

정답 ②

Essential Question 344　｜　자산손상의 징후[1]

● 한국채택국제회계기준 '자산손상'에서 자산손상 징후가 있는지를 검토할 때 최소한 고려하도록 나열하고 있는 징후로서 외부정보원천에 해당하는 것만 묶은 것은 어느 것인가?

> 가. 기업의 순자산 장부금액이 기업의 시가총액보다 많다.
> 나. 자산의 매입에 드는 현금이나 자산의 운영·관리에 쓰는 후속적인 현금이 당초 예상 수준보다 유의적으로 많다.
> 다. 자산의 사용 범위나 사용 방법에서 기업에 불리한 영향을 미치는 유의적 변화가 회계기간 중에 일어났거나 가까운 미래에 일어날 것으로 예상된다.
> 라. 시장이자율이 회계기간 중에 상승하여 자산의 사용가치를 계산할 때 사용하는 할인율에 영향을 미쳐 자산의 회수가능액이 중요하게 감소할 가능성이 높다.
> 마. 당기 실적치와 미래 예상치를 합산한 결과, 자산에 대한 순현금유출이나 영업손실이 생길 것으로 예상된다.
> 바. 기업이 영업하는 기술·시장·경제·법률 환경이나 해당 자산을 사용하여 재화나 용역을 공급하는 시장에서 기업에 불리한 영향을 미치는 유의적 변화가 회계기간 중에 일어났거나 가까운 미래에 일어날 것으로 예상된다.

① 가, 다, 바　　　　② 가, 라, 바　　　　③ 가, 나, 바
④ 나, 마, 바　　　　⑤ 나, 다, 마

해설

• [K-IFRS '자산손상' 문단12 외부정보원천]
　- 회계기간 중에 자산의 가치가 시간의 경과나 정상적인 사용에 따라 하락할 것으로 예상되는 수준보다 유의적으로 더 하락하였다는 관측 가능한 징후가 있다.
　- 영업하는 기술·시장·경제·법률 환경이나 해당 자산을 사용하여 재화·용역을 공급하는 시장에서 기업에 불리한 영향을 미치는 유의적 변화가 회계기간 중에 일어났거나 가까운 미래에 일어날 것으로 예상된다.
　- 시장이자율(그 밖의 시장투자수익률을 포함한다. 이하 같다)이 회계기간 중에 상승하여 자산의 사용가치를 계산할 때 사용하는 할인율에 영향을 미쳐 자산의 회수가능액이 중요하게 감소할 가능성이 높다.
　- 기업의 순자산 장부금액이 기업의 시가총액보다 많다.

▸저자주　수험목적상 위 이외의 사항은 내부정보원천으로 보고 접근하기 바랍니다.

▸참고　내부정보원천

> • 내부정보원천은 다음과 같다.
> 　- 자산이 진부화하거나 물리적으로 손상된 증거를 얻을 수 있다.
> 　- 사용범위, 사용방법에서 불리한 영향을 미치는 유의적 변화가 회계기간 중에 일어났거나 가까운 미래에 일어날 것으로 예상된다. 이 변화에는 유휴화, 사용하는 영업부문을 중단하거나 구조조정할 계획, 예상 시점보다 앞서 자산을 처분할 계획, 비한정 내용연수를 유한 내용연수로 재평가하기 등을 포함한다
> 　- 경제적 성과가 예상수준에 미치지 못하거나 못할 것으로 예상되는 증거를 내부보고에서 얻을 수 있다.
> • 문단12에는 자산손상 징후가 모두 열거되어 있지 않으므로 다른 자산손상 징후를 알아볼 수 있는 경우에도 회수가능액을 산정해야 한다. 내부보고에서 발견할 수 있는 자산손상 징후 증거의 예는 다음과 같다.
> 　- 자산매입에 드는 현금이나 자산의 운영·관리에 쓰는 후속적 현금이 당초 예상보다 유의적으로 많다.
> 　- 자산에서 유입되는 실제 순현금흐름이나 실제 영업손익이 당초 예상 수준에 비해 유의적으로 악화된다.
> 　- 자산에서 유입될 것으로 예상되는 순현금흐름이나 예상 영업손익이 유의적으로 악화된다.
> 　- 당기 실적치와 미래 예상치를 합산한 결과, 순현금유출이나 영업손실이 생길 것으로 예상된다.

정답　②

Essential Question 345 | **자산손상의 징후[2]**

● 한국채택국제회계기준 '자산손상'에서 자산손상 징후가 있는지를 검토할 때 최소한 고려하도록 나열하고 있는 징후로서 외부정보원천에 해당하는 것만 묶은 것은 어느 것인가?

> 가. 기업이 영업하는 기술·시장·경제·법률 환경이나 해당 자산을 사용하여 재화나 용역을 공급하는 시장에서 기업에 불리한 영향을 미치는 유의적 변화가 회계기간 중에 일어났거나 가까운 미래에 일어날 것으로 예상된다.
> 나. 자산의 사용 범위나 사용 방법에서 기업에 불리한 영향을 미치는 유의적 변화가 회계기간 중에 일어났거나 가까운 미래에 일어날 것으로 예상된다.
> 다. 기업의 순자산 장부금액이 기업의 시가총액보다 많다.
> 라. 회계기간 중에 자산의 가치가 시간의 경과나 정상적인 사용에 따라 하락할 것으로 예상되는 수준보다 유의적으로 더 하락하였다는 관측 가능한 징후가 있다.
> 마. 시장이자율이 회계기간 중에 상승하여 자산의 사용가치를 계산할 때 사용하는 할인율에 영향을 미쳐 자산의 회수가능액이 중요하게 감소할 가능성이 높다.
> 바. 자산이 진부화하거나 물리적으로 손상된 증거를 얻을 수 있다.

① 가, 다, 라, 마　　　　② 가, 라, 마, 바　　　　③ 가, 다, 마, 바
④ 가, 다, 마　　　　　　⑤ 나, 다, 바

해설
• 나, 바 : 내부정보원천

정답 ①

Essential Question 346 | **자산손상의 징후[3]**

● 한국채택국제회계기준 '자산손상'에서 자산손상 징후가 있는지를 검토할 때 최소한 고려하도록 나열하고 있는 징후로서 내부정보원천에 해당하는 것은 어느 것인가?

① 기업이 영업하는 기술 · 시장 · 경제 · 법률 환경이나 해당 자산을 사용하여 재화나 용역을 공급하는 시장에서 기업에 불리한 영향을 미치는 유의적 변화가 회계기간 중에 일어났거나 가까운 미래에 일어날 것으로 예상된다.
② 자산이 진부화하거나 물리적으로 손상된 증거를 얻을 수 있다.
③ 회계기간 중에 자산의 가치가 시간의 경과나 정상적인 사용에 따라 하락할 것으로 예상되는 수준보다 유의적으로 더 하락하였다는 관측 가능한 징후가 있다.
④ 기업의 순자산 장부금액이 기업의 시가총액보다 많다.
⑤ 시장이자율이 회계기간 중에 상승하여 자산의 사용가치를 계산할 때 사용하는 할인율에 영향을 미쳐 자산의 회수가능액이 중요하게 감소할 가능성이 높다.

해설
• ①,③,④,⑤ : 외부정보원천
• ② : 내부정보원천

정답 ②

Essential Question 347	자산손상의 적용

● 한국채택국제회계기준 '자산손상'과 관련한 설명이다. 가장 옳지 않은 것은?

① 회수가능액을 측정할 때에 항상 공정가치에서 처분부대원가를 뺀 금액과 사용가치 모두를 산정할 필요는 없다. 두 금액 중 하나가 자산의 장부금액을 초과한다면 자산이 손상되지 않았으므로 다른 금액을 추정할 필요가 없다.

② 자산의 회수가능액이 장부금액에 못 미치는 경우에 자산의 장부금액을 회수가능액으로 감액하며, 해당 감소금액은 손상차손이다.

③ 재평가되지 않은 자산의 손상차손은 당기손익으로 인식하며, 재평가자산의 손상차손은 해당 자산에서 생긴 재평가잉여금에 해당하는 금액까지는 기타포괄손익으로 인식한다.

④ 회수가능액은 자산 또는 현금창출단위의 처분부대원가를 뺀 공정가치와 사용가치 중 더 작은 금액을 적용하여 재무건전성을 강화한다.

⑤ 자산의 사용가치가 처분부대원가를 뺀 공정가치를 중요하게 초과한다고 볼 이유가 없다면 처분부대원가를 뺀 공정가치를 자산의 회수가능액으로 사용할 수 있다.

─ 해설

• [K-IFRS '자산손상' 문단18]
이 기준서에서는 회수가능액을 자산 또는 현금창출단위의 공정가치에서 처분부대원가를 뺀 금액과 자산의 사용가치 중 더 많은 금액으로 정의한다.

정답 ④

Essential Question 348	자산손상과 회수가능액 측정

● 다음은 한국채택국제회계기준 '자산손상'의 회수가능액과 관련된 내용들이다. 가장 옳지 않은 것은 어느 것인가?

① 자산의 사용가치가 공정가치에서 처분부대원가를 뺀 금액을 중요하게 초과한다고 볼 이유가 없다면 공정가치에서 처분부대원가를 뺀 금액을 자산의 회수가능액으로 사용할 수 있다.

② 경우에 따라서 공정가치에서 처분부대원가를 뺀 금액이나 사용가치를 산정할 때 기준서에서 예시한 상세한 계산의 상당히 가까운 값은 추정치, 평균값, 개산에 따른 간편법으로 구할 수 있다.

③ 사용가치 계산과 관련하여 미래현금흐름 추정치에는 재무활동에서 생기는 현금유입이나 현금유출은 포함하고 법인세환급액이나 법인세납부액은 포함하지 않는다.

④ 회수가능액을 측정할 때에 항상 공정가치에서 처분부대원가를 뺀 금액과 사용가치 모두를 산정할 필요는 없다. 두 금액 중 하나가 자산의 장부금액을 초과한다면 자산이 손상되지 않았으므로 다른 금액을 추정할 필요가 없다.

⑤ 개별 자산의 현금유입이 다른 자산이나 자산집단에서의 현금유입과 거의 독립적으로 창출된다면 회수가능액은 개별 자산별로 산정한다.

─ 해설

• [K-IFRS '자산손상' 문단50]
미래현금흐름 추정치에는 다음 항목을 포함하지 아니한다.
㉠ 재무활동에서 생기는 현금유입이나 현금유출
㉡ 법인세환급액이나 법인세납부액

정답 ③

Essential Question 349 | **자산손상과 사용가치 계산**

● 다음은 한국채택국제회계기준 '자산손상'에서 규정하고 있는 자산의 사용가치 계산에 대한 설명이다. 가장 옳지 않은 것은?

① 현금유출 추정에는 자산 사용에 직접 귀속되거나 합리적이고 일관된 기준에 따라 배분할 수 있는 미래의 간접원가와 일상적 관리 유지비용을 포함한다.

② 미래현금흐름 추정치에는 재무활동에서 생기는 현금유입이나 현금유출, 법인세환급액이나 법인세납부액도 모두 포함하여야 한다.

③ 현금흐름은 경영진이 승인한 최근 재무예산/예측에 기초하여 측정한다. 그러나 미래의 구조조정이나 자산의 성능 개선 또는 향상에서 생길 것으로 예상하여 추정한 미래현금유입이나 미래현금유출은 제외한다.

④ 현금흐름은 자산의 남은 내용연수에 걸쳐 존재할 다양한 경제상황에 대한 경영진의 최선의 추정치가 반영된 합리적이고 뒷받침되는 가정을 기초로 추정한다. 이때에는 내부증거보다 외부증거에 더 비중을 둔다.

⑤ 기업이 자산의 성능을 개선하거나 향상하는 현금유출을 하기 전까지는 그 현금유출과 관련된 경제적 효익의 증가로 생길 것으로 예상되는 추정 미래현금유입은 미래현금흐름 추정치에 포함하지 아니한다.

해설

• [K-IFRS '자산손상' 문단50]
  미래현금흐름 추정치에는 다음 항목을 포함하지 아니한다.
  – 재무활동에서 생기는 현금유입이나 현금유출
  – 법인세환급액이나 법인세납부액

정답 ②

Essential Question 350 | **자산손상과 손상차손환입[1]**

● 한국채택국제회계기준 '자산손상'의 손상차손환입과 관련된 설명이다. 가장 옳지 않은 것은?

① 재평가자산의 손상차손을 과거에 당기손익으로 인식한 부분까지는 그 손상차손환입도 당기손익으로 인식한다.

② 시간의 경과에 따른 현재가치의 증가로 인해 회수가능액이 장부금액보다 많아지는 경우도 손상차손을 환입한다.

③ 영업권을 제외한 자산의 손상차손환입으로 증액된 장부금액은 과거에 손상차손을 인식하기 전 장부금액의 감가상각 또는 상각 후 남은 금액을 초과할 수 없다.

④ 현금창출단위의 손상차손환입은 현금창출단위를 구성하는 자산들(영업권 제외)의 장부금액에 비례하여 배분한다.

⑤ 영업권에 인식한 손상차손은 후속 기간에 환입하지 아니한다.

해설

• [K-IFRS '자산손상' 문단116]
  미래현금유입 시기가 가까워질수록 현재가치가 증가하는 이유만으로도 자산의 사용가치가 장부금액보다 커질 수 있다. 그러나 이러한 경우는 자산의 용역잠재력이 커진 것으로 볼 수 없다. 따라서 회수가능액이 장부금액보다 많아지는 경우라 할지라도 시간의 경과에 따른 현재가치의 증가(때때로 할인액의 '상각'이라고 부른다)만으로는 손상차손을 환입하지 아니한다.

정답 ②

Essential Question 351 | 자산손상과 손상차손환입[2]

● 한국채택국제회계기준 '자산손상'의 손상차손환입과 관련된 설명이다. 가장 옳지 않은 것은?

① 회수가능액이 장부금액보다 많아지는 경우라 할지라도 시간의 경과에 따른 현재가치의 증가(때때로 할인액의 '상각'이라고 부른다)만으로는 손상차손을 환입하지 아니한다.

② 원가모형 또는 재평가모형 적용 여부와 관계없이 모든 자산의 손상차손환입은 모두 곧바로 당기손익으로 인식한다.

③ 영업권에 인식한 손상차손은 후속 기간에 환입하지 아니한다.

④ 현금창출단위의 손상차손환입은 현금창출단위를 구성하는 자산들(영업권 제외)의 장부금액에 비례하여 배분한다.

⑤ 영업권을 제외한 자산의 손상차손환입으로 증액된 장부금액은 과거에 손상차손을 인식하기 전 장부금액의 감가상각 또는 상각 후 남은 금액을 초과할 수 없다.

→ 해설

• [K-IFRS '자산손상' 문단119]
영업권을 제외한 자산의 손상차손환입은 곧바로 당기손익으로 인식한다. 다만 영업권을 제외한 자산이 다른 한국채택국제회계기준서(예 기업회계기준서 '유형자산'의 재평가모형)에 따라 재평가금액을 장부금액으로 하는 경우에는 재평가자산의 손상차손환입은 그 다른 한국채택국제회계기준서에 따라 재평가증가액으로 처리한다.

정답 ②

Essential Question 352 | 매각예정비유동자산[1]

● 다음 중 한국채택국제회계기준 '매각예정비유동자산과 중단영업'에 대한 설명으로 가장 옳지 않은 것은 어느 것인가?

① 비유동자산의 장부금액이 계속사용이 아닌 매각거래를 통하여 주로 회수될 것이라면 이를 매각예정으로 분류한다.

② 비유동자산이 매각예정으로 분류되거나 매각예정으로 분류된 처분자산집단의 일부이면 그 자산은 감가상각(또는 상각)하지 아니한다.

③ 비유동자산으로 분류하는 자산은 매각예정분류기준을 충족할 때까지는 유동자산으로 재분류할 수 없다.

④ 매각예정으로 분류된 비유동자산은 순공정가치와 장부금액 중 많은 금액으로 측정한다.

⑤ 통상적으로 비유동자산으로 분류하는 자산을 매각만을 목적으로 취득한 경우라 하더라도 이 기준서의 매각예정분류기준을 충족하지 못한다면 유동자산으로 분류할 수 없다.

→ 해설

• 매각예정으로 분류된 비유동자산은 순공정가치(공정가치에서 처분부대원가를 뺀 금액)와 장부금액 중 작은 금액으로 측정한다.

정답 ④

Essential Question 353	매각예정비유동자산[2]

● 한국채택국제회계기준 '매각예정비유동자산과 중단영업'에 대한 설명이다. 가장 타당하지 않은 것은 어느 것인가?

① 비유동자산이 매각예정으로 분류되거나 매각예정으로 분류된 처분자산집단의 일부이면 그 자산은 감가상각(또는 상각)하지 아니한다.

② 매각예정분류기준을 충족하는 자산만 유동자산으로 분류할 수 있으므로, 비유동자산으로 분류하는 자산은 매각예정분류기준을 충족할 때까지는 유동자산으로 재분류할 수 없다.

③ 폐기될 비유동자산(또는 처분자산집단)은 매각예정으로 분류할 수 없다.

④ 매각예정으로 분류된 비유동자산(또는 처분자산집단)은 순공정가치와 장부금액 중 큰 금액으로 측정한다.

⑤ 1년 이후에 매각될 것으로 예상된다면 매각부대원가는 현재가치로 측정하며, 기간 경과에 따라 발생하는 매각부대원가 현재가치의 증가분은 금융원가로서 당기손익으로 회계처리한다.

▶ 해설

• 매각예정으로 분류된 비유동자산(또는 처분자산집단)은 순공정가치와 장부금액 중 작은 금액으로 측정한다.

정답 ④

Essential Question 354	매각예정비유동자산[3]

● 다음 중 한국채택국제회계기준 '매각예정비유동자산과 중단영업'에 대한 설명으로 가장 옳지 않은 것은 어느 것인가?

① 매각예정으로 분류된 비유동자산(또는 처분자산집단)은 순공정가치와 장부금액 중 작은 금액으로 측정한다.

② 통상적으로 비유동자산으로 분류하는 자산을 매각만을 목적으로 취득한 경우라 하더라도 매각예정 분류기준을 충족하지 못한다면 유동자산으로 분류할 수 없다.

③ 폐기될 비유동자산(또는 처분자산집단)은 매각예정으로 분류할 수 없다.

④ 비유동자산이 매각예정으로 분류되거나 매각예정으로 분류된 처분자산집단의 일부이면 그 자산은 감가상각(또는 상각)하지 아니한다.

⑤ 매각예정분류기준을 충족하는 자산은 재무상태표에 별도로 표시하지만, 중단영업의 성과는 포괄손익계산서에 별도로 표시하지 않는다.

▶ 해설

• 매각예정분류기준을 충족하는 자산은 재무상태표에 별도로 표시하고, 중단영업의 성과는 포괄손익계산서에 별도로 표시한다.

정답 ⑤

Essential Question 355 | **매각예정비유동자산[4]**

● 다음 중 한국채택국제회계기준 '매각예정비유동자산과 중단영업' 에 대한 설명으로 가장 옳지 않은 것은 어느 것인가?

① 매각될 가능성이 매우 높으려면 적절한 지위의 경영진이 자산(또는 처분자산집단)의 매각계획을 확약하고, 매수자를 물색하고 매각계획을 이행하기 위한 적극적인 업무진행을 이미 시작하였어야 한다.

② 매각예정비유동자산은 매각하기로 예정한 비유동자산으로 현재의 상태에서 즉시 매각가능하며 매각될 가능성이 매우 높아 1년 이내에 매각이 완료될 것으로 예상되는 비유동자산을 의미한다.

③ 매각예정분류기준을 충족하는 자산은 순공정가치와 장부금액 중 작은 금액으로 측정하고 감가상각을 중단한다.

④ 폐기될 비유동자산(또는 처분자산집단)은 매각예정으로 분류할 수 있다.

⑤ 매각예정분류기준 요건이 보고기간 후에 충족된 경우 당해 비유동자산(또는 처분자산집단)은 보고기간 후 발행되는 당해 재무제표에서 매각예정으로 분류할 수 없다.

해설

• 폐기될 비유동자산(또는 처분자산집단)은 매각예정으로 분류할 수 없다. 왜냐하면 해당 장부금액은 원칙적으로 계속사용함으로써 회수되기 때문이다.

정답 ④

Essential Question 356 | **매각예정비유동자산[5]**

● 다음 중 한국채택국제회계기준 '매각예정비유동자산과 중단영업' 에 대한 설명으로 가장 옳지 않은 것은 어느 것인가?

① 1년 이후에 매각될 것으로 예상된다면 매각부대원가는 현재가치로 측정한다.

② 매각예정으로 분류된 비유동자산은 분류기준을 충족하는 날 현재 순공정가치로 측정한다.

③ 폐기될 비유동자산(또는 처분자산집단)은 매각예정으로 분류할 수 없다.

④ 매각만을 목적으로 취득한 자산이더라도 매각예정분류조건을 충족해야 유동자산으로 분류한다.

⑤ 더 이상 매각예정으로 분류할 수 없는 비유동자산의 장부금액에 반영하는 조정금액은 계속영업손익에 포함한다.

해설

• 매각예정으로 분류된 비유동자산(또는 처분자산집단)은 순공정가치와 장부금액 중 작은 금액으로 측정한다.

정답 ②

Essential Question 357 | **매각예정비유동자산[6]**

● 다음 중 한국채택국제회계기준 '매각예정비유동자산과 중단영업'에 대한 설명으로 가장 옳지 않은 것은 어느 것인가?

① 매각될 가능성이 매우 높으려면 적절한 지위의 경영진이 자산(또는 처분자산집단)의 매각계획을 확약하고, 매수자를 물색하고 매각계획을 이행하기 위한 적극적인 업무진행을 이미 시작하였어야 한다.

② 통상적으로 비유동자산으로 분류하는 자산이지만 매각만을 목적으로 취득한 경우에는 매각예정분류기준의 충족여부와 무관하게 유동자산으로 분류한다.

③ 매각예정분류기준을 충족하는 자산은 재무상태표에 별도로 표시하고 중단영업의 성과는 포괄손익계산서에 별도로 표시한다.

④ 매각예정분류기준을 충족하는 자산은 순공정가치와 장부금액 중 작은 금액으로 측정하고 감가상각을 중단한다.

⑤ 만약 기업이 통제할 수 없는 사건 또는 상황 때문에 매각기간이 연장되었지만 기업이 여전히 해당 자산(또는 처분자산집단)의 매각계획을 확약한다는 충분한 증거가 있다면 매각이 완료되기까지의 기간이 연장된다고 하더라도 해당 자산(또는 처분자산집단)을 매각예정으로 분류할 수 없는 것은 아니다.

──

▶ 해설

• K-IFRS '재무제표 표시'에 따라 비유동자산으로 분류하는 자산은 매각예정분류기준을 충족할 때까지는 유동자산으로 재분류할 수 없다. 통상적으로 비유동자산으로 분류하는 자산을 매각만을 목적으로 취득한 경우라 하더라도 매각예정분류기준을 충족하지 못한다면 유동자산으로 분류할 수 없다.

정답 ②

[합본부록2]

FINAL

Certified IFRS Manager

실전적중모의고사

실전적중모의고사는 현행 IFRS관리사 시험의 기출유형임과 동시에 빈출되고 있는 적중률 높은 문제로 실전과 동일한 포멧과 난이도로 구성되어 있습니다.

IFRS관리사 출제비중표 [주관 : 한국CFO협회]	
출제범위	출제문항수
· 재무보고 개념체계	2
· 재무제표 표시 [본문 및 주석]	2
· 재고자산	3
· 수익인식 및 건설계약	7
· 유형자산과 무형자산	6
· 차입원가	2
· 자산손상	4
· 투자부동산 및 매각예정비유동자산	3
· 충당부채, 우발부채, 우발자산	2
· 금융상품	7
· 금융부채와 자본	5
· 리스	3
· 법인세	2
· 주식기준보상 및 종업원급여	3
· 주당이익	2
· 회계변경, 오류수정, 보고기간후사건	2
· 현금흐름표	5
합계	60

제1회. 실전적중모의고사

제한시간 : 100분

♣아래 문제들에서 기업의 회계연도는 특별한 언급이 없는 한 매년 1월 1일부터 12월 31일까지입니다. 각 문제의 보기 중에서 가장 합당한 답을 선택하되 한국채택국제회계기준에 따릅니다.

1. 다음은 ㈜합격이 수주한 건설계약과 관련한 자료이다. ㈜합격의 20x2년 계약손익과 초과청구공사를 구하면 얼마인가?

(1) 도급금액 : ₩2,000,000

(2) 관련 원가자료

구분	20x1년	20x2년	20x3년
누적발생계약원가	₩480,000	₩1,190,000	₩1,760,000
추가소요 추정계약원가	₩1,120,000	₩510,000	–
진행청구액	₩800,000	₩800,000	₩400,000
계약대금회수액	₩600,000	₩600,000	₩800,000

(3) ㈜합격은 동 건설계약에 진행기준을 사용하며 진행률은 발생누적계약원가를 추정총계약원가로 나눈 비율을 사용한다.

	계약손익	초과청구공사
①	₩800,000 계약이익	₩0
②	₩800,000 계약이익	₩300,000
③	₩90,000 계약이익	₩100,000
④	₩90,000 계약이익	₩200,000
⑤	₩690,000 계약이익	₩400,000

2. 다음은 ㈜합격의 매출과 관련된 제반 자료이다. 4월의 총매출액을 구하면 얼마인가?

(1) 계정과목 잔액

계정과목	20x1년 3월 31일	20x1년 4월 30일
외상매출금	₩188,000	₩167,000

(2) 20x1년 4월 중 발생한 거래

현금매출액 ₩155,000, 대손처리액 ₩12,000, 외상매출금 회수액 ₩680,000

① ₩826,000   ② ₩844,000   ③ ₩859,000

④ ₩864,000   ⑤ ₩872,000

3. ㈜합격은 ㈜적중에 상품을 판매한 대가로 이자부약속어음(액면금액 ₩160,000, 5개월 만기, 표시이자 연 9%)을 받고, 이 어음을 2개월간 보유한 후 은행에서 할인하여 ₩161,518을 수령하였다. 동 어음할인 거래는 금융자산의 제거요건을 충족한다. 이 어음 거래에 적용된 연간 할인율은? (단, 이자는 월할 계산한다.)

① 10.2% ② 10.4% ③ 10.5%

④ 10.6% ⑤ 10.8%

4. 다음은 ㈜합격이 20x1년초 체결한 공장 건설계약과 관련된 자료이다. 20x2년에 발생한 계약원가는 얼마이겠는가?

> (1) 계약금액 : ₩6,000,000
> (2) 공사기간 : 20x1년 1월 1일부터 20x3년 12월 31일
> (3) 관련 원가 자료
>
> | 구분 | 20x1년말 현재 | 20x2년말 현재 |
> |---|---|---|
> | 누적진행률 | 20% | 60% |
> | 인식한 이익의 누계액 | ₩300,000 | ₩720,000 |
> | 추정총계약원가 | ₩4,500,000 | ₩4,800,000 |
>
> (4) ㈜합격은 동 건설계약에 대해 기간에 걸쳐 수익을 인식하며, 진행률은 발생누적계약원가에 기초하여 측정한다.

① ₩1,350,000 ② ₩1,500,000 ③ ₩1,720,000

④ ₩1,980,000 ⑤ ₩2,020,000

5. 수익인식과 관련된 다음의 설명 중 옳지 않은 것은?

① 인도된 제품이 위탁물로 보유된다면 제품을 다른 당사자에게 인도할 때 수익을 인식하지 않는다.
② 보험대리인이 추가로 용역을 제공할 필요가 없는 경우에 보험대리인은 대리인이 받았거나 받을 수수료를 해당 보험의 개시일에 수익으로 인식한다.
③ 제품판매가격에 제품판매 후 제공할 용역에 대한 식별가능한 대가가 포함되어 있는 경우에는, 그 금액을 용역수행기간에 걸쳐 수익으로 인식한다.
④ 미인도청구약정의 경우 고객이 제품을 통제하는 경우 수행의무를 이행한 것이므로 기업은 수익을 인식한다.
⑤ 성격과 가치가 유사한 재화나 용역의 교환거래는 제공한 재화나 용역의 공정가치로 수익을 인식한다.

6. 다음은 20x1년 1월 1일 ㈜합격의 기계장치 할부판매와 관련된 자료이다. ㈜합격이 동 할부판매로 인해 인식할 매출총이익은 얼마인가?

> (1) 할부판매한 기계장치의 원가 : ₩6,000,000
> (2) 할부판매 대금수령 : 매 분기 말에 ₩1,000,000씩 향후 2년간 수령
> (3) 당해 할부판매에 적용되는 연간 유효이자율은 8%이다.
> (4) 현재가치 계수 자료는 다음과 같다.
>
> | 구분 | 8%, 2기간 | 2%, 8기간 |
> |---|---|---|
> | 단일금액 ₩1의 현재가치계수 | 0.8573 | 0.8535 |
> | 정상연금 ₩1의 연금현재가치계수 | 1.7833 | 7.3255 |

① ₩1,325,500　　　　② ₩2,000,000　　　　③ ₩4,000,000

④ ₩7,325,500　　　　⑤ ₩8,000,000

7. ㈜합격의 재고자산 매출 및 매입 자료와 기말의 결산 수정분개 자료는 다음과 같다. 매출원가와 순매출액을 각각 구하면 얼마인가?

> (1) 매입자료 : 매입액 ₩900,000, 매입에누리와 매입환출 ₩70,000
> (2) 매출자료 : 매출액 ₩1,200,000, 매출에누리와 매출환입 ₩30,000
> (3) 기말결산수정분개 : (차) 매출원가　　　 20,000　　(대) 재고자산(기초)　 20,000
> 　　　　　　　　　　　　 (차) 재고자산(기말)　15,000　　(대) 매출원가　　　 15,000

	매출원가	순매출액
①	₩905,000	₩1,200,000
②	₩905,000	₩900,000
③	₩905,000	₩1,170,000
④	₩835,000	₩1,200,000
⑤	₩835,000	₩1,170,000

8. ㈜합격은 20x1년 1월 1일에 기계장치 1대를 ₩300,000에 취득하여 생산에 사용하였다. 동 기계장치의 내용연수는 5년, 잔존가치는 ₩0이며, 정액법으로 감가상각한다. ㈜합격은 동 기계장치에 대하여 재평가모형을 적용하여 매년말 감가상각 후 주기적으로 재평가하고 있다. 동 기계장치의 각 회계연도말 공정가치는 다음과 같다.

구 분	20x1년말	20x2년말	20x3년말
공정가치	₩250,000	₩150,000	₩130,000

㈜합격이 위 거래와 관련하여 20x2년도에 인식할 재평가손실과 20x3년도에 인식할 재평가잉여금은 각각 얼마인가? 단, 손상차손은 고려하지 않으며, 재평가잉여금을 이익잉여금으로 대체하지 않는다. 또한 기존의 감가상각누계액 전부를 제거하는 방법을 적용한다.

	20x2년도 재평가손실	20x3년도 재평가잉여금
①	₩10,000	₩2,500
②	₩27,500	₩2,500
③	₩27,500	₩10,000
④	₩37,500	₩2,500
⑤	₩37,500	₩10,000

9. 유형자산의 원가와 관련된 회계처리 중 옳은 것은?
   ① 안전 또는 환경상의 이유로 취득하는 유형자산은 당해 유형자산을 취득하지 않았을 경우보다 관련 자산으로부터 미래경제적효익을 더 많이 얻을 수 있게 해주기 때문에 자산으로 인식할 수 있다.
   ② 특정기간 동안 재고자산을 생산하기 위해 유형자산을 사용한 결과로 동 기간에 발생한 그 유형자산을 해체, 제거하거나 부지를 복구할 의무의 원가는 유형자산의 원가에 포함한다.
   ③ 유형자산을 사용하거나 이전하는 과정에서 발생하는 원가는 당해 유형자산의 장부금액에 포함하여 인식한다.
   ④ 자가건설에 따른 내부이익과 자가건설 과정에서 원재료, 인력 및 기타 자원의 낭비로 인한 비정상적인 원가는 자산의 원가에 포함한다.
   ⑤ 대금지급이 일반적인 신용기간을 초과하여 이연되는 경우, 현금가격상당액과 실제 총지급액과의 차액은 자본화하지 않아도 유형자산의 원가에 포함한다.

10. 유형자산의 회계처리와 관련된 다음의 설명 중 옳은 것은?

① 자산에 내재된 미래경제적효익의 예상되는 소비형태에 유의적인 변동이 있어 감가상각방법을 변경할 경우, 그 변경효과를 소급적용하여 비교표시되는 재무제표를 재작성한다.

② 회사가 자산을 해체, 제거하거나 부지를 복구할 의무는 해당 의무의 발생시점에 비용으로 인식한다.

③ 비화폐성자산간의 교환거래가 상업적실질을 결여하지 않은 경우라 하더라도 제공한 자산과 취득한 자산 모두의 공정가치를 신뢰성 있게 측정할 수 없는 경우에는 취득하는 유형자산의 취득원가는 그 교환으로 제공한 자산의 장부금액으로 측정한다.

④ 재평가모형을 선택한 유형자산에 대해서는 자산손상에 대한 회계처리를 적용하지 않는다.

⑤ 유형자산의 보유기간 중 잔존가치의 추정치가 변경되어 해당 자산의 장부금액보다 큰 금액으로 추정되는 경우 그 차이에 해당하는 금액을 감가상각누계액에서 환입하여 당기이익에 반영한다.

11. ㈜합격은 20x1년 3월 1일 폐기물처리장을 신축하기 위해 토지를 ₩2,000,000에 취득하였으며, 토지 등기비용으로 ₩30,000이 발생하였다. 20x1년 7월 1일 폐기물처리장 신축을 완료하고, 그 신축공사원가로 ₩1,000,000을 지급하였다. 폐기물처리장의 잔존가치는 없으며 내용연수는 5년으로 추정되고 원가모형을 적용하여 정액법으로 감가상각을 한다. 폐기물처리장은 내용연수 종료시점에 원상복구의무가 있으며, 내용연수 종료시점의 복구비용은 ₩200,000으로 예상된다. 이상의 거래와 관련하여 20x1년도 포괄손익계산서에 계상되는 폐기물처리장의 복구충당부채 이자비용(전입액)은? 단, 이자는 월할계산하며, 복구충당부채에 적용할 할인율은 연 10%이고, 현가계수(10%, 5년)는 0.6209이다.

① ₩0 ② ₩6,209 ③ ₩10,000
④ ₩12,418 ⑤ ₩20,000

12. 무형자산에 대한 설명으로 가장 타당하지 않은 것은?

① 영업권을 제외한 모든 무형자산은 보유기간 동안 상각하여 비용 또는 기타자산의 원가로 인식한다.

② 내부적으로 창출한 영업권은 무형자산으로 인식하지 않는다.

③ 무형자산을 상각하는 경우 상각방법은 자산의 미래경제적 효익이 소비되는 형태를 반영하여 정액법, 체감잔액법, 생산량비례법 중 선택하여 적용할 수 있다.

④ 개발단계에서 발생한 지출은 무형자산의 인식 요건을 모두 충족하면 개발비라는 과목으로 무형자산으로 인식하고, 그 외의 경우에는 경상개발비의 과목으로 발생한 기간의 비용으로 인식한다.

⑤ 숙련된 종업원은 미래경제적 효익에 대한 충분한 통제능력을 갖고 있지 않으므로 무형자산의 정의를 충족시키지 못하여 재무상태표에 표시하지 않는다.

13. ㈜한국은 제품 공정A를 연구개발하고 있으며 20x1년 동안에 공정A 연구개발을 위해 지출한 금액은 ₩100,000이었다. 이 금액 중 ₩70,000은 20x1년 10월 1일 이전에 지출되었고, ₩30,000은 20x1년 10월 1일부터 12월 31일까지 지출되었다. 공정A는 20x1년 10월 1일에 무형자산 인식기준을 충족하게 되었다. 또한 ㈜합격은 20x2년 중 공정A를 위해 추가로 ₩30,000을 지출하였다. 공정A가 갖는 노하우의 회수가능액(그 공정이 사용가능하기 전에 해당 공정을 완료하기 위한 미래 현금유출액 포함)은 다음과 같다.

구 분	20x1년말	20x2년말
회수가능액	₩20,000	₩70,000

㈜합격의 20x1년도와 20x2년도의 순이익에 미치는 영향은 각각 얼마인가? 단, 무형자산에 대해 상각하지 않으며, 원가모형을 적용한다. 또한, 20x1년도는 손상 조건을 충족하고, 20x2년도는 손상회복 조건을 충족한다.

	20x1년도	20x2년도
①	₩80,000 감소	₩20,000 감소
②	₩80,000 감소	₩10,000 증가
③	₩70,000 감소	₩20,000 감소
④	₩70,000 감소	₩10,000 감소
⑤	₩70,000 감소	₩10,000 증가

14. 충당부채, 우발부채 및 우발자산에 관한 설명으로 옳은 것은?
   ① 우발자산은 경제적효익의 유입가능성이 높아지더라도 공시하지 않는다.
   ② 손실부담계약을 체결하고 있는 경우에는 관련된 현재의무를 충당부채로 인식하지 않는다.
   ③ 충당부채를 현재가치로 평가하는 경우 적용될 할인율은 부채의 특유위험과 화폐의 시간가치에 대한 현행 시장의 평가를 반영한 세후 이율이다.
   ④ 충당부채와 관련하여 포괄손익계산서에 인식된 비용은 제3자의 변제와 관련하여 인식한 금액과 상계하여 표시할 수 있다.
   ⑤ 화폐의 시간가치 영향이 중요한 경우에도 충당부채는 현재가치로 평가하지 않는다.

15. 다음은 20x1년초 사업을 개시한 ㈜합격의 제품보증(확신유형의 보증)과 관련된 자료이다. 충당부채 관련 현재가치 평가는 고려하지 않는다고 할 때, ㈜합격이 20x2년말 보고할 제품보증충당부채와 20x2년에 인식할 제품보증비는 각각 얼마인가?

> (1) ㈜합격은 제품을 판매하고 첫 3년간은 무상으로 수리보증을 해주기로 하였다.
> (2) 총매출액의 8%에 해당하는 금액이 제품보증비로 발생할 것이라고 추정하고 있다.
> (3) 총매출액 및 보증비지출액은 다음과 같다.

구분	20x1년	20x2년
총매출액	₩25,000,000	₩18,000,000
보증비지출액	₩1,700,000	₩1,500,000

	20x2년말 재무상태표 제품보증충당부채	20x2년 포괄손익계산서 제품보증비
①	₩240,000	₩1,440,000
②	₩240,000	₩2,000,000
③	₩300,000	₩1,440,000
④	₩300,000	₩2,000,000
⑤	₩350,000	₩2,000,000

16. 다음 중 리스관련 용어의 설명으로 가장 타당하지 않은 것은?
① 리스개시일이란 리스제공자가 리스이용자에게 기초자산을 사용할 수 있게 하는 날을 말한다.
② 리스총투자는 금융리스에서 리스제공자가 받게 될 리스료와 무보증잔존가치의 합계액을 말한다.
③ 무보증잔존가치는 리스제공자가 실현할 수 있을지 확실하지 않거나 리스제공자의 특수관계자 만이 보증한 기초자산의 잔존가치 부분을 말한다.
④ 리스기간이란 리스이용자가 기초자산 사용권을 갖는 해지불능기간과 다음 기간을 말하며, 리스이용자가 리스 연장선택권을 행사할 것이 상당히 확실한 경우에 그 선택권의 대상 기간과 리스이용자가 리스 종료선택권을 행사하지 않을 것이 상당히 확실한 경우에 그 선택권의 대상 기간을 포함한다.
⑤ 리스의 내재이자율이란 리스료 및 보증잔존가치의 합계액을 기초자산의 공정가치와 일치시키는 할인율을 말한다.

17. ㈜합격리스는 신규로 취득한 기계장치에 대해 ㈜적중과 리스계약을 체결하였다. 관련 자료가 다음과 같을때 ㈜적중이 1차년도에 인식할 리스자산에 대한 감가상각비는 얼마인가? 단, 리스자산은 정액법으로 감가상각하며, 이자율 10%에 대한 ₩1의 3기간 연금현가계수와 3기간 현가계수는 각각 2.4868 및 0.7513이다.

> (1) 리스자산의 공정가치는 ₩704,290이다.
> (2) ㈜적중은 ㈜합격리스로부터 리스자산을 인도받고 연간리스료로 매년말에 리스기간 3년 동안 ₩253,000(내재이자율 연 10%)씩을 후급하기로 하였다.
> (3) 리스개시일은 연초이며, 리스자산의 내용연수는 4년이다.
> (4) 리스기간 종료시 추정되는 잔존가치는 ₩100,000이며, 이중 ₩30,000(전액 지급예상)을 ㈜적중이 보증하기로 하였다.
> (5) 리스의 협상 및 체결단계에서 ㈜적중이 ₩50,000의 리스개설직접원가를 지출하였다.

① ₩155,425 ② ₩186,358 ③ ₩207,233
④ ₩223,900 ⑤ ₩377,273

18. 다음은 ㈜합격의 리스계약과 관련된 자료이다. ㈜합격이 20x1년도 포괄손익계산서에 보고할 매출총이익은? 단, 단수차이로 인해 오차가 있다면 가장 근사치를 선택한다.

> (1) 자동차 제조회사인 ㈜합격은 ㈜적중에게 제조된 차량(제조원가 ₩2,000,000)을 판매하는 리스계약(금융리스)을 체결하였다.
> (2) 리스기간은 20x1년 1월 1일부터 20x3년 12월 31일까지이고, 해지불능리스이다.
> (3) 리스료 ₩1,071,693을 매년말 수취한다.
> (4) 리스기간 종료시점의 잔존가치는 ₩300,000으로 추정되는데 리스이용자는 이 중 ₩100,000을 보증한다.
> (5) 시장이자율은 연 10%이지만, ㈜합격은 ㈜적중에게 인위적으로 낮은 연 8% 이자율을 제시하였다.
> (6) 판매시점에 차량의 공정가치는 ₩3,000,000이었다.
> (7) 현재가치계수와 관련된 자료는 다음과 같다.

기간/할인율	단일금액 ₩1의 현재가치		정상연금 ₩1의 현재가치	
	8%	10%	8%	10%
3년	0.7938	0.7513	2.5771	2.4868

① ₩665,086 ② ₩740,216 ③ ₩815,346
④ ₩890,476 ⑤ ₩1,000,000

19. ㈜합격의 20x1년 법인세와 관련된 자료가 다음과 같을 때, 법인세비용, 이연법인세자산, 이연법인세부채는 각각 얼마인가?

(1) ㈜합격은 20x1년 2월 5일에 설립되었다.

(2) 20x1년 법인세차감전순이익은 ₩10,000,000이며, 여기에는 당기손익－공정가치측정금융자산평가손실(차감할 일시적 차이) ₩100,000이 포함되어 있다.

(3) 법인세율은 20% 단일세율이며, 그 외 세무조정사항은 없다.(단, 법인세율은 일정하고 법인세비용차감전순이익은 미래에도 지속되는 것으로 가정한다.)

	법인세비용	이연법인세자산	이연법인세부채
①	₩2,000,000	₩20,000	₩0
②	₩2,000,000	₩0	₩20,000
③	₩2,020,000	₩20,000	₩20,000
④	₩2,020,000	₩20,000	₩0
⑤	₩2,020,000	₩0	₩20,000

20. 다음 자료는 ㈜합격의 20x2년도 법인세와 관련된 내용이다.

(1) 20x1년말 현재 일시적차이	
－ 미수이자	(₩100,000)
(2) 20x2년도 법인세비용차감전순이익	₩1,000,000
(3) 20x2년도 세무조정 사항	
－ 미수이자	(₩20,000)
－ 접대비한도초과	₩15,000
－ 자기주식처분이익	₩100,000
(4) 연도별 법인세율은 20%로 일정하다.	

㈜합격의 20x2년도 포괄손익계산서에 인식할 법인세비용은 얼마인가? 단, 일시적차이에 사용될 수 있는 과세소득의 발생가능성은 높으며, 20x1년말과 20x2년말 각 연도의 미사용 세무상결손금과 세액공제는 없다.

① ₩199,000   ② ₩203,000   ③ ₩219,000

④ ₩223,000   ⑤ ₩243,000

21. 종업원급여에 관한 설명으로 옳지 않은 것은?

① 보험수리적손익은 확정급여제도의 정산으로 인한 확정급여채무의 현재가치변동을 포함하지 아니한다.

② 자산의 원가에 포함하는 경우를 제외한 확정급여원가의 구성요소 중 순확정급여부채의 재측정요소는 기타포괄손익으로 인식한다.

③ 순확정급여부채(자산)의 순이자는 당기손익으로 인식한다.

④ 퇴직급여제도 중 확정급여제도 하에서 보험수리적위험과 투자위험은 종업원이 실질적으로 부담한다.

⑤ 순확정급여부채(자산)의 재측정요소는 보험수리적손익, 순확정급여부채(자산)의 순이자에 포함된 금액을 제외한 사외적립자산의 수익, 순확정급여부채(자산)의 순이자에 포함된 금액을 제외한 자산인식상한효과의 변동으로 구성된다.

22. ㈜합격은 20x1년 1월 1일 현재 근무하고 있는 최고경영자에게 20x3년 12월 31일까지 의무적으로 근무하는 것을 조건으로 주식선택권 1,000개를 부여하였다. 관련 자료가 다음과 같을 때, ㈜합격의 20x3년도 주식보상비용이 당기손익에 미치는 영향은 얼마인가?

(1) 주식선택권의 행사가격은 다음과 같이 이익성장률과 연계되어 있다.

구분	연평균 이익성장률 5% 이상	연평균 이익성장률 10% 이상
행사가격	₩5,000	₩2,000
주식선택권 공정가치	₩1,500	₩3,000

(2) 20x2년말 현재 연평균 이익성장률은 10% 이상으로 예상하였으나, 20x3년말에 연평균 이익성장률은 6%에 그쳤다.

① 증가 ₩500,000   ② 감소 ₩500,000   ③ 증가 ₩400,000

④ 감소 ₩400,000   ⑤ 감소 ₩550,000

23. 확정급여제도를 운영하고 있는 ㈜합격의 20x1년 자료가 다음과 같을 때, ㈜합격의 20x1년 확정급여채무의 보험수리적손익은 얼마인가? 단, 확정급여채무의 보험수리적손익 이외의 다른 재측정요소는 없다고 가정한다.

> (1) 퇴직금의 지급과 사외적립자산의 기여는 모두 20x1년 12월 31일에 이루어졌다.
> (2) 확정급여채무 계산시 적용하는 할인율은 연 8%이며, 사외적립자산의 장부금액은 공정가치와 동일하다.
> (3) 기타 관련 자료는 다음과 같다.

구분	금액
기초 확정급여채무의 현재가치	₩5,000,000
기초 사외적립자산의 공정가치	₩4,750,000
당기근무원가	₩750,000
퇴직금지급액	₩500,000
사외적립자산 기금기여액	₩750,000
기말 순확정급여부채	₩600,000

① ₩320,000 이익 ② ₩320,000 손실 ③ ₩330,000 이익
④ ₩330,000 손실 ⑤ ₩350,000 손실

24. 보고기간후 사건에 관한 다음의 설명 중 타당하지 않은 것은?
① 보고기간 말과 재무제표 발행승인일 사이에 투자자산의 시장가치 하락은 일반적으로 보고기간말의 상황과 관련된 것이 아니라 보고기간 후에 발생한 상황이 반영된 것이므로, 이를 반영하기 위하여 재무제표의 수정을 요하지 않는다.
② 보고기간 말에 존재하였던 현재의무가 보고기간 후에 소송사건의 확정에 의해 확인되는 경우 이를 반영하기 위하여 재무제표의 수정을 요한다.
③ 보고기간 말 이전에 구입한 자산의 취득원가나 매각한 자산의 대가를 보고기간 후에 결정하는 경우 이를 반영하기 위하여 재무제표의 수정을 요한다.
④ 재무제표가 부정확하다는 것을 보여주는 부정이나 오류를 발견한 경우 이를 반영하기 위하여 재무제표의 수정을 요한다.
⑤ 보고기간 후에 지분상품 보유자에 대해 배당을 선언한 경우, 그 배당금을 보고기간말의 부채로 인식한다.

25. ㈜합격의 회계담당자는 20x2년도 장부를 마감하기 전에 다음과 같은 오류사항을 발견하였으며, 모두 중요한 오류에 해당한다. 오류사항에 대한 수정효과가 20x2년 전기이월이익잉여금과 당기순이익에 미치는 영향은 얼마인가?

> (1) ㈜합격은 20x1년초에 사무실을 임차하고 2년치 임차료 ₩360,000을 미리 지급하면서 선급임차료로 기록하였다. ㈜합격은 20x2년말에 다음과 같이 수정분개하였다.
>
> | (차) 임차료 360,000 | (대) 선급임차료 360,000 |
> |---|---|
>
> (2) ㈜합격은 실지재고조사법을 적용하면서 선적지인도조건으로 매입하여 매기말 현재 운송중인 상품을 기말재고자산에서 누락하였다. 이로 인해 20x0년말의 재고자산이 ₩150,000 과소계상, 20x1년말의 재고자산도 ₩200,000 과소계상되었다. 과소계상된 재고자산은 모두 다음 연도에 판매되었다.
>
> (3) 20x1년초 ㈜합격은 정액법으로 감가상각하고 있던 기계장치에 대해 ₩100,000의 지출을 하였다. 동 지출은 기계장치의 장부금액에 포함하여 인식하여야 하는데, ㈜합격은 이를 전액 수선비로 회계처리하였다. 20x2년말 현재 동 기계장치의 잔존내용연수는 3년이다.

	전기이월이익잉여금	당기순이익
①	₩80,000 증가	₩40,000 감소
②	₩100,000 증가	₩40,000 감소
③	₩80,000 증가	₩220,000 감소
④	₩100,000 증가	₩220,000 감소
⑤	영향없음	영향없음

26. 다음 자료는 ㈜합격의 20x0년말과 20x1년말 재무상태표와 20x1년 포괄손익계산서 및 현금흐름표에서 발췌한 회계자료의 일부이다. ㈜합격은 이자의 지급을 영업활동으로 분류하고 있다. 다음의 자료만을 이용할 때 20x1년도 '법인세비용차감전순이익' 및 '영업에서 창출된 현금'을 계산하면 각각 얼마인가?

감가상각비	₩40,000	유형자산처분손실	₩20,000
이자비용	₩25,000	법인세비용	₩30,000
미지급법인세의 감소액	₩5,000	이연법인세부채의 증가액	₩10,000
이자지급액	₩25,000	매출채권의 증가액	₩15,000
대손충당금의 증가액	₩5,000	재고자산의 감소액	₩4,000
매입채무의 감소액	₩6,000	영업활동순현금흐름	₩200,000

	법인세비용차감전순이익	영업에서 창출된 현금
①	₩177,000	₩250,000
②	₩172,000	₩245,000
③	₩225,000	₩192,000
④	₩167,000	₩240,000
⑤	₩172,000	₩220,000

27. ㈜합격은 당기 중에 장부금액 ₩40,000인 기계장치를 ₩52,000에 처분하였으며 당기 중 취득한 기계장치는 없다. 법인세차감전순이익은 ₩30,000이며, 액면 발행된 사채의 이자비용이 ₩2,000이다. 영업에서 창출된 현금은?

계정과목	기초	기말
매출채권(총액)	₩120,000	₩90,000
매출채권 대손충당금	₩4,000	₩5,000
재고자산	₩250,000	₩220,000
기계장치(총액)	₩400,000	₩300,000
기계장치 감가상각누계액	₩230,000	₩190,000
매입채무	₩245,000	₩280,000

① ₩116,000 ② ₩126,000 ③ ₩136,000
④ ₩146,000 ⑤ ₩156,000

28. ㈜합격의 20x1년 현금매출 및 신용매출은 각각 ₩400,000과 ₩3,000,000이고, 20x1년 기초와 기말의 매출채권 잔액은 각각 ₩450,000과 ₩530,000이다. ㈜합격의 20x1년 영업비용은 ₩600,000이다. 20x1년 선급비용 기말잔액은 기초보다 ₩40,000이 증가하였고, 20x1년 미지급비용 기말잔액은 기초보다 ₩60,000이 감소하였다. 20x1년에 고객으로부터 유입된 현금흐름과 영업비용으로 유출된 현금흐름은 얼마인가?

	고객으로부터 유입된 현금흐름	영업비용으로 유출된 현금흐름
①	₩3,320,000	₩580,000
②	₩3,320,000	₩700,000
③	₩3,400,000	₩580,000
④	₩3,400,000	₩700,000
⑤	₩3,330,000	₩505,000

29. ㈜합격의 20x1년 당기순이익은 ₩2,500,000이다. 다음 자료를 이용하여 20x1년의 영업활동 현금흐름을 계산하면? (단, 간접법으로 계산한다.)

구분	기초	기말
재고자산	₩250,000	₩380,000
매출채권(순액)	₩620,000	₩450,000
선급비용	₩350,000	₩250,000
선수수익	₩400,000	₩240,000
미지급비용	₩240,000	₩180,000

무형자산상각비	₩100,000
토지처분이익	₩80,000
당기손익-공정가치측정금융자산평가손실	₩150,000

① ₩2,590,000   ② ₩2,750,000   ③ ₩2,830,000
④ ₩2,910,000   ⑤ ₩2,990,000

30. 다음은 ㈜합격의 20x1년 현금흐름표를 작성하기 위한 자료들이다. 기계장치와 관련하여 ㈜합격의 당기 현금흐름표에 표시될 투자활동 현금흐름의 현금유입액과 현금유출액을 각각 구하면 얼마인가?

(1) ㈜합격의 당기 기계장치 계정과 관련한 자료

계정과목	20x1년초	20x1년말
기계장치	₩500,000,000	₩625,000,000
감가상각누계액	₩125,000,000	₩200,000,000

(2) ㈜합격이 당기 처분한 기계장치에 관련한 자료
- 취득원가 ₩125,000,000
- 감가상각누계액 ₩50,000,000
- 유형자산처분손실 ₩12,500,000

	현금유입액	현금유출액
①	₩62,500,000	₩250,000,000
②	₩62,500,000	₩200,000,000
③	₩62,500,000	₩180,000,000
④	₩75,000,000	₩170,000,000
⑤	₩75,000,000	₩150,000,000

31. 재무정보의 질적특성에 관한 설명이다. 다음 중 가장 타당하지 않은 것은?

① 일관성은 한 보고기업 내에서 기간 간 또는 같은 기간 동안에 기업 간, 동일한 항목에 대해 동일한 방법을 적용하는 것을 말한다.

② 적시성은 의사결정에 영향을 미칠 수 있도록 의사결정자가 정보를 제때에 이용가능하게 하는 것을 의미한다.

③ 비교가능성은 정보이용자가 항목 간의 유사점과 차이점을 식별하고 이해할 수 있게 하는 질적 특성이다.

④ 오류가 없다는 것은 현상의 기술에 오류나 누락이 없고 보고 정보를 생산하는 데 사용되는 절차의 선택과 적용 시 절차 상 오류가 없음을 의미하는 것이지 모든 면에서 완벽하게 정확하다는 것을 의미하지는 않는다.

⑤ 하나의 보강적 질적특성이 다른 질적특성의 극대화를 위해 감소되는 경우는 바람직하지 않으며 그러한 정보는 유용한 정보라 할 수 없다.

32. 재무보고를 위한 개념체계에 관한 설명으로 옳지 않은 것은?

① 이해가능성은 합리적인 판단력이 있고 독립적인 서로 다른 관찰자가 어떤 서술이 표현충실성이라는데, 비록 반드시 완전히 일치하지는 않더라도 합의에 이를 수 있다는 것을 의미한다.

② 근본적 질적 특성은 목적적합성과 표현충실성이다.

③ 비교가능성, 검증가능성, 적시성 및 이해가능성은 목적적합하고 충실하게 표현된 정보의 유용성을 보강시키는 질적 특성이다.

④ 목적적합한 재무정보는 정보이용자의 의사결정에 차이가 나도록 할 수 있다.

⑤ 적시성은 의사결정에 영향을 미칠 수 있도록 의사결정자가 정보를 제때에 이용가능하게 하는 것을 의미한다.

33. 재무제표의 표시에 관한 설명으로 옳지 않은 것은?

① 매출채권에 대한 대손충당금(손실충당금)과 같은 평가충당금을 차감하여 관련 자산을 순액으로 측정하는 것은 상계표시에 해당한다.

② 총포괄손익은 당기순손익과 기타포괄손익의 모든 구성요소를 포함한다.

③ 계속기업의 가정이 적절한지의 여부를 평가할 때 경영진은 적어도 보고기간말로 부터 향후 12개월 기간에 대하여 이용가능한 모든 정보를 고려한다.

④ 재분류조정은 당기나 과거 기간에 기타포괄손익으로 인식되었으나 당기손익으로 재분류된 금액을 말한다.

⑤ 주석은 재무상태표, 포괄손익계산서, 자본변동표 및 현금흐름표에 표시하는 정보에 추가하여 제공된 정보를 말한다.

34. 포괄손익계산서와 재무상태표에 관한 설명으로 옳지 않은 것은?
   ① 수익과 비용의 어느 항목도 당기손익과 기타포괄손익을 표시하는 보고서 또는 주석에 특별손익 항목으로 표시할 수 없다.
   ② 비용의 성격별 분류방법은 기능별 분류방법보다 자의적인 배분과 상당한 정도의 판단이 더 개입될 수 있다.
   ③ 해당 기간에 인식한 모든 수익과 비용의 항목은 단일 포괄손익계산서 또는 두 개의 보고서(당기손익 부분을 표시하는 별개의 손익계산서와 포괄손익을 표시하는 보고서) 중 한 가지 방법으로 표시한다.
   ④ 영업주기는 영업활동을 위한 자산의 취득시점부터 그 자산이 현금이나 현금성자산으로 실현되는 시점까지 소요되는 기간이다.
   ⑤ 기업의 정상영업주기가 명확하게 식별되지 않는 경우 그 주기는 12개월인 것으로 가정한다.

35. 재고자산에 대한 다음의 설명 중 가장 옳은 것은 어느 것인가?
   ① 재료원가, 노무원가 및 기타 제조원가 중 비정상적으로 낭비된 부분이라 하더라도 재고자산과 관련되어 있다면 재고자산의 취득원가에 포함되어야 한다.
   ② 재고자산을 후불조건으로 취득하는 계약이 실질적으로 금융요소를 포함하고 있다 하더라도 해당 금융요소는 재고자산의 취득원가에 포함하여야 한다.
   ③ 매입할인 및 매입에누리와 환출은 매입원가 결정시 차감하고 리베이트는 별도 수익으로 처리한다.
   ④ 도착지 인도조건에 의해 상품을 매입하면 운송중인 상품은 구매자의 재고자산에 포함되어야 한다.
   ⑤ 재고자산을 현재의 장소에 현재의 상태로 이르게 하는데 기여하지 않은 관리간접원가는 발생기간의 비용으로 인식해야 한다.

36. 다음은 정상적인 재고자산감모손실과 재고자산평가손실을 모두 매출원가로 보고하고 있는 ㈜합격의 20x1년 상품과 관련된 자료들이다. ㈜합격의 20x1년도 매출총이익을 구하면 얼마인가?

(1) ㈜합격의 20x1년도 상품과 관련된 기록은 다음과 같다.

내역	수량	단위당원가	단위당판매가
기초재고(01월 01일)	20개	@120	–
당기매입(04월 07일)	40개	@180	–
당기매출(06월 03일)	55개	–	@300

(2) ㈜합격은 상품에 대한 단위원가 결정방법으로 선입선출법을 사용하고 있다.

(3) 20x1년말 현재 기말재고 실사 결과 수량은 2개로 확인되었고, 감모는 정상적인 것으로 파악되었다.

(4) 20x1년말 현재 상품의 단위당 순실현가능가치는 ₩90으로 파악되었다.

① ₩7,080   ② ₩7,260   ③ ₩7,920
④ ₩8,300   ⑤ ₩8,260

37. 다음은 ㈜합격의 20x1년 재고자산과 관련된 자료이다. 매출원가를 구하면 얼마인가?

(1) ㈜합격은 소매재고법(매출가격환원법)을 적용하고 있으며 관련자료는 다음과 같다.

구분	원가	매가
기초상품재고액	₩10,000	₩12,500
당기상품매입액	₩75,000	₩100,000
당기가격인상액	–	₩1,500
당기가격인하액	–	₩3,750
당기가격인상취소액	–	₩250
당기가격인하취소액	–	₩2,500
당기상품매출액	–	₩105,000

(2) ㈜합격은 원가흐름가정으로는 선입선출법을 사용한다.

① ₩7,500   ② ₩79,000   ③ ₩79,375
④ ₩81,500   ⑤ ₩82,435

38. 한국채택국제회계기준 차입원가에 대한 설명이다. 가장 옳은 설명은 어느 것인가?

① 물리적인 제작 전에 각종 인허가를 얻기 위한 활동이 진행되는 기간에는 차입원가의 자본화를 중단한다.

② 일반적인 목적으로 자금을 차입한 경우에도 자본화가능차입원가는 차입금의 일시적 운용으로부터 획득한 모든 투자수익을 차감하여 결정한다.

③ 적격자산의 취득, 건설 또는 생산과 직접 관련된 차입원가는 당해 자산 원가의 일부로 자본화하거나 발생기간에 비용으로 인식할 수 있다.

④ 차입원가를 자본화하는 적격자산에는 전력생산설비, 투자부동산, 생산용식물은 포함되지 않는다.

⑤ 일반적인 목적으로 자금을 차입하고 이를 적격자산의 취득을 위해 사용하는 경우에 한하여 당해 자산 관련 지출액에 자본화이자율을 적용하는 방식으로 자본화가능차입원가를 결정한다.

39. 다음은 차입원가 계산을 위한 ㈜합격의 자료이다. 20x1년 적격자산에 대한 연평균지출액을 계산하면 얼마인가?

(1) ㈜합격은 본사 사옥을 신축하기로 하고 20x1년 2월 1일에 이 본사 사옥 건설과 관련된 직접 차입금으로 A은행으로부터 ₩2,500,000을 차입하였으며, 동 차입금의 상환일은 20x3년 12월 31일, 연 이자율은 10%, 이자는 매년 12월말 후급하는 조건의 차입금이다.

(2) ㈜합격이 20x1년 중 본사 사옥 신축과 관련하여 지출한 금액은 다음과 같다.

지출일	지출액
20x1년 3월 1일	₩2,250,000
20x1년 7월 1일	₩2,500,000
20x1년 11월 1일	₩1,500,000

(3) 동 본사 사옥은 20x1년 3월 1일 착공하여 20x2년에 완공할 예정이다.

① ₩3,000,000   ② ₩3,375,000   ③ ₩4,750,000

④ ₩6,250,000   ⑤ ₩7,250,000

40. 다음은 한국채택국제회계기준 자산손상에서 자산손상 징후가 있는지를 검토할 때 최소한 고려하 도록 나열하고 있는 징후들이다. 다음 중에서 내부정보원천에 해당하는 것만 묶은 것은 어느 것 인가?

> A. 기업의 순자산 장부금액이 기업의 시가총액보다 많다.
> B. 기업이 영업하는 기술·시장·경제·법률 환경이나 해당 자산을 사용하여 재화나 용역을 공급 하는 시장에서 기업에 불리한 영향을 미치는 유의적 변화가 회계기간 중에 일어났거나 가 까운 미래에 일어날 것으로 예상된다.
> C. 자산의 사용 범위나 사용 방법에서 기업에 불리한 영향을 미치는 유의적 변화가 회계기간 중에 일어났거나 가까운 미래에 일어날 것으로 예상된다.
> D. 회계기간 중에 자산의 시장가치가 시간의 경과나 정상적인 사용에 따라 하락할 것으로 예 상되는 수준보다 유의적으로 더 하락하였다는 관측가능한 징후가 있다.
> E. 자산이 진부화하거나 물리적으로 손상된 증거를 얻을 수 있다.
> F. 시장이자율이 회계기간 중에 상승하여 자산의 사용가치를 계산할 때 사용하는 할인율에 영향을 미쳐 자산의 회수가능액이 중요하게 감소할 가능성이 높다.
> G. 자산의 경제적 성과가 예상수준에 미치지 못하거나 못할 것으로 예상되는 증거를 내부보 고에서 얻을 수 있다.

① A-C-G   ② B-E-F   ③ C-E-G
④ C-D-G   ⑤ E-F-G

41. 다음은 ㈜합격의 매출채권과 관련된 자료이다. 20x2년도 포괄손익계산서에 표시할 매출채권 손 상차손(대손상각비)을 구하면 얼마인가?

> (1) 20x1년말 재무상태표상 매출채권 총장부금액은 ₩1,000,000이고, 손실충당금(대손충당 금)은 ₩50,000이다.
> (2) 20x2년 4월에 전기의 매출채권 중 ₩62,500의 대손을 확정하였다.
> (3) 20x2년 7월에 전기에 회수불능으로 판명되어 제각했던 매출채권 중 ₩25,000이 현금으 로 회수되었다.
> (4) 20x2년말 기대신용손실을 결정하기 위해 다음과 같은 충당금설정률표를 작성하였다.

구분	매출채권 총장부금액	채무불이행률
미연체	₩500,000	0.1%
1 ~ 60일 연체	₩375,000	2%
61 ~ 180일 연체	₩250,000	5%
181일 초과 연체	₩125,000	10%

① ₩12,500   ② ₩15,750   ③ ₩18,000
④ ₩20,500   ⑤ ₩21,200

42. 다음은 유형자산에 대하여 원가모형을 적용하고 있는 ㈜합격의 기계장치에 대한 자료이다. 20x4년도에 ㈜합격이 인식할 감가상각비를 계산하면 얼마인가?

> (1) 20x1년 1월 1일 기계장치(내용연수 5년, 잔존가치 ₩0, 정액법상각)를 ₩1,000,000에 취득하였다.
>
> (2) 20x2년말에 기계장치에 대해 손상차손이 발생하였다. 회수가능액 자료는 다음과 같다.
>
> | | 순공정가치 | 사용가치 |
> |---|---|---|
> | 20x2년말 | ₩240,000 | ₩360,000 |
>
> (3) 20x3년말에는 기계장치에 대해 손상차손환입이 발생하였다고 판단하였다. 회수가능액 자료는 다음과 같다.
>
> | | 순공정가치 | 사용가치 |
> |---|---|---|
> | 20x3년말 | ₩420,000 | ₩340,000 |

① ₩120,000 ② ₩150,000 ③ ₩160,000
④ ₩180,000 ⑤ ₩200,000

43. ㈜합격은 보유중인 유형자산에 대해 매 회계기간 말에 손상차손 발생여부를 검토하고 있다. 다음 자료에 의해 20x1년말 재무상태표에 공시될 건물, 기계장치, 영업권의 장부금액은 각각 얼마인가?

> (1) ㈜합격의 유형자산 중 건물과 기계장치는 개별적으로 회수가능액을 추정하기 곤란하여 현금창출단위로 구분하였다.
>
> (2) 현금창출단위에는 사업결합으로 취득한 영업권의 배분금액이 포함되어 있다.
>
> (3) 20x1년말 감가상각을 완료한 후 손상차손 인식 전 현금창출단위를 구성하는 개별자산의 장부금액은 다음과 같다.
>
> | 과목 | 금액 |
> |---|---|
> | 건물 | ₩750,000 |
> | 기계장치 | ₩500,000 |
> | 영업권 | ₩250,000 |
> | 합계 | ₩1,500,000 |
>
> (4) 20x1년말 현금창출단위의 회수가능액이 ₩750,000으로 측정되었으며 손상차손이 발생되었다고 판단하고 이에 대한 회계처리를 수행하였다.

	건물 장부금액	기계장치 장부금액	영업권 장부금액
①	₩300,000	₩325,000	₩125,000
②	₩300,000	₩200,000	₩250,000
③	₩450,000	₩200,000	₩100,000
④	₩450,000	₩150,000	₩150,000
⑤	₩450,000	₩300,000	₩0

제1편 Mainplot[주요논제] 제2편 Subplot[특수논제] 합본부록1 기출유형별 필수문제 합본부록2 실전적중모의고사

44. 다음 중 한국채택국제회계기준에 의할 때 투자부동산에 해당하는 것으로 모두 짝지어진 것은?

> A. 통상적인 영업과정에서 판매하기 위한 부동산이나 이를 위하여 건설 또는 개발 중인 부동산
>
> B. 운용리스로 제공하기 위하여 보유하고 있는 미사용 건물
>
> C. 장래 용도를 결정하지 못한 채로 보유하고 있는 토지.
>
> D. 금융리스로 제공한 부동산
>
> E. 미래에 투자부동산으로 사용하기 위하여 건설 또는 개발중인 부동산
>
> F. 직접 소유하고 운용리스로 제공하고 있는 건물

① A-C-D-F   ② B-D-E-F   ③ B-C-E-F
④ C-D-E-F   ⑤ A-B-C-D

45. ㈜합격은 다음의 자산집합을 자산의 매각으로 처분하기 위해 매각예정비유동자산으로 분류하였다. 손상차손 배분후의 기계장치와 재고자산의 장부금액은 각각 얼마인가?

(1) 매각예정으로 분류하기 직전에 재측정한 장부금액 정보는 다음과 같다.	
과목	매각예정으로 분류하기 직전에 재측정한 장부금액
영업권	₩3,750,000
건물	₩5,000,000
기계장치	₩7,500,000
재고자산	₩6,250,000
기타포괄손익−공정가치측정금융자산	₩6,250,000
계	₩28,750,000

(2) 매각예정 분류일 현재 처분자산집단의 순공정가치는 ₩20,000,000으로 추정하였다.

	기계장치	재고자산
①	₩4,500,000	₩0
②	₩4,500,000	₩4,347,500
③	₩4,500,000	₩4,582,500
④	₩3,000,000	₩6,250,000
⑤	₩3,000,000	₩5,000,000

46. 다음은 ㈜합격이 취득한 투자부동산에 대한 자료이다.

> (1) ㈜합격은 20x1년초 임대수익을 얻을 목적으로 건물을 ₩2,500,000에 취득하였고 이를 투자부동산으로 분류하여 원가모형을 적용하였다.
> (2) 동 건물의 내용연수는 10년, 잔존가치는 없는 것으로 판단하였으며, 감가상각은 정액법을 적용하였다.
> (3) 20x1년도 법인세비용차감전순이익은 ₩25,000,000이다.

만약, 20x1년말 건물의 공정가치가 ₩3,000,000이고, ㈜합격이 동 건물에 대하여 원가모형이 아니라 공정가치모형을 적용했다면 20x1년도 법인세비용차감전순이익은 얼마이겠는가?

① ₩23,750,000   ② ₩25,250,000   ③ ₩25,500,000
④ ₩25,750,000   ⑤ ₩27,250,000

47. ㈜합격의 대여금과 관련된 자료가 다음과 같을 때 금융자산처분이익을 구하면 얼마인가?

> (1) ㈜합격은 20x1년 1월 1일 현재 ㈜적중에 대한 대여금(장부금액 ₩1,000,000)을 보유하고 있다.
> (2) 동 대여금의 원금은 ₩1,000,000이며 만기일은 20x2년 12월 31일이고 일시상환 조건이다.
> (3) 이자는 만기일까지 매년 12월 31일 연 10%를 수령하는 조건이다.
> (4) ㈜합격은 20x1년 1월 1일에 만기까지 수령할 이자부분만을 아무런 조건없이 이자수익의 공정가치에 양도하였다.
> (5) 위 양도가 제거조건을 충족한다고 가정한다.
> (6) 20x1년 1월 1일 현행 시장이자율은 5%이다.
> (7) 현재가치표는 다음과 같다.

기간	단일금액 ₩1의 현재가치계수		정상연금 ₩1의 현재가치계수	
	5%	10%	5%	10%
n=1	0.9524	0.9091	0.9524	0.9091
n=2	0.9070	0.8264	1.8594	1.7355

① ₩11,236   ② ₩12,365   ③ ₩13,265
④ ₩14,221   ⑤ ₩15,812

48. 금융상품에서 정하고 있는 금융자산의 회계처리에 대한 내용이다. 가장 옳은 것은?

① 회계불일치를 제거하거나 유의적으로 줄이는 경우에는 최초 인식시점에 상각후원가측정금융자산이나 기타포괄손익-공정가치측정금융자산을 당기손익-공정가치측정금융자산으로 지정할 수 있다.

② 계약상 현금흐름 특성을 가지고 있지 않는 금융자산은 일단 기타포괄손익-공정가치측정금융자산으로 분류한다.

③ 모든 채무상품은 상각후원가측정금융자산으로 분류한다.

④ 금융자산은 금융자산의 관리를 위한 사업모형 또는 금융자산의 계약상 현금흐름 특성 중 한 가지 기준에 근거하여 적절히 분류하며 매 기간 동일한 기준을 적용해야 한다.

⑤ 단기매매목적도 아니고 조건부대가도 아닌 지분상품은 기타포괄손익-공정가치측정금융자산으로 분류할 수 없다.

49. ㈜합격의 20x1년말 결산일 현재 현금 등의 내역이다. 20x1년말 재무상태표에 현금및현금성자산으로 보고될 금액을 구하면 얼마인가?

(1) 지폐와 동전	₩120,000,000
(2) 당좌개설보증금	₩5,000,000
(3) 수입인지	₩300,000
(4) 타인발행수표(발행일 : 20x1년 10월)	₩32,000,000
(5) 환매채(20x1년 12월 1일 취득한 90일 환매조건)	₩7,000,000
(6) 기일이 도래한 공채이자표	₩50,000,000
(7) 선일자수표(발행일 : 20x1년 1월 20일)	₩25,000,000
(8) 6개월 만기 국민주택채권(20x1년 9월 1일 취득)	₩45,000,000
(9) 정기적금(1년 이내에 만기도래)	₩100,000,000

① ₩209,000,000   ② ₩209,300,000   ③ ₩214,300,000

④ ₩239,300,000   ⑤ ₩339,300,000

50. 다음은 20x1년도 ㈜합격의 ㈜적중 주식에 대한 취득 등에 관한 자료이다. ㈜합격이 20x1년도에 동 주식에 대해 인식할 평가이익과 처분이익을 각각 구하면 얼마인가?

(1) 20x1년도 주식 취득 및 처분 내역	
05월 12일	㈜적중 주식 20주를 공정가치인 주당 ₩12,000에 취득하고, 취득시 수수료 ₩2,000을 지출하였다.
07월 16일	㈜적중 주식 20주를 공정가인인 주당 ₩14,000에 취득하고, 취득시 수수료 ₩3,000을 지출하였다.
11월 23일	㈜적중 주식 10주를 주당 ₩15,000에 처분하고, 처분시 수수료 ₩3,000을 지출하였다.
12월 31일	㈜적중 주식의 기말 공정가치는 주당 ₩16,000이다.

(2) ㈜합격은 ㈜적중의 주식을 당기손익－공정가치측정금융자산으로 분류하였다.

(3) ㈜합격은 주식의 단가산정과 관련하여 이동평균법을 적용하였다.

	평가이익	처분이익
①	₩75,000	₩18,000
②	₩75,000	₩17,000
③	₩90,000	₩19,000
④	₩90,000	₩18,000
⑤	₩90,000	₩17,000

51. 다음은 금융자산이 손상된 증거를 나열한 것이다. 가장 옳지 않은 것은?
① 금융자산의 공정가치가 원가나 상각후원가 이하로 하락
② 채무불이행이나 연체 같은 계약 위반
③ 재무적 어려움으로 해당 금융자산에 대한 활성시장의 소멸
④ 발행자나 차입자의 유의적인 재무적 어려움
⑤ 차입자의 파산가능성이 높아지거나 그 밖의 재무구조 조정가능성이 높아짐

52. 다음 자료에 의해 ㈜합격이 ㈜적중 지분상품을 당기손익-공정가치측정금융자산으로 분류한 경우와 기타포괄손익-공정가치측정금융자산으로 분류한 경우에 20x1년도 당기손익에 미치는 영향은?

> (1)㈜합격은 20x1년초에 ㈜적중 지분상품을 취득하면서 매매수료 ₩2,500을 포함한 총 ₩252,500을 지급하였다.
> (2)20x1년말 현재 ㈜적중 지분상품의 공정가치는 ₩302,500이다.

	당기손익-공정가치측정금융자산	기타포괄손익-공정가치측정금융자산
①	영향없음	영향없음
②	₩47,500 증가	₩17,000
③	₩50,000 증가	영향없음
④	₩50,500 증가	₩52,00 증가
⑤	₩52,500 증가	₩2,500 감소

53. 20x1년초 ㈜합격은 ㈜적중이 발행한 사채를 취득하고 상각후원가측정금융자산으로 분류하였다. 다음의 자료에 의해 20x1년말 재무상태표상 표시될 장부금액을 구하면 얼마인가?

> (1)취득가는 ₩946,540으로 공정가치와 동일하다.
> (2)사채 발행일 현재 유효이자율은 6%이며, 사채 권면의 표시사항은 다음과 같다.
>   - 사채발행일 : 20x1년 1월 1일, 액면금액 : ₩1,000,000
>   - 액면이자율 : 연 4%(매년말 후급), 만기일 : 20x3년 12월 31일
> (3)동 사채의 20x1년말 현재 공정가치는 ₩945,761(현행 시장이자율 7%)이다.

① ₩963,332   ② ₩965,236   ③ ₩984,263
④ ₩994,220   ⑤ ₩1,000,000

54. ㈜합격은 액면금액 ₩1,000,000, 표시이자율 연 8%, 만기 3년, 매년 12월 31일 이자지급의 조건으로 사채를 발행하였다. 이 사채의 액면에 기재된 발행일은 20x1년 1월 1일이지만 ㈜합격이 동 사채를 실제로 발행한 것은 20x1년 4월 1일이었다. 발행일의 유효이자율은 연 10%이며 만약 ㈜합격이 20x1년 1월 1일에 사채를 발행하였다면 ₩950,258에 발행되었을 것이다. ㈜합격의 사채에 대한 다음의 설명 중 옳은 것은? 단, 소수점 첫째자리에서 반올림한다.
① 20x1년 4월 1일 사채의 장부금액은 ₩974,014로 기록된다.
② 20x1년 포괄손익계산서상의 이자비용은 ₩60,000으로 기록된다.
③ 20x1년 4월 1일 사채발행시 미지급이자는 ₩25,986으로 기록된다.
④ 20x1년 4월 1일 사채발행시 현금수취액은 ₩974,014이다.
⑤ 20x1년 4월 1일 사채할인발행차금은 ₩49,742로 기록된다.

55. 무상증자, 주식배당, 주식분할, 주식병합의 증감사항을 비교한 표가 다음과 같을 때 가장 올바르게 짝지어진 것은?

	가	나	다	라
발행주식수	증가	증가	증가	감소
주당액면금액	불변	불변	감소	증가
총자본	불변	불변	불변	불변
자본금	증가	증가	불변	불변
자본잉여금	불변	감소가능	불변	불변
이익잉여금	감소	감소가능	불변	불변

	가	나	다	라
①	주식분할	무상증자	주식배당	주식병합
②	무상증자	주식배당	주식병합	주식분할
③	무상증자	주식분할	주식병합	주식배당
④	주식배당	주식병합	무상증자	주식배당
⑤	주식배당	무상증자	주식분할	주식병합

56. ㈜합격은 20x1년초 액면금액 ₩1,000,000, 표시이자율 연 5%(매년말 이자지급), 만기는 20x3년말, 만기까지 주식으로 전환하지 않은 경우 만기에 상환할증금 ₩97,400을 지급하는 전환사채를 액면발행하였다. 동일한 조건의 일반사채인 경우의 발행금액은 ₩948,830일 때, 다음의 설명 중 옳지 않은 것은 어느 것인가?

① 전환사채를 발행한 시점에 재무상태표상 부채로 계상할 전환사채의 장부금액은 ₩948,830이다.

② 만약 상환할증금이 없고 다른 조건은 동일하다면 재무상태표상 부채로 계상할 전환사채의 장부금액은 상환할증금이 있는 경우보다 더 작다.

③ 상환할증금을 지급하는 조건이므로 보장수익률은 액면이자율보다 높을 것이다.

④ 만기까지 주식으로 전환하지 않은 경우 만기에 지급할 금액은 액면금액에 이자비용을 포함한 ₩1,050,000이다.

⑤ 이 전환사채의 발행금액에는 전환권대가 ₩51,170이 포함되어 있다.

57. ㈜합격은 자기주식에 대하여 원가법을 적용하여 회계처리하고 있으며 자기주식의 취득과 매각에 대해서는 선입선출법을 적용하고 있다. ㈜합격은 20x1년초에 설립된 회사로 20x1년 중 다음과 같은 자본거래가 발생하였으며 20x1년도 당기순이익은 ₩100,000이고 기타의 이익처분은 없다. 이러한 거래들로 인해 20x1년 자본총액에 미치는 영향을 구하면 얼마인가?

1월 12일	액면금액 ₩500의 보통주 5,000주를 주당 ₩8,500에 발행하였다.
2월 16일	유통주식 중 액면금액 ₩500의 보통주 100주를 주당 ₩10,000에 취득하였다.
4월 11일	유통주식 중 액면금액 ₩500의 보통주 200주를 주당 ₩11,000에 취득하였다.
4월 28일	보유하고 있던 자기주식 250주를 주당 ₩11,500에 매각하였다.
5월 18일	보유하고 있던 나머지 자기주식을 모두 소각하였다.

① ₩40,225,000   ② ₩42,275,000   ③ ₩42,695,000
④ ₩42,935,000   ⑤ ₩43,220,000

58. ㈜합격의 사채발행 및 상환에 대한 자료가 다음과 같을 때 조기상환을 위해 지급한 금액을 구하면 얼마인가?

> (1) 사채발행과 관련된 자료
>   – 발행일 : 20x1년 1월 1일
>   – 액면금액 : ₩1,000,000
>   – 표시이자율 : 연 8%(매년말 후급)
>   – 만기상환일 : 20x3년 12월 31일(3년 만기)
>   – 발행금액 : ₩950,258
>   – 사채 발행시점의 유효이자율 : 10%
> (2) 사채상환과 관련된 자료
>   – 사채 액면금액 중 ₩500,000을 20x2년 1월 1일 조기상환하였으며 사채상환손익은 발생하지 않음.

① ₩475,129   ② ₩482,642   ③ ₩488,322
④ ₩499,206   ⑤ ₩965,284

59. 다음은 주당이익에 대한 설명이다. 가장 타당하지 않은 것은?

① 희석주당이익을 계산할 때 희석효과가 있는 옵션이나 주식매입권은 행사된 것으로 가정한다.

② 전환우선주의 조기전환을 유도하기 위하여 추가 지급한 대가의 공정가치는 기본주당이익 계산시 당기순이익에 가산한다.

③ 기본주당이익을 계산하기 위한 보통주식수는 그 기간에 유통된 보통주식수를 가중평균한 주식수로 한다.

④ 기본주당이익을 계산할 때 보통주에 귀속되는 금액은 계속영업손익과 당기순손익 각각의 금액에서 자본으로 분류된 우선주에 대한 세후 우선주 배당금, 우선주 상환시 발생한 차액 및 유사한 효과를 조정한 금액이다.

⑤ 희석성 잠재적보통주는 회계기간의 기초에 전환된 것으로 보되 당기에 발행된 것은 그 발행일에 전환된 것으로 본다.

60. ㈜합격의 다음 자료를 이용하여 기본주당이익을 계산하기 위한 가중평균유통보통주식수를 계산하면 몇 주인가? 단, ㈜합격의 주식은 모두 사외 유통되고 있다.

(1) ㈜합격의 20x1년초 자본금 내역은 다음과 같다.

보통주자본금	₩100,000,000(액면금액 : 주당 ₩5,000)
우선주자본금	₩50,000,000(액면금액 : 주당 ₩5,000)

(2) ㈜합격의 20x1년 중 자본금 변동내역은 다음과 같다.

4월 1일	공정가치로 보통주 2,000주를 유상증자하고 주식대금을 납입받다.
7월 1일	토지를 현물로 출자받고 5,000주의 보통주를 발행교부하다.

① 22,000주 ② 24,000주 ③ 25,000주
④ 26,000주 ⑤ 27,000주

제2회. 실전적중모의고사

제한시간 : 100분

♣아래 문제들에서 기업의 회계연도는 특별한 언급이 없는 한 매년 1월 1일부터 12월 31일까지입니다. 각 문제의 보기 중에서 가장 합당한 답을 선택하되 한국채택국제회계기준에 따릅니다.

1. 다음은 ㈜합격이 20x1년 1월 1일 수주한 건설계약과 관련된 자료이다. ㈜합격이 20x2년 포괄손이계산서에 인식할 비용을 구하면? 단, ㈜합격은 동 건설계약에 진행기준을 사용하며 진행률은 발생누적계약원가를 추정총계약원가로 나눈 비율을 사용한다.

> (1) 도급금액 : ₩800,000
> (2) 공사기간 : 20x1년 1월 1일부터 20x3년 12월 31일
> (3) 관련 원가 자료
>
> | 구분 | 20x1년 | 20x2년 | 20x3년 |
> |---|---|---|---|
> | 당기발생계약원가 | ₩130,000 | ₩380,000 | ₩340,000 |
> | 추정총계약원가 | ₩650,000 | ₩850,000 | ₩850,000 |

① ₩20,000   ② ₩80,000   ③ ₩380,000
④ ₩400,000   ⑤ ₩530,000

2. 수익의 인식과 관련된 설명이다. 가장 타당하지 않은 것은?
   ① 미인도청구 약정의 경우에는 고객이 제품을 통제하는 경우 수행의무를 이행한 것이므로 기업은 수익을 인식한다.
   ② 예술공연, 축하연, 기타 특별공연 등에서 발생하는 수익은 행사가 개최되는 시점에 수익을 인식한다.
   ③ 광고매체수수료는 광고 또는 상업방송이 대중에게 전달될 때 수익을 인식하고, 광고제작수수료는 광고 제작의 진행률에 따라 수익을 인식한다.
   ④ 설치수수료는 설치용역이 재화와 구별되지 않는 경우 단일 수행의무로 보아 재화의 통제가 이전되는 시점에 수익을 인식한다.
   ⑤ 주문개발하는 소프트웨어의 대가로 수취하는 수수료는 인도기준에 따라 수익을 인식한다.

3. 다음의 자료에 의해 당기 말에 보고해야 할 용역계약손익을 구하면 얼마인가?

> (1) ㈜합격은 ㈜적중과 용역계약을 체결하고 3년간 총 ₩9,000의 용역수입을 수령하기로 계약하였다.
> (2) 전기 말까지 ₩2,000의 용역계약이익을 인식하였다.
> (3) 당기 말 현재 추정한 총예정계약원가는 ₩10,000이다.

① ₩2,000 계약이익　　　　② ₩2,000 계약손실　　　　③ ₩3,000 계약이익

④ ₩3,000 계약손실　　　　⑤ ₩9,000 계약손실

4. 다음은 ㈜합격이 수주한 건설계약과 관련된 자료이다. ㈜합격이 20x2년도 인식할 계약수익은 얼마인가?

> (1) 동 계약은 원가보상계약에 따라 수주하였으며, 발주자로부터 발생원가의 15% 이익을 가산한 금액을 보상받기로 하였다.
> (2) 공사는 20x1년 초에 시작되어 20x3년 12월 31일에 완성되었다.
> (3) 관련 원가 자료

구분	20x1년	20x2년	20x3년
당기발생계약원가	₩2,000,000	₩4,000,000	₩7,000,000
완성시까지 추가소요원가	?	?	–

① ₩4,000,000　　　　② ₩4,150,000　　　　③ ₩4,500,000

④ ₩4,600,000　　　　⑤ ₩4,850,000

5. ㈜합격의 20x1년 7월 21일 홍수로 인하여 손상된 재고자산의 처분가치는 ₩200,000이다. ㈜합격은 모든 판매와 구매를 외상으로 하고 있다. ㈜합격의 당 회계연도 회계자료 중 일부는 다음과 같다. 매출총이익률을 20%라고 할 때 20x1 7월 21일까지의 매출액은 얼마인가?

> (1) 계정과목 잔액
>
> | 계정과목 | 20x1년 1월 1일 | 20x1년 7월 21일 |
> |---|---|---|
> | 재고자산 | ₩3,000,000 | ? |
> | 매출채권 | ₩5,000,000 | ₩4,000,000 |
> | 매입채무 | ₩1,000,000 | ₩1,700,000 |
>
> (2) 20x1년 1월 1일부터 20x1년 7월 21일까지 발생한 거래
> 　매출채권 당기 회수액 ₩20,000,000, 매입채무 당기 지급액 ₩13,000,000

① ₩13,700,000　　　　② ₩19,000,000　　　　③ ₩19,500,000

④ ₩20,500,000　　　　⑤ ₩22,700,000

6. 다음은 ㈜합격의 도로건설 도급공사와 관련된 자료이다. 진행기준을 적용하여 계약수익을 인식하는 경우 20x3년 계약손익을 구하면?

(1) 도급금액 : ₩10,000,000
(2) 공사기간 : 20x1년 1월 1일부터 20x3년 12월 31일
(3) 관련 원가 자료

구분	20x1년	20x2년	20x3년
추정총계약원가	₩11,000,000	₩11,500,000	₩12,000,000

① 계약손실 ₩500,000   ② 계약이익 ₩500,000   ③ 계약손실 ₩1,500,000
④ 계약이익 ₩1,500,000   ⑤ 계약손실 ₩2,000,000

7. 다음은 20x1년초 ㈜합격이 수주한 용역계약과 관련된 자료이다. 20x1년 인식할 용역수익을 구하면 얼마인가?

(1) 2년간 총 ₩100,000의 용역수입을 수령하기로 계약하였다.
(2) 관련 원가 자료

구분	20x1년	20x2년
당기발생 계약원가	₩12,000	₩40,000
완성시까지 추가소요원가	?	—

(3) 20x1년말 현재 발생원가의 회수가능성도 낮고 추가소요원가도 신뢰성있게 측정할 수 없다.

① ₩0   ② ₩2,000   ③ ₩5,000
④ ₩9,000   ⑤ ₩10,000

8. ㈜합격은 유형자산에 대하여 원가모형을 적용하고 있으며, 20x1년 4월 1일에 취득한 기계장치에 대한 자료는 다음과 같다.

(1) 취득원가 : ₩80,000,000(내용연수 5년, 잔존가치 ₩5,000,000)
(2) 감가상각방법 : 연수합계법
(3) 처분 : 20x2년 10월 1일에 현금 ₩43,000,000을 수령하고 처분하였다.

㈜합격이 20x2년 10월 1일에 인식할 기계장치에 대한 처분손익을 구하면 얼마인가?
① ₩2,000,000 처분이익   ② ₩2,000,000 처분손실   ③ ₩1,750,000 처분이익
④ ₩1,750,000 처분손실   ⑤ ₩3,500,000 처분손실

9. 다음은 유형자산의 취득원가에 대한 설명이다. 가장 타당하지 않은 설명은 어느 것인가?

① 기계장치를 취득하여 의도한 용도로 사용하기 적합한 상태로 만들기 위해 지출한 시운전비는 기계장치의 취득원가에 포함한다.

② 화학제품 제조업체가 위험한 화학물질의 생산과 저장에 관한 환경규제 요건을 충족하기 위하여 새로운 화학처리공정설비를 설치하는 경우 관련 증설원가를 자산으로 인식한다.

② 토지 취득시 중개수수료, 취득세 등과 같은 소유권 이전비용은 토지 취득원가에 포함한다.

④ 지상 건물이 있는 토지를 일괄취득하여 구 건물을 계속 사용할 경우 일괄구입가격을 토지와 건물의 공정가치에 따라 배분한다.

⑤ 건물 신축을 목적으로 건물이 있는 토지를 일괄취득한 경우 구 건물의 철거비용은 신축 건물의 취득원가에 가산한다.

10. 다음은 ㈜합격의 기계장치 교환과 관련된 자료이다. ㈜합격이 교환시점에서 인식할 기계장치의 취득원가를 구하면 얼마인가?

(1) 20x1년 7월 1일 공정가치가 명확한 ㈜합격의 기계장치를 ㈜적중의 기계장치와 교환하였으며, ㈜합격은 추가로 현금 ₩500,000을 ㈜적중에 지급하였다.

(2) 동 교환거래는 상업적 실질이 존재하며, 장부금액과 공정가치 자료는 다음과 같다.

구분	기계장치 장부금액	기계장치 공정가치
㈜합격	₩2,000,000	₩2,700,000
㈜적중	₩5,000,000	₩3,100,000

① ₩2,000,000 ② ₩2,700,000 ③ ₩3,100,000
④ ₩3,200,000 ⑤ ₩3,600,000

11. 다음은 ㈜합격의 연구개발활동과 관련한 자료이다. 개발관련비용은 모두 자산의 정의와 인식요건을 충족한다고 할 때 ㈜합격이 20x2년 인식할 연구 및 개발관련비용(상각비 포함)은 얼마인가?

(1) 발생 비용의 내역

구분	연구관련비용	개발관련비용
20x1년 발생	₩1,000,000	₩4,000,000
20x2년 발생	₩4,000,000	₩6,000,000

(2) 개발관련비용은 20x2년말 현재 개발이 계속 진행 개발활동에서 발생한 것이며, ㈜합격은 개발 중인 무형자산의 상각기간을 10년으로 추정하고 있다.

① ₩600,000 ② ₩4,000,000 ③ ₩4,200,000
④ ₩4,600,000 ⑤ ₩6,000,000

12. 다음은 ㈜합격이 취득한 기계장치에 대한 자료이다. ㈜합격이 20x2년 7월 1일 동 기계장치의 처분으로 인식할 유형자산처분손익을 구하면 얼마인가?

(1) 취득일 : 20x1년 1월 1일

(2) 취득원가 : ₩200,000(내용연수 5년, 잔존가치 ₩0)

(3) 원가모형을 적용하며 정액법에 의해 감가상각한다.

(4) 20x1년말 손상의 객관적인 증거가 발생하였으며, 기계장치의 순공정가치와 사용가치는 다음과 같다.

연도	순공정가치	사용가치
20x1년말	₩120,000	₩100,000

(5) 동 기계장치를 20x2년 7월 1일 현금 ₩90,000에 처분하였다.

① ₩15,000 처분손실　　② ₩15,000 처분이익　　③ ₩30,000 처분손실
④ ₩30,000 처분이익　　⑤ ₩55,000 처분손실

13. 다음은 ㈜합격의 합병과 관련된 자료이다. 동 합병으로 ㈜합격이 계상할 영업권을 구하면 얼마인가?

(1) ㈜합격은 ㈜적중을 합병하고 합병대가로 ₩500,000,000의 현금을 지급하였다.

(2) 합병시점의 ㈜적중의 재무상태표상 자산총계는 ₩375,000,000, 부채총계는 ₩225,000,000 이다.

(3) ㈜적중의 재무상태표상 장부금액은 토지를 제외하고 공정가치와 같다.

(4) 토지는 장부상 ₩125,000,000으로 기록되어 있으나 합병시점의 공정가치는 ₩250,000,000 인 것으로 평가되었다.

① ₩125,000,000　　② ₩225,000,000　　③ ₩250,000,000
④ ₩350,000,000　　⑤ ₩500,000,000

14. ㈜합격은 20x1년말 현재 다음의 독립된 우발상황이 존재하고 있다. 이로 인해 20x1년 ㈜합격의 당기손익에 미치는 영향은 얼마인가?

(1) ㈜합격은 자신에 손해를 끼친 ㈜적중에 대해 손해배상 청구소송을 진행 중에 있다. ㈜합격이 이길 확률은 높으며 그 보상액은 ₩5,000,000으로 추정된다.

(2) ㈜합격은 한강을 오염시켰다는 이유로 서울시에 의해 제소되었다. ㈜합격의 변호사는 회사가 승소할 확률은 희박하다고 판단하고 있으며, 그 벌과금은 ₩12,500,000이 될 것으로 추정된다.

① ₩5,000,000 이익　　② ₩7,500,000 손실　　③ ₩12,500,000 손실
④ ₩13,000,000 손실　　⑤ ₩17,500,000 손실

15. ㈜합격은 판매 후 첫 6개월 이내에 제조상 결함으로 발생하는 수선비용을 보장하는 보증서와 함께 제품을 판매한다. 판매한 제품에서 중요하지 않은(사소한) 결함이 발생할 경우 ₩2,500,000, 치명적인(중요한) 결함이 발생할 경우 ₩10,000,000의 수선비용이 각각 발생한다. 과거 경험 및 미래 예상에 따르면 20x1년말에 판매된 제품 중 75%는 전혀 결함이 발생하지 않고, 20%는 중요하지 않은(사소한) 결함, 나머지 5%는 치명적인(중요한) 결함이 발생할 것으로 예상된다. 20x1년말에 판매된 제품과 관련한 제품보증비 지출액은 없는 경우 ㈜합격이 20x1년말에 제품 보증 관련 충당부채를 인식할 때 최선의 추정치는 얼마인가?

① ₩500,000   ② ₩750,000   ③ ₩1,000,000
④ ₩1,200,000   ⑤ ₩1,250,000

16. 다음 중 리스가 일반적으로 금융리스로 분류되는 상황의 예로 가장 해당되지 않는 것은?
① 리스기간 종료시점 이전에 기초자산의 소유권이 리스이용자에게 이전되는 경우
② 리스이용자가 선택권을 행사할 수 있는 날의 공정가치보다 충분히 낮을 것으로 예상되는 가격으로 기초자산을 매수할 수 있는 선택권을 가지고 있고, 그 선택권을 행사할 것이 리스약정일 현재 상당히 확실한 경우
③ 기초자산의 소유권이 이전되지는 않더라도 리스기간이 기초자산의 경제적 내용연수의 상당 부분을 차지하는 경우
④ 리스약정일 현재 리스료의 현재가치가 적어도 기초자산 공정가치의 대부분에 해당하는 경우
⑤ 잠재적 리스이용자도 주요한 변경없이 사용할 수 있는 일반적인 범용 리스자산인 경우

17. ㈜합격리스는 20x1년 1월 1일에 자동차를 ₩1,247,690(내용연수 5년, 잔존가치 ₩500,000)에 구입하여, 구입 즉시 ㈜적중에 5년간 임대하는 리스계약(매년 말에 ₩300,000씩 5회 리스료 지급)을 체결하였다. 이 리스계약을 체결하기 위한 ㈜합격리스의 리스개설직접원가는 ₩200,000이고, ㈜적중의 리스개설직접원가는 ₩300,000이다. ㈜적중은 리스종료일에 ₩100,000의 잔존가치를 보증하며 이 금액을 지급할 것으로 예상된다. ㈜적중이 리스와 관련하여 20x1년도에 인식할 이자비용과 감가상각비의 합계는? 단, 감가상각은 정액법을 적용한다. ㈜적중은 ㈜합격리스의 내재이자율 10%를 알고 있으며, 할인율 10%의 5년 단일금액 현가계수는 0.6209이고, 5년 정상연금 현가계수는 3.7908이다. 단수차이로 인한 오차가 있으면 가장 근사치를 선택한다.

① ₩262,694   ② ₩319,635   ③ ₩324,673
④ ₩399,799   ⑤ ₩404,635

18. 다음은 인공위성을 제조하는 ㈜합격의 판매형 금융리스와 관련된 자료이다. ㈜합격이 20x1년 포괄손익계산서에 인식할 리스관련 이익을 구하면 얼마인가? 단, 가장 근사치를 선택한다.

> (1) 리스개시일은 20x1년 1월 1일이며, 리스기간은 3년이다.
> (2) 리스료는 매년말 ₩522,550이며, 리스제공자의 내재이자율은 연 12%, 증분차입이자율은 연11%, 시장이자율은 연 10%이다.
> (3) 판매당시 인공위성의 공정가치는 ₩2,200,000이며, 제조원가는 ₩1,600,000이다.
> (4) 리스기간 종료시 잔존가치는 ₩400,000으로 추정되며 이 중 리스이용자가 보증한 금액은 없다.
> (5) 염가매수선택권이나 소유권이전 약정은 없다.

기간	단일금액 ₩1의 현재가치			정상연금 ₩1의 현재가치		
	10%	11%	12%	10%	11%	12%
3년	0.7513	0.7312	0.7118	2.4869	2.4437	2.4018

① ₩50   ② ₩160,000   ③ ₩1,299,480

④ ₩1,299,530   ⑤ ₩2,759,000

19. 다음은 법인세에 대한 설명이다. 가장 타당하지 않은 것은?

① 이연법인세 자산과 부채는 보고기간말까지 제정되었거나 실질적으로 제정된 세율(및 세법)에 근거하여 당해 자산이 실현되거나 부채가 결제될 회계기간에 적용될 것으로 기대되는 세율을 사용하여 측정한다.

② 이연법인세자산의 일부 또는 전부에 대한 혜택이 사용되기에 충분한 과세소득이 발생할 가능성이 더 이상 높지 않다면 이연법인세자산의 장부금액을 감액시킨다.

③ 차감할 일시적차이가 사용될 수 있는 과세소득의 발생가능성이 높은 경우에 모든 차감할 일시적차이에 대하여 이연법인세자산을 인식한다.

④ 일부 자산은 세무상으로 인정되지 않지만 공정가치로 장부에 기록되거나 재평가될 수 있다. 당해 자산의 세무기준액이 장부금액을 초과하는 경우 가산할 일시적차이가 발생한다.

⑤ 이연법인세 자산과 부채는 할인하지 아니한다.

20. ㈜합격의 20x1년 결산 자료가 다음과 같을 경우 20x1년 법인세부담액을 구하면 얼마인가?

법인세비용차감전순이익	₩7,500,000	당기순이익	₩5,750,000
기초 이연법인세부채	₩500,000	기말 이연법인세부채	₩0
기초 이연법인세자산	₩0	기말 이연법인세자산	₩750,000

① ₩2,000,000   ② ₩2,500,000   ③ ₩3,000,000

④ ₩3,500,000   ⑤ ₩4,000,000

21. 한국채택국제회계기준 종업원급여와 관련하여 퇴직급여제도에 대한 설명으로 가장 옳은 설명은 어느 것인가?

① 확정급여제도에서는 보고기업이 채무나 비용을 측정하기 위해 보험수리적 가정을 세울 필요가 없다.

② 확정급여제도에서는 확정급여채무에 대한 보험수리적손익을 기타포괄손익으로 회계처리한다.

③ 확정기여제도에서는 기업이 보험수리적위험과 투자위험을 실질적으로 부담한다.

④ 확정기여제도에서 기업의 법적의무나 의제의무는 종업원의 퇴직시 기업이 종업원에게 지급하기로 약정한 급여로 한정된다.

⑤ 확정급여제도에서 확정급여채무를 할인하기 위해 사용하는 할인율은 보고기간말 현재 해당 기업의 자본조달비용을 사용한다.

22. 다음은 20x1년말에 확정급여제도를 도입한 ㈜합격의 자료이다. ㈜합격이 20x2년도에 당기손익으로 인식할 퇴직급여를 구하면 얼마인가?

(1) 20x1년말 확정급여채무 장부금액은 ₩250,000이다.

(2) 20x1년말 사외적립자산에 현금 ₩225,000을 출연하였다.

(3) 20x2년에 확정급여제도와 관련하여 발생한 거래는 다음과 같다.

구분	금액
20x2년 당기근무원가	₩87,500
20x2년말 퇴직금 지급액	₩30,000
20x2년말 사외적립자산 현금출연액	₩75,000

(4) 20x2년말 사외적립자산의 공정가치는 ₩287,500이며, 확정급여채무 계산시 적용하는 할인율은 연 6%이고, 보험수리적가정의 변동은 없다.

① ₩84,000 ② ₩86,250 ③ ₩89,000

④ ₩91,250 ⑤ ₩101,500

23. ㈜합격은 20x1년초 종업원 100명에게 각각 주식선택권을 20개를 부여하였다. 관련된 다음의 자료에 따라 20x3년초 ㈜합격의 주식선택권 중도청산이 비용에 미치는 영향은 얼마인가?

(1) 부여한 주식선택권은 종업원이 향후 3년간 용역을 제공할 경우 가득된다.

(2) ㈜합격이 부여한 주식선택권의 연도별 단위당 공정가치는 다음과 같다.

부여일(20x1년초)	20x1년말	20x2년말	20x3년말
₩30	₩32	₩35	₩45

(3) ㈜합격은 주식선택권을 부여받은 종업원 중 퇴사할 종업원은 없다고 추정하였다.

(4) ㈜합격은 20x3년초에 종업원과의 협의 하에 주식선택권을 단위당 현금 ₩40에 중도청산 하였으며, 중도청산일까지 퇴사한 종업원은 없다.

(5) 주식선택권의 20x2년말과 20x3년초 공정가치는 동일하다고 가정한다.

① 증가 ₩20,000 　② 감소 ₩20,000 　③ 감소 ₩10,000
④ 증가 ₩30,000 　⑤ 감소 ₩30,000

24. ㈜합격은 기말결산시 다음과 같은 회계오류를 발견하였다. 회계연도말 자본과 비유동자산을 모두 과대계상하게 되는 오류는?
① 비유동자산의 취득원가를 취득시점에 전액 비용처리
② 선급비용의 과소계상
③ 매출채권에 대한 대손충당금의 과소계상
④ 기계장치에 대한 감가상각비의 과소계상
⑤ 기말재고자산의 과대계상

25. ㈜합격의 회계처리 오류와 관련된 사항이 다음과 같을 때 20x1년도 법인세비용차감전순이익에 미치는 영향은?

(1) ㈜합격은 20x1년도 장부 마감 전에 다음과 같은 오류를 발견하였다.
　- 20x1년 1월 1일 기계장치를 취득하면서 취득세 ₩20,000,000을 수익적지출로 회계처리 하였다.
　- 20x1년 1월 1일 차량에 대한 일상적인 수선비 ₩10,000,000을 자본적지출로 회계처리 하였다.

(2) 기계장치와 차량의 감가상각방법은 정률법이며 상각률은 0.4이다.

① 과소계상 ₩6,000,000 　② 과대계상 ₩6,000,000 　③ 과소계상 ₩8,000,000
④ 과대계상 ₩8,000,000 　⑤ 과소계상 ₩9,000,000

26. 다음은 현금흐름표에 대한 설명이다. 가장 타당하지 않은 설명은 어느 것인가?

① 투자활동은 유·무형자산, 다른 기업의 지분상품이나 채무상품 등의 취득과 처분활동, 제3자에 대한 대여 및 회수활동 등을 포함한다.

② 이자와 차입금을 함께 상환하는 경우 이자지급은 영업활동 또는 재무활동으로 분류하고 원금상환은 재무활동으로 분류한다.

③ 영업활동은 기업의 주요 수익창출활동, 그리고 투자활동이나 재무활동이 아닌 기타의 활동을 말한다.

④ 현금흐름표는 회계기간 동안 발생한 현금흐름을 영업활동, 투자활동 및 재무활동으로 분류하여 보고한다.

⑤ 재무활동은 투자자산의 크기 및 구성내용에 변동을 가져오는 활동을 말한다.

27. ㈜합격의 다음 자료에 의할 때 20x2년도 현금흐름표상에 보고될 내용이 아닌 것은 어느 것인가?

(1) ㈜합격의 20x2년도 비교재무상태표의 일부는 다음과 같다.

계정	20x2년말	20x1년말
재고자산	₩56,000,000	₩31,000,000
유형자산	₩360,000,000	₩225,000,000
감가상각누계액	(₩25,000,000)	(₩60,000,000)
매입채무	₩25,000,000	₩20,000,000

(2) ㈜합격은 20x2년도 중 취득원가 ₩100,000,000이고 취득원가의 40%를 상각한 유형자산을 ₩62,000,000의 현금을 받고 매각하였다.

① 영업활동현금흐름 계산시 감가상각비 ₩75,000,000을 가산한다.

② 영업활동현금흐름 계산시 재고자산 증가 ₩25,000,000을 차감한다.

③ 영업활동현금흐름 계산시 유형자산처분이익 ₩2,000,000은 차감한다.

④ 영업활동현금흐름 계산시 매입채무 증가 ₩5,000,000은 가산한다.

⑤ 투자활동현금흐름 계산시 유형자산의 취득원가 ₩235,000,000을 차감한다.

28. ㈜합격의 20x2년도 다음 자료를 이용하여 재무활동 순현금유입액을 구하면 얼마인가?

계정	20x1년말	20x2년말
단기차입금	₩0	₩200,000
자본금(유상증자)	₩500,000	₩800,000
이익잉여금	₩100,000	₩320,000

(1) ㈜합격의 20x2년도 비교재무상태표의 일부는 다음과 같다.

(2) ㈜합격의 당기순이익은 ₩300,000이고, 배당금 지급은 현금배당이며 재무활동으로 분류한다.

① ₩100,000   ② ₩280,000   ③ ₩400,000
④ ₩420,000   ⑤ ₩520,000

29. ㈜합격의 20x1년도 다음의 자료를 이용하여 영업활동현금흐름을 구하면?

(1) ㈜합격의 20x1년 당기순이익은 ₩25,000,000이다.
(2) 전기말보다 당기말에 재고자산이 ₩500,000 증가하였다
(3) 전기말보다 당기말에 미지급보험료가 ₩250,000 감소하였다
(4) ₩10,000,000에 구입한 건물(감가상각누계액 ₩7,500,000)을 당기에 ₩1,250,000에 매각하였다.
(5) 당기의 감가상각비는 ₩2,500,000이다.

① ₩27,500,000   ② ₩28,000,000   ③ ₩29,000,000
④ ₩29,750,000   ⑤ ₩30,200,000

30. ㈜합격의 20x1년 다음의 자료에 기초하여 ㈜합격의 20x1년 영업활동현금흐름 중 법인세납부액을 구하면?

(1) ㈜합격의 20x1년도 재무자료 중 일부는 다음과 같다.

기초 미지급법인세	₩4,000,000	기말 미지급법인세	₩7,000,000
기초 이연법인세부채	₩575,000	기말 이연법인세부채	₩475,000
당기 법인세비용	₩7,750,000	–	–

(2) 투자활동이나 재무활동과 관련된 법인세는 없다.

① ₩4,850,000   ② ₩5,325,000   ③ ₩6,600,000
④ ₩7,750,000   ⑤ ₩8,075,000

31. 재무보고를 위한 개념체계에서 유용한 재무정보의 질적 특성에 관한 설명으로 옳은 것은?

① 재무정보가 예측가치를 갖기 위해서 그 자체가 예측치 또는 예상치일 필요는 없다.

② 계량화된 정보가 검증가능하기 위해서 단일 점추정치이어야 한다.

③ 완벽하게 표현충실성을 위해서는 서술은 완전하고, 검증가능하며, 오류가 없어야 한다.

④ 재무정보에 예측가치가 있다면 그 재무정보는 나타내고자 하는 현상을 충실하게 표현한다.

⑤ 재고자산평가손실의 인식은 보수주의 원칙이 적용된 것이며, 보수주의는 표현충실성의 한 측면으로 포함할 수 있다.

32. 재무보고를 위한 개념체계 재무제표 요소의 측정기준에 대한 설명이다. 옳지 않은 것은?

① 자산의 공정가치는 측정일에 시장참여자 사이의 정상거래에서 자산을 매도할 때 받게 될 가격으로 궁극적인 처분에서 발생할 거래원가를 반영하지 않는다.

② 자산의 현행가치는 자산을 발생시킨 거래나 그 밖의 사건의 가격에 조금도 근거를 두지 않는다.

③ 자산의 현행원가는 측정일에 동등한 자산의 원가로서 측정일에 지급할 대가와 그 날에 발생할 거래원가를 반영하지 않는다.

④ 자산을 취득하거나 창출할 때의 역사적 원가는 자산의 취득 또는 창출에 발생한 원가의 가치로서, 자산의 취득 또는 창출을 위하여 지급한 대가와 거래원가를 포함한다.

⑤ 자산의 사용가치는 기업이 자산의 사용과 궁극적인 처분으로 얻을 것으로 기대하는 현금흐름 또는 그 밖의 경제적효익의 현재가치이다.

33. 재무제표 표시에 관한 설명으로 옳은 것은?

① 비용을 기능별로 분류하는 것이 성격별 분리보다 더욱 목적적합한 정보를 제공하므로, 비용은 기능별로 분류한다.

② 재무상태표에 표시되는 자산과 부채는 반드시 유동자산과 비유동자산, 유동부채와 비유동부채로 구분하여 표시하여야 한다.

③ 영업이익에 포함되지 않은 항목 중 기업의 영업성과를 반영하는 그 밖의 수익항목이 있다면 조정영업이익으로 포괄손익계산서 본문에 표시하여야 한다.

④ 재무제표에는 중요하지 않아 구분하여 표시하지 않은 항목이라도 주석에서는 구분 표시해야 할 만큼 충분히 중요할 수 있다.

⑤ 부적절한 회계정책은 이에 대하여 공시나 주석 또는 보충자료를 통해 설명할 수 있다면 정당화 될 수 있다.

34. 재무제표의 주석공시와 관련한 설명으로 옳지 않은 것은?

① 주석은 한국채택국제회계기준에서 요구하는 정보이지만 재무제표 어느 곳에도 표시되지 않는 정보를 제공한다.

② 주석은 재무제표 작성에 사용한 측정기준, 재무제표를 이해하는 데 목적적합한 그 밖의 회계정책에 관한 정보를 제공한다.

③ 주석은 재무제표 어느 곳에도 표시되지 않지만 재무제표를 이해하는 데 목적적합한 정보를 제공한다.

④ 상법 등에서 이익잉여금처분계산서의 작성을 요구하는 경우에는 재무제표 및 주석과 분리하여 별도의 보충명세서로 제공한다.

⑤ 주석에는 재무제표 발행승인일 전에 제안 또는 선언되었으나 당해 기간 동안에 소유주에 대한 분배금으로 인식되지 아니한 배당금액과 주당배당금을 공시한다.

35. 다음은 ㈜합격의 20x1년도 재고자산 관련 자료이다. ㈜합격의 20x1년도 매출원가를 계산하면 얼마인가?

> (1) 선적지인도기준으로 판매하여 현재 운송 중인 상품이 ₩75,000인 것으로 확인되었다.
>
> (2) 시송품은 ₩250,000이며 기말 현재까지 고객이 매입의사를 표시한 금액은 ₩150,000으로 확인되었다.
>
> (3) 적송품은 ₩500,000이며 40%가 판매완료된 것으로 확인되었다.
>
> (4) 기초재고자산은 ₩250,000이고, 당기 총매입액은 ₩1,500,000이며 당기 매입한 상품에 대하여 매입에누리 ₩175,000, 매입환출 ₩75,000이 발생하였다.
>
> (5) 기말 재고실사 결과 창고에 보유중인 재고는 ₩125,000으로 확인되었다.

① ₩625,000   ② ₩900,000   ③ ₩975,000

④ ₩1,225,000   ⑤ ₩1,362,000

36. ㈜합격은 회사 재고자산의 원가흐름의 가정을 선입선출법에 따라 회계처리하고 있다. 다음의 자료를 이용하여 11월의 매출총이익을 구하되, 계속기록법을 적용하는 경우와 실지재고조사법을 적용하는 경우를 각각 계산하면 얼마인가?

일자	적요	수량	단가
11월 01일	기초재고	100개	@10
11월 04일	매출	40개	@20
11월 12일	매입	100개	@12
11월 17일	매입	40개	@14
11월 21일	매출	150개	@22
11월 28일	매입	50개	@16
11월 30일	기말재고	100개	

	계속기록법 매출총이익	실지재고조사법 매출총이익
①	₩2,020	₩2,020
②	₩2,020	₩2,100
③	₩2,050	₩2,020
④	₩2,050	₩2,100
⑤	₩2,100	₩2,010

37. 다음은 성격과 용도가 상이한 다품종 상품매매업을 하고 있는 ㈜합격의 재고자산과 관련된 자료이다. 재무상태표상 기말상품 장부금액과 포괄손익계산서상 매출원가를 각각 구하면 얼마인가?

(1) ㈜합격의 기말상품과 관련된 정보는 다음과 같다.

품목	취득원가	예상판매가격	예상판매비용
A	₩50,000	₩60,000	₩2,500
B	₩50,000	₩47,500	₩10,000
C	₩37,500	₩37,500	₩7,500
합계	₩137,500	₩145,000	₩20,000

(2) 기초상품재고액은 ₩100,000, 당기상품매입액은 ₩750,000이며 ㈜합격은 재고자산평가손실을 매출원가로 처리한다.

	기말상품	매출원가
①	₩117,500	₩712,500
②	₩117,500	₩723,500
③	₩117,500	₩732,500
④	₩137,500	₩712,500
⑤	₩137,500	₩732,500

제1편 Mainplot [주요논제]

제2편 Subplot [특수논제]

합본부록1 기출유형별 필수문제

합본부록2 실전적중모의고사

38. 차입원가에 대한 다음 설명 중 가장 옳지 않은 것은?

① 적격자산을 의도된 용도로 사용하거나 판매가능한 상태에 이르게 하는 데 필요한 활동은 당해 자산의 물리적인 제작뿐만 아니라 그 이전단계에서 이루어진 기술 및 관리상의 활동도 포함한다.

② 적격자산을 취득하기 위한 목적으로 특정하여 차입한 자금에 한하여, 회계기간동안 그 차입금으로부터 실제 발생한 차입원가에서 당해 차입금의 일시적 운용에서 생긴 투자수익을 차감한 금액을 자본화가능차입원가로 결정한다.

③ 적격자산의 취득, 건설 또는 제조와 직접 관련된 차입원가는 당해 자산 원가의 일부로 자본화하여야 한다.

④ 전력생산설비, 투자부동산, 생산용식물도 적격자산이 될 수 있다.

⑤ 재고자산은 차입원가를 자본화하는 적격자산의 대상이 될 수 없다.

39. 다음은 ㈜합격의 20x1년 본사 사옥 신축과 관련한 자료이다. ㈜합격이 20x1년 자본화할 차입원가를 구하면 얼마인가?

(1) ㈜합격의 차입금(2년 만기 장기차입금) 현황은 다음과 같다.

차입처	차입일	차입금	연 이자율
A은행	20x1년 1월 1일	₩1,000,000	11%
B은행	20x1년 8월 1일	₩1,200,000	14%

(2) ㈜합격의 동 본사 사옥 신축과 관련하여 특정목적차입금은 없으며, 적격자산에 대한 20x1년도 연평균지출액은 ₩2,000,000으로 파악되었다.

① ₩180,000   ② ₩240,000   ③ ₩251,200

④ ₩324,600   ⑤ ₩389,900

40. 다음은 ㈜합격의 매출채권과 관련된 자료이다. 20x1년말 매출채권에 대해 추정한 손실충당금(대손충당금)을 추가인식 또는 환입한 후 포괄손익계산서에 기록될 손상차손(대손상각비) 금액을 구하면 얼마인가?

> (1) 20x1년말 수정전시산표 상에 매출채권 ₩1,250,000과, 손실충당금(대손충당금) ₩6,250이 기재되어 있다.
>
> (2) 20x1년 동안 매출채권과 관련하여 회수불능으로 확정된 사건은 없었다.
>
> (3) ㈜합격은 매출채권의 기대신용손실을 결정하기 위해 다음과 같은 충당금설정률표를 이용한다.

구분	매출채권 총장부금액	채무불이행률
미연체	₩750,000	0.5%
1 ~ 30일 연체	₩250,000	1%
31 ~ 60일 연체	₩125,000	5%
61일 초과 연체	₩125,000	10%

① ₩5,000   ② ₩6,250   ③ ₩12,500
④ ₩16,250   ⑤ ₩18,750

41. ㈜합격은 20x1년초 기계장치를 ₩2,500,000에 취득하였다. 동 기계장치의 내용연수는 5년이며 잔존가치는 없고 정액법으로 감가상각한다. 20x2년말 기계장치에 대해 손상이 발생하였다. 20x2년말 현재 이 기계장치를 처분할 경우의 순공정가치는 ₩750,000이며, 20x2년말 현재 이 기계장치를 계속 사용할 경우의 사용가치는 ₩1,000,000으로 파악되었다. ㈜합격이 20x2년에 유형자산 손상차손으로 인식해야 할 금액을 구하면 얼마인가?

① ₩300,000   ② ₩500,000   ③ ₩1,000,000
④ ₩1,250,000   ⑤ ₩1,500,000

42. 다음은 자산손상과 관련하여 현금창출단위(Cash Generating Unit)의 손상과 관련된 내용이다. 옳은 것끼리 짝지어진 것은?

> A. 현금창출단위의 손상차손환입은 현금창출단위를 구성하는 자산들(영업권 제외)의 장부금액에 비례하여 배분한다.
>
> B. 현금창출단위에 대한 손상차손은 현금창출단위에서 배분한 영업권을 포함한 장부금액에 비례하여 배분한다.
>
> C. 현금창출단위의 회수가능액은 개별자산과 동일하게 현금창출단위의 순공정가치와 사용가치 중 더 큰 금액으로 한다.
>
> D. 현금창출단위는 다른 자산이나 자산집단에서의 현금유입액과는 거의 독립적인 현금유입을 창출하는 식별할 수 있는 최대 자산집단이다.

① A-C   ② A-B-C   ③ B-C-D
④ B-C   ⑤ A-D

43. 다음은 유형자산에 대하여 원가모형을 적용하고 있는 ㈜합격의 기계장치에 대한 자료이다. 20x2년말에 ㈜합격이 인식할 손상차손환입액을 계산하면 얼마인가?

(1) 20x1년 1월 1일 기계장치(내용연수 5년, 잔존가치 ₩0, 정액법상각)를 ₩1,000,000에 취득하였다.

(2) 20x1년말에 기계장치에 대한 손상징후가 있으며, 회수가능액 자료는 다음과 같다.

연도	순공정가치	사용가치
20x1년말	₩600,000	₩560,000

(3) 20x2년말에는 손상회복이 되어 기계장치에 대해 손상차손환입을 인식하였다. 회수가능액 자료는 다음과 같다.

연도	순공정가치	사용가치
20x2년말	₩500,000	₩650,000

① ₩100,000 ② ₩150,000 ③ ₩170,000
④ ₩220,000 ⑤ ₩240,000

44. 다음 중 투자부동산에 대한 설명으로 가장 옳지 않은 것은?

① 계획된 사용수준에 도달하기 전에 발생하는 부동산의 운영손실은 투자부동산의 원가에 포함하지 않는다.

② 자가사용부동산이란 재화나 용역의 생산 또는 제공이나 관리목적에 사용하기 위하여 소유자가 보유하거나 리스이용자가 사용권자산으로 보유하고 있는 부동산을 말한다.

③ 종업원이 시장요율로 임차료를 지급하고 있다면 종업원이 사용하고 있는 부동산은 투자부동산에 포함한다.

④ 재고자산을 공정가치로 평가하는 투자부동산으로 대체하는 경우, 재고자산의 장부금액과 대체시점의 공정가치 차액은 당기손익으로 인식한다.

⑤ 장래 용도를 결정하지 못한 채로 보유하고 있는 토지는 투자부동산의 예에 속한다.

45. 다음 중 한국채택국제회계기준 매각예정비유동자산과 중단영업에 대한 설명으로 옳은 것은?

① 매각예정으로 분류된 비유동자산(또는 처분자산집단)은 순공정가치와 장부금액 중 큰 금액으로 측정한다.

② 비유동자산이 매각예정으로 분류되거나 매각예정으로 분류된 처분자산집단의 일부인 경우 그 자산은 감가상각(또는 상각)한다.

③ 폐기될 비유동자산(또는 처분자산집단)은 매각예정으로 분류할 수 있다.

④ 통상적으로 비유동자산으로 분류하는 자산이지만 매각만을 목적으로 취득한 경우에는 매각예정분류기준의 충족여부와 무관하게 유동자산으로 분류한다.

⑤ 매각예정분류기준의 요건이 보고기간 후에 충족된 경우 당해 비유동자산(또는 처분자산집단)은 보고기간 후 발행되는 당해 재무제표에서 매각예정으로 분류할 수 없다.

46. 다음 중 투자부동산에 대한 설명으로 가장 옳지 않은 것은?

① 통상적인 영업과정에서 판매하기 위한 부동산이나 이를 위하여 건설 또는 개발 중인 부동산은 투자부동산에 해당하지 않는다.

② 투자부동산에 대하여 공정가치모형을 선택한 경우 공정가치 변동으로 발생하는 손익은 발생한 기간의 당기손익에 반영한다.

③ 직접 소유하고 운용리스로 제공하는 건물은 투자부동산에 해당하지만, 운용리스로 제공하기 위하여 보유하는 미사용 건물은 투자부동산에 해당하지 않는다.

④ 투자부동산이란 임대수익이나 시세차익 또는 둘 다를 얻기 위하여 소유자가 보유하거나 리스이용자가 사용권자산으로 보유하고 있는 부동산을 말한다.

⑤ 원칙적으로 공정가치모형과 원가모형 중 하나를 선택하여 모든 투자부동산에 적용한다.

47. 금융자산의 재분류시 회계처리에 관한 설명으로 옳지 않은 것은?

① 상각후원가측정금융자산을 당기손익 – 공정가치측정금융자산으로 재분류할 경우 재분류일의 공정가치로 측정하고, 재분류 전 상각후원가와 공정가치의 차이를 당기손익으로 인식한다.

② 상각후원가측정금융자산을 기타포괄손익 – 공정가치측정금융자산으로 재분류할 경우 재분류일의 공정가치로 측정하고, 재분류 전 상각후원가와 공정가치의 차이를 기타포괄손익으로 인식하며, 재분류에 따라 유효이자율과 기대신용손실 측정치는 조정하지 않는다.

③ 기타포괄손익 – 공정가치측정금융자산을 당기손익 – 공정가치측정금융자산으로 재분류할 경우 계속 공정가치로 측정하고, 재분류 전에 인식한 기타포괄손익누계액은 재분류일에 이익잉여금으로 대체한다.

④ 기타포괄손익 – 공정가치측정금융자산을 상각후원가측정 금융자산으로 재분류할 경우 재분류일의 공정가치로 측정하고, 재분류 전에 인식한 기타포괄손익누계액은 자본에서 제거하고 재분류일의 금융자산의 공정가치에서 조정하며, 재분류에 따라 유효이자율과 기대신용손실 측정치는 조정하지 않는다.

⑤ 당기손익 – 공정가치측정금융자산을 기타포괄손익 – 공정가치측정금융자산으로 재분류할 경우 계속 공정가치로 측정하고, 재분류일의 공정가치에 기초하여 유효이자율을 다시 계산한다.

48. 다음 금융자산 제거의 회계처리에 대한 설명 중 옳지 않은 것은?

① 양도자가 금융자산의 소유에 따른 위험과 보상의 대부분을 이전하면, 당해 금융자산을 제거하고 양도함으로써 발생하거나 보유하게 된 권리와 의무를 각각 자산과 부채로 인식한다.

② 양도자가 금융자산의 소유에 따른 위험과 보상의 대부분을 보유하면, 당해 금융자산을 계속하여 인식한다.

③ 양도자가 금융자산의 소유에 따른 위험과 보상의 대부분을 소유하지도 아니하고 이전하지도 아니한 상태에서, 양도자가 금융자산을 통제하고 있다면 당해 금융자산을 제거하고 양도함으로써 발생하거나 보유하게 된 권리와 의무를 각각 자산과 부채로 인식한다.

④ 양도자가 양도자산을 통제하고 있는지 여부는 양수자가 그 자산을 매도할 수 있는 실질적인 능력을 가지고 있는지 여부에 따라 결정한다.

⑤ 금융자산 전체가 제거 조건을 충족하는 양도로 금융자산을 양도하고, 수수료를 대가로 해당 양도자산의 관리용역을 제공하기로 한다면, 관리용역제공계약과 관련하여 자산이나 부채를 인식한다.

49. ㈜합격은 20x1년 7월 1일에 동 일자로 발행된 ㈜적중의 사채(액면금액 ₩200,000, 3년 만기, 이자는 매년 6월 말과 12월 말에 지급)를 단기매매차익을 얻기 위하여 공정가치인 ₩190,173에 취득하였다. 동 사채의 액면이자율은 연 10%, 시장이자율은 연 12%이다. 동 사채의 20x1년 말 이자지급 후 공정가치는 ₩195,000이다. ㈜합격이 동 사채 취득 및 보유로 인해 20x1년도에 인식할 당기이익은 얼마인가? (단, 사채취득과 관련한 거래비용은 없으며, 사채이자는 월수를 기준으로 계산한다. 또한 계산금액은 소수점 첫째자리에서 반올림하며, 이 경우 단수차이로 인해 약간의 오차가 있으면 가장 근사치를 선택한다.)

① ₩12,827 ② ₩14,827 ③ ₩16,827
④ ₩24,827 ⑤ ₩28,827

50. ㈜합격는 ㈜적중에 상품을 판매한 대가로 이자부약속어음(액면금액 ₩2,500,000, 만기 120일, 표시이자 연 9%)을 받았다. ㈜합격은 이 어음을 60일간 보유한 후 사업의 자금경색을 해결하고자 은행으로부터 연 12% 이자율로 할인하였다. 그 결과 당해 어음과 관련된 모든 실질적인 권리와 의무는 은행에 이전되었고 동 어음할인 거래는 금융자산의 제거요건을 충족한다. 1년은 360일로 가정할 때 이 어음 거래에서 ㈜합격이 인식해야 할 매출채권처분손실을 구하면?

① ₩7,750 ② ₩10,500 ③ ₩14,000
④ ₩16,000 ⑤ ₩18,500

51. 다음은 ㈜합격이 취득한 주식(당기손익-공정가치측정금융자산으로 분류함)에 대한 자료이다. 이 금융자산의 회계처리에 대해 가장 옳은 설명은 어느 것인가?

> (1) ㈜합격은 20x1년초에 ㈜적중의 주식을 취득시 수수료 ₩5,000을 포함한 총 ₩255,000에 취득하였다.
>
> (2) ㈜적중 주식의 연도말 공정가치는 다음과 같다.
>
> | 구분 | 20x1말 | 20x2년말 |
> | --- | --- | --- |
> | ㈜적중 주식 | ₩350,000 | ₩200,000 |
>
> (3) 20x2년말까지 추가 취득이나 처분거래는 발생하지 않았다.

① 취득시 수수료 ₩5,000은 금융자산의 최초 인식금액에 가산한다

② 20x1년도 평가이익 ₩95,000은 당기손익에 반영한다.

③ 20x2년도 평가손실 ₩150,000 중에서 ₩50,000은 당기손실로 처리하고 ₩100,000은 재평가손실로 처리한다.

④ 20x1년도 당기손익은 순액으로 ₩95,000 증가한다.

⑤ 20x2년도 평가손실 ₩50,000은 당기손익 처리한다.

52. ㈜합격의 다음 자료에 의해 조정사항을 반영하기 전의 회사측 장부상의 당좌예금잔액을 구하면 얼마인가?

> (1) 20x1년 12월 31일 ㈜합격의 은행측 예금잔액증명서상의 당좌예금 잔액은 ₩3,850,000이다.
>
> (2) 20x1년 12월 31일에 파악한 결과 다음과 같은 조정사항이 있음을 발견하였다.
>
> - 은행수수료 : ₩2,500
> - ㈜합격에 통보되지 않은 매출채권 추심액 : ₩25,000
> - 기발행미인출수표 : ₩100,000
> - 12월 31일에 발행한 수표 ₩57,000을 회사 장부에 ₩75,000이라고 기록하였다.(은행에서 인출됨)

① ₩3,205,500   ② ₩3,333,500   ③ ₩3,405,000

④ ₩3,550,000   ⑤ ₩3,709,500

53. 다음 자료에 의해 ㈜합격이 ㈜적중 지분상품을 당기손익-공정가치측정금융자산으로 분류한 경우와 기타포괄손익-공정가치측정금융자산으로 분류한 경우에 20x2년도 당기손익에 미치는 영향은?

> (1) ㈜합격은 20x1년초에 ㈜적중 지분상품을 취득하면서 취득수수료 ₩12,500을 포함한 총 ₩262,500을 지급하였다.
>
> (2) 20x1년말 현재 ㈜적중 지분상품의 공정가치는 ₩312,500이다.
>
> (3) ㈜합격은 20x2년 중에 보유중인 ㈜적중 주식 전부를 ₩200,000에 매각하였다.

	당기손익-공정가치측정금융자산	기타포괄손익-공정가치측정금융자산
①	영향없음	영향없음
②	₩62,500 감소	₩112,500 감소
③	₩112,500 감소	영향없음
④	₩62,500 감소	₩52,00 증가
⑤	₩112,500 감소	₩62,500 감소

54. ㈜합격의 사채발행과 관련된 자료가 다음과 같을 때 ㈜합격이 3년간 포괄손익계산서에 기록할 이자비용의 총합계를 구하면 얼마인가?

> (1) 사채발행과 관련된 자료
> - 발행일 : 20x1년 1월 1일
> - 액면금액 : ₩300,000
> - 표시이자율 : 연 10%(매년말 후급)
> - 만기상환일 : 20x3년 12월 31일(3년 만기)
> - 사채 발행시점의 유효이자율 : 8%
>
> (2) 사채상환과 관련된 자료
> - 사채의 상환은 매년 말 액면 ₩100,000씩 분할 상환한다.
>
> (3) 현재가치계수 자료
>
> | 기간 | 단일금액 ₩1의 현재가치계수 | | 정상연금 ₩1의 현재가치계수 | |
> |---|---|---|---|---|
> | | 8% | 10% | 8% | 10% |
> | n=1 | 0.9259 | 0.9091 | 0.9259 | 0.9091 |
> | n=2 | 0.8573 | 0.8264 | 1.7833 | 1.7355 |
> | n=3 | 0.7938 | 0.7513 | 2.5771 | 2.4869 |

① ₩49,439   ② ₩50,114   ③ ₩53,265

④ ₩58,888   ⑤ ₩60,000

55. ㈜합격은 자기주식에 대하여 원가법을 적용하여 회계처리하고 있다. ㈜합격은 20x1년 중 다음과 같은 자본거래가 발생하였으며 20x1년도 당기순이익은 ₩15,000이고 기타의 이익처분은 없다. 이러한 거래들로 인해 20x1년 자본총액에 미치는 영향을 구하면 얼마인가?

1월 15일	유통주식 중 액면금액 ₩500의 보통주 100주를 주당 ₩550에 취득하였다.
2월 17일	1월 15일 취득한 자기주식 50주를 주당 ₩600에 매각하였다.
6월 11일	1월 15일 취득한 자기주식 50주를 소각하였다.
10월 28일	액면금액 ₩500의 보통주 100주를 주당 ₩700에 발행하였다.

① 감소 ₩25,000   ② 증가 ₩25,000   ③ 감소 ₩55,000

④ 증가 ₩60,000   ⑤ 증가 ₩110,000

56. ㈜합격의 다음 자료에 의해 보통주배당금과 우선주배당금을 구하면 각각 얼마인가?

(1) ㈜합격의 20x1년말 현재 자본금 내역은 다음과 같다.
   – 보통주 : 주당 액면금액 ₩5,000, 발행주식수 1,500주
   – 우선주 : 주당 액면금액 ₩5,000, 발행주식수 500주
(2) ㈜합격은 총 ₩1,650,000의 현금배당을 결의하였다
(3) 우선주는 누적적, 완전참가적 우선주로 배당률은 10%이며, 과거 1년분 배당금이 연체되어 있다.

	보통주배당금	우선주배당금
①	₩600,000	₩1,050,000
②	₩650,000	₩1,000,000
③	₩700,000	₩950,000
④	₩750,000	₩900,000
⑤	₩800,000	₩850,000

57. 다음은 ㈜합격의 전환사채 액면발행과 관련된 자료이다. 발행시점에서 자본요소로 계상할 금액을 구하면 얼마인가?

> (1) 전환사채 발행과 관련된 자료
>   – 발행일 : 20x1년 1월 1일
>   – 액면금액 : ₩1,000,000
>   – 표시이자율 : 연 5%(매년말 후급)
>   – 상환할증금 : 전환사채 만기일에 액면금액의 12%
>   – 전환사채 만기일 : 20x3년 12월 31일(3년 만기)
>   – 일반사채 시장이자율 : 10%
> (2) 현재가치계수 자료
>
> | 기간 | 단일금액 ₩1의 현재가치계수 | | 정상연금 ₩1의 현재가치계수 | |
> | --- | --- | --- | --- | --- |
> | | 5% | 10% | 5% | 10% |
> | n=1 | 0.9524 | 0.9091 | 0.9524 | 0.9091 |
> | n=2 | 0.9070 | 0.8264 | 1.8594 | 1.7355 |
> | n=3 | 0.8638 | 0.7513 | 2.7232 | 2.4869 |

① ₩12,333　　　　② ₩34,199　　　　③ ₩96,580
④ ₩120,000　　　　⑤ ₩154,199

58. ㈜합격은 자기주식에 대하여 원가법을 적용하여 회계처리하고 있으며 자기주식의 취득과 매각에 대해서는 총평균법을 적용하고 있다. 20x1년 중 발생한 다음의 자본거래에 의해 ㈜합격이 인식해야 할 자기주식처분손익을 구하면 얼마인가?

4월 12일	유통주식 중 액면금액 ₩5,000의 보통주 200주를 주당 ₩5,000에 취득하였다.
7월 16일	유통주식 중 액면금액 ₩5,000의 보통주 200주를 주당 ₩6,000에 취득하였다.
9월 11일	특수관계자로부터 자기주식 100주를 무상으로 증여받았다.
10월 28일	보유하고 있던 자기주식 200주를 주당 ₩6,000에 매각하였다.

① 자기주식처분이익 ₩320,000
② 자기주식처분손실 ₩320,000
③ 자기주식처분이익 ₩100,000
④ 자기주식처분손실 ₩100,000
⑤ 자기주식처분이익 ₩1,200,000

59. 가중평균유통보통주식수를 산정하기 위한 보통주유통일수 계산의 기산일은 통상 주식발행의 대가를 받을 권리가 발생하는 시점이다. 다음 중 주당이익에서 보통주유통일수를 계산하는 기산일의 예로 옳지 않은 것은?

① 현금 이외의 자산을 취득하기 위하여 보통주를 발행하는 경우 기산일은 그 자산의 취득을 인식한 날이다.

② 현금납입의 경우 기산일은 현금을 받을 권리가 발생하는 날이다.

③ 채무상품의 전환으로 인하여 보통주를 발행하는 경우 보통주 발행일이다.

④ 보통주나 우선주 배당금을 자발적으로 재투자하여 보통주가 발행되는 경우 기산일은 배당금의 재투자일이다.

⑤ 용역의 대가로 보통주를 발행하는 경우 기산일은 용역제공일이다.

60. ㈜합격의 다음 자료를 이용하여 기본주당이익과 희석주당이익을 계산하면 각각 얼마인가?

(1) ㈜합격의 20x1년초 주식수 내역은 다음과 같다.

유통보통주	10,000주(액면금액 : 주당 ₩1,000)
유통우선주	5,000주(액면금액 : 주당 ₩500)

(2) 위 우선주는 누적적·비참가적 전환우선주로 연 배당률은 10%이며, 우선주 2주당 보통주 1주로 전환된다.

(3) ㈜합격의 20x1년도 당기순이익은 ₩10,000,000이다.

(4) 20x1년도에 우선주 전환 등의 자본거래는 없었다.

	기본주당이익	희석주당이익
①	₩975	₩780
②	₩975	₩800
③	₩975	₩750
④	₩1,000	₩780
⑤	₩1,000	₩800

제1회. 실전적중모의고사 정답과 해설

문제 1번 【정답】 ④

• 연도별 계약손익

	20x1년	20x2년
진행률	$\dfrac{480,000}{480,000+1,120,000}=30\%$	$\dfrac{1,190,000}{1,190,000+510,000}=70\%$
계약수익	2,000,000x30%=600,000	2,000,000x70%-600,000=800,000
계약원가	480,000	1,190,000-480,000=710,000
계약손익	120,000	90,000

□ 초과청구공사 빨리 구하기

• 미성공사=누적계약수익
• 초과청구공사 : 진행청구액(800,000+800,000)-미성공사(1,400,000)=200,000

• 회계처리

20x1년	(차)미성공사	480,000	(대)현금	480,000	
	(차)공사미수금	800,000	(대)진행청구액	800,000	
	(차)현금	600,000	(대)공사미수금	600,000	
	(차)계약원가	480,000	(대)계약수익	600,000	
	미성공사	120,000			
20x2년	(차)미성공사	710,000	(대)현금	710,000	
	(차)공사미수금	800,000	(대)진행청구액	800,000	
	(차)현금	600,000	(대)공사미수금	600,000	
	(차)계약원가	710,000	(대)계약수익	800,000	
	미성공사	90,000			

문제 2번 【정답】 ①

• 매출액 계산

발생주의 매출액	x
매출채권감소	21,000
대손발생	(12,000)
현금주의 매출액	155,000+680,000=835,000

∴ x=826,000

문제 3번 【정답】 ⑤

• 할인율 추정

만기가치	: 160,000+160,000x9%x5/12 = 166,000
할인료	: 166,000xxx3/12 = (y)
현금수령액	161,518

∴ y=4,482, x=10.8%

문제 4번 【정답】 ④

• 20x2년 계약원가 계산

계약수익 : 6,000,000x60%-6,000,000x20%= 2,400,000
계약원가 : = (x)
계약손익 720,000-300,000=420,000

∴ x=1,980,000

문제 5번 【정답】 ⑤

• 성격 · 가치가 유사한 재화나 용역의 교환거래는 수익이 발생하는 거래로 보지 않는다.

문제 6번 【정답】 ①

• 매출액 : 1,000,000x7.3255=7,325,500

∴ 매출총이익 : 7,325,500(매출액)-6,000,000(매출원가)=1,325,500

• 할부판매시점 회계처리

20x1년초	(차)장기매출채권	8,000,000	(대)매출	7,325,500
			현재가치할인차금	674,500
	(차)매출원가	6,000,000	(대)기계장치	6,000,000

문제 7번 【정답】 ⑤

• 순매입액 : 900,000-70,000=830,000

• 매출원가 : 20,000(기초재고)+830,000(순매입액)-15,000(기말재고)=835,000

• 순매출액 : 1,200,000-30,000=1,170,000

문제 8번 【정답】 ②

• 회계처리

20x1년초	(차)기계장치	300,000	(대)현금	300,000
20x1년말	(차)감가상각비	300,000÷5년=60,000	(대)감가상각누계액	60,000
	(차)감가상각누계액	60,000	(대)기계장치	50,000
			재평가잉여금	10,000
20x2년말	(차)감가상각비	250,000÷4년=62,500	(대)감가상각누계액	62,500
	(차)감가상각누계액	62,500	(대)기계장치	100,000
	재평가잉여금	10,000		
	재평가손실	27,500		
20x3년말	(차)감가상각비	150,000÷3년=50,000	(대)감가상각누계액	50,000
	(차)감가상각누계액	50,000	(대)기계장치	20,000
			재평가이익	27,500
			재평가잉여금	2,500

제1편 Mainplot [주요논제]

제2편 Subplot [특수논제]

합본부록1 기출유형별 필수문제

합본부록2 실전적중모의고사

문제 9번 【정답】①

- ② 특정기간 동안 재고자산을 생산하기 위해 유형자산을 사용한 결과로 동 기간에 발생한 그 유형자산을 해체, 제거하거나 부지를 복구할 의무의 원가에 대해서는 재고자산기준서를 적용한다. 즉, 재고자산기준서를 적용한다는 것은 복구원가를 제조원가 등으로 처리함을 의미한다.
- ③ 당해 유형자산의 장부금액에 포함하여 인식하지 아니한다.
- ④ 자가건설에 따른 내부이익과 자가건설 과정에서 원재료, 인력 및 기타 자원의 낭비로 인한 비정상적인 원가는 자산의 원가에 포함하지 않는다.
- ⑤ 유형자산의 원가는 인식시점의 현금가격상당액이다. 대금지급이 일반적인 신용기간을 초과하여 이연되는 경우, 현금가격상당액과 실제 총지급액과의 차액은 자본화하지 않는 한 신용기간에 걸쳐 이자로 인식한다.

문제 10번 【정답】③

- ① 유형자산의 감가상각방법을 재검토결과 자산에 내재된 미래경제적효익의 예상되는 소비형태에 중요한 변동이 있다면, 변동된 소비형태를 반영하기 위하여 감가상각방법을 변경한다. 그러한 변경은 회계추정의 변경(전전적용)으로 회계처리한다.
- ② 자산을 해체, 제거하거나 부지를 복구하는 데 소요될 것으로 최초에 추정되는 원가는 자산의 원가에 포함된다.
- ④ 최초 인식 후에 공정가치를 신뢰성 있게 측정할 수 있는 유형자산은 재평가일의 공정가치에서 이후의 감가상각누계액과 손상차손누계액을 차감한 재평가금액을 장부금액으로 한다.
- ⑤ 유형자산의 잔존가치는 해당 자산의 장부금액과 같거나 큰 금액으로 증가할 수도 있다. 이 경우에는 자산의 잔존가치가 장부금액보다 작은 금액으로 감소될 때까지는 유형자산의 감가상각액은 영(0)이 된다. 즉, 유형자산의 보유기간 중 잔존가치의 추정치가 변경되어 해당 자산의 장부금액보다 큰 금액으로 추정되는 경우 감가상각을 중단한다.

문제 11번 【정답】②

- 복구충당부채(복구원가의 현가) : 200,000x0.6209=124,180
- 이자비용 : $124,180 \times 10\% \times \frac{6}{12} = 6,209$

문제 12번 【정답】①

- 내용연수가 비한정인 무형자산은 상각하지 않는다.

문제 13번 【정답】②

- 손익검토

구분	계산 내역	20x1년도	20x2년도
연구비(비용)		70,000	
손상차손	30,000 – 20,000	10,000	
손상차손환입	Min[30,000 + 30,000, 70,000] – (20,000 + 30,000)		10,000
당기순이익 영향		80,000감소	10,000증가

문제 14번 【정답】④

• ① 우발자산은 경제적효익의 유입가능성이 높은 경우 공시한다.

② 손실부담계약을 체결하고 있는 경우에는 관련된 현재의무를 충당부채로 인식하고 측정한다.

③ 할인율은 부채의 특유위험과 화폐의 시간가치에 대한 현행 시장의 평가를 반영한 세전 이율이다.

⑤ 화폐의 시간가치 영향이 중요한 경우 충당부채는 의무를 이행하기 위하여 예상되는 지출액의 현재가치로 평가한다.

문제 15번 【정답】①

• 인식할 제품보증비 총액 : (25,000,000+18,000,000)x8%=3,440,000

• 20x2년 제품보증비 : 3,440,000-25,000,000x8%=1,440,000

• 20x2년말 제품보증충당부채 : 3,440,000-(1,700,000+1,500,000)=240,000

• 회계처리

20x2년	(차)현금 (차)제보충 　　제품보증비 (차)제품보증비	18,000,000 300,000 1,200,000 240,000	(대)매출 (대)현금 (대)제보충	18,000,000 1,500,000 18,000,000x8%-1,200,000=240,000

문제 16번 【정답】⑤

• 내재이자율이란 리스료 및 무보증잔존가치의 현재가치 합계액을, 기초자산의 공정가치와 리스제공자의 리스개설직접원가의 합계액과 동일하게 하는 할인율을 말한다.

문제 17번 【정답】④

• 리스부채 : 253,000x2.4868 + 30,000x0.7513 = 651,700

• 사용권자산 : 651,700+50,000=701,700

• 감가상각비 : (701,700 – 30,000) ÷ Min[3년, 4년]=223,900

문제 18번 【정답】④

• 리스료를 시장이자율로 할인한 현가 : 1,071,693x2.4868+100,000x0.7513=2,740,216

• 매출액 : Min[2,740,216, 3,000,000(공정가치)]=2,740,216

• 매출원가 : 2,000,000 – 200,000x0.7513=1,849,740

• 매출총이익 : 2,740,216-1,849,740=890,476

문제 19번 【정답】①

• 미지급법인세(당기법인세) : (10,000,000+100,000)x20%=2,020,000

• 이연법인세자산(유보) : 100,000x20%=20,000

• 회계처리

　(차)법인세비용(대차차액)　2,000,000　(대)미지급법인세(당기법인세)　2,020,000
　　　이연법인세자산　　　　　　 20,000

제1편 Mainplot [주요논제]

제2편 Subplot [특수논제]

합본부록1 기출유형별 필수문제

합본부록2 실전적중모의고사

문제 20번 【정답】②

• 20x1년말 이연법인세부채 : 100,000x20%=20,000
• 20x2년말 이연법인세부채 : 20,000x20%=4,000
• 20x2년 미지급법인세(당기법인세) : [1,000,000+100,000(전기미수이자 당기추인)-20,000(당기미수이자)+15,000(접대비한도초과)+100,000(자기주식처분이익 익금산입 기타처분액)]x20%=239,000
• 회계처리

(차) 법인세비용(대차차액)	223,000	(대) 미지급법인세(당기법인세)	239,000
이연법인세부채	16,000		
(차) 자기주식처분이익	100,000x20%=20,000	(대) 법인세비용	20,000

∴ 법인세비용 : 223,000-20,000=203,000

문제 21번 【정답】④

• 확정급여제도 하에서 보험수리적위험과 투자위험은 기업이 실질적으로 부담한다.

문제 22번 【정답】①

• 20x2년말까지 주식보상비용 총액 : 1,000개x3,000x$\frac{2}{3}$=2,000,000

• 20x3년말 주식보상비용 : 1,000개x1,500x$\frac{3}{3}$-2,000,000=-500,000(비용감소=이익증가)

문제 23번 【정답】④

• 계정흐름을 통한 금액 추정

	기초	지급	적립	순이자	당기근무	재측정	기말
확정급여채무	(5,000,000)	500,000	–	(400,000[1])	(750,000)	(x)	
사외적립자산	4,750,000	(500,000)	750,000	380,000[2]	–	0	5,380,000
순확정급여부채	(250,000)	0	750,000	(20,000)	(750,000)	(x)	(600,000)

[1] 5,000,000x8%=400,000
[2] 4,750,000x8%=380,000
∴ -250,000+750,000-20,000-750,000-x=-600,000 에서, x=330,000(재측정손실)

문제 24번 【정답】⑤

• 보고기간말의 부채로 인식하지 아니한다. 왜냐하면 보고기간 후부터 재무제표 발행승인일전 사이에 배당을 선언한 경우, 보고기간말에 어떠한 의무도 존재하지 않으므로 보고기간말에 부채로 인식하지 아니한다. 그러한 배당금은 기업회계기준서 '재무제표 표시'에 따라 공시한다.

문제 25번 【정답】②

- 전기이월이익잉여금(20x2년초)에의 영향 분석

  - 20x1년 임차료(비용) 과소 180,000 → 20x1년 이익잉여금 과대 180,000

  - 20x1년 매출원가(비용) 과대 200,000 → 20x1년 이익잉여금 과소 200,000

  - 20x1년 비용(수선비) 과대 80,000 → 20x1년 이익잉여금 과소 80,000

  ∴오류수정으로 전기이월이익잉여금(20x2년초)은 100,000 증가함.

- 당기순이익(20x2년말)에의 영향 분석

  - 20x2년 임차료(비용) 과대 180,000 → 20x2년 순이익 과소 180,000

  - 20x2년 매출원가(비용) 과소 200,000 → 20x2년 순이익 과대 200,000

  - 20x2년 비용(감가상각비) 과소 20,000 → 20x2년 순이익 과대 20,000

  ∴오류수정으로 순이익(20x2년말)은 40,000 감소함.

문제 26번 【정답】①

- 간접법 영업활동현금흐름

법인세비용차감전순이익	X
감가상각비	40,000
유형자산처분손실	20,000
이자비용	25,000
매출채권(순액) 증가	(10,000)
재고자산(순액) 감소	4,000
매입채무 감소	(6,000)
영업에서 창출된 현금	Y
이자지급액	(25,000)
법인세납부액[*]	(25,000)
영업활동순현금흐름	200,000

[*] 법인세비용 (30,000)
   미지급법인세 감소 (5,000)
   이연법인세부채 증가 10,000
   유출액 (25,000)

∴ Y=250,000, X=177,000

문제 27번 **【정답】** ③

• 유형자산처분이익 : 52,000-40,000=12,000

• 감가상각비 : 20,000

기초(순액)	400,000-230,000=170,000	처분(순액)	40,000
		당기감가상각비	?
취득	0	기말(순액)	300,000-190,000=110,000

• 간접법 영업활동현금흐름

법인세비용차감전순이익	30,000
감가상각비	20,000
유형자산처분이익	(12,000)
이자비용	2,000
매출채권(순액) 감소*⁾	31,000
재고자산(순액) 감소	30,000
매입채무 증가	35,000
영업에서 창출된 현금	X

　*⁾(90,000-5,000)-(120,000-4,000)=-31,000

∴ X=136,000

문제 28번 **【정답】** ②

• 고객으로부터 유입된 현금흐름 : (400,000+3,000,000)-80,000=3,320,000

• 영업비용으로 유출된 현금흐름 : -600,000-40,000-60,000=-700,000

문제 29번 **【정답】** ①

• 2,500,000(당기순이익)+100,000(무형자산상각비)-80,000(토지처분이익)+150,000(당기손익-공정가치측
정금융자산평가손실)-130,000(재고자산증가)+170,000(매출채권감소)+100,000(선급비용감소)-160,000
(선수수익감소)-60,000(미지급비용감소)=2,590,000

문제 30번 **【정답】** ①

• 처분시 회계처리

　(차)현금(대차차액)　　62,500,000　(대)기계장치　　125,000,000
　　감가상각누계액　　50,000,000
　　유형자산처분손실　12,500,000

　　→현금유입액 : 62,500,000

• 당기감가상각비 : 125,000,000-50,000,000+당기감가상각비=200,000,000

　　→당기감가상각비=125,000,000

• 계정흐름 추정

기초(순액)	375,000,000	처분(순액)	75,000,000
		당기감가상각비	125,000,000
취득(대차차액)	250,000,000	기말(순액)	425,000,000

　　→현금유출액 : 250,000,000

문제 31번 【정답】⑤

• 보강적 질적 특성을 적용하는 것은 어떤 규정된 순서를 따르지 않는 반복적인 과정이다. 때로는 하나의 보강적 질적 특성이 다른 질적 특성의 극대화를 위해 감소되어야 할 수도 있다.

문제 32번 【정답】①

• 이해가능성(X) → 검증가능성(O)

문제 33번 【정답】①

• 매출채권에 대한 대손충당금(손실충당금)과 같은 평가충당금을 차감하여 관련 자산을 순액으로 측정하는 것은 상계표시에 해당하지 아니한다.

문제 34번 【정답】②

• 비용의 기능별 분류방법은 성격별 분류방법보다 자의적인 배분과 상당한 정도의 판단이 더 개입될 수 있다.

문제 35번 【정답】⑤

• ① 재료원가, 노무원가 및 기타 제조원가 중 비정상적으로 낭비된 부분은 재고자산의 취득원가에 포함할 수 없으며 발생기간의 비용으로 인식하여야 하는 원가의 예에 해당한다.
• ② 재고자산을 후불조건으로 취득하는 계약이 실질적으로 금융요소를 포함하고 있다면 해당 금융요소(예) 정상신용조건의 매입가격과 실제 지급액 간의 차이)는 금융이 이루어지는 기간 동안 이자비용으로 인식한다.
• ③ 재고자산의 매입원가는 매입가격에 수입관세와 제세금(과세당국으로부터 추후 환급받을 수 있는 금액은 제외), 매입운임, 하역료 그리고 완제품, 원재료 및 용역의 취득과정에 직접 관련된 기타 원가를 가산한 금액이다. 매입할인, 리베이트 및 기타 유사한 항목은 매입원가를 결정할 때 차감한다.
• ④ 도착지 인도조건에 의해 상품을 매입한 경우 도착해야 소유권이 이전되므로 운송중인 상품은 판매자의 재고자산에 포함되어야 한다.

문제 36번 【정답】①

• 매출액 : 55개x300=16,500
• 감모손실과 평가손실

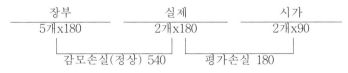

• 매출원가(구) : (20개x120)+(40개x180)-(5개x180)=8,700
• 매출원가(신) : 8,700+540+180=9,420
∴ 매출총이익 : 16,500-9,420=7,080

문제 37번 【정답】③

• 기말매가 : [12,500+100,000+(1,500-250)-(3,750-2,500)]-105,000=7,500

• 원가율 : $\dfrac{7,500}{100,000+(1,500-250)-(3,750-2,500)}$ =75%

• 기말원가 : 7,500x75%=5,625

∴ 매출원가 : (10,000+75,000)-5,625=79,375

문제 38번 【정답】⑤

① 적격자산을 의도된 용도로 사용하거나 판매가능한 상태에 이르게 하는 데 필요한 활동은 당해 자산의 물리적인 제작뿐만 아니라 그 이전단계에서 이루어진 기술 및 관리상의 활동(예 물리적인 제작 전에 각종 인허가를 얻기 위한 활동 등)도 포함한다.

② 특정차입금은 일시투자수익을 차감하나 일반차입금에 대하여는 일시투자수익을 차감하지 아니한다.

③ 적격자산의 취득, 건설 또는 생산과 직접 관련된 차입원가는 당해 자산 원가의 일부로 자본화하여야 한다. 즉, 자본화는 선택사항이 아니라 강제사항이다.

④ 전력생산설비, 투자부동산, 생산용식물도 적격자산이 될 수 있다.

문제 39번 【정답】②

• 2,250,000x$\dfrac{10}{12}$+2,500,000x$\dfrac{6}{12}$+1,500,000x$\dfrac{2}{12}$=3,375,000

문제 40번 【정답】③

• A, B, D, F : 외부정보원천

• C, E, G : 내부정보원천

문제 41번 【정답】④

• 기말 손실충당금(대손충당금) : 500,000x0.1%+375,000x2%+250,000x5%+125,000x10%=33,000

• 계정흐름 추정

대손발생	62,500	기초대손충당금	50,000
		대손채권회수	25,000
기말대손충당금	33,000	대손상각비	x

→x=20,500

문제 42번 【정답】⑤

• 20x2년말 장부금액(=회수가능액) : Max[①240,000 ②360,000]=360,000

• 20x3년말 회계처리

20x3년말	(차)감가상각비	360,000÷3년=120,000	(대)감가상각누계액	120,000
	(차)손상차손누계액	160,000	(대)손상차손환입	160,000[1]

[1]Min[①1,000,000-1,000,000x3/5=400,000 ②420,000]-(360,000-120,000)=160,000

• 20x3년말 장부금액 : 360,000-120,000+160,000=400,000

∴ 20x4년도 감가상각비 : 400,000÷2년=200,000

문제 43번 【정답】⑤

• 현금창출단위 손상차손 : 1,500,000(장부금액합계)-750,000(회수가능액)=750,000

• 손상후 장부금액 계산

구분	손상전 장부금액	손상차손액(배분액)		손상후 장부금액
영업권	250,000	<1순위>	250,000	0
건물	750,000	<2순위>	$(750,000-250,000) \times \dfrac{750}{750+500} = 300,000$	450,000
기계장치	500,000		$(750,000-250,000) \times \dfrac{500}{750+500} = 200,000$	300,000
계	1,500,000	750,000		750,000

문제 44번 【정답】③

• 통상적인 영업과정에서 판매하기 위한 부동산이나 이를 위하여 건설 또는 개발 중인 부동산과 금융리스로 제공한 부동산은 투자부동산에 해당하지 않는다.

문제 45번 【정답】④

• 처분자산집단 손상차손 : 28,750,000-20,000,000=8,750,000

• 손상후 장부금액 계산

구분	장부금액	손상차손액(배분액)		손상후 장부금액
영업권	3,750,000	<1순위>	3,750,000	0
건물	5,000,000	<2순위>	$5,000,000 \times \dfrac{5,000}{5,000+7,500} = 2,000,000$	3,000,000
기계장치	7,500,000		$5,000,000 \times \dfrac{7,500}{5,000+7,500} = 3,000,000$	4,500,000
재고자산	6,250,000	배분제외	0	6,250,000
FVOCI금융자산	6,250,000		0	6,250,000
계	28,750,000	8,750,000		20,000,000

문제 46번 【정답】④

• 원가모형 감가상각비 : 2,500,000÷10년=250,000

• 공정가치모형 평가이익 : 3,000,000-2,500,000=500,000

∴ 25,000,000+250,000+500,000=25,750,000

• [참고] 원가모형 감가상각비를 반영후 금액이 25,000,000이므로, 반영전 금액은 25,250,000이다.

문제 47번 【정답】⑤

• 공정가치 계산

원금분 공정가치	1,000,000x0.9070=	907,000
이자분 공정가치	100,000x1.8594=	185,940
총공정가치		1,092,940

• 이자분 장부금액 계산 → 총장부금액 ₩1,000,000을 원금분과 이자분의 공정가치비율로 안분함.

$1,000,000 \times \dfrac{185,940}{1,092,940} = 170,128$

∴ 금융자산처분이익 : 185,940(이자분 공정가치)-170,128(이자분 장부금액)=15,812

문제 48번 【정답】①

- ② 계약상 현금흐름 특성을 가지고 있지 않는 금융자산은 일단 당기손익-공정가치측정금융자산으로 분류한다.
- ③ 채무상품은 충족조건에 따라 당기손익-공정가치측정금융자산, 상각후원가측정금융자산, 기타포괄손익-공정가치측정금융자산으로 분류한다.
- ④ 금융자산은 금융자산의 관리를 위한 사업모형 또는 금융자산의 계약상 현금흐름 특성 두 가지 사항 모두에 근거하여 적절히 분류한다.
- ⑤ 단기매매목적도 아니고 조건부대가도 아닌 지분상품은 최초 인식시점에 기타포괄손익-공정가치측정금융자산으로 분류할 수 있다.

문제 49번 【정답】①

- 현금및현금성자산 집계

지폐와 동전	120,000,000
타인발행수표	32,000,000
환매채	7,000,000
공채이자표	50,000,000
현금및혐금성자산	209,000,000

- 국민주택채권, 정기적금 : 단기금융상품
- 당좌개설보증금 : 장기금융상품
- 수입인지 : 소모품 등
- 선일자수표 : 매출채권 등

문제 50번 【정답】⑤

- 11월 23일 이동평균 : $\dfrac{20주 \times 12,000 + 20주 \times 14,000}{40주} = 13,000$
- 처분이익 : (10주x15,000-3,000)-10주x13,000=17,000
- 평가이익 : 30주x16,000-30주x13,000=90,000

문제 51번 【정답】①

- 손상의 증거
  - ㉠ 발행자나 차입자의 유의적인 재무적 어려움
  - ㉡ 채무불이행이나 연체 같은 계약 위반
  - ㉢ 차입자의 재무적 어려움에 관련된 경제적이나 계약상 이유로 당초 차입조건의 불가피한 완화
  - ㉣ 차입자의 파산가능성이 높아지거나 그 밖의 재무구조 조정가능성이 높아짐
  - ㉤ 재무적 어려움으로 해당 금융자산에 대한 활성시장의 소멸
  - ㉥ 이미 발생한 신용손실을 반영하여 크게 할인한 가격으로 금융자산을 매입하거나 창출함.

문제 52번 【정답】③

- FVPL금융자산인 경우 : 지급수수료(-2,500)+평가이익(302,500-250,000=52,500)=50,000(증가)
- FVOCI금융자산인 경우 : 영향없음(거래원가는 취득가에 가산, 평가손익은 자본처리)

문제 53번 【정답】①

•946,540+(946,540x6%-1,000,000x4%)=963,332

문제 54번 【정답】④

•20x1년초 현재가치 : 950,258

•사채권면의 발행일과 실제발행일 사이의 유효이자 발생액 : 950,258x10%x3/12=23,756

•사채권면의 발행일과 실제발행일 사이의 액면이자 발생액 : 1,000,000x8%x3/12=20,000

•현금수취액(사채구입가격) : 950,258+23,756=974,014

•순수 사채발행금액 : 974,014-20,000=954,014

•20x1년 회계처리

20x1년 04월 01일	(차)현금	974,014	(대)사채	1,000,000
	사채할인발행차금	45,986	미지급이자	20,000
20x1년 12월 31일	(차)미지급이자	20,000	(대)현금	80,000
	이자비용	71,269[1]	사채할인발행차금	11,269[2]

[1] 950,258x10%x9/12=71,269

[2] (950,258x10%-80,000)x9/12=11,269

•문제분석

① 20x1년 4월 1일 사채의 장부금액 : 1,000,000-45,986=954,014

② 20x1년 포괄손익계산서상의 이자비용 : 71,269

③ 20x1년 4월 1일 사채발행시 미지급이자 : 20,000

④ 20x1년 4월 1일 사채발행시 현금수취액 : 974,014

⑤ 20x1년 4월 1일 사채할인발행차금 : 45,986

문제 55번 【정답】⑤

•주식배당 : 이익잉여금을 자본에 전입하고 주식교부하는 것

무상증자 : 이익잉여금이나 자본잉여금을 자본에 전입하고 주식교부하는 것

주식분할 : 예 1,000원의 주식 1주를 500원 주식 2주로 쪼개는 것

주식병합 : 예 500원의 주식 2주를 1,000원 주식 1주로 합치는 것

•항목별 효과 비교

	주식배당	무상증자	주식분할	주식병합
발행주식수	증가	증가	증가	감소
주당액면금액	불변	불변	감소	증가
총자본	불변	불변	불변	불변
자본금	증가	증가	불변	불변
자본잉여금	불변	감소가능	불변	불변
이익잉여금	감소	감소가능	불변	불변

문제 56번 【정답】④

•현재가치 : 948,830 →발행시점의 전환사채 장부금액

•전환권대가 : 1,000,000-948,830=51,170

•전환권조정 : 97,400+51,170=148,570

•발행시 회계처리

(차)현금	1,000,000	(대)전환사채	1,000,000
(차)전환권조정	148,570	(대)전환권대가	51,170
		상환할증금	97,400

•만기까지 주식으로 전환하지 않은 경우 만기에 지급할 금액 : 1,000,000+50,000+97,400=1,147,400

문제 57번 【정답】②

•회계처리

1월 12일	(차)현금	42,500,000[1]	(대)자본금	2,500,000[2]
			주식발행초과금	40,000,000
2월 16일	(차)자기주식	1,000,000[3]	(대)현금	1,000,000
4월 11일	(차)자기주식	2,200,000[4]	(대)현금	2,200,000
4월 28일	(차)현금	2,875,000[5]	(대)자기주식	2,650,000[6]
			자기주식처분이익	225,000
5월 18일	(차)자본금	25,000[7]	(대)자기주식	550,000[8]
	감자차손	525,000		

[1]5,000주x8,500=42,500,000 [2]5,000주x500=2,500,000

[3]100주x10,000=1,000,000 [4]200주x11,000=2,200,000

[5]250주x11,500=2,875,000 [6]100주x10,000+150주x11,000=2,650,000

[7]50주x500=25,000 [8]50주x11,000=550,000

•자본총액에 미치는 영향

유상증자 - 자본증가	42,500,000
자기주식거래 -자본감소	(325,000)
당기순이익 - 자본증가	100,000
자본총계증가	42,275,000

> ⬜ **자기주식거래에 의한 자본총계증감액 빨리구하기**
> •자본총계증감액=자기주식거래 현금유출입액
> →유출(1,000,000+2,200,000)-유입(2,875,000)=유출(325,000) ↝자본감소 325,000

문제 58번 【정답】②

•사채상환손익이 발생하지 않았다는 것은 상환금액과 사채의 장부금액이 동일함을 의미한다.

•20x1년말 장부금액 : 950,258+(950,258x10%-1,000,000x8%)=965,284

•일부조기상환 상환금액(장부금액) : 965,284x$\frac{500,000}{1,000,000}$=482,642

문제 59번 【정답】②

- 전환우선주 발행기업이 처음의 전환조건보다 유리한 조건을 제시하거나 추가적인 대가를 지급하여 조기 전환을 유도하는 경우가 있다. 이 경우 처음의 전환조건에 따라 발행될 보통주의 공정가치를 초과하여 지급하는 보통주나 그 밖의 대가의 공정가치는 전환우선주에 대한 이익배분으로 보아 기본주당이익을 계산할 때 지배기업의 보통주에 귀속되는 당기순손익에서 차감한다.

문제 60번 【정답】②

- 기초 유통보통주식수 : 100,000,000÷5,000=20,000주
- 가중평균유통보통주식수

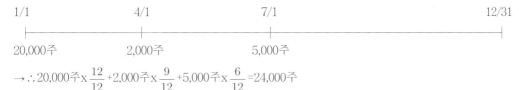

$$\rightarrow \therefore 20{,}000주 \times \frac{12}{12} + 2{,}000주 \times \frac{9}{12} + 5{,}000주 \times \frac{6}{12} = 24{,}000주$$

제2회. 실전적중모의고사 정답과 해설

문제 1번 【정답】 ④

•연도별 계약손익(20x2년 총공사예상손실 상황)

	20x1년	20x2년
진행률	$\dfrac{130,000}{650,000}$=20%	$\dfrac{130,000+380,000}{850,000}$=60%
계약수익	800,000x20%=160,000	800,000x60%-160,000=320,000
계약원가	130,000	380,000+20,000$^{1)}$=400,000
계약손익	30,000	△80,000

$^{1)}$(850,000-130,000-380,000)-800,000x(1-60%)=20,000

∴20x2년 포괄손익계산서에 인식할 비용(=계약원가)=400,000

문제 2번 【정답】 ⑤

•주문개발하는 소프트웨어의 대가로 수취하는 수수료는 진행기준에 따라 수익을 인식한다.

문제 3번 【정답】 ④

•당기말 현재 총공사예상손실 ₩1,000이 예상되는 상황이다. 따라서, 전기말까지 이익이 ₩2,000이므로 당기에는 손실 ₩3,000을 계상하여야 총공사예상손실 ₩1,000이 된다.

문제 4번 【정답】 ④

•20x2년도 인식할 계약수익 : 4,000,000+4,000,000x15%=4,600,000

문제 5번 【정답】 ②

•매출액 계산

발생주의 매출액	x
매출채권감소	1,000,000
현금주의 매출액	20,000,000

∴ x=19,000,000

문제 6번 【정답】 ①

•20x1년 : 총공사예정손실 1,000,000 → 계약손실 1,000,000 인식
•20x2년 : 총공사예정손실 1,500,000 → 계약손실 500,000 인식
•20x3년 : 총공사예정손실 2,000,000 → 계약손실 500,000 인식

문제 7번 【정답】 ①

•계약수익 : Min[①누적계약원가(12,000), ②회수 및 회수가능액(0)]-전기까지 누적계약수익(0)=0
•계약원가 : 당기발생계약원가(12,000)

문제 8번 【정답】②

•20x1년 감가상각비

$$(80,000,000-5,000,000)\times\frac{5}{1+2+3+4+5}\times\frac{9}{12}=18,750,000$$

•20x2년 감가상각비

$$(80,000,000-5,000,000)\times\frac{5}{1+2+3+4+5}\times\frac{3}{12}+(80,000,000-5,000,000)\times\frac{4}{1+2+3+4+5}\times\frac{6}{12}$$
$$=16,250,000$$

•처분손익 : $43,000,000-(80,000,000-18,750,000-16,250,000)=\triangle2,000,000$(처분손실)

문제 9번 【정답】⑤

•토지의 취득원가에 가산한다.

문제 10번 【정답】④

•회계처리

(차)기계장치(신)　2,700,000　(대)기계장치(구)　2,000,000
　　　　　　　　　　　　　　　　　처분이익　　　　700,000
(차)기계장치(신)　　500,000　(대)현금　　　　　　500,000

∴취득원가 : 2,700,000+500,000=3,200,000

문제 11번 【정답】②

•연구관련비용 ₩4,000,000만 전액 비용으로 인식된다.
　→개발비는 사용가능시점부터 상각하므로 개발이 진행중인 20x2년에 인식할 상각비는 없다.

문제 12번 【정답】①

•회계처리

20x1년초	(차)기계장치	200,000	(대)현금	200,000
20x1년말	(차)감가상각비	40,000[1)]	(대)감가상각누계액	40,000
	(차)손상차손	40,000[2)]	(대)손상차손누계액	40,000
처분시점	(차)감가상각비	15,000[3)]	(대)감가상각누계액	15,000
	(차)현금	90,000	(대)기계장치	200,000
	감가상각누계액	55,000		
	손상차손누계액	40,000		
	유형자산처분손실	15,000		

[1)]$200,000\div5$년$=40,000$

[2)]$(200,000-40,000)-Max[120,000,\ 100,000]=40,000$

[3)]$(120,000\div4$년$)\times\frac{6}{12}=15,000$

문제 13번 【정답】②

• (주)적중의 자산총계의 공정가치 : 375,000,000+(250,000,000-125,000,000)=500,000,000
• 회계처리

  (차)자산   500,000,000 (대)부채   225,000,000
     영업권(대차차액) 225,000,000   현금   500,000,000

문제 14번 【정답】③

• 보상액 ₩5,000,000은 경제적효익이 유입될 것이 거의 확실한 경우에만 자산과 이익을 인식한다. 따라서, 이길 확률이 높다하여 추정액을 이익으로 인식할 수 없다.
• 자원유출의 가능성이 높고 금액을 신뢰성있게 추정가능하므로 벌과금 ₩12,500,000을 충당부채와 비용으로 인식한다.

문제 15번 【정답】③

• 최선의 추정치는 기댓값으로 계산한다.

구분	수선비용	발생확률
전혀 결함이 발생하지 않는 경우	0	75%
중요하지 않은(사소한) 결함이 발생할 경우	2,500,000	20%
치명적인(중요한) 결함이 발생할 경우	10,000,000	5%
∴기댓값 : 2,500,000x20%+10,000,000x5%=1,000,000		

문제 16번 【정답】⑤

• 기초자산이 특수하여 해당 리스이용자만이 주요한 변경 없이 사용할 수 있는 경우 일반적으로 금융리스로 분류된다.

문제 17번 【정답】④

• 20x1년초 리스부채 : 300,000x3.7908 + 100,000x0.6209 = 1,199,330
• 20x1년초 사용권자산 : 1,199,330+300,000=1,499,330
• 20x1년말 이자비용 : 1,199,330x10% = 119,933
• 20x1년말 감가상각비 : (1,499,330 – 100,000)÷Min[5년,5년] = 279,866
∴ 119,933 + 279,866 = 399,799

문제 18번 【정답】②

• 보증잔존가치가 없으므로 추정잔존가치 ₩400,000 전액이 무보증잔존가치이다.
• 리스료를 시장이자율로 할인한 현가 : 522,550x2.4869 = 1,299,530
• 매출액 : Min[1,299,530, 2,200,000(공정가치)] = 1,299,530
• 매출원가 : 1,600,000 – 400,000x0.7513 = 1,299,480
• 이자수익 : (1,299,530+400,000x0.7513)x10% = 160,005
∴ 1,299,530 – 1,299,480+160,005=160,055

문제 19번 【정답】④

• 당해 자산의 세무기준액이 장부금액을 초과하는 경우 차감할 일시적차이가 발생한다.

문제 20번 【정답】③

• 법인세비용 : 7,500,000−5,750,000=1,750,000

• 회계처리

(차) 법인세비용	1,750,000	(대) 당기법인세(법인세부담액)	x
이연법인세부채	500,000		
이연법인세자산	750,000		

∴ 법인세부담액(x)=3,000,000

문제 21번 【정답】②

• ① 확정급여제도에서는 보고기업이 채무나 비용을 측정하기 위해 보험수리적 가정이 필요하다.

③ 확정급여제도에서 기업이 보험수리적위험과 투자위험을 실질적으로 부담한다.

④ 확정기여제도에서 기업의 법적의무나 의제의무는 기업이 기금에 출연하기로 약정한 금액으로 한정된다.

⑤ 확정급여제도에서 확정급여채무를 할인하기 위해 사용하는 할인율은 보고기간말 현재 우량회사채의 시장수익률을 참조하여 결정한 할인율을 사용한다.

문제 22번 【정답】③

• 확정급여채무 이자원가 : 250,000x6%=15,000

• 사외적립자산 이자수익 : 225,000x6%=13,500

∴ 당기손익 : 87,500(당기근무원가)+15,000−13,500=89,000

문제 23번 【정답】④

• 회계처리

20x1년말	(차) 주식보상비용	20,000[1]	(대) 주식선택권	20,000
20x2년말	(차) 주식보상비용	20,000[2]	(대) 주식선택권	20,000
20x3년초	(차) 주식보상비용	20,000[3]	(대) 주식선택권	20,000
	(차) 주식선택권	60,000	(대) 현금	70,000[4]
	청산손실(자본항목)	10,000		
	(차) 주식보상비용	10,000	(대) 현금	10,000[5]

[1] 20개x100명x30x$\frac{1}{3}$=20,000

[2] 20개x100명x30x$\frac{2}{3}$−20,000=20,000

[3] 20개x100명x30−(20,000+20,000)=20,000

[4] 20개x100명x35=70,000

[5] 20개x100명x(40−35)=10,000

∴ 20,000+10,000=30,000(비용증가)

문제 24번 【정답】④
- ① 비유동자산의 취득원가를 취득시점에 전액 비용처리
  →비유동자산 과소 / 비용 과대, 자본 과소
- ② 선급비용의 과소계상
  →유동자산(선급비용) 과소 / 비용 과대, 자본 과소
- ③ 매출채권에 대한 대손충당금의 과소계상
  →유동자산(매출채권) 과대 / 비용 과소, 자본 과대
- ④ 기계장치에 대한 감가상각비의 과소계상
  →비유동자산(기계장치) 과대 / 비용 과소, 자본 과대
- ⑤ 기말재고자산의 과대계상
  →유동자산(재고자산) 과대 / 비용(매출원가) 과소, 자본 과대

문제 25번 【정답】①
- 기계장치 : 비용 과대계상 → 20,000,000-20,000,000x0.4=12,000,000
- 차량 : 비용 과소계상 → 10,000,000-10,000,000x0.4=6,000,000
- ∴비용 과대계상 6,000,000 → 이익 과소계상 6,000,000

문제 26번 【정답】⑤
- 재무활동은 기업의 납입자본과 차입금의 크기 및 구성내용에 변동을 가져오는 활동을 말한다. 재무활동은 자본과 차입금의 조달, 환급 및 상환에 관한 활동을 포함한다.
- 투자활동은 장기성 자산 및 현금성자산에 속하지 않는 기타 투자자산의 취득과 처분을 말한다. 투자활동은 유·무형자산, 다른 기업의 지분상품이나 채무상품 등의 취득과 처분활동, 제3자에 대한 대여 및 회수활동 등을 포함한다.

문제 27번 【정답】①
- 처분시 회계처리

(차)현금	62,000,000	(대)유형자산	100,000,000
감가상각누계액	40,000,000	유형자산처분이익	2,000,000

- 당기감가상각비 : 60,000,000-40,000,000+당기감가상각비=25,000,000
  →당기감가상각비=5,000,000
- 유형자산 계정흐름 추정

기초(순액)	165,000,000	처분(순액)	60,000,000
		당기감가상각비	5,000,000
취득(대차차액)	235,000,000	기말(순액)	335,000,000

∴영업활동현금흐름 계산시 감가상각비 ₩5,000,000을 가산한다.

문제 28번 【정답】④
- 유입 : 단기차입금 차입(200,000-0)+유상증자(800,000-500,000)=500,000
- 유출 : 배당금지급(100,000+300,000-320,000)=80,000
- ∴순현금유입 : 500,000-80,000=420,000

문제 29번 【정답】 ②

• 처분시 회계처리

(차) 현금	1,250,000	(대) 건물	10,000,000
감가상각누계액	7,500,000		
유형자산처분손실	1,250,000		

• 영업활동현금흐름

25,000,000(당기순이익)+2,500,000(감가상각비)+1,250,000(유형자산처분손실)-500,000(재고자산증가)-250,000(미지급보험료감소)=28,000,000

문제 30번 【정답】 ①

• 법인세유출액(법인세납부액) 분석

법인세비용	(7,750,000)
미지급법인세 증가	3,000,000
이연법인세부채 감소	(100,000)
유출액	(4,850,000)

문제 31번 【정답】 ①

• ② 계량화된 정보가 검증가능하기 위해서 단일 점추정치이어야 할 필요는 없으며, 가능한 금액의 범위 및 관련된 확률도 검증될 수 있다.
• ③ 완벽하게 표현충실성을 위해서는 서술은 완전하고, 중립적이며, 오류가 없어야 한다.
• ④ 재무정보에 예측가치가 있다면 그 재무정보는 의사결정에 차이가 나도록 할 수 있다.
• ⑤ 보수주의는 재무정보의 질적특성과 무관한 개념이다.

문제 32번 【정답】 ③

• 거래원가를 반영하지 않는다.(X) → 거래원가를 포함한다.(O)

문제 33번 【정답】 ④

• ① 기업은 기능별로 분류하는 것과 성격별로 분류하는 것 중 신뢰성있고 더욱 목적적합한 정보를 제공할 수 있는 방법을 선택하여 저공한다..
• ② 유동성 순서에 따른 표시방법(= '유동성배열법')이 신뢰성 있고 더욱 목적적합한 정보를 제공하는 경우를 제외하고는 유동자산과 비유동자산, 유동부채와 비유동부채로 재무상태표에 구분하여 표시(= '유동성·비유동성 구분법')한다.
• ③ 영업이익에 포함되지 않은 항목 중 기업의 영업성과를 반영하는 그 밖의 수익항목이 있다면 조정영업이익 등의 명칭을 사용하여 주석으로 공시할 수 있다.
• ⑤ 부적절한 회계정책은 이에 대하여 공시나 주석 또는 보충자료를 통해 설명되더라도 정당화 될 수 없다.

문제 34번 【정답】 ④

• 상법 등 관련 법규에서 이익잉여금처분계산서(또는 결손금처리계산서)의 작성을 요구하는 경우에는 재무상태표의 이익잉여금(또는 결손금)에 대한 보충정보로서 이익잉여금처분계산서(또는 결손금처리계산서)를 주석으로 공시한다.

문제 35번 【정답】③

•선적지인도기준으로 ㈜합격이 판매한 운송 중인 상품은 ㈜합격 입장에서 판매가 완료된 것이므로 기말재고 계산시 고려대상이 아니다.

•정확한 기말재고 계산

기말실사재고액(창고보유분) :   125,000
시송품(매입의사 미표시분) : 250,000-150,000=100,000
적송품(수탁자 미판매분) :   500,000x60%=300,000
     정확한 기말재고   525,000

•매출원가 계산
250,000+(1,500,000-175,000-75,000)-525,000=975,000

문제 36번 【정답】①

•선입선출법은 계속기록법과 실지재고조사법의 결과가 동일하므로, 실지재고조사법에 의한 매출총이익만을 계산하면 된다.

•매출액 : 40개x@20+150개x@22=4,100

•매출원가 : 100개x@10+90개x@12=2,080

∴매출총이익 : 4,100-2,080=2,020

문제 37번 【정답】③

•재고자산평가손실 계산

품목	취득원가	순실현가능가치	평가손실	평가후 장부금액
A	50,000	60,000-2,500=57,500	-	50,000
B	50,000	47,500-10,000=37,500	50,000-37,500=12,500	50,000-12,500=37,500
C	37,500	37,500-7,500=30,000	37,500-30,000=7,500	37,500-7,500=30,000
합계	137,500	125,000	20,000	117,500

•재무상태표 기말상품 : 117,500(평가후 장부금액)

•매출원가(구) : 100,000+750,000-137,500=712,500

•매출원가(신)=포괄손익계산서 매출원가 : 712,500+20,000=732,500

문제 38번 【정답】⑤

•금융자산과 단기간 내에 제조되거나 다른 방법으로 생산되는 재고자산은 적격자산에 해당하지 아니한다. 즉, 단기간 내에 제조되거나 다른 방법으로 생산되는 재고자산이 아니라면 적격자산이 될 수 있다.

문제 39번 【정답】①

$$•2,000,000x \frac{1,000,000 \times 11\% \times \frac{12}{12} + 1,200,000 \times 14\% \times \frac{5}{12} = 180,000}{1,000,000 \times \frac{12}{12} + 1,200,000 \times \frac{5}{12} = 1,500,000} = 240,000 \,[한도]\, 180,000$$

∴자본화할 차입원가 : 180,000

문제 40번 【정답】⑤
- 기말손실충당금(대손충당금) : 750,000x0.5%+250,000x1%+125,000x5%+125,000x10%=25,000
- 추가인식 : (차) 손상차손(대손상각비) 18,750 (대) 손실충당금(대손충당금) 25,000-6,250=18,750

문제 41번 【정답】②
- 20x2년말까지 감가상각누계액 : (2,500,000÷5년)x2=1,000,000
- 20x2년말 장부금액 : 2,500,000-1,000,000=1,500,000
- 20x2년말 회수가능액 : Max[750,000, 1,000,000]=1,000,000
- ∴ 손상차손 : 1,500,000-1,000,000=500,000

문제 42번 【정답】①
- B : 현금창출단위 손상차손은 우선 현금창출단위에 배분한 영업권의 장부금액을 감액한 후, 잔여액을 현금창출단위에 속하는 다른 자산에 각각의 장부금액에 비례하여 배분한다.
- D : 현금창출단위는 다른 자산이나 자산집단에서의 현금유입액과는 거의 독립적인 현금유입을 창출하는 식별할 수 있는 최소 자산집단이다.

문제 43번 【정답】②
- 20x1년말 장부금액(=회수가능액) : Max[①600,000 ②560,000]=600,000
- 20x2년말 회계처리

| 20x2년말 | (차) 감가상각비 | 600,000÷4년=150,000 | (대) 감가상각누계액 | 150,000 |
| | (차) 손상차손누계액 | 150,000 | (대) 손상차손환입 | 150,000[1] |

[1] Min[①1,000,000-1,000,000x2/5=600,000 ②650,000]-(600,000-150,000)=150,00

문제 44번 【정답】③
- 종업원이 사용하고 있는 부동산은 종업원이 시장요율로 임차료를 지급하고 있는지와 관계없이 투자부동산에 포함하지 아니한다.

문제 45번 【정답】⑤
- ① 매각예정으로 분류된 비유동자산(또는 처분자산집단)은 순공정가치와 장부금액 중 작은 금액으로 측정한다.
- ② 비유동자산이 매각예정으로 분류되거나 매각예정으로 분류된 처분자산집단의 일부이면 그 자산은 감가상각(또는 상각)하지 아니한다.
- ③ 폐기될 비유동자산(또는 처분자산집단)은 매각예정으로 분류할 수 없다. 왜냐하면 해당 장부금액은 원칙적으로 계속사용함으로써 회수되기 때문이다.
- ④ 통상적으로 비유동자산으로 분류하는 자산을 매각만을 목적으로 취득한 경우라 하더라도 매각예정분류기준을 충족하지 못한다면 유동자산으로 분류할 수 없다.

문제 46번 【정답】②
- 직접 소유하고 운용리스로 제공하는 건물과 운용리스로 제공하기 위하여 보유하는 미사용 건물 모두 투자부동산에 해당한다.

문제 47번 【정답】③

• 금융자산을 기타포괄손익 – 공정가치측정 범주에서 당기손익 – 공정가치측정 범주로 재분류하는 경우에 계속 공정가치로 측정한다. 재분류 전에 인식한 기타포괄손익누계액은 재분류일에 재분류조정으로 **자본에서 당기손익으로 재분류**한다.

문제 48번 【정답】③

• 양도자가 금융자산의 소유에 따른 위험과 보상의 대부분을 소유하지도 아니하고 이전하지도 아니한 상태에서, 양도자가 금융자산을 통제하고 있다면 당해 금융자산에 대하여 지속적으로 관여하는 정도까지 당해 금융자산을 계속하여 인식한다. 또한, 양도자가 지속적관여의 정도까지 자산을 계속 인식하는 경우 관련부채도 함께 인식한다.

문제 49번 【정답】②

• 단기매매항목인 경우는 지분상품·채무상품 모두 FVPL금융자산으로 분류한다. 한편, 지분상품은 조건(㉠ 단기매매항목이 아닐 것 ㉡ 조건부대가가 아닐 것)을 충족하여 FVOCI금융자산으로 선택하지 않는 한 모두 FVPL금융자산으로 분류한다.

• 이익 : 이자수익(200,000x10%x6/12)+평가이익(195,000-190,173)=14,827

• 회계처리

20x1년 7월 1일	(차)FVPL금융자산	190,173	(대)현금	190,173
20x1년 12월 31일	(차)현금	10,000	(대)이자수익	10,000
	(차)FVPL금융자산	4,827	(대)금융자산평가이익	4,827

문제 50번 【정답】③

• 기발생이자수익 : $2,500,000 \times 9\% \times \dfrac{60일}{360일} = 37,500$

• 현금수령액 계산

만기가치	: $2,500,000+2,500,000 \times 9\% \times \dfrac{120일}{360일}$ =	2,575,000
할인료	: $2,575,000 \times 12\% \times \dfrac{60일}{360일}$ =	(51,500)
현금수령액		2,523,500

• 매출채권처분손실 : (2,500,000+37,500)-2,523,500=14,000

• 회계처리

할인시	(차)현금	2,523,500	(대)매출채권	2,500,000
	(차)매출채권처분손실	14,000	(대)이자수익	37,500

문제 51번 【정답】④

• ① FVPL금융자산이므로 취득시 수수료 ₩5,000은 발생즉시 당기비용으로 인식한다

② 평가이익 : 350,000-(255,000-5,000)=100,000

③ 평가손실 ₩150,000을 전액 당기손실로 처리한다.

④ 20x1년도 당기손익 : 지급수수료(-5,000)+평가이익(100,000)=95,000(증가)

⑤ 20x2년도 평가손실은 ₩150,000이다.

문제 52번 【정답】⑤

• 조정사항

 − 은행수수료 : 회사 차감 ₩2,500

 − 회사미통지예금 : 회사 가산 ₩25,000

 − 기발행미인출수표 : 은행 차감 ₩100,000

 − 회사기장오류 : 회사 가산 ₩18,000

• 조정전 회사잔액(x)−2,500+25,000+18,000=조정전 은행잔액(3,850,000)−100,000

∴ x=3,709,500

문제 53번 【정답】③

• FVPL금융자산인 경우 : 200,000−312,500=112,500(처분손실)

• FVOCI금융자산인 경우 : 영향없음(FVOCI금융자산은 처분손익 계상 불가함)

문제 54번 【정답】①

• 현금흐름

	20x1년초	20x1년말	20x2년말	20x3년말
이자 :		300,000x10%=30,000	200,000x10%=20,000	100,000x10%=10,000
액면 :		100,000	100,000	100,000
		130,000	120,000	110,000

• 현재가치(발행금액) : 130,000x0.9259+120,000x0.8573+110,000x0.7938=310,561

• 상각표

일자	액면이자(10%)	유효이자(8%)=이자비용	상각액	장부금액
20x1년초	−	−	−	310,561
20x1년말	30,000	310,561x8%=24,845	5,155	205,406[1]
20x2년말	20,000	205,406x8%=16,432	3,568	101,838[2]
20x3년말	10,000	101,838x8%=8,162[4]	1,838	0[3]
합계	60,000	49,439	10,561	

[1] 310,561−5,155−100,000=205,406 [2] 205,406−3,568−100,000=101,838

[3] 101,838−1,838−100,000=0 [4] 단수차이조정

□ **할증발행 총이자비용 빨리구하기**

• 총이자비용=총액면이자(60,000)−총사채할증발행차금(10,561)

문제 55번 【정답】④

• 회계처리

1월 15일	(차) 자기주식	55,000[1]	(대) 현금	55,000
2월 17일	(차) 현금	30,000[2]	(대) 자기주식	27,500[3]
			자기주식처분이익	2,500
6월 11일	(차) 자본금	25,000[4]	(대) 자기주식	27,500[3]
	감자차손	2,500		
10월 28일	(차) 현금	70,000[5]	(대) 자본금	50,000[6]
			주식발행초과금	20,000

[1]100주x550=55,000   [2]5,000주x500=2,500,000

[3]50주x550=27,500   [4]50주x500=25,000

[5]100주x700=70,000   [6]100주x500=50,000

• 자본총액에 미치는 영향

유상증자 - 자본증가	70,000
자기주식거래 -자본감소	(25,000)
당기순이익 - 자본증가	15,000
자본총계증가	60,000

□ 자기주식거래에 의한 자본총계증감액 빨리구하기
• 자본총계증감액=자기주식거래 현금유출입액
→유출(55,000)-유입(30,000)=유출(25,000) ↝자본감소 25,000

문제 56번 【정답】①

• 배당금의 배분과 귀속

우선주배당금(자본금 2,500,000)	보통주배당금(자본금 7,500,000)
① 2,500,000x10%=250,000 <연체분>	–
② 2,500,000x10%=250,000 <당기분>	③ 7,500,000x10%=750,000
④ 400,000x2,500/10,000=100,000<잔여분>	⑤ 400,000x7,500/10,000=300,000
600,000	1,050,000

문제 57번 【정답】②

• 현재가치 : 50,000x2.4869+1,120,000x0.7513=965,801

• 전환권대가(자본요소) : 1,000,000-965,801=34,199

• 전환권조정 : 120,000+34,199=154,199

• 발행시 회계처리

(차) 현금	1,000,000	(대) 전환사채	1,000,000
(차) 전환권조정	154,199	(대) 전환권대가	34,199
		상환할증금	120,000

문제 58번　【정답】①

- 자기주식처분가 : 200주x6,000=1,200,000

- 자기주식취득가 : 200주x$\frac{200주 \times 5,000+200주 \times 6,000+0}{200주+200주+100주}$=880,000

- 자기주식처분이익 : 1,200,000-880,000=320,000

- 회계처리

4월 12일	(차)자기주식	1,000,000	(대)현금	1,000,000
7월 16일	(차)자기주식	1,200,000	(대)현금	1,200,000
9월 11일		– 회계처리 없음 –		
10월 28일	(차)현금	1,200,000	(대)자기주식	880,000
			자기주식처분이익	320,000

문제 59번　【정답】③

- 채무상품의 전환으로 인하여 보통주를 발행하는 경우 기산일은 최종이자발생일의 다음날이다.

문제 60번　【정답】②

- 가중평균유통보통주식수 : 10,000주
- 우선주배당금 : (5,000주x500)x10%=250,000
- 보통주당기순이익 : 10,000,000-250,000=9,750,000

- 기본주당이익 : $\frac{9,750,000}{10,000주}$=975

- 잠재적보통주식수 : 5,000주÷2=2,500주
- 희석당기순이익 : 9,750,000+250,000=10,000,000

- 희석주당이익 : $\frac{10,000,000}{10,000주+2,500주}$=800

3P
3P
3P
3P
FINAL

POTENTIALITY
PASSION
PROFESSION

3P는 여러분의 무한한 잠재적 능력과
반드시 성취하겠다는 열정을 토대로 전
문가의 길로 나아가는 세무라이선스 파
이널시리즈의 학습 정신입니다.

수험생 여러분의 합격을 응원합니다.

STUDY · SCHEDULE · MEMO

Customer
Center

수험상담문의
T. 031.973.5660
F. 031.8056.9660

[토/일/공휴일:휴무]
경기도 고양시 일산서구 장자길118번길 110, B-1동 102호
Email. semoolicence@hanmail.net

Profession

Passion

SEMOOLICENCE

SINCE 2010

Potentiality